KB273600

로빈기어의 한국민법전초안의 입법과 법리

지은이

윤대성(尹大成, Yoon Dae-Sung)

창원대학교 법학과 명예교수. 충남 논산 출생으로 성균관대학교 대학원에서 민사법학을 전공하여 법학박사를 취득하였음. 대표저서로 『韓國傳貰權法研究』(삼지원, 1988), 『韓國民事法制史研究』(창원대 출판부, 1997), 『21世紀の日韓民事法學』(공편, 信山社, 2005), 『한국민법의 새로운 전개』(공저, 법문사, 2012), 『가족법강의[전정판]』(한국학술정보, 2013), 『한국민법학의 재정립』(공저, 경인문화사, 2015) 등, 대표논문으로「근대법의 수용과정에 있어서 전세관습의 변용」, 『재산법연구』 제1권 제1호(한국재산법학회, 1984),「일제의 한국관습법조사사업에 관한 연구」, 『재산법연구』 제9권 제1호(한국재산법학회, 1992),「미군정시대(1945~1948)의 한국민법전편찬사업과 로빈기어의 〈한국민법전초안〉에 관한 연구」, 『비교사법』 제4권 제1호, 제2호(한국비교사법학회, 1997),「전세권과 미등기전세와의 관계 — 입법론적 검토」, 『민사법학』 제37호(한국민사법학회, 2007) 등이 있음.

로빈기어의 한국민법전초안의 입법과 법리

초판 1쇄 발행 2018년 6월 25일 **초판 2쇄 발행** 2019년 11월 26일
지은이 윤대성 **펴낸이** 박성모 **펴낸곳** 소명출판 **출판등록** 제13-522호
주소 서울시 서초구 서초중앙로6길 15, 1층
전화 02-585-7840 **팩스** 02-585-7848 **전자우편** somyungbooks@daum.net **홈페이지** www.somyong.co.kr

값 60,000원   ⓒ 윤대성, 2018
ISBN 979-11-5905-288-0 93360

이 저서는 2014년도 정부재원(교육부)으로 한국연구재단의 지원을 받아 연구되었음 (NRF-2014S1A6A4A02)

로빈기어의 한국민법전초안의 입법과 법리

윤대성 지음

Legislation and Principles of Korean Civil Code Draft
and **Lobingier's Proposed Civil Code for Korea**(1949)
during the U.S. Army Military Government in Korea(1945~1948)

소명출판

일러두기

• Art는 Article의 약어로서, 로빈기어 초안의 조문을 표시하는 것임.

• Sec는 Section의 약어로서, 캘리포니아 주민법전의 조문을 표시하는 것임.

• (…)는 문장 안에서 생략된 부분을 표시한 것임.

• […]는 특히 제3장에서 로빈기어 초안의 원문을 복원하는 과정에서 물리적으로 불가능한 부분을 표시한 것임.

• 각주에서 인용된 입법례는 로빈기어 초안과 현행민법전 초안을 구분하여 각 원자료에 따라서 처리하였음으로 달리 인용되고 있음.

• 로빈기어 초안의 번역은 구글(google) 번역을 원칙적으로 따랐음.

왜 우리나라는 독립이 아닌 해방이었는가. 이에 대한 답은 아직도 끝나지 않았다. 우리나라의 근현대사에서 논쟁은 이 질문에서 출발하지 않는가.

일본제국이 1945년 8월 15일 연합군에게 무조건 항복을 함으로써 제2차 세계대전 태평양전쟁은 끝이 났다. 그럼에도 8월이 다 가도록 일본제국의 군인과 경찰에 의하여 한반도의 질서가 유지되고 있었다. 연합군 미태평양사령부 맥아더 사령관은 패전국 일본제국에 대한 전후처리를 고심하고 있었다. 그 사이에 한반도 북쪽에는 소련군이 진주하여 새로운 지배체제를 세우고 있었다. 한반도가 소련에 의하여 모두 지배될 것을 염려한 미태평양사령부는 9월 2일 맥아더 사령관이 38도선을 경계로 미·소 양군의 남북한분할점령을 발표하고, 9월 4일 뒤늦게 미24사단 선발대 37명을 상륙시켜 김포에 도착시킨다. 이와 같은 상황은 우리나라가 자주 독립이 아닌 일본제국의 식민통치에서 연합군에 의하여 해방이 된 것을 의미한다. 당시 연합군인 소련군이나 미군은 모두 제2차 세계대전의 승전국 군대로서 패전국 일본제국의 식민지인 한반도를 분할 점령한 것이다. 한반도는 일본제국에 의한 식민통치에서 다시 연합군에 의한 통치로 바뀐 것이다.

한반도 남쪽에 뒤늦게 상륙한 재조선 미군사령관 존 H. 하지 육군중장은 9월 7일 남한에 미군정을 선포하고 이어 9월 8일에 미7사단, 24사단 1진이 인천에 도착하였다. 1945년 9월 9일에 미군은 서울에서 38도선 이남의 일본군 항복을 수리하고 군정체제를 갖추면서 질서를 유지하기에 이르렀다. 그것이 바로 한반도 남쪽에 실시된 미군정이다.

이와 같이 한반도에서 미군정이 실시되는 과정에 미군정청 법률고문관 로빈기어(Lobingier, Charles S. 1866~1956)에 의하여 『한국민법전초안(*Proposed Civil Code for Korea*)』(1949)이 완성되었다는 것은 우리나라의 법제사에서 커다란 이정표가 되지 않을 수 없다. 로빈기어의 이와 같은 한국민법전편찬사업에 대하여 입법 자료를 보내주던 미국 국회도서관 동양부장인 아더 홈멜(Hummel, Arthur W.) 박사가 "조선법전초안을 작성하면서 귀하가 얼마나 중요한 사업을 하고 있다는지를 나는 깨달았습니다. 이러한 사업은 그 나라의 법제사에 한 이정표로서 언제나 기념될 것입니다"고 하였다. 로빈기어는 해방된 우리나라에 한국민법전초안편찬이 중요한 사업이었음을 잘 알고 있었다 할 것이다.

최종고 교수의 소개에 의하면, 로빈기어는 1866년 4월 30일 미국 일리노이 주 라나크 (Lanark)에서 판사의 아들로 태어났다. 데브라스카 대학에서 공부하고 변호사가 되었고, 모교에서 로마법을 가르치기도 하였다. 1904~1914년에는 필립핀 제1법원 판사로 근무하면서 필립핀의 법률 제정에 공헌하였고, 1914~1924년에는 중국 상하이 주재 미국 법원판사로 근무하여 중국정부로부터 공로훈장을 받기도 하였다. 1925년부터는 워싱턴 국립대학 교수로 있었고, 만년에는 미국 국회도서관의 아시아법 분야 자문위원으로 있었다. 그는 1956년에 사망하였다. 그의 저서로『헌법(*Constitutional Law*)』(1899),『증거법 (*Evidence*)』(1905),『치외법권론(*Extraterritoriality*)』(1921),『로마법의 진화(*Evolution of the Roman Law*)』(1923) 등이 있다. 중국과 특별한 관련이 있는 그가 한국민법전편찬사업에 어떤 경위로 관계하였고, 그의 한국민법전초안이 어떻게 하여 이루어지게 되었는가 매우 흥미있는 사실로 아직까지 자세히 연구되지 못하였다고 전하고 있다.

우리나라의 미군정시대에 미군정청 법률고문관 주석인 로빈기어에 의하여 한국민법 전편찬사업의 결과로서 나온『한국민법전초안』을 연구하게 된 것은 민법학을 공부하도록 나를 이끌어주신 분을 기리지 않을 수 없다. 우리나라 민법학의 태두이신 동은(桐隱) 김기선(金基善) 은사님께서 민법을 공부하려면 '우리 것'을 먼저 잘 알아야 한다는 것을 강조하셨다. 우리 것은 우리의 사회, 문화, 경제, 정치, 역사 등을 모두 아우르는 것이다. 나는 민법을 공부하면서 동은 선생님께서 강조하신 것을 잊지 않고 두 가지 과제에 몰입하게 되었다. 먼저 일제시대에 있어서 조선관습법조사사업에 관한 공부였고, 그 다음으로 미군정시대에 있어서 한국민법전편찬사업의 전개와 한국민법전초안을 공부하는 것이다. 그 공부하는 과정에서 우리나라의 전세제도를 중국의 전권, 일본의 부동산질과 비교하면서 역사적으로 전개된 그 법적 구조를 연구한「전세권법의 연구」를 박사학위 논문으로 완성하였다. 벌써 세월이 흘러 나이가 들어서 2008년 8월 정년을 맞아 봉직하던 창원대학교에서 퇴직을 한 뒤 명예교수로서 창원대학교와 부산대학교 법학전문대학원에서 강의만을 하면서 지내던 2012년 10월 13일 동은 선생님께서 소천하셨다는 부음을 받게 되었다. 지금까지 늘 기댈 수 있던 선생님께서 떠나셨다니 순간 모든 것을 잃은 것 같았다.

나는 지금까지 무엇을 하였는가. 남은 시간을 소중하게 보내야겠다는 다짐을 하게 되었다. 그러던 중 2014년 정부(교육부)의 재원으로 한국연구재단이 공모한 연구확산출판 지원사업 학술서 과제에 지원하여 선정됨에 따라 연구비의 지원을 받아(과제번호 NRF2014 S1A6A4A02) 그 동안 중단되어 미뤄왔던 로빈기어의 『한국민법전초안』을 복원하여 번역하고 이를 바탕으로 현행민법전초안과 비교를 하였다. 이 작업은 미군정시대에 시작된 한국민법전편찬사업이 한국정부가 수립된 뒤 법전편찬위원회 민법분과위원회에서 완성된 우리나라 민법전의 편찬에 관한 연구인 것이다. 따라서 두 민법전초안을 비교함으로써 우리나라에 시행할 민법전을 어떻게 편찬하고자 하였는가를 밝히게 되었다.

이 연구서는, 제1장 서론, 제2장 미군정시대(1945~1948)의 한국민법전편찬사업의 추진과 전개, 제3장 한국민법전초안의 입법과 법리, 제4장 로빈기어의 초안과 현행민법전 초안과의 비교, 제5장 결론으로 구성하였다. 이를 세부적으로 보면 다음과 같다.

제1장 서론에서, 우리나라가 일본제국주의의 지배에서 벗어나면서 미군정시대를 맞고 미군정청에서 우리나라 법제를 정비하는 사업으로 한국민법전편찬사업을 추진하고 전개한 역사적 의의와 연구의 필요성을 기술하였다. 이와 함께 선행연구의 동향을 분석하였다.

제2장 미군정시대(1945~1948)의 한국민법전편찬사업의 추진과 전개에서, 먼저 미군정시대의 시대적 상황을 분석하고, 다음으로 미군정청에서 한국민법전편찬사업을 추진하기 위한 제도적 준비와 그 변천을 분석하고, 그 사업을 추진한 주관기관의 변동과 전개과정을 분석하고 검토하였다. 이와 함께 미군정청 법률고문관 주석 로빈기어의 활동을 분석하고, 이 사업이 미친 영향을 검토하였다.

제3장 한국민법전초안의 입법과 법리에서, 먼저 제2절에서 초안의 체계적 분석을 통

하여 우리나라의 민법전을 어떠한 체계로 하고자 하였는가를 밝혔다. 이와 함께 초안에서 주로 참조한 미국 켈리포니아 주민법전의 체계와 비교 분석을 하였다. 다음으로 제3절에서 제6절까지 로빈기어 초안의 규정 내용에 따라서 제1편 인(Person)편, 제2편 채무(Obligations)편, 제3편 재산 / 물권(Property / Real Rights)편 및 제4편 상속(Succession to Property)편을 각 절로 나누고, 그 규정 내용을 분석하여 체계적으로 서술하고 입법의사를 검토하였다. 로빈기어는 이와 같은 법전의 체제에 대하여 "사람의 일생에 따라 출생시부터 생활을 통해 가정 내에는 가족의 일원으로 연구하고 능력의 요소를 연구하며 사람과 재산과의 관계를 취급하고 사람의 죽음의 법률적 효과를 분석함으로 종말을 지을 수 있을 것입니다"고 말하였다. 여기에서 로빈기어 초안의 조문을 복원하는 작업과 번역하는 작업이 이뤄졌다. 이 부분이 이 저술에서 주된 내용이 된다.

제4장 로빈기어의 초안과 현행민법 초안과의 비교에서, 미군정시대에 추진한 한국민법전편찬사업의 결과인 로빈기어 초안과 그 후 우리나라 정부의 법전편찬위원회에서 기초한 현행민법전 초안과의 체제 및 내용을 비교하였다. 이 비교를 통하여 우리나라의 민법전을 어떻게 입법하고자 하였는가에 대하여 분석하고 검토하였다. 따라서 여기에서 두 초안의 입법의사를 구체적으로 비교하여 확인하게 되었다.

제5장 결론에서, 지금까지의 연구 내용을 요약하고 미군정시대가 끝나고 우리나라 정부가 민법전편찬사업을 추진함에 있어서 그 연속성에 대하여 검토하고 현재 추진하고 있는 우리나라 민법전을 어떻게 개정하는 것이 바람직한가를 전망하였다.

이 연구를 완성하면서 어려움은 겪었던 것은, 첫째 로빈기어의 한국민법전초안의 원문을 복원하는 일이었다. 왜냐하면 원문이 영문으로 된 점, 타이핑으로 작성되고 손으로 수정을 한 원고 형식인 점, 보관상태가 좋지 않아 이미 산화가 많이 진행되어서 읽기조차 어려운 상태로서 복원이 물리적으로 도저히 불가능한 부분은 어쩔 수 없이 […]로 처리하지 않을 수 없었던 점이다. 둘째 복원된 원문을 번역하는 일이었다. 법조문을 의역으로 할 것인가, 아니면 직역으로 할 것인가, 그것이 문제였다. 원문을 접하지 못하는 독자를 위하여 원문에 충실한 직역으로 하는 방법을 택함으로서 원문을 읽는 마음으로 대할 수 있도록 하였다. 이 부분에 대하여 앞으로 독자들의 의문이 많을 것으로 여긴다. 앞으로 로빈기어의 한국민법전초안 원문과 함께 현행민법전과 입법례를 모두 아우르는 주해서를 집필하고자 기획하고 있다.

요즈음 우리나라의 출판시장은 매우 어려움을 겪고 있다. 책을 읽지 않는 곳은 미래가 없다. 그럼에도 출판시장은 불황을 겪고 있다고 한다. 이 어려운 사정에도 전문학술서와 같이 시장성이 없는 저술인 이 책의 출판을 쾌히 받아주신 소명출판 박성모 대표님께 깊이 감사를 드린다. 그리고 공홍 편집부장님과 업무부 고건 과장에게도 감사를 드린다. 이 책이 소명출판 창립 20주년이 되는 해에 세상에 나올 수 있게 된 것을 더욱 기쁘게 생각한다. 2016년 9월 하순경부터 2017년 삼복더위 속에 쉬지도 못하고 편집과 교정으로 가장 긴 시간을 같이 해준 성지은 편집자와 2018년에 마무리를 한 정필모 선생에게 진심으로 고마움을 보낸다.

이 책이 세상에 나와서 과거 속에 묻혀버렸던 미군정시대의 한국민법전편찬사업과 그 결과로 나온 로빈기어의 『한국민법전초안』에 관한 연구에 조그만 기여를 할 수 있기를 바란다.

2018년 6월 10일
창원 왕암민사법연구소 서재에서
저자 씀

차례

머리말   3

제1장 서론   11

　　제1절 연구의 배경   13

　　제2절 연구의 목적·방법·선행연구의 분석   15
　　　　I. 연구의 목적   15
　　　　II. 연구의 방법   18
　　　　III. 선행연구의 분석   18

제2장 미군정시대(1945~1948)의 한국민법전편찬사업의 추진과 전개   23

　　제1절 미군정시대(1945~1948)의 시대적 상황   25

　　제2절 한국민법전편찬사업의 제도적 준비와 그 변천   26
　　　　I. 미군정청의 법무국 법전편찬부에서 사법부 법전기초국으로   26
　　　　II. 입법의원의 창설과 입법기관으로서의 기능   29
　　　　III. 남조선과도정부로의 개칭과 법전기초위원회의 설치   30

　　제3절 법률고문관의 활동과 법률고문관 로빈기어   33
　　　　I. 미군정시대에 법률고문관의 위상과 활동   33
　　　　II. 한국민법전의 편찬에서 법률고문관 로빈기어의 활동   34

제3장 한국민법전초안의 입법과 법리   43

　　제1절 서설   45

　　제2절 초안의 체계적 분석   46
　　　　I. 로빈기어의 한국민법전편찬에 관한 기본방침   46
　　　　II. 로빈기어의 한국민법전초안의 편별방식   47
　　　　III. 로빈기어 초안과 켈리포니아 주민법전과의 비교   48

　　제3절 초안 제1편 인(Person)   53
　　　　I. 자연인(Natural)   53
　　　　II. 법인(Juristic person)   86

제4절 초안 제2편 채무(Obligations)　141

　　I. 통칙(Provisions common to all)　141

　　II. 각종의 채무관계　172

제5절 초안 제3편 물권(Property / Real Rights)　312

　　I. 본질(Nature)　313

　　II. 종류(Classes)　313

제6절 초안 제4편 재산상속(Succession to Property)　366

　　I. 무유언상속(Intestate)　367

　　II. 유언상속(Testamentary)　372

　　III. 재산상속의 관리(Administration)　380

제4장 로빈기어의 초안과 현행민법전 초안과의 비교　387

제1절 서설　389

제2절 두 법전의 체계적 비교　389

　　I. 로빈기어 한국민법전초안의 체계　389

　　II. 현행민법전초안의 체계　393

　　III. 두 민법전의 체계에 있어서 비교　399

제3절 두 법전의 구체적 규정내용의 비교　402

　　I. 인(Person) 편의 규정내용　402

　　II. 채무(Obligations) 편의 규정내용　413

　　III. 물권(Property / Real Rights) 편의 규정내용　542

　　IV. 제1편 인(Persons) 편과 제4편 재산상속(Succession to Property) 편의 규정내용　574

제4절 결어　654

제5장 결론　657

참고문헌　662

사항색인　665

제1장

서론

제1절 | 연구의 배경
제2절 | 연구의 목적·방법·선행연구의 분석

제1절 • 연구의 배경

　우리나라는 1945년 8월 15일 일본이 무조건 항복을 하고 같은 해 9월 9일에 연합군(미군)과 조선총독과의 38도선 이남의 일본군 항복문서의 조인이 있었다. 그 후 같은 해 9월 11일에 서울에 진주한 미군사령관 존 R. 하지 중장이 미군정시정방침을 발표하고, 9월 12일 윌리암 H. 아놀드(Anold) 소장이 초대 군정장관으로 취임하였다. 이로써 우리나라는 일본제국의 식민통치와 일본법의 지배로부터 벗어날 수 있게 되었다. 그러나 우리나라는 일본제국의 패망에 이어서 바로 미군정의 통치 아래에 들어갔다.[1] 미군정청은 1945년 11월 2일에 군정법령 제21호로 종래의 일본법규 중 계속 효력을 가지는 법규와 그 집행에 관하여 규정하였다. 즉 우리나라에 적용되었던 모든 일본법규 및 조선총독부가 발포하여 법률적 효력을 가졌던 규칙이나 명령 또는 고시 기타 문서로서 1945년 9월 9일 현재 실시 중이던 것은 그간 폐지한 것을 제외하고 남조선군정청의 명령으로 폐지할 때까지 효력을 가진다고 하였다. 이와 같은 변화 속에서 미군정청은 당시 한국에 시행되고 있는 법령을 정비하고, 또 시행할 법령을 제정 및 공포하여 시행을 하였다.[2] 그 가운데 한국에서 시행할 민법전의 편찬은 미군정청의 주요사업 가운데 하나였다. 이 사업은 미군정청에 의하여 군정이 시작되면서 준비를 거쳐서 편찬 작업에 들어가게 되었다. 이러한 미군정청의 한국민법전편찬사업은 당시 법률고문관 로빈기어(Lobingier, Charles S., 1866~1956)에 의하여 『한국민법전초안(*Proposed Civil Code for Korea*)』(1949)이 완성되었던 것이다.[3]

　이로써 대한제국의 말기인 1905년 11월 일제에 의한 을사보호조약이 체결되어 한국

1　하지(John R. Hodge) 중장은 미 제10군 산하 제24군단의 지휘관으로서 1945년 9월 7일부터 8일 사이에 인천으로 상륙하여 같은 해 9월 9일 미군정시정사(美軍政施政辭)를 통하여 "남한지역에 주둔하고 있던 일본군으로부터 항복장을 입수하였다. 즉 '나는 주한미군사령관의 자격으로 이제 법률과 질서를 유지하는 동시에 한국의 경제상태를 앙양시키며 한국민의 생명·재산을 보호하며 기타 점령군에게 지워진 제의무를 이행할 것이다. 그리고 국민 여러분은 본인의 제권한에 입각한 명령을 준수하기 바라며, 그리하면 공포감을 가질 필요는 없다. 본인은 이미 확정된 항복장에 조인된 조건을 이행함에 있어서 먼저 현 행정기구를 필요로 할 것이며 동시에 장차 나의 지휘하에 있을 관리의 명령에 복종하기를 바란다. 한국민을 위하여 군정의 시책은 장차 필요에 따라 개혁될 것이다'"고 말하였다. 김운태,『미군정의 한국통치』, 박영사, 1992, 69~70면, 83면; 윤대성,『한국전세권법연구』, 한국학술정보, 2009, 251면.

2　김병화,『한국사법사(현세편)』, 일조각, 1979, 6면.

3　윤대성,『미군정시대(1945~1948)의 한국민법전편찬사업』, 한국학술정보, 2009, 12면.

의 외교권이 박탈되고 통감에 의한 통치가 실시된 뒤 1907년 7월에 한일신약을 다시 체결함으로써 "한국정부의 법령의 제정 및 중요한 행정상의 처분은 미리 통감의 승인을 거칠 것"(동 제2조)에 의하여 입법권이 통감부로 위양되었고,[4] 1910년 8월 22일 한일합병조약이 조인됨으로써 일본제국주의의 직접적인 식민통치를 받으면서 일본법의 지배 아래에 있었던 것[5]으로부터 벗어나게 되었다.

미군정시대의 한국민법전편찬사업은, 비록 미군정청이 주관하여 이뤄졌지만, 일본제국주의에 의하여 식민통치를 목적으로 조선총독이 '조선민사령'을 제정하여 일본 민법을 강제 이식하여 그대로 시행되었던 것을 청산하고자 한 것이다. 그러나 광복을 맞은 한국에 있어서 광복 이후 혼란기를 거쳐 1948년 8월 15일 한국 정부의 수립과 더불어 미군정시대의 막이 내리고 이 민법전의 편찬이라는 주요한 사실은 역사의 뒤안길로 묻히고 말았다.

그러나 최근에 우리나라에서의 미군정시대에 전개된 한국민법전편찬사업에 의한 주요자료인 당시 미군정청 법률고문관이었던 로빈기어의 『한국민법전초안』이 미국 의회도서관에서 발견됨으로써 당시의 한국 민법전의 편찬에 있어서 영미법(특히 미국법)이 어떠한 영향을 미쳤는가를 연구할 수 있는 직접자료를 얻을 수 있게 되었다. 그 후 로빈기어 초안은 연구의 확대로 새로운 국면을 맞게 되었던 것이다.

---

4 통감부의 민사에 관한 입법을 둘러싸고 일본의 국내에서는 민법전제정파와 일본법강행파의 대립이 있었다. 민법제정파는 민사에 관한 입법을 위한 전제 작업으로서 한국의 민사관습을 조사하지 않을 수 없다는 주장이었다(梅謙次郎, 「韓國の法律制度に就で」, 『東京經濟誌』 제1514호, 1909.10, 10면). 이에 대하여 일본법강행파는 어느 익명의 필자가 "梅 교수라는 자가 조선의 법전을 조사하면서 부질없이 휴지처럼 쓸모없는 구법전을 인정하여 이것이 곧 조선의 구관습이니 문헌이니 하며 존중하는 오류에 빠지고 있다. (…중략…) 이러한 휴지에 얽매이는 우를 범하지 말고 우리의 진보된 공정한 민법을 당당하게 전부 강행해야 한다"(匿名, 「朝鮮の法典調査」, 『東京經濟誌』 제1346호, 1906.7, 107면)고 한 바와 같이 주장하였다. 이와 같은 논의 속에서 초대 통감인 伊藤博文은 민법전제정파의 의견을 지지하여 梅謙次郎의 민사관습조사 및 민사법의 입법을 추지시켰던 것이다. 윤대성, 『한국민사법제사연구―일제의 한국관습법조사사업과 민사관습법』, 한국학술정보, 2009, 22~23면.

5 일본은 한일합병조약을 공포한 1910년 8월 29일에 긴급칙령 제324호로 '조선에 시행할 법령에 관한 건'(明治 44년 3월 25일 법률 제30호)을 공포함으로써 우리나라에서 정치적 지배에 수반하여 법률적 지배를 위한 최초의 조치를 하였던 것이다. 이와 같은 제령권을 부여받은 조선총독은 1912년(明治 45년) 3월 18일에 제령 제3호로 '朝鮮民事令'을 발포하고, 이로써 우리나라에 일본민법이 적용되었다. 윤대성, 『한국전세권법연구』, 한국학술정보, 2009, 119~121면.

제2절 • 연구의 목적 · 방법 · 선행연구의 분석

I. 연구의 목적

이 연구의 목적은 미군정청(USAMGIK)에 의한 한국민법전편찬사업이 우리나라에서 일본제국주의의 잔재를 청산하려는 의도를 발견할 수 있다는 점에서 매우 주요한 사실이 아닐 수 없다. 그럼에도 불구하고 미군정시대가 막을 내리고 우리나라 정부에 의하여 법전편찬사업의 일환으로 민법전편찬사업을 다시 추진하면서 일본제국주의에 의하여 강제로 시행되었던 일본 민법을 개정하는 수준으로 우리 민법전을 제정함으로써 미군정청에서 추진하였던 한국민법전편찬사업의 본래 의도는 퇴색되고 말았던 것이다.

그동안 이러한 역사적 사실을 잊어버리고 1960년 1월 1일부터 시행된 한국민법전에 대하여 개정논의가 주로 친족상속법 분야에서 그 개정을 여러 차례 하였으나 재산법 분야는 1983년에 일부 개정이 있었을 뿐 전체적인 개정은 없었다. 그러나 2003년부터 법무부가 주관하여 재산법 분야에 관한 민법전의 개정논의가 지금까지 진행되고 있으나 그 결과가 아직도 불투명하다.

이와 같은 한국민법전의 개정논의에서 외국 입법례를 연구하는 학자들이 우리나라에서 미군정시대에 한국민법전편찬사업이 전개되었고, 그 결과 이미 한국민법전초안이 이뤄졌다는 사실에 많은 관심을 갖게 되었다.

이 연구서의 주제는 「미군정시대(1945~1948)의 한국민법전편찬사업과 로빈기어의 『한국민법전초안』에 관한 연구」를 1995년 교육부 지원 한국학술진흥재단의 지방대학육성 지원과제로 신청하여 선정됨에 따라서 그 연구결과를 학회지 비교사법[6]에 나누어 발표한 뒤에 결과보고를 한 것이다. 그 내용을 보면, I. 서설, II. 미군정시대(1945~1948)의 한국민법전편찬사업, 1. 서, 2. 연표에 의한 미군정시대(1945~1948)의 개막과 폐막, 3. 미군정시대(1945~1948)의 한국민법전편찬사업과 그 경과, 4. 미군정시대(1945~1948)의 한국민법전편찬사업이 미친 영향, III. 로빈기어의 「한국민법전초안」의 내용분석, 1. 서, 2.

---

6 윤대성, 「미군정시대(1945~1948)의 한국민법전편찬사업과 로빈기어의 『한국민법전초안』에 관한 연구(1)」, 『비교사법』 제4권 제1호, 한국비교사법학회, 1997.6, 382~452면; 동, 「미군정시대(1945~1948)의 한국민법전편찬사업과 로빈기어의 『한국민법전초안』에 관한 연구(2)」, 『비교사법』 제4권 제2호, 한국비교사법학회, 1997.12, 339~388면.

로빈기어의 「한국민법전초안」의 체계, 3. 로빈기어의 「한국민법전초안」과 켈리포니아 주민법전과의 비교, 4. 로빈기어의 「한국민법전초안」과 물적 담보법의 체계, 5. 로빈기어의 「한국민법전초안」과 전세권, IV. 결론으로 구성되었다. 이로써 우리나라에서 미군정시대에 미군정청 법률고문관 로빈기어에 의하여 이뤄진 「한국민법전초안」(1949)에 관한 최초의 연구가 이뤄졌던 것이다.

이 연구결과를 보고한 뒤에 후속 연구를 하면서 이를 한 권의 책으로 묶어서 『미군정시대(1945~1948)의 한국민법전편찬사업』[7]을 공간하였다. 그 내용을 보면, 제1장 서설, 제2장 미군정시대(1945~1948)의 한국민법전편찬사업, 제1절 서설, 제2절 연표에 의한 미군정시대(1945~1948)의 개막과 폐막, 제3절 미군정시대(1945~1948)의 한국민법전편찬사업과 그 경과, I. 민법전편찬을 위한 제도적 준비와 그 변천, II. 민법전편찬에 있어서 군정청 법무국과 법전기초국의 동향, III. 민법전편찬에 있어서 법전기초위원회와 법제편찬위원회의 동향, IV. 민법전편찬에 있어서 미군정청 법률고문관 로빈기어, 제4절 미군정시대(1945~1948)의 한국민법전편찬사업이 미친 영향, 제3장 로빈기어의 「한국민법전초안」의 내용분석, 제1절 서설, 제2절 로빈기어의 「한국민법전초안」의 체계적 분석, 제3절 로빈기어의 「한국민법전초안」과 켈리포니아 주민법전과의 비교, 제4절 로빈기어의 「한국민법전초안」과 물적담보법의 체계, 제5절 로빈기어의 「한국민법전초안」과 전세권, 제4장 로빈기어의 「한국민법전초안」과 미국 켈리포니아 주민법전의 비교, 제1절 로빈기어의 「한국민법전초안」과 미국 켈리포니아 주민법전에 있어서의 계약법, 제2절 로빈기어의 「한국민법전초안」과 미국 켈리포니아 주민법전에 있어서 불법행위법, 제3절 로빈기어의 「한국민법전초안」과 미국 켈리포니아 주민법전에 있어서의 혼인법, 제5장 결론으로 구성되었다.

그러나 최근에 우리 정부가 민법(재산편) 개정작업을 진행하면서 미군정시대에 미군정청 법률고문관 로빈기어에 의한 『한국민법전초안』의 규정 내용을 알고자 하는 학자들이 많고, 우리가 까맣게 잊고 있던 미군정시대에 미군정청에서 우리나라의 민법전을 어떠한 내용으로 어떻게 제정하려고 하였는가에 대하여 많은 관심을 갖게 되었다.

이와 같은 우리나라의 미군정시대에 한국민법전편찬사업과 그 결과인 『한국민법전초안』에 대한 학문적 관심을 해결하고, 지금 진행되고 있는 우리나라의 민법(재산편)

7　윤대성, 『미군정시대(1945~1948)의 한국민법전편찬사업』, 한국학술정보, 2009.9.

개정작업에도 입법적인 참고자료로 활용될 수 있도록 지금까지의 저술성과를 확산할 필요가 있다.

특히 기존연구와 그 후속연구를 한 권의 책으로 공간하면서 시간에 쫓겨서 완성적인 상태가 되지 않았던 한국민법전초안의 규정 내용을 깊이 있게 연구 집필할 필요가 있으므로, 이번 기회에 그 규정 내용을 심도 있게 분석하고 검토하여 그 민법전 초안에서 도입한 각 제도의 입법의사를 탐구하고 이를 체계화하고자 한다. 즉 우리나라에서의 미군정시대(1945~1948)의 한국민법전편찬사업에서 이뤄진 결과인 로빈기어 초안의 개별 규정 내용을 분석·검토하여 민법전에 어떠한 제도를 어떻게 규정하고자 하였는가에 대하여 규정 내용을 체계화하고 그 입법의사를 검토하여 우리나라 정부의 수립 이후에 추진한 민법전편찬사업에서 이뤄진 현행민법전 초안과 비교함으로써 두 초안의 입법의사를 밝히고자 하는 데 있다.

따라서 이 연구서는, 제1장 서론, 제2장 미군정시대(1945~1948)의 한국민법전편찬사업의 추진과 전개, 제3장 한국민법전초안의 입법과 법리, 제4장 로빈기어의 초안과 현행민법전 초안과의 비교, 제5장 결론으로 구성한다. 이를 세부적으로 보면, 제1장 서론에서, 우리나라가 일본제국주의의 지배에서 벗어나면서 미군정시대를 맞고 미군정청에서 우리나라 법제를 정비하는 사업으로 한국민법전편찬사업을 추진하고 전개한 역사적 의의와 연구의 필요성을 기술하고자 한다. 이와 함께 선행연구의 동향을 분석하고자 한다. 제2장 미군정시대(1945~1948)의 한국민법전편찬사업의 추진과 전개에서, 먼저 미군정시대의 시대적 상황을 분석하고, 다음으로 미군정청에서 한국민법전편찬사업을 추진하기 위한 제도적 준비와 그 변천을 분석하고, 그 사업을 추진한 주관기관의 변동과 전개과정을 분석하고 검토하고자 한다. 이와 함께 미군정청 법률고문관 로빈기어의 활동을 분석하고, 이 사업이 미친 영향을 검토하고자 한다. 제3장 한국민법전초안의 입법과 법리에서, 먼저 제2절에서 초안의 체계적 분석을 통하여 우리나라의 민법전을 어떠한 체계로 하고자 하였는가를 밝히고자 한다. 이와 함께 초안에서 주로 참조한 미국 켈리포니아 주 민법전의 체계와 비교 분석을 하고자 한다. 다음으로 제3절에서 제6절까지 로빈기어 초안의 규정 내용에 따라서 제1편 인(Person)편, 제2편 채무(Obligations)편, 제3편 재산/물권(Property / Real Rights)편 및 제4편 상속(Succession to Property)편을 각 절로 나누고, 그 규정 내용을 분석하여 체계적으로 서술하고 입법의사를 검토하고자 한다. 여기에서 로빈기어 초안의 조문을 복원하는 작업과 번역하는 작업이 이뤄지게 된다. 이 부분이 이 저술에서 주된 내용이 되는 것이다. 제4장 로빈기어의 초안과 현행민법전 초안과의 비교에서, 미군정시대에 추진한 한국민법전편찬사업의 결과인 로빈기어 초안과 그 후 우리나라 정부의 법전편찬위원회에서 기초한 현행민법전 초안(이하 '현행민법전 초안'이라 함)과의 체제 및 내용을 비교하는 것이다. 이 비교를 통하여 우리나라의 민법전을 어떻게 입법하고자 하였는가에 대하여 분석하고 검토한다. 따라서 여기에서 두 초안의 입법의사를 구체적으로 비교하여 확인할 수 있을 것이다. 제5장 결론에서, 지금까지의 연구 내용을 요약하고 미군정시대가 끝나고 우리나라 정부가 민법전편찬사업을 추진함에 있어서 그 연속성에 대하여 검토하고 현재 추진하고 있는 우리나라 민법전을 어떻게 개정하는 것이 바람직한가를 전망하고자 한다.

II. 연구의 방법

이 연구과제를 수행함에 있어서 연구방법은 문헌자료분석방법에 의하여 연구한다. 따라서『한국민법전초안』의 조문을 복원하여 그 규정 내용을 깊이 있게 분석하고 검토하여 체계화하고 입법의사를 탐구하고자 하는 것이 주안점이라 하겠다. 여기에서 가장 큰 어려움은 로빈기어 초안의 원 조문을 읽을 수 없는 상태(이미 산화가 진행된 타이핑한 원고 형태인 것을 복사한 것임)이기 때문에 이를 복원하고 번역하여 분석하는 것이라 할 것이다. 복원한 원문을 통하여 개별 규정에 의하여 민법전에 수용한 제도에 관한 입법례를 참조하여 입법의사를 밝히는 것이다.

III. 선행연구의 분석

지금까지 국내에서 미군정시대의 한국민법전편찬사업과 로빈기어의『한국민법전초안』에 관한 선행연구를 보면, 정종휴 교수의「한국민법의 제정과정」[8]에서 '민법전제정을

8　정종휴,「한국민법의 제정과정」,『민법학논총』(후암 곽윤직교수화갑기념), 박영사, 1985, 2~5면.

위한 미군정시대의 동향'을 다루면서, ① 제도적 준비와 ② 예상된 민법전으로, 미군정시대의 민법전편찬을 위한 기구에 대하여 약술하고 당시 법전기초국 고문관 주석인 로빈기어의 「일본민법개정사안」(『법정』 제2권 제2호, 1947)을 인용하여 당시 예정된 민법전을 서술하고 있다. 한편, 그의 저서[9]에서도, ① 제도적 준비와 ② 예상된 민법전을 서술하면서 앞의 내용보다 약간 상술하고 있다. 최종고 교수의 「해방후 한국기본법제의 정비」[10]에서 '법전기초위원회와 입법의원'을 다루면서 미군정시대의 법전편찬사업에 대하여 서술하고 있다. 한편, 「C. 로빙기어 博士」[11]에서 로빈기어에 대한 이력과 그의 한국민법전초안을 소개하고, 그 밖에 다른 저술[12]에서도 로빈기어에 관한 단편적인 소개를 하고 있다. 양창수 전 대법관(당시 서울대 교수)의 "민법안의 성립과정에 관한 소고"[13]에서 미군정시대에서 한국 정부의 수립으로 이어지는 변환기의 민법전 편찬에 관한 과정을 다루면서 로빈기어에 대하여 각주 6에서 약술하고 있다. 그 밖에 이상욱 교수의 「우리나라 법제의 근대화와 민법전 편찬」[14]에서 미군정청의 민법전 편찬 시도를 다루고 있다.[15]

저자는, 처음에 『한국전세권법연구』[16]에서 미군정시대의 민법전 제정 시도를 다루면서 약술하였으나, 그 후 이에 관한 관심을 갖고 연구를 발표하기에 이르렀다. 먼저 「로빈기어의 한국민법전초안과 전세권」[17]에서 미군정시대의 민법전편찬과정과 로빈기어의 한국민법전초안을 다루면서 전세권에 관한 초안의 내용을 분석하였고, 다음으로 「로빈기어의 한국민법전초안과 물적담보법의 체계」[18]에서 초안의 물적담보에 관한 원문 규정을 복원하여 그 내용을 분석하여 물적담보법의 체계가 어떻게 되었는가를 밝혔다. 그 후 한국비교사법학회 제2회 학술대회[19]에서 「한국민법전편찬에 미친 영미법의 영향—미군정시대(1945~1947)의 민법전편찬과 로빈기어의 『한국민법전초안(*Proposed Civil Code for Korea*)』을 중심으로」를 주제 발표하면서, 미군정시대의 민법전편찬과정과 이에 있어서 로

9　鄭鍾休, 『韓國民法典の比較法的研究』, 創文社, 1989.

10　최종고, 「해방후 한국기본법제의 정비」, 『한국법사학논총』(박병호교수환갑기념2), 박영사, 1991, 442~447면.

11　최종고, 「C. 로빙기어 博士」, 『법률신문』, 1989.2.2.

12　최종고, 『서양인이 본 한국법속』, 교육과학사, 1989.

13　양창수, 「민법안의 성립과정에 관한 소고」, 『민법연구』 제1권, 박영사, 1991, 53~74면.

14　이상욱, 「우리나라 법제의 근대화와 민법전 편찬」, 『사법학의 재조명』(송촌 박영우교수화갑기념), 한림원, 1988, 40~43면.

15　윤대성, 앞의 책, 15~16면.

16　윤대성, 『한국전세권법연구』, 삼지원, 1989, 178~179면.

17　윤대성, 「로빈기어의 한국민법전초안과 전세권」, 『논문집』 제15권, 창원대학교, 1994, 45~64면.

18　윤대성, 「로빈기어의 한국민법전초안과 물적담보법의 체계」, 『논문집』 제16권, 창원대, 1994, 155~186면.

19　1994.11.26. 경희대에서 개최되었음.

빈기어 등 법률고문관의 역할과 로빈기어의 한국민법전초안의 내용에 의한 체계 분석을 하였으며, 그 결과는 학회지[20]에 게재하였다. 그 후 한국학술진흥재단의 1995년 지방대학육성과제 「미군정시대(1945~1948)의 한국민법전편찬사업과 로빈기어의 『한국민법전초안』에 관한 연구」를 수행하면서, 중간발표로서, 「로빈기어의 『한국민법전초안』의 체계적 분석」[21]에서 로빈기어의 한국민법전초안의 체계적 분석을 시도하였고, 또한 경남대학교 법학연구소의 제7회 학술발표회[22]에서 주제 발표한 「미군정시대(1945~1948)의 한국민법전편찬사업－법률고문관의 활동을 중심으로」에서 미군정시대의 한국민법전편찬사업의 전개과정과 법률고문관의 활동을 다뤘고, 그 결과는 김계환 교수 화갑기념논문집[23]에 게재하였다. 그리고 「로빈기어의 『한국민법전초안』과 켈리포니아 주민법전과의 비교」[24]에서 로빈기어의 초안과 켈리포니아 주민법전을 체계와 내용에서 비교를 하였다. 연구과제의 결과를 보고한 뒤 후속연구로서, 「로빈기어의 『한국민법전초안』과 미국 켈리포니아주 민법전에 있어서 계약법」[25]에서 계약법을 비교 연구하였고, 「로빈기어의 『한국민법전초안』과 미국 켈리포니아주 민법전에 있어서의 불법행위법」[26]에서 불법행위법의 비교 연구를 하였으며, 「로빈기어의 『한국민법전초안』과 켈리포니아주 민법전에 있어서 혼인법의 비교」[27] 및 「로빈기어의 『한국민법전초안』과 켈리포니아주 민법전에 있어서의 혼인법」[28]에서 혼인법을 비교 검토하였다.

저자는 2014년 한국연구재단의 연구성과확산지원사업 학술서출판지원에 선정됨에 따라서 그동안 여러 번 시도하였다가 실패한 로빈기어의 『한국민법전초안(*Proposed Civil*

---

20 윤대성, 「한국민법전편찬에 미친 영미법의 영향－미군정시대(1945~1947)의 민법전편찬과 로빈기어의 한국민법전초안(Proposed Civil Code for Korea)을 중심으로」, 『비교사법』 창간호, 한국비교사법학회, 1995.2, 5~33면. 여기에서 1947년까지로 본 것은 순수한 미군정시대만을 구분한 것에서 비롯된 것이다.

21 윤대성, 「로빈기어의 한국민법전초안의 체계적 분석」, 『경남법학』 제11집, 경남대 법학연구소, 1996.2, 203~218면.

22 1996.4.3. 경남대학교 법정대학 소강당에서 개최하였음.

23 윤대성, 「미군정시대(1945~1948)의 한국민법전편찬사업－법률고문관의 활동을 중심으로」, 『헌법학과 법학의 제문제』(효산김계환교수회갑기념), 박영사, 1996.12, 423~443면.

24 윤대성, 「로빈기어의 「한국민법전초안」과 켈리포니아 민법전과의 비교」, 『현대민법학의 새로운 전개』(남범이영환교수정년기념논문집), 부산대 출판부, 1997.2, 15~41면.

25 윤대성, 「로빈기어의 「한국민법전초안」과 미국 켈리포니아 민법전에 있어서 계약법」, 『민사법학의 제문제』(윤성엄영진교수화갑기념), 대왕사, 1997.11, 481~499면.

26 윤대성, 「로빈기어의 「한국민법전초안」과 미국 켈리포니아 민법전에 있어서의 불법행위법」, 『민법의 과제와 현대법의 조명』(경암홍천용박사화갑기념), 경남대 법학연구소, 1997.11, 503~522면.

27 윤대성, 「로빈기어의 「한국민법전초안」과 켈리포니아 민법전에 있어서 혼인법의 비교」, 『사회과학연구』 제4집, 창원대 사회과학연구소, 1988.3, 45~66면.

28 윤대성, 「로빈기어의 「한국민법전초안」과 켈리포니아 민법전에 있어서의 혼인법」, 『법학의 현대적 과제』(덕암김병대교수화갑기념), 대흥기획, 1998.2, 483~506면.

Code for Korea)』(1949)을 물리적으로 불가능한 것을 빼고 거의 복원을 마침으로써 이를 기초자료로 하여 기존의 연구결과를 바탕으로 이 연구서를 완성한 것이다.

미군정시대(1945~1948)의 한국민법전편찬사업의 추진과 전개

제1절 | 미군정시대(1945~1948)의 시대적 상황

제2절 | 한국민법전편찬사업의 제도적 준비와 그 변천

제3절 | 법률고문관의 활동과 법률고문관 로빈기어

제1절 • 미군정시대(1945~1948)의 시대적 상황

우리나라에서 실시된 미군정이 어떠한 배경과 경과를 거쳐서 전개되었는가는 관점에 따라서 달리 볼 수 있다. 왜냐하면 1945년 8월 15일 우리나라가 해방이 된 후 미·소 양국의 군대가 진주하여 북위 38도선을 경계로 남북을 분할 점령하여 남쪽에서는 미군정이, 북쪽에서는 소련군정이 실시되었기 때문에 이와 같은 시대적 상황에 대하여 어떻게 시대구분을 할 것인가의 문제가 있다 할 것이다. 우리나라의 학계에서도 몇 가지의 견해가 제기되고 있다.[1] 그러나 미군정의 통치구조의 전개와 정치충원과정에서의 한국화 정책의 진전이라는 맥락에서 보면, 초기의 점령군의 직접통치하에서 미군인 주도의 군정행정체제의 한국화가 착수된 초기단계와, 미군인과 한국인이 공동 참여하는 과도기의 중기단계, 이 단계는 미군정이 좌우합작운동을 지원하면서 남조선과도입법의원을 설립하여 직접통치에서 간접통치로 전환하려는 과도기에 해당하는 시기이고, 후기단계로서 한국인이 주도하는 간접통치단계는 미군정청의 민정장관과 각부의 부장이 한국인으로 임명되고 마침내 남조선과도정부(South Korean Interim Government)가 정식으로 출범함으로써 간접통제가 일정한 수준에 도달하는 마지막 시기에 해당한다. 이렇게 구분하는 것은 제1설의 견해와 같은 시각이지만 그것을 다시 세분화한 것에 특징이 있다 할 것이다. 따라서 미군정기의 시대구분에서 중요한 기준이 될 수 있는 것은 미군정의 한국화 정책이라 할 것이다.[2] 그 가운데 우리가 다루고자 하는 한국민법전편찬사업은 미군정시대의 법률정비사업이라는 미군정의 한국화 정책으로 추진된 것이라 볼 수 있다.

---

1   제1설 : 남조선과도정부가 출범한 1947년 6월을 기점으로 하여, 그 이전을 초기 직접통치기, 그리고 그 이후를 후기 간접통치기로 나누는 견해(진덕규, 「미군정의 정치사적인식」, 송건호 외, 『해방전후사의 인식』, 한길사, 1979, 37~45면), 제2설 : 미국의 대외정책의 맥락 속에서 미군정기를 전·후기로 나누는 견해(심지연, 『한국민주당연구 2』, 풀빛, 1982, 42~43면) 및 제3설 : 미군정기간에 제기된 주요한 쟁점을 기준으로 미군정기를 구분하려는 견해로서, 모스크바 3상회의결의서 발표 이전까지를 정통성경쟁기, 그 이후 신탁통치를 둘러 싼 갈등의 시기를 좌우대립기, 그리고 마지막 제3기를 좌우합작운동과 단정수립기로 구분한다. 김운태, 『미군정의 한국통치』, 박영사, 1992, 175면.

2   김운태, 위의 책, 176~177면.

제2절 • 한국민법전편찬사업의 제도적 준비와 그 변천

I. 미군정청의 법무국 법전편찬부에서 사법부 법전기초국으로

1. 변천과정

미군정시대에 한국민법전의 편찬을 위한 움직임은, 미군정이 시작됨과 함께 시작되었던 것이다. 즉 1945년 9월 28일에 우돌(Woodall, Emery J) 소장이 미군정청 법무부장으로 임명되고, 우리나라의 실질적인 사법행정에 관한 권한이 미군정청으로 이양되었다. 따라서 우리나라에 시행할 한국민법전의 편찬을 위한 최초의 움직임은 미군정청에 의하여 시도되었다. 미군정청은 같은 해 10월 9일 임명사령 제9호에 의하여 법무국 내의 조직을 개편하였다. 이로써 미국인이 책임자로 있는 법무국에 '법전편찬부'를 설치하였고, 이곳에서 미군정시대의 법령정비사업에 있어서 여러 법전의 편찬에 필요한 행정적 업무를 담당하게 되었다.[3]

그 후 미군정청은, 같은 해 11월 19일에 임명사령 제36호에 의하여, 당시 남아있던 조선총독부 법무국의 일부에 '국립도서관'을 설치하고, 그 안에 '현대법증보개정 및 판결록발간부'와 '조선관습법탐구계속부'를 설치하여 직접 주요한 법전을 기초하도록 하였다.[4] 이로써 미군정청은 우리나라에서의 법전편찬사업을 본격적으로 시작하였다.

미군정청은, 다시 1946년 3월 29일에 법령 제64호에 의하여, 미군정청의 부서를 개편하고, 법무국을 '사법부'로 개칭하였다. 또한 법령 제67호에 의하여, 사법부의 기능을 확대하였다. 즉 사법부장을 군정장관의 법률고문으로 하고(동법 제1문), 사법부장은 ① 국법제정에 관한 정책, 대법원 대법관, 공소원 판사로의 적임자 임명에 관하여 또는 정부정책의 적법성, 법률안, 법령 및 법규에 관하여 의견을 구신하고(동법 제2문), ② 사법행정 및 사법기관을 감독하고, 검인등록한 정부공문서의 발행, 법률시행에 대한 용어, 체제 및 효력을 결재하고(동법 제3문, 제4문), ③ 정부에 관한 재판사건에 대하여 정부를 대표하고

3　당시 법전편찬부장에는 한국인 장후영(張厚永)이 임명되었다. 김병화, 『한국사법사(현세편)』, 일조각, 1979, 12면.

4　김병화, 위의 책, 12면; 鄭鍾休, 『韓國民法典の比較法的研究』, 創文社, 1989, 146면.

(동법 제5문), ④ 군정장관의 동의를 얻어 변호사회중앙협의회가 추천하는 자 중에서 대법원, 공소원 이외의 재판소의 판사, 검사를 임명하고(동법 제6문), ⑤ 군정장관의 동의를 얻어 형무서장, 형무서 및 소년심판원의 행형관, 가출옥위원회 및 사법관시험위원회의 위원, 법제도서관 직원, 판결록편집주무관을 임명, 감독하고(동법 제7문), ⑥ 법률심사, 법률해석, 정부 및 정부기관의 법률문서를 기안하여 군정청 각 부·처 및 도지사에 법률의견을 제공하는 법무관을 임명, 감독하고(동법 제8문), ⑦ 군정장관이 수립한 정책 내에서 법제관의 훈련을 감독하며(동법 제9문), ⑧ 변호사지원자로서 법률사무에 종사함에 필요한 요건을 구비했다고 인정하는 자에게 변호사를 인가하는 등의 권한(동법 제10문)을 갖게 되었다.[5]

이와 함께 사법부에는 법제국의 기초과, 법률조사국의 상사법조사과 및 민사법조사과를 설치하였다.[6] 이와 같이 사법부의 개편에 따라서 종전의 법무국에 속하였던 '법전편찬부'가 독립하여 구성된 '법전기초국'으로 그 업무가 이전된 것 같다.[7]

그러므로 미군정시대에 한국 민법전의 편찬을 위한 제도적 준비는 처음에 법무국 법전편찬부에서 시작하여 국립도서관 현행조선법전기초부로, 다시 사법부 법제국 기초과로, 끝으로 사법부 법전기초국으로 변천되었다고 할 것이다.[8]

2. 법무국장 우돌(Woodall, Emery J.)에서 한국인 사법부장 김병노(金炳魯)에로

미군정시대에 처음으로 법전편찬사업을 담당한 기관은 미군정청 법무국의 초대 국장인 우돌(Woodall, Emery J)이었다. 그러나 그 후 법무국이 사법부로 승격 개칭되고 사법부에 한국인 사법부장으로 김병노(金炳魯)가 임명되어서 계속하게 되었다. 그러나 미국인 사법부장에는 테일러(Tayler, Mart) 소령―코넬리(Connelly, John W) 소령―스코트(Scott, Denny F)로 바뀌었다. 이와 함께 고문(advisor)으로 퍼글러(Pergler, Charles) 박사, 프랑켈(Frankel, Ernst) 박사 및 로빈기어 박사 등이 입법업무를 지도하였다.[9]

---

5   한국법제연구회 편, 『미군정법령총람(국문판)』, 1971, 185면.
6   김병화, 앞의 책, 14~15면.
7   그러나 이에 대하여는 당시의 자료에 의하여 확인할 수 없고, 다만 정종휴 교수의 연구(동, 『韓國民法典の比較法的 研究』, 148면 주5) 참조)에서와 같이 추론을 할 뿐이다. 윤대성, 『미군정시대(1945~1948)의 한국민법전편찬사업―로빈기어의 한국민법전초안(*Proposed Civil Code for Korea*, 1949) 분석』, 한국학술정보, 2009, 32면.
8   윤대성, 위의 책, 32면.

그렇다면 미군정청의 법무국 내에 설치된 '조선관습법탐구계속부', '현대조선법전기초부' 및 '현행법증보개정 및 판결록발행부'는 그 활동 상황을 알 수 없지만, 적어도 우리나라에 시행할 법전편찬을 위한 기초작업 내지 법전의 기초사업을 하였다고 보인다. 즉 '조선관습법탐구계속부'는 직접 주요 법전의 기초를 담당하였던 것이다. 한편 '국립도서관'과는 별도로 법무국 내의 '법전편찬부'는 여러 법전의 편찬에 필요한 행정적 업무를 담당하였던 것이다.[10] 또한 사법부의 상사법조사과와 민사법조사과는 우리나라에 시행할 민사법의 기초작업을 담당하였고,[11] 법전편찬부에 속하였던 법전편찬의 업무는 '법전기초국'으로 넘어가면서,[12] 미군정시대의 민법전 편찬은 결국 법전기초국이 담당한 것으로 볼 수 있다.[13] 여기에서 한국인 사법부장 김병노(金炳魯)의 역할은 중요한 의미를 갖게 한다.

3. 조미법률가협회(Korean-American Lawyer Society)의 활동

우리나라에 미군정이 실시됨과 함께 1946년에 조미법률가협회가 구성되어서 활동하였음을 주목하여야 한다. 그 구성원을 보면, 미국 측에서는 퍼글러(Pergler, C), 프랑켈, 코넬리(Connelly, John), 스코트(Scott, D.), 로빈기어 등이었고, 한국 측에서는 김용무(金用茂), 김병노(金炳魯), 이인(李仁), 김찬영(金瓚永), 유진오(兪鎭午), 장후영(張厚永), 홍진기(洪璡基), 황성수(黃聖秀) 등이었다.[14]

우리나라에 시행할 법전 편찬을 담당하는 기관이 미군정청 법무국에서 법전기초국으로 이전되는 과정에서 '조미법률가협회'는 어떠한 활동을 하였는가. 이에 대하여는, 당시 협회의 회장이었던 황성수의 회고에서 알아볼 수 있다. 즉, 그는 "명실 공히 한국의

---

9 Leymann, A., 『*Selected Legal Opinions of Department of Justice, United States Army Military Government in Korea*』, Seoul, Korea, 1948, Preface; 崔鍾庫, "解放後 韓國基本法制의 整備", 韓國法史學論叢(朴秉濠敎授還甲記念), 박영사, 1991, 444면.

10 당시 법전편찬부장에 장후영을 1945.10.9.일자 임명사령 제9호로 임명하였고(김병화, 앞의 책, 12면), 장후영은 그 후 변전편찬위원회 민법분과위원회 재산편 일반위원이 되었다. 정종휴, 「한국민법의 제정과정」, 『민법학논총』(후암 곽윤직교수화갑기념), 박영사, 1985, 7면 참조.

11 김병화, 앞의 책, 13~15면.

12 이것은 로빈기어가 『日本民法改正私案』이라는 글을 발표하면서 그의 직책을 '법전기초국고문관주석'이라고 한 것에서 알 수 있다. 로빙기어, 「日本民法改正私案」, 『法政』, 제2권 제2호(1947.2), 4면 참조.

13 윤대성, 「로빈기어의 한국민법전초안과 전세권」, 『논문집』 제15권, 창원대, 1993, 46~47면; 윤대성, 앞의 책, 36면.

14 최종고, 「해방 후 한국기본법제의 정비」, 『한국법사학논총』(박병호 교수 회갑기념), 박영사, 1991, 447면.

대표적 법조인과 법률학자를 망라한 이 모임에서 나는 미국 측의 발표 논문을 한국어로 번역하고 논문을 영어로 옮기는 작업을 맡아 했다. 이 협회에서 하게 된 법률문제는 대부분이 곧바로 법률의 개정 내지 제정으로 연결되리만치 권위가 있었다"고 하였다.[15]

그렇다면 이 '조미법률가협회'의 활동을 통하여 한국 측의 법률가들은 미국법을 습득하는 기회가 되었고, 미국 측의 법률가들은 한국법의 현실을 알게 되었을 것이다. 따라서 이 협회가 우리나라에서 법전 편찬에 영향을 주었을 것으로 생각할 수 있다.[16] 특히 한국 측의 법률가들은, 뒤에서 보는 법전기초위원회의 구성에서, 각 분과위원회의 위원으로 활동한 것으로 보아서 확인할 수 있다.

II. 입법의원의 창설과 입법기관으로서의 기능

한편 우리나라에서 미군정이 진행되는 가운데 1946년 2월 14일 '남조선민주의원'을 발족하여 군정청의 최고자문기관으로 하였고, 같은 해 5월 25일부터 좌우합작운동이 발족된 직후인 같은 해 7월 9일에 미군정청의 하지(Hodge, John R) 준장은 성명을 통하여 남한에 대의민주정치의 기초를 마련하는 구체적인 첫 단계로서 '입법의원' 설치와 구성을 발표하였다. 이어서 미군정청 조선군사령관(Military Governor) 러취(Lerch, Archer) 소장은 같은 해 8월 24일에 법령 제118호에 의하여 '입법의원' 창설에 관한 법률을 발표하였다.[17]

이 '입법의원'은, 조선 전체의 임시민주정부를 수립할 통일조선 국가가 속히 건설되도록 입법기관을 두어 민주주의적 원칙 위에 국가발전을 조성하기 위하여 창설한 것이고(동법 제1조), 그 구성을 보면, 90명의 의원으로 구성하되, 그 중 2분의 1인 45명은 55만 명에 1인씩 간접선거에 의하여 선출하고(동법 제3조, 제8조), 나머지 45명은 공평하게 관선에 의하여 임명하도록 하였다(동법 제3조). 그러나 '입법의원'은 미군정부의 지휘 아래에 두었고, 그 해산 또는 임명과 새로운 선거도 군정장관의 권한으로 되었던 것이다(동법 제11조).[18]

15　黃聖秀, 「黎明期」, 『法律新聞』, 1982.9.13.
16　윤대성, 앞의 책, 37면.
17　內務部 治安局, 『美軍政法令集』, 兵學社, 1946, 242~244면.
18　이에 대한 자세한 내용은, 金赫東, 『美軍政下의 立法議院』, 凡友社, 1970, 57면 이하 참조.

이와 같이 조선과도입법의원이 미군정청 법령 제118호에 의하여 1946년 10월 12일에 창설됨에 따라서 우리나라 정부의 수립이 있을 때까지 약 1년 3개월에 걸쳐서 미군의 독재가 아닌 군·민연합기관으로서 법률의 제정에 있어서도 미군정 당국만이 아니라 우리 측의 과도입법의원이 관여하게 되었다고 할 것이다. 따라서 우리나라의 정치·경제·사회 개혁의 기초로 사용될 법령초안을 작성함에 한국인이 참여하게 된 것이다. 그러나 당시 군정장관의 대권을 제한할 정도는 아니었다. 입법의원은 오직 법률안을 의결하여 군정장관에게 건의할 수 있을 뿐이었다. 이에 대하여 군정장관이 보류 또는 거부권을 행사하는 한 입법의 이원화 현상은 피할 수 없었다.[19] 결국 입법의원의 가장 중요한 기능인 입법기능의 대부분을 군정장관이 장악하고 있어서 필연적으로 위임입법이 불가피한 실정이었다.[20]

III. 남조선과도정부로의 개칭과 법전기초위원회의 설치

1. 미군정과 남조선과도정부와의 관계

우리나라가 해방 후 첫 헌법이라 할 수 있는 '남조선과도약헌(南朝鮮過渡約憲)'이 입법의원에서 통과되었다. 그러나 미군정청의 군정장관은 1946년 11월 24일에 인준을 보류함에 따라서 다시 그 개헌안을 1947년 2월 8일에 제출하여 입법의원 재석 62인 중 가 28표, 부 0표, 기권 24표로 통과되었다. 그러나 미군정청의 군정장관이 인준을 보류한다는 통첩을 함에 따라서 좌절되고 말았던 것이다.[21] 그렇지만 그 후 미군정청은 점차 그의 행정권을 한국인에게 이양하고, 미군정청도 '남조선과도정부(South Korean Interim Government)'라고 개칭하기에 이르렀다.[22]

한편 남조선과도정부는, 민정장관(Civil Administrator) 안재홍(安在鴻)의 건의에 군정장관 대리 헬믹 대장의 인준을 받아서, 1947년 6월 30일에 행정명령 제3호에 의하여, 당

19　崔鍾庫, 앞의 글, 443면; 金雲泰, 앞의 책, 274면.
20　金炳華, 『한국사법사』 현세편, 1979, 11면.
21　崔鍾庫, 앞의 글, 444면.
22　鄭鍾休, 앞의 책, 147면.

시 재판관 및 검찰관으로 구성되는 '법전기초위원회'를 설치하게 되었다. 이 '법전기초위원회'는, 남조선과도정부 사법부 내에 설치하고, 몇 개월에 걸쳐서, 각 심리원 심판관 및 검찰관의 기초법전의 기초사업을 총괄, 조정, 촉진하며, 조선 재래의 사법행정을 현대화하여 민주주의화하기 위하여 설치된 것이다(동법 전문). 이 위원회의 기능 및 권한을 보면, ① 민권, 재산권, 친족관계, 상업관계, 범죄의 처벌, 법률의 시행 및 사법행정의 여러 절차에 관한 현행법에 대하여 채용될 기초법전의 완전한 초안을 작성하는 것을 사명으로 하여, 이 기초는 조선의 관습법과 전통에 특히 유의하여 민주주의적 원리와 건전하고 현대적인 경향이 있도록 작성할 것으로 하고(동법 제1조), ② 그 사업진행에 관하여 군정장관에게 정기보고를 제출하며 개개의 법전이 완성되는 때는 조선과도입법의원에 회부하며 군정장관의 동의를 얻기 위하여 군정장관에게 제출하여야 하고(동법 제2조), ③ 위원의 자격은 남조선과도정부의 관리 또는 애국적 민간인사로 법률지식을 가진 자이어야 하고(동법 제3조), ④ 남조선과도정부의 각 부, 처, 대행기관 및 보조기관의 원조 및 정보를 요구할 권한과 국립도서관, 시립도서관, 국립법률도서관, 각 심리원도서관 및 국립서울대학도서관의 자유출입 및 열람권이 있었다(동법 제4조). 이 행정명령 제3호는, 법전기초위원회의 위원 겸 위원장에 대법원장 김용무, 위원에 사법부장 김병노, 대검찰청장 이인을 같은 날에 각각 임명하였다.[23]

2. 법전기초위원회와 법제편찬위원회의 활동

미군정시대의 군·민연합정부의 시기에 있어서 법전기초위원회는, 앞에서 본 바와 같이, 1947년 6월 30일에 남조선과도정부 행정명령 제3호에 의하여 설치되었다. 이 위원회는, "민권, 재산권, 친족관계, 상업관계, 범죄의 처벌, 법률의 시행 및 사법행정의 여러 절차에 관한 현대법에 대체하여 채용될 기초법전의 완전한 초안을 작성할 사명"을 갖고 있었다. 그러나 이 위원회의 구체적 활동 상황을 자료에 의하여 확인할 수 없다. 다만 제1차 회의는 언제 있었는지 알 수 없고, 제2차 회의에서 처무규정을 마련하였다. 그후 법전기초위원회의 구성 내용을 보면 다음과 같다. 즉 민법 제1분과위원회는 총칙과 재산법을 담당하고, 그 위원으로 사법부 및 법원의 소속인 장경근(총칙), 강병순(물권),

---

23 한국법제연구회 편, 『미군정법령총람(국문판)』, 한국법제연구회, 1971, 599면.

권승열(채권), 양대경(梁大卿)과 검찰청의 소속인 옥선진(玉璿珍), 변호사 기타로 최병주(崔丙柱)가 위촉되었다. 민법 제2분과위원회는 신분법을 담당하고, 그 위원으로 사법부 및 법원의 소속인 장경근(친족), 김찬영, 박이순(朴彝淳)과 검찰청의 소속인 김영열(金永烈), 변호사 기타로 고병국(상속)이 위촉되었다. 이 위원 가운데 장경근, 강병순, 권승열 및 고병국은 기초위원, 연락위원 및 조직소위원에 해당하였다.[24] 이 위원회의 구성에서 보는 바와 같이, 위원들의 대부분이 실무가였다는 점과 민법전을 총칙, 물권, 채권, 친족 및 상속의 5편으로 나누고 각 편마다 1인의 기초위원을 두었다는 점이 주목된다. 왜냐하면, 이것은 당시 한국민법전을 어떻게 편찬할 것인가를 알 수 있도록 하기 때문이다. 그러나 법전기초위원회는 '동면상태'로 지내다가,[25] 1948년 4월 20일에 제3차 회의가 있었고, 이 회의에서 "사법당국으로부터 법전편찬사업의 급속진전이 역설되었다"고,[26] 보고되었을 뿐이다.

이와 달리 한편 법제편찬위원회의 활동이 있었다. 이 법제편찬위원회는 1947년 10월에 각 법률의 기초를 위하여 10개의 분과위원회를 법원, 검찰청 및 변호사 기타인 자로 구성하기로 결정하였던 것이다.[27] 다만 민법전의 기초를 담당한 인적 구성을 보면, 앞에서 본 바와 같이,[28] 구성되었다.

그렇다면 민법전편찬에 있어서 법전기초위원회와 법제편찬위원회는 어떠한 관계인가. 이에 대하여, 당시 법전기초위원회 위원이었던 장후영(張厚永)의 증언이 밝혀 주고 있다고 할 것이다. 즉, "현재 소위 법제편찬위원회라는 것이 행정명령에 의하여 조직되어 있으나 그 실질에 있어서는 이렇다 할 아무런 진척도 보고 있지 않다"[29]고 하면서, 같은 글 속에서 '법전기초위원회'의 사업 등을 말하고 있는 것으로 보아서, 법제편찬위원회와 법전기초위원회는 동일한 것으로 행정명령 제3호에 의한 공식명칭은 '법전기초위원회'이지만, 이를 '법제편찬위원회'라고 호칭한 것으로 생각된다. 따라서 공식적 명칭

---

24 이 부분에 대하여는 검증이 요구되는 부분이다. 왜냐하면 鄭鍾休 교수는 민법전편찬을 위한 분과위원회가 '법전편찬위원회 민법분과위원회'로 보면서, 법전기초위원회가 곧 법전편찬위원회로 개칭된 것이라고 하기 때문이다. 鄭鍾休, 앞의 책, 147~148면.

25 자료, 「法政뉴스」, 『法政』 제2권 제11호, 1947.11, 36면.

26 曉堂學人, 「法典編纂에 대하여」, 『法政』, 제3권 제6호, 1948. 6, 10면.

27 자료, 「法政뉴스」, 『法政』 제2권 제11호, 1947.11, 36면.

28 이 부분은 검증을 요하지만, 韓國法制研究會 편, 『美軍政法令總覽』(國文版), 1971에서는 '법전기초위원회'만으로 나타나고 있으며, 이 분과위원회의 구성도 「法政뉴스」, 『법정』, 제2권 제11호(1947.11), 36면에 "법제편찬위원회민법분과위원회구성표"로 되었기 때문이다. 鄭鍾休, 앞의 책, 148면 참조.

29 張厚永, 「새 法典編纂에의 움직임」, 『法政』 제3권 제4호, 1948.4.

은 '법전기초위원회'라고 하여야 할 것이다. 이 법전기초위원회 민법분과위원회에서 "朝鮮臨時民法典編纂要綱"[30]이 작성되었음을 주목하여야 한다. 그러나 여기에서도 '法制編纂委員會'라고 호칭하고 있음은 이것을 증명하는 것이라고 할 것이다.[31]

제3절 • 법률고문관의 활동과 법률고문관 로빈기어

I. 미군정시대에 법률고문관의 위상과 활동

우리나라에 미군정이 실시된 당시에 군정 당국은, 어떠한 근거에 의하여 법률고문관을 두었는지 아직 이에 대하여 정리가 되어 있지 않다. 그러나 그것은 미군정을 실시하는 미국 정부로서 점령지역에 대한 통치정책의 일환으로 필요 불가피하였을 것이다.[32] 미군정시대의 미국인 고문들은, 중요한 문제에 있어서 최종 결재권자로서 권한을 행사하였으며, 특히 요원의 선발과 재정적인 문제에 있어서만큼은 확실히 영향력을 행사하였고, 모든 중요한 지침에 고문의 부서(副署)를 요구함으로써 한국인 관료들을 실질적으로 통제할 만큼 그 위치는 막강하였다.[33] 이와 같은 사정은, 당시 민정장관이었던 안재홍이 한 입법의원에서의 발언에 의하여도 알 수 있다. 즉, "군정청과 과도정부는 법리상 병립될 수 없는 것이다. 그런데 존속되어 있고 군정장관은 거부권을 가지고 있다. 군정 철폐는 물론 행정권 이양도 아직 요원한 일이고 이에 대한 철저한 의사도 모르기 때문에 책임 있는 대답을 할 수 없다. (…중략…) 민정장관이 직무 행사를 못했다고 하거나 무능하다는 공격은 감수할 수밖에 없으니 지금의 조선 정세라든지 풍속과 관습을 모르는 외국인들이 최고결재권을 쥐고 있는 이상 어쩔 도리가 없다"[34]고 한 것을 보면, 당시

30　資料, 「朝鮮法制編纂委員會起草要綱」, 『法政』, 제3권 제8호, 1048.8, 41면.

31　윤대성, 앞의 책, 2009, 39~40면.

32　崔鍾庫, 『韓國의 西洋法受容史』, 박영사, 1982, 253~254면.

33　McCune, Georgw M. & Grey Jr., Arther L., 『*Korea Today*』, Harvard Univ. Press, 1950, p.74.

34　資料, 「南朝鮮過渡立法議院速記錄(3)」, 『南朝鮮過渡立法議院速記錄』 121, 1947.7.28, 137~138면.

고문의 위상이 어느 정도로 막강하였는가를 확인할 수 있다. 더욱이 서양인의 문화와 전통이 다른 곳과 대처함에 있어서 먼저 법률관계를 생각하고 그에 밝은 인물을 고문으로 삼는 것이 자연스런 일일 것이고,[35] 이러한 사정에 의한 미군정청의 법률고문관은 그 활동이 더욱 컸다고 할 것이다.

이와 같은 사정은, 법률고문관 프랑켈(Frankel, Ernst, 1898~1975)[36]이 주한 미군정의 구조에 관하여 설명한 것에서도 알 수 있다. 또한 법률고문관 로빈기어[37]는 미군정시대의 민법전 편찬에 있어서 1946년부터 1949년까지 미군정청 법전기초국의 고문관 주석으로 있으면서 입법업무를 지도하고, 민법전을 기초하였던 것이다. 이와 같은 사실은, 그의 논문[38]을 통하여, 확인할 수 있다.[39]

II. 한국민법전의 편찬에서 법률고문관 로빈기어의 활동

1. 미군정시대의 민법학

우리나라는 1945년 8월 15일에 일본제국이 연합군에 무조건 항복을 함에 따라서 해방을 맞게 되었다. 그러나 우리나라는 연합군인 미군이 진주함에 따라 미군정청이 설치되고 미군정의 통치를 받게 되었다.[40]

이와 같은 미군정시대(1945~1948)에 있어서 우리나라의 민법학은 어떠하였는가. 이에 대하여 논의를 함에 있어서 한국인 법률가와 미국인 법률가로 구성된 조미법률가협회의 역할을 중시하면서, 미군정청이 우리나라의 민법전 편찬사업을 전개함에 있어서 이를 지배한 민법학을 들지 않을 수 없다.

---

35 崔鍾庫, 앞의 책, 1982, 254면.

36 그의 직위는 '법전조사국 고문관 주석'으로 표기되어 있다. 에른스트 프랑켈, 「주한 미군정의 구조·성문법과 선결례」, 崔鍾庫 편역, 『西洋人이 본 韓國法俗』, 교육과학사, 1989, 264면; 그의 민법학에 대하여는, 윤대성, 『한국민법학서설 : 한국민법전 이전의 민법학』, 한국학술정보, 2009, 136~143면.

37 그의 이력 등에 대하여는, 崔鍾庫, 「C. 로빙기어博士」, 『法史餘滴 78』, 法律新聞, 1989.2.2, 11면.

38 로빙기어, 「日本民法改正私案」, 『法政』 제2권 제2호, 1947.2, 4면 이하.

39 윤대성, 『미군정시대(1945~1948)의 한국민법전편찬사업』, 2009, 한국학술정보, 43면.

40 金雲泰, 『미군정의 한국통치』(1992)에서, 미군정기에 있어서 미군정의 한국통치에 관한 자세한 내용이 소개되고, 한편 미군정기에 미국의 대한정책과 과도정부형태에 대한 연구로서, 鄭容郁, 「1942~47년 美國의 對韓政策과 過渡政府形態 構想」, 서울대 박사논문, 1996.2 참조.

따라서 먼저 조미법률가협회에 의한 민법학을 다루고, 다음으로 당시 법률고문관에 의한 민법학을 들지 않을 수 없다.

조미법률가협회의 활동에 대하여, 앞에서 살펴본 바와 같이, 한국 측의 법률가들은 미국법을 습득하는 기회가 되었고, 미국 측의 법률가들은 한국법의 현실을 알게 되었을 것이다. 따라서 이 협회의 활동에 의한 결과가 미군정청의 법무국이나 법전기초국에서의 법전 편찬에 영향을 주었을 것으로 생각할 수 있다.[41] 1945년 우리나라가 해방이 되고 미군정이 실시되면서 우리나라와 미국과의 관계는 긴밀하였다.[42] 이와 같은 분위기 속에서 우리나라의 법학계는 대륙법 일변도에서 영미법도 알아야 한다는 반성이 높았다. 그 결과 우리나라의 법률가들이 미국으로 유학을 떠나거나 국내에서 영미법에 관한 저서나 논문의 번역 등에 의하여 소개되었다. 이와 같은 경향은 우리나라의 정부가 수립된 이후에도 계속되었다.[43] 그 가운데 민법학에 관하여 발표된 두 가지의 논문이 주목된다. 그 하나는 프랑켈이 발표한 논문 「주한 미군정의 구조·성문법과 선결례」이고,[44] 다른 하나는 로빈기어가 발표한 논문 「일본민법개정사안」이다.[45]

2. 로빈기어의 활동

미군정청 법전기초국 고문관 주석이었던 로빈기어의 한국 민법전 편찬사업에 관한 활동을 그의 발표 논문 「일본민법개정사안」을 통하여 분석하고 검토하고자 한다.[46]

1) 우리나라의 민법전이 왜 제정되어야 하는가

우선 로빈기어는 해방된 우리나라에서 "법전 초안을 작성하는 일에 원조하라는 명을 받들고 있다"[47]고 한 것은, 한국 민법전 초안의 작성에 직접 책임자로서 관여하고 있음

---

41   윤대성, 『한국민법학서설 – 한국민법전 이전의 민법학』, 한국학술정보, 2009, 135면.

42   이와 같은 한미관계는 정치, 경제, 교육, 종교, 문화계에 있어서 미국의 영향이 압도적으로 작용하였고, 일찍이 구한말에 문호를 연 이후 다시 미국으로 이주하는 것이 재개되었으며, 한 번쯤 '물 건너갔다 와야' 한국에서도 행세를 하는 것처럼 인식될 정도에 이르렀던 것이다. 구영록 외, 『韓國과 美國』, 박영사, 1983 참조.

43   崔鍾庫, 「韓國法의 近代化와 韓美法律交流」, 『法史學研究』 제10호, 한국법사학회, 1989, 118~119면.

44   법률고문관 프랑켈(Frankel, E.)의 「민법학에 대하여」; 윤대성, 『한국민법학서설 : 한국민법전 이전의 민법학』, 2009, 136~143면 참조.

45   법률고문관 로빈기어의 「민법학에 대하여」; 윤대성, 위의 책, 143~151면 참조.

46   이하는 윤대성, 위의 책, 143~150면.

47   로빈기어, 「일본민법개정사안」, 『법정』 제2권 제2호, 1947.2, 4면 이하; 로빈기어, 『한국민법 제정의 방향』; 최종

을 알 수 있다.

로빈기어는 우리나라의 민법전을 제정하여야 하는 이유에 대하여 다음과 같이 설명하고 있다. 즉 로빈기어는 "여러분은 지금 조선에 현행 민법이 있지 않느냐고 물으실는지도 모르겠습니다. 물론 소위 「조선민법」(조선민사령을 의미하는 듯)이라는 것이 있기는 합니다. 그러나 그 민법은 외국어로 작성되었으며 조선국어로 번역된 적이 없습니다. 그 법률이 조선국어를 말하는 약 2천 6백만의 생활을 지배할 것이었음에도 불구하고 사실상 그러한 번역이 엄중히 금지되었습니다. 그 법전은 적국(敵國)에서 작성되었습니다. 콜럼버스가 미국을 발견한 지 1세기 전에 조선을 군력으로 침입하였으며 그 후 조선인의 정복과 지배를 음모하여 온 나라에서 제정되었습니다. 그 법전은 독일민법이 공포되기도 전 또는 법전에서 신시대가 시작되기도 전, 즉 거의 반세기 전에 작성되었습니다. 그뿐만 아니라 조선인은 그 민법의 작성이나 제정이나 조선에 있어서의 시행에 관계한 일이 없으며 그 제정자들은 아무도 그 민법을 조선에 시행하리라는 아무 생각도 없었습니다. 그러한 상태 아래에서 민법이 조선에 시행된 것은 오히려 부자연한 현상이었을 것입니다. 조선은 침략국의 시대착오인 산물에 근거하지 않고 세계의 최신최량의 모본에 기초해서 조선 자체의 민법을 제정해야 하겠습니다"[48]고 하였다. 여기에서 한국민법전 편찬의 필요성에 대하여 명백한 의지를 제시하고 있다.

2) 현대 진보국가의 완전한 법제제도는 어떻게 되어 있는가

이에 대하여 로빈기어는 현대 법전의 개요를 공법과 사법으로 나누고, 공법은 다시 정치적인 것으로 헌법적인 것에 헌법, 보충입법을 들고, 형법을 들며, 구체적인 것으로 사법적인 것에 형사소송(수속)법, 민사소송(수속)법을 들고서 행정법을 들고 있다. 사법은 민법으로 상법 및 노동법을 포함하고 있다는 개요표를 들고 있다.[49] 이와 같은 개요표에서 "민법은 사법에만 제한된 유일의 법전, 즉 개인과 개인 상호간의 관계를 지배하는 사법에만 유일한 법전"[50]이라고 하면서, 민법에 대하여 "어떤 나라의 민법은 개인의 사적 사무를 규정하는 법을 구체화하여야 할 것이다. 즉 개인의 가정관계, 그의 동료

고 편역, 『西洋人이 본 韓國法俗』, 1989, 206면.

48 로빙기어, 앞의 글; 최종고 편역, 『西洋人이 본 韓國法俗』, 1989, 207면.

49 위의 책, 207면.

50 위의 책, 207면.

와의 관계에 있어서의 권리와 의무, 그의 재산, 사후의 재산처분―요컨대 개인이 가장 직접적으로 관련된 사건을 규정하는 법을 구체화하여야 할 것이다"[51]고 설명하고 있다. 여기에서 진보국가의 민법은 어떻게 되었는가에 대하여 설명하면서 민법전 편찬은 어떻게 하여야 하는가를 설명하고 있다.

3) 민법전의 필요요건은 무엇인가

이에 대하여 로빈기어는 "현대적 수준에 의하면 법전은 다른 통상의 입법과 분별되는 세 가지 특성을 구비하여야 할 것이다. 즉 (1)은 그 법전이 취급하는 주제를 지배하는 현행법을 포함하는 완전성 또는 총괄성, (2)는 논리적이며 과학적이며 동시에 편리한 조직 또는 배치, (3)은 한편 용담(冗談)을 피하며 다른 한편 애매성을 피할 명백하고 간단한 용어법, 이상 세 가지 특성을 구비하여야 할 것이다"[52]고 하였다.

첫째로, 민법전의 완전성 혹은 총괄성에 대하여, 로빈기어는, 먼저 법전에 적용되는 격언이나 법칙을 포함시키는 것에 대하여 말하기를 "본인은 이러한 것이 어느 단일 법전에 적합하다고 생각하지는 않습니다"[53]고 함으로써, 부정적인 태도였다. 다음으로 기술적 전문술어에 대하여 "여러 가지 기술적 전문술어는 모든 법전에 공통되는 것입니다. 그러한 술어의 정의를 각 법전에 포함하는 것은 중복일 것이며 정의나 원리 등은 전체에 적용되도록 작성되어야 할 것입니다"[54]고 하면서, "어떠한 특수한 법전에 특유한 정의는 그 법전 속에 정의하는 용어가 제1차로 사용되는 곳에 명기되어야 할 것입니다"[55]고 하였다.

한편 상법을 민법과 따로 규정하는 것에 대하여, 로빈기어는 회사법을 민법에 편입하기에 너무 길다는 반대가 있었지만, "조선에 현대적 법전을 작성하려면 반드시 필요한 모든 법이 포함되도록 하여야 하며 또 그 모든 법이 그 장단여하에 불구하고 논리적으로 귀결되는 곳에 속하도록 하여야 할 것입니다"[56]고 하면서, "상업에 국한하여 별개의

---

51 위의 책, 207면.
52 위의 책, 208면.
53 위의 책, 209면.
54 위의 책, 209면.
55 위의 책, 209면. 이와 관련하여 입법례로서 1세기 전의 뉴욕 주의 필드법전(Field Code)에 바탕을 둔 1972년의 켈리포니아 민법전을 들고 있다.
56 위의 책, 211면.

법전을 작성한다는 관념 전체가 이제는 시대착오의 관념이 되었습니다"[57][58]고 부정하였다. 따라서 로빈기어는 민상법통일법전을 예정하고 있음을 알 수 있다.

또한 민법이나 상법에 절차에 관한 법을 규정한 것에 대하여, 로빈기어는 "재판지(재판소)와 구제절차(소송), 당사자변론, 재판, 증거, 판결, 집행 등에 관한 규정이 포함되어 있습니다. 시효에 관한 조문은 거의 각 장에 포함되어 있지만은 일본법전 편찬자들은 시효의 두 형태에 아무런 구별도 규정하지 않았습니다(제1편 제4장)"[59]고 지적하면서, 제1편 제6장 제1절 전부 및 제2절의 대부분은 민사소송법으로 이전하여야 하리라고 생각된다[60]고 하였다.

끝으로 로빈기어는 일본 민법에는 이미 역사를 통하여 공인된 계약(담보권자가 목적물에서 생긴 수입을 획득하여 부채에 적용함)이나 usufruit(用益)(타인의 재산을 사용하여 그 결실을 획득하는 권리)에 관하여 아무런 논급도 없다는 지적을 하면서, 이 양자는 중국 민법과 기타 대부분이 민법에 규정되었음을 들고 있다.[61]

둘째로, 민법전의 배치 또는 조직에 대하여, 로빈기어는 "일본 민법에는 다음과 같은 편이 있습니다. 즉 제1편 총칙, 제2편 물권, 제3편 채권, 제4편 친족, 제5편 상속입니다. '총칙'의 대부분은 그 이하 각 편 중 하나에 속합니다. '인(人)'에 관한 제1~2장이 분명히 그러하고 '물(物)' 재산에 관한 제3장이 그러합니다. 제4장은 대리라는 제3절을 포함하였는데 이 부분은 대리법 위임에서 교대로 빼 온 것으로 보입니다. 제6장에는 시효를

---

57 위의 책, 212면. 이와 관련하여 중국법전 편찬자들의 말을 인용하고 있다. "본법전의 범위는 민법 및 상법 양 법전을 포함하도록 확장하여 그 법규가 민사 및 상사 양 사건에 적용되도록 하였다. 법학도 일반이 주지하는 바와 마찬가지로 민법과 상법의 구별은 유럽에 기원을 둔 역사적 원인에 의한 것인데, 예를 들면 상인계급에 있어서 전통적으로 그 계급 자체의 특수한 관습을 유지하며 또 상사재판소가 있어서 이 법정에서는 상인만을 판결하게 되었던 것이다. 또한 여러 나라에 있어서 또 한 가지 이유로 파산수속은 다른 사적 개인들을 제외한 상인들에게 대해서만 적용되었다"고 하면서, 그러한 이유가 중국에는 존재하지 않는다는 것이다.

58 로빈기어는 제1필립핀 법전위원회의 부위원장으로 있을 때에 시대착오인 스페인 상법을 민법에 합병시키기를 제안하였음을 회고하였다. 위의 책, 216면.

59 위의 책, 215면. 이와 관련하여 중국 평론가의 논평을 인용하고 있다. 즉, "취득시효란 시간의 경과에 의한 권리의 취득이다. 즉 취득시효는 소유권 획득이지만은 소멸시효란 그렇지 않다. 소멸시효란 다만 의무소멸의 한 양태에 불과한 것이며 소멸시효는 출소기한의 원칙에 기초를 둔 것이다. 취득시효는 사실상 소유권 획득의 한 양태이기 때문에 '물권'하에 취급되어야 할 것이다. 취득시효를 소멸시효와 함께 나란히 지배하는 것 다시 말하면 후자, 즉 소멸시효는 '채권'에 관한 것인데 따라서 '물권'에 관한 것이라고 판단한 법률가의 착각이었다. 일본민법은 이 양자를 취급함에 있어서 불란서 민법에 오도되었던 것이다. 자비니(Savigny)의 논리적 귀결을 따라 독일민법에서는 소멸시효를 '총칙'하에 규정하고 취득시효는 '물권법'하에 취급하였다. 우리의 이전의 민법초안은 맹목적으로 일본민법을 복사하였으나 현행민법은 독일의 예를 따라 개정하였다"를 들고 있다.

60 위의 책, 215면.

61 위의 책, 216면.

논하였는데 이미 논급한 바와 같이 취득시효는 제4편 재산에 속하며 소멸시효의 적합한 장소는 민사소송법일 것입니다. 몇 개 남지 않은 규정은 다 기타의 3편으로 이전할 수 있을 것입니다. 따라서 2항 이하에(?) 표시한 이유 이외에는 총칙만으로 딴 1편을 만들 필요가 없으리라고 본인은 생각합니다"[62]고 하였다. 또한 자연인에 관한 규정에 대하여, "일본 민법에 있어서는 자연인에 관한 법률 거의 전체를 포함해서 친족법이 딴 1편이 되고 민법전 마지막으로부터 둘째 편이 되어 있습니다. 그러나 친족법은 '인'법의 가장 중요한 부분인데 어찌 그렇게 분리되어 있겠습니까?"[63]라고 비판하였다. 그리고 상속법에 대하여 "일본 민법에 있어서 또 하나 전형적인 그릇된 배치를 제5편(상속)에서 볼 수 있습니다. 이 주제는 단일한 계속적 절차, 즉 사망자의 재산 처치를 규정하는 법규 일책(一策)이기 때문에 특히 연대적 취급을 잘 수용할 수 있습니다. 일본 민법은 59항을 써서 7장을 편집하였습니다. 그리고 이 절차에 있어서 '유산분할'은 최후의 계급이지만은 그 논제는 민법을 3분하는 제1부에 속하는 제2장에서 시작되었습니다"[64]고 하면서, 상속법의 배치를 설명하였다.

셋째로, 민법전의 용어법에 대하여, 로빈기어는 "일본 민법은 적어도 번역문에 의하면 다언이며 반복되는 경우가 많은 것 같습니다"[65]고 비판하고, 로마 12표법이나 나폴레옹법전을 들면서 "이제 우리는 그러한 고전 법전들의 표준에 돌아가 새 법전들도 불란서 법전과 같이 간명하게 하여 일반원칙을 포함하여 상세한 내용은 법정에 위임하도록 하여야 할 것이라고 본인은 생각합니다"[66]고 하면서, "우리는 다변을 피하고 또 일어날 모든 점에 관하여 입법하려는 경향을 피하여야 할 것입니다"[67]고 하였다. 한편 조문의 표현에 대하여 "또 하나 다른 표현의 결함은 어떤 조문에는 편리한 주제를 편입하면서 또 다른 곳에는 한 주제를 분리하여 2, 3개조에 떼어 놓았다는 점입니다. 각 조문이 될 수 있는 한 완전하여야 할 것이라고 본인은 믿습니다"[68]고 하였다.

62　위의 책, 217면.

63　위의 책, 217면. 이와 함께 로빈기어는 독일법전의 총괄성을 매우 존중히 여긴다면서도 그 배치에 결점이 있다는 것을 지적하였다.

64　위의 책, 218면. 이와 함께 일본의 법전편찬자들이 잘스필드(Sarsfield) 박사의 안을 연구하였더라면 오히려 유익하였으리라고 부언하였다. 즉 "사람의 일생에 따라 출생시부터 생활을 통해 가정 내에는 가족의 일원으로 연구하고 능력의 요소를 연구하며 사람과 재산과의 관계를 취급하고 사람의 죽음의 법률적 효과를 분석함으로 종말을 지을 수 있을 것입니다"고 말하였다.

65　위의 책, 216면.

66　위의 책, 219면.

67　위의 책, 219면.

4) 민법전은 어디에서 그 연원과 전형을 찾을 것인가

이에 대하여 로빈기어는 "조선인들은 어디서 그 대신할 모본을 찾을 것인가?"의 질문을 던지고, 그 해답으로 "나는 20세기의 새 법전들을 들겠습니다. 그 대부분이 그전의 법전 등에 비해서 현저한 개선을 보았습니다. 우선 나는 조선의 가장 가까운 인방(隣邦) 그리고 가장 오랜 스승, 이전의 소위 '중국', '원동(遠東)의 로마'에 주의를 환기하겠습니다. 1935년에 중국 국민정부는 새 민법을 공포하였습니다. 중국 민법도 역시 독일의 전형을 기초로 하였지만 또한 그간에 현출한 다른 민법들도 사용하였습니다. 입법원은 비교의 요소로써 1897년의 독일 상법, 1888년 스위스 채권법(1911년 개정), 1898년의 일본 민법 및 1899년의 상법(1911년 개정), 1922년의 소련 민법, 1923∼1925년의 심라국(태국) 상법 및 민법, 1926년의 터키 채권법 및 상법, 1925년의 이태리법전 개정초안, 1927년의 프랑크 이태리 통일법전 초안을 사용하였다고 발표하였습니다.[69] (…중략…) 스위스 법전은 독일 법전보다 일보 개량된 것이라고 설정되었으며 헝가리 법전도 있었습니다. 그리하여 이상에 진술한 전부가 중국 법전의 준비에 사용되었고 중국 법전은 또한 동양으로 중국 관습법[70]에 가장 적응할 것으로 보류할 의도하에 편찬되었습니다. (…중략…) 조선을 위해서 새 법률을 편찬하려는 이때에 조선의 오랜 훈장(訓長)인 중국의 최근의 법률적 소산을 될 수 있는 대로 이용하며 따라서 기존의 일본 민법 위에 개량할 특징들을 탐색하는 것은 필수불가결의 일이 아니라면 적어도 적의(適宜)한 일일 것입니다"[71]고 함으로써, 중국 법전을 들었다. 그 밖에도 로빈기어는 소련 결혼법(1926), 필드법전(Field Code), 켈리포니아 민법(최신판) 등을 들고 있다.[72]

이상과 같이 미군정시대에 미군정청 법전기초국 법률고문관 주석 로빈기어는, 우리나라의 민법전을 어떠한 민법전으로 편찬할 것인가[73]를 명백하게 밝혀주고 있다. 즉 민

---

68 위의 책, 219면.

69 이와 함께 로빈기어는 Cheng 판사는 현재의 법전을 중국의 사회상태에 특히 적응시킨 독일 민법 및 스위스 법전의 혼합물이라고 칭하였음을 들고 있다. 위의 책, 220면.

70 특히 관습법에 대하여 로빈기어는 다음과 같은 인용을 하고 있다. 즉 "장래에 있어서 현재의 경계를 넘어 확충될 관습법의 법역이 합리적 가능성을 이루지 못하는 것 같이 보이는 것은 어쩌면 유감스러운 사실이다. 이 현재의 경계는 영어를 말하는 정부들의 세계를 아무 데서도 넘어가지 못하고 있다. 그러나 이러한 현상은 우리들이 법전화하지 않은 법의 특전을 향유하기 위하여 즐겨 지불하는 보상의 일부분이다"고 하였다. 위의 책, 221면.

71 위의 책, 219∼220면.

72 위의 책, 221∼222면.

73 이에 대하여 미국 국회도서관 동양부장인 아더 홈멜(Hummel, Arthur W.)은 "조선법전초안을 작성하면서 귀하가 얼마나 중요한 사업을 하고 있다는 것을 나는 깨달았습니다. 이러한 사업은 그 나라의 법제사에 한 이정표로서 언제나 기념될 것입니다"(위의 책, 222면)고 하였듯이, 우리나라의 중요한 사업이었음을 로빈기어는 잘 알고 있었다

상법통일법전으로서, 민법전 3분화에 의하여 법률관계에 따른 완전한 체계화를 주장하였던 것을 확인할 수 있다.[74] 특히 그는 중국 민법을 모본으로 할 것을 들었다.[75] 로빈기어는 한국민법전을 편찬함에 있어서 기본지침인, ① 완전성 또는 총괄성, ② 편리한 조직 또는 배치, ③ 명백하고 간단한 용어법에 따라서, 『한국민법전초안(*Proposed Civil Code for Korea*)』(1949)을 완성하였다고 할 것이다.[76]

할 것이다.

74 윤대성, 『한국민법학서설－한국민법전 이전의 민법학』, 한국학술정보, 2009, 150~151면.

75 로빙기어, 앞의 글, 앞의 책, 222면. 이와 함께 로빈기어는 "중국은 그 기념품으로 그 문화와 문명을 남기었습니다. 일본은 도로 교량 같은 어떤 물질적 성과 이상에 별로 남긴 것이 없습니다"라고 평가하였다.

76 윤대성, 『미군정시대(1945~1948)의 한국민법전편찬사업』, 한국학술정보, 2009, 44~45면.

제3장

한국민법전초안의 입법과 법리

제1절 | 서설

제2절 | 초안의 체계적 분석

제3절 | 초안 제1편 인(Person)

제4절 | 초안 제2편 채무(Obligations)

제5절 | 초안 제3편 물권(Property / Real Rights)

제6절 | 초안 제4편 재산상속(Succession to Property)

제1절 • 서설

지금까지 미군정시대에 추진된 한국민법전편찬사업에 대하여 살펴본 바에 따라서 미군정청 법전기초국 법률고문관 주석이었던 로빈기어에 의하여 기초된 『한국민법전초안』에 관하여 그 입법 내용과 법리를 분석하고 검토하고자 한다.

이 초안의 입법 내용과 법리를 분석함에 있어서, 먼저 초안의 체계적 분석을 하고, 다음으로 초안의 입법 내용과 법리를 초안의 편별에 따라서 제1편 인(Person), 제2편 채무(Obligations), 제3편 재산 / 물권(Property / Real Rights) 및 제4편 상속(Succession to Property)의 순서로 분석·검토하고자 한다.

이에 앞서 로빈기어의 『한국민법전초안』의 발견과 보고를 살펴보면 다음과 같다. 양창수 전 대법관(당시 서울대 교수)의 보고에 따르면, 1986년 11월에 미국 워싱턴의 국회도서관에서 장서번호 'LAW Korea 7 Lobi 1949'로 되어 있는 것을 발견하였고, 이 자료는 복사지를 대고 타자한 것에다 수정 가필한 흔적이 있는 것으로서, 14면의 서문(Introduction)과 전 4편 1,305조의 본문으로 구성되어 있으며, 그 중 서문 부분(단 제12면은 탈루되어 있다)은 정종휴 교수의 논문(주석 1),[1] 3면 이하에도 소개되어 있는 C. S. Lobingier, 「일본민법개정사안」, 『법정』 제2권 제2호(1947.2) 4면 이하와 대동소이하다고 하였다.[2] 한편 최종고 교수의 보고에 의하면, 이 자료는 총 1,305조문으로, 제1편 인(Person), 제2편 채권(Obligation), 제3편 물권(Property, 상법 포함), 제4편 재산상속(Succession to Property)으로 되어 있으며, 원래 타이프로 친 원고뭉치로 굴러다니던 것을 조성윤 박사가 제책을 하여 둔 것으로, 읽기조차 힘든 상태였다고 하였다.[3]

이 연구서에서 분석하고자 하는 로빈기어의 한국민법전초안[4]은 다음과 같이 되어 있다. 먼저 표지를 보면, 표제가 'PROPOSED CIVIL CODE FOR KOREA'로 되어 있고, 그 아래에 초안자의 성명인 'CHARLES LOBINGIER'가 있다.[5] 다음으로 목차가 16면으로 되어

---

1   정종휴, 「한국민법의 제정과정」, 『민법학논총』 후암 곽윤직교수화갑기념, 박영사, 1985, 3면.
2   양창수, 「민법안의 성립과정에 관한 소고」, 『민법연구』 제1권, 박영사, 1991, 63면. 주6) 참조.
3   최종고, 「C. 로빙기어 博士」, 『법률신문』, 1989.2.2, 11면.
4   여기에서 다루는 것은 원본이 아니고, 앞의 발견에 의하여 B4 용지로 복사한 것을 복원하여 사용함을 밝혀 둔다.
5   최종고 교수의 보고에서 보는 바와 같이, 조성윤 박사가 초안의 원고뭉치를 제책하면서 아마도 표지를 붙인 것으로 추정된다. 그러나 양창수 전 대법관의 보고에서 본 바와 같은 14면의 서문(Introduction)은 빠져 있다.

있고, 본문이 미주를 포함하여 438면으로 되어 있다. 이 자료에 의하면, 로빈기어의『한국민법전초안』은 총 4편으로 나눠져 있으며, 제1편 인(Person)에 자연인(친족을 포함)과 법인(회사, 농업협동조합 및 재단을 포함)으로 되어 있고, 제2편 채무(Obligation)에 계약(물적 및 인적 담보계약을 포함), 준계약(사무관리, 부당이득), 불법행위 및 준불법행위 등으로 되었으며, 제3편 재산 / 물권(Property / Real Rights)에 소유권, 용익물권 및 무체재산권 등으로 되었고, 제4편 재산상속(Succession to Property)으로 되어서, 총 1,305조문으로 구성되어 있다.[6]

제2절 • 초안의 체계적 분석

I. 로빈기어의 한국민법전편찬에 관한 기본방침

미군정청(U. S. Army Military Government in Korea)의 법률고문관 로빈기어는 한국의 민법전을 어떻게 편찬하려고 하였는가. 이에 대하여 그의 논문[7]을 통하여 보면 다음과 같은 기본방침을 볼 수 있다. 로빈기어는, "현대적 수준에 의하면 법전은 다른 통상의 입법과 분별되는 세 가지의 특성을 구비하여야 할 것이다"고 전제하면서, 그 세 가지의 지침을 들고 있다. 그 하나는 그 법전이 취급하는 주제를 지배하는, 현행법을 포함하는

---

6 윤대성, 「로빈기어의 한국민법전초안과 전세권」, 『논문집』 제15권, 창원대, 1993, 56면; 동, 「한국민법전편찬에 미친 영미법의 영향 — 미군정시대(1945~1947)의 민법전편찬과 로빈기어의 한국민법전초안(*Proposed Civil Code for Korea*)을 중심으로」, 『비교사법』 창간호, 한국비교사법학회, 1995.2, 16면; 동, 『미군정시대(1045~1948)의 한국민법전편찬사업』, 2009, 54면. 그러나 주의할 점은 제1편 인(Person)에서 제1조부터 제261조까지로 끝나고, 제2편 채무(Obligation)는 제273조부터 시작하여 제955조까지, 제3편 재산 / 물권(Property / Real Rights)은 제956조부터 시작하여 제1211조까지, 제4편 재산상속(Succession to Property)은 제1212조부터 시작하여 제1305조로 끝났다. 여기에서 종래의 주장과 달리 제1편에서 제2편으로 넘어가는 과정에서 12조문이 탈루되었음을 확인할 수 있다. 따라서 초안의 형식에서 보면 제1305조로 끝남으로써 지금까지 전체 1305조로 구성되었다고 하였지만, 전체 조문의 수는 1292조문으로 보아야 한다. 물론 중간에 가지번호에 의한 조문(127a, 131a, 131b, 147a, 158a, 875a, 960a, 1187a, 1218a)이 있더라도 조문 구성의 형식에서 전체 조문의 수는 1292조문이라는 것을 확인할 수 있다. 따라서 가지번호 조문을 포함한 조문의 수는 1301조문이 되는 것으로써, 지금까지 1305조문으로 본 것을 바로 잡아야 할 것이다.

7 로빈기어, 「일본민법개정사안」, 『법정』 제2권 제2호, 1947, 8~11면.

완전성 혹은 통괄성, 그 둘은 논리적이고 과학적이며 동시에 편리한 조직 또는 배치, 그 셋은 일방 용담(冗談)을 피하여 타방 애매성을 피할 명백하고 간단한 용어법을 들고 있다. 이와 함께 로빈기어는 민법전의 편찬에 있어서 '중국의 최근의 법률적 소산'을 들면서 '원동의 로마'인 중국을 본받을 것을 주장하였다. 따라서 로빈기어는 이와 같은 민법전의 편찬에 대한 기본지침에 의하여 한국민법초안(Proposed Civil Code for Korea, 이하 '로빈기어 초안'이라 한다)을 완성하였다고 할 것이다.[8] 여기에서 로빈기어 초안에 관한 기본적인 입법의사를 발견할 수 있다.

II. 로빈기어의 한국민법전초안의 편별방식

로빈기어는 한국민법전편찬에 관한 기본방침에 따라서 법전이 취급하는 주제를 지배하는, 현행법을 포함하는 완전성 혹은 통괄성을 갖게 하고, 논리적이고 과학적이며 동시에 편리한 조직 또는 배치를 하기 위한 편별 방식을 취하였다. 따라서 그의 초안은, 제1편에 인(Person), 제2편에 채무(Obligation), 제3편에 재산 / 물권(Property / Real Rights) 및 제4편에 재산상속(Succession to Property)으로 편별함으로써 법률관계를 중심으로 민상법통일법전으로 하였다.

이와 같은 민법전의 편별 방식은, 프랑스 민법전(Le Code Civil, 1804)이 제1편 인(Des Personnes), 제2편 재산과 소유권의 변동(Des Biens et Des Différentes Modifications de la Propriété) 및 제3편 재산권의 취득(Des Difféferentes dont On Acquiert la Propriété)으로 편별한 것과 유사한 것이다.[9] 그러나 로빈기어 초안은 민법과 상법의 통일법전으로 한 점[10]과 더불어 우리나라의 실정에 맞도록 프랑스 민법전의 편별 방식을 변용한 것으로 볼 수 있다.

---

8 윤대성, 「한국민법전편찬에 미친 영미법의 영향 : 미군정시대(1945~1947)」의 민법전편찬과 「로빈기어의 「한국민법전초안」을 중심으로」, 『비교사법』 창간호, 한국비교사법학회, 1995, 15면; 동, 『미군정시대(1045~1948)의 한국민법전편찬사업』, 한국학술정보, 2009, 54~55면.
9 윤대성, 위의 책, 55면.
10 이와 같은 편별 방식은 중화민국 민법전의 편별과 같다.

III. 로빈기어 초안과 켈리포니아 주민법전과의 비교

1. 켈리포니아 주민법전과의 체계의 비교

로빈기어 초안은 입법례로서 켈리포니아 주민법전을 주로 들고 있다. 따라서 여기에서는 로빈기어 초안과 켈리포니아 주민법전과의 비교를 하고자 한다. 먼저 두 법전의 체계(편별방식)를 비교한다.

미국의 켈리포니아 주민법전(Civil Code of the State of California, 이하 '켈리포니아 주민법전'이라 함)은, 제1편 인(Person), 제2편 재산(Property), 제3편 채무(Obligation) 및 제4편 총칙(General Provisions)으로 모두 4편으로 구성하였다.[11]

두 민법전의 체계에서, 로빈기어 초안은 인(Person), 채무(Obligation), 재산 / 물권(Property / Real Rights), 재산상속(Succession to Property)으로 구성한 것에 대하여, 켈리포니아 주민법전은 인(Person), 재산(Property), 채무(Obligation), 총칙(General Provisions)으로 구성하였다. 두 법전이 인(Person)을 먼저 편성한 것에서 일치하지만, 재산 / 물권과 채무에 관한 편별의 순서가 서로 다르다. 그리고 켈리포니아 주민법전은 재산상속(Succession to Property)을 별도로 편별하지 않고 총칙(General Provisions)을 끝에 별도로 편별함으로써 로빈기어 초안과 다르다.

그러나 두 민법전은 그 편별의 구성에 있어서, 그 체계를 독일 민법(BGB)의 체계와 같이 권리를 중심으로 구성하지 않고, 생활관계를 중심으로 한 법률관계로 구성함으로써 프랑스 민법전(Code Civil)의 체계를 따랐다는 점에서 일치한다고 볼 수 있다.

2. 켈리포니아 주민법전과의 규정내용의 비교

1) 제1편 인(Person)의 규정내용

가) 자연인(Natural)에 관한 규정내용의 비교

(1) 자연인의 법적능력에 관하여, 로빈기어 초안(Art 2)과 켈리포니아 주민법전(Sec

---

11   The Publisher's Editional Staff(revised by), 『*Deering's Civil Code of the State of California*』, adopted March 11, 1872(San Francisco : Bancroft-Whitney Co., 1949)참조.

671)은 외국인을 내국인과 동등한 능력을 갖는 것으로 하였다. 또한 로빈기어 초안(Art 3)은 켈리포니아 주민법전(Sec 26)의 성년연령에 대하여 동일하게 규정하고, 켈리포니아 주민법전(Sec 29)의 태아(the not born)는 출생 후에 그의 이익을 보호받는 정지조건설을 취하고 있다. 따라서 두 민법전은 법적능력의 시기와 태아의 지위에 대하여 입법취지가 일치한다.

(2) 친족관계(Kinship)에 관하여, 로빈기어 초안(Art 10)은 켈리포니아 주민법전(Sec 229)의 입양 후 양친의 의무와 책임을 본받은 것이다. 그러나 로빈기어 초안은 법정혈족으로서 입양 이외 계모자와 적모서자의 관계를 포함하고 있는 것이 켈리포니아 주민법전과 다르다.

(3) 혼인에 관하여, 로빈기어 초안(Art 35)은 켈리포니아 주민법전(Sec 55)을 받아들여서 남녀가 부부로서 동거하기 위한 계약으로 이뤄지는 신분관계로 하였다. 그러나 "의사에 의하지 않은 혼인"을 받아들이지 않은 점이 다르다. 부부재산의 별산제에 대하여 로빈기어 초안(Art 44)은 켈리포니아 주민법전(Secs 162, 163, 164)을 받아들인 것이다. 그 밖에 재산의 관리에 대하여도 로빈기어 초안(Art 45)은 켈리포니아 주민법전(Sec 172)을 받아들여서 처의 재산을 자신의 재산과 동일한 주의로 관리하도록 하였다. 이혼에 대하여 로빈기어 초안(Art 54)은 재판상 이혼사유로 부정행위 등 8개 사유를 켈리포니아 주민법전(Secs 93, 90, 111, 91)을 참조하여 받아들인 것이다.

(4) 친자에 관하여, 로빈기어 초안(Art 59)은 켈리포니아 주민법전(Sec 196, 197)을 본받아 친권의 범위 등을 입법하였다. 인지와 준정에 대하여 로빈기어 초안(Art 63, 64, 65, 66, 67)은 켈리포니아 주민법전(Secs 193, 195, 196, 200, 215, 230)을 받아들여서 입법하였다.

(5) 후견인에 관하여, 로빈기어 초안(Art 81, 86, 87)은 켈리포니아 주민법전(Secs 239, 240, 254, 253)을 받아들여서 입법하였으나, 켈리포니아 주민법전은 해당 조문을 폐지하거나 단행법률로 입법하였다.

(6) 부양에 관하여, 로빈기어 초안(Art 88, 89)은 켈리포니아 주민법전(Secs 206, 196)을 받아들여서 입법하였다.

나) 법인에 관한 규정내용의 비교

(1) 법인 총칙에 관하여, 로빈기어 초안(Art 101~104)은 켈리포니아 주민법전(Secs

277~413)을 본받아 입법하였으나, 켈리포니아 주민법전은 회사법의 제정으로 삭제 내지 폐지되었다.

(2) 법인의 종류에 관하여, 로빈기어 초안은 내국회사, 외국회사, 농업협동조합 및 재단으로 나누어 입법하고 있다. 그러나 켈리포니아 주민법전은 그 종류가 다르다.

2) 제2편 채무의 규정내용

가) 두 민법전의 편제에 관한 규정내용의 비교

로빈기어 초안은 채무(Obligation)을 제2편에 편별하였지만, 켈리포니아 주민법전은 제3편에 편별한 것이 다르다. 오히려 켈리포니아 주민법전의 편제는 현행민법전 초안의 편별과 같다.

나) 통칙(Provision Common to All)에 관한 규정내용의 비교

(1) 의의, 해석, 채무양도 및 채무의 소멸에 관하여, 로빈기어 초안(Art 273~385)은 켈리포니아 주민법전(Secs 1427~1543)과 달리 대륙법의 입법례를 받아들인 것이 다르다.

(2) 채무의 발생원인에 관하여, 로빈기어 초안은 계약(Art 386~922), 준계약(Art 923~932), 불법행위(Art 933~950) 및 준불법행위(Art 951~955)를 들어 입법하고 있다. 그러나 켈리포니아 주민법전은 계약(Secs 1549~1701), 법정채권(Secs 1708~1715) 및 특정거래에 의한 채무(Secs 1721~3268)를 나누어 입법하고 있다. 특히 로빈기어 초안이 대륙법계의 입법례[12]를 받아들여서 준계약 및 준불법행위를 입법하고 있다.

다) 계약의 종류에 관한 규정내용의 비교

로빈기어 초안은 특수형태의 계약으로서 증여(Art 418~425), 교환(Art 426), 소비대차(Art 427~430), 사용대차(Art 431~435) 및 임치(Art 436~523)로 구분하고, 물적담보계약으로서 동산질권(Art 526~536), 저당권(Art 537~545), 전세권(Art 546~551), 환매(Art 552~559) 및 유치권(Art 560~569), 그 밖의 담보계약으로서 선취특권(Art 570~575), 보증(Art 576~588) 및 보험(Art 589~633)을 나누어서 입법하였다. 한편 매매(Art 653~679), 임대차(Art 680~695), 고용과 용역(Art 695~764), 위임(Art 797~824), 유가증권(Art 833~922)

---

12   독일, 프랑스, 일본 및 중국의 입법례를 받아들이고 있음.

을 각각 입법하였다. 그러나 켈리포니아 주민법전은 모두 특정거래에 의한 채무로서 입법하였다. 로빈기어 초안은 켈리포니아 주민법전의 계약 유형을 모본으로 하면서 대륙법계의 계약과 한국에 특유한 전세권 등 담보계약을 입법하고자 하였다.

라) 불법행위에 관한 규정내용의 비교

로빈기어 초안은 책임(Art 933~939)을 입법하고, 각종의 불법행위로서 신체상해(Art 940~941), 명예훼손(Art 942~944) 및 재산침해(Art 945~950)를 입법하였다. 그러나 켈리포니아 주민법전은 신체상해(Sec 1708), 사기(Sec 1709~1711), 불법취득물반환(Art 1712), 책임(Art 1714), 자동차소유자책임(Art 1714 1 / 2) 등으로 나누어 입법하였다. 로빈기어 초안은 불법행위에 관하여 각종의 불법행위를 서로 달리 입법하였고, 켈리포니아 주민법전은 법정책임(Obligations imposed by law)으로 입법한 것과 다르다.

3) 제3편 재산 / 물권 편의 규정내용

가) 총칙에 관한 규정내용의 비교

로빈기어 초안은 물권의 본질에서 정의(Art 956), 과실(Art 957) 및 종물(Art 958)을 입법하였다. 이에 대하여 켈리포니아 주민법전은 총칙에서 물권의 본질(Sec 654~663), 소유권(Sec 669~742) 및 일반정의(Sec 748~749)를 입법하였다. 로빈기어 초안은 물권의 본질을 켈리포니아 주민법전의 총칙을 모본으로 하면서 대륙법계의 과실 및 종물을 입법하였다.

나) 물권의 종류에 관한 규정내용의 비교

로빈기어 초안은 물권을 소유권(Art 959~961), 유체재산(Art 962~1052) 및 무체재산(Art 1075~1211)으로 분류하여 입법하였다. 이에 대하여 켈리포이아 주민법전은 부동산물권(Sec 755~940)과 동산물권(Sec 946~996)으로 분류하여 입법하였다. 로빈기어 초안은 켈리포니아 주민법전과 달리 소유권과 제한물권으로서 지역권, 용익권, 지상권 및 영소작권을 입법함으로써 대륙법계의 입법[13]을 수용하였다.

---

[13] 프랑스, 독일, 일본 및 중국의 물권법을 받아들이고 있음.

다) 물권의 변동에 관한 규정내용의 비교

로빈기어 초안은 별도로 구분하지 않고 유체재산과 무체재산에 있어서 취득, 변경 및 상실에 대하여 입법하였다. 이에 대하여 켈리포니아 주민법전은 물권의 취득(PART IV)에 관하여 별도로 입법하였다. 상속에 대하여 물권의 취득에 입법한 켈리포니아 주민법전과 달리 로빈기어 초안은 재산상속을 제4편에 입법하였다. 이는 프랑스 민법전의 입법례에 따른 것이다.

4) 민법총칙에 관한 규정내용

로빈기어 초안은 민법전의 전체에 관한 총칙규정을 별도로 편별하여 입법하지 않았다. 이에 대하여 켈리포니아 주민법전은 제4편에 신의(Sec 3274~3423), 채권채무자의 특별관계(Sec 3429~3473), 생활방해(Sec 3479~3503) 및 법률격언(Sec 3500~3543)을 총칙편으로 입법하였다. 그러나 로빈기어는 민법 전반에 걸친 총칙의 필요성을 인정하면서도 그의 입법에 있어서는 그와 같은 필요성을 배제한 것을 확인할 수 있다.

3. 결 어

로빈기어는 『한국민법전초안』을 기초하면서 켈리포니아 주민법전을 모본으로 하고 대륙법의 영향을 이미 받은 한국의 실정에 맞는 절충적인 민법전을 입법하고자 하였음을 알 수 있다.

그러나 이러한 입법태도는 미합중국에서 커먼 로(Common Law)와 대륙법의 절충적인 경험을 바탕으로 한 것이라고 할 수 있다. 그 대표적인 것이 필드(Field) 법전이다. 그러나 필드 법전의 확산에 대하여 헨리 잉거솔(Henry Ingersoll)은 "완전히 다른 사회, 경제 환경에 맞게 준비된 소송법전을 타주에 적용하려는 어리석은 시도"라고 비난을 하였다.[14]

우리나라에서도 로빈기어의 한국민법전초안은 미국에서 필드 법전에 대한 비난과 마

14　Friedman, Lawrence M., 안경환 역, 『美國法歷史』, 대한교과서, 1988, 482~483면. 헨리 잉거솔(Henry Ingersoll)은 테네시 대학교의 학장으로 1891년 예일 로 저널(Yale Law Journal)에 발표한 글 가운데에서 필드(Field) 법전에 대하여 비판을 하였음.

찬가지로 비난을 받게 된다. 즉 한국 정부가 수립되고 정부 안에 법전편찬위원회가 구성되어 민법전의 입법을 추진하면서 로빈기어 초안은 지나치게 영미법적인 것이라 받아들일 수 없다고 비판하면서, 당시 시행되고 있던 일본 민법의 개정이라는 수준에서 한국 민법전의 편찬을 추진하였던 것이다.

제3절 • 초안 제1편 인(Person)

I. 자연인(Natural)

1. 개관

자연인(Natural)에 관하여,[15] 법적능력(Legal Capacity, Art 1~7), 친족관계(Kinship, Art 8~10), 가(家, Household or Clan, Art 11~34), 혼인(Matrimony, Art 35~53), 이혼(Dissolution, Art 54~58), 친자(Parentage, Art 59~76), 후견(Tutelage or Curatorship, Art 77~87), 부양(Maintenance, Art 88~90)으로 나누어 규정하였다.

2. 법적능력(Legal capacity)

이 초안은 법적능력에 대하여, 정의(Defined, Art 1), 불가침성(Inviolability, Art 2), 시기(Commencement, Art 3), 성년(Majority, Art 4), 금치산선고(Interdiction, Art 5), 준금치산선고(Quasi-incompetence, Art 6) 및 종기(Termination, Art 7)를 각각 규정하였다.

(1) 법적능력은 사람이 법률행위(a juristic act)를 할 수 있는 능력, 즉 의사표시(a ma-

15　Lobingier, C., *Proposed Civil Code for Korea*, 1949, pp.1~18; Lobingier, C., *Proposed Civil Code for Korea*, 1949, restoration, 2014, pp.1~47.

nifestation of the human)로서 법에 의하여 인정되는 권리를 창설, 양도, 소멸시킬 수 있는 사람의 능력을 말한다. 또한 법적능력은 처분능력(행위능력, disposing capacity)으로서 사람이 재산을 처분할 수 있게 한다(Art 1)고 규정하였다. 이 초안은 자연인의 법적능력에 대하여 규정하였다. 법적능력은 권리능력인 동시에 행위능력을 의미하는 것이다. 그리고 법적능력은 처분능력(행위능력)이라고 규정함으로써 처분행위를 할 수 있는 법적인 지위임을 밝히고 있다. 따라서 이 초안에서 법적능력이라 함은 권리능력인 동시에 행위능력이라는 것을 알 수 있다.

(2) 외국인을 포함한 모든 사람은 법적 제한의 범위에서 권리와 의무의 동등한 능력을 갖고, 누구도 그러한 능력이나 자유를 포기할 수 없다(Art 2)고 규정하였다. 이 초안은 내국인뿐만 아니라 외국인도 동등하게 법적능력을 갖는다고 규정하였다. 법적능력에 있어서 내외국인의 차별을 하지 않고 있다. 즉 내외국인평등주의를 취하고 있다.[16] 나아가서 이 능력이나 자유의 포기를 금지하고 있다.[17]

(3) 법적능력은 출생(at birth)으로 시작되고 종료는 그때부터 계산된다. 그러나 아직 출생하지 않은 어린이(태아; the not born)는 나중에 살아서 출생하면 현존하는 사람과 같이 출생 이후에 그의 이익은 보호되어야 한다(Art 3)고 규정하였다. 먼저 법적능력의 시기(始期)는 출생이다.[18] 다음으로 태아, 즉 출생하지 않은 어린이는 살아서 출생하게 되면 사람과 같이 출생 이후에 그의 이익을 보호하는 것으로 하였다.[19] 즉 태아의 법적능력에 대하여 해제조건설과 정지조건설이 나뉘고 있으나, 이 초안은 정지조건설을 취한 것이다.

(4) 성년은 만 20세가 되어야 시작된다. 그 연령 미만인 모든 사람은 미성년자이다. 만약 7세 이하이면 처분능력이 없고, 그 이상의 미성년자는 (예컨대, 대가의 지불 없이 이익을 얻는 행위) 제한된 처분능력을 갖는다. 또한 미성년자가 혼인을 하면 완전한 처분능력을 갖는다. 그러나 혼인을 하지 않으면 그는 후견인(또는 법정대리인)의 동의 없이 다른 법률행위를 할 수 없다. 그 동의가 재산의 처분과 거래행위를 포함한다면 미성년

---

16 켈리포니아 민법전 제671조; 일본민법전 제2조.
17 프랑스 인권선언; 아르헨티나 헌법, 제14조; 중화민국 민법전, 제16, 17조; 스위스 민법전, 제27조; 터키 민법전, 제8조.
18 독일 민법전, 제1조; 일본 민법전, 제1조.
19 켈리포니아 민법전, 제29조; 중화민국 민법전, 제7조; 프랑스 민법전, 제19, 23조; 일본 민법전, 제721, 968, 993, 1065조; 시암 민법전, 제39조.

자는 성년인 자와 같이 관계적 행위를 할 수 있다. 그러나 조건이 있으면 제한이나 철회될 수 있다(Art 4)고 규정하였다. 이 초안은, 먼저 성년연령을 만 20세로 규정하였다. 다음으로 만 20세 미만인 사람을 미성년자로 하였다.[20] 미성년자를 다시 만 7세 이하인 경우와 그 이상인 경우로 나누고, 만 7세 이하인 경우에는 처분능력이 없으나, 그 이상인 미성년자는 무상으로 이익을 취득하는 제한된 처분능력을 갖는 것으로 하였다.[21] 이와 같이 미성년자를 다시 7세를 기준으로 하여 그 이하인 경우에는 처분능력을 인정하지 않고 그 이상인 경우에는 제한된 처분능력을 인정하였다. 그리고 미성년자가 혼인을 하면 완전한 처분능력을 갖게 된다.[22] 그러나 혼인을 하지 않은 경우에는 미성년자는 그의 후견인 또는 법정대리인의 동의 없이 다른 법률행위를 할 수 없는 처분무능력자로 하였다. 여기에서 후견인 또는 법정대리인의 동의는 재산의 처분이나 거래행위를 포함하여 미성년자가 성년자와 같은 관계적 행위를 할 수 있는 능력을 갖게 하는 것이다. 다만 그 동의에 조건이 있으면 제한 또는 철회를 할 수 있도록 하였다.[23]

(5) 자신의 사무를 처리할 정신적 무능력인 사람의 금치산선고는 자신의 신청이나 배우자 또는 2인의 근친의 신청에 법적으로 적용될 수 있다. 그것에 의하여 처분능력을 박탈하고, 법률행위를 취소하거나 후견인에 의할 것을 요청할 수 있다. 그러나 무능력하지 않게 되면 금치산선고는 취소하게 된다(Art 5)고 규정하였다. 이 초안은 금치산선고(Interdiction)를 받은 자는 처분무능력자로 규정하였다.[24] 금치산선고를 위하여, 사람이 자신의 사무를 처리할 정신적 무능력이어야 하고, 자신이나 배우자 또는 근친 2인의 신청이 있어야 한다. 금치산선고의 효력은 금치산자의 처분능력을 박탈하고, 그가 한 법률행위를 취소할 수 있으며, 그의 후견인에 의하여 법률행위를 할 것을 요청할 수 있게 하였다. 그러나 금치산선고의 사유인 무능력이 없어지면 금치산선고를 취소함으로써 처분능력을 회복하게 된다.

(6) 준금치산선고는 귀머거리, 벙어리, 맹인, 정신박약자 및 알코올중독자에게 후견인을 두도록 법적으로 선고될 수 있다. 후견인의 동의는 다음 각항을 포함한 법률행위

---

20 중화민국 민법전, 제12조; 독일 민법전, 제2(21)조; 일본 민법전, 제3조; 스위스 민법전, 제14조; 태국 민상법전, 제20조.
21 중화민국 민법전, 제13조; 일본 민법전, 제5, 6조; 독일 민법전, 제104조; 스위스 민법전, 제15조; 태국 민상법전, 제20조 이하.
22 중화민국 민법전, 제18(1)조; 일본 민법전, 제4, 6조; 스위스 민법전, 제15조; 태국 민상법전, 제21조 이하.
23 일본 민법전, 제4, 16조; 스위스 민법전, 제15, 18조; 태국 민상법전, 제30조 이하.
24 중화민국 민법전, 제14조; 독일 민법전, 제6조; 일본 민법전, 제8~12조; 태국 민상법전, 제30조 이하.

를 위하여 요구될 것이다. ① 부동산 또는 값있는 동산의 권리의 취득 또는 상실, ② 5년 이상 재산의 임대 또는 임차, ③ 건물의 건축, 재건축 또는 확장수리, ④ 소송상 화해 또는 는 조정 신청, ⑤ 증여, 유증 또는 상속의 수령 또는 거절, ⑥ 재화의 수령 또는 사용, ⑦ 금전 차용 또는 보증인이 되는 일. 후견인의 승낙 없이 이뤄진 행위는 취소될 수 있고 법원은 위에 열거되지 아니한 다른 행위에 대하여 그 승낙을 요구할 수 있다. 그러나 모든 준금치산선고는 원인 정지에 관한 제42조의 적용에 의하여 취소되어진다(Art 6)고 규정하였다. 이 초안은 금치산선고와 함께 준금치산선고를 규정하였다. 즉 농아인, 맹인, 정신박약자 및 알코올중독자는 후견인을 두도록 선고할 수 있다. 준금치산선고를 받은 사람은 부동산 또는 값있는 동산의 권리를 취득하거나 상실하는 일, 5년 이상 재산을 임대하거나 임차하는 일, 건물을 건축, 재건축 또는 확장수리 하는 일, 소송상 화해 또는 조정 신청을 하는 일, 증여, 유증 또는 상속을 받거나 거절하는 일, 재화를 수령 또는 사용하는 일, 금전을 차용하거나 보증인이 되는 일을 후견인의 동의를 얻어야 할 수 있다. 그리고 법원은 준금치산선고를 받은 사람에게 그 밖의 다른 행위를 함에 있어서 후견인의 승낙을 요구할 수 있다고 하였다.[25] 즉 준금치산선고를 받은 사람은 7세 이상의 미성년자와 함께 제한적 처분능력자가 된다. 준금치산선고는 그 원인이 정지되면 취소된다.

(7) 법적능력은 사망 시에 종료한다. 사망은 이해관계인의 신청에 의하여 법적으로 선고되어진다. ① 10년 동안 소식 없이 주소지에 부재중인 사람, ② 5년 동안 같은 사정으로 부재중인 7세 된 사람, ③ 3년 동안 같은 사정으로 부재중 특별한 위험을 당한 사람. 그 소송이 계쟁중이면 법원은 부재자의 재산을 일시 압류하거나 보존할 이해당사자의 사례에 관리인을 지정할 수 있다. 상반된 증거에 의한 반론에 대하여, 사망이 선고된 사람은 법령에 의하여 확정된 최후의 일자에 사망한 것으로 추정된다. 동일한 재난에 의하여 여러 사람이 사라진 경우 반대의 증거가 없는 한 동시에 사망한 것으로 추정한다(Art 7)고 규정하였다. 이 초안은, 먼저 법적능력의 종기(終期)는 사망한 때이다. 그리고 사망선고는 ① 10년 동안 소식 없이 주소지에 부재중인 사람, ② 5년 동안 같은 사정으로 부재중인 7세 된 사람, ③ 3년 동안 같은 사정으로 부재중 특별한 위험을 당한 사람에 대하여 이해관계인의 신청에 의하여 선고할 수 있다. 즉 사망선고제도를 규정하고 있다. 한편 부재자의 재산관리에 관하여 사망선고의 소송이 계쟁중인 경우 법원은 부재

---

25   일본 민법전, 제12, 13조.

자의 재산을 일시 압류하거나 보존할 이해당사자의 경우에 재산관리인을 지정할 수 있게 하였다. 사망선고에 상반된 증거에 의한 반론이 있는 경우에 사망이 선고된 사람은 법령에 의하여 확정된 최후의 일자에 사망한 것으로 추정하고 있다. 공동으로 동일한 재난을 당한 경우에 반대의 증거가 없는 한 동시에 사망한 것으로 추정하고 있다.[26] 즉 동시사망의 추정을 규정하였다.

3. 친족관계(Kinship)

이 초안은 친족관계에 대하여, 정의와 종류(Definition and kinds, Art 8), 촌수계산(Computation, Art 9) 및 다른 친족(Other relationships, Art 10)을 각각 규정하였다.

(1) 혈족의 친족관계(본종)는 혈연간에 존재한다. 인척관계는 배우자의 친족이나 다른 배우자의 친족 사이에 존재하고,[27] 이혼이나 배우자가 사망한 뒤 재혼함으로써 종료된다.[28] 혈족의 친족관계는 직계 또는 방계가 있다. 직계친족은 다른 사람의 자손이 되는 두 사람 사이에 존재한다. 모든 다른 혈족관계는 방계혈족이다. 유사한 분류는 인척관계에도 적용한다(Art 8)고 규정하였다. 이 초안은 친족관계를 혈족과 인척으로 나누었다. 혈족은 다시 직계와 방계로 나누었다. 혈족(본종)은 혈연간에 존재하고, 직계혈족은 다른 사람의 자손이 되는 두 사람 사이에 존재하며, 방계혈족은 그 밖의 혈족관계이다. 인척관계는 배우자의 친족이나 다른 배우자의 친족 사이에 존재한다. 인척관계는 이혼이나 배우자가 사망한 뒤에 재혼을 하면 종료한다.[29] 인척관계에도 혈족관계와 유사한 분류가 적용된다.[30]

(2) 혈족의 등친(degree)은 두 사람 사이의 세수(the number of generations)에 의하여 정해진다. 방계혈족의 등친은 직계 공동선조(the common lineal ancestor)로 올라가서 당해 혈족까지 내려오는 모든 세수를 계산하여 정한다. 인척의 등친은, ① 혈족의 배우자는 그 혈족의 촌수에 의하여, ② 배우자의 혈족은 그 배우자와 친족 사이의 촌수에 의하

---

26   중화민국 민법전, 제11조; 독일 민법전, 제20조; 스위스 민법전, 제32조; 태국 민상법전, 제17조.
27   중화민국 민법전, 제969조; 독일 민법전, 제12조, 1589, 1590조; 일본 민법전, 제725조; 스위스 민법전, 제521조.
28   중화민국 민법전, 제971조; 일본 민법전, 제729조.
29   중화민국 민법전, 제971조; 일본 민법전, 제729조.
30   일본 민법전, 제725조 제3항, 앞의 제9조 참조.

여, ③ 배우자의 혈족의 배우자는 그들 사이의 촌수에 의하여 계산하여 정한다(Art 9)고 규정하였다. 이 초안은 혈족의 촌수 계산과 인척의 촌수 계산에 관하여 규정한 것이다. 혈족의 등친은 직계혈족은 당해 두 사람의 세수에 의하여 정하고, 방계혈족의 등친은 직계 공동선조에 거슬러 올라가서 당해 혈족까지 내려오는 모든 세수를 계산하여 정한다는 것이다.[31] 인척의 등친은 배우자와 그의 친족 사이의 촌수에 의하여 정하여진다.[32]

(3) 그 밖의 친족관계에 대하여, 양자와 양부모 및 혈족관계 사이와 같이 친족의 등친은 입양한 날로부터 혈족 사이에 같다. 양부모와 의붓자식 사이에는 혈족관계 사이와 유사하게 친족관계는 계산된다(Art 10)고 규정하였다. 이 초안은 양자와 양부모 및 혈족 사이, 그리고 의붓 부모와 의붓자식 사이에 있어서 등친의 계산에 대하여 규정한 것이다.[33] 따라서 다른 친족관계로서 입양과 계부모자관계(the step-parent and the step-children)를 들고 있다.[34]

4. 가(家, Household or Clan)

이 초안은 가(家)에 대하여, 일반규정(General Provisions, Arts 11~13), 가의 소재지(Seat, Arts 14~16), 성(姓, Names, Arts 17~18) 및 호주(Household Head, Arts 19~34)를 각각 규정하였다.

1) 일반규정(General Provisions)

이 초안은 일반규정으로서 가(家, A household, Art 11), 가의 창설(foundation, Art 12) 및 폐가(extinction, Art 13)를 규정하였다.

(1) 가(家, A household)는 동일 호적 내에 등록된 한 집단의 사람들이다. 가의 비혈족원은 배우자들, 친족원이 된 양자, 그 밖의 사람들을 포함한다. 자(a child) 또는 모를 알 수 없는 자는 그의 부의 가에 속한다. 미혼인 미성년자는 그 자신의 요청에 따라 분가할

---

31 중화민국 민법전, 제968조; 일본 민법전, 제726조.
32 중화민국 민법전, 제970조.
33 독일 민법전, 제1764, 1766조; 일본 민법전, 제728조.
34 윤대성, 『미군정시대(1045~1948)의 한국민법전편찬사업』, 한국학술정보, 2009, 57면.

수 없다. 그러나 성년이나 혼인한 가족원은 분가할 수 있다(Art 11)고 규정하였다. 이 초안은 가(家)라는 제도를 도입하였다. 그 구성에 관하여 동일 호적(戶籍) 안에 등록된 사람들로서, 비혈족원인 배우자, 친족원이 된 양자, 그 밖의 사람들을 포함하는 것으로 하였다.[35] 그리고 자 또는 모를 알 수 없는 자는 그의 부의 가에 속하여 그 구성원이 된다. 한편 분가에 대하여, 미혼인 미성년자는 분가할 수 없고, 성년이나 혼인을 하면 분가할 수 있다고 하였다.[36]

(2) 성인은 남녀 모두 가를 창설할 수 있다. 양 부모를 알 수 없는 자는 그 자신의 가를 창설할 수 있다(Art 12)고 규정하였다. 이 초안은 가의 창설에 대하여 남녀를 불문하고 성인은 모두 할 수 있는 것으로 하였다.[37] 한편 두 부모를 모두 알 수 없는 자는 그 자신의 가를 창설할 수 있도록 하였다.[38]

(3) 폐가는 후계자 없이 혼인한 호주가 없거나 사망한 호주가 혼인하지 않고 부, 형제, 모, 조모가 없거나 사망한 호주가 여성이고 계녀, 시조모 또는 다른 계승자가 없는 때 이와 같은 사유에 의하여 일어난다. 의사에 의한 폐가는 지가의 호주가 다른 가 또는 본가에 가족들과 함께 입적한 때 또는 여호주가 후계자 없이 혼인하여 떠난 때에 일어난다(Art 13)고 규정하였다. 이 초안은 폐가를 법정폐가와 의사에 의한 폐가(임의폐가)로 나누었다. 법정폐가는 후계자를 두지 않고 혼인한 호주가 없는 때, 사망한 호주가 미혼이고 부, 형제, 모, 조모가 없는 때, 사망한 호주가 여자로서 계녀, 시조모 또는 다른 계승자가 없는 때에 폐가가 된다고 하였다.[39] 한편 임의폐가는 본가에서 분가하여 지가를 이루던 호주가 가족들과 함께 다른 가 또는 본가로 입적한 때, 사망한 여호주가 며느리, 시조모 또는 다른 계승자 없이 혼인하여 가를 떠난 때에 폐가가 된다고 하였다.[40]

2) 가의 소재지(Seat)

이 초안은 가의 소재지(seat)에서 주소(domicile, Art 14) 및 거소(residence, Art 15)를 규정하고 그 주거의 불가침성(inviolability, Art 16)을 규정하였다.

35　중화민국 민법전, 제1123조.
36　일본 민법전, 제733조; 소련 혼인법전, 제501조.
37　일본 민법전, 제733, 742, 764조.
38　일본 민법전, 제733조.
39　일본 민법전, 제764조.
40　일본 민법전, 제762~4조, 제964조 참조.

(1) 호주의 상속은 전호주의 주소, 즉 불변의 주소인 장소에서 이뤄진다. 모든 사람은 동일시기에 하나의 주소 이상을 갖지 못한다. 그것은 의사에 의한 포기로 없어진다. 그 주소는 새로운 주소를 취득할 때까지 지속한다. 사람의 주소는 제한된 포기능력 이상을 갖지 못하므로 그의 법적 대표인 주소가 된다(Art 14)고 규정하였다. 이 초안은 주소에 대하여 본적과 함께 규정하였다. 먼저 호주의 상속지는 전호주의 주소(본적, the place of one's permanent abode)라고 하였다.[41] 따라서 호적의 영구불변의 소재지인 본적제도를 도입하였다. 이 본적은 동일한 시점에 하나 이상을 갖지 못하는 1인1적주의를 취하였다.[42] 또한 그 본적은 포기할 수 있지만, 새로운 본적을 취득할 때까지 지속하게 하였다.[43] 다음으로 주소는 제한된 포기능력 이상을 갖지 못하는 것으로서 그 사람의 법적 대표인 주소가 된다는 것이다.[44]

(2) 거소는 사람의 일시적 주거의 장소이다. 그러나 ① 특별한 목적(예, 선거)을 위하여 선정한 때, ② 주소를 알 수 없는 때, ③ 법률에 의하여 다른 규정이 없는 한 한국 내에 주소가 없는 때에는 주소로 할 수 있다. 가구성원의 거소는 호주가 다른 곳에 거주할 것을 허용하지 않는 한 가의 소재지에 있다(Art 15)고 규정하였다. 이 초안은 주소와 함께 거소(residence)를 규정하였다. 거소는 주소와 달리 사람이 일시적으로 주거하는 장소를 말한다. 그러나 그 거소는 특별한 목적을 위하여 선정한 때, 주소를 알 수 없는 때, 한국 내에 주소가 없는 때에는 주소로 할 수 있다고 하였다. 따라서 주소를 알 수 없는 때 등에는 주소로 볼 수 있다는 것이다. 한편 가의 구성원은 호주가 다른 곳에 거주할 것을 허용하지 않는 한 가의 소재지(본적)에 거주하는 것으로 본다.[45]

(3) 의무의 실행을 위한 공무원 이외 어느 누구도 그 소유자의 동의 없이 다른 사람의 주거에 들어갈 수 없다(Art 16)고 규정하였다. 이 초안은 주거의 불가침성을 규정하여 주소를 보호하고 있다. 따라서 공무원이 의무를 실현하기 위하여 들어가는 것 이외에 어느 누구도 그 소유자의 동의 없이는 주거에 들어갈 수 없는 것으로 하였다.[46]

---

41   일본 민법전, 제965조.

42   중화민국 민법전, 제20조, 제965조; 프랑스 민법전, 제1023조; 독일 민법전, 제7조; 일본 민법전, 제21조; 시암 민법전, 제43조; 소련 민법전, 제11조.

43   중화민국 민법전, 제24조.

44   중화민국 민법전, 제21조; 시암 민법전, 제45조; 소련 민법전, 제42조; 터키 민법전, 제20조.

45   중화민국 민법전, 제1060조; 일본 민법전, 제749조 제1항.

46   일본 헌법, 제35조 제17항; 일본 민사소송법전, 제556조.

3) 성(姓, Names)

이 초안은 성(姓, names)에서 가족의 성(surname, Art 17) 및 법적 보호(judicial protection, Art 18)를 규정하였다.

(1) 성(가족의 성)은 자연적으로 받아들여지고, 그 성은 가의 가족의 성이 된다. 그러나 처는 부(夫) 또는 부의 가의 성에 따르지 않는다(Art 17)고 규정하였다. 이 초안은 성(姓, 가족의 성 surname)은 자연적으로 받아들여지는 것으로서[47] 그 가의 가족의 성(the household surname)이 된다고 하였다. 가족의 성은 인위적으로 만들어지는 것이 아니라는 것이다. 한편 처의 성에 대하여 처는 부(夫) 또는 부의 가의 성에 따르지 않는다고 함으로써 혼인에 의하여 처의 성 변경을 인정하지 않았다. 이와 같이 혼인에 의한 성불변의 원칙을 받아들인 것이다.

(2) 법적인 보호는 그의 성은 법률을 위반하여 사용하는 모든 사람에게 확대되고, 그로 인한 손해는 지급되어야 한다. 성의 변경은 특정한 법원에 신청하여야 한다(Art 18)고 규정하였다. 이 초안은 성(name)의 법적 보호와 성의 변경(change of name)에 관하여 규정하고 있다. 성의 법적 보호는 법률을 위반하여 그의 성을 사용하는 모든 사람에게 확대 적용되고, 그로 인하여 발생한 손해를 지급하도록 하고 있다.[48] 한편 성의 변경은 특정법원에 신청함을 요하고 있다.[49]

4) 호주(Household Head)

이 초안은 호주(Household Head)에서, 호주의 권리와 의무(Rights and duties)에 관하여 그 권리로서 가권(지배권, domestic rights, Art 19)과 재산적 권리(property rights, Art 20)를 규정하고, 의무로서 비용부담(expenses, Art 21)과 부양의무(maintenance, Art 22)를 규정하고, 그 호주권의 제한(limitations, Art 23)을 각각 규정하였다.

가) 권리와 의무(Rights and duties)

(1) 호주는 가(본종, household)의 통솔자이다. 그의 동의는 가족원의 혼인을 위하여,

47　일본 민법전, 제746, 733조 제1항 나목, 제727조; 중화민국 민법전, 제1059조.
48　중화민국 민법전, 제19조; 독일 민법전, 제12조; 스위스 민법전, 제29조.
49　한국법령, 제122호, 제3장; 일본 인구등록법, 제153~157조.

가족원이 다른 사람의 양자가 되기 위하여 필요하다. 만약 가족원이 동의 없이 혼인을 하거나 입양을 하면 호주는 그를 추방할 수 있다(Art 19)고 규정하였다. 이 초안은 호주제도를 도입하였다. 따라서 호주는 "가의 통솔자"[50]로서 가권(지배권, domestic rights)을 가지며, 가족원이 동의 없이 혼인을 하거나 입양을 하는 때에 그를 추방할 수 있도록 하였다.[51]

(2) 호주의 상속인은 전 호주의 일신전속인 것을 제외하고 권리 의무를 현직자가 사망한 때로부터 유효하게 취득한다. 족보(genealogical records), 종교적 물품, 묘, 묘지의 소유권은 호주의 지위를 상속하면 귀속한다. 은퇴한 호주 또는 후임 부(夫)와 혼인한 여호주는 상속인의 계산으로 된 확정일자 법률문서를 증거로 재산을 유지할 수 있다. 특정한 재산이 호주에게 속하는지 가족원에게 속하는지 분명하지 않은 경우에는 전자에 속하는 것으로 법률상 추정한다(Art 20)고 규정하였다. 이 초안은 호주의 재산적 권리에 대하여 규정하고 있다. 즉 호주 상속인은 일신전속인 것을 제외하고 전 호주의 권리 의무를 점유자의 사망한 때로부터 유효하게 취득한다는 것이다.[52] 특히 족보, 종교적 물품, 묘와 묘지는 호주의 지위를 상속에 따라 귀속하게 된다.[53] 한편 은퇴한 호주 또는 후임의 부와 혼인한 여호주는 상속인의 계산으로 된 확정일자로 된 법률문서에 의한 증거로 재산을 유지할 수 있다고 하였다.[54] 그리고 특정재산이 호주 또는 가족원 가운데 누구의 것인지 알 수 없는 경우에는 호주의 것으로 법률상 추정을 하는 것으로 하였다.[55]

(3) 상속재산의 유지비용은 상속인의 부주의로 초래되지 않는 한 상속재산으로 지급할 수 있다. 강제된 상속분인 것은 증여의 감소에 의하여 그 비용을 지급하도록 강제할 수 없다(Art 21)고 규정하였다. 이 초안은 상속재산의 유지비용에 대하여 규정하였다. 그 비용은 상속인의 부주의로 발생한 것이 아니면 상속재산으로 지급할 수 있다는 것이다. 그러나 강제된 상속분인 것은 증여를 감소시키면서 그 비용을 지급하도록 강제할 수 없다고 한다.[56] 따라서 상속재산의 유지비용은 원칙으로 상속재산으로 지급하지만, 예외적으로 그것이 강제상속분인 경우에는 비용지급을 강제할 수 없다는 것이다.

---

50 중화민국 민법전, 제1123조 제1항.
51 일본 민법전, 제750조.
52 중화민국 민법전, 제1148조; 일본 민법전, 제1001조.
53 일본 민법전초안, 부칙 제2조; 일본 민법전, 제987조.
54 일본 민법전, 재988조.
55 일본 민법전, 제748조 제2항.
56 일본 민법전, 제967조.

(4) 생계비는 가구원이 다른 곳에서 얻을 수 없을 때에 호주가 지급하여야 한다. 그러나 호주의 승낙 없이 거소를 변경하고자 한 가구원에게 지불을 보류할 수 있다(Art 22)고 규정하였다. 이 초안은 호주의 부양의무로서 생계비(maintenance)의 지급의무를 규정하였다. 호주는 원칙으로 가구원에게 생계비를 지급할 의무가 있다.[57] 그러나 가구원이 호주의 승낙 없이 거소를 변경한 때에는 그 지급을 보류할 수 있다는 것이다.[58]

(5) 호주는 그의 직무를 수행함에 있어서 모든 가족원의 이익이 되게 하여야 한다. 만약 어느 가족원이 호주에 의하여 그의 권리가 침해되었다고 하면 그 사건을 가족회의에 가져와서, 남용이 발견되면 바로잡을 수 있다(Art 23)고 규정하였다. 이 초안은 호주권의 제한(limitations)을 규정하였다. 즉 호주는 모든 가족원의 이익이 되도록 직무를 수행하여야 한다는 원칙을 규정하고,[59] 만약 어느 가족원이 호주에 의하여 권리가 침해되었다고 느끼면 가족회의(the household council)에 가져와서 그 남용이 발견되면 바로잡을 수 있다고 하였다.[60]

나) 호주상속(Succession)

이 초안은 호주상속에 관하여, 호주상속의 개시원인(Art 24), 상속순위(the order of succession, Art 25), 법적 폐적(judicial disinheritance, Art 2), 유언(testamentary, Art 27), 폐적의 취소(revocation, Art 28), 호주의 선임(designation, Art 29), 선임의 결격사유(absence of designation, Art 30)를 각각 규정하였다.

(1) 호주 지위의 상속이 개시되는 것은 현 호주가 ① 사망, 사임 또는 국적 상실, ② 양자 또는 혼인의 취소로 호주를 그만둔 때, ③ 여자가 친족 밖으로 혼인하거나 미망인이거나 재혼 또는 그 혼인이 해소되거나 독자가 사후양자로 되거나 남자인 자가 태어난 때, ④ 지가의 호주가 상속한 때, ⑤ 승려가 된 때, ⑥ 자가 제2위의 양자에게 태어난 때에 개시된다. 앞 ③의 경우에 후의 부(夫)가 혼인할 때에 반대가 없다면 호주가 된다. 그러나 호주가 될 추정상속인은 다른 친족이 될 수 없을 뿐 아니라 주된 친족을 상속할 필

57　중화민국 민법전, 제117조; 소련 혼인법, 제56조, 제56조의 1.

58　일본 민법전, 제749조 제2항.

59　중화민국 민법전, 제1126조.

60　Van der Vak, Outline of Modern Chinese Family Law, Yoshitahe, supra, n.99 at 307.

요가 있는 때를 제외하고 그 자신이 창설할 수도 없다(Art 24)고 규정하였다. 이 초안은 호주상속을 규정하였다. 호주상속개시의 원인을 6가지로 한정하였다.[61] 그러나 호주상속개시의 원인 가운데 ③의 경우에 여자호주가 후의 부와 혼인할 때에 반대가 없다면 호주가 될 수 있다는 것이다.[62] 호주가 될 추정상속인에게 제한규정을 두고 있다.[63] 이와 같이 초안은 일본의 호주상속제도를 받아들이고 있다.

(2)호주의 상속순위는, ① 연장자인 자(子), ② 연장자인 손(孫), ③ 연장자인 장손, ④ (더 이상 없는 경우에) 조모, ⑤ 모, ⑥ 처, ⑦ 연장자인 며느리의 순으로 한다. 현 호주가 혼인하고 남자를 출산하지 않고 사망하거나 여호주 상속인의 선정이 지연되면, 친족회의는 사후양자를 선정해야 한다. 현 호주의 연장자인 자가 혼인하지 않고 사망하면 연소자인 자가 상속한다(Art 25)고 규정하였다. 이 초안은 호주의 상속순위를 규정하고 있다. 직계의 연장자를 호주로 하고, 자, 손, 장손으로 이어지게 하였다. 그러나 더 이상 없는 경우에 여호주로서 조모, 모, 처, 며느리로 이어지게 하였다. 현 호주가 혼인을 하였더라도 남자를 출산하지 못하고 사망한 경우, 여호주 상속인의 선정이 지연되는 경우에는 친족회의에서 사후양자를 선정하도록 하였다. 따라서 사후양자제도가 도입되었다. 다만 현 호주의 연장자인 자가 미혼으로 사망하면 연소자가 상속을 할 수 있다.[64] 이것은 장자상속의 예외라고 할 것이다.

(3) 장래의 상속인에 대한 상속권의 박탈은 그 상속인에게 ① 호주를 학대하거나 심한 모욕을 준 경우, ② 상속할 신체적이나 정신적으로 무능력한 경우, ③ 범죄로 선고를 받아 친족에게 불명예스런 경우, ④ 낭비가 심하여 개선될 가망이 없는 경우, ⑤ 친족회의의 판단으로 호주로 부적임한 다른 중대한 사유가 있는 경우를 근거로 호주에 의하여 이뤄진다(Art 26)고 규정하였다. 이 초안은 호주상속권의 박탈을 규정하였다. 호주상속인 될 자에게 일정한 사유가 있는 경우에 호주는 그러한 상속인의 호주상속권을 박탈할 수 있도록 한 것이다.[65]

(4) 선조가 상속인이 될 자의 상속권을 박탈할 의도를 유언으로 선언하면, 그 집행자는 그 유언의 효력이 발생한 뒤 곧바로 실행하여야 한다. 호주가 사망한 뒤 그 사실이 유

61　일본 민법전, 제964조.
62　일본 민법전, 제736조.
63　일본 민법전, 제744조.
64　중화민국 민법전, 제1124, 1125조.
65　일본 민법전, 제975조.

효하게 되고 승인되면 법적으로 상속권을 박탈할 수 있다(Art 27)고 규정하였다. 이 초안은 유언에 의한 호주상속권의 박탈을 규정하였다. 그 유언이 유효하게 승인되면 유언집행자는 곧바로 실행하여야 한다는 것이다.[66]

(5) 법적 폐적은 상속인이 될 자 또는 호주에 의하여 상속이 개시되기 전에 상속할 근거에 의하여 이뤄진다. 관리인은 상속권의 박탈이나 취소가 되면 판결에 따라서 법원이 선임한다(Art 28)고 규정하였다. 이 초안은 법적 폐적(상속권박탈의 취소)에 대하여 규정하였다. 그 취소는 상속인이 될 자 또는 호주에 의하여 상속이 개시되기 전에 하여야 한다.[67] 상속권이 박탈되거나 취소된 경우에 법원은 판결에 의하여 관리인을 선임할 수 있다.[68]

(6) 호주가 될 상속인이 없는 경우 현 호주는 사망 또는 퇴임을 사유로 상속할 자를 선임할 수 있다. 그러나 이 선임은 해지할 수 있고 해지 또는 취소할 의사는 반드시 공시하여야 선조의 사망시로부터 그로 인한 효력이 생긴다(Art 29)고 규정하였다. 이 초안은 호주의 선임에 관하여 규정하였다. 그 선임은 호주될 자가 없는 경우에 현 호주가 사망 또는 퇴임할 때에 상속할 자를 지명하는 것이다. 그러나 선임은 해지될 수 있고 해지나 취소는 반드시 공시되어야 효력이 선조가 사망한 때로부터 생긴다는 것이다.[69]

(7) 호주에게 법적으로 또는 지명된 상속인이 없는 경우 현직자의 부(父)가 친족 가운데에서 지명할 수 있다. 아무도 없어서 지명할 수 없으면 모에 의하여, 아무도 없고 모가 지명할 수 없으면 친족회의에서 가족원으로서 ① 친족이 딸이면 배우자, ② 형제, ③ 자매, ④ 다른 배우자, ⑤ 형제자매의 직계후손의 순서로 지명한다. 법적인 제한과 합리적 이유로 상속인으로 선정된 자가 앞의 순서를 일탈하였거나 자격 있는 자를 찾을 수 없으면 호주의 직계후손 가운데 최근친인 남자가 상속한다(Art 30)고 규정하였다. 이 초안은 선임의 결격사유, 즉 지명이 없는 경우에 상속인이 될 자에 대하여 규정하고 있다. 지명권자로서 현 호주의 부, 모, 친족회의의 순서로 하고 있다. 친족회에서 지명할 경우에 그 지명의 순서를 정하고 있다. 그러나 이와 같은 지명이 위에 정한 순서를 일탈하거나 자격 있는 자를 찾을 수 없는 경우에 호주의 직계후손 가운데 최근친인 남자가 상속한다고 하였다.[70]

66　일본 민법전, 제976조.
67　일본 민법전, 제977조.
68　일본 민법전, 제978조.
69　일본 민법전, 제979~981조.

5) 친족회(Household Council)

이 초안은 친족회(Household Council)에 관하여 구성(Composition, Art 31), 회의(mee-tings, Art 32), 통지와 청문(notice and hearing, Art 33), 호주상속인(household successor, Art 34)을 각각 규정하고 있다.

(1) 친족회는 호주를 포함하여 모든(본종) 직계존속과 직계비속으로 구성한다. 구성이 충분하지 못할 경우 해당 법원은 자유재량으로 이해관계인의 신청에 의하여 다른 혈족으로 추가 지정하고 친족회와 호주의 행위를 승인한다. 자격 있는 자가 친족회에서 거절되지 않으면 상당한 이유(너무 원격지에 거주)가 없는 한 법적으로 강제할 수 있다(Art 31)고 규정하였다. 이 초안은 친족회의 구성(Composition)에 관하여 규정하였다. 따라서 친족회는 호주를 포함하여 모든 직계존속과 직계비속으로 구성하고,[71] 이 구성이 충분하지 않으면 법원이 자유재량으로 이해관계인의 신청에 의하여 다른 혈족으로 추가 지정할 수 있다는 것이다.[72] 그리고 자격 있는 자가 친족회에서 거절되지 않으면 너무 멀리 떨어져 거주하는 등 상당한 이유가 없는 한 법적으로 강제될 수 있다는 것이다.[73]

(2) 회의는 이해관계인의 신청에 의하여 개최되고, 호주는 그 회의를 주재하며 가부동수인 경우에 모든 문제를 결정한다. 이는 사업처리를 위한 정족수와 출석자의 다수로 모든 문제를 결정한다. 그러나 구성원이 개인적 이해가 있는 어느 사안에 대한 투표를 허용하지 않는다(Art 32)고 규정하였다. 이 초안은 친족회의 회의에 관하여 규정하였다. 회의는 이해관계인의 신청에 의하여 개최되고,[74] 호주는 그 회의를 주재하고, 가부가 동수인 경우에 결정권을 갖는다. 사업처리를 위한 정족수와 출석자의 다수로 의결한다.[75] 다만 어느 사안에 대하여 이해관계가 있는 구성원은 투표를 할 수 없게 하였다.[76]

(3) 친족회를 개최함에 있어서 호주는 모든 이해관계인들에게 통지하여야 하고, 법적인 이해관계가 있는 사안에 대하여 회의에 앞서 청문을 실시하여야 한다. 친족회의 회의에 만족하지 못하는 자는 3월 이내에 가까운 법원에 제소하여 판결을 받을 수 있다

---

70   일본 민법전, 제982~985조.
71   중화민국 민법전, 제1130조 이하; 일본 민법전, 제945조 이하.
72   중화민국 민법전, 제1132조; 일본 민법전, 제945조.
73   중화민국 민법전, 제1134조; 일본 민법전, 제946조.
74   중화민국 민법전, 제1129조; 일본 민법전, 제944조.
75   중화민국 민법전, 제1135조; 일본 민법전, 제945, 947조.
76   중화민국 민법전, 제1136조; 일본 민법전, 제947조.

(Art 33)고 규정하였다. 이 초안은 친족회의 개최를 위한 통지와 청문을 규정하였다. 그리고 친족회의 결정에 이의가 있으면 3월 이내에 가까운 법원에 제소하여 판결을 받을 수 있도록 하였다.[77]

(4) 호주상속인은 제24조의 결격사유가 있으면 친족회에서 혈족과 최종 현직자의 가족이나, 지가의 호주와 본가 및 지가의 구성원으로 선임한다. 이 모두가 결격이거나 합리적 근거가 있으면, 친족회는 비혈족으로 선임할 수 있다(Art 34)고 규정하였다. 이 초안은 친족회에서 호주상속인을 선임하는 절차를 규정하였다. 호주상속인에게 이 법 제24조의 결격사유가 있는 경우에 혈족과 최종 현직자의 가족 또는 지가(branch house-holds)의 호주 및 본가(the principal)와 지가(the branch)의 가족 가운데서 선임할 수 있다는 것이다. 모두 결격사유가 있거나 합리적 근거가 있는 경우에는 친족회는 혈족이 아닌 자를 선임할 수 있다고 하였다.[78]

5. 혼인(Matrimony)

이 초안은 혼인에 대하여, 일반규정(General Provisions, Arts 35~43), 부부재산(Marital Property, Arts 44~50), 혼인의 해소(Termination, Arts 51~58)를 각각 규정하였다.

1) 일반규정(General Provisions)

이 초안은 자연인의 혼인에 관하여 일반규정(General Provisions)에서, 법적 성질(Nature, Art 35), 혼인장애사유(impediments, Art 36), 혼인등록(registration, Art 40), 예외(Exceptions, Art 38), 부부계약(The Marital Contract, Art 39), 이의제기(Challenge, Art 41), 해외에 거주하는 한국인(Koreans residing in a foreign country, Art 42) 등 혼인절차 및 효과(effects, Art 43)를 각각 규정하였다.

(1) 혼인은 한 남자와 한 여자 사이에 영원한 부부로서 살기로 맺은 계약에 의한 지위이다(Art 35)고 규정하였다. 이 초안은 혼인의 법적 성질을 규정하였다. 한 남자와 한 여

---

77 중화민국 민법전, 제1137조; 일본 민법전, 제951조.
78 일본 민법전, 제985조.

자 사이에 영원한 부부로서 살기로 맺은 계약에 의한 지위라고 함으로써, 혼인은 남녀 사이에 영원한 부부관계를 맺는 신분(인격)계약임을 밝히고 있다.[79]

(2) 다음 사항은 유효한 혼인계약에 대한 장애사유가 된다.[80] ① 법적능력의 결함이 양 계약당사자에 있는 경우, ② 혼인생활을 하는데 불치의 신체적 부적격인 경우, ③ 혼인당사자와 제3자 사이에 유효한 혼인이 존재하는 경우,[81] ④ 계약당사자 사이에 직계혈족이나 8촌 이내의 방계혈족인 경우, ⑤ 20세인 남자와 여자 쪽이 18세인 혼인연령에 미달하는 경우, ⑥ 계약당사자들 사이에 후견관계가 있는 경우, ⑦ 당사자의 일방이 이미 간통으로 혼인이 해소된 경우(Art 36)를 규정하였다. 이 초안은 혼인의 장애사유(결격사유)를 규정하고 있다. 비록 유효한 혼인계약이 있는 당사자에게 일정한 경우(① ~ ⑦)에는 장애사유가 되는 것이다.

(3) 오직 혼인을 위한 합의(약혼)는 혼인계약과 다르다. 전자는 법적 강제되지 않고 준수하지 않아 입은 금전적 손해를 배상하지 않는다. 그러나 합의가 해소된 뒤 2년 안에 선량한 당사자는 모든 예물 또는 그 가액을 반환받을 수 있고 준수하지 않음으로써 발생한 모든 비용을 반환받을 수 있다(Art 37)고 규정하였다. 이 초안은 약혼(An agreement to marry)에 관하여 규정하고 있다. 약혼은 혼인과 구별하고 있다. 따라서 약혼은 법적으로 강제할 수 없고, 이를 준수하지 않은 것에 대하여 금전적 손해를 배상받을 수도 없다는 것이다. 그러나 책임 없는 당사자는 약혼이 해소된 뒤 2년 이내에 예물의 반환을 청구할 수 있고 준수하지 않음으로써 발생한 모든 비용을 반환받을 수 있다는 것이다.[82]

(4) 그 반환은 이의하는 당사자가, ① 1년 동안 열심히 찾아보았으나 어디에 있는지 소식을 듣지 못한 경우, ② 제3자와 혼인하는 것에 동의하거나 혼인한 경우, ③ 간통을 허용한 경우, ④ 성병, 악질 또는 심각한 불치의 질병이 있는 경우, ⑤ 신체적으로 영구히 불구인 경우, ⑥ 범죄로 유죄판결을 받은 경우 ⑦ 혼인일자를 의도적으로 미루는 경우에는 허용되지 않는다(Art 38)고 규정하였다. 이 초안은 약혼의 해소의 효과에 관한 예외규정을 두었다. 즉 약혼의 해소에 의하여 예물의 반환과 비용의 반환을 인정하지만, 여기에서 정하는 일방 당사자의 일정한 사유(①~⑦)가 있는 경우에는 이를 인정하지 않는다.[83]

---

79 켈리포니아 민법전, 제55조; 독일 민법전, 제407조.

80 중화민국 민법전, 제980~986조; 독일 민법전, 제1309~12조, 제1323조, 제1326조, 제1328조.

81 중화민국 민법전, 제985조; 일본 민법전, 제765조 이하.

82 중화민국 민법전, 제975, 977조; 독일 민법전, 제1297~1302조

(5) 부부계약은 쌍방이 서면으로, 서명하여 증인이 있어야만 한다. 또한 ① 쌍방의 성명, 당사자, 부모 및 증인과 그들을 대리하는 가족의 대표들, ② 이 법전에서 말하는 혼인의 장애사유가 존재하지 않음, ③ 쌍방의 혼인의 일자와 장소 및 그들의 자녀 성명, ④ 쌍방이 부부로서 영원히 같이 살 진지한 의사, ⑤ 각자의 건강조건, 특히 성병, 정신병, 결핵과 같은 것에 대한 상호 인식에 대하여 낭독하여야 한다. 당사자가 희망하면 종교 또는 다른 의식은 미리 하거나 이 계약에 따라야 한다(Art 39)고 규정하였다. 이 초안은 부부계약(The Marital Contract)에 관하여 규정하고 있다. 부부계약[84]은 서면으로 서명하고 증인이 있어야 하는 요식행위로 규정하였다. 특히 부부계약의 내용이 될 사항(①~⑤)을 열거하고 이를 상호 인식하고 있음을 낭독하도록 하고 있는 점이 특색이라 할 것이다. 그리고 당사자가 희망하면 종교 또는 다른 의식은 이 계약의 실행에 앞서 하거나 따라서 한다는 것이다.[85]

(6) 부부계약 원본은 당사자 일방의 주거에 가까운 호적등록소에 비치되어야 한다. 등록담당관 또는 등록소에 비치한 사람은 누구든지 고시를 눈에 잘 띄는 곳에 부착하고 당사자의 성명과 주소를 낭송하게 한다. 5일이 지난 뒤 혼인은 이의 또는 타당한 반대가 없으면 제출되고 계약에 흠결이 없으면 등기관은 그 혼인이 효력이 있음과 이해당사자의 요청에 의하여 규정한 수수료를 지불하고 그 인증서를 발급함을 기재할 수 있다(Art 40)고 규정하였다. 이 초안은 혼인등록에 관한 절차를 규정하였다. 부부계약 원본을 호적등록소(the Koseki registry office)에 비치하여야 한다는 것이다. 그러면 등록관이나 등록소에 비치한 사람은 고시를 잘 볼 수 있게 게시하여야 한다.[86] 그 당사자의 이름과 주소를 읽을 수 있게 하는 것이다. 그 고시를 하고 5일이 경과한 뒤 그 혼인에 대하여 이의 또는 타당한 반대가 없으면 등록관은 이해관계인의 요청에 따라 규정된 수수료를 받고 인증서를 발급한다는 배서를 할 수 있다는 것이다. 그러니까 단순히 등록관이 등록부에 기재하는 것으로 되는 것이 아니라 5일간 등록소에 부부계약 원본을 게시하여 고시하는 절차가 있다는 점이 주의를 끈다고 할 것이다.

---

83 캘리포니아 민법전, 제62조; 중화민국 민법전, 제976조.

84 일본 민법전, 제775조 참조.

85 원래 오랜 관습상 혼인은 이런 의식으로 완성되었고 호적에 등록하는 것은 요구되지 않았다. 물론 오늘날에는 혼인은 호적에 등록하면 의식을 하지 않더라도 그 혼인은 인정되고 있다.

86 이것은 "발행금지"라는 곳에서 가져온 것으로, 이것을 하지 않으면, 미국의 많은 주에서, 많은 작가들로부터 지탄을 받게 된다.

(7) 등록소에 부부계약을 비치한 5일 이내에 누구든지 서면으로 반대를 주장하여 이의할 수 있고, 등록관은 그에 따라 적당한 법원에 제출하여 당사자의 청문을 들은 뒤에 그 반대를 처리할 수 있다(Art 41)고 규정하였다. 이 초안은 부부계약에 대한 이의절차를 규정하고 있다. 즉 부부계약을 등록소에 비치하고 게시한 뒤 5일 이내에 누구든지 서면으로 반대를 주장하여 이의를 할 수 있다. 등록관은 이의가 있으면 법원에 제출하여 당사자의 청문을 들은 뒤에 그 반대를 처리할 수 있도록 하였다.

(8) 외국에 거주하는 한국인은 혼인서류를 한국대사 또는 영사대표부에 제출하면 효력이 생기고 동일한 조건으로 인정된다(Art 42)고 규정하였다.[87] 이 초안은 외국에 거주하는 한국인이 혼인을 하면 한국대사관 또는 영사대표부에 혼인서류를 제출하도록 하였다. 그렇게 하면 혼인의 효력이 생기고 동일한 조건으로 인정된다는 것이다.

(9) 혼인에 의하여 처는 부의 가에 입적이 되고 그의 주소를 취득한다. 배우자는 별거하는 것이 법적으로 인정되지 않는 한 서로 같이 동거할 상호간의 의무가 있다. 부부는 일상가사에 서로 대리인이 된다. 그러나 이는 배우자 쌍방에 의하여 제한될 수 있고 제3자에 대하여 통지하여야 한다(Art 43)고 규정하였다. 이 초안은 혼인의 효력에 관하여 규정하고 있다. 혼인한 처는 부의 가(the husband's household)에 입적하고 부의 주소를 취득한다. 부부는 동거할 상호간의 의무(a mutual obligation to live together)가 있다. 다만 법적으로 별거를 인정한 경우에는 그렇지 않다.[88] 부부는 일상가사대리권이 있다. 그러나 일상가사대리권을 제한하는 경우에 제3자에게 통지하여야 한다는 것이다.[89]

2) 부부재산(Marital Property)

이 초안은 부부재산에 관하여 분리소유(separate ownership, Art 44), 재산관리(management, Art 45), 비용(expenses, Art 46), 성립(creation, Art 47), 책임(liability, Art 48), 상환(reimbursement, Art 49), 이혼의 경우(dissolution, Art 50)를 각각 규정하고 있다.

(1) 재산은 혼인할 당시에 배우자 각자에게 속한다. 재산은 사업으로 각자 취득하거나 그렇지 않으면 각자 보유한다(Art 44)고 규정하였다. 이 초안은 부부재산에 관하여

---

87   일본 민법전, 제777조.
88   중화민국 민법전, 제1001, 1002조; 일본 민법전, 제788, 789조.
89   중화민국 민법전, 제1003조; 일본 민법전, 제804~806조.

부부별산제를 취하였다. 따라서 각 배우자는 혼인할 당시에 재산을 각자 갖는다. 그리고 사업으로 각자가 재산을 취득한다. 그렇지 않으면 각자가 그의 재산을 보유한다는 것이다.[90]

(2) 부(husband)는 처의 재산을 자신의 것과 같이 관리하는 자이다. 또한 각자에 대하여 동일한 주의로 행동한다. 그는 통제하거나 사용할 수 있다. 그러나 처의 서면동의가 없으면 양도하거나 부담을 지우지 못한다. 그가 처의 재산을 관리할 수 없으면 그 관리는 처에게 돌아간다. 법원은 그가 처의 재산을 잘못 관리하면 부를 금지하고 그 재산을 처의 통제로 돌아가게 할 수 있다(Art 45)고 규정하였다. 이 초안은 부부재산의 관리에 관하여 규정하였다. 부(husband)는 처의 재산관리인이 되고, 재산관리의 주의의무는 자신의 재산에 관한 동일한 주의로 하여야 한다.[91] 또한 각자에 대하여 동일한 주의로 행동하여야 한다.[92] 한편 부는 처의 재산을 통제하거나 사용할 수 있다. 그러나 처의 서면동의가 없으면 처의 재산을 양도하거나 부담을 지우지 못한다.[93] 부가 처의 재산을 잘못 관리하면 부는 금지되고 그 재산은 처의 통제로 돌아간다는 것이다.[94]

(3) 부 또는 처가 호주인 경우 처는 배우자의 자에 대한 교육 및 다른 당사자의 채무에 의한 이익을 포함한 혼인비용을 지불하여야 한다. 또한 후자의 재산으로부터의 수입을 사용할 수 있다(Art 46)고 규정하였다. 이 초안은 혼인비용에 관하여 규정하고 있다. 따라서 부 또는 호주인 처는 혼인생활의 비용을 지불하여야 한다는 것이다. 혼인비용에는 배우자의 자녀 교육 및 다른 당사자의 채무로서 얻은 이익을 포함한다. 그리고 다른 배우자의 재산으로부터 나오는 수익을 사용할 수 있다고 하였다.[95]

(4) 부부재산관리는 혼인 전 또는 후에 배우자와 사이에 서면계약에 의하여 성립한다. 각자 또는 쌍방이 혼인 전 또는 혼인 중에 취득한 분리재산을 제외한 모두를 공동으로 인수하고 보유한다. 부는 분리소유권에서와 같은 동일한 조건으로 협력관계의 관리자로서 행동한다. 그러나 비용은 공동재산에서 지불한다(Art 47)고 규정하였다. 이 초안은 부부재산관리의 성립(creation)에 관하여 규정하고 있다. 부부재산관리는 배우자와

---

90 켈리포니아 민법전, 제162~4조; 중화민국 민법전, 제1031조; 일본 민법전, 제817조.
91 켈리포니아 민법전, 제172조; 중화민국 민법전, 제1032조; 일본 민법전, 제801조.
92 일본 민법전, 제805조.
93 켈리포니아 민법전, 제172조; 중화민국 민법전, 제1032조; 일본 민법전, 제802조.
94 일본 민법전, 제803, 805조.
95 켈리포니아 민법전, 제143조; 일본 민법전, 제798, 799조.

의 사이에 혼인 전 또는 후에 서면계약으로 성립한다.[96] 부부의 별산(separate property)을 제외한 모든 재산은 공동으로 부부가 보유한다. 부는 분리소유권에서와 같이 동일한 조건으로 협력관계의 관리자로서 행동한다. 부부재산관리의 비용은 공동재산에서 지불한다는 것이다.[97]

(5) 협력관계에서 각 배우자는 혼인 전에 발생한 채무, 그리고 다른 배우자의 대리인으로서 발생한 채무에 대하여 공동재산의 확장을 위하여 개인적으로 책임이 있다. 부는 또한 혼인 중에 그에 의하여 발생한 채무에 대하여 책임이 있다. 처는 공동재산으로 부족하거나 그의 귀책행위로, 직업상 또는 상속의 결과로 발생한 채무, 가족생활비용에 대하여 책임을 진다(Art 48)고 규정하였다. 이 초안은 부부재산관리의 책임에 대하여 규정하고 있다. 먼저 각 배우자는 혼인 전에 발생한 채무나 다른 배우자의 대리인으로서 발생한 채무에 대하여 개인적으로 책임이 있다. 다음으로 부는 혼인 중에 본인에 의하여 발생한 채무에 대하여 책임이 있다. 처는 공동재산이 부족하거나 그의 귀책행위로 인한 채무에 대하여 책임이 있다. 특히 직업상 또는 상속의 결과로 발생한 채무, 가족생활비용에 대하여 책임이 있다.[98]

(6) 상환은, 혼인 중이면, 각 배우자는 분리재산으로 공동채무를 변제할 수 있고, 공동재산으로 분리채무를 변제할 수 있다. 그러나 분리재산으로 공동채무를 변제하고자 하면 받을 수 없다(Art 49)고 규정하였다. 이 초안은 채무의 상환에 대하여 규정하고 있다. 각 배우자는 분리재산으로 공동채무를 변제할 수 있고, 공동재산으로 분리채무를 변제할 수 있다는 것이다. 그러나 분리재산으로 공동채무를 변제하고자 하는 경우 그것을 받을 수 없다는 것이다.[99]

(7) 협력관계의 해체는 어느 배우자의 사망, 혼인의 취소, 배우자의 이혼 또는 법률상 별거에 의한다. 사망의 경우에 공동재산의 2분의 1은 생존배우자에게 그리고 나머지 2분의 1은 망인의 상속인 또는 재산관리인에게 수여된다(Art 50)고 규정하였다. 이 초안은 부부협력관계의 해체에 관하여 규정하고 있다. 해체원인은 배우자의 사망, 혼인의 취소, 배우자의 이혼이나 법률상 별거를 들고 있다. 특히 사망에 의한 해체인 경우에는

---

96 켈리포니아 민법전, 제687조; 중화민국 민법전, 제1004, 1007, 1008조; 독일 민법전, 제417조; J일본 민법전, 제797조, 제1438조 이하.
97 켈리포니아 민법전, 제170, 171조; 중화민국 민법전, 제1034~1038조; 일본 민법전, 제801조.
98 중화민국 민법전, 제재1034조 이하.
99 중화민국 민법전, 제1038조.

공동재산의 2분의 1을 생존배우자에게 수여하고, 나머지 2분의 1은 망인의 상속인 또는 재산관리인에게 수여된다고 하였다.[100]

3) 혼인의 종료(Termination)

이 초안은 혼인의 종료에 대하여 일반적인 경우(in general, Art 51), 혼인의 취소(annulment, Art 52~53), 이혼(Dissolution, Art 54~58)을 각각 규정하고, 이혼은 법률상 이혼(judicial, Art 54~56)과 협의상 이혼(conventional separation, Art 57~58)을 규정하고 있다.

가) 일반적인 경우(In general)

혼인상태는 ① 취소 또는 ② 혼인의 해소(이혼)에 의하여 종료된다(Art 51)고 규정하였다. 이 초안은 혼인상태가 종료하는 사유를 규정하고 있다.[101]

나) 혼인의 취소(Annulment)

(1) 혼인의 취소는 제35조에 규정된 하나 또는 그 이상의 장애가 혼인 시에 존재하였음을 증명하여 무고한 배우자에게 인정할 수 있다. 그 장애는 배우자에게 말했더라도 알 수 없고 합리적인 노력으로 발견될 수 없어야 한다. 또는 상기 혼인을 사기 강박에 의하여 하거나 다른 배우자를 대신하여 하거나, 그리고 자발적 동거가 다음에 없는 것이다(Art 52)고 규정하였다. 이 초안은 혼인의 취소(무효선언)에 관하여 규정하고 있다. 혼인의 취소사유는 제35조에 규정된 하나 또는 그 이상의 장애가 혼인할 때에 존재하였음을 증명하여야 한다. 취소권자는 무고한 배우자이다. 그 장애는 배우자에게 말했더라도 알 수 없고 합리적인 노력으로 발견될 수 없어야 한다. 또한 혼인의 취소사유로서 혼인을 사기, 강박에 의하여 하거나, 배우자를 대신하여 혼인하거나, 그리고 자발적 동거가 더 이상 없어야 한다는 것이다.[102]

(2) 혼인 취소의 선언은 진행하는 당사자에게만 결정적이며 자녀의 정당성에 유해하게 영향을 주지 않는다. 이러한 아이들의 양육권은 무고한 배우자 또는 후견인에게 수여하며 그들의 교육은 책임 있는 자의 재산에서 지급하여야 한다(Art 53)고 규정하였다.

---

100 중화민국 민법전, 제1039, 1040조.
101 중화민국 민법전, 제1039, 1040조.
102 켈리포니아 민법전, 제82조 이하, 제92조 이하; 중화민국 민법전, 제971조, 제989조 이하.

이 초안은 혼인 취소(무효선언)의 효과에 관하여 규정하고 있다. 취소의 효과는 취소를 진행하는 당사자에게만 미치고, 자녀의 정당성에는 유해하게 영향을 주지 않는다. 따라서 자녀의 양육권은 무고한 배우자 또는 후견인에게 수여되고, 자녀의 교육은 책임 있는 자의 재산으로 지급하여야 한다는 것이다.[103]

다) 이혼(Dissolution)

(가) 법률상 이혼(Judicial)

(1) 유효한 혼인은 사망 또는 혼인 중에 일어난 것을 근거로 한 사법적 판단에 의하여 해소될 수 있다.[104] 피고는 다음 중 적어도 하나를 포함하여야 한다. ① 간음,[105] ② 중혼, ③ 유죄판결, ④ 유기, ⑤ 다른 배우자의 삶에 대한 간섭, ⑥ 신체적 또는 정신적으로 극단적인 잔인함, ⑦ 다른 배우자의 직계존속에 대한 심한 모욕, ⑧ 습관적인 음주나 아편의 사용(Art 54)이라고 규정하였다. 이 초안은 법률상 이혼사유에 대하여 규정하고 있다. 유효한 혼인이라도 사망 또는 혼인 중에 일어난 것을 근거로 하여 사법적 판단에 의하여 해소될 수 있다는 것이다. 혼인 중에 일어난 것으로서 여덟 가지(①~⑧)를 들고 그 가운데 적어도 하나를 포함하여야 한다는 것이다. 즉 재판상 이혼사유가 되는 것이다.[106]

(2) 전조(the preceding article)에 언급 된 어느 사유에 대하여 묵인 또는 동의에 대한 용서는 그러한 사유로 혼인의 해소를 획득함에서 무고한 배우자를 배제한다(Art 55)고 규정하였다. 이 초안은 제54조에 정하여진 재판상 이혼사유에 묵인이나 동의에 대한 용서를 함으로써 무고한 배우자는 혼인의 해소에서 배제된다는 것을 규정하고 있다.[107] 따라서 재판상 이혼사유와 그 배제를 규정한 것이다.

(3) 혼인 해소의 판결은 독신의 상태로 양 배우자를 복원한다(Art 56)고 규정하였다. 이 초안은 재판상 이혼에서 이혼판결의 효과에 관하여 규정하고 있다. 즉 이혼판결은 배우자 모두를 독신(celibacy) 상태로 돌려놓는다.[108]

---

103 켈리포니아 민법전, 제84, 86조; 중화민국 민법전, 제989조 이하.
104 중화민국 민법전, 제1052조; 독일 민법전, 제420조; 일본 민법전, 제813조.
105 켈리포니아 민법전, 제93조.
106 켈리포니아 민법전, 제90조 이하; 중화민국 민법전, 제1052조; 일본 민법전, 제813조.
107 켈리포니아 민법전, 제111조; 중화민국 민법전, 제1053조; 독일 민법전, 제1565, 1570, 1573조; 일본 민법전, 제814조.
108 켈리포니아 민법전, 제91조.

(나) 협의상 이혼(Conventional Separation)

(1) 서면합의로 선서를 관리하는 공무원과 2인의 성인 앞에서 실행된다. 그 배우자는 재혼할 수 있도록 하지 않는 한 법률전문가의 모든 결과로 법적으로 별거하는 효과가 생긴다. 배우자가 미성년자인 경우 후견인의 동의가 필요하다. 발효하기 전에는 별거합의는 동일한 당사자의 혼인계약으로 동일한 등록 안에 작성되어져야 한다(Art 57)고 규정하였다. 이 초안은 협의상 이혼의 형태(mode)에 관하여 규정하고 있다. 즉 협의상 이혼은 서면합의(a written agreement)로 선서를 관리하는 공무원과 성인 2인의 면전에서 실행된다는 것이다. 배우자는 법률전문가의 모든 결과로 법적으로 별거를 하게 된다. 그들은 다시 혼인을 할 수 없게 된다. 한편 배우자가 미성년자인 경우 후견인의 동의가 필요하다. 그리고 협의상 이혼의 효력이 발생하기 전에는 별거합의는 같은 당사자의 혼인계약으로 등록부에 철하여야 한다는 것이다.[109]

(2) 이러한 합의가 있는 경우 자녀의 후견인을 두게 된다. 한편 그 모가 양육권을 탈환하는 경우에 배우자의 집에 남아있지 않는 한 부는 자녀의 후견인이 될 수 있다(Art 58)고 규정하였다. 이 초안은 협의상 이혼에서 자녀의 후견(guardianship)에 관하여 규정하고 있다. 이혼합의가 있는 경우 자녀의 후견인을 두게 된다. 그 모(mother)가 양육권을 갖게 되는 경우 부(father)가 배우자의 집에 남아있지 않는 한 그 부는 자녀의 후견인(guardian)이 된다는 것이다.[110]

6. 친자(Parentage)

이 초안은 친자에 대하여, 친권(parental authority, Arts 59~62), 인지(Legitimacy, Arts 63~68), 입양(Adoption, Arts 69~76)을 각각 규정하였다.

1) 친권(parental authority)

이 초안은 친권에 관하여, 범위(extent, Art 59), 친권의 행사(exercise, Art 60), 자의 권리(rights, Art 61) 및 당연종료(automatic termination, Art 62)를 각각 규정하였다.

---

109 이것은 이혼자의 재혼에 대한 종교적 혐오감을 가진 사람들을 위해 설계되었다. 또한 법률상 이혼하는 것이 손실 홍보의 이점을 제공한다. 중화민국 민법전, 제1049, 1050조; 일본 민법전, 제808조 이하; 소련 혼인법, 제I편, 제4장.
110 중화민국 민법전, 제1051조; 일본 민법전, 제812조.

(1) 모든 합법적인 미혼인, 미성년자인 자녀는 친권이 적용된다.[111] 친권은 ① 자녀의 양육권, ② 거주 및 주소의 선택, ③ 자녀 교육의 통제, ④ 자녀 재산의 관리, ⑤ 자녀 재산의 사용 및 수익, ⑥ 자녀 재산의 획득과 관련된 일, ⑦ 징계권을 포함한다(Art 59)고 규정하였다. 이 초안은 친권의 범위(extent)를 규정하고 있다. 모든 합법적이고 미혼인 미성년자인 자녀는 친권이 적용된다. 그 친권은 양육권, 거주 및 주소의 선택, 자녀 교육, 자녀 재산의 관리, 자녀 재산의 사용 및 수익, 자녀 재산의 획득과 관련된 일, 징계권을 포함한다는 것이다.[112]

(2) 친권은 자녀의 이익을 위하여 양 부모가 공동으로 행사해야 한다.[113] 부(father)에 의한 불일치인 경우 및 부모 가운데 장애가 있는 경우에는 다른 쪽의 부모에 의한다. 친권의 남용은 민사소송의 기반을 제공한다. 자녀를 대신하여 그 권리를 강제하면 그 권한은 종료한다(Art 60)고 규정하였다. 이 초안은 친권의 행사와 친권의 남용에 관하여 규정하고 있다. 먼저 친권의 행사는 자녀의 이익을 위하여 양 부모가 공동으로 행사하여야 한다. 공동행사가 어려운 경우에는 다른 쪽의 부모에 의하여 행사한다.[114] 친권의 남용은 민사소송의 대상이 된다. 자녀를 대신하여 그 권리를 강제하면 친권이 종료된다는 것이다.[115]

(3) 부모에 대한 자녀의 권리는 적절한 관리와 보호, 부양, 교육 및 가족의 성을 가지는 것을 포함한다(Art 61)고 규정하였다. 이 초안은 자녀의 부모에 대한 권리를 규정하고 있다. 자녀는 부모에 대하여 적절한 관리(proper care)와 보호(protection)를 받고 부양(maintenance)되어야 하고 교육을 받으며 가족의 성(the household surname)을 가지는 것을 포함하는 것으로 하였다.[116]

(4) 이러한 권한은 자녀가 성년에 도달한 때, 혼인 또는 후견인에 배치되면 중단된다(Art 62)고 규정하였다. 이 초안은 친권의 자동종료(automatic termination)에 관하여 규정하고 있다. 즉 자녀가 성년이 된 때, 자녀가 혼인한 때, 자녀가 후견인의 후견을 받을 때에 자동으로 중단된다는 것이다.[117]

---

111 일본 민법전, 제877조.
112 켈리포니아 민법전, 제196, 197조; 중화민국 민법전, 제1084, 1089조; 일본 민법전, 제879조 이하.
113 중화민국 민법전, 제1088조; 일본 민법전, 제889조; 소련 혼인법, 제33, 41조.
114 켈리포니아 민법전, 제197, 198조; 중화민국 민법전, 제1089조; 소련 혼인법, 제38, 39조.
115 중화민국 민법전, 제1090조; 소련 혼인법, 제33, 46조.
116 켈리포니아 민법전, 제196, 197조; 중화민국 민법전, 제1059, 1078, 1084조; 일본 민법전, 제879, 881, 883조; 소련 혼인법, 제41, 42, 43조.

2) 인지(정당성, Legitimacy)

이 초안은 인지(Legitimacy)에 대하여 다음과 같이 규정하고 있다.

(1) 모든 자녀는 혼인에서 출생되어야 한다. 또는 모가 한 당사자인 혼인의 종료 10월 이내에 출생하면 합법적인 것으로 간주된다. 나머지는 모두 불법이다(Art 63)고 규정하였다. 이 초안은 인지의 정의를 규정하고 있다. 모든 자녀는 혼인에서 출생되어야 합법성을 갖는다. 그러나 모가 한 당사자인 혼인이 종료된 10월 이내에 출생을 하면 그 출생은 합법적인 것으로 간주된다는 것이다. 그 밖에 나머지는 모두 불법이 된다고 하였다.[118]

(2) 적법성의 추정은 배우자뿐만 아니라 제3대 이내의 그들의 후손에 의하여 법적으로 주장할 수 있다(Art 64)고 규정하였다. 이 초안은 인지(적법성)의 추정에 대하여 규정하고 있다. 그 적법성의 추정은 배우자, 제3대 이내의 그들의 후손에 의하여 법적으로 주장할 수 있다고 하였다.[119]

(3) 불법이고 미혼인 미성년자의 모는 구금되어, 서비스 및 수익을 받을 수 있다(Art 65)고 규정하였다. 이 초안은 불법이고 미혼인 미성년자인 모(mother)는 구금되어 서비스와 수익을 받을 수 있다고 함으로써 불법으로 취급하고 있다.[120]

(4) 사생아는 ① 사실상 부모의 혼인에 의하여, ② 사실상 부의 인지에 의하여, 합법화 될 수 있다(Art 66)고 하였다. 이 초안은 사생아(An illegitimate child)의 인지(Legitimation)를 규정하고 있다. 즉 사실상 부모의 혼인에 의하여(준정),[121] 사실상 부의 인지(acknowledgement)에 의하여[122] 사생아는 합법화(정당화) 될 수 있다는 것이다.

(5) 합법화(인지)는 부계를 제공하여 사생아를 대신하여 모 또는 후견인의 소송에서 집행될 수 있다(Art 67)고 규정하였다. 이 초안은 인지(acknowledgement)의 집행을 규정하고 있다. 인지는 부계(paternity)를 제공하는 것으로서 모 또는 후견인의 소에 의하여 집행될 수 있다는 것이다.[123]

117　캘리포니아 민법전, 제204조.
118　캘리포니아 민법전, 제193, 194조; 중화민국 민법전, 제1061~1063조; 일본 민법전, 제820조.
119　캘리포니아 민법전, 제195조.
120　캘리포니아 민법전, 제200조.
121　캘리포니아 민법전, 제215조; 중화민국 민법전, 제1064조; 독일 민법전, 제1719~1722조.
122　캘리포니아 민법전, 제230조; 중화민국 민법전, 제1065조.

(6) 합법화(인지)는 자녀의 출산일로 소급한다. 그러나 제3자의 기득권은 이에 영향을 받지 않는다(Art 68)고 규정하였다. 이 초안은 인지에 의한 합법화와 그 효력에 대하여 규정하고 있다. 먼저 인지의 합법화는 자녀의 출산일로 소급한다는 것이다. 다음으로 인지에 의한 합법화는 제3자의 기득권(prior vested rights)에 영향을 미치지 않는다는 것이다.[124]

3) 입양(Adoption)

이 초안은 입양에 관하여 정의(Defined, Art 69), 요건(requisites, Art 70), 예외(exception, Art 71), 방식(mode, Art 72), 효과(effect, Art 73), 법적 종료(termination, judicial, Art 74), 관습상 입양(conventional adoption, Art 75) 및 효과(effect, Art 76)를 각각 규정하고 있다.

(1) 입양은 성인이 또 다른 미성년자인 자녀에게 부권을 취득하는 과정이다(Art 69)고 규정하였다. 이 초안은 입양의 정의에 대하여 규정하고 있다. 즉 입양은 성인이 또 다른 미성년자인 자녀에게 부권을 취득하는 과정이라고 정의하고 있다.[125]

(2) 입양할 자는 반드시 ① 적어도 입양될 자보다 15세 많을 것, ② 결혼을 한 경우 배우자의 동의가 있을 것, 아동은 12세가 되고 그 부모가 생존하여 접근할 수 있어야 하고, 그렇지 않으면 후견인일 것을 요한다(Art 70)고 규정하였다. 이 초안은 입양의 요건을 규정하고 있다. 즉 입양할 자는 반드시 입양될 자보다 15세가 많아야 하고,[126] 결혼을 한 경우에는 배우자의 동의가 있어야 하며,[127] 아동인 경우 12세가 되고 그 부모가 생존하여 접근할 수 있어야 하고,[128] 그렇지 않으면 후견인일 것을 요구하고 있다.[129]

(3) 동의는 미치거나 정신적으로 불건전함, 간음, 잔인하거나 음주벽의 유죄 판정을 받은 부모로부터 필요하지 않다. 황량하거나 제공하지 못한 사람, 사생아의 부로부터 필요하지 않다.[130] 다른 배우자의 자녀의 배우자에 의한 입양은 오직 후자의 동의가 필

---

123 일본 민법전, 제827조, 또한 모에 의한 인지를 인정하고 있음. 제835조; 켈리포니아 민법전, 제196조a; 중화민국 민법전, 제1067조.
124 중화민국 민법전, 제1069조; 일본 민법전, 제832조; 소련 혼인법, 제28~32조.
125 켈리포니아 민법전, 제228조; 독일 민법전, 제1741, 1749, 1754조; Schuster, supra n.18 Sec. 428; 일본 민법전, 제861조; 소련 혼인법, 제3편, 제3장.
126 켈리포니아 민법전, 제222조 (10년); 중화민국 민법전, 제1073조 (20년); 독일 민법전, 제 1741, 1743, 1744조 (18년).
127 켈리포니아 민법전, 제223조; 중화민국 민법전, 제1074, 1076조; 독일 민법전, 제1746, 1747조; 일본 민법전, 제841조; 소련 혼인법, 제62조.
128 켈리포니아 민법전, 제224조; 독일 민법전, 제1746, 1747조; 일본 민법전, 제845조; 소련 혼인법, 제61조.
129 소련 혼인법, 제61조.

요하다.[131] 친족회의의 동의는 남성으로 동일한 성과 직계동족인 사람을 양자로 하는 관습상 필수조건으로 하는 것은 면제될 수 있다(Art 71)고 규정하였다. 이 초안은 입양의 동의에 대한 예외를 규정한 것이다. 즉 입양에 동의할 부모가 미치거나 정신적으로 불건전함, 간음, 잔인하거나 음주벽의 유죄 판정을 받은 경우 등에는 그의 동의가 필요 없다. 또한 배우자의 자녀의 배우자가 입양하고자 할 경우 오직 자녀의 배우자에 의한 동의만 있으면 된다는 것이다. 관습상으로 남성이고 동일한 성과 직계동족인 사람을 양자로 하여야 하는 것은 면제될 수 있다고 함으로써 양자관습법을 배제시키고 있다.

(4) 제70조 및 제71조에 규정된 요건은 인구조사의 등록기관에 제출해야 한다. 누구의 동의가 요구되는 당사자에 의해 서명한 문서로 표현해야 한다. 입양은 사후에 소급 적용하는 의지에 의하여 영향을 받을 수 있다(Art 72)고 규정하였다. 이 초안은 입양 동의의 형식에 관하여 규정하고 있다. 입양동의는 인구조사 등록기관에 제출하여야 한다.[132] 동의는 동의하는 사람의 서명한 문서로서 하여야 한다. 입양을 소급하여 적용하고자 할 의사로 동의를 할 수 있다는 것이다.[133]

(5) 입양자와 입양된 자 사이는 부모와 합법적인 자손 사이에 존재하는 것과 동등하다. 입양된 자는 입양자의 가에 입적하고 가의 성을 취득한다(Art 73)고 규정하였다. 이 초안은 입양의 효과에 관하여 규정하고 있다. 즉 입양자와 입양된 자의 관계는 부모와 합법적인 자손과의 관계와 동일하다는 것이다.[134] 따라서 입양된 자는 입양자의 가에 입적하고, 그 가의 성을 따르게 된다.[135]

(6) 입양의 관계는 법적으로 입양자 또는 입양된 자의 소송절차에서 종료하거나, 또는 ① 상대방에 의한 학대 또는 심하게 모욕을 당한 경우, ② 상대방에 의한 유기, ③ 입양된 자가 모욕이나 학대를 상대방의 직계존속으로부터 받은 경우, ④ 건달이 된 경우, ⑤ 2년 이상 징역을 선고 받은 경우, 또는 ⑥ 도망하고 3년 이상 소식이 끊인 경우에는 입양이 종료된다(Art 74)고 규정하였다. 이 초안은 입양의 법률상 종료(Termination; Judicial)에 관하여 규정하고 있다. 입양은 입양자 또는 입양된 자의 소송절차에서 종료될 수 있

---

130 켈리포니아 민법전, 제224조.

131 일본 민법전, 제841조.

132 중화민국 민법전, 제1079조; 독일 민법전, 제1750조 이하; 일본 민법전, 제847조; 스위스 민법전, 제267, 268조.

133 독일 민법전, 제1741조; 일본 민법전, 제848조.

134 중화민국 민법전, 제1077조; 독일 민법전, 제1757조; 일본 민법전, 제860조.

135 일본 민법전, 제861조.

다. 한편 입양자와 입양된 자에게 일정한 사유(①~⑥)가 있는 경우에는 입양이 법적으로 종료된다는 것이다.[136]

(7) 관습상의 입양은 이해당사자에 의해 실행되어 인구조사 등록부에 채워진 문서에 표현 된 상호 합의에 의하여 종료될 수 있다(Art 75)고 규정하였다. 이 초안은 종래 관습에 의한 입양과의 관계에서 그 종료에 대하여 규정하고 있다. 그것은 이해당사자에 의하여 작성되어 인구조사 등록부에 등재된 문서에 표현된 상호 합의에 따라서 종료될 수 있다는 것이다.[137]

(8) 양자 상태의 종료와 동시에 입양된 자는 원래의 성(姓), 상태 및 그 친족과의 관계를 회복한다. 그러나 제3자의 권리를 침해하지 않아야 한다(Art 76)고 규정하였다. 이 초안은 파양(termination of the adoptive status)과 그 효과에 관하여 규정하고 있다. 즉 파양을 하면 입양된 자는 원래의 성(姓), 상태 및 그 친족과의 관계를 회복하게 된다. 그러나 이로써 제3자의 권리를 침해하여서는 안 된다.[138]

7. 후견(Tutelage or Curatorship)

이 초안은 후견에 관하여 정의(defined, Art 77), 선임(selection, Art 78), 업무상 의무(service compulsory, Art 70), 보수(compensation, Art 80), 종류(kinds, Art 81), 친족회(the household council, Art 82)), 결격사유(disqualifications, Art 83), 직무(functions, Art 84), 후견인(guardian, Art 85), 후견의 종료(termination of guardianship, Art 86) 및 근거사유(grounds, Art 87)를 각각 규정하고 있다.

(1) 후견인은 다른 사람이나 재산 또는 둘로부터 보수를 받기로 임명된 사람이다. 관리인은, 예를 들어 미성년자의 관리와 같은, 특별한 업무를 위한 법정대리인으로 지명된다(Art 77)고 규정하였다. 이 초안은 후견인의 정의를 규정하고 있다. 후견인은 다른 사람이나 재산으로부터 또는 둘로부터 보수를 받는다.[139] 관리인은 특별한 업무를 위하

---

136 중화민국 민법전, 제1081조; 일본 민법전, 제866조.
137 중화민국 민법전, 제1080조; 일본 민법전, 제862조; 스위스 민법전, 제269조.
138 중화민국 민법전, 제1083조.
139 중화민국 민법전, 제1091조; 독일 민법전, 제1773조.

여 지명된다.[140]

(2) 후견인 또는 관리인은 피후견인에 대한 친권의 최종 행사자의 의사에 의하여 임명될 수 있다.[141] 그 지명이 없고 부모가 할 수 없으면 후견은 다음과 같은 방식으로, ① 후견인의 가에 생존하는 조부모, ② 호주, ③ 다른 조부모들, ④ 숙부, ⑤ 친족회에서 선임한 사람의 순서로 후견인이 된다(Art 78)고 규정하였다. 이 초안은 후견인 또는 관리인의 선임에 대하여 규정하고 있다. 먼저 이들은 피후견인에 대하여 최종으로 친권을 행사한 사람의 의사에 따라 임명되어야 한다. 그러나 그렇지 않은 경우에는 이 조문이 정하는 순서에 따라서 후견인이 된다.[142]

(3) 전조(the preceding article)에서 언급 된 것에 거절하거나 친족회의의 동의 없이 후견인을 사임할 수 있다(Art 79)고 규정하였다. 이 초안은 후견인의 사임에 관하여 규정하고 있다. 후견인은 전조에서의 후견인의 선임을 사절하거나 친족회의 동의 없이 후견인을 사임할 수 있다는 것이다.[143]

(4) 피후견인의 호주, 배우자, 직계혈족도 후견인의 역할에 대하여 보상받을 자격이 되지 않는다. 그러나 다른 사람은 친족회의 명령에 의해 관리의 기타 비용을 관련 노동과 피후견인의 재산소득에 비례하여 보상받을 수 있다(Art 80)고 규정하였다. 이 초안은 후견인의 보수(compensation)에 관하여 규정하고 있다. 피후견인의 호주, 배우자, 직계혈족은 후견인의 역할에 대하여 보상받을 자격이 없다.[144] 다만 다른 후견인은 관련 노동과 피후견인의 재산소득에 비례하여[145] 친족회의 명령[146]으로 보수를 받을 수 있다고 규정하였다.

(5) 부모는 자녀의 "자연"(당연) 또는 직권 후견인이다.[147] 그들이 무능력인 경우 하나의 기본에서, 또는 후견인은 ① 미혼 미성년자, ② 법적으로 미치거나 정신적 결함, 불만 또는 낭비자로 선언 한 자의 금지를 들어, 이에 대해 임명하여야 한다.[148] 일반후견인

---

140 중화민국 민법전, 제1096조; 독일 민법전, 제1896조 이하; 일본 민법전, 제902조.
141 중화민국 민법전, 제1093조; 독일 민법전, 제1774조; 일본 민법전, 제901조 제항 제I호; 스위스 민법전, 제363조.
142 중화민국 민법전, 제1111조; 독일 민법전, 제1776조.
143 중화민국 민법전, 제1095조; 독일 민법전, 제1785~1786조; 일본 민법전, 제907조.
144 중화민국 민법전, 제1104조; 일본 민법전, 제925조; 소련 혼인법, 제81조.
145 중화민국 민법전, 제1100조.
146 중화민국 민법전, 제1100조.
147 소련 혼인법, 제71조.
148 중화민국 민법전, 제1091, 1110조; 독일 민법전, 제1773, 1896조; 일본 민법전, 제900조; 소련 혼인법, 제69조.

은 피후견인의 사람과 재산을 담당하고, 다른 모든 것은 특별후견인이다. 금지명령의 후견에 대하여 배우자가 모든 다른 사람에 우선하게 된다(Art 81)고 규정하였다. 이 초안은 후견의 종류(kinds)를 규정하고 있다. 후견에는 일반후견과 특별후견이 있다. 후견인이 될 자로서 부모는 자녀의 당연히 직권 후견인이 된다. 후견의 원인으로서, 미혼인 미성년자인 경우, 심신상실 또는 심신박약 또는 낭비자로 법적 선언이 된 자에게 후견인이 임명된다. 일반후견인은 피후견인의 인적 또는 재산을 담당한다. 그 밖의 다른 모든 것은 특별후견인이 된다.[149] 특히 금지명령의 후견에 대하여 배우자는 모든 다른 사람에 우선하게 된다.[150]

(6) 친족회는 전 5조의 규정을 적용하거나 행동할 후견인을 임명할 수 있다. 해당 법원의 판사는 그것을 참고할 수 있다(Art 82)고 규정하였다. 이 초안은 친족회에서 후견인을 선임하는 경우를 규정하고 있다. 또한 해당 법원의 판사는 그것을 참고할 수 있다고 하였다.[151]

(7) 다음 사유에 의하여 후견인의 역할에 대한 자격이 박탈된다. ① 미성년자와 금치산선고, ② 법령에 의해 공직에서 제명된 자, ③ 파산 또는 지급불능, ④ 피후견인 또는 당사자의 직계혈족의 배우자에 대하여 소송을 제기한 당사자, ⑤ 행방불명인 자, ⑥ 또는 부당한 행위 또는 중대한 위법행위로 유죄 판결을 받은 자, ⑦ 신체적으로 정신적인 무능력으로 된 자(Art 83)라고 규정하였다. 이 초안은 후견인의 결격사유(disqualifica-tions)에 대하여 규정하고 있다. 즉 후견인이 이 조문에서 열거한 부당한 행위 또는 중대한 위법행위로 유죄 판결을 받은 자[152] 등 7가지의 사유에 해당하면 후견인의 역할에 대하여 자격이 박탈된다.[153]

(8) 후견인은 재산관리인으로서 오직 피후견인의 이익이 되도록 사용 또는 관리하여야 한다. 친족회의 동의 없이 재산을 취득하거나 부동산을 양도·임대를 할 수 없다. 다른 직무를 수행하기 전에 후견인은 그 재산의 조사를 준비하여야 한다. 후견인은 친족회에 매년 재산의 상태와 처분을 보고하여야 한다. 직무가 종료되면 후견인은 다음 후견인 또는 성년이 된 피후견인 또는 피후견인이 사망한 경우에는 그 상속인에게 이를

---

149 켈리포니아 민법전, 제239, 240조.
150 중화민국 민법전, 제1111조; 일본 민법전, 제902조.
151 중화민국 민법전, 제1094조 제5항, 제1111조; 일본 민법전, 제904, 905조.
152 중화민국 민법전, 제1096조; 일본 민법전, 제908조.
153 소련 혼인법, 제77조.

넘겨주어야 한다. 조사 및 회계는 친족회 대표와 함께 공동으로 준비하고 친족회가 그의 회계를 승인할 때까지 후견인은 책임에서 벗어날 수 없다(Art 84)고 규정하였다. 이 초안은 후견인의 직무(functions)를 규정하고 있다. 즉 후견인은 기본적으로 피후견인의 이익이 되도록 피후견인의 재산을 사용 또는 관리하여야 한다. 먼저 후견인은 재산조사를 하여야 하고, 친족회에 매년 재산의 상태 및 처분을 보고하여야 한다.[154] 후견인은 부동산의 경우에 친족회의 동의 없이 취득하거나[155] 양도할 수 없고, 임대할 수 없다.[156] 직무가 종료되면 후임 후견인 또는 성년이 된 피후견인 또는 피후견인이 사망한 때에는 그의 상속인에게 이를 이양하여야 한다. 그리고 친족회 대표와 공동으로 조사를 하여[157] 회계승인을 받을 때까지 그 책임에서 벗어날 수 없다.[158]

(9) 후견인은 피후견인이 적절한 교육, 의료 및 건강 보호를 받는 것을 감시하고, 금치산의 경우 정신병원에 후견인을 배치할 필요가 있는 경우에 친족회의 승인을 받아야 한다. 이러한 승인은 교육의 기존방식을 변경하는데도 또한 필요하다(Art 85)고 규정하였다. 이 초안은 사람에 대한 후견인의 임무를 규정하고 있다. 즉 후견인은 피후견인이 적절한 교육을 받는지, 의료 및 건강보호를 받고 있는지를 감시하여야 한다. 특히 금치산의 경우에는 정신병원에 입원시킬 경우 친족회의 동의를 얻어야 한다.[159] 이와 같은 동의는 종래의 교육방식을 변경할 때에도 필요하다.

(10) 후견의 종료는 후자의 제거를 위하여 대부분의 장애에서 제지했다. 미성년 피후견인의 혼인, 또는 성년의 도달, 금치산 피후견인의 무능력으로부터 회복, 피후견인이나 후견인의 사망에 의하여 발생한다(Art 86)고 하였다. 이 초안은 후견의 종료에 대하여 규정하고 있다. 즉 이 조문에서 정하는 일정한 사유가 있으면 후견은 종료된다.[160]

(11) 후견인은 친족회가 선임하였거나, 제83조에 의한 미자격자이거나, 지급불능 또는 의무이행의 실패로 그 지침을 따르는 것에 실패하면 친족회에 의하여 제거(해임)될 수 있다(Art 87)고 규정하였다. 이 초안은 후견인의 제거(해임)에 대한 근거사유를 규정

---

154 중화민국 민법전, 제1099조; 독일 민법전, 제1802, 1897조; 일본 민법전, 제917조.

155 중화민국 민법전, 제1100~1102조; 독일 민법전, 제1793, 1803조; 소련 혼인법, 제88조.

156 일본 민법전, 제931조.

157 중화민국 민법전, 제1099, 1107조; 일본 민법전, 제937조.

158 중화민국 민법전, 제1107조.

159 중화민국 민법전, 제1112조; 독일 민법전, 제1800, 1801, 1838, 1915조; 일본 민법전, 제921, 922조; 소련 혼인법, 제89조.

160 켈리포니아 민법전, 제254조; 중화민국 민법전, 제1107, 1108조.

하고 있다. 즉 이 조문에 열거된 사유를 근거로 친족회가 후견인을 제거(해임)할 수 있다는 것이다.[161]

8. 부양(Maintenance)

이 초안은 부양에 관하여 정의(defined, Art 88), 상호간의 의무(mutual obligation, Art 91), 수인의 부양권자(several obligers, Art 91), 우선권(priory, Art 92), 부양의 방식(mode of maintenance, Art 93) 및 종료(termination, Art 94)를 각각 규정하였다.

(1) 생계 수단이 없는 돈이 없는 사람은 그 수단과 사회적 지위에 비례하여 어떤 다른 사람들로부터 지원을 받을 권리가 있다. 그 권리는 양도할 수 없고, 합의는 무효가 되는 것이다(Art 88)고 규정하였다. 이 초안은 부양의 정의를 규정하고 있다. 즉 부양은 생계 수단이 없는 돈이 없는 사람이 그 수단과 사회적 지위에 비례하여 어떤 다른 사람들로부터 지원을 받을 권리가 있는 것을 말하는 것이다.[162] 그리고 그 권리는 양도할 수 없고,[163] 그러한 합의는 무효가 되는 것이다.[164]

(2) 상호 의무는 서로에게 ① 직계혈족, ② 다른 배우자의 배우자와 부모, ③ 형제자매, ④ 호주와 구성원 관계가 존재하고 있어야 한다(Art 89)고 규정하였다. 이 초안은 상호간의 의무에 관하여 규정하였다. 상호간의 의무는 서로에게 이 조문에서 열거하는 일정한 관계가 존재하여야 한다는 것이다.[165]

(3) 수인의 부양의무자는 다음 순서에 따라 부양권자에게 부양하게 된다. ① 직계 비속(후손), ② 직계 존속, ③ 호주, ④ 형제자매, ⑤ 가족 구성원, ⑥ 며느리, ⑦ 양 배우자의 부모. 처음 두 사이로서, 최근친이 우선순위를 갖는다. 수인의 등친인 친족은 동등하게 의무를 부담한다(Art 90)고 규정하였다. 이 초안은 부양의무자가 여러 명이 있을 경

---

161 캘리포니아 민법전, 제253조; 중화민국 민법전, 제1106조; 독일 민법전, 제1886~1889조; 일본 민법전, 제917조 제3항, 제919조 제3항; 소련 혼인법, 제92~94조.
162 캘리포니아 민법전, 제206조; 중화민국 민법전, 제1117, 1119조; 독일 민법전, 제1610, 1611조; 일본 민법전, 제959조 제1항 내지 제960조; 소련 민법전, 제48조 이하.
163 일본 민법전, 제963조.
164 독일 민법전, 제1613, 1614조.
165 캘리포니아 민법전, 제196, 206조; 중화민국 민법전, 제1114조; 독일 민법전, 제1601조 제3항, 제1606조, 제1607조; 일본 민법전, 제954조; 소련 혼인법, 제42조, 제42조 제1항, 제42조 제2항, 제42조 제3항.

우에 부양을 하는 순서를 정하고 있다. 그리고 부양의무자인 친족과 부양권자는 최근친이 가장 우선하여 부양을 하게 된다. 그러나 등친인 친족이 여러 사람인 경우에는 동등하게 의무를 부담한다는 것이다.[166]

(4) 모두를 경제적으로 부양할 수 없는 부양권자의 부양의무자가 수인인 경우에 다음 순서에 따라 ① 직계존속, ② 직계비속(후손), ③ 가족원, ④ 형제자매, ⑤ 호주, ⑥ 양 배우자의 부모, ⑦ 며느리와 사위가 부양한다(Art 91)고 하였다. 이 초안은 수인의 부양의무자가 부양권자에 대하여 경제적으로 모두를 부양할 수 없는 경우에 부양할 순서를 정하고 있다. 따라서 이 조문이 정하는 순서에 따라 부양의무를 부담한다고 할 것이다.[167]

(5) 전 2조에서 규정한 직계친족 사이의 우선순위는 최근친에게 속한다. 수인의 등친인 친족은 동등하게 권리 의무를 부담한다(Art 92)고 규정하였다. 이 초안은 직계친족 사이에 있어서 우선순위를 규정하고 있다. 즉 직계친족 사이에는 최근친이 우선하여 부양을 받거나 하게 된다. 친등이 동일한 여러 사람이 있는 경우에는 동일하게 권리나 의무를 부담한다고 하였다.[168]

(6) 부양의 방식, 예를 들어 금전지급이나 종류는 당사자 상호간의 합의 또는 친족회에 의해 확정될 수 있다. 그러나 수정은 변경된 환경을 참작하여 이해당사자에 의하여 행하여질 수 있다(Art 93)고 규정하였다. 이 초안은 부양의 방식에 대하여 규정하고 있다. 즉 부양의 방식은 당사자 상호간의 합의 또는 친족회에 의하여 정해질 수 있다는 것이다.[169] 그리고 그 변경은 변경된 환경을 참작하여 이해당사자에 의하여 이뤄질 수 있다는 것이다.[170]

(7) 의무의 종료는 당사자 중 일방의 사망에 의한다. 그리고 부양권자가 스스로 지원할 수 있으면 이로부터 면제된다(Art 94)고 규정하였다. 이 초안은 부양의무의 종료에 대하여 규정하였다. 즉 부양당사자의 일방이 사망하면 부양은 종료된다.[171] 그리고 부양권자가 스스로 자신을 지원할 수 있으면 이로부터 면제된다는 것이다.[172]

---

166 중화민국 민법전, 제1115조; 독일 민법전, 제1606~8조; 일본 민법전, 제955조; 소련 혼인법, 제48~55조.
167 중화민국 민법전, 제1116조; 독일 민법전, 제1601, 1603, 1606~8조; 일본 민법전, 제957조.
168 중화민국 민법전, 제1115조 제2, 3항, 제1116조 제2, 3항; 독일 민법전, 제1601, 1603, 1606~8조; 일본 민법전, 제956, 958조; 소련 혼인법, 제51조.
169 중화민국 민법전, 제1120조; 독일 민법전, 제1612조; 일본 민법전, 제961조.
170 중화민국 민법전, 제1121조; 일본 민법전, 제962조.
171 독일 민법전, 제1615조.
172 중화민국 민법전, 제1118조.

II. 법인(Juristic person)

　법인(Juristic person)에 관하여, 일반규정(General Provision, Art 95~100), 책임(Liability, Art 101~104) 및 종류(Classes, Art 105~204)로 나누어 규정하고 있다.

1. 일반규정(General Provision)

　이 초안은 법인의 일반규정에 관하여, 정의(defined, Art 95), 등기(registration, Art 96), 운영(management, Art 97), 능력(capacity, Art 98) 및 목적(operations, Art 100)을 각각 규정하였다.

　(1) 법인은 법에 의해 법에 따라 그 구성원의 상호관계와 구별되는 개별성과 절차로 만들어진다(Art 95)고 규정하였다. 이 초안은 법인의 정의(Defined)를 규정하고 있다. 즉, 법인은 그 구성원들의 상호관계가 있는 것과 구별되는 개별성에서 법에 의하여 법에 따라서 진행된다는 것이다. 따라서 구성원과는 구별되는 개별성(독립성)을 갖는다는 점을 들고 있다.[173]

　(2) 해당 당국과 이사들의 선택에 의한 등기는 다른 기능의 행사를 진행하여야 하며, 그 인증서는 신청인에게 발급되어야 한다(Art 96)고 규정하였다. 이 초안은 법인의 등기에 관하여 규정하고 있다. 즉 등기는 해당 당국과 이사(director)의 선택에 의하여 다른 기능의 행사를 진행하게 된다는 것이다. 그리고 인증서는 신청인에게 발급되어진다는 것이다.[174]

　(3) 법인은 그 행위의 제한 또는 권한 내에서 1인 또는 그 이상의 이사에 의하여 운영되고 대표된다(Art 97)고 규정하였다. 이 초안은 법인의 운영(management)과 대표에 관하여 규정하고 있다. 즉 법인은 1인 또는 그 이상의 이사(director)에 의하여 그 행위의 제한 또는 권한 내에서 운영되고 대표된다.[175]

---

[173]　브라질 민법전, 제13, 16조; 중화민국 민법전, 제25조; 중화민국 상법전, 제1조; 독일 민법전, 제21~3, 40, 80조; 일본 민법전, 제33조; 일본 상법전, 제52, 54조 제1항; 루이지애나 민법전, 제435조; 시암 민법전, 제78조; 스위스 민법전, 제52, 60, 80, 81조.

[174]　브라질 민법전, 제17~9조; 중화민국 민법전, 제30조; 중화민국 회사법, 제51조; 에쿠와도르 민법전, 제537, 540조; 엘 살바도르 민법전, 제543조; 일본 상법전, 제57, 188조; 스위스 민법전, 제61조; 베네주엘라 민법전, 제17조.

(4) 기존의 법률에 따라, 등기한 법인은 속하는 후자에 독점적인 관련 문제를 제외하고 자연인과 같은 어떤 법적능력을 갖는다(Art 98)고 규정하였다. 이 초안은 법인의 법적능력에 관하여 규정하고 있다. 즉 등기된 법인은 자연인에게 독점적인 관련된 문제를 제외하고 자연인과 동일한 법적능력을 갖는다는 것이다.[176]

(5) 법인의 주소는 그 가장 주된 사무소이다(Art 99)고 규정하였다. 이 초안은 법인의 주소(domicile)에 대하여 규정하고 있다. 즉 법인의 가장 주된 사무소가 법인의 주소가 된다.[177]

(6) 법인의 모든 업무는 당국에 의하여 검사 및 감독을 받는다. 당국은 거래, 청산 또는 해산에서 제외된 벌금을 필요로 나타나는 권한이 부여된 조건의 그것에 의해 법률의 위반 또는 불이행을 검찰에 보고해야 한다(Art 100)고 규정하였다. 이 초안은 법인의 업무에 대한 검사 및 감독에 관하여 규정하고 있다. 즉 법인의 모든 업무는 당국(competent authorities)에 의한 검사 및 보고를 하여야 한다. 그 당국은 거래, 청산 또는 해산에서 제외된 벌금을 요하는 권한이 부여된 조건에 의하여 법률의 위반 또는 불이행을 검찰(the public prosecutor)에게 보고하여야 한다.[178]

2. 책임(Liability)

이 초안은 법인의 책임에 관하여 불법행위(delectual, Art 101), 징벌적 손해(punitive damages, Art 102), 범죄와 불명예(crime and contempt, Art 103) 및 민사책임(civil liability, Art 104)를 각각 규정하였다.

---

175 중화민국 민법전, 제27조; 중화민국 회사법, 제8, 10, 11, 12, 23, 25, 24, 28, 30조; 에쿠와도르 민법전, 제540조; 엘 살바도르 민법전, 제544조; 독일 민법전, 제26, 64, 70조; 일본 상법전, 제254~256조; 루이지애나 민법전, 제436조; 파나마 민법전, 제72조; 퀘백 민법전, 제359조; 시암 민법전, 제88조.

176 아르헨티나 민법전, 제41, 42조; 중화민국 민법전, 제26조; 쿠바 민법전, 제38조; 에쿠아도르 민법전, 제545, 546조; 혼두라스 민법전, 제37조; 일본 민법전, 제43조; 루이지애나 민법전, 제433, 434조; 니카라구아 민법전, 제87조; 파나마 민법전, 제71조; 필립핀 민법전, 제38조; 푸에르토 리코 민법전, 제30조; 포르투갈 민법전, 제34조; 퀘백 민법전, 제358조; Schuster : Principles of German Civil Law, p.35; 시암 민법전, 제79조; 소련 민법전, 제13조; 스페인 민법전, 제38조; 스위스 민법전, 제53조.

177 브라질 민법전, 제35조; 중화민국 회사법, 제4조; 중화민국 민법전, 제29조; 독일 민법전, 제24, 80조; 일본 민법전, 제50조; 일본 상법전, 제54조; 시암 민법전, 제80조; 스위스 민법전, 제56조; 터키 민법전, 제49조.

178 켈리포니아 민법전, 제404조b; 중화민국 민법전, 제32~6조; 독일 민법전, 제43, 44, 73, 87조; 일본 민법전, 제67조; 시암 민법전, 제91조; 스위스 민법전, 제86조; 터키 민법전, 제77조.

(1) 법인은 이사 또는 고용관계에 있는 다른 직원이 저지른 잘못에 대하여 잘못된 만큼 공동으로 책임을 진다(Art 101)고 규정하였다. 이 초안은 이사 또는 직원의 불법행위에 대한 법인의 책임을 규정하고 있다. 즉 법인은 이사 또는 직원의 불법행위에 대하여 공동책임을 진다.[179]

(2) 징벌적 손해배상(Punitive damages)은 과오에 대하여 법인에서 회수할 수 있다. 그러나 그 책임은 자연인의 책임보다 크지 않다(Art 102)고 규정하였다. 이 초안은 법인의 징벌적 손해배상에 관하여 규정하고 있다. 그러나 그 책임은 자연인의 책임보다 크지 않다.[180]

(3) 이러한 책임은 법원의 범죄 또는 모욕죄를 구성하는 행위로 확장한다(Art 103)고 규정하였다. 이 초안은 법인의 책임은 법원에 의한 범죄 또는 모욕죄를 구성하는 행위에 확장된다는 것이다.[181]

(4) 법인의 재산은 의무의 대상으로 이익을 위해 조직된다. 그러나 구성원의 개인재산은 책임을 지지 않는 한, 결코 먼저 기업의 자산을 소모하지 않고, 일반적으로 채무의 대상이 되지 않는다(Art 104)고 규정하였다. 이 초안은 법인의 민사책임(civil liability)에 관하여 규정하고 있다. 즉 법인의 재산은 법인의 의무를 대상으로 이익을 위하여 조직한 것이다.[182] 그러나 구성원의 개인재산은 먼저 기업의 자산을 소모하지 않는 한[183] 일반적으로 책임을 지지 않으며 그러한 채무의 대상이 되지 않는다는 것이다.[184]

3. 종류(Classes)

이 초안은 법인의 종류에는 내국회사(Domestic Cooporations), 외국회사(ForeignCorporations), 농업협동조합(Agriculture Cooperative Associations) 및 재단(Foundation / Endowments)을 규정하고 있다.

---

179 중화민국 민법전, 제28조; 독일 민법전, 제31조; 일본 민법전, 제44조; 로마 시민대법전, 제124조.
180 Stevens, Corporations, Sec 79.
181 Stevens, Corporations, Secs 80, 81.
182 에쿠와도르 민법전, 제547조; 엘 살바도르 민법전, 제553조.
183 필리핀 상법전, 제237조; 스페인 상법전, 제237조.
184 에쿠와도르 민법전, 제538조; 엘 살바도르 민법전, 제544조.

1) 내국회사(Domestic Corporations)

이 초안은 내국회사(Domestic (Corporations))에 관하여, 첫째 본질과 구성(Nature and Composition)에 대하여 일반규정(General Provisions, Art 105~108), 주식(Shares, Art 109~124), 주주(Shareholders, Art 125~127a), 법인조항(Articles of Incorporation, Art 128~132), 정관(By-laws, Art 133~134) 및 기관(Officers, Art 135~142)을 각각 규정하였다.

(1) 법인인 (합자, 주식 또는 유한)회사는 법인격을 갖는 정관에 열거된 특별한 절차의 법인이다(Art 105)고 규정하였다. 이 초안은 내국회사에 대한 정의를 규정하고 있다. 즉 법인인 회사는 합자, 주식 또는 유한 회사이더라도 모두 법인격(legal personality)을 갖고, 정관에 열거되어 있는 특별한 절차(special process)를 거치는 법인이라는 것이다.[185]

(2) 이익을 위해 조직된 기업은 사업, 상업, 일반주식 또는 무역회사로 알려져 있다. 그러나 비 주식 및 비영리 기업은 자선, 교육, 종교 중 하나인 자선 목적을 위해 앞으로 나갈 수 있다. 이는 일상적인 사업과정에서 폐기되는 일에 소비되는 자산을 목적으로 한 법인이다(Art 106)고 규정하였다. 이 초안은 법인의 종류를 영리법인과 비영리법인으로 나누고 있다. 즉 영리법인은 다시 사업, 상업 일반주식(mended stock) 또는 무역회사로 나누어지고,[186] 비 주식 및 비영리 법인은 자선, 교육, 종교 중 하나인 자선을 목적으로 하는 법인이고, 통상 사업의 과정에서 재산을 소비하는 소비재산의 법인이라는 것이다.[187]

(3) 지주회사는 "자회사"에 대하여 다른 회사의 의결권 있는 10퍼센트 또는 그 이상 의결권을 직접 또는 간접으로 보유하거나 조절할 수 있는 회사이다. 지주회사는 한국에서 적용할 수 없다(Art 107)고 규정하였다. 이 초안은 지주회사(a holding company)에 관하여 규정하고 있다. 즉 자회사(the subsidiary company)에 대하여 다른 회사의 의결권을 10퍼센트 또는 그 이상을 직접 또는 간접으로 보유하거나 조절할 수 있는 회사라고 규정하고 있다.[188] 그러나 지주회사는 한국에서 적용될 수 없다고 하였다.[189]

---

185 켈리포니아 민법전, 제278조; 중화민국 회사법, 제1조; 일리노이스 기업회사법, 제2(a)조; 일본 상법전, 제52조; 루이지애나 민법전, 제427, 435조; 소련 회사법, 제1조.
186 일리노이스 기업회사법, 제3조; 루이지애나 일반 기업법, 제2조; 오하이오 일반 및 외국 회사법, 제8623~35조, 제97조.
187 미국 통일기업회사법, 제24조.
188 미국 공익기업주 지주회사법, 제15조, 제1장, 제8조.
189 일본 반독점법, 법률 제54호.

(4) 기업의 자본에는 ① 할당 상태를 지불하고 취득한 자산, ② 그 일부가 이들의 강제로 할당된 배당금, ③ 고정자산의 가치 하락으로 재평가되고 모든 할당된 기업의 주식의 과반수의 투표에 의해 자산으로 이양된 총계를 포함한다. 자산은 유형 또는 무형의 회사의 모든 재산을 포함한다. 잉여는 모든 부채 또는 자본금에 대한 책임을 초과하는 재산이다(Art 108)고 규정하였다. 이 초안은 기업의 자본에 관하여 자본의 구성을 규정하고,[190] 잉여에 대하여 규정을 하였다.[191]

(5) 주식은 주주의 권리가 기업의 통제와 과잉, 또는 이익에 참여하는 단위(나누어지는 부분, aliquot parts)이며, 분할된다(Art 109)고 규정하였다. 이 초안은 주식에 관하여 일반규정으로 주식의 정의를 규정하였다. 주식(Shares)은 주주의 권리가 기업의 통제와 과잉 또는 이익에 참여하는 단위(나누어진 부분)로 분할된 것을 말한다.[192]

(6) 주식은 일반 또는 우선할 수 있다. 후자는 전자보다 배당 또는 수입에서 높은 우선순위를 가진다. 누적된 우선주는 선언되지 않은 배당 주주에게 보상을 제공한다. 자기주식의 발행과 지급은 회사에 의해 인수되고 보유된다. 권한이 부여된 주식은 발행할 수 있는 모든 종류의 집합이다. 기업의 자신의 주식은 "발행"되지만 "뛰어난(우선)" 주식은 아니다. 정관에 의해 제한하지 않는 한, 액면가 주식을 발행할 수 있고 이사회는 실제 가액을 고정할 수 있다. 일련의 주식은 한 종류의 하위 구분이고 한 종류는 전자의 그것들에 종속 또는 우발적인 배당 또는 배포하는 권리를 갖는 다른 것보다 우위에 있다(Art 110)고 규정하였다. 이 초안은 주식의 종류에 관하여 일반주와 우선주를 나누고, 후자는 전자보다 배당 또는 수입에서 높은 우선순위를 가진다는 것이다.[193] 누적된 우선주는 선언되지 않은 배당 주주에게 보상을 제공한다.[194] 회사의 자기 주식의 발행에 대하여 규정하였다.[195] 즉 권한이 부여된 주식은 모든 종류의 주식을 발행할 수 있는 것이다. 그렇다고 기업의 자기 주식은 발행되지만 우수주식은 아니라는 것이다.[196] 그리고 정관

---

190 루이지애나 일반 회사법, 제1 (XI)조.

191 영국 토팜 회사법, 99면; 일리노이스 기업회사법, 제1조; 루이지애나 일반 회사법, 제1조.

192 일리노이스 기업회사법, (1947), 제2(f)조; 루이지애나 일반 기업법, 제1(VI)조; 위스콘신 제정법(947), 제182.05조.

193 위스콘신 제정법, 제182.13조.

194 Stevens, supra. p.410.

195 켈리포니아 민법전, 제278조; 루이지애나 일반 기업법, 제1 (XVIII)조; 오하이오 일반 및 외국회사법, 제8623-2(4)조.

196 일리노이스 기업회사법, 제2(j)조.

에 의하여 제한되지 않는 한 액면가 주식을 발행할 수 있고 이사회는 실제 가액을 고정할 수 있다는 것이다.[197] 이와 같은 주식은 다른 주식보다 우위에 있다고 한다.[198]

(7) 주식 청약은 일반적으로 구매가 가능한 경우 회사의 주식을 구입 제공하는 계약이다. 그것은 청약 자체와 다르고 계약은 주식을 배당하거나 배당되지 않을 수 있다. 청약은 서면으로 해야 한다(Art 111)고 규정하였다. 이 초안은 주식 청약(A subscription)에 관하여 그 본질을 규정하고 있다. 즉 주식 청약은 회사의 주식을 구입하고자 하는 청약에 대한 합의(an agreement)를 말하는 것이다.[199] 따라서 이는 청약 그 자체와 구별된다. 왜냐하면 주식을 배치하거나 배치하지 않는 합의이기 때문이다.[200] 그리고 청약은 서면으로 하여야 한다는 것이다.[201]

(8) 청약의 승낙은 인증서를 발행함으로써 효력이 발생한다. 기업 회의에서 투표로 청약자를 허용함으로써 배당을 받지만 이사가 될 수 없다(Art 112)고 규정하였다. 이 초안은 청약의 승낙에 대하여 규정하고 있다. 즉 청약의 승낙은 인증서(the certificate)를 발행함으로써 효력이 생긴다.[202] 이는 기업 회의(a corporate meeting)에서 청약자를 투표로 허용함으로써 이뤄지고, 배당된 주식을 수령할 수 있다는 것이다.[203]

(9) 매수인의 선취특권은 미납된 구매대금의 비율에 따라 상태로 유지되어 기업에 그 주식이 계상된다. 그러나 선의로 등록된 주식의 양도에 의하여 상실하게 된다(Art 113)고 규정하였다. 이 초안은 매수인의 선취특권(A vender's lien)에 관하여 규정하고 있다. 즉 주식매수인은 구매대금의 미지급인 상태로 있더라도 기업에 그 주식이 계상된다는 것이다. 다만 선의로 주식양도의 등록이 됨으로써 상실된다는 것이다.[204]

(10) 주식은 발행 및 판매, 또는 달리 실제로 또는 렌더링 서비스로 받은 돈이나 재산을 제외하고는 회사에 의해 처리되지 않을 수 있다. 어음 또는 수표의 결재는 그 절차가 기업에 의해 수신된 경우에만 지불된다. 달리 합법적으로 제공받은 경우를 제외하고는,

---

197 켈리포니아 민법전, 제299조; 일리노이스 기업회사법, 제19(b,c)조; 루이지애나 일반 기업법, 제15 (IV)조.
198 오하이오 일반 및 외국 회사법, 제8623-2(9)조.
199 Stevens, supra. Secs 82, 83, 85.
200 토판 회사법, 제VII장I; 일본 상법전, 제169조; 루이지애나 일반 기업법, 제6(L)조; 소련 회사법, 제28조.
201 중화민국 회사법, 제110조; 일리노이스 기업회사법, 제16조; Stevens, Supra. Sec 84.
202 켈리포니아 민법전, 제326조; 일리노이스 기업회사법, 제21조; 루이지애나 일반 기업법, 제14조; 오하이오 일반 및 외국 회사법, 제8623-10조; Stevens, Supra, p.329.
203 켈리포니아 민법전, 제326조; 일리노이스 기업회사법, 제21조; 루이지애나 일반 기업법, 제14조; 오하이오 일반 및 외국 회사법, 제8623-10조; Stevens, Supra, p.329.
204 켈리포니아 민법전, 제322(4)조; 일본 상법전, 제214조 제3항.

각각의 점유율은 같은 종류의 다른 모두에 동일해야 한다(Art 114)고 규정하였다. 이 초안은 주식의 발행 및 판매에 관한 조건(Conditions)을 규정하고 있다. 즉 주식은 실제로 받은 돈이나 재산에 의하여 발행된다는 것이다.[205, 206] 발행의 비율은 같은 종류의 다른 모두에게 동일하게 적용된다.[207]

(11) 공인된 기업의 공식, 낭독되어 서명한 인증서는 종류와 등록된 주주의 이름과 번호가 주금을 납입한 주식 서로에게 전달되어야 한다(Art 115)고 규정하였다. 이 초안은 인증서(A certificate)에 관하여 규정하였다. 인증서는 공인된 기업에 의하여 공식으로 낭독되어 서명된 것이다. 이 인증서에는 주식의 종류, 등록된 주주의 성명, 주식의 번호가 기재되어서 주금을 납입한 주식 서로에게 전달된다는 것이다.[208]

(12) 인증서에서 파생된 소유권은 별도의 문서에 따라 우선한다. 인증서, 사기의 변경은 소유권을 매각이나 그 이전 또는 이에 표시되는 주식을 방지하지 않는다. 인증서의 명백한 주인은 처음에 발행하거나 자신의 피배서인이 된 것을 취지로 한 어느 하나이다(Art 116)고 규정하였다. 이 초안은 인증서(a certificate)에서 파생된 소유권에 관하여 규정하고 있다. 즉 인증서에서 파생된 소유권은 별도의 문서에 의한 것에 우선하고,[209] 인증서의 변경이나 사기의 변경은 소유권을 매각하거나 그 이전 또는 이에 표시되는 주식을 방지하지 않는다는 것이다.[210] 그리고 인증서의 명백한 주인은 처음에 발행되거나 그 자신의 피배서인 가운데 어느 한 사람이 된다는 것이다.[211]

(13) 새로운 인증서는, 필요하지 않지만, 후자가 일실 또는 훼손되지 않는 한 구증서의 인도 없이 발행할 수 있다. 회사가 거부하는 경우 이러한 발행으로 인한 손해에 대하여 신청자 또는 회사 보상에 대한 적절한 결합에 의하여 민사소송법의 절차에 따라서 해당 법원에 의하여 강제될 수 있다(Art 117)고 규정하였다. 이 초안은 새로운 인증서(New certificates)의 발행에 대하여 규정하고 있다. 즉 새로운 인증서의 발행은 필요한

---

205 일리노이스 기업회사법, 제21, 22조; 일본 상법전, 제170조; 루이지애나 일반 기업법, 제16(I)조; 오하이오 일반 회사법, 제8623-22조; 미국 통일 기업회사법, 제16~18조; 위스콘신 제정법, 제182.06조.

206 일리노이스 기업회사법, 제16조; 루이지애나 일반 기업법, 제16(II)조.

207 오하이오 일반 및 외국 회사법, 제8623-21조.

208 켈리포니아 민법전, 제326조; 중화민국 회사법, 제115조; 일리노이스 기업회사법, 제21조.

209 켈리포니아 민법전, 제326조; 일리노이스 기업회사법, 제21조; 루이지애나 일반 기업법, 제14조; 오하이오 일반 및 외국 회사법, 제8623-10조; Stevens, supra. n. at p.329.

210 켈리포니아 민법전, 제330.4조; 미국 통일 주식양도법, 제4조.

211 켈리포니아 민법전, 제330.16, 20조; 미국 통일 주식양도법, 제16조.

것은 아니지만, 구증서가 일실 또는 훼손이 없는 한 그 인도 없이 발행할 수 있다는 것이다.[212] 만약 회사가 거절하면 신청자 또는 회사 보상과 적절한 결합에 의하여 민사소송법의 절차에 따라서 해당 법원이 발행을 강제할 수 있다는 것이다.[213]

(14) 각 기업은 그 주된 사무소 또는 그 양도인의 주된 사무소에서 유지하여야 한다. ① 모든 주주의 알파벳순의 성명과 주소, 각 주주가 보유한 주식의 수와 종류 및 그 취득일지를 포함한 주식등록, ② 각 인증서 및 취소된 경우의 그 수와 일자, ③ 주주총회 및 이사회의 기록과 회의록, ④ 적절하고 완전한 장부 또는 회계보고서. 회사는 이 서류철 또는 장부 또는 기록의 일부 또는 전부를 유지하는 것의 실패에 대하여 10,000 엔에 대하여 책임을 지게 된다. 회사는 등록된 소유자를 인정하고 그에게 배당금을 지불하고 그에게서 합계를 수집 할 수 있다(Art 118)고 규정하였다. 이 초안은 회사의 장부와 기록에 관하여 규정하고 있다. 즉 각 회사는 그 주된 사무소 또는 그 양도인의 주된 사무소에 이 조문에서 정한 장부와 기록(①~④)을 보존하여야 한다. 만약 회사가 이와 같은 서류철 또는 장부 또는 기록의 일부 또는 전부를 유지하지 못한 경우에는 10,000엔의 책임을 지게 된다.[214] 그리고 회사는 등록된 소유자에게 배당금을 지급하고 그로부터 계산된 총액을 받게 된다는 것이다.[215]

(15) 인증서 또는 각 인증서의 증명된 주식의 소유권은, ① 백지 또는 해당 소유자가 특정한 사람에게 배서된 것, ② 전체로 개별 서명되거나 백지로 주식 양도를 서명한 경우, ③ 그 위에 배서되거나 후견인, 집행인, 관리인, 수취인, 파산수탁자에 의하여 서명된 별개 서류로서 그 주식의 소유자로 된 자를 가름하여 인증서를 양도한 권한이 인정된 경우에 각 인증서의 송달만으로 양도될 수 있다. 전조 또는 이 조문은 회사 장부에 양도할 수 있는 주식, 양도대리인에 의하여 등록되거나 양도된 주식에 대하여 회사규정 또는 정관에 우선한다(Art 119)고 규정하였다. 이 초안은 주식양도의 방식(modes)에 관하여 규정하였다. 즉 일정한 경우(①~③)에는 인증서나 인증서에 의하여 증명된 주식의 소유권은 각 인증서의 송달만으로 양도될 수 있다는 것이다. 전조와 이 조문에 규정한

---

212 켈리포니아 민법전, 제330.13, 17조; 미국 통일 주식양도법, 제13, 17조.

213 켈리포니아 민법전, 제330.18조; 일본 상법전, 제230조; 미국 통일 주식양도법, 제18조.

214 켈리포니아 민법전, 제354조; 아이다호 법전 (1932), 제262장, 제31조; 일리노이스 기업회사법, 제45조; 일본 상법전, 제126, 146, 223, 263, 490 (19)조; 루이지애나 일반 기업법, 제38조; 오하이오 일반 및 외국 회사법, 제47, 63조; 미국 통일 기업회사법, 제35조; 위스콘신 제정법, 제182.12조.

215 켈리포니아 민법전, 제330.5, 330.7조; 미국 통일 주식양도법, 제5, 7조.

주식양도의 방식은 회사규정이나 정관에 우선하여 적용된다.[216]

(16) 해당 등록부에 양도 조건으로, 회사는 미납가입 기타에 대한 실행, 첨부하여 인증서에 어떤 담보권의 해소를 필요로 한다(Art 120)고 규정하였다. 이 초안은 주식양도의 조건에 관하여 규정하고 있다. 회사는 그 등록부(registry) 상 양도하기 위하여 미납청약(unpaid subscription) 기타에 대한 집행 첨부에 의하여 그 인증서 위에 어떤 담보권(any lien)의 해소를 요구하고 있다.[217]

(17) 배서는 ① 사기, 협박 또는 실수에 의하여 권유된 경우, ② 양도인이 권한 또는 이전을 취소한 경우, ③ 양도인이 배서 후에 사망 또는 법적으로 무능력이 된 경우, ④ 또는 더 고려를 받지 못한 경우에 효과적이다. 그러나 앞에서 말한 처음 세 가지의 사유 가운데 어느 것으로 양도는 권유 없이 가격에 대하여 선의의 구매자에게 양도되거나 손실을 입은 자가 그 손실을 포기하거나 구제에 해태하지 않으므로 인증서가 복구되고 수취할 수 있게 된다(Art 121)고 규정하였다. 이 초안은 배서의 효과에 관하여 규정하고 있다. 즉, 배서는 이 조문이 정하는 일정한 사유(①~④)에 있어서 유효하게 된다.[218] 다만 처음 세 가지의 사유 가운데 어느 것으로 양도가 권유 없이 정당한 가격으로 선의(bona fide)의 구매를 한 사람에게 양도된 경우, 손실을 입은 자가 그 손실을 포기하거나 그 구제에 해태(laches)하지 않은 경우에는 인증서가 복구되고 이를 수취할 수 있다고 한다.[219]

(18) 인증서에 포함된 가격으로 인증서의 양도자, 즉 그것에 의하여 보증된 청구의 양도인은 ① 인증서가 진정하고, ② 그는 그것을 양도하는 법적 권리가 있으며, ③ 그는 인증서의 유효성을 손상시킬 아무것도 없음을 알고 있다는 것을 보증한다. 양도인의 책임은 자신의 청구의 양을 초과 할 수 없다. 그러나 인증서의 소지인은 그것의 진정함 또는 그 속에 표시된 주식의 가격을 보증하지 않지만 오직 선의로 지급을 수령할 수 있다(Art 122)고 규정하였다. 이 초안은 양도인의 보증(warranties)에 관하여 규정하고 있다. 즉 인증서에 의한 양도인은 일정한 사유(①~③)에 대하여 보증한다. 그리고 양도인의 책임은 그의 총 청구액을 넘지 못한다.[220] 그러나 인증서의 소지인은 그 진정성이나 그

---

216 켈리포니아 민법전, 제330.1조; 중화민국 회사법, 제116, 117조; 독일 상법전, 제223조; Stevens, Handbook of Corporation, Sec129; 미국 통일 주식양도법, 제1조.
217 켈리포니아 민법전, 제330.15조; 일본 상법전, 제208조; 미국 통일 주식양도법, 제15조.
218 켈리포니아 민법전, 제330.6조; 미국 통일 주식양도법, 제20조.
219 켈리포니아 민법전, 제337조 제2항; 미국 통일 주식양도법, 제6조.
220 켈리포니아 민법전, 제330.11조; 미국 통일 주식양도법, 제11조.

에 의하여 표시된 주식의 가격을 보증하지 않는다. 또한 선의(in good faith)로 지급을 수령할 수 있다는 것이다.[221]

(19) 배서한 주식 인증서의 양도할 의도로 하는 배송은 배서에 의한 양도를 완료하기 위하여 양도인에게 즉시 채무가 효력을 갖는다. 성실하고 예고 없이 가액으로 구매자에게 그것이 양도됨으로써 그 시도는 유효한 인증서의 점유로써 양도된다(Art 123)고 규정하였다. 이 초안은 배서한 주식 인증서의 양도할 의도로 양도하는 경우를 규정하고 있다. 즉 배서에 의하여 양도를 완성한 양도인의 채무[222]는 즉시 효력이 생긴다는 것이다.[223] 특히 그러한 시도는 성실하게 예고 없이 가액으로 구매자에게 이전됨으로써 유효한 인증서의 점유로 양도된다는 것이다.[224]

(20) 이러한 양도의 무효는 성실하고 예고 없이 값을 구매자에게 양도함으로써 유효한 인증서를 소지한 양수인에게 방해가 되지 않는다(Art 124)고 규정하였다. 이 초안은 양도의 무효(rescission)에 관하여 규정하고 있다. 즉 전조에 의한 양도는 유효한 인증서를 점유하고 있는 양수인에게 방해가 되지 않는다는 것이다. 왜냐하면 성실하고(in good faith) 예고 없이(without notice) 가액으로 구매자에게 양도되었기 때문이다.[225]

(21) 주주(株主)는 하나 이상의 주식의 기록의 소유자이다. 정관의 모든 서명자는 발기인 또는 비 주식의 회사구성원이다(Art 125)고 규정하였다. 이 초안은 주주에 관한 일반규정에서 주주의 의의를 규정하고 있다. 즉 주주(shareholder, stockholder)는 한 주 이상(one or more shares)의 기록 소유자(the record owner)라는 것이다.[226] 다만 정관(the articles of incorporation)에 서명한 사람은 발기인(a promoter of incorporator) 또는 비 주식회사(a non-stock corporation)의 구성원이라고 한다.[227]

(22) 합리적인 시간이나 장소에서 자신의 관심에 관련된 목적으로 기업의 장부와 기록 또는 취득 사본의 검사는 모든 주주, 채권자 또는 투표 신뢰 인증서 소유자의 권리이다. 규정이나 부칙에 의하여 제한되지 않을 수 있다. 이러한 검사에 대한 서면 요구가 책

---

221 켈리포니아 민법전, 제330.12조; 미국 통일 주식양도법, 제12조.
222 켈리포니아 민법전, 제330.9조; 미국 통일 주식양도법, 제10조.
223 켈리포니아 민법전, 제330.9조; 미국 통일 주식양도법, 제9조 .
224 켈리포니아 민법전, 제330.8조; 미국 통일 주식양도법, 제8조.
225 켈리포니아 민법전, 제330.8조; 미국 통일 주식양도법, 제9조.
226 영국 회사법, 제25조; 켈리포니아 민법전, 제275조; 일리노이스 기업회사법, 제2(g)조; 루이지애나 일반 기업법, 제1(VII)조; 오하이오 일반 및 외국 회사법, 제8623-2 (12)조; Stevens, Corporations, Article 153, p.739.
227 켈리포니아 민법전, 제28조; 일리노이스 기업회사법, 제2(o)조; 루이지애나 일반 기업법, 제1(IV)조.

임 임원에 대하여 이뤄지고 부여하지 않는 한 이사회에 회부된다(Art 126)고 규정하였다. 이 초안은 주주의 권리에 관하여 규정하고 있다. 즉 주주 등은 회사의 장부, 기록, 취득한 사본을 합리적인 시간이나 장소에서 검사(inspection)할 권리를 갖는다. 이와 같은 권리는 규정이나 부칙에 의하여 제한되지 않는다. 이와 같은 검사에 대한 서면 요구는 책임 있는 임원(a responsible officer)에 대하여 행하여지고, 만약 부여하지 않으면 이사회(the board of directors)에 회부되는 것이라는 것이다.[228]

(23) 정관에 다른 규정이 없는 한, 배당률 및 청산 가격으로 제한된 것을 제외한 모든 종류의 주식의 소유자는, 같은 종류의 주식의 경우에 대한 판매에, 적절한 시간과 조건에 대한 우선권을 갖는다. 각각의 지분에 비례한 주식을 구입할 수 있다. 공동소유의 주주는 주주의 권리를 행사하기 위해 자신들 가운데 한 사람을 임명한다(Art 127)고 규정하였다. 이 초안은 주주의 신주인수권(preemptive rights)을 규정하고 있다. 즉 주주는 정관에 다른 규정이 없는 한, 배당률 및 청산가액으로 제한된 것을 제외하고 같은 종류의 주식의 경우에 적절한 시간과 조건에 대하여 우선권(the prior right)을 갖는다는 것이다. 그리고 각각의 지분에 비례하여 주식을 구입할 수 있다고 하였다. 또한 공동소유의 주주(shareholders in joint ownership)는 주주의 권리를 행사하기 위하여 자신들 가운데 한 사람을 임명하는 것을 규정하였다.[229]

(24) 주식회사의 납입 주에 대한 평가는 정관에 의해 명시적으로 승인되면 저축을 허용하지 않는다(Art 127a)고 규정하였다. 이 초안은 주식회사의 납입 주(paid up shares)에 대한 평가에 관하여 규정하였다.[230]

(25) 기업의 존재가 중복되면 적절한 공식으로 접수함과 유효한 정관으로 시작한다. 그러나 회사를 다루는 외부인은 그러한 신고로 인하여 그 내용의 건설적인 통보와 함께 무료로 제공된다(Art 128)고 규정하였다. 이 초안은 기업이 중복하여(in duplicate) 존재하는 경우에 관하여 규정하였다. 즉 그러한 경우에는 적절한 공적으로 접수하고 유효한 정관에 의하여 시작한다는 것이다.[231] 기업을 다루는 외부인은 그러한 접수로 그 내용이

---

228 중화민국 회사법, 제148조 제2항; 일본 상법전, 제283조 제2항; Stevens Corporations, Sec 108-110; 미국 통일 기업회사법, 제35(IV)조.
229 켈리포니아 민법전, 제331조; 중화민국 회사법, 제112, 113조; 일본 상법전, 제200조 제1항, 제201, 203조.
230 켈리포니아 민법전, 제331조; 중화민국 회사법, 제112, 113조; 일본 상법전, 제200조 제1항, 제201, 203조.
231 브라질 민법전, 제18조; 영국 토팜 회사법, 제II, IV장; 켈리포니아 민법전, 제285조; 중화민국 회사법, 제5조; 아이다호 법전, (1932), 제128조; 일본 상법전, 제167조; 일리노이스 기업회사법, 제48조; 루이지애나 일반 기업법,

건설적인 통보와 함께 비용을 부담하지 않는다는 것이다.[232]

(26) 정관은 관계의 기초구조를 제공하고 그 형성에 필수 불가결하다. 그것들은, ① 회사의 목적과 목표, 그리고 이익을 위한 것이면 행하여지는 사업의 성격, ② 단체명은 "회사" 또는 "법인회사" 또는 "주식회사"라는 단어를 사용하여야 하고, ③ 발기인(3인 이상)의 이름과 주소, ④ 각각 소유한 주식의 수와 액면가, ⑤ 이를 위한 결제의 수단, ⑥ 발행과 승인된 자본금의 총액, ⑦ 각 주의 액면가, ⑧ 주된 사무소와 각 지점의 위치, ⑨ 출판사항의 방식을 구비하여야 한다(Art 129)고 규정하였다. 이 초안은 정관(articles)의 기재사항(contents)에 대하여 규정하였다. 즉, 기업의 목적과 목표, 이익을 위한 것이면 그 사업의 성격, 회사명에 반드시 회사, 법인회사, 주식회사 등 단어를 사용하고, 발기인(3인 이상)의 성명과 주소, 소유한 주식의 수와 액면가, 결제수단, 발행과 승인된 자본금의 총액, 각 주의 액면가, 주된 사무소와 각 지점의 위치, 출판사항의 방식 등을 반드시 구비하여야 한다는 것이다.[233]

(27) 정관의 개정은 자본의 적어도 절반을 표시하는 출석 과반수의 결의만으로써 주주총회에서 수행할 수 있다(Art 130)고 규정하였다. 이 초안은 정관의 개정(amendments of such articles)에 관하여 규정하고 있다. 즉 자본의 절반을 표시하는 출석 과반수의 결의로 주주총회(a general meeting of shareholders)에서 정관을 개정할 수 있다는 것이다.[234]

(28) 정관 개정의 주제는 회사의 명칭, 존속기간 또는 목적, 자본금 또는 발행 또는 미발행 주식의 증감, 전체 설명과 함께 전체 설명의 변경, 비전환에 따른 주식 자산의 생성, 이들의 재분류 또는 취소를 포함할 수 있다. 그러나 회사는 원 정관에서의 정함 또는 주식에 대한 최초의 이사 또는 가입자의 이름과 주소 또는 후자의 수를 변경할 수 있다(Art 131)고 규정하였다. 이 초안은 정관의 개정에 있어서 개정사항(subjects of such amendments)을 규정하고 있다. 정관의 개정사항으로서 회사의 명칭, 존속기간 또는 목

제5조: 오하이오 일반 및 외국 회사법, 제8623-4조 이하; 위스콘신 제정법, 제180.02조.

232 Georgia Park's Ann. Civil Code, (1914), Sec 2225; 아이다호 법전 (1932), 제29-113조; 루이지애나 일반 기업법, 제29(111)조; Stevens, supra. Sec 74; Topham, supra. Sec 6.

233 일리노이스 기업회사법, 제47조; 독일 주식법, 제16조; 일본 상법전, 제165~6조; 오하이오 일반 및 외국 회사법, 제8623-4조; 미국 통일 기업회사법, 제3조; 위스콘신 제정법, 제180.02조.

234 켈리포니아 민법전, 제362조 이하; 일리노이스 기업회사법, 제52조 이하; 일본 상법전, 제342, 380조; 루이지애나 일반 기업법, 제42조 이하; 오하이오 일반 및 외국 회사법, 제8423-14조; 미국 통일 기업회사법, 제38조; 위스콘신 제정법, 제180.07조.

적, 자본금이나 발행 또는 미발행 주식의 증감뿐만 아니라 전체 설명의 변경, 즉 비전환 (non-per exchange of one class into the other)에 따른 주식 자산의 생성이나 이들의 재분류 또는 취소를 포함한다는 것이다.[235] 한편 회사는 원래의 정관에 정하고 있거나 또는 주식에 대한 최초의 이사 또는 가입자의 이름과 주소, 가입자의 수를 변경할 수 있다고 한다.[236]

(29) 자본의 증감은 동의하지 않은 주주, 이사 또는 감사만이 주된 사무소에 등록일로부터 6월 이내에 소를 제기해야 한다. 증자로 발행된 주식은 증자를 무효로 선언하는 최종 판결이 나면 회사는 3월 이내에 주식 인증서에 의한 전환 및 등록된 주주에게 그 무효를 공고하여야 한다. 또한 회사의 재무상태가 법원이 지급총액의 감액 또는 주식에 대한 미지급의 지급이 허용한 범위 안에서 지급하지 않는 한 현 주식에 대하여 환불하여야 한다. 자본의 감소에 대한 해결방법은 그 방식을 수정한다. 사채보유자는 회의에서 법원에 의하여 연장된 시간에 대하여 거절할 수 있다(Art 131a)고 규정하였다. 이 초안은 자본의 증감(increase or decrease of capital)에 대하여 규정하고 있다. 자본의 증감에 대하여 주주, 이사 또는 감사는 6월 이내에 주된 사무소에서 소를 제기하여 이의를 할 수 있다.[237] 법원이 증자에 의하여 발행한 주식의 무효를 선언하는 최종판결이 내려지면 회사는 3월 이내에 이를 공고하여야 하고,[238] 법원에 의하여 무효가 선언된 주식을 상환하여야 한다.[239] 한편 자본의 감소에 대하여는 그 방식을 수정하게 된다. 회사채 보유자 (debenture holders)는 법원에 의하여 연장된 시간에 대하여 회의에서 거부할 수 있다는 것이다.[240]

(30) 주식의 결합은 각 주주와 질권자에게 기간(적어도 3월)을 정하여 회사에 주식을 인도할 것을 공고 및 개별통지를 하여야 한다. 그 기간의 만료일에 결합은 3월 후에 주식을 회사에 인도함으로써 그 말일에 결합은 효력이 발생한다. 구 인증서를 생성할 수 없는 주주는 이해관계인에게 3월 공개한 뒤 절차비용을 지급하고 새 주식을 발급받

---

235 켈리포니아 민법전, 제362, 362a조; 일리노이스 기업회사법, 제52조; 일본 상법전, 제348조; 오하이오 일반 및 외국 회사법, 제8623-14조; 미국 통일 기업회사법, 제39, 40조; 일리노이스 기업회사법, 제56조; 오하이오 일반 및 외국 회사법, 제56조; 오하이오 일반 및 외국 회사법, 제8623-14조; 미국 통일 기업회사법, 제40조.
236 켈리포니아 민법전, 제362조 제2항; 오하이오 일반 및 외국 회사법, 제8623-14조.
237 일본 상법전, 제371, 380조; 독일 주식법, 제149-158조.
238 일본 상법전, 제373조.
239 일본 상법전, 제374조.
240 일본 상법전, 제376조.

는다. 인도되지 않은 인증서를 포함하여 결합에 적합하지 않은 주식은 공매에서 매각되고 수익금은 전소유자에게 비례하여 지급된다(Art 131b)고 규정하였다. 이 초안은 주식의 결합(combination of shares)에 관하여 규정하고 있다. 주식을 결합하고자 할 때에는 각 주주와 질권자에게 적어도 3월의 기간을 정하여 회사에 주식을 인도할 것을 공고(public notice) 및 개별통지를 하여야 하고 그 기간의 만료일에 효력이 발생한다.[241] 그리고 구 인증서(old certification)을 생성할 수 없는 주주는 3월 이후 이해관계인에게 알리고 절차비용을 내고 새 주식을 발급받을 수 있다는 것이다.[242] 인증서를 인도하지 않은 소지인을 포함하여 결합에 적절하지 않은 주식은 공매(public auction)로 매각하고 그 수익금(the proceeds)은 전소유자(former owners)에 비례하여 지급된다는 것이다.[243]

(31) 주식에 대한 신청이 접수되기 전에 원래의 정관은 모든 발기인의 서면으로 서명한 결의로 개정 될 수 있다. 신청이 접수된 이후에는 개정은 이사회에서 채택될 수 있고, 주주총회에서 인준된다. 투표는 어느 경우에서도 이사 및 주주의 의결권의 적어도 다수결이 필요하다. 그러나 정관은 각 경우에 3분의 2 이상의 찬성을 필요로 한다(Art 132)고 규정하였다. 이 초안은 정관의 개정절차(amendment procedure)에 관하여 규정하고 있다. 즉 주식의 청약이 접수되기 전에는 발기인의 서면에 의한 서명만으로 개정될 수 있지만,[244] 이미 청약이 접수된 이후에는 이사회에서 채택되고[245] 주주총회에서 인준을 받아야 한다는 것이다.[246] 그 의결정족수에 대하여 이사회 및 주주총회 모두 의결권의 적어도 과반수에 의하고,[247] 정관의 개정에는 3분의 2 찬성을 요한다는 것이다.[248]

(32) 부칙이 정관과 모순되지 않으면 회의 또는 서면 동의에 의해 투표한 주주의 과반수로 채택 될 수 있다. 부칙의 폐지 또는 개정에서 어느 절차이든지 이사회에 그러한 권한을 위임할 수 있다. 그러나 후자에 의하여 다음 조문의 하위 구분 ⑤에 관한 사항을

---

241 일본 상법전, 제377조.
242 독일 주식법, 제175~178조; 일본 상법전, 제378조.
243 일본 상법전, 제379조.
244 오하이오 일반 및 외국 회사법, 제8623-15 (1)조.
245 켈리포니아 민법전, 제362a조; 일리노이스 기업회사법, (1947), 제53 (a)조.
246 켈리포니아 민법전, 제362a조; 일리노이스 기업회사법, 제53 (b),(c)조; 루이지애나 일반 기업법, 제42조; 오하이오 일반 및 외국 회사법, 제8623-113조; 위스콘신 제정법, 제180.07조.
247 켈리포니아 민법전, 제262a조; 일리노이스 기업회사법, 제53(c)조; 루이지애나 일반 기업법, 제42 (II)조; 오하이오 일반 및 외국 회사법, 제8623-15조; 위스콘신 제정법, 제180.07 (1)조.
248 켈리포니아 민법전, 제262a조; 일리노이스 기업회사법, 제53(c)조; 루이지애나 일반 기업법, 제42 (II)조; 오하이오 일반 및 외국 회사법, 제8623-15조; 위스콘신 제정법, 제180.07 (1)조.

변경하지 않을 수 있다(Art 133)고 규정하였다. 이 초안은 부칙의 개정 및 폐지에 대한 채택 등(adoption, etc.)에 관하여 규정하고 있다. 즉 부칙(by-laws)은 정관에 모순되지 않으면 회의 또는 서면 동의에 의하여 주주의결권의 과반수에 의하여 채택될 수 있다. 그리고 그 권한을 이사회에 위임할 수 있다.[249] 그러나 다음 조문의 ⑤에 관한 부칙을 변경하지 않을 수 있다는 것이다.[250]

(33) (부칙의) 내용은, ① 시간, 장소 및 주주 및 이사 회의를 소집하는 방법, ② 정족수 등 회의에 대한 요구 사항, ③ 대기 장소; ④ 대리권의 실행, 사용 및 해지, ⑤ 임원과 대리인의 수, 자격, 기간, 선임과 의무, ⑥ 집행부 및 기타 위원회, ⑦ 주식의 양도와 담보권, ⑧ 회사의 기록; ⑨ 정관의 범위 내에서 임의의 다른 법적 규정에 관한 규정을 포함한다(Art 134)고 규정하였다. 이 초안은 부칙의 내용에 관하여 규정하고 있다. 이 조문이 열거하고 있는 내용을 부칙에 규정할 수 있다는 것이다.[251]

(34) 법령의 제한에 따라 정관 또는 부칙은, 이사들이 회사의 모든 권한을 행사하고 모든 기업 경영을 한다. 그러나 이사회는 다른 이사들의 책임을 완화하지 않고 기업의 권한을 행사하는 집행위원회와 같은 2개 이상을 지명할 수 있다. 이사의 임기는 3년을 초과하지 않아야 한다. 그러나 각 이사는 후임자의 선출과 자격이 있을 때까지 역할을 할 수 있다(Art 135)고 규정하였다. 이 초안은 회사의 임원(officers)으로서 이사(directors)에 대하여 규정하고 있다. 즉 이사(directors)는 법령의 제한에 따라서 정관이나 부칙으로 회사의 모든 권한을 행사하고 기업 경영을 하는 기관이다.[252] 이사회(board)는, 다른 이사의 책임을 완화함이 없이, 기업의 권한을 행사하는 집행위원회(an executive committee)와 같은 2개 이상의 위원회를 지명할 수 있다.[253] 이사의 임기는 3년을 초과하지 못한다. 그러나 후임자의 선출이 있을 때까지 그 임무를 수행할 수 있다는 것이다.[254]

---

249 켈리포니아 민법전, 제301조; 일리노이스 기업회사법, 제5(1)조; 루이지애나 일반 기업법, 제29 (1)조; 오하이오 일반 및 외국 회사법, 제86-61, 8623-10조.

250 루이지애나 일반 기업법, 제29 (I)조.

251 영국 회사법, 제140-1조; 켈리포니아 민법전, 제303조; 아이다호 법전, 제29-138조; 일리노이스 기업회사법, 제33, 34조; 일본 상법전, 제254조 : 루이지애나 일반 기업법, 제29 (II), (III)조; 미시간 기업법, 개정 (1933), 제1013.5-13조; Stevens, Corporations, p.550; 위스콘신 제정법, 제180-01(5)조.

252 중화민국 회사법, 제148조 제1항; 일본 상법전, 제260조; 루이지애나 일반 기업법, 제34조.

253 켈리포니아 민법전, 제305조; 중화민국 회사법, 제138, 145조; 아이다호 법전, 제29~138조; 일리노이스 기업회사법, 제33, 34조; 루이지애나 일반 기업법, 제34조; 오하이오 일반 및 외국 회사법, 제 8623-55조; Stevens, supra, Sec 153.

254 켈리포니아 민법전, 제308조; 중화민국 회사법, 제141조; 일리노이스 기업회사법, 제38조; 일본 상법전, 제256조, 제258조 제1항; 루이지애나 일반 기업법, 제34조; 오하이오 일반 및 외국 회사법, 제8623-60조; 위스콘신 제정

(35) 부칙은 대표이사, 1인 이상의 부대표이사, 이사회 의장, 총무, 재무, 사무원 및 다른 이사들의 의무와 선임에 관한 세부사항을 규정할 수 있다(Art 136)고 규정하였다. 이 초안은 기타 임원과 직원(agents)에 관하여 규정하고 있다. 즉 정관의 부칙(by-laws)으로 회사의 대표, 부대표, 이사회 의장, 총무, 재무, 사무원 및 다른 이사들의 의무와 선임에 관한 세부사항을 규정할 수 있다는 것이다.[255]

(36) 모든 임원은 성년인 자연인이어야 하며, 적어도 1인의 이사는 한국의 국적 및 거주를 하여야 한다. 대표이사 이외의 다른 임원은 주주가 될 필요가 없다. 그러나 부대표이사는 주주가 아니면 대표이사의 직을 승계하지 못한다. 대표이사와 총무이사의 사무실을 제외하고 2개 이상의 사무실은 다른 사람이 유지할 수 있다(Art 137)고 규정하였다. 이 초안은 임원의 자격(qualifications)에 관하여 규정하고 있다. 임원은 성년인 자연인(natural persons of full age)이어야 하고, 적어도 한 명의 이사는 한국의 국적과 거주를 하여야 한다는 것이다. 대표이사가 아닌 다른 임원은 주주일 필요가 없고, 부대표이사는 주주가 아니면 대표이사의 직을 승계할 수 없다는 것이다. 한편 대표이사 및 총무의 직(offices)을 제외하고 2 이상의 직을 가질 수 있다고 하였다. 즉 대표이사와 총무이사를 제외하고 겸직을 할 수 있다는 것이다.[256]

(37) 정관 또는 부칙에 고정된 것을 제외하고, 이사회의는 각자에게 통지된 시간과 장소에서 진행되어야 한다. 그리고 그것은 이사의 출석으로 생략할 수 있다. 재적 이사의 과반수로 사업의 거래를 위한 정족수를 성원한다. 그러나 이사들은 각 회의에서 대리하여 투표를 하지 않을 수 있다(Art 138)고 규정하였다. 이 초안은 이사회의(meetings of directors)에 관하여 규정하고 있다. 즉 이사회는 정관이나 부칙에 고정된 것을 제외하고, 각자에게 통지된 시간과 장소에서 진행된다.[257] 그리고 통지는 이사의 출석으로 생략할 수 있다.[258] 회의의 정족수는 재적 이사의 과반수로 한다.[259] 그러나 이사는 각 회의

법, 제180-13(2)조.

255 켈리포니아 민법전, 제308조; 일리노이스 기업회사법, 제43조; 루이지애나 일반 기업법, 제35(I. II)조; 오하이오 일반 및 외국 회사법, 제8623-62조; Stevens, Corporations, Secs 159, 160; 스위스 채무법, 제712~716조; 미국 통일 기업회사법, 제32조.

256 켈리포니아 민법전, 제305조; Britain Topham, Company Law (7th Ed,), pp 140, 141; 아이다호 법전, (1932), 제29~128조; 일리노이스 기업회사법, 제43조; 루이지애나 일반 기업법, 제35(I)조; 뉴욕 주식회사법, 제65조; Kipnesta, Laws, (1933), c. 300; 오하이오 일반 및 외국 회사법, 제 8623-55조 : Stevens, Corporations, Sec 152, p.615.

257 켈리포니아 민법전, 제307(a), 309조; 오하이오 일반 및 외국 회사법, 제8623-57조; Stevens, supra, Sec 156.

258 켈리포니아 민법전, 제307b조; 일리노이스 기업회사법, 제40조.

에서 대리투표를 하지 않을 수 있다는 것이다.[260]

(38) 부칙이 주주 또는 정관이나 규정들과 일치하지 않으면 정관에서 주주에게 권한을 부여하지 않았더라도 이사들의 과반수 투표에 의하여 채택되거나 폐지 또는 개정될 수 있다(Art 139)고 규정하였다. 이 초안은 부칙(by-laws)의 채택, 폐지 또는 개정에 관하여 규정하고 있다. 즉 정관에 의하여 주주에게 그 권한을 부여하지 않았더라도 과반수의 투표로 부칙을 채택하거나 폐지 또는 개정을 할 수 있다는 것이다.[261]

(39) 정관에 반하여 회사재산의 배당이나 분배에 대하여 투표한 이사는 그 배당의 총액이나 그 재산이 명시된 재산 이하로 감소되는 분배에 대하여 연대하여 책임이 있다(Art 140)고 규정하였다. 이 초안은 이사의 책임(liability)에 관하여 규정하고 있다. 즉 회사재산의 분배 또는 배당에 대하여 투표한 이사는 명시된 회사재산 이하로 감소하는 분배나 배당의 총액에 대하여 연대책임(liable jointly and severally)이 있다는 것이다.[262]

(40) 회사 임원의 보상 및 연봉은 오직 정관, 부칙 또는 주주의 결의로써 승인될 수 있다(Art 141)고 규정하였다. 이 초안은 회사 임원의 보상 및 연봉(salaries)의 책정에 관하여 규정하고 있다. 즉 회사 임원의 보상이나 연봉은 오직 정관, 부칙 또는 주주의 결의로써 승인된다는 것이다.[263]

(41) 회사 임원의 해임은 주주의 투표가 필요하다. 그러나 이사회는 이 임명된 직원을 해임할 수 있다. 기간이 정하여진 계약을 한 임원 또는 직원은 그 계약위반 또는 무능력으로 해임될 수 있다(Art 142)고 규정하였다. 이 초안은 회사 임원의 해임(removal)과 직원의 해임에 관하여 규정하고 있다. 즉 임원은 주주의 투표에 의하여 해임할 수 있고, 직원은 이사회에서 해임할 수 있다. 기간이 정하여진 계약(contracts for a fixed period)을 체결한 임원이나 직원은 그 계약위반(breach thereof) 또는 무능력(incompetence)으로 해임할 수 있다는 것이다.[264]

---

259 켈리포니아 민법전, 제303(4), 307, 311조; 루이지애나 일반 기업법, 제34,III(d)조; 일리노이스 기업회사법, 제37조; 미쉬간 회사법, (1933), 제10135-13조(4차 개정); 오하이오 일반 및 외국 회사법, 제8623-58조; Stevens, Corporations, Sec 156, p.625.

260 Stevens, Corporation, Sec 156, p.625; 미쉬간 회사법(1933), 제10135-13(4)d조; 뉴욕 주식회사법, 제27조; 펜실바니아 법률, 제106호, 제511조; Washington Rev. State, Sec 3812-29.

261 루이지애나 일반 기업법, 제29(1)조; 오하이오 일반 및 외국 회사법, 제8623-61조; Stevens, supra, Sec 199.

262 중화민국 회사법, 제148조 제2항; 일리노이스 기업회사법, 제42조; 루이지애나 일반 기업법, 제19조; Stevens, Corporations, Sec 47 sq; 미국 통일 기업회사법, 제20조.

263 중화민국 회사법, 제140조; 독일 주식법, 제77조; 일본 상법전, 제269조; 스위스 채무법, 제677조.

264 켈리포니아 민법전, 제310조; 아이다호 법전, 제29~138조; 일리노이스 기업회사법, 제51조; Stevens, Corporations,

(42) 회사 영업의 개시행위는 정관에 확정된 주식이 발행되고 완전히 납입될 때까지 연기되어야 한다. 그때까지 어떤 부채가 조직에 흔히 일어나는 것이거나 신청을 받은 것을 제외고 발생하지 않아야 하고 어떤 주식인증서도 발급하지 않아야 한다(Art 143)고 규정하였다. 이 초안은 회사의 운영(operation)에 대한 일반규정으로서 회사 영업의 개시행위에 대하여 규정하고 있다. 즉 회사 영업의 개시행위(commence act of corporate business)는 정관에 확정된 주식이 발행되고 완납할 때까지 연기된다는 것이다. 또한 그 때까지 회사에 부채(indebtedness)가 없어야 한다는 것이다.[265]

(43) 정관에 의하여 확정된 초기 자본 총액의 신청접수는 이사의 선임회의에서 포기하지 않고 규정을 채택하지 않는 한 과반수의 발기인은 우편으로 적어도 10일 이내에 통지를 하여야 한다(Art 144)고 규정하였다. 이 초안은 회사의 조직(organization)에 관하여 규정하고 있다. 즉 정관에서 확정한 초기 자본(the initial capital)의 총액에 이르도록 신청접수(receipt of subscriptions)(quorum)를 과반수의 발기인은 우편으로 적어도 10일 이내에 통지를 하여야 한다는 것이다.[266]

(44) 이사가 선출되어야 하는 연례 주주회의는, 회사의 주된 사무소에서, 4월 첫 번째 화요일에 오전 11시에 개최된다. 또한 다른 장소가 아니거나 또는 정관이나 부칙에 의해 고정되지 않는 한 그 선출이 발생 될 때까지 매일 매일 휴회할 수 있다. 특별 회의는 회사대표, 이사회, 발행주식 전체의 5분의 1의 소유자, 특별한 목적으로 정관이나 부칙에서 규정한 다른 임원이나 사람이 언제든지 소집할 수 있다. 최후로 확인된 주소로 주주에게 서면으로 우편이나 다른 방법에 의하여 통지하는 10일은 그 회의의 시간, 장소 및 목적을 모두 투표할 수 있는 권한을 부여하는데 충분하다고 본다. 그러나 그 통지는 주주, 사채권자, 이사의 회의에 새로운 통지가 없더라도 매일 매일 이사가 선출될 때까지 개최할 수 있게 한다(Art 145)고 규정하였다. 이 초안은 연례 주주총회(the annual meeting of shareholders)와 임시총회(특별회의, special meetings)에 관하여 규정하고 있다. 연례 주주총회는 다른 규정이 없는 한 4월 첫 번째 화요일 11시에 개최하는 것으로 하였다.[267] 특별회의의 소집권자는 회사대표, 이사회, 발행주식의 5분의 1을 소유한 사람,

---

Sec 158.

265 일리노이스 기업회사법, 제49, 50조.

266 중화민국 회사법, 제99~100, 102조; 오하이오 일반 및 외국 회사법, 제8623-11조; 일리노이스 기업회사법, 제51조; 일본 상법전, 제180, 183조; 소련 회사법, 제40~45조; 미국 통일 기업회사법, 제5, 6조.

특별한 목적으로 정관 및 부칙에 규정한 사람들이다.[268] 한편 회의소집의 통지는 최후 주소지에 우편 또는 다른 방법으로 서면통지를 10일 동안 한다. 그 통지에는 회의의 시간, 장소 및 목적을 포함하고 투표권이 부여하는 것으로 충분하다. 그러나 이 통지는 주주, 사채권자 또는 이사의 회의에는 새로운 통지 없이 이사가 선출될 때까지 개최할 수 있다는 것이다.[269]

(45) 정관에 다른 규정이 없는 한 발행주식의 과반수를 대표하는 사람 또는 대리인은 업무처리를 위한 정족수를 구성한다. 그 수가 부족하면 출석한 사람은 그들이 결정하는 시간과 장소에 회의를 휴회할 수 있다. 그러나 휴회를 통지한 뒤에 숙고한 임시결의를 채택할 수도 있다. 사소한 것은 총무와 모든 주주총회의 다른 절차에서 처리하거나 공유하여야 한다(Art 146)고 규정하였다. 이 초안은 정족수(quorum)에 관하여 규정하고 있다. 즉 다른 규정이 없으면 발행주식의 과반수를 대표하는 사람 또는 대리인은 회사의 업무처리를 위한 정족수를 구성한다는 것이다. 만약 그 수가 부족하면 회의를 휴회할 수 있고, 휴회를 통지한 뒤에 임시결의를 채택할 수도 있다고 한다.[270] 사소한 일은 총무와 주주총회의 다른 절차에서 처리하거나 공유하여야 한다고 하였다.[271]

(46) 등록된 모든 주주는 당시 자신의 이름으로 발행된 각 주식에 대한 하나의 의결권을 행사할 수 있다. 그리고 이는 회사 총무가 서면위임장을 접수하여 인증한 사람 또는 1인 이상의 대리인으로 할 수 있고, 다른 규정이 없으면 그 실행 후 1년으로 만료한다. 복수의 의결권은 해당 집행부의 장의 승인을 받아 행사할 수 있다(Art 147)고 규정하였다. 이 초안은 의결권의 행사에 관하여 규정하고 있다. 즉 1주1의결권주의(one vote

---

267 켈리포니아 민법전, 제312조; 중화민국 회사법, 제127, 128, 131, 136조; 일리노이스 기업회사법, 제26조; 일본 상법전, 제232~5조, 제243, 244, 224조; 루이지애나 일반 기업법, 제30(1), (2)조; 미쉬간 회사법, (1933) 제10135~38조; 미네소타 법률, 제300~24조; 오하이오 일반 및 외국 회사법, 제8623~42조 이하; Stevens Corporations, Sec 120; 미국 통일 기업회사법, 제27조.

268 켈리포니아 민법전, 제312조; 중화민국 회사법, 제127, 128, 131, 136조; 일리노이스 기업회사법, 제26조; 일본 상법전, 제232~5조, 제243, 244, 224조; 루이지애나 일반 기업법, 제30(1),(2)조; 미쉬간 회사법, (1933) 제10135~38조; 미네소타 법률, 제300~24조; 오하이오 일반 및 외국 회사법, 제8623~42조 이하; Stevens Corporations, Sec 120; 미국 통일 기업회사법, 제27조.

269 켈리포니아 민법전, 제312조; 중화민국 회사법, 제127, 128, 131, 136조; 일리노이스 기업회사법, 제26조; 일본 상법전, 제232~5조, 제243, 244, 224조; 루이지애나 일반 기업법, 제30(1),(2)조; 미쉬간 회사법, (1933) 제10135~38조; 미네소타 법률, 제300~24조; 오하이오 일반 및 외국 회사법, 제8623~42조 이하; Stevens Corporations, Sec 120; 미국 통일 기업회사법, 제27조.

270 켈리포니아 민법전, 제303(2), 316조; 중화민국 회사법, 제129, 130조; 일리노이스 기업회사법, 제31조; 일본 상법전, 제239~241조, 제343조; 오하이오 일반 및 외국 회사법, 제8623~48조; 미국 통일 기업회사법, 제30조.

271 중화민국 회사법, 제135조; 독일 상법전, 제113~114조; 일본 상법전, 제244조.

for each share)를 채택하였다.[272] 다만 의결권의 행사에 있어서 다른 규정이 없으면 회사의 승인받아 인정된 사람이나 1인 이상의 대리인에 의하여 행사할 수 있다는 것이다.[273] 한편 복수의 의결권은 집행부의 장의 승인을 받아서 행사할 수 있다고 하였다.[274]

(47) 비 의결권 주식은 주식의 다른 종류의 가액 당 반 전체를 같게 하는 금액까지 발행할 수 있다. 누적적 선호 또는 발행 보통주도, 각 관계 주주의 동의에 의하여, 투표권이 없는 것으로 변경 될 수 있다. 의결권은 선호하는 배당이 전부 지급될 때까지 이전 주식에 남아있다. 이 조문 2항에서 선호하는 배당은 선호하는 권한이 선호하는 주주 총회의 결의로 소멸하는 경우는 의결권을 취득해야 한다(Art 147a)고 규정하였다. 이 초안은 비 의결권 주식(non-voting shares)에 관하여 규정하고 있다. 즉 비 의결권 주식의 발행은 다른 종류의 주식 가액 당 반 전체와 같게 하는 금액까지(the amount equaling half the total per value of other kinds of shares) 발행할 수 있다는 것이다. 누적된 선호 또는 발행된 공통 주식은 각 주주의 동의를 얻어 비 의결권 주식으로 변경할 수 있다고 한다. 의결권은 선호 배당이 전부 지급될 때까지 이전 주식에 남아 있게 된다. 선호 주주총회의 의결로 선호권(the preferred rights)이 소멸하면 의결권을 갖게 된다.[275]

(48) 정관은 어떤 종류의 의결권 있는 주식을 거부할 수 없을 뿐만 아니라 회사는 그것에 의해 발행된 주식을 투표할 수 없다. 그러나 그것은 또 다른 기업에 소유 주식을 투표할 수 있다(Art 148)고 규정하였다. 이 초안은 의결권의 제한(limitations)에 관하여 규정하고 있다. 즉 정관으로 어느 종류의 의결권 주식을 거절하지 못하고,[276] 그것에 의하여 발행된 주식을 투표할 수 없다는 것이다.[277] 다만 다른 기업에서 소유하는 주식을 투표할 수 있다고 한다.

(49) 의결행위는 10년 동안 취소할 수 있다. 그 의결행위는 반환 인증서에 1인 이상의 수탁자로 자신의 주식을 양도하거나 수취한 주주에 의하여 이뤄진 것이다(Art 149)고

---

272 일본 상법전, 제241조; 오하이오 일반 및 외국 회사법, 제8623~52조; 켈리포니아 민법전, 제320a조; 일리노이스 기업회사법, 제28조 제1항; Stevens, Corporations, p.627, Sec 156.
273 Stevens, Corporations (1936), 642; 켈리포니아 민법전, 제320b조; 일리노이스 기업회사법, 제 28(II, IV)조.
274 루이지애나 일반 기업법, 제28조; 독일 주식법, 제12조.
275 독일 주식법, 제115~117조; 일본 상법전, 제242조.
276 일본 상법전, 제463조; 루이지애나 일반 기업법, 제I, XVI조.
277 일본 상법전, 제241조; 오하이오 일반 및 외국 회사법, 제8623~52조; 켈리포니아 민법전, 제320a(4), 321조; 아이다호 법전, 제29~133조; 루이지애나 일반 기업법, 제33조; 미네소타 법률, 제300장, 제28조; 오하이오 일반 및 외국 회사법, 제8623~50조; 펜실바니아 법률, 제106호, 제508조; 미국 통일 기업회사법, 제29조.

규정하였다. 이 초안은 의결행위(voting treats)가 취소되는 경우에 관하여 규정하고 있다. 즉 의결행위가 1인 이상의 수탁자(trustees)에게 자신의 주식을 양도하거나 수취한 주주에 의하여 이뤄진 경우에는 10년 동안 취소할 수 있다.[278]

(50) 모든 회사는, ① 해당 기업 명칭으로 영구히 계승 제공, ② 기쁨을 재현되거나 변경 될 수 있는 기업의 상표의 선정과 사용, ③ 소의 제기와 수소, ④ 부칙에 의한 채택과 변경, ⑤ 획득, 수신, 구매, 증여, 그렇지 않으면 판매, 고안, 전달, 저당, 투자 또는 기타 모든 재산, 동산 또는 부동산의 처분, ⑥ 사업에 부수 또는 그 목적의 홍보에 일어나는 채무를 가정하고 법률과 정관에 부합하는 지불을 보증하려는 부채의 증거 발행, ⑦ 자신의 의무를 정하고 자신의 회사를 확정하는 임원 및 직원의 선택, ⑧ 사업을 수행하고 국내 또는 다른 곳에서 그 기원이나 그 목적을 촉진하는 데 필요한 다른 모든 권한의 행사를 할 수 있다(Art 150)고 규정하였다. 이 초안은 회사의 권한(powers)에 대하여 규정하고 있다. 모든 회사는 이 조문에 열거한 일(①~⑧)을 할 수 있는 권한을 가진다는 것이다.[279]

(51) 회사는 정관에 포함된 제한 사항에 따라 자기 주식을 구입할 수 있다. 그리고 ① 흑자 배당을 사용할 수 있는 경우, ② 주식의 다른 종류의 계약상 권리가 침해되는 경우; ③ 소수의 주식을 제거하는 단계, ④ 직원들에게 할당하거나 재판매하는 경우, ⑤ 환매 특약을 수행하는 단계, ⑥ 채무, 청구를 수집하거나 손상시키거나 논쟁을 정착하는 경우, ⑦ 다른 목적으로 발행 주식의 각 종류의 의결권의 3분의 2의 승인을 하는 경우에 제한된다. 그러나 주식회사는, 재정운영(예컨대, 은행, 보험, 신탁, 채권, 상호 금융)의 속박이 없더라도 다른 회사의 의결권 있는 주식의 90.5 이상을 획득 할 수 없다(Art 151)고 규정하였다. 이 초안은 회사의 권한은 정관에 제한 사항(limitations)에 따라서 자기 주식을 구입할 수 있다. 그러나 그 권한은 이 조문에 열거한 사항(①~⑦)에 제한된다.[280] 특히 다른 회사의 의결권 있는 주식을 90.5 이상을 취득할 수 없는 제한이 있다.[281]

(52) 배당금은 정기적으로 주주들 사이에 배분을 위하여 분리된 기업의 이윤 또는 잉

---

278 켈리포니아 민법전, 제321a조; 루이지애나 일반 기업법, 제33조; 미네소타 법률, 제106호, 제508조; 미국 통일 기업회사법, 제29조; Stevens, Corporations, p.476.

279 켈리포니아 민법전, 제341조; 일리노이스 기업회사법, 제5조; 독일 주식법, 제45조; 일본 상법전, 제246조; 루이지애나 일반 기업법, 제12조; 오하이오 일반 및 외국 회사법, 제8623~8조; 위스콘신 제정법, 제180-11조.

280 켈리포니아 민법전, 제342조; 일리노이스 기업회사법, 제6조.

281 켈리포니아 민법전, 제342조; 일리노이스 기업회사법, 제6조.

여의 부분이다. 배당은 현금, 재산 또는 이를 선언하는 기업의 주식으로 지불할 수 있다. 그러나 동일 종류의 큰 구성원에게 발행된 주식의 분할은 주식 배당을 하지 않는다(Art 152)고 규정하였다. 이 초안은 회사의 배당(dividends)에 있어서 배당의 정의(defined)를 규정하고 있다. 즉 배당금이란 주주 사이에 정기적으로 배분하기 위하여 분리되는 회사의 이윤(profits) 또는 잉여(surplus) 부분이라는 것이다.[282] 배당은 현금, 재산 또는 주식으로 지급될 수 있다.[283] 그러나 동일 주식의 대량으로 발행된 경우에는 배당을 하지 않는다는 것이다.[284]

(53) 회사는 정관 및 다음의 조건에 따라서 회사의 발행 주식에 대한 배당을 선언할 수 있다. ① 회사는 지급이 가능하여야 하고 해당 결제가 부실할 것이라고 믿는 합리적인 근거가 없어야 한다. ② 잉여 지불 또는 배당에 우선권이 있는 주식에 따라 만들어 질 수 있는 지분의 법인 주변에서 파생된 지급. ③ 배당금은 다른 종류의 소유자의 권리를 손상하는 모든 종류의 주식의 소유자에게 배당할 수 없다. ④ 배당금은 부분적으로 지불한 주식에 같은 주식에 지불한 금액에 비례하여 선언할 수 있다(Art 153)고 규정하였다. 이 초안은 배당의 일반적 조건(general conditions)을 규정하고 있다. 즉 회사의 정관에 따르고 이 조문에 열거한 조건(①~④)에 따라서 배당하여야 한다는 것이다. 특히 배당금이 다른 종류의 주식을 소유한 사람의 권리를 손상하는 모든 종류의 주식 소유자에게 배당할 수 없다는 것이다.[285] 그리고 배당금은 부분적으로 지불한 주식에 같은 주식에 지불한 금액에 비례하여서 배당할 수 있다는 것이다.[286]

(54) 회사의 배당에 사용할 총액을 계산함에 있어서, 그러나 급여, 수당은 자산을 낭비한 법인의 경우를 제외하고, 고갈, 감가상각 또는 다른 임대로 이루어져야 한다. 이연 자산 및 선급 비용은 명시 또는 등록되지 않은 금액의 범위로 간주된다(Art 154)고 규정하였다. 이 초안은 배당의 자원(source)에 관하여 규정하고 있다. 즉 회사의 총 배당을 계산함에 있어서 급여, 수당(allowance)은 회사의 낭비 재산을 제외하고, 감모액(depletion), 감가상각(depreciation) 또는 다른 임대로 충당되어야 한다는 것이다.[287] 보류된 자산과

282　일리노이스 기업회사법, 제99, 101조.

283　일리노이스 기업회사법, 제41(g)조: 루이지애나 일반 기업법, 제26조: 오하이오 일반 및 외국 회사법, 제8623~38조.

284　Bouvier, Law Dictionary, p.898.

285　아이다호 법전, 제29~129조: 일리노이스 기업회사법, 제41(d)(h)조: 오하이오 일반 및 외국 회사법, 제8632~38조.

286　켈리포니아 민법전, 제346, 346a, 345b조: 루이지애나 일반 기업법, 제100조 제396항.

287　루이지애나 일반 기업법, 제26(IV)조: Stevens, Corporations, (1936), Sec 100, p.396.

선급된 비용은 명시 또는 등록되지 않은 금액으로 간주된다고 하였다.[288]

(55) 현금 또는 재산 배당은 다음과 같이 지급해야 한다. ① 부채 플러스 자본금의 총액을 넘는 총 자산의 잉여에서, ② 판매하기 전에 자기 주식에 대한 이익으로서 잉여금에서, ③ 고정 자산의 가치에 대한 실현되지 않은 평가, ④ 판매하기 전에 재고의 증가한 가치로부터 실현되지 않은 이익, ⑤ 금전 채무에 대한 미실현 이익의 기록되지 않은 부분들이 실제 값에서 실현될 수 있는 경우, 즉시 시장화하지 않는, 어떤 형태의 미기록 부분, 또는 ⑥ 어떤 형태로 실현되지 않은 이익이 생기지 않거나 또는 취득하지 못한 부분이다(Art 155)고 규정하였다. 이 초안은 금전 또는 재산 배당(cash and property dividends)에 대하여 규정하고 있다. 즉 이 조문이 열거한 사항(①~⑥)에 따라서 배당을 하여야 한다는 것이다.[289]

(56) 주식 배당은 지급하거나 공식 자본의 감소에서 잉여 또는 흑자를 기여한 적립에서 지급된다. 이러한 배당은 지급이 이뤄진 것을 초과하여 배당을 선호하는 주식을 선언하거나 이로써 지급되어서는 안 된다. 배당금의 지급 액면가로 자신의 주식을 발행하면, 그러한 주식의 가액에 대한 총계와 같은 흑자는 공식 자본으로 이전해야 한다. 배당이 액면가 아닌 자원으로 지급되는 경우, 이사들은 배당이 선언될 때, 절차 조항 및 그 동시에 배당받는 사람에게 공개된 금액으로 이전될 흑자를 자신의 값으로 고정해야 한다(Art 156)고 규정하였다. 이 초안은 주식 배당(share dividends)에 관하여 규정하였다. 즉 주식의 배당은 지급 또는 공식 자본의 감소에 의하여 발생한 잉여 또는 흑자를 기여한 적립(earned)에서 지급한다는 것이다.[290] 그러나 이러한 배당은 이미 지급이 이뤄진 것을 초과하여 배당을 선호하는 주식을 선언하거나 이로써 지급되어서는 안 된다는 것이다.[291] 배당금의 지급 액면가로 자신의 주식을 발행하게 되면 그러한 주식의 가액은 모두 흑자로서 공식 자본으로 이전해야 한다고 한다.[292] 배당이 액면가 아닌 자원으로 지급되는 경우, 이사들은 배당이 선언될 때, 절차 조항 및 그 동시에 배당받는 사람에게 공개된 금액으로 이전될 흑자를 자신의 값으로 고정해야 한다고 한다.[293]

288　일본 상법전, 제288, 290조; 스위스 채무법전, 제631조.

289　켈리포니아 민법전, 제346조; 루이지애나 일반 기업법, 제26(1)조; 오하이오 일반 및 외국 회사법, 제8623~37조.

290　루이지애나 일반 기업법, 제26(1)조; 위스콘신 제정법, 제182-19(2)조.

291　켈리포니아 민법전, 제346a조; 오하이오 일반 및 외국 회사법, 제41(e)조.

292　일리노이스 기업회사법, 제41(e)조.

293　일리노이스 기업회사법, 제41(f)조; 루이지애나 일반 기업법, 제26(II)조; 오하이오 일반 및 외국 회사법, 제8623~

(57) 청산 배당은 이사회의 추천과 회의되는 제안을 고려하여 같은 주주에게 통지한 후, 각 종류의 발행 주식의 소유자의 3분의 2 이상의 찬성으로 지급능력이 있는 법인이 자산의 일부에서 지급할 수 있다. 주식의 선호 또는 특수한 종류에 기록된 모든 누적 배당금은 먼저 지불해야 하고, 자발적 청산의 경우에 지급 총액 이하로 남아 있는 자산을 줄일 것이라고 선언하고 더 청산 배당을 하지 않을 수 있다(Art 157)고 규정하였다. 이 초안은 청산배당(liquidating dividends)에 관하여 규정하고 있다. 즉 청산배당의 절차는 이사회의 추천과 회의에 제안될 같은 주주에게 통지한 뒤 각종 발행주식의 소유자의 3분의 2 이상의 의결로 지급 가능한 회사(a solvent corporation)가 지급하게 된다. 우선 또는 특종으로 등록된 누적배당은 먼저 지급되어야 한다. 그리고 자발적 청산의 경우 지급총액 이하 재산으로 잔액이 감소되면 청산배당을 못한다고 선언하게 된다.[294]

(58) 다른 종류의 주식이 발행된 경우, 이익의 분배에 관하여 특별한 규정을 둘 수 있고 각종의 주식에 따라 잔여재산의 이익 또는 분할을 할 수 있다(Art 158)고 규정하였다. 이 초안은 여러 종류의 주식(different kinds of shares)을 발행하는 경우에 대하여 규정하고 있다. 즉 이러한 경우에는 각종의 주식에 따라 이익 또는 분할되는 이익배분(distribution of profits)에 관한 특별규정(special provisions)을 둘 수 있다는 것이다.[295]

(59) 준비금은 회사의 이익의 적어도 10분의 1은 각 결산기 마다 준비기금이 자본액의 절반에 이를 때까지 준비되어야 한다. 주식이 액면가 초과하여 발행될 때 주식발행의 총비용을 손실로 하여 초과의 균형은 전항에서 언급된 총액에 이를 때까지 준비기금에 추가되어야 한다(Art 158a)고 규정하였다. 이 초안은 준비금(reserves)에 관하여 규정하고 있다. 즉 매 결산기(each time for settlement of accounts) 마다 적어도 이익금의 10분의 1을 자본금(the capital stock)의 절반에 이를 때까지 보유하여야 한다는 것이다.[296]

(60) 관리권한으로, 이사회를 통해 모든 회사는 다음 사항을 포함한 보고서를 각 연례 주주총회 전에 제출해야 한다. ① 우체국 주소, ㉠ 등록된 사무소, ㉡ 각 거주 직원의 성명, ㉢ 각 사업의 장소, ㉣ 모든 이사와 임원의 성명, ② 자본금, 발행하거나 할당된 인정된 각종의 주식수, ③ 1인 이상의 이사를 선출할 다음 연례회의 일자, ④ 종사하는 기

38조.

294　Bouvier, Law Dictionary, p.898.

295　일본 상법전, 제222조.

296　중화민국 회사법, 제171조; 일본 상법전, 제288조.

업의 특성에 대한 간략한 설명(Art 159)을 규정하였다. 이 초안은 보고(reports)에 대하여 규정하고 있다. 연례 주주총회에 보고할 보고사항(①~④)을 포함한 보고서를 이사회를 거쳐서 총회개최 전에 제출하여야 한다는 것이다.[297]

(61) 매 연례회의에서 주주에게 이사는 자산과 부채, 손익, 수익, 배당 및 잉여재산변동의 요약에 의한 균형을 책임 있는 임원이나 공인회계사의 정확한 인증서와 함께 회의 4월 이전에 일자를 정하여 제출하여야 한다. 주주는 누구나 회사 총무에게 신청하여 위의 사본을 받을 권리가 있다(Art 160)고 규정하였다. 이 초안은 주주에 대한(to the shareholders) 보고를 규정하고 있다. 즉 이사는 매 연례회의에서 주주에게 회의 개최 4월 이전에 책임 있는 임원 또는 공인회계사의 정확한 인증서(a certificate of their correctness)와 함께 이 조문에서 정하고 있는 보고를 제출하여야 한다. 그리고 주주는 누구나 그 사본을 청구할 수 있다.[298]

(62) 사채는 일반적으로 대출을 확보하기 위해, 그 재산에 부담의 증거로 법인이 발행한 증권이다. 그것은 등록된 보유자 또는 무기명으로 지급할 수 있다. 후자는 유통증권이지만, 한편 그 형태에서 유사하다(Art 161)고 규정하였다. 이 초안은 사채(debentures)에 관하여 일반규정에서 그 정의(definition)를 규정하고 있다. 즉 사채라는 것은 대출(loan)을 확보하기 위하여 법인이 그의 재산으로 부담하는 증거로 발행하는 증권이라 한다. 이는 두 형식으로 발행되는 데 등록보유자와 무기명인 경우이다. 특히 무기명인 경우에는 그 형태에서 수표, 어음 등과 같은 유통증권(negotiable instruments)과 비슷하여 유통증권이라고 한다.[299]

(63) 사채의 발행액은 주식에 지급되는 것을 초과할 수 없다. 자본 자산의 총액이 최근 대차대조에서 주식에 지급된 것에 미치지 않으면, 사채는 그 총액을 초과하지 못한다. 그러나 구사채의 총액은, 신청에 의하여 상환되더라도, 사채의 총액을 계산하는데 포함되지 않고, 구사채는 지급하기로 확정된 일자로부터 6월 내에 상환되어야 한다(Art 162)고 규정하였다. 이 초안은 사채의 발행액(amount of debentures issued)에 관하여 규정하고 있다. 즉 사채의 발행액은 주식에 지급된 것을 초과할 수 없다는 것이다. 자본자산액이 최근 대차대조에서 주식액에 미치지 못하면 사채는 그 액을 초과할 수 없다. 다

---

297 일리노이스 기업회사법, 제95조; 루이지애나 일반 기업법, 제29조; 미국 통일 기업회사법, 제26조.

298 켈리포니아 민법전, 제356조; 오하이오 일반 및 외국 회사법, 제8623~64조.

299 중화민국 회사법, 제182조; 일본 상법전, 제297조; Topham, Company Law, Ch. XII, Secs 1, 2, p.162.

만 구사채(old debentures) 액이 신청에 의하여 상환된 액은 총 사채의 계산에 포함되지 않고, 구사채는 확정된 지급일로부터 6월 내에 상환되어야 한다는 것이다.[300]

(64) 각 사채의 액면 가액은 __엔 미만이 되어서는 안 되고, 같은 종류에 같은 가액은 가장 낮은 금액으로 같거나 나눌 수 있어야 한다. 액면가 이상의 사채 보유자에 대한 지급에 대한 규정은 모든 사람에게 동일하게 적용된다(Art 163)고 규정하였다. 이 초안은 사채의 액면 가액(face value)에 대하여 규정하고 있다. 이 조문이 정하는 금액 이하로 할 수 없다는 것이다. 동일한 종류의 사채는 그 가액이 최저가에 동일하거나 나눌 수 있어야 한다. 그리고 사채의 상환에 관한 규정은 모든 사람에게 동일하게 적용된다는 것이다.[301]

(65) 전체 지급이 이전에 신청하여 이뤄진 때까지 사채에 대한 신청은 초대되지 않을 수 있다. 회사는 사채를 지급하는 데 필요한 모든 조치를 취할 수 있다. 신청을 초대할 수 있는 권한이 2개 이상의 회사 (공동)의 역할을 하고, 사채의 지급에 (연대)책임이 있다. 회사가 신청 감소 또는 부적합에 초대할 수 있는 권한이 있는 경우, 해당 법원은 회사 또는 사채 보유자의 신청 또는 비상시에, 이해당사자는 서로를 지명할 수 있다(Art 164)고 규정하였다. 이 초안은 사채에 대한 신청에서 청약에 대하여 규정하고 있다.[302]

(66) 신청서의 양식은 이사가 준비하여야 하고, 다음의 사항을 포함해야 한다. ① 회사의 상호, ② 사채의 합계와 각각의 가액, ③ 무기명의 지급 여부, ④ 그 위에 이익 비율, ⑤ 지급의 방법 및 시기, ⑥ 사채 상환의 종료, ⑦ 판매될 경우에 최소 가격, ⑧ 회사의 자본과 주식에서 지불한 금액, 최근의 대차 대조표에 의한 실제 회사 자산, ⑨ 최근의 대차대조표에 의한 실제 회사의 자산액이 아닌, 제162조에서 고정된 제한을 초과하는 모든 신청으로, 미상환된 사채액, 사채의 청약을 인증한 회사의 상호, ⑩ 고정된 금액에 미달하는 경우 회사가 청약의 균형을 회사가 서명할 모든 계약(Art 165)을 규정하였다. 이 초안은 사채신청서의 양식(subscription forms)에 관하여 규정하고 있다. 이 신청서에는 이 조문에서 열거한 사항(①~⑩)을 포함하여야 한다는 것이다.[303]

(67) 사채의 할인 발행은 회사의 정관이나 부칙에 의하여 금지하지 않는 한 허용되

---

300 중화민국 회사법, 제177조; 일본 상법전, 제297조.
301 일본 상법전, 제299, 300조.
302 일본 상법전, 제309, 311, 313, 314조; 일본 담보신탁법, 제84~8조, 제97~100조, 제103조.
303 일본 상법전, 제301조.

고, 그러한 발행은, 불규칙적이더라도, 규칙적 발행 합의를 구성하고 특별히 강제된다. 그러한 합의 아래 오른 금전은 회사의 재산에 보전되어 구성한다. 그러나 발행권한은 회사가 이미 발행이 허용되어 발행된 일련의 균형의 할당을 깼을 때에 정지된다. 상환된 사채는 정관이나 계약에 의하여 금지되지 않는 한 10년 이내에 재발행 될 수 있다(Art 166)고 규정하였다. 이 초안은 사채의 발행(issue)에서 할인발행(discounting issue of debentures)에 관하여 규정하고 있다. 즉 회사는 정관이나 부칙에 의하여 금지하지 않는 한 사채를 할인 발행할 수 있다. 그 발행이 불규칙적이더라도 규칙적 발행의 합의를 구성하고 특별히 강제된다는 것이다. 사채에서 나온 금전은 회사의 재산을 보전하여 구성된다. 그러나 사채의 발행권한은 회사가 이미 발행이 허용되어 발행된 일련의 균형의 할당을 깨트렸을 때에 정지된다는 것이다. 상환된 사채는 다른 금지가 없는 한 10년 이내에 재발행 될 수 있다고 한다.[304]

(68) 전조는 사채가 일괄인수계약으로 전부 또는 일부 인수된 것에 적용되지 않는다(Art 167)고 규정하였다. 이 초안은 사채의 일괄인수(underwriting)에 관하여 규정하고 있다. 즉 사채가 일괄인수계약(an underwriting agreement)으로 전부 또는 일부가 인수된 것에는 전조(the preceding article)가 적용되지 않는다는 것이다.[305]

(69) 청약증권은 다음에 언급한 사항을 포함한다. 또한 그것은 1월 이내에 주된 사무소에 등록해야 한다. ① 사채가 주식으로 전환할 수 있음, ② 전환의 조건 및 실행, ③ 전환으로 발행될 주식의 청약, ④ 전환시기의 제한. 전환을 위한 각 요소는 그것과 함께 사채를 기술한 일자와 서명이 된 서면신청을 제출하여야 한다(Art 168)고 규정하였다. 이 초안은 전환사채(convertible debentures)에 관하여 규정하고 있다. 즉 전환사채의 청약증권(subscription instrument)은 이 조문에서 열거한 기재사항(①~④)을 포함하여야 하고, 회사의 주된 사무소에 1월 이내에 등록하여야 한다는 것이다. 또한 전환을 위한 각 요소는 사채를 기술한 일자와 서명이 된 서면신청(a written application)을 사채와 함께 제출하여야 한다고 하였다.[306]

(70) 사채의 등록은 첫 납입이 지급된 후 회사의 주된 사무소에서 2주 이내에 지점에서 3주 내에 효력이 발생하게 된다. 그리고 등록은 제165조의 2, 4 및 12 항목을 포함하

304　일본 상법전, 제316조.
305　일본 상법전, 제302조.
306　일본 상법전, 제362, 366~8조; 독일 주식법, 제174조.

여야 하고, 각 사채의 액수와 지급일자가 포함된다. 그 요소에서 변경은 마찬가지로 등록되어야 하고 한국에서 통지를 받은 때로부터 외국에서 등록하는 기간이 진행한다. 등록시기는 이미 취득한 권리를 침해하지 않는 한 충분한 이유가 있으면 법적으로 연장될 수 있다(Art 169)고 규정하였다. 이 초안은 사채의 등록(registration)에 관하여 규정하고 있다. 즉 사채의 등록은 최초의 납입이 있은 뒤 본점에서는 2주 이내에, 지점에서는 3주 이내에 하여야 효력이 생긴다. 이 등록에는 제165조의 2, 4 및 12[307] 항목을 포함하고, 각 사채의 액수와 지급 일자를 포함한다. 한편 등록기간의 진행과 등록시기의 연장에 관하여 규정하였다.[308]

(71) 사채등록부에 등록된 항목은 제165조 제2항과 제5항을 포함하여야 한다. 각 사채보유자의 성명과 주소, 각 사채 인증서의 일련번호, 발행일자, 지급액과 일자, 보유자의 취득일자, 각 사채에 대한 지급액과 일자, 무기명사채 인증서 발행의 총수, 일련번호와 일자(Art 170)를 규정하였다. 이 초안은 사채등록부(the register of debentures)에 등록된 항목에 관하여 규정하고 있다. 즉 등록되어야 할 항목은 제165조 제2항과 제5항으로서, 이 조문에 열거한 항목이어야 한다고 하였다.[309]

(72) 사채의 양도는 달리 규정하지 않는 한 사채의 인도에 의하여 회사에 대하여 효력이 있다. 증여로서 규정한 다른 사채의 무기명보유자에게 지급될 때 인도는 적절한 증권을 동반하지 않는 한 그 양도는 등록되지 않을 수 있다(Art 171)고 규정하였다. 이 초안은 사채의 양도(transfer of debentures)에 관하여 규정하고 있다. 즉 양도는 특별한 규정이 없는 한 회사에 대하여 사채의 인도(delivery of debentures)에 의하여 효력이 생긴다는 것이다. 증여로서 다른 사채 보유자에게 지급이 된 때에는 그 양도는 적절한 증권을 동반하지 않는 한 등록될 수 없다는 것이다.[310]

(73) 사채를 발행한 회사는 자신의 사채를 취득하거나 담보할 수 있다(Art 172)고 규정하였다. 이 초안은 사채발행회사(the debenture issuing company)의 자신의 사채의 취득(aquire)과 담보(mortgage)에 관하여 규정하고 있다.[311]

(74) 회사가 발행하거나 청약을 승인한 적어도 10인의 사채권자가 목적을 들어서 청

---

307 로빈기어 초안 제169조 원문에는 제165조의 12 항목이 포함되어 있으나, 제165조 원문에는 12 항목이 없다.
308 일본 상법전, 제305조.
309 일본 상법전, 제317조; 일본 담보신탁법, 제40~47조.
310 일본 상법전, 제306조 제1항, 제307조.
311 일본 상법전, 제210, 339, 241조.

구하면 최저 사채보유자에게 1투표권을 갖는 그러한 사채권자의 회의를 소집하게 된다. 그러나 무기명사채 인증서의 보유자는 이 조문에 의한 권리를 행사하기 위하여 1주일 전에 회사에 인증서를 예치시켜야 한다. 한 종류 이상의 사채를 발행한 경우 각 종류의 사채권자회의는 소집하게 된다(Art 173)고 규정하였다. 이 초안은 사채권자회의(deben-ture holders meetings)에 관하여 규정하고 있다. 즉 사채권자회의는 회사가 발행하거나 청약을 인증한 적어도 10인의 사채보유자가 목적을 열거하여 요청하면 소집된다. 그러나 무기명사채의 보유자는 회의 개최 1주일 전에 사채인증서를 회사에 예치하여야 한다는 것이다. 또한 여러 종류의 사채를 발행한 경우에는 각 종류의 사채권자회의가 소집될 수 있다고 한다.[312]

(75) 서명 대표자 및 대리인의 보수를 포함한 사채권자회의의 비용은 발행에 청구되며, 회사는 사채권자의 이러한 청구에 우선토록 하게 된다(Art 174)고 규정하였다. 이 초안은 사채권자회의의 비용(expense of debenture holders meetings)에 관하여 규정하고 있다.[313]

(76) 사채권자회의의 회의록은 발행회사의 주된 사무소에서 보관하여야 하고, 업무시간에 서명으로 발급될 수 있다(Art 175)고 규정하였다. 이 초안은 사채권자회의의 회의록(minutes)에 관하여 규정하고 있다. 즉 회의록은 발행회사의 주된 사무소에서 보관하여야 한다는 것이다. 그리고 업무시간에 서명에 의하여 발급(설득)될 수 있다고 하였다.[314]

(77) 사채를 발행하거나 청약을 승인한 회사의 대표는 사채권자회의에 참석할 수 있고 그의 의견을 표시할 수 있다. 그리고 이러한 대표가 출석하지 않으면 대표를 보낼 것을 요구할 수 있다. 회의는 총 사채액의 500분의 1 이상 보유한 대표에게 위임할 수 있고, 운영에서 발생한 문제를 다수결에 의하여 결정하는 권한을 위임할 수 있다. 그러나 그 대표는 결정회의에서 위임된 권한을 갖게 된다(Art 176)고 규정하였다. 이 초안은 사채권자회의(debenture holders meetings)에 관한 운영에 관하여 규정하고 있다. 특히 총 발행사채액의 500분의 1을 보유한 대표에게 위임할 수 있고, 그는 운영과정에서 일어난 문제를 과반수로 결정하는 권한을 갖게 된다. 그리고 결정회의에서 위임된 권한을

---

312 일본 상법전, 제320, 221, 494, 238조; 일본 담보신탁법, 제48~50조, 제52조 제3항.
313 일본 상법전, 제336~337조; 일본 담보신탁법, 제91~2조, 제62조.
314 일본 상법전, 제52~61조; 일본 담보신탁법, 제339조.

행사할 수 있다.[315]

(78) 회의에서 채택된 결의안은 결의 후 1주일 이내에 해당 법원에 제출되어야 하고, 법원이 승인하여야 효력이 생기며 모든 사채권자에 반하면 무효가 된다. 그러나 법원은 결의안이, ① 일반적으로 사채권자의 이익에 명백히 불공정 또는 반하는 것, ② 또는 불규칙하게 법 또는 청약을 유인하는 투자설명서의 항목에 위배하여 채택된 것을 승인하지 않을 수 있다. 결의안에 대한 법원의 결정은 회사가 즉시 대중에게 발표해야 한다. 결의안은 전조에서 대표가 언급한 사채가 존재하지 않는 경우 회사가 부동사채를 실행하게 한다(Art 177)고 규정하였다. 이 초안은 사채총회의 결의안(resolutions)에 대한 법원의 승인과 효력에 관하여 규정하고 있다. 즉 회사는 결의가 있은 후 1주일 이내에 해당 법원에 결의안을 제출하여 승인을 받아야 한다. 그러나 법원은 일정한 경우(①~②)에 결의안을 승인하지 않을 수 있다. 이와 같은 법원의 결정은 즉시 공개적으로 회사가 발표하여야 한다. 결의안은 회사가 집행하여야 한다.[316]

(79) 그 결의안을 수행하려면, 사채권자의 대표 또는 대리인은 후자에 대하여 1년 이내에 불공정위원회에 제소할 수 있고, 그 결과가 있은 후 1년 이내에 소송을 제기할 수 있다. 증권인수인은 동일한 기간 이내 또는 법이 정한 6월 이내에 그 소송을 제기할 수 있다. 모든 결의안은 증권인수인이 수행하게 되고, 그렇지 않으면 전항에서 언급한 대표자가 수행하여야 한다(Art 178)고 규정하였다. 이 초안은 사채권자회의의 결의안(a-resolution)을 수행하기 위한 소송절차에 대하여 규정하고 있다.[317]

(80) 회사가 이익이나 할부 상환을 지급함에 있어서 법률상 의무를 이행하지 않으면 사채권자는 적어도 2월 이내에 그 지급을 할 것을 회사에 서면으로 통지할 권한을 갖는다. 그렇지 않으면 전 사채액은 만기가 되고 공지되어진다(Art 179)고 규정하였다. 이 초안은 회사의 의무불이행(default)에 관하여 규정하고 있다. 즉 회사가 이익 또는 할부 상환의 지급을 이행하지 않으면 사채권자는 2월 이내에 그 지급을 서면으로 회사에 통지할 권한을 갖는다. 만약 그것이 실패하게 되면 모든 사채액은 만기가 되고(fall due) 그것을 공지(public notice)하여야 한다고 하였다.[318]

---

315 일본 상법전, 제222~23조, 제229, 230, 333조; 일본 담보신탁법, 제63~7조.
316 일본 담보신탁법, 제52, 57조; 일본 상법전, 제324~8조; 스위스 채무법전, 제1177조.
317 일본 민법전, 제424, 425조; 일본 상법전, 제340, 341, 88, 230조.
318 일본 상법전, 제334, 335, 498조; 일본 담보신탁법, 제79~81조.

(81) 사채권자회의의 결의안은 법원의 승인으로 효력을 갖는다. 전항의 결의안은 모든 사채권자에 대하여 유효하다(Art 180)고 규정하였다. 이 초안은 사채권자회의의 결의안의 효과(effect)에 관하여 규정하고 있다. 즉 사채권자회의의 결의안은 법원의 승인을 얻어야 효력을 갖는다는 것이다. 그 결의안은 모든 사채권자에 대하여 유효하다고 하였다.[319]

(82) 2개 이상의 회사 가운데 하나가 외국회사인 경우 국내회사 또는 외국회사로 합병될 수 있다. 정부가 어느 것을 후자로 허가되도록 형성된 경우에 외국회사가 될 수 있다. 이 법에 의하여 새로운 회사로 통합될 수 있고 정부가 외국회사로 할 수 있다(Art 181)고 규정하였다. 이 초안은 회사의 통합 또는 병합(consolidation or merger)에 관하여 규정하고 있다. 즉 2개 이상의 회사 가운데 하나가 외국회사이면 내국회사 또는 외국회사로 병합(merge)될 수 있고, 정부가 외국회사로 허용할 수 있다. 즉 회사의 흡수합병을 인정하고 있다. 이 법 또는 정부의 허가에 의하여 새로운 법인으로 통합(consolidation)될 수 있다는 것이다.[320] 즉 회사의 신설합병을 인정하고 있다.

(83) 공동계약은 각 회사의 이사회의 과반수에 의하여 승인되면 영향을 받는다. 통합 또는 병합안의 기간 및 조건을 규정한 것은 각 회사의 이사회에 제출되고 이 법전 제145조의 요건을 구비하여야 한다. 주주총회에서 투표하여 공동계약에 대하여 투표권 3분의 2를 얻으면 각 회사의 총무는 각 회사의 대표가 승인과 서명을 하게 하여 해당 집행부의 구성원에게 인도한다(Art 182)고 규정하였다. 이 초안은 회사의 통합 또는 합병에 관한 공동계약(a joint agreement)과 그 요건과 절차에 대하여 규정하고 있다.[321]

(84) 통합법인에 대한 정관은 제129조에 규정한 양식에 따라야 한다. 다만 ① 상기 회사의 회장, 부회장, 비서 또는 비서보가 서명하고 인정해야 한다, ② 구성하는 회사는 발기인으로 지명해야 한다, ③ 각 통합되는 회사의 주식을 새로운 회사의 주식으로 전환하는 방법은 규정되어야 하고 정관은 본래 회사에서 규정한 바와 같이 철하고, 기록하여 인증되어야 한다는 것은 제외한다(Art 183)고 규정하였다. 이 초안은 통합법인(a-

---

319 일본 상법전, 제327조.
320 켈리포니아 민법전, 제361, 361a조; 일리노이스 기업회사법, 제61, 61a조; 일본 상법전, 제56, 408~416조; 루이지애나 일반 기업법, 제47조; 오하이오 일반 및 외국 회사법, 제8623~67조; 미국 통일 기업회사법, 제43조.
321 켈리포니아 민법전, 제361조; 일리노이스 기업회사법, 제61, 62, 63, 64조; 독일 주식법, 제238, 247조; 일본 상법전, 제408, 409, 410조; 루이지애나 일반 기업법, 제48조; 오하이오 일반 및 외국 회사법, 제8623~67조; 미국 통일 기업회사법, 제44조.

consolidated corporation)의 정관에 대하여 규정하고 있다. 즉 제129조에 규정한 양식에 따라서 정관을 작성하되, 이 조문에서 열거한 사항(①~③)을 제외한다고 하였다.[322]

(85) 2개 이상의 회사가 국내회사로 병합하거나 회사의 통합은 그에 대한 기업인증서를 발급하는 해당 공무원에 의하여 철하여진 때에 효력이 발생한다. 국내회사의 외국회사로의 통합 또는 병합은 공동계약이 철해지고 외국 관할의 다른 요구를 따른 때에 유효하게 된다(Art 184)고 규정하였다. 이 초안은 회사의 통합 또는 병합의 효력발생시기에 관하여 규정하고 있다.[323]

(86) 통합의 효과는 구성한 회사들이 하나의 새로운 회사가 되고, 병합되는 것이다. 구성된 회사는 다른 회사가 병합되고 존속하는 것을 합의함으로써 다른 회사가 소멸하게 된다. 존속하거나 새로운 회사는 이전 회사의 모든 권리, 특권, 독점판매권 및 재산을 보유하지만 불법한 사업에 참여하지 못하며 구성된 회사의 채무와 의무에 대하여 책임을 지고 후자가 판결을 받는 것에 대하여 어떠한 소송도 다투지 못한다(Art 185)고 규정하였다. 이 초안은 통합의 효과에 관하여 규정하고 있다. 즉 통합은 구성하는 회사들이 하나의 새로운 회사로 되고 병합되는 것이고, 따라서 병합되거나 존속하게 되어 다른 회사는 소멸하게 된다는 것이다. 존속하는 회사는 이전 회사의 모든 권리, 특권, 독점판매권(franchises) 및 재산을 보유하게 되고, 불법한 사업에 참여하지 못하며, 구성된 회사의 채무와 의무에 대하여 책임을 진다는 것이다. 또한 소멸한 회사가 판결을 받는 것에 대하여 어떠한 다툼도 할 수 없다는 것이다.[324]

(87) 반대하는 주주는, ① 회사의 목적, 발행주식 또는 기업완화의 확장에 대한 주주의 권리의 변경을 하는 정관의 개정, ② 모든 회사재산의 매각, 임대 또는 교환, ③ 통합 또는 합병에 지명된 조치에 찬성투표를 하지 않은 주주는 그에 대한 채택이 있은 후 20일 이내에 자신의 주식에 대한 지급을 요구할 수 있다(Art 186)고 규정하였다. 이 초안은 통합 또는 합병에 있어서 이 조문이 열거한 사항(①~③)에 대하여 반대한 주주는 자신

---

322 켈리포니아 민법전, 제261조; 일리노이스 기업회사법, 제65, 66조; 일본 상법전, 제414, 416, 103조; 루이지애나 일반 기업법, 제49조; 미국 통일 기업회사법, 제45조.

323 켈리포니아 민법전, 제361, 361a조; 일리노이스 기업회사법, 제67, 68조; 일본 상법전, 제87, 414조; 루이지애나 일반 기업법, 제50조; 미국 통일 기업회사법, 제46조.

324 켈리포니아 민법전, 제361, 361a조; 일리노이스 기업회사법, 제69, (69a)조; 일본 상법전, 제94, 102, 147, 416, 458, 472조; 루이지애나 일반 기업법, 제51조; 오하이오 일반 및 외국 회사법, 제 8623~68, 69조; 미국 통일 기업회사법, 제47조.

의 주식에 대하여 지급을 요구할 수 있다는 것이다.[325]

(88) 주주는 회사재산의 가치가 자신의 청구를 변제하고 남거나 적어도 자본금을 제외한 총 채무와 책임과 같으면 전조에 의하여 구제받을 자격이 없다. 그의 주식은 자신이 지명하고, 회사가 지명하고, 양자가 지명한 제3자인 3인에 의하여 평가되고, 그 가치에 대하여 청구인과 회사가 모두 동의하여야 한다(Art 187)고 규정하였다. 이 초안은 전조(the preceding article)에 의한 반대주주의 주금반환청구에 대한 예외(exceptions)를 규정하고 있다. 즉 회사재산의 가치가 자신의 청구를 지급하고도 남거나 부채와 책임의 총액과 적어도 동일하게 될 때에는 구제받을 자격이 없다는 것이다. 그의 주식에 대한 평가는 자신이 지명하고, 회사가 지명하고, 쌍방이 지명한 3인에 의하여 평가된다고 하였다.[326]

(89) 회사자산이 대부분의 부채에 부족한 법인의 이사는 즉시 파산판결을 받아야 하고 자신의 또는 지연으로 중단된 손실에 대하여 개인적으로 책임을 지게 된다(Art 188)고 규정하였다. 이 초안은 회사의 해산(dissolution) 및 청산(liquidation)에 관하여 자발적(voluntary) 및 비사법적(extrajudicial)인 해산에 대한 부실(insolvency)에 관하여 규정하고 있다. 채무초과인 법인의 이사는 파산판결(an adjudication of bankruptcy)을 받아야 한다는 것이다. 그리고 이사는 자신의 실패 또는 지연으로 정지된 손실에 대하여 개인적으로 책임을 진다는 것이다.[327]

(90) 자발적 해산절차는 그 목적으로 소집된 주주총회에서 3분의 2 투표권에 의하여 회사를 구속하는 결의안이 채택되면 개시된다(Art 189)고 규정하였다. 이 초안은 회사의 자발적 해산절차의 개시(commencement of voluntary proceedings for dissolution)에 관하여 규정하고 있다.[328]

(91) 비자발적 절차는 해당 법원의 감독을 받는다. 또한 법원은 이사 또는 주주의 신청에 따라서 자발적 해산을 감독할 수 있다(Art 190)고 규정하였다. 이 초안은 비자발적

---

325 켈리포니아 민법전, 제369조; 일리노이스 기업회사법, 제70~73조; 일본 상법전, 제415조; 루이지애나 일반 기업법, 제52조; 오하이오 일반 및 외국 회사법, 제8622~72조; 미국 통일 기업회사법, 제 48조.

326 켈리포니아 민법전, 제269조; 일리노이스 기업회사법, 제70~73조; 루이지애나 일반 기업법, 제50조; 오하이오 일반 및 외국 회사법, 제8622~72조; 미국 통일 기업회사법, 제42조.

327 독일 민법전, 제42조 제2항; 일본 민법전, 제70조; 스위스 민법전, 제77조.

328 브라질 민법전, 제21(1)조; 켈리포니아 민법전, 제400조(다수결); 독일 민법전, 제41조; 일리노이스 기업회사법, 제74~77조; 일본 민법전, 제69조; 스위스 민법전, 제67, 76조.

해산절차(involuntary proceedings)에 대하여 규정하고 있다. 즉 회사의 비자발적 해산절차는 법원의 감독을 받고,[329] 이사 또는 주주의 신청에 의하여 자발적 해산을 법원은 감독할 수 있다는 것이다.[330]

(92) 비자발적 해산사유는, 회사가 ① 파산판결을 받고, ② 공동으로 지속적인 월권행위의 유죄이고, ③ 조직 또는 초보적 사업을 위해, 자사의 설립으로부터 1년 동안 부당하게 동댕이치거나; 또는 ④ 적어도 1년 동안 사업을 일시 중단하고 재개의 진정한 의도가 없거나, ⑤ 이사가 주주도 해결할 수 없는 기업의 업무, 관리에 교착 상태에 도달하게 하거나, ⑥ 주주가 해산으로 혜택을 누리거나, ⑦ 규정된 그 존속기간이 만료되어야 한다(Art 191)고 규정하였다. 이 초안은 비자발적 해산사유(grounds for involuntary dis-solution)에 관하여 규정하고 있다. 즉 회사가 이 조문이 열거한 사유(①~⑦)가 생기면 강제로 해산하게 된다는 것이다. 이 조문에 의하면, ①에서 ⑤까지 열거한 사유,[331] ⑥에서 열거한 사유[332] 및 ⑦에서 열거한 사유[333]가 발생하면 비자발적인 해산이 된다.

(93) 비자발적인 해산의 신청은 검찰, 주주 또는 그의 주장이 판결된 또는 법인이 인정한 채권자에 의하여 제기될 수 있다. 신고 또는 신청은 절차를 개시한다(Art 192)고 규정하였다. 이 초안은 비자발적 해산의 신청(a petition for involuntary dissolution)의 당사자(parties)와 그 절차(proceeding)의 개시에 관하여 규정하고 있다.[334]

(94) 해산하더라도, 법인은 청산의 범위 내에서 목적을 위해 존재를 계속하는 것으로 간주된다. 해산에 따른 주식의 양도 및 기타 권리와 의무의 문제는 해당 법원의 승인을 필요로 한다. 파산에 의하여 해산하는 경우, 이사는 지체 없이 이 사실을 각 주주에게 통지하여야 하며, 무기명 주권이 발행 된 경우에, 그 공고를 하여야 한다. 통합 또는 파산에 의한 경우를 제외하고 해산 후 합리적인 기간 내에 본점과 지점 사무실에서 등기를 완료하여야 유효하다(Art 193)고 규정하였다. 이 초안은 법인의 해산에 대한 효과(effect)를 규정하고 있다. 즉 법인은 해산하더라도 청산의 목적 범위 내에서(for purpose

---

329 켈리포니아 민법전, 제404조; 일리노이스 기업회사법, 제86조; 일본 민법전, 제82조; 루이지애나 일반 기업법, 제86조; 오하이오 일반 및 외국 회사법, 제8623~85조; 스위스 민법전, 제71, 78조; 미국 통일 기업회사법, 제49조.
330 켈리포니아 민법전, 제401, 404조; 일리노이스 기업회사법, 제71, 73조; 루이지애나 일반 기업법, 제53조.
331 켈리포니아 민법전, 제400, 401, 404조; 일리노이스 기업회사법, 제82조; 일본 민법전, 제68, 70, 71조; 일본 상법전, 제58, 94, 404조, 제484조 참조; 루이지애나 일반 기업법, 제35조; 오하이오 일반 및 외국 회사법, 제8623~86조; 미국 통일 기업회사법, 제51조.
332 루이지애나 일반 기업법, 제56, 58조; 오하이오 일반 및 외국 회사법, 제8623~87조; 미국 통일 기업회사법, 제51조.
333 켈리포니아 민법전, 제404(b)조.
334 루이지애나 일반 기업법, 제56(I),(II)조; 미국 통일 기업회사법, 제52조.

within the scope of liquidation) 존속하게 된다. 해산 이후에 주식의 양도 및 기타 권리의무의 문제는 해당 법원의 승인을 요한다. 파산에 의한 해산의 경우 이사는 지체 없이 이 사실을 각 주주에게 통지하여야 하고, 무기명 주권이 발행된 경우에는 그 공고(public notice)를 하여야 한다. 법인의 통합이나 파산에 의한 해산이 아닌 경우에는 해산 후에 합리적인 기간 내에 본점과 지점에서 등기를 완료하여야 유효하다.[335]

(95) 법인의 정관에 다른 규정이 없는 한 또는 총회의 결의에 의하지 않는 한, 청산은 이사에 의하여 유효하게 된다. 청산은 청산인의 임명, 해임, 처벌에 충분한 원인에 대하여 사법감독, 검사 및 법원에 따라야 한다. 청산인이 2명 이상이 임명된 경우에는 모든 일을 다수결로 행한다(Art 194)고 규정하였다. 이 초안은 청산(liquidation)에 있어서 이사(directors)에 의한 청산에 관하여 규정하고 있다. 즉 이사에 의한 청산절차를 규정한 것이다.[336]

(96) 청산인의 기능은, ① 미결인 모든 사업을 종료하고, ② 자산의 수집 및 부채의 변제를 하고, ③ 정관 또는 총회에서 회원의 결의안에 따라 거기에 자격이 있는 어떤 흑자를 배분한다. 그러나 그러한 사람들이 없으면 그 잉여는 국고에 귀속한다. 청산이 완료되면, 청산인은 권한 있는 당국에 그 절차를 보고해야 한다. 해산 후 청산의 목적을 위해 지속한 법인의 수명은 선포된다. 그러나 주식의 양도나 주주의 상태 변경은 법원의 승인을 필요로 한다(Art 195)고 규정하였다. 이 초안은 청산인의 역할(the liquidator's functions)에 대하여 규정하고 있다. 즉 청산인은 미결인 모든 사업을 종료하고, 채권을 추심하고 부채를 변제하며, 정관 또는 총회의 결의에 따라서 잉여금을 배분하고, 배분을 받을 사람이 없는 경우에는 국고에 귀속하며,[337] 청산이 완료되면 주무관청에 그 절차를 보고하여야 한다.[338] 청산이 완료되면 법인은 완전히 소멸하고,[339] 아직 주식의 양도나 주주의 상태 변경에 대하여는 법원의 승인을 받아야 한다는 것이다.[340]

(97) 비자발적 절차에서 해산의 마지막 순서는 이들의 완료시 법원에 의해 입력해야 한다. 자발적 절차에서 청산인은 서명하고 해산의 인증서를 인정하며, 중복 사본은 회

---

335 일본 민법전, 제75조; 일본 상법전, 제116, 430조.
336 일본 민법전, 제74~6조; 일본 상법전, 제254, 426, 417, 430, 432, 254조.
337 일리노이스 기업회사법, 제87~89조; 일본 민법전, 제83조; 일본 상법전, 제427, 430조; 만주국 회사법, 제322, 418조.
338 중화민국 회사법, 제67조; 일본 민법전, 제83조; 일본 상법전, 제427, 430조; 만주국 회사법, 제 322, 418조.
339 중화민국 회사법, 제67조; 일본 민법전, 제83조; 일본 상법전, 제427, 430조; 만주국 회사법, 제 322, 418조.
340 중화민국 회사법, 제67조; 일본 민법전, 제83조; 일본 상법전, 제427, 430조; 만주국 회사법, 제 322, 418조.

사의 정관의 공식 보관에 제출하여야 한다(Art 196)고 규정하였다. 이 초안은 해산절차의 최종절차에 대하여 규정하고 있다. 즉 비자발적인 해산절차의 최종절차는 법원에 입력되어야 한다는 것이고, 자발적인 절차에서는 청산인이 서명하고 해산의 인증서를 인증하여 그 중복 사본을 회사의 정관에 의한 공식 보관에 제출하여야 한다는 것이다.[341]

(98) 검찰은 다음 사유에 의하여 회사의 정관이나 독점판매권을 무효, 취소 또는 상실하는 절차를 진행할 수 있다. ① 정부에 대한 사기를 통해 그 독점판매권을 취득하거나, ② 적용될 법 또는 그 독점판매권이 상실되어 위반하거나, ③ 법적 권한을 남용하고 초과하거나, ④ 기업 특권을 행사하는 것을 포기, 기권, 중단 또는 실패하거나, 또는 ⑤ 무역의 제한에 불법으로 참여한 경우(Art 197)라고 규정하였다. 이 초안은 회사의 해산을 담보하기 위하여 검사(the public prosecutor)에게 회사의 정관이나 독점판매권을 무효, 취소 또는는 벌금을 부과하는 절차를 시행할 수 있게 하고 있다. 즉 이 조문이 열거한 사유(①~⑤)가 있는 경우에는 검사가 위 절차를 시행할 수 있게 하였다.[342]

(99) 해산절차를 개시한 회사의 조직개편은, 채권자의 4분의 3 합의, 채권자의 변제, 모든 주주 또는 종류 주주의 4분의 3 투표권에 의하여, 해당 법원의 감독과 승인을 얻어, 유효하게 된다(Art 198)고 규정하였다. 이 초안은 해산절차를 개시한 회사의 조직개편에 관하여 규정하고 있다. 즉 채권자 4분의 3 합의, 채권자의 변제, 모든 주주 또는 종류 주주의 4분의 3 투표권에 의하여 할 수 있고, 해당 법원의 감독과 승인을 받아야 한다는 것이다.[343]

2) 외국회사(foreign corporation)

이 초안은 외국회사(foreign corporation)에 관하여, 정의(defined, Art 199), 신청(application, Art 200), 본국제한(home restrictions, Art 201), 허가(licence, Art 202), 외국법인(foreign juristic person, Art 203) 및 철회(withdrawal, Art 204)를 규정하고 있다.

---

341 일본 상법전, 제429조; 루이지애나 일반 기업법, 제61, 62조; 오하이오 일반 및 외국 회사법, 제 8623~96조; 소련 회사법, 제124조; 미국 통일 기업회사법, 제60조.
342 켈리포니아 민법전, 제404(b)조; 일본 상법전, 제136조, 제428조 제3항; 루이지애나 일반 기업법, 제65, 70조; 오하이오 일반 및 외국 회사법, 제8625-126, 86조; 미국 통일 기업회사법, 제61조.
343 일본 상법전, 재381~403조; 루이지애나 일반 기업법, 제63조; 오하이오 일반 및 외국 회사법, 제 8623-15조.

(1) 외국회사는 한국 이외의 다른 국가에서 공인한 것이다(Art 199)고 규정하였다. 이 초안은 외국회사에 관하여 그 정의(defined)를 규정하고 있다. 즉 외국회사는 한국이 아닌 다른 국가에서 공인한 것이라 하였다.[344]

(2) 허가에 대한 신청에는, ① 회사의 이름과 조직된 아래 정부의 이름, ② 그 주된 사무소의 위치와 올바른 주소, ③ 이러한 기업에 대한 소송절차가 제공 될 수 있는 같은 주소에서 한국의 국내에 거주하는 대리인의 지정, ④ 대리인의 권한이 계속되는 동안 대리인이 발견되지 않는 경우는 한국 공무원에게 역무를 제공하는 그 역무의 취소 동의를 포함하여야 한다(Art 200)고 규정하였다. 이 초안은 허가신청서(Application for license)에 포함할 사항을 규정하고 있다. 즉 이 조문이 열거하는 사항(①~④)을 포함하여야 한다는 것이다.[345]

(3) 외국회사는 대중을 오도할 가능성이 있는 상호 또는 그 상호가 내국회사의 상호 또는 허가된 외국회사의 상호와 유사하거나 그러한 회사로 간주될 수 있는 상호인 경우 법원의 구조조정명령을 얻을 때까지 한국에서 사업을 할 수 없다. 한국에서 사업을 하고 있는 다른 회사는 그 상호와 해당 공무원의 명령으로 인증된 사본으로 사업을 할 수 있다(Art 201)고 규정하였다. 이 초안은 상호의 제한(name restrictions)에 관하여 규정하고 있다. 즉 외국회사는 대중을 오도하는 상호를 사용할 수 없고, 그 상호가 내국회사의 상호 또는 허가받은 외국회사의 상호와 유사한 것이면 법원의 구조조정의 명령을 얻을 때까지 한국에서 사업을 할 수 없다. 그러나 한국에서 사업을 하고 있는 다른 회사는 그 상호와 해당 공무원의 명령으로 인증된 사본으로 사업을 할 수 있다는 것이다.[346]

(4) 허가는 적절한 공무원이 모든 법적 요구사항을 구비한 것을 발견한 후에 신청자에게 발급한다. 그것은 철회할 때까지 유효하고,[347] 신청자의 법적 지위의 명백한 증거이다.[348] 취소 또는 허가의 만료는 소송이나 책임의 기존 원인에 아무런 영향을 미치지 않는다(Art 202)고 규정하였다. 이 초안은 허가(license)의 발급(issue)과 허가의 취소(cancel-

---

344 켈리포니아 민법전, 제405조; 루이지애나 일반 기업법, 제1(II)조; 오하이오 일반 및 외국 회사법, 제8625-2조; 위스콘신 제정법, 제326.01조.
345 켈리포니아 민법전, 제407조; 일본 상법전, 제481조; 일본 민법전, 제37조; 오하이오 일반 및 외국 회사법, 제8626-5조 제2항 등.
346 일리노이스 기업회사법, 제104, 105조; 아이오와 법전, 제499-22조; 오하이오 일반 및 외국 회사법, 제8625-5a조; 일본 상법전, 제19~31조.
347 일리노이스 기업회사법, 제107조; 오하이오 일반 및 외국 회사법, 제8625-6조; 위스콘신 제정법, 제226-03조.
348 오하이오 일반 및 외국 회사법, 제8625-22조.

lation) 또는 허가의 만료(expiration)에 대하여 규정하고 있다.[349]

(5) 외국법인은, 한국에서 허가되고 주소지의 법에 의하여 정당하게 설립되고 존속하면, 내국회사에 대한 동일한 권리와 의무로 그 법률에 따라 작동하게 된다(Art 203)고 규정하였다. 이 초안은 외국법인의 권리와 의무(rights and obligations)에 관하여 규정하고 있다.[350]

(6) 외국회사는, ① 그 허가의 양도, ② 인증서가 접수되기 전에 일어난 사유로 많은 반대하는 행위가 공무원에게 제기된 것에 대한 동의, ③ 과거 사무실의 우편주소가 주소로 된 인증서를 해당 공무원에게 제출하여 한국에서 사업을 철회할 수 있다(Art 204)고 규정하였다. 이 초안은 외국회사의 사업 철회(withdrawal)에 관하여 규정하고 있다. 즉 외국회사는 그 허가의 양도, 인증서가 접수되기 전에 일어난 사유로 반대한 것에 대하여 동의 및 과거 사무실의 우편주소로 주소가 된 인증서를 해당 공무원에게 제출하고 한국에서 사업하는 것을 철회할 수 있다는 것이다.[351]

3) 농업협동조합(AGRICULTURAL COOPERATIVE ASSOCIATIONS)

이 초안은 법인과 함께 농업협동조합에 관하여, 본질과 목적(nature and purpose, Arts 205~209), 설립 및 구조(formation and composition, Arts 210~236), 운영(operation, Arts 237~249), 해산(dissolution, Arts 250~254)으로 나누어 각각 규정하고 있다.

가) 본질과 목적(nature and purpose)

이 초안은 본질과 목적(nature and purpose)에 대하여, 정의(defined, Art 205), 일반기업법(the general corporation law, Art 206), 조건(conditions, Art 207), 명칭(name, Art 208) 및 목적(objects, Art 209)을 각각 규정하였다.

(1) 협동조합은 ① 각 구성원이 하나의 투표만을 행사할 수 있고, ② 배당은 사업의 순수익의 8퍼센트로 제한되는, 즉 총 수익에서 운영비용 및 제품 판매비용을 공제하고

---

349 오하이오 일반 및 외국 회사법, 제8625-15~17조; Stevens, supra, Secs 209-211.
350 일본 민법전, 제36조; 일리노이스 기업회사법, 제103조; Stevens, supra, Sec 207.
351 일본 상법전, 제484, 485조; 켈리포니아 민법전, 제411조; 일리노이스 기업회사법, 제120, 121조; 오하이오 일반 및 외국 회사법, 제8625-20, 21조.

기업으로서 사업한 거래의 총량에 비례하여 후자의 주소지법에 의하여 요구되거나 인증된 공제를 허용하여 배당하는 법인이다(Art 205)고 규정하였다. 이 초안은 농업협동조합협의회를 별도로 규정하고 있다. 즉 그 본질과 목적에서 협동조합은 각 구성원이 하나의 투표만을 행사할 수 있다고 함으로써 1인1표주의(두수주의)를 채택하고 있다. 또한 배당은 순수익의 8퍼센트로 제한하고 있다.[352]

(2) 일반법인법은 특히 예외 또는 이와 일치하지 않는 한 이러한 단체에 적용된다(Art 206)고 규정하였다. 이 초안은 농업협동조합에 일반법인법(the general corporation law)의 적용에 관하여 규정하고 있다. 즉 특히 예외 또는 일치하지 않는 경우를 제외하고 일반법인법이 협동조합에 적용된다는 것이다.[353]

(3) 모든 회원들에게 공통되지 않는 조건은 자격신청자에게 적용되지 않고, 충분한 이유 없이 신청이 거절되지 않는다(Art 207)고 규정하였다. 이 초안은 자격신청자에 대한 조건의 적용과 신청의 거절에 관하여 규정하고 있다.[354]

(4) 모든 협동조합은 명칭에 "협력"이라는 단어를 사용한다. 또한 외국 협동조합이 이 법률에서 요구하는 자격을 구비하면 사용할 수 있지만, 다른 사람이나 단체는 사용할 수 없다(Art 208)고 규정하였다. 이 초안은 협동조합의 명칭에 "협력"(coorperative)이라는 단어를 사용할 수 있고,[355] 외국 협동조합도 이 법률에 의한 요건을 구비하면 사용할 수 있으나,[356] 다른 사람이나 단체는 사용할 수 없다는 것이다. 즉 협동조합의 명칭에 관하여 규정하고 있다.

(5) 농업협동조합의 목적은, ① 토양 보존 및 재활, 종자와 작물의 개선, ② 생산물의 생산, 수확, 수집, 보존, 저장, 창고 보관, 건조, 탈곡, 통조림, 등급, 혼합하는 일, ③ 생산물 또는 부산물의 마케팅, 판매 또는 구매, 선적하는 일, ④ 후자의 제조 및 회원 등에게 농업장비, 기계, 사료, 비료, 연료, 오일 및 기타 윤활제, 농업 및 생활 용품과 씨앗을 공급하는 일, ⑤ 전기 에너지를 생산 배포하고 전화, 회원들에게 협력의 기초되는 교육

---

352 켈리포니아 농업법전, 제1214조; 켈리포니아 민법전, 제653a조, 아이오와 법전, 제499,4조; 아이다호 법전, 제22.2001조; 미네소타 법률, (1923), 제6079조; 테네시 협동시장법, 제3809, 3784, 3787조; 우타 농업협동조합법, (1937), 제2-0-19조; 위스콘신 제정법, 제185.01, 94-15조.
353 테네시 협동시장법, 제2827, 2820조; 아이오와 법전, 제499, 56조; 위스콘신 법률, 제185, 20조.
354 일본 농업협동조합법, 제20조.
355 아이오와 법전, 제499.04조; 일본 농업협동조합, 제2조; 위스콘신 법률, 제185, 4, 22(2)조.
356 켈리포니아 농업법전, 제1214조; 우타 농업협동조합법, 제2-0-41조.

시설; 또는 교사 또는 농촌에 본질적으로 필요한 산업을 제공하는 일, ⑥ 위의 활동의 자금을 조달하는 일과 관련된 협력활동을 포함한다(Art 209)고 규정하였다. 이 초안은 농업협동조합의 목적에 대하여 규정하고 있다. 즉 이 조문에서 열거한 사항(①~⑥)과 관련된 협력활동을 포함한다는 것이다. 특히 사항 ⑤에서 전기 에너지, 전화, 교육시설, 농촌산업을 제공하는 일을 들고,[357] 사항 ⑥에서 이와 같은 활동의 자금을 조달하는 일을 들고 있는 것[358]이 특색이라 할 것이다.

나) 설립과 구조(Formation and Composition)

이 초안은 농업협동조합의 설립과 구조에 관하여 조직(organization, Art 210~211), 조합원(membership, Art 212~215), 구좌(shares, Art 216~221), 규약(regulations, Art 222~229) 및 기관(officers, Art 230~236)을 각각 규정하고 있다.

(1) 제안된 협회의 조직회의나 발기인들은 목적, 장소 및 일자와 그 정관을 입안하는 위원회를 지명하여 통지하고 2주에 개최하여야 한다. 그 초안(발기한 이사의 이름을 포함)과 유사한 통지가 완료되면, 모든 발기인에게 구성을 위한 총회의 개최와 토의를 위한 충분한 기회를 준 뒤에 그 회의에 상정하고 투표를 실시하여 그 초안에 대하여 과반수 찬성을 얻으면 그 초안은 채택되었음을 선언해야 한다(Art 210)고 규정하였다. 이 초안은 조직(organization)에 있어서 정관 초안(a proposed association)을 채택하는 회의의 소집 통지 및 절차에 관하여 규정하고 있다.[359]

(2) 등록은 발기인이 신청하여, 만약 다른 지방에 분사무소가 설치된 경우 그 지방의 등록부에 그 정관의 인증된 사본을 신청하여 2주 이내에 그 정관을 제출함으로써 효력이 생긴다. 이 정관의 첫 등록이 완료되면 그 협회는 협동하여 존재하기 시작한다(Art 211)고 규정하였다. 이 초안은 정관의 효력 발생에 관하여 규정하고 있다. 즉 정관이 발기인의 신청에 의하여 2주 이내에 등록이 됨으로써 효력이 생기고,[360] 그 등록이 완료되

---

357 아이오와 법전, (1939), 제8512.04조; 위스콘신 법률, 185, 22(1)조.
358 켈리포니아 민법전, 제653 dd조; 아이다호 법전, 제22-2004조; 아이오와 법전, 제499.6조; 일본 농업협동조합법, 제10조; 한국산업협동명령, 제1조 : 미네소타 법률, 제6082조; 몬타나 개정 법전, 제 6431조; 유타 농업협동조합법, 제2-0-22조.
359 일본 농업협동조합법, 제55~9조; 유타 농업협동조합법, 제2-0-24조.
360 일본 농업협동조합법, 제74, 80조.

면 협회는 공동으로 존재하기 시작 한다[361]는 것이다.

(3) 일반적으로 협회에 전념할 수 있는 농사에 종사하는 5인 이상의 성인은 또는 연합하거나 2이상의 협회를 연합하는 등 협회를 형성할 수 있다. 연맹의 회원은 그 정관에 의해 결정되어야 한다. 발기인은 (과정을 포함) 정관에 지명하여 회원이 될 수 있지만, 주식 및 회원의 다른 기능에 대한 자신의 의무는 모든 회원들의 것이다. 발기비용은 납입 자본금 또는 회비의 5퍼센트를 초과할 수 없다. 어떤 회원은 협회의 부채 또는 불법행위에 대해 책임을 지지 않는다. 협회는 그가 상계할 권리가 없는 것에 대해 조직에 대한 자신의 비용의 합계액에 대하여 재고가 하나인 경우 그 책임이 제한된다(Art 212)고 규정하였다. 이 초안은 협동조합 또는 협회의 회원(members)[362]과 발기인(promoters)의 의무,[363] 발기비용(promotion expenses),[364] 회원의 책임(liability)[365]에 대하여 규정하고 있다.

(4) 회원자격 또는 주식인증서는 발행 총액이 완납될 때까지 발행할 수 없다. 그러나 부칙에 투표하는 회원을 가능하게 할 수 있고 그 지불 전에 조합 사무실을 열 수 있다. 협회는 부칙 또는 이사의 승인으로 규정한 것을 제외하고 협회에 위임된 펀드, 자본, 투자 기타 재산 중 어느 것에 그의 이익을 인증 받고자 하는 각 회원에게 발행할 수 있다. 결제수단은 기업법 또는 정관으로 회원의 약속어음을 수령할 수 있고 회원의 의결권을 해치지 않고 담보로 주식을 보유할 수 있다(Art 213)고 규정하였다. 이 초안은 회원의 자격 또는 주식인증서에 관하여 규정하고 발행 총액이 완납되지 않은 경우 예외를 규정하고 있다.[366] 또한 결제수단에 대하여 규정하고 있다.[367]

(5) 회원자격의 종료는, ① 실격, ② 사망 또는 (법인 회원의) 해산, ③ 자발적 철회, ④ 정식으로 통지된 회의에서 제소된 회원이 들을 수 있는 기회가 부여된 회의에서 투표회원의 과반수 투표에 의한 제명, ⑤ (예컨대, 비용 및 투자에서 배분된) 회원의 의무를 준수할 것을 거부, ⑥ 협회의 시설을 활용하는 불합리한 기간 동안의 실패, ⑦ 회원을

---

361 일본 농업협동조합법, 제63조.
362 켈리포니아 농업법전, 제1193조; 아이다호 법전, 제22-2003조; 아이오아 법전, 제499.5조; 일본 농업협동조합법, 제9, 12조; 미네소타 협동시장법, 제6081조; 몬타나 개정법전, 제6430조; 유타 농업협동조합법, 제2-0-28조.
363 아이오아 법전, (1939) 제499.2조; 일본 농업협동조합법, 제55조 (15년); 미네소타 법률, 제6080조; 테네시 협동시장법, 제3785조; 유타 농업협동조합법, 제2-0-20조.
364 위스콘신 법률, 제185.21조.
365 일본 농업협동조합법, 제15, 17조, 제13조 제6항.
366 아이오아 법전, (1929), 제499.15조; 테네시 협동시장법, 제3805조; 유타 농업협동조합법, 제2-0-29조.
367 유타 농업협동조합법, 제2-0-29조; 아이오아 법전, (1939), 제499.13조; 일본 농업협동조합법, 제22(1)조; 테네시 협동시장법, 제3806조; 위스콘신 법률, 제185.13조.

관리하는 규칙의 침해에 의하여 일어난다. 협회에 대한 의무는 그 종료로써 손상되지 않는다(Art 214)고 규정하였다. 이 초안은 회원자격의 종료(termination)에 대하여 규정하고 있다. 즉 이 조문에서 열거한 사항(①~⑦)에 의하여 회원의 자격은 종료된다는 것이다.[368] 그러나 협회에 대한 의무는 그 종료에 의하여 아무런 영향을 받지 않는다고 하였다.[369]

(6) 그의 주식의 전부 또는 일부의 환불은 퇴직 연말에 협회의 자산에 의해 결정되어, 2년 이내에 전 회원(a former member)에 의해 주장될 수 있다(Art 215)고 규정하였다. 이 초안은 회원의 자격이 종료된 경우 주식의 전부 또는 일부의 환불에 관하여 규정하고 있다.[370]

(7) 자본금은 투표할 수 있고 투표하지 않을 수 있는 보통 및 우선 주식으로 분할될 수 있다. 전자는 모든 생산자에게 발급되고 후자는 다른 회원에게 투표를 제외하고 특권을 모든 회원에게 갖게 한다. 오직 액면가 주식은 권한이 부여된다(Art 216)고 규정하였다. 이 초안은 자본금(capital stock)을 구성하는 구좌(shares)의 종류(class) 등에 관하여 규정하고 있다. 즉 투표할 수 있는가 없는가에 따라서 보통주와 우선주로 나누고 있다.[371] 보통주는 모든 회원에게 발행되지만, 우선주는 투표권을 제외한 우선권이 있는 회원에게 발행된다.[372] 오직 액면가 주식은 권한이 부여 된다[373]고 하였다.

(8) 우선주는 정관, 부칙, 인증서의 규정한 조건에 따라서 상환 또는 탈퇴할 수 있다. 우선주주는 같은 투표를 하지 않을 수 있다. 그러나 우선순위에 변동이 없고 선호하는 주주는 서면동의 또는 주주에 의하지 않고 적용될 수 있다. 협회는, 채권자의 동의와 함께, 주제의 공정한 시장가치를 초과하지 않는 총액으로 공인된 우선주를 발행하여 구매에 대한 채무의 전부 또는 일부를 지불할 수 있다(Art 217)고 규정하였다. 이 초안은 우선주(preferred stock)의 상환과 탈퇴에 관하여 규정하고 있다. 즉 우선주의 주주는 투표를 할 수 없지만, 서면동의 또는 주주에 의하지 않고 우선순위 또는 선택이 적용될 수 있다.[374] 공인된 우선주를 발행하여 구매에 대한 채무를 전부 또는 일부 지급할 수 있다.[375]

---

368 아이오아 법전, (1939), 제499.18-20조.
369 아이오아 법전, (1939), 제499.21조; 일본 농업협동조합법, 제22조.
370 일본 농업협동조합법, 제23조.
371 아이오아 법전, (1939), 제499.22조; 미네소타 법률, (1923), 제6079조; 유타 농업협동조합법, 제2-0-29(e)조.
372 켈리포니아 농업법전, 제1195조; 아이오아 법전, (1939), 제499.22조; 테네시 협동시장법, 제3793조.
373 위스콘신 법률, 제185.02(2)조.

(9) 주식의 양수인은 이와 관련하여 양도인의 권리와 의무를 승계한다. 부칙은 협회의 동의 없이 농산물의 비생산자 또는 다른 사람에게 보통주의 양도를 금지해야 한다. 주식협회는 회원이 일본농업협동조합법 제14조 제1항에 의한 회원의 구좌를 취득할 수 없고 공동으로 소유할 수 없다(Art 218)고 규정하였다. 이 초안은 주식의 양수인이 양도인의 이와 관련한 권리와 의무를 승계하는 것에 대하여 규정하고 있다.[376] 부칙으로 협회의 동의 없이 농산물의 비생산자 또는 다른 사람에게 보통주의 양도를 금지할 수 있다고 한다.[377] 또한 주식협회는 다른 회원의 주식을 취득할 수 없고, 공동으로 소유할 수 없다고 한다.[378]

(10) 협회는 이 조문에 의하여, ① 지정된 종류의 보통주 판매를 제한하고 같은 종류에 속하여 중단하는 경우 자신의 의결권의 보유를 완화할 수 있으며, ② 주식의 수를 어느 회원 보유의 최소 10퍼센트에 해당하는 명부 또는 액면가를 보유하거나 회수할 수 있도록 제한하는 권리를 보유할 권리가 있다(Art 219)고 규정하였다. 이 초안은 협회의 제한(restrictions)하는 권한에 대하여 규정을 하고 있다. 즉 협회는 이 조문에 의하여 지정된 보통주의 판매가 제한되고, 회원의 보유주의 최소 10퍼센트인 액면가에 해당하는 주식보유를 제한하거나 회수할 수 있는 주식의 수를 제한할 수 있다는 것이다.[379]

(11) 협회가 구입한 다른 사람의 사업에 대한 지급은, 부분적으로 공정한 시장가치로 사업을 구입한 것으로 동일한 후자의 자본주로 만들어 질 수 있다. 이러한 주식은 절차를 밟아 공급업체에 대한 신뢰를 가질 수 있다(Art 220)고 규정하였다. 이 초안은 협회가 다른 사람의 사업을 구입한 대금의 지급(payment)에 대하여 규정하고 있다.[380]

(12) 다른 법인의 구성원 및 다른 법인의 자본금의 납입 자본금과 적립금이 아닌 25퍼센트의 투자는 정당하게 소집된 일반 또는 특별 회의에서 그 구성원의 4분의 3의 투표를 통해 협회가 취득할 수 있다. 그리고 협회는 다른 협회의 회원 및 상품 또는 후자의 주식을 보유할 수 있고, 다른 협회를 통해 협회 회원에 의해 거래된 사업의 크기를 기준

---

374 위스콘신 법률, 제2810조; 유타 농업협동조합법, 제2-0-29(e)조.
375 아이오아 법전, (1939), 제499.25조.
376 일본 농업협동조합법, 제14조 제3항.
377 테네시 협동시장법, 제2811조.
378 일본 농업협동조합법, 제14조 제4항.
379 위스콘신 법률, 제185.081조.
380 위스콘신 법률, 제185.12조.

으로 그것에 의해 지속적인 증자를 받을 수 있다(Art 221)고 규정하였다. 이 초안은 협회의 자본금 증자에 관하여 규정하고 있다.[381]

(13) 협회의 정관은 중복 실행 및 사업 회사의 경우와 같이 기록하고, 자본금이 없는 조직인 경우 회원의 재산권과 동일하거나 동일하지 않은 것을 명시하여야 한다. 후자의 경우에 자신의 권리가 결정된다고 규정하여야 한다(Art 222)고 규정하였다. 이 초안은 규약(regulations)에 있어서 협회의 정관(articles of association)에 관하여 규정하고 있다.[382]

(14) 이러한 정관은, ① 협회의 명칭, ② 목적, ③ 존속기간, ④ 사업의 주된 사업장의 위치와 우편 주소, ⑤ 각각에 의해 가입 된 각 설립자의 성명과 주식의 종류(1인 이하일 수 없음), ⑥ 주식 또는 비 주식의 경우 전자는 권한 및 발행 주식의 총 수, 각 구좌의 액면가, 액면가 없는 구좌의 수, ⑦ 각 종류의 구좌(1 이상일 경우), 각 종류의 숫자, 상대적 권리, 환경 설정 및 제한 사항은 각 종류의 구좌와 배당금에 부여 또는 부과된 구좌의 종류에 따라 각각 받을 권리가 있다(최소 하나의 종류는 공통이고, 그것이 오직 하나인 경우 모든 의결권을 수행한다). ⑧ 다른 규정은 법에서 허용하고 협회 사업의 효율적인 수행을 위해 필요로 한다를 구비하여야 한다(Art 223)고 규정하였다. 이 초안은 협회의 정관(articles)에 규정하여야 할 내용(contents)으로 이 조문에서 열거한 사항(①~⑧)을 포함하여야 한다는 것이다.[383]

(15) 이와 같은 정관의 개정은, ① 최소 3주 연속하여 회원이 거주하는 지역의 정기적으로 간행되는 신문 또는 우편에 의하여 협회가 배분할 서류로 통지한 그 목적으로 소집되는 정기회의 또는 특별회의에서 실시한 투표에서 4분의 3 회원의 투표에 의하여 채택될 수 있다. ② 미결제된 우선주의 우선적 권리에 영향을 미치는 개정안은 그 과반수의 소유자의 서면동의 없이 채택할 수 없다. ③ 정관 원본의 개정안이 채택된 후 복사본 2부는 협회의 회장, 부회장, 총무 및 재무가 서명하여 인증하고 같은 사무실에 제출하여 공개하여야 한다(Art 224)고 규정하였다. 이 초안은 협회의 정관의 개정절차(amendments to the articles)에 관하여 규정하고 있다.[384]

---

381 위스콘신 법률, 제185.11조.
382 테네시 협동시장법, 제3794조; 유타 농업협동조합법, 제2-0-23조.
383 켈리포니아 농업법전, ; 아이다호 법전, 제22-2008조; 아이오와 법전, 제499.40조; 일본 농업협동조합법, 제28조; 테네시 협동시장법, 제3792조; 유타 농업협동조합법, 제20~23조.
384 아이다호 법전, 제22-2008조; 아이오와 법전, (1939), 제499.41~44~45조; 일본 농업협동조합법, 제44조; 미네소타 법전, 제6426조; 유타 농업협동조합법, 제2-0-25조.

(16) 개정의 등록은 적절한 요금의 지불에 등기관이 협회의 협회 존재의 시작 또는 인증 등본을 표시하여 법인 인증서를 발급하며, 해당 상업등기부와 등록기관에 영향을 주고, 그 협회의 소명의 증거가 된다(Art 225)고 규정하였다. 이 초안은 개정정관의 등록 절차(registration of amendments)에 대하여 규정하고 있다.[385]

(17) 사업법인의 협동조합에의 전환은 최초에 정당하게 통지한 주주의 정기 또는 특별 회의에 출석한 회원의 과반수 투표에 의하여 이뤄진다. 채택되는 결의안은 같은 회의에서 정관의 개정이 채택된 것을 포함하고 정관이 등록되는 각 등기부에 기록되어야 한다(Art 226)고 규정하였다. 이 초안은 사업법인(a business corporation)의 협동조합(a co-operative association)으로의 전환(transformation) 절차에 관하여 규정하고 있다.[386]

(18) 협회의 기록은, 비서가 보관하며, 모든 회원과 채권자 및 원정관과 개정정관, 부칙, 회원총회의 회의록과 각 회원의 성명, 주소, 회합일자, 각 회원이 보유한 구좌, 회원의 종류(투표 또는 관련)와 지급하고 취득한 시기를 포함한다(Art 227)고 규정하였다. 이 초안은 협회의 기록(records of association)에 포함되어야 할 사항과 그 보관에 관하여 규정하고 있다.[387]

(19) 일반 법률이나 정관과 일치하지 않는 부칙은 협회의 정당하게 통지된 정기회의 또는 특별회의에서 회원 과반수의 투표에 의하여 채택, 개정 또는 폐지될 수 있다(Art 228)고 규정하였다. 이 초안은 협회의 부칙(by-laws)이 일반법률 또는 정관에 일치하지 않으면 정당하게 통지된 정기회의 또는 특별회의에서 회원 과반수의 투표에 의하여 채택, 개정 또는 폐지될 수 있다고 하였다.[388]

(20) 정관 및 이 법에 따라, ① 회의의 소집 및 실시의 수, 자격, 보상, 업무, 규정 및 방법, ② 회원들과 이사 및 정족수에 필요한 인원수, ③ 협회의 관리계약, 선거구, 문제 전달과 구좌의 탈퇴, 그리고 상대의 권리, 환경 설정, 그리고 주주와 구성원의 이익에 관한 설정, ④ 부칙에 의한 위반에 대한 처벌, ⑤ 이 법의 목적을 달성할 필요가 있는 것으로 간주될 다른 조항을 내용으로 한다(Art 229)고 규정하였다. 이 초안은 부칙의 내용

---

385 아이다호 법전, 제22-2008조; 일본 농업협동조합법, 제44조; 미네소타 법률, 제6086조; 몬타나 개정법전, 제6435조; 테네시 협동시장법, 제3795조; 유타 농업협동조합법, 제2-0-24조; 위스콘신 법률, 제185.007조.
386 위스콘신 법률, 제185.19조.
387 일본 농업협동조합법, 제38조.
388 아이다호 법전, 제22-2009조; 아이오와 법전, 제499.46조; 일본 농업협동조합법, 제29조; 몬타나 법전, 제6437조; 테네시 협동시장법, 제3796조; 유타 농업협동조합법, 제2-0-26조.

(contents)에 관하여 규정하고 있다. 즉 이 조문에서 열거한 사항(①~⑤)을 포함하여야 한다는 것이다.[389]

(21) 협회는 ① 적어도 구성원의 3분의 2 또는 구성원으로 구성된 3인 이사회에서 관리되고, ② 첫 번째 이사의 성명은 정관에 표시해야 하며. 그 후임자는 설립 이후 첫 번째 회원회의에서 비밀투표로 선출되어야 하고, ③ 정관 또는 부칙에 다른 현명한 규정된 경우를 제외하고 기간의 만료 이외의 이사회 공석은 남아있는 사람으로 충원한다. ④ 집행위원회는 자신의 정원에서 이사에 의해 선정되고 일반 통제 및 지침으로 이사회의 모든 권한과 기능을 부여 할 수 있는 부칙에서 권한을 부여할 수 있다. ⑤ 정관의 모든 제한 사항에 따라, 협회는 이사회를 통해 돈을 빌린 후 그 재산과 채무의 지불을 확보하기 위해 수익을 저당할 수 있다. ⑥ 이사는 일반 주주를 제외하고 협회와 어떤 계약을 체결하지 않으며, 총무나 회장을 제외하고는 어떤 급여를 받을 위치를 유지할 수 없다(Art 230)고 규정하였다. 이 초안은 농업협동조합의 임원(officers)에 관하여 규정하고 있다. 즉 이사회(a board of directors)의 구성, 최초 이사의 등기, 결원된 이사의 충원, 집행위원회의 구성,[390] 재산관리,[391] 계약체결과 보수 등에 관하여 규정하고 있다.[392]

(22) 선거구는 정관과 회원들에 의해 선택된 이사 또는 그로부터 선출된 대표에 의해 제한되지 않을 경우 부칙에서 권한을 부여할 수 있다. 부칙은 지정하거나 이사회가 각 지역에 배분하는 권한을 부여하고 그 안에 이사를 지명할 수 있는 예비 선거를 규정할 수 있다(Art 231)고 규정하였다. 이 초안은 이사의 선출에 대하여 규정하고 있다. 즉 선거구(election district)는 다른 제한이 없으면 부칙(by-laws)에서 권한이 주어진다는 것이다. 부칙은 이사회가 각 선거구에 이사를 배정하고 그 안에서 이사를 지명하는 예비선거(a primary election)를 규정할 수 있다는 것이다.[393]

(23) 이사회는 그 정원에서 회장, 총무, 재무, 1인 이상의 부회장, 적어도 2인의 감사, 부칙에 의한 기타 임원을 선출할 수 있다. 적어도 1인의 부회장은 이사가 되고 이사가

---

389 켈리포니아 농업법전, 제1200조; 아이다호 법전, 제22-2009조; 아이오와 법전, 제499.46조; 일본 농업협동조합법, 제29조; 몬타나 법전, 제6437조; 테네시 협동시장법, 제3796조; 유타 농업협동조합법, 제2-0-26조.

390 켈리포니아 농업법전, 제1201조; 아이오와 법전, 제499.36 (1, 2)조; 미네소타 법률, 1923, 제 6089호; 테네시 협동시장법, 제3801조; 유타 농업협동조합법, 제2-0-31 (I),(II),(III)조,

391 위스콘신 법률, 제185.05조.

392 미네소타 법률, (1923), 제6089조 제3항; 테네시 협동시장법, 제3800조.

393 아이오와 법전, (1939), 제499.36조; 미네소타 법률, (1923), 제6089조 제2항; 테네시 협동시장법, 제3798조; 유타 농업협동조합법, 제2-0-3(IV)조.

아닌 사람은 회장이 될 자격이 없다. 회장을 포함하지 않는 2개의 사무소는 1인으로 유지될 수 있다(Art 232)고 규정하였다. 이 초안은 이사회의 임원선출에 대하여 규정하고, 회장이 없는 2개 사무소의 유지에 관하여 규정하고 있다.[394]

(24) 모든 임원의 임기는 1년으로 한다. 그러나 후임자가 선출과 자격을 갖출 때까지 그들은 역할을 수행한다(Art 233)고 규정하였다. 이 초안은 임원의 임기(terms)에 관하여 규정하고 있다. 즉 임기는 1년이고, 후임자가 선출되고 자격을 갖출 때까지 역할을 수행한다는 것이다.[395]

(25) 보수는 실제로 협회의 업무에서 보낸 시간에 대한 임원과 이사에게 제공해야 한다(Art 234)고 규정하였다. 이 초안은 임원과 이사의 보수(remuneration)에 관하여 규정하고 있다.[396]

(26) 이사의 해임은 회원의 10 퍼센트에 의한 해임을 위한 청원과 함께, 고발이 접수된 후 첫 회의에서 투표 의원의 과반수로 결정할 수 있다. 해임될 이사는 회의 개최 적어도 10일 전에 고발장의 사본을 제공받아야 하고, 감사 및 고발된 이사에게 회의에서 청문하고, 변호 및 증거의 제출을 할 기회를 주어야 한다. 지역에서 선출된 경우 그 이사가 선출된 지역 회원 20퍼센트의 서명이 있어야 한다. 청문회는 그 지역 회원으로 구성된 특별회의에서 개최되어야 한다. 다른 이사의 해임은 청문회의 개최와 이사회의 과반수에 의한 제소를 제외하고 동일한 절차에 따른다(Art 235)고 규정하였다. 이 초안은 이사의 해임(removal of directors) 절차에 관하여 규정하고 있다. 즉 이사가 지역에서 선출된 경우와 그렇지 않은 경우를 나누어 규정하고 있다.[397]

다) 운영(operation)

이 초안은 운영에 관하여 다음과 같이 각각 규정하였다.

---

394 캘리포니아 농업법전, 제1207조; 아이오와 법전, (1939), 제499.37조 제1항; 일본 농업협동조합법, 제30조, 제32조 참조; Korea Ordinance No. 165; 테네시 협동시장법, 제3803조; 유타 농업협동조합법, 제2-0-33조; 위스콘신 법률, 제185.05(1)조.

395 일본 농업협동조합법, 제31조 제1항; 유타 농업협동조합법, 제2-0-31(III)(a)조.

396 미네소타 법률, 제6089조 제3항; 테네시 협동시장법, 제3799조.

397 캘리포니아 농업법전, 제1207조; 아이다호 법전, 제22-2015조; 아이오와 법전, (1939), 제499.37조 제2항, 제499.38조; 일본 농업협동조합법, 제43조; 미네소타 법률, (1923), 제6093조; 몬타나 개정법전, 제6442조; 테네시 협동시장법, 제3813, 3814조; 유타 농업협동조합법, 제2-0-32, 34조; 위스콘신 법률, 제185.05(1)조.

(1) 정기적으로 협회를 위한 기금 또는 기타 재산을 처리하는 모든 임원, 대리인 및 직원은 그 직무의 충실한 실행을 위해 적절한 채권을 제공해야 한다(Art 236)고 규정하였다. 이 초안은 임원 등의 직무를 실행하는 데 필요한 기금(bonds)을 위한 채권에 관하여 규정하고 있다.[398]

(2) 이 법률에 따라 설립하였거나 설립할 협회는 자연인이나 법인이 행사할 수 있는 모든 권리, 권한 및 특권을 가진 법적능력을 가진다. 제209조에 열거한 사항의 어느 것 또는 모두를 실현하는 필요하고 적절한 행위를 수행할 수 있다(Art 237)고 규정하였다. 이 초안은 농업협동조합의 운영(operation)에 있어서 일반규정(in general)으로서 협회의 권한(powers)을 규정하고 있다. 즉 협회는 자연인이나 법인과 같은 법적능력을 가진다는 것이다.[399]

(3) 구체적으로는, 협회는 ① 사실상 대리인, 중개인, 변호사 등의 행위와 그 정관에 의해 허가된 활동의 다른 사람과의 회원들과 다른 생산자 또는 자회사 또는 제휴 단체와 협력을 위한 재산에 대한 소유권을 보유하는 행위, ② 취득할 수 있는 요구의 목적으로, 담보 또는 담보의 취득, 보유, 인감 또는 처분, ③ 회원 또는 자회사 또는 제휴 관계 또는 생산자 후원자들에 대한 대출이나 돈의 차용, ④ 돈을 빌려주거나 빌린 후 의무 또는 그에 대한 보증, ⑤ 업무를 수행하고 자신의 회원을 위해 만든 것보다 연간 가치가 크지 않은 비회원에 대한 구매, ⑥ 회원 및 기타 협회에서 자신의 주식의 보유, ⑦ 협회의 시설을 활용하는 데 동의하고 일반적으로 그 회원들과 계약을 체결하여 자사 제품의 전부 또는 특정 부분에 소유권을 취득하여 판매하거나 그것에서 자신이 공급한 전부 또는 지정된 부분의 구입, ⑧ 제품의 거래 및 기계, 장비의 취급과 회원에 대한 것보다 크지 않은 연간 총액으로 비회원을 위한 공급, 및 ⑨ 일반적으로 사업기업의 권리와 특권을 행사할 수 있다. 비영리 상태가 회원들에게 순수익을 지불하여 채택될 수 있다(Art 238)고 규정하였다. 이 초안은 협회의 구체적인(specifically) 업무를 규정하고 있다. 즉 협회는 이 조문이 열거한 사항(①~⑨)에 관한 업무를 할 수 있고,[400] 그 비영리인 상태는 회

---

398 미네소타 법률, (1923), 제6091조; 테네시 협동시장법, 제3804조.
399 켈리포니아 농업법전, 제1194조; 아이오와 법전, (1939), 제8512.07조; 일본 농업협동조합법, 제10조; 미네소타 법률, 제6083조; 테네시 협동시장법, 제370조; 유타 농업협동조합법, 제2-0-27(1)조.
400 켈리포니아 농업법전, 제1194조; 아이다호 법전, 제22-2005조; 아이오와 법전, (1939), 제499.7, 499.8조; 일본 농업협동조합법, 제19조; 몬타나 개정법전, 제6423조; 미네소타 법률, 제6085조; 테네시 협동시장법, 제3790, 3816조; 유타 농업협동조합법, 제2-0-27(2)조; 위스콘신 법률, 제185.08(2)조.

원들에게 순수익(the net proceeds)을 지불하는 것이다.

(4) 협회와 회원 간의 판매계약은 후자가 전자의 시설을 이용할 것을 요구할 수 있고, 자신들의 생산품(그에 대한 소유권)의 전부 또는 특정 부분을 재판매할 권한과 함께 판매하고, 그 시설에서 공급되는 전부 또는 특정 부분을 구매할 수 있다. 이러한 계약은 거래의 구속에서 고려되지 않을 수 있다. 그 협회가 구성을 등록한 사무실에 사본을 제출한 때 대중에게 그 내용을 통지한다(Art 239)고 규정하였다. 이 초안은 협회와 회원 간의 판매계약(marketing contract)에 관하여 규정하고 있다. 즉 회원은 협회의 시설을 이용하여 자기 생산품을 판매하거나 재판매할 수 있고 구매도 할 수 있다.[401] 이 계약은 거래에 관한 제한을 받지 않는다.[402] 협회는 구성에 관한 사본을 사무소에 제출하여 일반에게 공지하도록 하여야 한다는 것이다.[403]

(5) 정관을 제출한 뒤 90일 안에, 그 내부에서 지명된 이사는 이사를 선임할 회의에 앞서 적어도 10일 전에 회원들에게 통지하여야 한다. 부칙은 매년 1회 이상의 정기회의를 제공하여야 한다. 특별회의는 이사회 및 회원 10퍼센트에 의한 소집에 의하여 회의 목적을 특정하여 통지함으로써 소집된다(Art 240)고 규정하였다. 이 초안은 회의(meetings)에 관하여 규정하고 있다. 즉 이사 선임을 위한 회의, 정기회의 및 특별회의에 관하여 각각 규정하고 있다. 특히 특별회의는 이사회의 요청과 회원 10퍼센트의 요청에 의하여 소집된다.[404] 그 경우 회의의 목적을 특정하여 통지하여야 한다.[405]

(6) 협회 회의에서 정족수에 필요한 구성원의 비율은, ① 200 이하인 경우 회원의 20퍼센트, ② 200~500인 경우 회원의 15퍼센트, ③ 500~1,000인 경우 회원의 10퍼센트, ④ 최초 1,000인 경우 10퍼센트, 및 ⑤ 각 추가되는 1,000에 5퍼센트이다(Art 241)고 규정하였다. 이 초안은 협회의 회의에서 요구되는 정족수(quorum)에 관하여 규정하고 있다. 특색은 회원의 수에 따라서 회원의 비율로 정족수를 정하고 있는 점이다.[406]

(7) 회원은 회의를 주재하지만 투표가 연결되어 있지 않는 의장을 선출한다. 모든 안

---

401 위스콘신 법률, 제185.08(2)조.

402 일본 농업협동조합법, 제97조.

403 캘리포니아 농업법전, 제1218조; 아이오와 법전, (1939), 제499.11조; 미네소타 법률, 제6106조; 테네시 협동시장법, 제3825조; 유타 농업협동조합법, 제2-0-37조.

404 아이오와 법전, (1939), 제499.27조; 일본 농업협동조합법, 제34~37조; 미네소타 법률, (1923), 제6088조; 테네시 협동시장법, 제3797조; 유타 농업협동조합법, 제2-0-30조.

405 위스콘신 법률, 제185.06조.

406 위스콘신 법률, 제185.15조.

건의 채택은 과반수 투표를 요하고, 출석 회원의 3분의 2로 필요한 정관의 개정, 회원의 제명, 협회의 해산 또는 합병을 할 수 있다(Art 242)고 규정하였다. 이 초안은 회의의 의사진행절차(proceedings)에 관하여 의사정족수를 규정하고 있다.[407]

(8) 대리투표는 허용되지 않는다. 회원은 직접 투표를 해야 하지만, 투표 회원은 적어도 200인의 수로 선정될 수 있으며, 3분의 2 이상의 찬성을 필요로 하는 것을 제외하고 전조에서 언급한 사안에 회원총회의 장소에서 회합할 수 있다. 우편투표는 허용하지만 정족수에 계산되지 않는다(Art 243)고 규정하였다. 이 초안은 회의에서 투표(voting)에 대하여 규정하고 있다. 투표 회원이 200인으로 제한되고, 회원총회의 장소에서 회합할 수 있으며,[408] 대리투표는 허용되지 않고 우편투표는 허용하지만 정족수에 산입되지 않는다는 것이다.

(9) 원래 신청이 채택된 같은 회의에서 이사 3분의 1의 요청에 따라 이사회가 승인한 정책의 주제는 그 다음 정기 또는 특별 회의에서 조치를 회원들에게 언급되어야 하며, 후자는 그 목적을 위해 소집될 수 있다(Art 244)고 규정하였다. 이 초안은 일반투표(referendum)에 관하여 규정하고 있다. 즉 이사 3분의 1의 요청에 따라서 원안이 채택된 동일한 회의에서 이사회가 승인한 정책에 대하여 다음 정기 또는 특별 회의에서 다룰 것을 회원들에게 알리고, 후자는 그 목적을 위하여 소집될 수 있다는 것이다.[409]

(10) 회원총회의 1주일 전에 주식협회의 이사는 회계연도에 사업운영에 관한 재고, 대차대조표, 주주 또는 회원의 명부와 수수료를 받은 경우 주식협회, 납입자본의 합계와 잉여 폐기에 대한 계획과 함께 일반보고서를 감사에게 제출하여야 한다. 협회가 비주식인 경우 앞에서 언급한 일반보고와 재고조사가 충분하여야 한다. 이러한 모든 문서는 회원이나 채권자에 의해 검사를 받을 수 있게 협회의 주된 사무소에 보관하야야 한다. 회원총회에 제출하는 경우 감사의 감사의견을 첨부해야 한다. 상기 보고서의 사본은 감독 부서에 전달하여야 한다(Art 245)고 규정하였다. 이 초안은 보고(reports)에 관하여 규정하고 있다. 즉 보고는 회원총회가 개최되기 1주일 전에 주식협회의 이사가 회계연도에 사업운영에 관한 일반보고서를 감사에게 제출하고, 만약 협회가 비주식인 경우에도 일반보고와 재고조사가 충분하여야 하며, 모든 문서는 협회의 주된 사무소에 보

---

407 일본 농업협동조합법, 제45조.
408 일본 농업협동조합법, 제48조; 아이오와 법전, 제499.29조; 위스콘신 법률, 제185.11조.
409 아이오와 법전, 제499.29조; 미네소타 법률, (1923), 제6094조; 테네시 협동시장법, 제3815조.

관되어야 한다. 총회에 제출하는 경우 감사의 감사의견을 첨부하여야 한다.[410] 한편 이 보고서의 사본은 감독 부서에 보내져야 한다는 것이다.

(11) 소득 또는 사업 세금에 대한 면제는 이 협회에 허용된다. 그러나 대신에 정관 접수 및 개정에 대한 수수료 및 연간 운영비에 적용된다. 이들 모든 수수료는 감독기관에 의하여 확정되어야 한다(Art 246)고 규정하였다. 이 초안은 협회의 소득(income) 또는 사업세금(business taxes)의 면제(exemptions)에 관하여 규정하고 있다.[411]

(12) 잉여금의 적어도 10분의 1의 예비금은 그것이 자본주식의 최소 2분의 1에 달할 때까지 주식협회의 이사가 각 사업연도를 마감할 때에 배정하여야 한다. 그리고 그것은 ① 감가상각, 노후화, 부실채권, 우발손실 또는 비용에 제공되어, ② 하나를 넘지 않는 교육기금을 위하여 5퍼센트 이상을 이사와 협력을 약속한 회원에 의하여 감독을 포함하여, ③ 보통 또는 우선 주식에 대한 협회가 수취한 대가의 실제 현금 가치에 연 8퍼센트를 넘지 않는 배당금을 지급하는 데 사용된다. 후자는 누적될 수 있지만 의결권을 부여하지 않는다(Art 247)고 규정하였다. 이 초안은 예비금(a reserve fund)에 관하여 규정하고 있다. 즉 이사는 자본금의 2분의 1에 이를 때까지 매 사업연도의 만료시에 예비금을 할당하여야 한다. 그 예비금은 이 조문에 열거한 사항(①~③)에 각각 사용된다. 특히 보통 또는 우선 주식으로부터 협회의 예상수익의 실제 현금 가치로 연 8퍼센트를 넘지 않는 배당을 지급하는 데 쓰이고,[412] 우선 주식은 누적될 수 있지만 의결권을 부여하지 않는다[413]고 하였다.

(13) 회전기금은 수익이 아닌 균형에서 만들어지고, 빚을 갚는데 사용된다. 협회의 자본을 증가시키거나 우선 주식을 소각하고 협회와 사업한 각 회원과 가입자는 현재에 비례하여 적립한다(Art 248)고 규정하였다. 이 초안은 회전기금(a revolving fund)에 관하여 규정하였다.[414]

(14) 주식 또는 회원이 완전히 지불하지 않은 가입자에게 장려배당이 적용된다. 연

---

410 일본 농업협동조합법, 제39조; 아이오와 법전, (1939), 제499.49조; 테네시 협동시장법, 제3819조; 위스콘신 법률, 제185.18조.

411 일본 농업협동조합법, 제4조; 테네시 협동시장법, 제3828~9조; 유타 농업협동조합법, 제2-0-43조.

412 아이오와 법전, (1939), 제499.23, 499.24조; 일본 농업협동조합법, 제51조; 유타 농업협동조합법, 제2-0-29(b)조.

413 아이오와 법전, (1939), 제499.34조; 유타 농업협동조합법, 제2-0-29조.

414 아이오와 법전, (1939), 제499.30(5), 33조.

기된 장려배당은 회원에게 적립되고, 회전기금에 부담을 구성하고, 장래 추가되고, 회사자본은 후속 채권자와 우선 주주에게 남게 된다. 당해 연도의 이 배당은 후속 연도에 대하여 우선하게 된다. 그리고 부칙은 양도 여부의 인증서에 대하여 규정할 수 있고, 그 인증서는 2년 이내에 완납하지 않으면 취소되고 모든 지급과 배당은 회수된다(Art 249)고 규정하였다. 이 초안은 장려배당(patronage dividends)에 관하여 규정하고 있다.[415]

라) 해산(dissolution)

이 초안은 농업협동조합의 해산에 대하여 다음과 같이 각각 규정하였다.

(1) 농업협동조합의 해산은 30일 통지와 협회에 이익이 되는 필요한 조치를 가져와 방어할 청산인 3인 회원의 임명한 후에 그 목적으로 소집된 회의에서 3분의 2 이상의 찬성에 의하여 시작된 경우 일반적으로 자발적인 것으로 법인에 규정된 절차에 따르게 된다(Art 250)고 규정하였다. 이 초안은 농업협동조합의 해산(dissolution)에서 그 방식(mode)에 관하여 규정하고 있다. 즉 일반적으로 법인의 해산에 관한 절차에 따른다는 것이다.[416]

(2) 청산은 청산인의 과반수, 대법원 수석 검사협회의 구성원의 신청에 따라 해당 법원에 의해 검토될 수 있는 전체에서 자신의 행위를 그 자산을 청산 회원들의 수에 결원으로 회원에 의하여 고정된 시간 내에 채무를 지불하고 회원들에게 보고하여 진행하여야 한다(Art 251)고 규정하였다. 이 초안은 청산(liquidation) 절차에 관하여 규정하고 있다.[417]

(3) 회사 자산의 분배는 다음과 같은 순서로 진행 한다. ① 청산 비용, ② 우선주식과 그로 발생된 배당금, ③ 연기된 장려배당과 그에 발급된 인증서, ④ 발생된 배당금과 함께, 회원 또는 주식에 지불된 금액에 대한 회원들과 일반주주의 상환, ⑤ 자신의 연기된 장려배당에 비례하여 기존의 회원들에게 남아있는 재산. 그 기금이 그들 모두를 지불하기에 충분하면, 그것은 상술한 것과 관계없이 사전 평가될 수 있다(Art 252)고 규정하였

---

415 아이오와 법전, (1939), 제499.32, 33, 34조.
416 아이오와 법전, 제499.53조; 일본 농업협동조합법, 제64~68조; 위스콘신 법률, 제185.165조.
417 아이오와 법전, 제499.47조; 일본 농업협동조합법, 제69~73조; 유타 농업협동조합법, 제2-0-30조; 위스콘신 법률, 제185.165조.

다. 이 초안은 회사 자산의 분배(distribution of corporate assets)에 있어서 그 순서(order)
를 규정하고 있다. 즉 이 조문에 열거한 순서(①~⑤)에 따라서 배분한다는 것이다.[418]

(4) 전 조문들에서 언급된 신용 또는 인증서는 해산 또는 청산할 때까지 만기가 되지
않지만 지정된 순서에 따라서 언제든지 협회에 의하여 소집될 수 있다(Art 253)고 규정
하였다. 이 초안은 신용 또는 인증서는 해산 또는 청산이 될 때까지 만기로 되지 않지만
지정된 순서에 따라서 언제든지 협회가 소집할 수 있다는 것을 규정하고 있다.[419]

(5) 협동조합의 해산 및 청산의 등록은 절차가 완료된 후 주된 사무소에서는 2주 이
내에 지점에서는 3주 이내에 하여야 한다. 다른 회사와 합병은 그것이 발생한 때로부터
주된 사무소에서는 2주 이내에 지점에서는 3주 이내에 등록되어야 한다(Art 254)고 규
정하였다. 이 초안은 해산 및 청산의 등록(registration)에 관하여 규정하였다.[420] 한편 합
병의 경우에 대하여도 규정하고 있다.[421]

4) 재단(Foundations (Endowments))

이 초안은 재단(Foundations (Endowments))에 관하여, 정의(defined, Art 255), 설립(es-
tablishment, Art 256), 등기(registration, Art 257), 사법적 통제(judicial control, Art 258), 부칙
(by-laws, Art 259), 재단의 종료사유(The foundation terminates, Art 260) 및 청산(liquidation,
Art 261)을 각각 규정하였다.

(1) 재단은 설립자의 하나 이상의 특정하고 합법적인 목적을 제공하기 위해 설립된
법인이다(Art 255)고 규정하였다. 이 초안은 재단에서 그 정의를 규정하고 있다. 즉 재단
은 설립자가 하나 이상 특정하고 합법적인 목적을 제공하기 위하여 설립된 법인이라는
것이다.[422]

(2) 설립은 공증행위 또는 유언으로 ① 재단의 목적, ② 명칭, ③ 주된 사무소와 (있

---

418 아이오와 법전, (1939), 제185.48조; 위스콘신 법률, 제185.16조.
419 아이오와 법전, (1939), 제499.35조.
420 일본 농업협동조합법, 제78조.
421 일본 농업협동조합법, 제79조.
422 브라질 민법전, 제24, 30조; 오하이오 민법전, 제59~65조; 독일 민법전, 제80조 이하; 일본 민법전, 제39, 42조;
Biasanovsky, *Chinese Civil Law*, p.45; 시암 민법전, 제86, 92조; 스위스 민법전, 제80~83조, 제85~88조; 영미
법에서 그 목적은 신용창출에 의하여 설립된다. 위스콘신 법률, 제226.14조 참조.

는 경우) 분 사무소, ④ 승인일자, ⑤ 확정한 경우 존속기간, ⑥ 자산의 총액, ⑦ 있는 경우 기여의 방법, ⑧ 성명, 주소와 각 수탁자의 주소, ⑨ 조직의 형태 및 관리의 방식을 지정해야 효력이 생긴다. 설립자가 이러한 항목을 정하지 않고 사망한 경우 해당 법원은 이해관계인 또는 적절한 공무원의 신청으로 작업을 수행해야 한다(Art 256)고 규정하였다. 이 초안은 재단의 설립(establishment)에 관하여 규정하고 있다. 즉 재단은 설립자의 공증행위 또는 유언으로 설립되고, 이들은 이 조항에 열거한 사항(①~⑨)을 구비하여야 한다는 것이다.[423] 한편 설립자가 공증행위 또는 유언을 하지 않고 사망한 경우에 대하여 규정하였다.[424]

(3) 전조에서 명명된 항목의 적절한 기관에 의한 등기는 수탁자에 의하여 즉시 발효하게 된다. 기부행위의 사본은 등기를 위한 신청서에 첨부하여야 한다. 어떤 항목의 변경은 발생 후 1주일 이내에 등기해야 하고 이전에 자신의 당사자를 침해할 수 없다. 변화가 공식적 제재 조치를 필요로 하는 경우 등기에 허용된 시간은 제재한 때로부터 진행된다(Art 257)고 규정하였다. 이 초안은 재단의 설립등기에 관하여 규정하고 있다. 즉 등기의 효력발생,[425] 첨부서류,[426] 변경등기,[427] 변경등기의 기간[428] 등을 규정하고 있다.

(4) 조직이나 기부행위에 제공된 관리의 방법이 부족하거나 이 재단의 목적을 증진 또는 그 재산을 유지하기 위하여 하는 경우 해당 법원은 이해관계인의 신청으로 그 행위를 수정할 수 있다. 그러나 수탁자가 그 행위를 벗어난 경우 법원에 의해 무효화 될 수 있다(Art 258)고 규정하였다. 이 초안은 재단에 관한 사법적 통제(judicial control)에 관하여 규정하고 있다. 즉 조직이나 기부행위로 제공된 관리방법 등에 대한 법원의 통제를 규정하고 있다.[429] 한편 법원이 수탁자의 행위를 무효화 할 수도 있다는 것이다.[430]

(5) 부칙은, 기부행위에 모순되지 않으면, 해당 법원의 승인에 따라 효력을 발생하기 위하여 자신의 명령 통지를 받으면 수탁자에 의해 공식화해야 한다. 어떤 개정안도 또

---

423 브라질 민법전, 제24조; 중국 민법전, 제60, 61조; 독일 민법전, 제81조; 일본 민법전, 제39조; 시암 민법전, 제86, 81조; 스위스 민법전, 제80, 81, 83조; 터키 민법전, 제73, 74, 76조.

424 중화민국 민법전, 제62조; 일본 민법전, 제40조.

425 중화민국 민법전, 제61조; 일본 민법전, 제46조; 스위스 민법전, 제81조; 터키 민법전, 제74조.

426 중화민국 민법전, 제61조 제2항.

427 일본 민법전, 제46조 제2항.

428 일본 민법전, 제47조.

429 중화민국 민법전, 제62, 63조; 시암 민법전, 제92조; 스위스 민법전, 제83, 85조; 터키 민법전, 제76, 78조.

430 중화민국 민법전, 제64조.

한 같다(Art 259)고 규정하였다. 이 초안은 재단의 부칙(by-laws)에 관하여 규정하고 있다. 즉 부칙의 효력은 해당 법원의 승인을 받아 수탁자가 이를 공식화하여야 효력이 생긴다.[431] 또한 개정안도 같다.[432]

(6) 재단은, ① 파산된 때, ② 그 목적이 법적으로 구속 불가능한 것으로 발견된 때, ③ 공공 정책에 반할 때, ④ 설립자의 의도를 촉진하기 위한 조직의 조건이 있는 때에 종료된다(Art 260)고 규정하였다. 이 초안은 재단의 종료사유에 관하여 규정하고 있다. 즉 이 조문이 열거한 사항(①~④)이 있는 때에 종료한다는 것이다.[433]

(7) 재단의 청산은 다른 법인에의 청산에 제공된 규정에 따라 실시되어야 한다(Art 261)고 규정하였다. 이 초안은 재단의 청산(liquidation)에 관하여 규정하고 있다. 즉 다른 법인의 청산에 관한 규정에 따라서 실시하여야 한다는 것이다.[434]

---

431 브라질 민법전, 제27조.
432 브라질 민법전, 제28조.
433 브라질 민법전, 제30조; 중화민국 민법전, 제65조; 독일 민법전, 제85~7조; 시암 민법전, 제92조; 스위스 민법전, 제85, 88, 86조.
434 독일 민법전, 제88조; 일본 민법전, 제72조 이하.

제4절 • 초안 제2편 채무(Obligations)

이 초안은 제2편 채무(obligations)에 관하여, 통칙(provisions common to all)과 각종의 채무관계(kinds of obligations)로 나누어 규정하였다. 따라서 총칙과 각종의 채무관계로 나누어서 규정내용과 분석 및 검토를 하고자 한다.

I. 통칙(Provisions common to all)

이 초안은 통칙에서 본질(Nature, Art 273~274), 종류와 당사자(Classes and Parties, Art 275~287), 양도(Assignment or Transfer, Art 288~296), 해석(Interpretation, Art 297~302) 및 이행과 소멸(Discharge and Extinction, Art 302~385)로 나누어 규정하고 있다.

1. 본질(Nature)

이 초안은 본질에서 정의(defined, Art 273) 및 원인(source, Art 274)을 규정하고 있다.

(1) 채무는 채권자라고 불리는 다른 사람의 성화에 채무자라고 불리는 한 당사자나 당사자들이 떠맡는 의무이다. 일시적인 모든 의무는 채무자에 대한 채권자에 의하여 시행될 수 있는 상응하는 권리를 의미하고, 권리를 필요 없다고 하지만 금전적 산정에 취약하다(Art 273)고 규정하였다. 이 초안은 채무(obligation)에 대한 정의를 규정하고 있다. 즉 채무는 채권자에 의하여 채무자에게 떠맡긴 의무이고,[435] 모든 의무는 채권자가 시행할 수 있는 권리를 의미하며,[436] 권리는 금전적 산정이 필요 없더라도 어렵지 않아야 한다는 것이다.[437]

---

[435] 켈리포니아 민법전, 제1427~8조 참조; American Law Institute's Restatement of Contracts, 제76, 318조 참조.

[436] 중화민국 민법전, 제II편, 제I장, 제II절. 민법에서 "채무는 의무와 같이 권리를 특정한다. 권리, 예컨대 지급의무와 같이 변제할 채무를 갖는다." 메인, 고대법, 314면(에브리 난 편집, 191); 소련 민법전, 제107조.

[437] 일본 민법전, 제299조.

(2) 법률, 계약, 준계약, 위법행위(불법행위) 또는 준위법행위의 작용에 의하여 발생할 수 있다(Art 274)고 규정하였다. 이 초안은 채무의 발생원인(sources)에 관하여 규정하고 있다. 즉 그 원인은 법률, 계약, 준계약, 위법행위(불법행위) 또는 준위법행위라고 한다.[438]

2. 종류와 당사자(Classes and Parties)

이 초안은 종류와 당사자에 대하여, 가분채무(divisible obligation, Art 275), 책임(liability, Art 276), 불가분채무(indivisible obligation, Art 277), 연대채무(correlative or solidary obliga-tion, Art 278), 이행(performance, Art 279), 이행의 청구(demand for performance, Art 280), 양도(release, Art 281), 변제(discharge, Art 282), 부담부분(contribution, Art 283), 부족액(deficiency, Art 284), 상계(set offcompensation, Art 285), 경합과 선택(conjunctive and alter-native, Art 287)을 각각 규정하였다.

(1) 가분채무는 분리된 부분으로 이행될 수 있다. 그 부분은 채권자 또는 채무자만큼 많고 동일하며, 그 채무는 비례한다(Art 275)고 규정하였다. 이 초안은 경합과 선택에 있어서 가분채무(a divisible obligation)에 대하여 규정하고 있다. 즉 가분채무는 분리된 부분으로 이행되고,[439] 그 부분은 채권자 또는 채무자와 같은 수이고 동일하며 비례한다는 것이다.[440]

(2) 법률 또는 계약에 의하여 다른 규정이 없는 한 가분채무의 각 채무자는 이행의 비례적 지분보다 더 이상에 대하여 책임을 지지 않는다(Art 276)고 규정하였다. 이 초안은 가분채무의 채무자의 책임(liability)에 대하여 규정하고 있다.[441]

(3) 불가분채무는 한 채무자가 전부 이행에 대하여 책임을 지는 것이고, 그것은 모두를 대신하여 한 채권자가 청구하고 한 채무자가 모두를 대신하여 이행할 수 있다(Art 277)고 규정하였다. 이 초안은 불가분채무에 대하여 규정하고 있다. 즉 한 채무자가 모

---

438 중화민국 민법전, 제II편, 제I장, 제I절; 루이지애나 민법전, 제1760, 2293, 2294, 2315, 3536조; 스페인 민법전, 제1894조; Anson, Law of Contracts, (16th ed.), 1923), 8~10.

439 40 Corpus Juris, 1313 n.23; Schuster, supra n.18 at p.166 n.1; Anson, supra, no. 18, pp.255, 358.

440 40 Corpus Juris, 1314 sq; 중화민국 민법전, 제271, 280, 285, 291조; 독일 민법전, 제426, 427조, Schuster, supra n.18 at p.166 n.1; 일본 민법전, 제427조.

441 40 Corpus Juris, 1314; 중화민국 민법전, 제271조; 독일 민법전, 제420조; 일본 민법전, 제428~431조.

든 이행에 대하여 책임이 있고,[442] 그 책임은 모든 채권자를 그리고 모든 채무자를 대신하여 한 사람이 청구하게 되고 이행하게 된다.[443]

(4) 연대 또는 공동 채무는 수인의 채무자가 각자 전부 이행을 하는 것이다. 연대는 추정되지 않는다(Art 278)고 규정하였다. 이 초안은 연대채무에 관하여 규정하였다. 즉 수인의 채무자는 각자 전부 이행을 하고,[444] 연대는 추정되지 않는다는 것이다.[445]

(5) 연대채무의 전체 또는 부분적인 이행은, 어느 채무자 또는 모든 채무자에 대하여 채권자가 강제하고 후자는 전부 이행이 될 때까지 책임이 있다(Art 279)고 규정하였다. 이 초안은 연대채무의 이행(performance)에 대하여 규정하고 있다.[446]

(6) 한 연대채무자에 대한 이행의 청구는 다른 사람에 대하여 모든 채권자의 이익으로 작용한다(Art 280)고 규정하였다. 이 초안은 연대채무자 가운데 한 사람에게 이행의 청구를 하면 다른 연대채무자에 대하여 모든 채권자의 이익으로 작용하는 것이라고 규정하고 있다.[447]

(7) 모든 채무를 소멸하는 의도를 표현하지 않은 한 연대채무자의 견련성은 다른 채무자에게 관련 채무자의 부담부분의 범위에만 작용하고, 이 견련성은 다른 연대채무자의 관련 채무자의 부담부분에 한하는 범위에 작용한다. 유사한 규칙은 문제된 부담부분에 대한 규정 사례에 적용한다(Art 281)고 규정하였다. 이 초안은 연대채무자 가운데 한 사람이 전부 채무를 변제하는 것이라고 표현하지 않았다면 그 관련 연대채무자의 부담부분에 한정하여 작용하고,[448] 그 연대성은 다른 연대채권자에게 관련 채무자의 부담부분에 한정하여 작용한다는 것을 규정하고,[449] 유사한 규칙은 문제된 부담부분에 대한 규정사례에 적용된다는 것을 규정하고 있다.[450]

(8) 연대채무의 변제가 한 채무자의 이행에 의하거나 또는 다른 채무자들에도 같이

---

442 중화민국 민법전, 제272, 293조; 독일 민법전, 제431조; 일본 민법전, 제428조; cf. An undertaking to construct a building, 40 Corpus Juris, 1313.

443 중화민국 민법전, 제293조; 일본 민법전, 제428조.

444 중화민국 민법전, 제272, 283조; 독일 민법전, 제421, 428조; 일본 민법전, 제432조; 40 Corpus Juris, 1314 et seq "The normal case of a solidary obligation is that of a joint delict tort." Sohm, Roman Law, (Ledlie), 361.

445 40 Corpus Juris, 1215.

446 중화민국 민법전, 제273조; 일본 민법전, 제422조.

447 중화민국 민법전, 제285조; 일본 민법전, 제434조.

448 중화민국 민법전, 제276조; 일본 민법전, 제437조.

449 켈리포니아 민법전, 제1457조; Anson, Law of Contracts (15th ed.), 285.

450 중화민국 민법전, 제288조.

갱신된다. 이러한 연대채권자에 대한 변제는 다른 연대채권자의 청구를 소멸시킨다(Art 282)고 규정하였다. 이 초안은 연대채무의 변제(discharge)에 대하여 규정하고 있다. 즉 연대채무의 변제는 한 채무자의 이행에 의하여 다른 채무자에게도 갱신이 되고,[451] 연대 채권자에 대한 변제도 다른 채권자의 청구를 소멸 시킨다[452]는 것이다.

(9) 이러한 이행채무자는 변제일로부터 각각의 비율에 이자를 더하여 공동채무자로 부터 상환을 받을 권리가 있고 상환의 범위에 대하여 그 채권자의 권리를 대위하게 된 다(Art 283)고 규정하였다. 이 초안은 부담부분의 상환에 관하여 이행채무자의 다른 공 동채무자로부터의 상환과 그 채권자의 권리를 대위하는 것을 규정하고 있다.[453]

(10) 변제 채무자의 과실 없이 1인 이상의 공동채무자의 과실로 이러한 상환의 부족 액은 다른 공동채무자가 비례하여 부담하게 된다(Art 284)고 규정하였다. 이 초안은 상 환의 부족액에 대하여 다른 채무자들의 부담에 대하여 규정하고 있다.[454]

(11) 채권자에 대한 청구의 연대채무자에 의한 상계는 그 채무자의 오직 부담 범위에 대하여 허용될 수 있다(Art 285)고 규정하였다. 이 초안은 채권자의 청구에 대한 연대채 무자의 상계(set off: compensation)에 대하여 규정하고 있다.[455]

(12) 계약은 여러 사업이 포함된 때에 결합하고, 이행이 경쟁자 가운데 하나를 요구 하는 때에 선택을 한다. 선택권은 다른 규정이 없는 한 채무자가 갖는다. 그러나 선택은 전적으로 다른 사람을 배제하고 이행에 대한 확정시기 이내에 행사되어야 한다(Art 286) 고 규정하였다. 이 초안은 계약으로 여러 사업이 결합되어 이행을 선택하여야 하는 경 우에 대하여 규정하고 있다.[456]

(13) 어느 채무가 다른 주된 채무에 따를 때에 종물이 된다(Art 287)고 규정하였다. 이 초안은 주된 채무와 종된 채무(Principal and accessory)에 관하여 어느 채무가 다른 주 된 채무에 의존하는 때에 종된 채무가 된다고 규정하고 있다.[457]

---

451 중화민국 민법전, 제274조: 일본 민법전, 제435조.
452 중화민국 민법전, 제286조.
453 캘리포니아 민법전, 제1432조; 중화민국 민법전, 제281조; 독일 민법전, 제426조; 일본 민법전, 제442조.
454 중화민국 민법전, 제282조: 일본 민법전, 제444조.
455 중화민국 민법전, 제277조: 일본 민법전, 제436조 참조.
456 40 Corpus Juris, 1313 n.17.
457 40 Corpus Juris, 1310, no. 99.

3. 양도(Assignment or Transfer)

이 초안은 채권의 양도(Assignment or Transfer)에 관하여, 제한(limits, Art 288), 종된 권리(accessory rights, Art 289), 장래의 권리(future rights, Art 290), 방식(form, Art 291), 수표 또는 어음(check or order bill of exchange, Art 293), 일부양도(partial assignment, Art 294), 통지(notice, Art 295) 및 양도인의 권리와 항변(assignee's right and defences, Art 296)을 각각 규정하였다.

(1) 채무자의 의무는 채무자의 동의 없이 양도되지 않고, 그것은 새로운 채무에 영향을 미친다. 채무자의 권리는 성질에 의하여 양도될 수 없거나, 사법적 압류가 면제되거나, 법률 또는 계약에 의하여 금지되거나, 물질적으로 채무자의 실행을 부과하여 그의 책임을 증가하거나 그의 권리에 손상을 주지 않는 한 양도될 수 있다(Art 288)고 규정하였다. 이 초안은 채무의 양도 및 채권의 양도에 관한 제한을 규정하고 있다.[458]

(2) 채무의 양도는 그에 대한 다른 종된 권리, 보증, (양도인으로부터 분리하지 않는 한) 연체된 이자 및 그의 모든 서류증거를 포함한다. 권리는 조건부 또는 결정적인 제안에 의하여 양도된다(Art 289)고 규정하였다. 이 초안은 채무의 양도에 종된 권리를 포함하고,[459] 권리의 양도는 조건부 또는 취소할 수 없는 결정적인 청약에 의하여 양도된다는 것을 규정하고 있다.[460]

(3) 기존 채무로 예상되는 권리는 양도할 수 있다. 그러나 존재하지 않는 권리는 양도하지 못한다. 양도하기로 한 합의는 통지 없이 선의의 구매자에게 양도한 채무자에 대하여 그 채무자에 대한 권리를 약속한 자에게 주는 것으로 양도할 수는 없다(Art 290)고 규정하였다. 이 초안은 장래의 권리(future rights)에 대하여 규정하고 있다. 즉 기존권리는 양도할 수 있으나 아직 존재하지 않는 권리는 양도할 수 없고,[461] 양도의 합의는 양도가 아니라는 것이다.[462]

---

458 켈리포니아 민법전, 제1457, 1458조; Anson, Law of Contracts (15th ed.) 285; 중화민국 민법전, 제294조; 독일 민법전, 제412, 413조; 일본 민법전, 제466조; American Law Institute's Restatement of Contracts, Sec 151, 151(a), 151(b), 151(c).

459 중화민국 민법전, 제295, 296조; 독일 민법전, 제401, 402, 1153조, 다만 제1190조 참조; 또한 American Law Institute's Restatement of Contracts, Sec 171을 볼 것.

460 American Law Institute's Restatement of Contracts, Sec 155.

461 Ib., Sec 154.

(4) 채무의 양도는 구두 또는 서면으로 유효하게 된다(Art 291)고 규정하였다. 이 초안은 양도의 방식(form)에 관하여 규정하고 있다.[463]

(5) 양수인이 이익을 유지하기 위해 권한이 있는 경우 특정한 의무 또는 순서에 따라 승낙으로 그 정도까지 소멸되는 후자의 부채를 기반으로 자신의 채무자에 따라 채권자가 순서를 지정하게 된다(Art 292)고 규정하였다. 이 초안은 변제의 순서(an order)에 관하여 규정하고 있다.

(6) 수표 또는 다른 어음은 그 자체의 지급이 아니라, 지급이 가능한 지급인의 손 안에 있는 모든 자금의 양도를 하는 것이다. 지급인은 그가 그것을 수령할 때까지 책임을 지지 않는다(Art 293)고 규정하였다. 이 초안은 수표(check) 또는 어음(bill of exchange)에 관하여 규정하고 있다.[464]

(7) 채권자의 권리 또는 이들의 확정액의 일부 중 하나의 양도는 그 정도까지 작용한다. 그러나 채무자가 동의하지 않은 경우 그는 일부 양도를 강제하는 절차에 포함되어 전부 이행에 대한 권리로 모든 다른 사람에게 요청할 수 있다(Art 294)고 규정하였다. 이 초안은 일부 양도(partial assignment)에 관하여 규정하고 있다.[465]

(8) 양도인 또는 양수인에 대한 통지는 양도를 유효하게 하는 요소이다. 그러나 채권자에게 양도수단으로 충분하다는 것을 보여주는 것이다(Art 295)고 규정하였다. 이 초안은 양도인 또는 양수인이 채무자에게 하는 통지(notice)에 관하여 규정하고 있다.[466]

(9) 양수인에 대한 양도인의 권리가 유효하다는 고지 없이 가격에 대한 선의의 양수인은 그로써 양도된 권리를 박탈할 수 없다. 이러한 양수인은 채무자의 모든 기존 방어에 대하여, 청구를 거절하고 채권자에 대하여 상계를 하는 권리가 인정된다. 그리고 그가 원채무자라면 양수인에 대하여 가능하게 될 수 있다(Art 296)고 규정하였다. 이 초안은 양수인의 권리와 방어(assignee's right and defenses)에 관하여 규정하고 있다.[467]

---

462 Ib., Sec 166.
463 American Law Institute's Restatement of Contracts, Sec 157.
464 American Law Institute's Restatement of Contracts, Sec 157(2).
465 American Law Institute's Restatement of Contracts, Sec 156.
466 Anson, Law of Contracts (16th ed.) 292; 중화민국 민법전, 제297조; 일본 민법전, 제467조; 고지는 독일법에서 요소가 아니다. Schuster, Principles of German Law(1907), 195 참조; American Law Institute's Restatement of Contracts Sec 150.
467 American Law Institute's Restatement of Contracts, Sec 174, 167; 중화민국 민법전, 제303조; 독일 민법전, 제404, 406조; 일본 민법전, 제468조.

4. 해석(Interpretation)

이 초안은 채무관계의 해석(Interpretation)에 관하여, 당사자의 의도(intent of the parties, Art 297), 서면(written instruments, Art 298), 효과(effect, Art 299), 불일치(inconsistency, Art 300), 특수조건(technical terms, Art 301) 및 공익(public interest, Art 302)을 각각 규정하였다.

(1) 당사자의 의도는 관심을 끄는 채무에 대한 규준이다. 이 의도는 사용된 언어로부터 또는 애매한 경우 채무가 발생된 시점의 상황으로부터 알아내게 된다. 그것은 그것을 사용한 당사자에 대하여 가장 강력하게 해석되어야 하고, 동시에 그것을 효과적으로 만들지만 비강제적으로 하지는 않는다(Art 297)고 규정하였다. 이 초안은 해석(Interpretation)에서 당사자의 의도(Intent of the parties)에 관하여 규정하고 있다. 즉 당사자의 의도는 채무에 대한 규준이 되고,[468] 그 의도는 사용된 언어로부터 추론되고,[469] 애매한 경우 채무가 발생한 시점의 상황으로부터 추론된다[470]는 것이다. 그 의도는 그것을 사용한 당사자에 대하여 가장 강력하게 추론되고,[471] 동시에 그것을 효과적으로 하지만 비강제적인 것으로 하지 않는다[472]고 하였다.

(2) 전체 계약을 증거 하는 것을 의미하는 서면은 당사자들의 의도를 표현하는 것으로 해석되어야 한다. 그 계약이 부분적으로 기록되고 부분적으로 인쇄된 경우 전자는 후자에 우세하다(Art 298)고 규정하였다. 이 초안은 서면(written instruments)의 해석에 대하여 규정하고 있다. 즉 전체적인 계약을 증명하고 의미하는 서면은 당사자의 의도를 표현한 것으로 추론되고, 그 계약이 부분적으로 쓰여진 것이 부분적으로 인쇄된 것보다 우세하다는 것이다.[473]

(3) 효과는 같은 당사자와 같은 주제를 포함하는 사이의 모든 계약의 부분 및 여러 가지 현존하는 사람에게 주어져야 하고, 함께 그리고 동일한 규칙에 의하여 해석되어야 한다. 이것은 통합이라고 부른다(Art 299)고 규정하였다. 이 초안은 효과(effect)의 해석

---

468 캘리포니아 민법전, 제1636조; 중화민국 민법전, 제98조; Anson, Law of Contracts, p.328.
469 캘리포니아 민법전, 제1637, 1538조; Anson, Law of Contracts, 328.
470 캘리포니아 민법전, 제1647조.
471 캘리포니아 민법전, 제1654조; Anson, Law of Contracts, 329.
472 캘리포니아 민법전, 제1643조; Anson, Law of Contracts, 329.
473 캘리포니아 민법전, 제1638, 1651조.

에 대하여 규정하고 있다. 즉 효과는 동일한 당사자와 동일한 주제를 포함하는 모든 계약의 부분 및 현존하는 사람에 주어야 하고, 모두[474] 그리고 동일한 규칙에 의하여 해석되어야 한다는 것이다.[475] 이를 통합(integration)이라고 부른다[476]는 것이다.

(4) 일반과 특정한 예견 사이에 불일치는 후자에 의하여 해결된다(Art 300)고 규정하였다. 이 초안은 일반적인 것과 특정한 예견 사이의 불일치는 특정한 예견에 의하여 해결된다고 규정하고 있다. 즉 계약의 해석에 있어서 일반적인 것과 특정한 것 사이에 불일치가 있는 경우 특정한 것에 의하여 해결하여야 한다는 것이다.[477] 이는 특별법 우선주의를 받아들인 것이다.

(5) 기술적 규정 및 예술과 상업의 용어는 문맥 또는 해당 사용이 다른 의미를 보이지 않는 한 그들이 관련 있는 직업에서 사용되는 것으로 해석되어야 한다(Art 301)고 규정하였다. 이 초안은 기술적 규정이나 예술 및 상업적 용어의 해석에 관하여 규정하고 있다. 즉 그 문맥(the context)이나 해당 사용(an applicable usage)이 다른 의미를 보이지 않는 한 그것들이 관련 있는 직업에서 사용되는 것으로 해석하여야 한다는 것이다.[478]

(6) 공익은 이 같은 이익에 영향을 미치는 언어로 해석함이 바람직하다(Art 302)고 규정하였다. 이 초안은 공익(the public interest)의 해석에 관하여 규정하고 있다.[479]

5. 이행과 소멸(Discharge and Extinction)

이 초안은 이행(변제; Discharge)과 소멸(Extinction)에 관하여, 동의의 결여(Lack of Consents, Art 303~304), 이행(Performance, Art 305~327), 불능(Impossibility, Art 328~330), 전문적 취소(Experts rescission, Art 331~334), 합의(agreement, Art 335~340), 상계(compensation; set off, Art 341~342), 법의 적용(operation of law, Art 343~344) 및 파산(bankruptcy, Art 345~386)을 각각 규정하였다.

---

474 켈리포니아 민법전, 제1641-2조.
475 켈리포니아 민법전, 제1635조.
476 American Law Institute's Restatement of Contracts, Sec 228.
477 켈리포니아 민법전, 제1650조; American Law Institute's Restatement of Contracts, sec 236(c).
478 American Law Institute's Restatement of Contracts, 235(b).
479 American Law Institute's Restatement of Contracts, Sec 236(f).

1) 동의의 결여(Lack of Consents)

이 초안은 동의의 결여에 대하여 사기(fraud, Art 303) 및 강박(duress, Art 304)을 각각 규정하였다.

(1) 사기는 거짓과 함께 의도와 속이는 효과를 알면서, 사실의 고의적인 허위진술이다. 사기에 의하여 성립한 계약은 사기를 당한 자의 선택에 따라 무효로 할 수 있다(Art 303)고 규정하였다. 이 초안은 사기(fraud)에 의한 계약의 무효를 규정하고 있다.[480] 즉 사기에 대하여 의사표시에 있어서 의사주의를 취한 것이라 할 것이다.

(2) 계약은 당사자 또는 제3자에 의해 불법적인 위협에 의하여 유도되었으면 그렇게 유도된 당사자의 선택에 따라 무효화 될 수 있다(Art 304)고 규정하였다. 이 초안은 강박에 의한 계약은 무효라고 규정하고 있다. 즉 사기에 의한 의사표시와 함께 강박에 의한 의사표시는 무효로 하였다.[481] 즉 의사주의를 채택하였다 할 것이다.

2) 이행(Performance)

이 초안은 이행(Performance)에 관하여, 일반규정(in general, Art 305~312), 방식(mode, Art 313~318) 및 효과(effect, Art 319~330)를 각각 규정하였다.

가) 일반규정(in general)

이 초안은 일반규정에서, 정의(defined, Art 305), 선택(election, Art 306), 대가적 채무(Reciprocal obligations, Art 307), 당사자(Parties, Art 308), 채권자(The obligee, Art 309), 채무자의 채무불이행(Default of the obliger, Art 310), 이행의 장소(Place of performance, Art 311), 이행기(time of performance, Art 312)를 각각 규정하였다.

(1) 이행은 채무를 성취하는 것이다. 그것은 어떤 다른 행위, 또는 부작위, 또는 금전적 가치가 될 수 없는 것으로 구성되어 특정(실제)될 수 있다. 특정한 이행이 면제 또는

---

480 American Law Institute's Restatement of Contracts, Secs 471, 477; 켈리포니아 민법전, 제 1566조; 중화민국 민법전, 제92조; 독일 민법번, 제123조; 일본 민법전, 제96조.
481 켈리포니아 민법전, 제569조; 중화민국 민법전, 제92조; 독일 민법번, 제123조; 일본 민법전, 제96조; American Law Institute's Restatement of Contracts, Sec 492 sq.

불가능하면 금전적 이행으로 대신할 수 있다(Art 305)고 규정하였다. 이 초안은 이행은 채무를 성취(완성)하는 것이라 하고, 이행은 어떤 다른 행위 또는 부작위 또는 금전적 가치가 될 수 없는 것으로[482] 구성되어 특정될 수 있다[483]는 것이다. 그 특정한 이행이 면제되거나 불가능하게 되면 금전으로 이행을 대신할 수 있다[484]는 것이다.

(2) 2 이상 이행할 허용된 종류 가운데 선정은 채무자에게 남아 있다. 그러나 그 선택은 완전히 다른 방식을 제외하고 이행에 대한 고정된 시기 내에 행사되어야 하고, 상대방에게 의도를 선언한 후에 채무자가 실행하지 않으면 그 권리는 다른 사람에게 넘어간다. 그러나 그가 그것을 실행하는 것에 실패하면 제3자에게 귀속되어 후자에게 남는다. 그리고 제3자의 선택권에 편견이 없으면 그 채무의 원점에서 소급효가 있다(Art 306)고 규정하였다. 이 초안은 2 이상 이행하여야 할 허용된 종류 가운데에서 선정하는 선택채무에 대하여 규정하고 있다. 그 선택권의 행사에 있어서 채무자가 행사하고,[485] 그렇지 않으면 상대방에게 넘어간다. 그것도 실패하면 제3자가 선택권을 갖게 된다는 것이다.[486] 그리고 선택의 효과는 그 채무가 성립한 원점으로 소급하게 된다.[487]

(3) 대가적 채무는 달리 규정하지 않는 한 상호의무를 동시에 이행을 필요로 한다. 그러나 먼저 이행할 사람은 상대방의 재정적 상황을 들어서 후자가 효과나 이행을 확보할 때까지 이행을 거부한다(Art 307)고 규정하였다. 이 초안은 대가적인 쌍무채무(reciprocal obligations)에 대하여 규정하고 있다. 즉 다른 규정이 없는 한 동시에 이행하여야 하지만,[488] 먼저 이행을 할 자는 상대방의 재정적 상황을 들어서 이행을 거절할 수 있다(이른바 불안의 항변)[489]는 것이다.

(4) 이행 또는 변제의 제공은 채무자 또는 그에 의하여 승인된 사람에 의하여 또는 채권자, 2인 이상의 채권자 가운데 1인, 그들에 의하여 승인된 다른 사람에게 유효하게 된다. 채무를 증명하는 서면 또는 채권자로부터 받은 영수증은 이행자 또는 변제의 제공자가 신의에 좇아서 한 것으로 채권자는 그의 손해의 범위로 갱신한 것을 통고한 사람

---

[482]　캘리포니아 민법전, 제1473조; 독일 민법번, supra No. 18 at p.184
[483]　일본 민법전, 제399조.
[484]　중화민국 민법전, 제214, 215, 226조; 독일 민법번, 제249조.
[485]　캘리포니아 민법전, 제1448~1450조; 중화민국 민법전, 제208조; 일본 민법전, 제406~8조.
[486]　중화민국 민법전, 제209조; 일본 민법전, 제409조.
[487]　중화민국 민법전, 제212조; 일본 민법전, 제411조.
[488]　캘리포니아 민법전, 제1439조; 중화민국 민법전, 제264조(제219, 229조 참조); 일본 민법전, 제 498, 593조.
[489]　중화민국 민법전, 제265조.

의 예에서 요구될 범위까지 승인되는 것으로 추정된다(Art 308)고 규정하였다. 이 초안은 이행의 당사자(parties)에 대하여 규정하고 있다. 즉 이행 또는 변제의 제공은 채무자 또는 그에 의하여 승인된 자,[490] 채권자 또는 2인 가운데 1인, 또는 그들의 1인에 의하여 승인된 다른 사람에게 효력이 있다는 것이다.[491] 채무증서[492] 또는 영수증[493]은 이행자 또는 제공자가 신의에 좇아서 채권자가 그의 손해범위로 갱신할 것을 통고한 예에 따라서 그 범위까지 추정된다[494]는 것이다.

(5) 채권자는, 자신의 이름으로, 후자가 거절하는 채무자의 권리 가운데 어느 것을 실행할 수 있고, 그것은 개인적인 것을 제외하고 그 채무를 확보하는 것이 필요하다(Art 309)고 규정하였다. 이 초안은 이행에 있어서 채권자(the obligee)의 행위에 관하여 규정하고 있다.[495]

(6) 채무자의 채무불이행은 후자가 적기에 이행하지 않은 한 불가항력으로 발생한 손해에 대한 보상을 채권자에게 인정한다. 그 보상은 이행에 대신하여 청구되어진다(Art 310)고 하였다. 이 초안은 채무자의 채무불이행(default of obliger)에 대하여 규정하고 있다. 즉 채무자가 적기에 이행하지 않는 경우에[496] 그 배상은 이행에 갈음하여 청구된다[497]는 것이다.

(7) 이행의 장소는, 법률 또는 계약에 의해 다른 규정이 없는 한, 채무를 수행할 때의 위치에서 특정한 재산의 인도를 제외하고, 채권자의 주소, 또는 자신의 선택에 따른 곳이다(Art 311)고 규정하였다. 이 초안은 채무를 이행하는 장소(place of performance)에 관하여 규정하고 있다.[498]

(8) 다른 법률 또는 계약에 의해 규정하지 않는 한, 채권자의 요구에 따라, 또는 채무자의 선택에 의한 이전이다. 이행기는 채무자를 그 기간의 만료시에 그러나 반대 약정이 없이 불이행으로 채무자를 확정하지만 그 이전에 이행할 수 있다(Art 312)고 규정하였다. 이 초안은 채무를 이행할 시기(이행기; time of performance)에 대하여 규정하고 있다.[499]

---

490 켈리포니아 민법전, 제1487조; 중화민국 민법전, 제209조; 일본 민법전, 제474조.
491 켈리포니아 민법전, 제1488조.
492 일본 민법전, 제478조.
493 중화민국 민법전, 제309조; 일본 민법전, 제480조.
494 일본 민법전, 제481조.
495 중화민국 민법전, 제242, 243조.
496 중화민국 민법전, 제231조.
497 중화민국 민법전, 제232조.
498 켈리포니아 민법전, 제1489조; 중화민국 민법전, 제314조; 일본 민법전, 제484조.
499 켈리포니아 민법전, 제1491조; 중화민국 민법전, 제229, 315, 316조.

나) 방식(mode)

이 초안은 방식에 관하여, 지급(payment, Art 313), 이자(interest, Art 314), 지급에 적용할 채권자의 선택(the obligee's option, Art 315), 임의지급과 변경(payment and change, Art 316), 다수채무에 대한 이행의 적용(Application of performance to different obligations, Art 317), 인도할 재산(Property, Art 318)을 각각 규정하였다.

(1) 지급은 국가의 통화로 할 수 있으며, 그렇지 않으면 외화로 요구될 수 있다. 이행기에 더 이상 사용되지 않으면 통화를 요구한다(Art 313)고 규정하였다. 이 초안은 지급(payment)의 방식으로서 금전의 지급에 관하여 규정하고 있다. 즉 국가의 통화로 지급을 하지 못하면 외화로 지급하고,[500] 이행기에 더 이상 사용되지 않으면 통화로 지급하여야 한다[501]는 것이다.

(2) 이자는 그 율이 계약서에 고정되어 있지 않은 경우 연 5퍼센트(5%)에서 지급된다. 고정하는 경우 그것은 연 12퍼센트를 초과할 수 없고, 채권자는 할인, 타협 또는 다른 방법으로 증액할 수 없다. 그러나 당사자는 1년 이상 지체한 이자를 원금에 추가한다는 것을 서면으로 정할 수 있다(Art 314)고 규정하였다. 이 초안은 이자(interest)의 지급에 관하여 규정하고 있다. 즉 이자율을 계약으로 정하지 않은 경우에는 연 5퍼센트,[502] 정하는 경우에는 연 12퍼센트를 초과할 수 없다[503]고 하였다. 그러나 지체된 이자는 원금에 추가하는 것으로 당사자는 정할 수 있다[504]는 것이다.

(3) 지급에 적용할 채권자의 선택은 채무자에게 정당한 통지가 있은 후에만 행사할 수 있다. 어떠한 경우에도 채권자는 수탁자의 자격으로 보유하고, 뿐만 아니라 확보되지 않은 사람을 배제하는 자신의 주장에 지급을 적용할 수 없다(Art 315)고 규정하였다. 이 초안은 지급에 적용될 채권자의 선택(the obligee's option)에 대하여 규정하고 있다. 즉 그 선택은 채무자에게 정당한 통지를 한 뒤에만 행사할 수 있고,[505] 어떠한 경우에도 수탁자의 자격을 가지고 확보되지 않은 자를 배제하는 청구에 지급을 적용할 수 없다[506]는 것이다.

---

500 중화민국 민법전, 제201, 202조; 일본 민법전, 제402, 403조.
501 중화민국 민법전, 제201조; 일본 민법전, 제402조.
502 중화민국 민법전, 제203, 233조; 일본 민법전, 제404조.
503 중화민국 민법전, 제206, 207, 233조.
504 중화민국 민법전, 제207조.
505 켈리포니아 민법전, 제1479; American Law Institute's Restatement of Contracts, Sec 391; 일본 민법전, 제488조.
506 American Law Institute's Restatement of Contracts, Sec 290.

(4) 당사자는 상대방의 동의 없이 자발적으로 (예, 판단에 따라) 지급을 적용할 수 없고, 한 번 정당하게 이뤄진 적용을 변경할 수 없다(Art 316)고 규정하였다. 이 초안은 상대방의 동의 없이 판단에 따라서 자발적으로 지급할 수 없고,[507] 이미 이뤄진 지급을 변경할 수 없다[508]는 것이다.

(5) 동일한 채권자에 대한 다른 채무에 이행의 적용은 채무자의 지시에 따라 이뤄진다. 또는 그렇지 않으면 채무자의 반대가 없는 한 채권자의 정당한 지시에 따른다. 어느 경우에서나 적용은 당사자와 제3자의 최선의 이익에 합치하여야 한다. 채무자의 의무가 특정한 채무에 대한 지급의 적용을 요하면 그의 지시에 반하더라도 그렇게 적용되어야 한다. 그러한 지시가 없으면 채권자는 이행기의 미도래, 불법 또는 분쟁이 있는 청구에 대하여 지급을 적용하지 못하고, 비변제가 제3자에 대한 자격상실 또는 채무자의 의무 위반이 원인되는 것을 소멸시킬 수 없다(Art 317)고 규정하였다. 이 초안은 동일인에 대한 다수채무의 이행에 관하여 규정하고 있다. 즉 채무자의 지시에 따라서 이행되고 그렇지 않은 경우에는 채권자의 지시에 따라 당사자 및 제3자의 이익에 합치되도록 이행되며,[509] 특정한 채무에 대한 채무자의 의무는 그의 지시에 반하여 지급될 수 있고,[510] 그러한 지시가 없는 경우 채권자는 이행기 미도래, 불법 또는 분쟁중인 청구 등에 대하여 지급을 받을 수 없다[511]는 것이다.

(6) 이전될 재산은 계약에 의하여 정하여진 조건으로 채무의 주체를 형성한다. 그러나 부동산인 경우 채무자는 채권자에게 고지하는 것을 포기할 수 있다. 재산이 채무자가 아닌 다른 사람에게 속하지만 이행으로 인도되면, 새로운 인도 없이, 채권자가 선의로 소비하거나 양도하지 않는 한, 후자에 의하여 회수될 수 없다(Art 318)고 규정하였다. 이 초안은 지급으로서 재산의 인도에 관하여 규정하고 있다. 즉 채무의 주체를 이루는 인도될 재산은 계약으로 그 조건이 정해지고,[512] 부동산인 경우에는 채권자에게 통지로서 포기할 수 있으며,[513] 채무자 이외의 자에게 속한 재산은 채무자에 의하여 회수될 수 없다[514]는 것이다.

---

507 American Law Institute's Restatement of Contracts, Sec 393.
508 American Law Institute's Restatement of Contracts, Sec 392.
509 켈리포니아 민법전, 제1479조; 일본 민법전, 제488조.
510 American Law Institute's Restatement of Contracts, Sec 388.
511 American Law Institute's Restatement of Contracts, Sec 389; 일본 민법전, 제489조.
512 일본 민법전, 제483조.
513 중화민국 민법전, 제241조.

다) 효과(Effect)

이 초안은 효과에 대하여, 채무자의 채무면제(discharge, Art 319), 공탁(Deposit, Art 320), 책임(Liability, Art 321), 매각(Sale, Art 322), 대위변제(Subrogation, Art 323), 일부대위(Partial subrogation, Art 324), 이행의 효력(Upon performance, Art 325), 이행의 비용(Costs of performance, Art 326), 벌칙 및 손해배상(Penalties vs Liquidated Damages, Art 327)을 각각 규정하였다.

(1) 채무자는 채무 전부를 이행하거나 신의에 좇아 이행을 제공함으로써 변제된다. 채권자가 거절하거나 변제의 제공을 수령하지 않거나 미리 수령하지 않을 것을 선언한 경우, 채권자는 사실상 불이행이 되고, 채무자는 이행의 준비를 통지하는 것만이 필요하다. 불이행인 동안 채무자는 이자를 부담하지 않고, 취득한 과실, 고의인 행위 또는 중대한 과실을 제외하고 책임이 없다. 이에 대한 책임은 사전에 포기할 수 없다(Art 319)고 규정하였다. 이 초안은 채무자의 책임은 채무 전부의 이행[515] 또는 신의에 좇은 변제의 제공으로 면제되고,[516] 채권자가 변제의 제공에 대한 수령을 거절한 경우에는 채무자는 이행준비를 통지함으로써 족하고,[517] 이러한 불이행인 중에는 채무자는 이자를 부담하지 않고 책임을 면하게 된다[518]는 것이다.

(2) 채권자가 수령을 거부하거나 수령할 수 없는 경우, 소재나 식별이 되지 않는 경우에 채무자는 후자가 이행이나 담보할 권한에 대응할 권한이 없는 한 채권자의 이익을 위하여 보통재판적이 있는 지방법원에 목적물을 공탁함으로써 더 이상 자신의 책임을 벗어날 수 있다(Art 320)고 규정하였다. 이 초안은 채권자가 수령을 거부 또는 할 수 없는 경우, 소재나 식별이 되지 않는 경우에 채무자는 관할 지방법원에 목적물을 공탁함으로써 책임을 면할 수 있다는 것이다.[519]

(3) 공탁의 통지를 하면, 목적물은 채권자의 위험과 처분에 있게 된다. 채무자는 과

---

514 일본 민법전, 제475~477조.
515 Anson, Law of Contracts, Chap. XIII; 켈리포니아 민법전, 제1439, 1473조; 중화민국 민법전, 제219, 309조; American Law Institute's Restatement of Contracts, Sec 386.
516 켈리포니아 민법전, 제1485, 1493조; 일본 민법전, 제478, 492조; Anson, Law of Contracts, pp.346~7.
517 중화민국 민법전, 제234, 235조; 일본 민법전, 제493조 이하.
518 중화민국 민법전, 제222, 237, 238, 239조.
519 중화민국 민법전, 제326, 327, 329조; 일본 민법전, 제494, 495조.

실 취득을 못한 이익 또는 위험을 회복하고, 법원의 처분이 있기 전에 목적물을 회수할 수 있다(Art 321)고 규정하였다. 이 초안은 채무자의 책임으로서 공탁 통지와 공탁 회수에 관하여 규정하고 있다. 즉 공탁 통지를 하면 채무자는 과실 수취를 못한 이익 또는 위험을 회복할 수 있고,[520] 목적물을 법원의 처분이 있기 전에 회수할 수 있다[521]는 것이다.

(4) 목적물이 부패하기 쉬운 경우, 또는 공탁이 부적절하거나 많은 비용이 드는 경우에 법원은 공매할 권한을 부여하고, 당사자를 위하여 절차비용이 적게 드는 자격 있는 자의 보관을 지시할 수 있다(Art 322)고 규정하였다. 이 초안은 공탁에 적합하지 않은 목적물의 매각(Sale) 또는 보관을 지시할 수 있다고 규정하고 있다.[522]

(5) 유효한 이익이 있는 채무를 이행한 자는 채무자에 대한 채권자의 권리를 대위하고, 그의 위험의 범위에서 책임을 면한다(Art 323)고 규정하였다. 이 초안은 대위변제(subrogation)에 관하여 규정하고 있다. 즉 채무 이행에 이익이 있는 자가 변제를 하면 채무자에 대하여 채권자의 권리를 대위하고,[523] 그의 위험 범위에서 책임을 면한다[524]는 것이다.

(6) 일부 대위는 채권자와 함께 동반하여 비례하여 그의 권리를 실행하는 대위를 하는 것이다. 단독으로 미이행에 대하여 취소할 수 있지만 당사자를 대위하여 그의 공헌 범위에서 상환을 요구할 수 있다(Art 324)고 규정하였다. 이 초안은 일부 대위(Partial subrogation)에 관하여 규정하고 있다.[525]

(7) 변제를 하면, 채권자로부터 서면에 의한 영수증과 채무증서로서 효력이 있다(Art 325)고 규정하였다. 이 초안은 이행에 의한(upon performance) 효력에 관하여 규정하고 있다. 즉 서면에 의한 영수증,[526] 모든 채무증서[527]에 의하여 유효하게 된다는 것이다.

(8) 다른 법률이나 계약에 의해 규정되지 않는 변제의 비용은 채무자에게 일반적으로 부과한다. 그러나 채권자는 주소 변경 또는 기타 사유로 증가된 비용에 대하여 책임

---

520 중화민국 민법전, 제328, 329조.
521 일본 민법전, 제497조.
522 중화민국 민법전, 제331~333조; 일본 민법전, 제497조.
523 중화민국 민법전, 제228, 242조; 독일 민법전, 제255조; 일본 민법전, 제499, 500, 503조; American Law Institute's Restatement of Contracts, Sec 141.
524 일본 민법전, 제504조.
525 일본 민법전, 제502조.
526 켈리포니아 민법전, 제1499조; 일본 민법전, 제486조.
527 일본 민법전, 제487조.

이 있고 그가 불이행한 경우 채무자는 제공 및 보존의 필요적 비용을 변상 받을 수 있다 (Art 326)고 규정하였다. 이 초안은 이행(변제)의 비용(costs of performance)에 관하여 규정하고 있다. 즉 법률이나 계약에 달리 정함이 없으면 통상 채무자가 부담하고,[528] 주소의 변경 등으로 증가된 비용은 채권자가 부담하며,[529] 채무가 이행되지 않은 경우 제공 및 보존에 필요적 비용을 채무자는 변상 받을 수 있다[530]는 것이다.

(9) 당사자가 이행하지 못할 경우 채무자가 지급할 것에 합의를 한 경우 확정된 합계는 손해의 총액으로 본다. 그러나 이행기 또는 방법으로 미이행에 대하여 벌칙만이 있는 경우 추가 손해가 부여될 수 있다. 법원은 그것이 과도하거나 부분 이행이 이미 유효한 경우에 벌칙을 감경할 수 있다(Art 327)고 규정하였다. 이 초안은 벌칙 및 손해배상 (penalties vs liquidated damages)에 대하여 규정하고 있다.[531]

라) 불능(Impossibility)

이 초안은 불능에 대하여, 정의(Defined, Art 328), 불가능한 실행(An impossible under-taking, Art 329), 효과(Effect, Art 330)을 각각 규정하였다.

(1) 불가능한 것을 제외하고 모든 것은 가능한 것으로 간주한다. 그러나 후자는 극단적이고 불합리한 곤란, 비용, 손실 또는 기타 침해를 포함하지만 이행의 본질에 대신한 약속인의 무능력에 기인한 것은 포함되지 않는다(Art 328)고 규정하였다. 이 초안은 불능(Impossibility)에서 그 정의(defined)를 규정하고 있다. 즉 불능한 것을 제외하고(save) 모든 것은 가능한 것으로 간주하고,[532] 불능에는 극단적이고 불합리한 곤란, 비용, 손실 또는 기타 침해를 포함하고,[533] 이행의 본질이 아닌 약속인의 무능력으로 인한 것은 포함하지 않는다[534]는 것이다.

(2) 불가능한 실행은 불능이 이행의 제한 또는 선행조건의 성취 전에 제거되지 않으면 무효가 된다. 그러나 동일한 채무의 다른 실행이 가능한 경우 채무자는 그것을 이행

528　중화민국 민법전, 제317조; 일본 민법전, 제485조.
529　중화민국 민법전, 제317조; 일본 민법전, 제485조.
530　중화민국 민법전, 제240조.
531　켈리포니아 민법전, 제1671조; 중화민국 민법전, 제250, 253조; Anson, Law of Contracts (16th ed.), 330.
532　켈리포니아 민법전, 제1597조.
533　American Law Institute's Restatement of Contracts, Sec 454.
534　American Law Institute's Restatement of Contracts, Sec 455.

하여야 한다. 불능이 오직 부분적이면 반대의 이행은 비례적으로 감소된다(Art 329)고 규정하였다. 이 초안은 불능한 실행(a impossible undertaking)에 관하여 규정하고 있다. 즉 불가능한 실행은 불가능이 이행의 제한 또는 선행조건의 성취가 있기 전에 제거되지 않으면 무효가 되고,[535] 동일한 채무에 다른 실행이 있으면 채무자는 그것을 이행하여야 하며,[536] 불능이 부분적인 경우에는 그에 대한 이행은 비례적으로 감소된다[537]는 것이다.

(3) 채무자는 이행이 그의 책임 없는 원인으로 방해된 경우 불이행이 되지 않는다. 이행이 그의 과실 없이 채무의 발생 전 또는 후에 불능이 된 경우 그는 면책된다. 그러나 채권자는 불능의 원인에 대하여 제3자에게 청구할 이익에 대한 권한을 갖게 된다. 당사자가 책임이 없으면 채권자는 반대 이행을 회복하게 된다. 당사자 모두가 채무의 발생, 불가능을 알거나 알았을 경우에, 과실 없이 그에게 발생한 침해라도, 그는 상대방에 대하여 책임이 있다. 다른 합의가 없으면 당사자 모두 불능에 의하여 면책되고 이행 부분을 회복하게 된다. 사망 또는 한쪽 당사자의 질병 봉사는 이행을 위하여 불가결하고, 또는 불가결한 목적물의 부존재는 불능에 산입된다(Art 330)고 규정하였다. 이 초안은 불능의 효과(effect)에 관하여 규정하고 있다.[538]

3) 전문적 취소(Expert Rescission)

이 초안은 전문적 취소에 대하여, 원인(grounds, Art 331), 방식(mode, Art 332), 취소의 결과(consequences, Art 333), 일방적 취소권의 소멸(Extinction of ex parte right of rescission, Art 334)을 각각 규정하였다.

(1) 채무의 이행이 채무자의 책임 있는 사유에 의하여 전부 또는 부분으로 불능이 된 경우 채권자는 그것을 취소할 수 있다. 각 당사자는 그의 동의가 형성되는 것이 사기 또는 강박에 의하여 이뤄졌다면 그렇게 할 수 있다. 이 권리의 행사는 손실 또는 목적물의 손상에 의하여 방해되지 않으며, 손해의 회복을 배제할 수 없다(Art 331)고 규정하였다.

---

535 켈리포니아 민법전, 제1441, 1598조; 중화민국 민법전, 제246조; American Law Institute's Restatement of Contracts, Sec 462.

536 중화민국 민법전, 제211, 246조; American Law Institute's Restatement of Contracts, Sec 464.

537 중화민국 민법전, 제211, 266조; 일본 민법전, 제410조; American Law Institute's Restatement of Contracts, Sec 463.

538 중화민국 민법전, 제230, 225, 266, 247조; American Law Institute's Restatement of Contracts, Sec 268, 459, 460.

이 초안은 취소의 원인(grounds)에 관하여 규정하고 있다.[539]

(2) 무효로 하는 당사자는 합리적인 노력으로 그 행위에 대한 채무에 대하여 모든 다른 당사자에게 통지하도록 하여야 한다. 모든 다른 당사자는, 통지를 하지 않으면, 그의 의도를 선언할 것을 요구할 수 있고 후자는 이를 거절하지 못한다. 이러한 통지는 상대방이 전달할 이행의 시간을 허용하고 채무의 객체는 얻어질 수 없게 된다(Art 332)고 규정하였다. 이 초안은 취소의 방식(mode)에 관하여 규정하고 있다.[540]

(3) 각 당사자는 그가 이행의 방법으로 금전, 수령 시로부터 이익, 역무의 가치 또는 재산의 사용, 그 과실, 회복할 수 없는 상대방에게 이익이 되는 필요비의 보상을 포함하여 영수한 상대방에게 복원하여야 한다(Art 333)고 규정하였다. 이 초안은 취소의 결과(consequences)에 대하여 규정하고 있다.[541] 즉 원상회복을 하는 것이다.

(4) 취소의 일방적인 권리의 소멸은 제332조 제1항과 손상, 파괴 또는 목적물의 개조를 구비한 무효로 하려는 당사자의 고지 없이 따른다(Art 334)고 규정하였다. 이 초안은 일방적 취소권(ex parte right)의 소멸(extinction)에 대하여 규정하고 있다. 즉 제332조 제1항의 요건을 구비한 고지,[542] 그리고 손상, 파괴 또는 개조하지 않음[543]을 요구하고 있다.

4) 합의(Agreement)

이 초안은 합의에 의한 해제에 대하여, 면제(release, Art 335), 화해(Compromise Lat. trensactio, Art 336), 철회(Revocation, Art 337), 효과(effect, Art 338), 갱개(Novation, Art 339), 갱개에 의한 구계약의 소멸(extinction of the old contract, Art 340)을 각각 규정하였다.

(1) 채권자에 의하여 채무자의 면제는 수락된 그의 채무로부터 채무자를 벗어나게 한다. 그것은 언어의 형식으로, 선행조건의 발생에 적용될 표현으로, 또는 소송이 아닌 계약이다. 그러나 공동채무자의 1인의 면제는 면제된 몫의 범위를 제외하고, 보증인이

---

539 중화민국 민법전, 제254, 256, 260조; 일본 민법전, 제543, 544, 548, 545조; American Law Institute's Restatement of Contracts, Sec 406; 켈리포니아 민법전, 제1689조.
540 켈리포니아 민법전, 제1691조; 중화민국 민법전, 제255, 257, 258조; 일본 민법전, 제540, 542조.
541 켈리포니아 민법전, 제1691조; 중화민국 민법전, 제259조; 일본 민법전, 제545조.
542 중화민국 민법전, 제257조; 일본 민법전, 제547조.
543 중화민국 민법전, 제262조; 일본 민법전, 제548조.

없거나 그들에게 기여한 것을 면하지 않으면 다른 사람을 면책하지 못한다(Art 335)고 규정하였다. 이 초안은 면제(release)에 대하여 규정하고 있다.[544]

(2) 화해(라틴어 : trensactio)는 당사자 사이에 계쟁중인 분쟁을 종료하거나 미래의 일을 보류하는 계약이다. 분쟁이 법원에 제출 된 때 보류중인 소송 또는 초법적으로 관련된 경우는 사법적이 될 수 있다(Art 336)고 규정하였다. 이 초안은 화해(compromise)에 관하여 규정하고 있다.[545]

(3) 철회는, ① 문서를 기반으로 화해를 방해하는 위조 또는 변조를 나중에 발견했을 때, ② 화해하기 전에 집행된 판단의 대상이 되지만 당사자에게 알 수 없는 경우, ③ 당사자 중 1인이 필수적 특성에 관한 상대방의 자격을 착각한 때를 제외하고, 허용되지 않는다(Art 337)고 규정하였다. 이 초안은 화해의 철회(revocation)에 관하여 규정하고 있다. 즉 화해를 철회할 수 있는 일정한 사항(①~③)을 규정하고 있다.[546]

(4) 화해의 효과는 당사자에 의해 포기한 권한을 무효화하고 화해에 지정된 각자에게 담보하는 것이다(Art 338)고 규정하였다. 이 초안은 화해의 효과에 관하여 규정하고 있다.[547]

(5) 갱개는 기존 채무에 대한 새로운 채무의 대체이다. 대체는 당사자 또는 조건이지만, 원래의 채무와 동일한 요건을 준수하게 된다. 당사자는 동일한 담보 또는 새로운 채무를 사용할 수 있지만 제3자에게 속하는 경우 그의 동의를 얻을 수 있어야 한다(Art 339)고 규정하였다. 이 초안은 갱개(novation)에 대하여 규정하고 있다.[548]

(6) 구계약의 소멸은 새계약이 완전한 강제에 들어가고 전자에 대체한 당사자에 의하여 수락되면 비로소 따르게 된다(Art 340)고 규정하였다. 이 초안은 갱개에 의한 구계약의 소멸(extinction of the old contract)에 대하여 규정하고 있다.[549]

---

544 American Law Institute's Restatement of Contracts, Sec 402, 403, 404, 405; 켈리포니아 민법전, 제1541, 1543조; 중화민국 민법전, 제343, 276, 277, 288, 437조; 독일 민법전, 제397조; 일본 민법전, 제519조.

545 중화민국 민법전, 제736조; 독일 민법전, 제779조; 일본 민법전, 제695조; 폴투갈 민법전, 제1711조; 40 Corpus Juris, 1423 n.83.

546 중화민국 민법전, 제738조.

547 중화민국 민법전, 제737조.

548 켈리포니아 민법전, 제1530조; 독일 민법전, 제364(1)조; 일본 민법전, 제513, 514, 517조.

549 독일 민법전, 제364(2)조; 일본 민법전, 제515, 517조.

5) 상계(Compensation(Set Off))

이 초안은 상계에 대하여, 본질(Nature, Art 341), 의사표시(A declaration of intention, Art 342)를 각각 규정하였다.

(1) 2인 이상의 각 당사자는, 유사한 목적들이, 동일한 일반적인 성질의 성숙한 채무에 의한 상호 결합은 상계에 의하여 그 범위에서 면책된다. 채무가 다른 장소에서 이행될 수 있는 것은 이러한 면책을 막지 못할 것이고, 상계되는 청구는 상계권이 확립된 후 소멸시효에 의하여 방해되지 않는다. 다만 상계를 하고자 하는 당사자는 이행의 장소가 달라서 결과 손실에 대하여 상대방에게 배상하여야 한다(Art 341)고 규정하였다. 이 초안은 상계의 본질(nature)에 대하여 규정하고 있다.[550]

(2) 상계하고자 하는 당사자의 의사표시는 상대방에게 하는 것이 필요하다. 다만 무조건이어야 하고 시작 또는 종료의 시간에 제한이 없어야 한다(Art 342)고 규정하였다. 이 초안은 상계하고자 하는 당사자의 의사표시(a declaration of intention)에 관하여 규정하고 있다.[551]

6) 법의 적용(Operation of Law)

이 초안은 법의 적용에 대하여, 소멸시효(Extinctive prescription, Art 343), 연대채무자의 전부 또는 일부의 파산(bankruptcy of all or part of the solidary obligers, Art 344)을 각각 규정하였다.

(1) 소멸시효는 의무를 소멸한다. 채무에서 발생한 권리와 의무가 동일한 사람에게 귀속하면 채무는 제3자에게 속하는 권리의 목적이 아니면 소멸한다. 따라서 계약상 채무는 판결 또는 재정으로 통합될 수 있다(Art 343)고 규정하였다. 이 초안은 소멸시효(extinctive prescription)에 대하여 규정하고 있다.[552]

(2) 연대채무자의 전부 또는 일부의 파산은 채권자를 절차와 전부 만족을 청구하도

---

550 중화민국 민법전, 제334, 336, 337조; 독일 민법전, 제287, 391조; 일본 민법전, 제507조.
551 중화민국 민법전, 제335조; 독일 민법전, 제388조; 일본 민법전, 제506조.
552 Anson, Law of Contracts, 370 sq; 중화민국 민법전, 제125~7, 276, 288, 344조; 일본 민법전, 제167~8, 520조; American Law Institute's Restatement of Contracts, Sec 443, 444, 445.

록 개입한다. 파산에서 면책명령은 파산채무를 일반적으로 소멸시키거나 할 수 있다(Art 344)고 규정하였다. 이 초안은 연대채무자의 전부 또는 일부의 파산(bankruptcy of all or part of the solidary obligers)에 대하여 규정하고 있다.[553]

7) 파산(Bankruptcy)

이 초안은 파산에 대하여, 본질과 구조(Nature and Institution, Art 345~352), 파산재산 (bankrupt estate, Art 353~356), 파산청구(bankruptcy claims, Art 357~360), 채권자의 권리 (creditors rights, Art 361~366), 회의(meetings, Art 367~370), 화의(composition, Art 371~ 373), 배분(distribution, Art 374~377) 및 해제와 부당이득(discharge and restitution. Art 378~383) 및 효과(effect, Art 384~385)를 각각 규정하였다.

가) 본질과 구조(Nature and Institution)

(1) 채무초과와 파산이라는 용어는, 종종 서로 바꿀 수 있는 것으로 사용되지만, 동 의어가 아니다. 전자는 그의 재정적 채무를 감당할 수 없는 채무자의 상태를 나타낸다. 그러나 파산은 채무초과로 판정된 것이다. 그것은 채무자, 그의 사용인, 관리인 또는 집 행인에 의하여 자발적으로 구성되고, 채권자에 의하여 비자발적으로 구성된다(Art 345) 고 규정하였다. 이 초안은 파산의 본질과 구조(nature and institution)에서 채무초과와 파 산의 용어(the term)와 구성(institution)에 대하여 규정하고 있다.[554]

(2) 파산행위는, ① 채무초과의 서면인정, ② 채권자의 이익을 위한 일반적인 할당, ③ 채무초과인 동안 다른 채권자에 대하여 1인 이상의 선취권, ④ 또는 획득, 허용하거 나 재산을 맡아 할 수 있는 수신자의 지명을 받는 것, ⑤ 그것의 은닉, 제거, 그 목적으로 양도, 또는 이전 또는 허용, 방해할 의사로 지연 또는 채권자를 사취한 것을 포함한다 (Art 346)고 규정하였다. 이 초안은 파산행위(acts of bankruptcy)에 대하여 이 조문에서

---

[553] 일본 민법전, 제441조.
[554] 오스트리아 파산법, 제68~9조; 중화민국 파산법, 제1, 57~8조; 영국 파산법, 제1조 제I항 (1), (4)호, 제3~18, 19조; 독일 파산법, 제102~3, 103 par 11, 207, 209, 212, 215조; 항가리 파산법, 제82~86, 244조; 이태리 상 법전, 제638조; 일본 파산법, 제70, 81, 124 par III, 147, 458, par II, 466조; 일본 상법전, 제38조 이하 제80조 제I항, 제402, 456조; 폴투갈 상사절차법, 제185조; 스페인 상법전, 제870~7조; 스위스 파산법, 제38조 이하, 제 67조 이하, 제74, 175, 193조; 스위스 채무법전, 제553, 591, 39, 865조; 미국 파산법, 제3, a, (5), 2 par III, 4, 59조.

열거한 사항(①~⑤)을 포함하는 것으로 규정하고 있다.[555]

(3) 모든 대한민국의 국민(파산행위를 할 당시 농부나 임금소득자는 제외), 조합, 제한 된 조합을 포함하고, 하나 이상 일반 동업자를 포함하며, 대한민국의 법인으로서 정부, 시 또는 보험회사를 제외하고 적절한 표시에 의하고 소정 절차에 따라서 파산이 판단되어야 한다. 그러나 자연인 또는 법인인 외국인은 그의 국가에서 한국어가 같은 권한을 부여하거나 외국인이 한국어로 파산법원의 토지관할권 내에서 재산을 소유하고 있는 경우 밖에 자신의 국가에 있는 경우와 같이 할 수 있다. 법인파산은 회사의 임원 또는 청산인에 의해 표현될 수 있다. 그러나 사망자의 재산은 개인적 대표에 의하여 표현될 수 있다(Art 347)고 규정하였다. 이 초안은 파산의 당사자(parties)에 관하여 내국인으로서 자연인과 법인, 외국인으로서 자연인과 법인에 대하여 규정하고 있다.[556]

(4) 사망자의 재산(상속재산)도 파산 선언될 수 있다. ① 지급불능, ② 상속인의 부재, ③ 상속인의 한정승인, ④ 자신의 권리를 포기하지 않은 모든 상속인은 파산자가 될 가능성이 있다. 다만 한정승인을 하지 않은 경우 상속인의 채권자는 부동산에 대한 자신의 청구를 만족하지 않을 수 있다(Art 348)고 규정하였다. 이 초안은 상속재산에 대한 파산에 대하여 규정하고 있다. 즉 이 조문에 열거한 일정한 경우(①~④)에 상속인은 파산인이 될 수 있다는 것이다.[557]

(5) 선서에 따라 신청은 제출해야 한다. 채권자는 그 안에 자신의 청구와 채무자의 지급불능의 성격과 금액을 명시해야 한다. 채무자의 신청은 알거나 알 수 있는 그의 채무자와 채권자인 그들과 그들의 주거지에 의해 중복 신청되고 그 재산의 금액 및 종류, 그 위치, 비용, 또는 근사 값을 나열하는 금액을 지불한 그의 재산의 재고와 함께 하여야 한다. 이러한 재고는 파산선고 후 5일 이내에 채무자가 수탁자에게도 제출되어야 한다(Art 349)고 규정하였다. 이 초안은 파산의 신청(a petition) 절차에 관하여 규정하고 있다.[558]

---

555 일본 파산법, 제108~110, 116~8, 122, 274~9조; 미국 파산법, 제3, a조.

556 프랑스, Thaller-Perceron, "Traite du droit Commercial, 1931 ed. Tome I." 참조; 독일 민사집행절차법, 제15(3)조; 일본 파산법, 제126~9, 152~4조, 제33조 참조; 일본 민법전, 제34~5, 1051조; 일본 민사소송법전, 제4, 46조; 일본 상법전, 제52조 제II항; 미국 파산법, 제4(b)조.

557 중화민국 파산법, 제59, 115조; 독일 파산법, 제216, 215, 220조; 독일 민법전, 제1960조; 일본 파산법, 제8조 이하, 제33~4조.

558 미국 파산법, 제7(8), (9)조; 중화민국 파산법, 제61조; 일본 파산법, 제132, 134조; 브라질 파산법, 제 74조 제II항; 중화민국 상법전, 제1401~1410조; 덴마크 파산법, 제54조; 영국 파산법, 제22조 제II항; 프랑스 상법전, 제479~483조; 독일 파산법, 제123조; 네델란드 파산법, 제94~6조; 이태리 상법전, 제740~3조; 일본 파산법, 제138, 188, 189조; 포르투갈 파산법, 제114~8조; 루마니아 상법전, 제749~753조; 스위스 파산법, 제221, 224

(6) 채무자의 파산 절차에 대한 추구, 또는 주제는, 그 단계에서, 법원의 명령에 따라, 자신의 사업 업무의 수행, 그의 파산의 원인, 채권자 및 타인과의 관계, 자신의 재산 및 절차의 결과에 영향을 미칠 가능성이 다른 사실인 세부 사항에 관한 실행을 제출하여야 한다(Art 350)고 규정하였다. 이 초안은 파산 신청의 단계에 법원의 명령에 따라서 진행하는 절차인 실행(examination)을 규정하고 있다.[559]

(7) 신청에 대한 청문회 후 법원은 이를 기각 또는 채무자에게 파산선고를 내리고, 공인회계사를 수탁자로 지정한다. 또는 아무도 사용할 수 없는 경우, 적합한 사람을 임명해야 한다. 아무도 채권자회의 전에 임명되지 않은 경우, 후자는 한 명 이상 또는 임명을 권고할 수 있다. 수탁자는 법원의 감독 하에 있어야 한다(Art 351)고 규정하였다. 이 초안은 신청에 대한 선고(Adjudication)에 대하여 규정하고 있다.[560]

(8) 판결은 수탁자의 성명과 주소를 포함하고, 파산 채무자와 재산의 보유자에게, 모든 채권자가 일정 기간 내, 15일 이상 3월을 넘지 않으면, 1월 이내의 고정된 일자에 그와 함께 자신의 청구를 하면, 모두 변제하고 수탁자에게 인도할 것을 명한다. 법원은 또한 필요한 항목과 통신을 할 수 있는 신탁재산의 등록기관에 채무자의 우편, 전보 및 전화 통지를 전달하기 위해 우편 당국에 명할 수 있다(Art 352)고 규정하였다. 이 초안은 법원의 판결(the decree)에 대하여 규정하고 있다.[561]

조; 미국 파산법, 제7(8), (9)조.

559 오스트리아 파산법, 제99조; 벨지움(룩셈부르그) 상법전, 제485조; 브라질 파산법, 제37조 제Ⅳ항; 중화민국 파산법, 제62조; 덴마크 파산법, 제54조 제Ⅱ항, 제72조 제Ⅱ항; 영국 파산법, 제22조 제1항, Ⅲ항, 제57조; 프랑스 상법전, 제477, 488조; 독일 파산법, 제100조; 네델란드 파산법, 재105조; 이태리 상법전, 제730조; 일본 파산법, 제148조, 제153조 제Ⅰ항, 제382조; 일본 민사소송법, 제267, 285, 307조; 노르웨이 파산법, 제16, 25, 35조; 포르투갈 파산법, 제101, 118조; 포르투갈 상사절차법전, 제198조 제Ⅱ조, 제233조; 루마니아 상법전, 제761조 제Ⅲ항; 스위스 파산법, 제222, 229조; 미국 파산법, 제7 a(10), b조.

560 오스트리아 파산법, 제80~7조; 아르헨티나 상법전, 제1421, 1433조; 벨지움 상법전, 제455~60조; 브라질 파산법, 제16, 64, 66조; 칠레 민사소송법, 제586, 606조; 칠레 상법전, 제1250조; 중화민국 파산법, 제63, 4, 83조; 덴마크 파산법, 제52, 53, 58, 66, 7조; Dr. Saito, Study of Bankruptcy Law, Vol. 3, par 110; 에집트 파산법, 프랑스 상법전 이하, 영국 파산법, 제70조 이하, 제19, 78조; 필랜드 파산법, 제50~1조; 프랑스 상법전, 제462, 529조; 독일 파산법, 제78~88조; 항가리 파산법, 제95~100조; 이태리 상법전, 제720조; 일본 파산법, 제142, 157~61조; 유고슬라비아 파산법, 제86, 92~4조; 노르웨이 파산법, 제14, 112, 21, 22조; 포르투갈 상사절차법전, 제196, 227~8조; 미국 파산법, 제44~6조.

561 중화민국 파산법, 제83~85조; 일본 파산법, 제141~3조; 독일 파산법, 제81, 108, 111, 9조; 오스트리아 파산법, 제77조 제Ⅱ항; 아르헨티나 상법전, 제1422(1)조(전화는 포함하지만, 무선전화는 제외); 벨지움 상법전, 제478조; 브라질 파산법, 제17조 제Ⅱ항, 제65조 제Ⅱ항; 칠레 상법전, 제1250(4), 1421조; 중화민국 파산법, 제66~7조; 영국 파산법, 제24조; 프랑스 상법전, 제471조 제Ⅲ항; 독일 파산법, 제101, 106, 121조; 네델란드 파산법, 제99조; 항가리 파산법, 제91조; 이태리 상법전, 제749조; 일본 파산법, 제544조; 멕시코 상법전, 제1429(1)조; 스위스 파산공무원업무규정, 제38조.

나) 파산재산(Bankrupt Estate)

(1) 파산 상태는 판결로 채무자에게 속하는 모든 재산과 확정되지 않은 청구를 포함하고 이행기에 이르러 획득할 수 있는 것도 포함한다. 엄밀하게 인적 권리 및 재산은 실행 대상에서 제외된다. 파산은 파산재산에 포함된 모든 재산과 모든 회계장부, 서류 및 문서를 이전하고 이에 관련된 수탁인의 모든 질문에 답하여야 한다(Art 353)고 규정하였다. 이 초안은 파산 상태에 포함될 항목(Items)에 관하여 규정하고 있다.[562]

(2) 수탁인은 선량한 관리자의 주의를 하여야 한다. 자신의 의무를 떠맡기 전에, 그는 충실한 이행을 위하여 담보를 제공하여야 하고, 그 총액과 담보는 해당 법원이 승인하게 된다. 그 승인될 목적은, 수탁인은, ① 첫 채권자회의까지 파산업무를 계속하고, ② 파산재산에 속하는 모든 재산의 회복에 필요한 행위, 부동산 및 무체재산에 관한 권리의 이전, 업무 재고로서의 동산 및 1,000엔을 넘지 않는 다른 동산, 파산재산에 대한 분쟁에 대하여 화해 또는 조정에 따름, 권리의 포기 및 반대 권리의 청구, 필요하면 채권자 없이 해결 목적으로 그것을 공경매로 매각하는 등을 할 수 있다(Art 354)고 규정하였다. 이 초안은 수탁인의 의무와 권한(Truster's Duties and Powers)에 대하여 규정하고 있다. 즉 수탁인은 선량한 관리자의 주의(the care of a good administrator)로 업무를 수행하여야 할 의무가 있다.[563] 충실한 이행을 위하여 취임하기 전에 해당 법원이 승인한 담보를 제공하게 하고 있다.[564] 그리고 그의 권한은 이 조문이 열거한 사항(①~②)으로 규정하고 있다.[565]

---

562 아르헨티나 상법전, 제1451~2조; 오스트리아 파산법, 제1, 99조; 덴마크 파산법, 제39, 47, 50, 54 par II, 72 par II조; 영국 파산법, 제38(이른바 소유권 규정), 22 par I, III, 57조; England Ringwood-Roper; Principles of Bankruptcy; 독일 파산법, 제1조, 제3조 제I항, 제157조; 네델란드 파산법, 제20, 21조; 일본 파산법, 제6, 47, 185~7조; 멕시코 상법전, 제962~3조; 페루 파산법, 제46, 53조; 스위스 파산법, 제92조, 제197조 제1항, 제224조; 미국 파산법, 제70, 69조; 오스트리아 파산법, 제77조 제I항; 벨지움 상법전, 제470~1, 477, 488조; 중화민국 파산법, 제88조; 에집트 상법전, 제249, 267, 268조; 프랑스 상법전, 제455조 이하, 477, 488조; 브라질 파산법, 제37조 제IV항; 중화민국 파산법, 제89조.

563 브라질 파산법, 제65, 67, 72조; 첵코스로바키아 파산법, 제79조 제3항; 중화민국 파산법, 제86조; 덴마크 파산법, 제76조; 독일 파산법, 제82, 89조; 헝가리 파산법, 제100조 제2항; 일본 파산법, 제 164, 175조; 노르웨이 파산법, 제25조; 페루 파산법, 제124조; 포르투갈 상사절차법전, 제100조 제2조.

564 중화민국 파산법, 제7, 8조; 영국 파산법, 제19조 제II항, 시행규칙 제331조; 이태리 상법전, 제72조; 독일 파산법, 제78조 제II항; 일본 경매법, 제19조(파산법에 규정이 없음); 폴투갈 상사절차법전, 제216조; 스위스 파산법, 제6조 제III항; 미국 파산법, 제50 (a) (b) (c)조.

565 오스트리아 파산법, 제115조 제I항; 벨지움 파산법, 제475, 529조; 브라질 파산법, 제78, 124조; 중화민국 파산법, 제91, 90, 92, 92, (3) (5)조; 영국 파산법, 제56, 7, 9, 56 par II조, 상세규정은, 제338~48조; 필란드 파산법, 제57조; 독일 파산법, 제129조 제II항, 제132조; 헝가리 파산법, 제156~7조; 이태리 상법전, 제750, 794~6조; 일본 파산법, 제192조 제I항, 제162, 197(10)조 제7, 198조 참조, 제197 (1) (2)조 등; 폴투갈 상사절차법전, 제

(3) 면제를 갱신하고자 하는 청구에 대한 계쟁중인 소송은 채무자의 소장이 처리될 때까지 또는 그가 파산 선고를 받으면 면제의 문제가 결정될 때까지 계류하게 된다(Art 355)고 규정하였다. 이 초안은 계쟁중인 소송(pending suits)에 대하여 규정하고 있다.[566]

(4) 파산재산의 비용은, ① 재산의 관리, 판매 및 유통, ② 채권단 공동의 이익인 사법 절차, ③ 파산 또는 그의 직계 가족의 유지 및 장례비용, ④ 법원에 의해 확정되거나 어느 것이 부적절한 행위로 유죄 판결을 받은 수탁자로부터 징수할 수 있는 수탁자의 보상을 포함한다(Art 356)고 규정하였다. 이 초안은 파산재산의 비용(Expenses of the bankrupt estate)에 대하여 규정하고 있다.[567]

다) 파산청구(bankruptcy claims)

(1) 파산청구는 그 배제의 권한을 제외하고 판결하기 전에 파산에 대하여 입증된 것에서만 적용되고, 파산절차에서만 강제될 수 있다. 한 조건에 대한 청구의 총액은 파산청구가 될 수 있다(Art 357)고 규정하였다. 이 초안은 파산청구의 정의(Defined)를 규정하고 있다.[568]

(2) 파산청구는 판결에 의하여 시간제한 없이 만기가 되고 법인을 파산하는 불입금은 당사자의 확정일자에 관계없이 지급되어야 한다(Art 358)고 규정하였다. 이 초안은 파산청구의 만기(Maturity)에 대하여 규정하고 있다.[569]

(3) 청구의 범위에서 제외되는 것은, ① 판결 후 발생한 이익, ② 파산절차에 참여하여 발생한 비용, ③ 손해배상 및 판결 후 불이행에 대한 처벌, ④ 비용, 벌금, 정관 및 환불입수이다(Art 359)고 규정하였다. 이 초안은 청구의 범주에서 제외되는 것(Excluded

---

261조 제1항, 제263조; 미국 파산법, 제2(5), 11, (2) (c)조.

[566] 일본 파산법, 제69, 71, 86, 62조; 일본 민사소송법전, 제214조 이하; 미국 파산법, 제11, a, c조; 영국 파산법, 제7, 9, 56 par II조.

[567] 중화민국 파산법, 제95, 84조; 일본 파산법, 제47 (3) (1) (9)조; 독일 파산법, 제85조 제I항, 제91조 제I항; 헝가리 파산법, 제103조; 멕시코 상법전, 제1427조; 스위스 : Blumenetein, Schuldbetreibungsrhcht par 733 f; 미국 파산법, 제48조.

[568] 오스트리아 파산법, 제1조 제II항, 제17조 제II항; 중화민국 파산법, 제98, 102조; 영국 파산법, 제 30조; 독일 파산법, 제3, 135 par II, 66~7, 12, 14조; 네델란드 파산법, 제26조; 헝가리 파산법, 제2, 69조; 일본 파산법, 제15, 16조, 제49, 95조 참조, 제23조; 중화민국 파산법, 제99조; 체코슬로바키아 파산법, 제19조 제II항.

[569] 오스트리아 파산법, 제14조 제III항; 벨지움 파산법, 제450조 제II항; 중화민국 파산법, 제100조; 덴마크 파산법, 제131조; England Adopted Method Carpzov; 독일 파산법, 제65조 제II항; 네델란드 파산법, 제131조; 이태리 상법전, 제768조(K. Leibnitz); 일본 파산법, 제17조, 제18조 참조; 폴투갈 상사절차법전, 제199조; 스페인 상법전, 제883조; 스위스 파산법, 제208조(M. Carpzov); 미국 파산법, 영국도 동일.

from the category of claims)으로서 이 조문에서 열거한 사항(①~④)을 들고 있다.[570]

(4) 제기 및 수집하거나 소장된 청구의 목록은 신고 청구에 대한 확정기간의 만료시에 수탁자에 의해 준비되어야 하고, 이해관계 있는 사람이 자신의 사무실에서 감사를 할 수 있도록 개방되어야 한다(Art 360)고 규정하였다. 이 초안은 청구의 목록(an inventory of claims)에 대하여 규정하고 있다.[571]

라) 채권자(Creditors)

이 초안은 채권자에 대하여, 권리(rights, Arts 361~366) 및 회의(meetings, Arts 367~370)를 각각 규정하였다.

(1) 배제의 권리는, 파산선고 전에, 파산재산에 따라 서약, 저당 또는 담보권을 가진 사람에게 발생한다. 그는 독립적으로 파산절차의 자신의 청구를 강제할 수 있다. 다만 그 다음에 그의 청구에서 어떤 부족을 복구하기 위해, 그들을 통해, 구할 수 있다(Art 361)고 규정하였다. 이 초안은 채권자의 배제권(별제권, the right of exclusion)에 대하여 규정하고 있다.[572]

(2) 법인의 채권자는, 다른 전체의 책임을 가정하고 있지만, 파산 선고를 받으면, 파산절차에서 그 청구를 강제할 수 있다(Art 362)고 규정하였다. 이 초안은 법인의 채권자(Creditors of a juristic person)에 대하여 규정하고 있다.[573]

(3) 수인의 동일한 채무에 대한 연대책임, 그 중 파산 선고를 받은 경우, 채권자는 그의 각 파산재산에 대하여 실행할 권한이 주어지고, 채권자가 이미 그의 청구를 만족하지 못하면 다른 공동채무자는 장래 보상을 위하여 파산채권자가 되게 한다(Art 363)고 규정하였다. 이 초안은 연대책임(Solidary liability to the same obligation of several parties)

---

570 오스트리아 파산법, 제57조; 브라질 파산법, 제24 (3) (4), 27조; 칠레 상법전, 제1327조; 칠레 민법전, 제2491조; 중화민국 파산법, 제103조; 영국 파산법, 제33조 제VIII항, 제30조 제I항; 프랑스 파산법, 제445조; 독일 파산법, 제63조 제I, II, III항; 이태리 파산법, 제700조; 일본 파산법, 제38조; 폴투갈 파산법, 제117조; 스위스 파산법, 제209조; 미국 파산법, 제63 (2), (9)조.

571 중화민국 파산법, 제94조; 일본 파산법, 제209조.

572 중화민국 파산법, 제108, 109조; 독일 파산법, 제47, 52, 126~7, 153, 64, 96, 163 par II조; 독일 보험법, 제157조; 일본 파산법, 제367, 368, 96조; 일본 민사소송법, 제214조 이하, 제600~1조; 오스트리아 파산법, 제10~3, 48, 119, 120, 122조; 영국 파산법, 제167조(제25조 참조); 프랑스 파산법, 제1612~3, 2102조.

573 중화민국 파산법, 제106조; 독일 파산법, 제212조; 독일 상법전, 제128~9, 138, 161조; 일본 파산법, 제28, 17조.

에 대하여 규정하고 있다.[574]

(4) 어음 또는 다른 유통증권의 수취인 또는 피배서인은, 지급인 또는 배서인이 파산 선고를 받을 줄 모르고 그것을 받았으면, 파산절차에서 구제받을 수 있다(Art 364)고 규정하였다. 이 초안은 유통증권(On Negotiable Instrument)에 있어서 지급인 또는 배서인이 파산 선고를 받은 경우에 수취인 또는 피배서인의 구제를 규정하고 있다.[575]

(5) 매도인이 목적물을 배달하였지만 그것을 수령하기 전에 매수인이 파산 선고를 받은 경우 전자는 철회하고 수탁자 또는 상사대리인이 전 가격을 지불하지 않는 한 목적물을 회수할 수 있다. 파산인의 배우자는 배타적으로 존재하는 것을 입증하기 위하여 이 목적물을 회수할 수 있다(Art 365)고 규정하였다. 이 초안은 매도인이 목적물을 배송하였는데 매수인이 그것을 수령하기 전에 파산 선고를 받은 경우 반환(Reclamation)에 대하여 규정하고 있다.[576]

(6) 파산 채권자는 자신에 대한 파산 채무에 대하여 만기가 되지 않았거나 조건에 따르게 되더라도, 채권자의 청구는 파산 선고나 그 신청을 아는 청구자나 지급이 중지된 후에 취득한 소지인에게 지급하지 않는 한, 그의 청구를 상계할 수 없다(Art 366)고 규정하였다. 이 초안은 파산 채권자의 상계(CompensationSet off)에 대하여 규정하고 있다.[577]

(7) 채권자의 제1차 회의는 판결의 선고에서 지정된 일자에 개최되어야 하고, 다음 회의는 수탁자의 소집으로 개최된다. 법원은 각 회의에 주재할 판사를 지명하고, 회의에서 토의될 사항의 의제를 발간한다. 채권자는 회의에 대리할 다른 사람을 지명할 수 있다(Art 367)고 규정하였다. 이 초안은 채권자회의(meeting of creditors)의 개최에 대하여 규정하고 있다.[578]

---

574 중화민국 파산법, 제104~5조; 독일 파산법, 제51조; 일본 파산법, 제94조.

575 중화민국 파산법, 제107조; 일본 파산법, 제57조.

576 아르헨티나 상법전, 제1476~86조; 오스트리아 파산법, 제45, 55조; 브라질 파산법, 제188(4)조; 중화민국 파산법, 제111조; 영국 파산법, 제202조; 영국 동산매매법, (1893), 제44~6조; 독일 파산법, 제17, 44, 45조; 일본 파산법, 제89조, 제59, 90조 참조; 일본 상법전, 제582조; 프랑스 상법전, 제 557~561조; 네델란드 파산법, 제61조; 헝가리 파산법, 제46조; 스위스 민법전, 제210~1조.

577 중화민국 파산법, 제113, 114조; 영국 파산법, 제38, 31조; 프랑스 민법전, 제1298조; 네델란드 파산법, 제53조 이하, 제55조; 이태리 민법전, 제1294조; 일본 파산법, 제98~100, 104조; 폴투갈 상사절차법전, 제200조; 미국 파산법, 제60(c)조; 소련 민사소송법전, 제346조; 아르헨티나 상법전, 제1464조; 오스트리아 파산법, 제19~20조; 브라질 파산법, 제49조; 칠레 상법, 제49조; 칠레 상법전, 제1370조 제I항; 덴마크 파산법, 제15조; 노르웨이 파산법, 제119조; 스위스 파산법, 제213~4조; 스웨덴 파산법, 제213(3)조.

578 아르헨티나 상법전, 제1388, 1394조; 오스트리아 파산법, 제91조; 브라질 파산법, 16(6), 18, 100, 11 par II, 102조; 영국 파산법, 제13조; 프랑스 상법전, 제504, 505조; 독일 파산법, 제94, 110, 93 par 11, 98조; 헝가리 파산

(8) 수탁자는 첫 회의에서, 지금까지 내려왔던, 자산, 청구와 부채 및 구성에 대한 계획을 보여주는, 목록의 사본과 함께, 그의 업무의 진행 상황에 대한 서면보고서를 제출하여야 한다. 채권자는 그들을 대신하여, 파산재산의 상태를 조사하고, 수탁자로부터 그 보고서를 요구하는, 그 진행을 관찰하기 위해 검사인을 하나 이상을 선임할 수 있다. 제354조 제1항과 제356(4)조의 규정은 검사인에게 적용된다. 채권자는 또한 파산 재산의 관리방법 및 자신의 사업을 계속 또는 일시 중단의 정책에 대하여 결의를 통과할 수 있다(Art 368)고 규정하였다. 이 초안은 회의진행의 절차(Proceedings)에 대하여 규정하고 있다.[579]

(9) 채권자회의에서 취한 조치는 총 청구의 절반 이상을 대표하는 출석 파산채권자의 과반수의 찬성을 필요로 한다. 파산채권자의 이익에 불리한 그러한 조치는, 그 후 5일 이내에 수탁자, 관리자 또는 다른 채권자의 신청으로, 법원에 의해 무효화 될 수 있다(Art 369)고 규정하였다. 이 초안은 채권자회의에서 결정하는 정족수와 불리한 조치의 효력에 대하여 규정하고 있다.[580]

(10) 파산청구의 유효성 또는 요지에 대한 반대는 첫 번째 채권자회의가 결정하기 전에, 그 근거가 그 이후까지 알려져 있지 않는 한, 제기해야 하고, 법원에 의하여 결정된다. 지속적인 경우 수탁자는 청구의 일정을 수정하고 채권자회의에 그것을 제출하여야 한다(Art 370)고 규정하였다. 이 초안은 파산청구에 대한 이의(Objections)에 대하여 규정하고 있다.[581]

법, 제89 (6) (10)조, 제157조 참조; 일본 파산법, 제176, 178, 153조; 미국 파산법, 제55 (b) (d)조; 중화민국 파산법, 제117, 118, 23조; 영국 파산법, supra Rules, No. 1, 제7조; 칠레 상법전, 제1444조; 네델란드 파산법, 제83조; 일본 민사소송법전, 제88조; 노르웨이 파산법, 제83조.

579 오스트리아 파산법, 제84조 제I항, 제121~5, 88, 171, 97 par I, 89 par V조; 브라질 파산법, 제67(7)조; 칠레 상법전, 제1426, 1438조; 덴마크 파산법, 제52, 77~9, 68, 74~8, 86 par III조; 영국 파산법, 제85(b), 20 par I, 56, 79 par I조, 제87조 제I항, 20 pars I, II, VIII; 독일 파산법, 제131, 132 par II, 91조; 네델란드 파산법, 제76, 74~5, 76~9, 25, 27조; 이태리 상법전, 제756~7조; 일본 파산법, 제193, 170~1, 173, 205, cf. 196-7, 206, 257조; 폴투갈 상사절차법전, 제234조; 스위스 파산법, 제237조 제I항, 제3항, 제253조, 제253조 제2항, 제268조; 중화민국 파산법, 제120(1), 121, 84, 128조; 독일 화의법, 제44 par I, 87조; 이태리 파산법, 제6조; 폴투갈 상법전, 제196조; 덴마크 파산법, 제68, 74~8, 86 par III조; 폴란드 파산법, 제130, 138조; 프랑스 상법전, 제10 par III조; 노르웨이 파산법, 제23조; England Study of Bankruptcy Law by Dr. Kate, Vol. 4 par 247.

580 아르헨티나 상법전, 제1394조; 브라질 파산법, 제101 par IV, 102 par IV조; 중화민국 파산법, 제123, 124조; 첵코스로바키아 파산법, 제91조; 덴마크 파산법, 제64, 64 par II, III조; 독일 파산법, 제94 pars II, III조; 일본 파산법, 제179 par I, 184조; 노르웨이 파산법, 제83 pars II, IV, 84조; 스위스 파산법, 제235 par IV, 262 par III, 239 par I조; 오스트리아 파산법, 제95 par IV조; 필란드 파산법, 제83조.

581 브라질 파산법, 제80~90조; 칠레 상법전, 제1439~1453조; 독일 파산법, 제139~148, 145조; 일본 파산법, 제234~244, 241~2조; 멕시코 상법전, 제89~94조; 미국 파산법, 제57 A, B.조; 중화민국 파산법, 제126조; F.

마) 화의(Composition)

(1) 파산은 제368조 제1항에 의해 요구되는 화의에 대한 수탁자의 계획에 불만족하면, 그는 후자, 채권자회의에 앞서 그것을 배치하여야 하는 사람들에게 ① 지급할 비율, ② 지급시기, 및 ③ 제공할 수 있는 담보를 상술한 대체 계획안을 제출하여야 한다. 그러나 이러한 계획안은, 파산자의 행방을 알 수 없는 경우, 파산절차에 연류 되어 사기로 유죄판결이 된 경우, 그에 대하여 기소되어 계류중인 경우에는 수령할 수 없다(Art 371)고 규정하였다. 이 초안은 화의(composition)에서 파산계획(bankrupt's plan)에 대하여 규정하고 있다.[582]

(2) 채권자회의가 화의의 두 계획안을 고려한 후, 또는 하나가 있는 경우, 법원은 채권자회의의 의장, 수탁자, 모든 검사인 또는 채권자와 파산을 청문할 수 있고, 그들 모두를 심문 할 수 있다(Art 372)고 규정하였다. 이 초안은 화의안에 대한 청문절차(hearing)를 규정하고 있다.[583]

(3) 청문회 후 법원이 채권자에 의해 허용된 계획안이 평등함을 발견하고, 그것이 승인을 받으면, 그들 모두를 구속하게 된다. 그렇지 않으면 추가 고려를 위하여, 법원의 의견과 함께, 채권자회의에 다시 회부된다(Art 373)고 규정하였다. 이 초안은 화의안의 재정(ruling)에 대하여 규정하고 있다.[584]

바) 배당(Distribution)

(1) 채권자에 의해 충분히 고려한 후 화의의 어떤 계획이 승인되지 않은 경우, 수탁자는 준비하고 법원에 자산의 일정을 제출하고 배당의 방법 및 비율을 권장해야 한다. 법원이 승인할 경우, 발행을 주문하고 접수된 반대에 대하여 15일 이후에 허용해야 한다.

Eckstein; Das englische Konkursrecht, S. 305f.

[582] 오스트리아 파산법, 제140조; 벨지움 상법전, 제509, 510조; 브라질 파산법, 제163, 166, 107~9조; 중화민국 파산법, 제129, 130, 131, 132조; 프랑스 상법전, 제499, 500조; 일본 파산법, 제294, 295, 298조; 멕시코 상법전, 제988, 992~3조; 폴투갈 파산법, 제286, 288조; 스페인 파산법, 제898조; 스위스 파산법, 제160 par III, 317 par I조; 아르헨티나 상법전, 제1401~3조; 칠레 민사소송법, 제672~6조; 영국 파산법, 제21 par I, 16 par 9조; 독일 파산법, 제186~8조; 일본 화의법, 제18(5)조; 폴투갈 상사절차법, 제299~314조; 스페인 상법전, 제902~3조; 스위스 파산법, 제306, 317조; 미국 파산법, 제12 d (1)조 (개정 제30d1,3조).

[583] 중화민국 파산법, 제132~4조; 독일 파산법, 제177~8조; 일본 파산법, 제297~8조; 미국 파산법, 제222조.

[584] 오스트리아 파산법, 제156조 제I항; 중화민국 파산법, 제135~6조; 덴마크 파산법, 제120조; 영국 파산법, 제16 par XIII, 17, 21 par I조; 독일 파산법, 제193조; 네델란드 파산법, 제157조; 일본 파산법, 제326 cf 327조; 멕시코 파산법, 제76 par I조; 폴투갈 상사절차법전, 제292조.

아무런 반대도 기간 내에 제출하지 않았거나, 또는 신청하는 경우, 부족이 있는 경우에, 법원은 진행할 배당을 명하여야 한다. 유효한 이의가 제기되면 법원은 채권자와 더 고려하기 위하여 수탁자에게 의견제출할 일정을 돌려줄 수 있다(Art 374)고 규정하였다. 이 초안은 배당(distribution)의 시기와 방법(time and mode)을 규정하고 있다.[585]

(2) 자산이 충분하면 전체 지급할 채권단의 배당금을 통해 우선순위가, ① 세금과 정부의 다른 청구와 ② 파산 절차의 비용에 주어진다. 동일한 우선순위의 특혜주장은 비례하여 지급한다. 동일한 비율의 배당금은 다른 모든 허용된 청구에 지급된다(Art 375)고 규정하였다. 이 초안은 배당금에 우선(priority)하는 경우 및 동일한 우선순위(the same order of priority)와 동일한 비율의 배분인 경우(dividends of equal percentage)에 관하여 규정하고 있다.[586]

(3) 지급은 선행조건으로 청구의 보류 또는 더 담보가 제공되지 않는 차후의 조건, 또는 소송중인 청구, 또는 배분을 지연할 가능성이 있는 이의로 보류될 수 있다(Art 376)고 규정하였다. 이 초안은 배당에 있어서 지급(payment)의 보류에 대하여 규정하고 있다.[587]

(4) 배당을 마친 수탁자는, 만족한 경우, 그의 보고서를 법원에 제출하고, 파산절차를 종료해야 한다. 이러한 재정에 대한 이의가 있을 수 없다. 그러나 3년 이내에 재산이 더 발견된 경우, 수탁자는, 법원의 승인을 얻어, 추가 배당을 할 수 있다(Art 377)고 규정하였다. 이 초안은 파산절차에서 보고와 재정(report and ruling)에 대하여 규정하고 있다.[588]

사) 면책 및 회복(Discharge and Restitution)

이 초안은 파산절차에서 면책 및 회복에 관하여, 절차(proceedings, Arts 378~383), 효과(effect, Arts 384~385)를 각각 규정하였다.

(1) 파산채무가 완제되거나 화해조건을 충족한 파산은 그의 권리를 회복하기 위하여

---

585 스페인 상법전, 제904조; 스위스 파산법, 제311조; 미국 파산법, 제221조, 개정 제32(c)조; 브라질 파산법, 제136~7조; 칠레 상법전, 제1508조; 칠레 민사소송법, 제622조; 중화민국 파산법, 제139조 제Ⅳ항; 덴마크 파산법, 제99조; 영국 파산법, 제62~67조; 일본 파산법, 제236~9, 183, 260~4조; 미국 파산법, 제65조.
586 중화민국 파산법, 제97, 112조; 일본 파산법, 제38, 47, 40조; 미국 파산법, 제64, 65조.
587 중화민국 파산법, 제140~4조; 독일 파산법, 제66, 154 par II조; 일본 파산법, 제266, 275 (23)조.
588 중화민국 파산법, 제145~6, 147조; 일본 파산법, 제282, 285, 283, cf. 279, 284조; 독일 파산법, 제166조.

법원에 신청할 수 있다. 자연인의 파산 선고는 그의 면책을 위한 신청으로 족하다. 법인은 선고 후 6월 이내에 면책을 위한 신청을 제출하여야 한다(Art 378)고 규정하였다. 이 초안은 면책 및 회복에 관한 절차(proceedings)에서 신청(application)에 대하여 규정하고 있다.[589]

(2) 채무자가 완전히 조사된 후 법원은 면책에 대한 거부와 원인 고지를 모든 이해당사자에게 제출할 시기를 확정할 수 있다. 그 기간 또는 기간 연장이 종료되면, 거부자가 제출한 해당 증거와 다툼을 청취할 수 있다(Art 379)고 규정하였다. 이 초안은 면책에 대한 이의신청(opposition) 절차에 대하여 규정하고 있다.[590]

(3) 이의신청의 사유는, ① 절차의 과정에서 범죄행위인 채무자의 행위, ② 회계장부 또는 다른 업무거래기록의 부당한 파괴, 훼손, 위조, 은닉 또는 유지하거나 계정 또는 보존을 방해, ③ 파산 신청이 제출된 즉시 당해 연도 초일이 지난 뒤, 방해, 지연 또는 채권자를 사취할 목적으로 한 유사한 행위, ④ 순환 또는 허용된 금전, 재산 또는 신용을 포함하여 취득한 자신의 재무상태의 실질적인 허위 진술, ⑤ 합법적인 명령을 복종하거나 법원에 의해 승인 된 자료 질문에 대한 답변을 하거나 손실이나 자산의 결핍을 설명하지 못함을 포함한다(Art 380)고 규정하였다. 이 초안은 이의신청의 근거(사유)에 대하여 이 조항이 열거한 사항(①~⑤)을 포함한다고 규정하고 있다.[591]

(4) 모든 이해관계자에게 통지하여, 제시한 증거에 따라 청문회를 가진 후, 법원은 채무자의 면책에 대한 반대가 충분한지 여부를 확인하고, 그렇지 않을 경우, 이러한 면책은 부여되어야 한다(Art 381)고 규정하였다. 이 초안은 면책의 반대에 대한 청문회(hearing) 절차를 규정하고 있다.[592]

(5) 면책의 권리의 포기는, ① 그 효과에 대한 채무자의 서면 진술, ② 청문회에 출석하지 않거나, ③ 절차의 모든 단계에서 심문에, 충분한 변명을 하지 않고, 자신을 제출함으로써 생긴다(Art 382)고 규정하였다. 이 초안은 면책권의 포기(waiver of the right of discharge) 원인인 사유(①~③)에 대하여 규정하고 있다.[593]

---

589 중화민국 파산법, 제150조; 일본 파산법, 제367조; 미국 파산법, (1938), 제14(a)조.
590 미국 파산법, 제14(b)조.
591 중화민국 파산법, 제154~6조; 독일 파산법, 제239~41, 244조; 일본 파산법, 제374~6조; 미국 파산법, 제14(c)조.
592 일본 파산법, 제287~8조; 미국 파산법, 제14(d)조.
593 미국 파산법, 제14(e)조.

(6) 1년 이내에 면책의 취소는 이해당사자의 신청, 또는 면책이, 신청자에 의하여 이전에 확실하게 보여주지 못한, 채무자의 사기 또는 범죄로 얻은 것을 보여주면 인정될 수 있다(Art 383)고 규정하였다. 이 초안은 면책의 취소(revocation of a discharge)에 대하여 규정하고 있다.[594]

(7) 일반적으로 면책은 모든 그의 채무에 대한 책임으로부터 채무자를 벗어나게 한다. 다만 ① 정부 또는 그 하부조직의 적법, 또는 ② 부양가족의 지원, ③ 채무자의 범죄나 사기 행위로 일어난 것, 또는 ④ 파산절차가 시작되기 전 3월 이내에 직원의 역무, 또는 ⑤ 채권자가, 통지 없이 또는 절차에 대한 지식 없이, 증거 및 한도에 대한 시간에 자신의 청구를 예약하지 않은 경우에는 제외된다. 채권자의 청구의 미지급된 부분은 채무자가 제380조 제1항에 의하여 선고를 받지 않는 한 소멸된 것으로 간주된다(Art 384)고 규정하였다. 이 초안은 면책의 일반적 효과(general effect of discharge)에 관하여 규정하고 있다. 즉 원칙으로 면책은 채무자로 하여금 모든 채무에 대한 책임으로부터 벗어나게 한다. 그러나 이 조문에서 열거한 사유(①~⑤)가 있는 경우에는 그렇지 않다는 것이다.[595]

(8) 파산은 한 당사자 및 전부 또는 후자의 면책으로 부분적으로 유지되는 것에 대한 쌍무계약은 수탁자에 갈음하여 이행된다. 수탁자는, 일정한 기간 이내에, 이행 또는 취소를 할 수 있고, 후자의 이행청구권이 소멸되지만 파산채권자로서 손해배상을 청구할 수 있다. 그렇게 취소되지 않은 보험증권은 파산선고 후 3월로 만료된다(Art 385)고 규정하였다. 이 초안은 파산 후 변제의 효과에 대하여 규정하고 있다.[596]

II. 각종의 채무관계

이 초안은, 각종의 채무관계(Kinds of Obligations)에 관하여, 계약(Contractual, Arts 386~922), 준계약(Quasi-Contractual, Arts 923~932), 불법행위(Delictual, Arts 933~950) 및 준불법행위(Quasi-Delictual, Arts 951~955)로 나누어 규정하였다.

---

594 미국 파산법, 제17조; 중화민국 파산법, 제149조.
595 중화민국 파산법, 제151조 이하; 미국 파산법, 제15조.
596 오스트리아 파산법, 제21조; 브라질 파산법, 제47조; 영국 파산법, 제54조; 프랑스 상법전, 제574조 이하; 독일 파산법, 제17조; 일본 파산법, 제59~60 par I, 390조; 네델란드 파산법, 제37조; 일본 상법전, 제651조.

1. 계약(Contractual)

1) 본질과 성립(Nature and Formation)

이 초안은 계약의 본질과 성립(Nature and Formation, Arts 386~395)에 대하여 규정하였다. 계약의 본질과 성립에 대하여, 정의(defined, Art 386), 의사표시(manifestation, Art 387), 청약(offer, Art 388), 형식(form, Art 389), 청약의 상대방(to whom tendered, Art 390), 효력(effect, Art 391), 취소(revocation, Art 392), 그 밖의 방식(other modes, Art 393), 승낙(acceptance, Art 394) 및 형식(form, Art 396)을 각각 규정하였다.

(1) 계약은, 불이행하면 법이 구제를 규정한 채무를 성립시키는, 합의이다. 계약은 최종 행위가 이뤄진 때 그 이행의 장소에서 이행되는 것으로 종료된다(Art 386)고 규정하였다. 이 초안은 계약의 정의(defined)를 규정하고 있다.[597]

(2) 모든 계약은 합의, 즉 당사자의 마음은 그것을 형성하기 위하여 충족해야 한다. 이러한 합의는 일반적으로 하나 또는 그 이상의 당사자의 청약과 상대방에 의한 승낙이라는 형식을 취한다(Art 387)고 규정하였다. 이 초안은 계약의 성립에서 합의, 청약과 승낙이라는 형식으로 이뤄진다는 것이다.[598]

(3) 청약은, 원래 하나 또는 그 이행에 대한 대가로, 작위, 부작위 또는 반대약속을 조건으로 하는, 하나의 약속이다(Art 388)고 규정하였다. 이 초안은 청약(an offer)에 대하여 규정하고 있다.[599]

(4) 청약 또는 승낙은 단어로 또는 행위나 행동에 의하여 언급될 수 있다. 그러나 합리적으로 특정한 조건으로 명시해야 한다. 청약은 선택의 형식을 취할 수 있다(Art 389)고 규정하였다. 이 초안은 청약 또는 승낙의 형식(form)에 대하여 규정하고 있다.[600]

597　라틴어 aggregatio mentium에서 온 말로서, 마음의 충족이다; American Law Institute's Restatement of Contracts, Sec 3, 114, 1; Anson, "Contract results from a consideration of agreement and obligation."; Law of Contracts (16th ed. 1923) 2; 켈리포니아 민법전, 제1549조.

598　American Law Institute's Restatement of Contracts, Sec 74. 초기 로마 또는 영미법에서 그러하지 않았다. 그곳에서 합의계약은 양 당사자가 동사 spondeo의 형식을 사용하면서 진화하였다. Evolution of Roman Law (2nd ed) 참조; 켈리포니아 민법전, 제1565, 1580~1조; 중화민국 민법전, 제154조 이하; 일본 민법전, 제521~532조; American Law Institute's Restatement of Contracts, Sec 22, 23.

599　American Law Institute's Restatement of Contracts, Sec 24.

600　American Law Institute's Restatement of Contracts, Sec 3, 24; Anson, Law of Contracts (18th ed) p.29; 켈리포니아 민법전, 제1448, 1489조.

(5) 청약은 확인된 사람에게 하여야 하는 것은 아니다. 그러나 예컨대 보상의 청약, 그런 사람에 의한 승낙이 있을 때까지 계약은 이뤄지지 않는다(Art 390)고 규정하였다. 이 초안은 청약의 상대방(to whom tendered)에 대하여 규정하고 있다.[601]

(6) 청약은 법적 관계를 만드는 것을 가능하게 설계하여야 한다. 승낙이 있을 때까지 청약은 계약상 권리를 생성하지 않고 경과되거나 취소되지 않는다. 그것은 기간의 만료 또는 정당한 시간이 지난 후 경과되고, 그것은 사실의 문제이다. 그때까지 청약은 명시적 또는 반대청약에 의하여 거절하지 않으면 유지된다(Art 391)고 규정하였다. 이 초안은 청약의 효력(effect)에 대하여 규정하고 있다.[602]

(7) 청약의 철회는 승낙하기 전에 언제든지 청약자에 의해 영향을 받을 수 있다. 청약은 신문 또는 다른 곳에 광고한 경우 같은 매체를 통해 취소될 수 있다(Art 392)고 규정하였다. 이 초안은 청약의 철회(revocation of an offer)에 대하여 규정하고 있다.[603]

(8) 청약을 종료하는 다른 방식은 승낙 이전에 사망 또는 계약의 각 당사자의 심신상실 및 제안된 계약의 이행을 위한 주요 목적물의 파괴를 포함한다(Art 393)고 규정하였다. 이 초안은 청약의 종료하는 다른 방식(other modes of terminating the offer)에 대하여 규정하고 있다.[604]

(9) 승낙은 청약의 조건에 대한 동의의 표현이다. 그것은 긍정적인 대답, 지정된 행위나 부작위 또는 정확히 일치하고 절대적이고 명확한 승인된 용어의 선택의 형식을 취할 수 있다. 이행은 소유권을 만족스럽게 제공하거나 실행한다. 승낙은 청약자에 의하여 승인된 방법으로 발송된다. 그러나 인정되지 않는 방법의 사용은 승인을 하는 데 필요한 시간 내에 수신된 때에 유효하다(Art 394)고 규정하였다. 이 초안은 승낙(acceptance)에 대하여 규정하고 있다.[605]

(10) 계약은 그 조건이, 그들은 행위나 행동에 의해 발현되는 경우 의미하는, 단어로 명시된 경우에 명시적이다. 이 법전이나 특별법에 의하여 요구되지 않는 한 서면으로

---

601 Anson, supra n.189 at p.53; American Law Institute's Restatement of Contracts, Sec 28; 중화민국 민법전, 제164조; 일본 민법전, 제529조 이하.

602 Anson Contracts (18th ed.) p.37, 28; 중화민국 민법전, 제164, 165, 158, 154, 155조; 일본 민법전, 제522~532조, 521; American Law Institute's Restatement of Contracts, 40(1), 40(2), 35(a)~38, 39.

603 American Law Institute's Restatement of Contracts, Sec 35(a)-38, 43; Anson supra n.18 at pp.37, 39.

604 American Law Institute's Restatement of Contracts, Sec 35(1)(f), 35; Anson supra n.18 at p.37.

605 American Law Institute's Restatement of Contracts, Sec 52, 29, 32, 58, 64; 켈리포니아 민법전, 제1585조; Anson, Law of Contracts (18th Ed.) pp.20~21.

할 필요는 없다(Art 395)고 규정하였다. 이 초안은 계약의 방식(form)에 대하여 규정하고 있다.[606]

2) 당사자(Parties)

이 초안은 계약의 당사자에 대하여, 주된 당사자(Primary, Arts 396~407)와 수익자(Beneficiaries, Arts 408~417)를 각각 규정하였다.

가) 주된 당사자(Primary)

이 초안은 주된 당사자에 관하여, 수(number, Art 396), 법적능력(legal capacity, Art 397), 다수당사자(plurality of parties, Art 398), 청약자의 의사(intention of the promisor, Art 399), 공동청약자(joint promisors, Art 400), 다수의 약속(several promises, Art 401), 공동 및 다수의 채무관계(joint and several obligations, Art 402), 공동청약자(joint promisors, Art 403), 정당한 판단(a valid judgement, Art 404), 이행(performance, Art 405), 진술(statement, Art 406) 및 생존자에의 재산귀속(survivorship, Art 407)을 각각 규정하였다.

(1) 계약에는 적어도 두 당사자가 있어야 한다. 그러나 더 많은 수가 있을 수 있다. 당사자 간의 상호 약속이 있는 곳에, 청약자와 낙약자가 즉시 되듯이, 계약은 쌍방적이다. 그 이외의 경우는 일방적이다(Art 396)고 규정하였다. 이 초안은 계약의 당사자의 숫자(number)에 대하여 규정하고 있다.[607]

(2) 어느 누구도 계약적으로, 적어도 무효화할 의무를 부과할 수 있는 법적능력이 부족한 사람을 속박할 수 없다. 이러한 부족은 전부 또는 일부만 될 수 있다(Art 397)고 규정하였다. 이 초안은 계약의 법적능력(legal capacity)에 대하여 규정하고 있다.[608]

(3) 계약자가 1인 이상 있으면 일부 또는 전부는 개별적 또는 공동 및 개별적으로 각각 약속을 할 수 있다. 낙약자가 1인 이상 있으면 낙약자는 일부 또는 전부를 공동으로, 또는 일부 또는 전부를 개별적으로, 또는 일부 또는 전부를 공동 및 개별적으로 될 수 있다(Art 398)고 규정하였다. 이 초안은 청약자 또는 낙약자가 1인 이상 있는 경우, 즉 다수

---

606 켈리포니아 민법전, 제1619~1621, 1622조.
607 American Law Institute's Restatement of Contracts, Sec 15, 12.
608 American Law Institute's Restatement of Contracts, Sec 18.

의 당사자(plurality of parties)에 대하여 규정하고 있다.[609]

(4) 계약에서 표현된 청약자의 의사는 계약에 의한 권리가 공동, 개별 또는 공동 및 개별 여부를 결정한다. 그러한 표현이 없으면 채권자의 이익의 본질이 별개의 또는 일반적인 여부로 결정된다. 그러나 채권자가 이행에서 개별적이지 않을 뿐만 아니라 공동이 아니면 공동권리를 갖는다(Art 399)고 규정하였다. 이 초안은 청약자의 의사(the intention of the promisor)에 관하여 규정하고 있다.[610]

(5) 하나의 계약에 동일한 약속에 동일한 이행을 약속하는 수인의 당사자는, 반대로 표현하거나 약속 또는 외부 환경의 조건이 상대방을 속박하는 의도를 공개하지 않은 한 공동채무로 추정한다(Art 400)고 규정하였다. 이 초안은 공동청약자(joint promisors)에 대하여 규정하고 있다.[611]

(6) 각자에 의하여 속박될 개별적 이행을 약속한 계약에 대하여 2인 이상 당사자가 있거나 각자가 동일한 이행을 속박하는 개별 약속을 하면, 각자는 약속의 이행에 대하여 공동이 아닌 개별적으로 속박된다(Art 401)고 규정하였다. 이 초안은 계약에서 다수의 약속(several promises)이 있는 경우를 규정하고 있다.[612]

(7) 공동 및 개별 채무는 공동으로 동일한 이행의 동일한 약속에 대한 2인 이상 당사자에 의한 약속뿐만 아니라 각자 개별적 이행하기로 한 약속에서 비롯된다(Art 402)고 규정하였다. 이 초안은 계약에서 공동 채무 또는 단독 채무(joint and several obligations)의 발생에 대하여 규정하고 있다.[613]

(8) 공동청약자는 각자 전부의 이행을 위해 결합되어 있지만 각자는 각각 접근할 수 있는 모든 청약자의 피고로서 자신과 공동소송을 청구 할 수 있다(Art 403)고 규정하였다. 이 초안은 공동청약자(joint promisors)의 소송상 지위에 대하여 규정하고 있다.[614]

(9) 하나 이상의 공동 또는 연대 계약자에 대한 유효한 판결은, 공동의 약속에 따라, 다른 사람의 공동책임을 면책하지만, 이렇게 결합된 사람의 여러 가지 책임은 이러한 판단에 의해 면책되지 않는다(Art 404)고 규정하였다. 이 초안은 공동 또는 연대 계약자

---

609 American Law Institute's Restatement of Contracts, Sec 111.
610 American Law Institute's Restatement of Contracts, Sec 128.
611 American Law Institute's Restatement of Contracts, Sec 112.
612 American Law Institute's Restatement of Contracts, Sec 113.
613 American Law Institute's Restatement of Contracts, Sec 114; 개별적 약속 및 공동적 약속을 한 2이상의 사람.
614 American Law Institute's Restatement of Contracts, Sec 117.

에 대한 유효한 판결의 효력에 대하여 규정하고 있다.[615]

(10) 한 청약자가 그의 책임의 전부 또는 일부의 이행은 동일한 계약에서 모든 공동 채무자의 책임을 자신의 이익을 위하여 시행할 권리의 한도에서 종료시킬 수 있다. 또한 개별적으로 구속된 청약자의 책임의 전부 또는 일부를 또는 어떤 방식으로 속박된 사람들에게 유보의 약속을 위하여 만족하게 한다(Art 405)고 규정하였다. 이 초안은 공동채무자 가운데 한 채무자가 자기의 책임의 전부 또는 일부를 이행(performance)한 것의 효과에 대하여 규정하고 있다.[616]

(11) 한 채권자가 한 청약자를 면책하는 의미이지만 공동청약자에 대한 그의 권리를 명백히 유보하는 진술은 오직 한 계약자에 대하여 제소하지 않는다는 약속으로 효과를 갖는다(Art 406)고 규정하였다. 이 초안은 공동청약자 가운데 한 청약자에 대한 채권자의 면책에 대하여 규정하고 있다.[617]

(12) 사망한 공동청약자의 재산은, 살아남은 공동청약자 전부가 부실하지 않는 한, 공동의 약속에 책임을 지지 않는다. 최종 생존자의 재산은 책임을 져야 한다. 오직 생존 채권자는 공동채무를 강제할 수 있고 최후 생존자의 사망으로 그의 재산은 혼자 이행받을 권한이 있다(Art 407)고 규정하였다. 이 초안은 생존한 공동청약자(survivorship)의 사망한 공동청약자의 재산과의 관계를 규정하고 있다.[618]

나) 수익자(Beneficiaries)

이 초안은 수익자에 대하여, 종류(kinds, Art 408), 계약상 수증자(a contractual donee, Art 409), 기타(Arts 410~417)를 각각 규정하였다.

(1) 계약의 수익자는, ① 수증자, ② 채권자, 또는 ③ 부수적인 일이 될 수 있다. 어느 수증자나 채권자의 수익자는 권리를 취득하기 위하여 계약 성립 시에 확인될 필요는 없다. 수탁자와 수탁되지 않은 자는 그 이익이 후자를 위한 것이더라도 수익자로 간주된

---

615 American Law Institute's Restatement of Contracts, Sec 119.

616 American Law Institute's Restatement of Contracts, Sec 121, 120. 계약의 면책의 효과는 공동청약자의 의무로서 공동청약자에게 소송을 제기할 수 없다.

617 American Law Institute's Restatement of Contracts, Sec 122.

618 American Law Institute's Restatement of Contracts, Secs 126, 127, 132.

다(Art 408)고 규정하였다. 이 초안은 계약에서 이익을 받을 자의 종류를 들고, 그들의 지위를 규정하고 있다.[619]

(2) 계약상 수증자의 약속은 수증자와 수익자 양자의 약속에 대하여 청약자에게 채무를 부담시킨다. 그것은 수증자의 수익자에 의하여 강제될 수 있다(Art 409)고 규정하였다. 이 초안은 계약상 수증자(a contractual donee)에 대하여 규정하고 있다.[620]

(3) 낙약자의 채무를 이행하는 계약상의 약속은 낙약자와 채권자의 수익자 양자에게 권리로서 확립된다. 그리고 후자에 대한 이행은 전자에 대한 청약자의 채무 범위에서 충족된다(Art 410)고 규정하였다. 이 초안은 채무이행에 대한 낙약자의 계약상 청약(a contractual promise)에 대하여 규정하고 있다.[621]

(4) 수익자의 존재 또는 범위에 대하여 오인한 당사자는 유효한 계약에 따라 청약자의 채무를 경감하거나 할 수 없는 것에 따라 수익자에게 권한이 없다(Art 411)고 규정하였다. 이 초안은 당사자의 오인(an erroneous belief of the parties)에 대하여 규정하고 있다.[622]

(5) 수증자 또는 채권자의 수익자에 대한 채무 집행에 대한 모든 구제는 낙약자와 후자 또는 청약자에 대한 것과 같이 유효하다(Art 412)고 규정하였다. 이 초안은 채무집행의 구제(remedies to enforce)에 대하여 규정하고 있다.[623]

(6) 수증자의 수익자는 수익자에 대한 청약자의 채무를 면책하기 위하여 참여한 낙약자가 받은 이익을 수용할 수 있다. 그러나 이 수용으로 후자는 청약자에 대한 그의 권리를 포기한다(Art 413)고 규정하였다. 이 초안은 수증자의 수익자(a donee beneficiary)에 대하여 규정하고 있다.[624]

(7) 낙약자 또는 계약의 변동에 의한 청약자의 면책은, 그 합의에 대한 제소를 알기 전에 실제로 그의 지위의 변경 또는 침해한 채권자의 면책이 없으면, 채권자의 수익자에 대하여 유효하다(Art 414)고 하였다. 이 초안은 청약자의 면책(discharge of the promisor)에 대하여 규정하고 있다.[625]

619　American Law Institute's Restatement of Contracts, Sec 133, 139, 133(3).
620　American Law Institute's Restatement of Contracts, Sec 135.
621　American Law Institute's Restatement of Contracts, Sec 136(a).
622　American Law Institute's Restatement of Contracts, Sec 144.
623　American Law Institute's Restatement of Contracts, Sec 141.
624　American Law Institute's Restatement of Contracts, Sec 142.

(8) 이행담보의 채권자의 수익자의 양도는 이 양도로 수익자에게 발생한 손실의 범위에 대한 계약에 대하여 그의 회복은 제한한다(Art 415)고 규정하였다. 이 초안은 이행담보의 채권자의 수익자의 양도(surrender)에 대하여 규정하고 있다.[626]

(9) 그의 호의로 약속을 알고 난 후 합리적인 시간 이내에 수익자에 의한 포기는 편파적인 모든 채권자에 대하여 유효하다(Art 416)고 규정하였다. 이 초안은 수익자의 포기(a disclaimer by a beneficiary)에 대하여 규정하고 있다.[627]

(10) 부대 수익자는 약속의 효력에 의한 약속 또는 청약자에 대한 권리를 취득하지 않는다(Art 417)고 규정하였다. 이 초안은 부대 수익자(incidental beneficiaries)의 지위에 대하여 규정하고 있다.[628]

3) 특수한 형태의 계약(Particular Forms of Contracts)

이 초안은 특수한 형태의 계약으로, 증여(Gifts (Donations), Arts 418~425), 교환(exchange / barter, Art 426), 소비대차(mtuum / deferred barter, Arts 427~430), 사용대차(commodatum / loan for use, Arts 431~435) 및 임치(deposit / bailment, Arts 436~523)를 각각 규정하였다.

가) 증여(Gifts (Donations))

이 초안은 증여에 대하여, 정의(Defined, Art 418), 종류(Classes, Art 419), 증여자의 책임(liability, Art 420), 증여의 금액(the amount of the gifts, Art 421), 해제(revocation, Art 422), 해제(revocation)와 책임(liability, Art 523), 증여의 소멸원인(extinction, Art 524), 해제의 효과(effect, Art 525)를 각각 규정하였다.

(1) 증여는 소유권의 무상으로 자발적 이전을 하고, 아무 거절이 없으면 당연히 포함되는 수락에 의하여 효력이 있다. 그 이전은 등록을 필요로 하면, 증여는 등록되지 않으면 유효하지 않다. 그러나 수증자가 점유하고 있으면 더 이상 이전은 필요하지 않다(Art 418)고 규정하였다. 이 초안은 증여의 정의(defined)를 규정하고 있다.[629]

---

625 American Law Institute's Restatement of Contracts, Sec 143.
626 American Law Institute's Restatement of Contracts, Sec 146.
627 American Law Institute's Restatement of Contracts, Sec 137.
628 American Law Institute's Restatement of Contracts, Sec 147.

(2) 증여는 생전증여(inter vivos) 또는 사인증여(causa tortia) 중 하나이다. 전자는 계약에 적용되는 법률에 의해 관리되고, 후자는 유증(유언에 의한 증여)에 관한 것으로 관리된다(Art 419)고 규정하였다. 이 초안은 증여의 종류(classes)에 대하여 규정하고 있다.[630]

(3) 은폐 또는 그들에 대한 보증, 또는 부담이 적용되지 않는 한 증여자는 목적물의 결함에 대해 책임을 지지 않는다. 그는 고의 또는 중대한 과실에 대하여 수증자에게 책임을 진다(Art 420)고 규정하였다. 이 초안은 증여자의 책임(liability)에 대하여 규정하고 있다.[631]

(4) 증여의 금액은 채권자의 신청과 의무 부분에 의해 제한된다. 증여자의 파산은 그의 채권자로서 이의신청 또는 증여의 회복 또는 파산을 선고하기 이전에 자신의 청구에 규정된 기간 내에 그에 의하여 받은 약속에 의하여 권한이 주어진다(Art 421)고 규정하였다. 이 초안은 증여의 금액(the amount of the gifts)에 대하여 규정하고 있다.[632]

(5) 생전증여가 서면으로 또는 도의적 의무에 따르거나 이전되지 않았다면, 그것은 오직 어떠한 사유, 예컨대 수증자가 전자 또는 그의 친족에 대하여 범죄행위를 하거나 자신의 요구된 부양을 하지 못한 경우에는 증여자에 의하여 해제될 수 있다. 증여자는 또한 변경된 경제적 여건으로 그의 생계수단을 심각하게 해치거나 다른 사람의 부양을 방해하면 이행을 거절할 수 있다. 증여자의 상속인은 수증자가 의도적으로 부당하게 기증자의 사망에 이르게 하거나 또는 해제를 방해하면 증여를 해제할 수 있다(Art 422)고 규정하였다. 이 초안은 증여의 해제(revocation)에 대하여 규정하고 있다.[633]

(6) 수증자가 증여에 의한 부담을 이행하지 않으면, 증여자는 그 증여를 해제할 권한이 있다. 그러나 후자가 그 부담을 할 능력이 없으면 수증자는 증여의 가치를 넘어서 책임을 지지 않는다(Art 423)고 규정하였다. 이 초안은 증여의 해제(revocation)와 책임(liability)에 대하여 규정하고 있다.[634]

(7) 증여가 정기적인 분할에 의해 이뤄진 경우에 그 채무는, 수증자가 반대의 의사표시를 표현하지 않는 한, 각 당사자의 사망에 의해 소멸된다(Art 424)고 규정하였다. 이

---

629 켈리포니아 민법전, 제1146조; 중화민국 민법전, 제406, 407조; 독일 민법전, 제516(1), (2), 517조; 일본 민법전, 제549조; 스위스 민법전, 제239, 245조; American Law Institute's Restatement of Contracts, Sec 414.

630 일본 민법전, 제553, 554; 켈리포니아 민법전, 제1153조.

631 중화민국 민법전, 제410, 411, 414, ; 독일 민법전, 제523, 524조; 일본 민법전, 제561, 551조.

632 이 법전초안 제4편 제1260~1267조, 상속 참조; Schuster, supra n.18, p.234, 5; 미국(찬들러) 파산법, 제1938조; C. S. 로빈기어, 미국역사사전.

633 중화민국 민법전, Arts 408, 409, 416, 418, 417조; 독일 민법전, 제534, 530(2)조; 일본 민법전, 제550조.

634 중화민국 민법전, 제412, 413조.

초안은 증여의 소멸원인(extinction)에 대하여 규정하고 있다.[635]

(8) 해지되면 수증자는, 소를 제기한 때 또는 계약을 위반한 때로부터의 수익과 함께, 목적물 또는 그 증여가 있는 때의 가치를 반환하여야 한다(Art 425)고 규정하였다. 이 초안은 철회의 효과(effect)에 대하여 규정하고 있다.[636]

나) 교환(Exchange / Barter)

이 초안은 교환에 대하여, 정의(defined, Art 426)에 관한 한 조문만을 규정하였다.

교환은 각 당사자가 상대방에게 하나의 상품을 제공하는 것에 동의하는 계약이다. 그 것은 대부분의 측면에서 매매계약에 해당하고, 주요한 차이점은 금전 또는 가격이 부재 하는 것이다(Art 426)고 규정하였다. 이 초안은 교환의 정의(defined)에 대하여 규정하고 있다.[637]

다) 소비대차(Mutuum (Deferred barter; "Loan for consumption"))

이 초안은 소비대차에 대하여, 정의(defined, Art 427), 보수(Remuneration, Art 428), 상 환(Repayment, Art 429), 수단(Medium, Art 430)을 각각 규정하였다.

(1) 소비대차는, 종류, 품질 및 수량의 상환 약속에 따라 대체물의 소유권을 한 당 사자가 상대방에게 이전하는 계약이다. 그것은 단지 전달에 효과적이며, 그 전에 당 사자 중 하나가 파산을 선고 받은 경우, 그 계약은 그로써 종료된다(Art 427)고 규정하 였다. 이 초안은 소비대차(mutuum, Loan for consumption)의 정의에 대하여 규정하고 있다.[638]

(2) 이자 또는 기타의 형식으로서의 보수는 동의하여야 지급될 수 있다. 합의가 없는 경우에 지급은 지속되면 연말에 계약이 끝날 때에 이뤄진다. 목적물이 결함이 있으면 위 탁자는 결함이 없는 것으로 교체하여야 하고 수탁자는 손해(무상 취급이더라도)를 증명하

---

635 중화민국 민법전, 제420, 409조; 독일 민법전, 제520조; 일본 민법전, 제552조.
636 중화민국 민법전, 제419조 제VI항; 40 Corpus Juris, 1441, n.95; 스위스 채무법전, 제251조.
637 켈리포니아 민법전(1923), 제1804, 1817조; 중화민국 민법전, 제398, 399조; 독일 민법전, 제515조; 일본 민법 전, 제586조; 40 Corpus Juris, 1420-1422
638 40 Corpus Juris, 1344 n.15(b); 켈리포니아 민법전(1923), 제1902, 1912조; 중화민국 민법전, 제474, 409조; 독일 민법전, 제607(1)조; 일본 민법전, 제587조.

고 목적물을 반환할 수 있다(Art 428)고 규정하였다. 이 초안은 이자 등 보수(remuneration)에 대하여 규정하고 있다.[639]

(3) 종류로 상환하는 것은 계약으로 정해진 시기 내에 하여야 하고, 그렇지 않으면 수탁자는 위탁자에게 상당한 기간을 정하여 확정된 통지를 하여야 한다. 그가 송달할 수 없으면 그는 위탁자에게 계약이 체결된 곳 또는 고정된 시기와 장소에서 목적물의 현시세로 보상하여야 한다(Art 429)고 규정하였다. 이 초안은 종류물의 상환(repayment)에 대하여 규정하고 있다.[640]

(4) 상환은, 변동에 관계없이, 확정시기에 유효한 통화로 이뤄져야 한다. 특정한 통화로 약정하였으면, 그것으로 또는 동등한 것으로 상환하면 된다. 그것들은 이익을 갖는 것으로 추정한다(Art 430)고 규정하였다. 이 초안은 상환(repayment)의 수단(medium)에 대하여 규정하고 있다.[641]

라) 사용대차(Commodatum (German Sachleihe; Loan for Use))

이 초안은 사용대차에 대하여, 정의(Defined, Art 431), 존속기간(Duration, Art 432), 차주(The borrower, Art 433), 종료(Termination, Art 434), 대주의 책임(liability, Art 435)을 각각 규정하였다.

(1) 사용대차(Commodatum)는 사용하기 위하여 동산을 무상으로 차용하고 대주에게 반환하는 것이다. 목적물의 인도에 의하여 효력이 생긴다(Art 431)고 규정하였다. 이 초안은 사용대차의 정의(defined)를 규정하고 있다.[642]

(2) 존속기간은 계약으로 확정되어야 한다. 대출의 목적이 달성 될 때에 목적물이 아니더라도 상환할 수 있다. 다만 존속기간이 그로부터 유추할 수 없는 경우 후자는 언제든지 목적물의 상환을 할 권한이 있다(Art 432)고 규정하였다. 이 초안은 존속기간(duration)에 대하여 규정하고 있다.[643]

---

639 중화민국 민법전, 제475, 477, 476조; 40 Corpus Juris, 1344 n.17; 일본 민법전, 제589, 590조.
640 중화민국 민법전, 제478, 479조; 일본 민법전, 제591, 592조.
641 켈리포니아 민법전, 제1913, 1914조; 중화민국 민법전, 제480조.
642 중화민국 민법전, 제464, 465조; 독일 민법전, 제598조 이하; 일본 민법전, 제593조.
643 중화민국 민법전, 제470조; 독일 민법전, 제604조 제1항; 일본 민법전, 제597조; 스위스 채무법전, 제310조.

(3) 차주는 선량한 관리자의 주의를 기울여야 할 의무가 있다. 동물의 사육을 포함하여 목적물의 유지를 위한 통상비용을 부담할 의무가 있고, 전조에서 규정한 바와 같이 목적물을 복원하여야 한다. 같은 목적물에 대한 수인의 차주의 책임은 공동이다. 차주는 변경 또는 목적물의 본질과 사용에 일치하거나 통상 마모에서 오는 손해에 대하여 책임을 지지 않는다. 그것을 반환하기 위하여 원래의 상태로 남아 있는 그가 부착한 부속물을 유지할 수 있다(Art 433)고 규정하였다. 이 초안은 차주(the borrower)의 의무에 대하여 규정하고 있다.[644]

(4) 대주는 차주에게 통지로서 대여를, ① 목적물의 긴급하고 예측 못한 필요성, ② 동의 없이 제3자에게 사용을 허용, ③ 목적물의 통상적인 사용 또는 본질, 계약에 반한 차주의 사용, ④ 부주의한 사용 또는 목적물에 대한 손해의 위협, ⑤ 차주의 사망으로, 종료할 수 있다(Art 434)고 규정하였다. 이 초안은 사용대차의 종료(termination)에서 그 사유를 이 조문에서 나열한 사항(①~⑤)을 들어서 규정하고 있다.[645]

(5) 대주는 목적물에 숨겨진 결함으로 발생한 상해에 대하여 책임을 진다(Art 435)고 규정하였다. 이 초안은 대주(lender)의 책임(liability)에 대하여 규정하고 있다.[646]

마) 임치(Deposit (Bailment))

이 초안은 임치에 대하여, 일반규정(in general, Arts 436~441) 및 특수한 임치(special types of depositaries, Arts 442~523)로 나누어 규정하였다.

(가) 일반규정(In General)

(1) 임치계약은 한 당사자, 임치인이 상대방, 수치인에게 안전한 보관과 반환을 위하여 동산을 인도한 때에 발생한다. 계약은 수치인에게 보수를 지급할 수 있다. 그것은 예상하지 못한 무상보관에도 마찬가지이다. 금전이나 대체물의 임치는 소비대차의 규정에 따른다(Art 436)고 규정하였다. 이 초안은 임치계약의 정의(Defined)를 규정하고 있다. 다만 금전 또는 대체물의 임치는 소비대차(mutuum)의 규정에 따른다는 것이다.[647]

---

644 중화민국 민법전, 제469, 471, 468조: 독일 민법전, 제601조, 제598조 이하, 제601조 제II항; 일본 민법전, 제597, 595조.
645 중화민국 민법전, 제472조; 독일 민법전, 제598, 604, 608조; 일본 민법전, 제594, 599조.
646 중화민국 민법전, 제466조; 독일 민법전, 제500조; 일본 민법전, 제551, 596조.

(2) 수치인은 수치물의 점유를 보유해야 하지만, 임치인의 허가 없이, 그것을 사용하거나 이를 제3자에게 허용할 수 없다. 그는 앞의 규정을 무시하면 보상 손해에 대하여 책임이 있다. 무상수치인은 자기 자신의 재산에 대한 것과 같이 동일한 노력의 정도로 보관하여야 한다. 보수를 받은 경우 그는 선량한 관리자의 주의를 기울여야 한다(Art 437)고 규정하였다. 이 초안은 수치인의 의무와 책임을 규정하고 있다. 즉 무상수치인과 유상수취인을 달리 규정하고 있다.[648]

(3) 살아있는 동물의 수치인은 그들에게 적합한 음식과 피난처를 제공하고 친절하게 그들을 치료해야 한다(Art 438)고 규정하였다. 이 초안은 살아있는 동물의 임치에 있어서 수치인의 임무를 규정하고 있다.[649]

(4) 수치인은 계약으로 정한 시기에 발생한 과실과 함께 임치인에게 반환하여야 하고, 만약 정하지 않은 경우에는 언제든지 반환할 수 있다. 반환의 장소는 보관되었던 곳이다. 그러나 임치인의 승낙을 얻어 다른 장소로 이전한 경우에는 그곳에서 반환할 수 있다. 그 사이에 제3자가 임치의 부속물을 취득하였으면 수치인은 즉시 임치인에게 그 사실을 통지하여야 한다(Art 439)고 규정하였다. 이 초안은 수치인의 반환(return)에 대하여 규정하고 있다.[650]

(5) 보수는, 합의에 따라, 반환의 시기에 지불된다. 그 시기가 수치인의 과실 없이 연장된 경우 그는 그 연장된 동안 비율에 따른 보수를 받을 권한이 있다. 그리고 임치물의 운반을 포함하여 필요적 비용을 보수로 받을 수 있고, 그 목적을 위하여 보유할 수 있다(Art 440)고 규정하였다. 이 초안은 수치인의 보수(remuneration)에 대하여 규정하고 있다.[651]

(6) 무상임치인은 계약에 반대 조항에도 불구하고 언제든지 임치물에 대하여 권한을 갖는다. 그는 전 조항에서 언급한 보수에 대하여 책임이 있고 과실 없이 알지 못한 것 또는 수치인이 그것들을 아는 것을 입증하지 않는 한 임치물의 결함으로 생긴 손해에 대하여 책임이 있다. 다수의 수치인과 분할할 수 있는 경우에 그들이 공동이 아닌 한, 동산

---

647 켈리포니아 민법전, 제1814, 1817, 1859조: 중화민국 민법전, 제589, 602~3, 606, 607조: 독일 민법전, 제688, 689, 701조: 일본 민법전, 제657, 594, 592조.

648 켈리포니아 민법전, 제1835, 1836, 1838조: 중화민국 민법전, 제590, 591, 592, 593, 594조: 일본 민법전, 제658, 593조: 40 Corpus Juris, 1346 n.42.

649 켈리포니아 민법전, 제1834조.

650 중화민국 민법전, 제598, 599, 600, 604조: 일본 민법전, 제663, 664, 660.

651 중화민국 민법전, 제601조: 일본 민법전, 제665조: 켈리포니아 민법전, 제1856조: 40 Corpus Juris, 1347, notes 66~68.

을 어느 것으로 반환할 수 있는 경우에 각각 비율의 지분으로 반환될 수 있다(Art 441)고
규정하였다. 이 초안은 무상임치인(the gratuitous depositor)의 반환청구 및 보수 등에 관
하여 규정하고 있다.[652]

(나) 특수한 임치(Special Types of Depositaries)

이 초안은 특수한 임치로서, 숙박업자(innkeepers, Art 442), 창고업자(warehousemen / stror-
age, Arts 443~446), 운송업자(carriers, Arts 447~519) 및 운송주선업(Forwarding Agents, Art
520~523)으로 나누어 규정하였다.

1) 숙박업자(Innkeepers)

숙박업자, 또는 목욕탕 또는 음식점 경영자는 손님이 투숙하게 되면 고객의 일반적으
로 수반하는 효과로서, 불가항력, 임치의 본질, 고객, 종업원, 방문객 또는 손님의 고의
적인 행위에 의한 것이 아닌 한, 망실 또는 부상에 대하여 책임이 있다. 이러한 책임은
포기할 수 없고 고지로 제한할 수 없다. 그러나 그 특성, 수량 및 가치를 특정하여 경영
자에게 보관하지 않는 한 금전, 보석, 유가증권 또는 기타 귀중품으로 확장되지 않는다.
이러한 책임이 수반되는 그러한 물건을 안전하게 보관하기 위하여 수령하는 것을 거절
하는 것이 정당화하지 않지만, 고객이 즉시 그의 손실을 경영자에게 고지하지 않으면
손해를 회복할 수 없다(Art 422)고 규정하였다. 이 초안은 공중접객업자, 즉 숙박업자,
목욕탕 또는 음식점 경영자 등의 책임(liability)에 대하여 규정하고 있다.[653]

2) 창고업자(Warehousemen (Storage))

이 초안은 창고업자에 대하여, 정의(definition, Art 443), 임치영수증(Deposit receipt,
Art 444), 영수증 소지인(The receipt holder, Art 445), 창고업자의 책임과 권한(The ware-
houseman, Art 446)을 각각 규정하였다.

(1) 창고업자는 다른 사람을 위하여 물건을 수신 및 저장하는 영업에 종사하는 사람

---

652 중화민국 민법전, 제597, 595, 596조; 일본 민법전, 제662조; 40 Corpus Juris, 1347, notes 58, 59.
653 켈리포니아 민법전, 제1859조; 중화민국 민법전, 제606, 607, 609, 608조; 독일 민법전, 제701, 702조 이하, 703
조; 일본 민법전, 제594조; 일본 상법전, 제594, 595, 610조.

이다. 임치계약에 적용되는 규정은 창고업자에 어느 정도까지 적용한다(Art 443)고 규정하였다. 이 초안은 창고업자에 대한 정의를 규정하고, 임치계약(the contract of deposit)에 적용되는 규정이 적용된다고 하였다.[654]

(2) 창고업자는 물품을 수령하고 임치영수증 2통을 발급하여 한 통을 임치인에게 제공한다. 임치영수증에는 ① 임치인의 성명 및 주소, ② 창고 및 위치, ③ 임치일자, ④ 식별을 위하여 충분한 설명이 된 물품의 항목별 명세서, ⑤ 기간이 확정되었으면 그 물품이 저장될 기간, ⑥ 보관비용 및 지급조건, ⑦ 존재하는 경우, 보험 총액 및 수탁자의 성명과 주소를 열거한다. 이러한 영수증은 배서에 의하여 양도될 수 있고, 망실된 경우 정당한 소유자가 적절한 보증을 하여 새 영수증을 받게 된다. 그리고 물품을 분리할 수 있고 분리된 영수증을 각 분리를 위하여 발급받을 수 있다(Art 444)고 규정하였다. 이 초안은 창고업자의 임치영수증 발급에 대하여 규정하고 있다. 즉, 그 영수증에 기재하여야 할 사항(①~⑦)을 규정하고,[655] 그 영수증은 배서에 의하여 양도할 수 있고,[656] 망실된 경우에 새로이 영수증을 발급받을 수 있으며,[657] 임치한 물품을 분리하여 그 분리된 것에 대하여 영수증을 발급할 수 있다[658]는 것이다.

(3) 영수증 소지인은 영업시간 동안, 임치된 물품을 검사하고, 그 견본을 취소하고, 적절한 모든 요금을 할부 또는 전부 지급하고, 배달 받을 권리가 있다(Art 445)고 규정하였다. 이 초안은 영수증 소지인(The receipt holder)의 권리에 관하여 규정하고 있다.[659]

(4) 창고업자는 그가 또는 자신의 직원들이 이들의 보관에 주의를 기울이지 못한 것을 입증할 수 없는 한 물품에 대한 모든 손실이나 침해에 대해 책임을 질 수 있다. 그는 자발적으로 그의 즉각적인 통제로부터 그 물품을 옮기지 못하고 정하여진 기간이 만료되기 전에 그것들을 반납할 수 없다. 다만 이러한 기간이 정하여 있지 않은 경우 그는 임치일로부터 6월 후 1월의 통지를 하고 그들의 제거를 청구할 수 있다. 그 요구는 그가 경매에서 물품을 매각하여 충족하지 못하면 미지급 요금을 절차에서 자유롭게 공제하고 영수증 소지인에게 나머지를 인도할 수 있다. 어떠한 경우 그는 물품을 인도하기 전

---

654 켈리포니아 민법전, 제1858조 이하; 중화민국 민법전, 제614조; 독일 상법전, 제476조; 일본 상법전, 제597조.
655 켈리포니아 민법전, 제1858조; 중화민국 민법전, 제616조; 일본 상법전, 제599조.
656 켈리포니아 민법전, 제1858b조; 중화민국 민법전, 제618조; 일본 상법전, 제603조.
657 일본 상법전, 제605조.
658 중화민국 민법전, 제617조; 일본 상법전, 제622조.
659 중화민국 민법전, 제620조; 독일 상법전, 제418조; 일본 상법전, 제616, 621조.

에 모든 요금의 수령과 지급에 대하여 권한을 갖는다(Art 446)고 규정하였다. 이 초안은 창고업자의 책임과 권한에 대하여 규정하고 있다.[660]

3) 운송업자(Carriers)

이 초안은 운송업자에 대하여, 통칙(Provisions common to all types, Arts 447~456), 육상운송(Surface freight carriers, Arts 457~464), 해상운송(Carriers by water, Arts 465~499), 여객운송(Passenger Carriers, Arts 500~509), 항공운송(Air Carriers, Arts 510~519)으로 나누어 규정하였다. 통칙에서 정의(Defined, Art 447), 당사자(Parties, Art 448), 화물운임(Freightage, Art 449), 운임의 지급(Payment of freightage, Art 450), 총액(Amount, Art 451), 인도(Delivery, Art 452), 수하인(consignee, Art 453), 운송인의 책임(Carrier's Liability, Art 454), 고가 등에 대한 책임의 제한(Limit of Liability for Valuable etc., Art 455), 책임에 대한 구제(Relief from liability, Art 456)를 각각 규정하였다. 육상운송에 대하여, 화물상환증(A way bill, Art 457), 선하증권(A bill of lading, Art 458), 운송인의 의무(Obligations, Art 459), 계약의 유지(No Contracting Out, Art 460), 손해의 산정(The measure of damages, Art 461), 순차운송인(Several successive carriers, Art 462)의 책임, 운송의 중단(Stoppage in transit, Art 463), 수하인의 권한(The consignor, Art 464)을 각각 규정하였다. 또한 해상운송에 대하여 일반규정(In General, Arts 465~468), 책임(Liability, Arts 469~472), 적재(Loading, Arts 473~478), 철회(Rescission, Arts 479~481), 항해(Voyage, Arts 482~487), 적하(Cargo, Arts 488~495), 인도(Delivery, Arts 496~499), 여객운송(Passenger Carriers)의 통칙(Provisions common to all types, Arts 500~504) 및 해상여객운송(Maritime Passenger Carriers, Arts 505~509)을 각각 규정하였다. 그리고 항공운송에 대하여, 일반규정(In general, Arts 510~515) 및 운영(Operation, Arts 516~519)을 각각 규정하였다.

(1) 운송사업자는 육상, 해상 또는 항공에서 운임화물 또는 여객의 운송에 종사하는 법인 또는 자연인이다. 가능하면, 그것은, 수용하고 차별 없이 운행하고, 그리고 그것을 운행하는 과정의 종류에, 적절한 시간과 장소에서, 어떤 합리적인 비용으로, 이루어진

---

[660] 켈리포니아 민법전, 제1858e, 1858a, 1856조; 일본 상법전, 제617, 619, 611, 618, 620조; 중화민국 민법전, 제619, 621조.

다. 또한 대중에게 제공하지만, 우선권은 정부사업에 부여해야 한다(Art 447)고 규정하였다. 이 초안은 일반운송사업자(a common carrier)의 정의를 규정하고 있다.[661]

(2) 화물의 육상운송계약에서 상대방은 위탁자라 부르고 화물을 위탁한 사람에 대하여 계약의 수혜자를 수탁자라 부른다. 해상운송에서 운송업자는 선박 소유자 또는 용선자라 불리는 그의 임대차와 그들 사이의 계약은 용선계약 당사자로 알려져 있다(Art 448)고 규정하였다. 이 초안은 운송계약의 당사자(parties)에 관하여 규정하고 있다.[662]

(3) 화물운임은 화물 운반에 대하여 지불한 가격이다. 운송업자는 화물의 자연 증가에 대하여 추가 운임을 받을 수 없고, 합의한 것보다 멀리 또는 더 빨리 운송할 수 없다. 승객이 소지할 수하물에 대하여 운임을 부과할 수 없다(Art 449)고 규정하였다. 이 초안은 화물운임(freightage)에 대하여 규정하고 있다.[663]

(4) 화물운임의 지급은 화물을 수령할 때 요구될 수 있다. 화물운임을 미리 운송업자가 요구하지 않으면 그것은 배달될 때까지 요구될 수 없다(Art 450)고 규정하였다. 이 초안은 화물운임의 지급(payment of freightage)에 대하여 규정하고 있다.[664]

(5) 화물운임은 중량 또는 화물의 용적을 기반으로 하는 경우, 그 금액은 인도의 시간과 장소에서 같은 중량 또는 용적에 의해 결정된다. 적재일에서 인도일까지 시간에 기초하는 경우 불가항력이나 수리를 위하여 선박의 지체한 기간은 포함되지 않는다(Art 451)고 규정하였다. 이 초안은 화물운임의 총액(amount)에 관하여 규정하고 있다.[665]

(6) 인도는 화물이 위탁되는 장소에서, 그 곳의 일반적인 방식으로 이루어져야 한다. 같은 장소에서 가장 가까운 역에서 표면 운송을 했을 경우, 만약 해상에 의하는 경우 선박이 계류한 부두에서, 또는 선박과 함께 가벼운 것마저 존재하지 않는 경우, 항공에 의한 경우 그 장소에서 가장 가까운 공항에서, 그렇지 않으면 수하인 또는 개인적으로 그의 대리인에게, 합리적인 노력으로 발견할 수 있는 어느 것으로 할 수 있다. 화물을 수령하기 전에 수하인은 화물운임, 정박료, 진행료, 체선료를 지급하여야 한다. 일반적 평균에 대한 그의 공헌 및 해난구조는 화물의 가치에 비례하고, 선하증권을 넘겨주어야 한

---

661 켈리포니아 민법전, 제2085, 2168, 2169, 2171조; 중화민국 민법전, 제622조; 독일 상법전, 제 425, 556조; 일본 상법전, 제569조.
662 켈리포니아 민법전, 제2110, 2132b, 1959, 2110조; 일본 상법전, 제570조; Schuster supra n. at p.285.
663 켈리포니아 민법전, 제2139, 2143, 2180조; 일본 상법전, 제779조.
664 켈리포니아 민법전, 제2136조.
665 일본 상법전, 제755, 756조.

다(Art 452)고 규정하였다. 이 초안은 화물 인도(delivery)의 장소[666] 및 화물운임(frei-ghtage), 정박료(anchorage charges), 체선료(demurrage) 등의 지급[667] 및 해난구조료(sal-vage)[668]와 선하증권(the bill of lading)[669]에 대하여 규정하고 있다.

(7) 수하인을 발견할 수 없거나 인도를 수령하지 못하거나 화물이 소송의 대상이 될 수 없는 경우, 운송인은 위탁자에게 통지하고 지시를 요청해야 한다. 아무도 앞으로 나오지 않는, 또는 뒤따를 수 없고 화물이 여전히 관리인에게 속한 경우, 운송인은 창고에 합리적인 시간 동안 임치하거나, 화물이 부패하기 쉬운 경우, 공경매에서 그것을 매각하고 그 절차(화물운임 및 다른 경비가 아닐까)를 그에 권한이 있는 당사자에게 우송할 수 있다. 또는 후자의 경우 여전히 찾을 수 없으면 자신의 신용으로 그것들을 임치할 수 있다 (Art 453)고 규정하였다. 이 초안은 수하인을 찾을 수 없거나 수령할 수 없는 경우 등에 있어서 운송인의 처리에 대하여 규정하고 있다.[670]

(8) 해상운송인은 일반 관리의 부족으로 인한 화물의 손실이나 침해에 대해 책임을 저야 한다. 그렇지 않으면 그 원인이, ① 고유한 결함, 그 약점 또는 자발적 행동, ② 공공의 적, ③ 저항할 수 없는, 초인간적인 힘인 경우 책임을 지지 않는다. 수하물의 육상 운송인의 책임은 화물에 대한 해상운송의 그것과 유사하다(Art 454)고 규정하였다. 이 초안은 운송인의 책임(carrier's liability)에 관하여 이 조항에서 면책되는 사항(①~③)을 제외한 해상운송인의 책임과 육상운송인의 책임을 규정하고 있다.[671]

(9) 모든 설명의 시간 조각의 다른 귀금속 또는 제조된 형태의 돌의 공동운송인은 세라믹 도금 또는 유리 제품, 조각상 사진, 레이스 또는 실크, 유가증권 또는 기타 중요한 문서가 그 내용의 본질을 표시 또는 다른 방법으로 그것에 포함하지 않는 한 분실 또는 누구의 수하물의 침해에 대하여 몇 엔까지 책임을 진다. 영수증 또는 선하증권에 명시된 가치를 초과하지 않는다. 보통의 주의와 노력의 부족으로 인한 경우에만 지연에 대한 책임이다(Art 455)고 규정하였다. 이 초안은 고가 등에 대한 책임의 제한(limit of liability for valuable etc)에 대하여 규정하고 있다.[672]

---

666 켈리포니아 민법전, 제2118, 2119, 2127조.
667 켈리포니아 민법전, 제2136, 2138조; 일본 상법전, 제583조.
668 독일 상법전, 제567조.
669 중화민국 민법전, 제630조; 독일 상법전, 제448조; 일본 상법전, 제584조.
670 켈리포니아 민법전, 제2120, 2121, 2204조; 중화민국 민법전, 제650~2조; 독일 상법전, 제437조.
671 켈리포니아 민법전, 제2194, 2195, 2182조; 중화민국 민법전, 제657조; 일본 상법전, 제591조.

(10) 평소 경로 이외의 지점으로 향하는 화물에 대한 몇 차례 연속으로 공동운송인 중 하나에 의해 화물에 대한 책임에 대한 구제는 손실 또는 침해가 승계인에게 인도하는 경우에 손상되지 않은 것을 위탁자에게 확인함으로써만 획득하게 된다(Art 456)고 규정하였다. 이 초안은 연속운송에 있어서 화물에 대한 공동운송인의 책임에 대한 구제(relief from liability for freight)에 대하여 규정하고 있다.[673]

(11) 화물상환증은 운송인에게 위탁자가 서명하여 후자가 다음 사항을 포함하여 제공하여야 한다. ① 중량 또는 용적, 조건, 수량 및 분리된 부분의 표시를 포함한 물품의 설명, ② 선적 및 도착의 일자, 장소, ③ 수하인의 주소가 추가된 완전한 상호(Art 457)를 규정하였다. 이 초안은 화물상환증(a way bill)에 기재할 사항(①~③)에 대하여 규정하고 있다.[674]

(12) 선하증권은 후자가 화물상환증에 지시한 사항에 물품을 수하인에게 인도하거나 또는 그의 지시에 따르거나 하는 특정을 추가한 것을 포함하여 운송인이 서명하여 위탁인에게 제공하여야 한다. 후자의 경우에 그 증권은 유통증권이다. 위탁자가 수락한 경우에 그 조건에 동의한 것이다. 선하증권은 거래를 지배하는 계약을 증명하고 당사자의 권리와 의무에 대한 법적인 제한을 규정한다. 그 물품을 수령할 권한이 있는 자에게 인도하면 물품의 인도와 함께 그에 대한 동일한 권리가 그에게 주어진다. 다만 운송인은 그 증권에 대하여 권리를 갖게 된다(Art 458)고 규정하였다. 이 초안은 선하증권(a bill of lading)에 대하여 규정하고 있다.[675]

(13) 선하증권의 조항에 따라, 운송인은 화물의 도착, 거기에 자격이 있는 당사자에게 통지해야 하고, 적절한 시간 내에 그 당사자에게 모두 인도하여야 한다. 운송인은 그 자신 또는 그의 직원의 부주의로 인하여 손실, 침해 또는 인도의 지연에 대하여 책임을 진다. 수락한 물품의 포장에 명백한 결함으로 일어난 것을 포함하지만 불가항력, 물품의 성질 또는 고유한 결함, 수하인의 위탁자에 의한 결함에 의한 것에 대하여는 그러하지 않다. 최후에 언급한 경우 운송인은 화물운송증에 대하여 권리가 없고, 일부를 수령

672　켈리포니아 민법전, 제2200, 2196조.
673　켈리포니아 민법전, 제2202조; 일본 상법전, 제579조.
674　중화민국 민법전, 제624조; 독일 상법전, 제426조; 일본 상법전, 제570조.
675　켈리포니아 민법전, 제2126a, 2126d sq., 2126i조; 중화민국 민법전, 제625, 628, 627, 629, 630조; 독일 상법전, 제426, 363, 651, 643조; 일본 상법전, 제571, 574, 572, 573, 575조.

한 경우에 그것은 환불하여야 한다. 다만 금전, 보석, 유가증권 또는 다른 특별한 가치가 있는 것들은 목록을 작성하여야 하고 그것들의 손실 또는 침해에 대하여 운송인에게 지참할 것을 설명하여야 한다(Art 459)고 규정하였다. 이 초안은 운송인의 의무(Obligations)에 대하여 규정하고 있다.[676]

(14) 운송인은 직원의 부주의 또는 불성실로 또는 선박의 내항력이 없음으로 야기된 손해에 대하여 부과된 책임을 제외 또는 제한하지 않을 수 있다(Art 460)고 규정하였다. 이 초안은 계약의 유지(no contracting out)에 관하여 규정하고 있다.[677]

(15) 인도하는 것에 실패한 손해의 측정은, 미지급 운임과 기타 비용이 없으면, 인도하기로 정한 장소와 시기에 화물의 시장가격으로 한다. 지연하는 동안 측정은 시장과 내재한 가치가 감가 상각된 액으로 한다. 그러나 그러한 손해는 총 손실에 의한 금액을 초과할 수 없다(Art 461)고 규정하였다. 이 초안은 손해의 산정(the measure of damages)에 관하여 규정하고 있다.[678]

(16) 여러 개의 연속 운송인이 화물을 수송하는 경우, 마지막 운송인이 화물운임 및 기타 비용에 대하여 그들에게 발생한 권리를 행사할 수 있다. 요금을 지급하기 전에 그 운송인은 화물을 인도하고, 다른 사람들에게 그들의 지급된 몫에 대하여 책임이 있다. 모든 운송인은 손실, 침해 또는 인도의 지연에 대하여 공동으로 또는 개별적으로 책임이 있다(Art 462)고 규정하였다. 이 초안은 순차운송인(several successive carriers)의 책임에 대하여 규정하고 있다.[679]

(17) 수하인이 화물의 배달을 통지하거나, 그것을 위해 요구할 때까지 선하증권의 위탁자 또는 소지인은 운송인에 대하여 그 화물의 수송 및 반환의 중단 또는 기타 양도를 요청한 것에 따라서, 어떤 경우에 운송인은 그 화물에 대하여 계획할 권한이 있고, 어떤 경우에는 운송인이 비례화물운임 및 그 중단에 대하여 모든 다른 합법적인 수수료에 대하여 권한이 있다(Art 463)고 규정하였다. 이 초안은 운송의 중단(Stoppage in transit)에 대하여 규정하고 있다.[680]

676　중화민국 민법전, 제643, 622, 634, 636, 635, 645, 639조; 켈리포니아 민법전, 제2114, 2127조; 독일 상법전, 제428, 429, 431, 456, 467, 606, 436, 607조; 일본 상법전, 제581, 576, 577조.

677　중화민국 민법전, 제649조; 일본 상법전, 제739조.

678　켈리포니아 민법전, 제3316, 3317조; 중화민국 민법전, 제638, 640조; 독일 상법전, 제580조.

679　중화민국 민법전, 제653, 646조; 일본 상법전, 제579조.

680　켈리포니아 민법전, 제2076조 이하; 중화민국 민법전, 제642조; 독일 상법전, 제433조; 일본 상법전, 제582조.

(18) 화물운임 및 기타 합법적인 요금을 지불하고 선하증권을 내어주면, 화물의 소지할 권한이 있고, 운송인의 책임이 수하인의 예약 없이 수령하면 중단한다. 10일 이내에 화물의 손실 침해를 운송인에게 고지하지 않거나 운송인이 동일한 것을 은폐하거나 또는 그것들이 중대한 과실에 기인한 것이어야 한다(Art 464)고 규정하였다. 이 초안은 송하인(the consignor)의 권한에 대하여 규정하고 있다.[681]

(19) 여기에서 사용된 용어로서 선박은 인간의 힘에 의해 추진되지 않고 물에 의한 일반적인 운송기관이다. 해상의 선박 또는 그의 선구들은 해상사업자이다. 다른 모든 것은 내륙 사업자이다(Art 465)고 규정하였다. 이 초안은 선박(a ship or vessel)의 정의(defined)를 규정하고 있다.[682]

(20) 용선자 또는 송하인은 육상운송인(제487조로부터)이 요구되는 것 이외에 ① 선박의 이름과 국적, ② 증권에 서명하지 않는 한 선장의 완전한 성명, ③ 용선자 또는 송하인과 수하인의 전체 또는 상호, ④ 하역하는 항구, ⑤ 증권이 1 이상이면 증권의 번호를 부여한 선하증권을 화물을 선적한 뒤 즉시 선장으로부터 받을 권리가 있다. 용선계약자 또는 송하인이 서명한 증권의 사본은 선장 또는 그 대리인에게 인도해야 한다(Art 466)고 규정하였다. 이 초안은 선하증권(Bill of Lading)에 대하여 규정하고 있다. 그 기재사항은 육상운송인에게 요구된 이외에 이 조문이 열거한 사항(①~⑤)을 포함하여야 한다는 것이다.[683]

(21) 선장은 각각 선박 및 화물에 초래한 사항에 대하여 선박소유자와 화물소유자에 대한 일반대리인이다. 그는 선원을 고용 및 해고할 수 있고, 해난구조 구조료에 대하여 모든 거래를 할 수 있으며, 항해를 위한 수선 및 보급에 대하여 그리고 외국 항구에서 용선자에게 계약을 체결할 수 있다. 그는, ① 선박저당계약 및 피고로서의 거래, 선박화물 운송 및 화물, 후자의 화물칸 일부를 저당 잡힐 수 있다(제470, 471조). ② 항해가 계속의 가능성을 넘어 중단된 때 및 소유자와 통신 할 수 있는 충분한 시간이 없을 때에 선박을 매각할 수 있다. ③ 이 조문에 설명된 상황에서 그것을 수송할 다른 선박을 얻을 수 없는 때에 화물을 매각할 수 있다. ④ 선박이 포획 및 결박되면 그 보상금의 총액에 대하여 화

---

[681] 켈리포니아 민법전, 제2118, 2119조; 중화민국 민법전, 제644, 648조; 독일 상법전, 제435, 436조; 일본 상법전, 제583, 588.
[682] 켈리포니아 민법전, 재960, 2087조; 일본 상법전, 제684조.
[683] 켈리포니아 민법전, 제2126a조; 일본 상법전, 제769, 770조.

물운송장 및 화물로 배상하고 선박을 되찾는다. 그러나 선박 소유자를 결박하는 선장의 권한은 선박에 대한 전자의 포기에 따라 중단되고, 선장의 권한에 대한 제한은 선의로 한 제3자의 행위를 불리하게 할 수 없다(Art 467)고 규정하였다. 이 초안은 선장(the ship-master)의 지위와 권한에 대하여, 특히 이 조문이 열거한 사항(①~④)을 들고 있다.[684]

(22) 해상운송인은 넓은 바다에서 또는 그의 선구로 동작하는 해상운송인은 바다의 위험, 즉 폭풍과 파도, 급류, 바위와 모래톱, 기후의 변화, 필요한 억류, 바다에 토착하는 동물, 그리고 이에 특유한 다른 모든 위험, 인간 기원의 다른 위험의 화재로 인한 손실이나 침해에 대한 책임에서 면제된다(Art 468)고 규정하였다. 이 초안은 해상운송인(maritime carriers)의 책임 면제에 대하여 규정하고 있다.[685]

(23) 선박소유자에게 주어진 독점적인 신용이 없는 책임은, 선장이 그와 함께 모든 선박계약 및 그 모든 고용인의 과실에 대하여, 법에 의하여 고용된 도선사를 제외하되 그가 도선사와 사이에 선임이 허용된 경우 선임된 자의 과실에 대하여 책임을 지게 된다(Art 469)고 규정하였다. 이 초안은 선박소유자의 면책에 대한 선장의 책임(Liability)에 대하여 규정하고 있다.[686]

(24) 과실 및 선원의 주장을 제외하고, 선박소유자 또는 이해관계인은 항해가 종료된 때에, 선박, 화물운송 및 운임과 선박과 관련하여 손해배상과 보상에 대한 주장한 청구인에 대한 포기로써 그의 권한의 범위 내에서 다른 사람에게 그 또는 선원의 침해에 대한 선장의 행위에 대한 책임을 경감할 수 있다(Art 470)고 규정하였다. 이 초안은 손해의 포기(Abandonment)에 의한 선장의 책임 경감에 대하여 규정하고 있다.[687]

(25) 선박소유자는 언제든지 선장을 해임할 수 있지만 정당한 이유 없는 해임은 그에게 손해에 대한 권한이 주어진다. 또한 공동소유자인 경우 다른 공동소유자에게 즉시 통지함으로써 그의 이익에 대하여 상당한 가격을 지급할 것을 요청할 수 있다(Art 471)고 규정하였다. 이 초안은 선장의 해임(Removal)에 대하여 규정하고 있다.[688]

(26) 선박의 전부 또는 일부에 걸치는 운송계약에서 용선자가 제3자와의 유사한 계

---

684 켈리포니아 민법전, 제2373, 2375, 2380, 2381조; 일본 상법전, 제713, 715, 811, 719조; 일본 민법전, 제714조.
685 See 14 US Code, 47; 미국 항해법 (1940), 제385조; 켈리포니아 민법전, 제2197, 2199조.
686 켈리포니아 민법전, 제2382, 2384조.
687 일본 상법전, 제690, 712조.
688 중화민국 해사법전, 제39조; 독일 상법전, 제545조; 일본 상법전, 제651, 721조.

약을 체결하면 선박소유자는 단독으로 선장의 이행에 대하여 후자에게 책임을 지지 않는다. 다만 배를 포기함으로써 구제에 대한 권리에 영향을 미치지 아니한다(Art 472)고 규정하였다. 이 초안은 계약한 제3자(Third party Contracted)에 대하여 규정하고 있다.[689]

(27) 전체 선박을 포함하여 운송계약을 체결하고 있으며, 적재를 위한 준비가 완료되면 선박소유자는 즉시 그 용선계약자에게 통지하여야 한다(Art 473)고 규정하였다. 이 초안은 화물적재를 위한 선박소유자의 통지(Notice)에 대하여 규정하고 있다.[690]

(28) 선적에 대한 용선계약자에게 허용된 시간은 통지를 접수한 다음 날부터 진행한다. 다만 선적이 불가항력으로 방해된 일자는 포함하지 않는다. 제한 후 적재된 화물의 경우 선박소유자는, 합리적인 보수로, 특별한 동의 없이 받을 권리가 있다. 제한된 시간 내에 용선계약자 또는 위탁자는 선장에게 운송에 필요한 모든 서류를 제공하여야 한다(Art 474)고 규정하였다. 이 초안은 선적기간 등에 대하여 규정하고 있다.[691]

(29) 법에 위배되거나 계약 없이 적재된 화물은 선장의 명령에 의하여 언제든지 하선될 수 있다. 그것이 선박 또는 다른 화물에 위험한 경우에는 투하될 수 있다. 다만 적재의 시간과 장소에서 최대한 화물을 운송하고자 하는 경우 이해당사자에 의한 손해청구를 침해하지 않고 요구할 수 있다(Art 475)고 규정하였다. 이 초안은 불법화물 등(Illegal Cargo, ets.)에 대하여 규정하고 있다.[692]

(30) 특정화물의 운송을 위한 계약 후에는 즉시 선장의 지시에 따라 적재해야 하거나, 또는 그 항해를 시작한다고 말하고 위탁자는 다른 화물로부터 선박소유자의 이득이 없는 한 전체 화물에 대하여 책임을 진다. 화물이 제3자로부터이고 그는 그것을 적재할 수 없는 경우, 그를 찾을 수 없으면, 선장은, 신속하게 그것을 정해진 시간 내에 적재할 수 있는 용선계약자에게 통지하여야 한다(Art 476)고 규정하였다. 이 초안은 특정화물(Specific Cargo)에 대하여 규정하고 있다.[693]

(31) 화물이 적재되지 않았음에도, 선장은 (제한된 시기 전이라도) 용선계약자의 요구에 따라, 항해를 개시할 수 있다. 그러나 요구한 용선계약자는 전체 운임과 그 요구로 야기된 비용을 지급하고, 담보를 제공하여야 한다(Art 477)고 규정하였다. 이 초안은 화

---

689 일본 상법전, 제759조.
690 독일 상법전, 제567조; 일본 상법전, 제741조 제1항.
691 일본 상법전, 제741조 제2, 3항, 제751조.
692 중화민국 해사법전, 제91조; 일본 상법전, 제740조; 소련 해사법전, 제94, 95조.
693 일본 상법전, 제749, 742조.

물적재가 되지 않았음에도 항해를 요구하여 항해하는 경우에 대하여 규정하고 있다.[694]

(32) 운송계약의 종료는 선박 설립자가 복구할 수 없게 된, 포획되거나 또는 화물이 불가항력으로 상실된 경우에 발생한다. 이러한 원인 중 하나가 화물의 일부에 영향을 준 경우, 용선자는 지금까지 선박소유자의 부담이 증가되지 않는 다른 화물로, 그것을 대체할 수 있지만, 그 권리는 신속하게 행사되거나 또는 그는 전체 화물 운송에 대한 책임을 지게 된다(Art 478)고 규정하였다. 이 초안은 운송계약의 종료(Termination of the carriage contract)에 대하여 규정하고 있다.[695]

(33) 화물이 계약에 의해 정하여진 시간 내에 적재되지 않은 경우, 후자는 철회된 것으로 간주되어야 한다. 또한 용선자는 항해를 시작하기 전에는 언제든지, 귀환 항해를 시작하기 전에 역할을 하지 못할 경우 절반 또는 3분의 2 운임을 지불하고 명시적으로 철회할 수 있다. 그는 적재 및 선상에 있는 화물의 하역 요금을 부담하고, 일반 평균 또는 해난뿐만 아니라 부대비용과 항해에 기여한 공로에 대하여 지급하여야 한다. 항해를 개시한 후, 용선자는, 전 운임 이외에, 부적재(또는 그에 대한 적절한 보증)로 발생되는 손해를 지급하지 않고, 이 법전 제497조에 규정한 의무를 면제하지 않고서 철회하지 않을 수 있다. 이 규정과 그 다음 조문은 오직 선박의 일부만을 계약한 때에 그 정도까지 적용한다(Art 479)고 규정하였다. 이 초안은 철회(Rescission)의 조건(Conditions)에 대하여 규정하고 있다.[696]

(34) 각 당사자는 운송 또는 항해가 법에 위배되고 있다든지 또는 그 목적이 주요한, 즉 중요한 불가능하게 될 경우에 철회할 수 있다. 그러나 이러한 원인이 항해 중에 발생하면 철회한 용선자는 완성된 운송에 대하여 지급하여야 한다. 만약 이러한 원인 및 종료 원인이 존재하면, 용선자 또는 송하인은 모든 운임을 지급하고 철회할 수 있다(Art 480)고 규정하였다. 이 초안은 철회의 원인(Grounds)에 대하여 규정하고 있다.[697]

(35) 선박의 부분의 용선자는, 다른 용선자와 송하인과 함께 합동으로 하는 경우를 제외하고, 항해의 개시 전에 철회하려면, 모든 운임을 지불하지 않으면 안 된다. 그러나 선박소유자가 다른 화물을 수령하면 그에 대하여 공제하여야 한다. 또한 용선자는 화물

---

694 프랑스 상법전, 제288조; 독일 상법전, 제578조; 일본 상법전, 제743조.
695 일본 상법전, 제760, 762, 763, 766조.
696 프랑스 상법전, 제276조; 독일 상법전, 제580조; 일본 상법전, 제745조 제4, 1, 3항; 제746, 747조.
697 중화민국 해상법전, 제74, 94조.

의 전부 또는 일부를 적재하였으면 다른 용선자 및 송하인의 동의 없이는 철회하지 못한다(Art 481)고 규정하였다. 이 초안은 선박의 부분 용선계약자(The Charterer of part of a ship)에 대하여 규정하고 있다.[698]

(36) 항해의 시작에서 선박의 감항능력은 선박소유자가 보증하고 그는 용선자 또는 송하인과 특별한 합의에 의하여 이러한 보증 위반으로 인한 손해에 대한 책임에서 해방되지 않을 수 있다. 발항 전에 종합적인 준비가 이뤄져야 한다. 감항능력의 합리적인 의심이 있는 경우, 선박의 임원 또는 선원은 적절한 측량이 이루어질 때까지 계속 거부할 수 있다(Art 482)고 규정하였다. 이 초안은 선박의 감항능력(Seaworthiness of the ship)에 대하여 규정하고 있다.[699]

(37) 항해준비에서 야기한 채무에 대하여 제외하고, 압류는 이러한 준비가 완료된 선박에 대하여 부과할 수 없다(Art 483)고 규정하였다. 이 초안은 압류 등(Attachment, ets.)에 대하여 규정하고 있다.[700]

(38) 준비가 완료되면, 선장은 즉시 항해를 시작한다. 필요성을 가지는 경우를 제외하고, 소정의 행로에서 벗어나지 않고 목적지 항구로 진행한다(Art 484)고 규정하였다. 이 초안은 출항(Commencement)에 대하여 규정하고 있다.[701]

(39) 불가피한 상황을 제외하고, 선장은 적하 또는 승객의 승선시부터 하역 또는 하선시까지 그의 선박에서 떠날 수 없다. 이러한 상황 때문에, 그는 명령을 할 수 없는 경우, 그의 자리는 1등 항해사에 의해 담당되어야 하고, 그런 간부가 없는 경우 선장은 선박소유자에게 책임을 가정하여, 사람을 지정하여야 한다. 항해하는 동안 선장은 지금까지 선박소유자에게 실행 가능한 보고서로 이와 관련된 모든 중요한 문제를 보고하여야 한다(Art 485)고 규정하였다. 이 초안은 선장의 참석(Attendance)에 대하여 규정하고 있다.[702]

(40) 송하인은 필요한 공급 또는 수리에 사용된 송하인의 화물의 손실에 대하여 하역항에서 시장가치로 선박소유자로부터 보상을 받을 권리가 있다(Art 486)고 규정하였다.

---

698 일본 상법전, 제748조.

699 중화민국 해상법전, 제90조; 독일 상법전, 제559조; 일본 상법전, 제738, 708조; 일본 선원법, 제 55조.

700 중화민국 해상법전, 제6조; 독일 상법전, 제482조; 일본 상법전, 제689조; 일본 민사소송법전, 제717조; 소련 해사법전, 제240조.

701 중화민국 해상법전, 제42조; 프랑스 상법전, 제238조; 일본 상법전, 제710, 711, 723조, 제720조 제1항.

702 일본 선원법, 제9, 16, 39, 52, 54, 55조; 소련 해사법전, 제68조.

이 초안은 송하인의 보상받을 권리에 대하여 규정하고 있다.[703]

(41) 항해의 종료시에, 선장은 즉시 그 청구서를 제출하여 선박소유자의 승인을 요청하여야 한다(Art 487)고 규정하였다. 이 초안은 계산청구서(Accounts)에 대하여 규정하고 있다.[704]

(42) 항해하는 동안 선장은 가장 거기에 이해관계 있는 당사자에게 제공하는 의사로 화물의 이러한 처분을 하여야 한다(Art 488)고 규정하였다. 이 초안은 선장의 항해 중 화물처분(Disposition)에 대하여 규정하고 있다.[705]

(43) 극단적인 위험에, 공동의 안전을 위해 필요한 경우, 선장은 화물 또는 선박 부속물의 일부 또는 전부를 선외로 투하하거나 그 밖에 투하할 것을 명령할 수 있다. 그 진행은, 가능한 한, 가치가 가장 적은 것과 부피가 가장 큰 것부터 시작해야 한다(Art 489)고 규정하였다. 이 초안은 화물의 투하(Jettison)에 대하여 규정하고 있다.[706]

(44) 이러한 투하에서의 손실은 누구의 희생이 만들어진 이익을 위하여, 뿐만 아니라 폐기 물품의 소유자가 선박, 부속물, 화물운임 및 화물의 모든 부분에 비례하여 부담해야 한다. 부담하는 비율은 개별이익의 소유자가 전체의 가치에 영향을 갖는 재산의 그의 부분의 가치로 부담하는 상실된 물품의 가치의 비율로 조정에 의하여 확인되어야 한다. 선박과 부속물은 항해의 종료시에, 하역하는 시간과 장소에서 화물로 인도에 따른 총액의 반액으로 운임을 평가되어야 한다. 각 경우에 추가하여 계산서는 기여가 좋게 만들어지고, 항해 종료시에 유효하게 조정된 것은 어느 곳에서나 유효하다(Art 490)고 규정하였다. 이 초안은 일반해손(General Average)에 대하여 규정하고 있다.[707]

(45) 갑판에 적재는 화물소유자에게 일반적인 평균의 이익이 되지만 경우에 따라서 그러한 적재가 관행적으로 권한이 인정된다(Art 491)고 규정하였다. 이 초안은 갑판 위에 적재하는 것(Storage on deck)에 대하여 규정하고 있다.[708]

(46) 화물의 값을 소유자가 과소하게 말한 경우, 손해의 정도는 이렇게 말한 대로 정

---

703 중화민국 해상법전, 제54조; 프랑스 상법전, 제234조; 독일 상법전, 제528, 538조; 일본 상법전, 제715조.
704 독일 상법전, 제534조 제4항; 일본 민법전, 제645조; 일본 상법전, 제720조 제2항; 일본 선원법, 제15조.
705 독일 상법전, 제535, 538조; 일본 상법전, 제712, 719조.
706 켈리포니아 민법전, 제2148~50조; 중화민국 해상법전, 제58조; 독일 상법전, 제538, 539조.
707 켈리포니아 민법전, 제2151, 2152조; 중화민국 해상법전, 제129조; 일본 상법전, 제794조; 소련 해사법전, 제142조 제1항, 제143~4조.
708 켈리포니아 민법전, 제2154조; 중화민국 해상법전, 제131조; 일본 상법전, 제793조 이하.

해질 것이다. 그 값을 과대하게 말한 경우 그 문서의 기록자는 그렇게 언급된 값에 비례하여 일반 해손에 기여하게 된다. 해당 규칙은 사기 항목이 화물의 값에 관한 것이 되었을 때 적용될 수 있다(Art 492)고 규정하였다. 이 초안은 화물에 대한 가치의 왜곡(Misstatement of Value)에 대하여 규정하고 있다.[709]

(47) 의무 없이 선박 또는 화물의 일부 또는 전부를 해난구조하거나 또는 해난구조를 도운 사람은 적절한 보상 및 그에 대한 재산에 대하여 우선적 청구할 권한이 있다. 다만 ① 그가 재난을 의도적 또는 과실로 야기하거나, 또는 ② 그의 일이 거절된 후 해난구조를 강제로 하거나, 또는 ③ 권한 없이 구조된 물품을 은폐 또는 처분한 것은 그러하지 않다. 총액이 해양에서 재난의 상황에 계약으로 정하여지고 크게 적당하지 않은 경우 이 해당사자는 그것에 대하여 사법적으로 감액할 권리가 있다. 그 총액이 정하여지지 않은 경우 구조자는 우선적 청구권의 총액이 없는 한 구조된 재산의 가치 이상 회복할 수 없다. 화물 소유자는 구조된 재산으로 보상할 수 있고, 화물에 대하여 우선적 청구는 그것의 소유권이 이전된 제3자에 대하여 인도한 후에 강제될 수 없다(Art 493)고 규정하였다. 이 초안은 해난구조(Salvage)에 대하여 규정하고 있다. 즉 이 조항에서 열거한 경우 (①~③)를 제외하고, 해난구조자는 적당한 보상과 구조된 재산에 대하여 우선권을 갖는다.[710] 구조료는 너무 불합리하면 사법적으로 감액할 권한이 주어지고,[711] 구조료를 정하지 않은 경우에는 구조된 재산의 가치를 넘지 못하고,[712] 화물소유자는 구조된 재산으로 구조료를 지급할 수 있으며,[713] 이미 그 재산의 소유권이 제3자에게 넘어간 경우에는 우선권을 그에게 강제할 수 없다[714]는 것이다.

(48) 선박에 의한 해난구조는 그 소유자에게 그것이 증기선인 경우 보수의 3분의 2, 항해하는 선박인 경우 보수의 절반에 대하여 권리가 부여된다. 균형의 절반은 선장에게 지급되고 다른 절반은 그가 준비하고 선원에게 통지한 계획에 따라 선원과 분배된다. 그들 가운데 어느 누가 첫 항구에서 해양 당국에 가기 전에 이의를 제기할 수 있고, 그들

---

709 일본 상법전, 제795조.
710 중화민국 해상법전, 제121, 122, 127조; 일본 상법전, 제800, 809, 810조; 일본 선원법, 제10조; 소련 해사법전, 제164, 166a조.
711 독일 상법전, 제740조.
712 일본 상법전, 제802, 803조.
713 독일 상법전, 제741, 747조.
714 일본 상법전, 제812, 813조.

은 그것을 수정하거나 선장이 계획 준비를 하지 못하였으면 그들은 그렇게 할 수 있다. 그러나 보수는 그 계획이 발표되고 이의가 처리될 까지 배분될 수 없다(Art 494)고 규정하였다. 이 초안은 선박에 의한 해난구조(Salvage by ship)에 대하여 규정하고 있다.[715]

(49) 화물운임 전액은, 선장이 해난구조, 보수, 수선 또는 기타 필요비를 위하여 매각 또는 저당을 설정하였거나, 또는 항해 목적 또는 일반 해손에 공헌을 위하여 사용하였다 하더라도, 청구될 수 있다(Art 495)고 규정하였다. 이 초안은 해난구조에서 화물운임(Freightage)에 대하여 규정하고 있다.[716]

(50) 수하인에 대한 통지는 화물을 하역하기 위한 모든 준비가 되는 즉시 선장에 의해 전송된다. 하역에 허용된 시간은 통보를 받은 다음 날부터 실행해야 하지만, 하역이 불가항력에 의해 방지될 때 일자를 포함하지 않는다. 제한 후 화물을 하역하기 위하여 선박소유자는 합리적인 보수에 대한 동의 없이 받을 권리가 있다. 합리적인 보수와 관련된 특약의 운송을 위한 계약으로, 특정화물의 운송을 위한 계약에서 수하인은 즉시 선장의 지시에 따라 하역할 수 있다(Art 496)고 규정하였다. 이 초안은 인도(Delivery)를 위하여 수하인에 대한 통지(Notice to the Consignee)에 대하여 규정하고 있다.[717]

(51) 선장은 수하인이 화물운임, 부대비용, 선대금, 정박료 및 운송 또는 선하증권의 계약에 따라 일반해손 및 해난구조에 대한 그의 기여를 지불할 때까지 화물을 제공할 의무가 없다. 이 지급 없이 인도하면, 제3자가 점유를 취득하기 전에, 그 선박소유자는 인도 후 2주일 이내에 사법적 제재로 그 지급을 수령하기 위하여 화물의 공매를 원인으로 할 수 있다. 선박소유자의 청구가 상기 조건을 불이행하여 상실된 후에도 용선자 또는 송하인은 운송에서 자신의 이익의 정도에 따라 그에게 상환하여야 한다(Art 497)고 규정하였다. 이 초안은 화물을 인도할 때에 화물운임 등의 수령과 동시이행을 조건(Conditions)으로 규정하고 있다.[718]

(52) 인도는 선하증권의 여러 부분 중 하나의 소지인이 요구할 수 있기 때문에 하역항에서 거절될 수 있다. 그러나 다른 항구에서 선장은 인도전에 그 증권의 모든 부분을 요구하여야 한다(Art 498)고 규정하였다. 이 초안은 화물의 인도에서 선하증권(the bill of

---

715 중화민국 해상법전, 제128조; 독일 상법전, 제749조; 일본 상법전, 제805, 807조 제1, 2, 3항, 제808조.
716 일본 상법전, 제764조.
717 독일 상법전, 제895, 602, 603조; 일본 상법전, 제752조.
718 프랑스 상법전, 제306조; 독일 상법전, 제614, 615, 623조; 일본 상법전, 제763, 757, 758조.

lading)에 대하여 규정하고 있다.[719]

(53) 화물의 점유를 각각 요구할 수 있는, 선하증권의 여러 소지자는, 선장이 각 청구인에게 통지하고, 충분한 권한으로 즉시 공탁할 것을 요구한다. 일부가 이미 전조에 따라 인도된 경우, 위 규정은 나머지에 적용된다. 여러 소지인 중 한 사람이 인도를 받은 경우, 다른 사람의 선하증권은 효력을 상실한다. 더 이상 인도가 없으면, 전달된 부분의 소지인은 우선권을 갖는다(Art 499)고 규정하였다. 이 초안은 선하증권(a bill of lading)의 소지인이 수인인 경우에 대하여 규정하고 있다.[720]

(54) 모든 여객운송인은 자동차 여행에 대한 적절한 요금 승차권을 신청한 각 고객에게 제공해야 한다. 이러한 등록된 승차권은 양도할 수 없다. 등록되지 않은 것이라도 여행이 개시된 후 양도할 수 없다. 그것이 양도되고 다른 사람에 의해 사용된 경우, 그 발견하면 압수되고 그 유효성을 상실한다. 운송이 항해선박(항공기 포함) 및 차량에서와 같이 유효한 경우, 전체 과정에 대한 유효한 승차권을 통하여 발행할 수 있다(Art 500)고 규정하였다. 이 초안은 여객운송(passenger carrier)에서 승차권(Tickets)에 대하여 규정하고 있다.[721]

(55) 운송인은, 차별 없이, 합리적이고 일반적으로 수송을 위한 좌석이 가능하도록 적용하여 받아야 하고, 여객을 친절하게 취급하여야 한다. 전염성 또는 혐오스런 질병을 가진 사람은 주무 장관의 승인을 받아야만 허용될 수 있다. 운송인은 적합하고 안전한 차량을 제공하여야 하고, 초과하여 적재할 수 없으며, 그들은 안전한 속도와 적절한 경로로 부당한 지연 또는 이탈이 없도록 추진하여야 한다(Art 501)고 규정하였다. 이 초안은 여객운송인의 의무(Obligations)에 대하여 규정하고 있다.[722]

(56) 이러한 운송인은 승객의 안전을 위해 최대한의 주의와 노력을 사용하고, 같은 불가항력 또는 승객의 과오를 제외하고, 지연 운행으로 그들에게 입힌 침해와 그들의 수하물의 손실 또는 손해에 대하여 책임 있다. 승객이 서면으로 명시적 동의가 없는 한 이러한 책임의 배제 또는 제한하려는 시도는 무효이다. 운송인은 100파운드를 초과하는 것을 제외하고 수하물에 대한 요금을 부과하지 않을 수 있다(Art 502)고 규정하였다.

---

719 독일 상법전, 제645조 제1항, 제650, 659조; 일본 상법전, 제771, 772조.
720 독일 상법전, 제646, 648, 649조; 일본 상법전, 제773, 774, 775조.
721 일본 민법전, 제456조; 일본 상법전, 제672, 673조; 한국철도운행법, 제18c조.
722 한국철도운행법, 제4조.

이 초안은 운송인의 책임(Liability)에 대하여 규정하고 있다.[723]

(57) 운송인에게 위탁된 수하물은 그의 도착 후 적절한 시간 내에 승객에게 전달해야 한다. 승객은 통지를 받은 후 그 시간 내에 배달을 받지 못하거나, 또는 찾을 수 없는 경우, 운송인은 공매로 그 수하물을 매각할 수 있고, 진행, 손실비용, 승객의 신용으로 공탁할 수 있다. 여객의 도중에 사망하면, 차장은 그의 수하물을 그의 승계인에게 가장 유리하게 처분하여야 한다. 운송인은 여객의 운임에 대하여 수하물에 유치권을 갖는다(Art 503)고 규정하였다. 이 초안은 운송인에게 위탁한 여객의 수하물(Baggage)에 대하여 규정하고 있다.[724]

(58) 운임은 여행의 시작에서 또는 이후의 시간에 승객에게 요구될 수 있다. 요금을 지불하거나 운송인의 규정을 준수하기를 거부한 승객은 가능한 한 작은 폭력 및 통상 정류장에서 차량에서 축출할 수 있다(Art 504)고 규정하였다. 이 초안은 여객의 운임(Fare)에 대하여 규정하고 있다.[725]

(59) 승선에 대한 고정된 시간까지 승선하지 못한 승객은, 선장은 항해를 시작하거나 계속할 수 있으므로, 그의 여비를 상실한다(Art 505)고 규정하였다. 이 초안은 승객의 여비(passage money)의 상실(fortfeiture)에 대하여 규정하고 있다.[726]

(60) 선박 수리를 위하여 도중에 중지하는 동안 함께 숙박과 함께 항해하는 동안 여객에 대한 생활은, 동일한 목적지를 향하는 다른 선박에 동등한 편의를 제공할 수 없는 한, 선박소유자는 제공하여야만 한다(Art 506)고 규정하였다. 이 초안은 선박수리를 위하여 항해를 중지한 경우에 숙박 등의 제공에 대하여 규정하고 있다.[727]

(61) 여객이 여행계약의 철회를 하면, 항해를 시작하기 전에는 절반 여비를, 항해를 시작한 뒤에는 전액을 요구하게 될 것이다(Art 507)고 규정하였다. 이 초안은 여객이 여행계약을 철회한 경우에 여비의 청구에 대하여 규정하고 있다.[728]

(62) 개인적인 질병, 불가항력에 의한 사망으로 승선할 여객의 무능력이면 선박소유

---

[723] 중화민국 민법전, 제649조; 독일 상법전, 제672, 673조; 일본 상법전, 제766, 779조.

[724] 중화민국 민법전, 제650조; 프랑스 상법전, 제106, 95조; 독일 상법전, 제437조; 일본 상법전, 제585조 제2항, 제785조; 중화민국 해상법전, 제110조; 일본 선원법, 제13조.

[725] 일본 상법전, 제562조; 한국철도운행법, 제18, 29a, b, 33c, 35조.

[726] 중화민국 해상법전, 제105조; 독일 상법전, 제780조; 일본 상법전, 제666조.

[727] 중화민국 해상법전, 제109조; 독일 상법전, 제671조; 일본 상법전, 제783조.

[728] 중화민국 해상법전, 제104조; 프랑스 상법전, 제583, 584조; 독일 상법전, 제667조; 일본 상법전, 제781조; 소련 해사법전, 제128, 129조.

자가 여비의 4분의 1만을 받을 수 있다. 이러한 무능력이 항해 중에 발생한 경우, 선박소유자는, 선택하여, 운행거리에 따라 여비를 받을 수 있다(Art 508)고 규정하였다. 이 초안은 여객의 질병, 사망 등으로 승선할 수 없는 경우의 여비에 대하여 규정하고 있다.[729]

(63) 계약의 종료는 화물이 불가항력으로 손실되고, 선박설립자가 복구할 수 없는 경우 또는 억류된 경우에 일어나며, 여비는 항해의 범위에서 요구된다(Art 509)고 규정하였다. 이 초안은 계약의 종료(Termination of the contract)와 여비(passage money)에 대하여 규정하고 있다.[730]

(64) 항공에 의한 운송인은, 시작 및 중지하는 경우를 제외하고, 육상과 해상에서 운행하는 것이다. 항공기는 공기보다 가벼운 것(풍선, 비행선 등)과 공기보다 무거운 것(비행기, 헬리콥터, 오토자이로 등)을 포함한다. 수상 비행기는, 수상에서 운행하거나 수상 또는 그 위에서 정지하는 동안, 해상운송인과 동일한 규칙이 적용된다. 그렇지 않으면 그것은 항공기로 취급된다(Art 510)고 규정하였다. 이 초안은 항공운송에서 일반규정으로 항공운송인의 정의(Definitions)를 규정하고 있다.[731]

(65) 지상과 수상의 공간은 바로 아래 표면의 여러 소유자에 속한다. 그러나 이러한 공간에 대한 주권과 관할권은 한국 정부에 귀속되어 있다(Art 511)고 규정하였다. 이 초안은 지상과 수상의 공간(Space above land and water)에 대하여 규정하고 있다.[732]

(66) 비행 중 조종사 또는 승객에 의하여 또는 대하여 그리고 이러한 사람 사이의 계약적 또는 다른 관계에 대한 관할은 그 당시 항공기가 운항하는 공간의 국가에 귀속한다(Art 512)고 규정하였다. 이 초안은 비행 중 범죄 및 불법행위의 관할(Jurisdiction during flight ever crimes and delicts (torts))에 대하여 규정하고 있다.[733]

(67) 항공기는 토지 소유자의 재산권 또는 점유를 방해하지 않는 한 자국의 영토 안에서 토지 위를 합법적 목적으로 운항할 수 있다. 외국에서 운항은 그에 대한 국내법 또는 국제조약의 적용을 받는다(Art 513)고 규정하였다. 이 초안은 항공기 운항의 권리(right)에 대하여 규정하고 있다.[734]

---

729 일본 상법전, 제782조.
730 프랑스 상법전, 제303조; 독일 상법전, 제623, 630조; 일본 상법전, 제760조; 일본 선원법, 제23, 30, 68조.
731 Doberty, Torts in Aeronautical Navigation, 19 Temple Law Quarterly 496-509 (1946) 참조; 미국 통일항공법, 제1조.
732 미국 통일항공법, 제2, 3, 7, 8조.
733 미국 통일항공법, 제7, 8조.
734 America Law Institute's Restatement of Torts, Sec 194; Northwest Airlines Rinnesots. 323 U.S. 809

(68) 항공기는 "본질적으로 위험한" 것이 아니고 그에 대한 조종사의 의무는 "상황에 따라 합리적이고 신중한 사람의 보통의 주의를 기울여야 하는 것이다." 항공기의 공동 운송인은 제대로 갖추고 훈련된 조종사와 안전하고 적절한 착륙지를 제공하여야 한다(Art 514)고 규정하였다. 이 초안은 항공운송에 대한 책임(Liability)을 규정하고 있다.[735]

(69) 위험한 운항은 곡예비행 또는 밀집 거주지역 또는 군중이 모인 곳을 이륙과 착륙을 하는 동안 초과하여 지상에 있는 사람들을 위협할 정도로 너무 낮은 수준으로 또는 물이나 모래 주머니를 제외한 물건을 떨어트리면서 비행하는 것을 포함한다. 일반 비행은 500 피트에서 2,000 피트를 변경한 고도 이하로 할 수 없다(Art 515)고 규정하였다. 이 초안은 위험한 운항(Dangerous operation)에 대하여 규정하고 있다.[736]

(70) 육상 또는 수상의 모든 항공기의 소유자 및 임차인은, 침해받은 당사자의 과실에 의하여 전부 또는 부분적 원인이 된 침해가 아닌 한, 어떤 방향 또는 그로부터 어떤 물체의 하강으로 항공기의 비행이 원인이 된 아래 사람이나 재산에 침해에 대하여 과실에 관계없이 연대책임이 있다. 그러나 조종사는 이러한 소유자 또는 임차인 이외에 자신의 과실에 대하여만 책임을 진다(Art 516)고 규정하였다. 이 초안은 비행(Flight)에 대한 책임에 관하여 규정하고 있다.[737]

(71) 부상을 원인으로 한 항공기에 대한 유치권은 이 부상을 원인으로 한 손해의 범위에서 부상당한 당사자에게 발생한다(Art 517)고 규정하였다. 이 초안은 항공기에 대한 유치권(A lien on the aircraft)에 대하여 규정하고 있다.[738]

(72) 항공기에서 촬영은 형법의 해당 규정에 따라 처벌되는 경범죄이다(Art 518)고 규정하였다. 이 초안은 항공기에서의 촬영(Shooting from an aircraft)에 대하여 규정하고 있다.[739]

(73) 동의 없이 다른 사람의 흙이나 물에, 강제된 경우를 제외하고, 항공기의 착륙은, 불법적이며 이 항공기의 소유자, 임차인 또는 조종사(그것은 비행사, 열기구 조종사, 조

(1944); 예컨대 1929년 바르사바 협약, 1933년 로마 협정.

735 Doberty, supra n.507 at 496, 406, 408-9 (1946); Curties-Wright, Flying Service, V. Gloses, 66 7nd. (2d) 710 (1923); McCusker V. Curties-Wright, Flying Service, 269 III. App.502 (q933); Doberty, supra n.511a at p.500.

736 미국 통일항공법, 제9조; 미국 연방항공상사법, 제44조(미국 법률 제568호).

737 미국 통일항공법, 제5조.

738 미국 통일항공법, 제5조.

739 미국 통일항공법, 제7, 10조.

종사와 운영에 참여하는 다른 사람을 포함한다)는 이 법전의 조문에서 규정된 바와 같이 불법적인 의무에 대하여 책임을 진다(Art 519)고 규정하였다. 이 초안은 다른 사람의 토지 또는 수상에 항공기의 착륙에 의한 책임에 대하여 규정하고 있다.[740]

4) 운송주선업(Forwarding Agents)

이 초안은 운송주선업에 대하여, 정의(Defined, Art 520), 권리(Rights, Art 521), 책임(Liability, Art 522) 및 수인의 운송주선업자(Several forwarding agents, Art 523)을 각각 규정하였다.

(1) 주선업자는 자신의 이름으로 다른 사람의 계산으로서 상품을 운송인에게 전달하는 보수를 위하여 사업으로 수행하는 사람이다(Art 520)고 규정하였다. 이 초안은 주선업자의 정의(Defined)를 규정하고 있다.[741]

(2) 그렇지 않으면 주선업자는 상품을 운송할 수 있고, 따라서 운송인의 권리와 의무를 획득하고, 화주에게 선하증권을 제공하거나 전체 운송에 대한 고정된 가액을 받으며 그렇게 할 수 있고, 어떤 경우 더 이상 권리를 갖게 된다(Art 521)고 규정하였다. 이 초안은 주선업자의 권리(Rights)에 대하여 규정하고 있다.[742]

(3) 주선업자는 그에게 위탁된 상품의 배송에서 손상, 침해 또는 지연에 대하여, 그 또는 그의 직원이 접수, 보관 또는 그것의 배송에서 운송인 또는 다른 주선업자의 선정 또는 운송의 기능에 대한 상당한 주의를 기울이지 못한 것이 아닌 한, 책임을 지어야 한다(Art 522)고 규정하였다. 이 초안은 주선업자의 책임(Liability)에 대하여 규정하고 있다.[743]

(4) 상품의 운송에서 연속적으로 활동하는 수인의 주선업자는 각각 자신의 전임자를 대신하여 그의 전임자의 권리를 행사하고 그 직전 전임자에게 지급하면 그의 권리를 취득한다(Art 523)고 규정하였다. 이 초안은 수인의 운송주선업자(Several forwarding agents)에 대하여 규정하고 있다.[744]

740　미국 통일항공법, 제4.조
741　중화민국 민법전, 제660조; 독일 상법전, 제407조; 일본 상법전, 제559조; 스위스 채무법전S, 제439조.
742　중화민국 민법전, 제663조; 독일 상법전, 제412조; 일본 상법전, 제565조.
743　중화민국 민법전, 제664조; 독일 상법전, 제408조; 일본 상법전, 제560조.

바) 물적담보계약(Pignorative (Pledge) Contracts)

이 초안은 물적담보계약에 대하여, 통칙(provisions applicable to all, Arts 524~525), 동산질권(pledge / pignus / pawn of movable, Arts 526~536), 저당권(hypotheca / mortgage, Arts 537~545), 전세권(antichtesis / Chinese Dien, Arts 546~551), 환매(sale with right of redemption, Arts 552~559) 및 유치권(possessory liens / right of redemption, Arts 560~565)을 각각 규정하였다.

(가) 통칙(Provisions Applicable to All)

이 초안은 통칙에 정의와 본질(Definition and Nature, Art 524) 및 소멸(Extinction, Art 525)을 각각 규정하였다.

(1) 담보계약은, 다른 채무의 이행을 확보하기 위하여 보조하는 것이다. 따라서 그들은 주된 채무에 부속하고 나눌 수 있다. 목적물은 양도할 수 있어야 하고, 채무자는 그것을 담보할 수 있는 자격이 있는 소유자 또는 그 외의 자이어야 한다. 그러나 채무가 만기에 지급되지 않으면 매각되어야 하고, 매각을 포기하는 합의 및 담보된 소유권을 귀속하는 것은 무효이다(Art 524)고 규정하였다. 이 초안은 담보계약의 정의와 본질(Definition and Nature)에 대하여 규정하고 있다. 즉 담보계약은 다른 채무의 이행을 확보하는 것,[745] 주된 채무에 종속되는 것,[746] 주물은 양도할 수 있어야 하고,[747] 채무자는 담보할 권한이 있는 소유자 또는 다른 자이어야 하며,[748] 만기에 채무의 지급이 없으면 매각될 수 있고,[749] 매각을 포기하거나 담보된 소유권의 귀속을 무효로 하는 것[750]이라는 것이다.[751]

(2) 담보계약은 채권자의 포기 또는 그것을 수령할 자격이 있는 사람에게 주물에 대

---

744 일본 민법전, 제500조; 일본 상법전, 제563, 579조; 독일 상법전, 제432, 411조.

745 American Law Institut's Restatement of Security, Sec 1; Cater v. Herrell, 14, Louisiana Annual, 375, 376; Riasnovsky, Modern Civil Law of China (1927) Vol. 1, p.66.

746 40 Corpus Juris, 1352, notes 16, 17.

747 일본 민법전, 제343조.

748 40 Corpus Juris, 1352 n.18.

749 40 Corpus Juris, 1352 n.18; 멕시코 민법전, 제1800, 1851조; 필립핀 민법전, 제1858, 1872, 1884조.

750 켈리포니아 민법전, 제2889조; 중화민국 민법전, 제873, 893, 894조; 일본 민법전, 제349조.

751 이에 대한 자세한 내용은, 윤대성, 미군정시대(1945~194)의 한국민법전편찬사업 : 로빈기어의 한국민법전초안 (Proposed Civil Code for Korea, 1949) 분석, 한국학술정보, 2009, 127~129면.

한 소유권, 상환, 판결, 공인된 매각 또는 파괴에 의해 소멸된다(Art 525)고 규정하였다. 이 초안은 담보계약의 소멸(Extinction)에 대하여 규정하고 있다.[752]

(나) 동산질(Pledge (Pignus, Pawn) of Movables)

이 초안은 동산질에 대하여, 일반규정(in general, Arts 526~530) 및 무형질(pledge of intangible, Arts 531~536)을 각각 규정하였다.

(1) 동산질은 채무의 변제, 발생하여 불이행된 이자, 질권의 실행비용 및 목적물에 숨겨진 하자에 의한 손해를 담보하기 위하여 하나 또는 그 이상의 동산의 점유를 이전해 주는 것이다(Art 526)고 규정하였다. 이 초안은 동산질의 정의(Defined)에 대하여 규정하고 있다.[753]

(2) 동산질은 현실의 인도에 의하여 설정되고, 계속적 점유가 그 유효요건이다(Art 527)고 규정하였다. 이 초안은 동산질의 설정(Creation)에 대하여 규정하고 있다.[754]

(3) 목적물의 발생한 과실은 질권자에 의하여 수취된다. 그는 목적물의 보존에서 발생한 비용을 지급받을 권리가 있다. 지급 또는 압류될 때까지 점유를 보유할 수 있다. 이 점유하는 동안 그는 목적물을 질권자에게 동일한 추가적 책임을 지는 자에게 목적물을 전질 할 수 있다. 감가상각 될 부패하기 쉬운 재산은 질권자에 의하여 매각될 수 있고, 그 진행은 질권 아래에서 유지된다. 동일한 동산의 수인의 질권자는 우선순위에 따라 지급받을 수 있다(Art 528)고 규정하였다. 이 초안은 질권자의 권리(Rights)로서, 목적물의 과실수취권,[755] 목적물의 보존비용상환청구권,[756] 전질권,[757] 질물매각권,[758] 수인의 질권자인 경우 우선순위에 따라 변제받을 권리[759] 등을 규정하고 있다.

---

752 중화민국 민법전, 제896조. 이에 대한 자세한 내용, 윤대성, 상게서, 2009, 130면.
753 American Law Institut's Restatement of Security, Sec 1; 켈리포니아 민법전, 제2986조; 중화민국 민법전, 제884, 887조; 독일 민법전, 제1204, 1273, 1210조; 일본 민법전, 제342, 346조; Riasnovsky, "Modern Civil Law of China" (1927) p.71; 40 Corpus Juris, 1352.
754 American Law Institut's Restatement of Security, Sec 5; 켈리포니아 민법전, 제2988조; 중화민국 민법전, 제885조; 일본 민법전, 제344, 345, 352조; 독일 민법전, 제1205, 1206, 1292~3조.
755 American Law Institut's Restatement of Security, Sec 3; 켈리포니아 민법전, 제2989조; 중화민국 민법전, 제889조.
756 40 Corpus Juris, 1357, n.33, 25.
757 중화민국 민법전, 제891조; 일본 민법전, 제348조.
758 중화민국 민법전, 제892조; 독일 민법전, 제1209조; 스위스 민법전, 제890조.
759 일본 민법전, 제355조; 스위스 민법전, 제893조.

(4) 질권설정자는 채무와 비용을 만기일에 지급함으로써 목적물을 반환받을 권리를 갖는다. 그러나 이 권리를 양도할 수 없다. 그 질권의 불이행으로, 시간과 장소를 질권자에게 충분한 통지를 한 후에 목적물의 매각을 할 원인으로 할 수 있고, 그 대금으로 채무를 충당하고 나머지가 있으면 질권설정자에게 지급할 수 있다(Art 529)고 규정하였다. 이 초안은 동산질의 유질(Foreclosure)에서 질권설정자의 변제와 목적물의 반환,[760] 목적물의 매각대금에 의한 변제[761]에 대하여 규정하고 있다.

(5) 질권자는 목적물에 대하여 선량한 관리자의 주의를 기울여야 한다. 그로부터 생긴 어떤 증가 또는 이익에 대하여 질권설정자에게 계산하여야 한다(Art 530)고 규정하였다. 이 초안은 질권자의 의무(Obligation)에 대하여 규정하고 있다.[762]

(6) 무형물과 무형의 권리는, 여기에서 제공하지 않는 한, 동산질에 영향을 주는 규칙이 적용되는 질권자의 목적이 될 수 있다(Art 531)고 규정하였다. 이 초안은 무형(권리)질의 정의(Defined)에 대하여 규정하고 있다.[763]

(7) 목적물은 가치 있는 담보이면, 그 질권은 인도된 상대방의 주된 권리증서에 첨부된 모든 증서를 포함한다(Art 532)고 규정하였다. 이 초안은 무형(권리)질의 목적물 범위(Scope)에 대하여 규정하고 있다.[764]

(8) 설정은 필요한 배서에 의하여 권리를 증명하는 주된 권리증서의 인도에 의하여 효력이 있다. 이에 의하여 채무자는 오직 질권에 대하여 책임을 부담하게 된다(Art 533)고 규정하였다. 이 초안은 무형(권리)질의 설정(Creation)에 대하여 규정하고 있다.[765]

(9) 담보증권은 고객의 지시에 따라서 자신의 자금으로 전부 또는 일부를, 주식 중개인에 의해 구매되고, 후자에게 속한다. 중개인은 선불한 금액의 지급을 담보한 질권자이다(Art 534)고 규정하였다. 이 초안은 담보증권(Securities)에 대하여 규정하고 있다.[766]

---

760 American Law Institut's Restatement of Security, Sec 55(1); 중화민국 민법전, 제893조; 일본 민법전, 제368조.

761 American Law Institut's Restatement of Security, Sec 48; 켈리포니아 민법전, 제3000, 3008조; 중화민국 민법전, 제893조; 일본 민법전, 제349조.

762 American Law Institut's Restatement of Security, Secs 17,19; 켈리포니아 민법전, 제2997, 3005; 중화민국 민법전, 제888, 890조; 일본 민법전, 제350조.

763 중화민국 민법전, 제900~902조; 독일 민법전, 제1273조; 일본 민법전, 제362조; 40 Corpus Juris, 1256 No. 29(e).

764 중화민국 민법전, 제910조.

765 중화민국 민법전, 제904, 908, 909조; 독일 민법전, 제1205조 이하, 제1292조; 일본 민법전, 제 363, 366조; 40 Corpus Juris, 1355, No. 29(e).

766 American Law Institut's Restatement of Security, Sec 12; 중화민국 민법전, 제905조; 독일 민법전, 제1281, 1282, 1285~88조; 일본 민법전, 제367조; 스위스 민법전, 제905조.

(10) 그 담보 전에 질권이 설정된 채무의 만기는, 전자의 진행에 대하여 질권자에게 권한이 주어진다. 그러나 전자의 만기가 후자보다 후이면, 채무의 범위에 채무자가 지급한 것에 질권자에게 권한이 주어진다(Art 535)고 규정하였다. 이 초안은 질권자의 권리(Rights)에 대하여 규정하고 있다.[767]

(11) 질권자는 부채를 보존과 수금하거나 질권설정자가 그렇게 할 수 있도록 하기 위해 합리적인 노력을 사용해야 한다. 후자는 질권자의 동의 없이 채무를 소멸, 수정하거나 손상하는 행동을 자제하여야 한다(Art 536)고 규정하였다. 이 초안은 질권자와 질권설정자의 의무(Obligations)에 대하여 규정하고 있다.[768]

(다) 저당권(Hypotheca (Mortgage))

이 초안은 저당권에 대하여, 정의(defined, Art 537), 범위(scope, Art 538), 형식(form, Art 539), 건물(buildings, Art 540), 권리(right, Art 541), 양도 등(transfer etc., Art 542), 상환(redemption, Art 543), 실행(foreclosure, Art 544), 소멸(extinction, Art 545)을 각각 규정하였다.

(1) 저당권은 부동산, 지상권, 영차권 또는 용익권으로 점유를 포기하지 않고 상대방 채무의 이행을 확보하는 물적담보계약이다(Art 537)고 규정하였다. 이 초안은 저당권의 정의(defined)를 규정하고 있다. 즉 저당권의 목적물으로 부동산, 지상권, 영차권, 용익권을 들고,[769] 상대방 채무의 이행을 확보하는 것,[770] 점유를 포기하지 않는[771] 물적담보계약(a pignorative contract)이라는 것이다.

(2) 저당권은 주된 채무 이외에 목적물의 종물로부터 발생된 이익, 천연·법정 과실, 양도증서에 의하여 양도된 모든 것을 확보한다(Art 538)고 규정하였다. 이 초안은 저당권의 범위(Scope)에 대하여 규정하고 있다.[772]

---

767 중화민국 민법전, 제905, 906조; 일본 민법전, 제367조; 스위스 민법전, 제906조.

768 중화민국 민법전, 제901, 903조; 일본 민법전, 제362조 제2항; American Law Institut's Restatement of Security, Sec 18.

769 중화민국 민법전, 제882조.

770 캘리포니아 민법전, 제2920조; 중화민국 민법전, 제850, 866조; 독일 민법전, 제1113조; 일본 민법전, 제369조.

771 캘리포니아 민법전, 제2927조; 중화민국 민법전, 제860조, deBecker, Annotations to Civil Code, p.307 참조; 일본 민법전, 제369조; 40 Corpus Juris, 1360, notes 38, 39.

772 캘리포니아 민법전, 제2926조; 중화민국 민법전, 제861~4조; 독일 민법전, 제1212, 1289, 1291조; 일본 민법전, 제370, 371조.

(3) 저당권은 제3자에게 대항하기 위하여 호적 사무소에 등록(등기)된 정당한 문서에 의하여 증명되어야 한다. 등기의 순서는 동일한 물건 위에의 여러 개의 저당권의 선후를 결정한다(Art 539)고 규정하였다. 이 초안은 저당권의 대항요건으로서 호적 사무소에서의 등기를 규정하고,[773] 등기의 순서에 의하여 저당권의 선후를 결정한다[774]는 것이다.

(4) 토지 위의 건물은 토지와 별도로 저당할 수 있고, 만약 어느 한쪽이 저당된 경우 그 지상권은 환수권매매시에 설정된 것으로 간주하고, 그 지료는 쌍방의 합의 또는 재판상 명령에 의하여 정해진다. 그리고 그 규정은 토지와 건물이 그 소유자에 의하여 저당되었으나 각각 다른 경락인에게 환매권이 매각된 경우에도 또한 같다. 저당권이 설정된 후에 건축된 건물은 토지와 함께 매각될 수 있지만 저당권자는 건물의 대금에 대하여 우선권이 없다(Art 540)고 규정하였다. 이 초안은 토지 위의 건물에 대한 저당권의 설정에 의하여 각각 별개의 부동산으로 건물의 소유를 위한 지상권이 설정된 것으로 보는 것을 규정하고 있다. 즉 건물은 토지와 별도로 저당할 수 있다는 점,[775] 건물과 토지가 별개로 소유권이 귀속된 경우에 지상권이 설정된 것으로 하고 지료의 지급을 규정한 점,[776] 토지에 저당권이 설정된 뒤 건물을 신축한 경우에 토지와 함께 매각할 수 있고 건물의 대금에 우선권이 없다는 점[777]을 규정하고 있다.

(5) 저당권자는 목적물을 유지할 권리가 있다. 그리고 그것의 중대한 침탈이 있으면 저당권자의 비용으로 대담보 또는 유지명령에 의하여 보호된다(Art 541)고 규정하였다. 이 초안은 저당권자의 권리(Rights)에 대하여 규정하고 있다. 즉 목적물을 유지할 권리,[778] 대담보(security for compensatory damages) 또는 유지명령(injunction)을 청구할 권리,[779] 자신의 비용으로[780] 보호할 권리 등이다.

(6) 저당권의 각 당사자는 저당권을 훼손하지 않는 한 그의 이익을 양도, 저당 또는 분할할 수 있다. 그러나 저당권은 원저당권과 분리하여 양도되거나 다른 채무를 담보할

---

[773] 켈리포니아 민법전, 제2922조; 중화민국 민법전, 제758~760조; 독일 민법전, 제1274조; 프랑스 민법전, 제2127조; 일본 민법전, 제177조.
[774] 켈리포니아 민법전, 제2922조; 중화민국 민법전, 제863조; 독일 민법전, 제1212, 1274조; 일본 민법전, 제373, 383조.
[775] 중화민국 민법전, 제876조; 일본 민법전, 제370조.
[776] 중화민국 민법전, 제876조; 일본 민법전, 제388조.
[777] 중화민국 민법전, 제877조; 일본 민법전, 제389조.
[778] 켈리포니아 민법전, 제2927조; 중화민국 민법전, 제871조 제1항.
[779] 켈리포니아 민법전, 제2929조; 중화민국 민법전, 제872조.
[780] 중화민국 민법전, 제871조 제2항.

수 없다(Art 542)고 규정하였다. 이 초안은 저당권의 양도 등(Transfer, etc.)을 규정하고 있다.[781]

(7) 상환은 실행되기 전에 저당권설정자 또는 양수인이 담보된 채무의 완전한 이행에 의하여 언제든지 유효하게 할 수 있다. 상환하는 제3자는 저당권자의 권리를 대위하게 된다(Art 543)고 규정하였다. 이 초안은 저당권의 상환(redemption)에 대하여 규정하고 있다.[782]

(8) 채무의 변제가 없으면 저당권자는 상당한 최고 및 주장에 의하여 목적물의 매매에 대한 판결로서 그 대금을 변제에 충당할 수 있다. 그러나 당사자는 저당권설정과 함께 또는 그 후에 법적 구조의 청구 없이 공경매로 매각할 문서상 권한에 합의할 수 있다. 목적물의 소유권이 이와 같은 매매에 의하지 않고 저당권자에게 넘어가는 합의는 무효이다. 여러 명의 저당권자가 있는 경우에 매매대금은 그들이 동등하다면 우선순위 또는 비율에 따라서 배당된다. 저당권이 특정한 금액을 충당할 수 없어 하나의 부동산 이상에 미치는 경우 저당권자는 어느 것의 매매대금에서 그의 청구권 전부 또는 일부를 청구할 수 있다(Art 544)고 규정하였다. 이 초안은 저당권의 실행(Foreclosure)에 대하여 규정하고 있다.[783]

(9) 저당권의 소멸은 저당권설정자 또는 채무자의 상대방 측의 취득시효, 목적물의 멸실에 의한다. 그러한 손실의 보상은 우선순위에 따라서 저당권자에게 배분한다. 그러나 저당권의 소멸시효는 담보된 채권의 소멸시효와 동시에 소멸된다(Art 545)고 규정하였다. 이 초안은 저당권의 소멸(Extinction of an hypotheca)에 대하여 규정하고 있다.[784]

(라) 전세권(Antichresis (Chinese Dien))

이 초안은 전세권에 대하여, 전세권의 정의(Defined, Art 546), 기간(Duration, Art 547), 권리(Rights, Art 548), 상환(Redemption, Art 549), 양도(Transfer, Art 550), 목적물의 멸실(Destruction, Art 551)을 각각 규정하였다.

781　중화민국 민법전, 제866~869, 870조; 일본 민법전, 제377, 375조; 40 Corpus Juris, 1360, Notes 39, 40; 쿠바 민법전, 제1878조; 멕시코 민법전, 제1864조.
782　중화민국 민법전, 제922, 924, 879조; 일본 민법전, 제378, 372조; 켈리포니아 민법전, 제2903, 2905조.
783　일본 민법전, 제371, 381~387, 349조; 스위스 민법전, 제806, 816, 894조; 켈리포니아 민법전, 제2931, 2932, 2889조; 중화민국 민법전, 제873조.
784　일본 민법전, 제397조; 중화민국 민법전, 제881조; 독일 민법전, 제223조; 스위스 민법전, 제807조.

(1) 전세권(부동산질)은 부동산을 소유자에 의하여 채권자에게 점유를 이전시키고 그 과실을 취득하여 채무에 충당하는 물적담보계약이다. 그러나 소유권은 반대의 약정에도 불구하고 여전히 채무자에게 남아 있다(Art 546)고 규정하였다. 이 초안은 전세권을 부동산질(antichresis / anthrese)로 보고 이에 관하여 정의(Defined)에 대하여 규정하고 있다.[785]

(2) 계약의 기간은 30년으로 제한되며 만약 더 긴 기간을 정하였으면 연장할 수 있다. 15년 이하의 기간을 정하여 그 후에는 상환할 수 없다는 조항은 금지한다(Art 547)고 규정하였다. 이 초안은 계약의 기간(Duration of the contract)에 대하여 규정하고 있다.[786]

(3) 달리 규정하지 않는 한, 채권자는, 계약기간 내에서, 기간과 원래 계약의 약인을 초과하지 않는 범위에서 제3자에게 자신의 이익을 전대하거나 또는 전부를 양도할 수 있다. 기간 내에 목적물의 전부 또는 일부가 불가항력에 의해 파괴되는 경우, 채권자(전세권자)가 개축 또는 수선하여야 한다. 그러나 채무자(전세권설정자)가 동의하지 않는 한 파괴될 때의 가치에 상당하여야 한다. 그 재산에 대하여 가치의 증가 또는 기타 필요한 지출에 대하여 채권자(전세권자)는 상환시에 비용을 지급받을 권리가 있다(Art 548)고 규정하였다. 이 초안은 전세권자의 권리(Rights)에 대하여 규정하였다. 즉 전대권,[787] 양도권,[788] 개축 또는 수선하는 권리,[789] 유익비·필요비 상환청구권[790] 등이다.

(4) 채무자는 계약에 의해 고정된 기간이 만료 된 후 2년 내에 언제든지 과실 수취에 대한 신용 없는 이익으로 원래 상태로 목적물을 반환할 수 있다. 또는 그러한 기간이 정함이 없는 경우 30년 이내에 반환할 수 있다. 반환할 수 없는 경우 채권자는 소유권을 취득한다. 목적물이 농경지인 경우 반환은 추수 후 다음 경작기 전에 하여야 한다. 다른 경우에 채권자는 6월의 통지를 하여야 한다(Art 549)고 규정하였다. 이 초안은 계약기간의 종료와 목적물의 반환(Redemption)에 대하여 규정하고 있다.[791]

(5) 채무자(전세권설정자)는 채권자(전세권자)의 권리를 침해하지 않고 다른 사람

---

785 중화민국 민법전, 제911조; 40 Corpus Juris, 1364, n.56(b), 1362~3, notes 56, 57; 만주국 민법전, 제294조.
786 중화민국 민법전, 제912, 913조; 만주국 민법전, 제299조.
787 중화민국 민법전, 제915조; 만주국 민법전, 제206조.
788 중화민국 민법전, 제917조; 만주국 민법전, 제295조.
789 중화민국 민법전, 제921조; 만주국 민법전, 제307조.
790 중화민국 민법전, 제927조; 만주국 민법전, 제309조.
791 중화민국 민법전, 제923, 924, 925조; 만주국 민법전, 제200, 201, 304조.

에게 목적물을 양도할 수 있다. 그러나 후자는 먼저 동일한 가격으로 구입할 수 있는 선택권이 제공되어야 한다. 채권자(전세권자)는 또한, 기간 중 언제든지, 원래의 속성과 재산의 현재 가치의 차이의 채무자(전세권설정자)에게 단일한 지급을 함으로써 목적물의 소유권을 취득할 수 있다(Art 550)고 규정하였다. 이 초안은 전세권의 양도(Transfer)에 대하여 규정하고 있다.[792]

(6) 채권자(전세권자)의 과실로 목적물의 전부 또는 일부가 파괴되면, 원래의 특성까지 그에게 책임이 발생한다. 그의 과실이 심하거나 고의적인 경우 그는 추가적 손해를 보상해야만 한다. 불가항력에 의한 손실이 있는 경우 채권자(전세권자)의 권리와 채무자(전세권설정자)의 반환우선권은 소멸된다(Art 551)고 규정하였다. 이 초안은 목적물의 멸실(Destruction)에 대하여 규정하고 있다.[793]

(마) 환매(Sale With Right of Redemption)

이 초안은 환매에 대하여, 정의(defined, Art 552), 기간(time, Art 553), 조건(conditions, Art 554), 매수인(vendee, Art 555), 담보(incumberance, Art 556), 공동환매자(joint redemptioners, Art 557), 공동소유자(co-owner, Art 558) 및 소멸(extinction, Art 559)을 각각 규정하였다.

(1) 이 계약은, 매매의 형태이고, 정해진 기간 이내에 상환(환매)의 권리를 매도인에게 유보하는 조항에 의하여 물적담보를 하는 것이다(Art 552)고 규정하였다. 이 초안은 환매의 정의(Defined)에 대하여 규정하고 있다.[794]

(2) 상환의 기간은 5년을 초과할 수 없다. 더 긴 기간에 대한 정함은 초과로 무효이다(Art 553)고 규정하였다. 이 초안은 환매의 기간(Time)에 대하여 규정하고 있다.[795]

(3) 환매가격에 대하여 반대의 특정한 합의가 없는 경우 원래의 가격이다. 그러나 환매권자는 매매비용, 상환비용을 부담하고, 이익 개선에 대하여 매수인에게 상환하여야 한다. 또한 환매권자의 과실로 목적물에 발생한 어떤 손해도 상환하여야 한다(Art 554)

---

792 중화민국 민법전, 제919, 916조; 만주국 민법전, 제268, 305, 311조.
793 중화민국 민법전, 제920조; 만주국 민법전, 제305조.
794 중화민국 민법전, 제379~383조; 독일 민법전, 제497~503조; 일본 민법전, 제579~585조; 40 Corpus Juris, 1364-1368.
795 중화민국 민법전, 제380조; 일본 민법전, 제580조 (10년); 40 Corpus Juris, 1367, n.76.

고 규정하였다. 이 초안은 환매의 조건(Conditions)에 대하여 규정하고 있다.[796]

(4) 전조에서 특정된 금액의 상환하면 매수인은 부담없는 목적물과 모든 부속물을 함께 반환하여야 한다. 그러나 그는 원물에 부착한 부속물을 그로 인한 손해를 환매권자에게 보상하고 분리할 수 있다(Art 555)고 규정하였다. 이 초안은 매수인(The vendee)에 대하여 규정하고 있다.[797]

(5) 매매 후 목적물의 부담은 매수인에게 이전된다. 불가능하면 그 후 환매권자에게 보상하여야 한다(Art 556)고 규정하였다. 이 초안은 목적물의 부담(Any incumberance of the subject matter)에 대하여 규정하고 있다.[798]

(6) 공동환매권자는 반드시 공동으로 자신의 권리를 행사한다. 어느 한 사람이 불가능하거나 할 의사가 없는 경우 그의 동의는 생략된다(Art 557)고 규정하였다. 이 초안은 공동환매권자(Joint redemptioners)에 대하여 규정하고 있다.[799]

(7) 환매권을 유보한 채 그의 몫을 매각한 공동소유자는, 공경매 후 자신의 몫을 상환할 수 없고 공유분할은 그에게 사전 통보 없이 유효하지 않다(Art 558)고 규정하였다. 이 초안은 환매권을 유보한 공동소유자(A co-owner)에 대하여 규정하고 있다.[800]

(8) 매도인의 채권자에 의해 상환할 수 있는 권리의 소멸은 매수인의 채무의 미지급의 면제에 의하여 이뤄진다. 법원이 지명한 전문가에 의하여 확인된 목적물의 현재 가격에서 그것을 공제한 후 매도인에게 잔여분을 지급하여야 한다(Art 559)고 규정하였다. 이 초안은 매도인의 채권자에 의한 상환권의 소멸(Extinction of the right to redeem)에 대하여 규정하고 있다.[801]

(바) 유치권(Possessory Liens (Right of Retention))

이 초안은 유치권에 대하여, 일반규정(General Provisions, Arts 560~565) 및 각종의 유치권(Classes, Arts 566~569)을 각각 규정하였다. 각종의 유치권에 대하여, 정의(Defined,

---

796 중화민국 민법전, 제381, 382조; 독일 민법전, 제497, 498, 500, 501조; 일본 민법전, 제579~583조.

797 중화민국 민법전, 제383조; 독일 민법전, 제498조 제1항, Schuster, Principles of German Civil Law (1907) p.225 (5).

798 독일 민법전, 제499조.

799 독일 민법전, 제502조.

800 이태리 민법전, 제1522조; 일본 민법전, 제584, 585조.

801 이태리 민법전, 제1521, 1522조; 일본 민법전, 제582, 585조.

Art 566), 특수한 유치권(Specific lien, Art 567), 일반유치권(General liens, Art 568), 소멸 (Extinction, Art 569)을 각각 규정하였다.

(1) 점유의 유치권은 채무의 이행에 대하여 명백하게 담보하지 않고 수탁자의 청구를 담보하기 위하여 동산을 보유하는 권리이다. 유치권은 증가물과 대체 동산을 포함하지만 개인적 채무를 의미하지 않는다(Art 560)고 규정하였다. 이 초안은 유치권(선취특권)의 정의(Defined)에 대하여 규정하고 있다.[802]

(2) 권리는 점유를 합법적으로 취득한 경우에만 발생한다. 목적물은 채무의 원인과 견련되어야 하고, 후자는 그에 의한 것이다(Art 561)고 규정하였다. 이 초안은 유치권의 필수요건(A[E]ssentials)에 대하여 규정하고 있다.[803]

(3) 유치권은 전체 동산을 지배하고, 채무자가 채무만기 전에 지급불능이 되어야 하고, 채무자의 지시에 반하여 부착한 부착물도 지배할 수 있다. 유치권자는 목적물의 과실을 수취하고 그 동산을 유지하고 개선함으로써 발생한 필요비에 대한 보상을 포함하여 다른 채권자에게 우선하여 그의 청구에 적용된다(Art 562)고 규정하였다. 이 초안은 유치권자의 권리(Rights)에 대하여 규정하고 있다.[804]

(4) 계약에서 약정하지 않으면 법에서 변호사의 것을 제외하고 점유유치권은, 소유자의 동의를 얻어, 유치권의 목적인 동산의 양도에 따른다는 구두 또는 서면 계약으로 양도될 수 있다(Art 563)고 규정하였다. 이 초안은 유치권의 목적인 동산의 양도(Transfer)에 대하여 규정하고 있다.[805]

(5) 유치권자와 양수인은 그 동산을 선량한 관리자의 주의를 기울여야 하고, 그것의 보전에 필요한 경우를 제외하고 그것을 사용하거나 질권을 설정할 수 없다(Art 564)고 규정하였다. 이 초안은 유치권자와 양수인의 의무(Obligations)에 대하여 규정하고 있다.[806]

---

802 American Law Institut's Restatement of Security, Sec 59; 켈리포니아 민법전, 제2872조; 중화민국 민법전, 제928조; 독일 민법전, 제273조; 일본 민법전, 제295조.
803 켈리포니아 민법전, 제2881, 2882조; 중화민국 민법전, 제928조; 독일 민법전, 제273조; 일본 민법전, 제295조.
804 중화민국 민법전, 제932, 931, 935, 934조; 일본 민법전, 제296, 297, 299조.
805 American Law Institute's Restatement of Security, Sec 67.
806 American Law Institute's Restatement of Security, Sec 69, 70, 71; 중화민국 민법전, 제933조; 독일 민법전, 제273, 276조; 일본 민법전, 제298조.

(6) 유치권이 담보하는 채무가 이행기에 이행되지 않으면, 유치권자는, 채무자에게 합리적인 통지를 한 후, 공경매로 동산을 매각하고 그의 청구에 매각대금을 적용할 수 있다(Art 565)고 규정하였다. 이 초안은 유질(Foreclosure)에 대하여 규정하고 있다.[807]

(7) 점유유치권은, ① 일정한 계약 또는 불법행위의 책임, 또는 그 결과로 제한되는 특정한 유치권과 ② 유치권자는 고객과 일반 거래의 유지를 위하여 점유를 갖는 일반유치권이 있다(Art 566)고 규정하였다. 이 초안은 점유유치권(A possessory lien)의 정의(Defined)에 대하여 규정하고 있다.[808]

(8) 특수한 유치권은, ① 소유자의 요청으로 그 동산에 작업하거나 재료를 추가하는 장인, ② 화물운임, 체선료, 여객운임, 보관료 및 기타 특수 보관료 및 적재된 동산에 대한 기타 특별한 역무에 대한 공동사업자, ③ 보관료, 선납, 보험 및 기타 선납에 대한 수치인, ④ 합리적인 보상 및 상환한 분실된 동산의 발견자, ⑤ 보상 및 지출로 보상된 위탁된 물품에 대한 운송주선업자, ⑥ 식탁, 투숙을 위하여 꼭 입어야 할 의복 및 기타 의류와 명시적 또는 묵시적으로 요구된 의류를 제외하고 고객의 소지품에 대한 숙박업자, ⑦ 미지급된 임료에 대하여 임차인의 점유한 동산에 대한 임대인, ⑧ 위임과 관련하여 발생한 책임의 선불로서 자신이 점유하고 있는 동산에 대한 수임인, ⑨ 피해를 입힌 동물에 대한 토지의 점유자, ⑩ 점유하고 있는 재산에 대하여 미지급된 매도인, ⑪ 소유자의 요청에 의하여 저장 또는 보관을 위하여 수령한 동산에 대하여 창고업자 및 항만관리인에게 이익이 되도록 존재한다(Art 567)고 규정하였다. 이 초안은 특수한 유치권은 이 조문이 열거한 사항(①~⑪)에 그들의 이익이 되도록 존재한다고 규정하고 있다.[809]

(9) 일반 유치권은 특정한 사람의 대형화가 있고, ① 법률 서비스 및 지급금에 대한 그들로 인해 부족액을 전문적으로 자신의 소유 고객의 서류 및 기타 동산에 대한 법률 변호사, ② 고객으로부터 부족에 대하여 그들로부터 보관 받은 기업어음과 기타 신용증권에 대한 은행, ③ 판매를 위하여 그들에게 위탁된 동산과 일반회계의 부족액을 위하여 발생된 어음에 대한 상업사용인을 포함한 채권금융업자의 이익을 위하여 존재한다

---

807 중화민국 민법전, 제976조.
808 American Law Institute's Restatement of Security, Sec 60; 켈리포니아 민법전, 제2873~2875조.
809 American Law Institute's Restatement of Security, Sec 61a, 61b, 61(e), 61(c), 63, 61(g), 61(i), 61(f), 61(d); 켈리포니아 민법전, 제2051, 2128j, 2144, 1856, 1867, 1861, 1861(a)조; 중화민국 민법전, 제805, 806, 612, 662조; 일본 민법전, 제295~302, 311(3), 317, 330(1), 311(6)조; 일본 유시물법, 제1~7조; 일본 상법전, 제562조; 독일 민법전, 제701~2조; 스위스 채무법전, 제272, 451, 491조.

(Art 568)고 규정하였다. 이 초안은 일반 유치권(General liens)에 대하여 이 조문이 열거한 사항(①~③)에 유치권이 존재한다고 규정하고 있다.[810]

(10) 유치권의 소멸은, 그 소유자의 의사로 양도되거나 이 법전의 규정에 반하여 사용하는 것을 제외하고 동산의 점유를 할당하면, 또는 채무자가 채무에 다른 적절한 담보를 제공하면 결과로 된다(Art 569)고 규정하였다. 이 초안은 유치권의 소멸(Extinction of the lien) 사유에 대하여 규정하고 있다.[811]

사) 기타 담보계약(Other Security Contracts)

이 초안은 기타 담보계약에 대하여, 비점유 선취특권(유치권 Non-Possessory Lien, Arts 570~574), 보증(Suretyship, Arts 575~588), 보험(Insurance, Arts 589~652)을 각각 규정하였다.

(가) 비점유 선취특권(Non-Possessory Lien)

이 초안은 비점유 선취특권에 대하여, 해상선취특권(Maritime, Arts 570~574)과 혼합선취특권(Miscellaneous liens, Arts 575)를 각각 규정하였다.

(1) 선박저당은 선박이 특정한 항해에 위험이 있거나 기간이 남아있는 경우에만 상환하는 대출을 담보하기 위해 등기된 선박 또는 화물운임에 대하여 책임을 진다. 선박소유자는 합법적인 목적을 위해 요금을 실행할 수 있다. 선장은 선박의 안전을 담보하기 위하여서만, 또는 필요한 수리 또는 항해를 위한 보급을 위하여 사용할 수 있다. 그리고 선장은 그 때문에 자금을 달리 확보할 수 없다(Art 570)고 규정하였다. 이 초안은 선박저당(Bottomry)에 대하여 규정하고 있다.[812]

(2) 피고는 유사한 해상위험에 의존하는 대출의 변제를 담보하기 위하여 선박의 화물에 부과된다. 그것은 합법적 목적에 대한 화물소유자에 의하여 영향을 받게 되고, 선장은 상황에서만 선박 또는 해상운임을 부과할 권한이 부여된다. 선박소유자는 그가 부

---

810 American Law Institute's Restatement of Security, Sec 62(b), 62(c), 61(g)(q)(a), 62(a); 켈리포니아 민법전, 제3054조; 일본 민법전, 제295조, 일본 상법전, 제51, 521조 참조; 독일 민법전, 제273, 274, 320, 1000조.
811 켈리포니아 민법전, 제2909~2913조; 중화민국 민법전, 제937, 938조; 일본 민법전, 제298, 301, 302조.
812 켈리포니아 민법전, 제3017, 3018, 3021, 3019, 3020, 3059, 3061, 3065조; 일본 민법전, 제324, 327, 338, 461조.

과를 해제하기 위하여 지급할 의무를 지면 화물소유자에게 상환하여야 한다(Art 571)고 규정하였다. 이 초안은 관련자(Respondentia)에 대하여 규정하고 있다. 즉 선박저당에서 해상위험에 대응하여,[813] 피고 또는 응답자인 화물소유자,[814] 선장,[815] 선박소유자[816]의 관계를 규정하고 있다.

(3) 선장은 선박의 이익을 위해, 필요한 선급금과 발생한 책임에 대하여, 선박과 해운운임으로써, 독립한 점유를 주장하게 된다(Art 572)고 규정하였다. 이 초안은 선박저당에서 선장(A Shipmaster)의 지위에 대하여 규정하고 있다.[817]

(4) 동료와 선원은, 임금에 대한 선박 및 화물운임에 대하여, 모든 다른 사람에 우선하여 독립된 점유를 주장하는 청구권을 갖는다(Art 573)고 규정하였다. 이 초안은 선박저당에서 선원 등(The mate and seamen)의 임금(their wages)에 대한 우선적 점유의 취득에 대하여 규정하고 있다.[818]

(5) 선박의 채권자는, ① 공경매에 의하여 및 매각에 대한 보존절차가 계류 중인 선박 및 부속물의 매각 비용, ② 최종 항구에 선박 및 부속물을 보존하는 비용, ③ 항해에 대한 정부의 부과금, ④ 도선 및 예인에 대한 수수료, ⑤ 일반해손과 해난구조에 대한 선박의 기여, ⑥ 항해를 계속할 필요성에서 발생하는 비용, ⑦ 선박의 구조, 의장 또는 판매가 진행하는 항해 및 장비, 항해를 지속하기 위한 식료품과 연료, ⑧ 위에서 인정된 바와 같은 포기로 발생한 비용에 선취특권을 갖는다(Art 574)고 규정하였다. 이 초안은 선박채권자(Ship's creditors)의 선취특권(preferential claims)에 대하여 규정하고 있다. 즉 이 조문에서 열거한 사항(①~⑧)에 대하여 선박채권자는 선취특권을 갖는다고 규정하고 있다.[819]

(6) 기계 및 기타 임금 근로자는 이행 후 6월 동안 그들의 노동의 제품에 대하여 선취특권을 갖는다. 그러나 이러한 노동은 부동산에 대하여 수행해야 한다면 그 임금소득자의 청구는 그 종료 후 10일 이내에 호적 사무소에서 등기하여야 한다(Art 575)고 규정하였다. 이 초안은 혼합선취특권(Miscellaneous liens)에 대하여 규정하고 있다.[820]

---

813 켈리포니아 민법전, 제3036조; 프랑스 상법전, 제234, 330조 이하.
814 켈리포니아 민법전, 제3037조.
815 켈리포니아 민법전, 제3038조.
816 켈리포니아 민법전, 제3040조.
817 켈리포니아 민법전, 제3055조; 일본 상법전, 제842(7)조.
818 켈리포니아 민법전, 제3056조; 일본 상법전, 제842(7)조.
819 일본 상법전, 제842조; 중화민국 해상법전, 제27조.
820 켈리포니아 민법전 제3059, 3061, 3065조; 일본 민법전 제324, 327, 338, 461조.

(나) 보증(Suretyship)

이 초안은 보증에 대하여, 일반규정(General Provision, Arts 576~578), 의무(Duties, Arts 579), 해제(Discharge, Arts 580~582), 권리(Rights, Arts 583~588)를 각각 규정하였다.

(1) 보증은 채무자가 그렇게 하지 않을 경우 제3자가 주된 계약의 채권자에게 채무를 이행토록 주된 계약에 종속된 계약이다. 보증인의 보증은 서면으로 하여야 하지만, 규칙 또는 해석은 다른 계약의 그것과 일치한다(Art 576)고 규정하였다. 이 초안은 보증(Suretyship)의 정의(Defined)에 대하여 규정하고 있다.[821]

(2) 보증인의 보증은 주된 채무뿐만 아니라 이자, 처벌, 손해 또는 보증이 명백히 계약에서 책임을 제한하지 않는 한 그에 부수적인 기타 비용을 포함한다. 어떤 경우 그것은 주된 채무자의 그것을 초과할 수 없다(Art 577)고 규정하였다. 이 초안은 보증의 범위(Scope)에 대하여 규정하고 있다.[822]

(3) 공동보증은 동일한 주체의 의무에 대하여 응답하는 2 이상의 보증 사이의 관계이고, 그들 사이에 누가 그의 과실로 인한 손실을 부담하게 된다. 부보증은 그들 가운데 한 사람이 주된 보증으로 다른 부보증으로 하는 것을 제외하고 이행의 전체 부담을 지게 된다(Art 578)고 규정하였다. 이 초안은 특수한 보증으로서 공동보증(Cosuretyship)과 부보증(Subsuretyship)에 대하여 규정하고 있다.[823]

(4) 주된 채무자는 그가 유효한 방어에 의존 또는 부실하지 않는 한 의무를 충족해야 한다. 그는 지급 또는 주된 채무자의 과실로 전적으로 또는 부분적으로, 채무를 수행하고, 보증 또는 주된 채무자가 방어를 했기 때문에 전자는 채무자의 소송의 주체를 통지하는 경우, 보증을 상환해야 한다. 보증인의 부담은 주된 채무자의 동의 없이 했다 하더라도, 후자는 그가 부당하게 증가된 정도까지 전자에게 상환해야 한다. 채권자는 전체 청구 이하의 보증으로 정착되면 후자의 보상에 대한 권리는 정착된 총액과 그와 관련된

---

821 American Law Institute's Restatement of Security, Sec 82, 69, 88; 켈리포니아 민법전, 제2831, 2837조; 중화민국 민법전, 제739조; 프랑스 민법전, 제2011조; 독일 민법전, 제767, 768조; 일본 민법전, 제446조; 40 Corpus Juris, 1332-7; 브라질 민법전, 제1483조; 우루과이 민법전, 제2167조.

822 중화민국 민법전, 제740, 741조; 프랑스 민법전, 제2016, 2013조; 독일 민법전, 제767, 768조; 일본 민법전, 제447, 448조; 스위스 채무법전, 제499, 495조; 40 Corpus Juris, 1334 n.46; 켈리포니아 민법전, 제2836조.

823 American Law Institute's Restatement of Security, Secs 144, 145; 40 Corpus Juris, 1336 n.60.

필요비로 제한된다(Art 579)고 규정하였다. 이 초안은 보증인의 의무(Duties)에 대하여 규정하고 있다.[824]

(5) 보증인은 주채무자 또는 그를 대신한 다른 사람에 의한 채무의 이행, 또는 제공에 의해 면제된다. 즉시 이행한 공동보증인과 보증인이 되기로 한 사람에 대하여 그는 부담부분의 이행과 동일한 범위에서 권리를 갖게 된다(Art 580)고 규정하였다. 이 초안은 보증인의 면제(Exoneration)에 대하여 규정하고 있다.[825]

(6) 보증의 갱신은, ① 채권자가 그 보증인에 대하여 그의 권리를 보전하지 않고 주채무자의 갱신, ② 보증의 이익이 없는 한 채권자와 주채무자가 채무를 변경함으로써 효력이 있다. 그 변경이 시간의 연장이고 채권자가 그 보증인에 대한 그의 권리를 유지하면, 후자는 갱신되지 않을 뿐 아니라 변경이 실제로 위험을 증가하지 않는 한 그때에 오직 손실로 된 범위가 된다는 효과가 있다(Art 581)고 규정하였다. 이 초안은 보증의 갱신(Release of the surety)에 대하여 규정하고 있다.[826]

(7) 여러 보증의 하나의 채권자가 변경하는 것은 이러한 변경에서 채권자가 다른 보증인에 대한 그의 권리를 유보하지 않는 한, 전자의 분담금에 대한 책임의 범위까지 다른 사람의 채무를 경감하는 것이다(Art 582)고 규정하였다. 이 초안은 보증의 변경에 대한 효과에 대하여 규정하고 있다.[827]

(8) 주된 채무가 충족된 후, 보증인은 그의 부담부분의 범위에서 채권자의 권리를 대위한다. 즉 ① 주된 채무에 대하여, ② 과실 또는 고의의 행위가 동일한 채무불이행에 대한 그들에게 책임을 지게 한 상대방에 대하여, ③ 채권자가 더 지속적인 이익이 없는 경우 주채무의 이행을 위한 담보로서, ④ 보증인에 대하여, 그리고 공동보증인이 보유한 담보 채권자의 이익에 대하여, 상기 숫자 ③ 및 ④에서 개인적 책임은 당사자의 부담부분 총액에 제한된다. 파산한 공동보증인에 대한 채권자의 청구를 충족한 공동보증인은

---

824 American Law Institute's Restatement of Security, Sec 103; 켈리포니아 민법전 제2845, 2850조; 중화민국 민법전 제744조; 독일 민법전 제770조제1항; 일본 상법전 제81조제2항; American Law Institute's Restatement of Security, Secs 104, 106; Ib. Sec 104; Ib. Sec 104; American Law Institute's Restatement of Security, Sec 105.

825 American Law Institute's Restatement of Security, Secs 115, 116, 156; 켈리포니아 민법전, 제2839조; 일본 민법전, 제455조.

826 American Law Institute's Restatement of Security, Sec 122(b), 123, 128, 129; 켈리포니아 민법전, 제2840조; 중화민국 민법전, 제755조; 프랑스 민법전, 제3039조 (반대이론).

827 American Law Institute's Restatement of Security, Sec 135.

신청시 청구의 이익에 대위할 수 있다. 그러나 배당금은 부담부분으로 계산된 합계로 제한된다(Art 583)고 규정하였다. 이 초안은 보증인의 변제대위(Subrogation)에 대하여 규정하고 있다.[828]

(9) 부동산의 제3매수인은 보증에 대한 채권자의 권리를 대위하지 않는다. 또 대위 변제의 권리가 담보의 등기를 기록하지 않는 한 이러한 매수인에 대한 채권자의 권리를 대위 하는 보증이 아니다. 그러한 몇몇 매수인 중 하나는 그러한 부동산의 가격에 비례하여, 다른 사람에 대해 채권자의 권리를 대위한다. 상기 규정은 자신의 재산으로 다른 사람의 채무를 담보한 사람들 사이에서 필요한 조정을 적용한다. 위에서 언급한 기록이 요구된 각 재산의 가격에 비례하여 보증인의 부담액을 감액한 후 차감잔액에 대하여, 보증인과 이러한 대위변제자들 중 한 사람 사이에 각자에게 발생한다(Art 584)고 규정하였다. 이 초안은 부동산의 제3매수인(A third party purchaser of an immovable)에 대하여 규정하고 있다.[829]

(10) 채무의 일부로서 대위하는 당사자는 채권자와 동시에 비례하여 자신의 권리를 행사해야 하며, 후자는 계약을 취소한 경우, 그는, 이익을 갖는, 그의 이행의 범위까지, 전자에게 상환해야 하며, 그에게 보증을 보전할 것과 대위변제의 사실인 채무에 관한 서류를 승인하도록 허용한다(Art 585)고 규정하였다. 이 초안은 일부 대위변제(Partial subrogation)에 대하여 규정하고 있다.[830]

(11) 부담부분은 공동보증에서 보전 받을 보증인의 권리이다. 그 권리는 보증인이 그와 공동보증인에서 기인한 의무를 이행하는 자신의 지분 이상을 제공한 경우에만 발생한다. 보증인이 공동보증인의 동의를 얻고 동의하고 그의 의무를 면하는 변제를 하거나 공동보증인의 항변을 모르거나 항변 후 또는 공동보증인에게 유효하고 우선하여 그가 먼저 소송을 그들에게 통지하거나 소송중이면, 정당한 항변에 판결이 있은 후 그러한 공동보증인으로부터 부담부분을 받을 권한이 있다. 그러나 이러한 공동보증인은 보증인이 되는 것을 동의하지 않은 경우 채권자에 대하여 항변권을 갖는 보증인은 채권자의 주장하고 아직 변제하지 않은 채권자, 동시에 동일한 책임이 있는 보증인으로부터

828　American Law Institute's Restatement of Security, Sec 141, 162; 켈리포니아 민법전, 제 2848, 2849조; 일본 민법전, 제500조 이하; 스위스 채무법전, 제110조; 일본 파산법, 제25, 26, 27조.

829　일본 민법전, 제501(2),(1),(3),(4),(5)조.

830　일본 민법전, 제501(1),(2), 503조.

부담부분에 대하여 공동으로 권한을 갖는다. 공동보증인 가운데 1인 이상은 부족분의 비례하는 부분을 부담하여야 한다. 지급보증이 주채무자의 재산에서 이익으로 담보된 사실은 부담부분에서 공동보증인을 면제할 수 없지만, 그들의 책임이 정해지면 각 공동보증인은 공동보증인이 그러한 담보에 비례한 지분을 받을 권한이 있다. 채권자의 수락은, 보증인이 발행한 유통증권의 보증인의 채무를 변제하고, 후자에게 공동보증인이 현금지급을 한 것과 마찬가지로 공동보증인에게 부담부분의 동일한 권리를 부여한다(Art 586)고 규정하였다. 이 초안은 부담부분(Contribution)에 대하여 공동보증인간의 구상관계를 규정하고 있다.[831]

(12) 상환시기를 연장한 보증인은, 그 당시 공동보증인에 대하여 보증이 유지되지 않는 한, 부담부분에서 보상되지 않은 공동보증인을 면제할 수 있고 연장까지 보상한 보증인은 이 연장에 의하여 불리하게 된다(Art 587)고 규정하였다. 이 초안은 시기의 연장(Extension of Time)에 대하여 규정하고 있다.[832]

(13) 공동보증인은 보증기간의 연장이나 다른 양보에 의하여 부담부분에서 해제되지 않는다. 그러나 보증인이 당시에 지급하고 그의 소송이 유효한 총액에 대하여 참작한다. 주채무의 변제 당시 채권자가 연장하는 것에 동의하고 후자가 채무의 지급을 강제한 보증인은 그 연장에 의하여 면책된 공동보증인에게 부담부분에 대한 권한이 없다. 면책되지 않은 그것들은 그들이 침해된 범위까지 해제된다. 보증인이 주채무 또는 공동보증 또는 그들로부터 가능한 다른 총액을 감소하게 한다면 공동보증인에 대하여 그의 부담부분에 대한 권한은 비례적으로 감소한다. 보증인은, 그의 이행이 자신의 부담부분을 초과하면, 그의 보상의무에서 주채무가 면제되고, 그는 공동보증인에 대한 그의 권리가 유지하는 것을 수반하지 않는 한, 그 해제의 범위까지 공동보증인을 면책한다. 보증인이 주채무자의 채무를 피보증 이행을 초과하지 못하고, 채권자의 주채무에 대한 소송을 실패함으로써 즉시 채권자가 주채무로부터 수취하는 것을 방해한 범위까지 해제된다. 파산의 면책은 반드시 그의 채무를 채권자에게 그의 채무를 면제하고 또한 다른 공동보증인에게 부담부분으로부터 면제한다(Art 588)고 규정하였다. 이 초안은 공동보증인의 면책에 대하여 규정하고 있다.[833]

---

[831] American Law Institute's Restatement of Security, Sec 149, 150, 154, 152, 153, 154(2), 154(3), 155; 켈리포니아 민법전, 제2847, 2848조;

[832] American Law Institute's Restatement of Security, Sec 158.

(다) 보험(Insurance)

이 초안은 보험에 대하여 통칙(Provisions Common to All Forms, Arts 589~610), 해상보험(Marine Insurance, Arts 611~633), 화재보험(Fire Insurance, Arts 634~637), 생명건강보험(Life and Health Insurance, Arts 638~643), 연금(Annuities, Arts 644~648), 운송보험(Transport Insurance, Arts 649~651), 신원보증보험(Fidelity Insurance, Art 652)을 각각 규정하였다.

1) 통칙(Provisions Common to All Forms)

이 초안은 통칙에 대하여, 일반규정(General Provisions, Arts 589~600), 정책보험선행협상(Negotiations Preceding Policy Insurance, Arts 601~606), 손해(Loss, Arts 607~610)를 각각 규정하였다.

(1) 보험은, 보험자인 한 당사자에 의하여, 게임, 도박 또는 복권 성질을 갖는 것을 제외하고, 장래 또는 과거에 억제된 사고의 결과에 대한 손실, 손해 또는 책임에 대한 금전의 조건으로 보험 된 다른 사람을 배상할 보험료라는 약인을 실행함으로써, 우선 구체화하는 계약이다(Art 589)고 규정하였다. 이 초안은 보험에 대한 정의(Defined)를 규정하고 있다.[834]

(2) 보험약관은 서면 또는 인쇄되어야만 하고, 자신의 전체 또는 상호로 보험자에 의하여 서명된다. 특히 ① 목적물, ② 보험가액, ③ 예상된 위험, ④ 평가제보험증권인 경우 보험금액, ⑤ 보험료의 총액, ⑥ 보험약관의 기간, ⑦ 실행 일자 및 장소, ⑧ 피보험자의 성명과 주소, ⑨ 그의 이익의 본질을 조건으로 지정하여야 한다(Art 590)고 규정하였다. 이 초안은 보험약관(The policy)에 대하여 규정하고 있다. 특히 이 조항에 열거한 사항(①~⑨)에 대하여 조건으로 지정하여야 한다는 것이다.[835]

(3) 평가제보험증권은 목적물을 평가하고 보험자가 과도한 평가액을 증명할 부담을 가진다. 미평가보험증권은 손해의 경우에 확인된 가치로 한다. 연속보험증권은 특히 목

833　American Law Institute's Restatement of Security, Sec 159, 160, 161, 157, 120, 163; 일본 민법전, 제504조.

834　켈리포니아 민법전, 제2527, 2531, 2532, 2558조; 중화민국 보험법, 제1조; 독일 보험계약법, 제49조; 일본 상법전, 제629, 630조; American Law Institute's Restatement of Contracts, Sec 520.

835　켈리포니아 민법전, 제2576조; 독일 보험계약법, 제3조; 이태리 보험계약법, 제430조; 일본 상법전, 제649조; 소련 민법전, 제380조.

적물을 초과하면 추가 조항 또는 배서를 규정한다(Art 591)고 규정하였다. 이 초안은 보험의 종류(Kinds)에 대하여 규정하고 있다. 즉 평가제보험증권(A valued policy),[836] 미평가 보험증권(An open policy)[837] 및 연속보험증권(A running policy)[838]에 대하여 규정하였다.

(4) 보험약관에 명시된 평가는 전체 또는 부분 손실 가운데 어느 것으로 조정되면 그에 당사자를 구속한다. 피보험자가 위험에 이익을 갖고 신의칙에 따라 행동하였으면 사기적인 평가는 보험자에게 그 계약을 철회할 권리를 부여한다. 목적물이 보험 이전에 피보험자를 알지 못하고 선박저당계약 또는 피고를 목적으로 하였다면 그는 실제 가격을 증명할 수 있다. 보험약관이 완전한 가치보다 적은 경우 보험자의 책임은 피보험 총액이 갖은 보험가격에 이르는 비율로 한다. 보험가격의 실질적 감소는 보험 총액의 감소와 장래의 보험료에 비례한 감소를 할 권한을 피보험자에게 인정한다(Art 592)고 규정하였다. 이 초안은 보험평가에 대하여 규정하고 있다.[839]

(5) 중복보험은 하나 이상의 다른 보험자가 동일한 목적물에 별도로 보험 될 때에 발생한다(Art 593)고 규정하였다. 이 초안은 중복보험(Double insurance)에 대하여 규정하고 있다.[840]

(6) 재보험은 하나의 보험자가 본보험에서 책임 또는 손실에 대하여 그에게 발생한 것을 전자에게 처리토록 하는 협정이다. 피재보험자은 재보험자에게 모든 필요한 정보를 공개하여야 한다. 그러나 후자인 원피보험자는 재보험에 대하여 원피보험자의 대리를 포함하여 위험에 대한 모든 정보자료에 아무런 관심이 없다(Art 594)고 규정하였다. 이 초안은 재보험(Reinsurance)에 대하여 규정하고 있다.[841]

(7) 보험자는 자연인 또는 법인일 수 있다. 후자의 경우, 국내 또는 외국의 보험회사를 지배하는 법률이 적용된다. 공공의 적을 제외한, 보험이익을 갖는 사람은 보험에 가입할 수 있다. 포기 또는 관심의 부족을 은폐할 목적으로 하는 보험약관의 모든 조항은

---

836 켈리포니아 민법전, 제2594, 2596조; 일본 상법전, 제639조.
837 켈리포니아 민법전, 제2593조.
838 켈리포니아 민법전, 제2597조.
839 켈리포니아 민법전, 제2736조; 소련 민법전, 제368조; 독일 보험계약법, 제56, 51조; 일본 상법전, 제636, 637조; 오스트리아 보험계약법, 제50조 제1, 2항, 제52조 제2항; 프랑스 보험법, 제29, 31조; 스위스 보험법, 제50~53조, 제69조 제2항.
840 켈리포니아 민법전, 제2641조; 일본 상법전, 제632~3조; 소련 민법전, 제372조.
841 켈리포니아 민법전, 제2646, 2648, 2647조; 프랑스 상법전, 제399조; 독일 상법전, 제795, 799조; 일본 상법전, 제818, 819조.

무효이다(Art 595)고 규정하였다. 이 초안은 보험계약의 당사자(Parties)에 대하여 규정하고 있다.[842]

(8) 부동산의 보험이익은 재산에 고려된 위험 때문에 침해될 피보험자가 권리 안에, 거기에 관계, 또는 그 위에 책임이다. 이러한 불이익의 정도는 보험이익의 척도이다. 그것은 기존의 이익, 그 위에 기반으로 한 미확정인 것, 또는 장래 발생할 재산권에서 존재하는 이익과 함께 장래 재산권이 되지만, 더욱 장래 재산권 또는 우발적 이익은 보험이 되지 않는다. 모든 유형의 수탁자는 그 가격의 범위까지 예금에 보험이익을 가진다. 이익의 원천에서 보험이익은 부동산 과실 등의 이익을 확장한다(Art 596)고 규정하였다. 이 초안은 부동산의 보험이익(An insurable interest in property)에 대하여 규정하고 있다.[843]

(9) 생명의 보험이익은, 건강과 안전은, 사망 또는 질병을 예방하거나 지연하는 일, 또는 사람에 따라 보험에 가입한 금전, 재산 또는 역무를 되돌려주어, 자기 자신, 유지보수 또는 교육에 대한 전부 또는 일부를 부양가족으로, 모두에게 존재한다. 누구나 그 생명은 보험에서 발생하는 재산 또는 이익에 의존한다(Art 597)고 규정하였다. 이 초안은 생명의 보험이익(An insurable interest in life)에 대하여 규정하고 있다.[844]

(10) 두 이익이 다시 결합될 때까지 보험에서 이익의 상응한 변경에 따르지 않는 피보험 부동산의 어느 일부 이익의 양도는 비례적으로 후자를 일시 중지한다. 그러나 손실 후 피보험자의 권리를 양도할 수 없다는 손실 이전의 합의는 무효이다(Art 598)고 규정하였다. 이 초안은 보험이익의 양도(Transfer of interest)에 대하여 규정하고 있다.[845]

(11) 손실 후, 또는 동일한 보험약관에 의하여 규율되는 하나 또는 그 이상 몇 가지 별개의 항목, 또는 피보험자의 사망에 유언 또는 상속에 의하여, 공동보험에서 공동소유자 또는 임차인 같은 당사자 사이에 그 보험을 무효로 할 수 없다(Art 599)고 규정하였다. 이 초안은 예외조항(Exceptions)에 대하여 규정하고 있다.[846]

(12) 보험약관은 다른 사람의 이익을 위하여 발행될 수 있다. 위험이 목적물의 소유자에게 있는 동안 누구든지 이익에 유효하다는 말로 표현할 수 있다(Art 600)고 규정하였다. 이 초안은 수익자(Beneficiaries)에 대하여 규정하고 있다.[847]

---

842 켈리포니아 민법전, 제2539, 2540, 2551, 2558조.
843 켈리포니아 민법전, 제2546, 2550, 2557, 2549, 2664, 2654조; 중화민국 보험법, 제13조.
844 켈리포니아 민법전, 제2763조; 중화민국 보험법, 제9조.
845 켈리포니아 민법전, 제2593, 2599조; 독일 보험법, 제69, 71조; 일본 상법전, 제650조.
846 켈리포니아 민법전, 제2555~2557조; 중화민국 보험법, 제11, 12조.

(13) 보험약관의 각 당사자는 계약에 자료가 되거나 될 것으로 보이는 자신의 아는 범위 안에서 모든 사실을 신의칙에 따라 상대방에게 공개하여야 한다. 그리고 어느 것이 상대방에게 알릴 수 없는 것인가는, ① 그 중 상대방이 공개를 포기한 것, ② 상대방이 통상의 노력으로 알 수 있고 강제자가 그의 무지를 지원할 이유가 없는 것, ③ 보증에 의하여 제외된 위험에 관련되고 다른 자료가 없는 것, ④ 보험약관에서 제외되고 다른 자료가 없는 것을 제외한다. 의견은 공개할 필요가 없다. 필요한 공개를 만들기 위해, 고의 또는 그렇지 않으면, 실패는, 은폐를 구성하고 계약을 철회할 수 있는 침해당한 자에게 권리를 부여한다. 그러나 당사자는 명시적 또는 통상 또는 필요한 조사를 하는데 실패에 의해 은폐를 면제할 수 있다(Art 601)고 규정하였다. 이 초안은 공개(Disclosure)에 대하여 규정하고 있다.[848]

(14) 부당한 공개의 취소는 그 침해된 당사자가 그 원인을 안 후 1월 이내, 약관이 발행된 때로부터 5년에 효력이 있다. 그는 그때에 책임으로부터 벗어나고 약관에 따라 지급된 총액의 반환을 청구할 수 있다. 그는 손실이 은폐 또는 비공개에 의존하지 않는다는 것을 증명하지 못하는 한 그 반환을 받을 권한이 있다. 보험자가 어떤 책임을 야기하기 전에 피보험자는 그 계약을 철회할 수 있다(Art 602)고 규정하였다. 이 초안은 부당한 공개의 취소(Rescission for incomplete disclosure)에 대하여 규정하고 있다.[849]

(15) 구체성은 계약의 바람직함을 추정하는 상대방에 따라 사실의 가능성과 합리적인 영향에 의해 결정된다. 해상보험에서 재료에 관련 사실의 믿음이나 기대, 그러나 실패는 보험약관을 무효로 하는 사기의 부재에서 실현할 수 없는 것이다(Art 603)고 규정하였다. 이 초안은 계약의 구체성(Materiality)에 대하여 규정하고 있다.[850]

(16) 승낙 또는 약속, 실질적인 불실표시는, 한 당사자가 다른 당사자에게 함으로써 허위가 그에 대한 행위의 시작에서 일어난 때 침해된 사람에게 그 시점부터 계약을 철회할 수 있는 권한이 주어진다(Art 604)고 규정하였다. 이 초안은 승낙이나 약속에서 실질적인 불실표시(A material misrepresentation)에 대하여 규정하고 있다.[851]

---

847 중화민국 보험법, 제2, 5조; 이태리 보험법, 제423조; 일본 민법전, 제537조; 일본 상법전, 제647조; 켈리포니아 민법전, (1929), 제2592조.
848 켈리포니아 민법전, 제2583~4, 2570, 2567; 중화민국 보험법, 제20~25조.
849 중화민국 보험법, 제27조; 일본 상법전, 제644, 645, 653조; 프랑스 보험법, 제39조; 독일 보험계약법, 제68조.
850 켈리포니아 민법전, 제2563, 2569~2610, 2677조.
851 켈리포니아 민법전, 제2580조.

(17) 당사자가 먼저 사실인 것으로 사칭하고 위험 또는 목적물에 관련 있는 것으로
한 진술은 그것의 명시적 보증이고, 사실 또는 허위이면, 또는 그것의 허위가 기망하여
은폐되었으면, 상대방에게 철회할 수 있는 권한이 주어진다(Art 605)고 규정하였다. 이
초안은 보증(Warranties)에 대하여 규정하고 있다.[852]

(18) 보험금은 목적물이 위험에 노출되자 곧 받게 된다. 그리고 이러한 노출이 어느
기간 동안 계속하면 피보험자는 그 반환을 받을 자격이 없게 된다. 그는 보험자의 사기
또는 불실표시 또는 보험자가 책임을 유발하지 않은 것으로 보험약관이 무효로 된 때
이러한 반환을 받을 권한이 주어진다. 피보험자가 그 기간이 종료되기 전에 보험증서를
반환하면 그는 손실 또는 위험에 대하여 이미 발생한 청구 전부에서 감액한 후 보험금
의 비율적 반환을 받을 권한이 주어진다. 수인의 보험자에 의한 초과보험은 목적물의
보험가액을 초과한 모든 보험증서의 집계에 의한 총액까지 비례한 보험금의 평가한 반
환에 대하여 피보험자에게 권한이 주어진다. 그리고 보험자는, 동시인 경우, 그들 각각
의 보험증서에서 보험 된 총액까지 반환될 보험료를 분담한다. 보험증서가 동시에 발생
하지 않으면, 오직 보험자만이 그들의 책임에서 앞의 보험으로 구제된 반환된 보험금과
그들이 책임져야 할 앞의 보험의 총액에 대하여 초과하여 지급된 보험금에 대한 합계에
비례하여 분담한다(Art 606)고 규정하였다. 이 초안은 보험금(Premium)에 대하여 규정
하고 있다.[853]

(19) 책임은 보험위험이 간접원인이 아닌 직접원인으로 유발된 손해에 대하여 발생
한다. 목적물이 이러한 위험에서 구출되었으나 이러한 구조의 과정에서 전부 또는 일부
손해를 입었으면 보험자는 그 한도에서 책임이 작다. 제외된 위험이지만, 발생하지 않
은 손실에 대하여 직근 원인이 수용되지 않아 책임이 없는 때에는 책임이 발생하지 않
는다. 보험자는 피보험자의 고의행위로 야기한 손해에 책임이 없다(Art 607)고 규정하였
다. 이 초안은 책임(Liability)에 대하여 규정하고 있다.[854]

(20) 피보험자가 위험의 발생 후 20일 이내에 보험자에게 통지를 하지 않는 한, 피보
험자는 책임이 경감되지만, 기간을 단축할 수 없다는 규정은 유효하지 않다(Art 608)고
규정하였다. 이 초안은 통지(Notice)에 대하여 규정하고 있다.[855]

852　캘리포니아 민법전, 제2607~2610조.
853　캘리포니아 민법전, 제2616, 2618, 2619, 2617(2), 2620, 2621, 2622조.
854　캘리포니아 민법전, 제2626, 2627, 2628, 2629조; 일본 민법전, 제641, 656조.

(21) 보험자가 전체 또는 부분의 손실을 지불한 때, 그는 목적물에 모든 보험자의 권리를 비례하여 대위한다. 이러한 손실이 제3자가 발생한 경우, 지불하는 보험자는 지금까지 피보험자가 자기의 권리를 침해하지 않는 한 자신에 대한 피보험자의 권리를 마찬가지로 대위한다(Art 609)고 규정하였다. 이 초안은 보험자의 대위(Subrogation)에 대하여 규정하고 있다.[856]

(22) 화재에 대한 동일한 주제에 여러 보험자는 각각의 보험약관의 존속기간에 관계없이 손실로 비례하여 분담하여야 한다. 위험이 해양위험인 경우, 모든 보험자는 일부 또는 평균의 손실, 또는 같은 기간이 부착된 여러 보험약관에 대해 피보험자에 대한 비례적으로 분담한다. 한 보험자의 부실은 다른 보험자의 비례적 책임에 영향을 미치지 않는다. 보험약관이 동시이지 않은 경우 책임은 연대순으로 구속한다. 이전의 모든 보험약관의 합계를 초과한 경우를 제외하고 두 번째 또는 다른 것에 대하여 아무도 비용을 부과하지 않는다(Art 610)고 규정하였다. 이 초안은 여러 보험자의 분담(contribution)에 대하여 규정하고 있다.[857]

2) 해상보험(Marine Insurance)

이 초안은 해상보험에 대하여, 일반규정(General Provisions, Arts 611~618), 항해(Voyage, Arts 619~620), 손해와 조정(Loss and Adjustment, Arts 621~628), 보험위부(Abandonment, Arts 629~633)를 각각 규정하였다.

가) 일반규정(General Provisions)

(1) 해상보험은 운항과 연결된 위험에 대한 배상에 대한 계약이다(Art 611)고 규정하였다. 이 초안은 해상보험의 정의(Defined)에 대하여 규정하고 있다.[858]

(2) 선박소유자는 선박에 보험이익을 가지고 있지만, 선박저당에 의해 저당한 경우, 후자에 의해 담보된 총액의 초과는 이러한 이익의 척도이다. 선박소유자는 예상된 해상운임에서 보험이익을 가진다. 선박소유자는 그 손실로 침해된 범위까지 선박에 보험이

---

855 켈리포니아 민법전, 제2633, 2633a조; 중화민국 보험법, 제24조; 일본 상법전, 제658조.
856 중화민국 보험법, 제45조; 일본 민법전, 제661, 662조.
857 켈리포니아 민법전, 제2642조.
858 켈리포니아 민법전, 제2655조; 중화민국 해상법전, 제160조; 일본 상법전, 제815, 816조.

익을 갖는다(Art 612)고 규정하였다. 이 초안은 보험이익(Insurable Interests)에 대하여 규정하고 있다.[859]

(3) 보험약관은, 제590조의 특별규정에 추가하여, 성명, 국적 및 피보험 된 선박의 명세서와 선장의 완전한 성명을 포함하여야 한다. 화물의 예상 이익 또는 보수를 보험에 가입하는 경우 동일한 항목과 선적 및 하역의 항구를 포함하여야 한다. 선장의 추후 교체는 보험약관을 무효로 하지 않는다(Art 613)고 규정하였다. 이 초안은 보험약관(The policy)에 대하여 규정하고 있다.[860]

(4) 선박의 피보험 가액은 위험이 시작한 시기와 장소에 그것의 가액이다. 화물의 보험가액은 보험과 그 비용을 포함하여 적하 시기와 장소에서 그것의 시장가액이다. 보험금액은 다른 아무것도 지정되어 있지 않은 경우 예상이익의 보험가액으로 추정된다. 보험의 비용은 모든 경우에 평가에 추가해야 한다(Art 614)고 규정하였다. 이 초안은 선박의 피보험 가액(Insurable value of a ship)에 대하여 규정하고 있다.[861]

(5) 제601조에서 언급된 것들에 부가하여 다음 사항에 관한 은닉은 그 은닉한 위험에 대한 책임에서 보험자를 완화한다. ① 피보험자의 국적, ② 외국의 법률이나 다른 원인의 위반에 대한 포획, 구금과 압류의 책임, ③ 필요한 서류의 부족 또는 모조되거나 거짓된 것들의 사용(Art 615)을 규정하였다. 이 초안은 은닉(Concealment)에 대하여, 제601조의 사항에 이 조문이 열거한 사항(①~③)을 부가하여 보험자의 책임의 완화를 규정하고 있다.[862]

(6) 피보험자에 의한 선박의 변경은 이후의 사태에 대한 책임에서 일어나는 보험자의 이익 또는 소득을 완화한다(Art 616)고 규정하였다. 이 초안은 피보험자에 의한 선박의 변경(A change of ship by the insured)에 대하여 규정하고 있다.[863]

(7) 위험의 시작에서 감항능력은 모든 해상보험의 묵시적 보증이다. 선박이 역무에 합리적으로 적합하고 고려한 항해의 일반적인 위험에 조우하는 경우에만 그것은 존재한다. 그것은 오직 선박의 구조뿐만 아니라 그것의 장비, 부속물 및 비품, 임원 및 선원

---

859 켈리포니아 민법전, 제2659, 2660, 2662~3, 2665조; 중화민국 해상법전, 제147, 146조; 독일 상법전, 제779조; 소련 해사법전, 제194조.

860 일본 상법전, 제823, 828, 826조; 프랑스 상법전, 제322, 617조; 소련 해사법전, 제195, 196조; 독일 상법전, 제815조.

861 켈리포니아 민법전, 제2741(1), 2741(2), 2740, 2741(4)조; 중화민국 해상법전, 제160, 157-161, 162조; 일본 상법전, 제818, 819, 820조; 소련 해사법전, 제203~5조.

862 켈리포니아 민법전, 제2672조.

863 독일 상법전, 제816조; 일본 상법전, 제827조; 네델란드 상법전, 제347, 352조.

의 인력 및 화물의 적절한 적재에 확장한다. 화물의 수령이 부적합한 것은 그러한 화물에 대한 보험에 대하여 선박의 감항능력이 없는 것으로 만든다. 그리고 후자의 경우는 중간의 항구에서 선적하거나, 보험이 특정한 기간 동안인 경우, 특정한 항해의 시작에 감항능력이 있는 화물을 운반하는 선박이 아닌 한, 묵시적 보증은 준수하지 않는다. 고려한 항해의 다른 단계는 감항능력의 요건이 다른 경우, 후자는 각각의 단계의 개시에 존재하면, 그것은 충분하다. 감항능력이 없는 것이 도중에 발생하는 경우, 결함의 수리에 불합리한 지연은 책임에서 보험을 완화한다(Art 617)고 규정하였다. 이 초안은 감항능력(Seaworthiness)에 대한 보증(Warranties)에 대하여 규정하고 있다.[864]

(8) 국적의 명시적 보증은 요건을 구비한 아무도 그것에 의심을 갖지 않는 서류를 소지하고 사업하는 것을 포함한다(Art 618)고 규정하였다. 이 초안은 선박증서(Ship's Papers)에 대하여 규정하고 있다.[865]

나) 항해(Voyage)

(1) 그 증권이 적재, 납입청구 또는 목적지의 항구를 고정하는 경우, 항해는 각 항구 사이의 해양 사용의 항해과정을 준수해야 한다. 그러한 과정은 매우 고정되지 않으면, 그 과정은 선장 또는 통상의 기능과 판단에 가장 자연스러운 직접 유리하게 보이는 것이어야 한다(Art 619)고 규정하였다. 이 초안은 항해의 결정방법(How determined)에 대하여 규정하고 있다.[866]

(2) 항로변경은 전조에서 규정한 과정에서 출발 또는 변경하거나 항해의 부당한 지연이다. 그것은 ① 선장이나 선박소유자의 지배를 벗어난 상태에서 발생한 경우, ② 보증에 따르거나 또는 기간을 무효로 할 필요가 있는 경우, ③ 이러한 필요 또는 생명의 구호 또는 재난에 처한 다른 선박의 구조에서 신뢰의 합리적인 근거로 신의칙에서 이뤄진 경우에는 허용된다. 어떠한 다른 항로변경은 허용되지 않고 그로부터 발생한 손실에 대한 책임에서 보험자를 경감하지 않는다(Art 620)고 규정하였다. 이 초안은 항해에서 항로변경(Deviation)에 대하여 규정하고 있다.[867]

---

864 켈리포니아 민법전, 제2681, 2682, 2684, 2687, 2685조; 중화민국 상법전, 제90조; 프랑스 상법전, 제297조; 일본 상법전, 제738조; 소련 해사법전, 제85조.

865 켈리포니아 민법전, 제2688조; 프랑스 상법전, 제226, 342~4조.

866 켈리포니아 민법전, 제2692, 2693조.

867 켈리포니아 민법전, 제2694, 2695, 2696~7조; 중화민국 해상법전, 제42조 제2항; 프랑스 상선형벌규칙, 제47

다) 손해와 조정(Loss and Adjustment)

(1) 실제적 총 손실은 목적물이 연소되거나 완전히 파괴되거나, 침몰, 조각으로 파손되거나, 위험이 그 소유자에게 의도한 목적에 무가치하게 되거나 또는 도착항에서 전부를 거절한 때에 발생한다. 이러한 손실은 그로부터 소식 없이 선박의 장기 지속적인 부재에서 추정 할 수 있다. 추정적 총 손실은 배를 피보험자에게 위부 하는 권리를 부여한 것이다. 실제적 총 손실을 포함된 약관은 추정적 손실에 적용되지 않고, 총액 이외 모든 다른 손실은 부분적 손실이다. 피보험자는 위부의 통지 없이 실제적 총 손실에 대하여 지급할 권리를 갖는다. 그는 목적물에 대하여 평가된 모든 일반 평균적 손실에 대하여 비례적인 책임이 있지만, 보험자는 개별적 규정이나 종류에 어떤 특정한 평균적 손실에 대한 계약에 의하여 자신을 경감할 수 있다(Art 621)고 규정하였다. 이 초안은 손해와 조정에서 평결(Finds)에 대하여 규정하고 있다.[868]

(2) 선박이 단순항해에 대하여 보험에 가입하면, 보험자의 책임은 하역이, 또는 불가항력을 제외하고 완료 했어야 할 때 종료한다. 화물에 대한 보험은, 도착시에 예상한 이익 또는 소득으로, 그 화물이 육지를 떠난 때 시작하여 하역이 완전히 된 때에 끝난다(Art 622)고 규정하였다. 이 초안은 손해와 조정에서 책임의 기간(Duration of Liability)에 대하여 규정하고 있다.[869]

(3) 오래된 자료는 선박의 부분 손실을 지급으로 적용되어야 하며, 보험자는 수리의 나머지 비용 없이 3분의 2 이상, 닻으로 전부 할 수 없고 선박 바닥에 깐 쇠판으로, 선박의 부속물의 출생시 감가상각은 매월 2과 2분의 1퍼센트에 대한 책임을 진다. 보험자는 수리를 위하여 항구에 강제함으로써, 피보험자가 조력을 하였다 하더라도, 발생한 손실로 생긴 모든 비용에 대하여 책임을 지고, 이러한 비용은 총 손실에 추가된다(Art 623)고 규정하였다. 이 초안은 손해에 대한 책임의 범위에 대하여 규정하고 있다.[870]

(4) 배상액은 목적물이 파괴되거나 손실이 발생한 시간과 장소에서 손상된 가치에 의하여 결정된다. 보험약관이 개별적으로 이익을 포함하는 경우, 피보험자는, 손실의 경우에, 전체의 가액에 대하여 손상된 재산의 가액에 동등한 비율을 회복한다. 피보험

조; 일본 상법전, 제711조; 일본 선원법, 제15(4)조; 네델란드 상법전, 제341, 370조.

868 켈리포니아 민법전, 2703~4, 2706, 2705, 2717, 2712, 2702, 2709, 2711조.

869 중화민국 해상법전, 제148조; 프랑스 상법전, 제328, 341조; 독일 상법전, 제823~4조; 일본 상법전, 제821, 822조; 소련 해사법전, 제209조.

870 켈리포니아 민법전, 제2746, 2743조.

화물이 목적지로 가는 도중에 파손된 것을 발견하면, 그에 대한 배상은 그것이 손상되지 않는 경우 목적지 항구에서 시장가격인 비율이다(Art 624)고 규정하였다. 이 초안은 배상액(The amount of the indemnity)에 대하여 규정하고 있다.[871]

(5) 보험자는 일반해손에 대한 피보험자의 부담부분에 의하여 야기된 손실에 대하여 책임을 진다. 그러나 보험약관이 보험가액보다 적더라도 그 책임은 이러한 가액에 대한 보험액인 비율로 측정된다. 다른 사람의 보험으로 인한 부담부분은 전자의 권리를 대위하는 보험자로부터 모든 손실을 회복하여 만족하게 된다(Art 625)고 규정하였다. 이 초안은 일반해손(General Average)에 대하여 규정하고 있다.[872]

(6) 부분 손실되거나 피 보험가액의 일부만이 적용되는 때, 보험자는 목적물의 피보험자의 모든 이익의 가액인 손실로 피보험액의 이러한 비율로 책임을 진다. 화물운임 또는 화물에 관한 가액 보험약관에서 목적물의 일부만이 위험에 노출된 때 그 평가는 그 부분에 비례하여 적용한다(Art 626)고 규정하였다. 이 초안은 부분 손실되거나 피 보험가액의 일부만이 적용되는 때 책임에 대하여 규정하고 있다.[873]

(7) 불가항력으로 인하여 보험화물이 항해 중에 매각된 경우, 보험자가 매각(이하 화물 운임 및 기타 비용) 및 피 보험가액의 진행의 차액을 지불해야 한다. 구입가격이 지불되지 않는 경우 보험자가 지불하고, 구매자에 대해, 피보험자의 권리를 대위변제 될 수 있지만, 이것은 앞의 제625조에 침해가 없다(Art 627)고 규정하였다. 이 초안은 불가항력으로 인하여 보험화물이 항해 중에 매각된 경우의 손해책임에 대하여 규정하고 있다.[874]

(8) 보험자는 손실에 대한 책임에서 목적물의 성격이나 결함, 그것의 마모, 또는 악의, 중과실, 안전 항해를 위한 적절한 준비의 실패 또는 필요한 서류의 제출 실패, 피보험자, 위탁자 또는 수탁자, 빙하 수로 안내료, 항구, 등대 또는 검역, 항해의 다른 통상비용으로 발생한 손해에서 보험가액의 2퍼센트를 초과하지 않는 책임을 면제받는다(Art 628)고 규정하였다. 이 초안은 보험자의 책임의 면제(Exemptions)에 대하여 규정하고 있다.[875]

871　일본 상법전, 제818, 831조; 켈리포니아 민법전, 제2738, 2742조.
872　켈리포니아 민법전, 제2744, 2745조; 중화민국 해상법전, 제150조; 독일 상법전, 제834, 843조; 일본 상법전, 제817조; 소련 해사법전, 제216조 이하.
873　켈리포니아 민법전, 제2737, 2739조; 일본 상법전, 제817조.
874　중화민국 해상법전, 제162조; 독일 상법전, 제877조; 일본 상법전, 제832조.
875　중화민국 해상법전, 제151조; 프랑스 상법전, 제351~2조; 독일 상법전, 제821조; 이태리 상법전, 제617~8조; 일본 상법전, 제640, 830조; 소련 해사법전, 제212~4, 218~20조; 프랑스 보험계약법, 제17조; 독일 보험법, 제27~29조; 스위스 보험계약법, 제30조.

라) 보험위부(Abandonment)

(1) 보험위부는 실제 또는 추정된 총 손실 후에 피보험자가 보험자에게 목적물에 무조건적으로 그의 모든 이익을 포기하여 발생한다. 해상운임은 선박에서 분리되어 포기하지 않을 수 있다(Art 629)고 규정하였다. 이 초안은 보험위부(Abandonment)의 정의(Defined)에 대하여 규정하고 있다.[876]

(2) 피보험자는 목적물을 위부하거나, 보험약관에서 개별적으로 보험에 가입하고 평가된 것의 일부를 위부 할 수 있다. 그리고 ① 손실의 원인에 대하여 보험위험인 경우, ② 그 가액의 절반 이상을 손실하거나 손상되거나 그 복원을 위하여 지출될 필요가 있는 경우, ③ 보험 선박이 목적물의 가액의 절반 이상의 비용을 제외하고 신중한 사람이 할 수 없는 위험을 야기함으로써 예정된 항해를 지속할 수 없는 경우, ④ 선박이 침몰되거나 6개월 동안 억류, 행방불명 또는 행정명령이 적용되는 경우, ⑤ 목적물이 화물 또는 화물운송이고 항해할 수 없거나, 합리적인 노력과 합리적인 시간 내에 얻을 다른 선박이 같은 비용 또는 위험 없이 목적물을 전달하는 경우의 총 손실을 복구한다(Art 630)고 규정하였다. 이 초안은 보험위부가 허용되는 경우(When permissible)에 대하여 규정하고 있다.[877] 즉 이 조문이 열거한 사항(①~⑤)의 총 손실을 복구하기 위하여 목적물 또는 개별적으로 보험된 부분을 위부 할 수 있다는 것이다.

(3) 보험위부는 보험자에게 구두 또는 서면으로 그 손실을 알게 된 후 통지함으로써 효력이 있다. 그리고 항해가 시작되었지만 피보험자가 그것의 성취를 알기 전이어야 한다. 통지서는 손실의 가능한 원인을 명시해야 하고, 다른 보험약관이나 의무는 목적물에 강제되어야 한다. 위부는 단독으로 지정되어 특정한 원인에 유지될 수 있어야 한다. 보험자는 또한 목적물에 관하여 발생한 문서를 제출해야 한다(Art 631)고 규정하였다. 이 초안은 보험위부의 효력발생(How effected)에 대하여 규정하고 있다.[878]

(4) 명시적 또는 암시적인 승인은 그 손실을 인정하고, 보험위부의 자부와 통지에서 특정한 원인이 사실무근임을 증명하지 않는 한 그것을 결정적인 것으로 만든다. 그러나

---

876 켈리포니아 민법전, 제2716, 2718, 2717(4)조; 중화민국 해상법전, 제165, 167조; 프랑스 상법전, 제372조; 독일 상법전, 제866조; 일본 상법전, 제837조.

877 켈리포니아 민법전, 제2717조; 중화민국 해상법전, 제163~4조; 독일 상법전, 제861조; 일본 상법전, 제833, 835조; 소련 해사법전, 제231조.

878 켈리포니아 민법전, 제2719, 2721, 2722, 2723조; 중화민국 해상법전, 제170~2조; 프랑스 상법전, 제385조; 독일 상법전, 제871조; 이태리 상법전, 제640조; 일본 상법전, 제839조.

승인은 각 당사자의 권리를 확정할 필요는 없다. 보험자가 유효한 승인을 거부할 경우, 그는 실제 획득한 같은 책임을 지게 된다. 그는 청구를 지급하면, 그가 정규 보험위부의 경우에서와 같이, 그 진행 또는 해난구조의, 목적물을 유지한 것에 대하여 권리가 주어진다. 보험위부를 하지 않으면 실제 손실의 보험에 가입한 증거에 의해 복구를 배제할 수 없다(Art 632)고 규정하였다. 이 초안은 보험위부의 승인(Acceptance)에 대하여 규정하고 있다.[879]

(5) 보험위부 후에 피보험자의 전 대리인이 그 손실에 따르는 목적물에 대한 선의의 행위들은 보험자의 위험에서 그의 이익을 위한 것이다. 손실이 보험자에게 속하기 전에 취득한 화물운임은 그 후 선박 보험자에게 속하게 된다(Art 633)고 규정하였다. 이 초안은 보험위부의 효과(Effect)에 대하여 규정하고 있다.[880]

3) 화재보험(Fire Insurance)

(1) 이 계약에 따라 보험자는 제628조에 의하여 면제된 것 중 하나가 아닌 같은 비물질적인 원인인 화재에 의하여 재산상 손실에 대하여 피보험자에게 손해배상을 하는 것이다. 손해배상은 화재를 진압하거나 위험을 피할 수 있는 필요비를 포함한다(Art 634)고 규정하였다. 이 초안은 화재보험의 정의(Defined)에 대하여 규정하고 있다.[881]

(2) 보험약관은, 제590조에서 언급한 항목에 추가하여, 보험 된 건물 또는 보험 된 동산을 포함하는 것의 위치, 구조 및 사용을 포함해야 한다. 임차 또는 예치한 재산의 소유자는 임차인 또는 수탁자에게 발급한 그에 대한 보험약관으로 복구할 수 있다. 보험약관은, 피보험자의 차후 그 규정을 침해하지 않는 실행, 그것이 위험을 증가하거나 손실의 원인이 되더라도, 어떠한 행위에 의하여도 영향을 받지 않는다(Art 635)고 규정하였다. 이 초안은 보험약관(The policy)에 대하여 규정하고 있다.[882]

(3) 보험에 가입된 재산의 평가는 시험 또는 기타 등등 보험자의 책임을 제한해야 하는 총액이 확정된 후 당사자에 의해 영향을 받을 수 있다. 이러한 평가가 없으면 배상의

---

879 켈리포니아 민법전, 제2729, 2727, 2731, 2725, 2732조: 중화민국 해상법전, 제163, 164조: 독일 상법전, 제861조: 소련 해사법전, 제234조: 일본 상법전, 제833, 841조.

880 켈리포니아 민법전, 제2726, 2730조.

881 중화민국 보험법, 제40조: 프랑스 보험계약법, 제40~3조: 독일 보험법, 제82~4, 83조: 일본 보험법, 제665조: 독일 상법전, 제666조.

882 중화민국 보험법, 제8, 48조: 일본 상법전, 제668, 667조: 켈리포니아 민법전, 제2755조.

측정은 손실시에서 목적물을 교체하는 비용이다(Art 636)고 규정하였다. 이 초안은 보험에 가입된 재산의 평가(Valuation)에 대하여 규정하고 있다.[883]

(4) 변경이, 보험자의 지배에 의해 보험자의 동의 없이 보험약관에 의해 제한되는 시험에서 목적물의 사용 또는 조건이, 이 위험을 증가시키지만 달리 아닌 경우, 그 보험약관을 철회하는 권리를 보험자에게 부여한다(Art 637)고 규정하였다. 이 초안은 보험약관의 변경(An alteration)에 대하여 규정하고 있다.[884]

4) 생명건강보험(Life and Health Insurance)

(1) 이 계약에서 보험자는 피보험자의 사망시 또는 그가 생존하는 경우 확정된 일자에, 피보험자, 그의 상속인 또는 수익자에게 고정된 금액을 지불할 의무를 진다. 후자의 경우, 보험약관은 유증자를 조건으로 하고, 보험료는 한정된 기간에 제한될 수 있다(Art 638)고 규정하였다. 이 초안은 생명건강보험의 정의(Defined)에 대하여 규정하고 있다.[885]

(2) 모든 사람은 그 생명에 보험이익을 갖는다. ① 자신, ② 그가 유지 보수 또는 교육을 위하여 전적으로 또는 부분적으로 의존하는 어느 누구, ③ 그에게 돈, 재산, 예배, 사망 또는 질병에 의해 지연될 수 있는 것의 표현, ④ 부동산 또는 이익이 목표에 의존하여 귀속되는 어느 누구의 생명에서 보험이익을 갖는다(Art 639)고 규정하였다. 이 초안은 보험이익(Insurable interest)에 대하여 규정하고 있다.[886]

(3) 이 보험약관은 제590조에 언급된 내역에 추가로, 보험의 종류의 지정과 피보험자와 만약 있으면 수익자의 성명을 포함해야 한다(Art 640)고 규정하였다. 이 초안은 보험약관(The policy)에 대하여 규정하고 있다.[887]

(4) 보험약관은 피보험자보다 다른 사람에게 그 수익금의 지급을 제공할 수 있고, 또는 할당, 유언 또는 기타에 의해 다른 사람에게 이전될 수 있다고 규정할 수 있다. 이러한 다른 사람은 피보험자의 생명에 어떤 보험이익을 가질 필요가 없다고 하지만 이러한

883　켈리포니아 민법전, 제2757, 2756조.
884　켈리포니아 민법전, 제2753~4조.
885　독일 보험법, 제59조; 일본 상법전, 제673조; 소련 민법전, 제374조; 켈리포니아 민법전, 제2762조.
886　켈리포니아 민법전, 제2763조; 중화민국 보험법, 제76~94조; 일본 상법전, 제679조.
887　오스트리아 보험법, 제133조 제2항, 제138조; 중화민국 보험법, 재64, 65조; 프랑스 보험법, 제63조; 독일 보험법, 제167, 169조; 일본 상법전, 제679조.

양도의 통지는 보험자에게 제공해야 한다. 이러한 수익자 또는 양수인에게 수익금의 지급은 보험자를 해방한다(Art 641)고 규정하였다. 이 초안은 수익자 등(Beneficiaries, etc.)에 대하여 규정하고 있다.[888]

(5) 피보험자의 사망 통지는 수익자 또는 양수인에 의하여 즉시 제시되어야 한다(Art 642)고 규정하였다. 이 초안은 피보험자의 사망 통지(Notice of insured's death)에 대하여 규정하고 있다.

(6) 보험자의 일부에 대한 책임에서 면제는, ① 피보험자가 범죄에 대한 위원회 또는 처벌로 사망, ② 수익을 받을 수 있는 지정된 당사자가 피보험자의 사망 원인에 참가하였고 다른 무고한 당사자가 수익금을 받을 권리가 있는 경우 그들의 지분은 이러한 참가로 영향을 받지 않고, 어느 경우 보험자가 지급으로 구제 받는 때 그것은 피보험자의 유산에 보험약관에 따라 지급된 보험료를 환급받는 때에 따른다(Art 643)고 규정하였다. 이 초안은 보험자의 면책(Exemption from liability)에 대하여 규정하고 있다. 즉 이 조문에서 열거한 사항(①~②)이 있는 때에 보험자는 면책된다는 것이다.[889]

5) 연금(Annuities)

(1) 연금의 계약은 한 당사자가, 연금수급인이라 부르는, 다른 사람에게, 후자의 생존기간에 걸쳐서, 정기적으로 현금 지불을 수행한다. 달리 그에 제공하지 않는 한, 이러한 지급은 분기 말까지이다(Art 644)고 규정하였다. 이 초안은 연금계약(A contract of annuity)의 정의(Defined)에 대하여 규정하고 있다.[890]

(2) 계약은 서면으로 하여야 하고 양도할 수 없다(Art 645)고 규정하였다. 이 초안은 계약의 방식(Form)에 대하여 규정하고 있다.[891]

(3) 약인을 받은 채무자가 어느 정기적 지급을 하지 않거나 다른 이행을 하지 않으면 그 수급자는 그가 그렇다면 실제로 받을 정기적 지급이 없는 한 그에 대한 이익과 위험을 함께 모든 금액의 반환을 받을 권리가 주어진다(Art 646)고 규정하였다. 이 초안은 연금계약의 실행(Enforcement)에 대하여 규정하고 있다.[892]

---

888 중화민국 보험법, 제60, 61조; 프랑스 보험계약법, 제56~9조; 독일 보험법, 제159조; 일본 상법전, 제674~7조; 켈리포니아 민법전, 제2769조.

889 이태리 상법전, 제450조; 일본 상법전, 제680조.

890 중화민국 민법전, 제729조; 독일 상법전, 제759~61조; 일본 민법전, 제689조; 스위스 채무법전, 제516~7조.

891 중화민국 민법전, 제720, 734조.

(4) 연금수급자가 어떤 원인으로 사망하면 그 채무자는 수급자의 상속인의 신청에 합리적인 확장을 정당화하는 어느 책임 있는 정도까지 이다(Art 647)고 규정하였다. 이 초안은 수급자의 사망(Annuitant's death)과 그의 상속인에 대하여 규정하고 있다.[893]

(5) 연금의 유증은 앞의 4개 조문을 준용하게 된다(Art 648)고 규정하였다. 이 초안은 연금의 유증(Legacies of annuities)에의 준용규정에 대하여 규정하고 있다.[894]

6) 운송보험(Transport Insurance)

(1) 보험자는 이 계약에 의하여 그 운송인의 수령과 수하인에게 자신의 배달 간에 운송 상품의 손실에 대하여 피보험자에게 책임을 진다(Art 649)고 규정하였다. 이 초안은 운송보험(Transport Insurance)의 정의(Defined)에 대하여 규정하고 있다.[895]

(2) 보험약관은 제590조에서 언급한 것에 추가하여, ① 운송의 경로와 수단, ② 운송인의 전체 이름 또는 상호, ③ 물품의 수령 및 배달의 한 단위, ④ 알고 있는 경우, 운송에 필요한 시간을 포함한다. 그러나 보험약관은 운송의 일시적 중단에 의하여 노선이나 수단의 필요한 변경에 의하여 무효로 할 수 없다(Art 650)고 규정하였다. 이 초안은 보험약관에 제590조에 추가하여 이 조문에서 열거한 사항(①~④)을 포함하는 것과 운송의 일시적 중단에 의한 노선 등의 변경에 대하여 규정하고 있다.[896]

(3) 이러한 제품의 보험가치는 특약, 예상이익에 의하여 급송한 시간과 장소에서 시장가격, 목적지까지 화물운임과 기타 비용을 포함한다(Art 651)고 규정하였다. 이 초안은 보험가치(Insurable value)에 대하여 규정하고 있다.[897]

7) 신원보증보험(Fidelity Insurance)

이 계약에 따라 보험자는 다른 사람의 행위 또는 그의 대리인의 행위의 법적 결과에 대하여 피보험자에게 손해배상을 할 책임이 있다. 여러 보험에 가입한 사람이 그 실행

---

892 프랑스 민법전, 제1977~8조; 일본 민법전, 제691조.

893 중화민국 민법전, 제733조; 일본 민법전, 제693조.

894 중화민국 민법전, 제735조; 독일 민법전, 제2147~9조; 일본 민법전, 제694조.

895 오스트리아 보험법, 제111, 115조; 프랑스 민법전, 제1846조; 독일 보험법, 제129~134조; 일본 상법전, 제669조.

896 일본 상법전, 제671, 649, 672조; 오스트리아 보험법, 제119조 제1항; 독일 보험법, 제142조.

897 오스트리아 보험법, 제117조; 독일 보험법, 제140조; 이태리 상법전, 제447조; 일본 상법전, 제670조; 스위스 보험계약법, 제64조 제1항.

을 각자가 대리로 하는 경우, 반대의 의사표시가 없는 한, 그것은 각각 적용된다(Art 652)고 규정하였다. 이 초안은 신원보증보험(Fidelity Insurance)의 정의(Defined)에 대하여 규정하고 있다.[898]

아) 매매(Purchases and Sale, Latin, Emptie et venditie; Spanish, Compra y venta)

이 초안은 매매(구매와 판매)에 관하여, 일반규정(General Provisions, Arts 653~658), 이행(Performance, Arts 659~664), 담보책임(Warranty, Arts 665~675) 및 특수한 매매(Special Kinds, Arts 676~679)를 각각 규정하였다.

(가) 일반규정(General Provisions)

(1) 구매 및 판매는 한 당사자, 매도인이 다른 당사자, 매수인에게 가격을 조건으로 한 약인(consideration)에 의하여 특정한 재산의 소유권을 양도하는 거래행위이다(Art 653)고 규정하였다. 이 초안은 매매의 정의(Definition)에 대하여 규정하고 있다.[899]

(2) 이러한 거래는 두 단계, ① 조건이 합의될 때 완료하고, ② 인도는 보통 동산의 위험과 이익을 승인하기 위해 요구되는 완성이다(Art 654)고 규정하였다. 이 초안은 매매를 2단계(Stages)로 나누고 있음을 규정하고 있다.[900]

(3) 판매하거나 구입하는 일방적인 약속은 상대방의 승낙 또는 거래를 완결하는 의도의 선언에 따라 효력이 발생한다. 시간이 이러한 선언에 대해 고정되어 있지 않은 경우, 낙약자는 그 약속의 소멸이 없을 때에, 적절한 시간 내에 답변을 요구할 수 있다(Art 655)고 규정하였다. 이 초안은 일방적 의사표시(An unilateral promise)의 효력에 대하여 규정하고 있다.[901]

(4) 부동산의 양도는, 매도인이 소유권을 취득하는 등기를 먼저 취득한 사람인 경우

898　캘리포니아 민법전, 제2772, 2773, 2776조; 중화민국 보험법, 제51조.
899　캘리포니아 민법전, 제1721(2)조; 중화민국 민법전, 제345조; 독일 민법전, 제433조; 일본 민법전, 제555조; 소련 민법전, 제180조.
900　아르헨티나 민법전, 제578, 1375(1341)조; 브라질 민법전, 제1137조; 중화민국 민법전, 제345, 373조; 독일 민법전, 제446, 447조; Riasnovsky, *Chinese Civil Law* (1938) p.170; Schuster, Principles of German Civil Law (1907) p.209; 일본 민법전, 제575조 제1항; 소련 민법전, 제 184, 186조; 스위스 채무법전, 제185조; 40 Corpus Juris, Sec 156 n.94d.
901　Riasnovsky, *Chinese Civil Law* (1938) p.172; 일본 민법전, 제556조; 루이지애나 민법전, 제2438~2659조.

에 1인 이상에게 실행하지 않는 한, 양도계약서의 실행으로 발생한다(Art 656)고 규정하였다. 이 초안은 부동산의 양도(Transfer of immovables)에 대하여 규정하고 있다.[902]

(5) 목적물이 부동산인 경우, 그 양도는 서면과 등기에 의하여 표시되어야 한다. 모호한 경우 그 계약은 매도인에 대하여 가장 강하게 해석된다(Art 657)고 규정하였다. 이 초안은 목적물이 부동산인 경우 매매의 형식과 해석(Form and interpretation)에 대하여 규정하고 있다.[903]

(6) 계약의 목적물은 재산이어야 하지만, 그것이 무형물일 수 있고, 매도인이 취득할 수 있는 것이거나 계약이 성립한 후 제조되는 것을 포함한다. 목적물이 다른 사람에게 속하는 권리인 경우 매도인은 그것을 취득하여 매수인에게 양도하여야 한다. 그가 실제 소유권을 알면 이미 이뤄진 계약을 철회할 수 있다. 그러나 매수인이 그 당시에 그러한 소유권을 깨달은 경우, 매도인은 자기의 양도할 책임을 매수인에게 연락하여 철회할 수 있다. 전염병 또는 기타 계획한 목적에 부적합한 동물은 계약의 적합한 목적물이 아니다(Art 658)고 규정하였다. 이 초안은 계약의 목적물(The subject matter of the contract)에 대하여 규정하고 있다.[904]

(나) 이행(Performance)

(1) 매도인은 매수인의 점유에 배치하고 그 소유권을 귀속시키는 것을 포함하는 목적물을 인도해야 한다. 무체재산권(예, 채권)은 소유권을 증명하는 서류를 인도하지만, 제3자는 통지를 받은 때에만 부담한다. 인도는 동의한 가격을 지불하지 않으면 보류될 수 있다. 매수인이 계약으로 정해진 이외의 장소에서 인도할 것을 요청하면 매도인의 운송인에 의한 위험은 매수인에게 돌아간다. 그러나 매수인이 매도인에게 특별한 지시에서 벗어나면, 긴급한 사유를 제외하고, 손해 발생에 대하여 후자에게 책임이 돌아간다. 인도 이전에 생산된 목적물의 과실은 매도인에게 속한다(Art 659)고 규정하였다. 이

---

902 Riasnovsky, *Chinese Civil Law* (1938) p.170; 소련 민법전, 제185조.
903 중화민국 민법전, 제760, 758조; 일본 민법전, 제176, 177조; 소련 민법전, 제185조; 켈리포니아 민법전, 제1794조; 40 Corpus Juris, 1371~2.
904 켈리포니아 민법전, 제1721, 1725, 1725(1)조; 중화민국 민법전, 제345조; 일본 민법전, 제555, 560, 561, 562조; 소련 민법전, 제181조; 40 Corpus Juris, 1372, n.3, 1373, n.12; 이태리 민법전, 제1459, 1481조 이하; 스위스 채무법전, 제184, 192, 195, 196조; 독일 민법전, 제440, 441조; 쿠바 민법전, 제1494조; 필립핀 민법전, 제1494조; 스페인 민법전, 제1494조.

초안은 매매의 목적물의 인도(Delivery)에 대하여 규정하고 있다.[905]

(2) 가격은 고정되어 있어야 하고, 달리 규정하지 않는 한, 그것은 정황에 따라 추단할 수 있으면 고정된 것으로 간주된다. 시장가격이 채택되는 경우는 이행의 시간과 장소에서 같은 가격이어야 한다. 목적물의 무게에 의해 고정된 경우, 포장의 무게는 공제해야 한다. 매수인이 매매에서 자신의 권리에 영향을 미치는 제3자의 청구를 두려워 할 충분한 이유가 있는 경우, 매수인은 매도인이 적절한 담보를 제공할 때까지 가격을 보류할 수 있지만, 후자의 요구에 매수인은 권한있는 당국과 미지급 부분을 예치해야 한다. 가격이 다른 재산으로 지급하는 경우, 그 거래는 교환이 된다. 금전 지급을 하지 않은 이자는 당사자가 정한 다른 일자가 없는 한 인도일로부터 발생한다(Art 660)고 규정하였다. 이 초안은 매매에서 가격(대금, price)에 대하여 규정하고 있다.[906]

(3) 매수인은 합의한 가격을 지급하여야 하고 계약에 따른 목적물의 인도를 수령한다. 수령은 언어 또는 행위 또는 장기간 보존 또는 소유권을 나타내는 다른 행위에 의한 암시로서 표현된다(Art 661)고 규정하였다. 이 초안은 매매에서 대금의 지급과 목적물의 수령에 대하여 규정하고 있다.[907]

(4) 매수인은 권리를 가지고, 그것은 수령하기 전에 목적물을 검사하고 그 내부에 결함이 있는 매도인에게 통지할 자신의 의무이다. 그 결함이 잠재한 경우를 제외하고, 이러한 통보의 지연은 목적물의 수령을 성립시킬 수 있다(Art 662)고 규정하였다. 이 초안은 매수인의 검사(Inspection)에 대하여 규정하고 있다.[908]

(5) 계약을 체결한 비용은 당사자가 동등하게 분담한다. 목적물을 운송을 포함한 인도하기 위한 준비 비용은 매도인에게 속하고, 계약으로 정한 장소 이외의 장소로 보내진 비용과 등기 비용은 매수인이 부담한다. 위험이 인도하기 전에 후자에게 발생한 경

---

[905] 켈리포니아 민법전,제1761, 1796조; 중화민국 민법전, 제348, 374, 376조; 독일 민법전, 제433조, 제447조 제1항, 제447조 제2항, 제446~7조; 40 Corpus Juris, 1378, N.22 Digesta, 1381, n.48 Digesta; 소련 민법전, 제190조; 프랑스 민법전, 제1136~8, 1182, 1563조 이하; 이태리 민법전, 제 1470조; 스위스 채무법전, 제185조.

[906] 아르헨티나 민법전, 제1357조; 브라질 민법전, 제1122조; 쿠바 민법전, 제1445조; 40 Corpus Juris, 1380, n.41; 중화민국 민법전, 제346조 제1항, 제346조 제2항, 제372, 368조; 프랑스 민법전, 제1864, 1652조; 스위스 채무법전, 제211, 214, 221조, 제212조 제2항, 제213조; 독일 민법전, 제453, 452조; 이 법전 제659조 참조; 독일 상법전, 제380조; 이태리 민법전, 제1510조; 일본 민법전, 제576~8조, 제575조 제2항; 켈리포니아 민법전, 제1729조 제2항; 이 법전 제426조 참조.

[907] 켈리포니아 민법전, 제1761~2조, 제1768조; 중화민국 민법전, 제345, 367조; 독일 민법전, 제433조 제2항; 스위스 채무법전, 제211조.

[908] 켈리포니아 민법전, 제1767조; 중화민국 민법전, 제356, 385조; Louisiana, William V. Miller, Vol. 9, pp 129, 134; 스위스 채무법전, 제201조 제1, 2항; 40 Corpus Juris, 1384, n.59.

우 그는 그 사이에 발생한 필요한 지출에 대하여 매도인에게 보상하여야 한다(Art 663)
고 규정하였다. 이 초안은 매매에서 계약비용(Costs of effecting the contract) 등에 대하
여 규정하고 있다.[909]

(6) 법률, 계약 또는 관습에 다른 정함이 없으면 인도와 지급은 동시이행해위이고, 시
기와 장소를 각각 달리 정해진 경우 상대방은 동시에 이행될 수 있는 것으로 추정한다
(Art 664)고 규정하였다. 이 초안은 매매의 이행의 시기(Time)에 대하여 규정하고 있다.[910]

(다) 담보책임(Warranty)

이 초안은 담보책임에 대하여, 적용조건(Subjects, Arts 665~666), 그 실행(Enforcement)
에서 계약해제(Rescission, Arts 667~670), 가액감액(Reduction of price, Art 671), 손해배상
(Damages, Arts 672~673), 특정한 이행(Specific Performance, Arts 674~675)을 각각 규정하
였다.

(1) 매도인은 목적물이 매수인에 대하여 제3자가 할 수 있는 주장에서 자유로울 것을
묵시적으로 보증한다. 목적이 권리 또는 청구인 경우, 매수인이 그 반대를 알지 못하거
나, 매도인이 사기로 그것을 은폐하지 않는 한, 그러나 청구인의 채무자의 지급능력이
없으면, 보증은 그것의 존재와 유효성을 담보한다. 지급능력의 명시적 보증은 계약의
성립시 뿐만 아니라 만기시까지 관련이 있다(Art 665)고 규정하였다. 이 초안은 매도인
의 담보책임의 조건으로서 소유권(Ownership)에 대하여 규정하고 있다.[911]

(2) 매수인이 결함을 알고 또는 과실로 그것을 간과하거나, 매도인이 그것을 은폐하
지 않는 한, 후자는 목적물이, 위험이 통과할 때, 보통의 목적물에 대한 가치 또는 적합
성을 손상하거나 또는 의도되어 나타난 결함으로부터 자유로운 것을 보증한다. 목적물
이 가축인 경우, 보증은 매매 이전에 존재한 후 3일 이내에 나타나는 심각한 결함에 확

---

909 켈리포니아 민법전, 제1763(5)조; 중화민국 민법전, 제378, 375조; 독일 민법전, 제448~450조; 일본 민법전, 제
558조; 스위스 채무법전, 제188~9조.

910 중화민국 민법전, 제369~71조; 프랑스 민법전, 제1650, 1651조; 일본 민법전, 제573, 574조; 소련 민법전, 제
188조; 스위스 채무법전, 제211조.

911 켈리포니아 민법전, 제1733조; 중화민국 민법전, 제349, 350, 351, 355, 362조; 독일 민법전, 제 434~5조, 제
437조 제1항, 제439조 제1항, 제460, 438조; 스위스 채무법전, 제192조 제1항, 제171조 제1항, 제200, 171조;
40 Corpus Juris, 1382 sq; 프랑스 민법전, 제1693~4, 1695조; 일본 민법전, 제572, 570, 569조.

장한다. 매도인을 면책하거나 목적물의 결함에 대한 그의 책임을 제한하는 합의는 그가 그것을 은폐한 경우에 무효이다(Art 666)고 규정하였다. 이 초안은 매도인의 담보책임의 조건으로서 목적물의 품질(Quality)에 대하여 규정하고 있다.[912]

(3) 매수인의 계약해제의 선택은, 그것이 불공평하게 될 경우, 매도인의 보증의 불이행에 대한 가격 또는 손해의 감소를 얻기 위해, 매수인이 적절한 시간 내에 자신의 구제를 할 수 있고, 그렇지 못하면, 해제권을 상실한다(Art 667)고 규정하였다. 이 초안은 매도인의 담보책임의 실행으로서 계약해제(Rescission)를 선택할 수 있음에 대하여 규정하고 있다.[913]

(4) 주목적물의 결함에 대한 해제는 그 종물에 확장되고, 종물만이 결함인 경우, 목적물을 형성하는 수개의 항목의 일부만이 결함이 있는 경우, 해제 또는 가액감액은 그 항목에 제한된다. 그러나 매수인은 그가 분명히 항목의 분리에 의하여 권리가 침해된 경우 계약 전부를 해제할 수 있다. 주목적물이 매수인이 알지 못하는 유치권 또는 기타에 의하여 방해되고 계약목적의 달성이 불가능한 경우, 매수인은, 그러한 방해로 목적물을 상실한 경우와 같이, 또는 그것에 내재하는 잠재적인 결함으로 해제할 수 있다(Art 668)고 규정하였다. 이 초안은 매도인의 담보책임으로서 계약해제의 범위(Scope)에 대하여 규정하고 있다.[914]

(5) 목적물이 종류만으로 지정되고 그 인도된 물건이 결함이 있는 경우, 매수인은 계약을 해제하는 대신에, 매도인이 결함을 면제하는 보증된 다른 것으로 그것을 교환할 수 있다(Art 669)고 규정하였다. 이 초안은 매도인의 담보책임에서 매수인의 대물청구인 교환(Exchange)에 대하여 규정하고 있다.[915]

(6) 매수인이 매도인에게 지급한 계약금은 각 당사자가 이행하기 전에 해제할 수 있는 조건으로 넘겨준 것이다(Art 670)고 규정하였다. 이 초안은 계약금(Earnest money)에 대하여 매도인의 담보책임의 실행에서 규정하고 있다.[916]

---

912 켈리포니아 민법전, 제1735조; 중화민국 민법전, 제354, 355, 366조; 독일 민법전, 제459, 481~6조; 일본 민법전, 제566, 570, 572조; 소련 민법전, 제195, 196, 202조; 40 Corpus Juris, 1385, n.59. n.61; 스위스 채무법전, 제199조.

913 켈리포니아 민법전, 제1785, 1789, 1789(2)조; 중화민국 민법전, 제353, 359조 후단, 제360, 361조; 독일 민법전, 제462~467, 463, 466조; 일본 민법전, 제566, 563조; 40 Corpus Juris, 1386, n.166.

914 중화민국 민법전, 제363조; 독일 민법전, 제469, 471, 434, 439~1, 477, 459~93조; 스위스 채무법전, 제209조 제2항, 제195~6, 197~210조; 프랑스 민법전, 제1636, 1625, 1642~8조; 일본 민법전, 제566, 567, 570조; 일본 상법전, 제526조.

915 중화민국 민법전, 제354조; 독일 민법전, 제480조 제1항, 제491~2조; 스위스 채무법전, 제206조 제 1항.

916 독일 민법전, 제336~8조; 일본 민법전, 제577조; 스위스 채무법전, 제158조; 중화민국 민법전, 제 248, 249조.

(7) 해제에 대한 대안은 구입가격을 감액하는 소송이고, 후자가 명백히 부당한 경우에 해제로 대체되어야 한다. 이러한 감액은 주물의 저하된 가액이 필요한 가액으로 되는 원가액에 비례하게 된다. 주물의 여러 항목 가운데 한 개의 가액이 감액되는 경우 계산의 기초를 형성하는 모든 것의 평균가액이 감액된다. 매수인의 실행이 지급액을 초과한 경우에는 그 초과한 가액은 매입가액에 포함되어야 한다. 가액의 감액이나 해제는, 주물이 지정한 양과 다른 것을 발견하고 그가 그것을 모른 경우에 또한 매수인에게도 가능하여야 한다(Art 671)고 규정하였다. 이 초안은 매도인의 담보책임으로서 가액감액(Reduction of price)에 대하여 규정하고 있다.[917]

(8) 손해만 또는 가격 감액과 함께 한 소송은 해제하는 소송으로 대체할 수 있고, 계약 목적을 아직 달성할 수 있는 경우, 이러한 소송은, 목적물이 매수인이 알지 못하는 유치권 또는 기타에 의하여 방해되면, 유일한 구제방법이다(Art 672)고 규정하였다. 이 초안은 가액 감액 또는 손해에 대한 소송(An action)에 대하여 규정하고 있다.[918]

(9) 매매계약에서 보증의 위반에 대한 손해의 측정은 그 위반에서 통상적으로 발생하는 직접적인 손해이다(Art 673)고 규정하였다. 이 초안은 담보책임에서 손해의 측정(The measure of damages)에 대하여 규정하고 있다.[919]

(10) 목적물의 인도에서 매도인의 해태에 대하여, 매수인은 손해와 함께 또는 손해배상 없이 계약의 강제집행을 청구할 수 있다(Art 674)고 규정하였다. 이 초안은 매도인의 목적물의 인도를 게을리 한 경우에 대하여 규정하고 있다.[920]

(11) 매수인이 목적물의 하자를 주장하고 입증하지 못하면, 그것은 아무 것도 없는 것으로 추정된다. 경우에 따라 그는 그것을 보존하여야 하거나 부패하기 쉬운 경우 그것을 매각하고 즉시 매수인에게 통지하거나 손해발생에 대한 책임을 부담하여야 한다(Art 675)고 규정하였다. 이 초안은 승낙 중의 처분(Disposition Pending Acceptance)에 대

---

917 아르헨티나 민법전, 제2206조; 중화민국 민법전, 제359, 259조; 독일 민법전, 제472, 473, 377, 378조, 제472조 제1항, 제2항, 제473조; 일본 민법전, 제563조; 스위스 채무법전, 제196조; 40 Corpus Juris, 1387, n.82 (known as Actio Quanti Minoris); 프랑스 민법전, 제1541조 이하; 일본 상법전, 제626조.

918 켈리포니아 민법전, 제1789(b)(c)조; 중화민국 민법전, 제227, 228조; 독일 민법전, 제255조; Schuster, Principle of German Civil Law (1907) p.175; 일본 민법전, 제563, 566, 567조; 소련 민법전, 제198(3)조, 제117조, 제200조 제2항 참조; 스위스 채무법전, 제97조.

919 켈리포니아 민법전, 제1789(6)조; 독일 민법전, 제252조.

920 켈리포니아 민법전, 제1788조; 중화민국 민법전, 제227조; 독일 민법전, 제249조; Schuster, Principles of German Civil Law (1907) p.184, 167; 스위스 채무법전, 제97조.

하여 규정하고 있다.[921]

(라) 특수한 매매(Special Kinds)

(1) 견본이나 표시에 의한 판매는 목적물이 모두에 해당되는 것을 보증함을 의미한다(Art 676)고 규정하였다. 이 초안은 견본 또는 표시에 의한 매매(Sale by Sample or Description)에 대하여 규정하고 있다.[922]

(2) 분할에 의한 지급은, 어떤 경우, 침해에 대한 손해와 목적물의 임대가액과 동일한 금액 이상을 유지할, 해제에 따라, 매도인에게 자격이 부여되지 않는다. 매수인은 자신의 이 같은 총액에 대한 책임을 시행할 수 있다고 한 조항 이전에, 전체 가격의 5분의 1과 같게, 적어도 두 개의 결합된 분할에 대하여 불이행이 있어야 한다(Art 677)고 규정하였다. 이 초안은 할부불 지급(Payment by installment)에 대하여 규정하고 있다.[923]

(3) 승인은 승인에 의한 판매(승인권부 매매)에 매수인의 책임에 대한 선행조건이다. 그는 구매하기 전에 목적물을 검사할 권리가 있다. 인도 전 합의 또는 합리적인 기간 이내에 승인 표시에 실패는 거절을 구성한다. 동일한 결과는 지급 또는 검사에 필요하지 않은 기타 행위를 따른다(Art 678)고 규정하였다. 이 초안은 승인권부 매매(approval sale; a sale on approval)에 대하여 규정하고 있다.[924]

(4) 청약되는 각각 단위는 별개의 거래이다. 각각은 망치를 치거나 또는 다른 관행적인 방식으로 완성된다. 이러한 완성할 때까지, 모든 입찰은 철회될 수 있으며, 경매인이, 예약 없이 경매를 발표하지 않는 한, 판매에서 상품을 철회할 수 있다. 통지가 공개적으로 발표되지 않는 한, 매도인, 경매인, 또는 그들의 고용된 자는 경매에 입찰하지 않을 수 있다. 입찰은 높은 것이 이뤄지거나 철회한 때에 무효가 된다. 지급은 매매가 완성됨에 따라 발표로 지정된 시기에 입찰자는 현금으로 하여야 한다. 그는 이러한 지불을 하지 않을 경우, 경매인은 철회하고 그 목적물을 경매에 재매각하고, 그 진행이 가격과 비용보다 작은 경우, 최초의 원래 입찰자가 결손에 대한 책임을 진다. 경매에서 성공한 입

---

921 중화민국 민법전, 제358조; 프랑스 민법전, 제1614조; 독일 민법전, 제373~4조; 일본 상법전, 제524조.
922 켈리포니아 민법전, 제1734, 1736(2), 1736조; 중화민국 민법전, 제388조; 독일 민법전, 제494조; Schuster, Principles of German Civil Law (1907) p.224, 196; 소련 민법전, 제201조.
923 중화민국 민법전, 제390, 389조; 스위스 민법전, 제713조; 스위스 채무법전, 제226조.
924 켈리포니아 민법전, 제1729조, 규칙 제3(2)(b)조; 중화민국 민법전, 제384, 385, 386조, 제387조 제1항, 제2항; 프랑스 민법전, 제1588조; 독일 민법전, 제495조 제1, 2항, 제496조; 스위스 채무법전, 제224, 225조.

찰자는 채권자로부터 회복할 원매수인과 동일한 구제를 호소할 수 있다. 채무자가 지급불능인 경우 매매과정에서 그들이 입은 목적물의 결함에 대한 손해를 전자가 다른 당사자로부터 받을 수 있다(Art 679)고 규정하였다. 이 초안은 공(경)매(Public Auction Sales)에 대하여 규정하고 있다.[925]

자) 임대차(Lease (Locatio et Conductio Bei))

이 초안은 임대차에 관하여, 일반규정(General Provisions, Arts 680~682), 당사자(Parties, Arts 683~687) 및 종료와 보상(termination and reparation, Arts 688~695)을 각각 규정하였다.

(가) 일반규정(General Provisions)

(1) 임대차는 한 당사자(임대인)가 상대방(임차인)에게 재산에 대한 권리를 양여 하고, 금전 또는 과실의 지분으로, 정기적인 임료를 받는 계약이다. 부동산의 등기된 임대차는 그에 대한 이후의 부동산 권리에 우선한다(Art 680)고 규정하였다. 이 초안은 임대차의 정의(Defined)에 대하여 규정하고 있다.[926]

(2) 목적물이 부동산이고 그 기간이 1년을 초과하는 경우에는 서면으로 하지 않는 한 무기한으로 추정된다(Art 681)고 규정하였다. 이 초안은 임대차의 형식(Form)에 대하여 규정하고 있다.[927]

(3) 임대차의 기간은 20년을 초과할 수 없지만, 동일한 기간 동안으로 갱신될 수 있다. 그리고 임대인에 의한 소유권의 양도 또는 임차인에 의한 전대에도 불구하고 지속한다. 원상회복 또는 갱신은, 무기한 동안 임차인이 점유를 계속하고 임대인이 즉시 거절하지 못하는 경우에 발생한다(Art 682)고 규정하였다. 이 초안은 임대차의 기간(Term)

---

925 켈리포니아 민법전, 제1741(1), 1741(2), 1741(3), 1741(4)조; 중화민국 민법전, 제391, 394, 392, 395, 396, 397, 353조; 독일 민법전, 제156, 456, 457조, 제458조 제1, 2항, 제440조; 스위스 채무법전, 제229조 제1, 2항, 제231조 제2항, 제233조 제1, 2항; 소련 민법전, 제204조 참조; 일본 민사소송법전, 제655, 656, 577조 제3항, 제688조; 일본 경매법, 제1, 32조. .

926 켈리포니아 민법전, 제1925~6조; 중화민국 민법전, 제421조; 프랑스 민법전, 제1711조; 독일 민법전, 제581조; 소련 민법전, 제152, 153조; 스위스 채무법전, 제275조 제2항; 40 Corpus Juris, 1390, n.5; Korea Supreme Court Judicial Review, Vol. 20, No. 5 Yoshikawa, "Kauf bricht Miete" 참조.

927 켈리포니아 민법전, 제1091, 1624조; 중화민국 민법전, 제422조; 독일 민법전, 제566조; 루이지애나 민법전, 제2683조; 연방법률, 제50, 60, 105, 950조; 소련 민법전, 제154조.

에 대하여 규정하고 있다.[928]

(나) 당사자(Parties)

(1) 임대인은 합의한 용도에 적합한 조건으로 재산을 인도하고 유지하여야 한다. 임차인에게 그가 필요한 수리 및 기타 유익한 목적을 위하여 지출한 모든 비용을 상환하고, 익지 않아서 수확하지 않은 과실에 대하여 반환하고 모든 세금 및 유사한 부담을 지급하여야 한다(Art 683)고 규정하였다. 이 초안은 임대인(The lessor)의 의무에 대하여 규정하고 있다.[929]

(2) 계약이나 관습에 다른 규정이 없으면, 임대인은 임대차기간 목적물의 필요한 모든 수선을 하여야 하고 임차인은 그에 방해하지 못한다. 이러한 수선은 임대인이 할 수 없는 경우 임차인은 그에게 적당한 통지를 한 후 자신이 수선을 하고 임차인이 상환 받지 못하면 차임에서 그 비용을 공제한다(Art 684)고 규정하였다. 이 초안은 임대차 목적물의 수선(Repairs)에 대하여 규정하고 있다.[930]

(3) 부동산의 임대인은, 그것에 부착한 (실행에서 이러한 면제는 제외) 임차인의 동산에 따라 유치권을 가지고, 그들에게 미납한 차임 및 그 작업으로 인한 손해에 적용할 수 있다. 앞의 것에서 그들의 제거를 방지하고 임차인이 행방불명인 경우 그것들을 압류할 수 있다. 또는 그것들이 자신의 반대를 하였음에도 또는 자신도 모르게 이동된 경우 그는 임대차를 종료시킬 수 있다. 그러나 임차인은 충분한 차임을 지급하고 떠나거나 이러한 제거가 업무 또는 생활의 통상적 과정인 경우에 이러한 동산의 부분을 제거할 수 있다. 그리고 유치권을 전부 해제하거나 재 해제된 재산의 가치의 범위까지 한도로 하여 담보를 제공함으로써 해제할 수 있다(Art 685)고 규정하였다. 이 초안은 임대인의 유치권(Lessor's Lien)에 대하여 규정하고 있다.[931]

---

928 중화민국 민법전, 제449, 425, 444, 451조; 독일 민법전, 제567조, 제571조 제1항, 제549조 제2항, 제556조 제2항; 제581조 제2항, 제568조; 이태리 민법전, 제1571조; 일본 민법전, 제604, 605, 613, 619조; 40 Corpus Juris, 1391, n.13, 1391, n.19; 일본 차가법, 제1조; 소련 민법전, 제154 168, 169조; 스위스 채무법전, 제268조.

929 켈리포니아 민법전, 제1941, 1933조; 중화민국 민법전, 제423, 432, 431, 461, 427조, 제450조 제 1, 2항; 독일 민법전, 제536조, 제581조 제2항, 제547, 592, 546조, 제564조 제1, 2항, 제565조; 일본 민법전, 제606조, 제608조 제2항, 제616조, 제617조 제1항; 소련 민법전, 제157, 178, 163조; 스위스 채무법전, 제254조 제1항, 제271, 298조; 일본 차가법, 제3, 4조.

930 켈리포니아 민법전, 제1941, 1942조; 중화민국 민법전, 제429, 430조, 제437조 제2항; 독일 민법전, 제536조, 제581조 제2항, 제582, 586조, 제538조 제2항; 일본 민법전, 제606, 615조; 소련 민법전, 제161조.

931 중화민국 민법전, 제445조, 제447조 제1, 2항, 제446조 제2항, 제448조; 독일 민법전, 제559, 585, 560, 561조;

(4) 임차인은 합의한 시기 또는 그러한 합의가 없는 경우 관습에 따라서 그리고 임대차가 종료된 경우에 차임을 지급하여야 한다. 그는 자신의 행위에 따른 조건 등의 의무가 면제되지 않는다. 지급을 이행하지 않은 경우, 임대인은, 그 목적물이 종료가 적어도 2기에 불이행까지 영향을 받지 않는 경우인 주거용이 아닌 한, 합리적으로 정해진 기간 이내에 지급할 것을 통지하고 그가 이행하지 않으면 임대차를 종료한다. 목적물이 부동산이면, 각 당사자는, 임대차가 정해진 기간 동안이 아닌 한, 가격의 변동에 대한 차임의 조정을 신청할 수 있다. 차임이 기간에 따라 지급될 수 있는 경우 그것은 각 기간의 만료 시에 지급되어야 한다. 과실이 목적물에서 수취할 수 있는 경우 지급은 추수계절의 종기까지 하여야 한다. 목적물이 임대차기간에, 임차인의 과실없이, 훼손된 경우 그는 차임의 비례적 감액을 할 권리가 있다(Art 686)고 규정하였다. 이 초안은 임차인(The les-see)의 의무에 대하여 규정하고 있다.[932]

(5) 임차인은 목적물에 선량한 관리자의 주의로 행사하여야 한다. 임차인은 그의 또는 그와 함께 생활하는 계약으로 허용한 사람의 부주의로 야기된 화재 또는 기타 손해에 대하여 책임을 부담하여야 한다. 그는 합의한 방식으로 오직 목적물을 사용할 수 있고, 합의가 없는 경우 그 성질에 합치되도록 사용하여야 한다. 그것이 생산적인 것인 경우 그는 그것으로 생산하여야 하고, 그것이 동물이면 그는 필요한 사료를 제공하고 인도적으로 취급하여야 한다. 그는 후자의 동의 없이 목적물을 전대하지 못한다. 주거용이고 그것을 그는 부분적으로 전대할 수 없는 한, 그가 전대하는 경우 전차인에 의한 과실 손해에 대하여 책임이 있다. 그럼에도 불구하고 전차인은 임차인에 대한 후자의 권리를 손상하지 않고 임대인에게 직접 채무를 부담한다(Art 687)고 규정하였다. 이 초안은 목적물에 대한 주의(Care of subject matter)에 대하여 규정하고 있다.[933]

일본 민법전, 제311~5, 301조.

932 중화민국 민법전, 제439, 441조, 제440조 제1항, 제442, 439, 435조; 독일 민법전, 제535, 551, 584조, 제549조 제2항, 제552, 326, 360조, 제535조 제2항; 일본 민법전, 제614, 541, 611조; 소련 민법전, 제165, 167조; 스위스 채무법전, 제262조, 제257조 제1항, 제107, 108, 265조; 일본 차가법, 제7조; 일본 차지법, 제12조.

933 켈리포니아 민법전, 제1928, 1887조; 중화민국 민법전, 제432, 434, 433, 438, 428조, 제443조 제1항, 제444조 제2항; 프랑스 민법전, 제1717조; 독일 민법전, 제276, 277조, 제549조 제2항, 제550조, 제547조 제1항, 제549조, 제549조 제2항, 제556조 제2항, 제581조 제2항; 일본 민법전, 제400조, 제594조 제1항, 제616, 613조; 일본 차지법, 제13, 14조; 스위스 채무법전, 제283조 제1항, 제264, 289조; 이태리 민법전, 제1574조.

(다) 종료와 보상(Termination and Reparation)

(1) 기간이 확정된 경우 그 임대차는 그것의 만료에 종료한다. 이러한 기간이 없는 경우 임차인에게 권한을 제한하는 관습이 없는 한 각 당사자는 임의로 그것을 종료할 수 있다. 이러한 종료는 손해에 대한 청구를 침해하지 못한다(Art 688)고 규정하였다. 이 초안은 기간이 정하여진 경우(the term is fixed)에 대하여 규정하고 있다.[934]

(2) 임대인은, ① 전조에서 규정한 차임의 비 지급, ② 동의 없는 전대, ③ 임차인의 판정을 받은 파산, 또는 ④ 목적물의 필요한 주의를 기울이지 않음, 또는 ⑤ 지금까지 자신을 위한 농장 토지인 경우, 그러나 이러한 임대차의 종료는 수확 계절 후 새로운 심기 이전에 적용된다, 에 그 임대차를 종료할 수 있다(Art 689)고 규정하였다. 이 초안은 이 조문에서 열거한 사유(①~⑤)를 임대차에서 임대인의 종료사유로 규정하고 있다.[935]

(3) 임차인은, ① 요구사항을 준수하는 것에 임대인의 실패, ② 주거의 경우 임차인의 건강이나 그와 함께 사는 사람들을 위험하게 하는 목적물의 결함, ③ 임대보다 문제가 보다 작은 목적물에서 수신할 수 있는 2년 연속으로 그 원인이 된 불가항력, ④ 자신의 상속자로부터 종료의 통보에 따르는 임차인의 죽음, ⑤ 임대인의 사용과 목적물의 즐거움을 방해하는 제3자의 주장, ⑥ 임대인의 행위 또는 임차인의 과실 없이 어떤 원인으로 목적물의 일부 훼손과 임대차의 목적의 성취를 방해하는 것에 대하여 임대차를 종료한다(Art 690)고 규정하였다. 이 초안은 임대차에 대하여 임차인의 종료사유로서 이 조문이 열거한 사유(①~⑥)를 들어 규정하고 있다.[936]

(4) 해지의 통지는 관습에 따라서 제공되어야 한다. 부동산의 차임을 정기적으로 지급하는 경우, 종료는 기간 말에 발생하고 통지는 사전에 전체 기간의 길이로 부여해야 한다(Art 691)고 규정하였다. 이 초안은 해지의 통지(Notice of Termination)에 대하여 규정하고 있다.[937]

(5) 생산적 정상 상태로 목적물의 반환은 임대차의 만료시에 임차인에게 요구된다.

---

934 켈리포니아 민법전, 제1933조; 중화민국 민법전, 제450조 제1, 2항; 독일 민법전, 제564조 제1, 2항, 제565, 555조, 제581조 제2항; 일본 민법전, 제617조 제1항, 제620조; 일본 차가법, 제3, 4조; 이태리 민법전, 제1611조; 스위스 채무법전, 제267조; Schuster, Principles of Germany Civil Law, pp.248, 250.

935 이 법전 제686조 제3, 4항, 제687조; 소련 민법전, 제171(d),(h)조; 중화민국 민법전, 제442, 459, 432, 458, 460조; 일본 민법전, 제612, 621조, 제617조 제2항; 스위스 채무법전, 제289, 295조; 프랑스 민법전, 제1741조; 켈리포니아 민법전e, 제1931조; 40 Corpus Juris, 1390 n.5a.

936 40 Corpus Juris, 1394, n.37; 켈리포니아 민법전, 제1931(1), 1932(2), 1934조; 독일 민법전, 제 553, 544, 669조; 소련 민법전, 제171(a)(b)조; 중화민국 민법전, 제424, 452, 436, 425조; 스위스 채무법전, 제254조 제3항, 제291, 270조; 일본 민법전, 제609, 610, 607, 611조.

937 중화민국 민법전, 제450조 제1항, 제453조; 독일 민법전, 제564조 제2항; 일본 민법전, 제617, 618조.

그러나 그는 그것이 지장이 되지 않는 경우 목적물에 부착하였던 모든 부속물을 제거할 수 있다(Art 692)고 규정하였다. 이 초안은 임대차의 해지에서 목적물의 반환(Return of subject matter)에 대하여 규정하고 있다.[938]

(6) 임차인의 사망의 통지에 의하여 합의에 의한 종료 후에 수집된 차임의 환불은, 임대인뿐만 아니라 목적물의 가액을 제고하는 유익한 지출로 또한 요구되고, 임대인에게 요구된다(Art 693)고 규정하였다. 이 초안은 차임의 환급(Refunds of rentals)에 대하여 규정하고 있다.[939]

(7) 농지임차인은 목적물의 불가항력으로 과실이 감소 또는 전체 실패하고 이러한 권한은 사전에 포기할 수 없는 경우에 차임의 감소 또는 취소할 권한이 있다(Art 694)고 규정하였다. 이 초안은 농지임차인(Farmland lessee)의 특례에 대하여 규정하고 있다.[940]

(8) 농지와 함께 임대차된 농기구, 가축과 기타 부속물은, 임대차가 서명되면 각 당사자에게 사본이 주어진 때에, 그들의 가치에서 중복으로 조사되고 세목화 된다. 이러한 부속물의 하나가 임차인의 과실로 상실된 경우 그는 대체물을 공급하여야 한다. 임차인은 그가 수령하였거나 통상 소모로 허용한 후 조사가액에서 망실된 것에 대하여 임차인에게 상환한 것을 임대차의 만료시에 반환하여야 한다. 어느 것이 그의 과실 없이 상실된 경우 임대인은 그것들을 제공하여야 한다(Art 695)고 규정하였다. 이 초안은 농기구 등(Farm implements)이 농지와 함께 임대차한 경우에 대하여 규정하고 있다.[941]

차) 고용과 용역(Employment and Service)

이 초안은 고용과 용역에 관하여, 노동법(Labor Law)에 관한 규정으로, 계약(Contract, Arts 696~704), 당사자(Parties, Arts 705~784), 종료(Termination, Arts 785~793), 행정(Administration, 794~796)을 각각 규정하였다. 당사자(Parties)에 대하여, 일반규정(In general, Arts 705~706), 피용자(Employee, Arts 707~776), 견습생(Apprentices, Arts 777~779) 및 사

---

938 캘리포니아 민법전, 제1968조; 중화민국 민법전, 제455조, 제421조 제2항; 소련 민법전, 제174, 175조; 독일 민법전, 제547조 제2항; 일본 민법전, 제598, 616조.

939 중화민국 민법전, 제454조, 제431조 제1항; 독일 민법전, 제543조 제2항, 제555조, 제547조 제2항; 일본 민법전, 제608조 제2항; 소련 민법전, 제178조.

940 중화민국 민법전, 제457조; 프랑스 민법전, 제1769~1775조; 독일 민법전, 제537, 552조, 제581조 제2항; 일본 민법전, 제609조; 스위스 채무법전, 제287조.

941 중화민국 민법전, 제452조 제1, 2항, 제463조, 제462조 제2항; 독일 민법전, 제586조 제1항, 제587, 588조; 스위스 채무법전, 제299조.

용자(Employers, Arts 780~784)를 각각 규정하였다.

(가) 계약(Contract)

이 초안은 계약(Contract)에 대하여, 일반규정(In General, Arts 695~700) 및 단체협약(Collective agreement, Arts 701~704)을 각각 규정하였다.

(1) 한 당사자, 사용자가 다른 사람, 피용자를 임금을 조건으로 한 약인(consideration)으로 어떤 형태의 역무를 제공하는 결합이다. 계약뿐만 아니라 보상권도 상대방의 동의 없이 각 당사자에 의하여 할당되지 않는다(Art 696)고 규정하였다. 이 초안은 고용계약의 본질(Nature)에 대하여 규정하고 있다.[942]

(2) 보상권의 압류는 금지되고, 그 절차에 따라 세금을 과세하거나 그와 함께 연결된 서류에 인지세를 부과하거나 인구조사의 등록 또는 인증서에 부과할 수 없다(Art 697)고 규정하였다. 이 초안은 보상권의 압류(Attachment of compensation right) 등에 대하여 규정하고 있다.[943]

(3) 계약은 임금, 근로시간 및 기타 근로조건, 그리고 그들이 여기에 규정하는 것보다 열등한 경우 후자가 우선한다(Art 698)고 규정하였다. 이 초안은 고용계약의 필수요건(Requisites)에 대하여 규정하고 있다.[944]

(4) 이 계약은, 농업, 가사 또는 계절적 고용에 적용할 수 없다. 또는 그것은 사용자의 생업 또는 선원에 임시노동자 또는 부수적인 것을 제외한다(Art 699)고 규정하였다. 이 초안은 고용계약의 적용 제외(Inapplicability)에 대하여 규정하고 있다.[945]

(5) 계약은 5년 이상이 될 수 없다. 피용자가 만 18세 미만인 경우 6월 이상으로 할 수 없다. 기간이 정해지지 않은 경우 관습이 우선한다. 완성하는 데 정해진 기간이 필요

---

[942] 켈리포니아 민법전, (19030) 제487조; 중화민국 민법전, 제482, 484조; 독일 민법전, 제611조; 일본 민법전, 제623조; 루이지애나 민법전, (1945), 제163조; 소련 노동법전, (1922, 10, 20 Recueil des Lois, 1922, No. 70, Art 903 by Patouilet's translation) 제 27, 30, 33 (1925-1935), 32조; 일리노이스 근로자보상법, 제21조; 일본 근로자산재보상보험법 (1947.4.5. 일본 법률 제50호), 제21조; 일본 근로기준법, 제83조 제2항.

[943] 일리노이스 근로자보상법, Sec 21; 일본 근로자산재보상보험법, 제21, 22, 44, 45조; 일본 근로기준법, 제83조 제2항, 제111조; 일본 노동조합법 (1947. 일본 법률, 제49호), 제18조; 미조리 근로자보상법, (법률안), 제16조; 미조리 근로자보상법, 제3711조; 북한 사회보험법, 제34조; 미국 고용인보상보험법, 제44조; 일본 인구조사등록법, 제14조.

[944] 일본 근로기준법, 제13조, 제15조 제1, 2항, 제93조; 일본 노동조합법, 제22조.

[945] 한국 명령 제121호, 제111(b), VII(d)조; 뉴저지 근로자보상법, 제92, 92~1, 36조; 일본 근로기준법, 제8, 116조.

한 계약은 합의에 의하여 1년을 넘지 않게 연장할 수 있다(Art 700)고 규정하였다. 이 초안은 고용계약의 계약기간(Duration)에 대하여 규정하고 있다.[946]

(6) 근로자가 노동조합 또는 이와 유사한 조직의 구성원이고, 정식으로 그를 대표할 권한이 인정된 경우, 이러한 계약은 집단적 서면의 형태로 할 수 있다. 한편으로 사용자 또는 등기된 사용자 조직과 한편으로 등록된 근로자 조직과 다른 한편으로 등록된 근로자 조직 사이에 계약이다. 고용과 관련 없는 조건들은 이들 규정을 목적으로 하지 않고, 각 교섭집단의 개별 구성원에게만 적용되는 합의에 어느 조건을 삽입할 수 없다. 단체교섭의 각 당사자는 그 조건들을 노동부에 통보하여야 한다(Art 701)고 규정하였다. 이 초안은 단체협약(Collective Agreements)의 정의(Defined)에 대하여 규정하고 있다.[947]

(7) 단체협약은 확정 또는 무기한 또는 특정사업을 완료하기 위하여 필요한 기간으로 할 수 있다. 무기한으로 한 경우 각 당사자는 그 협약이 종료된 일자로부터 1년 후, 상대방에게 3월의 서면 통지를 할 수 있다. 확정된 기간은 3년을 넘지 못한다. 경제상황의 급격한 변화는 단체협약의 개정 또는 종료하는 것을 노동부에 정당화 할 수 있다. 단체협약이 만료되고 다른 협약이 아직 형성되지 않은 경우, 당사자 일방 또는 쌍방이 거절의 통지를 하지 않는 한, 원래의 조건은 효력을 지속한다(Art 702)고 규정하였다. 이 초안은 단체협약의 기간(Duration)에 대하여 규정하고 있다.[948]

(8) 동종의 업무에 정기적으로 종사하는 근로자의 4분의 3 이상이 단체협약의 적용을 받는 경우, 그것은 다른 사람들에게 적용하는 것으로 간주된다(Art 703)고 규정하였다. 이 초안은 단체협약의 적용(Applicability)에 대하여 규정하고 있다.[949]

(9) 단체협약의 위반은, ① 위반한 조직에 부과한 2만 엔 또는 위반한 근로자에 따라 2천 엔을 초과하지 않는 벌금, ② 이러한 당사자에 대하여 손해에 대한 민사소송, 또는 ③ 가장 심각한 경우에 조직 등록의 정지 또는 취소에 의하여 강제된다(Art 704)고 규정하였다. 이 초안은 단체협약의 위반에 대한 강제(Enforcement)에 대하여 규정하고 있다.[950]

---

946 코스타 리카 민법전, 제1169조; 독일 민법전, 제624, 625조; 일본 민법전, 제626조, 제629조 제1항; 중화민국 민법전, 제488조; 루이지애나 민법전, 제167, 168조; 스위스 채무법전, 제247조; 소련 노동법전, 제34, 35조; 한국 명령 제112호, 제10조.

947 중화민국 단체협약법, 제1, 2, 6, 7조; 일본 노동관계조정법, 제4조; 일본 근로기준법, 제2조; 일본 노동조합법, 제19조 제1, 2항, 제22조; 소련 민법전, 제136조, 제29조 참조; 소련 노동법전, 제15, 21, 22, 24조; 미국 노동경영관계법, 제7, 8a(3)조.

948 중화민국 단체협약법, 제23, 24, 27, 25, 28, 17조; 소련 노동법전, 제18, 4, 19, 21, 28, 52조; 일본 노동조합법, 제20조, 제24조 제2항, 제29조.

949 일본 노동조합법, 제23조; 소련 노동 법전, 제16, 17, 25, 26조.

(나) 당사자(Parties)

이 초안은 당사자에 대하여, 일반규정(In General, Arts 705~706), 근로자(피용자, Employes, Arts 707~779) 및 사용자(Employers, Arts 780~784)를 각각 규정하였다. 근로자(피용자)에 대하여, 일반규정(In General, Arts 707~708)과 특전 및 급여(Privileges and bene-fits, Arts 709~779)를 각각 규정하였다. 특전 및 급여에 대하여, 선취특권(Liens / preferential rights, Art 709~710), 조직(Organization, Arts 711~728), 임금(Wages, Arts 729~736), 안전과 위생시설(Safety and sanitation, Art 737~744), 근로와 휴식시간(Working and rest hours, Arts 745~751), 교육과 소양(Education and recreation, Arts 752~753), 재해보상(Compensation for injuries, Arts 754~776) 및 견습생(Apprentices, Arts 777~779)을 각각 규정하였다.

(1) 미성년자의 부모 또는 후견인은 후자에 대한 근로계약을 체결할 수 없다(Art 705)고 규정하였다. 이 초안은 당사자에 대한 일반규정으로서 미성년자의 부모 또는 후견인이 미성년자에 대한 근로계약을 체결할 수 없음을 명시하고 있다.[951]

(2) 단체협약을 형성한 때 또는 그 후 각 교섭단체의 개별 구성원은, 반대의 규정이 없는 경우, 이러한 계약에 당사자로 간주된다(Art 706)고 규정하였다. 이 초안은 단체협약에서 각 교섭단체의 개별 구성원이 그 협약의 당사자로 간주된다는 것을 규정하고 있다.[952]

(3) 이하 정의로 여기에서 사용된 피용자(근로자)는 사용자의 사업에서 모든 연령의 모든 임금 소득자를 포함한다(Art 707)고 규정하였다. 이 초안은 이 법에서 정의로 사용될 피용자(근로자)의 정의를 규정하고 있다.[953]

(4) 피용자는 그의 사용자의 모든 합리적이고 합법적인 명령을 준수하여야 한다. 그가 종사하는 역무의 모든 용도에 적합하고, 그가 소유하는 기술을 사용하고, 사용자의 기업우선권이 자신을 지배하며 사용자의 요청에 따라 그의 역무는 계산될 뿐이다(Art 708)고 규정하였다. 이 초안은 피용자의 의무(Duties)에 대하여 규정하고 있다.[954]

---

950 일본 노동조합법, 제21, 37조; 중화민국 단체협약법, 제19~22조.
951 일본 근로기준법, 제58조 제1항; 루이지애나 민법전, 제1854조; 소련 민법전, 제7조; 소련 노동법전, 제31조.
952 중화민국 단체협약법, 제14조.
953 Jenks' Digest of English Civil Law, Sec 926; 한국 명령 제121호, 제7(f), 4조; 위스콘신 근로자보상법(1945), 제102.07조.
954 켈리포니아 민법전, 제1981~8조; 일본 근로기준법, 제44조; 일본 노동조합법, 제21조.

(5) 농업 또는 산업의 피용자(근로자)는 지난 전년도 또는 최근 이전 6개월 동안의 농산물에 따라 자신의 노동의 산업 제품에 대하여 선취특권(우선적)이 있다. 그리고 부상에 대한 보상을 받을 자격이 있는 사람은 사용자의 자산에 따라 그에 대하여 선취특권이 있고 파산 및 회사정리 절차에 따라 배분에 우선순위를 가진다(Art 709)고 규정하였다. 이 초안은 근로자의 우선특권에 대하여 규정하고 있다.[955]

(6) 부동산에 구조를 건립하기 위한 또는 그것의 수리를 위한 계약에서, 이들 건축자는 그의 보수에 대하여 선취특권(유치권)을 갖는다(Art 710)고 규정하였다. 이 초안은 건축자의 보수에 대한 우선특권(유치권)에 대하여 규정하고 있다.[956]

(7) 근로자는 형성, 가입, 또는 노동조합을 지원하고, 그들이 선출한 대표를 통하여 단체적으로 교섭하기 위하여, 공제 또는 보호를 위한 다른 공동 활동에 참여하기 위하여, 자조권을 가진다(Art 711)고 규정하였다. 이 초안은 근로자의 권리(Rights)에 대하여 규정하고 있다.[957]

(8) 노동조합은 동일한 교역 또는 산업의 근로자로 구성된 법인이다. 그 공인된 목적은 근로조건을 개선하고 회원의 복지를 증진하여 그 이익을 협동 사회로서 기능하게 하지만 이익을 만드는 기업에 참여하지 않을 수 있다(Art 712)고 규정하였다. 이 초안은 노동조합의 의미 및 목적에 대하여 규정하고 있다.[958]

(9) 조합원은 만 16세 이상 모든 근로자에게 개방되고, 노동조합은 자격을 갖춘 신청자를 제외할 수 없을 뿐만 아니라 그렇게 규정되는 것을 허용하지 않는다. 그러나 이러한 근로자는 하나 이상 노동조합에 가입하지 않을 수 있다(Art 713)고 규정하였다. 이 초안은 조합원(Membership)에 대하여 규정하고 있다.[959]

(10) 어느 조합원이나 그 조항에서 요구하는 등의 통보에 따라 언제든지 노동조합에서 탈퇴할 수 있다. 그러나 조합은 조합원의 3분의 2 이상의 찬성에 의한 경우를 제외하고 충분한 이유 없이 조합원을 추방할 수 없다(Art 714)고 규정하였다. 이 초안은 조합원의 탈퇴 또는 제명(Separation)에 대하여 규정하고 있다.[960]

---

[955] Schuster, Principles of German Civil Law, Sec 174; 일본 민법전, 제311, 324조; 미시피시 근로자보상법 (안), 제17조; 미국 기술선취특권, 40 Corpus Juris, 24.

[956] 중화민국 민법전, 제513조; 일본 민법전, 제325, 327조; 일본 근로기준법, 제87조.

[957] 일본 노동조합법, 제1, 10조; 미국 노동경영관계법, 제7조.

[958] 중화민국 노동조합법, 제10조 제1, 2항, 제15(13)조; 일본 노동조합법, 제17조; 소련 노동법전, 제 151~67, 33조; 중화민국 노동조합법 시행령, 제20조.

[959] 중화민국 노동조합법, 제1조, 제20조 제2항, 제19조; 미국 노동경영관계법, 제1조.

(11) 두 개 이상의 한국의 노동조합의 연맹은, 관할 당국의 승인을 얻어, 수행할 수 있다. 그리고 그 연맹체는, 그들이 적용할 수 있는 것처럼, 개별 조합에 적용할 규정을 대상으로 할 수 있다(Art 715)고 규정하였다. 이 초안은 노동조합의 연맹(Federation)에 대하여 규정하고 있다.[961]

(12) 채택을 위한 발기인의 4분의 3의 찬성을 필요로 하는 정관은, ① 노동조합의 명칭, ② 목적, ③ 위치와 지역, ④ 회원, 자격 부여, 권리 및 의무, 지부 및 본부, 탈퇴 및 제명을 위한 조건, ⑤ 임원 규정, ⑥ 회의, ⑦ 공제 기업, ⑧ 및 개정, 이는 권한 있는 당국의 승인을 받아야 한다를 포함할 수 있다(Art 716)고 규정하였다. 이 초안은 노동조합의 정관(Articles of Association)에 포함되어야 할 사항(①~⑧)을 규정하고 있다.[962]

(13) 등록하는 것은 노동조합의 기능을 하기 위해 필수적이다. 그 발기인에 의해 서명하여 이에 대한 신청은, 협회의 정관안과 함께 동시에 노동부서에 제출하여야 하고, 그것은 그 신청을 승인할 것인지 조사하고 결정하여야 한다. 승인하는 경우, 조합은 창립회의를 개최하고 노동부에 그 결과, 임원의 성명, 개인 상황 및 주소를 포함한 명단을 포함하여, 2주일 이내에 보고서를 제출하여야 한다(Art 717)고 규정하였다. 이 초안은 노동조합의 등록(Registration)에 대하여 규정하고 있다.[963]

(14) 사용자와 근로자(후자는 노조 여부와 관계없이) 사이의 분쟁은 각 당사자의 서면 요청에 개입을 정당화하여야 한다. 또는 노동부의 주도로, 세 조정위원회, 즉 각 당사자가 지명한 사람과 노동부에서 지명한 사람, 그는 위원장이 된다. 조정 신청은, ① 성명, 신청자와 상대당사자의 성명, 직업과 주소, ② 복잡한 근로자의 수, 그리고 ③ 분쟁에서 중요한 쟁점을 기재하여야 한다. 우호적으로 보류중인 분쟁을 해결하기 위하여 모든 적절한 효과를 발휘한다(Art 718)고 규정하였다. 이 초안은 분쟁의 조정(Conciliation)에 대하여 규정하고 있다.[964]

(15) 조정위원회가 합의에 실패한 경우, 양 당사자는 노동부에, 중재에 대한 서면 요

---

960 중화민국 노동조합법, 제21, 22조.

961 중화민국 노동조합법, 제45, 46조.

962 중화민국 노동조합법, 제7조 제2항, 제8. 9조; 일본 노동조합법, 제7조.

963 중화민국 노동조합법, 제5조 제1, 2, 3항; 일본 노동조합법 시행령, 제29, 30조; 일반 노동조합법, 제20, 21조.

964 중화민국 개정쟁의법, 제1, 3, 4, 22조; 일본 노동조합법, 제27조 제1(3)조, 제26조 참조; 일본 노동관계경영법 (1946.9.27. 일본 법률 제25호), 제3, 5, 17, 8, 18, 9, 22, 27조; 북한 노동법전, 제23조; 일본 노동관계경영법 시행령, (1947, 4, Ordinance No. 118), 제3조; 한국 명령 제34호; 소련 노동법전, 제168, 171조; 중화민국 중재법, 제10~11조.

청을 제출할 수 있다. 그 결과를 받아 제공하고 조정의 실패에 대한 이유를 진술한다. 노동부는 중재위원회의 위원장을, 지방 법원의 다른 중재인의 지명을 해야 하고, 두 당사자는 분쟁이나 조정으로 연결된 사람이 아닌 삼자를 지명할 수 있다. 심각한 분쟁이 1개월 동안 판정되지 않고 남아 있는 경우, 노동부는 각 당사자의 요청에 대하여 기다리지 않고 같은 위원회에 그것을 조회할 수 있다(Art 719)고 규정하였다. 이 초안은 분쟁의 중재(Arbitration)에 대하여 규정하고 있다.[965]

(16) 조정위원회 및 중재위원회 모두 증인을 소환하고 청문할 수 있다. 근로자의 본사와 다른 곳에서 고용의 장소에서 조건들을 검사 및 조사할 수 있다. 그들은 부서 또는 법원의 사무직원에 의해 도움을 받을 수 있다. 그러나 그들은 절차의 과정에서 어떤 기밀정보를 공개할 수 없다. 모두 과반수 투표에 의해 이뤄지는 조정위원회의 활동과 중재위원회의 재정은, 등록된 노동부에 보고해야 한다. 재정으로 종결되고, 필요한 경우, 해당 법원이 강제로, 원래의 재정에 있어서 처분될 수 있다. 그 중 하나가 노동조합의 경우는 당사자 간에 계약과 단체협약의 효력을 가져야 한다. 권한 있는 당국에 의해 시작된 조정 또는 중재의 절차에서, 그것은 사건의 당사자를 조언할 수 있다(Art 720)고 규정하였다. 이 초안은 조정과 중재의 절차(Procedure)에 대하여 규정하고 있다.[966]

(17) 파업은 단체협약의 만료 후 근로자에 의한 합의된 중지 또는 작업의 중단을 포함한다(Art 721)고 규정하였다. 이 초안은 파업(Strikes)의 정의(Defined)에 대하여 규정하고 있다.[967]

(18) 어떠한 노동조합도, ① 비밀투표에서 회원의 3분의 2 이상의 찬성으로 권한을 부여하거나, ② 조정절차가 실시되거나 실패한 뒤 30일까지, ③ 쟁의가 이뤄졌거나 중재에 회부되는 것이 요청된 때, 또는 ④ 노동부에 의해 확인된 표준비율 이상으로 증가한 임금이 아닌 한, 파업을 명할 수 없다(Art 722)고 규정하였다. 이 초안은 불법파업(When unlawful)에 대하여 규정하고 있다.[968]

---

965 중화민국 개정쟁의법, 제5, 30, 5, 31, 15, 17조; 일본 노동관계경영법, 제30, 31조; 일본 노동관계경영법 시행령, 제3조; 일본 노동조합법, 제26조; 소련 노동법전, 제25, 171조.

966 중화민국 개정쟁의법, 제25, 24, 29, 54조, 제7조 제2항, 제23, 33조; 일본 민사소송법전, 제794, 798조, 제799조 제2항, 제802조 제1항; 일본 노동조합법, 제29, 36, 29, 35, 27, 30, 34조; 소련 노동법전, 제170, 172, 174조; 일본 노동관계경영법, 제23~25, 26, 34조; 일본 노동관계경영법 시행령, 제6, 10조; 중화민국 중재법, 제7조 제1항, 제12조.

967 일본 노동관계경영법, 제36조.

968 중화민국 개정쟁의법, 제36조 제4항; 중화민국 노동조합법, 제23조, 제23조 제3항, 제28조; 상해 쟁의조정법 시

(19) 파업에 참여한 정부 근로자는 공무원의 지위를 상실하고 3년 동안 재취업의 대상에서 제외된다(Art 723)고 규정하였다. 이 초안은 정부 근로자의 파업참여에 대하여 규정하고 있다.[969]

(20) 어떠한 노동조합도, 그 대리인 또는 회원은, 공공의 평화와 질서 또는 재산 또는 생명을 위협하는 생산방해의 행위를 허용하지 않을 뿐만 아니라 공장, 점포 또는 기타 산업의 지역을 강점할 수 없고, 그것을 폐쇄하거나 그 내용물을 파괴 또는 손상하는 것이 허용되지 않는다(Art 724)고 규정하였다. 이 초안은 쟁의행위 가운데 사보타지(Sabotage)에 대하여 규정하고 있다.[970]

(21) 노동조직이, 그 대리인 또는 회원에 대하여 파업 또는 사용자에 대한 파업 또는 사용자의 생산활동을 방해하도록 근로자에게 약속, 권유 또는 격려하는 것, ① 어떤 사용자 또는 자영업자가 어떤 노동(또는 사용자조직)에 가입하거나 어떤 다른 사람, 자연인이나 법인과 함께 사업을 경영하는 것을 중지하도록 강제하는 것, ② 특정한 노동조직에 속한 근로자에게 다른 집단에 속한 근로자 보다 교역, 등급 또는 기술을 할당하는 것, 또는 ③ 어떤 노동조직에 속한 회원을 장려 또는 억제하는 것, ④ 노동부가 과도하거나 차별적인 것을 발견하는 이들에게 지급을 요구한 것, ⑤ 감금, 폭행 또는 근로자나 사용자를 강압하거나 연합에서 권장하는 사람들을 고용하는 것을 후자에게 강제로 추구하는 것은 부당노동행위이다(Art 725)고 규정하였다. 이 초안은 부당노동행위로서 강압(Coercion)에 대하여 규정하고 있다. 즉 이 조문에서 열거한 사항(①~⑤)을 노동조직이 그 대리인 또는 회원에게 강압하는 것은 부당노동위로 규정하고 있다.[971]

(22) 노동조합 또는 그 대리인이 사용자와의 단체교섭을 거절하거나, 사용자가 정당하게 배타적인 대표자와 같은 교섭을 거절하는 것은 부당노동행위이다(Art 726)고 규정하였다. 이 초안은 부당노동행위로서 단체교섭의 거부(to refuse collective bargaining)를 규정하고 있다.[972]

(23) 노동조합은 파산의 근거, 회원의 최소 인원의 부족, 다른 노동조합으로 분할 또

행규칙 (1933), 제11, 12조.

969　일본 노동관계경영법, 제28조; 미국 노동경영관계법, 제305조.

970　중화민국 노동조합법, 제23조 제2항, 제27조; 중화민국 개정쟁의법, 제37조; 일본 노동관계경영법, 제7조.

971　중화민국 개정쟁의법, 제27(3)조 참조; 중화민국 노동조합법, 제20조 제1, 3항, 제27(3),(7)조 참조; 미국 노동경영관계법, 제(b)조.

972　미국 노동경영관계법, 제8(a)(5), (b)(3)조.

는 합병(정당한 권한에 의한 승인), 또는 그 정관에 특정한 다른 해산을 정당화할 가능성의 발생으로, 그 회원 과반수의 찬성으로 해산할 수 있다. 이러한 해산은 노동부에 보고하여야 한다. 또한 그 존재의 필수 요구사항을 준수하지 않거나, 치안을 방해하거나, 복지 또는 다른 법령의 심각한 위반으로 노동조합을 해산할 수 있다(Art 727)고 규정하였다. 이 초안은 노동조합의 해산사유(Grounds)에 대하여 규정하고 있다.[973]

(24) 전 조합의 합병 또는 분할에 의한 새로운 노동조합은, 그의 권리와 의무를 승계한다. 그러나 승계가 효력이 있기 전에 해산 및 청산은 민법전의 규정에 따라 등기하여야 하고, 공고는 반대를 제기할 채권자에게 부여되어야 하고, 적절한 기간 이내에 청산이 민법전의 규정에 따라 진행되어야 한다(Art 728)고 규정하였다. 이 초안은 해산 또는 합병된 노동조합의 권리와 의무의 승계(Succession)에 대하여 규정하고 있다.[974]

(25) 추정은 임금의 지급이 계약에 규정된 것이라는 것이다. 동일한 임금은 동일한 효율로 동일한 작업 등급을 수행하는 남성과 여성 근로자에게 지급한다(Art 729)고 규정하였다. 이 초안은 동일임금의 지급(payment of wages)에 대하여 규정하고 있다.[975]

(26) "주당 평균임금"은 부상 당시에 근로자에 의해 어떠한 경우에도 임금이나 소득의 시간당 요율 40배를 얻고 있다는 것을 의미한다. 이러한 요율을 확인할 수 없는 경우 또는 급여가 이러한 근로를 위해 고정되지 않은 경우에, 유사한 역무에 대한 통상임금이 허용된다(Art 730)고 규정하였다. 이 초안은 주당 평균임금(Average Weekly Wage)에 대하여 규정하고 있다.[976]

(27) 성과급 임금은 근로시간에 비례하여 정해진 총액으로 근로자를 보장하여야 한다. 만 18세 미만의 아동의 성과급 임금은 노동부의 사전 승인을 받아야 한다(Art 731)고 규정하였다. 이 초안은 성과급 임금(Piece Work Wage)에 대하여 규정하고 있다.[977]

(28) 최저임금은 특정한 산업과 기업에서 근로자에 대하여 노동부에 의하여 필요하다고 판단되는 경우에 정해질 수 있다. 주의 깊은 조사는 요청이 있는 경우 청문회를 개최하여 지역 생활의 기준에 따라서 정해진 총액을 먼저 만들어야 한다. 임금은 이해당

---

973 중화민국 노동조합법, 제38, 42조; 미국 노동경영관계법, 제8(a)(5), (b)(3), 37조; 일본 노동조합법 시행령, 제27조.

974 중화민국 단체협약법, 제27조; 중화민국 노동조합법, 제40, 41, 43조; 일본 상법전, 제101, 102조; 일본 노동조합법 시행령, 제23, 28조.

975 중화민국 민법전, 제483조; 소련 노동법전, 제58조; 중화민국 개정공장법, 제24조; 북한 노동법전, 제7조.

976 미시시피 근로자보상법, 제10조(안); 소련 노동법전, 제68조 및 각주 71; 위스콘신 근로자보상법, 제102.11조.

977 일본 근로기준법, 제27조; 북한 노동법전, 제8조; 소련 노동법전, 제60, 70, 74조; 한국 명령 제112호, 제9조.

사자에 의하여 충분히 보여주고 노동부에 의해 조정될 수 있다(Art 732)고 규정하였다. 이 초안은 최저임금(Minimum wages)에 대하여 규정하고 있다.[978]

(29) 계약에서 다른 규정이 없는 한, 임금은 지역의 법정통화로 지불한다. 그러나 계약에 의해, 노동부의 승인을 얻어, 분할 지급은, 위원회에서 만들어진다. 숙박과 다른 후생시설은 관습적으로 근로자에게 합리적인 시장가격으로 제공할 수 있다(Art 733)고 규정하였다. 이 초안은 임금의 지급수단(Medium)에 대하여 규정하고 있다.[979]

(30) 지급은 정기적으로, 그리고 상여금 등을 제외하고, 명확한 날짜 또는 기간의 종료에 있어야 한다. 비상의 경우(예를 들어 사고인 부상, 질병 또는 출산)에서 사용자는 정한 일자 이전에 발생한 임금을 지급해야 한다. 사용자가 근로자 자신의 용역을 가치 있게 하지 못한 경우, 후자는, 그럼에도 불구하고, 그가 타인으로부터 획득할 수 있는 액수와 근로자가 노동을 이행할 필요가 없는 액수를 공제할 수 있는 것에서 보상을 받을 권리가 있다(Art 734)고 규정하였다. 이 초안은 임금의 지급 시기(Time)에 대하여 규정하고 있다.[980]

(31) 임금은 근로자에게 직접 지불해야 한다. 심지어 미성년자이더라도 부모나 후견인은 그것을 받을 수 없다(Art 735)고 규정하였다. 이 초안은 임금의 수령인(Recipients)에 대하여 근로자 직접 지급의 원칙을 규정하고 있다.[981]

(32) 사용자가 근로자에게 주로 책임을 지는 임금의 지급을 불이행하고 그가 사망한 경우 누가 나머지 용역을 이행할 필요 없이 지급은 민법전 제4편에 따라야 한다(Art 736)고 규정하였다. 이 초안은 사용자가 임금의 지급을 이행하지 않고 사망한 경우에 임금의 지급에 대하여 규정하고 있다.[982]

(33) 사용자와 근로자는 모두 사고 및 기타 부상에 대한 필요하고 적절한 예방조치를 해야 하며, 전자는 이러한 예방에 있어 후자에게 교육을 제공해야 한다. 근로자의 이러한 예방책, 또는 필요한 의료 또는 외과적 검사 또는 치료에 따르는 것에 대한 고의적인

978　중화민국 개정공장법, 제20조; 일본 근로기준법, 제28~31조.

979　중화민국 개정공장법, 제21조; 소련 노동법전, 제63, 66조; Schuster, Principles of German Civil Law (1907), p.260; 일본 근로기준법, 제24조 제1항; 한국 명령 제121호, 제7조 제h항

980　일본 근로기준법, 제24조 제2항, 제25조; 소련 노동법전, 제65, 69조; 중화민국 민법전, 제486조; 독일 민법전, 제614조; 독일 상법전, 제664조; 일본 민법전, 제624조.

981　일본 근로기준법, 제24조 제1항; 소련 노동법전, 제66, 31조; 소련 민법전, 제7, 59조.

982　독일 민법전, 제614조; 일본 민법전, 제624조 제2항; 중화민국 민법전, 제487조; 일리노이스 개정법 제48장, 제39G39M항, 제3, 4조.

실패는 그 결과인 부상을 자초한 것으로 분류될 수 있다(Art 737)고 규정하였다. 이 초안은 안전과 위생에서 예방(Prevention)에 대하여 규정하고 있다.[983]

(34) 6개월 이상의 모든 근로자는 고용의 시작과 그 이후 6개월 간격으로 의사와 치과 의사의 검사를 받아야 하고, 사용자가 지급하고, 노동부의 승인을 얻어야 한다(Art 738)고 규정하였다. 이 초안은 신체검사(Physical examinations)에 대하여 규정하고 있다.[984]

(35) 사용자는, 그들이 제공하는 경우, 근로자에게 안전하고 위생적인 작업 숙소와 기숙사에 대한 유사한 장비를 제공하여야 한다. 이 점에서의 실패는 공장의 일부 사용을 중지하라는 명령을 정당화 한다. 사용자는 안전하고 좋은 행동을 보장하는 것을 제외하고 사용자는 기숙사의 거주자의 사생활을 방해하지 않을 수 있다(Art 739)고 규정하였다. 이 초안은 근로자의 숙소(Quarters)에 대하여 규정하고 있다.[985]

(36) 여성은 월경으로 심한 고통을 받을 때 유해한 작업에 허용될 수 없다. 또한 출산 전후 8주일 동안(정신적 노동의 경우 6주일), (여성은 의사의 승인을 얻을 필요 없이) 1년 미만인 아이를 위하여 매일 2회 30분 간호기간을 허용하여야 하고, 여성이 만 18세 이상인 경우 휴일 근무, 매일 2시간 이상 연장근무를 허용하지 않으며, 교대근무 또는 노동부의 승인을 받은 경우를 제외하고 오후 10시부터 오전 6시까지의 시간에 허용되지 않는다(Art 740)고 규정하였다. 이 초안은 여성근로자의 보호에 관하여 규정하고 있다.[986]

(37) 지하노동 또는 광산에서 또는 쇄탄기에 여성 또는 만 18세 미성년자를 배치하는 것은 허용되지 않을 수 있다(Art 741)고 규정하였다. 이 초안은 지하노동(Underground Labor)에서 여성과 만 18세 이하 미성년자의 보호에 대하여 규정하고 있다.[987]

(38) 21세 이하 여성이나 미숙련 근로자는 위험한 일, 수리, 청소, 유류, 검사, 설치 또는 작동중인 기계의 벨트나 로프 또는 전송장치의 제거에 종사할 수 없다(Art 742)고 규정하였다. 이 초안은 위험한 작업(Dangerous Undertakings)에 대하여 규정하고 있다.[988]

---

983 일본 근로기준법, 제50, 43, 44조; 소련 노동법전, 제139, 146, 190조; 켈리포니아 민법전, 제1938, 1990조.

984 일리노이스 근로자보상법, 제12조; 일본 근로기준법, 제52조 제1항; 한국 명령 제112호, 제3조; 북한 노동법전, 제20조.

985 중화민국 개정공장법, 제41, 42, 44조; 일본 근로기준법, 제43, 96, 94조; 소련 노동법전, 제128조; 북한 노동법전, 제21조.

986 일본 근로기준법, 제67, 65, 66, 61, 62조; 중화민국 개정공장법, 제37조; 북한 노동법전, 제14, 6, 17조; 소련 노동법전, 제122, 181, 131, 130, 62, 134조; 한국 명령 제112호, 제11조.

987 일본 근로기준법, 제64조; 북한 노동국규칙 제6호, 제3조; 한국 명령 제112호, 제6조; 소련 노동법전, 제129조 제1항.

988 중화민국 개정공장법, 제7조; 일본 근로기준법, 제49조; 한국 명령 제112호, 제6조; 북한 노동국규칙 제6호, 제2조; 소련 노동법전, 제143조.

(39) 만 16세 미만인 아동이나 여성은 공공 또는 민간 중공업과 관련되는 일에 고용, 허용 또는 고통을 받게 하여서는 안 된다. 후자가 생명, 육체, 건강 또는 도덕에 위험을 초래하는 경우 만 18세 이하의 아동은 동일한 금지의 대상이 된다(Art 743)고 규정하였다. 이 초안은 16세 미만의 아동이나 여성 근로자의 보호에 관하여 규정하고 있다.[989]

(40) 황린성냥을 포함한 유해물질은 제조할 수 없고, 보관 또는 근로자가 작업하는 곳 구내에서 판매할 수 없다. 만 18세 미만 미성년자는, 고온 또는 분진, 유해가스, 과격한 빛이 발생되는 장소에서, 독약, 강력한 약품, 폭발물, 인화물 또는 가연물 기타 유해물질을 취급하는 일에 종사시킬 수 없다. 노동에 의한 전염성 또는 정신 질환을 가진 근로자는 작업하는 것을 허용할 수 없다(Art 744)고 규정하였다. 이 초안은 유해물질(Harmful substances) 등에 대하여 규정하고 있다.[990]

(41) 근로시간은, 식사와 휴게시간을 제외하고, 근로자가 고용된 장소에 있는 동안 사용자의 명령에 따라, 그리고 한 장소에서 다른 곳으로 그 명령 아래 이동하는 모든 시간을 모두 포함한다. 제741조의 경우, 시간은 휴식을 포함하여 갱도에 들어가고 나온 때까지 확장한다(Art 745)고 규정하였다. 이 초안은 근로시간(Working hours)의 정의(Defined)에 대하여 규정하고 있다.[991]

(42) 사용자는 공적 또는 사적 사업에서 근로자에게 근로 주간 48시간을 초과하여 근로할 것을 요구할 수 없다. 다만 사용자와 근로자 사이의 특정계약으로 추가 노동을 제공하는 작업은 제외하지만, 근로 주간에 모두 60시간을 초과할 수 없다. 초과분에 대하여 근로자는 시간급 임금의 1배 또는 1.5배인 임금을 받을 수 있다(Art 746)고 규정하였다. 이 초안은 최장근로시간(Maximum hours)에 대하여 규정하고 있다.[992]

(43) 공립학교 학생, 또는 그곳에 입학하기 위해 요구되는, 만 14세 이하 미성년자는 공적 또는 사적 산업 또는 상업적 설립 또는 기업과 관련된 작업에 고용, 허용 또는 방치되어서는 안 된다(Art 747)고 규정하였다. 이 초안은 14세 이하 미성년자의 고용제한에 대하여 규정하고 있다.[993]

---

989 중화민국 개정공장법, 제6, 7, 37조; 한국 명령 제112호, 제4, 5조; 소련 노동법전, 제149조.
990 일본 근로기준법, 제48, 63, 51조; 소련 노동법전, 제142, 141조; 중화민국 개정공장법, 제7조.
991 한국 명령 제121호, 제8조 제k항; 소련 노동법전, 제94∼108조.
992 중화민국 개정공장법, 제8, 11조; 일본 근로기준법, 제32∼34, 37, 62조; 북한 노동법전, 제4조; 소련 노동법전, 제144조.
993 중화민국 개정공장법, 제5조; 일본 근로기준법, 제56조; 한국 명령 제112호, 제2, 7, 8조; 소련 노동법전, 제135조.

(44) 만 16세 이하 미성년자는 고용되지 않을 수 있고, 시설 또는 직업과 관련하여, 주당 6일 이상, 주당 48시간 이상, 점심시간을 제외하고 1일 8시간 이상, 아침 7시 이전, 저녁 7시 이후에, 작업하는 것이 허용되지 않는다. 16세 이상인 청소년이, 만 18세 이하인 경우 그는 주당 54시간을 초과하여 작업할 수 있지만, 1일 10시간 이상, 아침 6시 이전, 저녁 10시 이후에 작업할 수 없다(Art 748)고 규정하였다. 이 초안은 만 16세 이하 미성년자의 보호에 대하여 규정하고 있다.[994]

(45) 근무시간 중에 이러한 시설이나 직업에서 미성년자의 존재는 그곳에 고용된 명백한 증거이다. 호적사본과 고용에 대한 미성년자의 교사와 부모 또는 후견인의 서면동의로 인정함은 근로자에 의하여 개최된다(Art 749)고 규정하였다. 이 초안은 미성년자의 고용에 대한 증거(Proof)에 대하여 규정하고 있다.[995]

(46) 유급으로 6시간 이상 근로한 사람에게 45분, 8시간 이상 근로한 사람에게 1시간, 매주 1일 휴일, 또는 4주에 4일, 그리고 6일 연가의 휴게기간을 1년 동안 계속하여 근로시간 60%를 근로한 모든 근로자에게 제공되어야 한다. 휴가는 20일까지 매년 1일이 증가된다(Art 750)고 규정하였다. 이 초안은 휴게시간, 휴일, 연가 등 휴게기간(Rest periods)에 대하여 규정하고 있다.[996]

(47) 만 21세 이하의 전체 근로자는 매월 2일 이하 1.5일 병가를 받을 권리가 있다. 그것은 매년 30일까지 축적될 수 있다. 근로자는 2일을 초과하는 질병의 문서증거를 제출하는 것이 요구된다. 만 21세 이하 근로모가 고용 장소에 데리고 온 유아는 동료 근로자에 의하여 합리적이고 적당한 보호를 제공받을 수 있다(Art 751)고 규정하였다. 이 초안은 병가와 육아(Sick leave and infants)에 대하여 규정하고 있다.[997]

(48) 50명 이상인 근로자에 대한 교육은 모국어로 읽기와 쓰기, 기타 기초분야와 체육과 휴양을, 이러한 지시가 정부기관에서 할 수 없는 한, 근로시간 외에 매주 6시간 동안 무료로 모든 공장, 작업장 또는 기타 시설에서 제공되어야 한다(Art 752)고 규정하였다. 이 초안은 교육과 소양에 관한 의무에 대하여 규정하고 있다.[998]

---

994 한국 명령 제112호, 제8, 7조; 소련 노동법전, 제135, 137조.
995 한국 명령 제112호, 제7조 제2항.
996 중화민국 개정공장법, 제17, 18조; 일본 근로기준법, 제34, 35, 39조; 북한 노동법전, 제11, 12조, 소련 노동법전, 제109~120, 140조.
997 중화민국 개정공장법 시행령, 제20조.
998 중화민국 근로자교육에 관한 규정, 제4, 5조; 한국 명령 제112호, 제12, 16(a)조.

(49) 노동조합은 직업적인, 그리고 다른 형태의 교육을 제공할 수 있고, 그 회원들을 위한 독서실과 도서관을 설립하고 그들의 이익을 위한 출판물을 발간하며, 이러한 활동을 하는데 필요한 재산을 소유한다. 또한 야외 게임과 스포츠의 형태로 휴양을 제공해야 한다(Art 753)고 규정하였다. 이 초안은 교육과 휴양에 관한 노동조합의 활동에 대하여 규정하고 있다.[999]

(50) 모든 사용자는, 근로자의 자해행위가 아닌 한, 고용중에 발생한 근로자의 직업병 또는 사망, 부상에 대하여 책임을 지게 된다. 그러나 그에 대한 모든 다른 책임에서 해제된다. 그것이 제3자의 과실에서 결과된 것은 사용자의 책임이 되지 않지만, 그에게 상환을 위하여 자신의 비용으로 그러한 당사자에게 소를 제기할 권리가 있다(Art 754)고 규정하였다. 이 초안은 재해보상에서 사용자의 책임의 범위(Extent)에 대하여 규정하고 있다.[1000]

(51) 여기에서 사용되는 "사고"는, 예기치 않은 또는 예상치 못한 사건이 갑자기 심하게 발생하고 질병의 사고로 인한 정신적, 신체적 손상을 의미하는 당시 객관적인 부상의 증상에서 생산하는 것을 의미한다(Art 755)고 규정하였다. 이 초안은 "사고"(Accident)의 의미에 대하여 규정하고 있다.[1001]

(52) 보상에 대한 자격을 받으려면 근로자는 상해가 발생한 날, 또는 그로부터 무능함을 그가 알거나 알 수 있은 날로부터 30일 이내에 사용자, 대표권이 있는 관리인 또는 그가 없으면 상관에게 실제 통보를 하여야 한다. 보상에 대한 요구가 없이 2년이 경과하면, 그로부터 소송은 금지된다(Art 756)고 규정하였다. 이 초안은 상해 또는 사망의 통지(Notice of Injury or Death)에 대하여 규정하고 있다.[1002]

(53) 상해 후 근로자는 즉시 의사의 검진을 사용자의 비용으로 받아야 한다. 그러나 근로자가 제출을 거부하거나 검사를 회피하려고 한 경우 그는 이러한 거절을 하는 동안

---

[999] 중화민국 근로자교육에 관한 규정, 제6조.
[1000] 중화민국 개정공장법, 제45, 45(3)조; 일본 근로기준법, 제75, 84조; 미시시피 근로자보상법(안), 제4, 3591, 5조; 미조리 근로자보상법, 제3691, 3701(d), 3708. 3709조; 뉴저지 근로자보상법(1945), 제1, 7, 31, 13, 40조; 중화민국 근로자보상법(1946), 제1465~8조; 미국 근로자보상법, 제1조; 위스콘신 근로자보상법, 제102.3, 102.01(2), 102.46, 102.03(d)조; 중화민국 근로자보상법, 제68a, 68b조; 소련 노동법전, 제176조; Bureau of Labor Statistics, Problems of Workmen's Compensation Administration (1940), p.198; 일리노이스 근로자보상법, 제7조; 일본 근로자사고보상보험법, 제19조; 일리노이스 근로자보상법, 제29조; 북한 사회보험법, 제43조; 일본 근로자사고보상보험법, 제19, 20조.
[1001] 미시시피 근로자보상법, 제2(2)조; 미조리 근로자보상법, 제3695(b)조; 위스콘신 근로자보상법, 제102.01조.
[1002] 일본 근로자사고보상보험법, 제42조; 미시시피 근로자보상법, 제12조.

보상을 상실한다. 그가 검사하는 의사에 의하여 그의 이익이 침해된다고 믿는 경우에는 그의 선택적 고발 가운데 하나를 가질 수 있고 노동부에 상해진단서를 제출하여 청문회에서 증거로 인정된다(Art 757)고 규정하였다. 이 초안은 근로자의 상해와 의사의 검진에 대하여 규정하고 있다.[1003]

(54) 책임은 고용계약의 성립에서 시작하여 그 만료할 때까지 발생한 상해에 대하여 계속한다. 그러나 기업의 포기 또는 지시 중단으로 동시에 만료한다(Art 758)고 규정하였다. 이 초안은 책임의 존속기간(Duration)에 대하여 규정하고 있다.[1004]

(55) 근로자의 상해에 대한 보상의 지급 보증은 보험의 형식을 취하고 정부의 계약에 따르게 된다. 이는 보험 자체로 옮겨지거나 건전하고 신뢰할 수 있는 보험회사에 넘겨진다. 이러한 보험을 표시한 보험약관은, 사용자의 전조에서 정의하고 고용 장소에 눈에 띄게 게시된 통지와 같이, 근로자의 상해에 대한 모든 책임을 포함한다(Art 759)고 규정하였다. 이 초안은 보험(insurance)에 관한 일반규정(In general)에 대하여 규정하고 있다.[1005]

(56) 정부는, 각 사용자로부터 그가 지급한 총 근로보상에 일치하는 보험료를 수집하여, 5년간 이 법률에 따르는 다양한 산업에서의 사고율에 기초하여 분류된 임금의 엔 단위로 노동부가 정하는 기업의 보험료율을 곱한다. 그 기간 내에 동일한 등급의 다른 기업들에 비해, 상기 비율이 300인 이상을 채용한 기업에서 실질적으로 변화한 경우 정부는 일치하게 보험료를 변경할 수 있고, 추가 지급을 명하고, 필요하면 다음 보상연도에 적용될 초과분에 대하여 사용자에게 가불하고 그 변경을 근로자에게 권고할 수 있다(Art 760)고 규정하였다. 이 초안은 보험료(Premiums)에 대하여 규정하고 있다.[1006]

(57) 보험료의 수집은 보상연도가 종료되는 4월 1일부터 30일 이내에 매년 하게 된다. 만료되지 않은 기간이 한 보상연도보다 작은 경우 전조에서 규정한 다음 보험료는 계약일로부터 계산된 14일 이내에 지급되어야 한다(Art 761)고 규정하였다. 이 초안은

1003 일리노이스 근로자보상법, 제12조; 미시시피 근로자보상법, 제7c 3738조; 뉴저지 근로자보상법, 제19조; 북한 사회보험법, 제121~36조; 오하이오 근로자보상법, 제95조; 미국 근로자보상법, 제21조; 위스콘신 근로자보상법, 제102.13조.
1004 일본 근로자사고보상보험법, 제6, 7, 10조; 북한 사회보험법, 제55~57조.
1005 일리노이스 근로자보상법, 제26(e), 26(2), (3)조; 일본 근로자사고보상보험법, 제10, 2, 9조; 미시시피 근로자보상법, 제32, 33조; 북한 노동법전, 제18, 19조; 소련 노동법전, 제175조; Jenks' Digest of English Civil Law, Sec 932; 미조리 근로자보상법, 제3713~6조; 뉴저지 근로자보상법, 제71조 이하; 위스콘신 근로자보상법, 제102.31조.
1006 일본 근로자사고보상보험법, 제24~30조; 소련 노동법전, 제177, 178조.

보험료의 수집(Collection of premiums)에 대하여 규정하고 있다.[1007]

(58) 서면요구 2회 후 보험료에 대한 자신의 부과금을 사용자가 지급하지 않으면 그 기일로부터 100엔 당 1일에 4전의 위약벌이 발생하고, 전체 청구는 미납세금과 동일한 방법으로 집행하기 위하여 국가 회계부서에 회부된다. 보험료 등 부과금을 수집하거나, 초과금의 상환, 또는 보험급부금에 대한 권리는 민사소송법의 소멸시효 규정에 따라 만료된다(Art 762)고 규정하였다. 이 초안은 사용자의 보험료에 대한 부과금을 이행하지 않은 경우 등에 대하여 규정하고 있다.[1008]

(59) 보험급부금의 지급은 근로자가 생존하는 경우 직접 지급하여야 한다(Art 763)고 규정하였다. 이 초안은 보험급부금의 지급(Payment of insurance benefits)에 대하여 규정하고 있다.[1009]

(60) 상해를 입은 근로자는, 필요한 때 인공사지 및 운송을 포함한, 적절한 의료, 수술 및 병원 서비스를 받을 권리가 있다. 사용자가 그것들을 제공하지 않은 경우 근로자는 전자의 비용으로 그렇게 할 수 있다(Art 764)고 규정하였다. 이 초안은 상해를 입은 근로자의 의료보호(Medical Care)의 내용(Service)에 대하여 규정하고 있다.[1010]

(61) 장해는 상해로 인한 근로자의 노동력 결여로, 그가 수령하고 있던 사고 당시의 임금을 받을 수 있다. 그것은 일시적 또는 영구적, 부분 또는 전체일 수 있다(Art 765)고 규정하였다. 이 초안은 장해(Disability)의 정의와 종류(Definition and Kinds)에 대하여 규정하고 있다.[1011]

(62) 두 눈의 손실, 또는 시력의 손실, 팔, 손, 다리, 발 또는 그중 하나는, 모두 장해를 구성한다. 한 구성원의 사용 손실은, 전부 영구적인 경우, 그 구성원의 손실과 같은 보상이 필요하다. 사용의 손실 또는 손실이 오직 부분적으로 영구적인 경우, 보상은 비례 손실 또는 는 사용의 손실에 대하여 한다. 다른 경우에는 장해의 성격은 증거에서 결정된다(Art 766)고 규정하였다. 이 초안은 장해의 결정방법(How determined)에 대하여 규정하고 있다.[1012]

1007 일본 근로자사고보상보험법, 제28조 제1, 2항; 북한 사회보험법, 제157조; 소련 노동법전, 제191조.
1008 일본 근로자사고보상보험법, 제31, 32, 42조; 북한 사회보험법, 제23~6조.
1009 중화민국 개정공장법, 제45조; 일본 근로기준법, 제24조 제1항; 일본 근로자사고보상보험법, 제15조; 미시시피 근로자보상법, 제3709(a)조.
1010 일본 근로자사고보상보험법, 제12, 13조; 일본 근로기준법, 제75조; 미시시피 근로자보상법, 제7조; 미조리 근로자보상법, 제3709(a)조; 북한 사회보험법, 제107, 108조.
1011 미시시피 근로자보상법, 제2(3)조; 미조리 근로자보상법, 제3703~6조; 북한 사회보험법, 제80조.
1012 미시시피 근로자보상법, 제8(a), (b), (c), 8 (18), (19)조; 북한 사회보험법, 제81조; 오하이오 근로자보상법, 제

(63) 영구적인 전체 장해는, 영구 또는 범위에서 전체 장해로 판정하지만, 기간 중 일시적인 경우 근로자는, 그 기간이 계속하는 동안, 주당 평균임금의 60퍼센트를 받게 된다(Art 767)고 규정하였다. 이 초안은 보상액(Amount of Compensation) 산정의 일반규정을 규정하고 있다.[1013]

(64) 보상은, 7일 이상 300주일이 넘지 않는 동안 그의 주당 평균임금의 60퍼센트를, 일시적인 전체 장해에 대하여 상해근로자에게 지급하게 된다(Art 768)고 규정하였다. 이 초안은 일시적 전체 장해(Temporary total disability)에 대한 보상에 관한 일반규정을 규정하고 있다.[1014]

(65) 영구적이지만 부분적인 장해에 대하여 근로자는 주당 평균임금에 일시적 전체 장해에 대하여 여기에서 규정한 보상을 합산한 액의 60퍼센트를 받게 된다(Art 769)고 규정하였다. 이 초안은 영구적인 부분적 장해(permanent but partial disability)에 대하여 규정하고 있다.[1015]

(66) 지급은 아래에 나열한 상해에 대하여, 마주하는 기간 동안, ① 팔에 대하여, ㉠ 어깨의 중한(오른쪽) 상실은 232주, ㉡ 어깨의 경한(왼쪽) 상실은 212주, ㉢ 어깨와 팔꿈치 사이 중한 상실은 222주, ㉣ 어깨와 팔꿈치 사이 경한 상실은 200주, ㉤ 팔꿈치의 중한 상실은 210주, ㉥ 팔꿈치의 경한 상실은 190주, ㉦ 팔꿈치와 손목 사이의 중한 상실은 200주, ㉧ 팔꿈치와 손목 사이의 경한 상실은 180주, ② 눈에 대하여, 양쪽 시력의 상실은 150주, 한쪽 눈의 상실은 118주, 한쪽 눈의 시력이 완전히 상실된 것은 108주, ③ 손가락에 대하여, 첫째 손가락은 45주, 둘째 손가락은 30주, 셋째 손가락은 25주, 넷째 손가락은 20주, 엄지손가락은 70주, ④ 발에 대하여, 각 발목뼈는 150주, 각 척골은 110주, ⑤ 손에 대하여, 왼쪽 손목의 경한 상실은 160주, 오른쪽 손목의 중한 상실은 110주, ⑥ 청력에 대하여, 한쪽만 완전히 상실된 경우 45주, 양쪽 귀가 완전히 상실한

1465~81, 1465~90조; 미국 통일근로자보상법(1929), 제13, 14조.

1013 중화민국 개정공장법, 제45(2)조; 미시시피 근로자보상법, 제8(a)조; 미조리 근로자보상법, 제3706조; 뉴저지 근로자보상법, 제12조; 오하이오 근로자보상법, 제1465-1481조 제1항; 소련 노동법전, 제185조; 위스콘신 근로자보상법, 제102.43(1), 44(2)조.

1014 중화민국 개정공장법, 제45(1)조; 일리노이스 근로자보상법I, 제8(b)조 (50%); 일본 근로자사고보상보험법, 제12(2)조; 미시시피 근로자보상법(안), 제8(b)조; 미조리 근로자보상법, 제3703조; 뉴저지 근로자보상법, 제12조; 북한 사회보험법, 제81조; 오하이오 근로자보상법, 제1465~79조; 소련 노동법전, 제179, 180, 185조; 미국 근로자보상법, 제1조; 위스콘신 근로자보상법, 제102.44(1)조.

1015 미시시피 근로자보상법(안), 제8(c)조; 미조리 근로자보상법, 제3705(a)조 제1항; 뉴저지 근로자보상법, 제12조; 오하이오 근로자보상법, 제1465~80조; 소련 노동법전, 제185조; 위스콘신 근로자보상법, 제102.44(3)조.

경우 168주, ⑦ 다리에 대하여, 인공 사지를 제외하는 한쪽의 완전한 상실은 200주, 인공 사지를 허용하는 한쪽의 완전한 상실은 160주, 발목 위 무릎 아래 한쪽의 상실은 150주, ⑧ 고환 2개의 상실은 150주, 고환 1개의 상실은 80주, ⑨ 발가락에 대하여, 큰 발가락의 근위점의 상실은 40주, 큰 발가락의 원위점의 상실은 20주, 다른 발가락의 원위점의 상실은 6주, 다른 발가락의 근위점의 상실은 14주, 두 번째 마디의 다른 것의 상실은 10주를 지급하게 된다(Art 770)고 규정하였다. 이 초안은 상해의 부위, 상해의 경중 등을 기준으로 지급기간(Duration)을 규정하고 있다.[1016]

(67) 손가락이나 발가락의 지골의 하나 이상의 손실에 대한 보상은 전체 손가락이나 발가락의 손실에 대한 보상과 동일하게 된다. 첫 번째 지골의 손실에 대한 보상은 전체 손가락이나 발가락의 손실에 대한 보상의 2분의 1이 된다(Art 771)고 규정하였다. 이 초안은 지골과 손가락이나 발가락(Phalanges and digits)의 상실에 대하여 규정하고 있다.[1017]

(68) 팔, 손, 엄지손가락, 손가락, 다리, 발, 발가락, 또는 지골의 사용의 전체 영구적인 손실은, 팔, 손, 엄지손가락, 손가락, 다리, 발, 발가락 또는 지골의 분리에 의한 손실의 등가로 간주된다. 보상은 분리된 그것의 손실에 대하여 일정한 기간 동안 지급된다. 팔, 손, 엄지손가락, 손가락, 다리, 발, 발가락 또는 지골의 사용을 영구적인 부분 손실에 대하여 보상은 팔, 손, 엄지손가락, 손가락, 다리, 발, 발가락 또는 지골의 사용을 상실한 비례로 지급된다(Art 772)고 규정하였다. 이 초안은 사지 사용의 영구적 완전 상실(total permanent loss of the use)과 영구적 부분 상실(permanent partial loss of the use)의 경우 보상액에 대하여 규정하고 있다.[1018]

(69) 머리, 얼굴, 또는 목의 외관손상은 20,000엔을 초과하지 않는 고용주로부터의 보상을 필요로 한다(Art 773)고 규정하였다. 이 초안은 특히 머리, 얼굴, 목의 외관손상에 대한 보상액에 대하여 규정하고 있다.[1019]

(70) 장해의 다른 형태에 대하여 보상은 상해근로자의 주당 임금과 동일 또는 유사

1016 미조리 근로자보상법, 제3705(a)조 제1항; 북한 보험법, 제81, 82조; 소련 노동법전, 제186조.

1017 일리노이스 근로자보상법, 제8(7~11)조; 미시시피 근로자보상법, 제8(20)조; 뉴저지 근로자보상법, 제12조; 오하이오 근로자보상법, 제1465~80조.

1018 미조리 근로자보상법, 제3705(a)조 제1항; 북한 보험법, 제81, 82조; 소련 노동법전, 제186조.

1019 일리노이스 근로자보상법, 제8(c)조; 미시시피 근로자보상법, 제8(20)조; 미조리 근로자보상법, 제 3705(a)조; 위스콘신 근로자보상법, 제102.56조.

한 생산선에서, 불능한 동안 지급될, 이후 그의 임금소득능력 간의 차액의 50퍼센트가 되어야 한다. 그러나 노동부에서 그 자신 또는 이해당사자의 행위로 재고할 수 있다(Art 774)고 규정하였다. 이 초안은 다른 형태의 장해에 대한 보상액에 대하여 규정하고 있다.[1020]

(71) 어떤 보상도, 의료보호를 제외하고, 장해의 첫 5일 동안에 지불할 수 없다. 그러나 그것은 2주 이상 계속되면, 보상은 장해의 일자에서 허용될 수 있다(Art 775)고 규정하였다. 이 초안은 보상의 대기기간(Waiting period)에 대하여 규정하고 있다.[1021]

(72) 근로자가 상해 또는 질병으로 인해 사망하는 경우, 보상은 그의 미망인에게 지급해야 한다. 그 환자가 여성인 경우 그의 의존하는 남편에게, 또는 아무도 없는 경우 그 때에는 동산상속을 규정한 민법전의 규정에 따른다. 보상은 합의로 정한, 또는 그것이 없으면, 노동부에 의한 합리적인 장례비용을 포함한다(Art 776)고 규정하였다. 이 초안은 근로자가 사망한 경우에 사망급여(Death Benefits)의 수령자(Recipients)에 대하여 규정하고 있다.[1022]

(73) 거래의 내역을 재인용한 계약서 및 노동부의 승인으로, 사용자는 정규 근로자의 3분의 1을 초과하지 않고, 만 13세 이하가 아닌 견습생을 마스터 근로자 아래에서 훈련할 수 있다(Art 777)고 규정하였다. 이 초안은 견습생(apprentices)에 대한 일반규정을 규정하고 있다.[1023]

(74) 안전 위생과 노동 시간에 대해서는, 견습생은 일반 근로자의 그것에 유사한 보호를 받을 수 있다. 그들은 음식, 숙박, 의료보호를 제공하고, 수당은, 부수적인 것에 대하여 노동부의 승인을 받아야 한다. 그들은 12일 연가를 유급으로 받을 수 있다(Art 778)고 규정하였다. 이 초안은 견습생의 혜택(Benefits)에 대하여 규정하고 있다.[1024]

(75) 견습생은 학습하여 직업을 획득하도록 근면하여야 한다. 그러나 사용자는 관련

1020 미시시피 근로자보상법, 제8(21)조; 북한 사회보험법, 제84조.

1021 미시시피 근로자보상법, 제6조; 미조리 근로자보상법, 제6조; 뉴저지 근로자보상법, 제14조; 미국 근로자보상법, 제2조; 위스콘신 근로자보상법, 제102.43조.

1022 중화민국 개정공장법, 제46조; 중화민국 개정공장법 시행령, 제29(2)조; 일본 근로기준법, 제79, 80조; 일본 근로자사고보상보험법, 제12조; 미시시피 근로자보상법, 제9(a)조; 미시시피 근로자보상법 시행령, 제9(b)조; 미조리 근로자보상법, 제3709(b), 3709(a)조; 뉴저지 근로자보상법, 제12, 13조; 북한 사회보험법, 제91~4, 70~4조; 중화민국 근로자보상법, 제82조; 소련 노동법전, 제184조; 위스콘신 근로자보상법, 제102.50조.

1023 중화민국 개정공장법, 제56~63조; 중화민국 법률시장법(1914.9.1.), 제57조; 일본 근로기준법, 제70, 71조; 소련 노동법전, 제122, 123조.

1024 일본 근로기준법, 제59, 72조; 소련 노동법전, 제127, 128조; 중화민국 개정공장법, 제61조.

이 없는 작업에 그들을 사용할 수 없고 그 밖에 활용하여서는 안 된다. 그들은 그들의 마스터 노동자에 대한 충성과 순종하여야 하고, 꼭 필요한 경우에 그의 수당과 기숙과 숙박에 대한 경비를 거부하는 근로자의 동의와 조건 없이 고용된 곳을 떠날 수 없다는 것을 지켜야 한다(Art 779)고 규정하였다. 이 초안은 사용자와 견습생의 의무(Duties)에 대하여 규정하고 있다.[1025]

(76) 다른 사람의 역무를 계약에 동의한, 자연인 또는 법인, 모든 사람은, 사용자이다(Art 780)고 규정하였다. 이 초안은 사용자(employers)에 대한 정의(Defined)를 규정하고 있다.[1026]

(77) 사용자는 자신의 고용과정에서 제3자에게 손해를 일으킨 근로자와 공동으로 책임이 있다. 그러나 사용자는 자신이 선택하여 이러한 근로자를 감독하거나 이러한 치료에도 불구하고 발생한 손해에 대하여 상당한 주의를 행하였다는 것을 증명하면 그 책임에서 해제될 수 있다. 사용자는, 그것에 대하여 후자가 주의를 다하지 않았거나, 그의 지시에 따르지 않는 한, 이러한 사용자에 대한 그의 작업과정에서 계약자로서 야기한 제3자에 대한 손해에 책임을 지지 않는다(Art 781)고 규정하였다. 이 초안은 사용자의 책임(Liability)에 대하여 규정하고 있다.[1027]

(78) 근로자의 불법행위에 대하여 보상을 지급한 사용자는 후자에 대하여 상환을 위한 소권을 갖는다(Art 782)고 규정하였다. 이 초안은 사용자의 소권(Right of Action)에 대하여 규정하고 있다.[1028]

(79) 사용자는, 기숙사에서 거주하는 18세 이하인 근로자에게, 상당한 야간외출금지를 강제할 수 있다. 그러나 휴일, 휴무일 또는 비작업 시간 동안 다른 근로자의 이동을 제한하지 못하고, 그들이 노동조합 또는 길드에서 회원이거나 되고자 한 것, 또는 노동쟁의의 장점에 대한 의견을 표명한 것을 이유로 근로자의 고용을 거절하거나 해고하거나 그들에 대하여 차별하지 못한다(Art 783)고 규정하였다. 이 초안은 제한(Restrictions)에

1025 켈리포니아 민법전, 제1961조; 중화민국 개정공장법, 제60, 62조; 중화민국 법률시장법, 제56조; 소련 노동법전, 제125, 124조; 일본 근로기준법, 제69조.

1026 Jenks' Digest of English Civil Law, Sec 926; 한국 명령 제121호, 제7조 제a항; 뉴저지 근로자보상법, 제36조 제2항; 중화민국 근로자보상법, 제60조; 40 Corpus Juris, p.1321 Notes 26, 27.

1027 Jenks' Digest of English Civil Law, Secs 914, 196; 중화민국 민법전, 제188조 제1항, 제189조; 일본 민법전, 제715, 716조; 독일 민법전, 제831조; 스위스 채무법전, 제55조 제1항.

1028 중화민국 민법전, 제188조 제3항; 프랑스 민법전, 제1284조; 북한 사회보험법, 제155조; 스위스 민법전, 제333조; 스위스 채무법전, 제55조 제2항.

대하여 규정하고 있다.[1029]

(80) 작업의 변경 또는 임금의 조정과 관련하여 작업시간을 단축하는 것은 임시 신체검사가 이러한 변경에 대하여 필요성을 보여준 때에 사용자에 의하여 이뤄진다(Art 784)고 규정하였다. 이 초안은 사용자의 작업변경이나 작업시간 단축에 대하여 규정하고 있다.[1030]

(다) 종료(Termination)

(1) 모든 고용계약은, ① 법적 무능력이 지속하는 어느 당사자의 사망, ② 이러한 사실의 소멸이나 기업의 포기, ③ 정한 기간의 만료에 의하여 종료한다. 그러나 각 당사자는 그 계약을 ① 아무런 조건을 정하지 않은 경우, ② 피할 수 없는 원인으로 당시 결과에 의한 손해에 책임이 있으면, 그 계약을 종료할 수 있다. 그것은 사전에 정하지 않을 수 있다(Art 785)고 규정하였다. 이 초안은 고용계약의 종료사유에 대한 일반규정에 대하여 규정하고 있다.[1031]

(2) 근로자, 견습생 또는 노동조합은, ① 근로조건에 관해서는 그 요건을 구비하지 않은 때, ② 정당한 원인 없이 임금이나 수당의 불지급에 대하여, 또는 ③ 사용자가 그를 학대한 경우에 그 계약을 취소할 수 있다. 부모, 후견인 또는 행정공무원은, 미성년자의 근로계약이 그에게 불공정하다고 생각하면 취소할 수 있다. 2주간을 넘지 않는 질병은 만 21세 이하인 사람의 고용을 종료하기 위한 사유가 되지 않는다. 사용자의 파산은 근로자 또는 수탁자가 각 당사자의 책임 없이 그 계약을 종료시킬 권한이 주어진다(Art 786)고 규정하였다. 이 초안은 근로자, 견습생 또는 노동조합이 근로계약을 종료할 수 있는 사유에 대하여 규정하고 있다.[1032]

[1029] 한국 명령 제112호, 제8조, 한국 명령 제121호, 제5조 제b항; 중화민국 노동조합법, 제31~2조; 일본 노동조합법, 제11, 33조; 일본 노동관계경영법, 제40조; 미국 노동경영관계법, 제8a(4)조 이하.

[1030] 일본 근로기준법, 제52조 제2항.

[1031] 켈리포니아 민법전, 제1996~99조; 중화민국 개정공장법, 제33조; 중화민국 민법전, 제488, 489조; 중화민국 법률시장법, 제50, 52조; 독일 민법전, 제620~3, 626~8조; 일본 민법전, 제627, 628조; 소련 노동법전, 제44, 47조 및 각주 (1), (2) 및 (5), 제1조; 스위스 채무법전, 제345, 355, 353 par 1조; 루이지애나 민법전, 제172조; 일본 근로기준법, 제112조; 한국 명령 제112호, 제16조.

[1032] 켈리포니아 민법전California Civil Code, Sec 2001; China Amended Factory Law, Art 33; China Law Merchant Act, Arts 51, 52; Japan Labor Standard Law, Art 15 par 2; Louisiana Civil Code, Art 171; Soviet Labor Code, Arts 48, 49; France Civil Code, Art 1780; Germany Civil Code, Arts 621-3; Japan Civil Code, Art 630; Japan Labor Standard Law, Art 58 par 2; Soviet Labor Code, Art 31; Switzerland Obligation Code, Arts 247 infra; Korea Ordinance No. 112, Sec XI par 1; Japan Bankruptcy Law, Arts 126-9, 157-69; Japan Civil Code, Art 631; Switzerland Obligation Code, Art 354.

(3) 사용자는, 근로자의 고용과정에서 의무의 고의적 위반, 습관적 태만 또는 자신의 임무를 수행하기에 무능력에 대하여, 정해진 기간이더라도, 계약을 종료할 수 있다(Art 787)고 규정하였다. 이 초안은 사용자의 계약해지에 대하여 규정하고 있다.[1033]

(4) 임금은 앞의 2개 조문에서 언급한 상황에서 종료될 때까지 근로자에게 지연에 대한 공제 없이 합계액을 초과하지 않는 것을 실제로 상실한 시간 동안 취득할 수 있다. 계약은, 앞의 2개 조문에서 언급한 것 이외 근거로, 해고 후 실업수당을 제공할 수 있다(Art 788)고 규정하였다. 이 초안은 계약의 종료에 따른 근로자의 임금(Wages)에 대하여 규정하고 있다.[1034]

(5) 어느 당사자도, 그가 또는 그것이, ① 30일 이전에 제안된 변경 또는 계약의 만료에 상대방에 대한 서면통지를 제공하거나, ② 제안된 변경에 대하여 상대방 또는 대리인과 면담과 협의를 제의하거나, ③ 협상에서 분쟁이나 차이를, 통보 후 30일 이내에, 노동부에 통지를 아니한 한, 근로계약을 종료하거나 수정할 수 없다. 기존 계약은 완전하게 효력을 계속하고, 파업 또는 직장폐쇄는 30일의 만료될 때까지 또는 계약의 만료를 선언할 수 없다. 부동산을 취급하는 기업의 지속 또는 근로자에게 취소가 없으면, 그러한 통지를 하지 않는 사용자는 30일분 평균임금의 동등액을 지급하여야 한다(Art 789)고 규정하였다. 이 초안은 근로계약의 종료절차로서 통지(Notice)와 통지하지 않는 경우에 지급할 해고수당에 대하여 규정하고 있다.[1035]

(6) 취소의 통지는, ① 전조에서 지명한 근거에 대하여, ② 근로자가 심각한 사용자의 규정을 위반한 것을 헌신한 때, 또는 ③ 1주 내에 3일 이상 또는 한 달 내에 6일 이상에 대한 좋은 원인 없이 결근한 것에 필요가 없다. 근로자는 그의 계약이 시간제한이 없는 것은 취소의 통지를 1주일만 하여야 할 필요가 있다(Art 790)고 규정하였다. 이 초안은 취소통지의 불필요(Notice is not necessary of cancellation)에 대하여 규정하고 있다.[1036]

(7) 보증금을 제외한 담보는 계약의 종료에 의해 소멸된다(Art 791)고 규정하였다. 이

[1033] 켈리포니아 민법전, 제272, 274, 2000조; 중화민국 개정공장법, 제66, 67조; 북한 노동법전, 제24조; 소련 노동법전, 제36조; 스위스 채무법전, 제352조.
[1034] 켈리포니아 민법전, 제2002, 2003, 2004조; 소련 노동법전, 제89~93조; 북한 사회보험법, 제75~9조.
[1035] 일본 근로기준법, 제20조, 제21조 참조; 소련 노동법전, 제46, 47조.
[1036] 켈리포니아 민법전, 제2015조.

초안은 근로계약의 담보(Security)에 대하여 규정하고 있다.[1037]

(8) 고용기간을 명시한 가내 또는 기타 개인적 용역에서 고용의 인증서는, 용역 및 급여의 종류는 그의 계약의 종료에 따라 근로자를 예정한다(Art 792)고 규정하였다. 이 초안은 가내 또는 개인적 용역에 대한 고용인증서(A certificate of employment)에 대하여 규정하고 있다.[1038]

(9) 준비금, 채권, 저축 및 기타 자금과 근로자에게 있지만 사용자의 소유에 속하는 귀중품의 반환은 전자의 사망 또는 해고 후 1주 이내에 전자 또는 그의 대리인에게 효력이 있다. 청구인의 일부가 이의를 제기하면 사용자는 분쟁이 해결될 때까지 보유한다(Art 793)고 규정하였다. 이 초안은 준비금, 채권 등의 반환(Return)에 대하여 규정하고 있다.[1039]

(라) 행정(Administration)

(1) 한국 정부, 그 정치적 하부조직, 기관, 사무실, 수단들, 기업과 회사가 소유하고, 지배, 관리 또는 관심을 갖는 모든 것에 보완하는 상기 조문들은, 상술한 조문들의 규정을 따르고 상술한 단위가 아닌 것들은 상술한 조문 및 모든 보충 규정과 개정의 완전한 준수를 요구하는 것에 실패한 사용자에게 계약을 수여할 수 있다(Art 794)고 규정하였다. 이 초안은 신청(Application)에 대한 일반규정을 규정하고 있다.[1040]

(2) 상술한 조문들의 이행과 그들과 일치하지 않는 것이 아닌 규칙 및 명령은 노동부에서 발급되고 관보에 게재될 수 있고, 근무일의 최대시간, 위생 복지와 여가 조건, 음식과 주택 요건, 공장과 기타 검사보고서, 그리고 노동조건의 개선에 영향을 미치는 기타 항목들을 설명과 함께, 상술한 조문들의 언어의 확장과 추가 정의에 주목한다(Art 795)고 규정하였다. 이 초안은 조문의 이행에 필요한 규칙 및 명령(Regulations and orders)에 대하여 규정하고 있다.[1041]

(3) 노동부는 조문의 규정을 적용하는 책임을 갖는다. 그 장관 및 권한을 부여받은 대

1037 일본 민법전, 제629조 제2항.
1038 중화민국 개정공장법, 제25조; 일본 근로기준법, 제22조 제1항; 소련 노동법전, 제29조 및 각주.
1039 일본 근로기준법, 제23조.
1040 일본 근로기준법, 제112조; 한국 명령 제112호, 제16조; 소련 노동법전, 제I장, 제1조(당사자 일반).
1041 한국 명령 제112호, 제19조; 제121호, 제5조; 소련 노동법전, 제I장, 제2조, 제10장, 제150조.

리인은 조사할 수 있고 노동 시간 및 조건에 관한 기타 자료와 이 조문들이 규제하는 노동관행, 상당한 시간이 필요하면, 모든 고용 장소에 들어가서 볼 수 있고, 그러한 관행에 관하여 근로자를 심문하고, 검사 및 기록 복사하고, 모든 사용자는 관행, 임금, 시간과 조건에 관하여 보관 및 유지하는 것이 요구된다. 또한 그는 규정할 것을 상술한 장관에게 보고하여야 한다. 이러한 시설이나 기업에서 근로자는, 그가 이러한 공무원으로부터 요구된 정보를 제공하는 것을 거절하면, 검사 및 보정을 위해 가장 가까운 법원에 그에 의하여 수행될 수 있다(Art 796)고 규정하였다. 이 초안은 노동부(The Labor Department)의 감독에 대하여 규정하고 있다.[1042]

카) 위임(Mandate (Agency))

이 초안은 위임에 대하여, 통칙(Provisions Common to All, Arts 797~807)과 특수한 형태(Particular Forms, Arts 808~824)를 각각 규정하였다.

(가) 통칙(Provisions Common to All)

(1) 이것은 한 당사자인, 위임인(주된)이 위탁하고 다른 사람인 수임인(대리인)이 법률행위 이외를 포함한 전자의 업무의 특정한 관리를 수락하는 계약이다(Art 797)고 규정하였다. 이 초안은 위임(Mandate Agency)의 정의(Defined)에 대하여 규정하고 있다.[1043]

(2) 위임의 승낙은 그것을 완벽하게 하기 위하여 필요가 있다. 그러나 (예를 들어, 이행에 의해) 추정될 수 있다. 공개적으로 업무의 특정한 종류를 맡을 것을 청약한 사람은, 즉시 거절하지 않는 한, 그렇게 할 상대방의 요구를 승낙한 것으로 추정된다(Art 798)고 규정하였다. 이 초안은 위임의 승낙(Acceptance of the mandate)에 대하여 규정하고 있다.[1044]

(3) 위임은 특정한 행위, 업무이나 거래, 또는 일반, 모든 다른 사람을 포함한 부담을 수임인에게 수여하는 각기 특별할 수 있다. 특별한 권한을 요구하는 다음을 제외한다.

1042 중화민국 노동조합법, 제26조; 일본 근로기준법, 제101, 109, 110조; 한국 명령 제121호, 제5조; 한국 명령 제112호, 제19조; 소련 노동법전, 제46~9조; 북한 사회보험법, 제52~4조.

1043 중화민국 민법전, 제528조; 독일 민법전, 제662조; Schuster, Principles of German Civil Law, p.115, n.18; 소련 민법전, 제251조 제1항; 스위스 민법전, 제394, 396조; 40 Corpus Juris, 1412, n.92; 일본 민법전, 제656조.

1044 독일 민법전, 제663조; 일본 민법전, 제643조; 스위스 채무법전, 제395조, 제396조 제2, 3항; 40 Corpus Juris, 1413, n.98, 99; 켈리포니아 민법전, 제2297조; 중화민국 민법전, 제532조 제2항, 제533조.

① 부동산 또는 그 내부에 물권의 창설의 판매, ② 2년 이상 부동산의 임대, ③ 증여, ④ 화해, ⑤ 법적 조치의 기관, ⑥ 중재에 대한 쟁점의 제출(Art 799)을 규정하였다. 이 초안은 위임에서 특별한 권한을 요구하는 예외에 대하여 규정하고 있다. 즉 이 조문은 특별한 권한을 요구하는 사항(①~⑥)을 규정하고 있다.[1045]

(4) 법률행위에 의해 부여된 위임은 수임인에게 의도의 선언이나 업무를 실시하는 사람과 함께 당사자를 필요로 한다. 여러 수임인이 지명되는 경우, 그들의 권한은, 위임인이나 법률에 의하여 다른 규정이 없는 한, 공동으로 행사된다. 이러한 원인 또는 제3자에게 위임인이 점유한 것으로 믿게 허용한 외관상 권한은 위임인을 결합한다(Art 800)고 규정하였다. 이 초안은 부여 방법(How conferred)에 대하여 규정하고 있다.[1046]

(5) 보수는 수임인이 소명의 범위 내에서 고용되는 때에 강제된다. 그렇지 않으면, 그것은 동의되지만, 합의가 없으면, 수임인은 관습상 보수 또는 위임의 본질에서 의미되는 것으로 권한이 있다. 달리 규정하지 않는 한, 그 위임이 종료되고 수임인의 계산이 이뤄질 때까지 보수는 지급되지 않는다. 그러나 종료가 업무의 관리가 완성되기 이전에 일어난 경우 수임인의 과실 없이, 그는 관련 업무에 대한 동의한 비율에 따라 보수에 대한 권리가 있다(Art 801)고 규정하였다. 이 초안은 위임에서 보수(Remuneration)에 대하여 규정하고 있다.[1047]

(6) 보수를 지급하는 경우, 위임을 실행함에 있어서 선량한 관리자의 주의를 기울여야 한다. 심지어 무상으로 행위하는 경우, 그는 자신의 업무와 동일한 주의를 사용하여야 하고, 위임자의 지침에 따르고 중대한 과실에 대한 책임이 있어야 한다. 그는 위임인에게 과실, 진행, 금전, 그가 위임을 실행하면서 수집한 것이 무엇이든지 자신의 이름으로 위임인을 대신하여 취득한 권리를 포함하여, 보내야 한다. 수임인이 그의 개인적 이익을 위하여 그러한 금전을 사용한 경우 그는 그러한 사용의 시작부터 법적 비율로 그에 대한 이자를 지급하여야 한다. 수임인은, 그의 행위에 대하여, 위임에 따라 위임된 업

[1045] 켈리포니아 민법전, 제2297, 2322조; 중화민국 민법전, 제532조 제2항, 제533, 534조; 스위스 채무법전, 제396조 제2, 3항.

[1046] 켈리포니아 민법전, 제2309, 2317; 중화민국 민법전, 제167, 168, 169조; 독일 민법전, 제167조 제1항, 제171조; 일본 민법전, 제109조; 스위스 채무법전, 제33조.

[1047] 프랑스 민법전, 제1986조, 제1999조 제1항; 독일 민법전, 제662조; 일본 민법전, 제648조 제1, 2, 3항; 일본 상법전, 제512조; 소련 민법전, 제256(c)조, 제261조 제2항, 제258, 259조; 스위스 채무법전, 제394조 제3항; 40 Corpus Juris, 1412 n.93, 95; American Law Institute's Restatement of Agency, Sec 44; 중화민국 민법전, 제547조, 제548조 제1, 2항.

무의 상태와 관련된 것의 종료시에 위임인에게 모두 보고되어야 하고, 서면상 권리를 돌려주어야 한다. 위임인의 동의 없이, 그는, 채무를 이행에서 전적으로 제외하고, 자신의 이름도 같은 제3자와 그의 위임인의 명의로 제3자의 수임인은 자신과 위임인의 명의로 법률행위를 수행할 수 있다. 권리 또는 추인 없이, 수임인은, 그가 알거나 알 수 있었던 상황이 없는 한, 상대방에게 자신의 선택에 따라 책임이 있다(Art 802)고 규정하였다. 이 초안은 유상위임과 무상위임에 대하여 규정하고 있다.[1048]

(7) 위임인이 승인하지 않는 한, 또는 관습에 의해, 위임인은 그에게 신뢰하는 업무에 개인적으로 참석하고, 순수한 상인적 행위 또는 수임인이 법적으로 이행할 수 없는 것을 제외하고 상대방에게 그것들을 대리할 수 없다. 그가 위와 달리 그들을 대리하는 경우 그는 자신이 한 것처럼 대리권이 수여된 자의 행위에 대하여 책임이 있다. 정당하게 대리권이 수여된 제3자는 그러한 당사자에 대한 선임과 지시에 대하여 위임인과 수임인에게 직접 책임이 있다(Art 803)고 규정하였다. 이 초안은 위임(Delegation; 수권행위)에 대하여 규정하고 있다.[1049]

(8) 자신의 권한의 범위 내에서 수임인에 의해 의사의 선언, 이 위임인의 명의로, 수임인이 제한된 능력의 또는 상대방의 수임인에게 이뤄지거나 또는 위임인의 명의를 공개하지 않은 경우에도 후자를 결합한다. 선언이 이뤄지고 알거나 알 수 있는 누구에게 하나를 제공하거나, 대표 자격으로 이뤄진 것은 수임인 자신이 책임을 진다. 그러나 권한이 없는 행위는 위임인이 추인하기 전에, 다른 당사자가 그것이 권한이 없는 것을 알지 않는 한, 취소할 수 있다(Art 804)고 규정하였다. 이 초안은 의사의 선언(Declaration of Intent)에 대하여 규정하고 있다.[1050]

(9) 추인은 이전의 행위가 추인한 사람에 결합하지 않지만, 이러한 행위가 원래 승인된 경우 효력을 부여함으로써, 외관상으로 자신의 계산으로 수행한다. 권한이 없이 상

1048 중화민국 민법전, 제535, 536, 541, 542, 109, 106조, 제544조 제2항; 프랑스 민법전, 제1992, 1991조; 일본 민법전, 제644, 646, 645, 108조; 스위스 채무법전, 제398조 제1항, 제328, 36, 39조, 제400조 제1, 2항; 소련 민법전, 제256(c), 253조; 독일 민법전, 제667, 668, 175, 181, 179, 117조; 일본 비송사건절차법, 제43조; 켈리포니아 민법전, 제 645조.

1049 켈리포니아 민법전, 제2349, 2350, 2351조; 중화민국 민법전, 제537, 543조, 제538조 제1, 2항, 제539조; 독일 민법전, 제664조 제1, 2항; 일본 민법전, 제104조, 제107조 제2항; 소련 민법전, 제254조, 제255조 제2항; 스위스 채무법전, 제398조, 제399조 제1, 2, 3항.

1050 중화민국 민법전, 제103, 104, 110, 171조; 독일 민법전, 제165, 178조; 일본 민법전, 제99, 102, 100, 115조; 스위스 채무법전, 제122조 제1항, 제32조 제2항; 켈리포니아 민법전, 제2343조.

대방을 대표한 것으로 추정되는 사람의 행위는 그 사람에 의하여 추인될 때까지 법적인 효력이 없다. 그러한 추인은 그 행위에 원래 권한을 부여하기 위하여 요구되는 방법으로써 유효하게 된다. 가장된 위임인이 다른 당사자가 전자가 추인할 것인지에 대한 질문에 단호히 답할 수 없으면 거절을 구성한다. 다른 규정이 없는 한 추인은 계약의 성립에서 소급하여 작용하지만 제3자에게 침해가 없어야 한다(Art 805)고 규정하였다. 이 초안은 추인(Ratification)에 대하여 규정하고 있다.[1051]

(10) 수임인이 요청한 경우 위임을 실행하는데 필요한 자금으로 그를 진행하게 할 수 있다. 필요한 지출과 그 수행으로 입은 손해에 대하여 그 일자로부터 이자를 함께 상환한다. 위임인은 그러한 실행으로 수임인이 필요하게 추정되는 채무를 이행하게 요청되거나 만기가 되지 않은 경우 그러한 이행에 대하여 담보를 제공한다(Art 806)고 규정하였다. 이 초안은 위임인(The mandator)에 대하여 규정하고 있다.[1052]

(11) 위임에 대한 각 당사자는, 그에게 책임이 없는 한, 그 결과로 생긴 손해를 상대방에게 변상하고 언제든지 그것을 종료할 수 있다. 사망 또는 파산, 또는 각 당사자의 무능력, 또는 목적물의 멸실은 마찬가지로 계약을 종료한다. 그러나 이러한 종료는 한 당사자가 다른 당사자에 대한 위임에 대하여, 그 후자가 그것의 통지 또는 의식 없는 한, 법에 호소하게 될 것이다. 이러한 종료가 위임인을 침해할 가능이 있는 때, 수임인, 그의 상속인 또는 법정대리인은 그것을 할 수 있다(Art 807)고 규정하였다. 이 초안은 위임의 종료(Termination)에 대하여 규정하고 있다.[1053]

(나) 특수한 형태(Particular Forms)

이 초안은 위임의 특수한 형태에 대하여, 중개업(Brokerage, Arts 808~810), 상업사용인(Commercial Agents, Arts 811~816), 위탁판매업(Commission Agents or Factors, Arts 817~820) 및 지배인(Managers, Arts 821~824)을 각각 규정하였다.

1051 American Law Institute's Restatement of Agency, Sec 82; 중화민국 민법전, 제170조 제1항; 독일 민법전, 제177조 제1항; 일본 민법전, 제113조 제1항, 제114, 116조; 스위스 채무법전, 제38조 제1항; 켈리포니아 민법전, 제2310조.
1052 중화민국 민법전, 제545, 546조; 일본 민법전, 제649, 650조; 소련 민법전, 제256(b)조; 독일 민법전, 제670조.
1053 켈리포니아 민법전, 제2355, 2356조; 중화민국 민법전, 제549, 108, 550, 107, 562, 551조; 일본 민법전, 제651, 111, 653, 112, 655, 654조; American Law Institute's Restatement of Agency, Sec 110; 독일 민법전, 제168, 170~3, 673, 674조; 스위스 채무법전, 제405조 제1, 2, 35, 37항, 제406조.

1) 중개업(Brokerage)

(1) 중개인은 다른 사람 사이의 거래에서 중개하는 행위를 사업을 수행하거나 계약을 체결하는 행위를 다른 사람에게 조언한다(Art 808)고 규정하였다. 이 초안은 중개인의 정의(Defined)에 대하여 규정하고 있다.[1054]

(2) 보수는, 계약이나 관습에 의하여 다른 규정이 없으면, 두 당사자가 각자 동등하게 지급하는 것으로 추정된다. 그러나 후자 사이의 계약이 중개인의 노력으로 끝나고 어떤 선행 조건이 이행될 때까지는 그러하지 않다. 그의 비용에 대한 보상은 오직 합의된 경우에만 허용된다. 지급된 보수의 반환이나 혼인 중개에 대한 청구는 수집될 수 없다. 합의된 금액이 불공정의 추정을 인상하는 정도를 너무 초과하는 경우 그것은 법적으로 각 체약 당사자의 요구에 따라 감액될 수 있다. 상대방의 비용으로 계약 당사자 중 하나에게 호의를 베풀거나 전자로부터 비윤리적인 이익을 받은 중개인은, 보수 및 보상 모두에 대한 자신의 권리를 상실한다(Art 809)고 규정하였다. 이 초안은 중개인의 보수(Remuneration)에 대하여 규정하고 있다.[1055]

(3) 중개인은 제안된 거래에 대하여 그가 알고 있는 것을 각 당사자에게 올바르게 설명하여야 한다. 당사자의 지시에 반하여, 그의 성명이나 회사를 공개할 수 없다. 그러나 전자의 채무이행에 대하여 상대방에게 책임을 지고 그가 그를 대신하여 이행을 수령할 수 있다. 그리고 그는 달리 할 수 없다(Art 810)고 규정하였다. 이 초안은 중개인의 의무(Duties)에 대하여 규정하고 있다.[1056]

2) 상업사용인(Commercial Agent)

(1) 상업사용인은, 정규근로자가 아니면서, 사업의 자신의 특정한 계통 또는 특정한 지역에서 상인들을 위하여 대리인 또는 중개인으로서 활동하는 사람이다(Art 811)고 규정하였다. 이 초안은 상업사용인(A commercial agent)의 정의(Defined)에 대하여 규정하고 있다.[1057]

[1054] American Law Institute's Restatement of Agency, Sec 1(c); 중화민국 민법전, 제565조; 독일 민법전, 제652조 제1항, 제653조 제1항; 일본 상법전, 제543조.

[1055] 중화민국 민법전, 제566, 568, 570, 569, 573, 572, 571조; 독일 민법전, 제652, 653, 652 par 2, 655, 654조; 독일 상법전, 제99조; 일본 상법전, 제550조; 스위스 채무법전, 제413조 제1, 2, 3항, 제417, 415조; 일본 민법전, 제648조.

[1056] 중화민국 민법전, 제567, 575조; American Law Institute's Restatement of Agency, Sec 40; 일본 상법전, 제548, 549조; 독일 상법전, 제95조 제3항.

[1057] 중화민국 민법전, 제558조 제1항; 독일 상법전, 제84조, 제54조 참조; 일본 상법전J, 제558조 제1항.

(2) 보수가 필요하며, 합의에 의해 해결되지 않을 경우에는, 상업사용인은 관습에 따라서 그것을 받을 수 있다. 그러나 합의 또는 관습이 없으면, 그의 주체(상인)에 대하여 그가 거래한 사업의 양과 중요성에 비례하게 된다(Art 812)고 규정하였다. 이 초안은 상업사용인의 보수(Remuneration)에 대하여 규정하고 있다.[1058]

(3) 상업사용인은 자신의 주체(상인)에게 그가 대신하여 한 거래를 즉시 보고하고 그의 지역에서 거래 조건에 대하여 그에게 보고하여야 한다(Art 813)고 규정하였다. 이 초안은 상업사용인의 의무(Duties)에 대하여 규정하고 있다.[1059]

(4) 상업사용인의 권한은 그의 주체(상인)의 이익을 위해 그에게 맡겨진 사업을 거래할 필요가 있는 것에 확장한다. 그는 이러한 사업을 연결한 목적물의 결함이나 부족의 통지 또는 다른 통지를 수령할 수 있다. 그러나 그는, 서면에 의한 권한이 없으면, 주체(상인)를 대리를 할 수 없고, 유통증권에 서명할 수 없고, 대체가능한 것을 빌리거나, 법원에 소송을 제기할 수 없으며, 그의 주체(상인)와 경쟁하는 사업을 직접 또는 간접으로 할 수 없다. 이 억제의 위반은 그 주체(상인)가 그 사업에서 사용인에 의하여 수령한 이익을 위험하게 한 것을 회복할 권한이 있다(Art 814)고 규정하였다. 이 초안은 상업사용인의 권한(Authority)에 대하여 규정하고 있다.[1060]

(5) 달리 합의하지 않는 한, 상업사용인은 어떤 거래의 이행과 보수가 있을 때까지, 모든 서류와 그에 관련 다른 자료를 보유할 수 있다(Art 815)고 규정하였다. 이 초안은 상업사용인의 보수와 이행에 대한 선취특권(유치권; Lien(Right of Retention))에 대하여 규정하고 있다.[1061]

(6) 사용인의 권한의 종료는 주체(상인)의 사망, 파산 또는 무능력으로 발생하지 않는다. 그러나 그 기간이 정해지지 않은 경우 각 당사자는 3개월의 통지를 상대방에게 하거나 기간을 정하지 않았지만 종료자에게 어쩔 수 없는 사정으로 종료할 수 있다(Art 816)고 규정하였다. 이 초안은 상업사용인의 권한의 종료(Termination)에 대하여 규정하고 있다.[1062]

1058 중화민국 민법전, 제560조; 독일 상법전, 제59조, 제65, 88, 91조 참조; Schuster, Supra n.18 at p.279.

1059 중화민국 민법전, 제559조; 독일 상법전, 제84조 제2항; 일본 민법전, 제557조; 일본 상법전, 제47조.

1060 American Law Institute's Restatement of Agency, Secs 39, 387~98, 389, 390, 393; 중화민국 민법전, 제558조 제2, 3항, 제562조; 독일 민법전, 제86조; 일본 민법전, 제565~66, 570조; 일본 상법전, 제49, 526, 48조, 제41조 참조; 독일 상법전, 제54조 제2항, 제60조, 제76조 제1항; 스위스 채무법전, 제464조 제1항.

1061 일본 파산법, 제93조; 일본 민법전, 제295조; 일본 상법전, 제51, 562조.

3) 위탁판매업(Commission Agents or Factors)

(1) 위탁판매업은, 독립적인 사업을 추구하면서, 자신의 이름으로 구매 또는 판매를 하지만 주체(상인)를 위하여, 보수를 조건으로 한 수수료를 위하여 수행하는 사람이다(Art 817)고 규정하였다. 이 초안은 위탁판매업(A commission agent or factor)의 정의(Defined)에 대하여 규정하고 있다.[1063]

(2) 저장을 위한 이익과 운송요금 및 기타 필요경비의 반환은 심지어 그가 자신의 계산으로 구매 또는 판매할 때에 자신의 서비스 보상에 상업사용인을 통하여 추가한다(Art 818)고 규정하였다. 이 초안은 보관료, 운송료, 기타 필요비의 상환(Reimbursement)에 대하여 규정하고 있다.[1064]

(3) 위탁판매업자는 권리를 취득하거나 주체(상인)를 위하여 사업을 거래한 사람에게로 채무를 발생하게 할 수 있다. 그는 목적물에 보험을 들 수 있다. 지시사항이 없는 한, 그는 그렇게 하는 것에 얽매이지 않는다. 관습에 반하지 않으면 그는 신용으로 그 목적물을 판매할 수 있지만, 그것을 질 또는 교환할 수 없다. 자신의 파트너 또는 고용인에게 자신의 권한을 위임할 수 없다. 또한 자신이, 특정한 시장가격이 있거나 공식적으로 공개거래소에서 인용된 경우, 그 인용된 숫자로 목적물의 구매자 또는 판매자가 될 수 있다. 그러나 그가 다루는 사람으로 당사자의 이름을 공개하지 않으면 그는 후자의 채무에 대하여 개인적으로 책임을 진다. 부패하기 쉬운 물품이 위탁판매업자가 결함조건으로 수령하였으나, 주체(상인)가 수령을 거절하거나, 주체에게 통지한 후 판매하지 않고 있는 물품은 위탁판매업자에 의하여 처분될 수 있고, 그 절차는 그에게 균형 있는 범위에서 적용된다. 제815조의 규정은 위탁판매업에 적용한다(Art 819)고 규정하였다. 이 초안은 위탁판매업자의 권한(Authority)에 대하여 규정하고 있다.[1065]

(4) 위탁판매업자는 사려 깊은 상인의 근면을 실시하여 하고, 그의 주체(상인)의 이

1062 중화민국 민법전, 제564, 561조; 독일 상법전, 제52조 제3항, 제66조(6간 통지), 67, 70조; 스위스 채무법전, 제465조 제2항; 일본 민법전, 제626~9조; 일본 상법전, 제35조.
1063 켈리포니아 민법전, 제2026, 2367조; 중화민국 민법전, 제576조; 독일 상법전, 제383조; 일본 상법전, 제551, 558조; 스위스 채무법전, 제425조 제1항.
1064 중화민국 민법전, 제582, 586조 제1항; 독일 상법전, 제396, 400~2조; 일본 민법전, 제650조 제1항 참조; 스위스 채무법전, 제431, 432조; 일본 상법전, 제555조 제2항, 제565조.
1065 중화민국 민법전, 제578, 687조 제1항, 제588, 584~586조; 독일 상법전, 제392, 400~3조, 제388조 제1항, 제389조; 일본 상법전, 제552조 제1항, 제555조 제1항, 제524, 526, 295, 57, 557조; 켈리포니아 민법전, 제2368(1), (3)조; 스위스 채무법전, 제436, 437, 427, 435조.

익을 보호하고, 그의 지시에 따라야 하고, 주체(상인)의 요청에 따라 시행한 각 거래를 보고하고, 후자에게 모든 청구를 양도하여 시행한 모든 필요한 정보와 거래를 제공하여야 한다. 위탁판매자가 주체(상인)가 정한 것보다 높은 가격으로 판매하거나 낮은 가격으로 구매한 경우, 그 이익은 후자에게 계상된다. 구매가 높은 가격 또는 낮은 가격인 경우, 위탁판매자는 그 차액을 주체(상인)에게 상환하여야 한다. 계약 또는 관습에 다른 규정이 없는 한 위탁판매자는 상대방이 이행하지 않는 것에 대하여 주체(상인)에게 책임을 져야 한다(Art 820)고 규정하였다. 이 초안은 위탁판매업자의 의무(Obligations)에 대하여 규정하고 있다.[1066]

4) 지배인(Managers)

(1) 지배인은 상사관련 업무를 실시하고 그 대신으로 서명할 권한이 있는 사람이다(Art 821)고 규정하였다. 이 초안은 지배인(A manager)의 정의(Defined)에 대하여 규정하고 있다.[1067]

(2) 지배인의 권한은 명시적으로 또는 묵시적으로 할 수 있다. 그리고 ① 사업에 부수하는 계약의 성립, ② 장비의 조달, 적용 및 운영에 대한 합리적으로 필요한 수리, ③ 고용, 감독 및 사업이 필요한 근로자의 해고, ④ 판매 또는 상품의 처분 또는 관련 사업에 준하는 다른 상품의 처분, ⑤ 금전의 영수, 그리고 주체(상인)가 부담하는 채무의 지급, ⑥ 일반 및 부수적인 영업지시, ⑦ 소송에서 그의 주체(상인)의 대리를 포함한다. 이러한 권한은 여러 지배인에게 제공될 수 있지만, 그 중 두 사람의 공동서명은 그 주체(상인)를 구속한다(Art 822)고 규정하였다. 이 초안은 지배인의 권한(Authority of a manager)에 대하여, 이 조문에 열거한 사항(①~⑦)을 포함하여 명시적 또는 묵시적으로 권한이 있다고 규정한다.[1068]

(3) 이러한 권한의 제한은 오직 주체(상인)의 사업의 특수한 계통이나 지점에 제한되거나 구매, 판매 또는 부동산 저당 또는 앞의 제81조 제3항의 경우에 한하여 선의의

[1066] 켈리포니아 민법전, 제2027조; 독일 상법전, 제384조 제1항, 제386, 387조, 제284조 제3항, 제394조; 일본 민법전, 제644, 645, 646조; 일본 상법전, 제552조 제2항, 제554, 553조; 스위스 채무법전, 제400조 참조, 제428, 430조; 중화민국 민법전, 제580, 581, 579조.

[1067] American Law Institute's Restatement of Agency, Sec 73 p, 124; 중화민국 민법전, 제553조 제1항, 제554조 제1항; 독일 상법전, 제51조; 일본 상법전, 제37조; 스위스 채무법전, 제458조 제1항.

[1068] 중화민국 민법전, 제553조 제2항, 제554조 제2항, 제555, 556조; 독일 상법전, 제48조 제1, 2항, 제49조 제2, 1항; 스위스 채무법전, 제458조 제2항, 제460조 제2항; 일본 상법전, 제28, 39조.

제3자를 구속한다(Art 823)고 규정하였다. 이 초안은 지배인의 권한을 제한한 경우 선의의 제3자를 구속할 수 있는가에 대하여 규정하고 있다.

(4) 선박관리자는, 용선계약 당사자 및 기타 그들의 의무의 이행에 대한 필수요소, 화물운송료를 정하고 해손에 대한 이의를 하는, 화물에 대한 계약을 체결하는 총괄적 권한을 갖는다. 그러나 특별한 권한 없이, 금전 차용, 화물 취득, 운항료를 위하여 선박유치권을 포기하거나, 보험을 위하여 선박소유자를 구속할 수 없다(Art 824)고 규정하였다. 이 초안은 선박관리자(Ships' Managers)에 대하여 규정하고 있다.[1069]

타) 조합(Partnerhip (Latin. socistas; German. gesellschaft))

이 초안은 조합에 대하여, 본질(Nature, Art 825), 각종의 조합원과 조합(Classes of partners and Partnerships, Art 826), 관리(Management, Art 827), 조합원의 권리(rights of partners, Art 828), 책임과 제한(liabilities and limitations, Art 829), 조합원의 탈퇴(seperation, Art 830), 해산(dissolution, Art 831) 및 청산(liquidation, Art 832)을 각각 규정하였다.

(1) 이것은 재산, 금전 산업 또는 용역을 결합하여 공동기업의 이익을 분할하기 위한 2인 이상의 계약이다. 조합원의 부담부분과 모든 다른 조합원 재산은 조합원이 공동으로 소유하게 된다(Art 825)고 규정하였다. 이 초안은 조합(Partnerhip)의 본질(Nature)에 대하여 규정하고 있다.[1070]

(2) 금전 또는 재산으로 구성한 부담부분을 갖는 조합원은 자본조합원이라 부른다. 용역이나 노동을 부담하는 조합원은 산업조합원이라 한다. 휴면, 침묵 또는 수면중인 조합원은 다른 조합원이 관리하는 기업에 대하여 부담하는 사람이고, 전자가 이익을 배분하지만 손실은 그의 부담부분의 범위로 하는 계약에서 활동하는 조합원이라 한다. 광산조합은 명시적인 계약이 없더라도 2인 이상이 채광 청구의 소유권과 운영에서 발생할 수 있다(Art 826)고 규정하였다. 이 초안은 조합원과 조합의 종류(Classes of Partners and Partnerships)에 대하여 규정하고 있다.[1071]

[1069] 켈리포니아 민법전, 제2388조; 중화민국 해상법전, 제20, 21조; 일본 상법전, 제700조; 만주국 해사법전, 제21조; American Law Institute's Restatement of Agency, Secs 73, 74.

[1070] 켈리포니아 민법전, 제2400조; 중화민국 민법전, 제667, 668조; 독일 민법전, 제705, 718조, 제706조 제3항; 일본 민법전, 제667, 668조; 스위스 채무법전, 제530, 531~2조; 40 Corpus Juris, 1393 sq.

(3) 조합의 문제는 조합원의 과반수에 의해 규제되어야 한다. 각 조합원은 그의 부담부분액에 관계없이 오직 한 투표권을 갖는다. 그러나 광산조합을 제외하고, 그에 대한 권한 또는 기업의 성격 또는 새로운 조합원의 가입 승인이 아닌 한, 원래의 계약을 변경을 위하여, 기존 조합원 전원의 만장일치 동의를 요한다. 다수결은 하나 또는 그 이상 또는 다른 사람에게 관리를 위탁할 수 있다. 그들은 수임인을 규제하는 이 법전의 규정이 적용되고, 그들의 권한 범위 안에서 제3자를 다루는데 다른 조합원을 대표한다. 그러나 그와 같은 보수를 받을 자격이 없고, 정당한 사유 없이 제거 또는 사임을 허용하지 않을 수 있다(Art 827)고 규정하였다. 이 초안은 조합의 관리(Management)에 대하여 규정하고 있다.[1072]

(4) 조합원의 이익은 그의 지분 또는 이익과 잉여 및 무형이다. 모든 조합원은, 관리하는 사람이 아니라, 조합원명부를 검사하고 재무 업무와 상태를 조회한다. 다른 규정이 없는 경우 조합원은 이익과 손실을 그들의 부담부분에 비례하여 분담한다. 금전이나 용역만을 부담하는 조합원을 제외하고 손실을 분담하지 않는다. 그러나 이익이나 손실의 분담이 정하여진 경우, 그 지분은 양자에게 적용되는 것으로 추정한다. 조합원은 조합의 필요적 지출에 대하여 상환 받을 권한이 있고, 각 사업연도말까지 계산하고 분배받을 권한이 있다(Art 828)고 규정하였다. 이 초안은 조합원의 권리(Rights of Partners)에 대하여 규정하고 있다.[1073]

(5) 조합원은 조합에 대한 관계에서 자신의 일에서 사용하듯이 그러한 주의를 기울여야 한다. 광산조합을 제외하고 조합원은 그의 이익을 다른 조합원이 아닌 누구에게도 양도하지 못할 뿐만 아니라, 그 사업이 청산될 때까지 조합재산의 분배를 받을 수 없다. 조합원은 그의 부담부분의 합의한 액을 증가하는 채무를 부담하지 않을 뿐만 아니라,

---

1071 40 Corpus Juris, 1400~1; 중화민국 민법전, 제701, 703조; 일본 상법전, 제535조; 켈리포니아 민법전, 제2411, 2512조.

1072 켈리포니아 민법전, 제2412(e)(b)(g), 2520, 2516조; 중화민국 민법전, 제671, 673, 670, 691, 674, 680, 671, 679, 704조, 제678조 제2항; 독일 민법전, 제709조 제1항, 제710, 713조, 제702조 제3항, 제119조 참조, 제709~11조, 제712조; 일본 민법전, 제709조 제1항, 제710, 713, 671, 670~2, 640, 672조; 만주국 민법전, 제689, 688, 690, 699조; 소련 민법전, 제289, 253, 257, 258, 283, 303조; 스위스 채무법전, 제535조, 제534조 제2항, 제538, 540, 525조, 제537조 제3항, 제539조; 프랑스 민법전, 제1977~8조; 만주국 상인법, 제69, 70, 72조.

1073 켈리포니아 민법전, 제2420, 2413, 2414, 2412(b),(c), 2416조; 중화민국 민법전, 제675, 706, 707, 677, 703, 676, 707조, 제678조 제1항; 독일 민법전, 제716조, 제721조 제2항; 독일 상법전, 제328조, 제340조 제3항, 제337조 제1, 3항; 일본 민법전, 제673, 674, 671조; 만주국 민법전, 제692조; 만주국 상인법, 제69, 72, 71조; 소련 민법전, 제285조; 스위스 채무법전, 제541조 제1항, 제532~3조, 제537조 제1항.

내부의 손실에 제공할 의무가 없다. 그러나 조합재산이 부채를 충족하기에 부족한 경우, 조합원은 적자에 대한 공동 책임이 있다. 합의한 부담부분이 금전이고, 그것을 지급하는 것을 무시한 경우, 그는 손실만큼 이익에 대하여 책임이 있다. 탈퇴한 조합원은, 그의 탈퇴 전에 발생한 조합채무에 대한 책임이 유지되고, 기존 조합에 가입한 자는 그 조합의 이전 채무에 책임을 지게 된다. 그러나 마지막 두 규정은, 그가 경영에 참여하고 또는 그렇게 하는 것으로 자신을 외부에 드러내지 않는 한, 휴면조합원에 적용되지 않는다(Art 829)고 규정하였다. 이 초안은 조합원의 책임과 제한(Liabilities and Limitations)에 대하여 규정하고 있다.[1074]

(6) 그의 상사조합에서 조합원의 탈퇴는 그의 죽음, 금지 또는 파산의 선고에서 발생한다. 즉 ① 이러한 탈퇴는 조합의 업무를 침해하지 않을 경우, ② 그 기간은 정해지지 않거나 또는 어느 조합원의 생존기간 동안이고, 또는 ③ 정해졌지만 조합원이 탈퇴에 책임이 없는 것에 대하여 중대한 이유를 갖는 경우, 다른 당사자에게 2개월의 통지 후에, 발생한다. 조합원의 제명은 관련 당사자에게 통지하고 정당한 원인에 대하여 청문할 기회를 준 뒤 다른 조합원들의 만장일치 투표에 의하여 행하여 질 수 있다. 탈퇴된 조합원과 다른 사람과의 사이에 계산을 확정하는 것은 분리 당시의 조합의 재정 상태에 기초하여야 하지만, 미해결 사안이 조정된 후에 이뤄질 수 있다. 탈퇴되는 조합원의 지분은 여하튼 원래 부담부분의 중간의 금전으로 환급될 수 있다(Art 830)고 규정하였다. 이 초안은 조합원의 조합으로부터 탈퇴(Separation)에 대하여 규정하고 있다.[1075]

(7) 조합의 해산은 사실상 그 기간이 정해진 경우 그 기간의 만료에 따라서 발생한다. 또한 목적의 달성 또는 그것의 실현이 불가능한 경우, 모든 활동 조합원의 만장일치인 합의로, 조합에 의하여 실시한 사업이 불법에 관련된 경우에 해산한다. 그러나 조합원이 영업을 계속하는 경우 그 계약은 무기한 확장된 것으로 추정한다. 재판상 해산은 조합원에 의하여 또는 조합원에 대하여 요구되고, 조합 사업이 오직 손실만 계속되

1074 중화민국 민법전, 제672, 683, 669, 681, 690, 703, 704, 705조, 제682조 제1항; 독일 민법전, 제708, 707, 427조, 제719조 제1항; 일본 민법전, 제671, 644, 675, 404, 416, 419, 686조, 제676조 제1항; 스위스 채무법전, 제528, 542, 545조, 제544조 제3항; 켈리포니아 민법전, 제2416, 2421, 2407~8조; 만주국 민법전, 제698, 691조; 소련 민법전, 제286, 304, 117, 121, 284, 311조; 독일 상법전, 제337조 제4항, 제335조 제2항; 프랑스 민법전, 제1846조; 일본 상법전, 제69조 참조, 제536, 537조; 만주국 상임법, 제69~71조.
1075 중화민국 민법전, 제686~7, 688, 689조; 독일 민법전, 제678~9, 737, 738조; 만주국 민법전, 제698~699조; 소련 민법전, 제291, 334 (6), (7)조; 스위스 채무법전, 제545~6, 548, 549조; 일본 민법전, 제680조.

는 경우 법원이 적당하고 공평하다고 생각하는 다른 사유에 따라서 선고되어진다(Art 831)고 규정하였다. 이 초안은 조합의 해산(Dissolution of a partnership)에 대하여 규정하고 있다.[1076]

(8) 청산은 공동으로 모든 조합원 또는 그들이 과반수 투표로 지명한 청산인에 의하여 수행될 수 있다. 그는 이 법전 제194조의 규정을 적용하여 행동한다. 조합재산은 조합원보다 먼저 채권자의 청구에 적용되어야 한다. 이러한 청구가 만기에 이르지 않거나 소송중인 경우 그 재산에서 충분히 충족하게 예치되어야 할 것이다. 그것을 하는 것과 다른 청구를 위하여 필요한 경우 금전으로 전환하게 되어야 할 것이다. 채권자의 청구에 대한 지급과 예치를 한 후 조합원의 부담부분은, 재산이 모든 지급에 부족한 경우, 그것들의 예상 가액에 비례하여 환불 또는 보상되어야 한다. 부채의 변제와 부담부분의 반환 후 남은 재산의 잔액은, 그들이 그 이익에 대하여 권한이 있는 것에 비례하여, 조합원들 사이에 배분될 것이다. 수면중인 조합원의 경우에, 수면중인 조합원의 부담부분은 활동중인 조합원이 그로부터 발생한 이익을 함께 반환하게 될 수 있다. 그 부담부분은 손실에 의하여 감소되고, 잔액만은 반환될 것이다. 조합원의 개인적 채권자는, 배당을 제외하고는, 조합에 대한 이러한 조합원의 주장 중 하나를 대위하지 못할 수 있지만, 조합으로부터 분리된 조합원에게 2개월의 통지에 따라서 이러한 조합원의 지분을 압류할 수 있다(Art 832)고 규정하였다. 이 초안은 조합의 청산(Liquidation)에 대하여 규정하고 있다.[1077]

파) 유가증권(Negotiable Instruments)

이 초안은 유가증권에 대하여, 본질과 종류(Nature and Classes, Arts 833~835), 양도성(유통성; Nagotiability, Arts 836~840), 성립과 효과(Form and Effect, Arts 841~846), 해석(Interprtation, Arts 847~850) 및 당사자(Parties, Arts 851~921)를 각각 규정하였다.

1076 켈리포니아 민법전(1947), 제2425, 2426, 2426(f)조; 중화민국 민법전, 제692, 708, 701조; 독일 민법전, 제723, 726, 724조; 일본 민법전, 제682, 683, 678조; 만주국 민법전, 제704조; 만주국 상인법, 제76조; 스위스 채무법전, 제545조, 제546조 제3항; 이 법전 제807조 제4항 등.

1077 중화민국 민법전, 제694, 695, 696, 698, 699, 709, 684, 685(2개월 통지)조. 제697조 제1, 3항, 제682조 제2항; 일본 민법전, 제672, 685, 686, 687조, 제688조 참조, 제688조 제2항; 만주국 민법전, 제706, 707조, 제705, 708, 697조 참조; 소련 민법전, 제294, 308, 309, 310, 305조, 제246조 참조; 켈리포니아 민법전, 제2434(b)조; 독일 민법전, 제733, 340, 337, 732조, 제725조 제1, 2항, 제719조 제2항, 제723~6조; 스위스 채무법전, 제549조; 일본 상법전, 제541조; 만주국 상인법, 제77, 75(6개월 통지)조; 독일 민사소송법, 제859조.

(가) 본질과 종류(Nature and Classes)

(1) 증권은 이 법전의 제836조 아래에 서면으로 유통한다. 지급명령은 그 발행인이 우위인 상대방에게 제3자, 수취인, 금전, 유가증권, 다른 대체가능물을 인도할 것을 지시하는 증권이다. 금전은 정부가 승인한 유통 수단을 의미하고, 지급은, 그 증권이 달리 규정하거나 그 액수가 다른 통화로 표현되지 않는 한, 이행지에서 변제의 제공이 될 수 있다. 환어음은 이 법전 제836조 아래에 유통할 명령이다(Art 833)고 규정하였다. 이 초안은 증권(An instrument)에 대한 일반규정을 규정하고 있다.[1078]

(2) 수표는 은행과 청구에 지불하기 위하여 발행된 환어음이다. 달리 여기에 규정된 경우를 제외하고, 환어음에 적용할 규정을 수표에 적용한다. 환어음은 지급에 사용할 수 있는 지급인의 손에 자금의 할당이 아니며, 그가 수령할 때까지 증권에 책임을 지급인이 지는 것이다. 수표 발생인의 사망은 사망 후 10일 동안, 은행이 그것을 통지할 때까지, 그것을 지급할 은행의 권한을 취소하지 않는다(Art 834)고 규정하였다. 이 초안은 수표(A check)에 대한 일반규정에 대하여 규정하고 있다.[1079]

(3) "각서" 또는 "약속"은 이 법전 제836조 아래에서 유통약속을 의미한다(Art 835)고 규정하였다. 이 초안은 이 법전에서 각서(note) 또는 약속(promissory)의 의미를 규정하고 있다.[1080]

(나) 양도성(유통성; Negotiability)

(1) 달리 여기에서 규정한 경우를 제외하고, 모든 유통할 증권은, ① 작성인 또는 발행인이 서면으로 서명하여야 하고, ② 무조건 약속을 포함하거나 또는 일정한 금전을 지급할 것을 명령하고 다른 약속, 명령, 채무 또는 권한은 이 법전에서 인정한 것으로 제외되고, ③ 청구 또는 확실한 미래에 지급되고, ④ 지시 또는 소지인에게 지급되어야 한

1078 American Law Institute's Tentative Draft of Commercial Paper, No. 2, Sec 106(X), Sec 5, Sec 106(d); 영국 환어음법 (1882), 제2, 3조; 켈리포니아 민법전, 제3095조 제989항; 독일 민법전, 제783조; 일본 민법전, 제469~70조; 일본 어음법, 제16조 제2항, 제17, 41조, 제40조 제3항; 일본 수표법, 제19, 21, 22, 35, 36조; 일본 상법전, 제519조; 소련 어음법, 제1, 2c, 16, 17, 17(6)조; 스위스 채무법전, 제466, 1031, 1122조; 중화민국 유가증권법, 제72조; 독일 어음법, 제41조; 독일 수표법, 제36조.

1079 American Law Institute's Tentative Draft of Commercial Paper, Sec 106(f), Sec 23(1); 중화민국 유가증권법, 제123, 138조, 제120조 참조; 영국 환어음법, 제2, 75(2)조; 독일 수표법, 제33조; 일본 수표법, 제33조; 일본 상법전, 제506조; 스위스 채무법전, 제1120조.

1080 American Law Institute's Tentative Draft of Commercial Paper, Sec 106(m).

다. 단어의 특별한 양식은 필요하지 않다. 양도성뿐만 아니라 증권의 유효성은, ① 그것이 무기한, 기한 전 또는 기한 후인 사실, ② 채무자의 이익을 위해 어떤 조항의 포기, ③ 불이행으로 증권에 대하여 인증 또는 청구의 인낙 또는 증권의 판매에 의하여 영향을 받는다(Art 836)고 규정하였다. 이 초안은 유가증권의 양도성(유통성; Negotiability)에 대하여 규정하고 있다.[1081]

(2) 아무도, 예컨대 발행인이 그가 수락할 때까지 책임을 지지 않듯이, 그 위에 서명을 하지 않은 사람은 증권에 대하여 책임을 지지 않는다. 어떤 거래에서 서명은, 증권에 반대표시가 없는 한, 그것이 진정한 명의인 경우와 같이, 유효한 것으로 추정된다. 서명은, ① 약속에 가입 또는 지시는 작성인 또는 지급인의 것으로 서명하고, ② 증권에 관하여 뒷면에 또는 분명하지 않으면 배서인의 것이다(Art 837)고 규정하였다. 이 초안은 증권의 서명(Signature)에 대하여 규정하고 있다.[1082]

(3) 당사자의 명의는 대리인에 의해 서명할 수 있다. 다른 사람을 대신하여 자신의 명의로 서명한 사람은, 그 증권이 그가 지명한 다른 사람을 대리하여 서명한 것을 보이 않는 한, 개인적으로 책임이 있다(Art 838)고 규정하였다. 이 초안은 대리인에 의한(By Agent) 서명에 대하여 규정하고 있다.[1083]

(4) 위조 변경 또는 무단 서명은 서명자의 책임은, 형사적 또는 민사적으로, 축소됨이 없이 추인되거나 승인될 수 있다. 추인 또는 승인이 되지 않는 경우 그 서명은 서명인을 구속하지만, 그가 그것을 거절함에서 다른 배제를 하지 않는 한 그의 명의가 위조된 것처럼 전적으로 작동하지 않는다(Art 839)고 규정하였다. 이 초안은 추인(Ratification)에 대하여 규정하고 있다.[1084]

(5) 특정한 지급인의 명의로 추정되는 서명은, 다음 사람, ① 우편 또는 기타 방법으로 체현된 사람이 지급인의 명의로 증권을 그에게 발행한 작성인 또는 배서인으로 하게

[1081] 영국 환어음법, 제75(2)조; 독일 수표법, 제33조, 일본 수표법, 제33조, 제1조, 제2조 제1항; 일본 상법전, 제506조; 스위스 채무법전, 제1120, 1021, 1122조; 중화민국 유가증권법, 제21조 제1항, 제117, 121조, 제8, 9조 참조; 독일 어음법, 제1, 2조; 일본 어음법, 제1조, 제2조 제1항, 제75, 76조; 소련 어음법, 제2조; American Law Institute's Tentative Draft of Commercial Paper, Sec 21; 켈리포니아 민법전, 제3092~3조.

[1082] American Law Institute's Tentative Draft of Commercial Paper, Sec 20; 중화민국 유가증권법, 제2, 28조, 제49조 제1항; 독일 어음법, 제28조 제1항; 일본 어음법, 제26조 제1항; 미국 통일유가증권법, 제17(6)조.

[1083] American Law Institute's Tentative Draft of Commercial Paper, Sec 21; 중화민국 유가증권법, 제6조.

[1084] American Law Institute's Tentative Draft of Commercial Paper, Sec 22; 중화민국 유가증권법, 제7, 13조; 영국 환어음법, 제64조; 독일 어음법, 제10~11, 51조; 일본 어음법, 제69, 77, 78, 8조; 독일 수표법, 제50, 10~11조; 일본 상법전, 제504조; 소련 어음법, 제10조; 스위스 채무법전, 제991~2, 1096~7조.

된 자, ② 작성인 또는 발행인이 지급인이 그 이익이 없게 할 의도로, 대행한 서명인, 그 대리인 또는 공모인에 의하여 작성된 경우, 유효하다(Art 840)고 규정하였다. 이 초안은 사기로 허구인 지급인(Imposteral Fictitious Payee)에 대하여 규정하고 있다.[1085]

(다) 성립과 효과(Form and Effect)

(1) ① 채무의 승인은 약속 자체에 있지 않다. ② 단순한 위임 또는 지급 요청은 지시가 아니지만, 계약 단어의 추가는 지시의 효과를 감소하지 않는다. ③ 지시는 단일 발행인에게 또는 여럿의 합동으로, 또는 그 선택으로 보내질 수 있지만 계속되지 않는다. 단어의 특별한 형식은 필요하지 않다. 증권에 "나는 지급을 약속한다"고 기술하고 서명한 2인 이상은 연대하여 책임을 진다(Art 841)고 규정하였다. 이 초안은 유가증권의 성립에서 채무의 승인(The acknowledgement of an obligation) 등에 대하여 규정하고 있다.[1086]

(2) ① 무조건의 약속 또는 지시는, 그 조건에 의하여 증권이 ㉠ 이행 또는 유통에 따라서 오직 지급될 수 있고, ㉡ 개별적 합의에 의하여 받거나 규율되고, ㉢ 여기 다른 규정이 있는 것을 제외하고, 오직 특정한 기금으로 지급될 수 있다. ② 약속 또는 지시는 조건에 관련이 없다. 그 이유는 증권이 ㉠ 명시적으로 언급되지 않은 조건을 제기하고, ㉡ 그에게 주어지거나 약속 또는 그와 함께 기타 합의를 일으켜주는 거래를 지적하고, ㉢ 약속이나 지시에 대한 진술 또는 담보, ㉣ 상환이 이뤄지거나 특별한 적자인 것에서 특별한 기금을 지적하고, ㉤ 특별한 기금이나 재원에 지급을 제한하고, 정부 또는 그 기관에서 발행된 증권, ㉥ 피상속인의 재산, 조합 또는 비법인 단체의 자산에 대한 지급 제한, ㉦ 정보만을 위하여 개별적인 계약을 지시한다(Art 842)고 규정하였다. 이 초안은 증권의 성립에서 무조건 약속 또는 지시(The promise or order in unconditional) 등에 대하여 규정하고 있다.[1087]

(3) 지급될 액수가 확실하여야 한다. 그러나 증권은 또한 ① 분할하여 지급, 그 때 전체는 어느 지급에서 불이행으로 된다. ② 불이행 전과 명세된 불이행의 차액비율로서 이익, ③ 환율 또는 환율 이하, ④ 불이행에 따른 수집비용 또는 변호사 수수료, ⑤ 지급

1085 American Law Institute's Tentative Draft of Commercial Paper, Sec 32; 독일 어음법, 제7조; 독일 수표법, 제10조; 일본 어음법, 제7조; 일본 수표법, 제10조; 스위스 채무법전, 제998조.
1086 미국 상업어음법, 제2조; 켈리포니아 민법전,제3091조; 미국 통일유가증권법, 제17(7)조.
1087 American Law Institute's Tentative Draft of Commercial Paper, Sec 3; 중화민국 유가증권법, 제21조 제1(5)항, 제121조 제1(5)항.

일 전 또는 후에 지급한 경우 할인 또는 추가액을 조건으로 할 수 있다(Art 843)고 규정하였다. 이 초안은 증권의 성립에서 지급액은 확실하여야 하지만, 이 조문이 열거한 경우(①~⑤)에는 조건으로 할 수 있다고 규정하고 있다.[1088]

(4) ① 증권은, ㉠ 그 상태가 일람 또는 제시로 지급될 수 있는 경우, 또는 ㉡ 지급시기가 표시되지 않은 경우에 청구로 지급된다. ② 그것은, 그 기간이 만료된 경우, ㉠ 확실한 날짜 또는 일람 이후에 고정된 기간에, ㉡ 작성인 또는 지급인의 선택 또는 특정한 행위나 사건에 따라 자동적으로 촉진하기 위하여 정해진 명확한 시기에 그 조건이 충족된 경우, 장래 명확한 시기에 지급된다. ③ 장래 명확한 시기에 하지만 더 확실한 시기로 연장을 제공한다. 어느 확장은 작성인의 의사를 요구하고 달리 언급하지 않는 한 단순한 갱신에 대하여 제한한다. 그러나 지급일자가 불확실한 사건에 의존하는 경우, 명확한 시기에 지급할 수 없다(Art 844)고 규정하였다. 이 초안은 지급시기(Time of payment)에 대하여 규정하고 있다.[1089]

(5) 증권은, 그것이 그 안에 확실하게 정당하게 특정된 사람의 지시에 지급될 수 있는 경우, 유통된다. ① 작성인 또는 발생인, ② 또는 그가 배서할 때까지 그에 대하여 책임이 없는 발행인이 아닌 수취인, ③ 그 지급인, ④ 변경하여 또는 그들의 이익이 되도록 2인 이상의 공동 수취인, ⑤ 피상속인의 재산, 기금 또는 비법인 단체, 또는 사기, 신뢰, 그의 대표자의 지시에 따라서 지급되는 것, ⑥ 사무실 또는 관계자가 증권의 지시에 지급할 당시에 있거나 증권에 관한 재직자의 행위로 결합된 그의 승계자를 포함한다(Art 845)고 규정하였다. 이 초안은 지시에 대한 지급(Payment to Order)에 대하여 규정하고 있다.[1090]

(6) 증권은 그것이 지급될 수 있는 때에 유통한다. ① 소지인에게, ② 특정한 개인 또는 소지인, ③ 형식에서 완전하지만 수취인을 특정하지 않은, ④ 수취인의 명의가 다른 사람의 명의로 의미하지 않은 때, ⑤ 지시에 따라 지급되고 마지막 배서는 수취인에게 또는 공백으로 한 때에 그것은 지급될 수 있다(Art 846)고 규정하였다. 이 초안은 소지인에 대한 지급(Payment to bearer)에 대하여 규정하고 있다.[1091]

[1088] 켈리포니아 민법전, 제3083조; 중화민국 유가증권법, 제25, 94조, 제95조 참조; 독일 어음법, 제5, 48조; 스위스 채무법전, 제1045, 1130조.

[1089] American Law Institute's Tentative Draft of Commercial Paper, Secs 5, 7, 15(f) (g); 켈리포니아 민법전, 제3085조; 중화민국 유가증권법, 제62~4, 67조; 독일 어음법, 제32, 77조; 일본 어음법, 제33조, 제77조 제1항; 일본 민법전, 제126조; 소련 어음법, 제4조; 스위스 채무법전, 제1022~4조, 제81조 참조.

[1090] American Law Institute's Tentative Draft of Commercial Paper, Secs 8, c.f. 14; 켈리포니아 민법전, 제2089조; 독일 어음법, 제3조; 독일 수표법, 제5~6조; 일본 어음법, 제3조; 일본 수표법, 제5, 6조; 스위스 채무법전, 제993조.

(라) 해석(Interpretation)

(1) 증권이 발생한 거래의 일부를 형성하는 현재의 문서는 제어 또는 그 조건에 따라서 그것을 강제할 수 있는, 적절한 시기에 다른 소지인의 권리를 행사할 수 있다(Art 847)고 규정하였다. 이 초안은 거래의 일부로 형성된 현재 문서(Contemporaneous Documents forming part of the transaction)에 대하여 규정하고 있다.[1092]

(2) 일자가 없는 증권은 문제의 시기에 실행된 것으로 추정된다. 그 증서가 어음 또는 수표인가 의심스러운 경우 그 소지인은 그 하나로 취급할 수 있다(Art 848)고 규정하였다. 이 초안은 모호함(Ambiguity)의 추정에 대하여 규정하고 있다.[1093]

(3) 시작할 때에 진술 없이 제공되는 이자는 증권의 일자로부터 진행하는 것으로 추정된다(Art 849)고 규정하였다. 이 초안은 이자(Interest)의 기산일에 대하여 규정하고 있다.[1094]

(4) 작성과 인쇄 단어들 사이에 충돌은 전자의 호의로 해결될 수 있다. 손가락과 단어들 사이의 충돌은 후자의 호의로, 그것들이 모호하지 않는 한, 그 경우에 모두 고려될 수 있다(Art 850)고 규정하였다. 이 초안은 증권에 사용한 문자 등의 충돌(Conflicts) 또는 모호함(ambiguous)의 추정에 대하여 규정하고 있다.[1095]

(마) 당사자(Parties)

이 초안은 당사자에 대하여, 일반규정(In General, Art 851), 배서인(Indorsers, Art 852), 소지인(Holder, Arts 853~864), 인수(Acceptance, Arts 865~872), 양도(Negotiation, Arts 873~886), 지급거절(Dishonor, Arts 887~902) 및 면제(when inapplicable, Arts 901~902)를 각각 규정하였다.

1091 American Law Institute's Tentative Draft of Commercial Paper, Sec 106(c), 9, 32, 33; 켈리포니아 민법전, 제3090조; 일본 수표법, 제5조 제1, 1(3), 3항.

1092 American Law Institute's Tentative Draft of Commercial Paper, Sec 3. "Evidence as to the terms of the contract."; Bouvier's Law Dictionary, Vol. 1, 1662, Interpretation in Contracts.

1093 미국 통일유가증권법, 제17(5)조.

1094 독일 어음법, 제5조; 일본 어음법, 제5조 제3항, 제77조 제2항; 일본 수표법, 제7조; 미국 통일유가증권법, 제17(2)조.

1095 미국 통일유가증권법, 제17(4), 17(1)조; 중화민국 민법전, 제5조; 중화민국 유가증권법, 제4조; 독일 어음법, 제6조; 독일 수표법, 제9조; 일본 어음법, 제6, 9조; 통일법부칙 5권, 제17조 참조.

(1) 유가증권에 대한 당사자는 작성인 또는 발행인, 수취인, 지급인, 그리고 인수인, 배서인, 소지인 또는 지참인이 될 수 있다(Art 851)고 규정하였다. 이 초안은 당사자에 대한 열거(Enumeration)에 대하여 규정하고 있다.

(2) 배서인은, 그가 분명히 다른 능력에 대한 자신의 책임을 제한하지 않는 한, 작성인, 발행인 또는 인수인보다, 심지어 소지인에 지급하는 경우, 유통증권에 자신의 서명을 한 사람이다(Art 852)고 규정하였다. 이 초안은 배서인(An indorser)에 대하여 규정하고 있다.[1096]

(3) 소지인은 지시에 대하여, 그의 권한에 대한 필수적인 배서로서 또는 소지인에게 지급할 증권을 점유하는 사람이다. 과정에서 소지인은 증권을, ① 대금으로, ② 신의성실로, ③ 만기의 경과, 지급거절 또는 청구 또는 방어에 덧붙인 통지 없이, 그리고 ④ 그것이 구매 또는 금융을 포함하는 경우 현사업의 과정에서 취득한다(Art 853)고 규정하였다. 이 초안은 소지인(A holder)의 정의(Defined)에 대하여 규정하고 있다.[1097]

(4) 가격은, ① 실제적으로 관련되고, 양도되거나 이행된 실질적 가치의 어느 것, ② 증권이, 지급으로 또는 그에 대한 담보로 주어지거나, 청구 또는 장래에 지급될 것이든지, 어느 누구에 대하여 우선적인 청구, ③ 은행이나 금융기관에서, 수집이 어려운 경우에 회수에 관한 규정을 개의치 않고, 즉시 사용할 수 있는가를 확인하여 신용의 확장, ④ 상대방에 대한 유가증권의 교환을 의미한다(Art 854)고 규정하였다. 이 초안은 가격(Value)에 대하여 규정하고 있다.[1098]

(5) 신의성실은 관련 거래행위에 정직을 의미하고, 구매자가 종사하는 모든 사업 또는 거래의 기준의 합리적인 준수를 포함한다(Art 855)고 규정하였다. 이 초안은 신의성실(Good faith)에 대하여 규정하고 있다.[1099]

(6) 약속어음은, ① 당연히 소지인에 관하여, 합리적으로 방어 또는 청구 또는 증권이 연체 또는 지급거절을 나타내는 바와 같이, 이러한 상황에 대한 지식을 의미한다. ② 구매자는, 증권이 ㉠ 이전에 단독으로, 또는 수집을 위해 배서된 경우, ㉡ 그래서 불완전하고, 변경 또는 위조 등의 눈에 보이는 이러한 증거를 팔아치우거나, 또는 유효성, 소유

[1096] 켈리포니아 민법전, 제3144조.
[1097] American Law Institute's Tentative Draft of Commercial Paper, Secs 41, 43; 영국 환어음법, 제2조; 미국 통일유가증권법, 제191, 27, 52조.
[1098] American Law Institute's Tentative Draft of Commercial Paper, Sec 44; 미국 통일유가증권법, 제25, 26조.
[1099] American Law Institute's Tentative Draft of Commercial Paper, Sec 45.

권 또는 조건이 의심스러운 경우에 방어 또는 청구의 통지를 가지고 있다. ③ 그는 증권을 취하는 한 형태, 그것은 상대방의 권리를 목적으로 보유하고, 그 거래는 파산법에 따라 무효화 할 수 있다. ④ 다음과 같은 사실에 대한 지식은 청구의 방어의 통지를 그 자체로 하지 않는다; ㉠ 증권은 이행기 전 또는 후일 것, ㉡ 구매자가 어떤 방어 또는 그로부터 발생한 청구의 통보가 없는 경우, 생성된 계약이 미이행한 약속의 대가로서 발행 또는 동반된 것, ㉢ 모든 당사자가 융통에 대하여 서명한 것, ㉣ 구매자가 부적절한 보충의 통보 없는 경우 백지가 보충된 것, ㉤ 증권을 유통시킨 사람이, 구매자가 지급 협상의 예고 없이, 또는 신탁 수탁자 자신의 채무 또는 자신의 이익을 위해 거래 또는 그렇지 않으면 신용의 파생물로 담보를 하고 또는 그가 알지 못하고, 그리고 수익자 동의 없이 개인적으로 수탁자에 증권에 대한 지불을 한 것, ㉥ 증권에 대한 이익의 지급 또는 다른 증권의 지급을 하지 않은 것. ⑤ 구매자는 증권이, ㉠ 청구에 지급하고 발행 후 또는 청구가 있음에 대한 통지와 함께 비현실적인 시기에 그것을 취득한 경우, ㉡ 그것이 명백히 가속 상각되고 구매자가 조기 실현 행위 또는 사실의 통지를 받은 경우, ㉢ 그가 원금의 일부가 연체되었다는 통지를 받은 경우에, 기한이 지난 것을 통지한다(Art 856)고 규정하였다. 이 초안은 약속어음(Notes)에 대하여 규정하고 있다.[1100]

(7) 통지를 구성하려면 정보가 그 역할을 할 수 있는 합리적인 기회가 제공되는 그러한 방법 및 시간에 접수되어야 한다. 증권에 대한 전체 합의된 가격을 지불하기 전에 소지인이 받은 통지는 그에 대해 지불한 액수의 범위에 대하여 면제되는 과정에 있는 소지인이다(Art 857)고 규정하였다. 이 초안은 시기(Time)에 대하여 규정하고 있다.[1101]

(8) 일반적으로 증권의 소지인은, 그 소유자가 아님에 불구하고, 그것을 유통, 양도, 제시, 선지급 또는 면제 또는 자신의 명의로 그것을 할 수 있다(Art 858)고 규정하였다. 이 초안은 증권의 소지인(the holder of an instrument)에 대하여 규정하고 있다.[1102]

(9) 여기에서 달리 규정하지 아니하는 한, 환어음은 여러 동일한 복본 또는 그것의 각각 번호가 있는 등본을 발급할 수 있다. 소지인은 그중 하나를, 자신의 비용으로, 복본에 재배서한 인접한 배서인으로부터 받을 권리가 있다. 이러한 복본 중 하나를 이전한 사람

1100 American Law Institute's Tentative Draft of Commercial Paper, Sec 46; 독일 어음법, 제18조; 독일 수표법, 제23조; 일본 어음법, 제18조; 일본 수표법, 제23조; 스위스 채무법전, 제1000조; 미국 통일유가증권법, 제56조.
1101 American Law Institute's Tentative Draft of Commercial Paper, Sec 47; 미국 통일유가증권법, 제54조.
1102 켈리포니아 민법전, 제3359~60조; 독일 수표법, Art 14; 일본 수표법, 제14조; 스위스 채무법전, 제1004조.

은 다른 사본에 영수인의 명의로 배서할 수 있다. 이러한 복본이 거절된 소지인은 이러한 거절, 그리고 그것 없이 수락 또는 지급을 얻는 것의 이행불능을 인용한 항변을 제기할 수 있다(Art 859)고 규정하였다. 이 초안은 사본(Copies) 등에 대하여 규정하고 있다.[1103]

(10) 소지인은, 법적인 절차에 의하는 것 보다 달리, 증권에 유치권을 취득한 자는 그의 유치권의 범위에 대한 과정에서 소지인이 될 수 있다(Art 860)고 규정하였다. 이 초안은 유치권자(Lienor)에 대하여 규정하고 있다.[1104]

(11) 과정에서 소지인의 수중에 있는 것을 제외하고, 증권은 누구에 의하여, ① 소송에서 가능한 방어, ② 원고가 증권을 절취한 것을 포함하여, 모두 유효인 조항이 된다. 그러나 다른 제3자의 증권에 대한 청구가 없는 것은 방어이다(Art 861)고 규정하였다. 이 초안은 소지인의 증권에 대한 권리를 규정하고 있다.[1105]

(12) 모든 소지인은, 과정에서 소지인을 통하여 소유권을 획득한 사람은 후자의 모든 권리를 취득한다. 그가, 이전 소지인이었던 동안, 사기 또는 증권에 부정한 영향을 미친 당사자가 아닌 한, 청구의 방어의 통지를 하였어야 한다(Art 862)고 규정하였다. 이 초안은 소지인의 의무에 대하여 규정하고 있다.[1106]

(13) 소지인은 과정에서, ① 모든 사람이 그에 대한 모든 청구, ② 다음 조항에 있어서 언급한 것을 제외한 모든 항변에서 면제된다. 그러나 ㉠ 특별한 목적을 위해 비 배달, 조건부 배달, 심지어 증권이, 항변을 주장하는 자에 의하여 최종 점유된 때, ㉡ 소지인에게 통지 없이 어느 당사자를 면제하는 것, ㉢ 이전 당사자 간에 별도의 계약에서 발생하는 모든 방어, ㉣ 이러한 소지인에게 유통 전에 선지급 또는 연기하고 그가 통지하지 않은 것을 포함한다(Art 863)고 규정하였다. 이 초안은 소지인의 인적 항변의 절단에 대하여 규정하고 있다.[1107]

(14) 과정에서 소지인을 포함하여 어느 사람에 대하여 이전 당사자에 의한 유효한 항변은, ① 당사자의 초기 단계는 간단한 계약에 대한 소송을 항변하면 된다. ② 다른 무능

[1103] 켈리포니아 민법전, 제3108조; 중화민국 유가증권법, 제111~6조; 독일 수표법, 제49~50조; 일본 어음법, 제64~8조, 제77조 제1항; 일본 수표법, 제48~9조.
[1104] 켈리포니아 민법전, 제3108조; 독일 어음법, 제19조; 일본 어음법, 제19조.
[1105] 켈리포니아 민법전, 제3139조.
[1106] 켈리포니아 민법전, 제3139조; 중화민국 유가증권법, 제10~11조; 독일 어음법, 제10조; 스위스 채무법전, 제1006조 제1항, 제1100조.
[1107] American Law Institute's Tentative Draft of Commercial Paper, Sec 48; 중화민국 유가증권법, 제42조 제2항; 독일 어음법, 제17조; 독일 수표법, 제22조; 일본 어음법, 제17조; 일본 수표법, 제22조; 스위스 채무법전, 제1007조.

력, 협박 또는 불법은 의무를 무효화하고, ③ 증권의 성격을 알지 못하고 합리적인 기회
도 없이 그것을 서명하거나 취득하도록 항변하는 당사자를 유도한 허위진술, ④ 과정에
서 소지인에 대한 것을 제외하고, 증권은 원고가 증권을 절취하였다는 항변을 포함하여
모든 유효한 청구와 항변들을 목적으로 한다. ⑤ 파산절차에서 면책이다(Art 864)고 규
정하였다. 이 초안은 소지인을 포함한 모든 당사자의 항변에 대하여 규정하고 있다.[1108]

(15) 인수는 지급인의 지시를 존중하는 어음 위에 지급인의 서명 참여이다. 지급인
이 증권을 제시하거나 그 인수에 통지를 하거나 그에 대한 권한의 지시에 따른 때에 작
동하게 된다(Art 865)고 규정하였다. 이 초안은 인수(Acceptance)의 정의(Defined)에 대
하여 규정하고 있다.[1109]

(16) 수표의 인증은 인수이다. 그러나 이전의 모든 책임에서 지급인과 배서인을 면
제한다(Art 866)고 규정하였다. 이 초안은 수표의 인증(Certification of a check)에 대하여
규정하고 있다.[1110]

(17) 어음은 발행인이 서명을 하지 않거나 달리 백지일지라도 연체 또는 지급거절로
인수될 수 있다(Art 867)고 규정하였다. 이 초안은 백지 또는 만기의 경과된 어음(Blank
or Overdue Bill)에 대하여 규정하고 있다.[1111]

(18) 모든 점에서 발행인의 지시의 적용제외는 어음을 지급거절하고 소지인이 ① 발
행인과 배서인에게 통지하고 지급인을 책임에서 면책시키고 그들에 대하여 소구권을
갖는다. 또는 ② 따라서 발행인 및 이전의 모든 배서인을 면책하지만 그의 참여에 지급
인을 들고, 적용제외를 포기할 수 있다(Art 868)고 규정하였다. 이 초안은 적용제외로서
지급거절(dishonors)과 소구권(recourse)에 대하여 규정하고 있다.[1112]

(19) 연체하지 않았지만, 비 인수 또는 더 나은 보증에 대한 항의가 있는 환어음은,

1108 American Law Institute's Tentative Draft of Commercial Paper, Sec 49, 49(d), 50; 중화민국 유가증권법 시
행령, 제6조; 독일 어음법, 제43조; 독일 수표법, 제21조; 일본 어음법, 제43(2),(3)조; 일본 수표법, 제21조.

1109 American Law Institute's Tentative Draft of Commercial Paper, Secs 24-26; 중화민국 유가증권법, 제49조;
일본 어음법, 제29조 제2항, 제25, 28조; 소련 어음법, 제22, 24조; 스위스 채무법전, 제1008조 제1항, 제1019조;
미국 통일유가증권법, 제124~5조, 제191조.

1110 American Law Institute's Tentative Draft of Commercial Paper, Sec 25; 독일 어음법, 제26~8조; 일본 어음
법, 제26~8조(반대 규정); 일본 수표법, 제53~58조, 제4조 참조; 스위스 채무법전, 제1104조; 미국 통일유가증
권법, 제187, 188조.

1111 American Law Institute's Tentative Draft of Commercial Paper, Sec 26; 중화민국 유가증권법, 제124조; 스
위스 채무법전, 제1010조.

1112 American Law Institute's Tentative Draft of Commercial Paper, Sec 27; 미국 통일유가증권법t, 제139~41조.

소지인의 동의로, 소유자의 동의를 얻어, 인수에 대하여 이미 책임지지 않는 사람에 의하여 앞의 항의를 수락될 수 있다. 이러한 인수는 다른 당사자를 위하여 다른 사람에 의하여 될 수 있지만, 인수인에 의하여 서명하고, 발행인의 그것에 대하여 추정되고 인수되는 것을 표시하여 작성되어야 한다(Art 869)고 규정하였다. 이 초안은 인수(the honor)의 정의(Defined)에 대하여 규정하고 있다.[1113]

(20) 이러한 인수인은, 인수에 대하여 그를 대상으로 한 어음에 대한 모든 당사자에게, 그가 이 법전 제904조 아래에서 책임을 인수한 것으로 책임을 진다(Art 870)고 규정하였다. 이 초안은 인수인의 책임(Liability)에 대하여 규정하고 있다.[1114]

(21) 인수한 인수인에게 지급을 위한 제시는 제892조에 일치하는 보호의 장소에서 어떤 다른 장소인 경우 만기 후 하루도 늦지 않아야 한다. 제시와 인수 후 지급될 어음의 만기는 비 인수에 대하여 지적한 날로부터 계산된다. 제시의 지연은 소지인의 통제 밖 상황에 의하여 면제될 수 있다(Art 871)고 규정하였다. 이 초안은 인수인에 대한 지급제시(Presentment for payment)에 대하여 규정하고 있다.[1115]

(22) 항변을 허용 또는 필요한 경우에 어음의 발행인 또는 배서인이 제3자 명의를 부기한 지급거절은 인수 또는 인수에 대한 인수인에게 제시하기 전에 변제하지 않은 것에 항변될 수 있다. 인수한 인수인에 의한 지급거절인 경우 그것은 그에 의한 지급하지 않은 것에 대하여 항변될 수 있다(Art 872)고 규정하였다. 이 초안은 지급 거절된 어음(A dis-honored bill)에 대하여 규정하고 있다.[1116]

(23) 유통증권의 양도는 소지인이 될 자에게 증권을 양도하는 것을 포함하고 있다. 배서는 어음이 지시에 따라 지급될 경우에만 필요하다(Art 873)고 규정하였다. 이 초안은 유통증권의 양도에 대하여 정의(Defined)를 규정하고 있다.[1117]

1113 American Law Institute's Tentative Draft of Commercial Paper, Sec 100 참조; 중화민국 유가증권법, 제50~1조; 독일 어음법, 제56~7조; 일본 어음법, 제56~7조; 미국 통일유가증권법, 제 161~2조.

1114 영국 환어음법, 제66(1)조; 독일 어음법, 제55, 58조; 일본 어음법, 제55조 제2, 3, 4항, 제58조 제1항; 미국 통일유가증권법, 제165조.

1115 중화민국 유가증권법, 제76, 43, 89조; 독일 어음법, 제58조 제1항, 제60, 35, 54조; 일본 어음법, 제58조 제1항, 제60, 54, 35조; 미국 통일유가증권법, 제168, 166, 81, 169조; 독일 수표법, 제48조; 일본 수표법, 제47조.

1116 중화민국 유가증권법, 제50조, 제83조 제1항; 독일 어음법, 제56, 58, 60조; 일본 어음법, 제56, 58, 제60조 제1항; 미국 통일유가증권법, 제167, 170조.

1117 American Law Institute's Tentative Draft of Commercial Paper, Sec 29; 중화민국 유가증권법, 제29조; 독일 어음법, 제11조; 독일 수표법, 제11조; 일본 어음법, 제11조; 일본 수표법, 제14조 제1항; 일본 상법전, 제519조; 소련 어음법, 제6조; 스위스 채무법전, 제1001조 제1항, 제1108조.

(24) 소지인에게 지불할 수 없는 증권의 배서 없는 양도는 양수인에게 ① 그 안에 양도인의 권리, ② 가격에 대한 경우, 다른 합의가 없으면 양도인의 무자격인 배서가 유통을 원활하게 하고 양수인에게 소유권의 추정을 일으키는 것을 강제하는 권리를 귀속시킨다(Art 874)고 규정하였다. 이 초안은 배서없는 양도(Delivery without indorsement)에 대하여 규정하고 있다.[1118]

(25) 배서는, ① 증권 또는 이에 부착된 양도할 수 있는 것 위에 기록되어야 하고, ② 미납 잔류재산의 전체 증권을 전달하는 경우에만 유통에 효과가 있다. 전액 미만의 배서는 부분적 할당일 뿐이다. ③ 제한, 조건, 할당, 면제 등 문언은 배서와 함께 유통을 방지하지 않지만 특정한 당사자의 권리에 영향을 미칠 수 있다(Art 875)고 규정하였다. 이 초안은 배서의 방식 등에 대하여 규정하고 있다.[1119]

(26) 이전 자에게 돌아간 유통증권은 그에게 재발행 또는 증권을 추가 유통하게 할 권한이 그에게 주어진다. 그러나 이미 책임이 있는 사람에게 간섭하는 당사자에 대하여 그것을 강제할 수 없다(Art 875a)고 규정하였다. 이 초안은 유통증권이 이전의 자에게 되돌아간 경우에 대하여 규정하고 있다.[1120]

(27) 1인 이상에게 지급할 증권은, 그러나 대체하여, 한 사람만의 배서가 되어야 한다. 한편 유가증권은 모든 지급인의 배서가 필요하다(Art 876)고 규정하였다. 이 초안은 1인 이상에 지급할 증권의 배서에 대하여 규정하고 있다.[1121]

(28) 성명이 잘못 표시된 사람에게 지급할 증권은 그 성명 또는 올바른 성명 또는 양자 모두 유효하게 배서가 된다. 그리고 이러한 배서는 지급하거나 배서인에게 가격을 주는 사람에 의하여 요구될 수 있다(Art 877)고 규정하였다. 이 초안은 잘못 표시된 배서(Incorrect designation)에 대하여 규정하고 있다.[1122]

(29) 유통증권은, ① 권한을 넘은 행위를 하는 기업, 능력이 없는 유아 또는 사람에

1118 American Law Institute's Tentative Draft of Commercial Paper, Sec 28; 스위스 채무법전, 제1004(3)조.

1119 American Law Institute's Tentative Draft of Commercial Paper, Sec 30; 중화민국 유가증권법, 제26조 제1항; 독일 어음법, 제12, 13, 17조; 독일 수표법, 제16조; 일본 어음법, 제12, 13, 77조; 일본 수표법, 제16조; 일본 민사소송법, 제778조 제1항; 소련 어음법, 제7, 18조; 스위스 채무법전, 제1002조 par 제1, 2항, 제1003조.

1120 American Law Institute's Tentative Draft of Commercial Paper, Sec 39; 영국 어음법, 제11조 제3항; 일본 수표법, 제14조 제3항; 미국 통일유가증권법, 제50조.

1121 미국 통일유가증권법, 제14조.

1122 미국 통일유가증권법, 제21조; American Law Institute's Tentative Draft of Commercial Paper, Sec 38; 중화민국 유가증권법, 제5조, 제7조 제2항, 제12조; 독일 어음법, 제7조; 일본 어음법, 제7조; 스위스 채무법전, 제1008조 제3항.

의한 행위, ② 의무 위반, 또는 ③ 사기, 협박 또는 과실에 의한 취득, 또는 ④ 불법거래의 부분에 의한 것일지라도 유효하다. 그러나 여기에서 과정에서 소지인이 아닌 어떤 방어도 아닌 어떤 사람에 대한 취소의 권리에 아무런 영향을 미치지 않는다(Art 878)고 규정하였다. 이 초안은 양도의 효과(Effectiveness)에 대하여 규정하고 있다.

(30) 배서는 아무 배서인도 없는 때 백지에 한다. 서명만으로 충분하다. 지시에 대하여 지급할 발행은, 백지에 배서된 경우, 증권은 소지인에게 지급될 수 있고, 특별하게 배서될 때까지 인도에 의하여 통과될 수 있다. 특별한 배서는 그들에게 또는 그들의 지시에 대하여 사람을 지명하고, 그 증권은 지급될 수 있다. 지시에 대하여 지급할 수 있고 특별하게 배서된 증권은 특별한 피배서인의 배서에 의하여 오직 더 유통될 수 있다. 신용 또는 제3자의 계산으로 한 배서는 이 법전 제838조가 적용되는 특별한 것의 완전한 효과를 갖는다(Art 879)고 규정하였다. 이 초안은 백지 또는 특별한 배서(In blank or special indorsement)에 대하여 규정하고 있다.[1123]

(31) 재원이 없거나 배서에 추가한 수입 유사한 문언은 이 법전 제908조에서 규정한 보증에 대하여 배서인의 책임을 제한할만한 작용을 한다(Art 880)고 규정하였다. 이 초안은 재원이 없거나 수입 유사한 문언이 배서에 추가한 경우에 대하여 규정하고 있다.[1124]

(32) 배타적 배서는 추가 유통 또는 증권의 양도를 금지하는 것을 의미한다. 사실은 어느 쪽도 방지하지만 배서인은 자신의 피배서인에 대해서만 책임을 지고 후속 소지인은 배서인의 권리를 목적으로 증권을 갖는다(Art 881)고 규정하였다. 이 초안은 배타적 배서(An exclusive indorsement)에 대하여 규정하고 있다.[1125]

(33) 수집을 위한 배서는 그 목적에 대하여 유통을 제한하고 피배서인을 배서인의 대리인 또는 수탁인으로 구성한다(Art 882)고 규정하였다. 이 초안은 수집을 위한 배서(Indorsement for collection)에 대하여 규정하고 있다.[1126]

1123 American Law Institute's Tentative Draft of Commercial Paper, Sec 33, 37; 중화민국 유가증권법, 제28조 제2항, 제30, 37조; 독일 어음법, 제13, 14, 3, 11조; 독일 수표법, 제15, 17, 20, 8조; 일본 어음법, 제13조 제2항, 제14조, 제3조 제3항, 제11조; 일본 수표법, 제15, 17, 20조, 제6조 제2항; 소련 어음법, 제7조; 스위스 채무법전, 제1002조 제7항, 제1009조.

1124 American Law Institute's Tentative Draft of Commercial Paper, Sec 34; 독일 어음법, 제 19조; 일본 어음법, 제19조; 소련 어음법, 제8조.

1125 중화민국 유가증권법, 제27조 제1항; 독일 어음법, 제15조; 독일 수표법, 제18조; 일본 어음법, 제 15조 제2항; 일본 수표법, 제18조 제2조; 스위스 채무법전, 제1005조 제2, 3항.

(34) 조건부 배서는 소지인에게 조건이 충족되지 않은 경우에도 지급할 수 있다. 그러나 피배서인 또는 후속 소지인은 증권을 취득하거나 그 과정에서 배서인의 권리를 목적으로 한다(Art 883)고 규정하였다. 이 초안은 조건부 배서(A conditional indorsement)에 대하여 규정하고 있다.[1127]

(35) 송금인은 지급인에게 그들 자신의 이익을 양도하는데 작성인의 동의로 그것을 수령한 상대방의 지시에 따라 지급할 증권에 대하여 상대방이 아니한다(Art 884)고 규정하였다. 이 초안은 송금인(Remitters)에 대하여 규정하고 있다.[1128]

(36) 횡선수표는 발행인 또는 소지인이 그 표면에 두 개의 평행선을 그린 것이다. 만약 그들 사이에 생략어 "및 회사" 또는 그의 상당어구는 횡선이라 쓰는 것이 일반이고 지급은 동일한 은행에서 이뤄져야만 한다. 은행명칭이 수표 표면에 쓰여진 경우 그것은 특별하게 횡선된 것이고 지시된 사람에게 지급되어야만 한다. 일반횡선은 특별한 것으로 전환하지만 그 반대의 경우는 그렇지 않다. 또 횡선은 취소될 수 없다(Art 885)고 규정하였다. 이 초안은 횡선수표(A crossed check)의 본질과 효과(Nature and Effects)에 대하여 규정하고 있다.[1129]

(37) 일반적으로 횡선수표는 발행인이 사업 거래를 한 사람과 함께 은행이나 당사자에게 지급할 수 있다. 특별히 횡선된 것은 특정한 은행에 지급되어야 한다. 또는 그것이 발행인인 경우 사업이 거래된 사람들과 함께 그에게 또한 수표를 취득할 수 있는 사람으로 그에게 지급되어야 한다. 그러나 상대방 은행은 수표를 수집하거나 그것을 소지인에게 양도할 수 있다. 2이상 은행이 동일한 수표에 특정된 경우에는 발행인은, 그들 가운데 하나가 수집을 표시되지 않는 한, 지급을 거절할 수 있다. 위 규정을 무시한 은행 또는 발행인은 수표의 금액까지 위험에 대하여 책임이 있다(Art 886)고 규정하였다. 이 초안은 수집(Collection)에 대하여 규정하고 있다.[1130]

1126 켈리포니아 민법전, 제3117, 3118조; 중화민국 유가증권, 제37조; 독일 수표법, 제23조; 일본 수표법, 제23조 제1항; 일본 상법전, 제506조; 스위스 채무법전, 제1008조 제1항.

1127 American Law Institute's Tentative Draft of Commercial Paper, Sec 35; 중화민국 유가증권법, 제33조; 독일 수표법, 제15조 제1항; 일본 수표법, 제15조 제1항; 스위스 채무법전, 제1002조 제1항.

1128 American Law Institute's Tentative Draft of Commercial Paper, Sec 40.

1129 Bouvier Law Dictionary. Vol. I, p.477~8, Crossed Checks; 영국 환어음법, 제76~8조; 중화민국 유가증권법, 제134~5조; De Becker : Commentaries on Commercial Code of Japan, Vol. II, pp.300~1; 일본 수표법, 제37~8조.

1130 영국 환어음법, 제79~82조; 중화민국 유가증권법, 제134~5조; 일본 수표법, 제37~8조.

(38) 유가증권이 제시가 정당하게 이뤄지고 수락 또는 지급이 거절되거나 규정된 시간 내에 얻을 수 없는 때에 지급거절이 된다. 제868조에서 요구된 절차에 대하여 지급거절은 발행인과 배서인에 대하여 즉시 소구권을 부여한다(Art 887)고 규정하였다. 이 초안은 지급거절(Dishonor)의 정의(Defined)에 대하여 규정하고 있다.[1131]

(39) 유효한 포기 또는 면책이 없는 경우, 다음 단계는 전조에서, ① 지급을 위한 제시, ② 증권이 조건으로 발행인의 주소 또는 영업장소보다 다른 곳에서 또는 그 지급일자가 이러한 제시에 따르는 경우 수락을 위한 제시, ③ 지급거절의 통지, ④ 증권이 조건으로 한국 이외에서 지급하는 경우 지급거절에 대하여 이의유보에 대하여, 발행인과 배서인의 면책을 방지할 필요가 있다(Art 888)고 규정하였다. 이 초안은 지급거절의 절차(Proceedings)에 대하여 규정하고 있다.[1132]

(40) 제시는, 우편 또는 어음교환소를 통해, 그리고 이하에서 규정한 바에 따라 수락 또는 지급을 청구함으로써 개인적으로 증권을 제공하는 것으로 이뤄진다. 제시 또는 거절증서가 필요 없는 경우 소지인은 요구에 지급할 수 없는 어음을 수락하기 위하여 제시할 수 있거나 증권의 지급거절에 이의를 받을 수 있다(Art 889)고 규정하였다. 이 초안은 증권의 제시(Presentment)에 대한 정의(Definition)를 규정하고 있다.[1133]

(41) 제시는 수락에 대하여 지급인에게 하여야 한다. 지급(지급에 대하여 1인 이상인 경우 각자에게)에 대하여 작성인, 인수인 또는 지급인에게 하여야 하지만, 은행에서 지급될 증권은, 다른 선택권이 없으면, 그곳에서 제시되어야 한다. 제시는 파산 또는 지급불능의 관재인에게 하여야 하고 피상속인 또는 무능력자의 대리인에게 하여야 한다. 제시는, 인수 또는 수락이나, 해산된 기업 또는 대안으로 여러 지급인의 여러 당사자 누구에게나 지급할 권한이 주어진 대리인에게 하는 경우에 충분하다(Art 890)고 규정하였다. 이 초안은 제시의 수령인(Recipients)에 대하여 규정하고 있다.[1134]

(42) 제시는 증권에 특정한 장소에서 이뤄진다. 그러나 없으면 수령인의 통상 영업

[1131] American Law Institute's Tentative Draft of Commercial Paper, Sec 82; 중화민국 유가증권법, 제69조, 제82조 제1항, 제119조; 독일 어음법, Art 제43조; 독일 수표법, 제40조; 일본 어음법, 제43조 제1항; 일본 수표법, 제39조; 소련 어음법, 제26조; 스위스 채무법전, 제1033, 1042조.

[1132] American Law Institute's Tentative Draft of Commercial Paper, Sec 71(1); 중화민국 유가증권법, 제83조.

[1133] American Law Institute's Tentative Draft of Commercial Paper, Secs 71(2), 76; 중화민국 유가증권법, 제66조 제1, 3항; 독일 어음법, 제38, 77조; 일본 어음법, 제38조 제2항, 제77조 제1항; 스위스 채무법전, 제1128조 제2항, 제1118조.

[1134] American Law Institute's Tentative Draft of Commercial Paper, Secs 76, 77.

장소, 또는 그의 주소, 그의 마지막 알고 있는 영업장소 또는 주소에서 이뤄진다(Art 891)고 규정하였다. 이 초안은 제시의 장소(Place)에 대하여 규정하고 있다.[1135]

(43) 확정된 일자에 지급될 증권은 해당 일자 또는 그 이전과 유예가 없는 일자에 지급을 인수하기 위하여 제시되어야 한다. 제시 후 확정기간에 지급될 수 있는 경우 증권은 인수를 위하여 제시되어야 한다. 다른 증권은 발행 후 적절한 시간 이내에 제시되어야 한다. 그러나 배서인에 대하여, 그 시기 후, 그러한 배서 후 적절한 시간 이내에 제시되어야 한다. 만기일자는, 발행지의 그것과 다른 경우, 지급장소의 달력에 의하여 정하여진다(Art 892)고 규정하였다. 이 초안은 제시의 일자(Date)에 대하여 규정하고 있다.[1136]

(44) 합리적인 시기는 증권의 본질, 거래관행과 그러한 원인사실에 의하여 결정된다. 그것은 일련의 유통, 적절한 기간과 관행적인 은행계통을 통한 수집을 위하여 필요한 시간을 포함한다. 은행이 한국에서 발행하고 지급될 것이 아닌, 지급보증이 없는 수표는 발행일로부터 60일 이내에 제시되어야 한다. 제시는 적절한 시간에 그리고 은행에서 하는 경우 은행시간에 이뤄져야 한다. 지급인이 영업일에 영업을 하는 경우 소지인은 그때에 제시하거나 다음 영업일에 제시하여야 할 것이다. 영업을 않는 경우 제시는 다음 영업일에 하여야 한다(Art 893)고 규정하였다. 이 초안은 제시의 합리적인 시기(Reasonable time)를 결정하는 것에 대하여 규정하고 있다.[1137]

(45) 소지인은 인수제시와 지급제시 후, 제시가 영업일에 이뤄진 경우, 다음 영업일이 종료될 때까지 하여야 한다. 그러나 은행에 역으로 횡선된 수표는 제시한 일자에 지급되어야 하고 지급제시 된 다른 증권은 제시됨을 통하여 어음교환소에 의하여 정하여진 시간 이내에 지급되어야 한다(Art 894)고 규정하였다. 이 초안은 지급인수의 시기(Time for acceptance of payment)에 대하여 규정하고 있다.[1138]

1135 American Law Institute's Tentative Draft of Commercial Paper, Sec 78; 중화민국 유가증권법, 제17조; 독일 어음법, 제21조; 일본 어음법, 제21조, 제27조 참조; 소련 어음법, 제19조.

1136 American Law Institute's Tentative Draft of Commercial Paper, Sec 79; 영국 환어음법, 제14조; 중화민국 유가증권법, 제39조, 제42조 제1항, 제126조; 독일 수표법, 제21, 23, 28, 29, 30조; 일본 어음법, 제21, 23, 74, 37조; 일본 수표법, 제28조 제1항, 제29, 62, 30조; 소련 어음법, 제20조; 스위스 채무법전, 제1028조 제1항, 제1012조 제1항, 제1013, 1115조; 미국 통일유가증권법, 제85조; 독일 어음법, 제37조.

1137 American Law Institute's Tentative Draft of Commercial Paper, Secs 79(4), 80; 중화민국 유가증권법, 제18, 126조, 시행령, 제8조; 독일 수표법, 제55조; 일본 어음법, 제72, 87조; 일본 수표법, 제60, 75조; 일본 상법전, 제520조; 스위스 채무법전, 제1126, 1116조.

1138 American Law Institute's Tentative Draft of Commercial Paper, Sec 81; 독일 어음법, 제38조 제1항; 일본

(46) 지급거절의 통지는 구두 또는 서명 또는 무기명 서면으로 증권을 식별할 수 있는, 그것의 지급거절을 선언하는 용어로, 표현될 수 있다. 부정확한 기술은 그것이 통지할 권한 있는 당사자를 오해하게 하지 않는 한 치명적이지 않다. 정당하게 주어진 때 통지는 통지될 사람에 대하여 증권에서 권리를 갖는 모든 당사자를 대신하여 작용한다(Art 895)고 규정하였다. 이 초안은 통지의 본질과 효과(Nature and Effect)에 대하여 규정하고 있다.[1139]

(47) 통지는 소지인에 의하거나 소지인을 대신하여, 증권에 대하여 책임을 지는 당사자, 또는 그의 손으로 지급거절을 한 사람의 대리인에 의하여 부여한다. 통지는 동일한 당사자에게 제시한 것과 동일한 방법으로 부여한다(Art 896)고 규정하였다. 이 초안은 통지의 상대방과 방법(By end to whom)에 대하여 규정하고 있다.[1140]

(48) 통지는 지급거절 또는 그 통지의 수령에 이어 제3영업일의 자정 이전에 부여되어야 한다. 그것은 전보 또는 우편으로 한 때에 효력이 있다. 당사자가 그의 서명에 부가한 주소, 영업장소, 주소 또는 그가 우편을 수령할 수 있는 다른 지역 또는 그의 완전한 주소를 알 수 없으면 그의 마지막 알고 있는 우체국을 명기한다. 통지가 실제로 수신인에 의해 수신되는 경우, 주소에 어느 실수는 불이익이 없다(Art 897)고 규정하였다. 이 초안은 통지의 시기와 소멸(Time and Fade)에 대하여 규정하고 있다.[1141]

(49) 지급거절증서는 지급거절이 공증인, 영사, 부영사, 법원서기 또는 지급거절이 일어난 현장 또는 어음이 발행된 은행에 의하여 공인된 권한이 있는 다른 사람에 의하여 작성되어야 한다. 그것은 발행인의 자격부여 또는 증서작성자에게 만족스런 다른 증거에 기초할 수 있다(Art 898)고 규정하였다. 이 초안은 거절증서의 본질과 실행(Nature and execution)에 대하여 규정하고 있다.[1142]

(50) 증서는 서명 및 인감 또는 증명인의 다른 통찰력을 가져야 한다. 증권지급거절을 언급하고 제시의 시기, 장소 또는 증서의 실행을 조달하여야 한다. 그리고 증권 또는

어음법, 제38조 제1항; 소련 어음법, 제20조; 중화민국 유가증권법, 제125조.

1139 American Law Institute's Tentative Draft of Commercial Paper, Sec 88; 중화민국 유가증권법, 제127조; 소련 어음법, 제13조.

1140 American Law Institute's Tentative Draft of Commercial Paper, Sec 85, 85, c.f. 76; 소련 어음법, 제12조.

1141 American Law Institute's Tentative Draft of Commercial Paper, Sec 87; 중화민국 유가증권법, 제86조 제1항, 제88조; 독일 어음법, 제44, 45조; 독일 수표법, 제43조; 일본 어음법, 제44조 제2항, 제45조; 일본 수표법, 제41조; 소련 어음법, 제28조.

1142 American Law Institute's Tentative Draft of Commercial Paper, Sec 89; 중화민국 유가증권법, 제103조; 독일 어음법, 제14조; 일본 어음법, 제44조; 일본 공증인법, 제6조 이하; 소련 어음법, 제12조; 스위스 채무법전, 제1025조.

복본에 부가하고 또는 그것을 분실, 훼손 또는 소지인의 보류인 경우 원본을 확인할 충분한 자료를 부가한다(Art 899)고 규정하였다. 이 초안은 거절증서의 양식과 내용(Form and contents)에 대하여 규정하고 있다.[1143]

(51) 거절증서는, 적절한 형태로, 그 인증과 그 인용의 진정함이 추정되는 경우, 지급거절에 이은 제3영업일의 자정 이전에 작성되어야 한다(Art 900)고 규정하였다. 이 초안은 거절증서의 작성에 대한 시기와 효과(Time and effect)를 규정하고 있다.[1144]

(52) 필요한 절차는 지급기일 이전 또는 이후에 명시적 또는 묵시적으로 면제할 수 있다. 기한이 넘은 증권의 지급거절 또는 배서의 면제는 또한 제시와 지급거절의 통지를 면제한다(Art 901)고 규정하였다. 이 초안은 절차의 면제(Waiver)에 대하여 규정하고 있다.[1145]

(53) 필요한 절차의 기능을 준수하는 것이 불가능함은 승낙을 면한다. 인수 또는 지급 또는 지급거절의 통지에 대한 제시는 인수거절 후 면한다. 지급거절의 통지는, 그 증권이 실행되었거나, 인수되었거나, 그가 그 증권을 지급 거절하였거나, 앞의 지급거절의 소송이 제기되고 뒤의 인수가 없는 경우, 융통어음에 대한 사람에게 할 필요가 없다(Art 902)고 규정하였다. 이 초안은 필요한 절차의 면책사유(Excuse)에 대하여 규정하고 있다.[1146]

(54) 지급인의 실재와 동시에 배서할 능력은 유통증권의 작성인, 발행인, 인수인에 의하여 승인된다. 후자는 마찬가지로 발행인의 존재, 그의 서명과 그의 능력, 증권을 발행할 권한, 지급인의 존재와 그의 배서능력의 진정성을 승인한다(Art 903)고 규정하였다. 이 초안은 자격부여(Admissions)에 대하여 규정하고 있다.[1147]

(55) 발행인은, 또한 제시에 대하여, 증권이 인수되거나 지급되거나 양자 모두, 그것

1143 American Law Institute's Tentative Draft of Commercial Paper, Sec 89; 중화민국 유가증권법, 제104, 106, 107, 110조; 일본 거절증서규정, 제2, 3, 4조; 소련 어음법, 제12조; 스위스 채무법전, 제1024, 1026~7조.

1144 American Law Institute's Tentative Draft of Commercial Paper, Sec 90; 중화민국 유가증권법, 제90조; 독일 어음법, 제44, 77조; 독일 수표법, 제41조; 일본 어음법, 제44조 제2항, 제77조 제1항; 일본 수표법, 제40조; 스위스 채무법전, 제1129조.

1145 American Law Institute's Tentative Draft of Commercial Paper, Sec 73; 중화민국 유가증권법, 제91조 제1항.

1146 American Law Institute's Tentative Draft of Commercial Paper, Sec 74; 중화민국 유가증권법, 제86조 제2항, 제87조; 독일 어음법, 제46조; 독일 수표법, 제43조; 일본 어음법, 제46조; 일본 수표법, 제42조; 스위스 채무법전, 제1043조.

1147 켈리포니아 민법전, 제3141~3조; 중화민국 유가증권법, 제68조; 독일 어음법, 제28조; 일본 어음법, 제28조; 스위스 채무법전, 제1018조.

의 방침에 따라서, 지급거절의 경우, 그리고 그에 대한 필요한 절차가 정당하게 취하여
졌으면, 그는 소지인에게 총액을 지급하거나, 그 지급을 강제하게 되는 모든 후 배서인
에게 지급할 수 있다. 그러나 발행인은 소지인에 대한 그 자신의 책임을 증권에서의 효
력에 대한 명시적 조항을 삽입하여 면제하거나 제한할 수 있다(Art 904)고 규정하였다.
이 초안은 발행인의 책임이 면제 또는 제한되는 것에 대하여 규정하고 있다.[1148]

(56) 제908조 제3항이 언급한 과정에서 모든 후 배서인에게 자격보증이 없는 배서
인은 그의 배서 당시에 증권이 유효하고 존속한다. 전조의 제1항 규정은 자격 없는 배서
인에게 적용한다(Art 905)고 규정하였다. 이 초안은 후배서인에게 자격보증이 없는 배서
인에 대하여 규정하고 있다.[1149]

(57) 증권에 대한 당사자가 아닌 사람은, 양도하기 전에 공란에 그의 서명을 하면, ①
그 증권이 제3자의 지시에 지급할 수 있으면, 지급인과 모든 후순위 당사자에게, ② 증
권이 소지인에게 지시에 따라 지급할 수 있는 경우, 지급인과 모든 후순위 당사자에게,
③ 배서가 그의 융통어음에 대한 것인 경우 지급인에 대하여 후순위인 모든 당사자에게,
책임이 있다(Art 906)고 규정하였다. 이 초안은 불규칙 배서인(공란인 배서인)의 책임
(Liability of irregular indorser indorsers in blank)에 대하여 이 조항이 열거한 경우(①~③)
에 책임이 있음을 규정하고 있다.[1150]

(58) 배서인들은, 자신의 배서의 순서로 명백한 책임을 서로 재보증 한다. 그러나 그
들은 그들 사이 또는 그들과 공동지급인 또는 배서인 사이에 연대하여 배서한 것으로
간주되는 것으로 보인다(Art 907)고 규정하였다. 이 초안은 배서인 등의 책임에 대하여
규정하고 있다.[1151]

(59) 인도 또는 자격을 갖춘 배서에 의한 증권의 모든 유통인은, ① 그것이 정품이며,
그것이 무엇인지의 취지인 것을, ② 그는 그 소유자인 것을, ③ 이전의 모든 당사자는
(어음을 제외하고 공공 또는 상사증권에 적용할) 계약능력을 가졌다는 것, ④ 그 유효

[1148] 켈리포니아 민법전, 제3142조; 중화민국 유가증권법, 제26, 118조, 제2, 26조 참조; 독일 어음법, 제9, 47, 77,
78조; 독일 수표법, 제44, 12조; 일본 어음법, 제9조, 제77조 제2항, 제78, 47조; 일본 수표법, 제43, 12조, 스위스
채무법전, 제1018, 999, 1099조.
[1149] 켈리포니아 민법전, 제3147조; 독일 어음법, 제15조; 일본 어음법, 제15조 제1항; 일본 상법전, 제613조; 스위스
채무법전, 제1006조 제1항.
[1150] 켈리포니아 민법전, 제3145조.
[1151] 켈리포니아 민법전, 제2149조; 중화민국 유가증권법, 제89조 참조; 소련 어음법, 제9조 제1항.

성을 저해하는 사실을 알고 있었다는 것을 보증한다. 그리고 오직 인도에 의한 유통은 보증이 즉시 양수인보다 다른 소지인에게 확장한다(Art 908)고 규정하였다. 이 초안은 인도 또는 배서에 의하여 증권을 유통시킨 사람의 보증책임(Warranty)에 대하여 규정하고 있다.[1152]

(60) 배서 없이 증권을 유통한 대리인 또는 중개인은, 그의 능력과 그의 주채무자 성명을 개시하지 않는 한, 전조에서 규정한 모든 책임을 발생시킨다(Art 909)고 규정하였다. 이 초안은 배서 없이 증권을 유통시킨 대리인 또는 중개인(An agent or broker)의 책임에 대하여 규정하고 있다.[1153]

(61) 발행인과 배서인은, 수령 또는 분배한 그리고 회수되지 않은 증권의 전 복본에 대하여 책임이 있다. 그러나 복본 가운데 하나의 지급은 책임에서 면책을 의미한다(Art 910)고 규정하였다. 이 초안은 발행인과 배서인(The drawers and indorsers)의 책임이 면제되는 것에 대하여 규정하고 있다.[1154]

(62) 수락 또는 지급을 위한 지급인에게 인도된 어음의 전환은, 요청에 따라 소지인에게 그것을 반환하지 못함으로써 영향을 받는다(Art 911)고 규정하였다. 이 초안은 어음의 전환(Conversion of a bill)에 의한 책임을 규정하고 있다.[1155]

(63) 발행인은 지급인에 대한 지급이 요구된 후에만 책임이 있다. 그리고 발행인이 그의 우량증권 모두를 대상으로 충분한 자금을 지급인과 함께 유지한 경우, 전자는 문제된 증권을 포함한 자금으로 지급인에게 그의 권리를 서면양도에 의하여 소지인에 대한 책임을 면할 수 있다(Art 912)고 규정하였다. 이 초안은 발행인의 책임면제의 조건(Conditions)에 대하여 규정하고 있다.[1156]

(64) 모든 당사자의 책임은 증권에 대하여 소구를 하지 않은 사람이 면책(지급거절의 통지를 이러한 당사자에게 하지 못하여 통지가 정당하게 주어진 사람에게 면책을 못하지 않은 한)된다. 그가 증권을 수령할 때 그에 대한 통지를 받지 않는 한, 이행과정에서 후속

1152 켈리포니아 민법전, 제3146조; 중화민국 유가증권법, 제68조 제2항, 제93조, 제26조 참조; 독일 어음법, 제28, 15조; 일본 어음법, 제28조, 제15조 제1항; 스위스 채무법전, 제1044조.
1153 켈리포니아 민법전, 제3150조; 이 민법전 제858조(중개)를 보시오.
1154 독일 어음법, 제33, 65조; 독일 수표법, 제49조; 일본 어음법, 제32, 65조; 일본 수표법, 제50조.
1155 American Law Institute's Tentative Draft of Commercial Paper, Sec 83.
1156 American Law Institute's Tentative Draft of Commercial Paper, Sec 72; 중화민국 유가증권법, 제133조; 영국 환어음법, 제74조; 독일 수표법, 제3조; 일본 수표법, 제3조; 스위스 채무법전, 제1103조.

소지인에 대하여 면책이나 모든 당사자는 효과가 없다(Art 913)고 규정하였다. 이 초안은 모든 당사자의 책임(Liability of all parties)이 면제되는 것에 대하여 규정하고 있다.[1157]

(65) 소지인의 동의에 따른 변제의 제공은, 지급인에게 양수인의 권리를 부여하고 그의 지급 또는 만족한 범위까지 당사자의 책임을 면한다. 이러한 변제의 제공에 대한 소지인의 거절은 제공자에 대한 소구권을 갖는 비동의 당사자를 면책하고, 변제의 제공이 이행된 때, 증권에 지정된 지급의 장소에서 지급할 책임을 면제한다(Art 914)고 규정하였다. 이 초안은 변제제공의 지급(Payment of tender)에 대하여 규정하고 있다.[1158]

(66) 지급거절을 넘어 지급을 위한 지급은, 지급에 대한 지급인의 선언에 기초한 공증행위, 또는 그의 대리인에 의하여 그의 지급의사와 그것을 보충할 그의 이익 있는 첨부에 의하여 증명되어야만 한다(Art 915)고 규정하였다. 이 초안은 지급거절을 넘어 지급을 위한 지급(Payment for honor supra protest)에 대하여 규정하고 있다.[1159]

(67) 우선권은 2 이상의 청약자 사이에 그에게 주어진 다른 당사자의 지급에 대하여 지급하는 것으로, 그의 지급은 당사자의 많은 숫자를 면제할 수 있다(Art 916)고 규정하였다. 이 초안은 우선권(Preference)에 대하여 규정하고 있다.[1160]

(68) 이러한 지급을 수령 거절한 소지인은 면제될 수 있는 모든 당사자에 대한 소구권을 상실한다(Art 917)고 규정하였다. 이 초안은 소지인의 소구권의 상실에 대하여 규정하고 있다.[1161]

(69) 지급은 어음이 지급된 그의 지급에 대하여 해제한 모든 당사자를 면책한다. 그러나 지급인은, 그의 지급이 되고 후자에 대한 이들 책임에 대하여 당사자로서, 그 어음과 지급거절을 포함하여 소지인의 권리와 의무 모두를 대위하게 된다(Art 918)고 규정하였다. 이 초안은 효과(Effect)로서 지급에 의한 지급인의 대위에 대하여 규정하고 있다.[1162]

1157 American Law Institute's Tentative Draft of Commercial Paper, Sec 91(2), 92; 중화민국 유가증권법, 제19조 제2항, 제75조 제2항, 제76조 제3항, 제77조 제2항, 제101, 120, 128조; 독일 어음법, 제52조; 일본 어음법, 제52조.

1158 American Law Institute's Tentative Draft of Commercial Paper, Secs 61(a), 93, 91(b), 94; 켈리포니아 민법전, 제1485~1515, 1523조; 중화민국 유가증권법, 제24조.

1159 중화민국 유가증권법, 제79조 제1항; 독일 어음법, 제62조; 일본 어음법, 제62조 제1항; 미국 통일유가증권법t, 제172~3조.

1160 중화민국 유가증권법, 제77조 제1, 3항; 독일 어음법, 제63조 제3항; 일본 어음법, 제63조 제3항; 미국 통일유가증권법, 제174조.

1161 중화민국 유가증권법, 제75조 제2항; 독일 어음법, 제61조; 일본 어음법, 제61조, 제56조 제3항 참조; 일본 민법전, 제474조; 미국 통일유가증권법, 제176조.

1162 중화민국 유가증권법, 제81조; 독일 어음법, 제63조; 일본 어음법, 제63조 제1, 2항; 일본 민법전, 제500조; 미국

(70) 어음의 총액과 공증비용을 지급하면, 소지인은 어음과 지급인에 대한 지급거절을 포기하는 것이다(Art 919)고 규정하였다. 이 초안은 소지인의 포기(Surrender)에 대하여 규정하고 있다.[1163]

(71) 책임 있는 당사자에게 증권의 포기 없는 취소 또는 포기는 이에 대한 권리에 영향을 주지 않는다. 그러나 소지인은 의도적으로 증권을 취소하고, 훼손하거나 절단하고, "취소"라고 쓰거나 그것에 상응하는 단어, 또는 서명을 통해 또는 그것을 삭제함으로써 모든 당사자를 면책할 수 있다(Art 920)고 규정하였다. 이 초안은 소지인의 면책행위에 대하여 규정하고 있다.[1164]

(72) 증권의 변조는, 그것은 어떤 점에서 모든 당사자의 계약에, 예컨대, 일자, 지급할 합계, 또는 지급수단, 지급할 시기 또는 장소, 관계 당사자의 수, 또는 이에 추가하여, 증권이 불완전하거나 그로부터 어떤 것을 대위하는 것을 변경한 때에 중요하다. 후속 소지인은 원래의 조건에 따라 증권을 시행하거나 또는 완료할 수 있다. 그러나 다른 것에 대한 것으로, 소지인에 의한 사기 및 중요한 변경은, 그 계약하여 당사자의 동의가 없는 한, 그 계약당사자를 면책하거나, 한편 그러한 방어를 주장하는 것에서 배제되는 모든 당사자를 면책한다. 그 밖의 변경은 모든 당사자를 면책하지 못한다. 그러나 그것의 변경을 쉽게 할 수 있는 증권을 소홀히 발행한 사람은 그 이행과정에서 후속 소지인에게 손해의 범위까지 제외하거나 신의성실로 지급한 발행인은 이러한 변경을 주장하는 데서 제외된다(Art 921)고 규정하였다. 이 초안은 증권의 변경(Alteration of an instrument)에 대하여 규정하고 있다.[1165]

(73) 소지인에 의한 소구 또는 보증의 손상은 이러한 당사자의 동의 없는 어느 다음 거래의 범위까지 증권에 대한 당사자를 면책한다. 소지인의 지식에 대하여 그에 또는 상대방에 대하여 증권에 대한 소구권을 갖는다. ① 책임 있는 당사자를 해제하고, ② 이러한 당사자에 대한 집행을 연기하고, ③ 한편 다른 당사자를 면책하고, ④ 유가증권에

통일유가증권법, 제175조.

1163 중화민국 유가증권법, 제80조 제1항; 독일 어음법, 제62조, 제77조 제1항; 일본 어음법, 제62조 제2항, 제77조 제1항; 미국 통일유가증권법, 제176조.

1164 American Law Institute's Tentative Draft of Commercial Paper, Secs 91(c), 95; 중화민국 유가증권법, 제14조, 제34조 제2항, 제35조, 제97조 제2항, 제101조; 독일 어음법, 제29조; 일본 어음법, 제29조 제1항; 스위스 채무법전, 제1019조.

1165 American Law Institute's Tentative Draft of Commercial Paper, Secs 91(c), 95; 중화민국 유가증권법, 제69조; 독일 어음법, 제69조; 독일 수표법, 제51, 50조; 일본 어음법, 제69조; 스위스 채무법전, 제1068, 1132조.

대한 증권의 소지인에 의한 부당한 손상. 소지인은 이러한 당사자에 대하여 명백히 보유함으로써 ①과 ② 거래에서 면책에 대하여 자신을 해제할 수 있다. 지급거절의 통지를 실패한 소지인은 통지나 아는 것을 가지고 아무도 면책하지 못한다(Art 922)고 규정하였다. 이 초안은 소지인에 의한 소구 또는 보증의 손상(Impairment of recourse or security)에 대하여 규정하고 있다.[1166]

2. 준계약(Quasi-Contractual)

이 초안은 준계약에 대하여, 정의(Defined, Art 923), 사무관리(Voluntary Services, Art 924), 통지(Notice, Art 925), 책임(Liability, Art 926), 상환(Reimbursement, Art 927), 부당이득(Undue Enrichment, Art 928), 수령(Receptions, Art 929), 유실물의 회수(Recovery of Lost Movables, Art 930), 보호의무(Custody and Care, Art 931) 및 최종처분(Final Disposition, Art 932)을 각각 규정하였다.

(1) 준계약상 채무는 계약 또는 불법행위 모두에서 다르게, 합법적 행위 또는 일련의 행위에서 발생하는 것이다(Art 923)고 규정하였다. 이 초안은 준계약상 채무(A quasi-contractual obligation)에 대한 정의(Defined)를 규정하고 있다.[1167]

(2) 권한 없이 상대방의 일을 관리하는 것은 그 소유자의 표시 또는 추정된 희망 및 그의 이익과 유리함에 일치할 필요가 있다(Art 924)고 규정하였다. 이 초안은 사무관리(Voluntary Services)에 대하여 규정하고 있다.[1168]

(3) 주된 채무자가 상황을 인식하지 않는 한, 관리자는 즉시 그에게 통지하고 지연으로 손실의 위험이 있는 경우를 제외하고 지시를 기다려야만 한다(Art 925)고 규정하였다. 이 초안은 관리자의 통지(Notice)에 대하여 규정하고 있다.[1169]

1166 American Law Institute's Tentative Draft of Commercial Paper, Secs 91(1)(1), 97; 미국 통일유가증권법, 제119, 120조.

1167 Anson's Law of Contract, (1937), pp.426~31; Maine, Ancient Law, pp.332~3; c.f. Keener, Quasi Contracts, (1893), Ch. 1; 40 Corpus Juris, 1320 n.79.

1168 선박의 밧줄 등은 이 법전 제493, 494조를 보시오; 중화민국 민법전, 제172조; 독일 민법전, 제 677조; 일본 민법전, 제697조; Japan Kyoto Univ. Law, Review, Vol. 50, No. 4; 40 Corpus Juris, 1321, n.120.

1169 중화민국 민법전, 제173조; 독일 민법전, 제681조; 일본 민법전, 제699, 701조.

(4) 관리자는 자신의 개입이 주된 채무자의 생활, 사람이나 재산에 급박한 위험을 방지하기 위한 경우일지라도, 그가 주된 채무자의 희망에 반하는 행위를 한 경우에는 악의 또는 중대한 과실에 대하여 책임이 있다(Art 926)고 규정하였다. 이 초안은 관리자의 책임(Liability)에 대하여 규정하고 있다.[1170]

(5) 지출의 상환은 주된 채무자로부터 관리자에게 있고, 그의 희망에 꼭 일치하는 관리에서 후자에게 발생한 이익의 범위까지이다. 주된 채무자가 그 관리를 비준하는 경우 이러한 출발은 면제된다(Art 927)고 규정하였다. 이 초안은 관리자의 지출의 상환(Reimbursement of outlay)에 대하여 규정하고 있다.[1171]

(6) 영수인은, 그 영수인이 신의성실하지 않은 경우, 의도적으로 또는 다른 것으로 인하여 이익 또는 과실과 손상으로 입은 손해와 함께 그것을 반환할 채무를 발생하지 않게 된다. 동일한 규칙은 원래 존재하는 법적인 사유가 이후에 사라진 경우에 적용한다. 상환이 불가능한 경우 영수인은 그 가치인 물건을 취득하게 된다. 목적물이 제3자에게 양도된 경우 후자는 그것을 반환하여야 하지만 적당한 절약 비용으로 상환 받을 권한이 있다(Art 928)고 규정하였다. 이 초안은 부당이득(Undue enrichment)에 대하여 규정하고 있다.[1172]

(7) 그것이, ① 도덕적 의무에 따라, 또는 ② 만기가 되지 않은 것의 이행, 또는 ③ 주는 사람이 그가 이행하는 것에 구속되지 않았음을 알고 있는 경우, 또는 ④ 이행이 다른 불법적인 목적인 경우, 또는 ⑤ 수령인이 채무의 부존재를 알고 아무런 이익을 받지 않는 경우에, 목적물을 반환할 의무가 없다(Art 929)고 규정하였다. 이 초안은 이 조문에 열거한 사유(①~⑤)에 의한 부당이득의 수취(Receptions)에 대하여 규정하고 있다.[1173]

(8) 보물을 포함한 동산의 발견자는 표류물임을 증명하고, 폐기되었다고 믿을 만한 이유가 없고 그가 발견할 수 있으면 금전적 또는 감상적 가치로 표시된 것을 그 소유자에게 통지하여야 한다. 발견자가 발견을 광고하거나 현지 경찰관계자에게 통보하고 그

[1170] 중화민국 민법전, 제175, 174조; 독일 민법전, 제680, 678조; 일본 민법전, 제698조; 스위스 채무법전, 제420조 제2, 3항.
[1171] 중화민국 민법전, 제176, 177, 178조; 독일 민법전, 제684조; 일본 민법전, 제708조 제3항, 제701조 참조; 스위스 채무법전, 제423, 424조.
[1172] 중화민국 민법전, 제179조, 제162조 제2항, 재181, 183조; 독일 민법전, 제812조, 제818조 제1항, 제819조, 제818조 제2항, 제822조; 일본 민법전, 제703, 704조; 스위스 채무법전, 제62, 64, 66조; 40 Corpus Juris, 1323.
[1173] 중화민국 민법전, 제180조, 제182조 제1항; 독일 민법전, 제814, 617조, 제813조 제2항; 일본 민법전, 제705~6조; 스위스 채무법전, 제63, 66조.

지시에 따라 그것을 보유 또는 창고에 보관하여야 한다(Art 930)고 규정하였다. 이 초안은 유실물의 회수(Recovery of Lost Movables)에 대하여 규정하고 있다.[1174]

(9) 발견물이 동물인 경우 발견자는 그것을 유지하고 사육하여야 한다. 부패하기 쉬운 경우 그것은 보존하여야 하지만, 관리 및 보존이 외견상으로 고비용인 경우 그는 경찰관계장의 동의를 얻어 그것을 공경매에서 매각할 수 있다(Art 931)고 규정하였다. 이 초안은 유실물의 보호의무(Custody and Care)에 대하여 규정하고 있다.[1175]

(10) 원고가 발견한 날로부터 6개월 이내에 나타나는 경우, 소유권의 증거를 제시하고, 보존의 필요비를 상환하고, 발견자의 노고에 적당한 보상을 하거나 그 절차에서 경매로 매각된 경우 그에게 인도되어야 한다. 그렇지 않으면 소유권은 발견자에게 귀속한다(Art 932)고 규정하였다. 이 초안은 유실물의 최종처분(Final Disposition)에 대하여 규정하고 있다.[1176]

3. 불법행위(Delictual (Tortious;[1177] "Noxal Action"))

이 초안은 불법행위에 대하여, 책임(Liability, Arts 933~939) 및 각종의 불법행위(Classes of delicts, Art 940~955)를 각각 규정하였다.

1) 책임(Liability)

(1) 능력을 갖춘 모든 사람은 다른 사람의 권리침해의 원인이 된 자기 자신의 작위 또는 부작위에 대하여 책임을 진다. 작위는 침해의, 이유 있는 명백한 자연적 결과이고, 행위자가 예견할 수 있는, 직접 주원인이 되어야 한다(Art 933)고 규정하였다. 이 초안은

1174 켈리포니아 민법전, 제1864, 1866, 1872조; 중화민국 민법전, 제803, 609, 810조; 프랑스 민법전, 제717조; 독일 민법전, 제966조 이하; 일본 민법전, 제240조; 일본 유실물법, 제1조; 일본 해상구조법, 제24~30조; 스위스 민법전, 제720, 725조.
1175 켈리포니아 민법전, 제1865, 1869, 1870조; 중화민국 민법전, 제806조; 독일 민법전, 제966조; 일본 유실물법, 제2조; 스위스 채무법전, 제721, 722조.
1176 켈리포니아 민법전, 제1867, 1871조; 중화민국 민법전, 제805조 제1항, 제807조; 독일 민법전, 제970, 240조; 일본 민법전, 제240조; 일본 유실물법, 제2, 5조; 만주국 유실물법, 제2조; 스위스 민법전, 제722조 제1, 2항.
1177 "'tortious' is used throughout the Restatement ... to denote the fact that conduct, whether of act or omission, is of such a character as to subject the arter to liability under ... the law of torts." Am. Law Institute's Restatement of Torts, Sec 6.

불법행위의 일반규정(General Rules)에 대하여 규정하고 있다.[1178]

(2) 부작위는, 어느 행위가 상대방의 이익이 불합리한 위험에 대한 보호를 위한 법적 기준 이하로 떨어지는 것을 미필적 고의로 무시하는 것, 예컨대 가족의 좋은 아버지 또는 일반적으로 신중한 사람의 행위를 제외하고, 과실에 의한 불법행위를 구성하게 된다(Art 934)고 규정하였다. 이 초안은 부작위(The omission)에 대하여 규정하고 있다.[1179]

(3) 행위자는 적어도 책임을 물을 수 있는 처분능력에 제한된 것이어야 한다. 한편 후자는 그의 감독의무에 과실이 없고, 그것에도 불구하고, 침해가 발생하지 않는 한, 공동으로 책임을 진다. 그러나 그의 과실 없이, 정신적으로 건강하지 않은 사람은, 책임이 없다. 상해에 대한 보상을 지급한 행위자는 그에 대한 책임이 있는 상대방으로부터 상환권을 갖는다. 공동으로 불법행위를 저지른 수인의 행위자 또는 교사범 및 여러 공범들과 같이 그것을 수행한 사람을 알 수 없는 경우에는 연대책임을 진다(Art 935)고 규정하였다. 이 초안은 행위자(The actor)[1180]의 책임능력(capacity to be subject to liability),[1181] 심신상실자,[1182] 배상자의 상환청구권[1183] 및 공동불법행위자(Several actors committing a wrong in common)[1184]에 관하여 규정하고 있다.

(4) 제3자의 편을 들어서 의도적으로 의무를 위반하여 제3자의 권리를 침해한 공무원은 그로부터 발생한 손해에 대하여 책임이 있다. 그 위반이 공무원의 과실의 결과인 경우 침해된 당사자가 다른 수단으로 배상을 받지 못하는 한 책임을 지게 된다. 전항의 경우 침해된 당사자가 고의 또는 자신의 과실로 법적 구제를 사용하여 침해를 제거하는 것을 태만한 경우 공무원은 책임이 없다(Art 936)고 규정하였다. 이 초안은 공무원(A public official)의 불법행위책임에 대하여 규정하고 있다.[1185]

1178 Am. Law Institute's Restatement of Torts., Sec 7, 279, 280; 켈리포니아 민법전, 제1708조; 중화민국 민법전, 제16, 184조; 독일 민법전, 제823, 826조; 일본 민법전, 제709조; 스위스 채무법전, 제41조; 40 Corpus Juris, 1323 Note 124, 125, 126;

1179 American Law Institute's Restatement of Torts, Sec 282; 40 Corpus Juris, 1332, Note 30; Jung, Japanese Delictural Law (M.S.) pp.1, 2 Taisho 5, Oct. 29, Osaka Court of Appeals.

1180 American Law Institute's Restatement of Torts, Sec 3; 중화민국 민법전, 제166, 190, 191조; 일본 민법전, 제717조.

1181 중화민국 민법전, 제187조; 독일 민법전, 제828조, 제832, 840조 참조; 일본 민법전, 제712~714조.

1182 중화민국 민법전, 제187조; 독일 민법전, 제829조; 일본 민법전, 제715조; 스위스 채무법전, 제54조 제2항.

1183 American Law Institute's Restatement of Torts, Sec 907, 908; 중화민국 민법전, 제191조 제2항; 스위스 채무법전, 제58조 제2항.

1184 American Law Institute's Restatement of Torts, Sec 463; 중화민국 민법전, 제185조; 독일 민법전, 제830조; 일본 민법전, 제119조; 스위스 채무법전, 제50조; 소련 민법전, 제408조.

(5) 손해는, 금전적 손실이 입증이 되면 배상받을 수 있고, 한 번의 증명 없이 명목상 손해가 될 수 있다. 또는 불법행위 조장자의 행위가 특별히 불법적인 것으로 징계 또는 형벌이 될 수 있다. 태어나지 않은 아이(태아)는 완전히 출생한 아이와 동등하게 손해에 대하여 권한을 갖는다(Art 937)고 규정하였다. 이 초안은 손해(Damage)에 대하여 금전적 손해와 명목상 손해,[1186] 징계 또는 형벌,[1187] 태아의 권리[1188] 등을 규정하고 있다.

(6) 이와 같은 손해의 지급은, 법원의 재량에 따라, 지급인의 적절한 담보의 제공으로, 분할로 할 수 있다(Art 938)고 규정하였다. 이 초안은 손해배상의 지급(Payment)에 대하여 규정하고 있다.[1189]

(7) 피침해자의 기여과실은 구체화 될 수 있고, 지급인의 적절한 담보의 제공으로 분할로 할 수 있다. 그러나 이러한 과실은 성인이 아직 되지 않은 연령인 어린이에게 전가할 수 없다(Art 939)고 규정하였다. 이 초안은 피침해자의 기여과실(Contributory Negligence)에 대하여 규정하고 있다.[1190]

2) 각종의 불법행위(Classes of Delicts (Torts))

이 초안은 각종의 불법행위에 대하여, 신체상해(Injuries to person, Arts 940~941), 명예훼손(Injuries to reputation, Arts 942~944) 및 재산침해(Injuries to property, Arts 945~950)를 각각 규정하였다.

가) 신체상해(Injuries to Person)

(1) […] 소득능력의 감소 또는 지출의 증가는, 행위자로부터 손해를 받을 권한을 후자에게 부여한다. 불법행위로, 아무런 금전적 손실이 없는, 사망의 경우, 손해는 사망자의 유족 및 아동에게 발생하고, 사망자가 지원하는 법에 근거하더라도 다른 사람에게 발생한다(Art 940)고 규정하였다. 이 초안은 신체상해에서 소득능력의 감소, 사망의 경

1185 중화민국 민법전, 제186조; 독일 민법전, 제829조 제1, 3항; 스위스 채무법전, 제61조.
1186 American Law Institute's Restatement of Torts, Secs 326c, 3298~9, 342a, b, c, 329, 340; 독일 민법전, 제903, 906, 907, 924조 등; 일본 민법전, 제710, 721조.
1187 중화민국 민법전, 제195조 제1항; 독일 민법전, 제647조 제1항; 일본 민법전, 제710조; 스위스 민법전, 제47조.
1188 중화민국 민법전, 제7조; 독일 민법전, 제844조 제2항; 일본 민법전, 제721조.
1189 중화민국 민법전, 제193조 제2항; 독일 민법전, 제843조 제3항; 스위스 채무법전, 제43조 제1, 2항.
1190 American Law Institute's Restatement of Torts, Secs 893, 918; 중화민국 민법전, 제217조; 일본 민법전, 제722조; 독일 민법전, 제843~7조; 스위스 채무법전, 제44조.

우에 대한 책임을 규정하고 있다.[1191]

(2) 상대방의 부인, 딸, 고아, 자매 또는 여성 종의 유괴는 제소 가능한 불법행위를 구성하고, 혼인의 약속을 한 경우, 금전적 손실과 독립하여, 징벌적 손해에 대한 권한을 피해자에게 부여한다(Art 941)고 규정하였다. 이 초안은 부녀자의 유괴(Seduction) 등에 대하여 규정하고 있다.[1192]

나) 명예훼손(Injuries to Reputation)

(1) 명예훼손은 부정하고 천박한, 구두 또는 다른 형식으로, 범죄성의, 성적 부도덕, 혐오스런 질병 또는 발기부전, 직접 상대방을 상해하고 그에게 실질적인 손해를 일으키는 침해이다(Art 942)고 규정하였다. 이 초안은 명예훼손(Defamation)에 대하여 규정하고 있다.[1193]

(2) 명예훼손을 구성하지 않는, 권한 있는 출판은, 공정하고 올바른 입법, 사법 또는 기타 공식 절차의 보고서나 합법적인 목적을 위해 공개회의들, 공공 우려를 보장하는 상대방의 활동에 너무 많은 올바른 비판을 포함한다(Art 943)고 규정하였다. 이 초안은 출판에 의한 명예훼손(Privileged publications, not constituting defamation)의 예외에 대하여 규정하고 있다.[1194]

(3) 명예를 훼손하는 통신의 저자는 책임을 지고 또는 특별한 침해에 대한 실질적 손해에 대하여, 어떠한 경우에도 명의상 손해이며, 그리고 피해자의 평판을 회복하는 것에 대한 반응으로 적절한 조치를 취하여야 한다(Art 944)고 규정하였다. 이 초안은 명예훼손의 손해배상의 방법(Measure of Damage)에 대하여 규정하고 있다.[1195]

1191 중화민국 민법전, 제193, 192조, 제195조 제2항; 독일 민법전, 제843조, 제847조 제1항, 제844조 제2항; 일본 민법전, 제710조; 스위스 채무법전, 제46조; 켈리포니아 민법전, 제3347조; Munemive's Law of Torts, pp.14, 15.

1192 켈리포니아 민법전, 제49, 3339, 3294조; 독일 민법전, Arts 825, 847, 1300.

1193 American Law Institute's Restatement of Torts, Sec 558; 켈리포니아 민법전, 제44(definition), 45(libel), 46(slander)조; 중화민국 민법전, 제18조, 제195조 제1항; 독일 민법전, 제824조; 일본 민법전, 제725조.

1194 American Law Institute's Restatement of Torts, Sec 558; 켈리포니아 민법전, 제47조.

1195 American Law Institute's Restatement of Torts, Sec 620, Nomical damages are accorded to allitigant who establishes a cause of action but not pecuniary loss; Ib., Secs 569, 621, 622; 중화민국 민법전, 제195조 제1항; 일본 민법전, 제723조; 스위스 채무법전, 제47조.

다) 재산침해(Injuries to Property)

(1) 상대방의 재산을 부당하게 파괴 또는 침해한 사람은 후자에게 그의 손실을 배상하고 부당하게 취득한 재산을 반환하여야 한다(Art 945)고 규정하였다. 이 초안은 재산침해에 대한 일반규정(General Rule)에 대하여 규정하고 있다.[1196]

(2) 해상 또는 공중에 관한 행정법에서 규정한 어느 규정을 관찰하지 못함으로써 발생한 손해는, 그것이 피할 수 없는 실패로 나온 것이 아닌 한, 항공기의 관리에서 고의적인 것으로 간주한다. 한편 항공기의 소유자는 이러한 손해에 대하여 복구에서 배제된다(Art 946)고 규정하였다. 이 초안은 행정법에 규정된 규정을 살피지 않아서 발생한 손해에 대하여 규정하고 있다.[1197]

(3) 여러 형태의 주된 항공기 또는 항공기 사이의 충돌에 의한 손해는, 다음과 같은 비율로 한다. ① 당사자가 독점적으로 잘못한 경우, 그는 자신의 손실을 부담해야하며, 자신에 대한 다른 사람을 보상하여야 한다. ② 모두 잘못이 있는 경우, 각각은 자신의 손실을 부담한다. ③ 양쪽에 잘못이 있거나 각자의 과실을 완전히 확인할 수 없는 경우, 그 손실을 동등한 비율로 하는 것에 커다란 차이를 보인다는 증거가 없는 한, 그 손실은 동등하게 배분한다(Art 947)고 규정하였다. 이 초안은 항공기 상호간의 충돌(Collisions)에서 손해의 비율에 대하여 규정하고 있다.[1198]

(4) 소유권 또는 품질에 대해 허위 및 비방하는 글로 재산의 시장성을 손상시킨 사람은 그로 인해 발생하는 금전적 손실에 대해 소유자에게 책임이 있다(Art 948)고 규정하였다. 이 초안은 품질불량이라는 비방(Disparagement of property)에 대하여 규정하고 있다.[1199]

(5) 그의 상품 또는 용역을 다른 사람의 것으로 판매하거나, 물질적 외형을 권한 없이 모방하거나, 다른 사람의 상표 또는 상호를 위반하여 사용한 사람은 다른 사람의 사업상 명성의 이익을 담보하는 한 그러한 행위를 정지하는 것과 그로부터 결과 된 손해에 대하여 책임을 지게 된다(Art 949)고 규정하였다. 이 초안은 불공정한 경쟁(Unfair Competition)에 대하여 규정하고 있다.[1200]

[1196] 켈리포니아 민법전, 제1708, 1712, 1713조; 중화민국 민법전, 제196조; 독일 민법전, 제249조.
[1197] 켈리포니아 민법전, 제971, 972조.
[1198] 켈리포니아 민법전, 제970, 973조; 중화민국 해상법전, 제114~7조; 프랑스 상법전, 제407조; 독일 민법전, 제736조; 이태리 상법전, 제663조; 일본 상법전, 제797조.
[1199] American Law Institute's Restatement of Torts, Sec 624.

(6) 이러한 손해의 요소는, 피고의 행위로 합리적으로 인하된 가격으로 판매한 손해를 포함한다. 원고의 상품, 사업 또는 용역의 시장성을 해치고, 잠재적 구매자를 사기로부터 방지하기 위하여 필요한 비용지출, 원고가 취득할 수 있었지만 피고의 행위로 임대료의 이익 없거나 감소하고, 그들이 시장경쟁 상품 또는 용역을 원고가 가능하거나 피고가 판매를 예견하는 곳 시장에서 결과 된 것이라 규정하고, 원고가 이러한 이익의 선취특권에서 다른 손해를 회복하지 못한 것을 포함한다. 피고가 책임질 순이익은 불공정한 거래에서 그의 순수익이고 그것을 소득한 것에 적게 표시된다(Art 950)고 규정하였다. 이 초안은 손해의 요소(Elements of such damage)에 대하여 규정하고 있다.[1201]

4. 준불법행위(Quasi-Delictual)

이 초안은 준불법행위에 대하여, 본질(Nature, Art 951), 국가(State, Art 952), 감독자(Supervisors, Art 953), 동물의 소유자, 조련사와 보호자(Owners, correctors and cus-todians, Art 954) 및 건물 등의 소유자와 점유자(Owners and occupants, Art 955)를 각각 규정하였다.

(1) 준불법행위는 행위자측에서 침해의사가 없는데서 일반적인 것과 다르다(Art 951)고 규정하였다. 이 초안은 준불법행위(Quasi-Delicts)의 본질(Nature)에 대하여 규정하고 있다. 즉 일반불법행위와 다른 점은 침해의사의 흠결이라는 것이다.[1202]

(2) 국가는, 불법행위에 대한 책임을, 오직 정부기능을 실행함에 공무원으로 구성된 위원회가 국가는 행위자로부터 배상에 대한 권한이 있다고 한 경우에만 진다(Art 952)고 규정하였다. 이 초안은 국가(The State)의 불법행위에 대한 책임을 규정하고 있다.[1203]

(3) 부모, 후견인, 사용자 및 선장을 포함한 감독자는, 전자가 감독상 과오가 없음에

1200 American Law Institute's Restatement of Torts, 제744, 745조; 스위스 채무법전, 제48조.
1201 American Law Institute's Restatement of Torts, Secs 746~8.
1202 40 Corpus Juris, 1329, n.131.
1203 Sohn, Institutes, p.424; 브라질 민법전, 제228, 294, 420, 421조; 중화민국 민법전, 제186조 참조; 쿠바 민법전, 제203조; 독일 민법전, 제841조 참조; 맥시코 형법전, 제347, 348조; 소련 채무법전, 제407, 404조; 스위스 채무법전, 제60, 61조.

도 불구하고 손해가 발생한 경우, 그들의 미성년자, 피후견인, 선원 각각 후자의 불법행위에 대하여 함께 책임을 진다. 보상을 지급한 감독자는 잘못한 행위자에 대한 상환청구권을 갖는다(Art 953)고 규정하였다. 이 초안은 감독자(Supervisors)의 책임에 대하여 규정하고 있다.[1204]

(4) 동물의 소유자, 점유자 및 관리자는 후자에 의한 손해이다. 그러나 그것의 성격에 따라 동물의 적절한 주의를 행사하였음을 표시하여 자신을 완화할 수 있다(Art 954)고 규정하였다. 이 초안은 동물의 소유자, 점유자 및 관리자(Owners, possessors and cus-todians of animals)의 책임에 대하여 규정하고 있다.[1205]

(5) 그의 붕괴가 다른 사람들에게 침해를 야기하는 불안전한 건물 또는 시설물의 소유자 및 점유자는 후자에게, 전자가 이러한 침해가 그들의 과실로 인한 것이 아니라는 것, 완전한 구조 또는 불충분한 수리 또는 침해받은 당사자가 불안전한 조건을 알았다는 것을 증명하지 못하는 한, 책임이 있다(Art 955)고 규정하였다. 이 초안은 불안전한 건물 또는 구조물의 소유자 및 점유자(Owners and occupants)의 책임에 대하여 규정하고 있다.[1206]

제5절 • 초안 제3편 물권(Property / Real Rights)

이 초안은 제3편 물권(Property / Real Rights)에 대하여, 본질(Nature)과 종류(Classes)로 나누어서 규정하였다.

1204 중화민국 민법전, 제188조; 독일 민법전, 제831, 840조; 일본 상법전, 제705, 706조; 40 Corpus Juris, 1330, Notes 24, 25.

1205 켈리포니아 민법전, 제3341조; 중화민국 민법전, 제190조; 독일 민법전, 제833, 834조; 일본 민법전, 제718조 제1항; 스위스 채무법전, 제56조.

1206 American Law Institute's Restatement of Torts, Secs 334 et. seq; 중화민국 민법전, 제191조; 프랑스 민법전, 제86조; 독일 민법전, 제836~8조; 이태리 민법전, 제1155조; 일본 민법전, 제717조; 스위스 채무법전, 제58조 제1항.

I. 본질(Nature)

이 초안은 본질(Nature)에 대하여, 정의(Defined, Art 956), 과실(Fruits, Art 957) 및 종물(Accessories, Art 958)을 각각 규정하였다.

(1) 재산은 독점적으로 향유할 수 있는 것이다. 그 안에서 권리가 생성되는 것이 아니고, 법에 따라서 생기는 것이다(Art 956)고 규정하였다. 이 초안은 재산(Property)의 정의(Defined)에 대하여 규정하고 있다.[1207]

(2) 과실은 재산의 산출물이고, 동물의 새끼 또는 식물의 성장, 또는 민사상 차임, 이자 및 법적인 관계에 의한 기타 수익과 같이, 자연적이다. 천연과실은 주물에서 분리되면 그에게 속하여 발생한다. 법정과실은 그것을 수집하는 권리가 지속하는 동안 일수에 비례하여 발생한다(Art 957)고 규정하였다. 이 초안은 과실(Fruits)에 대하여 규정하고 있다.[1208]

(3) 종물은 부착된 재산의 요소이지만, 주물의 일부를 형성하지 않고, 경제적 목적에 제공되고 동일한 소유자에게 속하며 전자의 처분에 동반하는 것이다(Art 958)고 규정하였다. 이 초안은 종물(Accessories)에 대하여 규정하고 있다.[1209]

II. 종류(Classes)

이 초안은 종류(Classes)에 대하여, 소유권 일반(As to Dominium / Ownership, Arts 959~961), 유체재산(Corporal Property, Arts 962~1052) 및 무체재산(Incorporeal Property, Arts 1053~1211)을 각각 규정하고 있다.

1207 켈리포니아 민법전, 제14(1), 654, 655조; 프랑스 민법전, 제2229조; 독일 민법전, 제903조; 일본 민법전, 제206, 175조; 푸에르토 리코 민법전, 제324조; 소련 헌법(1936), 제4조; 우루과이 민법전, 제413, 463~68조; 베네주엘라 민법전, 제497, 526~30, 759~70조; 중화민국 민법전, 제757조; 40 Corpus Juris, 1427 et. seq.

1208 켈리포니아 민법전, 제654, 655조; 중화민국 민법전, 제69, 70조; 독일 민법전, 제99, 100, 101조; 일본 민법전, 제88, 89조; Bouvier Law Dictionary (8th ed., 1914) I, 1320.

1209 중화민국 민법전, 제68조; 독일 민법전, 제97, 98조; 일본 민법전, 제87조; Ryasanovski, *Chinese Civil Law*, p.208, infra.

1. 소유권 일반(As to Dominium (Ownership))

　(1) 소유권에 관해서는, 재산은 공적 또는 사적이 될 수 있다. 공적 재산은 국가 또는 그 하부조직에 속하고 일반 또는 배타적일 수 있다. 고속도로, 공원 등을 포함한, 공동재산의 사용은 모든 사람에게 공개된다. 국방에 전용되는 것을 포함한 공적 재산은 배타적이다(Art 959)고 규정하였다. 이 초안은 소유권에 대하여(As to dominium (ownership)) 공적인 것과 사적인 것으로 나누어 규정하고 있다.[1210]

　(2) 전조에 포함되지 않은 모든 재산은 공적인 것 또는 사적인 것이다. 공적 재산은 국가 또는 그 하부조직에 속하고 일반 또는 배타적일 수 있다. 고속도로, 공원 등을 포함한, 공동재산의 사용은 모든 사람에게 공개된다. 국방에 전용되는 것을 포함한 공적 재산은 배타적이다(Art 960)고 규정하였다. 이 초안은 사적인 것을 표제로 하면서 제959조를 다시 규정하고 있다.[1211]

　(3) 전조에 포함되지 않은 모든 재산은 개인적인 것이고 상속될 수 있다. 다른 사람 또는 개인에 의하여 소유되지 않는 재산(토지)에 속하고, 국가의 기관이 아닌 자연인 또는 법인에 속한다. 개인재산은 정당한 보상을 제외하고 공적인 것을 위하여도 사적인 사용을 수행할 수 없다(Art 960a)고 규정하였다. 이 초안은 개인재산에 대하여 규정하고 있다.[1212]

　(4) 주요한 분류는 유형과 무형이다. 전자는 물리적으로 소유하고 즐길 수 있는 것이고, 후자는 감각에 의해 인식할 수 없고 권리로 구성된다. 유체재산은 다시 부동산으로 분류되고, 영미법의 "부동산"에 유사하다. 그리고 동산은 "개인 재산"에 유사하다. 다른 분류는 주물과 종물을 포함하고, 전자는 자체로 존재하고, 후자는 다른 재산에 의존한다(Art 961)고 규정하였다. 이 초안은 물건의 분류에 대하여 규정하고 있다. 즉 유체물과 무체물,[1213] 부동산[1214]과 동산, 주물[1215]과 종물[1216], [1217]로 나누어 규정하고 있다.

1210 40 Corpus Juris, 1427~1429.
1211 40 Corpus Juris, 1427~1429.
1212 40 Corpus Juris, 1427~1429.
1213 중화민국 민법전, 제66조; 일본 민법전, 제86조; 40 Corpus Juris, 1429, et. seq.
1214 켈리포니아 민법전, 제657조 이하; 중화민국 민법전, 제66조; 일본 민법전, 제86조.
1215 아르헨티나 민법전, 제2361, 2362조; 중화민국 민법전, 제68조; 독일 민법전, 제97조; 일본 민법전, 제87조; 파라과이 민법전, 제2328조.
1216 아르헨티나 민법전, 제2542, 2557조.
1217 켈리포니아 민법전, 제663조; 중화민국 민법전, 제67조; 일본 민법전, 제86조.

2. 유체재산(Corporeal Property)

이 초안은 유체재산에 대하여, 권리취득(Acquisition, Arts 962~991)과 소유권(Owner-ship / Dominium, Arts 992~1052)을 각각 규정하였다.

1) 권리취득(Acquisition)

이 초안은 권리취득에 대하여, 일반규정(In General, Arts 962~965), 점유(Possession, Arts 966~976), 취득시효(Acquisitive Prescription, Arts 977~981) 및 부합(Accession, Arts 982~991)을 각각 규정하였다.

(1) 재산은, ① 본래(예컨대, 최초로), 선점, 점유 또는 취득시효, 그리고 ② 파생적으로, 전 소유자로부터 양도된 때에 취득할 수 있다(Art 962)고 규정하였다. 이 초안은 재산의 취득방식(Modes)에 대하여 규정하고 있다.[1218]

(2) 선점은 소유의사로 아무에게 속하지 않는 재산에 대한 점유를 취득하는 것이다(Art 963)고 규정하였다. 이 초안은 선점(Occupancy)에 대하여 규정하고 있다.[1219]

(3) 포획자로부터 도주하고 다른 사람이 선의로 취득한 야생동물은 전자인 보유자에 의한 청구가 없는 한 이러한 도주로부터 1월 이내에 후자의 지배에 놓이게 된다(Art 964)고 규정하였다. 이 초안은 야생동물(Wild animals)의 취득에 대하여 규정하고 있다.[1220]

(4) 매장물, 표류물, 부유물의 소유권은 공고한 뒤 6월 이내에 소유자가 발견하지 못한 점유를 취득한 사람에 의하여 취득한다. 다른 사람에 의하여 재산이 발견된 경우, 재산이 학술적, 예술적, 고고학적 또는 역사적 가치가 없는 한, 그 소유자 및 발견자는, 그 소유권이 소유자와 발견자에게 상당한 액의 지급에 의하여 국가에 귀속되지 않는 한, 매장물에 대하여 마찬가지로 배분된다(Art 965)고 규정하였다. 이 초안은 매장물의 발견 등(Treasure-trove. etc.)에 대하여 규정하고 있다.[1221]

[1218] 40 Corpus Juris, 1430~1.

[1219] 중화민국 민법전, 제802조; 프랑스 민법전, 제539조, 제713조 참조; 독일 민법전, 제958조; 일본 민법전, 제239조; 스위스 민법전, 제718조; 40 Corpus Juris, 1430~1.

[1220] 프랑스 민법전, 제719조; 독일 민법전, 제960~61조; 일본 민법전, 제195조.

[1221] Tomkins & Jancken, Modern Roman Law (1870) p.103. Treasure trove, i.e. "gold or silver coin, plate or bullion concealed in a private place," jetsam and flotsam, i.e. wreckage. p.405; 중화민국 민법전, 제808,

(5) 점유는 유체재산의 지배이다(Art 966)고 규정하였다. 이 초안은 점유(Possession)의 정의(Defined)에 대하여 규정하고 있다.[1222]

(6) 점유는 자연적(행위)이거나 법적(건설)일 수 있다. 통상으로, 선의로 취득한 때와 비정상적으로 다른 방법, 이해관계인으로부터 은폐된 때에 공개적으로 공연하게 평온하게 유지된 때에 취득하고 공개된다. 평화롭게 강제 없이 취득한 때에 평화롭고, 강제로, 현실로 또는 위협에 의하여 취득한 때에 광폭한 것이다. 간접점유자는 소유자로서 법적인 관계에서 보유하는 사람이다(Art 967)고 규정하였다. 이 초안은 점유의 종류(Kinds)에 대하여 규정하고 있다. 즉 자연적 점유 또는 법적인 점유, 통상적인 점유 또는 비정상적인 점유, 평온한 점유 또는 강폭한 점유,[1223] 간접점유[1224] 등이다.

(7) 준점유자는 그 점유하지 않고 창설되어진 그러한 권리를 제대로 행사하는 사람이다(Art 968)고 규정하였다. 이 초안은 준점유자(A quasi-possessor)에 대하여 규정하고 있다.[1225]

(8) 동산의 공연, 선의의 점유는, 실제로 과실 없이 시작되면, 점유자가 그 위에 행사할 권리를 인정한다(Art 969)고 규정하였다. 이 초안은 동산의 점유의 취득에 대하여 규정하고 있다.[1226]

(9) 이러한 동산은 분실하거나 도난당한 경우, 그 소유자는 자신의 점유가 정지된 시점부터 2년 이내에 이를 복구할 수 있다. 그러나 그는, 후자가 공개시장에서 경매로 선의로 또는 유사한 동산의 거래인으로 부터 취득한 경우, 지급한 가격에 대하여 점유자에게 상환하여야 한다. 그러나 전술한 것은 소지인에게 지급할 금전 또는 유가증권에 적용할 수 있다(Art 970)고 규정하였다. 이 초안은 점유의 상실(Loss)에 대하여 규정하고 있다.[1227]

(10) 악의의 강제 또는 은닉 점유자는 과실, 그 사용가치 또는 손상되거나 그의 과오로 수취하지 못한 나머지를 반환할 의무가 있다. 선의 점유자는 그 손해에서 자신의 이

809조; 일본 민법전, 제241조; 독일 민법전, 제984조; 스위스 민법전, 제723조.

1222 중화민국 민법전, 제940조; 독일 민법전, 제354조 제1항; 40 Corpus Juris, 1432 n.93; 스위스 민법전, 제919조.

1223 40 Corpus Juris, 1434.

1224 중화민국 민법전, 제941조; 독일 민법전, 제868조; 일본 민법전, 제181조.

1225 중화민국 민법전, 제966조 : 일본 민법전, 제205조.

1226 일본 민법전, 제192조.

1227 중화민국 민법전, 제949조; 프랑스 민법전, 제2279, 2286조; 일본 민법전, 제193조; 스위스 민법전, 제934조.

익의 범위까지 책임을 지고, 선의로 행동한 점유자는, 그가 소유자로서 청구할 의사가 없는 한, 모든 손해를 복구하여야 한다(Art 971)고 규정하였다. 이 초안은 점유자의 책임 (Liability)에 대하여 규정하고 있다.[1228]

(11) 재산을 보존과 보호하는 필요적 경비에 대한 보상은, 전자가 과실을 수취하지 않거나 또한 선의 점유자가 그로부터 증가된 가치의 범위까지 개선에 대하여, 그 회복을 추구한 사람으로부터 다시 청구될 수 있다(Art 972)고 규정하였다. 이 초안은 필요비의 보상(Reimbursement for necessary expenses)에 대하여 규정하고 있다.[1229]

(12) 점유의 종료는, 일시적 지배인 점유가 다른 사람에 의하여 취득되어 보유하는 주된 권리의 회수 또는 보관하는 대리인의 손실 또는 무권원 점유의 주장에 의하여 소멸되지 않는 한, 손실을 따른다(Art 973)고 규정하였다. 이 초안은 점유의 종료(Extinction of possession)에 대하여 규정하고 있다.[1230]

(13) 동산점유의 양도는 그것의 인도에 의하여 효력이 있다. 양수인이 실제로 점유하고 있는 경우 의사의 표현으로 충분하다. 취득한 점유는 소유권 속으로 무르익게 된다. 따라서 양도인은 양도할 권리가 없다(Art 974)고 규정하였다. 이 초안은 동산점유의 양도(Transfer of possession of a movable)에 대하여 규정하고 있다.[1231]

(14) 점유의 본질은 소유자가 그 본질을 변경하지 않는 때, 점유자가 그가 소유권을 주장할 의사로 점유를 취득한 사람에게 선언하지 않는 한, 청구할 점유자의 의사를 배제한다(Art 975)고 규정하였다. 이 초안은 점유의 본질(the nature of the possession)에 대하여 규정하고 있다.[1232]

(15) 점유자의 양수인은 그의 전점유자의 점유와 함께 또는 별도로 그의 점유를 주장할 수 있다. 그러나 그는 후자의 점유에 있어서 결함이 적용된다(Art 976)고 규정하였다. 이 초안은 점유자의 양수인(The transferee of a possessor)과 전점유자(his predecessor)의 점유와의 관계에 대하여 규정하고 있다.[1233]

1228 중화민국 민법전, 제958, 956, 953조; 일본 민법전, 제190, 191조; 스위스 민법전, 제934조.
1229 중화민국 민법전, 제954, 957, 955조; 일본 민법전, 제196조.
1230 중화민국 민법전, 제964조; 일본 민법전, 제202, 204조.
1231 중화민국 민법전, 제946, 801, 948조; 일본 민법전, 제182조; 독일 민법전, 제932, 933, 934조; 스위스 민법전, 제714조 제2항.
1232 중화민국 민법전, 제945조; 일본 민법전, 제185조.
1233 중화민국 민법전, 제947조.

(16) 취득시효는 그것을 취득할 의사로 재산의 사실상(자연적) 점유이다. 그것은 어떤 조건의 충족과 어떤 기간의 만료에 의하여 소유권이 된다(Art 977)고 규정하였다. 이 초안은 취득시효(Acquisitive prescription)의 정의(Defined)에 대하여 규정하고 있다.[1234]

(17) 등기되지 않은 부동산의 소유권의 주장과 함께 20년 동안 공개되고 평화롭고, 지속된 점유는 점유자에게 그의 소유자로서 등기할 권한이 있다. 그리고 그 점유가 선의로 개시되고 과실이 없으면, 동일한 권리가 10년 내에 취득될 수 있다(Art 978)고 규정하였다. 이 초안은 부동산의 취득시효에 대하여 규정하고 있다.[1235]

(18) 공개되고, 평화롭고, 지속된 5년의 점유는, 동산소유권의 주장에 따라, 점유자에게 소유자로서 등록할 권한이 있다(Art 979)고 규정하였다. 이 초안은 동산의 취득시효에 대하여 규정하고 있다.[1236]

(19) 시효의 이익은 청구되어야 하고, 미리 포기할 수 없고, 시효가 진행이 개시된 때에 소급한다(Art 980)고 규정하였다. 이 초안은 시효의 이익(The benefits of prescription)에 대하여 규정하고 있다.[1237]

(20) 취득시효는, 점유자가 자발적으로 점유를 중단하거나 다른 사람에 의하여 박탈되거나 소유권청구를 중단하는 경우에 중단된다. 중단의 원인이 중지되면 시효는 재개한다(Art 981)고 규정하였다. 이 초안은 취득시효의 중단(Interruption)에 대하여 규정하고 있다.[1238]

(21) 부합은 주물의 소유자가 천연 또는 법정 과실, 후자는 차임, 이자 또는 기타 이익을 포함한 종물에 대한 권한을 갖는 것에 의하여 소유권을 취득하는 원래의 형태이다. 인접한 토지에 떨어지는 천연과실은 그것이 공공 토지가 아닌 한 그것에 속한다(Art 982)고 규정하였다. 이 초안은 부합(Accession)의 정의(Defined)에 대하여 규정하고 있다.[1239]

(22) 부동산의 소유자는 그것에 부착된 종물의 소유권을 취득한다. 그러나 다른 사람의 권리에 침해가 없으면 권원의 가치에 의하여 이러한 부착물에 효력이 미친다(Art

---

1234 Riasanovsky supra n.32 at p.22; 스위스 민법전, 제728조.
1235 중화민국 민법전, 제769, 770조; 일본 민법전, 제162, 177조.
1236 중화민국 민법전, 제768조.
1237 일본 민법전, 제144~46조.
1238 중화민국 민법전, 제771, 137조; 독일 민법전, 제940조; 일본 민법전, 제164, 157조.
1239 중화민국 민법전, 제68, 69조; 일본 민법전, 제87~89조; 독일 민법전, 제97, 98조.

983)고 규정하였다. 이 초안은 부동산(Immovables)의 부합에 대하여 규정하고 있다.[1240]

(23) 두 개 이상의 동산이 불가분하게 혼합하는 경우, 과도한 비용 또는 손해를 제하고, 주물인 동산의 소유자가 모든 재산을 취득한다. 주물인 동산이 구별되지 않는 경우 각 소유자는 그 가치에 비례하여 전체의 공유자가 된다(Art 984)고 규정하였다. 이 초안은 동산(Movables)의 부합에 대하여 규정하고 있다.[1241]

(24) 앞의 두 조문은, 서로 다른 소유자에 속하는 재료에 필요한 수정을 하지만, 구별되지 않게 단일하게 된 것에 적용한다(Art 985)고 규정하였다. 이 초안은 혼합물(mixture)에 관하여 규정하고 있다.[1242]

(25) 한 건물의 구분된 부분의 소유자가 있는 경우, 공동으로 사용하는 부분은 종물과 함께 모든 소유자에게 속하는 것으로 추정된다. 한 부분의 소유자는, 특별한 약정 또는 관습이 부재하고, 필요한 경우, 다른 사람에게 속하는 문을 사용할 수 있지만, 건물에 대하여 수리 및 기타 비용 부담은 그들 각 부분에 비례하여 소유자에 의하여 부담한다(Art 986)고 규정하였다. 이 초안은 한 건물의 구분소유자의 비용부담에 대하여 규정하고 있다.[1243]

(26) 작업자가 제품을 취득하는 경우에, 노동의 가치가 동산의 가치를 재료로 또는 재료 없이 크게 초과하지 않는 한, 다른 사람이 작업한 것에 의한 동산의 소유자는 그것에 대한 소유권을 보유한다(Art 987)고 규정하였다. 이 초안은 가공에 대하여 규정하고 있다.[1244]

(27) 앞의 5조문에 규정되어 있는 재산의 소유권의 양도는 그 재산에 이미 속하는 다른 권리를 그것과 함께 수반한다(Art 988)고 규정하였다. 이 초안은 앞에서 규정한 재산의 소유권의 양도(Transfer of the ownership of property)에 대하여 규정하고 있다.[1245]

(28) 언급한 조문의 적용에 의하여 야기된 손실은 부당이득의 원칙에 따라서 보상될 수 있다(Art 989)고 규정하였다. 이 초안은 앞에서 언급한 조문의 적용에 의하여 야기된 손실의 보상에 대하여 규정하고 있다.[1246]

1240 켈리포니아 민법전, 제1013조; 일본 민법전, 제242조.
1241 켈리포니아 민법전, 제1025조 이하; 독일 민법전, 제946~50조; 일본 민법전, 제243~4조; 멕시코 민법전, 제815조; 40 Corpus Juris, 1438, n.240.
1242 일본 민법전, 제245조.
1243 중화민국 민법전, 제799, 800조; 일본 민법전, 제208조.
1244 일본 민법전, 제246조.
1245 일본 민법전, 제247조.

(29) 퇴적지는 강의 둑에 토지의 일반적인 증가이고 이러한 둑의 소유자에 속한다. 그러나 그 소유자는 퇴적지 또는 급격한 변화에 의하여 얻게 된 토지에 대한 권원을 상실하지 않는다고 한다. 그 수원이 변경된 강의 바닥은 강기슭의 소유자에게 되돌아간다(Art 990)고 규정하였다. 이 초안은 퇴적지 등의 소유권 귀속에 대하여 규정하고 있다. 즉, 퇴적지,[1247] 퇴적지에 취득한 토지,[1248] 강바닥[1249]의 소유에 관한 것이다.

(30) 반대하는 유효한 청구가 없는 한, 도서 및 항해 가능한 강줄기에 형성된 토지의 축적은 국가에 속한다. 강줄기가 항해 가능하거나 아닌 것으로 나누어지고, 해안의 소유자에게 속하는 토지를 분할 및 둘러싼 경우, 후자는 그렇게 형성된 섬을 보유한다(Art 991)고 규정하였다. 이 초안은 섬이나 항해 가능한 강줄기에 형성된 토지의 소유에 대하여 규정하고 있다.[1250]

2) 소유권(Ownership (Dominium))

이 초안은 소유권에 대하여, 일반규정(In General, Arts 992~993), 공동소유(Joint and co-ownership, Arts 994~1002) 및 제한물권(Limited Dominium, Arts 1003~1052)을 각각 규정하였다. 제한물권에 대하여, 지역권(Servitudes, Arts 1003~1024), 용익물권(Usufruct, Arts 1025~1037), 지상권(Superficies / Di-Shang-Tsuam, Arts 1038~1045) 및 영소작권 (Emphyteusis / Young-Tien, Arts 1046~1052)을 각각 규정하였다.

(1) 소유권은 완전하고 독점적인 재산을 향유하는 권리이다. 토지의 소유권은 아래 위의 공중까지 연장한다. 그러나 항공권에 의해 한정된다(Art 992)고 규정하였다. 이 초안은 소유권(Ownership)의 정의(Defined)에 대하여 규정하고 있다.[1251]

(2) 소유권의 부수의무는 용익권(사용 및 과실), 취득하는 이익, 부합 및 처분권을 포함한다(Art 993)고 규정하였다. 이 초안은 소유권의 부수의무 또는 부수조건에 대하여 규정하고 있다.[1252]

1246 일본 민법전, 제248조.
1247 켈리포니아 민법전, 제1014조.
1248 켈리포니아 민법전, 제1015조; 40 Corpus Juris, 1438, n.55.
1249 켈리포니아 민법전, 제1015조.
1250 켈리포니아 민법전, 제1016, 1017, 1018조.
1251 중화민국 민법전, 제765, 773조; 일본 민법전, 제206, 207조; 독일 민법전, 제903~5, 1004조; 40 Corpus Juris, 1431 n.80; 스위스 민법전, 제641, 667조; Riasanovsky, *Chinese Civil Law*, n.207; 이 법전 제510~519조 참조.

(3) 공유자는 동일한 재산에서 동등한 것으로 추정되는 지분이 있고, 그 지분에 비례하여 그것을 사용할 권한이 있다. 소유자의 권리는 공동으로 전체 재산에 확대되고 법률이나 관습에 의한 적용을 받는다(Art 994)고 규정하였다. 이 초안은 공유자(Co-owners)의 정의(Defined)에 대하여 규정하고 있다.[1253]

(4) 개선을 포함한 공유자의 재산관리는, 해당 지분에 비례한 투표로, 공유자의 과반수에 의해 효력이 있다. 그러나 간단한 수리와 보존행위는 하나의 단독 공유자에 의해 효력이 있다. 재산은, 모든 공유자의 동의만으로, 양도, 변경 또는 담보될 수 있다(Art 995)고 규정하였다. 이 초안은 공유자의 재산관리(Administration of co-owner's property)에 대하여 규정하고 있다.[1254]

(5) 그러한 공유자는 자신의 지분을 처분할 수 있고, 또는 그것에 비례하여, 재산을 사용하고 그 과실을 수취할 수 있다(Art 996)고 규정하였다. 이 초안은 공유자의 지분의 처분(Disposition)에 대하여 규정하고 있다.[1255]

(6) 관리 및 기타 부담의 비용은, 계약으로 다른 정함이 없는 한, 각자의 지분에 비례하여 모든 공유자가 부담한다. 이러한 부담의 자신의 지분보다 더 많은 공유자 중 한 사람에 의한 지급은 그에게 다른 공유자로부터 각자 지분에 비례하여 보상받을 권한이 있다(Art 997)고 규정하였다. 이 초안은 관리 및 기타 부담의 비용(Expense of administration and other charges)에 대하여 규정하고 있다.[1256]

(7) 상속인 없이 사망한 공유자에 의해 포기 또는 잔여 지분은 다른 공유자에게 양도한다(Art 998)고 규정하였다. 이 초안은 상속인 없이 사망한 공유자의 지분에 대하여 규정하고 있다.[1257]

(8) 공동재산을 포함하는 다른 사람에 대하여 공유자 한 사람에 의한 주장은, 후자의 유일한 후계자에 대하여 적용할 수 있다(Art 999)고 규정하였다. 이 초안은 다른 공유자에 대한 공유자의 청구(A Claim)에 대하여 규정하고 있다.[1258]

1252 독일 민법전, 제903조; 일본 민법전, 제206조.
1253 켈리포니아 민법전, 제685, 686조; 중화민국 민법전, 제817, 818, 827, 828조; 독일 민법전, 제741~43, 1008조; 일본 민법전, 제251, 252조.
1254 중화민국 민법전, 제820조 제3, 2, 1항, 제819조 제2항; 일본 민법전, 제249, 250, 251조.
1255 중화민국 민법전, 제818, 819조; 콜롬비아 민법전, 제2322조; 코스타 리카 민법전, 제1044조; 독일 민법전, 제741~58조; 니카라구아 민법전, 제2508조; 파나마 운하 지역 민법전, 제2322조; 페루 민법전, 제2128조 이하.
1256 중화민국 민법전, 제822조 제1, 2항; 일본 민법전, 제253조 제1항, 제253조; 스위스 민법전, 제649조 제2항.
1257 일본 민법전, 제255조.

(9) 공유물의 회복은 한 사람에 의하여 오직 모든 소유자를 대신하여 행하여질 수 있다(Art 1000)고 규정하였다. 이 초안은 공유물의 회복(Recovery of the joint property)에 대하여 규정하고 있다.[1259]

(10) 달리 규정하지 않는 한, 공동으로 소유하는 재산의 관리 및 처분은 모든 소유자의 출석을 필요로 한다(Art 1001)고 규정하였다. 이 초안은 공유물의 관리 및 처분(Administration and disposition of property owned in common)에 대하여 규정하고 있다.[1260]

(11) 5년을 초과하지 않는 기간 또는 그 재산이 사용되는 목적을 계약에 의하여 배제하지 않는 한, 각 공유자는 언제든지 분할할 권한이 있다. 그러나 분할은 공동으로 소유자에게 유효하지 않다(Art 1002)고 규정하였다. 이 초안은 공유물의 분할(Partition)에 대하여 규정하고 있다.[1261]

(12) 지역권은 소유자 이외의 유익을 위하여 부동산에 부과된 부동산의 지배적인 또는 능동적인 권리이다. 소유자의 간섭은 복종적인 또는 수동적인 것이라고 한다(Art 1003)고 규정하였다. 이 초안은 지역권(A servitude)의 정의(Defined)에 대하여 규정하고 있다.[1262]

(13) 지역권은 사용하는 재산으로부터 분리될 수 없고, 후자는 부분적으로 대상이 될 수 없다(Art 1004)고 규정하였다. 이 초안은 지역권의 불가분성(Inseparability)에 대하여 규정하고 있다.[1263]

(14) 지역권은 부동산 또는 개인적이고, 승역지 부동산이 속하지 않는 한 사람 이상의 개인의 이익을 위하여, 다른 소유자를 갖는 상대방의 유용성에 대한 하나의 부동산에 부과되는 것이다(Art 1005)고 규정하였다. 이 초안은 지역권의 본질에 대하여(As to nature) 규정하고 있다.[1264]

(15) 연속적이고 간헐적인 것은 지역권의 다른 형태를 형성하고, 전자는 인간의 개입 없이 항상 사용할 수 있고 후자는 인간의 도움에 의존한다(Art 1006)고 규정하였다. 이

1258 일본 민법전, 제254조.
1259 중화민국 민법전, 제821조; 독일 민법전, 제1011조.
1260 중화민국 민법전, 제827, 828조.
1261 중화민국 민법전, 제823, 829조; 일본 민법전, 제236~7조; 독일 민법전, 제749~50조.
1262 American Law Institute's Restatement of Property. Secs 450, 456; 켈리포니아 민법전, 제803조; 중화민국 민법전, 제851조; 독일 민법전, 제1018조 이하; 루이지아나 민법전, 제647조; 일본 민법전, 제280, 281조.
1263 중화민국 민법전, 제853조; 일본 민법전, 제281조.
1264 40 Corpus Juris, 1461, N.248.

초안은 지역권은 연속적이고 간헐적인 것이 다른 형태를 이룬다고 규정하고 있다.[1265]

(16) 지역권은 외적 징후에 의하여 지속적으로 눈에 보이는 것(예를 들어 통행권)과 그런 징후가 없어 나타나지 않는 것이 분명하다(Art 1007)고 규정하였다. 이 초안은 지역권을 표현된 것과 표현되지 않은 것으로 나누어 규정하고 있다.[1266]

(17) 능동적 지역권은 승역지의 소유자에게 어떤 것을 하거나 허용하는 의무를 부과한다. 수동적 지역권은 허용된 다른 무엇을 금지한다(Art 1008)고 규정하였다. 이 초안은 지역권을 능동적 지역권과 수동적 지역권으로 구분하여 규정하고 있다.[1267]

(18) 본래의 지역권은 그것이 재산의 실제 위치로부터 발생하는 자연적인 것이고, 법의 작용에 의하여 발생하면 법적인 것이다. 전자의 예는 유수를 사용하는 권리이고, 후자의 예는 항해 가능한 물줄기의 둑, 공동(부분적으로) 벽, 조망, 또는 통로를 사용하는 권리이다(Art 1009)고 규정하였다. 이 초안은 지역권을 자연적인 것과 법적인 것으로 나누어 규정하고 있다.[1268]

(19) 임의적 또는 관습적인 지역권은 계약에 의해 창설되고 동일한 규칙을 다른 계약의 부동산에 적용하는 것을 대상으로 한다. 그러나 양여는 서면으로 하여야 한다(Art 1010)고 규정하였다. 이 초안은 지역권의 취득에서 임의적 또는 관습적인 지역권(Voluntary or conventional servitudes)에 대하여 규정하고 있다.[1269]

(20) 지속적이고 명백한 지역권은 시효에 의하여 취득하고, 이러한 취득은 모든 공유자의 이익에 생긴다(Art 1011)고 규정하였다. 이 초안은 지역권의 취득시효(Acquisitive prescription)에 대하여 규정하고 있다.[1270]

(21) 이러한 시효의 중단은, 공유자에 대하여 효과적이기 위하여, 각자에게 그렇게 구분해야 한다(Art 1012)고 규정하였다. 이 초안은 지역권의 취득시효에서 시효의 중단(interruption of such prescription)에 대하여 규정하고 있다.[1271]

(22) 요역지 소유자는 그의 권리 행사를 위하여 필요한 것을 할 수 있다. 그러나 그

1265 일본 민법전, 제283조; 40 Corpus Juris, 1441, n.249.
1266 중화민국 민법전, 제852조; 일본 민법전, 제250조.
1267 40 Corpus Juris, 1441, n.251.
1268 40 Corpus Juris, 1441, n.253.
1269 독일 민법전, 제874~5조; 스위스 민법전, 제732조.
1270 중화민국 민법전, 제852조; 일본 민법전, 제283조; 스위스 민법전, 제731조; 40 Corpus Juris, 1441, n.259.
1271 일본 민법전, 제284조 제2항.

행사의 장소 및 방법은 승역지에 가장 피해가 적어야 한다(Art 1013)고 규정하였다. 이 초안은 요역지 소유자(The dominant owner)의 권리 행사에 대하여 규정하고 있다.[1272]

(23) 요역지 소유자는 자신의 권리의 행사에서 세워진 구조물을 유지해야 한다. 그러나 승역지의 소유자는, 향유하는 이득에 비례하여 유지비용을 배분함으로써, 이러한 행사를 저해하지 않는 한 그 구조물을 사용할 수 있다(Art 1014)고 규정하였다. 이 초안은 요역지 소유자의 구조물(Structures)에 대하여 규정하고 있다.[1273]

(24) 건립 또는 소유권의 후계자로 이러한 구조의 손상을 유지하는 것이 승역지 소유자에 대한 의무이지만, 승역지 소유자는 요역지 소유자에게 지역권을 위하여 필요한 토지를 포기함으로써, 그 의무에 대하여 자신을 완화 할 수 있다(Art 1015)고 규정하였다. 이 초안은 승역지 소유자의 의무(Any obligation upon the servient owner)에 대하여 규정하고 있다.[1274]

(25) 공급이 요역지 및 승역지의 재산 모두를 위하여 충분한 경우, 양여가 달리 규정하지 않는 한, 물은 먼저 용역지에 충당하고 그때 다른 사람에게 충당되어야 한다. 둘 이상의 용수지역권이 동일한 토지를 위하여 양여되었으면 최초의 양수인이 우선권을 갖는다(Art 1016)고 규정하였다. 이 초안은 용수지역권(Aquatic servitudes)에 대하여 규정하고 있다.[1275]

(26) 요역지 부동산이 분할되는 경우, 그 지역권은 아직 그 부분의 전부의 이익을 위하여 지속된다. 그러나 그 본질에 따라서 지역권의 행사는 실제로 요역지의 한 부분만 의미하는 경우, 그 지역권은 오직 그 부분에 대하여 지속한다(Art 1017)고 규정하였다. 이 초안은 요역지 부동산의 분할(Partition of dominant estate)에 대하여 규정하고 있다.[1276]

(27) 승역지 부동산이 분할되는 경우, 지역권은 여전히 모든 부분에 계속된다. 그 본질에 따라 지역권의 행사가 실제로 승역지 토지의 한 부분을 의미하지만, 그러한 지역권은 오직 그러한 부분에 대하여 지속할 것이다(Art 1018)고 규정하였다. 이 초안은 승역지 부동산의 분할(Partition of servient estate)에 대하여 규정하고 있다.[1277]

1272 중화민국 민법전, 제854조; 독일 민법전, 제1019~20조; 일본 민법전, 제285, 288조; 스위스 민법전, 제737조.
1273 중화민국 민법전, 제655조; 독일 민법전, 제1022조; 일본 민법전, 제288조; 스위스 민법전, 제741조.
1274 일본 민법전, 제286, 287조; 스위스 민법전, 제742조.
1275 일본 민법전, 제285조; 스위스 민법전, 제737조.
1276 중화민국 민법전, 제956조; 독일 민법전, 제1025~26조; 일본 민법전, 제282조 제1항; 스위스 민법전, 제743조.

(28) 지역권은 당사자가 아닌 법률의 시행에 의하여 취득된 것처럼 소멸될 수 있다(Art 1019)고 규정하였다. 이 초안은 지역권의 소멸에 대한 정의(Defined)를 규정하고 있다.[1278]

(29) 승역지의 소유자가 취득시효에 대한 조건을 충족한 경우 지역권은 그에 의하여 소멸한다. 그러나 요역지의 소유자가 그의 권리를 행사함에 부분적 실패는 나머지 부분에 영향을 미치지 못한다(Art 1020)고 규정하였다. 이 초안은 취득시효(acquisitive prescription)에 의한 소멸에 대하여 규정하고 있다.[1279]

(30) 비연속적인 지역권에 대한 그 취득시효기간은 마지막 행사일로부터, 간섭한 시간에서 지속한 동안, 진행한다(Art 1021)고 규정하였다. 이 초안은 비연속적인 지역권의 취득시효기간(The period for such prescription for a non-continuous servitude)에 대하여 규정하고 있다.[1280]

(31) 시효는 요역지의 소유자측에 지역권의 행사로 중단된다. 그리고 한 사람 이상의 소유자가 있는 경우 그 중단은 모두의 이익에 대하여 효력이 발생한다(Art 1022)고 규정하였다. 이 초안은 시효의 중단(Interaction)에 대하여 규정하고 있다.[1281]

(32) 요역지의 소유자가 승역지 부동산 또는 승역지의 소유자가 요역지 부동산을 취득하는 경우, 지역권은 혼동된다(Art 1023)고 규정하였다. 이 초안은 혼동(Confusion (merger))에 의한 소멸에 대하여 규정하고 있다.[1282]

(33) 지역권이 더 이상 유용하지 않는 경우, 사법적 종료는 승역지 소유자의 적용을 선언하게 된다(Art 1024)고 규정하였다. 이 초안은 지역권의 사법적 종료(Judicial extinction)에 대하여 규정하고 있다.[1283]

(34) 용익권은 다른 사람의 재산의 사용과 과실에 대한 권리이다. 이는 그 목적물이 동산뿐만 아니라 부동산일 수 있는 점에서 지역권과 다르다(Art 1025)고 규정하였다. 이 초안은 용익권(Usufruct)의 정의(Defined)에 대하여 규정하고 있다.[1284]

1277 중화민국 민법전, 제867조; 일본 민법전, 제282조 제2항; 스위스 민법전, 제744조.
1278 켈리포니아 민법전, 제811조; 일본 민법전, 제292조; 40 Corpus Juris, 1447, n.260.
1279 일본 민법전, 제289, 293조; 독일 민법전, 제1028조; 40 Corpus Juris, 1447, n.54.
1280 일본 민법전, 제291조; 독일 민법전, 제194, 195, 1028조.
1281 일본 민법전, 제290, 292조.
1282 켈리포니아 민법전, 제805, 811(1)조.
1283 중화민국 민법전, 제859조; 스위스 민법전, 제736조.
1284 중화민국 민법전, 제1204조; 루이지아나 민법전, 제533, 541조; 40 Corpus Juris, 1447, n.60; 독일 민법전, 제 1030, 1058~9조.

(35) 용익권은 일정한 기간 또는 조건으로 부여될 수 있다. 양여는 유언의 형태이고 조건은 유언뿐만 아니라 유언의 본질에 의하여 확정되지 않는 경우, 그것은 용익권자의 수명으로 이해된다. 다른 지역권과 마찬가지로 용익권은 법의 시행 또는 1인 또는 양 당사자의 행위에 의하여 생성될 수 있다. 그것이 전재산 또는 그것의 등분, 하나 이상 특정한 목적물에 관련된 때 특정된 것을 대상으로 한 경우 광범위하다(Art 1026)고 규정하였다. 이 초안은 용익권의 종류(Classes)에 대하여 규정하고 있다.[1285]

(36) 용익권자(양수인)는, "부동산을 점유한 모든 사람" 또는 이익, 그리고 자연인과 함께 법인을 포함한다(Art 1027)고 규정하였다. 이 초안은 용익권자의 자격(Qualifications)에 대하여 규정하고 있다.[1286]

(37) 용익권자는 점유할 자격이 있고, 후자의 손상 없이 제거할 수 있는 형태와 재산의 속성을 변경하지 않고 개선을 추가할 수 있다. 손상이 발생된 경우, 보상(상계)은 반대를 주장할 수 있다. 토지의 용익권은 종물을 포함하고, 주거는 내용과 가구를 포함한다(Art 1028)고 규정하였다. 이 초안은 용익권자의 권리(Rights)에 대하여 규정하고 있다.[1287]

(38) 용익권자는 재산의 과실(제품)에 대하여 권한을 갖는다. 그것은 자연적인, 토지 및 동물의 자연발생적 산물, 산업적 재배품 및 법적인 차임, 발행과 이익을 포함한다. 천연과실에는 이미 열려 있는 광산 및 채석장의 제품을 포함되지만, 지금은 아무도 열 수 없다. 용익권자는 죽거나 떨어진 목재를 사용할 수 있고 관습에 따라 자신의 사용을 위해 절단할 수 있다. 그는, 지역권 및 유사한 권리의 목적물을 증가하고, 적당한 담보를 준 경우 용익권의 부분으로 신용할 수 있는 권한이 있다. 그러나 그는 다른 매장물발견자에 비해 이득이 없다(Art 1029)고 규정하였다. 이 초안은 과실(Fruits)에 대하여 규정하고 있다.[1288]

(39) 용익권자의 권리의 양도(할당)는 허용된다. 그러나 양수인은 더 큰 권한을 획득

1285 독일 민법전, 제1031조; 루이지아나 민법전, 제548, 542, 540조; 40 Corpus Juris, 1449, n.92, 1448, Sec 264; 중화민국 민법전, 제1204조.
1286 루이지아나 민법전, 제543조.
1287 독일 민법전, 제1031, 1036조; 루이지아나 민법전, 제554, 556조; 40 Corpus Juris, 1452, n.43.
1288 독일 민법전, 제1039, 1038, 1074, 1075, 1040조; 일본 민법전, 제88, 89조; 루이지아나 민법전, 제 556조 이하, 제547, 552, 551, 553조, 제545조 이하; 40 Corpus Juris, 1449, n.95, 96, 97, 98, 3, 12, 1450 n.6, 7, 8, 9, 5; 중화민국 민법전, 제69조.

하지 못하고, 용익권자는 양수인에 의하여 야기된 손해에 대하여 책임이 있다(Art 1030) 고 규정하였다. 이 초안은 용익권자의 권리의 양도(Transfer (assignment) of the usufruc-tuary's rights)에 대하여 규정하고 있다.[1289]

(40) 용익권자는 그에게 전달되기 전에 명세서를 제출해야 하고, 선량한 가장이 하듯이 그것을 돌보아야 한다. 그는 본질적인 전 제안을 변경할 수 없다. 그 효과에 대한 담보를 제공해야 한다. 재산에 대해 부과된 세금, 보증 및 연금을 지불해야 한다. 일반 마모 수리는 그에게 부담되며, 그는 다른 필요한 수리 및 제3자에 의한 피해를 끼치는 행위의 소유자에게 통지해야 한다. 재산의 가치를 정당화하는 경우, 용익권자는 보험을 억류하고 보험료를 지불해야 한다. 목적물이 동물이고 그의 과실 없이 손실이 있는 경우, 그는 오직 구조료를 반환할 의무가 있다(Art 1031)고 규정하였다. 이 초안은 용익권자의 의무(Obligations)에 대하여 규정하고 있다.[1290]

(41) 상속의 용익권자는 사망자의 부채의 자신의 비례 부분의 선불 이자 없이 보상받을 권리가 있다. 그가 선급하는 것에 실패한 경우, 소유자가 비용과 소송절차를 위하여 재산을 반환한다. 용익권자는 수리의 필요성 이후에 접수된 수입을 반환하지 않고 용익권을 포기함으로써 이러한 책임의 자신을 완화할 수 없다. 그는 이전에 수리에 대한 책임을 진다(Art 1032)고 규정하였다. 이 초안은 상속의 용익권자(The usufructuay of an in-heritance)에 대하여 규정하고 있다.[1291]

(42) 담보는 자신의 의무 이행에 대한 용익권에 의해 제공되어야 한다. 그가 그것을 포기하지 않을 경우 소유자는 가구를 포함하여 재산을 유지하지만, 용익권자에게 당기 순이익을 제공할 수 있다. 전자는, 불이행이 계속되면, 동산을 판매하고 용익권자의 이익을 위해 수익금을 투자하고, 부동산을 임대할 수 있다. 그러나 관할 법원은, 재량권을 행사할 수 있고, 재산의 일부를 유지하기 위해 용익권을 허용할 수 있다(Art 1033)고 규정하였다. 이 초안은 용익권자의 담보(Security)에 대하여 규정하고 있다.[1292]

(43) 용익권이 해를 받지 않는 한, 소유자는 재산을 양도하거나 담보할 수 있다. 개선

1289 루이지아나 민법전, (1945 초안) 제555조; 40 Corpus Juris, 1450 n.11, 12, 1452, n.42.
1290 독일 민법전, 제1035, 1036, 1051, 1041, 1042, 1045조; 루이지아나 민법전, 제557, 568, 557~9조; 40 Corpus Juris 1451, n.27, 36, 1450, n.13, 15, 1449 n.38.
1291 40 Corpus Juris, 1451, n.31, 32, 33, 34; 루이지아나 민법전, (1945 초안) 제584~86조.
1292 독일 민법전, 제1061조; 루이지아나 민법전, 제559조 이하; 40 Corpus Juris, 1450, n.15, 1451, n.23, 25, 26.

할 수 있고, 그 위에 새 건물을 건축하고, 오래된 재료로 붕괴된 건물을 재건축할 수 있다. 그러나 새로운 건물은 용익권이 적용되지 않는다. 소유자나 용익권자 어느 쪽도 재건축을 하지 못한다. 공동 소유자는 한 당사자에게 용익권을 설정하지 않고 그 재산을 분할할 수 있다. 소유자는 자신의 권리를 보호하기 위하여 금지 또는 기타 구제를 받을 권리가 있다(Art 1034)고 규정하였다. 이 초안은 소유권자의 권리(Rights)에 대하여 규정하고 있다.[1293]

(44) 소유권자는, 방해받지 않는 점유로, 용익권을 해치는 새로운 지역권을 강요하지 않고, 일반 마모를 제외하고 모든 수선을 하여, 자산에 대한 직접적인 모든 세금을 지급하고 용익권자에게 사법적 가압류 또는 소유자의 채무를 위한 매각으로 생긴 손실을 상환하고, 용익권자를 떠나야 한다(Art 1035)고 규정하였다. 이 초안은 소유권자의 의무(Obligations)에 대하여 규정하고 있다.[1294]

(45) 용익권은, 그 기간의 만료, 용익권자의 사망 또는 포기(또는 공동용익권의 공동해체인 경우 모두), 용익권과 소유권의 혼동, 그 재산의 전부 파괴(구조된 부분으로 강제로 용익권을 남긴 부분 파괴), 비사용자와 시효, 재산의 결핍과 남용(그러나 용익권을 구성하는 금전의 적지않은 지출)이라는, 사실 그 자체로 종료된다. 소멸의 사법판결은 용익권을 종료한다(Art 1036)고 규정하였다. 이 초안은 용익권의 소멸사유의 방식(Modes)에 대하여 규정하고 있다.[1295]

(46) 용익권이 종료된 때 소유자가 점유와 과실, 자연과 산업, 그 재산으로부터 권리를 갖는다. 그의 담보 취소는 비용에 대한 용익권자의 유치권을 목적으로 한다. 그러나 후자의 계약에 의하여 구속되지 않는다(Art 1037)고 규정하였다. 이 초안은 용익권의 종료에 의한 효과(Effect)에 대하여 규정하고 있다.[1296]

(47) 지상권은 건물이나 나무를 유지하기 위한 목적으로 다른 사람의 토지를 사용할 수 있는 권리이다(Art 1038)고 규정하였다. 이 초안은 지상권(A superficies)의 정의(Defined)에 대하여 규정하고 있다.[1297]

[1293] 루이지아나 민법전, 제605, 604조; 40 Corpus Juris, 1452, n.50, 46, 47, 48, 51; 브라질 민법전, 제737조.

[1294] 독일 민법전, 제1053, 1054조; 루이지아나 민법전, 제600, 602, 597, 578조; 40 Corpus Juris, 1452, n.52, 53, 52-7.

[1295] 40 Corpus Juris, 1452, n.56, 63~64, 1453, n.64, 63, 67, 68, 74, 77, 80, 1463, n.61, 66; 루이지아나 민법전, (1945 초안) 제609조 이하, 제612~64조, 제619, 613, 614, 621조; 독일 민법전, 제1063~64조, 제1064, 1061, 1063조.

[1296] 루이지아나 민법전, 제625조; 40 Corpus Juris, 1452, n.45, 1454, n.83, 84.

(48) 권리의 존속기간은 계약으로 정하여지고, 그렇지 않으면 영구적일 수 있다. 반대의 관습이 없으면, 지상권자(임차인)는 언제든지 소유자에게 통지하거나 아무런 요구가 없으면 1년분 지료를 미리 지급하고 그의 권리를 포기할 수 있다(Art 1039)고 규정하였다. 이 초안은 지상권의 존속기간(Duration of the right)에 대하여 규정하고 있다.[1298]

(49) 관습에 반하지 않는 한, 소유자는 요구한 임대료의 불이행에 있는 지상권자에게 통지하고, 지상권을 철회할 수 있다(Art 1040)고 규정하였다. 이 초안은 지상권의 철회(Revocation)에 대하여 규정하고 있다.[1299]

(50) 토지를 사용하는 것에서 지상권자를 예방하는 불가항력은, 그에게 해제하거나 지료의 감액할 자격을 주지 않는다(Art 1041)고 규정하였다. 이 초안은 불가항력(Force majeure)에 대하여 규정하고 있다.[1300]

(51) 계약 또는 관습에서 달리 정하지 않는 한, 지상권자는 그의 권리를 다른 사람에 양도하고 유언으로 유증할 수 있다(Art 1042)고 규정하였다. 이 초안은 지상권의 양도(Transfer)에 대하여 규정하고 있다.[1301]

(52) 지상권은 그 기간 및 해지에 의하여 만료된다. 그러나 지상권자의 건물이나 수목의 훼손에 의하여 그러하지 않는다(Art 1043)고 규정하였다. 이 초안은 지상권의 소멸(Extinction)에 대하여 규정하고 있다.[1302]

(53) 지상권자는 자신의 건물과 수목을 제거하여 소멸할 권리가 있다. 그러나 그는 토지를 원래 상태로 하여야 하고 현재 시장가격으로 건물 및 수목을 구매하겠다는 소유자의 제안을 받아들여야 한다(Art 1044)고 규정하였다. 이 초안은 지상권의 소멸의 효과(Effect)에 대하여 규정하고 있다.[1303]

(54) 계약에 의해 다른 규정이 없는 한, 소유자는 건물의 시장가격에 대한 기간의 만료시에 수요에 따라, 지상권자에게 상환해야 한다. 그러나 이 권리는, 지상권자가 건물을

1297 중화민국 민법전, 제832조; 독일 민법전, 제1012, 1016, 1090, 1093조; 일본 민법전, 제265조.
1298 Germany Schuster, supra n.183, p.412; 중화민국 민법전, 제834, 835, 842, 882조; 독일 민법전, 제1012조; 일본 민법전, 제836조.
1299 중화민국 민법전, 제836조.
1300 중화민국 민법전, 제837조; 일본 민법전, 제266, 274조.
1301 중화민국 민법전, 제838조; 독일 민법전, 제1012조; 스위스 민법전, 제779조.
1302 중화민국 민법전, 제841조; 독일 민법전, 제1016조.
1303 중화민국 민법전, 제829조; 일본 민법전, 제269조.

더 사용하기 위한 기간을 연장하는 소유자의 요청을 거절한 경우에 상실한다(Art 1045)고 규정하였다. 이 초안은 상환(Reimbursement)에 대하여 규정하고 있다.[1304]

(55) 영소작권은 경작 또는 임대료를 지불하고 타인의 토지에 가축을 사육할 수 있는 권리이다(Art 1046)고 규정하였다. 이 초안은 영소작권(Emphytensis)의 정의(Defined)에 대하여 규정하고 있다.[1305]

(56) 기간은 계약으로 정하여진다. 그것은 또한 재산의 가격 및 지료를 정할 수 있다. 지역 관습에 반대되지 않는 한, 그것은 영구적일 수 있다(Art 1047)고 규정하였다. 이 초안은 영소작권의 기간(Duration)에 대하여 규정하고 있다.[1306]

(57) 계약의 당사자는 양수인(영소작인) 및 소유자(comineus emphyteuseos)이다. 그러나 대부분의 경우 전자는 진정한 소유자로서 취급된다(Art 1048)고 규정하였다. 이 초안은 계약의 당사자(Parties to the contract)에 대하여 규정하고 있다.[1307]

(58) 영소작인은, 불가항력으로 그의 이익이 실제로 감소한 경우, 해지 또는 지료의 감경을 할 권리가 있다. 그는 양도할 수 있고 또는 그의 이익을 담보할 수 있다. 그러나 영소작인과 소유자 모두 양도의 각 당사자에게 통지하여야 하고 선매와 상환의 상호권한을 갖는다(Art 1049)고 규정하였다. 이 초안은 영소작권자의 권리(Rights)에 대하여 규정하고 있다.[1308]

(59) 영소작인은, 세금과 다른 부동산 부담뿐만 아니라, 계약으로 정해진 지료를 지급하여야 한다. 토지에 영구적인 손해를 입히는 변경을 할 수 없다. 그가 시행한 개선을 완성하고, 수선하고, 재산을 좋은 상태로 보존하여야 한다(Art 1050)고 규정하였다. 이 초안은 영소작인의 의무(Obligations)에 대하여 규정하고 있다.[1309]

(60) 소유자는 영소작인의 상속자의 채무불이행으로 재산의 최종 계승권 소유자이고, 영소작인에 의한 영구적 개선에 대하여 상환하여야 한다. 그러나 후자에 의한 모든 손해의 합계액으로 상계할 수 있다(Art 1051)고 규정하였다. 이 초안은 소유권자(The

---

1304 중화민국 민법전, 제840조; 일본 차지법, 제4조.
1305 중화민국 민법전, 제842조; 일본 민법전, 제270, 378조.
1306 중화민국 민법전, 제842조; 일본 민법전, 제270, 378, 277조.
1307 40 Corpus Juris, 1457 n.33.
1308 중화민국 민법전, 제844, 843조; 일본 민법전, 제275, 272, 277조; 40 Corpus Juris, 1457 n.37, 40, 41.
1309 40 Corpus Juris, 1457, n.45, 53; 일본 민법전, 제271, 273조; 루이지아나 민법전, 제644~5조; 독일 민법전, 제1055조.

Proprietor)에 대하여 규정하고 있다.[1310]

(61) 영소작권은 기간의 만료, 파산, 또는 영소작인에 의한 지료 지급의 채무불이행, 황폐 또는 그에 의한 심각한 악화, 재산의 훼손 또는 포기, 사망, 영소작인의 유언과 상속인이 없음, 기타 계약위반으로 사법적 선고에 의하여 종료한다(Art 1052)고 규정하였다. 이 초안은 영소작권의 종료(Termination)에 대하여 규정하고 있다.[1311]

3. 무체재산(Intangible (Incorporeal) Property)

이 초안은 무체재산에 대하여, 행정기구(The Office, Arts 1053~1074), 저작권(Copyrights, Arts 1075~1091), 특허권(Patent Rights, Arts 1092~1178) 및 상표와 상호권(Trade Mark and Trade Name Rights, Arts 1179~1211)을 각각 규정하였다.

1) 행정기구(The Office)

이 초안은 행정기구에 대하여, 기구조직(Organization, Arts 1053~1056), 관할(Jurisdiction, Arts 1057~1060) 및 절차(Administration, Arts 1061~1074)를 각각 규정하였다.

(1) 이하 청이라고 하는 무체재산의 독립적인 관청은, 대통령에 의하여 무기한 임기로 임명되지만, 충분한 이유로 해임되는 청장에 의하여 설립된다(Art 1053)고 규정하였다. 이 초안은 특허청의 설치에 대하여 규정하고 있다.[1312]

(2) 상기 청은, 세 별도의 기관, 즉, 저작권국, 특허국과 상호국을 포함해야 한다. 각 국은 국장이 감독하고, 청장이 임명하고 그가 원하는 동안 근무하지만, 특허국의 감독 업무까지 해야 한다. 각 국장은 모든 기록, 장부, 도안 및 그의 국에 속하는 다른 재료를 공식 보관하여야 하며, 청장이 그에게 위임할 수 있는 것에 관한 업무를 수행할 수 있다(Art 1054)고 규정하였다. 이 초안은 특허청의 구성으로서 3개 국, 저작권국, 특허국 및 상호국을 포함한다는 것을 규정하고 있다.[1313]

1310 40 Corpus Juris, 1457, n.57, 58.

1311 독일 민법전, 제1056조; 일본 파산법, 제126~41조; 일본 민법전, 제276조; 퀘백 민법전, 제579조; 40 Corpus Juris, 1457, Notes 62~7.

1312 한국 특허법(1946), 제4, 5조; 미국 연방주석법전, 제25절, 제1, 2조.

(3) 국의 다른 직원은 법률 및 분류 심사관 및 다른 심사관뿐만 아니라, 타이피스트, 속기사 및 사환을 포함하여, 필요한 만큼, 청장에 의하여 한국 공무원에서 임명한다(Art 1055)고 규정하였다. 이 초안은 각 국의 구성원인 직원에 대하여 규정하고 있다.[1314]

(4) 모든 한국 정부의 요원은 그 청 안에서 또는 앞에서 모든 문제에서 수신하거나 또는 수신한 다른 사람에게 동의하는 것이 금지된다. 청의 모든 임직원은, 그들의 근무중에 청으로부터 발급된 저작권, 특허, 상표 및 상호를, 상속 또는 유증을 제외하고, 직접적으로 또는 간접적으로 취득하거나 보유할 수 없다(Art 1056)고 규정하였다. 이 초안은 특허청의 임직원에 대한 제한규정을 규정하고 있다.[1315]

(5) 청장은, ① ㉠ 저작권, ㉡ 특허권 및 ㉢ 상표 및 상호의 권리에 대한 모든 신청을 수신하며 적절한 국에 할당하고 그에 대한 즉각적인 보고를 요구할 수 있다. ② 이러한 신청을 다른 필요한 서류와 함께 등록할 것인지를 결정하고, 그에 대하여 적절한 인증을 발행하고 그 인증서는 공개될 수 있고 일정한 수수료로서 게시할 수 있다. ③ 그 청 내에서 쟁송을 결정하고, 행정적 규제와 소송에서 항소를 결정한다. ④ 특허의 정정을 포함하여 업무를 감독하고, 그에 대한 각 직원의 그 직무를 수행하는 것을 알 수 있다. 그는, 해외 거주로 멀리 떨어진 지역 또는 여행하는 장소에서 또는 통신이 불가능한 경우, 이 법전의 조문에서 발생한 경우를 제외하고, 청에 관한 절차 또는 행정행위를 수행하는 시간을 연장할 수 있다(Art 1057)고 규정하였다. 이 초안은 청장(The Commissioner)의 기능(Functions)에 대하여 규정하고 있다.[1316]

(6) 이 법전에 포함되지 아니한 경우에 있어서 각 국에 대한 실행규칙과 사무실 및 기타 필요한 행정법규에 실행하는 신청자의 대리인, 변호사 및 대리인의 자격을 지배하는 규칙은, 지시에 따라 초안을 작성되어야 하며, 법무부에 제출한 후, 청장에 의해 공포한다. 이러한 규칙의 인쇄본과 청의 근무에 대한 인쇄정보는 신청자에게 무료로 배포된다(Art 1058)고 규정하였다. 이 초안은 시행규칙(Rules of practice)에 대하여 규정하고 있다.[1317]

1313 독일 특허법, 제17~9조; 독일 상표법, 제12조; 한국 특허법, 제4, 5조; 미국 연방주석법전, 제35절 제2조.
1314 독일 특허법, 제28조; 한국 특허법(1946), 제5조; 미국 연방주석법전, 제25절 제4조.
1315 한국 특허법, 제12, 38조; 미국 연방주석법전, 제25절 제4조.
1316 미국 연방주석법전, 제35절 제6조.
1317 한국 특허법, 제7, 8, 15, 16조; 미국 연방주석법전, 제17절 제35조.

(7) 특허국장이 고려한 검토위원회, 또는 청장이 선정한 사무국 직원으로 다른 2명은, 청문하고 특허권에 대한 청구의 최종 또는 중복 거부의 항소를, 저촉을 지배하고 행정적 특허소송을 결정한다. 모든 결정은 위원회의 과반수에 의하여 이뤄져야 한다(Art 1059)고 규정하였다. 이 초안은 검토위원회(A Board of Review) 등의 직무에 대하여 규정하고 있다.[1318]

(8) 청장에 의한 결정한 사건의 재심은, 새로운 심리 또는 재청문 또는 민사소송법에서 달리 규정한 바에 따라 지배하는 규칙에 의하도록 승계인에게 구제를 부여한다(Art 1060)고 규정하였다. 이 초안은 청장이 결정한 사건의 재심에 대하여 규정하고 있다.[1319]

(9) 청장은 가능한 한 거의 자체 지원으로 청을 표현하는 만큼 (수시로 증가 또는 감소할 수 있음) 청 업무에 대한 비용을 부담할 수 있는 고정된 비용표를 규정하여 공표하여야 한다. 이러한 업무는 비용이 규정될 때까지 지급 또는 담보를 이행할 수 없다. 그는 지불한 모든 비용에 대한 영수증을 제출하고 자신의 연례보고서에서 그 계정을 제공하여야 한다. 그러나 한 등록 수수료는, 여러 부분에서, 각각의 완전한 일, 발명 또는 표시에 대하여 부과해야 한다. 새로운 요금은 관보에 게재될 때까지 적용되지 않는다. 지급은 한국 수입인지 또는 통화로 할 수 있다(Art 1061)고 규정하였다. 이 초안은 수수료(비용)에 대하여 규정하고 있다.[1320]

(10) 작업, 제품 및 서비스, 발명 및 장치는, 실행 가능한 때, 어떤 또는 동일한 종류의 모든 사람들을 위해 신청에 따른 등록 및 그 단일 인증서를 받을 수 있는 신청인의 권리를 침해하지 않고 청장에 의하여 분류될 수 있다(Art 1062)고 규정하였다. 이 초안은 분류(Classification)에 대하여 규정하고 있다.[1321]

(11) 청에 의하여 요구되는 서류의 확인과 검증은, 한국에서 어떤 사람이 서약이 처리되기 전에, 또는 외국에서 외국 공무원이 그러한 공인 또는 한국 대사 또는 영사에 의하여, 만들어지게 된다(Art 1063)고 규정하였다. 이 초안은 청에 필요한 서류의 확인과 검증(Acknowledgements and verifications of documents required by the Office)에 대하여 규정하고 있다.[1322]

[1318] 한국 특허법, 제188조.
[1319] 미국 특허청시행규칙, 제147조.
[1320] 한국 특허법, 제251조 이하; 미국 연방주석법전, 제35절 제14, 79~81조, 제17절, 제61조.
[1321] 미국 1946년 7월 5일 의회법, 제30조.
[1322] 미국 1946년 7월 5일 의회법, 제11조.

(12) 청과 업무를 하고자 하는 한국에 비거주자 또는 한국에서 저작권, 특허권, 상표권 또는 상호권에 이익을 취득하거나 주장하는 사람은, 규칙에 의하여 규정한 자격으로, 같은 업무에서 발생하는 소송과정의 서비스를 포함하여, 청과의 모든 업무에서 그의 자리에서 설 수 있는 그의 대리인을 거주인으로 지정하여야 한다. 이러한 대리인에 대한 합의된 승인은 정당한 사유로 철회될 수 있다. 그러나 이러한 조치는 서울지방법원에 의하여 재검토된다(Art 1064)고 규정하였다. 이 초안은 한국에 비거주자의 대리인(Representatives)에 대하여 규정하고 있다.[1323]

(13) 신청자가 이러한 임명을 실패하면, 다음은 자신의 대리인으로 추정한다. ① 취득한 권리 또는 이익의 전 소유자, ② 후자에 의해 정당하게 임명된 대리인, ③ 신청한 권리 또는 이익이 공동으로 소유된 모든 공동소유자(Art 1065)를 규정하였다. 이 초안은 신청자의 대리인에 대한 추정규정을 규정하고 있다.[1324]

(14) 특허 또는 인증서에 이러한 대리인의 성명과 주소의 배서는 그 문제 이전에 하여야 한다. 이러한 배서의 모든 변경은 특허인, 저작권, 상표 또는 상호 소유자, 그 대리인 또는 승계인의 서면 권한이 필요하다(Art 1066)고 규정하였다. 이 초안은 특허 또는 인증서에 대리인의 성명 및 주소의 배서(Indorsement of the name and address of such representative on a patent or certificate)에 대하여 규정하고 있다.[1325]

(15) 모든 선임 또는 법정대리인, 대리인 또는 변호사의 변경의 등록은 제3당사자의 변경 및 그 변경에 요구되는 부서에 그것을 통지하는 것이 필요하다. 그러나 그 선임이 신청을 작성한 것으로 이뤄진 경우 그에 대하여 아무런 비용도 지급되지 않는다. 저작권, 특허권, 상표권 또는 상호권 또는 그에 대한 신청에 관하여 여러 대리인은 그 부서(국)에 독립적으로 한다(Art 1067)고 규정하였다. 이 초안은 모든 선임 또는 법정대리인, 대리인 또는 변호사의 등록(Registration of any appointment, or change of legal representative, agents, or attorneys)에 대하여 규정하고 있다.[1326]

(16) 위원이 신청 또는 소송참가인 또는 반대측, 요구된 의무에 대한 무자격에 관한 대리인으로 추정되면 그는 이러한 대리인의 자리에서 다른 곳으로 임명되고, 부서(국)

1323 독일 특허법, 제16조; 한국 특허법, 제55조; 미국 연방주석법전, 제35절 제11조.
1324 한국 특허법, 제55조.
1325 한국 특허법, 제56조.
1326 한국 특허법, 제57, 58, 60조.

에 대한 후자의 행위는 무효가 된다. 그러나 이러한 무효는 적절한 절차를 제기하는 권리를 몰수하는 원인이 되지 않는다(Art 1068)고 규정하였다. 이 초안은 거부(Rejection)에 대하여 규정하고 있다.[1327]

(17) 특허권자의 변호사, 변리사, 또는 다른 대리인의 권한의 종료는, 특허의 어떤 단계 또는 관련 절차에 관하여, 본인의 사망이나 능력의 상실에 의해 영향을 받지 않는다. 법인의 합병에 의한 소멸에 의하거나, 본인 어느 누구의 수탁자의 해임에 의하여도 영향을 받지 않는다(Art 1069)고 규정하였다. 이 초안은 특허권자의 변호사, 변리사, 기타 대리인의 권한의 종료(Termination of the authority of a patentee's attorney, patent agent, or other representative)에 대하여 규정하고 있다.[1328]

(18) 기록, 장부 및 기타 장비는 청장의 궁극적인 통제 및 책임 아래에 둔다. 그는 적절한 색인 및 재고 준비 및 공공 검사를 용이하도록 최신 상태로 유지된 것을 볼 것이다. 회사 기록의 검색은 어떤 사람의 요청에 따라 이뤄지고, 비용은 그에 대한 수수료의 일정에 나열될 수 있다(Art 1070)고 규정하였다. 이 초안은 기록, 장부 및 기타 장비(Records, books and other equipment)에 대하여 규정하고 있다.[1329]

(19) 청장은 반환기간 내에 발간된 특별한 저작권, 특허 및 상표를 포함하는 관보를 발간하고 판매에 제공할 수 있다. 무체재산권법에 관한 사법적 판결은, 사양과 도면, 환율 변동 및 기타 공적 행위와 함께 특허의 사본도 포함할 수 있으며, 관보는 유사한 외국 출판물에 대하여 교환할 수 있다(Art 1071)고 규정하였다. 이 초안은 발간(Publications)에 대하여 규정하고 있다.[1330]

(20) 청의 업무, 발급된 인증서, 수집된 비용, 고용된 인력과 모든 사무실의 활동에 관한 국무총리에게 보고는, 청장에 의하여 매년 제출되어야 한다(Art 1072)고 규정하였다. 이 초안은 청 업무의 국무총리에의 보고(Reports to the Prime Minister concerning the work of the Office)에 대하여 규정하고 있다.[1331]

(21) 한국 저작권, 특허, 상표 또는 상호 또는 그 실용적 제품의 거짓 통지를 한 모든 물품 또는 물질(서울국립대학교 또는 도서관을 위한 것을 제외하고)의 한국으로 수입

1327 한국 특허법, 제61조.
1328 한국 특허법, 제59조.
1329 한국 특허법, 제4조; 미국 연방주석법전, 제17절, 제54조.
1330 한국 특허법 (1946), 제14~17조.
1331 미국 연방주석법전, 제17절, 제51조; 한국 특허법 (1946), 제14~17조.

은 금지된다. 해당 법원은 이러한 물품 또는 물질의 상륙을 방지할 수 있고, 상거래에서 그들의 사용을 방지할 수 있으며, 만약 상륙한 경우에는 그것들의 파괴 또는 기타 합법적 처분을 명할 수 있다(Art 1073)고 규정하였다. 이 초안은 물품 또는 물질의 한국에의 수입(Importation into Korea of any article or substance)에 대하여 규정하고 있다.[1332]

(22) 이 법전과 일치하지 않는 모든 법령, 특히 1899년 제39호로 개정된 일본 저작권법, (이 법전과 일치되지 않아 강제된) 1946년 개정된 한국특허령 및 1921년 제99호 일본 상표법은 이로써 폐지된다. 그러나 이러한 폐지된 법률에 의하여 한국에서 얻어진 저작권, 특허, 상표 및 상호의 유효성과 기간은, 현행 법률의 규정과 함께 준수되어, 그 원래의 기간의 종료에 따르게 된다(Art 1074)고 규정하였다. 이 초안은 이 법전의 시행에 따라 폐지되는 법령에 대하여 규정하고 있다.[1333]

2) 저작권(Copyrights)[1334]

이 초안은 저작권에 대하여, 본질(Nature, Arts 1075~1080), 출원(Application, Arts 1100~1106), 등록(Registration, Arts 1084~1085) 및 사용과 행사(Use and Excercise, Arts 1086~1091)를 각각 규정하였다.

(1) 저작권은 그의 문학적 또는 예술적 산물의 사본을 인쇄 또는 기타 증식 및 판매하도록 저자 또는 예술가에게 출판하는 것을 임시로 주어진 것이다. 이 저작물의 모든 구성부품을 보호하고, 그것의 모든 저작 자료를 보호한다. 다만 그 주제에 있어서 모든 이

1332 미국 연방주석법전, 제17절, 제30, 31조; 미국 1946년 7월 5일 의회법, 제42조.

1333 독일 특허법, 제56~60조; 미국 1946년 7월 5일 의회법, 제2(b)조.

1334 Copyrights were claimed by authors before the invention of printing which, however, greatly enhanced the need thereof. As early in 1699 an exclusive warrant with granted an Edinburgh stationer by the Privy County Council to print and sell a certain author's works. The first British Copyright Act was passed in 1759 and was hold to superadde[superadd] any Common Law Right (7 Encyc. Americana 570, for there was a limited copyright under the English Common Law (Bouvior's Law Dictionary (8th ed., 1914) I, 674). The United Stated Constitution (Art I, Sec 8) authorized Congress "to promote the progress of science and the useful arts by securing for limited times to authors and inventors the exclusive right to their respective writings and discoveries." The first legislation under this was the Act of Congress 1790 providing copyright of books, charts, and maps. The act of 1831 attended the copyright term to twenty-eight years; that of 1870 enlarged the scope of the act but limited its privilege to citizens; these ware extended to aliens by the Art of 1891; the comprehensive act of March 4, 1909 is still in force. (See U.S. Copyright Act, by Sam B. Warner, Legistrar, 34 A.B.A. Jnl. 459 (1948).

익에서 구분되는 기존의 저작권의 기간 또는 범위를 확장하지 않고, 저자의 모든 작품을 포함한다(Art 1075)고 규정하였다. 이 초안은 저작권(A copyright)의 정의(Definition)에 대하여 규정하고 있다.[1335]

(2) 다음 작품은 한국에서 저작권이 될 수 있다 : ① 주소, 담론, 강의 및 설교; ② 광고, 카탈로그 및 라벨; ③ 미술 작품인 회화, 조각, 드로잉, 이들의 재현작품; ④ 책, 팜플렛, 유사한 편집물; ⑤ 상업적 인쇄물; ⑥ 극적인 또는 오페라 작곡; ⑦ 도면 또는 과학적 또는 기술적 성격의 분해식의 작품; ⑧ 지도; ⑨ 영화 필름과 극영화, 또는 비영상극; ⑩ 작곡; ⑪ 정기 간행물, 신문, 잡지; ⑫ 사진; ⑬ 인쇄 사진과 그림으로 나타낸 삽화; ⑭ 영화 필름에 포함되지 않은 사운드 녹음; ⑮ 저자가 알 수 없거나 확인할 수 없는 미발간 자료는 청장의 승인을 얻고 저자를 발견한 때에 배상하기에 적당하다고 그가 추정되는 금액을 그와 함께 공탁하고 그것을 합법적으로 취득한 사람이 저작권자가 되는 것이다. 집행, 입법, 사법 당국에서 수정한 공식 문서는 저작권의 대상이 되지 않고, 개인 사진 및 인물 사진은 그 소유자의 동의만으로 저작권이 될 수 있다. 위의 목록은 배타적이 아닐 뿐만 아니라 분류 무효화의 오류 또는 여기에서 확보된 저작권보호를 손상하는 것이 아니다(Art 1076)고 규정하였다. 이 초안은 저작권이 될 수 있는 자료(Copyrightable Matter)에 대하여 규정하고 있다.[1336]

(3) 모든 저자 또는 위의 문서에 나열된 작품의 소유자는, 한국에 주소지에서, 이 같은 작품의 저작권을 획득할 수 있다. 한국인이 그가 추구한 동일한 권한이 부여된 경우에만 외국에 거주하는 외국인 저자는 이러한 저작권을 획득할 수 있다(Art 1077)고 규정하였다. 이 초안은 저작권을 취득할 자(Who may obtain)에 대하여 규정하고 있다.[1337]

(4) 저작권 작품의 소유자는, ① 인쇄, 복제, 간행, 복사 및 판매 또는 그것이 연극 작품이고 판매를 위하여 복사하여 재생되지 않은 경우 그것의 원고 또는 기록, 그것이 음향 기록인 경우 전사, 전재 또는 복제. ② 다른 언어나 방언으로 번역. ③ 비 연극적인 경우 연극화, 극적인 경우 소설 또는 다른 비 연극적인 작품으로 변환하거나 또는 그것이 연극, 무지컬 또는 오페라 작품인 경우 이익을 위하여 공개적인 실행. ④ 그것이 기록장

1335 Bouvier, Law Dictionary (8th ed., 1914) 674; 독일 디자인법, 제1조; 미국 1909년 3월 4일 의회법, 제1, 41조; 미국 연방주석법전, 제17절, 제4, 41조.
1336 미국 연방주석법전, 제5조; 일본 저작권법, 제27조; 미국 1912년 8월 24일 의회법, 제5조.
1337 독일 디자인법, 제2, 16조; 미국 연방주석법전, 제17절, 제8조.

치 또는 녹음 형식으로 그 멜로디의 설정과 함께, 작가의 생각이 기록될 수 있고 그것을 읽고 듣고 또는 재생할 수 있는 경우에 그것의 개작 또는 편곡. ⑤ 어떤 방법 또는 수단으로 저작권물의 공적 이익을 위해, 인도, 승인 또는 양도의 준비. ⑥ 그것이 미술 작품의 모델 또는 디자인인 경우 그것의 완료 및 실행에 대하여 배타적 권리를 갖는다(Art 1078)고 규정하였다. 이 초안은 저작권 작품의 소유자(The owner of a copyrighted work)의 권리의 범위(Scope)에 대하여 규정하고 있다.[1338]

(5) 저작권은 한국 또는 외국에서 간행된 작품으로 현행법 아래에서 저작권이 없으면 존속되지 않는다. 한국 정부 또는 그 지방자치단체 또는 지방의 모든 간행물의 전부 또는 일부를 원본으로 하지 않거나 복제한 것이 아니거나, 앞에 말한 정부의 의사가 표현된 것을 제외하고, 고용된 임직원에 의하여 쓰여지고, 작곡되고 편찬된 작품으로 그것의 소유자가 되지 않아야 한다(Art 1079)고 규정하였다. 이 초안은 저작권의 존속(subsist)에 대하여 규정하고 있다.[1339]

(6) 한국 정부 또는 지방 또는 지방자치단체 또는 그 어떤 연명 저작권 자료의 개개인에 의해 출판은 소유자의 서면동의로만 할 수 있다. 그러나 이러한 출판물은 역으로 저작권에 영향을 미치지 아니한다. 축소, 개작, 재 배치, 편집, 연극화, 번역, 또는 저작권 자료의 다른 판본이나 새로운 자료의 편집은, 모든 저작권 소유자의 동의와 함께 연명된 것을 침해하지 않는 한 저작권에 대하여 충분히 새롭게 간주하여 인정하게 된다(Art 1080)고 규정하였다. 이 초안은 한국 정부 또는 지방자치단체 등의 간행물에 대한 저작권에 대하여 규정하고 있다.[1340]

(7) 출원은, 선서하고, ① 청구인의 성명, 국적과 정확한 주소, ② 인증서가 보내질 저자의 성명, 국적 및 주소, ③ 작업의 제목, ④ 분류, ⑤ 사본을 판매하기 위하여 복제하거나 및 간행할 때를 명시하여야 한다. 청장은 신청과 그에 관한 전체 자료의 수령을 확인한다. 그것은 저작권 등록부에 들어가게 된다(Art 1081)고 규정하였다. 이 초안은 저작권 신청(The application)의 양식(Form)에 대하여 규정하고 있다.[1341]

(8) 그의 신청의 일환으로, 저작권 소유자는, 첫 번째 출판물의 90일 (신청인이 해외

1338 일본 저작권법, 제36, 30조; 미국 연방주석법전, 제17절, 제1조.
1339 독일 디자인법, 제6조; 일본 저작권법, 제13, 8조; 미국 연방주석법전, 제17절, 제7조.
1340 독일 디자인법, 제11조; 미국 연방주석법전, 제17절, 제8조.
1341 등록에 관한 시행규칙, 제31~3조 (미국 연방주석법전, 제17절, 261면)

에 거주하는 경우 6개월) 이내에, 무체재산국에, ① 발간 당시에 가장 좋은 판의 완전한 3개의 복사본, ② 작업이 단행본이나 정기간행물의 기증인 경우, 동일한 내용인 출판 또는 출판물의 1개의 복사본을, 우송 또는 예치하여야 한다. 이러한 부수사항들이 우송 과정에서 손실되고 부본이 내부에 예치된 것을 증명한 경우 인증서는 원본 없이 발급된다. 언급한 저작권의 침해에 대한 개념은 앞에 규정한 예치 없이 유지될 수 있다(Art 1082)고 규정하였다. 이 초안은 저작권 신청의 부수사항(Accompaniments)에 대하여 규정하고 있다.[1342]

(9) 저작권의 공지사항은 한국에서 출판 또는 판매되는 작품의 각 권 또는 번호에 대하여 부착하여야 한다. 그것은 명확하게 읽을 수 있어야하고 작업이 이 법전의 제1076조 제4, 6항과 제10항 하나의 항목으로 분류된 경우, 소유자 또는 양도인의 이름(저작권이 양도 된 경우), 출판 연도와 함께 작품 "저작권"으로 구성되어야 한다. 이러한 통지는 제목 면에 표시해야 하고, 인쇄된 경우 그 즉시, 그 다음에 표시하여야 한다. 그러나 부주의, 사고, 또는 실수로 작품의 특정한 사본의 통지를 생략한 것은 저작권을 무효화하지 않는다(Art 1083)고 규정하였다. 이 초안은 저작권의 공지사항(Notices of Copyright)에 대하여 규정하고 있다.[1343]

(10) 저작권에 대한 신청자의 주장의 기입은 저작권국에 그 목적을 위하여 제공되는 장부에 하여야 한다. 이들의 인증서는, 공공인지와 함께, 등록인에게 제출하여야 하며, 그 내용의 명백한 증거로서 법원에서 인정되는 것이다(Art 1084)고 규정하였다. 이 초안은 저작권의 등록에서 장부에 신청인의 청구를 기재하는 것(Entry of an applicant's claim to a copyright)에 대하여 규정하고 있다.[1344]

(11) 인증서는 한국 정부의 명의로 발행하여야 하며, ① 등록자의 성명, 주소, 국적 및 거주지와 등록인이 아닌 저자의 이러한 것들, ② 저작권 작품의 제목, ③ 창간 일자 (작품이 판매를 위한 사본에서 복제된 경우에만), ④ 출원된 일자, 또한 복사본을 제출한 때 서로 다른 일자인 경우에도 같음, ⑤ 이 법전 제1076조에서 작품의 종류, ⑥ 다른 등록국과 구별하기 위해 한글과 같은 뜻으로 아라비아 숫자인 일련 번호, ⑦ 등록자가 법률의 모든 요구사항을 준수하고 그 혜택과 특권을 받을 수 있는 권한의 인증, ⑧ 청장

1342 등록에 관한 시행규칙, 제41조.
1343 등록에 관한 시행규칙, 제18~20조; 미국 연방주석법전, 제17절, 제12조.
1344 독일 디자인법, 제9, 13조; 미국 연방주석법전, 제17절, 제9, 10, 54조.

의 날인과 일자는 이를 날인할 때를 포함한다. 이러한 인증서의 등본은 그것을 요청하는 당사자에게 제공해야 한다(Art 1085)고 규정하였다. 이 초안은 인증서(The certificate)의 발행에 대하여 규정하고 있다.[1345]

(12) 저작권 소유자의 허가 없이, 제1078조에 지정된 것을 수행하는 사람은 저작권을 침해한 사람이다. 그리고 다음의 순서로 책임을 진다. ① 그 사람이나 자신의 프린터에서 멀리 침해금지인 경우, ② 단지 실제가 아닌, 하지만 징벌로서, 침해에서 얻은 이익을 포함하여 손해를 지급하라고 그에게 요구한 경우, ③ 저작권을 침해한 것으로 주장된 그의 또는 그들의 점유에 있는 모든 제품을 법원에 제공할 것을 요구한 경우, 즉 소송 계속 중에 이러한 제품들을 압수하고, 복사본, 재생산품 또는 고안, 기반, 거푸집, 판금, 마스터 레코드 또는 이러한 복사본을 제작하기 위한 도구 그리고 모든 항목들이 주문에 따라 배달된 것이라고 말한 선서한 진술서를 제출을 요구한 경우, ④ 법원에로 더 구조는 적절한 것처럼 보일 수 있다. 침해는 "불법 복제" 한국에로 수입 또는 생산을 침해하거나, 저작권인 것들에서 나오는 질문에 대한 잘못된 답변을 포함하는 것들에 의해 또한 최선을 다하고 있다. 침해에 대한 처벌 및 기타 구제는 형법전 또는 민사소송법전에 제공되어 있다(Art 1086)고 규정하였다. 이 초안은 저작권의 침해의 정의(Defined)에 대하여 규정하고 있다.[1346]

(13) 침해의 짧게 끝나는 행위는, ① 공적 사용을 위한 재생, ② 출간의 의도가 없이 기계적 또는 화학적 방법 이외 방법으로 재생 또는 재인쇄, ③ 견적, 상처의 추출물 사용, 또는 합리적인 범위 내에서 교육 목적을 위해 금형 또는 조각으로 사진의 재구축, ④ 연극적인 또는 악곡의 비영리적 상연이다(Art 1087)고 규정하였다. 이 초안은 침해의 짧게 끝나는 행위(Acts falling short of infringement)에 대하여 규정하고 있다.[1347]

(14) 이 법전에서 취득한 저작권은 의사에 의하여 판매, 양도, 저당 또는 유증을 할 수 있다. 그러나 이러한 인도는 저작권의 목적물에 영향을 미치지 않는다. 양도의 서류는 저작권 소유자에 의하여 서명 날인된다. 외국에서 실시하는 경우 법에 의하여 선서를 시행할 권한이 있는 공무원 앞에서 인정되어야 한다. 그리고 그의 공공인지를 첨부하여야 하고, 과거 침해에 대한 손해를 구체적으로 포함하거나 제외할 수 있다. 이러한

1345 미국 연방주석법전, 제55조.
1346 미국 연방주석법전, 제25, 31조; 독일 디자인법, 제5조.
1347 중화민국 저작권법, 제24, 28조; 일본 저작권법, 제30~2조.

양도는 해당 장부에 양수인의 성명으로 기록된다(Art 1088)고 규정하였다. 이 초안은 저작권의 양도 방식(Method of transfer)에 대하여 규정하고 있다.[1348]

(15) 국에서 양도의 등록은 한국에서 그것의 실시로부터 90일 이내 또는 외국에서 이러한 실시로부터 6개월 이내에 효과가 있어야 한다. 등록에 그러한 실패는 통지 없이 선의의 후속 양수인에 대한 무효인 양도로 남는다(Art 1089)고 규정하였다. 이 초안은 양도의 등록(Registration of the transfer)에 대하여 규정하고 있다.[1349]

(16) 이 법전에 의해 보호되는 저작권은 처음 출판한 날로부터 28년 동안 지속한다. (또는 판매를 위한 재생되지 않은 저작물의 저작권의 항목에서) 저작권 작품이 저자의 성명을 가졌는지 여부는 익명 또는 명예의 깃털 아래에 출판된다(Art 1090)고 규정하였다. 이 초안은 저작권의 기간(Term)에 대하여 규정하고 있다.[1350]

(17) 원래의 기간이 만료되기 전 적어도 1년은, 복사권의 소유자는 무체재산청에서 갱신을 위한 신청을 제출하고, 그에 따라 청장은 다른 28년 보다 더 하지 않게 연장의 인증서를 발급하거나 이러한 연장의 배서는 원래의 인증서 위에 이뤄진다(Art 1091)고 규정하였다. 이 초안은 기간 연장을 위한 갱신(Renewed)에 대하여 규정하고 있다.[1351]

3) 특허권(Patent Rights)

이 초안은 특허권에 대하여, 본질(Nature, Arts 1092~1099), 출원(Application, Arts 1100~1106), 심사(Examination, Arts 1107~1115), 재심(Review and Reconsideration, Arts 1116~1131) 및 특허(Patents, Arts 1132~1178)를 각각 규정하였다. 특허(Patents)에 대하여, 일반규정(In general, Arts 1132~1138), 형식과 내용(Form and Contents, Arts 1139~1141), 등록(Registration, Arts 1142~1148), 사용과 행사(Use and Exercise) 및 종료(Termination, Arts 1167~1178)를 각각 규정하였다. 다시 사용과 행사(Use and Exercise)에 대하여, 당사자(Parties, Arts 1149~1150) 및 보호(Protection)에 대하여, 일반규정(In general), Arts 1151~1153; 구제방법(Remedies), Arts 1154~1159), 정정(Correction, Art 1160) 및 양도(Transfer, Arts 1161~1166)를 각각 규정하였다.

1348 중화민국 저작권법, 제15조; 독일 디자인법, 제3조; 미국 연방주석법전, 제17절, 제42조.
1349 미국 연방주석법전, 제45, 46조.
1350 중화민국 저작권법, 제4, 8조; 독일 디자인법, 제8조 제1항.
1351 독일 디자인법, 제8조 제2, 7항.

(1) 특허권은 "자신의 발명 작업", 즉 다른 사람을 배제하고 특허권자(발명자 또는 발견자)에게 부여된, 취득하고 사용하고 팔 수 있는, 일시적 또는 특권이다. 그 권리는 특허의 발행에 기인하고 그것에 의하여 조절된다(Art 1092)고 규정하였다. 이 초안은 특허권(A patent right)의 정의(Definition)에 대하여 규정하고 있다.[1352]

(2) 모든 새롭고 유용한 공예품, 기계 제조, 제품이나 재료 조성물 또는 프로세스 또는는 새롭고 유용한 개선은 이들의 특허가 될 수 있다(Art 1093)고 규정하였다. 이 초안은 특허가능성(Patentability)에 대하여 규정하고 있다.[1353]

(3) 신청자에 의한 무성생식적으로 재현된 새로운 별개의 다양한 식물, 이 법전의 공포 전에 대중에게 공개되지 않은 것들은 특허가 될 수 있다(Art 1094)고 규정하였다. 이 초안은 이 법전의 공포 이전의 공중에게 공개되지 않은 것의 특허가 가능한 것에 대하여 규정하고 있다.[1354]

(4) 모양, 건설, 또는 조립에 새롭고 유용한 산업 모델은 실용특허의 목적이 될 수 있다. 모양, 색상이나 패턴 또는 이들의 조합에 새로운 장식을 하는 산업 제품에 대한 설계는 이들 각각 특허가 될 수 있다(Art 1095)고 규정하였다. 이 초안은 특허에서 모델과 디자인(Models and designs)에 대하여 규정하고 있다.[1355]

(5) 비 특허 품목은 ① 약물 및 이들의 제조 공정, ② 물품 및 공중보건, 질서 또는 미풍양속에 대한 위협적인 공정, ③ 법적 보호를 받을 불충분한 중요성, ④ 산업 제품과 국기, 인장 또는 무기의 덮개를 닮은 디자인, ⑤ 식물을 번식시키는 줄기를 포함한다(Art 1096)고 규정하였다. 이 초안은 특허할 수 없는 품목(Non-patentable articles)에 대하여 규정하고 있다.[1356]

(6) 참신함은 발명 또는 장치가 ① 특허를 신청하기 1년 전에 한국에서 널리 알려졌거나 사용된 것, 또는 ② 이러한 신청 전에 여기에 순환한 출판에서 설명된 것, 또는 ③ 앞의 두 절에 포함된 물체와 유사한 것에 존재하지 않는다(Art 1097)고 규정하였다. 이 초안은 참신성(Novelty)에 대하여 규정하고 있다.[1357]

1352 Bouvier, Law Dictionary(8th ed., II, 2514); 한국 특허법, 제86, 96, 66, 18조; 독일 특허법, 제6, 1조; 미국 연방주석법전, 제35절, 제31조.
1353 미국 연방주석법전, 제35절, 제31조.
1354 한국 특허법, 제19조; 미국 연방주석법전, 제35절, 제32a조.
1355 한국 특허법, (1946), 제20, 96, 21조; 미국 연방주석법전, 제35절, 제73조.
1356 한국 특허법, 제21, 96조.

(7) 신청인에 의한 실험은, 그것이 완성되거나 불연속 후 또는 그 기간 내에 신청인의 의사에 반하는 다른 행위가 있은 후 6개월 이내에 실험의 목적물에 대한 특허의 취득 또는 그 후 6개월 이내의 행위로부터 발명자 또는 디자이너는 보호받지 못하고, 한국에서 국가 또는 지방의 전시회 또는 국제 전시회에서 그 목적물을 전시하지 못한다. 특허신청이 전시회의 개관 후 6개월 이내에 이뤄진 경우, 정부의 재가를 받아, 산업재산권보호협회에 속하게 된다(Art 1098)고 규정하였다. 이 초안은 신청인의 실험과 특허물의 전시에 대하여 규정하고 있다.[1358]

(8) 한국에서 신청서를 제출하기 1년 이상 이전의 특허는, 조약이나 동일한 특허의 우위를 신청인이 찾는 다른 것에 의하여 한국인에게 특허를 취득하는 국가를 확대하지 않는 한 한국인의 특허 취득에서 신청인을 제외한다(Art 1099)고 규정하였다. 이 초안은 한국인의 특허취득에 대한 제한에 대하여 규정하고 있다.[1359]

(9) 특허는 신청자가 서명한 청장 또는 그의 법적 후계자(전자가 사망한 경우 또는 신청을 대기하는 동안 무능력이 된 경우)에게 하는 서면 신청을 제외하고 발행되지 않는다. 그는 신청자에게 목적물의 원래 발명가를 고려하고 있음을 주지시키고, 그것은 한국 특허법의 조건이다. 모든 공동 청구자는 신청에 가입해야 한다(Art 1100)고 규정하였다. 이 초안은 특허 출원(application)의 형식(Form)에 대하여 규정하고 있다.[1360]

(10) 이 신청은 청원 및 각 신청자의 성명, 국적, 거주 및 주소, 발명자 또는 설계자를 포함해야 한다. 한 완전한 설명은 합리적으로 식물특허에 대하여 가능한 충분하여야 한다(Art 1101)고 규정하였다. 이 초안은 특허 출원의 내용(Contents)에 대하여 규정하고 있다.[1361]

(11) 발명 또는 의장의 특허명세서는, 그 제목, 그것을 구성, 조합 및 사용의 방법, 그래서 기술이나 과학의 숙련자가 가능하도록 적합하거나, 그것을 완전히 사용할 수 있도록 그것이 가장 가까이 연결되어서, 출원과 함께 수반하여야 한다. 기계의 사양서는 그것의 원리 및 그것을 적용하는 가장 숙고한 방식, 진행의 연속적 정지 및 연달아 일어남,

---

1357 한국 특허법, 제23조; 독일 특허법, 제2조.
1358 한국 특허법, 제24조.
1359 한국 특허법, 제50조.
1360 한국 특허법, 제46, 44조.
1361 한국 특허법, 제45조.

다른 것과의 구별, 설계가 적용된 목적물 및 그 부분이, 개선 또는 조합, 원본으로서 청구, 그리고 이상 모든 것들과 명확하게 지시되고 구분된다. 그 특허명세서는, 그러한 예해가 허용되는 경우에 발명 또는 의장의 도면, 방식, 또는 성분의 표본과 그 구성을 포함하여야 한다. 새롭고 신청인이 신뢰하는 것으로 간주하는 항목이나 조합의 청구는 특허명세서를 폐쇄하게 한다. 의존하는 청구는 그 자체가 의존하는 것인지를 이전의 청구에 조회를 할 수 있다(Art 1102)고 규정하였다. 이 초안은 발명 또는 의장의 특허명세서(A specification of the invention or device)에 대하여 규정하고 있다.[1362]

(12) 과실 또는 사고에 의한 경우 및 사기 의도가 없이, 신청자는, 그 또는 그의 후계자가 청에서 적시에 제출하여, 그에게 자격이 부여된 것보다 많은 청구를 한 경우, 부당하게 매년 서면 포기한 자, 그것은 특허명세서의 일부로 취급될 수 있다(Art 1103)고 규정하였다. 이 초안은 신청인이 부여된 자격보다 많이 청구한 경우 및 부당하게 서면으로 포기한 자는 특허명세서의 일부로 취급되는 것에 대하여 규정하고 있다.[1363]

(13) 시험 전후에 출원의 개정안은, 청장이 정하는 규정에 따라 심사관에 의해 허용될 수 있다. 일반특허에 대한 출원은, 디자인 또는 실용 특허 및 그 반대의 경우도 마찬가지 하나에, 거절하기 전에 수정될 수도 있지만, 이 방법은 반복되지 않을 수 있다. 발명자 또는 설계자의 성명을 추가 또는 삭제하는 선의의 개정안은 또한 허용할 수 있다(Art 1104)고 규정하였다. 이 초안은 출원의 개정(Amendments of the application)에 대하여 규정하고 있다.[1364]

(14) 발명 또는 의장 또는 등록에 대한 특허를 하는 출원이 외국에서 제출된 이후, 그것이 한국인에게 출원인에 의하여 특권이 주어지고, 동일한 출원인에 의하여 수입된 것 같은 다른 사람, 한국에서 동일한 출원인에 의하여 수입된 것 같은 다른 사람에게, 제1094조 및 제1095조 제1항에 의한 경우에 12개월 또는 제1095조 제2항에 의한 경우에 6개월 이내에 제출하면, 외국인의 일자에서 어느 일자가 부여된다. 하나 이상의 발명 또는 의장을 포함하는 출원의 각 부분은 동일한 제출 일자를 가지게 된다. 개정 후 이 법전 제1108조에서 부활된 출원은, 그 원래의 출원 일자를 유지해야 한다(Art 1105)고 규정하였다. 이 초안은 출원일(Filing Date)에 대하여 규정하고 있다.[1365]

1362 한국 특허법, 제40, 42, 41조.
1363 미국 연방주석법전, 제35절, 제65조.
1364 한국 특허법, 제68, 51, 52조.

(15) 특허에 대한 모든 출원은 비밀이 보장된다. 그 내용의 공표 또는 공개가 충돌하는 요구를 해결하기 위하여 필요하거나 법에 의하여 요구되는 경우를 제외하고 비밀을 유지하여야 한다(Art 1106)고 규정하였다. 이 초안은 출원의 비밀(Secrecy)에 대하여 규정하고 있다.[1366]

(16) 심사관은, 이 법전 제1113조에 의해 특허 심사위원에 대하여 규정한 모든 결격사유에서 자유로워서, 제출된 새로운 출원을 연구하고 통과시키기 위하여 청장에 의하여 지명된다(Art 1107)고 규정하였다. 이 초안은 심사관(An examiner)에 대하여 규정하고 있다.[1367]

(17) 신청자는 출원을 제출한 일자로부터 6개월 이내(또는 청장이 그러한 요청을 한 경우에 40일 이내)에 자신의 경우를 제시할 준비를 한다. 그렇게 하지 않을 경우에, 그것을 포기한 것으로 간주된다. 그러나 6개월 이내에 그 후 포기한 출원은 청장에게 청원하고, 40일 이내에 합리적인 노력을 보임으로써, 부흥할 수 있다(Art 1108)고 규정하였다. 이 초안은 출원(the application)에 대하여 심사의 실행(Prosecution)에 대하여 규정하고 있다.[1368]

(18) 출원과 회신에 요구되는, 필요하면 증거를 찾고, 그것에 대한 고려할 시간이 만료된 후, 심사관은 그가 그것이 불충분하다는 것을 발견한 경우 그 출원을 거부할 수 있다. 그 이유에 대한 간략한 개요와 함께 재정의 통지는 이러한 신청자, 상대방 또는 소송참가자에게 송부한다. 출원인은 그 통지를 받고서 20일 이내에 수정하여 또는 수정 없이 재심을 할 수 있다(Art 1109)고 규정하였다. 이 초안은 출원의 거부(Rejection)에 대하여 규정하고 있다.[1369]

(19) 심사관은, 그 상황을 고려한 후, 그는 원래 또는 개정된 형태에서 충분함을 발견하면, 출원을 접수하여야 한다. 이러한 재정은 수정할 수 없지만, 청장은 그 신청인과 반대자에게 그것의 통지할 원인으로 할 수 있다(Art 1110)고 규정하였다. 이 초안은 출원의 접수(Acceptance)에 대하여 규정하고 있다.[1370]

[1365] 한국 특허법, 제50, 49조, 제47조 제2, 3항.
[1366] 한국 특허법, 제66조.
[1367] 독일 특허법, 제28조; 한국 특허법, 제62조.
[1368] 한국 특허법, 제47조 제1항.
[1369] 한국 특허법, 제67, 68조.
[1370] 한국 특허법, 제71, 76조.

(20) 출원된 후 60일 이내에 출원을 허가하는 것에 대하여 서면으로 반대를 누군가에 의하여 특허청에 제기할 수 있다. 이해관계 당사자는 특허행정소송에서와 같은 반대에 관여할 수 있다. 반대 서류의 등본은 청장에 의하여, 서면으로 회답할 40일이 넘지 않는 시간 이내로 정하여, 신청인에게 제공될 수 있다(Art 1111)고 규정하였다. 이 초안은 출원에 대한 허가를 반대(Opposition)하는 것에 대하여 규정하고 있다.[1371]

(21) 허용된 출원의 다음 사항의 관보에서, 심사관은 정렬할 수 있다. ① 번호와 출원일자, ② 발명자 또는 설계자의 성명, ③ 출원자의 성명과 주소, ④ 발명 또는 고안의 제목. 동시에 출판과 함께, 청장은 특허국에서 공공 검사에 대한 출원을 실행해야 한다(Art 1112)고 규정하였다. 이 초안은 출원에 대한 관보(the Official Gazette)의 출판(Publication)에 대하여 규정하고 있다.[1372]

(22) 누구도 특허사건에서 판사로서 행동하는 것이 허용되지 않는다. ① 혈연 또는 인척에 의하여 그 또는 그의 가족이나 혈족 또는 인척이 그에 대한 당사자 또는 그 가운데 소송참가인이거나 이었거나 또는 문제된 특허에 관련된 어느 소송을 하였던 경우, ② 이러한 사건에서 변호사, 대리인 또는 증인, 큐레이터, 또는 그에 대한 어느 당사자의 법적 대리인이거나 또는 이었던 경우. 그러나 사건의 가치를 포함하지 않는, 사무실 직원의 구성원의 순수하게 행정적 행위들은 실격되지 않는다(Art 1113)고 규정하였다. 이 초안은 특허사건의 제척사유(Disnullifications of judges)에 대하여 규정하고 있다.[1373]

(23) 전 조문에 따른 기피는 서면으로(그 사건의 절차가 구술이 아닌 한) 하여야 하고, 그 근거를 나중에까지 알지 못하지 않는 한, 청문의 착수에서 제출하여야 하고, 증거, 민사소송법에 해당 규정들에 의하여 지원된다(Art 1114)고 규정하였다. 이 초안은 전 조문의 제척사유에 대하여 기피(Challenges)하는 절차에 대하여 규정하고 있다.[1374]

(24) 기피를 고려한 보류를 하면, 추가 소송은, 긴급하지 않는 한, 일시 중단된다. 이유와 함께 서면 판결은 신속하게 선고되어야 하고, 항소할 수 없다. 그러나 제척된 판사는 그것에 참여하지 않을 수 있다(Art 1115)고 규정하였다. 이 초안은 기피신청에 대한 처분(Disposition)에 대하여 규정하고 있다.[1375]

[1371] 한국 특허법, 제75, 76조.
[1372] 독일 특허법, 제30, 31, 37조; 한국 특허법, 제74조.
[1373] 한국 특허법, 제164~66조.
[1374] 한국 특허법, 제167조.
[1375] 한국 특허법, 제168~69조.

(25) 심사관의 거절, 중복 또는 최종 또는 저작권, 특허 또는 그 재발급에 대한 출원, 상표 또는 상호 전문가는 검토위원회에 이러한 거절로부터 6개월 이내에 출원인에 의하여 이의제기 될 수 있다(Art 1116)고 규정하였다. 이 초안은 이의제기(an appeal)의 제기에 대하여 규정하고 있다.[1376]

(26) 재정일로부터 6개월 이내에 특허국에 제출하여 다시 완성된 이의제기는 이의제기의 통지, 그 근거를 진술하고, 원래의 서류와 함께 호소된다. 그 통지가 돌이킬 수 없이 부족한 경우, 이의제기는 피소인이 응답할 것을 요구하지 않고 각하될 수 있다(Art 1117)고 규정하였다. 이 초안은 이의제기에 대한 재정 후 6개월 이내에 다시 완성된 이의제기(Appeals re-perfected)를 하는 절차에 대하여 규정하고 있다.[1377]

(27) 이의제기의 취하는 청문의 종료 전 언제나 할 수 있고 이의제기권의 포기는 철회와 동일하다(Art 1118)고 규정하였다. 이 초안은 이의제기의 취하(Withdrawal of the appeal)에 대하여 규정하고 있다.[1378]

(28) 검토위원회는 심사관의 판정이 법에 반대되거나 또는 특허 기능에 대한 사실인정이 충분한지 여부에 따라서, 그렇게 발생하지 않더라도, 특수한 통지에서 야기된 문제점들을 고려하여 결정하고 다시 조사할 수 있다. 그것은 스스로 추가한 근거와 새로운 증거로 고려할 수 있다. 당사자는 그 자신이 이의제기의 사유를 변경할 수 없다. 당사자뿐만 아니라 참가자와 상대방은 이러한 추가된 근거들을 청취하여야만 한다(Art 1119)고 규정하였다. 이 초안은 검토위원회(The Board of Review)의 검토 및 결정의 범위(Scope)에 대하여 규정하고 있다.[1379]

(29) 심판은 추인, 파기, 또는 수정하는 것이어야 한다. 판정은 더 진행을 위해 그것을 반송 및 그 이유를 진술하여 호소하는 것이다(Art 1120)고 규정하였다. 이 초안은 이의제기에 대한 심판(Judgement)에 대하여 규정하고 있다.[1380]

(30) 특허는 하나의 발명 또는 의장 만에 대하여 부여되어야 한다. 그들이 고용한 것으로 간주할 수 있도록 하지만, 서로 관련 있는 발명이 동일한 특허에 의하여 적용될 수

1376 독일 특허법, 제30, 31, 37조; 한국 특허법, 제74조.
1377 한국 특허법, 제130, 193조; 미국 연방주석법전, 제35절, 제60조.
1378 한국 특허법, 제194~5조.
1379 한국 특허법, 제198조.
1380 한국 특허법, 제200조.

있다. 이들은 하나의 발명 특허, 하나의 유용성 특허와 동일하게 구체화된 것에 대하여 하나의 설계 특허를 할 수 있다(Art 1132)고 규정하였다. 이 초안은 특허(A patent)의 제한(Limitations)에 대하여 규정하고 있다.[1381]

(31) 특허의 이유는 신의에 좇은 수입 또는 한국에서 제조된 생산품에 대하여, 특허심판이 최종적으로 된 일자 이후에 ① 특허가 무효로 선언된 경우, 즉 재심에 의하여 유효하게 된 경우, ② 특허심판에 반하는 특허의 [⋯]로부터 어느 것을 제외한 최종 특허심판 후 최후가 되거나 재심에 따라서 등록된 경우에는 유효하지 않다(Art 1133)고 규정하였다. 이 초안은 특허의 이유(The score of the patent)의 효력에 대하여 규정하고 있다.[1382]

(32) 여러 출원자 중 별도의 출원을 각각 제출하면, 특허는 첫 번째에만 부여된다. 동일한 일자에 수인이 제출한 경우 출원인은 주어진 기회 이후에 순서를 동의할 수 없고, 특허는 출원인 가운데 1인이 행정소송에서 구성될 때까지 허용되지 않고, 그에 대하여 첫 번째 발명가 또는 설계자에게 결정될 때까지 허용되지 않는다. 특허는 이러한 출원인이 결정되거나 특허에 대하여 권한이 있다는 것이 증명되지 않는 한 어느 경우에 합법적인 출원인에 의한 후의 출원은 후자가 첫 번째의 거절이 최종적으로 된 후 40일 이내이고 무효인 특허가 출판으로 출원 후 5년 이내인 경우 첫 번째 출원 일자에 제출한 것으로 취급된다(Art 1134)고 규정하였다. 이 초안은 여러 사람의 출원(Among several applicants)을 각자가 각각 한 경우에 어느 것에 특허를 부여할 것인가에 대하여 규정하고 있다.[1383]

(33) 모든 본래의 특허는 수리비용의 지급으로부터, 또는 비용이 요구되지 않는 경우에는 수용된 특허권자에게 통지한 때로부터, 3개월 이내에 발행되어야 한다(Art 1135)고 규정하였다. 이 초안은 특허 발급의 시기(Time)에 대하여 규정하고 있다.[1384]

(34) 어떤 사람이, 청장의 허가 없이 외국 특허나 또는 한국에 등록된 특허나 또는 의장에 대한 그 등록에서 추구하는 시간 동안, 모든 한국인의 특허를 수신하거나 배정하는 이러한 등록을 박탈하고 금지되어야 한다(Art 1136)고 규정하였다. 이 초안은 특허의

[1381] 한국 특허법, 제26, 27조.
[1382] 한국 특허법, 제216조.
[1383] 한국 특허법, 제28, 29, 30조.
[1384] 한국 특허법, 제82조.

발급하는 시기의 기간(During the Time)에 대하여 규정하고 있다.[1385]

(35) 특허의 발행이, 청장의 의견에 공공의 안전 또는 군사 보안을 위협할 수 있다는 경우, 그는 이러한 발행 없이 국가이익에 의하여 요구되어 그에게 나타나는 같은 기간 동안 비밀로 유지되는 본 발명 또는 의장을 명령할 수 있다. 출원자가 출판 또는 다른 방법으로 그것을 개시하거나 외국에서 등록을 찾은 경우, 그는 자신의 특허를 포기한 것으로 간주된다(Art 1137)고 규정하였다. 이 초안은 특허의 발행에서 비밀(Secrecy)에 대하여 규정하고 있다.[1386]

(36) 정부에 의한 사용은, 본 발명 또는 의장의 출원자의 동의로, 특허의 그의 영수증 등 사용의 처음부터 그 때문에 그의 보상을 받을 권한이 주어지고, 권한 있는 정부 대표자는 어느 손해의 총액으로 이러한 사용의 가치에 대하여 그에게 정하는 협상을 할 것이다. 정착이, 비밀명령 이후 1년 이내에 도달하지 못한 경우, 출원인은 그의 특허를 수령한 때로부터 1년 이내에 청장에게 손해에 대한 청원을 제출하여야 한다. 청장은 여기의 제1171조, 제1172조에 일치하는 절차에 따라 조사위원회에서 지명되고, 그 보고를 수령한 후 그러한 경우 그 보상 및 손해를 확정한다(Art 1138)고 규정하였다. 이 초안은 특허의 정부에 의한 사용(Use by Government)에 대하여 규정하고 있다.[1387]

(37) 모든 내용은 청장의 서명, 무체재산국의 봉인, 또는 그렇게 지정된 경우 자신의 이름을, 지원 국장 또는 법률 심사관에 의해 그 위에 인쇄되고 증명된다(Art 1139)고 규정하였다. 이 초안은 특허의 내용(All contents)과 형식에 대하여 규정하고 있다.[1388]

(38) 모든 특허는, 올바르게 성격과 목적을 표시하고, 특허권자 또는 그의 후계자에 부여하는, 간단한 제목이나 발명 또는 서비스의 설명을 포함해야 한다. 법률 용어에 대하여, 배타적 권리는 어느 공장의 특수한 재생을 포함하여 한국 전반에 걸쳐 발명을 작동한다. 명세서 및 도면의 복사본은, 존재하는 경우, 그 특허에 첨부되고 그것의 부분을 형성한다(Art 1140)고 규정하였다. 이 초안은 특허의 내용(Contents)에 대하여 규정하고 있다.[1389]

(39) 특허의 통지는, 가능하면, 각 특허 문헌 또는 자료 위에 날인 또는 조각하고, 그

1385 한국 특허법, 제36조.
1386 한국 특허법, 제34조.
1387 한국 특허법, 제24, 25조.
1388 한국 특허법, 제84조; 미국 연방주석법전, 제35절, 제39조.
1389 한국 특허법, 제85조; 미국 연방주석법전, 제35절, 제40조.

리고 단어 "발명 특허", "식물 특허", "유용성 특허" 또는 "디자인 특허"로 구성되어야 하고, 이 경우, 도면 부호인 숫자에 따른 보니 또는 한글(특허의 종류를 식별하기 위해)로 기재할 수 있다. 그 문헌 또는 자료가 날인 또는 조각할 수 없는 경우, 그것은 라벨을 붙이거나, 그렇게 할 수 없는 경우 통지는 특허권자의 광고물에 삽입될 수 있다. 아주 작은 문헌에 대하여, 첫 번째에 기록하는 것은 표면에 한다. 마킹에 관해서 위의 요구사항을 준수하지 않을 경우, 무고한 침해자로부터 복구하는 손해로부터 특허권을 배제한다. 후자는, 적절한 통지가 부착되기 전에 만들어진 문헌, 자료 및 제품을 계속하여 사용하고, 팔고 또는 배포한다(Art 1141)고 규정하였다. 이 초안은 특허의 고지(A notice of the patent)에 대하여 규정하고 있다.[1390]

(40) 등록부는 특허국에서 유지된다. 그곳에서 연대순으로, 아랍어 특수한 숫자로, 발행한 일자에 모든 특허가 기록되고, 이러한 요구되거나 인증된 그것에 대하여 관련된 다른 자료를 등록하게 된다. 등록된 권리의 상대적 순위는 연대적 등록순서에 따르게 되고, 사기 또는 강압, […]에 의해, 이러한 등록이 등장한 경우, 그것의 부재를 주장하는 것을 듣지 못할 것이다(Art 1142)고 규정하였다. 이 초안은 등록부(Registry)에 대하여 규정하고 있다.[1391]

(41) 등록항목은, ① 부여, 유지 보수, 확장, 재발행, 제한(예 : 포기, 수정, 개정 및 그 아래 권리 테스트의 소멸), ② 지정, 영토 보조금 및 라이센스, 전술한 출원, 처분, 성공 및 그 아래의 권리에 대한 제한, ③ 법원 및 행정법원의 최종 판단이 특허의 경우, 청장의 모든 판결, ④ 특허 신청인, 특허권자, 또는 특허권에 어떤 이해가 있는 다른 사람의 대리인의 지명 또는 변경 및 공동 권리의 권한 배급해제, 양도에 대한 동의를, 포함할 수 있다(Art 1143)고 규정하였다. 이 초안은 등록항목(Items of registration)에 대하여 규정하고 있다.[1392]

(42) 특허국에서 자기 명의로 한 등록은 원소유자에게 반환할 자료로 등재된 모든 항목이 되고(타인에 의한 출원에 대한 여기에서 후속 조문에 예정된 것을 제외하고), 또한 제1174조, 제1176조에 따른 특허 판단 및 청원을 재고하기 위한 행정특허소송, 운동이 항목이 된다(Art 1144)고 규정하였다. 이 초안은 특허국에서 등록할 항목에 대하여

1390 한국 특허법, 제215, 216, 218, 220조.
1391 한국 특허법, 제128, 134, 135, 136, 139조.
1392 한국 특허법, 제139조.

규정하고 있다.[1393]

(43) 추가등록은, ① 등록된 사람의 성명을 수정 또는 변경, ② 주택담보 대출의 할당, ③ 등록 취소를 부분적으로 복원, ④ 특허 또는 영토 이동의 제한 변경, 제3당사자의 이해관계에 영향을 주지 않는 다른 항목, 또는 중단된 제3당사자의 서면 동의가 출원 또는 제3당사자에 대한 행위까지 될 수 있는 판단의 사본을 함께 제공하는 경우, ⑤ 특허권보다 다른 권리에서 변경, ⑥ 등록부의 정정을 기재한다(Art 1145)고 규정하였다. 이 초안은 추가등록(Additional registrations)에 대하여 규정하고 있다.[1394]

(44) 무체재산사무소에 등록은, 그 처분 또는 취소의 권리의 정부의 제한을 등록하는 담당 공무원 또는 법원에 의해 이루어져야 한다. 공매, 상속 또는 법률 시행의 다른 경우로 이뤄진 양도, 또는 등록된 사람의 지정에 변경과 수정을 하게 된다(Art 1146)고 규정하였다. 이 초안은 무체재산사무소에서의 등록(Registration to the Intangible Property Offices)에 대하여 규정하고 있다.[1395]

(45) 다른 경우의 등록은 그에 대한 권한 있는 자의 출원 또는 등록부에 나타난 소유자 명의로 이뤄진다. 등록할 의무가 있는 다른 사람은 그에 대한 권한이 있는 사람과 함께 또는 출원과 동반하여 그의 서면 의견을 함께 지급한다(Art 1147)고 규정하였다. 이 초안은 다른 경우의 등록(Registration in other cases)에 대하여 규정하고 있다.[1396]

(46) 모든 등록된 특허는, 해당 법원의 최종, 특별할 수 없는 판단, 달리 유지될 수 있는 한, 유효가 허용된다(Art 1148)고 규정하였다. 이 초안은 모든 등록의 효과(Effect)에 대하여 규정하고 있다.[1397]

(47) 특허에 대한 권리는, 제품에 따라, 발명가, 설계자, 재생산자, 또는 고안자에게 속한다. 그러나 정부의 민사 또는 군사 공무원 또는 고용인은 그의 직무 범위 내에서 고안 또는 발명에 대하여 특허를 취득할 수 없다. 이러한 고안 또는 발명은 정부에 속한다. 한국인에게 그곳에서 거주 또는 대리인을 갖지 않고 특허를 취득할 권리를 주는 다른 국가의 국민은 한국에서 특허를 취득할 수 있다. 그러나 다른 거주하지 않는 외국인은 그렇지 않다(Art 1149)고 규정하였다. 이 초안은 특허권자(Patentee)에 대하여 규정하고

1393 한국 특허법, 제134조.
1394 한국 특허법, 제134, 135, 107조.
1395 한국 특허법, 제145조.
1396 한국 특허법, 제144, 145조.
1397 한국 특허법, 제34조.

있다.[1398]

(48) 사용자의 사업과 고용 및 의무의 적절한 범위 내에서 관련 있는 발명과 고안에 대하여, 법인의 임원 또는 직원이 특허를 취득할 권리가 있으나, 그 외는 그렇지 않다고 규정한 계약 또는 취업규칙은 유효하다. 그러나 그러한 특허를 취득한 직원 또는 임원은, 그의 계약에서 달리 규정하지 않는 한, 그에 대한 라이센스와 합리적인 보상을 받을 권한이 있다(Art 1150)고 규정하였다. 이 초안은 법인의 임원 또는 직원의 특허취득과 그에 대한 라이센스 및 보상에 대하여 규정하고 있다.[1399]

(49) 특허간의 충돌은 다른 사람이 동일한 발명을 포함하는 취지로 한 때에 발생한다(Art 1151)고 규정하였다. 이 초안은 특허의 보호에 관한 일반규정으로서 특허간의 충돌(Interference between patents)에 대하여 규정하고 있다.[1400]

(50) 특허의 침해는 무면허 또는 권한이 없는 사람이 발명 "일", 목적물의 제조, 사용, 판매, 다른 처분에 의하여, 시도할 때에 특허권자의 배타적 권리의 침해이다(Art 1152)고 규정하였다. 이 초안은 특허의 침해(Infringement of a patent)에 대하여 규정하고 있다.[1401]

(51) 짧은 침해에 빠트리는 행위는, ① 실험 또는 연구 또는 위원회에서 합리적인 제한 내에서 발명을 제조 또는 사용, ② 필요하여, 외국 또는 한국 영해에 국가 진입에 속하는 일시적으로 또는 실수로 공예 또는 운반, ③ 특허 출원이 제출되거나 다른 특허 발간에서 언급되거나 그 제출일 전에 발급되기 전에 한국에서 발견된 제조, 사용, 판매 또는 배포된 자료, ④ 개인적으로 제조 또는 사용, 그러나 상업적이 아니고 비합리적이 아닌 설계 또는 유용성 특허에 의하여 보호되는 자료를 포함한다. 그러나 무효화된 특허의 공개는 한국 특허법 제1134조에 따른 합법적 출원자에게 부여된 특허에 대하여 언급한 효과를 갖지 아니한다(Art 1153)고 규정하였다. 이 초안은 짧은 침해행위(Acts felling short of infringement)에 대하여 규정하고 있다.[1402]

(52) 모든 침해자는 특허권자와 침해로 인한 실제 손해에 대하여 침해자에 의하여 계산된 모든 이익을 가산하여 그에게 청구된 것에 책임을 진다. 누구에 대하여 원고는 판

1398 한국 특허법, 제16, 21, 39조.
1399 한국 특허법, 제32조.
1400 미 연방법전, 제34절, 제66조.
1401 미 연방법전, 제67조; Bouvier Law Dictionary, p.1565.
1402 한국 특허법, 제97조.

매 및 가격만 증명하면 된다. 전문가의 증언은, 손해와 이익을 확인하기 위해 필요한 경우, 허용된다. 다른 구제는 민사소송법에서 찾아야 된다(Art 1154)고 규정하였다. 이 초안은 침해자(Any infringer)의 책임에 대하여 규정하고 있다.[1403]

(53) 심판은 같은 증거를 기준으로 할 수 있다. 또는 법원은, ① 특허문서에 대한 침해받은 도매가격 2%보다 낮지 않고, 그리고 15% 이상이 아니고 기계 및 장치를 포함하여 진행된 것, ② 특허된 기계에 의해 제조되거나 진행된 제품의 1%보다 낮지 않고, 5%를 초과하지 않는 것, ③ 침해자에 의하여 사용된 장치 및 기계를 포함하여, 모든 특허문서의 가치의 6%보다 적지 않고, 30% 이상이 안 되는 것을 허용한다(Art 1155)고 규정하였다. 이 초안은 법원의 심판에서 그 허용범위에 대하여 규정하고 있다.[1404]

(54) 법원이 침해를 발견한 경우, 양 당사자의 출원에 대하여 순서로 발급하여야 한다. ① 특허의 목적물의 추가 메뉴, 저장, 판매, 배포 또는 사용으로, 경멸의 고통에서, 상대방을 억제, ② 침해자의 장부와 기록의 존경스런 회계, 검사 및 사용에 대하여, ③ 증거로 요구되어 그러한 다른 적절한 구호의 순서로 발급한다(Art 1156)고 규정하였다. 이 초안은 제지(Interdict)에 대하여 규정하고 있다.[1405]

(55) 침해행위에 의하여 생산 또는 취득 되었으나 침해자 이외의 다른 사람이 소유 또는 점유하는 문서 및 공장시설은 원고에게 인도된다. 그러나 그 가격은 그의 청구에 따라서 권한이 있다(Art 1157)고 규정하였다. 이 초안은 침해행위에 의하여 생산 또는 취득된 문서 및 공장시설에 대하여 규정하고 있다.[1406]

(56) 어떤 한국 법원에서 침해소송에서의 판결에서 심리는, 그곳의 서기는, 30일 이내에, 성명과 소송 및 특허권자의 주소와 특허에 포함된 번호와 일자를 청장에게 자문할 수 있다. 새로운 당사자 또는 참가자 또는 소송의 새로운 근거가 이후에 추가되고, 판결이 이러한 소송에 관련이 있는 경우, 서기는 그 후 30일 이내에 서면으로 청장에게 자문하고, 특허에 포함된 서류철 속에 이러한 통지를 삽입한다(Art 1158)고 규정하였다. 이 초안은 침해소송의 판결에서의 심리(On trial from a judgement)에 대하여 규정하고 있다.[1407]

(57) 특허와 관련하여 침해 또는 다른 범죄에 대한 처벌은 형법전에 규정하여야 한다

1403 한국 특허법, 제222, 224, 225조; 미국 연방법전, 제35절, 제67, 69조.
1404 한국 특허법, 제226조.
1405 한국 특허법, 제223조; 스위스 채무법전, 제47조; 미국 연방법전, 제35절, 제70, 74조.
1406 한국 특허법, 제227조.
1407 한국 특허법, 제228~9조.

(Art 1159)고 규정하였다. 이 초안은 특허에 관련한 침해 또는 다른 범죄에 대한 처벌은 형법전에 위임하고 있다.[1408]

(58) 어느 무체재산사무소 직원에 의한 특허의 과오는 한국어로 말하여 수정되어야 하고, 과오가 기술된 인증서는 무료로 발급된다. 그러나 원래의 특허의 형식적 요건으로 그것의 일부이면, 그 전부는 원래 수정된 형식으로 발급되고, 그리고 그것에 대한 설명은 관보에 게재된 경우와 같이 동일한 효력을 갖는다(Art 1160)고 규정하였다. 이 초안은 직원에 의하여 인증서에 특허의 기록이 잘못된 경우에 대하여 규정하고 있다.[1409]

(59) 특허권은 할당하거나 또는 제한 없이 저당할 수 있다. 특허를 받을 수 있는 권리는 부여되지만 담보되지 않을 수 있다. 할당은 서면으로, 제3당사자의 부담으로 등록되어야 한다. 공동으로 소유하는 특허 및 이익의 할당은 그 안에 모든 소유자의 동의가 필요하다. 할당은 배타적 또는 비 배타적일 수 있다(Art 1161)고 규정하였다. 이 초안은 특허권의 할당(Assignment)에 대하여 규정하고 있다.[1410]

(60) 출원을 제출하기 전에 만든 할당은, 이러한 제출에 따라 효력이 생긴다. 그 후, 이 무체재산사무소에 통보에 따라 효력이 발생하는 경우, 분리된 출원이나 통지가 같은 일자에 제출된 경우 전 제1034조의 규정이 적용된다(Art 1162)고 규정하였다. 이 초안은 출원을 제출하기 전에 만든 할당의 효력(Effectiveness)에 대하여 규정하고 있다.[1411]

(61) 특허의 특허권자 또는 출원인은 한국의 특정한 부분에 대한 독점적인 권리를 할당할 수 있다. 이러한 양도는, 저당, 분할 또는 재 할당 및 특정한 지역 내에서 양수인에게 발급된 발명을 일하는 라이센스가 된다(Art 1163)고 규정하였다. 이 초안은 지역적 할당(Territorial Assignment)에 대하여 규정하고 있다.[1412]

(62) 라이센스는 배타적 또는 비 배타적일 수 있다. 후자는 같은 지역에 있는 다른 사람에게 부여할 수 있으며, 특허권자는 그곳에서 이 발명을 작동할 수 있다. 그러나 이러한 상황의 어느 쪽도 독점적인 라이센스 또는 영토적 교부가 허용된다. 그 아래에 제한은, 발명 또는 고안을 일할 양수인의 권리에 대하여, 특허의 교부에 효력이 생긴다. 라이

[1408] 한국 특허법, 제232~42조; 스위스 채무법전, 제49조.
[1409] 한국 특허법, 제102조.
[1410] 한국 특허법, 제107, 31, 105조, 제31조 제2항, 제111조; 미국 연방법전, 제35절, 제47조.
[1411] 한국 특허법, 제21조 제3항.
[1412] 한국 특허법, 제107조 제2항, 제109조 제2항.

센스를 교부하는 권리에 대한 것은 즉시 효력이 생긴다(Art 1164)고 규정하였다. 이 초안은 라이센스(Licenses)에 대하여 규정하고 있다.[1413]

(63) 특허에서 무료 라이센스는 한국 내에서 어떤 사람에게 부여된다. 또는 선의로, 실제로 출원에 기재된 발명 또는 고안을 일하게 하고, 또는 특허 할당되고 그렇게 작업하는 것에 적합한 산업 장비를 그곳에서 보유한다(Art 1165)고 규정하였다. 이 초안은 무료 라이센스(A free license)에 대하여 규정하고 있다.[1414]

(64) 특허권자는, 동일한 출원 또는 자신보다 후 일자, 발명 또는 고안이 그의 자신 특허에서 공개되고, 그것이 그가 발명가, 설계자, 또는 특허에 대한 권리의 상속인이 아니거나 그러한 권리를 남용하였다는 이유로 무효가 되지 않는 한, 출원에 근거한 다른 특허 아래에서 일할 무료 라이센스를 즐긴다(Art 1166)고 규정하였다. 이 초안은 특허권자의 무료 라이센스 사용에 대하여 규정하고 있다.[1415]

(65) 특허는, 유지 보수의 포기, 취소, 실패 또는 후계자, 무효, 또는 항복에 의하여, 원래 또는 확장된, 그 기간의 만료에 의하여 존재가 중단한다(Art 1167)고 규정하였다. 이 초안은 특허 종료의 형태(Modes)에 대하여 규정하고 있다.[1416]

(66) 특허권은 그 부여된 일자로부터 및 연속하여 ① 발명 및 공장시설 특허는 17년 동안, ② 유용성 특허는 12년 동안, ③ 설계 특허는 10년 동안 진행한다. 특허가 이 법전 제1134조에서 합법적인 출원자에게 부여한 때, 그 기간은 […]한 날로부터 진행하고 대리인은 그것의 부여 전에 어떠한 권리도 수여하지 않는다. 설계 특허는, 전 조문에 의하여 누구의 소유자인지 비밀이 요청된 것은, 그것의 부여 일자로부터 10년 이상과 수용의 통지로부터 9개월 이상 확장되지 않는다(Art 1168)고 규정하였다. 이 초안은 특허권의 기간(Duration)에 대하여 규정하고 있다.[1417]

(67) 특허의 기간은, 이하의 규정된 조건에 따라, 그 발명이 중요하고 특허권자가 그로부터 정당한 이익을 획득할 충분한 이유로 실패한 경우, 3년에서 7년 동안, 한 번만, 확장될 수 있다(Art 1169)고 규정하였다. 이 초안은 기간의 확장(Extension)에 대하여 규정하고 있다.[1418]

1413 한국 특허법, 제111조; 스위스 채무법전, 제25조.
1414 한국 특허법, 제98조.
1415 한국 특허법, 제98조.
1416 한국 특허법, 제119, 120조.
1417 한국 특허법, 제87조.

(68) 이러한 확장을 위한 출원은, 원래의 기간의 만료 전 12개월 이상이 아니고 6개월 이하가 아닌 때에 청장에게 하여야 하고, 모든 특허권자의 선서와 서명을, 발명이 중요하고 그 조건에 따라, 연장됨으로써, 일을 할 수 있고, 합리적인 이익이 그 금융 회계로부터 획득되지 않는 이유를, 상세히 언급하여야 한다(Art 1170)고 규정하였다. 이 초안은 기간 확장의 출원(Application for such extension)에 대하여 규정하고 있다.[1419]

(69) 청장은, 조사 후 연장 또는 반대하여야 한다. 5인 이상의 전문가위원회에 회부하여 국무총리에게, 그 위에 자신의 의견과 함께 출원을 전달하며, 전자의 경우에는, 확장의 기간, 이는, 후자의 경우에 어떤 시기 동안, 확장을 거부 또는 부여하는 지시로 청장은 초과 할 수 없다(Art 1171)고 규정하였다. 이 초안은 연장 출원에 대한 조치(Action)에 대하여 규정하고 있다.[1420]

(70) 이러한 지시의 재심은, 사기의 근거로 또는 위원회의 결정이 오보에 기반을 둔 연장을 취소하는 행정특허소송에 의한 것을 제외하고 허용되지 않는다(Art 1172)고 규정하였다. 이 초안은 지시의 재심(Review of such directions)에 대하여 규정하고 있다.[1421]

(71) 확장이 부여된 경우, 그 특허에 배서하고, 등록부에 입력하고 관보에 게재하여야 한다. 출원은, 이에 관련된 모든 서류와 함께, 청장의 결정 일자로부터 무체재산사무소에서 공개 감사를 받을 수 있도록 개방하여야 한다(Art 1173)고 규정하였다. 이 초안은 확장이 부여된 경우의 공개(Publicity)에 대하여 규정하고 있다.[1422]

(72) 남용이 회부되어, 특허권 부여 또는 독점적 라이센스의 취소는, 이해당사자에 의하여 하게 된다. 이러한 남용은, ① 특허된 발명 또는 고안, 한국 내에서 제조할 수 있는 것은, 만족스런 변명 없이 특허의 부여 후 3년 이내에 합리적 규모로 제조되지 않는 경우, ② 특허된 제품에 요구된 수명기간 이내에 합리적 기간과 만족스런 설명이 없는 경우, ③ 이러한 제조는, 특허권자 또는 그 또는 입은 피해에 대한 절차에 대항하는 사람에게 청구하는 사람에 의하여 특허된 사항의 중요성으로 방해된 경우, ④ 한국에서 어떤 사업, 무역 또는 산업이 합리적 조건으로 라이센스를 부여하는 것을 특허권자의 거절에 의하여 불공정하게 손해를 입은 경우, 또는 ⑤ 특허 사항의 구매, 리스 또는 사

1418 한국 특허법, 제88조.
1419 한국 특허법, 제89조.
1420 한국 특허법, 제90~2조.
1421 한국 특허법, 제92조, 제96조 제2항.
1422 한국 특허법, 제93조, 제95조 제1항.

용 또는 특허된 공정의 작업에 부착된 자신의 조건에 의한 경우, 또는 ⑥ 특허를 받지 않은 재료의 사용을 포함하는 과정에 대한 특허가 부당하게 자신의 판매 또는 사용을 침해하여 사용된 경우에 발생한다(Art 1174)고 규정하였다. 이 초안은 특허 부여 또는 독점적 라이센스의 취소(Cancellation of a patent grant or exclusive license)에 대하여 규정하고 있다.[1423]

(73) 이러한 남용 중 하나 이상을 주장하는 청원서를 수신하면, 청장은, 증거를 제시할 수 있는 기회와 함께 이에 대한 청문의, 등기된 저당권을 포함한 모든 관련 당사자에게 통보하여야 한다. 청문회 후, 그는, ① 부족하거나 그 목적이 더 나은 그렇지 않으면 달성될 수 있다는 증거를 찾아내면 청원을 기각한다, ② 특허권자에게 충분한 규모로 한국에서 발명 또는 고안을 제조하기 위해 필요한 시간을 제공하도록 추가로 고려하여 연기한다, ③ 자신 명의로 재개 또는 이해 당사자의 예에 따라서, 더 남용을 방지하기 위해 특허권자, 지역적 양수인 또는 면허를 받은 자의 사업에 동의한다고 말한다(Art 1175)고 규정하였다. 이 초안은 남용에 대한 청원을 접수한 경우에 조치(Action)에 대하여 규정하고 있다.[1424]

(74) 특허권자는, 그 위에 저당을 가진 사람의 동의와 함께, 제한, 라이센스, 독점적 또는 비독점적 또는 지역적 양여와 함께 할당에서 발생하는 우발적 이익인 자신의 특허를 포기할 수 있다. 특허가 공동으로 소유된 경우, 모든 소유자는 포기에 가입해야 한다. 그러나 영토권의 부여는 특허를 포기하지 않을 수 있다. 포기는 서면으로, 밀봉하거나, 무체재산사무소에 제출하여 승인받아야만 하고, 등록부에 기재하고 관보에 게재되어야 한다. 그것은 등록으로 효력이 생긴다(Art 1176)고 규정하였다. 이 초안은 특허의 포기(Abandonment)에 대하여 규정하고 있다.[1425]

(75) 무효는 특허재판에 의하여, ① 특허가 제1056조 제2항, 제1093조 내지 1097조, 제1134조, 제1137조, 제1149조 제2, 3항, 국제 조약 또는 협약에 반하여 양도된 때, ② 취득하였음에도 그에게 권한이 주어지지 않은 때, 또는 ③ 발명 또는 고안의 최상 작업에 개별적 요목이 사양 또는 도면들로부터 생략되었거나, 불필요하거나 잘못된 요목이 발명 또는 고안의 작업을 방해가거나 저지하는 것을 포함한 경우에 선언된다. 무

[1423] 한국 특허법, 제102, 101조.
[1424] 한국 특허법, 제103조.
[1425] 한국 특허법, 제116조.

효는 취득하였지만 그것에 권한이 주어지지 않은 때 그러한 취득 일자에 효력이 생긴다는 것을 제외하고 처음부터 추정된다. 이러한 무효에 대한 행정소송은 이해관계인에 의하여 제기된다. 그러나 심사관은 앞의 사유뿐만 아니라 양여가 제1134조의 규정에 위반하였다는 이유로 그것을 가져오지 않는다(Art 1177)고 규정하였다. 이 초안은 무효사유(Invalidation)에 대하여 규정하고 있다.[1426]

(76) 제1174조 내지 제1176조에 의한 취소는, 다른 날짜를 지정하여, 그 결정일자에 효력이 생긴다. 재발급을 포함한 특허는 특허 재발급 일자에 소멸한다. 후계자가 없는 특허는 최종 특허권자의 고안 일자에 효력이 생긴다. 유지에 실패하여 소멸하는 특허는 수수료가 납부된 기간의 만료에 소급하여 무효가 된다(Art 1178)고 규정하였다. 이 초안은 다른 종료일자(Other dates of termination)에 대하여 규정하고 있다.[1427]

4) 상표와 상호권(Trade Mark and Trade Name Rights)

이 초안은 상표와 상호권에 대하여, 본질(Nature, Arts 1179~1181), 출원(Application, Arts 1182~1201), 사용과 행사(Use and Operation, Arts 1202~1207) 및 종료(Termination, Arts 1208~1211)를 각각 규정하였다. 사용과 행사에 대하여, 양도(Transfer, Arts 1202~1204)와 침해(Infringement, Arts 1205~1207)를 각각 규정하였다. 또한 종료에 대하여, 기간(Duration, Arts 1208~1209)과 말소(Cancellation, Arts 1210~1211)를 각각 규정하였다.

(1) 상표는, 하나의 제품 마케팅에 부착하여, 사용하기로 한 임의의 형태로 배열된, 이들의 임의의 마크, 구문, 단어, 문자, 기호, 슬로건, 이름, 디자인, 사진, 고안, 또는 그것들의 조합이다. 그러나 공동, 일반, 지리적, 개인, 기업, 또는 기타 협회 명칭이 아니어야 한다. 상호는 마케팅 사업 수행 또는 서비스에 제공하는 상품에 사용하기로 한 명칭이다. 다른 사람에 의하여 사용되지 않고, 그 협회를 통해 특별한 의미를 취득하여야 한다(Art 1179)고 규정하였다. 이 초안은 상표(A trademark) 및 상호(A trade name)의 정의(Defined)에 대하여 규정하고 있다.[1428]

(2) 비영리 사업은, 상표로서 몇 가지 규칙에 따라, 표시 또는 이름의 배타적 사용에

[1426] 한국 특허법, 제118조, 제121조 제1항, 제118조. 원문에도 (2)가 없음.
[1427] 한국 특허법, 제121조 제2, 4, 5, 6항.
[1428] 미국 1946년 7월 5일 의회법, 제13조 제3항, 제45조.

의해 보호될 수 있다(Art 1180)고 규정하였다. 이 초안은 상표 또는 상호의 배타적 사용(the exclusive use of a mark or name)에 대하여 규정하고 있다.[1429]

(3) 상표 또는 상호에 대한 권리는, 선의로, 자신 또는 그의 상품의 제조 장소, 본질, 품질 또는 유용성을 나타내는 무역상 상호를 사용함에서 다른 사람을 배제하지 못한다(Art 1181)고 규정하였다. 이 초안은 상표 또는 상호에 대한 권리의 제한(Limitations)에 대하여 규정하고 있다.[1430]

(4) 한국인은 누구나 상표 또는 상호를 신청할 수 있다. 그의 정부가 상표의 상호 보호를 위한 한국과 조약의 당사자인 경우 외국은 그렇게 할 수 있다(Art 1182)고 규정하였다. 이 초안은 상표 및 상호 출원의 유용성(Availability)에 대하여 규정하고 있다.[1431]

(5) 상표 또는 상호에 대한 출원은, 출원자가 그의 성명, 국적, 주소 및 주거, 거래의 분류 및 상품의 특징 열거를 그것에 포함하고 상표 또는 상호 그 자체, 상거래 또는 기타에서 출원자가 상표를 최초로 사용한 일자, 그것의 소유권, 배타적인지 협력관계인지, 그리고 그것의 세부사항을 상술하고 서명하여 청장에게 서면으로, 증명하고, 보내어, 제출한다. 출원은 상표의 도면과 청장이 요구하는 그 복사본 또는 견본을 동봉하여야 한다(Art 1183)고 규정하였다. 이 초안은 출원의 형식(Form)에 대하여 규정하고 있다.[1432]

(6) 여러 출원자는 계약에 의해 동일한 상품에 대한 유사한 상표 또는 상호의 등록을 받을 수 있다. 협정이 부재하면, 상표나 상호를 처음 사용한 사람에게 등록이 부여된다. 그러한 사용이 증명되지 않는 경우 그것은 최초 출원자에게 부여된다. 관련 상표 또는 상호는 상품의 유사한 구분을 규율하고 공통의 소유자에 의하여 그러한 것을 위하여 적용해야 한다(Art 1184)고 규정하였다. 이 초안은 수인의 출원자(Several applicants)에 대하여 규정하고 있다.[1433]

(7) 등록되거나 검색된 상표의 관련 업체에 의한 합법적으로 사용하는 것은, 등록인 또는 출원자의 이익에 효력이 있다. 그러나 그것이 대중을 속이기 위하여 사용되지 않는 한 상표의 유효성 또는 등록가능성에 영향을 주지 않는다(Art 1185)고 규정하였다.

[1429] 중화민국 상표법, 제37조; 일본 상표법, 제26조.
[1430] 중화민국 상표법, 제14조; 일본 상표법, 제8조; 미국 1946년 7월 5일 의회법, 제43조.
[1431] 중화민국 상표법, 제5조; 독일 상표법, 제1, 35조; 일본 상법전, 제16조; 일본 상표법, 제26조 제1항; 미국 1946년 7월 5일 의회법, 제44조.
[1432] 중화민국 상표법, 제25조 제1항; 독일 상표법, 제2, 16, 17조; 일본 상표법, 제5조; 미국 1946년 7월 5일 의회법, 제15절, 제81조.
[1433] 중화민국 상표법, 제2, 5조; 독일 상표법, 제27, 17조; 일본 상표법, 제4, 3조.

이 초안은 등록되거나 검색된 상표의 관련 업체에 의한 합법적인 사용(Use legitimately by related companies of a mark, registered or sought)에 대하여 규정하고 있다.[1434]

(8) 청의 관보에 상표 또는 상호의 간행은, 조사에 따라, 그 출원이 주된 등록을 정당화하기 위하여 나온 것이면 그에 따라야 한다. 그런 발견이 없으면, 심사관은 출원자에게 이유를 설명하고 조언하여야 한다. 후자는 재심사가 있은 출원에 회답 또는 수정하는데 6개월을 갖는다. 심사관이 최종적으로 등록을 거절하고 출원인이 회답, 개정 또는 항소하는데 다른 6개월 동안 실패한 경우, 그 출원은 포기한 것으로 간주된다(Art 1186)고 규정하였다. 이 초안은 상표 또는 상호의 간행(Publication of the trademark or name)에 대하여 규정하고 있다.[1435]

(9) 상표국은 주된 등록부와 보충 등록부 모두를 포함해야 한다. 청장은 서비스표에 대하여 또한 다른 것을 제공할 수 있다. 주된 등록은 출원을 제출하기 전에 한국 국내 또는 여기에서 그리고 외국에서 1년 동안에 실제 상업적 사용을 한 상표 및 상호의 기입을 포함한다. 그러한 기입은 등록자의 주장의 통지를 한다(Art 1187)고 규정하였다. 이 초안은 등록부(Registers)의 종류에 대하여 규정하고 있다.[1436]

(10) 보충등록부는 주된 등록부에 등록할 수 없는 상표에 대한 것이다. 이로부터 명백히 배제된 것을 제외하고, 여기에서 정의하는 상표 또는 상호 어느 것이나 포함할 수 있다. 청장은 물론 출원인이 그의 상표를 외국 상거래에서 합법적으로 사용하기 시작하였고 그 보호를 위하여 국내 등록이 필요한 것을 보여준 것에 대하여 1년 요구사항을 철회할 수 있다(Art 1187a)고 규정하였다. 이 초안은 보충등록부(The supplemented regis-ter)에 대하여 규정하고 있다.[1437]

(11) 보충등록부에 대한 출원 및 심사에 관한 절차는 주된 등록부에 대하여 규정한 것에 따른다. 그러나 출판은 오직 관보에 할 필요가 있고 반대의 대상이 될 수 없다(Art 1188)고 규정하였다. 이 초안은 보충 등록부에의 출원 및 심사에 대한 절차(The proce-dure as regards application and examination for the supplemental register)에 대하여 규정하고 있다.[1438]

[1434] 미국 1946년 7월 5일 의회법, 제5조.
[1435] 독일 상표법, 제30조; 미국 1946년 7월 5일 의회법, 제12조.
[1436] 중화민국 상표법, 제21조; 독일 상표법, 제3조; 미국 1946년 7월 5일 의회법, 제3, 1, 22조.
[1437] 미국 1946년 7월 5일 의회법, 제22조 제1항, 제23조 제4항.
[1438] 미국 1946년 7월 5일 의회법, 제23조 제2항, 제24조.

(12) 등록의 고지는 읽기 쉽게 한글로 "등록된 한국 상표"를 상품에 표시함으로써 이루어진다. 상품이 그렇게 표시되었거나 피고가 실제 등록의 통지를 하지 않은 한, 어떠한 이윤 또는 침해에 대한 부분에도 제공되지 않는다(Art 1189)고 규정하였다. 이 초안은 등록의 고지(Notice of registration)에 대하여 규정하고 있다.[1439]

(13) 등록에서 제외는, ① 모든 부도덕적이거나 수치스러운 사건 또는 공공질서를 침해하거나 대중을 속일 수 있는 것, ② 비방하거나 생존 또는 사망한 사람과의 행위, 기관, 신념 또는 국가 상징 또는 그것들을 계약으로 하거나 평판을 떨어뜨리게 한 문제, ③ 국기나 상징, 문장, 군사 또는 해군의 깃발, 국가 또는 다른 관인 또는 공적에 대한 장식을 닮은 상표, 또는 ④ 외국 또는 국제 적십자 뱃지의 그것들, ⑤ 생존하는 사람이 그의 또는 그녀의 서면 동의와 함께 성명, 사진, 초상 또는 서명을 포함하는 문제, ⑥ 일반적으로 필요한 상표 또는 상호를 닮은 고안, ⑦ 정부가 표창한 메달 또는 박람회와 관련하여 수집되거나 그곳에서 수령한 것으로 생각되는 그러한 수집에서 부여된 것들이 그의 상표의 일부로 된 고안들, ⑧ 그러한 일을 1년 동안 하지 않는 한 등록이 1년 안에 종료되는 다른 사람의 상표에 유사한 고안들, ⑨ 출원자의 상품의, 지리적으로 또는 그 밖에, 오직 설명하는 상표, 또는 ⑩ 한국에서 등록된 것으로 혼동하게 하거나 구매자를 속이는, 그렇게 가깝게 닮은 상표 또는 상호, ⑪ 다른 사람이 한국에서 이미 사용하였고 포기하지 않은 상표 또는 상호이다(Art 1190)고 규정하였다. 이 초안은 등록의 제외사항(Excluded from registration)에 대하여 (①~⑪)을 규정하고 있다.[1440]

(14) 등록 가능한 상표는, 출원자의 계속적이고 배타적인 5년 동안 사용에 의하여 특징되는 것을 포함한다. 그리고 서비스표는 마케팅, 광고, 또는 캐릭터와 다른 성명, 명칭, 구별되는 기능, 마크, 슬로건, 상징, 제목 등 라디오 또는 다른 광고시설에 대해 서비스를 식별하는 것에 사용된다(Art 1191)고 규정하였다. 이 초안은 등록 가능한 상표(Registrable Marks)에 대하여 규정하고 있다.[1441]

(15) 청장은 면책할 비 등록 대상을 필요로 한다. 그러나 그것은 출원자의 또는 소유자의 권리를 침해하지 못할 뿐만 아니라 그 면책된 사안이 출원자의 또는 소유자의 상품 또는 서비스의 특징이 되어야 하는 경우 나중에 한 출원에 대하여 등록을 방해할 수

1439 미국 1946년 7월 5일 의회법, 제29조.
1440 중화민국 상표법, 제2조; 독일 상표법, 제4, 5, 26, 34조; 일본 상표법, 제7조; 미국 1946년 7월 5일 의회법, 제2조.
1441 미국 1946년 7월 5일 의회법, 제2(f)조.

없다. 등록된 상표는 부분적으로 또는 전체적으로 면책된다(Art 1192)고 규정하였다. 이 초안은 면책사항(Disclaimers)에 대하여 규정하고 있다.[1442]

(16) 등록에 대한 이의신청은, 그로부터 손해를 입었다고 주장하는 사람이 이의신청의 사유를 설명한 통지를 발간한 뒤 30일(그것은 청장에 의하여 좋은 사유에 대하여 연장될 수 있음) 이내에 그 국에 제출함으로써, 명백하게 된다. 출원인에게 통지 후 재심사에 따라 이것들이 충분하게 밝혀진 경우 등록은 거절되고 출원자는 그에 대하여 통지를 받게 된다. 물론 정하여진 시기에 아무런 이의가 제출되지 않고 출원이 충분한 경우 등록증명서는 발급된다. 보충 등록에서 손해를 예측한 사람은 청장에 의하여 그것의 취소에 대하여 적용될 수 있다. 청장은 출원을 심사관에게 조회할 수 있다. 심사관은 등록자가 통지를 받도록 조치할 수 있다. 그 심사관이 그 상표가 등록할 권한이 없는 것 또는 포기된 것을 발견한 경우에 이러한 등록은 취소된다(Art 1193)고 규정하였다. 이 초안은 등록에 대한 이의신청(Opposition to registry)에 대하여 규정하고 있다.[1443]

(17) 상표 또는 상호의 등록자(공동 신청자 이외)의 권리는 등록에 따라 연속하여 5년 동안 상업적으로 사용을 지속적으로 하고 아직도 사용하면, ① 그가 이른바 5년 기간의 종료 후 1년 이내에 청장에게 말한 사실을 인용한 선서자술서를 제출한 경우, ② 사법 또는 행정적으로 어떤 결정도, 그의 주장에 반대하게 되는 것이 아닌 경우, 그리고 ③ 그것에 영향을 주는 이러한 갈라진 진행이 없는 경우에 명백하게 된다(Art 1194)고 규정하였다. 이 초안은 등록자의 권리에 대한 명백성(Incontestability)에 대하여 세 가지 (①~③)의 경우에 명백하게 된다고 규정하고 있다.[1444]

(18) 충돌은 2개 이상의 출원이 성명을 등록하고, 또는 너무 비슷하여 상표가 거의 혼동을 일으키거나 구매자를 속일 수 있는 것인 때에 발생한다. 청장은 그것들을 심사관에게 조회하고 권한이 있다고 할 모든 이해관계 당사자의 청문 후에 충돌을 선언할 수 있고, 등록을 거절할 수 있다. 또는 보이는 것이 충분한 경우 그렇게 보아야 한다. 그러나 어떠한 충돌도 출원과 주문을 외듯 안정적인 등록된 상표 사이에 선언되지 않는다. 항소는 어느 면접 당사자에 의하여 청장의 판결에서 서울지방법원으로 수행될 것이다(Art 1195)고 규정하였다. 이 초안은 2개 이상의 출원 사이에 일어나는 충돌(Interference

---

[1442] 중화민국 상표법, 제26조; 일본 상표법, 제9, 18조; 미국 1946년 7월 5일 의회법, 제6, 7(d)조.
[1443] 독일 상표법, 제32조; 미국 1946년 7월 5일 의회법, 제13, 24조.
[1444] 미국 1946년 7월 5일 의회법, 제15조.

occurs when two or more applications to register)에 대하여 규정하고 있다.[1445]

(19) 1인 이상 출원자에게 동일하거나 유사한 상표의 동시 등록은, 상거래에서 이전에, 합법적으로, 동시에 사용을 보여주는 표시에 부여된다. 구매자의 혼란 또는 신용은 가능성이 없고, 같은 조건 및 제한에 따라 청장은 규정하고 관보에 게시한 후 이의신청하게 하여야 한다(Art 1196)고 규정하였다. 이 초안은 동일 또는 유사한 상표를 1인 이상의 출원자에게 동시에 등록(Concurrent registration of the same or similar marks to more than one applicant)된 것에 대하여 규정하고 있다.[1446]

(20) 등록인증서는 등록자, 그의 대리인 또는 특허 및 한국 정부의 명의로 양수인에게 기록된 양도 후에 발급되어야 한다. 그리고 특허청은 청장에 의하여 서명되어 보내고, 또는 그의 성명을 그 위에 인쇄하여, 권한 있는 공적인 계속되고 연속된 번호 매김과 상표 도안과 출원을 함께 적당한 장부 안에 보관한 기록에 의하여 증명된다(Art 1197)고 규정하였다. 이 초안은 등록인증서(Certificates of registration)에 대하여 규정하고 있다.[1447]

(21) 인증서는 말한 도안, 제출된 출원의 주요사항을 반복하고, 등록과 상업적으로 최초로 사용한 일자 또는 그 밖에, 번호, 그리고 다른 조건 또는 제한을 재현한다. 상표에 대한 인증서는 주된 등록부에 기입하고, 보충 등록부 위에 그것들에서 형식으로 분명하게 구분된다(Art 1198)고 규정하였다. 이 초안은 인증서의 내용(Contents)에 대하여 규정하고 있다.[1448]

(22) 주된 등록의 인증서는 그의 주요한 일견 증거이고 이들의 소유, 사용의 증거이다. 그리고 등록자의 상표 또는 상호 사용에 대한 배타적 권리는 그와 함께 동시에 증명이다. 장부, 기록, 서류 및 도면의 인증된 사본은 원본이 될 수 있어서 모든 경우에 증거이고, 대중에게 사용할 수 있다(Art 1199)고 규정하였다. 이 초안은 인증서의 효과(Effect)에 대하여 규정하고 있다.[1449]

(23) 등록부의 개정 또는 정정은, 그 개정된 상표가 등록할 수 있는 경우 그리고 개정 또는 면책은 그 상표의 성격을 실질적으로 변경하지 않는 경우, 좋은 원인에 대하여 허

[1445] 미국 1946년 7월 5일 의회법, 제16, 21조.
[1446] 미국 1946년 7월 5일 의회법, 제2(d)조.
[1447] 미국 1946년 7월 5일 의회법, 제7(d)조.
[1448] 미국 1946년 7월 5일 의회법, 제7(d), 25조.
[1449] 미국 1946년 7월 5일 의회법, 제7(b), 7(e)조.

용될 수 있다(Art 1200)고 규정하였다. 이 초안은 등록부의 개정 또는 정정(Amendment or correction of the registry)에 대하여 규정하고 있다.[1450]

(24) 사무실의 물질적 실수는 청장에 의하여 서명되고 밀봉된 인증서에 의하여 정정될 수 있다. 등록자 또는 소유자에게 무상으로 기록 및 발급된다. 각 인쇄된 등록인증서에 각 인쇄된 부본을 부착하여 동일한 효과를 갖게 한다(Art 1201)고 규정하였다. 이 초안은 인증서의 훼손 등 물질적 실수(Material mistakes)에 대한 재발급에 대하여 규정하고 있다.[1451]

(25) 상표권, 또는 출원하여 그것을 등록하여 발생한 권리, 그러나 관련된 상표가 아닌, 그것이 관계하는, 영향을 받는 상품과 별도로, 사업과 함께 다른 사람에게 양도될 수 있다. 그러나 관련 상표 또는 상호를 사용하는 권리는 별도로 양도할 수 없고, 소유권의 변경은 제3자를 변경하기 위하여 국에 함께 등록하여야 한다(Art 1202)고 규정하였다. 이 초안은 양도의 조건(Conditions)에 대하여 규정하고 있다.[1452]

(26) 양도는, 서면으로, 예고 없는 가격에 대한 후속 구매자에게 부담시키기 위하여 사무소의 개별 장부에 기록된 3개월 이내에 제시간에 실행하여야 한다. 실행의 가장 일견의 증거는 확인에 의하여 제공된다(Art 1203)고 규정하였다. 이 초안은 양도의 방식(Form)에 대하여 규정하고 있다.[1453]

(27) 양도인의 상호를 사용하는 사업의 양수인은, 전자의 책임 없음 또는 제3자에게 그렇게 공지한 일자의 등록이 없는 한, 후자의 그것에 책임이 속하는 책임으로 추정한다. 양도인은, 광고에 의하여, 명시적으로 이러한 책임을 또한 가정할 수 있다. 그러나 채무의 이행에 대한 요구는 양도 광고 후 2년 이내에 하여야 한다. 양수인에 대한 이행은, 오직 신의로 중대한 과실 이내에서 이뤄진 경우, 유효하다(Art 1204)고 규정하였다. 이 초안은 양도인의 책임(Liability)에 대하여 규정하고 있다.[1454]

(28) 침해는 상표 또는 상호권이 침범된 때에 발생한다. 그것은, 아무 권한 없이 사용

1450 미국 1946년 7월 5일 의회법, 제7(g)조.
1451 미국 1946년 7월 5일 의회법, 제7(f)조.
1452 중화민국 상표법, 제6, 16, 17조; 독일 상표법, 제8, 20조; 일본 상법전, 제5, 12조; 일본 상표법, 제6, 16, 17조; 미국 1946년 7월 5일 의회법, 제10조 제1항.
1453 중화민국 상표법, 제6, 16, 17조; 독일 상표법, 제8, 20조; 일본 상법전, 제5, 12조; 일본 상표법, 제6, 16, 17조; 미국 1946년 7월 5일 의회법, 제10조 제1항.
1454 독일 상표법, 제25, 26조; 일본 상법전, 제26~9조.

하거나, 그 상표 또는 상호의 모방 또는 상품을 소지하는 형식으로 수입 또는 그것을 모방 또는 원형 또는 다른 특성의 실패한 묘사로 구성한다. 그러나 상표뿐만 아니라 상호는 확립된 관습법이 존재함을 침해할 수 있다(Art 1205)고 규정하였다. 이 초안은 침해(Infringement)의 정의(Defined)에 대하여 규정하고 있다.[1455]

(29) 배상, 손해, 수익 및 비용은, 전자의 동의 없이, 상표 또는 상호의 소유자에 의하여 회수되고, 구매자를 혼동 또는 사기하려는 의도는, 전조에서 언급한 어느 침해행위로 보게 된다(Art 1206)고 규정하였다. 이 초안은 침해의 배상 등(Remedies, damages, profits and costs)에 대하여 규정하고 있다.[1456]

(30) 금지명령(금지)은, 침해의 추가행위를 방지하기 위해 모든 침해자에 대하여 있다. 그리고 법원은 이러한 침해에 사용된 어느 또는 모든 재료의 배달을 위한 주문과 등록자에게 그것의 파괴 또는 명도에 대한 주문을 포함할 수 있다(Art 1207)고 규정하였다. 이 초안은 금지명령(Injunction)에 대하여 규정하고 있다.[1457]

(31) 상표의 독점적 사용의 기간은 등록일로부터 20년이다. 그 기간을 초과하지 않는 경우 외국의 등록상표 기간은 자국에서와 동일한 기간을 가진다(Art 1208)고 규정하였다. 이 초안은 상표의 배타적 사용기간(Term of the trademark's exclusive use)에 대하여 규정하고 있다.[1458]

(32) 유효기간의 끝에서 20년을 초과하지 않는 기간 동안 각 등록의 구제는, 상표가 아직 상업적으로 사용되고 있거나, 그것의 불사용이 설명될 수 있는 폭리를 취하는 상황에 있고 그 상표를 포기할 의사가 없다는 것을 출원인의 진술서에 의하여 그 사무소에서 출간되도록 제출됨으로써 함께 한다. 유사한 진술서는 취소를 방지하기 위하여 발급일로부터 6개월의 말일 이내 또는 심사 후 3개월 이내에 제출되어야 한다. 청장은 그것을 판단할 진술서와 그것에 대한 이유 모두의 작성자에게 통보하여야 한다. 단어 "갱신"과 그것의 일자는 인증서 위에 날인 또는 배서하게 된다(Art 1209)고 규정하였다. 이 초안은 각 등록의 구제(Remedies of each registration)에 대하여 규정하고 있다.[1459]

1455 미국 1946년 7월 5일 의회법, 제2(d), 42, 43, 29조.
1456 독일 상표법, 제29조; 미국 1946년 7월 5일 의회법, 제32(1), 35, 38, 43(a)조.
1457 독일 상표법, 제22, 24, 30조; 미국 1946년 7월 5일 의회법, 제32(2), 76조.
1458 중화민국 상표법, 제15조 제1항; 독일 상표법, 제9조; 미국 1946년 7월 5일 의회법, 제8조.
1459 독일 상표법, 제9조; 중화민국 상표법, 제15조 제2항; 미국 1946년 7월 5일 의회법, 제9조.

(33) 상표권은 그 등록으로부터 5년 이내에, 소유자의 신청 또는 이해 관계자의 요청에 의한 청장의 자신 명의에 의하여, 취소될 수 있다. 또는 사업의 중단으로, 또는 한국에서 2년 동안 상표 또는 상호의 사용의 중단, 또는 유사한 다른 사람에게 그 소유자의 변경된 상표, 또는 상속을 제외하고, (그것이 아직 외국에서 사용되거나 여러 관련된 상표 중 하나가 그렇게 사용되지 않는 한) 1년 이내에, 또는 이 법전에서 다른 상표로서 요건에 적합하지 못하여 양도 등기에 실패하였기 때문에 취소된다. 취소의 60일의 고지는 청장이 상호 또는 상표의 소유자에게 주어진다. 권리의 양도는 양도인의 사용으로, 또는 상표의 사용과 연결된 상품 또는 서비스의 출처를 잘못 표시하여 읽고 그것을 사용하게 허용한 것은 취소될 수 있다(Art 1210)고 규정하였다. 이 초안은 취소의 사유(Grounds)에 대하여 규정하고 있다.[1460]

(34) 전조에서 언급한 사유로 취소하거나, 또는 이 법전의 요건을 준수한 다른 측면에서 실패하여, 신청은 국에 그로부터 침해를 주장하는 사람에 의하여 제출되고 국은 청장에 의하여 심사관에게 조회하게 된다. 그는 상표 소유자에게 통지한 후, 언급한 사유에 대한 청문은 양 당사자가 통지되고 패자는 청장에게 항소를 할 수 있다는 적절한 판결을 하여야 한다(Art 1211)고 규정하였다. 이 초안은 취소에 대한 신청(Application to cancel)에 대하여 규정하고 있다.[1461]

제6절 • 초안 제4편 재산상속(Succession to Property)

이 초안은 제4편 재산상속에 대하여, 무유언상속(Intestate, Arts 1212~1236), 유언상속(Testamentary, Arts 1237~1273) 및 재산상속의 관리(Administration, Arts 1274~1304)를 각각 규정하였다.

[1460] 중화민국 상표법, 제18조 제1, 2항, 제19조; 일본 상법전, 제30, 31조; 일본 상표법, 제13~6, 24조; 미국 1946년 7월 5일 의회법, 제14, 24, 32(2) 1, 14(c), 23(b)(l)(4), 32(b)(3)조.
[1461] 중화민국 상표법, 제18조 제3, 4항; 미국 1946년 7월 5일 의회법, 제24조.

I. 무유언상속(Intestate)[1462]

이 초안은 무유언상속에 대하여, 상속순위(Order of Succession, Arts 1212~1219), 상속분(Shares, Arts 1220~1225), 상속인의 부존재(Default of Successors, Arts 1226~1231) 및 상속재산의 분리(Separation of Property, Arts 1232~1236)을 각각 규정하였다.

1. 상속순위(Order of Succession)

(1) 상속은 조상의 사망에서 개시한다. 호주상속규칙은 준용하여 적용한다(Art 1212)고 규정하였다. 이 초안은 무유언 상속의 개시(Commencement)에 대하여 규정하고 있다.[1463]

(2) 상속인의 승계 순서는, ① 가장 나이 많은 합법적으로 그의 형제들과 동등하게 공유할 수 있는 출생된 자, ② (아버지가) "생전 입양"한 자 또는 유언 입양(유언양자), ③ 가장 나이 많은 인지된 사생아(서자), ④ 가장 나이 많은 사후 입양자(사후양자) 또는 2차적으로 입양된 자, ⑤ 조모, ⑥ 모, ⑦ 과부, ⑧ 선순위의 녀 이다(Art 1213)고 규정하였다. 이 초안은 사망한 혼인한 남자 호주(Decedent Married Male Head)의 경우에 재산상속의 순서에 대하여 규정하고 있다.[1464]

(3) 상속의 순서는, ① 직접 직계 후손, ② 생전 또는 유언에 의한 양자, ③ 과부, ④ 부, ⑤ 모이다(Art 1214)고 규정하였다. 이 초안은 사망자, 남성 호주, 호주 아닌 구성원(Decedent, a Male Head, Member not Head)의 경우에 재산상속의 순서에 대하여 규정하고 있다.[1465]

(4) 상속의 순서는, ① 인지한 사생자, ② 제, ③ 조모, ④ 모이다(Art 1215)고 규정하였다. 이 초안은 사망자, 남성 호주, 미혼(Decedent, Male Head, Single)의 경우에 재산상

1462 "When the phenomena of primitive societies emerge into light, it seems impossible to dispute a proposition which the jurists of the seventeenth century consider doubtful, that Institute Inheritance is a more ancient institution than Testamentary Succession." Maine, Ancient Law; 115

1463 중화민국 민법전, 제1147조; 독일 민법전, 제1923, 1922조; 일본 민법전, 제993, 992조; Tsisho 4, Jan. 29; Taisho 6, Nov. 27; Showa Feb. 15. (Korean Higher Court Cases).

1464 K. J. Jung, Japanese Delictual Law; p.16.

1465 Showa 10, Nov. 25, Judicial Council Resolution; Showa 14, June 16, Korean High Court Case; Showa 2, Feb. 15, Korean High Court Cases; Taisho 6, Jan. 16, Taisho 15, Oct. 26, Korean Higher Court Cases; Taisho 9, June 25; Taisho 15, Oct. 26, Korean Higher Court Cases.

속의 순서에 대하여 규정하고 있다.[1466]

(5) 상속의 순서는, ① 호주의 사망한 연장자로 미혼인 경우, ㉠ 인지된 사생자, ㉡ 제, ㉢ 부, ② 사망한 미혼 남성 구성원으로 호주의 장남이 아닌 경우, ㉠ 인지된 사생자, ㉡ 제, ㉢ 모, ㉣ 호주이다(Art 1216)고 규정하였다. 이 초안은 사망자, 미혼 남성 구성원(Decedent, Single Male Member Only)인 경우에 재산상속의 순서에 대하여 규정하고 있다.[1467]

(6) 상속의 순서는, ① 동등하게 공유하는 모든 미성년자, ② 남편, ③ 부(고인이 결혼한 경우, 그녀의 남편의 부), ④ 모(사망자가 결혼한 경우, 그녀의 남편의 모) ⑤ 호주이다(Art 1217)고 규정하였다. 이 초안은 사망자, 여성 구성원(Decedent, Female Member)인 경우에 재산상속의 순서에 대하여 규정하고 있다.[1468]

(7) 미혼한 가족 구성원의 상속은 다음과 같은 순서로 전달된다. ① 부, ② 조부, ③ 형, ④ 조모, ⑤ 모, ⑥ 호주. 사망자가 혼인하였으나 남성 후손이 없는 경우 그 순서는 동일하고 ② 다음으로 ③ 조모, ④ 모, ⑤ 미망인, ⑥ 호주로 한다. 사후 입양된 자는 그 재산에 대하여 권한이 있다(Art 1218)고 규정하였다. 이 초안은 오직 가족(Household member)인 경우에 혼인하지 않은 가족 구성원의 재산상속에 대하여 규정하고 있다.[1469]

(8) 직계 후손인 재산상속인은 다음과 같은 순서로 승계한다. ① 가족관계의 다른 등친에 있는 사람들 사이에서, 등친이 가장 근친인 사람이 첫째가 된다. ② 관계가 동일한 등친으로 서있는 사람들은 동일한 서열에서 승계한다. 전항에서 규정한 상속인의 경우에 상속의 개시 이전에 사망하거나 상속권을 잃은 경우에는 그의 직계 후손이 동일한 순위로 승계한다(Art 1218a)고 규정하였다. 이 초안은 직계후손인 재산상속인(Heirs to property in lineal descendancy), 즉 대습상속에 대하여 규정하고 있다.[1470]

(9) 재산상속인은, 후자에 독점적으로 개인적인 등을 제외하고 조상의 재산에 관한 모든 권리와 의무에 대하여, 상속의 개시 시점으로부터, 승계한다(Art 1219)고 규정하였다. 이 초안은 재산상속의 효과(Effects)에 대하여 규정하고 있다.[1471]

[1466] Taisho 15, Dec. 22, Case Investigation Committee Resolution; Taisho 13, Jan. 16; Taisho 9, June 23; Showa 11, May 5; Korean High Court Cases; Taisho 14, June 16.

[1467] Taisho 9, June 23.

[1468] Showa 8, Dec. 8, Nov. 28.

[1469] Munemiya Nobuji, Law of Torts, p.300; Law and Administration Journal, Vol. 7 p.7.

[1470] 중화민국 민법전, 제1138~40조; 일본 민법전, 제994~5조.

[1471] 중화민국 민법전, 제1148조; 일본 민법전, 제1001조.

2. 상속분(Shares)

(1) 동일한 순위의 2 이상의 상속인은 그 상속에서 동일한 배분을 갖는다(Art 1220)고 규정하였다. 이 초안은 동일한 순위의 공동상속인의 상속분에 대하여 규정하고 있다.[1472]

(2) 반쪽 혈족의 혈족은, 그 상속이 반쪽 혈족의 혈족과 혈연적으로 관계가 없다는 유언에 따르지 않는 한, 동일한 순위에서 완전 혈족의 혈족과 동등하게 분할한다(Art 1221)고 규정하였다. 이 초안은 부모 어느 반쪽만의 혈족(Kindred of the half-blood)인 경우 상속분에 대하여 규정하고 있다.[1473]

(3) 제1218a조에서 상속인인 직계비속의 상속분은 권한이 있는 선조에 대한 것과 동등하다. 그러나 이러한 후손이 2인 이상 있는 경우 그들의 직계후손의 상속분은 제1220조에 의하여 결정된다(Art 1222)고 규정하였다. 이 초안은 대습상속에서 직계비속의 상속분(The share of a lineal descendant)에 대하여 규정하고 있다.[1474]

(4) 조상은, 물론, 공동상속인의 상속분을 결정하거나, 또는 강제적 비율에 대한 법전 규정에 반하지 않고, 그 중, 유언으로, 또는 제3자에게 그렇게 하도록 위임한다. 그러나 모든 공동상속인의 상속분이 결정되지 않으면, 이 법전 제1220조의 규정에 따라 그대로 한다(Art 1223)고 규정하였다. 이 초안은 공동상속인의 상속분에 대하여 조상의 결정에 대하여 규정하고 있다.[1475]

(5) ① 조상의 공동상속인에 대한 모든 증여는, 상속이 개시되기 전에, 이러한 공동상속인에게 생전증여이고, 증여한 때, 조상이 서면으로 증여가 이뤄진 때 반대의사를 서면으로 표시하지 않는 한, 그것의 가치는 후자의 상속분에서 공제된다. ② 그 생전증여는 강제적인 비율과 같거나 초과하는 경우 그 공동상속인은 아무것도 받지 못한다(Art 1224)고 규정하였다. 이 초안은 상속분에서 생전증여(Advancements)의 공제에 대하여 규정하고 있다.[1476]

1472 켈리포니아 민법전, 제1387조; 중화민국 민법전, 제1141, 1142, 1151조; 일본 민법전, 제1004조.
1473 켈리포니아 민법전, 제1394조.
1474 일본 민법전, 제1005조.
1475 일본 민법전, 제1006조.
1476 켈리포니아 민법전, 제1395~99조; 중화민국 민법전, 제1173조; 독일 민법전, 제2050조; 일본 민법전, 제1007, 1008조.

(6) 여러 공동상속인 중 하나의 상속분이 제3자에게 양도된 경우, 분할하기 전에, 다른 공동상속인은, 그 가치와 비용을 환불함에 따라, 그들에게 이러한 상속분의 양도에 대한 법적 요구에 대해 1개월(one month)을 가진다(Art 1225)고 규정하였다. 이 초안은 상속의 회복(Recovery)에 대하여 규정하고 있다.[1477]

3. 상속인의 부존재(Default of Successors)

(1) 전조에서 자손의 부존재에서, 제1222조의 규정에 따라, 다음은 상속된다. ① 배우자, ② 직계 후손, ③ 호주. 재산에 대한 상속이 박탈되는 것은 제28조 제2항 내지 제5항에서 모두 언급한 것들이다(Art 1226)고 규정하였다. 이 초안은 후손의 부존재에 대하여 규정하고 있다.[1478]

(2) 강제적 비율에 대하여 권한이 있는 것으로 추정된 상속인의 사법적 상속권 박탈, 조상을 학대 또는 심하게 모욕한 상속인은 후자의 예에서 부여된다(Art 1227)고 규정하였다. 이 초안은 상속권의 사법적 박탈(Judicial disinheritance)에 대하여 규정하고 있다.[1479]

(3) 상속권박탈의 철회는 또한 조상의 예에서 부여되고, 제27조 및 제28조의 규정이 이 조문과 전조에 따라서 진행함에 적용한다(Art 1228)고 규정하였다. 이 초안은 상속권박탈의 철회(Revocation of disinheritance)에 대하여 규정하고 있다.[1480]

(4) 재산상속에 대한 상속인을 알 수 없는 경우, 그것이 법인이고 적절한 법원이 그것에 대하여 있고, 즉시적 원인과 공고가 이러한 약속에 주어질 것이다. 관리자는 사망자의 채무자 또는 재산에 관한 수익자에서 어떤 질문에 대답한다(Art 1229)고 규정하였다. 이 초안은 상속인을 알 수 없는 경우 재산상태(Status of Property)에 대하여 규정하고 있다.[1481]

(5) 상속인이 2개월 이내에 발견되지 않는 경우 관리인에 의하여 요구자에게 통지는

1477 켈리포니아 민법전, 제2034조; 일본 민법전, 제1009조.
1478 일본 민법전, 제996, 997조.
1479 일본 민법전, 제998조.
1480 일본 민법전, 제999, 1000조.
1481 독일 민법전, 제1964~66조; 일본 민법전, 제1051, 1052, 1054조; Korea Chung, paper before Korean-American Legal Academy, 17.

공개적으로 주어지게 된다. 전조의 2개 항에서 규정한 공개통지 후에 정해진 기간 이내에 청구의 제출을 요구하는 것은 2개월 보다 적어서는 안 된다(Art 1230)고 규정하였다. 이 초안은 상속인이 발견되지 않는 경우에 대하여 규정하고 있다.[1482]

(6) 지명된 기간이 만료한 후 상속인을 발견하지 못한 경우 해당 법원은 이해관계인 또는 공공 대표자의 사례에 상속인에게 1년 이상이 아닌, 정해진 기간 이내에 그의 권리를 주장할 것을 공개적으로 통지하여야 한다(Art 1231)고 규정하였다. 이 초안은 상속인에게의 통지(Notice to successor)에 대하여 규정하고 있다.[1483]

4. 상속재산의 분리(Separation of Property)

(1) 상속인의 재산에서 상속재산의 분리는 법적으로 자신의 주장의 환경을 보장하기 위해 상속 채권자 또는 유산 수령인의 예에서 지시할 수 있다. 그러나 권한은 피상속인의 사망 또는 상속인의 상속수락에서 3월 이내에 모색하여야 한다. 제공된 그의 개인적 재산은 상속재산과 함께 그동안 혼합되지 않아야 한다. 이러한 순서의 발행에서 5일 이내에 그것을 취득한 당사자는 피상속인의 채권자와 유증자에게 통지를 하여야 하고, 2개월 보다 적지 않은 정해진 기간 이내에 진행에 개입하도록 그들에게 요청하여야 한다(Art 1232)고 규정하였다. 이 초안은 상속인의 개인재산에서 상속재산의 분리(Separation of succession property from that of an heir)에 대하여 규정하고 있다.[1484]

(2) 우선권은 이러한 신청자와 상속재산의 분배에서 상속인의 채권자의 요구를 초과한 그들 각자의 총액에 대한 비율에서 개입한 자의 주장에 주어진다. 그러나 상속의 개별재산에 대하여 이러한 채권자는 우선한다(Art 1233)고 규정하였다. 이 초안은 상속재산의 분배에서 우선권(Preference)에 대하여 규정하고 있다.[1485]

1482 일본 민법전, 제1057조.
1483 일본 민법전, 제1058조.
1484 아르헨티나 민법전, 제3467조 이하; 벨지움 민법전, 제878조 이하; 브라질 민법전, 제1799조; 칠레 민법전, 제1378조; 콜롬비아 민법전, 제1425조; 에쿠아도르 민법전, 제1368조; 프랑스 민법전, 제878조; 하이티 민법전, 제708조; 일본 민법전, 제1041~1050조; 혼두라스 민법전, 제1288조; 이태리 민법전, 제1032조; 네덜란드 민법전, 제1153조 이하; 니카라구아 민법전, 제1427조 이하; 파나마 캐널 존 민법전, 제1435조; 퀘백 민법전, 제743조; 루마니아 민법전, 제781조; 엘 살바도르 민법전, 제1258조 이하; 우루과이 민법전, 제1181조; 베네주엘라 민법전, 제1042조.
1485 일본 민법전, 제1042, 1048조.

(3) 분리된 재산의 등기는 분리 이전에 필요하고, 제3자에 대하여 효력이 생긴다(Art 1234)고 규정하였다. 이 초안은 분리된 재산의 등기(Registration of the separated property)에 대하여 규정하고 있다.[1486]

(4) 분리된 재산의 관리는 분리의 순서로 제공되어야 한다. 그러나 관리인이 임명될 때까지 상속인은 상속재산을 그가 그의 개인적인 부분에 대하여 사용하는 것과 같은 동일한 주의로 상속재산의 관리를 계속하여 한다(Art 1235)고 규정하였다. 이 초안은 분리된 재산의 관리(Management of the separated property)에 대하여 규정하고 있다.[1487]

(5) 이러한 신청자에게 적절한 담보의 상속인에 의한 교체는, 그 중 하나 이상에 대한 손해를 보여주지 않는 한, 분리된 것의 유치권에서 법원에 의하여 허용된다(Art 1236)고 규정하였다. 이 초안은 상속인에 의한 적절한 담보의 교체(Substitution by the successor of adequate security)에 대하여 규정하였다.[1488]

II. 유언상속(Testamentary)

이 초안은 유언상속에 대하여, 일반규정(In General, Arts 1237~1242), 유언집행(Execution of Testament, Arts 1243~1252), 유증(Legacies, Arts 1253~1267), 철회(Revocation, Arts 1268~1270), 유언의 검인(Probate, Arts 1271~1272)을 각각 규정하였다.

1. 일반규정(In General)

(1) 유서 또는 유언은, 유언자의 재산의 전부 또는 일부의 처분을 하는, 사망시에 효력이 생기는, 단일 일방적 법률행위이다(Art 1237)고 규정하였다. 이 초안은 유서 또는 유언(A testament or will)의 정의(Defined)에 대하여 규정하고 있다.[1489]

1486 일본 민법전, 제1045조.
1487 일본 민법전, 제1045조.
1488 일본 민법전, 제1049조; 일본 민사소송법전, 제64조.
1489 Bouvier, Law Dictionary, (8th ed.) p.3455; 중화민국 민법전, 제1199조; 프랑스 민법전, 제968조; 독일 민법

(2) 모든 유언 조항의 해석은 유언자의 의도와 일치하여야 하고 법률문서가 유효하다고 변호하는 사람은 의심스러운 경우에 따르게 된다(Art 1238)고 규정하였다. 이 초안은 유언조항의 해석(Interpretation of all testamentary provisions)에 대하여 규정하고 있다.[1490]

(3) 처분능력은 유언자에게 요구되고, 유언을 하는 사람은 적어도 16세가 되어야 한다. 유언자가 후견 아래에 있는 경우 그의 후견인의 동의를 얻어야만 한다(Art 1239)고 규정하였다. 이 초안은 유언자의 처분능력(Disposing capacity)에 대하여 규정하고 있다.[1491]

(4) 유언에 의해 사람의 재산의 자유로운 처분은 강제적인 부분을 제외하고 유언자에게 허용된다(Art 1240)고 규정하였다. 이 초안은 유언에 의한 재산의 자유로운 처분(Free dispositions of one's property by will)에 대하여 규정하고 있다.[1492]

(5) 다음과 같이 상속의 강제적 부분은 그 법정상속인을 위해 유보된다. ① 직계혈족비속을 위하여, 그의 상속분의 2분의 1, ② 부모를 위하여, 명목, ③ 배우자를 위하여, 명목, ④ 형제자매를 위하여, 그의 또는 그녀의 상속분의 3분의 1, ⑤ 조부모를 위하여, ④에서와 같이 명목, ⑥ 그밖에 지급된 이후에 출생한 아이를 위하여, 유언자가 유언 사망하여 그가 받을 수 있었던 것과 동일한 몫(Art 1241)이라고 규정하였다. 이 초안은 법정상속인을 위한 상속의 유류분(Compulsory portions of a succession)에 대하여 규정하고 있다.[1493]

(6) 강제적 부분의 금액은, 상속재산의 총액에서 모든 부채를 차감하여 정하여진다(Art 1242)고 규정하였다. 이 초안은 강제적 부분의 금액(The amount of a compulsory portion)에 대하여 규정하고 있다.[1494]

전, 제2265조 이하; 일본 민법전, 제1075조; 40 Corpus Juris, 1460, n.296.

1490 40 Corpus Juris, 1460, n.315.

1491 켈리포니아 민법전, 제1270조; 중화민국 민법전, 제1186, 13조; 일본 민법전, 제1061, 1460~1조; 40 Corpus Juris, n.297.

1492 중화민국 민법전, 제1187조; 일본 민법전, 제1064조.

1493 Holdsworth, History of English Law (3rd ed.) III, 550; 40 Corpus Juris, 1466, n.48, and infra arts; 벨지움 민법전, 제913조; 브라질 민법전, 제1721조; 중화민국 민법전, 제1223조; 일본 민법전, 제1130, 1131조; 켈리포니아 민법전, 제1306조.

1494 중화민국 민법전, 제1224조; 일본 민법전, 제1132조 제1항.

2. 유언집행(Execution of Testament)

(1) 유언은 다음 방식 중 하나로 하여야 한다. ① 공정증서, ② 입체영상, ③ 비밀증서, ④ 구술증서, ⑤ 구두 또는 녹취(Art 1243)라고 규정하였다. 이 초안은 유언(A will)의 방식(Forms)으로 다섯 가지를 규정하고 있다.[1495]

(2) 공개 또는 공정증서 유언은 공증인에게 확인하거나 유언자에 의하여 제안된 내용을 필요로 한다. 아무도 없는 경우 법원 서기에게 적당한 서면 형식으로 설명을 줄이고, 유언자에게 그것을 읽어주고 설명하여야 한다. 그는 2인의 증인과 함께 그것에 그의 서명을 첨부하여야 한다(Art 1244)고 규정하였다. 이 초안은 공개 또는 공정증서에 의한 유언(An open or notarial will)에 대하여 규정하고 있다.[1496]

(3) 입체영상에 의한 유언은 전부 작성하고, 유언자에 의하여 서명하여야 한다. 모든 삽입, 제거, 삭제, 지움 또는 다른 교체는 그곳에 추가적인 기록과 그에 의한 서명과 단어의 정확한 수를 확인할 필요가 있다. 일부 특색에서 결함이 있는 비밀증서에 의한 유언은 입체영상에 의한 유언으로 유효하다(Art 1245)고 규정하였다. 이 초안은 입체영상에 의한 유언(An holographic will)에 대하여 규정하고 있다.[1497]

(4) 비밀(밀봉, 폐쇄 또는 신비)증서에 의한 유언은 서면으로 작성해야 하며, 안전하게 밀봉하고 유언자의 서명을 봉합선에 걸쳐 새기고, 봉투에 넣어야 한다. 적어도 증인 2인의 성명과, 그의 유언이고, 그 자신이 쓰지 않은 경우 작성자의 성명과 주소를, 공증인에게 선언하여야 한다. 공증인은 증인 다음으로 서명과 그것의 수령과 유언자의 선언 일자를 봉투 위에 배서하여야 한다(Art 1246)고 규정하였다. 이 초안은 비밀증서에 의한 유언(A secret (sealed, closed or mystic) will)에 대하여 규정하고 있다.[1498]

(5) 유언자가 말을 할 수 없는 경우 그는, 공증인과 증인의 면전에서, 그에 의하여 설명, 작성된 비밀증서에 의한 유언으로, 문서가 그의 유언이고, 그의 성명과 주소가 봉함

1495 중화민국 민법전, 제1189조; 일본 민법전, 제1067조.
1496 켈리포니아 민법전, 제1276조; 중화민국 민법전, 제1191조 제1항; 독일 민법전, 제2231~46조; 일본 민법전, 제1069조.
1497 켈리포니아 민법전, 제1277조; 중화민국 민법전, 제1190, 1193조; 독일 민법전, 제2231, 2267조; 일본 민법전, 제1068, 1071조; 40 Corpus Juris, 1463, notes 14, 15, 11; 루이지애나 민법전, 제1590조.
1498 중화민국 민법전, 제1192조; 일본 민법전, 제1070조; 루이지애나 민법전, 제1584조 이하; 40 Corpus Juris, 1463, n.9.

한 표지 위에 요구된 구두 선언으로 대체할 수 있다. 공증인은 동일한 봉투 위에 유언자가 필요한 격식에 부합하였음을 인증하여야 한다(Art 1247)고 규정하였다. 이 초안은 유언자가 농아인 경우(speechless)에 대하여 규정하고 있다.[1499]

(6) 구술증서에 의한 유언은 적어도 3인의 증인이 필요하고, 유언자가 지명한 그들 중 1인은, 그가 그의 유언 취지를 선언하고, 그것들을 작성하고, 이러한 증인에 의하여 낭독하고 설명되고, 유언자에 의하여 서명되고 모든 증인과 정당한 일자임을 선언하여야 한다(Art 1248)고 규정하였다. 이 초안은 구술증서에 의한 유언(A dictated will)에 대하여 규정하고 있다.[1500]

(7) 구두 또는 녹음에 의한 유언은 긴박한 사망의 위험이나 다른 예외적 상황에 처한 사람에 의하여 이뤄질 수 있고, 다른 형식으로 유언을 할 수 없어야 한다. 유언자는 적어도 2인의 증인을 지명하고, 그 중 1인은 전자의 유언 취지를 베끼고, 유언자와 모든 증인은 그 사본에 서명하여야 한다. 그리고 그것은 그가 다른 형식으로 유언을 실행할 수 있은 후 1개월간 효력이 없다(Art 1249)고 규정하였다. 이 초안은 구두 또는 녹취에 의한 유언(An oral or numcupative will)에 대하여 규정하고 있다.[1501]

(8) 모든 유언에 증인으로서 실격은, 미성년자, 금지, 상속인, 수유자, 배우자 또는 직계라는 성명의 마지막 두자의 혈연 친족, 고용인 또는 공증인의 보조원 또는 그 기능을 행사하는 사람이다(Art 1250)고 규정하였다. 이 초안은 유언의 증인실격(Disqualified as witnesses to any will)에 대하여 규정하고 있다.[1502]

(9) 읽고 쓰는 능력은 비밀 또는 신비에 의한 유언에 증인의 요건이고, 서명을 요구하는 모든 경우에 그렇게 할 수 없는 경우, 유언자에게 그의 지문을 대신 부착하여야 한다(Art 1251)고 규정하였다. 이 초안은 증인의 읽고 쓰는 능력(Literacy)에 대하여 규정하고 있다.[1503]

(10) 외국에서 한국 영사는 유언의 실행에 있어서 공증인의 모든 역할을 수행할 수

[1499] 일본 민법전, 제1072조.

[1500] 중화민국 민법전, 제1194조.

[1501] 켈리포니아 민법전, 제1200조 이하; 중화민국 민법전, 제1195~1197조; 루이지애나 민법전, 제1581조; 일본 민법전, 제1076~1085조.

[1502] 중화민국 민법전, 제1198조; 일본 민법전, 제1074조; 루이지애나 민법전, 제1591조; 40 Corpus Juris, 1464.

[1503] 40 Corpus Juris, 1465 n.32; 파나마 캐널 존 민법전, 제1079조; 중화민국 민법전, 제1194조; 일본 민법전, 제1083조.

있다(Art 1252)고 규정하였다. 이 초안은 외국에서 한국 영사(A Korean Consul in a foreign country)의 역할에 대하여 규정하고 있다.[1504]

3. 유증(Legacies)

이 초안은 유증에 대하여, 일반규정(In General, Arts 1253~1259)과 유증의 환원(Reduction of Lagacies, Arts 1260~1267)을 각각 규정하였다.

1) 일반규정(In General)

(1) 유증은 수유자 이외의 다른 사람에게 유언하는 증여이다. 그러나 후자는 유언이 효력이 생기기 전에 수유자가 사망하지 않는 한 유효하게 한다(Art 1253)고 규정하였다. 이 초안은 유증(Legacies)의 정의(Defined)에 대하여 규정하고 있다.[1505]

(2) 유증은, ① 조건부 및 조건의 이행에 따라 효과가 생기는, ② 목적물이 유언자에게 속하는 다른 모든 것과 구별되어 특정되고, 그것이 실패한 경우 수증자가 다른 재산에 대하여 보고할 수 없는 것, ③ 특정한 펀드 또는 동산이 집합의 일부로 전시되고, 그것이 전부 또는 부분으로 실패한 경우 리조트는 일반 자산에 속하는 것이 될 수 있다. ④ 모든 다른 유산이 책임에서 벗어난 후 남은 것만을 포함하거나 모든 다른 것들을 포함한 일반을 포함하는 잔여재산이 될 수 있다(Art 1254)고 규정하였다. 이 초안은 유산(A legacy)의 분류(Classes)에 대하여 규정하고 있다.[1506]

(3) 명시적 조항이 부재할 경우, 유증은 상속이 개시될 때에 속하지 않은 재산에 효과가 없다. 그러나 유언이 그렇게 지시한 경우 이에 부과된 사람은 이러한 재산을 취득하거나 수유자에게 그 가치를 지급하여야 한다(Art 1255)고 규정하였다. 이 초안은 유증의 범위(Extent)에 대하여 규정하고 있다.[1507]

1504 켈리포니아 유언검인법전, 제26, 360~1조; 중화민국 민법전, 제1191조 제2항; 일본 민법전, 제1086조.

1505 오하이오 법전, 1052~5, 6, 7~9, 15, 22, 69조; 40 Corpus Juris, 1466 n.52; 중화민국 민법전, 제1201조; 일본 민법전, 제1087, 1096조.

1506 중화민국 민법전, 제1200조; 일본 민법전, 제1087조 제2항; Schuster, supra p.618 참조; 켈리포니아 민법전, 제1357(1), 1357(4), 1357(5)조; 독일 민법전, 제2169(1), 2170, 2191조.

1507 중화민국 민법전, 제1202조; 일본 민법전, 제1098, 1099조.

(4) 유증의 목적물이 제3자의 주장으로 부담이 된 경우 수유자는 그것의 소멸을 요구하고 그가 그것의 점유를 빼앗기거나 하자가 발견된 경우 부담하는 사람은 매도인의 책임에 따른다(Art 1256)고 규정하였다. 이 초안은 유증의 부담(Burdens)에 대하여 규정하고 있다.[1508]

(5) 수유자는 유증이 부담하는, 오직 그로부터 받는 이익의 범위에서, 채무의 이행에 대하여 책임이 있다(Art 1257)고 규정하였다. 이 초안은 수유자(The legatee)의 책임에 대하여 규정하고 있다.[1509]

(6) 유증의 목적물 또는 다른 물질과의 혼합물의 훼손 또는 손해에 대하여, 유언자에 의한 주장은 수유자에게 권리로서 확립한다(Art 1258)고 규정하였다. 이 초안은 유증의 목적물 등의 훼손 또는 손해에 대한 유언자의 주장(A claim by the testator)에 대하여 규정하고 있다.[1510]

(7) 부담에 대한 유증의 가치가, 상속의 한정 승인 또는 강제 부분을 회복하기 위한 행위 때문에, 감소한 경우, 수유자는 그 부담에서 비례적으로 해제된다(Art 1259)고 규정하였다. 이 초안은 유증의 가치(the value of legacy)에 대하여 규정하고 있다.[1511]

2) 유증의 환원(Reduction of Legacies)

(1) 필요한 때, 유증과 피상속인의 사망 전 1년 이내에 생전 증여의 감소는, 강제적 부분을 보존함에 필요한 만큼 효력을 가지게 된다(Art 1260)고 규정하였다. 이 초안은 유증 및 생전 증여의 감소(reduction of legacies and gifts inter-vivos)에 대하여 규정하고 있다.[1512]

(2) 유증은 증여 전에 그들의 각각의 가치에 비례하여 감소되어야 한다(Art 1261)고 규정하였다. 이 초안은 유증(Legacies)의 감소 시기와 범위에 대하여 규정하고 있다.[1513]

(3) 증여는, 가장 최근에 시작하여 초기에 연속적으로 진행하여, 감소된다. 부담에 대한 증여의 감소는 그 목적물의 가치가 그 부담의 가치 보다 적은 범위까지 효과가 있

1508 일본 민법전, 제1102, 1100조.
1509 중화민국 민법전, 제1205조; 일본 민법전, 제1104조.
1510 중화민국 민법전, 제1203조; 일본 민법전, 제1101조.
1511 일본 민법전, 제1105조.
1512 일본 민법전, 제1134조.
1513 중화민국 민법전, 제1225조; 일본 민법전, 제1136, 1137조.

다(Art 1262)고 규정하였다. 이 초안은 증여(Gifts)의 감소에 대하여 규정하고 있다.[1514]

(4) 조건부 권리 또는 불확실한 것 중 하나는 법원에 의하여 지명된 전문가에 의하여 평가되고, 그것에 권한이 있는 강제적 부분의 감소에 따라 수증자 또는 수유자에게, 이러한 권리의 남은 부분의 가치를, 즉시 지급하여야 한다(Art 1263)고 규정하였다. 이 초안은 조건부 권리(A conditional right) 등에 대하여 규정하고 있다.[1515]

(5) 누구에 의하여 감소된, 그러나 누가 그 목적물을 다른 사람에게 그 가치의 범위까지 양도한, 수증자는 강제적 부분의 소유자에게 상환하여야 한다. 그러나 양도시에 양도인이 그 소유자가 그로 인하여 손해가 생길 것을 안 경우 후자는 또한 전자로부터 보상받을 권리가 있다. 수증자 또는 수유자는, 그가 강제적 부분의 소유자에게 감소액을 지급한 경우, 부분적으로도 증여 또는 유증을 반환할 필요가 없다. 그러나 후자는 수증자의 채무초과로 인한 손실을 부담하여야 한다(Art 1264)고 규정하였다. 이 초안은 수증자(A donee) 또는 수유자(legatee)의 책임에 대하여 규정하고 있다.[1516]

(6) 재산 유증의 반환은 그 과실을 포함한다. 이러한 유증의 기간은, 별도로 측정할 수 없는 경우, 수유자의 수명이다(Art 1265)고 규정하였다. 이 초안은 재산 유증의 반환(Return of a legacy of property)과 유증기간(the duration of such a legacy)에 대하여 규정하고 있다.[1517]

(7) 부적절한 약인으로 한 거래는, 양 당사자가 강제적인 부분의 소유자가 되어 그로 인하여 상실된 것을 안 경우 오직 증여로 추정되고, 후자가 그 약인을 반환하여야 한다(Art 1266)고 규정하였다. 이 초안은 부적절한 약인으로 한 거래(A transaction with an in-adequate consideration)에 대하여 규정하고 있다.[1518]

(8) 감소를 요구할 권리의 시효는 강제적 부분의 소유자가 피상속인의 사망 또는 그 사망에서 10년 이내에 대부분을 안 그 때로부터 1년 내에 발생한다(Art 1267)고 규정하였다. 이 초안은 감소청구권의 시효(Prescription of the right to demand reduction)에 대하여 규정하고 있다.[1519]

1514 일본 민법전, 제1138, 1137조.
1515 일본 민법전, 제1132조 제2항, 제1135조.
1516 일본 민법전, 제1140, 1143, 1144조.
1517 일본 민법전, 제1129조; 중화민국 민법전, 제1204조.
1518 일본 민법전, 제1142조.
1519 일본 민법전, 제1145조.

4. 철회(Revocation)

(1) 유언자는, 그것을 만들기 위하여 규정한 형식의 어느 것으로 그의 유언을 전부 또는 부분을 철회하기 위하여, 포기할 수 없는, 권리를 가진다(Art 1268)고 규정하였다. 이 초안은 유언자(A testator)의 철회할 권리(a right to revoke)에 대하여 규정하고 있다.[1520]

(2) 이전의 유언과 전자의 철회를 하는 후자의 행위 사이의 충돌은 충돌하는 조항을 고려한다(Art 1269)고 규정하였다. 이 초안은 앞의 유언과 뒤에 그것의 철회를 하는 행위와의 충돌에 대하여 규정하고 있다.[1521]

(3) 유언의 서류 또는 목적물의 훼손과 같은, 이미 이뤄진 유언과 일치하지 않는 유언자의 행위는, 철회 까지를 구성한다(Art 1270)고 규정하였다. 이 초안은 유언자의 유언과 일치하지 않는 행위(Acts of a testator inconsistent with a will)에 대하여 규정하고 있다.[1522]

5. 유언의 검인(Probate)

(1) 모든 유언의 유언집행인은, 유언자의 사망을 알거나, 또는 유언집행인 없이 상속인을 발견하지 못하면, 관할권이 있는 법원에 그것을 제시하고 그것에 검인을 신청하여야 한다(Art 1271)고 규정하였다. 이 초안은 유언의 유언집행인(The custodian)의 검인(probate) 신청에 대하여 규정하고 있다.[1523]

(2) 비밀 또는 폐쇄된 유언은 법원 및 상속인 또는 그 대리인의 면전에서 결과를 공개할 수 없다(Art 1272)고 규정하였다. 이 초안은 비밀 또는 폐쇄된 유언(A secret or closed will)의 검인에 대하여 규정하고 있다.[1524]

(3) 전 조문의 요구사항을 준수하지 않으면 법정모독죄를 구성하고 2,000엔을 초과하지 않는 벌금으로 처벌될 수 있다(Art 1273)고 규정하였다. 이 초안은 벌칙(Penalty)에 대하여 규정하고 있다.[1525]

1520 켈리포니아 민법전, 제1292조 이하; 중화민국 민법전, 제1219조; 일본 민법전, 제1124, 1128조; 루이지애나 민법전, 제1690조 이하; 40 Corpus Juris, 1466, n.88.

1521 중화민국 민법전, 제1220조; 일본 민법전, 제1125조 제1항.

1522 중화민국 민법전, 제1221, 1222조; 일본 민법전, 제1125조 제1항, 제1126조; 루이지애나 민법전, 제1693조; 40 Corpus Juris, 1469, n.1, 316.

1523 중화민국 민법전, 제1212조; 일본 민법전, 제1106조 제1항.

1524 중화민국 민법전, 제1213조; 일본 민법전, 제1106조 제3항.

III. 재산상속의 관리(Administration)

이 초안은 재산상속의 관리에 대하여, 일반규정(In General, Arts 1274~1281), 선정(Election, Arts 1282~1295), 청산(Liquidation, Arts 1296~1300) 및 분배(Distribution, Arts 1301~1305)를 각각 규정하였다.

1. 일반규정(In General)

(1) 무유언 재산에 대하여 수인의 상속인이 있는 경우 그것은 그들 공동으로 소유하고 각자 피상속인의 권리와 의무에 대하여 비례하여 상속한다(Art 1274)고 규정하였다. 이 초안은 무유언 상속(Intestate succession)에 대하여 규정하고 있다.[1526]

(2) 상속인은 관리자가 알려진 자신의 번호에서 선출해야 한다. 가족은 관리인을 선출한다(Art 1275)고 규정하였다. 이 초안은 상속재산의 관리(Administration)를 위한 관리인(an administrator)의 선출에 대하여 규정하고 있다.[1527]

(3) 유언은 유언집행인을 지정해야 한다. 아무도 이렇게 지정되지 않은 경우, 가족은 유언집행인을 선출한다. 그렇게 하는 것이 실패하고 아무도 합법적으로 지정되어 있지 않은 경우, 해당 법원은 이해관계인의 신청으로 유언집행인을 임명한다. 그렇게 임명된 실제 집행자는 법관에게 만족할 만한 이유 없이, 거절이 허용되지 않는다(Art 1276)고 규정하였다. 이 초안은 유언집행인(Executors)의 지정에 대하여 규정하고 있다.[1528]

(4) 집행인 또는 관리인의 실격은, 미성년자, 금지명령 받은 자 및 파산자이다(Art 1277)고 규정하였다. 이 초안은 유언집행인 또는 관리인의 결격자(Disqualified to be executors or administrators)에 대하여 규정하고 있다.[1529]

(5) 상속인에 의한 관리는 유언집행인과 관리인의 부재에서 발생한다. 그러나 후자

1525 일본 민법전, 제1107조.
1526 중화민국 민법전, 제1151조; 일본 민법전 제1002조, 1003조.
1527 중화민국 민법전, 제1177조; 독일 민법전, 제1981, 2013, 2062조; 스위스 민법전, 제593조.
1528 중화민국 민법전, 제1209조; 일본 민법전, 제1112, 1008조.
1529 중화민국 민법전, 제1210조; 일본 민법전, 제1111조.

중 하나가 활동하는 경우 상속인은 상속재산을 처분하거나 즉시 다른 방해를 할 수 없다. 관리인의 대리권한은 상속인이 상속승인을 한 때에 소멸한다. 관리인은 지체 없이 상속인에게 계산을 제공하여야 한다(Art 1278)고 규정하였다. 이 초안은 상속재산에 관한 상속인의 관리(Administration by heirs)에 대하여 규정하고 있다.[1530]

(6) 상속인은, 재산조사를 준비함에 유언집행인 또는 관리인을 지원하며, 그 중 어느 것도 작동하지 않는 경우, 상속승인 후 3개월 이내에, 법원에 이러한 재산조사서를 제시한다(Art 1279)고 규정하였다. 이 초안은 상속인에 의한 재산조사(Inventory by heir)에 대하여 규정하고 있다.[1531]

(7) 관리인 또는 유언집행인은 상속의 공식적 대표이고, 관리 및 운영의 권리와 의무를 가진다. 그는, ① 재산을 보존하기 위해 필요한 모든 조치를 취하고, ② 6개월 이내에 자신의 주장을 제시하는 채권자와 수유자에게 통보하고, ③ 요구를 충족하기 위해 필요할 수 있는 상속재산의 대부분을 매각하는 친족회의 동의, ④ 주장을 정착하고 그 이후 유산을 제공하고, ⑤ 상속인에게 재산을 분배하거나 또는 그것의 불이행인 경우 문화재로 관리의 전체 보고를 하여야 한다(Art 1280)고 규정하였다. 이 초안은 관리인 또는 유언집행인의 직무(Functions)에 대하여 규정하고 있다.[1532]

(8) 유언집행인 또는 관리인은 친족에 의하여 해임되거나 법원에 의하여 임명된 경우, 이해당사자에 의하여, 부주의 또는 다른 원인의 사례 및 충분한 진술로, 해임될 수 있다(Art 1281)고 규정하였다. 유언집행인 또는 관리인의 해임(Removal)에 대하여 규정하고 있다.[1533]

2. 선정(Selection)[1534]

(1) 무유언 또는 유언의 상속인은, 상속을 승인하거나 거절할 수 있는 선택을 갖는다. 유언으로 거절은, 상속인이 법적 상속인으로서 거절하는 것을 포함하지만, 그 반대가 진정하지 않고 호주의 상속인은 그것에 대한 상속을 거절할 수 없다(Art 1282)고 규정하

1530 중화민국 민법전, 제1216조; 일본 민법전, 제1115, 1056조.
1531 중화민국 민법전, 제1179조; 일본 민법전, 제1113조.
1532 중화민국 민법전, 제1179조; Riasanovski, *Chinese Civil Law*, p.292; 일본 민법전, 제1041, 1114, 1117조.
1533 중화민국 민법전, 제1151조; 일본 민법전, 제1002, 1003조.
1534 For Historical Development, See 40 Corpus Juris, 1471, et. seq.

였다. 이 초안은 상속인의 상속 승인 또는 거절(accept or reject the succession)에 대하여 규정하고 있다.[1535]

(2) 거절은 친족회 또는 법원에 대한 서면 선언에 의하여, 피상속인의 사망을 안 후 3개월 이내, 그것이 소급하여 적용된 때로부터, 효력이 있다(Art 1283)고 규정하였다. 이 초안은 거절(Rejection)의 시기와 방식(Time and mode)에 대하여 규정하고 있다.[1536]

(3) 거부된 몫은 동일한 순위의 다른 상속인에게 귀속된다. 그것이 유언 상속인에게 속한 경우 그것은 무유언 상속인에게 귀속한다(Art 1284)고 규정하였다. 이 초안은 상속분의 증가(Accretion)에 대하여 규정하고 있다.[1537]

(4) 승인은 절대적 또는 자격(한정)이 될 수 있다. 그것은 형식적 또는 표현될 필요가 없다. 그러나 그것은 조건부, 일시적 또는 부분적일 수 없다(Art 1285)고 규정하였다. 이 초안은 승인(Acceptance)에 대하여 규정하고 있다.[1538]

(5) 절대적 승인은, ① 보존 또는 제한된 임대를 제외하고, 상속재산의 전부 또는 일부의 처분, ② 그 또는 그녀가 상속인이 된 그 결과인 경우를 제외하고, 자격을 갖춘 승인 또는 포기 후 이러한 재산의 은익 또는 소비, ③ 제1283조 제1항에 의하여 정해진 시기 이내에 거절 또는 자격 있는 승인에 실패, ④ 재산조사에서 상속인에 의한 거짓 기입에서 결과한다(Art 1286)고 규정하였다. 이 초안은 절대적 승인(Absolute acceptance)에 대하여 규정하고 있다.[1539]

(6) 자격 있는 (한정) 승인은 상속재산에 대한 피상속인의 부채에 대한 상속인의 책임을 제한 한다(Art 1287)고 규정하였다. 이 초안은 자격 있는 (한정) 승인(Qualified (limited acceptance))에 대하여 규정하고 있다.[1540]

(7) 3개월(정당한 사유가 연장될 수 있는) 이내에, 자격 있는 승인자는 관할 법원에 상속재산목록을 제출해야 한다(Art 1288)고 규정하였다. 이 초안은 한정승인자의 상속재산목록(Inventory) 제출에 대하여 규정하고 있다.[1541]

1535 중화민국 민법전, 제1174조; 독일 민법전, 제2346조 이하; 일본 민법전, 제1017조 이하, 제1038조; 40 Corpus Juris, 1472, n.31.

1536 중화민국 민법전, 제1174조 제2항, 제1175조; 독일 민법전, 제2346조 이하; 일본 민법전, 제1038, 1039조 제1항; 40 Corpus Juris, 1474.

1537 중화민국 민법전, 제1176조; 일본 민법전, 제1039조 제2항.

1538 중화민국 민법전, 제1154조; 일본 민법전, 제1017, 1023, 1025조; 40 Corpus Juris, 1472, n.42, 1473, n.51.

1539 중화민국 민법전, 제1163조; 일본 민법전, 제1024조; 40 Corpus Juris, 1472, n.322.

1540 중화민국 민법전, 제1154조 제1항; 일본 민법전, 제1025조; 40 Corpus Juris, 1473.

(8) 수인의 상속인 중 한 사람에 의하여 자격 있는 승인은 또한 다른 사람에게 한정된 상속을 제공한다(Art 1289)고 규정하였다. 이 초안은 승인의 효과(Effect)에 대하여 규정하고 있다.[1542]

(9) 자격 있는 승인자는 피상속인에 관한 그의 모든 이전의 채무와 권리를 대상으로 남는다(Art 1290)고 규정하였다. 이 초안은 자격 있는 승인자(A qualified acceptor)에 대하여 규정하고 있다.[1543]

(10) 수유자는 피상속인의 사망 후, 그 포기가 소급하여 적용되는 일자로부터, 유증을 포기할 수 있다(Art 1291)고 규정하였다. 이 초안은 수유자(Legatees)의 유증 포기(waive)에 대하여 규정하고 있다.[1544]

(11) 유증의 승인은, 그가 포기할 것인지 아닌지를 선언하는 통지에 회답할 충분한 시간 이내에 실패함으로써 의미한다(Art 1292)고 규정하였다. 이 초안은 유증의 승인(Acceptance of a legacy)에 대하여 규정하고 있다.[1545]

(12) 선택할 수 있는 유증 가운데 선정은 상속인에게 속한다(Art 1293)고 규정하였다. 이 초안은 선택할 수 있는 유증 가운데 선정(Election as between alternative legacies)에 대하여 규정하고 있다.[1546]

(13) 유언집행인과 관리인은 이러한 능력으로 업무를 승낙 또는 거절을 선택할 수 있다. 적당한 시기 이내에 결정의 실패는 승인으로 간주된다(Art 1294)고 규정하였다. 이 초안은 유언집행인과 관리인(Executors and administrators)의 업무 승낙 또는 거절에 대하여 규정하고 있다.[1547]

(14) 승인의 취소는 상속인과 수유자에게 거부된다(Art 1295)고 규정하였다. 이 초안은 승인의 취소(Revocation of acceptance)에 대하여 규정하고 있다.[1548]

[1541] 중화민국 민법전, 제1154조; 에쿠아도르 민법전, 제1235조; 과테말라 민법전, 제854조; 일본 민법전, 제1026조; 루이지애나 민법전, 제1035, 1039조; 페루 민법전, 제757조; 40 Corpus Juris, 1473, n.59.

[1542] 중화민국 민법전, 제1154조 제2항; 혼두라스 민법전, 제1195조; 베네주엘라 민법전, 제1020조; 40 Corpus Juris, 1472 n.33.

[1543] 중화민국 민법전, 제1154조 제3항; 일본 민법전, 제1027조.

[1544] 아르헨티나 민법전, 제3838조; 중화민국 민법전, 제1206조; 쿠바 민법전, 제888~890조; 과테말라 민법전, 제875~6조; 일본 민법전, 제1088조; 페루 민법전, 제782~3조; 필립핀 민법전, 제888~890조; 푸에르토 리코 민법전, 제862~4조; 스페인 민법전, 제888~890조; 40 Corpus Juris 1467 n.70.

[1545] 중화민국 민법전, 제1207조; 일본 민법전, 제1089조.

[1546] 40 Corpus Juris, 1467 n.74.

[1547] 일본 민법전, 제1110조.

[1548] 일본 민법전, 제1022, 1091조.

3. 청산(Liquidation)

(1) 채권자에게 6개월 이내에 자신의 주장을 제시하라는 통지는 호적 사무소에 게시하고 또한 유언집행인 또는 관리인이 사무소에 복귀한 후 가능한 신속히, 지역에서 일반 순환하는 지역 신문에 게재하여야 한다(Art 1296)고 규정하였다. 이 초안은 채권자에게 자신의 주장을 제시하라는 통지(Notice to creditors to present their claims)에 대하여 규정하고 있다.[1549]

(2) 이러한 통지의 게시 및 최초 간행된 때로부터 6개월이 만료되기 까지 유언집행인은, 법적으로 승인된 모든 청구를, 다음의 순서로 지급하여야 한다. ① 영안실 (장례식과 다른 과거 비용, 이것들은 6개월이 끝나기 전에 법적으로 승인을 받아 지급할 수 있다), ② 상속인의 상속 비용과 유지, ③ 사망자와 계약된 부채, ④ 유증·수익 상속인의 채권자 (위의 모든 것이 지급될 때까지 대기한 재산목록의 이익을 수락한 사람)(Art 1297)를 규정하였다. 이 초안은 청산절차에서 유언집행인의 지급(Payment)과 지급할 순서(order)에 대하여 규정하고 있다.[1550]

(3) 상속자산이 채무 및 수유자를 만족시키기에 불충분한 것이 입증된 경우, 청산인은 신청인에게 계산을 하여야 하고, 유산은 비례에 따라 감소되어야 한다(Art 1298)고 규정하였다. 이 초안은 청산에서 상속재산의 부족(Deficiency)에 대하여 규정하고 있다.[1551]

(4) 신청을 만족시키기 위하여 상속재산의 매각은, 법원에 의하여 다른 주문이 없는 한, 이러한 목적에 필요한 액수에 제한된, 공경매로 하여야 한다(Art 1299)고 규정하였다. 이 초안은 상속재산의 매각(Sale of succession property)에 대하여 규정하고 있다.[1552]

(5) 유언에 의하여 임명된 유언집행인은 제공된 그 안에서만 보수가 지급될 수 있다. 법적으로 임명된 경우 법원은 그 보상을 결정할 수 있다. 다른 방법으로 친족회가 있지만, 강제된 부분은 그것에 의하여 감소되지 않을 수 있다(Art 1300)고 규정하였다. 이 초안은 유언집행인의 보수(Remuneration)에 대하여 규정하고 있다.[1553]

1549 중화민국 민법전, 제1179조 제1(3)항; 일본 민법전, 제1029, 1041조.

1550 브라질 민법전, 제1797조; 중화민국 민법전, 제1181조; 일본 민법전, 제1031~33조; 푸에르토 리코 민법전, 제1000조; 스페인 민법전, 제1034조.

1551 칠레 민법전, 제1376조; 콜롬비아 민법전, 제1433조; 쿠바 민법전, 제1031조; 파나마 민법전, 제1433조; 푸에르토 리코 민법전, 제997조; 40 Corpus Juris, 1481, notes 89~9; 스페인 민법전, 제1031조.

1552 멕시코 민법전, 제3786~87조.

4. 분배(Distribution)

(1) 상속인 간의 상속재산의 분배는, 채권자와 수유자의 승인된 신청이 만족될 때까지, 일어날 수 없다(Art 1301)고 규정하였다. 이 초안은 상속인 간의 상속재산의 분배(Distribution of succession property among the heirs)에 관한 시기(Time)에 대하여 규정하고 있다.[1554]

(2) 방식은, 상속인 또는 그의 권한 있는 대리인에 의하여 요구한 경우, 법적으로 된다. 상속인이 합법적인 연령과 제 정신인 때에 자발적으로 또는 그의 사망에서 5년이 된 때에 유언은 소급하여 효력을 갖게 된다(Art 1302)고 규정하였다. 이 초안은 분배에서 그 방식(Modes)에 대하여 규정하고 있다.[1555]

(3) 각 공동 상속인은, 그의 또는 그녀의 상속분에 비례하여, 다른 공동 상속인이 각자가 매도인인 것과 같은 경우에 피상속인의 사망 전부터 존재한 문제에 대하여, 분할에 의한 다른 공동 상속인에 대하여 떠맡은 채무의, 배분시기에 지급능력, 그리고 이행기 미도래의 채무와 선행조건의 대상이 된 채무의, 이행기에 지급능력을, 담보한다(Art 1303)고 규정하였다. 이 초안은 공동 상속인의 담보(Warranty)에 대하여 규정하고 있다.[1556]

(4) 이러한 보증인이 의지로 지급할 수 없는 경우, 그의 부분은 공동 상속인의 지급능력에 의하여 비례적으로 떠맡는다. 그리고 후자가 태만하지 않고, 어떤 경우에 전체 손해를 그가 부담하지 않는 한, 그 사람은 자의에 따른다(Art 1304)고 규정하였다. 이 초안은 보증인(warrantor)이 임의로 지급할 수 없는 경우 분담금(Contribution)에 대하여 규정하고 있다.[1557]

(5) 유언자가 유언에 의하여 달리 정한 경우에, 전 2개 조문은 적용될 수 없다(Art 1305)고 규정하였다. 이 초안은 유언자가 유언으로 달리 정한 경우에 앞 2개 조문이 적용되지 않음을 규정하고 있다.[1558]

1553 중화민국 민법전, 제1183조; 일본 민법전, 제1120, 1123조; Riasanovski, *Chinese Civil Law* p.301, et. seq.

1554 아르헨티나 민법전, 제3434조; 브라질 민법전, 제1796조; 칠레 민법전, 제1374조; 중화민국 민법전, 제1160조; 콜롬비아 민법전, 제1431조; 쿠바 민법전, 제1027, 1032조; 에쿠아도르 민법전, 제 1364조; 엘 살바도르 민법전, 제1254조; 과테말라 민법전, 제991조; 혼두라스 민법전, 제1284조; 멕시코 민법전, 제3784조; 니카라구아 민법전, 제1423조; 파나마 민법전, 제933조; 캐널 존 법전, 제1431조; 필립핀 민법전, 제1032, 1027조; 푸에르토 리코 민법전, 제993조; 포르투갈 민법전, 제2116조; 스페인 민법전, 제1027, 1032조.

1555 40 Corpus Juris, 1483, Notes 33, 34; 일본 민법전, 제1010~12조.

1556 일본 민법전, 제1013, 1014조.

1557 일본 민법전, 제1016조.

1558 일본 민법전, 제1016조.

제4장

로빈기어의 초안과 현행민법전 초안과의 비교

제1절 | 서설
제2절 | 두 법전의 체계적 비교
제3절 | 두 법전의 구체적 규정내용의 비교
제4절 | 결어

제1절 • 서설

여기에서는 제3장에서 로빈기어의 한국민법전초안(이하 '로빈기어 초안'이라 한다)에 관한 원문을 복원하여 이를 번역한 초안의 내용을 입법례 등과 함께 각 규정의 구체적 내용을 바탕으로 한다. 로빈기어 초안과 현행민법전 초안(이하 '현행민법전 초안'이라 한다)의 각 규정의 구체적 내용과의 비교를 통하여 두 초안이 어떤 제도의 도입에 있어서 입법취지와 입법방법이 어떻게 서로 영향을 주었는가를 확인하고자 한다.

먼저 두 법전의 체계적 비교에서 로빈기어 초안이 어떠한 체계로 입법되었는가를 분석하고, 이어서 현행민법전 초안이 어떠한 체계로 입법되었는가를 분석함으로써, 두 초안의 민법전 체계에서 어떠한 점이 동일하고 다른가를 비교 검토하고자 한다.

다음으로 두 법전의 내용적 비교에서 로빈기어 초안의 구체적 규정내용을 중심으로 현행민법전 초안의 구체적 규정내용을 비교 검토함으로써 두 초안이 어떠한 제도를 어떻게 민법전에 입법하고자 하였는가를 비교 검토하여 확인하고자 한다.

제2절 • 두 법전의 체계적 비교

I. 로빈기어 한국민법전초안의 체계

1. 로빈기어의 한국민법전편찬에 관한 구상

로빈기어는 어떠한 한국민법전을 편찬하고자 하였는가. 이에 대하여, 앞에서 본 바와 같이, 그는 그의 논문[1]을 통하여 다음과 같이 말하고 있다. 즉, "현대적 수준에 의하면

---

1   로빙기어, 「日本民法改正私案」, 『法政』, 제2권 제2호, 1947.2, 8~11면.

법전은 다른 통상의 입법과 분별되는 세 가지의 특성을 구비하여야 할 것이다"고 하면서, ① 그 법전이 취급하는 주제를 지배하는, 현행법을 포함하는 완전성 혹은 통괄성, ② 논리적이고 과학적이며 동시에 편리한 조직 또는 배치, ③ 일방 용담을 피하며 타방 애매성을 피할 명백하고 간단한 용어법을 들고 있다. 이와 함께, 로빈기어는 민법전 편찬에 있어서 '중국의 최근의 법률적 소산'을 들면서 '원동의 로마'인 중국을 본받을 것을 주장하였다.[2]

2. 로빈기어의 한국민법전초안의 편별

로빈기어 초안은 제1편 인(Persons), 제2편 채무(Obligations), 제3편 재산 및 물권(Property / Real Rights) 및 제4편 재산상속(Succession of Property)으로 편별되었다.[3]

제1편 인(Persons)은, 자연인(Natural)과 법인(Juristic Person)으로 편별되었다. 자연인(Natual)은, 법적능력(Legal Capacity), 친족관계(Kinship), 가(Household or Clan),[4] 혼인(Matrimony),[5] 친자(Parentage),[6] 후견(Tutelage or Curatorship) 및 부양(Maintenance)으로 편별되었다. 법인(Juristic Person)은 일반규정(General Provision), 책임(Liability) 및 종류(Classes)[7]로 편별되었다.

---

2 윤대성, 『미군정시대(1945~1948)의 한국민법전편찬사업 ─ 로빈기어(Lobingier, C.)의 한국민법전초안(*Proposed Civil Code for Korea*, 1949) 분석』, 한국학술정보, 2009, 54~55면.

3 찰스 로빈기어(Lobingier, C.)의 『한국민법전초안(*Proposed Civil Code for Korea*, 1949)』에서 목차(contents)가 모두 16면으로 구성되어 있다. 이에 따라서 원본의 오자 등을 수정하여 분석하고자 한다.

4 Household or Clan에 a. General Provisions, b. Seat, c. Names, d. Household Head((1) Rights and duties, (2) Succession), e. Household Council로 구분하여 규정하고 있다. Lobingier, C., Proposed Civil Code for Korea(1949), contents, p.1.

5 Matrimony에 a. General Provisions, b. Marital Property, c. Termination((1) In general, (2) Annulment, (3) Dissolution((a) Judicial, (b) Conventional Separation)으로 구분하여 규정하고 있다. Lobingier, C., op.cit.(1949), contents, p.1.

6 Parentage에 a. Parental Authority, b. Legitimacy, c. Adoption으로 구분하여 규정하고 있다. Lobingier, C., op.cit.(1949), contents, p.1.

7 Classes에 (1) Domestic Corporations, (a) Nature and Compositions(aa. General Provisions, bb. Share((aa) In general, (bb) Subscriptions, (cc) Transfer), cc. Shareholders((aa) In general, (bb) Rights, (cc) Duties), dd. Articles of Incorporation, ee. By-Laws, ff. Officers), (b) Operation(aa. In general, bb. Powers, cc. Dividends, dd. Report, ee. Debentures((aa) In general, (bb) Issue, (cc) Registration, (dd) Transfer, (ee) Debenture Holders Meetings, (c) Consolidation or Merger, (d) Dissolution and Liquidation(aa. Voluntary and extrajudicial, bb. Involuntary, cc. Liquidation), (2) Foreign Corporation, (3) Agricultural Cooperative Associations, (a) Nature and Purpose, (b) Formation and Composition(aa. Organization, bb. Membership, cc. Shares, dd. Regulations, ee. Officers), (c) Operation(aa. In general, bb. Reserves), (d) Dissolution, (4)

제2편 채무(Obligations)는, 통칙(Provision Common to All)과 각종의 채권관계(Kinds of Obligations)로 편별되었다. 통칙은, 본질(Nature), 종류와 당사자(Classes and Parties), 양도(Assignment or Transfer), 해석(Interpretation) 및 이행과 소멸(Discharge and Extinction)[8]로 편별되었다. 각종의 채무관계(Kinds of Obligations)는, 계약(Contractual),[9, 10] 준계약

Foundations(Endowments)으로 구분하여 규정되었다. Lobingier, C., op.cit.(1949), contents, pp.2~4.

8   Discharge and Extinction에 1. Lack of Consent, 2. Performance(a. In general, b. Modes, c. Effect), 3. Impossibility, 4. Experts Rescission, 5. Agreement, 6. Compensation(Set off), 7. Operation of Law, 8. Bankruptcy((1) Nature and Institution, (2) Bankrupt Estate, (3) Bankrupt Claims, (4) Creditors((a) Rights, (b) Meetings), (5) Composition, (6) Distribution, (7) Discharge and Restitution((a) Proceedings, (b) Effects))으로 구분하여 규정하였다. Lobingier, C., op.cit.(1949), contents, pp.4~5.

9   Contractual에 1. Nature and Formation, 2. Parties(a. Primacy, b. Beneficiaries), 3. Particular Forms of Contracts((1) Gifts(Donations), (2) Exchanges(Barter), (3) Mutuum(Deferred barter : "Loan for Consumption"), (4) Commodatum(German Sachleihe : Loan for Use), (5) Deposit(Bailment)(a. In general, b. Special Types of Depositaries((1) Innkeepers, (2) Warehousemen(Storage), (3) Carriers((a) Provisions Common to all types, (b) Surface Freight Carriers, (c) Carriers by Waters(aa. In General, bb. Liability, cc. Loading, dd. Rescission, ee. Voyage, ff. Cargo, gg. Delivery), (d) Passenger Carriers(aa. Provisions Common to all types, bb. Maritime Passenger Carriers), (e) Air Carriers(aa. In General, bb. Operation), (f) Forwarding Agents)로 구분하여 규정하고 있다. Lobingier, C., op.cit.(1949), contents, pp.5~6.

10   한편 계약에서 이어서 f.[(6)－저자 주, 이하 수정함] Pignorative(Pledge) Contracts((a) Provisions applicable to All, (b) Pledge(Pignus, Pawn) of Movables(aa. In general, bb. Pledge of Intangibles(Rights), (c) Hypothec(Mortgage), (d) Antichresie(Chinese Dien), (e) Sale with Right of Redemption(Lat. pactum de Retreemendo; Spanish : Pacto de Retro French Vente à Remiere), (f) Possessory Liens(Right of Retention)(aa. General Provisions, bb. Classes), (7) Other Security Contracts, (a) Non-Possessory Lien(aa. Maritime, bb. Miscellaneance liens), (b) Suretyship(Latin : fide Jussio or cautio, French : Cautionnment, Spanish : fianza, German : burgerschaft), (aa. General Provisions, bb. Duties, cc. Discharge, dd. Rights((aa) Subrogation, (bb) Contribution), (c) Insurance(aa. Provisions Common to all Forms((aa) General Provisions, (bb) Negotiations Preceeding Policy Insurance, (cc) Lose), bb. Marine Insurance((aa) General Provisions, (bb) Voyage, (cc) Loss and Adjustment, (dd) Abandonment), cc. Fire Insurance, dd. Life and Health Insurance, ee. Annuities, ff. Transport Insurance, gg. Fidelity Insurance), (8) Purchase and Sale(Latin : Emptie et Venditie, Spanish : Comprar y venta), (a) General Provisions, (b) Performance, (c) Warranty(aa. Subjects, bb. Enforcement((aa) Rescission, (bb) Reduction of price, (cc) Damages, (dd) Specific Performance), (d) Special Kinds, (9) Leases(Locatio et Conductio Rei), (a) General Provisions, (b) Parties, (c) Termination and Renaration, (10) Employment and Service(Labor law)(Latin : Location conductio Operarumi et Operis), (a) Contract(aa. In general, bb. Collective Agreements), (b) Parties(aa. In geneal, bb. Employes((aa) In General, (bb) Priviledges and Benefits(aaa. Liens(Preferential rights), bbb. Organization((aaa) In general, (bbb) Formation, (ccc) Operation(α. Conciliation and Arbitration, β. Strikes, γ. Unfair Labor Practice), ccc. Wages((aaa) In general, (bbb) Payment), ddd. Safety and Sanitation, eee. Working and rest hours, fff. Education and Recreation, ggg. Compensation for Injuries((aaa) Liability, (bbb) Security(α. Insurance, β. Medical Care), (ccc) Disability, (ddd) Amount of Compensation, (eee) Death Benefits), cc. Apprentices, dd. Employers), (c) Termination, (d) Administration, (11) Mondate(Agency), (a) Provisions Common to All, (b) Particular Forms(aa. Brokerage, bb. Commercial Agents, cc. Commission Agents or Factors, dd. Managers), (12) Partnership(Latin : Societas, German : Gesellschaft), (13) Negociable Instruments, (a) Nature and Classes, (b) Negotiability, (c) Form and Effect, (d) Interpretation, (e) Parties(aa. In General, bb. Indorsers, cc. Holder((aa) Requisites, (bb) Rights), dd. Acceptance((aa) In General, (bb) For Honor), ee. Negotiation((aa) In General, (bb) Kinds of Insorsement, (cc) Crossed Checks), Dishonor((aa) In

(Quasi-Contractual), 불법행위(Delictual)[11] 및 준불법행위(Quasi-Delictual)로 편별되었다.

제3편 재산 및 물권(Property / Real Rights)은, 본질(Nature) 및 종류(Classes)로 편별되었다. 본질은, 정의(Defined), 과실(Fruits) 및 종물(Accessories)로 편별되었다. 종류는, 소유권일반(As on Dominium / Ownership), 유체재산(Corporeal Property)[12] 및 무체재산(Intangible / Incorporeal Property)[13]으로 구분되었다.

제4편 재산상속(Succession of Property)은, 무유언상속(Intestate), 유언상속(Testamentary) 및 관리(Administration)로 편별되었다. 무유언상속은, 상속순위(Order of Succession), 상속분(Shares), 상속인의 부존재(Default of Succession) 및 상속재산의 분리(Separation of Property)로 편별되었다.[14] 유언상속은, 일반규정(In general), 유언집행(Execution of Testament), 유증(Legacies), 철회(Revocation) 및 유언의 검인(Probate)으로 편별되었다.[15] 재산상속의 관리(Administration)는, 일반규정(In general), 선정(Selection), 청산(Liquidation) 및 분배(Distribution)로 편별되었다.[16]

General, (bb) Presentment, (cc) Notice, (dd) Protest, (ee) When inapplicable), gg. Liability((aa) Grounds, (bb) Discharge))로 구분하여 규정하였다. Lobingier, C., op.cit.(1949), contents, pp.8~12.

11 Delictual에 (1) Liability, (2) Classes of Delicts(Torts), a. Injuries to Person, b. Injuries to Reputation, c. Injuries to Property로 구분하여 규정하였다. Lobingier, C., op.cit.(1949), contents, p.12.

12 Corporeal Property에 (1) Acquisition, a. In General, b. Possession, c. Acquisitive Prescription, d. Accession, (2) Ownership, a. In General, b. Joint and co-ownership, c. Limited Dominium((a) Servitudes(aa. Nature, bb. Classes, cc. Acquisition, dd. Exercese, ee. Extinction), (b) Usufruct(aa. Nature and Classes, bb. Parties((aa) Usufructuery, (bb) Propiertor), cc. Termination), (c) Superficies(Di-Sem-Tsuam), (d) Emphyteusis(Yung-Tien)으로 구분하여 규정하였다. Lobingier, C., op.cit.(1949), contents, pp.12~13.

13 Intangible / Incorporeal Property에 (1) The Office, a. Organization, b. Jurisdiction, c. Administration, (2) Copyrights, a. Nature, b. Application, c. Registration, d. Use and Exercise((a) Infringement, (b) Transfer), e. Termination, (3) Patent Rights, a. Nature, b. Application, c. Examination, d. Review and Reconsideration((a) Annual, (b) Administrative Patent Suits), e. Patents((a) In General, (b) Forem and Contents, (c) Use and Exercise(aa. Parties, bb. Protection((aa) In General, (bb) Remedies), cc. Correction, dd. Transfer), (e) Termination, (4) Trade Mark and Trade Name Rights, a. Nature, b. Application, c. Registration, d. Use and Operation((a) Transfer, (b) Infringement), e. Termination((a) Duration, (b) Cancellation)으로 구분하여 규정하였다. Lobingier, C., op.cit.(1949), contents, pp.13~15면.

14 Lobingier, C., op.cit.(1949), contents, p.15.

15 Lobingier, C., op.cit.(1949), contents, pp.15~16.

16 Lobingier, C., op.cit.(1949), contents, p.16.

II. 현행민법전초안의 체계

1. 남조선과도정부 법전기초위원회의 조선임시민법전편찬요강

남조선과도정부(South Korean Interim Government)는 행정명령 제3호(1947.6.30)에 의하여 법전기초위원회를 설치하였다. 이 법전기초위원회는 "민권, 재산권, 친족관계, 상업관계, 범죄의 처벌, 법률의 시행 및 사법행정의 여러 절차에 관한 현대법에 대체하여 채용될 기초법전의 완전한 초안을 작성할 사명"을 가졌다. 그러나 이 위원회의 구체적인 활동상황을 자료에 의하여 확인할 수 없다. 다만 제1차 회의는 언제 있었는지 알 수 없고, 제2차 회의에서 처무규정을 마련하였음을 알 수 있다. 이에 의하여 법전기초위원회는 민법전 편찬의 각 분과위원회를 구성하였다.[17] 그 내용을 보면, 민법 제1분과위원회는 총칙과 재산법을 담당하고, 그 위원으로 사법부 및 법원의 소속인 장경근(張暻根)(총칙), 강병순(姜炳順)(물권), 권승열(權承烈)(채권), 양대경(梁大卿)과 검찰청의 소속인 옥선진(玉璿珍), 변호사 기타로 최병주(崔炳柱)가 위촉되었다. 민법 제2분과위원회는 신분법을 담당하고, 그 위원으로 사법부 및 법원의 소속인 장경근(張暻根)(친족), 김찬영(金瓚永), 박이순(朴彛淳)과 검찰청의 소속인 김영열(金永烈), 변호사 기타로 고병국(高秉國)(상속)이 위촉되었다. 이 위원 가운데 장경근, 강병순, 권승열 및 고병국은 기초위원, 연락위원 및 조직위원에 해당하였다.[18] 이 위원회는 그 구성에서 보는 바와 같이 위원들의 대부분이 실무가였다는 점과 민법전을 총칙, 물권, 채권, 친족 및 상속으로 나누어 각 편에 1인의 기초위원을 두었다는 점이 주목된다. 그러나 이 법전기초위원회는 구성을 하였지만 '동면상태'로 지내다가,[19] 1948년 4월 20일에 제3차 회의가 있었다. 이 회의에서 "사법당국으로부터 법전편찬위원회의 급속 진전이 역설되었다"[20]고 보고되었을 뿐이다.[21]

---

17   윤대성, 「미군정시대(1945~1948)의 한국민법전편찬사업과 로빈기어의 〈한국민법전초안〉에 관한 연구(1)」, 『비교사법』, 제4권 제1호(1997.6.), 402~403면; 윤대성, 『한국민법학사서설 ─ 한국민법전 이전의 민법학』, 한국학술정보, 2009, 157면.

18   윤대성, 『한국민법학사서설』(2009), 158면; 이들 위원 가운데 몇몇은 조미법률가협회의 회원임도 확인된다.

19   자료, 「法政뉴스」, 『法政』, 제2권 제11호, 1947. 11, 36면.

20   曉堂學人, 「法典編纂에 대하여」, 『法政』, 제3권 제6호, 1948. 6, 10면.

21   한편 법제편찬위원회는 1947년 10월에 각 법률의 기초를 위하여 10개의 분과위원회를 법원, 검찰청 및 변호사 기타인 자로서 구성하기로 결정하였으나(자료, 「법정뉴스」, 『법정』, 제2권 제11호(1947. 11.), 36면), 민법전의 기초를 담당한 위원회의 인적 구성을 보면 법전기초위원회와 동일하게 구성되었다. 윤대성, 『한국민법학사서설』(2009), 158면.

그렇다면 남조선과도정부 법전기초위원회는 어떠한 한국민법전을 편찬하고자 하였는가.

이에 대하여, 남조선과도정부 법전기초위원회가 마련한 조선임시민법전편찬요강[22]은 총칙요강과 물권법요강만이 발견되어, 그를 중심으로 어떠한 한국민법전을 편찬하고자 하였는가를 분석하고자 한다.

1) 총칙요강

자료에 의하면, "朝鮮臨時民法을 制定함에 있어서 大陸法系의 시스템을 취하며, 주로 獨逸民法에 근거한 現行民法 總則編의 규정을 基礎로 하되 現下 世界文明各國의 立法 及 學說과 우리나라의 實情에 鑑하여 위선 필요한 限度에 있어서 左와 如히 規定을 改正 又는 新設함을 要함"이라고 하였다. 이를 보면, 조선임시민법전의 편찬은 대륙법계의 시스템을 취한다는 것을 선언하고, 독일민법에 근거한 현행민법(의용민법)의 규정을 기초로 하지만 당시 세계문명국가의 입법 및 학설과 우리나라의 실정에 비춰서 우선 필요한 한도에 국한하여 개정 또는 신설을 하고자 하였음을 알 수 있다.[23]

그 총칙요강의 내용을 보면, 민법 전체에 걸친 대원칙(통칙), 행위무능력자제도, 동시사망제도, 법인, 법률행위의 해석, 의사표시, 공동대리, 소멸시효와 취득시효에 관한 것으로 나눠진다.[24]

(1) 민법 전체에 걸친 대원칙(통칙)에 대하여, "① 民法全體를 總한 大原則(通則)으로서, (一) 慣習法 及 條理의 補充的 效力을 규정하고(法例 제2조 참조), (二) 權利의 行使에 관하여 權利濫用의 法理를 成文化하며, 同時에 義務의 履行에 관하여 信義誠實의 原則을 일반적으로 鮮明하는 規定을 세울 것"이라 하였다.[25]

(2) 행위무능력자제도에 대하여, "② 行爲無能力者로서는 未成年者, 禁治産者, 準禁治産者의 3者만을 인정하고, 妻는 無能力者에 관한 總則의 규정에서 分離하여 그에 대한 적절한 能力制限은 婚姻의 效果로서 親族編에 적당히 規定할 것, ③ 準禁治産者의 行爲能力의 範圍를 적당히 고려하며, 그 保佐關係를 法定代理人으로 할 것, ④ 無能力者의

---

22   자료, 「朝鮮法制編纂委員會起草要綱(3)」, 『法政』, 제3권 제8호(1948. 8.), 41면.
23   윤대성, 『한국민법학사서설』(2009), 159면.
24   윤대성, 『한국민법학사서설』(2009), 160~162면.
25   윤대성, 「미군정시대(1945~1948)의 한국민법전편찬사업과 로빈기어의 〈한국민법전초안〉에 관한 연구(1)」
      (1997.6.), 410면.

契約은 그 追認이 있을 때까지 相對方이 이를 撤回할 수 있도록 할 것"이라고 하였다.[26] 특히 처의 능력에 관한 것이 주목된다.

(3) 동시사망제도에 대하여, "⑤ 共同의 危難에 遭遇하여 死亡한 경우에 있어서 同時死亡의 推定의 규정을 둘 것"이라 하였다.[27]

(4) 법인에 대하여, "⑥ 社團法人을 非營利法人, 非營利社人(營利法人, 非營利法人－필자 주)으로 분류하여 營利도 公益도 目的으로 하지 않는 團體를 民法上 法人으로 성립할 수 있게 할 것. ⑦ 法人의 設立登記를 對抗要件으로 하지 않고 成立要件으로 할 것. ⑧ 理事의 法人에 대한 連帶責任을 규정할 것. ⑨ 財團法人의 寄附行爲의 變更方法을 규정할 것"이라 하였다.[28]

(5) 법률행위에 대하여, "⑩ 個人의 窮迫 輕率 無能力을 이용한 暴利行爲는 無效로 할 것. ⑪ 法律行爲의 總則的 規定으로서, 法律行爲의 解釋은 信義誠實의 原則에 의하여 할 것을 規定 鮮明할 것"이라 하였다.[29]

(6) 의사표시에 대하여, "⑫ 意思表示에 있어서는, 表示主義에 치중하여 相對方의 利益을 보호하기 위하여 錯誤에 의한 意思表示를 取消할 수 있도록 할 것"이라 하였다.[30] 따라서 의사주의에서 표시주의로 전환하고자 하였음을 알 수 있다.

(7) 공동대리에 대하여, "⑬ 수인의 대리인이 있을 때의 각자대리의 원칙을 선명할 것"이라 하였다.[31] 따라서 각자대리의 원칙을 취하고자 하였음을 알 수 있다.[32]

(8) 소멸시효에 대하여, "⑭ 소멸시효 완성의 효과는 권리를 소멸시킬 수 있는 일종의 항변권을 발생하도록 할 것"이라 하였다.[33]

(9) 취득시효에 대하여, "⑮ 취득시효의 규정은 총칙편에서 제외하고 물권편 소유권 취득에 규정할 것"이라 하였다.[34]

---

26 윤대성, 위의 글(1997. 6.), 410면.
27 윤대성, 위의 글(1997. 6.), 410면.
28 윤대성, 위의 글(1997. 6.), 410면.
29 윤대성, 위의 글(1997. 6.), 410면.
30 윤대성, 위의 글(1997. 6.), 410면.
31 윤대성, 위의 글(1997. 6.), 410면.
32 윤대성, 『한국민법학사서설』(2009), 161면.
33 윤대성, 「미군정시대(1945~1948)의 한국민법전편찬사업과 로빈기어의 〈한국민법전초안〉에 관한 연구(1)」 (1997. 6.), 410면. 이것은 로빈기어가 소멸시효를 민사소송법에 규정하지 않고 민법전에 규정하되 일종의 항변권으로 하고자 한 것과 같은 입법의사라는 것을 알 수 있다. 윤대성, 『한국민법학사서설』(2009), 161면.
34 윤대성, 위의 글(1997.6), 410면. 이것은 로빈기어가 지적한 것을 수용한 입법의사를 확인할 수 있다. 윤대성, 한국민법학사서설, 2009, 161~162면.

2) 물권법요강

조선임시민법전편찬요강에 의하면, 물권법에 있어서 물권법정주의, 물권행위 및 혼동에 관한 것으로 나뉜다.[35]

(1) 물권법정주의에 대하여, "제1 物權法(定—필자 삽입)主義, 物權은 본법 기타의 法律에 규정한 이외에 이를 創設할 수 없음"이라 하였다.[36] 여기에서 물권법정주의를 채택하면서 관습법을 제외시킨 것이 주목된다.[37]

(2) 물권행위에 대하여, "제2 物權行爲, (一) 不動産에 관하여, ① 不動産에 관한 物權의 法律行爲에 인한 得喪變更은 登記를 함으로써 其 效力이 발생함. ② 判決, 競賣, 公用徵收, 相續 기타 法律의 규정에 인한 不動産에 관한 物權의 取得은 登記를 하지 아니하여도 그 效力을 발생함. 但 遺言에 의할 시는 此限에 있지 아니함. (二) 動産에 관하여, ① 動産에 관한 物權의 讓渡는 그 動産을 引渡함으로써 그 效力을 발생함. 但 讓受人이 이미 그 動産을 占有하고 있을 때에는 讓渡의 意思表示만으로써 그 效力을 발생함. ② 動産에 관한 物權을 讓渡하는 경우에 있어서 讓渡人이 그 動産의 占有를 계속할 때에는 讓受人이 間接占有權을 취득할 契約을 체결함으로써 動産의 引渡에 갈음할 수 있음. ③ 제3자가 占有하는 動産에 관한 物權을 讓渡하는 경우에 있어서는 讓渡人이 그 제3자에 대하여 가진 返還請求權을 讓受人에게 讓渡함으로써 動産의 引渡에 갈음할 수 있음"이라 하였다.[38] 여기에서 부동산물권의 변동에는 등기를 효력요건으로 하되 예외를 인정하고자 하였음을 알 수 있고, 동산물권의 변동에 있어서 인도를 효력요건으로 하고 현실의 인도 이외에 점유개정과 반환청구권의 양도에 의한 인도를 인정하고자 한 입법의사를 발견할 수 있다.[39]

(3) 혼동에 대하여, "제3 混同, 동일한 物件에 대한 所有權과 기타의 物權이 동일한 主體에 귀속하였을 때는 기타의 物權은 消滅함. 但 그 物權의 존속에 관하여 所有者 또는 제3자가 法律上의 利益을 가진 때는 消滅치 아니함. 前項의 규정은 所有權 이외의 物權과 그를 目的으로 하는 다른 權利가 동일한 主體에 귀속할 경우에 이를 準用함. 保留登記簿에 기재된 權利關係는 其 權利에 관하여 法律行爲를 한 者의 利益을 위하여 眞正

---

35   윤대성, 『한국민법학사서설』, 2009, 162면.
36   윤대성, 앞의 글(1997.6), 411면.
37   윤대성, 『한국민법학사서설』, 2009, 162면.
38   윤대성, 앞의 글(1997.6), 411면.
39   윤대성, 『한국민법학사서설』, 2009, 162~163면.

한 것으로 간주함. 但 其 眞正함에 異議있다는 登記가 있을 때 또는 眞正치 않음을 알거나 또는 알 수 있었을 때에는 此限에 있지 아니함"이라 하였다.[40] 여기에서 물권의 소멸원인으로서 혼동을 규정하려는 입법의사를 발견할 수 있다.[41]

2. 대한민국 법전편찬위원회 민법분과위원회의 민법전 편찬

우리나라는 1945년 8월 15일 일본이 항복한 후 미군정이 시작되어 1948년 8월 15일에 대한민국 정부가 수립됨으로써 비로소 독립된 국가로서 출발하게 되었다. 우리 정부는 1948년 9월 15일 대통령령 제4호로 '법전편찬위원회직제'를 공포하고, 이에 의하여 법전편찬위원회의 발족을 보았다. 이 법전편찬위원회는 "민사, 상사, 형사의 기초법전과 기타 소송, 행형 등 사법법류의 자료를 수집 조사하고, 그 초안을 기초 심의하는 대통령의 직속기관"(동 직제 제1조)으로서 위원장 1명, 부위원장 2명 및 위원 75명 이내로 하여(동 직제 제2조), 판사·검사·변호사·행정각부내의 법무담당직원·대학법학부의 법률학교수 및 기타 학식과 경험이 있는 자 중에서 대통령이 위촉하는 것으로 되었다(동 직제 제3조). 그리고 법전의 기초방법에 대하여는 '법전편찬위원회처무규정'에 정하였으며, 이에 의하면 기초위원은 기초에 앞서 '요강'을 작성하고 분과위원회 및 위원총회의 의결을 거쳐(동 규정 제8조) 그 요강에 기하여 법안을 기초토록 하였다(동 규정 제9조). 또한 법안의 결정에는 분과위원회 및 위원총회의 의결이 필요할 뿐만 아니라(동 규정 제12조) 한번 의결된 사항에 대하여는 원칙으로 재심이 금지되었다(동 규정 제13조).

이와 같이 발족된 법전편찬위원회는 민법전의 기초를 위한 민법분과위원회를 두었다. 이 민법분과위원회는 다시 총칙·물권·채권·친족·상속의 5편으로 나누고, 각 편마다 책임위원과 일반위원을 두었다. 이 민법분과위원회의 구성을 보면, 위원장에 법전편찬위원회 위원장인 김병노(당시 대법원장)가 겸임하고, 위원장을 비롯하여 각 편에 위촉된 책임위원 및 일반위원은 대부분 미군정시대의 법전기초위원회 위원이거나 조미법률가협회의 회원이었던 것을 발견할 수 있다.[42]

40　　윤대성, 앞의 글(1997.6), 411면.

41　　윤대성, 『한국민법학사서설』, 2009, 163면.

42　　鄭鍾休, "韓國民法典の制定過程についての一考察", 民商法雜誌, 제90권 제4호(1984), 16면; 윤대성, 『한국전세권법연구』, 한국학술정보, 2009, 255면 이하.

3. 현행민법전 초안의 편별

    법전편찬위원회 민법분과위원회의 민법전초안의 체계를 보면, 제1편 총칙, 제1장 통칙, 제2장 인, 제1절 능력, 제2절 주소, 제3절 부재와 실종, 제3장 법인, 제1절 총칙, 제2절 설립, 제3절 기관, 제4절 해산, 제5절 벌칙, 제4장 물건, 제5장 법률행위, 제1절 총칙, 제2절 의사표시, 제3절 대리, 제4절 무효와 취소, 제5절 조건과 기한, 제6장 기간, 제7장 소멸시효, 제2편 물권, 제1장 총칙, 제2장 점유권, 제3장 소유권, 제1절 소유권의 한계, 제2절 소유권의 취득, 제3절 공유, 제4장 지상권, 제5장 지역권, 제6장 전세권, 제7장 유치권, 제8장 질권, 제1절 동산질권, 제2절 권리질권, 제9장 저당권, 제3편 채권, 제1장 총칙, 제1절 채권의 목적, 제2절 채권의 효력, 제3절 수인의 채권자와 채무자, 제1관 총칙, 제2관 불가분채권과 불가분채무, 제3관 연대채무, 제4관 보증채무, 제4절 채권의 양도, 제5절 채무의 인수, 제6절 채권의 소멸, 제1관 변제, 제2관 공탁, 제3관 상계, 제4관 갱개, 제5관 면제, 제6관 혼동, 제7절 지시채권, 제8절 무기명채권, 제2장 계약, 제1절 총칙, 제1관 계약의 성립, 제2관 계약의 효력, 제3관 계약의 해지, 해제, 제2절 증여, 제3절 매매, 제1관 총칙, 제2관 매매의 효력, 제3관 환매, 제4절 교환, 제5절 소비대차, 제6절 사용대차, 제7절 임대차, 제8절 고용, 제9절 도급, 제10절 현상광고, 제11절 위임, 제12절 임치, 제13절 조합, 제14절 종신정기채권, 제15절 화해, 제3장 사무관리, 제4장 부당이득, 제5장 불법행위,[43] 제4편 친족, 제1장 총칙, 제2장 호주와 가족, 제3장 혼인, 제1절 약혼, 제2절 혼인의 성립, 제3절 혼인의 무효와 취소, 제4절 혼인의 효력, 제1관 일반적 효력, 제2관 재산상 효력, 제5절 이혼, 제1관 협의상 이혼, 제2관 재판상 이혼, 제4장 부모와 자녀, 제1절 친생자녀, 제2절 양자, 제1관 입양의 요건, 제2관 입양의 무효와 취소, 제3관 파양, 제1항 협의상 파양, 제2항 재판상 파양, 제3절 친권, 제1관 총칙, 제2관 친권의 효력, 제3관 친권의 상실, 제5장 후견, 제1절 후견인, 제2절 후견의 임무, 제3절 후견의 종료, 제6장 친족회, 제7장 부양, 제5편 상속, 제1장 호주상속, 제1절 총칙, 제2절 호주상속인, 제3절 호주상속의 효력, 제2장 재산상속, 제1절 총칙, 제2절 재산상속인, 제3절 재산상속의 효력, 제1관 일반적 효력, 제2관 상속분, 제3관 상속재산의 분할, 제4절 재산상속의 승인 및 포기, 제1관 총칙, 제2관 단순승인, 제

---

43   민의원 법제사법위원회 민법안심의소위원회, 『민법심의록』 상, 1957, 목차, 1~2면.

3관 한정승인, 제4관 포기, 제5절 재산의 분리, 제6절 재산상속인의 부존재, 제3장 유언, 제1절 총칙, 제2절 유언의 방식, 제3절 유언의 효력, 제4절 유언의 집행, 제6절 유언의 철회, 부칙[44]으로 편별되었다.

III. 두 민법전의 체계에 있어서 비교

로빈기어 초안은, 제1편 인(Person), 제2편 채무(Obligations), 제3편 재산 및 물권(Property / Real Rights), 제4편 재산상속(Succession of Property)으로 편별 된 체계로 구성되었다. 그러나 현행민법전 초안은, 제1편 총칙, 제2편 물권, 제3편 채권,[45] 제4편 친족 및 제5편 상속, 부칙[46]으로 편별 된 체계로 구성되었다.

두 민법전의 체계에 있어서 그 편별의 체계적 차이는, 로빈기어 초안은 채권편을 물권편의 앞에 배치하였고, 재산상속을 별도로 편별하면서 총칙편을 별도로 편별하여 구성하지 않았다는 점에서 현행민법전 초안과 다른 것이다. 여기에서 로빈기어 초안이 채권편을 물권편의 앞에 편별하여 배치한 것은 재산의 이동관계, 즉 동적인 관계를 우선한 것이라고 할 것이다. 그러나 이와 같은 배치는 오히려 독일 민법전의 체계에 따르고 있다 할 것이다. 또한 로빈기어 초안이 총칙편을 별도로 편별하여 배치하지 않은 것은 각 편에 총칙 규정으로서 일반규정을 설치함으로써 각 법률관계에 있어서의 총칙적 규정을 두면서 따로 민법전 전반에 걸친 총칙편을 별도로 편별하여 배치할 필요가 없다 할 것이기 때문이다. 한편 로빈기어 초안이 재산상속(Succession to Property)을 별도로 편별하여 배치한 것은 프랑스 민법전의 입법에 따른 것으로 보인다.

그러나 로빈기어 초안은 그 편별 배치에 있어서 독일 민법전(BGB)의 체계와 같이 권리를 중심으로 하지 않고, 법률관계를 중심으로 구성함으로써 프랑스 민법전(Code Civil)의 체계에 따랐다[47]는 점에서, 현행민법전 초안과 크게 다르다 할 것이다. 현행민법전 초안

---

44 민의원 법제사법위원회 민법안심의소위원회, 『민법심의록』 하, 1957, 목차, 1~2면.

45 민의원 법제사법위원회 민법안심의소위원회, 『민법심의록』 상, 1957, 목차, 1~2면.

46 민의원 법제사법위원회 민법안심의소위원회, 『민법안심의록하』 하, 1957, 목차, 1~2면.

47 로빈기어 초안은 미국 켈피포니아주 민법전의 체계에 따라 편별 배치함으로써 프랑스 민법전(Code Civil)의 체계

은 당시 시행되고 있던 일본 민법전의 체계를 그대로 유지함으로써 독일 민법전 제1초안의 체계에 따라서 권리를 중심으로 편별하여 배치하고 있기 때문이다.

이와 같은 두 민법전의 편별을 로빈기어 초안의 편별에 따라서 현행민법전 초안의 편별을 재배치하여 비교를 하면 다음과 같이 정리할 수 있다.[48]

편별 순서	로빈기어 초안	현행민법 초안
1	**제1편 인(Persons)** **자연인(Natual)**, 능력(Legal Capacity), 친족관계(Kinship), 가(Household or Clan), 혼인(Matrimony), 이혼(Dissolution), 친자(Parentage), 후견(Tutelage or Curatorship), 부양(Maintenance), **법인(Juristic Person)**, 일반규정(General Provision), 책임(Liability), 종류(Classes)	**제1편 총칙** **제1장 통칙** **제2장 인(人)** 제1절 능력, 제2절 주소, 제3절 부재와 실종 **제3장 법인** 제1절 총칙, 제2절 설립, 제3절 기관, 제4절 해산, 제5절 벌칙 **제4장 물건** **제5장 법률행위** 제1절 총칙, 제2절 의사표시, 제3절 대리, 제4절 무효와 취소, 제5절 조건과 기한 **제6장 기간** **제7장 소멸시효**
2	**제2편 채무(Obligations)** **통칙(Provision Common to All)**, 본질(Nature), 분류와 당사자(Classes and Parties), 양도(Assignment or Transfer), 해석(Interpretation), 이행과 소멸(Discharge and Extinction) **각종의 채무관계(Kinds of Obligations)**, 계약(Contractual), 준계약(Quasi-Contractual), 불법행위(Delictual), 준불법행위(Quasi-Delictual)	**제3편 채권** **제1장 총칙** 제1절 채권의 목적 제2절 채권의 효력 제3절 수인의 채권자와 채무자, 제1관 총칙, 제2관 불가분채권과 불가분채무, 제3관 연대채무, 제4관 보증채무 제4절 채권의 양도 제5절 채무의 인수 제6절 채권의 소멸, 제1관 변제, 제2관 공탁, 제3관 상계, 제4관 갱개, 제5관 면제, 제6관 혼동, 제7절 지시채권 제8절 무기명채권 **제2장 계약** 제1절 총칙, 제1관 계약의 성립, 제2관 계약의 효력, 제3관 계약의 해지, 해제

에 따랐다는 점에서 동일하다고 할 것이다. 다만 재산상속(Succession to Property)에 대하여 별도로 편별한 것은 미국 켈리포니나주 민법전이 재산상속을 물권편의 재산취득에 규정하였다가 폐지하고 별도의 입법을 한 것을 고려한 것으로 보인다. 윤대성, 『미군정시대(1945~1948)의 한국민법전편찬사업』(2009), 90면.

48 윤대성, 「한국민법전의 체계와 현대어화─민법개정작업에 대한 제언」, 운로고상룡교수고희논문집간행위원회편, 『한국민법의 새로운 전개』, 법문사, 2012, 14~17면 참조.

편별 순서	로빈기어 초안	현행민법 초안
		제2절 증여 제3절 매매, 제1관 총칙, 제2관 매매의 효력, 제3관 환매, 제4절 교환 제5절 소비대차 제6절 사용대차 제7절 임대차 제8절 고용 제9절 도급 제10절 현상광고 제11절 위임 제12절 임치 제13절 조합 제14절 종신정기금 제15절 화해 **제3장 사무관리** **제4장 부당이득** **제5장 불법행위**
3	**제3편 재산 및 물권(Property / Real Rights)** **본질(Nature)**, 정의(Defined), 과실(Fruits), 종물(Accessories) **종류(Classes)**, 소유권일반(As on Dominium / Ownership), 유체재산(CorporealProperty), 무체재산(Intangible / Incorporeal Property)	**제2편 물권** **제1장 총칙** **제2장 점유권** **제3장 소유권**, 제1절 소유권의 한계, 제2절 소유권의 취득, 제3절 공유, **제4장 지상권** **제5장 지역권** **제6장 전세권** **제7장 유치권** **제8장 질권**, 제1절 동산질권, 제2절 권리질권 **제9장 저당권**
4	**제1편 인(Persons)** **자연인(Natual)**, 친족관계(Kinship), 가(Household or Clan), 혼인(Matrimony), 이혼(Dissolution), 친자(Parentage), 후견(Tutelage or Curatorship), 부양(Maintenance)	**제4편 친족** **제1장 총칙** **제2장 호주와 가족** **제3장 혼인**, 제1절 약혼, 제2절 혼인의 성립, 제3절 혼인의 무효와 취소, 제4절 혼인의 효력, 제1관 일반적 효력, 제2관 재산상 효력 **제4장 부모와 자녀**, 제1절 친생자녀, 제2절 양자,

편별 순서	로빈기어 초안	현행민법 초안
		제1관 입양의 요건, 제2관 입양의 무효와 취소, 제3관 파양, 제1항 협의상 파양, 제2항 재판상 파양, 제3절 친권, 제1관 총칙, 제2관 친권의 효력, 제3관 친권의 상실. **제5장 후견**, 제1절 후견인, 제2절 후견의 임무, 제3절 후견의 종료 **제6장 친족회** **제7장 부양**
5	**제4편 재산상속(Succession of Property)** **무유언상속(Intestate)**, 상속순위(Order of Succession), 상속분(Shares), 상속인의 부존재(Default of Succession), 상속재산의 분리(Separation of Property) **유언상속(Testamentary)**, 일반규정(In general), 유언집행(Execution of Testament), 유증(Legacies), 철회(Revocation), 유언의 검인(Probate) **재산상속의 관리(Administration)**, 일반규정(In general), 선정(Election), 청산(Liquidation) 및 분배(Distribution)	**제5편 상속** **제1장 호주상속**, 제1절 총칙, 제2절 호주상속인, 제3절 호주상속의 효력 **제2장 재산상속**, 제1절 총칙, 제2절 재산상속인, 제3절 재산상속의 효력, 제1관 일반적 효력, 제2관 상속분, 제3관 상속재산의 분할, 제4절 재산상속의 승인 및 포기, 제1관 총칙, 제2관 단순승인, 제3관 한정승인, 제4관 포기, 제5절 재산의 분리, 제6절 재산상속인의 부존재 **제3장 유언**, 제1절 총칙, 제2절 유언의 방식, 제3절 유언의 효력, 제4절 유언의 집행, 제5절 유언의 철회
6		**부칙**

제3절 • 두 법전의 구체적 규정내용의 비교

I. 인(Person) 편의 규정내용

1. 자연인(Natural)에 관한 규정내용의 비교

1) 자연인의 능력에 관한 규정

자연인의 능력에 관하여, 로빈기어 초안은 정의(Defined, Art 1), 불가침성(Inviolability,

Art 2), 시기(Commencement, Art 3), 성년(Majority, Art 4), 금치산선고(Interdiction, Art 5), 준금치산신고(Quasi-incompetence, Art 6) 및 종기(Termination, Art 7)를 각각 규정하였다. 이에 대하여 현행민법전 초안은 권리능력의 존속기간(제3조),[49] 성년기(제4조),[50] 미성년자의 능력(제5조),[51] 처분을 허락한 재산(제6조), 영업의 허락(제7조), 한정치산의 선고(제8조), 한정치산자의 능력(제9조),[52] 한정치산선고의 취소(제10조), 금치산자의 선고(제11조), 금치산의 능력(제12조),[53] 금치산선고의 취소(제13조), 무능력자의 상대방의 최고권(제14조), 무능력자의 상대방의 철회권과 거절권(제15조), 무능력자의 사술(제16조), 부재자의 재산의 관리(제21조),[54] 관리인개임(제22조), 관리인의 직무(제23조), 관리인의 권한(제24조), 관리인의 담보제공, 보수(제25조), 실종의 선고(제26조), 실종선고의 효과(제27조),[55] 실종선고의 취소(제28조), 동시사망(제29조)[56] 등을 각각 규정하였다.

(1) 능력에 대하여, 로빈기어 초안은 "법적능력(Legal Capacity)은 사람이 법률행위(a juristic act)를 할 수 있는 능력, 즉 의사표시(a manifestation of the human)로서 법에 의하여 인정되는 권리를 창설, 양도, 소멸시킬 수 있는 사람의 능력뿐만 아니라 처분능력(행위능력, disposing capacity)으로서 사람이 재산을 처분할 수 있는 능력을 포함하는 것이다"(Art 1)고 규정함으로써, 법적능력은 권리능력인 동시에 행위능력을 의미하는 것이라 할 것이다. 이에 대하여 현행민법전 초안은 권리능력의 존속기간(제3조)을 규정하고

---

49 제3조(권리능력의 존속기간) 사람은 생존하는 동안 권리와 의무의 주체가 된다. 독일민법 제1조; 스위스민법 제31조, 제31조 제2항; 중화민국 민법 제6, 7조; 만주국 민법 제3, 742조; 일본 민법 제1조의 3; 젠크스영국민법전 제1조.

50 제4조(성년기) 만20세로 성년이 된다. 일본 민법 제3조; 스위스 민법 제14조; 젠크스영국민법전 제2조.

51 제5조(미성년자의 능력) 미성년자가 법률행위를 함에는 법정대리인의 동의를 얻어야 한다. 그러나 권리만을 얻거나 의무만을 면하는 행위는 그러하지 아니한다. 전항의 규정에 위반한 행위는 취소할 수 있다. 독일 민법 제107, 19조; 젠크스영국민법전 제50조 내지 제58조; 일본 민법 제4조; 만주국 민법 제5조.

52 제9조(한정치산자의 능력) 제5조와 제6조의 규정은 한정치산에 준용한다. 독일 민법 제6, 114, 1910조; 스위스 민법 제369, 370조; 영국민법전 제69, 70조; 만주국 민법 제8조; 일본 민법 제11조.

53 제12조(금치산의 능력) 금치산자의 법률행위는 취소할 수 있다. 스위스 민법 제18조; 독일 민법 제114조; 만주국 민법 제12조.

54 제21조(부재자의 재산의 관리) 종래의 주소를 떠난 자가 재산관리인을 정하지 아니한 때에는 법원은 이해관계인이나 검사의 청구에 의하여 재산관리에 관하여 필요한 처분을 명할 수 있다. 본인의 부재중 재산관리인의 권한이 소멸한 때에도 같다. 본인이 그 후에 재산관리인을 정한 때에는 법원은 본인, 재산관리인, 이해관계인 또는 검사의 청구에 의하여 전항의 명령을 취소하여야 한다. 독일 민법 제192조; 스위스 민법 제393조; 프랑스 민법 제112, 114조; 일본 민법 제25조; 만주국 민법 제21조; 중화민국 민법 제10조.

55 제27조(실종선고의 효과) 실종선고를 받은 자는 전조의 기간이 만료한 때에 사망한 것으로 본다. 독일 민법 제18조; 영국민법전 제12조; 스위스 민법 제38조 제2항; 중화민국 민법 제9조; 일본 민법 제31조; 만구국 민법 제27조.

56 제29조(동시사망) 2인이상이 동일한 위난으로 사망한 경우에는 동시에 사망한 것으로 추정한다. 영국민법전 제13조; 스위스 민법 제32조 제2항; 만주국 민법 제29조; 프랑스 민법 제720, 721, 722조.

있을 뿐 권리능력이 무엇인가를 규정하지 않고 있다.[57]

(2) 외국인의 능력에 대하여, 로빈기어 초안은 "외국인을 포함한 모든 사람은 법적 제한의 범위에서 권리와 의무의 동등한 능력을 갖고, 누구도 그러한 능력이나 자유를 포기할 수 없다"(Art 2)고 규정함으로써, 내국인뿐만 아니라 외국인도 동등하게 법적능력을 갖는다. 법적능력에 있어서 내외국인의 차별을 하지 않고 있다. 즉 내외국인평등주의를 취하고 있다.[58] 나아가서 이 능력이나 자유의 포기를 금지하고 있다.[59] 이에 대하여 현행민법전 초안은 이를 규정하지 않았다.

(3) 능력의 시기, 태아에 대하여, 로빈기어 초안은 "법적능력은 출생(at birth)으로 시작되고 종료는 그때부터 계산된다. 그러나 아직 출생하지 않은 어린이(태아; the not born)는 나중에 살아서 출생하면 현존하는 사람과 같이 출생 이후에 그의 이익은 보호되어야 한다"(Art 3)고 규정하였다. 먼저 법적능력의 시기(始期)는 출생이다.[60] 다음으로 태아, 즉 출생하지 않은 어린이는 살아서 출생하게 되면(if later born alive) 사람과 같이 출생 이후에 그의 이익을 보호하는 것으로 하였다.[61] 즉 태아의 법적능력에 대하여 해제조건설과 정지조건설이 나뉘고 있으나, 이 초안은 정지조건설을 취한 것이다. 이에 대하여 현행민법전 초안은 "사람은 생존하는 동안 권리와 의무의 주체가 된다"(제3조)고 규정하였다.[62] 그러나 태아의 권리능력에 대하여는 일반규정으로서 입법적으로 해결하지 않고 학설에 미루고 있다고 할 것이다.

(4) 성년연령에 대하여, 로빈기어 초안은 "성년(Majority)은 만 20세가 되어야 시작된다. 그 연령 미만인 모든 사람은 미성년자이다. 만약 7세 이하이면 처분능력이 없고, 그 이상의 미성년자는 (예컨대, 대가의 지불 없이 이익을 얻는 행위) 제한된 처분능력을 갖는다. 또한 미성년자가 혼인을 하면 완전한 처분능력을 갖는다. 그러나 혼인을 하지 않으면 그는 후견인(또는 법정대리인)의 동의 없이 다른 법률행위를 할 수 없다. 그 동의가 재산의 처분과 거래행위를 포함한다면 미성년자는 성년인 자와 같이 관계적 행위

---

57   일본 민법 제1조; 독일 민법 제1조; 스위스 민법 제31조; 중화민국 민법 제6조; 만주국 민법 제3조.

58   켈리포니아 민법전, 제671조; 일본민법, 제2조.

59   프랑스 인권선언; 아르헨티나 헌법, 제14조; 중화민국 민법전, 제16, 17조; 스위스 민법전, 제27조; 터키 민법전, 제8조.

60   독일 민법전, 제1조; 일본 민법전, 제1조.

61   켈리포니아 민법전, 제29조; 중화민국 민법전, 제7조; 프랑스 민법전, 제19, 23조; 일본 민법전, 제721, 968, 993, 1065조; 시암 민법전, 제39조.

62   일본 민법 제1조; 독일 민법 제1조; 스위스 민법 제31조 2항; 중화민국 민법 제6, 7조; 만주국 민법 제3, 742조; 젠크스 영국민법 제1조.

를 할 수 있다. 그러나 조건이 있으면 제한이나 철회될 수 있다"(Art 4)고 규정하였다. 먼저 성년연령을 만 20세로 규정하였다. 다음으로 만 20세 미만인 사람을 미성년자로 하였다.[63] 미성년자를 다시 만 7세 이하인 경우와 그 이상인 경우로 나누고, 만 7세 이하인 경우에는 처분능력이 없으나, 그 이상인 미성년자는 무상으로 이익을 취득하는 제한된 처분능력을 갖는 것으로 하였다.[64] 이와 같이 미성년자를 7세를 기준으로 하여 그 이하인 경우에는 처분능력을 인정하지 않고 그 이상인 경우에는 제한된 처분능력을 인정하였다. 그리고 미성년자가 혼인을 하면 완전한 처분능력을 갖게 된다.[65] 그러나 혼인을 하지 않은 경우에는 미성년자는 그의 후견인 또는 법정대리인의 동의 없이 다른 법률행위를 할 수 없는 처분무능력자로 하였다. 여기에서 후견인 또는 법정대리인의 동의는 재산의 처분이나 거래행위를 포함하여 미성년자가 성년자와 같은 관계적 행위를 할 수 있는 능력을 갖게 하는 것이다. 다만 그 동의에 조건이 있으면 제한 또는 철회를 할 수 있도록 하였다.[66] 이에 대하여 현행민법전 초안은 "만 20세로 성년이 된다"(제4조)고 규정하였다.[67] 성년에 이르지 않은 미성년자에 대하여 제5조(미성년자의 능력) 이하에 별도로 규정하는 입법태도를 취하였다. 성년연령을 만 20세로 한 것은 두 초안의 입법의사에서 일치함을 확인할 수 있다. 그러나 미성년자를 다시 7세 미만인 자와 그 이상 만 20세 미만인 자를 구분하여 전자는 처분능력이 없지만, 후자는 제한적 처분능력을 인정하고 있는 것은 로빈기어 초안이 미성년자의 능력에 관하여 명확한 입법을 한 것이라고 할 수 있다. 미성년자가 예외적으로 행위능력을 갖는 경우에 대하여 개별적으로 규정을 한 입법방식을 취한 현행민법전 초안의 장점도 있다고 할 것이다.

(5) 금치산자에 대하여, 로빈기어 초안은 "자신의 사무를 처리할 정신적 무능력인 사람의 금치산선고는 자신의 신청이나 배우자 또는 2인의 근친의 신청에 법적으로 적용될 수 있다. 그것에 의하여 처분능력을 박탈하고, 법률행위를 취소하거나 후견인에 의할 것을 요청할 수 있다. 그러나 무능력하지 않게 되면 금치산선고는 취소하게 된다"(Art 5)고 규정하였다. 금치산선고(Interdiction)를 받은 자는 처분무능력자로 규정하였다.[68]

---

63 중화민국 민법전, 제12조: 독일 민법전, 제2(21)조: 일본 민법전, 제3조: 스위스 민법전, 제14조: 태국 민상법전, 제20조

64 중화민국 민법전, 제13조: 일본 민법전, 제5, 6조: 독일 민법전, 제104조: 스위스 민법전, 제15조: 태국 민상법전, 제20조 이하.

65 중화민국 민법전, 제18(1)조: 일본 민법전, 제4, 6조: 스위스 민법전, 제15조: 태국 민상법전, 제21조 이하.

66 일본 민법전, 제4, 16조: 스위스 민법전, 제15, 18조: 태국 민상법전, 제30조 이하.

67 일본 민법 제3조: 스위스 민법 제14조: 중화민국 민법 제12조: 만주국 민법 제4조.

금치산선고를 위하여, 사람이 자신의 사무를 처리할 정신적 무능력이어야 하고, 자신이나 배우자 또는 근친 2인의 신청이 있어야 한다. 금치산선고의 효력은 금치산자의 처분능력을 박탈하고, 그가 한 법률행위를 취소할 수 있으며, 그의 후견인에 의하여 법률행위를 할 것을 요청할 수 있게 하였다. 그러나 금치산선고의 사유인 무능력이 없어지면 금치산선고를 취소함으로써 처분능력을 회복하게 된다. 이에 대하여 현행민법전 초안은 "심신상실의 상태에 대하여는 법원은 제8조에 기재한 자의 청구에 의하여 금치산을 선고하여야 한다"(제11조)고 규정하고,[69] "금치산자의 법률행위는 취소할 수 있다"(제12조)고 규정하였다.[70] 두 초안은 입법취지에서 일치한다. 다만 입법방법에서 다르다.

(6) 한정치산자에 대하여, 로빈기어 초안은 "준금치산선고는 농자, 아자, 맹인, 정신박약자 및 알코올중독자에게 후견인을 두도록 법적으로 선고될 수 있다. 후견인의 동의는 다음 각항을 포함한 법률행위를 위하여 요구될 것이다. ① 부동산 또는 값있는 동산의 권리의 취득 또는 상실, ② 5년 이상 재산의 임대 또는 임차, ③ 건물의 건축, 재건축 또는 확장수리, ④ 소송상 화해 또는 조정신청, ⑤ 증여, 유증 또는 상속의 수령 또는 거절, ⑥ 재화의 수령 또는 사용, ⑦ 금전 차용 또는 보증인이 되는 일. 후견인의 승낙 없이 이뤄진 행위는 취소될 수 있고 법원은 위에 열거되지 아니한 다른 행위에 대하여 그 승낙을 요구할 수 있다. 그러나 모든 준금치산선고는 원인 정지에 관한 제42조의 적용에 의하여 취소되어진다"(Art 6)고 규정하였다. 금치산선고와 함께 준금치산선고를 규정하였다. 즉 농아자, 맹인, 정신박약자 및 알코올중독자는 후견인을 두도록 선고할 수 있다. 준금치산선고를 받은 사람은 부동산 또는 값있는 동산의 권리를 취득하거나 상실하는 일, 5년 이상 재산을 임대하거나 임차하는 일, 건물을 건축, 재건축 또는 확장수리 하는 일, 소송상 화해 또는 조정신청을 하는 일, 증여, 유증 또는 상속을 받거나 거절하는 일, 재화를 수령 또는 사용하는 일, 금전을 차용하거나 보증인이 되는 일을 후견인의 동의를 얻어야 할 수 있다. 그리고 법원은 준금치산선고를 받은 사람에게 그 밖의 다른 행위를 함에 있어서 후견인의 승낙을 요구할 수 있다고 하였다.[71] 즉 준금치산선고를 받은 사람은 7세 이상의 미성년자와 함께 제한적 처분능력자가 된다. 준금치산선고는 그 원

---

68   중화민국 민법전, 제14조; 독일 민법전, 제6조; 일본 민법전, 제8~12조; 태국 민상법전, 제30조 이하.

69   일본 민법 제7조; 독일 민법 제6, 1906, 114조; 스위스 민법 제369, 370조.

70   일본 민법 제9조; 스위스 민법 제18조; 독일 민법 제114조; 만주국 민법 제12조.

71   일본 민법전, 제12, 13조.

인이 정지되면 취소된다. 이에 대하여 현행민법전 초안은 "심신이 박약하거나 신체에 중대한 결함이 있거나 재산의 낭비로 자기나 가족의 생활을 궁박하게 할 염려가 있는 자에 대하여는 법원은 본인, 배우자, 4촌 이내의 친족, 후견인 또는 검사의 청구에 의하여 한정치산을 선고하여야 한다"(제8조)고 규정하고,[72] "제5조와 제6조의 규정은 한정치산자에 준용한다"(제9조)고 규정하였으며,[73] "한정치산의 원인이 소멸한 때에는 법원은 제8조에 기재한 자의 청구에 의하여 그 선고를 취소하여야 한다"(제10조)고 규정하였다.[74] 두 초안은 입법취지에서 일치한다. 그러나 현행민법전 초안은 한정치산자제도(제8조 내지 제9조)를 입법하고, 그 능력은 미성년자와 동일하게 입법하였다.

　(7) 능력의 종료에 대하여, 로빈기어 초안은 "법적능력은 사망 시에 종료한다. 사망은 이해관계인의 신청에 의하여 법적으로 선고되어진다. ① 10년 동안 소식 없이 주소지에 부재중인 사람, ② 5년 동안 같은 사정으로 부재중인 7세 된 사람, ③ 3년 동안 같은 사정으로 부재중 특별한 위험을 당한 사람. 그 소송이 계쟁중이면 법원은 부재자의 재산을 일시 압류하거나 보존할 이해당사자의 사례에 관리인을 지정할 수 있다. 상반된 증거에 의한 반론에 대하여, 사망이 선고된 사람은 법령에 의하여 확정된 최후의 일자에 사망한 것으로 추정된다. 동일한 재난에 의하여 여러 사람이 사라진 경우 반대의 증거가 없는 한 동시에 사망한 것으로 추정한다"(Art 7)고 규정하였다. 먼저 법적능력의 종기(終期)는 사망 시이다. 그리고 사망선고는 ① 10년 동안 소식 없이 주소지에 부재중인 사람, ② 5년 동안 같은 사정으로 부재중인 7세 된 사람, ③ 3년 동안 같은 사정으로 부재중 특별한 위험을 당한 사람에 대하여 이해관계인의 신청에 의하여 선고할 수 있다. 즉 사망선고제도를 규정하고 있다. 한편 부재자의 재산관리에 관하여 사망선고의 소송이 계쟁중인 경우 법원은 부재자의 재산을 일시 압류하거나 보존할 이해당사자의 경우에 재산관리인을 지정할 수 있게 하였다. 사망선고에 상반된 증거에 의한 반론이 있는 경우에 사망이 선고된 사람은 법령에 의하여 확정된 최후의 일자에 사망한 것으로 추정하고 있다. 공동으로 동일한 재난을 당한 경우에 반대의 증거가 없는 한 동시에 사망한

72　일본 민법 제11조; 독일 민법 제6, 114, 1910조; 스위스 민법 제369, 370, 374조; 영국 민법 제69, 70조; 만주국 민법 제8조.
73　일본 민법 제2, 12조; 독일 민법 제6, 114, 1910조; 스위스 민법 제369, 370, 374조; 영국 민법 제69, 70조; 만주국 민법 제8조.
74　일본 민법 제13, 10조; 만주국 민법 제10조.

것으로 추정하고 있다.[75] 즉 동시사망의 추정을 규정하였다. 이에 대하여 현행민법전 초 안은, 부재와 실종(제3절)을 규정하고, 로빈기어 초안에서와 같은 사망선고제도를 받아 들이지 않고 실종선고에 의하여 사망으로 간주하는 입법태도를 취하였다.[76] 한편 동시 사망에 대하여, 로빈기어 초안이나 현행민법전 초안은 동일한 위난으로 2인 이상이 사 망한 경우에 동시에 사망한 것으로 추정하는 입법태도를 취함으로써 입법취지가 일치 한다.

2) 친족관계, 혼인, 친자, 후견, 부양 등에 관한 규정

로빈기어 초안은 친족관계(Kinship), 혼인(Matromony), 친자(Parentage), 후견(Tutelage) 및 부양(Maintenance)에 관하여 제1편 인(Persons)에서 자연인(Natural)에 규정하고 있다. 그러나 현행민법전 초안은 이와 같은 친족에 관한 규정들을 제4편 친족에 배치하여 편별 을 하였다. 그러므로 이들의 규정내용에 대한 비교는 현행민법전 초안 제4편 친족에서 다루고자 한다.

2. 법인(Juristic persons)에 관한 규정내용의 비교

1) 법인(Juristic persons) 총칙에 관한 규정

법인에 관한 총칙에 관하여, 로빈기어 초안은 정의(defined, Art 95), 등기(registration, Art 96), 운영(management, Art 97), 능력(capacity, Art 98) 및 목적(operations, Art 100)을 각각 규정하였다. 이에 대하여 현행민법전 초안은 제30조에서 제37조까지 법인설립의 준칙, 비영리법인의 설립과 허가, 법인설립의 등기, 법인의 권리능력, 법인의 주소, 법 인의 사무의 검사 감독, 법인의 성립허가의 취소 등 통칙적인 규정을 하고 있다.

(1) 로빈기어 초안은 "법인은 법에 의해 법에 따라 그 구성원의 상호관계와 구별되는 개별성과 절차로 만들어진다"(Art 95)고 규정하였다. 이 초안은 법인의 정의(Defined)를 규정하고 있다. 즉, 법인은 그 구성원들의 상호관계가 있는 것과 구별되는 개별성에서

---

75 중화민국 민법전, 제11조; 독일 민법전, 제20조; 스위스 민법전, 제32조; 태국 민상법전, 제17조.
76 일본 민법 제31조; 독일 민법 제18조; 영국 민법전 제12조; 스위스 민법 제38조 제2항; 중화민국 민법 제9조; 만주 국 민법 제27조.

법에 의하여 법에 따라서 진행된다는 것이다. 따라서 구성원과는 구별되는 개별성(독립성)을 갖는다는 점을 들고 있다.[77] 이에 대하여 현행민법전 초안은 "법인은 법률의 규정에 의함이 아니면 성립하지 못한다"(제30조)고 규정하였다.[78] 두 초안은 법인의 성립에 대하여 준칙주의를 취하였다.

(2) 로빈기어 초안은 "해당 당국과 이사들의 선택에 의한 등기는 다른 기능의 행사를 진행하여야 하며, 그 인증서는 신청인에게 발급되어야 한다"(Art 96)고 규정하였다. 이 초안은 법인의 등기에 관하여 규정하고 있다. 즉 등기는 해당 당국과 이사(director)의 선택에 의하여 다른 기능의 행사를 진행하게 된다는 것이다. 그리고 인증서는 신청인에게 발급되어진다는 것이다.[79] 이에 대하여 현행민법전 초안은 "법인은 그 주된 사무소의 소재지에서 설립등기를 함으로써 성립한다"(제32조)고 규정하였다.[80] 두 초안은 설립등기에 대하여 입법취지가 일치한다.

(3) 로빈기어 초안은 "법인은 그 행위의 제한 또는 권한 내에서 1인 또는 그 이상의 이사에 의하여 운영되고 대표된다"(Art 97)고 규정하였다. 이 초안은 법인의 운영(management)과 대표에 관하여 규정하고 있다. 즉 법인은 1인 또는 그 이상의 이사(director)에 의하여 그 행위의 제한 또는 권한 내에서 운영되고 대표된다.[81] 이에 대하여 현행민법전 초안은 "법인은 법률의 규정에 좇아 정관으로 정한 목적의 범위 내에서 권리의무의 주체가 된다"(제33조)고 규정하였다.[82] 두 초안은 입법취지에서 일치하지만, 입법방법이 다르다.

(4) 로빈기어 초안은 "제97조와 함께, 기존의 법률에 따라, 등기한 법인은 속하는 후자에 독점적인 관련 문제를 제외하고 자연인과 같은 어떤 법적능력을 갖는다"(Art 98)고 규정하였다. 이 초안은 법인의 법적능력에 관하여 규정하고 있다. 즉 등기된 법인은 자연인에게 독점적인 관련된 문제를 제외하고 자연인과 동일한 법적능력을 갖는다는 것

---

77   브라질 민법전, 제13, 16조; 중화민국 민법전, 제25조; 중화민국 상법전, 제1조; 독일 민법전, 제21∼3, 40, 80조; 일본 민법전, 제33조; 일본 상법전, 제52, 54조 제1항; 루이지애나 민법전, 제435조; 시암 민법전, 제78조; 스위스 민법전, 제52, 60, 80, 81조.

78   일본 민법 제33조; 영국 민법전 제16조(전단); 독일 민법 제21조.

79   브라질 민법전, 제17∼9조; 중화민국 민법전, 제30조; 중화민국 회사법, 제51조; 에쿠와도르 민법전, 제537, 540조; 엘 살바도르 민법전, 제543조; 일본 상법전, 제57, 188조; 스위스 민법전, 제61조; 베네주엘라 민법전, 제17조.

80   신설; 독일 민법 제21, 55조; 스위스 민법 제60, 61조; 중화민국 민법 제30조; 만주국 민법 제32조; 일본 민법 제45조.

81   중화민국 민법전, 제27조; 중화민국 회사법, 제8, 10, 11, 12, 23, 25, 24, 28, 30조; 에쿠와도르 민법전, 제540조; 엘 살바도르 민법전, 제544조; 독일 민법전, 제26, 64, 70조; 일본 상법전, 제254-256조; 루이지애나 민법전, 제436조; 파나마 민법전, 제72조; 퀘백 민법전, 제359조; 시암 민법전, 제88조.

82   일본 민법 제43조; 만주국 민법 제33조; 중화민국 민법 제26조; 독일 민법 제53, 21, 22조; 영국민법전 제26조.

이다.[83] 이에 대하여 현행민법전 초안은 특별한 규정을 하지 않았으나, 로빈기어 초안은 자연인에게만 인정되는 문제를 제외하고 등기한 법인은 자연인과 동일한 법적능력을 갖는다고 본 것이다. 두 초안은 입법취지가 다르다.

(5) 법인의 주소에 대하여, 로빈기어 초안은 "법인의 주소는 그 가장 주된 사무소이다"(Art 99)고 규정하였다. 이 초안은 법인의 주소(domicile)에 대하여 규정하고 있다. 즉 법인의 가장 주된 사무소가 법인의 주소가 된다.[84] 이에 대하여 현행민법전 초안은 "법인의 주소는 그 주된 사무소의 소재지에 있는 것으로 본다"(제35조)고 규정하였다.[85] 두 초안은 입법취지에서 일치한다.

(6) 로빈기어 초안은 "법인의 모든 업무는 당국에 의하여 검사 및 감독을 받는다. 당국은 거래, 청산 또는 해산에서 제외된 벌금을 필요로 나타나는 권한이 부여된 조건의 그것에 의해 법률의 위반 또는 불이행을 검찰에 보고해야 한다"(Art 100)고 규정하였다. 이 초안은 법인의 업무에 대한 검사 및 감독에 관하여 규정하고 있다. 즉 법인의 모든 업무는 당국(competent authorities)에 의한 검사 및 보고를 하여야 한다. 그 당국은 거래, 청산 또는 해산에서 제외된 벌금을 요하는 권한이 부여된 조건에 의하여 법률의 위반 또는 불이행을 검찰(the public prosecutor)에게 보고하여야 한다.[86] 이에 대하여 현행민법전 초안은 "법인의 사무는 주무관청이 검사 감독한다"(제36조)고 규정하고,[87] "법인이 목적 이외의 사업을 하거나 설립허가의 조건에 위반하거나 기타 공익을 해하는 행위를 한 때에는 주무관청은 그 허가를 취소할 수 있다"(제37조)고 규정하였다.[88] 두 초안은 입법취지에서 일치한다.

---

83 아르헨티나 민법전, 제41, 42조; 중화민국 민법전, 제26조; 쿠바 민법전, 제38조; 에쿠아도르 민법전, 제545, 546조; 혼두라스 민법전, 제37조; 일본 민법전, 제43조; 루이지애나 민법전, 제433, 434조; 니카라구아 민법전, 제87조; 파나마 민법전, 제71조; 필립핀 민법전, 제38조; 푸에르토 리코 민법전, 제30조; 포르투갈 민법전, 제34조; 퀘백 민법전, 제358조; Schuster : Principles of German Civil Law, p.35; 시암 민법전, 제79조; 소련 민법전, 제13조; 스페인 민법전, 제38조; 스위스 민법전, 제53조.

84 브라질 민법전, 제35조; 중화민국 회사법, 제4조; 중화민국 민법전, 제29조; 독일 민법전, 제24, 80조; 일본 민법전, 제50조; 일본 상법전, 제54조; 시암 민법전, 제80조; 스위스 민법전, 제56조; 터키 민법전, 제49조.

85 일본 민법 제50조; 독일 민법 제24조; 영국 민법전 제19조; 스위스 민법 제56조; 중화민국 민법 제29조; 만주국 민법 제35조.

86 켈리포니아 민법전, 제404조b; 중화민국 민법전, 제326조; 독일 민법전, 제43, 44, 73, 87조; 일본 민법전, 제67조; 시암 민법전, 제91조; 스위스 민법전, 제86조; 터키 민법전, 제77조.

87 일본 민법 제67조; 독일 민법 제84조; 스위스 민법 제85조; 중화민국 민법 제36조.

88 일본 민법 제71조; 독일 민법 제43조; 중화민국 민법 제34조; 만주국 민법 제37조.

2) 법인의 책임에 관한 규정

로빈기어 초안은 법인의 책임에 관하여 불법행위(delectual, Art 101), 징벌적 손해(punitive damages, Art 102), 범죄와 불명예(crime and contempt, Art 103) 및 민사책임(civil liability, Art 104)을 각각 규정하였다. 이에 대하여 현행민법전 초안은 법인의 불법행위능력(제34조)를 규정하였다.

(1) 법인의 불법행위책임에 대하여, 로빈기어 초안은 "법인은 이사 또는 고용관계에 있는 다른 직원이 저지른 잘못에 대한 잘못된 만큼 공동으로 책임을 진다"(Art 101)고 규정하였다. 이 초안은 이사 또는 직원의 불법행위에 대한 법인의 책임을 규정하고 있다. 즉 법인은 이사 또는 직원의 불법행위에 대하여 공동책임을 진다.[89] 이에 대하여 현행민법전 초안은 "법인은 이사 기타 대표자가 그 직무에 관하여 타인에게 가한 손해를 배상할 책임이 있다. 이사 기타 대표자는 이로 인하여 자기의 손해배상책임을 면하지 못한다. 법인의 목적 범위 외의 행위로 인하여 타인에게 손해를 가한 때에는 그 사항의 의결에 찬성하거나 그 의결을 집행한 사원, 이사 및 기타 대표자가 연대하여 배상하여야 한다"(제34조)고 법인의 불법행위능력에 관하여 규정하였다.[90] 두 초안은 입법취지에서 일치한다.

(2) 로빈기어 초안은 "징벌적 손해배상(Punitive damages)은 과오에 대하여 법인에서 회수할 수 있다. 그러나 그 책임은 자연인의 책임보다 크지 않다"(Art 102)고 규정하였다. 이 초안은 법인의 징벌적 손해배상에 관하여 규정하고 있다. 그러나 그 책임은 자연인의 책임보다 크지 않다.[91] 이에 대하여 현행민법전 초안은 이와 같은 징벌적 손해배상에 대하여 규정하지 않았다.

(3) 로빈기어 초안은 "징벌적 손해배상에 대하여 이러한 책임은 법원의 범죄 또는 모욕죄를 구성하는 행위로 확장한다"(Art 103)고 규정하였다. 이 초안은 법인의 책임은 법원에 의한 범죄 또는 모욕죄를 구성하는 행위에 확장된다는 것이다.[92] 이에 대하여 현행민법전 초안은 역시 규정하지 않았다.

---

89 중화민국 민법전, 제28조; 독일 민법전, 제31조; 일본 민법전, 제44조; 로마 시민대법전, 제124조.
90 일본 민법 제44조; 독일 민법 제31, 53조; 스위스 민법 제55조; 중화민국 민법 제28, 35조; 만주국 민법 제34조.
91 Stevens, Corporations, Sec 79.
92 Stevens, Corporations, Secs 80, 81.

(4) 로빈기어 초안은 "법인의 재산은 의무의 대상으로 이익을 위해 조직된다. 그러나 구성원의 개인재산은 책임을 지지 않는 한, 결코 먼저 기업의 자산을 소모하지 않고, 일반적으로 채무의 대상이 되지 않는다"(Art 104)고 규정하였다. 이 초안은 법인의 민사책임(civil liability)에 관하여 규정하고 있다. 즉 법인의 재산은 법인의 의무를 대상으로 이익을 위하여 조직한 것이다.[93] 그러나 구성원의 개인재산은 먼저 기업의 자산을 소모하지 않는 한[94] 일반적으로 책임을 지지 않으며 그러한 채무의 대상이 되지 않는다는 것이다.[95] 이에 대하여 현행민법전 초안은 규정하지 않았다.

3) 법인의 종류(Classes)에 관한 규정

법인의 구분에 대하여, 로빈기어 초안은 내국회사(Domestic (Corporations)), 외국회사(Foreign Corporations), 농업협동조합(Agriculture Cooperative Associations) 및 재단(Foundation / Endowments)으로 나누어 규정하고 있다. 먼저 내국회사(Domestic (Corporations))에 관하여, 첫째 본질과 구성(Nature and Composition)에 대하여 일반규정(General Provisions, Art 105~108), 주식(Shares, Art 109~124), 주주(Shareholders, Art 125~127a), 법인조항(Articles of Incorporation, Art 128~132), 정관(By-laws, Art 133~134) 및 기관(Officers, Art 135~142)을 각각 규정하였다. 다음으로 외국회사(foreign corporation)에 관하여, 정의(defined, Art 199), 신청(application, Art 200), 본국제한(home restrictions, Art 201), 허가(licence, Art 202), 외국법인(foreign juristic person, Art 203) 및 취소(withdrawal, Art 204)를 규정하고 있다. 또한 이 초안은 법인과 함께 농업협동조합에 관하여 본질과 목적(nature and purpose), 설립 및 구조(formation and composition), 운영(operation), 해산(dissolution)으로 나누어 각각 규정하고 있다. 먼저 본질과 목적(nature and purpose)에 대하여, 정의(defined, Art 205), 일반기업법(the general corporation law, Art 206), 조건(conditions, Art 207), 명칭(name, Art 208) 및 목적(objects, Art 209)을 각각 규정하였다. 다음으로 농업협동조합의 설립과 구조에 관하여 조직(organization, Art 210~211), 조합원(membership, Art 212~215), 구좌(shares, Art 216~221), 규약(regulations, Art 222~229) 및 기관(officers, Art 230~236)을 각각 규정하고 있다. 끝으로 이 초안은 재단(Foundations (Endowments))에 관하여, 정의(defined, Art 255), 설립

---

93 에쿠와도르 민법전, 제547조; 엘 살바도르 민법전, 제553조.
94 필리핀 상법전, 제237조; 스페인 상법전, 제237조.
95 에쿠와도르 민법전, 제538조; 엘 살바도르 민법전, 제544조.

(establishment, Art 256) 및 등기(registration, Art 257)를 각각 규정하였다. 따라서 로빈기어 초안은 법인에 관한 규정에 내국회사와 외국회사, 농업협동조합, 재단까지를 포함하여 비영리·영리 법인을 모두 아우르는 입법을 하였다. 이에 대하여 현행민법전 초안은 비영리 법인에 한정하고, 제1절 총칙에 이어서 제2절 설립(제38조~제52조), 제3절 기관(제53조~제71조), 제4절 해산(제72조~제91조) 및 제5절 벌칙(제92조)을 각각 규정하였다.

따라서 법인의 구분에 관한 규정을 비교함에 있어서 특징적인 것은, 로빈기어 초안이 민상법통일법전으로서의 민법전초안을 입법하고자 한 입법의사를 확인할 수 있다는 점이다. 더 나아가서 인적 결합체로서의 농업협동조합(Agriculture Cooperative Associations), 물적 결합체로서의 재단(Foundations)까지를 모두 포함한 점이라 할 것이다.

II. 채무(Obligations) 편의 규정내용

1. 채무통칙(Provisions Common to All / Obligations in General)에 관한 규정내용의 비교

1) 채무의 의의, 채무의 해석, 채권양도 및 채권의 소멸에 관한 규정

로빈기어 초안은, 제2편 채무(obligations)에 관하여, 통칙(provisions common to all)과 각종의 채무관계(kinds of obligations)로 나누어 규정하였다. 통칙에서 본질(Nature, Art 273~274), 종류와 당사자(Classes and Parties, Art 275~287), 양도(Assignment or Transfer, Art 288~296), 해석(Interpretation, Art 297~302) 및 이행과 소멸(Discharge and Extinction, Art 302~385)로 나누어 규정하고 있다. 먼저 본질에서 정의(defined, Art 273) 및 원인(source, Art 274)을 규정하고 있다. 다음으로 종류와 당사자에 대하여, 가분채무(divisible obligation, Art 275), 책임(liability, Art 276), 불가분채무(indivisible obligation, Art 277), 연대채무(correlative or solidary obligation, Art 278), 이행(performance, Art 279), 이행의 청구(demand for performance, Art 280), 양도(release, Art 281), 변제(discharge, Art 282), 부담부분(contribution, Art 283), 부족액(deficiency, Art 284), 상계(set offcompensation, Art 285), 경합과 선택(conjunctive and alternative, Art 286), 주된 채무와 종된 채무(Principal and accessory)를 각각 규정하였다. 그리고 채권의 양도(Assignment or Transfer)에 관하여, 제한(limits, Art 288), 종된 권리(accessory rights, Art 289), 장래의 권리(future rights, Art 290), 방식(form, Art 291), 수표 또는 어음(check or order bill of exchange, Art 293), 일부양도(partial assignment, Art 294), 통지(notice, Art 295) 및 양도인의 권리와 항변(assignee's right and defences, Art 296)을 각각 규정하였다. 또한 채무관계의 해석(Interpretation)에 관하여, 당사자의 의도(intent of the parties, Art 297), 서면(written instruments, Art 298), 효과(effect, Art 299), 불일치(inconsistency, Art 300), 특수조건(technical terms, Art 301) 및 공익(public interest, Art 302)을 각각 규정하였다. 한편 이행(변제; Discharge)과 소멸(Extinction)에 관하여, 동의의 결여(Lack of Consents, Art 303~304), 이행(Performance, Art 305~327), 불능(Impossibility, Art 328~330), 전문적 철회(Experts rescission, Art 331~334), 합의(agreement, Art 335~340), 상계(compensation; set off, Art 341~342), 법의 적용(operation of law, Art 343~344) 및 파산(bankruptcy, Art 345~386)을 각각 규정하였다. 이에 대하여 현행민법전 초안은 제3편 채권 제1장 총칙에서 제1절 채권의 목적(제364조~제377조), 제2절 채권의 효력(제378조~제398조), 제3절 수인의 채권자 및 채무자에서 제1관 총칙(제399조), 제2관 불가분채권과 불가분채무(제400조~제403조), 제3관 연대채무(제404조~제418조) 및 제4관 보증채무(제419조~439조), 제4절 채권의 양도(제440조~제443조), 제5절 채무의 인수(본절 신설)(제444조~제450조), 제6절 채무의 소멸에서 제1관 변제(제451조~제477조), 제2관 공탁(제478조~제482조), 제3관 상계(제483조~제490조), 제4관 갱개(제491조~제496조), 제5관 면제(제497조), 제6관 혼동(제498조), 제7절 지시채권(제499조~제513조) 및 제8절 무기명채권(제514조~제517조)을 각각 규정하였다.

가) 본질에서 정의(defined, Art 273) 및 원인(source, Art 274)에 대하여

(1) 채무의 정의에 대하여, 로빈기어 초안은 "채무는 채권자라고 불리는 다른 사람의 성화에 채무자라고 불리는 한 당사자나 당사자들이 떠맡는 의무이다. 일시적인 모든 의무는 채무자에 대한 채권자에 의하여 시행될 수 있는 상응하는 권리를 의미하고, 권리를 필요 없다고 하지만 금전적 산정에 취약하다"(Art 273)고 규정하였다. 이 초안은 채무(obligation)에 대한 정의를 규정하고 있다. 즉 채무는 채권자에 의하여 채무자에게 떠맡긴 의무이고,[96] 모든 의무는 채권자가 시행할 수 있는 권리를 의미하며,[97] 권리는 필요

없더라도 금전적 산정이 어렵지 않아야 한다는 것이다.[98] 이에 대하여 현행민법전 초안
은 "금전으로 가격을 산정할 수 없는 것이라도 채권의 목적으로 할 수 있다"(제364조)고
규정하였다.[99]

(2) 한편 채무의 발생 원인에 대하여, 로빈기어 초안은 "법률, 계약, 준계약, 위법행
위(불법행위) 또는 준위법행위의 작용에 의하여 발생할 수 있다"(Art 274)고 규정하였다.
이 초안은 채무의 발생원인(sources)에 관하여 규정하고 있다. 즉 그 원인은 법률, 계약,
준계약, 위법행위(불법행위) 또는 준위법행위라고 한다.[100] 이에 대하여 현행민법전 초안
은 직접 규정을 하지 않았지만, 제3편 채권 편에서 제2장 계약, 제3장 사무관리, 제4장
부당이득 및 제5장 불법행위에서 채권의 발생 원인에 대하여 규정을 하고 있다.[101]

나) 종류와 당사자(Classes and Parties, Art 275~287)에 대하여

종류와 당사자에 대하여, 로빈기어 초안은 가분채무(divisible obligation, Art 275), 책임
(liability, Art 276), 불가분채무(indivisible obligation, Art 277), 연대채무(correlative or soli-
dary obligation, Art 278), 이행(performance, Art 279), 이행의 청구(demand for perfor-
mance, Art 280), 양도(release, Art 281), 변제(discharge, Art 282), 부담부분(contribution,
Art 283), 부족액(deficiency, Art 284), 상계(set offcompensation, Art 285), 경합과 선택(co-
njunctive and alternative, Art 286), 주된 채무와 종된 채무(Principal and accessory, Art 287)
를 각각 규정하였다. 이에 대하여 현행민법전 초안은 제3편 채권 제1장 총칙 제3절 수인
의 채권자 및 채무자에서 제1관 총칙(제399조), 제2관 불가분채권과 불가분채무(제400
조~제403조), 제3관 연대채무(제404조~418조), 제4관 보증채무(419조~제439조), 제2절
채권의 효력에서 이행기와 이행지체(제378조), 기한의 이익의 상실(제379조), 강제이행(제
380조) 등을 규정하였다. 제4절 채권의 양도(제440조~제443조) 및 제5절 채무의 인수(제
444조~450조)를 각각 규정하고, 제6절 채권의 소멸에서, 제1관 변제(제451조~제477조),

---

96 켈리포니아 민법전, 제1427~8조 참조; American Law Institute's Restatement of Contracts, 제76, 318조 참조.
97 중화민국 민법전, 제II편, 제I장, 제II절. 민법에서 "채무는 의무와 같이 권리를 특정한다. 권리, 예컨대 지급의무와
       같이 변제할 채무를 갖는다." 메인, 고대법, 314면(에브리 난 편집, 191); 소련 민법전, 제107조.
98 일본 민법전, 제299조.
99 일본 민법 제399조; 중화민국 민법 제199조; 만주국 민법 제360조.
100 중화민국 민법전, 제II편, 제I장, 제I절; 루이지애나 민법전, 제1760, 2293, 2294, 2315, 3536조; 스페인 민법전,
        제1894조; Anson, Law of Contracts, (16th ed.), 1923), 8~10.
101 민의원 법제사법위원회 민법안심의소위원회, 『민법심의록』 상, 1957, 307~452면.

제3관 상계(제483조~제490조) 등을 규정하였다.

　(1) 가분채무에 대하여, 로빈기어 초안은 "가분채무는 분리된 부분으로 이행될 수 있다. 그 부분은 채권자 또는 채무자만큼 많고 동일하며, 그 채무는 비례한다"(Art 275)고 규정하였다. 이 초안은 경합과 선택에 있어서 가분채무(a divisible obligation)에 대하여 규정하고 있다. 즉 가분채무는 분리된 부분으로 이행되고,[102] 그 부분은 채권자 또는 채무자와 같은 수이고 동일하며 비례한다는 것이다.[103] 이에 대하여 현행민법전 초안은, "채권자나 채무자가 수인인 경우에 특별한 의사표시가 없으면 채권 또는 각 채무자는 평등한 비율로 권리가 있고 의무를 부담한다"(제399조)고 규정하였다.[104] 즉 분할채권관계가 원칙임을 선언하였다. 두 초안은 입법취지에서 일치한다.

　(2) 로빈기어 초안은 "법률 또는 계약에 의하여 다른 규정이 없는 한 가분채무의 각 채무자는 이행의 비례적 지분보다 더 이상에 대하여 책임을 지지 않는다"(Art 276)고 규정하였다. 이 초안은 가분채무의 채무자의 책임(liability)에 대하여 규정하고 있다.[105] 이에 대하여 현행민법전 초안은 "채권자나 채무자가 수인인 경우에 특별한 의사표시가 없으면 채권 또는 각 채무자는 평등한 비율로 권리가 있고 의무를 부담한다"(제399조)고 규정하였다.[106] 두 초안은 입법취지에서 일치한다.

　(3) 불가분채무에 대하여, 로빈기어 초안은 "불가분채무는 한 채무자가 전부 이행에 대하여 책임을 지는 것이고, 그것은 모두를 대신하여 한 채권자가 청구하고 한 채무자가 모두를 대신하여 이행할 수 있다"(Art 277)고 규정하였다. 이 초안은 불가분채무에 대하여 규정하고 있다. 즉 한 채무자가 모든 이행에 대하여 책임이 있고,[107] 그 책임은 모든 채권자를 그리고 모든 채무자를 대신하여 한 사람이 청구하게 되고 이행하게 된다.[108] 이에 대하여 현행민법전 초안은 "채권의 목적이 그 성질 또는 당사자의 의사표시로 인

102　40 Corpus Juris, 1313 n.23; Schuster, supra n.18 at p.166 n.1; Anson, supra, no. 18, pp.255, 358.
103　40 Corpus Juris, 1314 sq; 중화민국 민법전, 제271, 280, 285, 291조; 독일 민법전, 제426, 427조, Schuster, supra n.18 at p. q66 n.1; 일본 민법전, 제427조.
104　일본 민법 제427조; 독일 민법 제420조; 중화민국 민법 제271조; 만주국 민법 제396조.
105　40 Corpus Juris, 1314; 중화민국 민법전, 제271조; 독일 민법전, 제420조; 일본 민법전, 제428~431조.
106　일본 민법 제427조; 독일 민법 제420조; 중화민국 민법 제272조; 만주국 민법 제396조.
107　중화민국 민법전, 제272, 293조; 독일 민법전, 제431조; 일본 민법전, 제428조; cf. An undertaking to construct a building, 40 Corpus Juris, 1313.
108　중화민국 민법전, 제293조; 일본 민법전, 제428조.

하여 불가분인 경우에 채권자가 수인인 때에는 각 채권자는 모든 채권자를 위하여 이행을 청구할 수 있고 채무자는 모든 채권자를 위하여 각 채권자에게 이행할 수 있다"(제400조)고 규정하였다.[109] 두 초안은 같은 취지를 입법한 입법의사를 발견할 수 있다.

(4) 연대채무에 대하여, 로빈기어 초안은 "연대 또는 공동 채무는 수인의 채무자가 각자 전부 이행을 하는 것이다. 연대는 추정되지 않는다"(Art 278)고 규정하였다. 이 초안은 연대채무에 관하여 규정하였다. 즉 수인의 채무자는 각자 전부 이행을 하고,[110] 연대는 추정되지 않는다는 것이다.[111] 이에 대하여 현행민법전 초안은 "수인의 채무자가 채무 전부를 이행할 의무가 있고 채무자 1인의 이행으로 다른 채무자도 의무를 면하게 되는 때에는 그 채무는 연대채무로 한다"(제404조)고 규정하였다.[112] 두 초안은 연대채무에 대하여 같은 취지의 입법을 한 입법의사를 확인할 수 있다.

(5) 연대채무의 이행에 대하여, 로빈기어 초안은 "연대채무의 전체 또는 부분적인 이행은, 어느 채무자 또는 모든 채무자에 대하여 채권자가 강제하고 후자는 전부 이행이 될 때까지 책임이 있다"(Art 279)고 규정하였다. 이 초안은 연대채무의 이행(performance)에 대하여 규정하고 있다.[113] 이에 대하여 현행민법전 초안은 "채권자는 어느 연대채무자에게 대하여 또는 동시나 순차로 모든 연대채무자에게 대하여 채무의 전부 또는 일부의 이행을 청구할 수 있다"(제405조)고 규정하였다. 두 초안은 같은 취지의 입법을 한 입법의사를 확인할 수 있다.

(6) 이행청구의 절대적 효력에 대하여, 로빈기어 초안은 "한 연대채무자에 대한 이행의 청구는 다른 사람에 대하여 모든 채권자의 이익으로 작용한다"(Art 280)고 규정하였다. 이 초안은 연대채무자 가운데 한 사람에게 이행의 청구를 하면 다른 연대채무자에 대하여 모든 채권자의 이익으로 작용하는 것이라고 규정하고 있다.[114] 이에 대하여 현행민법전 초안은 "어느 연대채무자에게 대한 이행청구는 다른 연대채무자에게도 효력이 있다"(제407조)고 규정하였다.[115] 두 초안은 이행청구의 절대적 효력에 대하여 같은 취지

---

109 일본 민법 제428조; 독일 민법 제431조; 스위스 채무법 제308조; 프랑스 민법 제1222조; 중화민국 민법 제293조 제1항; 만주국 민법 제397조.
110 중화민국 민법전, 제272, 283조; 독일 민법전, 제421, 428조; 일본 민법전, 제432조; 40 Corpus Juris, 1314 et seq "The normal case of a solidary obligation is that of a joint delict tort." Sohm, Roman Law, (Ledlie), 361.
111 40 Corpus Juris, 1215.
112 일본 민법 제432조; 스위스 채무법 제43조(제1항); 프랑스 민법 제1120조; 중화민국 민법 제272조; 만주국 민법 제401조.
113 중화민국 민법전, 제273조; 일본 민법전, 제422조.
114 중화민국 민법전, 제285조; 일본 민법전, 제434조.

를 입법한 입법의사를 확인할 수 있다.

(7) 부담부분에 대하여, 로빈기어 초안은 "모든 채무를 소멸하는 의도를 표현하지 않은 한 연대채무자의 견련성은 다른 채무자에게 관련 채무자의 부담부분의 범위에만 작용하고, 이 견련성은 다른 연대채무자의 관련 채무자의 부담부분에 한하는 범위에 작용한다. 유사한 규칙은 문제된 부담부분에 대한 규정 사례에 적용한다"(Art 281)고 규정하였다. 이 초안은 연대채무자 가운데 한 사람이 전부 채무를 변제하는 것이라고 표현하지 않았다면 그 관련 연대채무자의 부담부분에 한정하여 작용하고,[116] 그 연대성은 다른 연대채권자에게 관련 채무자의 부담부분에 한정하여 작용한다는 것을 규정하고,[117] 유사한 규칙은 문제된 부담부분에 대한 규정사례에 적용된다는 것을 규정하고 있다.[118] 이에 대하여 현행민법전 초안은, "연대채무자의 부담부분은 평등으로 추정한다"(제415조)고 규정하였다. 한편 연대채무의 효력에 대하여 상대성의 원칙을 규정한 현행민법전 초안 제414조의 입법취지를 확인할 수 있다.

(8) 연대채무의 효력에 대하여, 로빈기어 초안은 "연대채무의 변제가 한 채무자의 이행에 의하거나 또는 다른 채무자들에도 같이 갱신된다. 이러한 연대채권자에 대한 변제는 다른 연대채권자의 청구를 소멸시킨다"(Art 282)고 규정하였다. 이 초안은 연대채무의 변제(discharge)에 대하여 규정하고 있다. 즉 연대채무의 변제는 한 채무자의 이행에 의하여 다른 채무자에게도 갱신이 되고,[119] 연대채권자에 대한 변제도 다른 채권자의 청구를 소멸 시킨다[120]는 것이다. 이에 대하여 현행민법전 초안은 이행의 청구(제407조), 갱개(제408조), 상계(제409조), 면제(제410조), 혼동(제411조), 소멸시효(제412조), 채권자지체(제413조)의 경우에 절대적 효력이 생기는 것으로 규정하였다. 이 점에서 로빈기어 초안보다 현행민법전 초안이 절대적 효력이 발생하는 사항에 대하여 명확하게 규정한 입법의사를 확인할 수 있다.

(9) 출재채무자의 구상에 대하여, 로빈기어 초안은 "이러한 이행채무자는 변제일로부터 각각의 비율에 이자를 더하여 공동채무자로부터 상환을 받을 권리가 있고 상환의

---

115 일본 민법 제434조; 독일 민법 제424조; 프랑스 민법 제1204조; 만주국 민법 제404조.
116 중화민국 민법전, 제276조; 일본 민법전, 제437조.
117 켈리포니아 민법전, 제1457조; Anson, Law of Contracts (15th ed.), 285.
118 중화민국 민법전, 제288조.
119 중화민국 민법전, 제274조; 일본 민법전, 제435조.
120 중화민국 민법전, 제286조.

범위에 대하여 그 채권자의 권리를 대위하게 된다"(Art 283)고 규정하였다. 이 초안은 부담부분의 상환에 관하여 이행채무자의 다른 공동채무자로부터의 상환과 그 채권자의 권리를 대위하는 것을 규정하고 있다.[121] 이에 대하여 현행민법전 초안은 "어느 연대채무자가 변제 기타 자기의 출재로 공동면책이 된 때에는 다른 연대채무자의 부담부분에 대하여 구상권을 행사할 수 있다. 전항의 구상권은 면책된 날 이후의 법정이자 및 피할 수 없는 비용 기타의 손해배상을 포함한다"고 규정하였다. 여기에서 두 초안은 유사한 입법의사를 확인할 수 있다.

(10) 상환무자력에 대하여, 로빈기어 초안은 "변제 채무자의 과실 없이 1인 이상의 공동채무자의 과실로 이러한 상환의 부족액은 다른 공동채무자가 비례하여 부담하게 된다"(Art 284)고 규정하였다. 이 초안은 상환의 부족액에 대하여 다른 채무자들의 부담에 대하여 규정하고 있다.[122] 이에 대하여 현행민법전 초안은 "연대채무자 중에 상환할 자력 없는 자가 있는 때에는 그 채무자의 부담부분은 구상권자 및 다른 자력이 있는 채무자가 그 부담부분에 비례하여 분담하다. 그러나 구상권자에게 과실이 있으면 다른 연대채무자에 대하여 분담을 청구하지 못한다. 전항의 경우에 상환할 자력이 없는 채무자의 부담부분을 분담할 다른 채무자가 채권자로부터 연대의 면제를 받은 때에는 그 채무자의 분담할 부분은 채권자의 부담으로 한다"(제418조)고 규정하였다. 여기에서도 두 초안은 유사한 입법의사를 확인할 수 있다.

(11) 연대채무자의 상계에 대하여, 로빈기어 초안은 "채권자에 대한 청구의 연대채무자에 의한 상계는 그 채무자의 오직 부담 범위에 대하여 허용될 수 있다"(Art 285)고 규정하였다. 이 초안은 채권자의 청구에 대한 연대채무자의 상계(set off; compensation)에 대하여 규정하고 있다.[123] 이에 대하여 현행민법전 초안은, 로빈기어 초안 제282조에서 본 바와 같이, 상계의 절대적 효력을 인정하고 있으므로 두 초안은 같은 입법의사임을 확인할 수 있다.

(12) 선택채권에 대하여, 로빈기어 초안은 "계약은 여러 사업이 포함된 때에 결합하고, 이행이 경쟁자 가운데 하나를 요구하는 때에 선택을 한다. 선택권은 다른 규정이 없는 한 채무자가 갖는다. 그러나 선택은 전적으로 다른 사람을 배제하고 이행에 대한 확

---

121 켈리포니아 민법전, 제1432조; 중화민국 민법전, 제281조; 독일 민법전, 제426조; 일본 민법전, 제442조.
122 중화민국 민법전, 제282조; 일본 민법전, 제444조.
123 중화민국 민법전, 제277조; 일본 민법전, 제436조 참조.

정시기 이내에 행사되어야 한다"(Art 286)고 규정하였다. 이 초안은 계약으로 여러 사업이 결합되어 이행을 선택하여야 하는 경우에 대하여 규정하고 있다.[124] 이에 대하여 현행민법전 초안은 제371조에 "채권의 목적이 수개의 행위 중에서 선택에 좇아 확정될 경우에 다른 법률의 규정이나 당사자의 약정이 없으면 선택권은 채무자에게 있다"고 규정하고, 선택권의 이전(제372), 당사자의 선택권의 행사(제373조), 제3자의 선택권의 행사(제374조), 제3자의 선택권의 이전(제375조), 불능으로 인한 선택권의 특정(제376조), 선택의 소급효(제377조) 등을 규정하고 있다. 여기에서 오히려 현행민법전 초안이 로빈기어 초안보다 상세히 입법한 것을 확인할 수 있다.

(13) 종된 채무에 대하여, 로빈기어 초안은 "어느 채무가 다른 주된 채무에 따를 때에 종물이 된다"(Art 287)고 규정하였다. 이 초안은 주된 채무와 종된 채무(Principal and accessory)에 관하여 어느 채무가 다른 주된 채무에 의존하는 때에 종된 채부가 된다고 규정하고 있다.[125] 이에 대하여 현행민법전 초안은 채권편에 규정하지 않고 총칙편 제95조에 "물건의 소유자가 그 물건 상용의 편의를 위하여 자기 소유인 다른 물건을 이에 부속하게 한 때에는 그 부속물은 종물이다. 종물은 주물의 처분에 따른다"고 규정하였다. 이 규정을 물건뿐만 아니라 권리에도 유추 적용함으로써 같은 입법취지를 입법한 것으로 볼 수 있다. 여기에서 로빈기어 초안이 현행민법전 초안보다 명확하게 종물 또는 종된 권리에 대하여 규정하였다고 할 것이다.

다) 양도(Assignment or Transfer, Art 288~296)에 대하여

채권의 양도(Assignment or Transfer)에 관하여, 로빈기어 초안은, 제한(limits, Art 288), 종된 권리(accessory rights, Art 289), 장래의 권리(future rights, Art 290), 방식(form, Art 291), 수표 또는 어음(check or order bill of exchange, Art 293), 일부양도(partial assignment, Art 294), 통지(notice, Art 295) 및 양도인의 권리와 항변(assignee's right and defences, Art 296)을 각각 규정하였다. 이에 대하여 현행민법전 초안은 제3편 채권 제1장 총칙 제4절 채권의 양도에서 채권의 양도성(제440조), 지명채권양도의 대항요건(제441조), 승낙통지의 효과(제442조), 양도통지와 금반언(제443조) 등을 규정하였다.

---

124 40 Corpus Juris, 1313 n.17.
125 40 Corpus Juris, 1310, no. 99.

(1) 채권의 양도성에 대하여, 로빈기어 초안은 "채무자의 의무는 채무자의 동의 없이 양도되지 않고, 그것은 새로운 채무에 영향을 미친다. 채무자의 권리는 성질에 의하여 양도될 수 없거나, 사법적 압류가 면제되거나, 법률 또는 계약에 의하여 금지되거나, 물질적으로 채무자의 실행을 부과하여 그의 책임을 증가하거나 그의 권리에 손상을 주지 않는 한 양도될 수 있다"(Art 288)고 규정하였다. 이 초안은 채무의 양도 및 채권의 양도에 관한 제한(limits)을 규정하고 있다.[126] 이에 대하여 현행민법전 초안은 "채권은 양도할 수 있다. 그러나 채권의 성질이 양도를 허용하지 아니하는 때에는 그러하지 아니하다. 당사자가 반대의 의사를 표시한 경우에는 양도하지 못한다. 그러나 그 의사표시로써 선의의 제3자에게 대항하지 못한다"(제440조)고 규정하였다. 두 초안은 채권의 양도성을 인정하면서 일정한 양도성의 제한을 규정하고 있는 점에서 유사한 입법의사를 확인할 수 있다.

(2) 채권의 양도와 종된 채무 등에 대하여, 로빈기어 초안은 "채무의 양도는 그에 대한 다른 종된 권리, 보증, (양도인으로부터 분리하지 않는 한) 연체된 이자 및 그의 모든 서류증거를 포함한다. 권리는 조건부 또는 결정적인 제안에 의하여 양도된다"(Art 289)고 규정하였다. 이 초안은 채무의 양도에 종된 권리를 포함하고,[127] 권리의 양도는 조건부 또는 취소할 수 없는 결정적인 청약에 의하여 양도된다는 것을 규정하고 있다.[128] 이에 대하여 현행민법전 초안은 특별한 규정을 하지 않았다. 여기에서 두 초안이 달리 입법한 입법의사를 확인할 수 있다.

(3) 장래의 권리의 양도에 대하여, 로빈기어 초안은 "기존 채무로 예상되는 권리는 양도할 수 있다. 그러나 존재하지 않는 권리는 양도하지 못한다. 양도하기로 한 합의는 통지 없이 선의의 구매자에게 양도한 채무자에 대하여 그 채무자에 대한 권리를 약속한 자에게 주는 것으로 양도할 수는 없다"(Art 290)고 규정하였다. 이 초안은 장래의 권리 (future rights)에 대하여 규정하고 있다. 즉 기존권리는 양도할 수 있으나 아직 존재하지 않는 권리는 양도할 수 없고,[129] 양도의 합의는 양도가 아니라는 것이다.[130] 이에 대하여

---

126 켈리포니아 민법전, 제1457, 1458조; Anson, Law of Contracts (15th ed.) 285; 중화민국 민법전, 제294조; 독일 민법전, 제412, 413조; 일본 민법전, 제466조; American Law Institute's Restatement of Contracts, Sec 151, 151(a), 151(b), 151(c).

127 중화민국 민법전, 제295, 296조; 독일 민법전, 제401, 402, 1153조, 다만 제1190조 참조; 또한 American Law Institute's Restatement of Contracts, Sec 171을 볼 것.

128 American Law Institute's Restatement of Contracts, Sec 155.

현행민법전 초안은 아무런 규정을 하지 않았다. 이 점에서 두 초안은 다른 입법취지임을 확인할 수 있다.

(4) 채무의 양도 방식에 대하여, 로빈기어 초안은 "채무의 양도는 구두 또는 서면으로 유효하게 된다"(Art 291)고 규정하였다. 이 초안은 양도의 방식(form)에 관하여 규정하고 있다.[131] 이에 대하여 현행민법전 초안은 양도의 방식에 대하여 규정하지 않았다. 이 점에서도 두 초안은 다른 입법취지임을 확인할 수 있다.

(5) 변제의 순서에 대하여, 로빈기어 초안은 "양수인이 이익을 유지하기 위해 권한이 있는 경우 특정한 의무 또는 순서에 따라 승낙으로 그 정도까지 소멸되는 후자의 부채를 기반으로 자신의 채무자에 따라 채권자가 순서를 지정하게 된다"(Art 292)고 규정하였다. 이 초안은 변제의 순서(an order)에 관하여 규정하고 있다. 이에 대하여 현행민법전 초안은 아무런 규정을 하지 않았다. 이 점에서도 두 초안은 다른 입법취지임을 확인할 수 있다.

(6) 수표 또는 어음에 의한 양도에 대하여, 로빈기어 초안은 "수표 또는 다른 어음은 그 자체의 지급이 아니라, 지급이 가능한 지급인의 손 안에 있는 모든 자금의 양도를 하는 것이다. 지급인은 그가 그것을 수령할 때까지 책임을 지지 않는다"(Art 293)고 규정하였다. 이 초안은 수표(check) 또는 어음(bill of exchange)에 관하여 규정하고 있다.[132] 그러나 현행민법전 초안은 이에 대하여 규정하지 않았다. 이 점에서 두 초안은 다르다.

(7) 일부의 양도에 대하여, 로빈기어 초안은 "채권자의 권리 또는 이들의 확정액의 일부 중 하나의 양도는 그 정도까지 작용한다. 그러나 채무자가 동의하지 않은 경우 그는 일부 양도를 강제하는 절차에 포함되어 전부 이행에 대한 권리로 모든 다른 사람에게 요청할 수 있다"(Art 294)고 규정하였다. 이 초안은 일부양도(partial assignment)에 관하여 규정하고 있다.[133] 그러나 현행민법전 초안은 이에 대하여 규정하지 않았다. 이 점에서도 두 초안은 다르다.

(8) 양도의 유효요건에 대하여, 로빈기어 초안은 "양도인 또는 양수인에 대한 고지는 양도를 유효하게 하는 요소이다. 그러나 채권자에게 양도수단으로 충분하다는 것을 보

---

129 Ib., Sec 154.
130 Ib., Sec 166.
131 American Law Institute's Restatement of Contracts, Sec 157.
132 American Law Institute's Restatement of Contracts, Sec 157(2).
133 American Law Institute's Restatement of Contracts, Sec 156.

여주는 것이다"(Art 295)고 규정하였다. 이 초안은 양도인 또는 양수인이 채무자에게 하는 고지(notice)에 관하여 양도의 유효요건으로 규정하고 있다.[134] 이에 대하여 현행민법전 초안은 "기명채권의 양도는 양도인이 채무자에게 통지하거나 채무자가 승인하지 아니하면 채무자 기타 제3자에게 대항하지 못한다. 전항의 통지나 승인은 확정일자부 있는 증서에 의하지 아니하면 채무자 이외의 제3자에게 대항하지 못한다"(제441조)고 규정하였다. 따라서 로빈기어 초안과 달리 통지를 양도의 대항요건으로 규정하고 있다. 여기에서 현행민법전 초안이 물권의 변동에서 형식주의, 즉 등기, 인도를 유효요건(효력요건)으로 하면서 채권의 변동에서 통지나 승낙을 대항요건으로 함으로써 양자를 달리 취급한 입법의사와 달리, 로빈기어 초안은 물권의 변동이나 채권의 변동에서 모두 유효요건으로 다룬 입법을 한 점이 일관성이 있는 입법의사라고 할 수 있다.

(9) 권리의 선의취득에 대하여, 로빈기어 초안은 "양수인에 대한 양도인의 권리가 유효하다는 고지 없이 가격에 대한 선의의 양수인은 그로써 양도된 권리를 박탈할 수 없다. 이러한 양수인은 채무자의 모든 기존 방어에 대하여, 청구를 거절하고 채권자에 대하여 상계를 하는 권리가 인정된다. 그리고 그가 원채무자라면 양수인에 대하여 가능하게 될 수 있다"(Art 296)고 규정하였다. 이 초안은 양수인의 권리와 방어(assignee's right and defenses)에 관하여 규정하고 있다.[135] 그러나 현행민법전 초안은 이에 대하여 아무런 규정을 입법하지 않았다.

라) 해석(Interpretation, Art 297~302)에 대하여

채무관계의 해석(Interpretation)에 관하여, 로빈기어 초안은 당사자의 의도(intent of the parties, Art 297), 서면(written instruments, Art 298), 효과(effect, Art 299), 불일치(inconsistency, Art 300), 특수조건(technical terms, Art 301) 및 공익(public interest, Art 302)을 각각 규정하였다. 그러나 이에 대하여 현행민법전 초안은 아무런 규정을 하지 않았다.

(1) 로빈기어 초안은 "당사자의 의도는 관심을 끄는 채무에 대한 규준이다. 이 의도

---

134 Anson, Law of Contracts (16th ed.) 292; 중화민국 민법전, 제297조; 일본 민법전, 제467조; 고지는 독일법에서 요소가 아니다. Schuster, Principles of German Law(1907), 195 참조; American Law Institute's Restatement of Contracts Sec 150.

135 American Law Institute's Restatement of Contracts, Sec 174, 167; 중화민국 민법전, 제303조; 독일 민법전, 제404, 406조; 일본 민법전, 제468조.

는 사용된 언어로부터 또는 애매한 경우 채무가 발생된 시점의 상황으로부터 알아내게 된다. 그것은 그것을 사용한 당사자에 대하여 가장 강력하게 해석되어야 하고, 동시에 그것을 효과적으로 만들지만 비강제적으로 하지는 않는다"(Art 297)고 규정하였다. 이 초안은 해석(Interpretation)에서 당사자의 의도(Intent of the parties)에 관하여 규정하고 있다. 즉 당사자의 의도는 채무에 대한 규준이 되고,[136] 그 의도는 사용된 언어로부터 추론되고,[137] 애매한 경우 채무가 발생한 시점의 상황으로부터 추론된다[138]는 것이다. 그 의도는 그것을 사용한 당사자에 대하여 가장 강력하게 추론되고,[139] 동시에 그것을 효과 적으로 하지만 비강제적인 것으로 하지 않는다[140]고 하였다.

(2) 로빈기어 초안은 "전체 계약을 증거 하는 것을 의미하는 서면은 당사자들의 의도를 표현하는 것으로 해석되어야 한다. 그 계약이 부분적으로 기록되고 부분적으로 인쇄된 경우 전자는 후자에 우세하다"(Art 298)고 규정하였다. 이 초안은 서면(written instruments)의 해석에 대하여 규정하고 있다. 즉 전체적인 계약을 증명하는 것을 의미하는 서면은 당사자의 의도를 표현한 것으로 추론되고, 그 계약이 부분적으로 쓰여진 것이 부분적으로 인쇄된 것보다 우세하다는 것이다.[141]

(3) 로빈기어 초안은 "효과는 같은 당사자와 같은 주제를 포함하는 사이의 모든 계약의 부분 및 여러 가지 현존하는 사람에게 주어져야 하고, 함께 그리고 동일한 규칙에 의하여 해석되어야 한다. 이것은 통합이라고 부른다"(Art 299)고 규정하였다. 이 초안은 효과(effect)의 해석에 대하여 규정하고 있다. 즉 효과는 동일한 당사자와 동일한 주제를 포함하는 모든 계약의 부분 및 현존하는 사람에 주어야 하고, 모두[142] 그리고 동일한 규칙에 의하여 해석되어야 한다는 것이다.[143] 이를 통합(integration)이라고 부른다[144]는 것이다.

(4) 로빈기어 초안은 "일반과 특정한 예견 사이에 불일치는 후자에 의하여 해결된

---

136 켈리포니아 민법전, 제1636조; 중화민국 민법전, 제98조; Anson, Law of Contracts, p.328.

137 켈리포니아 민법전, 제1637, 1538조; Anson, Law of Contracts, 328.

138 켈리포니아 민법전, 제1647조.

139 켈리포니아 민법전, 제1654조; Anson, Law of Contracts, 329.

140 켈리포니아 민법전, 제1643조; Anson, Law of Contracts, 329.

141 켈리포니아 민법전, 제1638, 1651조.

142 켈리포니아 민법전, 제1641-2조.

143 켈리포니아 민법전, 제1635조.

144 American Law Institute's Restatement of Contracts, Sec 228.

다"(Art 300)고 규정하였다. 이 초안은 일반적인 것과 특정한 예견 사이의 불일치는 특정한 예견에 의하여 해결된다고 규정하고 있다. 즉 계약의 해석에 있어서 일반적인 것과 특정한 것 사이에 불일치가 있는 경우 특정한 것에 의하여 해결하여야 한다는 것이다.[145] 이는 특별법 우선주의를 받아들인 것이다.

(5) 로빈기어 초안은 "기술적 규정 및 예술과 상업의 용어는 문맥 또는 해당 사용이 다른 의미를 보이지 않는 한 그들이 관련 있는 직업에서 사용되는 것으로 해석되어야 한다"(Art 301)고 규정하였다. 이 초안은 기술적 규정이나 예술 및 상업적 용어의 해석에 관하여 규정하고 있다. 즉 그 문맥(the context)이나 해당 사용(an applicable usage)이 다른 의미를 보이지 않는 한 그것들이 관련 있는 직업에서 사용되는 것으로 해석하여야 한다는 것이다.[146]

(6) 로빈기어 초안은 "공익은 이 같은 이익에 영향을 미치는 언어로 해석함이 바람직하다"(Art 302)고 규정하였다. 이 초안은 공익(the public interest)의 해석에 관하여 규정하고 있다.[147]

마) 이행과 소멸(Discharge and Extinction, Art 302~385)에 대하여

이행(변제; Discharge)과 소멸(Extinction)에 관하여, 로빈기어 초안은, 동의의 결여(Lack of Consents, Art 303~304), 이행(Performance, Art 305~327), 불능(Impossibility, Art 328~330), 전문적 취소(Experts rescission, Art 331~334), 합의(agreement, Art 335~340), 상계(compensation; set off, Art 341~342), 법의 적용(operation of law, Art 343~344) 및 파산(bankruptcy, Art 345~386)을 각각 규정하였다. 이에 대하여 현행민법전 초안은, 제3편 채권 제1장 총칙 제6절 채권의 소멸에서, 변제(제451조~제477조), 공탁(제478조~제482조), 상계(제483조~제490조), 갱개(제491조~제496조), 면제(제497조) 및 혼동(제498조) 등을 규정하였다.

(가) 동의의 결여

먼저 동의의 결여(Lack of Consents)에 대하여, 로빈기어 초안은, 사기(fraud, Art 303)

---

145 켈리포니아 민법전, 제1650조; American Law Institute's Restatement of Contracts, sec 236(c).
146 American Law Institute's Restatement of Contracts, 235(b).
147 American Law Institute's Restatement of Contracts, Sec 236(f).

및 강박(duress, Art 304)을 각각 규정하였다. 이에 대하여 현행민법전 초안은, 총칙편 제105조에 "사기나 강박에 의한 의사표시는 취소할 수 있다"고 규정하였다.

(1) 로빈기어 초안은 "사기는 거짓과 함께 의도와 속이는 효과를 알면서, 사실의 고의적인 허위진술이다. 사기에 의하여 성립한 계약은 사기를 당한 자의 선택에 따라 무효로 할 수 있다"(Art 303)고 규정하였다. 이 초안은 사기(fraud)에 의한 계약의 무효를 규정하고 있다.[148] 즉 사기에 의한 의사표시에 있어서 의사주의를 취한 것이라 할 것이다. 이에 대하여 현행민법전 초안은 표시주의를 기본으로 한 절충주의를 입법한 입법취지를 취하고 있다. 두 초안은 입법취지가 다르다.

(2) 로빈기어 초안은 "계약은 당사자 또는 제3자에 의해 불법적인 위협에 의하여 유도되었으면 그렇게 유도된 당사자의 선택에 따라 무효화 될 수 있다"(Art 304)고 규정하였다. 이 초안은 강박에 의한 계약은 무효라고 규정하고 있다. 즉 사기에 의한 의사표시와 함께 강박에 의한 의사표시는 무효로 하였다.[149] 즉 의사주의를 채택하였다 할 것이다. 이에 대하여 현행민법전 초안은, 로빈기어 초안 제303조에서 본 바와 같이, 절충주의를 취함으로써 서로 다른 입법의사를 확인할 수 있다.

(나) 이행(Performance)

다음으로 이행(Performance)에 관하여, 로빈기어 초안은, 일반규정(in general, Art 305~312), 방식(mode, Art 313~318) 및 효과(effect, Art 319~330)를 각각 규정하였다. 이에 대하여 현행민법초안은, 제3편 채권 제1장 총칙 제6절 채권의 소멸에서 제1관 변제(제451조~제477조)에 대하여, 변제제공의 방법(제451조), 변제제공의 효과(제452조), 특정물의 현상인도(제453조), 변제로서의 타인의 물건의 인도(제454조), 양도능력 없는 소유자의 물건인도(제455조), 채권자의 선의소비양도와 구상권(제456조), 대물변제(제457조), 변제의 장소(제458조), 변제기전의 변제(제459조), 제3자의 변제(제460조), 채권의 준점유자에 대한 변제(제461조), 영수증소지자에 대한 변제(제462조), 권한 없는 자에 대한 변제(제463조), 변제비용의 부담(제464조), 영수증청구권(제465조), 채권증서반환청구권(제466

---

148 American Law Institute's Restatement of Contracts, Secs 471, 477; 켈리포니아 민법전, 제 1566조; 중화민국 민법전, 제92조; 독일 민법번, 제123조; 일본 민법전, 제96조.
149 켈리포니아 민법전, 제569조; 중화민국 민법전, 제92조; 독일 민법번, 제123조; 일본 민법전, 제96조; American Law Institute's Restatement of Contracts, Sec 492 sq.

조), 지정변제충당(제467조), 법정변제충당(제468조), 부족변제의 충당(제469조), 비용 이 자 원본에 대한 변제충당의 한계(제470조), 변제자의 임의대위(제471조), 변제자의 법정 대위(제472조), 변제자대위의 효과와 대위자간의 관계(제473조), 일부의 대위(제474조), 대위변제와 채권증서 담보물(제475조), 채권자의 담보상실 감소행위와 법정대위자의 면 책(제476조), 변제 이외의 방법에 의한 채무소멸과 대위(제477조) 등을 규정하였다.

1) 일반규정(in general)에 대하여

이 초안은 일반규정에서, 정의(defined, Art 305), 선택(selection, Art 306), 대가적 채무 (Reciprocal obligations, Art 307), 당사자(Parties, Art 308), 채권자(The obligee, Art 309), 채 무자의 채무불이행(Default of the obliger, Art 310), 이행의 장소(Place of performance, Art 311), 이행기(time of performance, Art 312)를 각각 규정하였다.

(1) 이행의 정의(defined)에 대하여, 로빈기어 초안은 "이행은 채무를 성취하는 것이 다. 그것은 어떤 다른 행위, 또는 부작위, 또는 금전적 가치가 될 수 없는 것으로 구성되 어 특정(실제)될 수 있다. 특정한 이행이 면제 또는 불가능하면 금전적 이행으로 대신 할 수 있다"(Art 305)고 규정하였다. 이 초안은 이행은 채무를 성취(완성)하는 것이라 하 고, 이행은 어떤 다른 행위 또는 부작위 또는 금전적 가치가 될 수 없는 것으로[150] 구성되 어 특정될 수 있다[151]는 것이다. 그 특정한 이행이 면제되거나 불가능하게 되면 금전으 로 이행을 대신할 수 있다[152]는 것이다. 그러나 현행민법전 초안은 이에 대하여 규정하 지 않았다.

(2) 이행의 선택(selection)에 대하여, 로빈기어 초안은 "2 이상 이행할 허용된 종류 가운데 선정은 채무자에게 남아 있다. 그러나 그 선택은 완전히 다른 방식을 제외하고 이행에 대한 고정된 시기 내에 행사되어야 하고, 상대방에게 의도를 선언한 후에 채무 자가 실행하지 않으면 그 권리는 다른 사람에게 넘어간다. 그러나 그가 그것을 실행하 는 것에 실패하면 제3자에게 귀속되어 후자에게 남는다. 그리고 제3자의 선택권에 편견 이 없으면 그 채무의 원점에서 소급효가 있다"(Art 306)고 규정하였다. 이 초안은 2 이상

---

150 캘리포니아 민법전, 제1473조; 독일 민법번, supra No. 18 at p.184
151 일본 민법전, 제399조.
152 중화민국 민법전, 제214, 215, 226조; 독일 민법번, 제249조.

이행하여야 할 허용된 종류 가운데에서 선정하는 선택채무에 대하여 규정하고 있다. 그 선택권의 행사에 있어서 채무자가 행사하고,[153] 그렇지 않으면 상대방에게 넘어간다. 그 것도 실패하면 제3자가 선택권을 갖게 된다는 것이다.[154] 그리고 선택의 효과는 그 채무가 성립한 원점으로 소급하게 된다.[155] 그러나 현행민법전 초안은, 제371조 내지 제377조에 선택채권에 대하여 규정하였다. 따라서 그 배치는 로빈기어 초안과 다르지만 입법취지는 유사하며, 특히 선택의 소급효(제377조)[156]는 같은 입법의사를 확인할 수 있다.

(3) 동시이행에 대하여, 로빈기어 초안은 "대가적 채무는 달리 규정하지 않는 한 상호의무를 동시에 이행을 필요로 한다. 그러나 먼저 이행할 사람은 상대방의 재정적 상황을 들어서 후자가 효과나 이행을 확보할 때까지 이행을 거부한다"(Art 307)고 규정하였다. 이 초안은 대가적인 쌍무채무(reciprocal obligations)에 대하여 규정하고 있다. 즉 다른 규정이 없는 한 동시에 이행하여야 하지만,[157] 먼저 이행을 할 자는 상대방의 재정적 상황을 들어서 이행을 거절할 수 있다[158]는 것이다. 이에 대하여 현행민법전 초안은 제2장 계약 제1절 총칙 제2관 계약의 효력에 "쌍무계약의 당사자 일방은 상대방이 그 채무이행을 제공할 때까지 자기의 채무이행을 거절할 수 있다. 그러나 상대방의 채무가 변제기에 있지 아니하는 때는 그러하지 아니하다. 당사자 일방이 상대방에게 먼저 이행하여야 할 경우에 상대방의 이행이 곤란할 현저한 사유가 있는 때에는 전항 전단과 같다"(제525조)고 규정하였다.[159] 두 초안은 유사한 입법취지인 것을 확인할 수 있다.

(4) 이행(변제)의 당사자에 대하여, 로빈기어 초안은 "이행 또는 변제의 제공은 채무자 또는 그에 의하여 승인된 사람에 의하여 또는 채권자, 2인 이상의 채권자 가운데 1인, 그들에 의하여 승인된 다른 사람에게 유효하게 된다. 채무를 증명하는 서면 또는 채권자로부터 받은 영수증은 이행자 또는 변제의 제공자가 신의에 좇아서 한 것으로 채권자는 그의 손해의 범위로 갱신한 것을 통고한 사람의 예에서 요구될 범위까지 승인되는 것으로 추정된다"(Art 308)고 규정하였다. 이 초안은 이행의 당사자(parties)에 대하여 규

---

153 켈리포니아 민법전, 제1448~1450조; 중화민국 민법전, 제208조; 일본 민법전, 제406~8조.

154 중화민국 민법전, 제209조; 일본 민법전, 제409조.

155 중화민국 민법전, 제212조; 일본 민법전, 제411조.

156 일본 민법 제411조; 독일 민법 제263조(제2항); 중화민국 민법 제212조; 만주국 민법 제373조.

157 켈리포니아 민법전, 제1439조; 중화민국 민법전, 제264조(제219, 229조 참조); 일본 민법전, 제 498, 593조.

158 중화민국 민법전, 제265조.

159 일본 민법 제533조 제1항; 독일 민법 제320, 321조; 스위스 채무법 제82, 83조; 프랑스 민법 제1612조; 중화민국 민법 제263조 제1항; 만주국 민법 제523조.

정하고 있다. 즉 이행 또는 변제의 제공은 채무자 또는 그에 의하여 승인된 자,[160] 채권자 또는 2인 가운데 1인, 또는 그들의 1인에 의하여 승인된 다른 사람에게 효력이 있다는 것이다.[161] 채무증서[162] 또는 영수증[163]은 이행자 또는 제공자가 신의에 좇아서 채권자가 그의 손해범위로 갱신할 것을 통고한 예에 따라서 그 범위까지 추정된다[164]는 것이다. 이에 대하여 현행민법전 초안은, 제4절 채권의 소멸에서, "변제는 채무내용에 적합한 현실제공을 하여야 한다. 그러나 채권자가 미리 변제받기를 거절하거나 채무의 이행에 채권자의 행위를 요하는 경우에는 변제준비의 완료를 통고하고 그 수령을 최고하면 된다"(제451조)고 규정하였다.[165] 그리고 채권의 준점유자에 대한 변제(제461조)[166] 및 영수증 소지자에 대한 변제(제462조)[167]에 대하여 규정하고, 권한 없는 자에 대한 변제에 대하여 "전 2조의 경우 외에 변제받을 권한 없는 자에 대한 변제는 채권자가 이익을 받은 한도에서 효력이 있다"(제463조)고 규정하였다.[168]

(5) 그 밖에 로빈기어 초안은, "채권자는, 자신의 이름으로, 후자가 거절하는 채무자의 권리 가운데 어느 것을 실행할 수 있고, 그것은 개인적인 것을 제외하고 그 채무를 확보하는 것이 필요하다"(Art 309)고 규정하였다. 이 초안은 이행에 있어서 채권자(the ob-ligee)의 행위에 관하여 규정하고 있다.[169]

(6) 채무불이행에 대하여, 로빈기어 초안은 "채무자의 채무불이행은 후자가 적기에 이행하지 않은 한 불가항력으로 발생한 손해에 대한 보상을 채권자에게 인정한다. 그 보상은 이행에 대신하여 청구되어진다"(Art 310)고 하였다. 이 초안은 채무자의 채무불이행(default of obliger)에 대하여 규정하고 있다. 즉 채무자가 적기에 이행하지 않는 경우에[170] 그 배상은 이행에 갈음하여 청구된다[171]는 것이다. 이에 대하여 현행민법전 초안은, 제2절 채권의 효력에서, 이행기와 이행지체(제378조),[172] 이행지체중의 손해배상(제

---

160 켈리포니아 민법전, 제1487조; 중화민국 민법전, 제209조; 일본 민법전, 제474조.
161 켈리포니아 민법전, 제1488조.
162 일본 민법전, 제478조.
163 중화민국 민법전, 제309조; 일본 민법전, 제480조.
164 일본 민법전, 제481조.
165 일본 민법 제493조; 독일 민법 제294, 295조; 중화민국 민법 제235조; 만주국 민법 제447조.
166 일본 민법 제478조; 프랑스 민법 제1240조; 중화민국 민법 제310조(제2호); 만주국 민법 제457조.
167 일본 민법 제480조; 독일 민법 제370조; 중화민국 민법 제309조(제2항); 만주국 민법 제458조.
168 일본 민법 제479조; 프랑스 민법 제1241조(단서); 중화민국 민법 제310조(제3호); 만주국 민법 제459조.
169 중화민국 민법전, 제242, 243조.
170 중화민국 민법전, 제231조.
171 중화민국 민법전, 제232조.

383조),[173] 손해배상의 범위(제384조),[174] 손해배상의 방법(제385조),[175] 이행지체와 전보배상(제386조)[176] 등을 규정하였다.

(7) 이행(변제)의 장소에 대하여, 로빈기어 초안은 "이행의 장소는, 법률 또는 계약에 의해 다른 규정이 없는 한, 채무를 수행할 때의 위치에서 특정한 재산의 인도를 제외하고, 채권자의 주소, 또는 자신의 선택에 따른 곳이다"(Art 311)고 규정하였다. 이 초안은 채무를 이행하는 장소(place of performance)에 관하여 규정하고 있다.[177] 이에 대하여 현행민법전 초안은, 제4절 채권의 소멸에서, "채무의 성질 또는 당사자의 의사표시로 변제 장소의 정한 바이 없으면 특정물의 인도는 채권성립 당시에 그 물건 있던 장소에서 하여야 한다. 전항의 경우에 특정물 인도 이외의 채무변제는 채권자의 현주소에서 하여야 한다. 그러나 영업에 관한 채무의 변제는 채권자의 현영업소에서 하여야 한다"(제458조)고 규정하였다.[178] 두 초안은 거의 유사한 입법을 하고 있다.

(8) 이행(변제)의 시기에 대하여, 로빈기어 초안은 "다른 법률 또는 계약에 의해 규정하지 않는 한, 채권자의 요구에 따라, 또는 채무자의 선택에 의한 이전이다. 이행기는 채무자를 그 기간의 만료시에 그러나 반대 약정이 없이 불이행으로 채무자를 확정하지만 그 이전에 이행할 수 있다"(Art 312)고 규정하였다. 이 초안은 채무를 이행할 시기(이행기; time of performance)에 대하여 규정하고 있다.[179] 이에 대하여 현행민법전 초안은, 이행기에 대하여, 제2절 채권의 효력에서, "채무이행의 확정기한이 있는 때에는 채무자는 기한이 도래한 때로부터 지체책임이 있다. 채무이행의 불확정한 기한이 있는 때에는 채무자는 기한의 도래함을 알은 때로부터 지체책임이 있다. 채무이행의 기한이 없는 때에는 채무자는 이행청구를 받은 때로부터 지체책임이 있다"(제378조)고 규정하고,[180] 한편 변제기전의 변제에 대하여 "당사자의 특별한 의사표시가 없으면 변제기간전이라도

---

172 일본 민법 제412조; 독일 민법 제284조(제2항), 제271조(제1항); 스위스 채무법 제75조; 중화민국 민법 제229조; 만주국 민법 제374조.
173 신설; 스위스 채무법 제103조(제2항); 중화민국 민법 제231조; 만주국 민법 제379조.
174 일본 민법 제416조; 독일 민법 제252조; 프랑스 민법 제1149조; 중화민국 민법 제216조; 만주국 민법 제380조.
175 일본 민법 제417조; 독일 민법 제251조; 중화민국 민법 제213, 214, 215조; 만주국 민법 제381조.
176 신설; 스위스 채무법 제107조; 중화민국 민법 제232조.
177 켈리포니아 민법전, 제1489조; 중화민국 민법전, 제314조; 일본 민법전, 제484조.
178 일본 민법 제484조; 독일 민법 제269조(제1항), 제270조; 프랑스 민법 제1247조; 스위스 채무법 제74조; 중화민국 민법 314조; 만주국 민법 제454조.
179 켈리포니아 민법전, 제1491조; 중화민국 민법전, 제229, 315, 316조.
180 일본 민법 제412조; 독일 민법 제284조(제2항), 제271조(제1항); 스위스 채무법 제75조; 중화민국 민법 제229조; 만주국 민법 제374조.

채무자는 변제할 수 있다. 그러나 상대방의 손해를 배상하여야 한다"(제459조)고 규정하
였다.[181]

(나) 방식(mode)에 대하여

로빈기어 초안은 방식에 관하여, 지급(payment, Art 313), 이자(interest, Art 314), 지급
에 적용할 채권자의 선택(the obligee's option, Art 315), 임의지급과 변경(payment and
change, Art 316), 다수채무에 대한 이행의 적용(Application of performance to different
obligations, Art 317), 인도할 재산(Property, Art 318)을 각각 규정하였다.

(1) 금전채권의 지급에 대하여, 로빈기어 초안은 "지급은 국가의 통화로 할 수 있으
며, 그렇지 않으면 외화로 요구될 수 있다. 이행기에 더 이상 사용되지 않으면 통화를 요
구한다"(Art 313)고 규정하였다. 이 초안은 지급(payment)의 방식으로서 금전의 지급에
관하여 규정하고 있다. 즉 국가의 통화로 지급을 하지 못하면 외화로 지급하고,[182] 이행
기에 더 이상 사용되지 않으면 통화로 지급하여야 한다[183]는 것이다. 이에 대하여 현행
민법전 초안은, 제1절 채권의 목적에서, "채권의 목적이 어느 종류의 통화로 지급할 것
인 경우 그 통화가 변제기에 강제통용력을 잃은 때에는 채무자는 다른 통화로 변제하여
야 한다"(제367조)고 규정하고,[184] 한편 "채권의 목적이 다른 나라 통화로 지급할 것인 경
우에는 채무자는 자기가 선택한 그 나라의 각 종류의 통화로 변제할 수 있다. 채권의 목
적이 어느 종류의 다른 나라 통화로 지급할 것인 경우에 그 통화가 변제기에 강제통용
력을 잃은 때에는 그 나라의 다른 통화로 변제하여야 한다"(제368조)고 규정하고,[185] "채
권액이 다른 나라 통화로 지정된 때에는 채무자는 이행기의 환금시가에 의하여 우리나
라 통화로 변제할 수 있다"(제369조)고 규정하였다.[186] 두 초안은 금전의 지급을 목적으
로 하는 채무의 이행에 대하여 유사한 입법을 하였다.

(2) 이자의 지급에 대하여, 로빈기어 초안은 "이자는 그 율이 계약서에 고정되어 있

---

181 신설; 스위스 채무법 제81조; 중화민국 민법 제316조(후단); 만주국 민법 제455조.
182 중화민국 민법전, 제201, 202조; 일본 민법전, 제402, 403조.
183 중화민국 민법전, 제201조; 일본 민법전, 제402조.
184 일본 민법 제402조 제2항; 독일 민법 제245조; 중화민국 민법 제201조; 만주국 민법 제363조(제2항).
185 일본 민법 제402조; 만주국 민법 제363조(제3항).
186 일본 민법 제403조; 독일 민법 제244조; 스위스 채무법 제84조; 중화민국 민법 제202조; 만주국 민법 제364조.

지 않은 경우 연 5퍼센트(5%)에서 지급된다. 고정하는 경우 그것은 연 12퍼센트를 초과할 수 없고, 채권자는 할인, 타협 또는 다른 방법으로 증액할 수 없다. 그러나 당사자는 1년 이상 지체한 이자를 원금에 추가한다는 것을 서면으로 정할 수 있다"(Art 314)고 규정하였다. 이 초안은 이자(interest)의 지급에 관하여 규정하고 있다. 즉 이자율을 계약으로 정하지 않은 경우에는 연 5퍼센트,[187] 정하는 경우에는 연 12퍼센트를 초과할 수 없다[188]고 하였다. 그러나 지체된 이자는 원금에 추가하는 것으로 당사자는 정할 수 있다[189]는 것이다. 이에 대하여 현행민법전 초안은, 제1절 채권의 목적에서, 법정이율에 대하여 "이자 있는 채권이 이율은 다른 법률의 규정이나 당사자의 약정이 없으면 연 5푼으로 한다"(제370조)고 규정하고,[190] 한편 금전채무불이행에 대한 특칙에서 "금전채무불이행의 손해액은 법정이율에 의한다. 그러나 법령의 제한에 위반하지 아니한 약정이율이 있으면 그 이율에 의한다"(제388조)고 규정하였다.[191] 따라서 현행민법전 초안은 로빈기어 초안 제314조 후단의 규정을 이자제한법에 규정할 입법의사로 볼 수 있다.

(3) 그 밖에 로빈기어 초안은 "지급에 적용할 채권자의 선택은 채무자에게 정당한 통지가 있은 후에만 행사할 수 있다. 어떠한 경우에도 채권자는 수탁자의 자격으로 보유하고, 뿐만 아니라 확보되지 않은 사람을 배제하는 자신의 주장에 지급을 적용할 수 없다"(Art 315)고 규정하였다. 이 초안은 지급에 적용될 채권자의 선택(the obligee's option)에 대하여 규정하고 있다. 즉 그 선택은 채무자에게 정당한 통지를 한 뒤에만 행사할 수 있고,[192] 어떠한 경우에도 수탁자의 자격을 가지고 확보되지 않은 자를 배제하는 청구에 지급을 적용할 수 없다[193]는 것이다.

(4) 로빈기어 초안은 "당사자는 상대방의 동의 없이 자발적으로 (예, 판단에 따라) 지급을 적용할 수 없고, 한 번 정당하게 이뤄진 적용을 변경할 수 없다"(Art 316)고 규정하였다. 이 초안은 상대방의 동의 없이 판단에 따라서 자발적으로 지급할 수 없고,[194] 이

---

187   중화민국 민법전, 제203, 233조; 일본 민법전, 제404조.

188   중화민국 민법전, 제206, 207, 233조.

189   중화민국 민법전, 제207조.

190   일본 민법 제404조; 독일 민법 제246조; 스위스 채무법 제73조(제1항); 중화민국 민법 제203조; 만주국 민법 제365조.

191   일본 민법 제419조; 독일 민법 제288조; 스위스 채무법 제106조; 프랑스 민법 제1153조; 중화민국 민법 제233조; 만주국 민법 제383조.

192   켈리포니아 민법전, 제1479; American Law Institute's Restatement of Contracts, Sec 391; 일본 민법전, 제488조.

193   American Law Institute's Restatement of Contracts, Sec 290.

194   American Law Institute's Restatement of Contracts, Sec 393.

미 이뤄진 지급을 변경할 수 없다[195]는 것이다.

(5) 로빈기어 초안은 "동일한 채권자에 대한 다른 채무에 이행의 적용은 채무자의 지시에 따라 이뤄진다. 또는 그렇지 않으면 채무자의 반대가 없는 한 채권자의 정당한 지시에 따른다. 어느 경우에서나 적용은 당사자와 제3자의 최선의 이익에 합치하여야 한다. 채무자의 의무가 특정한 채무에 대한 지급의 적용을 요하면 그의 지시에 반하더라도 그렇게 적용되어야 한다. 그러한 지시가 없으면 채권자는 이행기의 미도래, 불법 또는 분쟁이 있는 청구에 대하여 지급을 적용하지 못하고, 비변제가 제3자에 대한 자격상실 또는 채무자의 의무 위반이 원인되는 것을 소멸시킬 수 없다"(Art 317)고 규정하였다. 이 초안은 동일인에 대한 다수채무의 이행에 관하여 규정하고 있다. 즉 채무자의 지시에 따라서 이행되고 그렇지 않은 경우에는 채권자의 지시에 따라 당사자 및 제3자의 이익에 합치되도록 이행되며,[196] 특정한 채무에 대한 채무자의 의무는 그의 지시에 반하여 지급될 수 있고,[197] 그러한 지시가 없는 경우 채권자는 이행기 미도래, 불법 또는 분쟁중인 청구 등에 대하여 지급을 받을 수 없다[198]는 것이다. 즉 변제충당에 대하여 규정하고 있다.

(6) 로빈기어 초안은 "이전될 재산은 계약에 의하여 정하여진 조건으로 채무의 주체를 형성한다. 그러나 부동산인 경우 채무자는 채권자에게 고지하는 것을 포기할 수 있다. 재산이 채무자가 아닌 다른 사람에게 속하지만 이행으로 인도되면, 새로운 인도 없이, 채권자가 선의로 소비하거나 양도하지 않는 한, 후자에 의하여 회수될 수 없다"(Art 318)고 규정하였다. 이 초안은 지급으로서 재산의 인도에 관하여 규정하고 있다. 즉 채무의 주체를 이루는 인도될 재산은 계약으로 그 조건이 정해지고,[199] 부동산인 경우에는 채권자에게 통지로서 포기할 수 있으며,[200] 채무자 이외의 자에게 속한 재산은 채무자에 의하여 회수될 수 없다[201]는 것이다.

---

195 American Law Institute's Restatement of Contracts, Sec 392.

196 켈리포니아 민법전, 제1479조; 일본 민법전, 제488조.

197 American Law Institute's Restatement of Contracts, Sec 388.

198 American Law Institute's Restatement of Contracts, Sec 389; 일본 민법전, 제489조.

199 일본 민법전, 제483조.

200 중화민국 민법전, 제241조.

201 일본 민법전, 제475~477조.

(다) 효과(Effect)에 대하여

로빈기어 초안은 효과에 대하여, 채무자의 책임면제(discharge, Art 319), 공탁(Deposit, Art 320), 책임(Liability, Art 321), 매각(Sale, Art 322), 대위변제(Subrogation, Art 323), 일부 대위(Partial subrogation, Art 324), 이행의 효력(Upon performance, Art 325), 이행의 비용 (Costs of performance, Art 326), 벌칙 및 손해배상(Penalties vs Liquidated Damages, Art 327)을 각각 규정하였다.

(1) 변제의 제공과 채권자지체에 대하여, 로빈기어 초안은 "채무자는 채무 전부를 이행하거나 신의에 좇아 이행을 제공함으로써 변제된다. 채권자가 거절하거나 변제의 제공을 수령하지 않거나 미리 수령하지 않을 것을 선언한 경우, 채권자는 사실상 불이행이 되고, 채무자는 이행의 준비를 통지하는 것만이 필요하다. 불이행인 동안 채무자는 이자를 부담하지 않고, 과실 취득, 의도적인 행위 또는 중대한 과실을 제외하고 책임이 없다. 이에 대한 책임은 사전에 포기할 수 없다"(Art 319)고 규정하였다. 이 초안은 채무자의 책임은 채무 전부의 이행[202] 또는 신의에 좇은 변제의 제공으로 면제되고,[203] 채권자가 변제의 제공에 대한 수령을 거절한 경우에는 채무자는 이행준비를 통지함으로써 족하고,[204] 이러한 불이행인 중에는 채무자는 이자를 부담하지 않고 책임을 면하게 된다[205]는 것이다. 이에 대하여 현행민법전 초안은, 제4절 채권의 소멸에서, 변제의 제공에 대하여 "변제는 채무내용에 적합한 현실제공을 하여야 한다. 그러나 채권자가 미리 변제받기를 거절하거나 채무의 이행에 채권자의 행위를 요하는 경우에는 변제준비의 완료를 통고하고 그 수령을 최고하면 된다"(제451조)고 규정하고,[206] 제2절 채권의 효력에서, 채권자지체에 대하여 "채권자가 이행을 받을 수 없거나 받지 아니한 때에는 이행의 제공 있는 때로부터 지체책임이 있다"(제391조)고 규정하고,[207] 채권자지체와 채무자의 책임에 대하여 제392조,[208] 제393조[209]를, 채권자지체와 채권자의 책임에 대하여 제

---

202   Anson, Law of Contracts, Chap. XIII; 켈리포니아 민법전, 제1439, 1473조; 중화민국 민법전, 제219, 309조; American Law Institute's Restatement of Contracts, Sec 386.

203   켈리포니아 민법전, 제1485, 1493조; 일본 민법전, 제478, 492조; Anson, Law of Contracts, pp.346~7.

204   중화민국 민법전, 제234, 235조; 일본 민법전, 제493조 이하.

205   중화민국 민법전, 제222, 237, 238, 239조.

206   일본 민법 제493조; 독일 민법 제294조; 중화민국 민법 제235조; 만주국 민법 제447조.

207   일본 민법 제413조; 독일 민법 제293조; 스위스 채무법 제91조; 중화민국 민법 제234조; 만주국 민법 제387조.

208   신설; 독일 민법 제300조; 중화민국 민법 제237조; 만주국 민법 제388조.

394조[210]를 각각 규정하였다. 따라서 현행민법전 초안은 의용민법(일본 민법)에 없었던 규정을, 로빈기어 초안과 유사한 규정을, 신설하는 입법을 시도하였다.

(2) 변제공탁에 대하여, 로빈기어 초안은 "채권자가 수령을 거부하거나 수령할 수 없는 경우, 소재나 식별이 되지 않는 경우에 채무자는 후자가 이행이나 담보할 권한에 대응할 권한이 없는 한 채권자의 이익을 위하여 보통재판적이 있는 지방법원에 목적물을 공탁함으로써 더 이상 자신의 책임을 완화할 수 있다"(Art 320)고 규정하였다. 이 초안은 채권자가 수령을 거부 또는 할 수 없는 경우, 소재나 식별이 되지 않는 경우에 채무자는 관할 지방법원에 목적물을 공탁함으로써 책임을 면할 수 있다는 것이다.[211] 이에 대하여 현행민법전 초안은, 제4절 채권의 소멸 제2관 공탁에서, 변제공탁의 요건, 효과에 대하여 "채권자가 변제를 받지 아니하거나 받을 수 없는 때에는 변제자는 채권자를 위하여 변제의 목적물을 공탁하여 그 채무를 면할 수 있다. 변제자가 과실 없이 채권자를 알 수 없는 경우에도 같다"(제478조)고 규정하였다.[212] 한편 공탁물수령과 상대의무이행(제482조)[213]을 각각 규정하였다. 따라서 변제공탁에 대하여 두 초안은 유사한 입법의사를 확인할 수 있다. 다만 현행민법전 초안은 채권자의 공탁물수령과 채무자에 대한 상대의무이행의 동시이행관계를 규정하고 있다.

(3) 공탁의 통지와 공탁물의 회수에 대하여, 로빈기어 초안은 "공탁의 통지하면, 목적물은 채권자의 위험과 처분에 있게 된다. 채무자는 과실 취득을 못한 이익 또는 위험을 회복하고, 법원의 처분이 있기 전에 목적물을 회수할 수 있다"(Art 321)고 규정하였다. 이 초안은 채무자의 책임으로서 공탁 통지와 공탁 회수에 관하여 규정하고 있다. 즉 공탁 통지를 하면 채무자는 과실 수취를 못한 이익 또는 위험을 회복할 수 있고,[214] 목적물을 법원의 처분이 있기 전에 회수할 수 있다[215]는 것이다. 이에 대하여 현행민법전 초안은 공탁의 방법(제479조),[216] 공탁물의 회수(제480조)[217]를 각각 규정하였다. 따라서 두

---

209   신설; 독일 민법 제301조; 중화민국 민법 제238조; 만주국 민법 제389조.
210   신설; 독일 민법 제304조; 중화민국 민법 제340조; 만주국 민법 제390조.
211   중화민국 민법전, 제326, 327, 329조; 일본 민법전, 제494, 495조.
212   일본 민법 제494조; 독일 민법 제372조; 스위스 채무법 제92조(제1항), 제96조; 프랑스 민법 제1257조; 중화민국 민법 제326조, 475조.
213   일본 민법 제498조; 독일 민법 제373조; 중화민국 민법 제329조; 만주국 민법 제479조.
214   중화민국 민법전, 제328, 329조.
215   일본 민법전, 제497조.
216   일본 민법 제495조; 독일 민법 제374조; 프랑스 민법 제1259조; 스위스 채무법 제92조(제2항); 중화민국 민법 제327조; 만주국 민법 제476조.

초안은 유사한 입법의사를 확인할 수 있다.

(4) 자조매각금의 공탁에 대하여, 로빈기어 초안은 "목적물이 부패하기 쉬운 경우, 또는 공탁이 부적절하거나 많은 비용이 드는 경우에 법원은 공매할 권한을 부여하고, 당사자를 위하여 절차비용이 적게 드는 자격 있는 자의 보관을 지시할 수 있다"(Art 322)고 규정하였다. 이 초안은 공탁에 적합하지 않은 목적물의 매각(Sale) 또는 보관을 지시할 수 있다고 규정하고 있다.[218] 이에 대하여 현행민법전 초안은 자조매각금의 공탁에 대하여 "변제의 목적물이 공탁물에 적당하지 아니하거나 멸실 또는 훼손할 염려가 있거나 공탁에 과다한 비용을 요하는 경우에는 변제자는 법원의 허가를 얻어 그 물건을 경매하거나 시가로 방매하여 대금을 공탁할 수 있다"(제481조)고 규정하였다.[219] 두 초안은 유사한 입법을 한 입법의사를 확인할 수 있다.

(5) 대위변제에 대하여, 로빈기어 초안은 "유효한 이익이 있는 채무를 이행한 자는 채무자에 대한 채권자의 권리를 대위하고, 그의 위험의 범위에서 책임을 면한다"(Art 323)고 규정하였다. 이 초안은 대위변제(subrogation)에 관하여 규정하고 있다. 즉 채무이행에 이익이 있는 자가 변제를 하면 채무자에 대하여 채권자의 권리를 대위하고,[220] 그의 위험 범위에서 책임을 면한다[221]는 것이다. 이에 대하여 현행민법전 초안은 대위변제에 대하여 변제자의 임의대위(제471조)[222]와 법정대위(제472조)[223]로 구분하여 규정하고, 대위변제의 효과에 대하여 "전 2조의 규정에 의하여 채권자를 대위한 자는 자기의 권리에 의하여 구상할 수 있는 범위에서 채권 및 그 담보에 관한 권리를 행사할 수 있다"(제473조 제1항)고 규정하였다. 두 초안의 차이를 보면, 로빈기어 초안은 법정대위만을 규정하였으나 현행민법전 초안은 임의대위와 법정대위를 규정한 점을 들 수 있다.

(6) 일부의 대위에 대하여, 로빈기어 초안은 "일부 대위는 채권자와 함께 동반하여

---

217 일본 민법 제496조; 독일 민법 제376, 379조(제3항); 프랑스 민법 제1262조; 스위스 채무법 제94조; 만주국 민법 제477조.
218 중화민국 민법전, 제331~333조; 일본 민법전, 제497조.
219 일본 민법 제497조; 독일 민법 제383조(제1항); 스위스 채무법 제93조; 중화민국 민법 제331, 332조; 만주국 민법 제478조.
220 중화민국 민법전, 제228, 242조; 독일 민법전, 제255조; 일본 민법전, 제499, 500, 503조; American Law Institute's Restatement of Contracts, Sec 141.
221 일본 민법전, 제504조.
222 일본 민법 제499조; 독일 민법 제268조(제3항); 프랑스 민법 제1249조; 중화민국 민법 제313조; 만주국 민법 제468조.
223 일본 민법 제500조; 독일 민법 제426조(제2항), 제774조; 프랑스 민법 제1251조; 중화민국 민법 제312조; 만주국 민법 제469조.

비례하여 그의 권리를 실행하는 대위를 하는 것이다. 단독으로 미이행에 대하여 취소할 수 있지만 당사자를 대위하여 그의 공헌 범위에서 상환을 요구할 수 있다"(Art 324)고 규정하였다. 이 초안은 일부 대위(Partial subrogation)에 관하여 규정하고 있다.[224] 이에 대하여 현행민법전 초안은 "채권의 일부에 대위변제가 있는 때에는 대위자는 그 변제한 가액에 비례하여 채권자와 함께 권리를 행사한다. 전항의 경우에 채무불이행을 원인으로 하는 계약 해제는 채권자만 할 수 있고 채권자는 대위자에게 그 변제한 가액과 이자를 상환하여야 한다"(제474조)고 규정하였다.[225] 두 초안은 대위변제에 대하여 유사한 입법의사를 확인할 수 있다.

(7) 이행의 유효에 대하여, 로빈기어 초안은 "이행을 하면, 채권자로부터 서면에 의한 영수증과 채무증서로서 효력이 있다"(Art 325)고 규정하였다. 이 초안은 이행에 의한 (upon performance) 효력에 관하여 규정하고 있다. 즉 서면에 의한 영수증,[226] 모든 채무증서[227]에 의하여 유효하게 된다는 것이다. 이에 대하여 현행민법전 초안은 "변제자는 변제를 받는 자에게 영수증을 청구할 수 있다"(제465조)고 영수증청구권을 규정하고,[228] "채권증서가 있는 경우에는 변제자가 채무 전부를 변제한 때에는 채권증서의 반환을 청구할 수 있다. 채권이 변제 이외의 사유로 전부 소멸한 때에도 같다"(제466조)고 규정하였다.[229] 두 초안은 입법취지가 유사하다.

(8) 변제비용의 부담에 대하여, 로빈기어 초안은 "다른 법률이나 계약에 의해 규정되지 않는 이행의 비용은 채무자에게 일반적으로 부과한다. 그러나 채권자는 주소 변경 또는 기타 사유로 증가된 비용에 대하여 책임이 있고 그가 불이행한 경우 채무자는 제공 및 보존의 필요적 비용을 변상 받을 수 있다"(Art 326)고 규정하였다. 이 초안은 이행(변제)의 비용(costs of performance)에 관하여 규정하고 있다. 즉 법률이나 계약에 달리 정함이 없으면 통상 채무자가 부담하고,[230] 주소의 변경 등으로 증가된 비용은 채권자가 부담하며,[231] 채무가 이행되지 않은 경우 제공 및 보존에 필요적 비용을 채무자는 변상

---

224 일본 민법전, 제502조.
225 일본 민법 제502조; 프랑스 민법 제1252조(단서); 만주국 민법 제471조.
226 켈리포니아 민법전, 제1499조; 일본 민법전, 제486조.
227 일본 민법전, 제487조.
228 일본 민법 제486조; 독일 민법 제368조; 스위스 채무법 제88조(제1항); 중화민국 민법 제324조; 만주국 민법 제462조.
229 일본 민법 제487조; 독일 민법 제371조; 스위스 채무법 제88조(제1항); 중화민국 민법 제308조; 만주국 민법 제463조.
230 중화민국 민법전, 제317조; 일본 민법전, 제485조.
231 중화민국 민법전, 제317조; 일본 민법전, 제485조.

받을 수 있다[232]는 것이다. 이에 대하여 현행민법전 초안은 변제비용의 부담에 대하여 "변제비용은 다른 의사표시가 없으면 채무자의 부담으로 한다. 그러나 채권자의 주소 이전 기타의 행위로 변제비용이 증가된 때에는 그 증가액은 채권자의 부담으로 한다" (제464조)고 규정하였다.[233] 두 초안은 동일한 입법의사를 확인할 수 있다.

(9) 배상액의 예정에 대하여, 로빈기어 초안은 "당사자가 이행하지 못할 경우 채무자가 지급할 것에 합의를 한 경우 고정된 합계는 손해의 총액으로 본다. 그러나 이행기 또는 방법으로 미이행에 대하여 벌칙만이 있는 경우 추가 손해가 부여될 수 있다. 법원은 그것이 과도하거나 일부 이행이 이미 유효한 경우에 벌칙을 감경할 수 있다"(Art 327)고 규정하였다. 이 초안은 벌칙 및 손해배상(penalties vs liquidated damages)에 대하여 규정하고 있다.[234] 이에 대하여 현행민법전 초안은 "당사자는 채무불이행에 관한 손해배상액을 예정할 수 있다. 손해배상의 예정액이 부당히 과다한 경우에는 법원은 적당히 감액할 수 있다. 손해배상액의 예정은 이행의 청구나 계약의 해제에 영향이 없다. 위약금의 약정은 손해배상액의 예정으로 추정한다"(제389조)고 규정하였다.[235] 두 초안은 입법례를 달리하여 서로 다르게 규정하고 있음을 확인할 수 있다.

(라) 불능(Impossibility)에 대하여

로빈기어 초안은 불능에 대하여, 정의(Defined, Art 328), 불가능한 실행(An impossible undertaking, Art 329), 효과(Effect, Art 330)를 각각 규정하였다.

(1) 불능에 대하여, 로빈기어 초안은 "불가능한 것을 제외하고 모든 것은 가능한 것으로 간주한다. 그러나 후자는 극단적이고 불합리한 곤란, 비용, 손실 또는 기타 침해를 포함하지만 이행의 본질에 대신한 약속인의 무능력에 기인한 것은 포함되지 않는다"(Art 328)고 규정하였다. 이 초안은 불능(Impossibility)에서 그 정의(defined)를 규정하고 있다. 즉 불능한 것을 제외하고(save) 모든 것은 가능한 것으로 간주하고,[236] 불능에는 극단

---

232 중화민국 민법전, 제240조.
233 일본 민법 제485조; 독일 민법 제270조(제3항); 프랑스 민법 제1248조; 중화민국 민법 제317조; 만주국 민법 제461조.
234 켈리포니아 민법전, 제1671조; 중화민국 민법전, 제250, 253조; Anson, Law of Contracts (16th ed.), 330.
235 일본 민법 제420, 421조; 독일 민법 제340, 343조; 스위스 채무법 제163조(제2, 3항); 프랑스 민법 제1152조; 만주국 민법 제384, 385조.

적이고 불합리한 곤란, 비용, 손실 또는 기타 침해를 포함하고,[237] 이행의 본질이 아닌 약속인의 무능력으로 인한 것은 포함하지 않는다[238]는 것이다. 이에 대하여 현행민법전 초안은, 제2장 계약 제1절 총칙 제1관 계약의 효력에서, "이행의 전부 또는 일부가 채무자의 책임 있는 사유로 불능하게 된 때에는 채권자는 계약을 해제할 수 있다"(제535조)고 규정하였다.[239] 이행의 불능에 대하여 두 초안은 달리 입법하고 있음을 확인할 수 있다. 즉 로빈기어 초안은 이행의 불능이 채무의 소멸사유가 되는 것으로 입법을 하고, 현행민법전 초안은 계약의 해제로서 계약관계의 해소로서 입법하고 있음을 확인할 수 있다.

(2) 로빈기어 초안은 "불가능한 실행은 불능이 이행의 제한 또는 선행조건의 성취 전에 제거되지 않으면 무효가 된다. 그러나 동일한 채무의 다른 실행이 가능한 경우 채무자는 그것을 이행하여야 한다. 불능이 오직 부분적이면 반대의 이행은 비례적으로 감소된다"(Art 329)고 규정하였다. 이 초안은 불능한 실행(a impossible undertaking)에 관하여 규정하고 있다. 즉 불가능한 실행은 불가능이 이행의 제한 또는 선행조건의 성취가 있기 전에 제거되지 않으면 무효가 되고,[240] 동일한 채무에 다른 실행이 있으면 채무자는 그것을 이행하여야 하며,[241] 불능이 부분적인 경우에는 그에 대한 이행은 비례적으로 감소된다[242]는 것이다.

(3) 로빈기어 초안은 "채무자는 이행이 그의 책임 없는 원인으로 방해된 경우 불이행이 되지 않는다. 이행이 그의 과실 없이 채무의 발생 전 또는 후에 불능이 된 경우 그는 면책된다. 그러나 채권자는 불능의 원인에 대하여 제3자에게 청구할 이익에 대한 권한을 갖게 된다. 당사자가 책임이 없으면 채권자는 반대 이행을 회복하게 된다. 당사자 모두가 채무의 발생, 불가능을 알거나 알았을 경우에, 과실 없이 그에게 발생한 침해라도, 그는 상대방에 대하여 책임이 있다. 다른 합의가 없으면 당사자 모두 불능에 의하여 면책되고 이행 부분을 회복하게 된다. 사망 또는 한쪽 당사자의 질병 봉사는 이행을 위하여 불가결하고, 또는 불가결한 목적물의 부존재는 불능에 산입된다"(Art 330)고 규정하

---

236 켈리포니아 민법전, 제1597조.
237 American Law Institute's Restatement of Contracts, Sec 454.
238 American Law Institute's Restatement of Contracts, Sec 455.
239 일본 민법 제543조; 독일 민법 제325조; 중화민국 민법 제256조; 만주국 민법 제533조.
240 켈리포니아 민법전, 제1441, 1598조; 중화민국 민법전, 제246조; American Law Institute's Restatement of Contracts, Sec 462.
241 중화민국 민법전, 제211, 246조; American Law Institute's Restatement of Contracts, Sec 464.
242 중화민국 민법전, 제211, 266조; 일본 민법전, 제410조; American Law Institute's Restatement of Contracts, Sec 463.

였다. 이 초안은 불능의 효과(effect)에 관하여 규정하고 있다.[243]

(마) 전문적 취소(Expert Rescission)에 대하여

해지 및 해제권에 대하여, 로빈기어 초안은 전문적 취소에 대하여, 원인(grounds, Art 331),[244] 방식(mode, Art 332),[245] 취소의 결과(consequences, Art 333), 취소권의 소멸(Extinction of ex parte right of rescission, Art 334)[246]을 각각 규정하였다. 이에 대하여 현행민법전 초안은, 제3 관 계약의 해지, 해제에서, 해지, 해제권(제532조),[247] 이행지체와 해제(제533조),[248] 정기행위와 해제(제534조),[249] 해제권행사여부의 최고권(제541조),[250] 훼손 등으로 인한 해제권의 소멸(제542조)[251] 등을 규정하였다. 여기에서 두 초안은 서로 다른 입법을 하였음을 확인할 수 있다.

(바) 합의(Agreement)에 대하여

로빈기어 초안은 합의에 의한 해제에 대하여, 면제(release, Art 335), 화해(Comprom-ise Lat. trensactio, Art 336), 철회(Revocation, Art 337), 화해의 효과(effect, Art 338), 갱개 (Novation, Art 339), 갱개에 의한 구계약의 소멸(extinction of the old contract, Art 340)을 각각 규정하였다.

(1) 면제에 대하여, 로빈기어 초안은 "채권자에 의하여 채무자의 면제는 수락된 그의 채무로부터 채무자를 벗어나게 한다. 그것은 언어의 형식으로, 선행조건의 발생에 적용 될 표현으로, 또는 소송이 아닌 계약이다. 그러나 공동채무자의 1인의 면제는 면제된 몫의 범위를 제외하고, 보증인이 없거나 그들에게 기여한 것을 면하지 않으면 다른 사람

---

243 중화민국 민법전, 제230, 225, 266, 247조; American Law Institute's Restatement of Contracts, Sec 268, 459, 460.

244 중화민국 민법전, 제254, 256, 260조; 일본 민법전, 제543, 544, 548, 545조; American Law Institute's Restatement of Contracts, Sec 406; 켈리포니아 민법전, 제1689조.

245 켈리포니아 민법전, 제1691조; 중화민국 민법전, 제255, 257, 258조; 일본 민법전, 제540, 542조.

246 중화민국 민법전, 제257, 262조; 일본 민법전, 제547, 548조.

247 일본 민법 제540조; 독일 민법 제329조; 프랑스 민법 제1183조; 중화민국 민법 제258조(제1,3항); 만주국 민법 제530조.

248 일본 민법 제541조; 독일 민법 제326조; 스위스 채무법 제107조 제2항, 제108조(제1항); 중화민국 민법 제254조; 만주국 민법 제531조.

249 일본 민법 제542조; 독일 민법 제361조; 중화민국 민법 제255조; 만주국 민법 제532조.

250 일본 민법 제547조; 독일 민법 제355조; 중화민국 민법 제257조; 만주국 민법 제538조.

251 일본 민법 제548조 제1항; 독일 민법 제351조(전단), 제352조, 제350조; 중화민국 민법 제262조; 만주국 민법 제539조.

을 면책하지 못한다"(Art 335)고 규정하였다. 이 초안은 면제(release)에 대하여 규정하고 있다.[252] 이에 대하여 현행민법전 초안은 면제의 요건, 효과에 대하여 "채권자가 채무자에게 채무를 면제하는 의사를 표시하면 채권은 소멸한다. 그러나 채권이 제3자의 권리의 목적인 때에는 면제로써 그 제3자에게 대항하지 못한다"(제497조)고 규정하였다.[253] 두 초안에서 모두 면제에 의한 채권의 소멸을 규정하고 있지만, 로빈기어 초안은 연대채무자 1인에 대한 면제[254]를 포함하여 입법한 것이 다른 입법의사로 볼 수 있다.

(2) 화해에 대하여, 로빈기어 초안은 "화해(라틴어 trensactio)는 당사자 사이에 계쟁중인 분쟁을 종료하거나 미래의 일을 보류하는 계약이다. 분쟁이 법원에 제출 된 때 보류중인 소송 또는 초법적으로 관련된 경우는 사법적이 될 수 있다"(Art 336)고 규정하였다. 이 초안은 화해(compromise)에 관하여 규정하고 있다.[255] 이에 대하여 현행민법전 초안은, 제2장 계약 제15절 화해에서, 화해에 대하여 "화해는 당사자가 상호 양보하여 당사자간의 분쟁을 종지할 것을 약정함으로써 그 효력이 생긴다"(제724조)고 규정하였다.[256] 두 초안의 다른 점은 로빈기어 초안은 화해를 채무의 소멸사유로, 현행민법전 초안은 전형계약의 하나로 각각 규정의 배치를 달리하여 입법한 점이라 할 것이다.

(3) 화해의 취소에 대하여, 로빈기어 초안은 "철회는, ① 문서를 기반으로 화해를 방해하는 위조 또는 변조를 나중에 발견했을 때, ② 화해하기 전에 집행된 판단의 대상이 되지만 당사자에게 알 수 없는 경우, ③ 당사자 중 1인이 필수적 특성에 관한 상대방의 자격을 착각한 때를 제외하고, 허용되지 않는다"(Art 337)고 규정하였다. 이 초안은 화해의 취소 (revocation)에 관하여 규정하고 있다. 즉 화해를 취소할 수 있는 일정한 사항(①~③)을 규정하고 있다.[257] 이에 대하여 현행민법전 초안은 화해의 효력과 착오(제726조)[258]를 규정하였다. 여기에서 두 초안은 유사한 입법의사를 확인할 수 있다.

---

252 American Law Institute's Restatement of Contracts, Sec 402, 403, 404, 405; 켈리포니아 민법전, 제1541, 1543조; 중화민국 민법전, 제343, 276, 277, 288, 437조; 독일 민법전, 제397조; 일본 민법전, 제519조.

253 일본 민법 제519조; 독일 민법 제397조; 프랑스 민법 제1282조; 중화민국 민법 제343조; 만주국 민법 제494조.

254 현행민법전 초안 제410조(면제의 절대적 효력) 어느 연대채무자에게 대한 채무면제는 그 채무자의 부담부분에 한하여 다른 연대채무자의 이익으로 효력이 있다. 일본 민법 제437조; 독일 민법 제423조; 프랑스 민법 제1285조; 중화민국 민법 제276조(제1항); 만주국 민법 제407조.

255 중화민국 민법전, 제736조; 독일 민법전, 제779조; 일본 민법전, 제695조; 폴투갈 민법전, 제1711조; 40 Corpus Juris, 1423 n.83.

256 일본 민법 제695조; 독일 민법 제779조; 프랑스 민법 제2044조; 중화민국 민법 제736조; 만주국 민법 제715조.

257 중화민국 민법전, 제738조.

258 신설; 프랑스 민법 제2052, 2053조; 독일 민법 제779조; 중화민국 민법 제738조.

(4) 화해의 창설적 효력에 대하여, 로빈기어 초안은 "화해의 효과는 당사자에 의해 포기한 권한을 무효화하고 화해에 지정된 각자에게 보증하는 것이다"(Art 338)고 규정하였다. 이 초안은 화해의 효과(effect)에 관하여 규정하고 있다.[259] 이에 대하여 현행민법전 초안은 "화해계약은 당사자 일방이 양보한 권리가 소멸되고 상대방이 화해로 인하여 그 권리를 취득하는 효력이 있다"(제725조)고 규정하였다.[260]

(5) 갱개에 대하여, 로빈기어 초안은 "갱개는 기존 채무에 대한 새로운 채무의 대체이다. 대체는 당사자 또는 조건이지만, 원래의 채무와 동일한 요건을 준수하게 된다. 당사자는 동일한 보증 또는 새로운 채무를 사용할 수 있지만 제3자에게 속하는 경우 그의 동의를 얻을 수 있어야 한다"(Art 339)고 규정하였다. 이 초안은 채무의 소멸사유로 갱개 (novation)에 대하여 규정하고 있다.[261] 이에 대하여 현행민법전 초안은 갱개의 요건, 효과에 대하여 "당사자가 채무의 중요한 부분을 변경하는 계약을 한 때에는 구채무는 이로 인하여 소멸한다"(제491조)고 규정하였다.[262] 두 초안은 갱개를 채무의 소멸사유로 규정한 것은 동일한 입법의사로 확인되었다.

(6) 갱개에 의하여 구채무의 소멸에 대하여, 로빈기어 초안은 "구계약의 소멸은 새계약이 완전한 강제에 들어가고 전자에 대체한 당사자에 의하여 수락되면 오직 따르게 된다"(Art 340)고 규정하였다. 이 초안은 갱개에 의한 구계약의 소멸(extinction of the old contract)에 대하여 규정하고 있다.[263] 이에 대하여 현행민법전 초안은 구채무불소멸의 경우에 대하여 "갱개로 인하여 신채무가 원인의 불법 또는 당사자가 알지 못한 사유로 인하여 성립되지 아니하거나 취소된 때에는 구채무는 소멸되지 아니한다"(제495조)고 규정하였다.[264] 두 초안은 표현은 다르더라도 같은 입법례를 들어서 입법한 것을 확인할 수 있다.

(사) 상계(Compensation(Set Off))에 대하여

로빈기어 초안은 상계에 대하여, 본질(Nature, Art 341), 의사표시(A declaration of intention, Art 342)를 각각 규정하였다.

---

259 중화민국 민법전, 제737조.

260 일본 민법 제696조; 프랑스 민법 제2052조(제1항); 중화민국 민법 제737조; 만주국 민법 제716조.

261 켈리포니아 민법전, 제1530조; 독일 민법전, 제364(1)조; 일본 민법전, 제513, 514, 517조.

262 일본 민법 제513조 제1항; 프랑스 민법 제1271조; 만주국 민법 제488조.

263 독일 민법전, 제364(2)조; 일본 민법전, 제515, 517조.

264 일본 민법 제517조; 만주국 민법 제492조.

(1) 상계의 요건에 대하여, 로빈기어 초안은 "2인 이상의 각 당사자는, 유사한 목적들이, 동일한 일반적인 성질의 성숙한 채무에 의한 상호 결합은 상계에 의하여 그 범위에서 면책된다. 채무가 다른 장소에서 이행될 수 있는 것은 이러한 면책을 막지 못할 것이고, 상계되는 청구는 상계권이 확립된 후 소멸시효에 의하여 방해되지 않는다. 다만 상계를 하고자 하는 당사자는 이행의 장소가 달라서 결과 손실에 대하여 상대방에게 배상하여야 한다"(Art 341)고 규정하였다. 이 초안은 상계의 본질(nature)에 대하여 규정하고 있다.[265] 이에 대하여 현행민법전 초안은 상계의 요건(제483조),[266] 이행지를 달리하는 채무의 상계(제485조),[267] 소멸시효완성된 채권에 의한 상계(제486조),[268] 불법행위채권을 수동채권으로 하는 상계의 금지(제487조),[269] 압류금지채권을 수동채권으로 하는 상계의 금지(제488조),[270] 지급금지채권을 수동채권으로 하는 상계의 금지(제489조),[271] 준용규정(제491조)[272]을 각각 규정하였다. 두 초안은 상계를 채무의 소멸사유로 입법한 입법의사를 확인할 수 있다. 다만 현행민법전 초안은 상계가 금지된 경우 등을 추가하여 입법한 점이 다르다 할 것이다.

(2) 상계의 방법에 대하여, 로빈기어 초안은 "상계하고자 하는 당사자의 의사표시는 상대방에게 하는 것이 필요하다. 다만 무조건이어야 하고 시작 또는 종료의 시간에 제한이 없어야 한다"(Art 342)고 규정하였다. 이 초안은 상계하고자 하는 당사자의 의사표시(a declaration of intention)에 관하여 규정하고 있다.[273] 이에 대하여 현행민법전 초안은 상쇄의 방법, 효력(제484조)을 규정하였다.[274] 두 초안은 상계의 방법은 상대방에 대한

---

265 중화민국 민법전, 제334, 336, 337조; 독일 민법전, 제287, 391조; 일본 민법전, 제507조.

266 일본 민법 제505조; 독일 민법 제387조; 프랑스 민법 제1289조; 스위스 채무법 제120조(제1항), 제126조; 중화민국 민법 제334조; 만주국 민법 제480조.

267 일본 민법 제507조; 독일 민법 제391조(제1항); 프랑스 민법 제1296조; 중화민국 민법 제336조(제1항); 만주국 민법 제482조.

268 일본 민법 제508조; 독일 민법 제390조(후단); 스위스 채무법 제120조(제3항); 중화민국 민법 제337조; 만주국 민법 제483조.

269 일본 민법 제509조; 독일 민법 제393조; 중화민국 민법 제339조; 만주국 민법 제484조.

270 일본 민법 제510조; 독일 민법 제394조; 프랑스 민법 제1293조(제3항); 스위스 채무법 제125조(제2호); 중화민국 민법 제338조; 만주국 민법 제485조.

271 일본 민법 제511조; 독일 민법 제392조; 프랑스 민법 제1298조; 중화민국 민법 제341조; 만주국 민법 제486조.

272 일본 민법 제513조; 독일 민법 제396조; 프랑스 민법 제1297조; 중화민국 민법 제342조; 만주국 민법 제487조.

273 중화민국 민법전, 제335조; 독일 민법전, 제388조; 일본 민법전, 제506조.

274 제484조(상쇄의 방법, 효력) 상계는 상대방에 대한 의사표시로 한다. 이 의사표시에는 조건 또는 기한을 부가하지 못한다. 상계의 의사표시는 각 채무가 상계할 수 있은 때에 대등액으로 소멸한 것으로 본다. 일본 민법 제506조; 독일 민법 제388, 389조; 프랑스 민법 제1290조; 스위스 채무법 제124조(제1,2항); 중화민국 민법 제335조(제1항); 만주국 민법 제481조.

의사표시로 한다는 동일한 입법을 한 것을 확인할 수 있다.

(아) 법의 적용(Operation of Law)에 대하여

로빈기어 초안은 법의 적용에 대하여, 소멸시효(Extinctive prescription, Art 343), 연대채무자의 전부 또는 일부의 파산(bankruptcy of all or part of the solidary obligers, Art 344)을 각각 규정하였다.

(1) 소멸시효에 대하여, 로빈기어 초안은 "소멸시효는 의무를 소멸한다. 채무에서 발생한 권리와 의무가 동일한 사람에게 귀속하면 채무는 제3자에게 속하는 권리의 목적이 아니면 소멸한다. 따라서 계약상 채무는 판결 또는 재정에 통합될 수 있다"(Art 343)고 규정하였다. 이 초안은 소멸시효(extinctive prescription)에 대하여 규정하고 있다.[275] 이에 대하여 현행민법전 초안은, 제1편 총칙 제7장 소멸시효에서, 채권, 재산권의 소멸시효에 대하여 "채권은 10년간 행사하지 아니하면 소멸시효가 완성한다. 채권 및 소유권 이외의 재산권은 20년간 행사하지 아니하면 소멸시효가 완성한다"(제155조)고 규정하고,[276] 3년의 단기소멸시효(제156조),[277] 1년의 단기소멸시효(제157조),[278] 판결 등에 의하여 확정된 채권의 소멸시효(제158조),[279] 소멸시효의 기산점(제159조),[280] 소멸시효의 중단사유(제160조),[281] 시효중단의 효력(제161조),[282] 재판상의 청구와 시효중단(제162조)[283] 등을 각각 규정하였다.[284] 따라서 시효에 관하여 현행민법전 초안은 소멸시효를 제1편 총칙에 입법을 하고 취득시효를 제2편 물권에 분리하여 입법하는 입법의사를 확인하였다. 다만 소멸

---

275 Anson, Law of Contracts, 370 sq; 중화민국 민법전, 제125~7, 276, 288, 344조; 일본 민법전, 제167~8, 520조; American Law Institute's Restatement of Contracts, Sec 443, 444, 445.

276 일본 민법 제167조; 독일 민법 제194, 195조; 스위스 채무법 제127조; 중화민국 민법 제125조; 만주국 민법 제154조.

277 일본 민법 제170조 내지 제173조를 합하여 단일 조문으로; 독일 민법 제196, 197조; 스위스 민법 제128조; 중화민국 민법 제126, 127조; 만주국 민법 제155, 156조.

278 일본 민법 제173조 내지 제174조의 일부.

279 일본 민법 제174조의2; 만주국 민법 제157조.

280 일본 민법 제166조 제1,2항; 독일 민법 제198조; 스위스 채무법 제130조; 중화민국 민법 제128조; 만주국 민법 제158조.

281 일본 민법 제147조; 독일 민법 제208, 209조; 중화민국 민법 제129조; 만주국 민법 제159조.

282 일본 민법 제148조; 중화민국 민법 제138조; 만주국 민법 제160조.

283 일본 민법 제149조; 독일 민법 제212조; 중화민국 민법 제131, 135조; 만주국 민법 제161조.

284 이외에 현행민법전 초안 제163조 내지 제175조가 소멸시효에 관하여 규정하였다.

시효를 채무의 소멸사유로 한 점에서 로빈기어 초안과 유사한 입법의사로 볼 수 있다.

(2) 로빈기어 초안은 "연대채무자의 전부 또는 일부의 파산은 채권자를 절차와 전부 만족을 청구하도록 개입한다. 파산에서 면책명령은 파산채무를 일반적으로 소멸시키거나 할 수 있다"(Art 344)고 규정하였다. 이 초안은 연대채무자의 전부 또는 일부의 파산(bankruptcy of all or part of the solidary obligers)에 대하여 규정하고 있다.[285] 이에 대하여 현행민법전 초안은 아무런 규정을 하지 않음으로써 달리 입법되었음을 확인할 수 있다.

(자) 파산(Bankruptcy)에 대하여

파산에 대하여, 로빈기어 초안은 본질과 구조(Nature and Institution, Art 345~352), 파산재산(bankrupt estate, Art 353~356), 파산청구(bankruptcy claims, Art 357~360), 채권자의 권리(creditors rights, Art 361~366), 회의(meetings, Art 367~370), 화의(composition, Art 371~373), 배분(distribution, Art 374~377) 및 해제와 부당이득(discharge and restitution, Art 378~383) 및 효과(effect, Art 384~385)를 각각 규정하였다. 이에 대하여 현행민법전 초안은 파산에 관하여 민법전에 입법하지 않고 단행법률인 파산법에 입법하려는 입법의사를 확인할 수 있다.

2. 각종의 채무관계에 관한 규정내용의 비교

로빈기어 초안은, 각종의 채무관계(Kinds of Obligations)에 관하여, 계약(Contractual, Arts 386~922), 준계약(Quasi-Contractual, Arts 923~932), 불법행위(Delictual, Arts 933~950) 및 준불법행위(Quasi-Delictual, Arts 951~955)로 나누어 규정하였다. 이에 대하여 현행민법전 초안은, 각종의 채권관계에 관하여, 제3편 채권 제2장 계약(제1절 총칙(제518조~제542조), 제2절 증여(제543조~제551조), 제3절 매매(제552조~제584조), 제4절 교환(제585조~586조), 제5절 소비대차(제587조~제597조), 제6절 사용대차(제598조~제606조), 제7절 임대차(제607조~제646조), 제8절 고용(제647조~제655조), 제9절 도급(제656조~제666조), 제10절 현상광고(제667조~제671조), 제11절 위임(제672조~제684조), 제12절 임치(제685조~제694조), 제13절 조합(제695조~제723조), 제14절 화해(제724조~제726조)),

---

285 일본 민법전, 제441조.

제3장 사무관리(제727조~제733조), 제4장 부당이득(제734조~제742조) 및 제5장 불법행위(제743조~제760조)로 나누어 규정하였다.

1) 계약(Contractual)

가) 본질과 성립

로빈기어 초안은 계약의 본질과 성립(Nature and Formation, Arts 386~395, 총칙-저자주)에 대하여 규정하였다. 계약의 본질과 성립에 대하여, 정의(defined, Art 386), 의사표시(manifestation, Art 387), 청약(offer, Art 388), 형식(form, Art 389), 변제의 상대방(to whom tendered, Art 390), 효과(effect, Art 391), 취소(revocation, Art 392), 그 밖의 방식(other modes, Art 393), 승낙(acceptance, Art 394) 및 형식(form, Art 396)을 각각 규정하였다.[286] 이에 대하여 현행민법전 초안은, 제2장 계약 제1절 총칙에서, 계약의 성립(제518조~제524조), 계약의 효력(제525조~제531조), 계약의 해지, 해제(제532조~제542조)를 각각 규정하였다. 따라서 계약의 성립에서 청약과 승낙에 대하여 두 초안은 입법취지와 입법방법이 다르다.

(1) 계약의 정의에 대하여, 로빈기어 초안은 "계약은, 불이행하면 법이 구제를 규정한 채무를 성립시키는, 합의이다. 계약은 최종 행위가 이뤄진 때 그 이행의 장소에서 이행되는 것으로 종료된다"(Art 386)고 규정하였다. 이 초안은 계약의 정의(defined)를 규정하고 있다.[287] 이에 대하여 현행민법전 초안은 계약의 정의를 규정하지 않았다.

(2) 계약의 성립에 대하여, 로빈기어 초안은 "모든 계약은 합의, 즉 당사자의 마음은 그것을 형성하기 위하여 충족해야 한다. 이러한 합의는 일반적으로 하나 또는 그 이상의 당사자의 청약과 상대방에 의한 승낙이라는 형식을 취한다"(Art 387)고 규정하였다. 이 초안은 계약의 성립에서 합의, 청약과 승낙이라는 형식으로 이뤄진다는 것이다.[288]

---

286 이에 대한 내용분석은, 윤대성, 『미군정시대(1945~1948)의 한국민법전편찬사업 : 로빈기어(Lobingier, C.)의 한국민법전 초안(*Proposed Civil Code for Korea*, 1949) 분석』, 한국학술정보, 2009, 164~165면.

287 라틴어 aggregatio mentium에서 온 말로서, 마음의 충족이다; American Law Institute's Restatement of Contracts, Sec 3, 114, 1; Anson, "Contract results from a consideration of agreement and obligation."; Law of Contracts (16th ed. 1923) 2; California Civil Code, Sec 1549.

288 American Law Institute's Restatement of Contracts, Sec 74. 초기 로마 또는 영미법에서 그러하지 않았다. 그곳에서 합의계약은 양 당사자가 동사 spondeo의 형식을 사용하면서 진화하였다. Evolution of Roman Law (2nd ed) 참조; 켈리포니아 민법전, 제1565, 1580~1조; 중화민국 민법전, 제154조 이하; 일본 민법전, 제521~

이에 대하여 현행민법전 초안은 직접 규정하지 않았다.

(3) 로빈기어 초안은 "청약은, 원래 하나 또는 그 이행에 대한 대가로, 작위, 부작위 또는 반대약속을 조건으로 하는, 하나의 약속이다"(Art 388)고 규정하였다. 이 초안은 청약(an offer)에 대하여 규정하고 있다.[289] 이에 대하여 현행민법전 초안은 직접 규정하지 않았다.

(4) 로빈기어 초안은 "청약 또는 승낙은 단어로 또는 행위나 행동에 의하여 언급될 수 있다. 그러나 합리적으로 특정한 조건으로 명시해야 한다. 청약은 선택의 형식을 취할 수 있다"(Art 389)고 규정하였다. 이 초안은 청약 또는 승낙의 형식(form)에 대하여 규정하고 있다.[290] 이에 대하여 현행민법전 초안은 직접 규정하지 않았다.

(5) 로빈기어 초안은 "청약은 확인된 사람에게 하여야 하는 것은 아니다. 그러나 예컨대 보상의 청약, 그런 사람에 의한 승낙이 있을 때까지 계약은 이뤄지지 않는다"(Art 390)고 규정하였다. 이 초안은 청약의 상대방(to whom tendered)에 대하여 규정하고 있다.[291] 이에 대하여 현행민법전 초안은 규정하지 않았다.

(6) 로빈기어 초안은 "청약은 법적 관계를 만들기 위해 설계 및 가능하여야 한다. 승낙이 있을 때까지 청약은 계약 권리를 생성하지 않고 경과되거나 취소되지 않는다. 그것은 기간의 만료 또는 정당한 시간이 지난 후 경과되고, 그것은 사실의 문제이다. 그때까지 청약은 명시적 또는 반대청약에 의하여 거절하지 않으면 유지된다"(Art 391)고 규정하였다. 이 초안은 청약의 효력(effect)에 대하여 규정하고 있다.[292] 이에 대하여 현행민법전 초안은 "계약의 기간을 정한 계약의 요청은 요청자가 그 기간 내에 승낙의 통지를 받지 못한 때에는 그 효력을 잃는다. 계약의 통지가 전항의 기간에 도달한 경우에 보통 그 기간 내에 도달할 수 있는 발송인 때에는 요청자는 지체없이 상대방에게 그 연착의 통지를 하여야 한다. 그러나 도착 전에 지연의 통지를 발송한 때에는 그러하지 아니하다. 요청자가 전항의 통지를 하지 아니한 때에는 승낙의 통지는 연착되지 아니한 것으로 본다"(제519

532조; American Law Institute's Restatement of Contracts, Sec 22, 23.

[289] American Law Institute's Restatement of Contracts, Sec 24.

[290] American Law Institute's Restatement of Contracts, Sec 3, 24; Anson, Law of Contracts (18th ed) p.29; 켈리포니아 민법전, 제1448, 1489조.

[291] Anson, supra n.189 at p.53; American Law Institute's Restatement of Contracts, Sec 28; 중화민국 민법전, 제164조; 일본 민법전, 제529조 이하.

[292] Anson Contracts (18th ed.) p.37, 28; 중화민국 민법전, 제164, 165, 158, 154, 155조; 일본 민법전, 제522~532조, 521; American Law Institute's Restatement of Contracts, 40(1), 40(2), 35(a)~38, 39.

조)고 규정하였다.[293] 이에 대하여 현행민법전 초안은 로빈기어 초안과 달리 청약과 승낙에 대하여 규정함으로써 계약의 성립에 대한 입법취지와 입법방법이 다르다.

(7) 청약의 구속력에 대하여, 로빈기어 초안은 "청약의 철회는 승낙하기 전에 언제든지 청약자에 의해 영향을 받을 수 있다. 청약은 신문 또는 다른 곳에 광고한 경우 같은 매체를 통해 취소될 수 있다"(Art 392)고 규정하였다. 이 초안은 청약의 철회(revocation of an offer)에 대하여 규정하고 있다.[294] 이에 대하여 현행민법전 초안은 "계약의 요청은 이를 철회하지 못한다"(제518조)고 계약의 요청(청약-저자 주)의 구속력을 규정하였다.[295] 두 초안은 입법취지와 입법방법이 다르다.

(8) 로빈기어 초안은 "청약을 종료하는 다른 방식은 승낙 이전에 사망 또는 계약의 각 당사자의 심신상실 및 제안된 계약의 이행을 위한 주요 목적물의 파괴를 포함한다"(Art 393)고 규정하였다. 이 초안은 청약의 다른 종료 방식(other modes of terminating the offer)에 대하여 규정하고 있다.[296] 이에 대하여 현행민법전 초안은 아무런 규정을 하지 않았다.

(9) 로빈기어 초안은 "승낙은 청약의 조건에 대한 동의의 표현이다. 그것은 긍정적인 대답, 지정된 행위나 부작위 또는 정확히 일치하고 절대적이고 명확한 승인된 용어의 선택의 형식을 취할 수 있다. 이행은 소유권을 만족스럽게 제공하거나 실행한다. 승낙은 청약자에 의하여 승인된 방법으로 발송된다. 그러나 인정되지 않는 방법의 사용은 승인을 하는 데 필요한 시간 내에 수신된 때에 유효하다"(Art 394)고 규정하였다. 이 초안은 승낙(acceptance)에 대하여 규정하고 있다.[297] 이에 대하여 현행민법전 초안은 승낙에 대하여, 승낙기간을 정한 계약의 요청(제519조), 승낙기간을 정하지 아니한 계약의 요청(제520조), 지연된 승낙의 효력(제521조) 등을 규정하고 있다.

(10) 로빈기어 초안은 "계약은 그 조건이, 그들은 행위나 행동에 의해 발현되는 경우 의미하는, 단어로 명시된 경우에 명시적이다. 이 법전이나 특별법에 의하여 요구되지

---

293 일본 민법 제521조 제2항; 독일 민법 제148조, 제149조, 스위스 채무법 제5조; 중화민국 민법 제158조, 제159조; 만주국 민법 제516조.

294 American Law Institute's Restatement of Contracts, Sec 35(a)-38, 43; Anson supra n.18 at pp.37, 39.

295 일본 민법 제521조 제1항, 제524조; 독일 민법 제145조; 스위스 채무법 제3조; 중화민국 민법 제154조; 만주국 민법 제515조.

296 American Law Institute's Restatement of Contracts, Sec 35(1)(f), 35; Anson supra n.18 at p.37.

297 American Law Institute's Restatement of Contracts, Sec 52, 29, 32, 58, 64; 켈리포니아 민법전, 제1585조; Anson Law of Contracts (18th Ed.) pp.20~21.

않는 한 서면으로 할 필요는 없다"(Art 395)고 규정하였다. 이 초안은 계약의 방식(form)에 대하여 규정하고 있다.[298]

나) 당사자(Parties)

로빈기어 초안은 계약의 당사자에 대하여, 주된 당사자(Primary, Arts 396~407)와 수익자(Beneficiaries, Arts 408~417)를 각각 규정하였다. 이에 대하여 현행민법전 초안은 직접 규정하지 않았다. 따라서 두 초안은 계약의 당사자에 대하여 입법취지와 입법방법이 다르다.

(가) 주된 당사자(Primary)

로빈기어 초안은 주된 당사자에 관하여, 수(number, Art 396), 법적능력(legal capacity, Art 397), 다수당사자(plurality of parties, Art 398), 청약자의 의사(intention of the promisor, Art 399), 공동청약자(joint promisors, Art 400), 몇 가지의 약속(several promises, Art 401), 공동 및 몇 개의 채무관계(joint and several obligations, Art 402), 공동청약자(joint promis-ors, Art 403), 정당한 판단(a valid judgement, Art 404), 이행(performance, Art 405), 진술(statement, Art 406) 및 생존자에의 재산귀속(survivorship, Art 407)을 각각 규정하였다. 이에 대하여 현행민법전 초안은 계약의 주된 당사자에 대하여 일반적 규정을 입법하지 않았다. 따라서 두 초안은 이점에서 입법취지와 입법방법이 다르다.

(1) 로빈기어 초안은 "계약에는 적어도 두 당사자가 있어야 한다. 그러나 더 많은 수가 있을 수 있다. 당사자 간의 상호 약속이 있는 곳에, 청약자와 낙약자가 즉시 되듯이, 계약은 쌍방적이다. 그 이외의 경우는 일방적이다"(Art 396)고 규정하였다. 이 초안은 계약의 당사자의 숫자(number)에 대하여 규정하고 있다.[299]

(2) 로빈기어 초안은 "어느 누구도 계약적으로, 적어도 무효화할 의무를 부과할 수 있는 법적능력이 부족한 사람을 속박할 수 없다. 이러한 부족은 전부 또는 일부만 될 수 있다"(Art 397)고 규정하였다. 이 초안은 계약의 법적능력(legal capacity)에 대하여 규정하고 있다.[300]

---

298 켈리포니아 민법전, 제1619~1621, 1622조.
299 American Law Institute's Restatement of Contracts, Sec 15, 12.
300 American Law Institute's Restatement of Contracts, Sec 18.

(3) 로빈기어 초안은 "계약자가 1인 이상 있으면 일부 또는 전부는 개별적 또는 공동 및 개별적으로 각각 약속을 할 수 있다. 낙약자가 1인 이상 있으면 낙약자는 일부 또는 전부를 공동으로, 또는 일부 또는 전부를 개별적으로, 또는 일부 또는 전부를 공동 및 개별적으로 될 수 있다"(Art 398)고 규정하였다. 이 초안은 청약자 또는 낙약자가 1인 이상 있는 경우, 즉 복수의 당사자(plurality of parties)에 대하여 규정하고 있다.[301]

(4) 로빈기어 초안은 "계약에서 표현된 청약자의 의도는 계약에 의한 권리가 공동, 개별 또는 공동 및 개별 여부를 결정한다. 그러한 표현이 없으면 채권자의 이익의 본질이 별개의 또는 일반적인 여부로 결정된다. 그러나 채권자가 이행에서 개별적이지 않을 뿐만 아니라 공동이 아니면 공동권리를 갖는다"(Art 399)고 규정하였다. 이 초안은 청약자의 의사(the intention of the promisor)에 관하여 규정하고 있다.[302]

(5) 로빈기어 초안은 "하나의 계약에 동일한 약속에 동일한 이행을 약속하는 수인의 당사자는, 반대로 표현하거나 약속 또는 외부 환경의 조건이 상대방을 속박하는 의도를 공개하지 않은 한 공동채무로 추정한다"(Art 400)고 규정하였다. 이 초안은 공동계약자(joint promisors)에 대하여 규정하고 있다.[303]

(6) 로빈기어 초안은 "각자에 의하여 속박될 개별적 이행을 약속한 계약에 대하여 2인 이상 당사자가 있거나 각자가 동일한 이행을 속박하는 개별 약속을 하면, 각자는 약속의 이행에 대하여 공동이 아닌 개별적으로 속박된다"(Art 401)고 규정하였다. 이 초안은 계약에서 여러 개의 약속(several promises)이 있는 경우를 규정하고 있다.[304]

(7) 로빈기어 초안은 "공동 및 개별 채무는 공동으로 동일한 이행의 동일한 약속에 대한 2인 이상 당사자에 의한 약속뿐만 아니라 각자 개별적 이행하기로 한 약속에서 비롯된다"(Art 402)고 규정하였다. 이 초안은 계약에서 공동 채무 또는 개별 채무(joint and several obligations)의 발생에 대하여 규정하고 있다.[305]

(8) 로빈기어 초안은 "공동청약자는 각자 전부의 이행을 위해 결합되어 있지만 각자는 각각 접근할 수 있는 모든 청약자의 피고로서 자신과 공동 소송을 청구 할 수 있

---

301 American Law Institute's Restatement of Contracts, Sec 111.
302 American Law Institute's Restatement of Contracts, Sec 128.
303 American Law Institute's Restatement of Contracts, Sec 112.
304 American Law Institute's Restatement of Contracts, Sec 113.
305 American Law Institute's Restatement of Contracts, Sec 114; 개별적 약속 및 공동적 약속을 한 2이상의 사람.

다"(Art 403)고 규정하였다. 이 초안은 공동청약자(joint promisors)의 소송상 지위에 대하여 규정하고 있다.[306]

(9) 로빈기어 초안은 "하나 이상의 공동 또는 연대 계약자에 대한 유효한 심판은, 공동의 약속에 따라, 다른 사람의 공동책임을 면책하지만, 이렇게 결합된 사람의 여러 가지 책임은 이러한 판단에 의해 면책되지 않는다"(Art 404)고 규정하였다. 이 초안은 공동 또는 연대 청약자에 대한 유효한 심판의 효력에 대하여 규정하고 있다.[307]

(10) 로빈기어 초안은 "한 청약자가 그의 책임의 전부 또는 일부의 이행은 동일한 계약에서 모든 공동채무자의 책임을 자신의 이익을 위하여 시행할 권리의 한도에서 종료시킬 수 있다. 또한 개별적으로 구속된 청약자의 책임의 전부 또는 일부를 또는 어떤 방식으로 속박된 사람들에게 유보의 약속을 위하여 만족하게 한다"(Art 405)고 규정하였다. 이 초안은 공동채무자 가운데 한 채무자가 자기의 책임의 전부 또는 일부를 이행(performance)한 것의 효과에 대하여 규정하고 있다.[308]

(11) 로빈기어 초안은 "한 채권자가 한 청약자를 면책하는 의미이지만 공동청약자에 대한 그의 권리를 명백히 유보하는 진술은 오직 한 청약자에 대하여 제소하지 않는다는 약속으로 효과를 갖는다"(Art 406)고 규정하였다. 이 초안은 공동청약자 가운데 한 계약자에 대한 채권자의 면책에 대하여 규정하고 있다.[309]

(12) 로빈기어 초안은 "사망한 공동청약자의 재산은, 살아남은 공동청약자 전부가 부실하지 않는 한, 공동의 약속에 책임을 지지 않는다. 최종 생존자의 재산은 책임을 져야 한다. 오직 생존 채권자는 공동채무를 강제할 수 있고 최후 생존자의 사망으로 그의 재산은 혼자 이행 받을 권한이 있다"(Art 407)고 규정하였다. 이 초안은 생존한 공동청약자(survivorship)의 사망한 공동청약자의 재산과의 관계를 규정하고 있다.[310]

(나) 수익자(Beneficiaries)

---

306 American Law Institute's Restatement of Contracts, Sec 117.
307 American Law Institute's Restatement of Contracts, Sec 119.
308 American Law Institute's Restatement of Contracts, Sec 121, 120. 계약의 면책의 효과는 공동계약자의 의무로서 공동계약자에게 소송을 제기할 수 없다.
309 American Law Institute's Restatement of Contracts, Sec 122.
310 American Law Institute's Restatement of Contracts, Secs 126, 127, 132.

　　로빈기어 초안은 수익자에 대하여, 종류(kinds, Art 408), 계약(contractual, Art 409), 기타(Arts 410~417)를 각각 규정하였다. 이에 대하여 현행민법전 초안은 계약의 주된 당사자와 함께 수익자에 대하여 직접 규정하지 않았다. 따라서 두 초안은 수익자에 대하여 입법취지와 입법방법이 다르다.

　　(1) 로빈기어 초안은 "계약의 수익자는, ① 수증자, ② 채권자, 또는 ③ 부수적인 일이 될 수 있다. 어느 수증자나 채권자의 수익자는 권리를 취득하기 위하여 계약 성립 시에 확인될 필요는 없다. 수탁자와 수탁되지 않은 자는 그 이익이 후자를 위한 것이더라도 수익자로 간주된다"(Art 408)고 규정하였다. 이 초안은 계약에서 이익을 받을 자의 종류를 들고, 그들의 지위를 규정하고 있다.[311]

　　(2) 로빈기어 초안은 "계약상 수증자의 약속은 수증자와 수익자 양자의 약속에 대하여 계약자에게 채무를 부담시킨다. 그것은 수증자의 수익자에 의하여 강제될 수 있다"(Art 409)고 규정하였다. 이 초안은 계약상 수증자(a contractual donee)에 대하여 규정하고 있다.[312]

　　(3) 로빈기어 초안은 "낙약자의 채무를 이행하는 계약상의 약속은 낙약자와 채권자의 수익자 양자에게 권리로서 확립된다. 그리고 후자에 대한 이행은 전자에 대한 청약자의 채무 범위에서 충족된다"(Art 410)고 규정하였다. 이 초안은 채무이행에 대한 낙약자의 계약상 청약(a contractual promise)에 대하여 규정하고 있다.[313]

　　(4) 로빈기어 초안은 "수익자의 존재 또는 범위에 대하여 오인한 당사자는 유효한 계약에 따라 계약자의 채무를 경감하거나 할 수 없는 것에 따라 수익자에게 권한이 없다"(Art 411)고 규정하였다. 이 초안은 당사자의 오인(an erroneous belief of the parties)에 대하여 규정하고 있다.[314]

　　(5) 로빈기어 초안은 "수증자 또는 채권자의 수익자에 대한 채무 집행에 대한 모든 구제는 낙약자와 후자 또는 청약자에 대한 것과 같이 유효하다"(Art 412)고 규정하였다. 이 초안은 채무집행의 구제(remedies to enforce)에 대하여 규정하고 있다.[315]

　　(6) 로빈기어 초안은 "수증자의 수익자는 수익자에 대한 청약자의 채무를 면책하기

311　American Law Institute's Restatement of Contracts, Sec 133, 139, 133(3).
312　American Law Institute's Restatement of Contracts, Sec 135.
313　American Law Institute's Restatement of Contracts, Sec 136(a).
314　American Law Institute's Restatement of Contracts, Sec 144.
315　American Law Institute's Restatement of Contracts, Sec 141.

위하여 참여한 낙약자가 받은 이익을 수용할 수 있다. 그러나 이 수용으로 후자는 청약
자에 대한 그의 권리를 포기한다"(Art 413)고 규정하였다. 이 초안은 수증자의 수익자(a
donee beneficiary)에 대하여 규정하고 있다.[316]

(7) 로빈기어 초안은 "낙약자 또는 계약의 변동에 의한 계약자의 면책은, 그 합의에
대한 제소를 알기 전에 실제로 그의 지위의 변경 또는 침해 채권자의 면책이 없으면, 채
권자의 수익자에 대하여 유효하다"(Art 414)고 하였다. 이 초안은 청약자의 면책(dis-
charge of the promisor)에 대하여 규정하고 있다.[317]

(8) 로빈기어 초안은 "이행담보의 채권자의 수익자의 양도는 이 양도로 수익자에게 발
생한 손실의 범위에 대한 계약에 대하여 그의 회복은 제한한다"(Art 415)고 규정하였다.
이 초안은 이행담보의 채권자의 수익자의 양도(surrender)에 대하여 규정하고 있다.[318]

(9) 로빈기어 초안은 "그의 호의로 약속을 알고 난 후 합리적인 시간 이내에 수익자
에 의한 포기는 편파적인 모든 채권자에 대하여 유효하다"(Art 416)고 규정하였다. 이 초
안은 수익자의 포기(a disclaimer by a beneficiary)에 대하여 규정하고 있다.[319]

(10) 로빈기어 초안은 "부대 수익자는 약속의 효력에 의한 약속 또는 청약자에 대한
권리를 취득하지 않는다"(Art 417)고 규정하였다. 이 초안은 부대 수익자(incidental ben-
eficiaries)의 지위에 대하여 규정하고 있다.[320]

(다) 특수한 형태의 계약(Particular Forms of Contracts)

특수한 형태의 계약으로, 로빈기어 초안은 증여(Gifts Donations, Arts 418~425), 교환
(exchange / barter, Art 426), 소비대차(mtuum / deferred barter, Arts 427~430), 사용대차
(commodatum / loan for use, Arts 431~435) 및 임치(deposit / bailment, Arts 436~523)를 각
각 규정하였다.[321] 이에 대하여 현행민법전 초안은, 제1절 총칙에 이어서, 제2절 증여(제
543조~제551조), 제4절 교환(제585조~제586조), 제5절 소비대차(제587조~제597조), 제6
절 사용대차(제598조~제606조) 및 제12절 임치(제685조~제694조)를 각각 규정하고 있다.

---

316 American Law Institute's Restatement of Contracts, Sec 142.
317 American Law Institute's Restatement of Contracts, Sec 143.
318 American Law Institute's Restatement of Contracts, Sec 146.
319 American Law Institute's Restatement of Contracts, Sec 137.
320 American Law Institute's Restatement of Contracts, Sec 147.
321 이에 대한 내용분석은, 윤대성, 『미군정시대(1945~1948)의 한국민법전편찬사업』, 한국학술정보, 2009, 165~166면.

1) 증여(Gifts (Donations))

증여에 대하여, 로빈기어 초안은 정의(Defined, Art 418), 종류(Classes, Art 419), 증여자의 책임(liability, Art 420), 증여의 금액(the amount of the gifts, Art 421), 철회(revocation, Art 422), 철회(revocation)와 책임(liability, Art 523), 증여의 소멸원인(extinction, Art 524), 철회의 효과(effect, Art 525)를 각각 규정하였다. 이에 대하여 현행민법전 초안은 제3편 채권 제2장 계약 제2절 증여에서 증여의 의의(제543조), 서면에 의하지 아니한 증여와 해제(제544조), 수증자의 행위와 증여의 해제(제545조), 증여자의 재산상태변경과 증여의 해제(제546조), 해제와 이행완료부분(제547조), 증여자의 담보책임(제548조), 정기증여와 사망으로 인한 실효(제549조), 부담부 증여(제550조) 및 사인증여(제551조)를 각각 규정하였다.

(1) 증여의 정의에 대하여, 로빈기어 초안은 "증여는 소유권의 무상으로 자발적인 이전을 하고, 아무 거절이 없으면 당연히 포함되는 수락에 의하여 효력이 있다. 그 이전은 등록을 필요로 하면, 증여는 등록되지 않으면 유효하지 않다. 그러나 수증자가 점유하고 있으면 더 이상 이전은 필요하지 않다"(Art 418)고 규정하였다. 이 초안은 증여의 정의(defined)를 규정하고 있다.[322] 이에 대하여 현행민법전 초안은 "증여는 당사자 일방이 무상으로 재산을 상대방에 급여하는 의사를 표시하고 상대방이 이를 승낙함으로써 그 효력이 생긴다"(제543조)고 규정하였다.[323] 두 초안은 유사한 입법취지이지만, 로빈기어 초안은 증여의 유효요건으로서 이전, 등록을 요구하고 있는 점이 다르다 할 것이다.

(2) 증여의 종류에 대하여, 로빈기어 초안은 "증여는 생전증여(inter vivos) 또는 사인증여(causa tortia) 중 하나이다. 전자는 계약에 적용되는 법률에 의해 관리되고, 후자는 유증(유언에 의한 증여)에 관한 것으로 관리된다"(Art 419)고 규정하였다. 이 초안은 증여의 종류(classes)에 대하여 규정하고 있다.[324] 이에 대하여 현행민법전 초안은 사인증여에 대하여 "증여자의 사망으로 인하여 효력이 생길 증여는 유증에 관한 규정을 준용한다"

---

322 켈리포니아 민법전, 제1146조; 중화민국 민법전, 제406, 407조; 독일 민법전, 제516(1), (2), 517조; 일본 민법전, 제549조; 스위스 민법전, 제239, 245조; American Law Institute's Restatement of Contracts, Sec 414.
323 일본 민법 제549조; 독일 민법 제516조(제1항); 스위스 채무법 제239조(제1항); 중화민국 민법 제406조; 만주국 민법 제540조.
324 일본 민법전, 제553, 554; 켈리포니아 민법전, 제1153조.

(제551조)고 규정하였다.[325] 두 초안은 사인증여에 대하여 규정한 입법취지가 일치한다.

(3) 증여자의 담보책임에 대하여, 로빈기어 초안은 "은폐 또는 그들에 대해 보증, 또는 부담이 적용되지 않는 한 증여자는 목적물의 결함에 대해 책임을 지지 않는다. 그는 고의 또는 중대한 과실에 대하여 수증자에게 책임을 진다"(Art 420)고 규정하였다. 이 초안은 증여자의 책임(liability)에 대하여 규정하고 있다.[326] 이에 대하여 현행민법전 초안은 "증여자는 증여의 목적인 물건 또는 권리의 하자나 흠결에 대하여 책임을 지지 아니한다. 그러나 증여자가 그 하자나 흠결을 알고 수증자에게 고지하지 아니한 때에는 그러하지 아니하다. 상대부담 있는 증여에 대하여는 증여자는 그 부담의 한도에서 매주와 같은 담보의 책임이 있다"(제548조)고 규정하였다.[327] 두 초안은 증여자의 담보책임에 대하여 규정한 입법취지가 일치한다.

(4) 로빈기어 초안은 "증여의 금액은 채권자의 신청과 의무 부분에 의해 제한된다. 증여자의 파산은 그의 채권자로서 이의신청 또는 증여의 회복 또는 파산을 선고하기 이전에 자신의 청구에 규정된 기간 내에 그에 의하여 받은 약속에 의하여 권한이 주어진다"(Art 421)고 규정하였다. 이 초안은 증여의 금액(the amount of the gifts)에 대하여 규정하고 있다.[328] 이에 대하여 현행민법전 초안은 규정하지 않았다.

(5) 증여의 해제에 대하여, 로빈기어 초안은 "생전증여가 서면으로 또는 도의적 의무에 따르거나 이전되지 않았다면, 그것은 오직 어떠한 사유, 예컨대 수증자가 전자 또는 그의 친족에 대하여 범죄행위를 하거나 자신의 요구된 부양을 하지 못한 경우에는 증여자에 의하여 취소될 수 있다. 증여자는 또한 변경된 경제적 여건으로 그의 생계수단을 심각하게 해치거나 다른 사람의 부양을 방해하면 이행을 거절할 수 있다. 증여자의 상속인은 수증자가 의도적으로 부당하게 기증자의 사망에 이르게 하거나 또는 취소를 방해하면 증여를 철회할 수 있다"(Art 422)고 규정하였다. 이 초안은 증여의 취소 또는 철회(revocation)에 대하여 규정하고 있다.[329] 이에 대하여 현행민법전 초안은, 서면에 의하지 않은 증여와 해제에 대하여 "증여의 의사가 서면으로 표시되지 아니한 경우에는 각

---

325 일본 민법 제554조; 스위스 채무법 제245조(제2항); 만주국 민법 제544조.

326 중화민국 민법전, 제410, 411, 414, ; 독일 민법전, 제523, 524조; 일본 민법전, 제561, 551조.

327 일본 민법 제551조; 독일 민법 제523조; 스위스 채무법 제248조(제1항); 중화민국 민법 제411조; 만주국 민법 제542조.

328 이 법전초안 제4편 제1260~1267조, 상속 참조: Schuster, supra n.18, p.234, 5; 미국(찬들러) 파산법, 제1938조; C. S. 로빈기어, 미국역사사전.

329 중화민국 민법전, Arts 408, 409, 416, 418, 417조; 독일 민법전, 제534, 530(2)조; 일본 민법전, 제550조.

당사자는 이를 해제할 수 있다"(제544조)고 규정하고,[330] 수증자의 행위와 증여의 해제에 대하여 "수증자가 증여자에 대하여 다음 사유가 있는 때에는 증여자는 그 증여를 해제할 수 있다. ① 증여자 또는 그 배우자나 직계혈족에 대한 범죄행위가 있는 때, ② 증여자에 대하여 부양의무 있는 경우에 이를 이행하지 아니하는 때. 전항의 해제권은 해제원인 있음을 알은 날로부터 6월을 경과하거나 증여자가 수증자에 대하여 용서의 의사를 표시한 때에는 소멸한다"(제54조)고 규정하였으며,[331] 증여자의 재산상태변경과 증여의 해제에 대하여 "증여계약 후에 증여자의 재산상태가 현저히 변경되고 그 이행으로 인하여 생계에 중대한 영향을 미칠 경우에는 증여를 해제할 수 있다"(제546조)고 규정하였다.[332] 두 초안은 증여의 해제에 대하여 입법취지가 일치한다. 다만 현행민법전 초안은 이를 셋으로 구분하여 신설 규정하고 있다.

(6) 부담부 증여에 대하여, 로빈기어 초안은 "수증자가 증여에 의한 부담을 이행하지 않으면, 증여자는 그 증여를 철회할 권한이 있다. 그러나 후자가 그 부담을 할 능력이 없으면 수증자는 증여의 가치를 넘어서 책임을 지지 않는다"(Art 423)고 규정하였다. 이 초안은 증여의 철회(revocation)와 책임(liability)에 대하여 규정하고 있다.[333] 이에 대하여 현행민법전 초안은 "상대부담 있는 증여에 대하여는 본절의 규정 외에 쌍무계약에 관한 규정을 적용한다"(제550조)고 규정하였다.[334] 두 초안은 유사한 입법의사이지만, 규정에서 서로 달리하고 있음을 알 수 있다.

(7) 정기증여에 대하여, 로빈기어 초안은 "증여가 정기적인 분할에 의해 이뤄진 경우에 그 채무는, 수증자가 반대의 의사표시를 표현하지 않는 한, 각 당사자의 사망에 의해 소멸된다"(Art 424)고 규정하였다. 이 초안은 정기증여의 소멸원인(extinction)에 대하여 규정하고 있다.[335] 이에 대하여 현행민법전 초안은 "정기의 급여를 목적으로 한 증여는 증여자 또는 수증자의 사망으로 인하여 그 효력을 잃는다"(제549조)고 규정하였다.[336] 두 초안은 정기증여와 사망으로 인한 실효에 대하여 입법취지가 일치한다.

---

330 일본 민법 제550조 본문; 독일 민법 제518조; 스위스 채무법 제243조; 프랑스 민법 제931조; 중화민국 민법 제408조; 만주국 민법 제541조(전단).

331 신설: 독일 민법 제530조; 프랑스 민법 제995조; 스위스 채무법 제249조; 중화민국 민법 제416조.

332 신설: 독일 민법 제528조 제1항; 스위스 채무법 제25조(제1,2항); 중화민국 민법 제418조.

333 중화민국 민법전, 제412, 413조.

334 일본 민법 제553조.

335 중화민국 민법전, 제420, 409조; 독일 민법전, 제520조; 일본 민법전, 제552조.

336 일본 민법 제552조; 독일 민법 제520조; 스위스 채무법 제252조; 중화민국 민법 제415조; 만주국 민법 제543조.

(8) 해제와 이행완료부분에 대하여, 로빈기어 초안은 "해지되면 수증자는, 소를 제기한 때 또는 계약을 위반한 때로부터의 수익과 함께, 목적물 또는 그 증여가 있는 때의 가치를 반환하여야 한다"(Art 425)고 규정하였다. 이 초안은 철회의 효과(effect)에 대하여 규정하고 있다.[337] 이에 대하여 현행민법전 초안은 "전 3조의 규정에 의한 계약의 해제는 이미 이행한 부분에 대하여는 영향을 미치지 아니한다"(제547조)고 규정하였다.[338] 여기에서 로빈기어 초안은 해제가 되면 수익과 함께 목적물 또는 그 가치의 반환을 하여야 하지만, 현행민법전 초안은 이미 이행된 부분에 대하여 아무런 영향을 미치지 않는 것으로 하였다. 두 초안은 입법취지가 다르다.

2) 교환(Exchange / Barter)

교환에 대하여, 로빈기어 초안은 정의(defined, Art 426)에 관한 한 조문만을 규정하였다. 이에 대하여 현행민법전 초안은 제3편 채권 제2장 계약 제4절 교환에서 교환의 의의(제585조) 및 금전의 보충지급의 경우(제586조)를 각각 규정하였다.

교환에 대하여, 로빈기어 초안은 "교환은 각 당사자가 상대방에게 하나의 상품을 제공하는 것에 동의하는 계약이다. 그것은 대부분의 측면에서 매매계약에 해당하고, 주요한 차이점은 금전 또는 가격이 부재하는 것이다"(Art 426)고 규정하였다. 이 초안은 교환의 정의(defined)에 대하여 규정하고 있다.[339] 이에 대하여 현행민법전 초안은 "교환은 당사자 쌍방이 금전 이외의 재산권을 호상 이전할 것을 약정함으로써 그 효력이 생긴다"(제585조)고 규정하고,[340] 한편 "당사자 일방이 전조의 재산이전과 금전의 보충지급을 약정한 때에는 그 금전에 대하여는 매매대금에 관한 규정을 준용한다"(제586조)고 규정하였다.[341] 두 초안은 교환에 대하여 입법취지가 일치하지만, 규정하는 방식에서 서로 차이를 보이고 있다. 즉 현행민법전 초안은 교환과 보충금의 지급을 따로 규정한 점이다.

---

337 중화민국 민법전, 제419조 제Ⅵ항; 40 Corpus Juris, 1441, n.95; 스위스 채무법전, 제251조.

338 일본 민법 제550조; 독일 민법 제528조(제1항); 중화민국 민법 제408조; 만주국 민법 제541조(단서).

339 켈리포니아 민법전(1923), 제1804, 1817조; 중화민국 민법전, 제398, 399조; 독일 민법전, 제515조; 일본 민법전, 제586조; 40 Corpus Juris, 1420-1422

340 일본 민법 제586조 제1항; 독일 민법 제515조; 스위스 채무법 제237조; 프랑스 민법 제1702조; 중화민국 민법 제398조; 만주국 민법 제569조(제1항).

341 일본 민법 제586조 제2항; 중화민국 민법 제399조; 만주국 민법 제569조(제2항).

3) 소비대차(Mutuum (Deferred barter; "Loan for consumption"))

소비대차에 대하여, 로빈기어 초안은 정의(defined, Art 427), 보수(Remuneration, Art 428), 상환(Repayment, Art 429), 수단(Medium, Art 430)을 각각 규정하였다. 이에 대하여 현행민법전 초안은 제3편 채권 제2장 계약 제5절 소비대차에서 소비대차의 의의(제587조), 파산과 소비대차의 실효(제588조), 이자계산의 시기(제589조), 무이자 소비대차와 해제권(제590조), 대주의 담보책임(제591조), 반환기간(제592조), 반환불능으로 인한 시가반환(제593조), 준소비대차(제594조), 대물반환(제595조), 대물반환의 예약(제596조) 및 차주에 불이익한 약정의 금지(제597조)를 각각 규정하였다.

(1) 소비대차의 의의에 대하여, 로빈기어 초안은 "소비대차는, 종류, 품질 및 수량의 상환 약속에 따라 대체물의 소유권을 한 당사자가 상대방에게 이전하는 계약이다. 그것은 단지 전달에 효과적이며, 그 전에 당사자 중 하나가 파산을 선고 받은 경우, 그 계약은 그로써 종료된다"(Art 427)고 규정하였다. 이 초안은 소비대차(mutuum, Loan for consumption)의 정의에 대하여 규정하고 있다.[342] 이에 대하여 현행민법전 초안은 "소비대차는 당사자 일방이 금전 기타 대체물의 소유권을 상대방에게 이전할 것을 약정하고 상대방은 그와 같은 종류, 품질 및 수량으로 반환할 것을 약정함으로써 그 효력이 생긴다"(제587조)고 규정하였다.[343] 두 초안은 소비대차에 대하여 입법취지가 일치한다. 다만 로빈기어 초안은 동일 조문에 파산과 소비대차의 실효를 함께 규정하고 있는 데, 현행민법전 초안은 제588조에 "대주가 목적물을 차주에게 인도하기 전에 당사자 일방이 파산선고를 받은 때에는 소비대차는 그 효력을 잃는다"(제588조)고 별도로 규정하고 있다.[344] 즉 입법방법에 차이가 있다.

(2) 이자 등의 지급과 담보책임에 대하여, 로빈기어 초안은 "이자 또는 기타의 형식으로서의 보수는 동의하여야 지급될 수 있다. 합의가 없는 경우에 지급은 지속되면 연말에 계약이 끝날 때에 이뤄진다. 목적물이 결함이 있으면 위탁자는 결함이 없는 것으로 교체하여야 하고 수탁자는 손해(무상 취급이더라도)를 증명하고 목적물을 반환할

---

342 40 Corpus Juris, 1344 n.15(b); 켈리포니아 민법전(1923), 제1902, 1912조; 중화민국 민법전, 제474, 409조; 독일 민법전, 제607(1)조; 일본 민법전, 제587조.
343 일본 민법 제587조; 독일 민법 제607조(제1항); 스위스 채무법 제312조; 프랑스 민법 제474조; 중화민국 제474조; 만주국 민법 제570조.
344 일본 민법 제589조; 독일 민법 제610조; 스위스 채무법 제316조; 만주국 민법 제571조.

수 있다"(Art 428)고 규정하였다. 이 초안은 이자 등 보수(remuneration)에 대하여 규정하고 있다.[345] 이에 대하여 현행민법전 초안은 "이자 있는 소비대차는 차주가 목적물의 인도를 받은 때로부터 이자를 계산하여야 하며 차주가 그 책임 있는 사유로 수령을 지체할 때에는 대주가 이행을 제공한 때로부터 이자를 계산하여야 한다"(제589조)고 규정하고,[346] "이자 없는 소비대차의 당사자는 목적물의 인도 전에는 언제든지 계약을 해제할 수 있다. 그러나 상대방의 현실 손해가 있는 때에는 이를 배상하여야 한다"(제590조)고 규정하였으며,[347] 대주의 담보책임에 대하여 "이자 있는 소비대차의 목적물에 하자가 있는 경우에는 제569조 내지 제571조의 규정을 준용한다. 이자 없는 소비대차의 경우에는 차주는 하자 있는 물건의 가격으로 반환할 수 있다. 그러나 대주가 그 하자를 알고 차주에게 고지하지 아니한 때에는 전항과 같다"(제591조)고 규정하였다.[348] 두 초안은 입법취지가 다른 것을 확인할 수 있다. 참조한 입법례에서도 그 차이를 확인할 수 있다.

(3) 반환불능으로 인한 시가반환에 대하여, 로빈기어 초안은 "종류로 상환하는 것은 계약으로 정해진 시기 내에 하여야 하고, 그렇지 않으면 수탁자는 위탁자가 상당한 기간을 정하여 확정된 통지를 하여야 한다. 그가 송달할 수 없으면 그는 위탁자에게 계약이 체결된 곳 또는 확정된 시기와 장소에서 목적물의 현시세로 보상하여야 한다,"(Art 429)고 규정하였다. 이 초안은 종류물의 상환(repayment)에 대하여 규정하고 있다.[349] 이에 대하여 현행민법전 초안은 "차주가 차주물과 같은 종류, 품질 및 수량의 물건을 반환할 수 없는 때에는 그때의 시가로 상환하여야 한다. 그러나 제367조 및 제368조 제2항의 경우에는 그러하지 아니하다"(제593조)고 규정하였다.[350] 두 초안은 입법취지에서 일치한다.

(4) 반환의 방법에 대하여, 로빈기어 초안은 "상환은, 변동에 관계없이, 확정시기에 유효한 통화로 이뤄져야 한다. 특정한 통화로 약정하였으면, 그것으로 또는 동등한 것으로 상환하면 된다. 그것들은 이익을 갖는 것으로 추정한다"(Art 430)고 규정하였다. 이 초안은 상환(repayment)의 수단(medium)에 대하여 규정하고 있다.[351] 이에 대하여 현행민법전 초안은 규정하지 않았다.

---

345 중화민국 민법전, 제475, 477, 476조; 40 Corpus Juris, 1344 n.17; 일본 민법전, 제589, 590조.
346 신설; 만주국 민법 제572조.
347 신설; 만주국 민법 제573조.
348 일본 민법 제590조; 프랑스 민법 제1898조; 중화민국 민법 제476조.
349 중화민국 민법전, 제478, 479조; 일본 민법전, 제591, 592조.
350 일본 민법 제592조; 프랑스 민법 제1903조(제1항); 중화민국 민법 제479조; 만주국 민법 제575조.
351 켈리포니아 민법전, 제1913, 1914조; 중화민국 민법전, 제480조.

4) 사용대차(Commodatum (German Sachleihe; Loan for Use))

사용대차에 대하여, 로빈기어 초안은 정의(Defined, Art 431), 존속기간(Duration, Art 432), 차주(The borrower, Art 433), 종료(Termination, Art 434), 대주의 책임(liability, Art 435)을 각각 규정하였다. 이에 대하여 현행민법전 초안은 제3편 채권 제2장 계약 제6절 사용대차에서 사용대차의 의의(제598조), 차주의 사용수익권(제599조), 비용의 부담(제600조), 준용규정(제601조), 차용물의 반환시기(제602조), 차주의 사망 파산 및 해지(제603조), 차주의 원상회복의무와 철거권(제604조), 공동차주의 연대의무(제605조) 및 손해배상, 비용상환청구의 기간(제606조)을 각각 규정하였다.

(1) 사용대차의 의의에 대하여, 로빈기어 초안은 "사용대차(Commodatum)는 사용하기 위하여 동산을 무상으로 차용하고 대주에게 반환하는 것이다. 목적물의 인도에 의하여 효력이 생긴다"(Art 431)고 규정하였다. 이 초안은 사용대차의 정의(defined)를 규정하고 있다.[352] 이에 대하여 현행민법전 초안은 "사용대차는 당사자 일방이 상대방에게 무상으로 사용, 수익하게 하기 위하여 목적물을 인도할 것을 약정하고 상대방은 이를 사용, 수익한 후 그 물건을 반환할 것을 약정함으로써 그 효력이 생긴다"(제598조)고 규정하였다.[353] 두 초안은 입법취지가 일치한다. 다만 로빈기어 초안은 사용대차의 효력요건으로서 목적물의 인도를 규정하고 있다. 일종의 요물계약으로서 규정한 점이 현행민법전 초안이 낙성계약으로 입법한 것과 다르다.

(2) 존속기간에 대하여, 로빈기어 초안은 "존속기간은 계약으로 확정되어야 한다. 대출의 목적이 달성 될 때에 목적물이 아니더라도 상환할 수 있다. 다만 존속기간이 그로부터 유추할 수 없는 경우 후자는 언제든지 목적물의 상환을 할 권한이 있다,"(Art 432)고 규정하였다. 이 초안은 존속기간(duration)에 대하여 규정하고 있다.[354] 이에 대하여 현행민법전 초안은 "차주는 약정기한 내에 차용물을 반환하여야 한다. 기한의 약정이 없는 때에는 차주는 계약 또는 목적물의 성질에 의한 사용 수익이 종료한 때에 반환하여야 한다. 그러나 사용 수익에 족한 기간이 경과된 때에는 대주는 언제든지 계약을 해

---

352 중화민국 민법전, 제464, 465조; 독일 민법전, 제598조 이하; 일본 민법전, 제593조.

353 일본 민법 제593조; 독일 민법 제598조; 스위스 채무법 제305조; 프랑스 민법 제1875조; 중화민국 민법 제464조; 만주국 민법 제577조.

354 중화민국 민법전, 제470조; 독일 민법전, 제604조 제1항; 일본 민법전, 제597조; 스위스 채무법전, 제310조.

지할 수 있다"(제602조)고 규정하였다.[355] 두 초안은 입법취지에서 일치한다.

(3) 차주의 의무에 대하여, 로빈기어 초안은 "차주는 선량한 관리자의 주의를 기울여야 할 의무가 있다. 동물의 사육을 포함하여 목적물의 유지를 위한 통상비용을 부담할 의무가 있고, 전조에서 규정한 바와 같이 목적물을 복원하여야 한다. 같은 목적물에 대한 수인의 차주의 책임은 공동이다. 차주는 변경 또는 목적물의 본질과 사용에 일치하거나 통상 마모에서 오는 손해에 대하여 책임을 지지 않는다. 그것을 반환하기 위하여 원래의 상태로 남아 있는 그가 부착한 부속물을 유지할 수 있다"(Art 433)고 규정하였다. 이 초안은 차주(the borrower)의 의무에 대하여 규정하고 있다.[356] 이에 대하여 현행민법전 초안은 "차주가 차용물을 반환하는 때에는 이를 원상에 회복하여야 한다. 이에 부속시킨 물건은 철거할 수 있다"(제604조)고 규정하였고,[357] "수인이 공동하여 물건을 차용한 때에는 연대하여 그 의무를 부담한다"(제605조)고 규정하였으며,[358] "계약 또는 목적물의 성질에 위반한 사용, 수익으로 인하여 생긴 손해배상의 청구와 차주와 지출한 유익비의 상환청구는 대주가 물건의 반환을 받은 날로부터 6월 내에 하여야 한다"(제606조)고 규정하였다.[359] 두 초안은 차주의 의무에 관하여 유사한 입법취지이다.

(4) 사용대차의 종료에 대하여, 로빈기어 초안은 "대주는 차주에게 통지로서 대여를, ① 목적물의 긴급하고 예측 못한 필요성, ② 동의 없이 제3자에게 사용을 허용, ③ 목적물의 통상적인 사용 또는 본질, 계약에 반한 차주의 사용, ④ 부주의한 사용 또는 목적물에 대한 손해의 위협, ⑤ 차주의 사망으로, 종료할 수 있다"(Art 434)고 규정하였다. 이 초안은 사용대차의 종료(termination)에서 그 사유를 이 조문에서 나열한 사항(①~⑤)을 들어서 규정하고 있다.[360] 이에 대하여 현행민법전 초안은, 종료사유를 열거하지 않고, 차주의 사망, 파산과 해지에 대하여 "차주가 사망하거나 파산선고를 받은 때에는 대주는 계약을 해지할 수 있다"고 규정하고 있다.[361] 이 점에서 두 초안은 입법취지와 입법방법이 다르다.

---

355 일본 민법 제597조; 독일 민법 제604조(제1,2,3항); 스위스 채무법 제309조(제1항), 제310조; 중화민국 민법 제470조; 만주국 민법 제581조.

356 중화민국 민법전, 제469, 471, 468조; 독일 민법전, 제601, 제598조 이하, 제601조 제II항; 일본 민법전, 제597, 595조.

357 일본 민법 제598조; 독일 민법 제601조(제2항후단); 중화민국 민법 제469조; 만주국 민법 제583조.

358 신설; 스위스 채무법 제308조; 프랑스 민법 제1887조; 중화민국 민법 제471조; 만주국 민법 제584조.

359 일본 민법 제600조; 독일 민법 제606조(전단); 중화민국 민법 제473조; 만주국 민법 제585조.

360 중화민국 민법전, 제472조; 독일 민법전, 제598, 604, 608조; 일본 민법전, 제594, 599조.

361 일본 민법 제599조; 독일 민법 제605조(제3호); 스위스 채무법 제311조; 프랑스 민법 제1879조; 중화민국 민법 제472조(제4호); 만주국 민법 제582조.

(5) 대주의 담보책임에 대하여, 로빈기어 초안은 "대주는 목적물에 숨겨진 결여로 발생한 상해에 대하여 책임을 진다"(Art 435)고 규정하였다. 이 초안은 대주(lender)의 책임(liability)에 대하여 규정하고 있다.[362] 이에 대하여 현행민법전 초안은 "제548조, 제59[1]조의 규정은 사용대차에 준용한다"(제601조)고 규정함으로써,[363] 대주는 증여의 담보책임(제548조)과 소비대차에서 대주의 담보책임(제591조)을 준용하는 담보책임을 지게 된다. 두 초안은 대주의 담보책임에 대하여 입법취지가 일치한다.

(6) 임치(Deposit (Bailment))

임치에 대하여, 로빈기어 초안은 통칙(in general, Arts 436~441) 및 특수한 임치(special types of depositaries, Arts 442~523)로 나누어 규정하였다. 이에 대하여 현행민법전 초안은 제3편 채권 제2장 계약 제12절 임치에서 임치의 의의(제685조), 수치인의 임치물 사용금지(제686조), 무상수치인의 주의의무(제687조), 수치인의 통지의무(제688조), 임치물의 성질, 하자로 인한 임치인의 손해배상의무(제689조), 기간의 약정 있는 임치의 해지(제690조), 기간의 약정 없는 임치의 해지(제691조), 임치물의 반환의무(제692조), 준용규정(제693조) 및 소비임치(제694조)를 각각 규정하였다.

가) 통칙(In General)에 대하여

(1) 임치의 의의에 대하여, 로빈기어 초안은 "임치계약은 한 당사자, 임치인이 상대방, 수치인에게 안전한 보관과 반환을 위하여 동산을 인도한 때에 발생한다. 계약은 수치인에게 보수를 지급할 수 있다. 그것은 예상하지 못한 무상보관에도 마찬가지이다. 금전이나 대체물의 임치는 소비대차의 규정에 따른다"(Art 436)고 규정하였다. 이 초안은 임치계약의 정의(Defined)를 규정하고 있다. 다만 금전 또는 대체물의 임치는 소비대차(mutuum)의 규정에 따른다는 것이다.[364] 이에 대하여 현행민법전 초안은 "임치는 당사자 일방에 대하여 금전이나 유가증권 기타 물건의 보관을 위탁하고 상대방이 이를 승낙함으로써 그 효력이 생긴다"(제685조)고 규정하였다.[365] 두 초안은 여기에서 그 입법취

---

362 중화민국 민법전, 제466조; 독일 민법전, 제500조; 일본 민법전, 제551, 596조.

363 일본 민법 제596조; 독일 민법 제599조, 제600조; 프랑스 민법 제1891조; 만주국 민법 제580조.

364 켈리포니아 민법전, 제1814, 1817, 1859조; 중화민국 민법전, 제589, 602~3, 606, 607조; 독일 민법전, 제688, 689, 701조; 일본 민법전, 제657, 594, 592조.

지가 다르고 입법방식도 다르다는 것을 확인할 수 있다. 로빈기어 초안은 요물계약의 일종으로 규정하고, 보수의 지급, 소비임치 등을 모두 포함하여 규정하는 입법방식을 취하고 있다. 이에 대하여 현행민법전 초안은 다른 계약에서와 같이 임치를 낙성계약으로 규정하고, 보수, 소비임치에 대하여 따로 규정하는 입법방식을 취하고 있다. 즉 소비임치에 대하여 "수치인이 계약에 의하여 수치물을 소비할 수 있는 경우에는 소비대차에 관한 규정을 준용한다. 그러나 반환시기의 약정이 없는 때에는 임치인은 언제든지 그 반환을 청구할 수 있다"(제694조)고 규정하였다.[366]

(2) 임치물의 사용금지 등 수치인의 의무에 대하여, 로빈기어 초안은 "수치인은 수치물의 점유를 보유해야 하지만, 임치인의 허가 없이, 그것을 사용하거나 이를 제3자에게 허용할 수 없다. 그는 앞의 규정을 무시하여 보상 손해에 대하여 책임이 있다. 무상수치인은 자기 자신의 재산에 대한 것과 같이 동일한 노력의 정도로 보관하여야 한다. 보수를 받은 경우 그는 선량한 관리자의 주의를 기울여야 한다"(Art 437)고 규정하였다. 이 초안은 수치인의 의무와 책임을 규정하고 있다. 즉 무상수치인과 유상수취인을 달리 규정하고 있다.[367] 이에 대하여 현행민법전 초안은 "수치인은 임치인의 동의 없이 수치물을 사용하지 못한다"(제686조)고 규정하고,[368] "보수 없이 임치 받은 자는 수치물의 보관에 관하여 자기 재산과 동일한 주의로 보관하여야 한다"(제687조)고 규정하였다.[369] 두 초안은 수치인의 의무에 대하여 입법취지는 일치하지만 입법방법에서 차이를 보인다.

(3) 로빈기어 초안은 "살아있는 동물의 수치인은 그들에게 적합한 음식과 피난처를 제공하고 친절하게 그들을 치료해야 한다"(Art 438)고 규정하였다. 이 초안은 살아있는 동물의 임치에 있어서 수치인의 임무를 규정하고 있다.[370] 이에 대하여 현행민법전 초안은 규정이 없다.

(4) 수치물의 반환에 대하여, 로빈기어 초안은 "수치인은 계약으로 정한 시기에 발생

---

365 일본 민법 제657조; 독일 민법 제688조; 스위스 채무법 제472조(전단); 프랑스 민법 제1915조; 중화민국 민법 제589조(제1항); 만주국 민법 제671조.

366 일본 민법 제666조; 독일 민법 제700조; 스위스 채무법 제481조; 프랑스 민법 제1932조; 중화민국 민법 제602조; 만주국 민법 제684조.

367 켈리포니아 민법전, 제1835, 1836, 1838조; 중화민국 민법전, 제590, 591, 592, 593, 594조; 일본 민법전, 제658, 593조; 40 Corpus Juris, 1346 n.42.

368 일본 민법 제658조; 독일 민법 제691조; 스위스 채무법 제474조(제1항); 프랑스 민법 제1930조; 중화민국 민법 제591조(제1항); 만주국 민법 제672조.

369 일본 민법 제659조; 독일 민법 제690조; 중화민국 민법 제590조; 만주국 민법 제673조.

370 켈리포니아 민법전, 제1834조.

한 과실과 함께 임치인에게 반환하여야 하고, 만약 정하지 않은 경우에는 언제든지 반환할 수 있다. 반환의 장소는 보관되었던 곳이다. 그러나 임치인의 승낙을 얻어 다른 장소로 이전한 경우에는 그곳에서 반환할 수 있다. 그 사이에 제3자가 임치의 부속물을 취득하였으면 수치인은 즉시 임치인에게 그 사실을 통지하여야 한다"(Art 439)고 규정하였다. 이 초안은 수치인의 반환(return)에 대하여 규정하고 있다.[371] 이에 대하여 현행민법전 초안은 기간의 약정 있는 임치의 해지(제690조)[372]와 기간의 약정 없는 임치의 해지(제691조)[373]에 대하여 규정하면서, 임치물의 반환장소에 대하여 "수치물은 그 보관한 장소에서 반환하여야 한다. 그러나 수치인이 정당한 사유로 인하여 그 물건을 전치한 때에는 현존한 장소에서 반환하여야 한다"(제692조)고 규정하였다.[374] 두 초안은 수치물의 반환장소에 대하여 입법취지 및 입법방법이 일치한다.

(5) 수치인의 보수에 대하여, 로빈기어 초안은 "보수는, 합의에 따라, 반환의 시기에 지불된다. 그 시기가 수치인의 과실 없이 연장된 경우 그는 그 연장된 동안 비율에 따른 보수를 받을 권한이 있다. 그리고 임치물의 운반을 포함하여 필요적 비용을 보수로 받을 수 있고, 그 목적을 위하여 보유할 수 있다"(Art 440)고 규정하였다. 이 초안은 수치인의 보수(remuneration)에 대하여 규정하고 있다.[375] 이에 대하여 현행민법전 초안은 "제674조, 제676조 내지 제679조 및 제680조 제1항, 제2항의 규정은 임치에 준용한다"(제693조)고 규정하였다.[376] 두 초안은 입법취지가 일치하지만, 입법방법이 다르다.

(6) 임치물에 대한 권한과 책임에 대하여, 로빈기어 초안은 "무상임치인은 계약에 반대 조항에도 불구하고 언제든지 임치물에 대하여 권한을 갖는다. 그는 전 조항에서 언급한 보수에 대하여 책임이 있고 과실 없이 알지 못한 것 또는 수치인이 그것들을 아는 것을 입증하지 않는 한 임치물의 결함으로 생긴 손해에 대하여 책임이 있다. 수명의 수치인과 분할할 수 있는 경우에 그들이 공동이 아닌 한, 동산을 어느 것으로 반환할 수 있

---

371 중화민국 민법전, 제598, 599, 600, 604조; 일본 민법전, 제663, 664, 660.
372 일본 민법 제662조; 독일 민법 제696조(후단), 제695조; 스위스 채무법 제475조; 프랑스 민법 제1944조; 중화민국 민법 제597조, 제598조(제2항); 만주국 민법 제676조, 제677조(제2항).
373 일본 민법 제663조 제1항; 독일 민법 제696조(전단); 스위그 채무법 제476조(제2항); 중화민국 민법 제598조(제1항); 만주국 민법 제677조(제1항).
374 일본 민법 제664조; 독일 민법 제697조; 스위스 채무법 제477조; 프랑스 민법 제1943조; 중화민국 민법 제600조; 만주국 민법 제678조.
375 중화민국 민법전, 제601조; 일본 민법전, 제665조; 켈리포니아 민법전, 제1856조; 40 Corpus Juris, 1347, notes 66~68.
376 일본 민법 제665조; 독일 민법 제691조, 제693조, 제698조, 제699조; 프랑스 민법 제1936조; 중화민국 민법 제592, 593조; 만주국 민법 제683조.

는 경우에 각각 비율의 지분으로 반환될 수 있다"(Art 441)고 규정하였다. 이 초안은 무상임치인(the gratuitous depositor)의 반환청구 및 보수 등에 관하여 규정하고 있다.[377] 이에 대하여 현행민법전 초안은 "임치인은 임치물의 성질 또는 하자로 인하여 생긴 손해를 수치인에게 배상하여야 한다. 그러나 수치인이 그 성질 또는 하자를 알은 때에는 그러하지 아니하다"(제689조)고 규정하였다.[378] 두 초안은 입법취지가 여기에서 일치하지 아니하다.

나) 특수한 임치(Special Types of Depositaries)에 대하여

특수한 임치로서, 로빈기어 초안은 숙박업자(innkeepers, Art 442), 창고업자(warehousemen / strorage, Arts 443~446), 운송업자(carriers, Arts 447~519) 및 운송주선업(Forwarding Agents, Art 520~523)으로 나누어 규정하였다. 그러나 현행민법전 초안은 이에 관하여 규정하지 않았다. 이 부분은 상법전에 입법하는 입법방법을 취한 것이다. 두 초안은 특수한 임치에 대하여 입법취지와 입법방법이 다르다.

6) 물적담보계약(Pignorative (Pledge) Contracts)

물적담보계약에 대하여, 로빈기어 초안은 통칙(provisions applicable to all, Arts 524~525), 동산질권(pledge / pignus / pawn of movable, Arts 526~536), 저당권(hypotheca/mortgage, Arts 537~545), 전세권(antichtesis / Chinese Dien, Arts 546~551), 환매(sale with right of redemption, Arts 552~559) 및 유치권(possessory liens / right of redemption, Arts 560~565)을 각각 규정하였다. 이에 대하여 현행민법전 초안은 제2편 물권 제8장 질권에서, 동산질권(제318조~제333조), 권리질권(제334조~제344조), 제9장 저당권(제345조~제363조), 제6장 전세권(제290조~제309조), 제3편 채권 제2장 계약 제3절 매매에서 제3관 환매(제579조~제584조) 및 제2편 제7장 유치권(제310조~제317조)을 각각 규정하였다.

가) 통칙(Provisions Applicable to All)에 대하여

로빈기어 초안은 통칙에 대하여, 정의와 본질(Definition and Nature, Art 524) 및 소멸

---

377 중화민국 민법전, 제597, 595, 596조; 일본 민법전, 제662조; 40 Corpus Juris, 1347, notes 58, 59.

378 일본 민법 제661조; 독일 민법 제694조; 스위스 채무법 제473조(제2항); 프랑스 민법 제1947조; 중화민국 제596조; 만주국 민법 제675조.

(Extinction, Art 525)을 각각 규정하였다. 그러나 현행민법전 초안은 이에 대하여 규정하지 않았다.[379]

(1) 로빈기어 초안은 "담보계약은, 다른 채무의 이행을 확보하기 위하여 보조하는 것이다. 따라서 그들은 주된 채무에 부속하고 나눌 수 있다. 목적물은 양도할 수 있어야 하고, 채무자는 그것을 담보할 수 있는 자격이 있는 소유자 또는 그 외의 자이어야 한다. 그러나 채무가 만기에 지급되지 않으면 매각되어야 하고, 매각을 포기하는 합의 및 담보된 소유권을 귀속하는 것은 무효이다"(Art 524)고 규정하였다. 이 초안은 담보계약의 정의와 본질(Definition and Nature)에 대하여 규정하고 있다. 즉 담보계약은 다른 채무의 이행을 확보하는 것,[380] 주된 채무에 종속되는 것,[381] 주물은 양도할 수 있어야 하고,[382] 채무자는 담보할 권한이 있는 소유자 또는 다른 자이어야 하며,[383] 만기에 채무의 지급이 없으면 매각될 수 있고,[384] 매각을 포기하거나 담보된 소유권의 귀속을 무효로 하는 것[385]이라는 것이다.[386] 이에 대하여 현행민법전 초안은 입법하지 않았다.

(2) 로빈기어 초안은 "담보계약은 채권자의 포기 또는 그것을 수령할 자격이 있는 사람에게 주물에 대한 소유권, 상환, 판결, 공인된 매각 또는 파괴에 의해 소멸된다"(Art 525)고 규정하였다. 이 초안은 담보계약의 소멸(Extinction)에 대하여 규정하고 있다.[387] 이에 대하여 현행민법전 초안은 입법하지 않았다.

나) 동산질(Pledge (Pignus, Pawn) of Movables)에 대하여

동산질에 대하여, 로빈기어 초안은 일반규정(in general, Arts 526~530) 및 무형질(pledge of intangible, Arts 531~536)을 각각 규정하였다.[388] 이에 대하여 현행민법전 초안

---

379 이에 대한 내용분석은, 윤대성, 『미군정시대(1945~1948)의 한국민법전편찬사업』(2009), 127~130면.
380 American Law Institut's Restatement of Security, Sec 1; Cater v. Herrell, 14, Louisiana Annual, 375, 376; Riasnovsky, Modern Civil Law of China (1927) Vol. 1, p.66.
381 40 Corpus Juris, 1352, notes 16, 17.
382 일본 민법전, 제343조.
383 40 Corpus Juris, 1352 n.18.
384 40 Corpus Juris, 1352 n.18; 멕시코 민법전, 제1800, 1851조; 필립핀 민법전, 제1858, 1872, 1884조.
385 켈리포니아 민법전, 제2889조; 중화민국 민법전, 제873, 893, 894조; 일본 민법전, 제349조.
386 이에 대한 자세한 내용은, 윤대성, 미군정시대(1945~1948)의 한국민법전편찬사업(2009), 127~129면.
387 중화민국 민법전, 제896조. 이에 대한 자세한 내용, 윤대성, 『미군정시대(1945~1948)의 한국민법전편찬사업』(2009), 130면.
388 이에 대한 내용분석은, 윤대성, 『미군정시대(1945~1948)의 한국민법전편찬사업』(2009), 130~135면.

은 제2편 물권 제8장 질권 제1절 동산질권에서, 동산질권의 내용(제318조), 설정계약의 요물성(제319조), 질권의 목적물(제320조), 설정자에 의한 대리점유의 금지(제321조), 동산질권의 순위(제322조), 피담보채권의 범위(제323조), 유치적 효력(제324조), 전질권(제325조), 전질의 대항요건(제326조), 경매, 간이변제충당(제327조), 유질계약의 금지(제328조), 질물 이외의 재산으로부터의 변제(제329조), 물상보증인의 구상권(제330조), 물상대위(제331조), 준용규정(제332조) 및 타법률에 의한 질권(제333조)을 각각 규정하였다. 그 밖에 권리질권(제334조~제344조)에 대하여 규정하고 있다.

(1) 동산질권의 의의에 대하여, 로빈기어 초안은 "동산질은 채무의 변제, 발생하여 불이행된 이자, 질권의 실행비용 및 목적물에 숨겨진 하자에 의한 손해를 담보하기 위하여 하나 또는 그 이상의 동산의 점유를 이전해 주는 것이다"(Art 526)고 규정하였다. 이 초안은 동산질의 정의(Defined)에 대하여 규정하고 있다.[389] 이에 대하여 현행민법전 초안은 "동산질권자는 채권의 담보로 채무자 또는 제3자가 제공한 동산을 점유하고 그 동산에 대하여 다른 채권자보다 우선변제를 받을 권리가 있다"(제318조)고 규정하였다.[390] 두 초안은 입법방법은 다르더라도 입법취지는 일치한다. 그러나 로빈기어 초안은 물적담보계약의 일종으로 입법하고, 현행민법전 초안은 담보물권의 하나로 입법한 것이 다르다.

(2) 동산질의 설정에 대하여, 로빈기어 초안은 "동산질은 현실의 인도에 의하여 설정되고, 계속적 점유가 그 유효요건이다"(Art 527)고 규정하였다. 이 초안은 동산질의 설정(Creation)에 대하여 규정하고 있다.[391] 이에 대하여 현행민법전 초안은 "질권의 설정은 질권자에게 목적물을 인도함으로써 그 효력이 생긴다"(제319조)고 규정하였다.[392] 두 초안은 동산질의 설정에서 요물성을 인정한 점에서 입법취지가 일치한다.

(3) 질권자의 권리에 대하여, 로빈기어 초안은 "목적물의 발생한 과실은 질권자에 의

---

389 American Law Institut's Restatement of Security, Sec 1; 켈리포니아 민법전, 제2986조; 중화민국 민법전, 제884, 887조; 독일 민법전, 제1204, 1273, 1210조; 일본 민법전, 제342, 346조; Riasnovsky, "Modern Civil Law of China" (1927) p.71; 40 Corpus Juris, 1352.

390 일본 민법 제342조; 독일 민법 제1204조; 스위스 민법 제891조; 프랑스 민법 제2073조; 중화민국 민법 제884조; 만주국 민법 제320조.

391 American Law Institut's Restatement of Security, Sec 5; 켈리포니아 민법전, 제2988조; 중화민국 민법전, 제885조; 일본 민법전, 제344, 345, 352조; 독일 민법전, 제1205, 1206, 1292~3조.

392 일본 민법 제344조; 독일 민법 제1205조; 스위스 민법 제884조; 프랑스 민법 제2071조; 중화민국 민법 제322조 제1항; 만주국 민법 제885조.

하여 수취된다. 그는 목적물의 보존에서 발생한 비용을 지급받을 권리가 있다. 지급 또는 압류될 때까지 점유를 보유할 수 있다. 이 점유하는 동안 그는 목적물을 질권자에게 동일한 추가적 책임을 지는 자에게 목적물을 전질 할 수 있다. 감가상각 될 부패하기 쉬운 재산은 질권자에 의하여 매각될 수 있고, 그 진행은 질권 아래에서 유지된다. 동일한 동산의 수인의 질권자는 우선순위에 따라 지급받을 수 있다"(Art 528)고 규정하였다. 이 초안은 질권자의 권리(Rights)로서, 목적물의 과실수취권,[393] 목적물의 보존비용상환청구권,[394] 전질권,[395] 질물매각권,[396] 수인의 질권자인 경우 우선순위에 따라 변제받을 권리[397] 등을 규정하고 있다. 이에 대하여 현행민법전 초안은 로빈기어 초안과 같이 직접적인 규정을 입법하지 않고 있다. 다만 동산질권의 순위(제322조),[398] 유치적 효력(제324조),[399] 전질권(제325조),[400] 경매, 간이변제충당(제327조)[401]을 각각 규정하고 있다.

(4) 로빈기어 초안은 "질권설정자는 채무와 비용을 만기일에 지급함으로써 목적물을 반환받을 권리를 갖는다. 그러나 이 권리를 양도할 수 없다. 그 질권의 불이행으로, 시간과 장소를 질권자에게 충분한 통지를 한 후에 목적물의 매각을 할 원인으로 할 수 있고, 그 대금으로 채무를 충당하고 나머지가 있으면 질권설정자에게 지급할 수 있다"(Art 529)고 규정하였다. 이 초안은 동산질의 실행(Foreclosure)에서 질권설정자의 변제와 목적물의 반환,[402] 목적물의 매각대금에 의한 변제[403]에 대하여 규정하고 있다. 이에 대하여 현행민법전 초안은 직접적인 입법을 하지 않았다.

(5) 로빈기어 초안은 "질권자는 목적물에 대하여 선량한 관리자의 주의를 기울여야 한다. 그로부터 생긴 어떤 증가 또는 이익에 대하여 질권설정자에게 계산하여야 한다"(Art 530)고 규정하였다. 이 초안은 질권자의 의무(Obligation)에 대하여 규정하고 있다.[404] 이

---

393 American Law Institut's Restatement of Security, Sec 3; 켈리포니아 민법전, 제2989조; 중화민국 민법전, 제889조.
394 40 Corpus Juris, 1357, n.33, 25.
395 중화민국 민법전, 제891조; 일본 민법전, 제348조.
396 중화민국 민법전, 제892조; 독일 민법전, 제1209조; 스위스 민법전, 제890조.
397 일본 민법전, 제355조; 스위스 민법전, 제893조.
398 일본 민법 제355조; 스위스 민법 제893조; 만주국 민법 제324조.
399 일본 민법 제347조; 프랑스 민법 제2082조; 만주국 민법 제327조.
400 일본 민법 제348조; 스위스 민법 제887조; 중화민국 민법 제891조; 만주국 민법 제328조.
401 일본 민법 제354조; 독일 민법 제1221, 1228, 1235조; 프랑스 민법 제2078조; 중화민국 민법 제893조(제1항); 만주국 민법 제330조.
402 American Law Institut's Restatement of Security, Sec 55(1); 중화민국 민법전, 제893조; 일본 민법전, 제368조.
403 American Law Institut's Restatement of Security, Sec 48; 켈리포니아 민법전, 제3000, 3008조; 중화민국 민법전, 제893조; 일본 민법전, 제349조.
404 American Law Institut's Restatement of Security, Secs 17,19; 켈리포니아 민법전, 제2997, 3005조; 중화민국

에 대하여 현행민법전 초안은 직접적인 입법을 하지 않았다.

(6) 권리질에 대하여, 로빈기어 초안은 "무형물과 무형의 권리는, 여기에서 제공하지 않는 한, 동산질에 영향을 주는 규칙이 적용되는 질권자의 목적이 될 수 있다"(Art 531) 고 규정하였다. 이 초안은 무형(권리)질의 정의(Defined)에 대하여 규정하고 있다.[405] 이에 대하여 현행민법전 초안은 "질권은 재산권을 그 목적으로 할 수 있다. 그러나 부동산의 사용, 수익을 목적으로 하는 권리는 그러하지 아니하다"(제334조)고 규정하였다.[406] 두 초안은 권리질에 대하여 입법의사가 일치한다. 그러나 로빈기어 초안은 물적담보계약의 일종으로 입법하고, 현행민법전 초안은 담보물권의 하나로 입법한 것이 다르다.

(7) 권리질의 요물성에 대하여, 로빈기어 초안은 "목적물은 가치 있는 담보이면, 그 질권은 인도된 상대방의 주된 권리증서에 첨부된 모든 증서를 포함한다"(Art 532)고 규정하였다. 이 초안은 무형(권리)질의 목적물 범위(Scope)에 대하여 규정하고 있다.[407] 이에 대하여 현행민법전 초안은 "채권을 질권의 목적으로 하는 경우에 채권증서가 있는 때에는 질권의 설정은 그 증서를 질권자에게 교부함으로써 그 효력이 생긴다"(제336조)고 규정하였다.[408] 두 초안은 입법취지에서 일치한다.

(8) 권리질의 설정에 대하여, 로빈기어 초안은 "설정은 필요한 배서에 의하여 권리를 증명하는 주된 권리증서의 인도에 의하여 효력이 있다. 이에 의하여 채무자는 오직 질권에 대하여 책임을 부담하게 된다"(Art 533)고 규정하였다. 이 초안은 무형(권리)질의 설정(Creation)에 대하여 규정하고 있다.[409] 이에 대하여 현행민법전 초안은 "권리질권의 설정은 법률에 다른 규정이 없으면 그 권리의 양도에 관한 방법에 의하여야 한다"(제335조)고 규정하였다.[410] 두 초안은 입법취지에서 일치한다.

(9) 로빈기어 초안은 "담보증권은 고객의 지시에 따라서 자신의 자금으로 전부 또는 일부를, 주식 중개인에 의해 구매되고, 후자에게 속한다. 중개인은 선불한 금액의 지급을 담보한 질권자 이다"(Art 534)고 규정하였다. 이 초안은 담보증권(Securities)에 대하

민법전, 제888, 890조; 일본 민법전, 제350조.

405 중화민국 민법전, 제900~902조; 독일 민법전, 제1273조; 일본 민법전, 제362조; 40 Corpus Juris, 1256 No. 29(e).

406 일본 민법 제362조; 독일 민법 제1273조(제1항); 스위스 민법 제890조(제1항); 프랑스 민법 제2081조; 중화민국 민법 제900조; 만주국 민법 제336조.

407 중화민국 민법전, 제910조.

408 일본 민법 제336조; 독일 민법 제900조(제1항); 중화민국 민법 제904조; 만주국 민법 제337조.

409 중화민국 민법전, 제904, 908, 909조; 독일 민법전, 제1205조 이하, 제1292조; 일본 민법전, 제 363, 366조; 40 Corpus Juris, 1355, No. 29(e).

410 신설; 독일 민법 제1274조; 중화민국 민법 제902조; 만주국 민법 제342조.

여 규정하고 있다.[411] 이에 대하여 현행민법전 초안은 입법하지 않았다.

(10) 질권의 목적이 된 채권의 실행방법에 대하여, 로빈기어 초안은 "그 담보 전에 질권이 설정된 채무의 만기는, 전자의 진행에 대하여 질권자에게 권한이 주어진다. 그러나 전자의 만기가 후자보다 후이면, 채무의 범위에 채무자가 지급한 것에 질권자에게 권한이 주어진다"(Art 535)고 규정하였다. 이 초안은 질권자의 권리(Rights)에 대하여 규정하고 있다.[412] 이에 대하여 현행민법전 초안은 "질권자는 질권의 목적된 채권을 직접 청구할 수 있다. 채권의 목적물이 금전인 때에는 질권자는 자기채권의 한도에서 직접 청구할 수 있다. 전항의 채권의 변제기가 질권자의 변제기보다 먼저 도래한 때에는 질권자는 제3채무자에게 대하여 그 변제금액의 공탁을 청구할 수 있다. 이 경우에 질권은 그 공탁금에 존재한다. 채권의 목적물이 금전 이외의 물건인 때에는 질권자는 그 변제를 받은 물건에 질권을 행사할 수 있다"(제342조)고 규정하였다.[413] 두 초안은 입법취지는 일치하지만 입법방법이 매우 다르다.

(11) 질권설정자의 의무에 대하여, 로빈기어 초안은 "질권자는 부채를 보존과 수금하거나 질권설정자가 그렇게 할 수 있도록 하기 위해 합리적인 노력을 사용해야 한다. 후자는 질권자의 동의 없이 채무를 소멸, 수정하거나 손상하는 행동을 자제하여야 한다"(Art 536)고 규정하였다. 이 초안은 질권자와 질권설정자의 의무(Obligations)에 대하여 규정하고 있다.[414] 이에 대하여 현행민법전 초안은 "질권설정자가 질권자의 동의 없이 질권의 목적된 권리를 소멸하게 하거나 질권자의 이익을 해하는 변경을 하여도 질권자에게 대항하지 못한다"(제341조)고 규정하였다.[415] 두 초안은 입법취지에서 일치한다.

다) 저당권(Hypotheca (Mortgage))에 대하여

저당권에 대하여, 로빈기어 초안은 정의(defined, Art 537), 범위(scope, Art 538), 형식(form, Art 539), 건물(buildings, Art 540), 권리(right, Art 541), 양도 등(transfer etc., Art

---

411 American Law Institut's Restatement of Security, Sec 12; 중화민국 민법전, 제905조; 독일 민법전, 제1281, 1282, 1285~88조; 일본 민법전, 제367조; 스위스 민법전, 제905조.
412 중화민국 민법전, 제905, 906조; 일본 민법전, 제367조; 스위스 민법전, 제906조.
413 일본 민법 제367조; 독일 민법 제1282, 1281, 1287조; 중화민국 민법 제909, 910조; 만주국 민법 제344조.
414 중화민국 민법전, 제901, 903조; 일본 민법전, 제362조 제2항; American Law Institut's Restatement of Security, Sec 18.
415 신설; 만주국 민법 제343조.

542), 상환(redemption, Art 543), 실행(foreclosure, Art 544), 소멸(extinction, Art 545)을 각
각 규정하였다.[416] 이에 대하여 현행민법전 초안은 제2편 물권 제9장 저당권에서 저당권
의 내용(제345조), 근저당(제346조), 저당권의 효력의 범위(제347조), 과실에 대한 효력(제
348조), 피담보채권의 범위(제349조), 저당권의 처분제한(제350조), 유저당계약의 금지
(제351조), 저당물의 보충(제352조), 저당권자의 경매청구권, 경매인(제353조), 제3취득자
의 변제(제354조), 저당지상의 건물에 대한 경매청구권(제355조), 법정지상권(제356조),
제3취득자의 비용상환청구권(제357조), 공동저당과 대가의 배당, 차순위자의 대위(제
358조), 저당물의 멸실(제359조), 부종성(제360조), 준용규정(제361조), 지상권, 전세권을
목적으로 하는 저당권(제362조) 및 타법률에 의한 저당권(제363조)을 각각 규정하였다.

(1) 저당권의 의의에 대하여, 로빈기어 초안은 "저당권은 부동산, 지상권, 영차권 또
는 용익권으로 점유를 포기하지 않고 상대방 채무의 이행을 확보하는 물적담보계약이
다"(Art 537)고 규정하였다. 이 초안은 저당권의 정의(defined)를 규정하고 있다. 즉 저당
권의 목적물으로 부동산, 지상권, 영차권, 용익권을 들고,[417] 상대방 채무의 이행을 확보
하는 것,[418] 점유를 포기하지 않는[419] 물적담보계약(a pignorative contract)이라는 것이다.
이에 대하여 현행민법전 초안은 "저당권자는 채무자 또는 제3자가 점유를 이전하지 아
니하고 채무의 담보로 제공한 부동산에 대하여 다른 채권자보다 자기 채권의 우선변제
를 받을 권리가 있다"(제345조)고 규정하였다.[420] 두 초안은 입법취지에서 일치한다. 그
러나 로빈기어 초안은 물적담보계약의 일종으로 입법하고, 현행민법전 초안은 담보물
권의 하나로 입법한 것이 다르다.

(2) 저당권의 효력이 미치는 범위에 대하여, 로빈기어 초안은 "저당권은 주된 채무
이외에 목적물의 종물로부터 발생된 이익, 천연 · 법정 과실, 양도증서에 의하여 양도된
모든 것을 확보한다"(Art 538)고 규정하였다. 이 초안은 저당권의 범위(Scope)에 대하여

---

416 이에 대한 내용분석은, 윤대성, 미군정시대(1945~1948)의 한국민법전편찬사업(2009), 135~140면.
417 중화민국 민법전, 제882조.
418 켈리포니아 민법전, 제2920조; 중화민국 민법전, 제850, 866조; 독일 민법전, 제1113조; 일본 민법전, 제369조.
419 켈리포니아 민법전, 제2927조; 중화민국 민법전, 제860조, deBecker, Annotations to Civil Code, p.307 참조;
　　일본 민법전, 제369조; 40 Corpus Juris, 1360, notes 38, 39.
420 일본 민법 제369조; 독일 민법 제1113조(제1항); 프랑스 민법 제2114조; 중화민국 민법 제816조; 만주국 민법
　　제345조(제1항).

규정하고 있다.[421] 이에 대하여 현행민법전 초안은 "저당권의 효력은 저당부동산에 대한 집유(執留)가 있은 후에 저당권설정자가 그 부동산으로부터 수취한 과실 또는 수취할 수 있는 과실에 미친다. 그러나 저당권자가 그 부동산에 대한 소유권, 지상권 또는 전세권을 취득한 제3자에 대하여는 집유한 사실을 통지한 후가 아니면 이로써 대항하지 못한다"(제348조)고 규정하였다.[422] 두 초안은 입법취지에서 일치하지만, 로빈기어 초안이 그 범위를 더 넓게 규정하는 입법을 하고자 한 것을 확인할 수 있다.

(3) 로빈기어 초안은 "저당권은 제3자에게 대항하기 위하여 호적 사무소에 등록(등기)된 정당한 문서에 의하여 증명되어야 한다. 등기의 순서는 동일한 물건 위에의 여러 개의 저당권의 선후를 결정한다"(Art 539)고 규정하였다. 이 초안은 저당권의 대항요건으로서 호적 사무소에서의 등기를 규정하고,[423] 등기의 순서에 의하여 저당권의 선후를 결정한다[424]는 것이다. 이에 대하여 현행민법전 초안은 저당권에 직접적인 규정을 입법하지 않았지만, 제2편 물권 제1절 총칙에 "부동산에 관한 법률행위로 인한 물권의 득실변경은 등기하여야 그 효력이 생긴다"(제177조)고 규정하였다.

(4) 법정지상권에 대하여, 로빈기어 초안은 "토지 위의 건물은 토지와 별도로 저당할 수 있고, 만약 어느 한쪽이 저당된 경우 그 지상권은 환수권매매시에 설정된 것으로 간주하고, 그 지료는 쌍방의 합의 또는 재판상 명령에 의하여 정해진다. 그리고 그 규정은 토지와 건물이 그 소유자에 의하여 저당되었으나 각각 다른 경락인에게 환매권이 매각된 경우에도 또한 같다. 저당권이 설정된 후에 건축된 건물은 토지와 함께 매각될 수 있지만 저당권자는 건물의 대금에 대하여 우선권이 없다"(Art 540)고 규정하였다. 이 초안은 토지 위의 건물에 대한 저당권의 설정에 의하여 각각 별개의 부동산으로 건물의 소유를 위한 지상권이 설정된 것으로 보는 것을 규정하고 있다. 즉 건물은 토지와 별도로 저당할 수 있다는 점,[425] 건물과 토지가 별개로 소유권이 귀속된 경우에 지상권이 설정된 것으로 하고 지료의 지급을 규정한 점,[426] 토지에 저당권이 설정된 뒤 건물을 신축한

---

421 켈리포니아 민법전, 제2926조; 중화민국 민법전, 제861~4조; 독일 민법전, 1212, 1289, 1291조; 일본 민법전, 제370, 371조.

422 일본 민법 제371조; 독일 민법 제1121조; 중화민국 민법 제863조; 만주국 민법 제347조.

423 켈리포니아 민법전, 제2922조; 중화민국 민법전, 제758~760조; 독일 민법전, 제1274조; 프랑스 민법전, 제2127조; 일본 민법전, 제177조.

424 켈리포니아 민법전, 제2922조; 중화민국 민법전, 제863조; 독일 민법전, 1212, 1274조; 일본 민법전, 제373, 383조.

425 중화민국 민법전, 제876조; 일본 민법전, 제370조.

경우에 토지와 함께 매각할 수 있고 건물의 대금에 우선권이 없다는 점[427]을 규정하고 있다. 이에 대하여 현행민법전 초안은 "토지를 목적으로 저당권을 설정한 후 그 설정자가 그 토지에 건물을 축조한 때에는 저당권자는 필요한 경우에 한하여 토지와 함께 그 건물에 대하여 경매를 신청할 수 있다. 그러나 그 건물의 경매대금에 대하여는 우선변제를 받을 권리가 없다"(제355조)고 규정하고,[428] "저당물의 경매로 인하여 토지와 그 지상 건물이 각 소유자에 속한 경우에는 건물소유자는 토지소유자에 대하여 지상권의 설정을 청구할 수 있다"(제356조)고 규정하였다.[429] 두 초안은 법정지상권에 대하여 입법취지가 일치한다. 다만 입법방법에서 차이를 보이고 있다. 즉 로빈기어 초안은 지상권이 당연히 설정된 것으로 한 것에 대하여 현행민법전 초안은 건물소유자의 지상권설정청구권을 인정한 것에서 다르다.

(5) 저당물의 보충에 대하여, 로빈기어 초안은 "저당권자는 목적물을 유지할 권리가 있다. 그리고 그것의 중대한 침탈이 있으면 저당권자의 비용으로 대담보 또는 유지명령에 의하여 보호된다"(Art 541)고 규정하였다. 이 초안은 저당권자의 권리(Rights)에 대하여 규정하고 있다. 즉 목적물을 유지할 권리,[430] 대담보(security for compensatory damages) 또는 유지명령(injunction)을 청구할 권리,[431] 자신의 비용으로[432] 보호할 권리 등이다. 이에 대하여 현행민법전 초안은 "저당권설정자의 책임 있는 사유로 인하여 저당물의 가격이 현저히 감소된 때에는 저당권자는 저당권설정자에 대하여 그 원상회복 또는 상당한 담보제공을 청구할 수 있다"(제352조)고 규정하였다.[433] 두 초안은 입법취지가 유사하지만 그 입법방법에서 많은 차이가 있다.

(6) 저당권의 처분제한에 대하여, 로빈기어 초안은 "저당권의 각 당사자는 저당권을 훼손하지 않는 한 그의 이익을 양도, 저당 또는 분할할 수 있다. 그러나 저당권은 원저당권과 분리하여 양도되거나 다른 채무를 담보할 수 없다"(Art 542)고 규정하였다. 이 초안은 저당권의 양도 등(Transfer, etc.)을 규정하고 있다.[434] 이에 대하여 현행민법전 초안은

426　중화민국 민법전, 제876조; 일본 민법전, 제388조.
427　중화민국 민법전, 제877조; 일본 민법전, 제389조.
428　일본 민법 제389조; 중화민국 민법 제877조; 만주국 민법 제352조.
429　일본 민법 제388조; 중화민국 민법 제876조(제1항); 만주국 민법 제35조(제1항).
430　켈리포니아 민법전, 제2927조; 중화민국 민법전, 제871조 제1항.
431　켈리포니아 민법전, 제2929조; 중화민국 민법전, 제872조.
432　중화민국 민법전, 제871조 제2항.
433　신설; 독일 민법 제1133, 1134조; 스위스 민법 제809조; 중화민국 민법 제872, 871조.

"저당권은 그 담보한 채권과 분리하여 타인에게 양도하거나 다른 채권의 담보로 하지 못한다"(제350조)고 규정하였다.[435] 두 초안은 입법취지에서 일치한다.

(7) 로빈기어 초안은 "상환은 실행되기 전에 저당권설정자 또는 양수인이 담보된 채무의 완전한 이행에 의하여 언제든지 유효하게 할 수 있다. 상환하는 제3자는 저당권자의 권리를 대위하게 된다"(Art 543)고 규정하였다. 이 초안은 저당권의 상환(redemption)에 대하여 규정하고 있다.[436] 이에 대하여 현행민법전 초안은 직접적인 규정을 입법하지 않았다. 다만 제359조 제2항에서 "저당물의 멸실로 인한 손해배상을 받을 경우에는 각 저당권의 순위에 좇아 그 배상금에서 채권의 변제를 받을 수 있다"고 규정하고,[437] 제361조에서 "제311조, 제322조, 제329조, 제330조 및 제331조의 규정은 저당권에 준용한다"고 규정하였다.[438] 두 초안은 입법취지는 유사하지만, 입법방법을 달리하고 있다.

(8) 저당권의 실행에 대하여, 로빈기어 초안은 "채무의 변제가 없으면 저당권자는 상당한 최고 및 주장에 의하여 목적물의 매매에 대한 판결로서 그 대금을 변제에 충당할 수 있다. 그러나 당사자는 저당권설정과 함께 또는 그 후에 법적구조의 청구 없이 공경매로 매각할 문서상 권한에 합의할 수 있다. 목적물의 소유권이 이와 같은 매매에 의하지 않고 저당권자에게 넘어가는 합의는 무효이다. 여러 명의 저당권자가 있는 경우에 매매대금은 그들이 동등하다면 우선순위 또는 비율에 따라서 배당된다. 저당권이 특정한 금액을 충당할 수 없어 하나의 부동산 이상에 미치는 경우 저당권자는 어느 것의 매매대금에서 그의 청구권 전부 또는 일부를 청구할 수 있다"(Art 544)고 규정하였다. 이 초안은 저당권의 실행(Foreclosure)에 대하여 규정하고 있다.[439] 이에 대하여 현행민법전 초안은 "저당권자는 그 채권의 변제를 받기 위하여 저당물의 경매를 신청할 수 있다. 저당물의 소유권을 취득한 제3자도 경매인이 될 수 있다"(제353조)고 규정하였다.[440] 두 초안은 저당권의 실행을 경매로 하는 점에서 입법취지가 일치한다.

---

[434] 중화민국 민법전, 제866~869, 870조; 일본 민법전, 제377, 375조; 40 Corpus Juris, 1360, Notes 39, 40; 쿠바 민법전, 제1878조; 멕시코 민법전, 제1864조.

[435] 일본 민법 제375조; 독일 민법 제1153조; 스위스 민법 제832조; 중화민국 민법 제870조; 만주국 민법 제349조 (제1항).

[436] 중화민국 민법전, 제922, 924, 879조; 일본 민법전, 제378, 372조; 켈리포니아 민법전, 제2903, 2905조.

[437] 일본 민법 제372, 304조; 중화민국 민법 제881조.

[438] 일본 민법 제372조; 독일 민법 제1123, 1124조; 스위스 민법 제804, 806조; 만주국 민법 제358조.

[439] 일본 민법전, 제371, 381~387, 349조; 스위스 민법전, 제806, 816, 894조; 켈리포니아 민법전, 제2931, 2932, 2889조; 중화민국 민법전, 제873조.

[440] 일본 민법 제387, 390조; 독일 민법 제1147조; 중화민국 민법 제873조(제1항); 만주국 민법 제350조.

(9) 저당권의 소멸에 대하여, 로빈기어 초안은 "저당권의 소멸은 저당권설정자 또는 채무자의 상대방 측의 취득시효, 목적물의 멸실에 의한다. 그러한 손실의 보상은 우선 순위에 따라서 저당권자에게 배분한다. 그러나 저당권의 소멸시효는 담보된 채권의 소멸시효와 동시에 소멸된다"(Art 545)고 규정하였다. 이 초안은 저당권의 소멸(Extinction of an hypotheca)에 대하여 규정하고 있다.[441] 이에 대하여 현행민법전 초안은 "저당권은 저당물의 멸실로 인하여 소멸한다. 저당물의 멸실로 인한 손해배상을 받을 경우에는 각 저당권의 순위에 좇아 그 배상금에서 채권의 변제를 받는다"(제359조)고 규정하였다.[442] 두 초안은 저당물의 멸실에 의한 저당권의 소멸에 대한 입법취지가 일치한다. 다만 로빈기어 초안은 시효에 의한 소멸사유를 규정한 입법의사를 확인할 수 있다.

라) 전세권(Antichresis (Chinese Dien))에 대하여

전세권에 대하여, 로빈기어 초안은 전세권의 정의(Defined, Art 546), 기간(Duration, Art 547), 권리(Rights, Art 548), 상환(Redemption, Art 549), 양도(Transfer, Art 550), 목적물의 멸실(Destruction, Art 551)을 각각 규정하였다.[443] 이에 대하여 현행민법전 초안은 제2편 물권 제6장 전세권에서 전세권의 내용(제290조), 건물의 전세권, 지상권, 임차권에 대한 효력(제291조), 건물의 전세권과 법정지상권(제292조), 전세권의 양도, 임대 등(제293조), 전세권양도의 효력(제294조), 전전세 등의 경우의 책임(제395조), 전세목적물양도와 매수청구권(제296조), 전세권자의 유지, 수선의무(제297조), 전세권자의 부담(제298조), 전세권자의 상환청구권(제299조), 전세권의 소멸청구(제300조), 전세권의 존속기간(제301조), 전세권의 소멸통고(제302조), 불가항력으로 인한 일부멸실(제303조), 전세권자의 손해배상책임(제304조), 전세목적물의 처분제한(제305조), 원상회복의무, 매수청구권(제306조), 전세권의 소멸과 동시이행(제307조), 준용규정(제309조)을 각각 규정하였다.

(1) 전세권의 의의에 대하여, 로빈기어 초안은 "전세권(부동산질)은 부동산을 소유자에 의하여 채권자에게 점유를 이전시키고 그 과실을 취득하여 채무에 충당하는 물적 담보계약이다. 그러나 소유권은 반대의 약정에도 불구하고 여전히 채무자에게 남아 있

---

441 일본 민법전, 제397조; 중화민국 민법전, 제881조; 독일 민법전, 제223조; 스위스 민법전, 제807조.
442 일본 민법 제372조; 중화민국 민법 제881조.
443 이에 대한 내용분석은, 윤대성, 『미군정시대(1945~1948)의 한국민법전편찬사업』(2009), 140~143면, 150~160면.

다"(Art 546)고 규정하였다. 이 초안은 전세권을 부동산질(antichresis / anthrese)로 보고
이에 관하여 정의(Defined)에 대하여 규정하고 있다.[444] 이에 대하여 현행민법전 초안은
"전세권자는 전세금을 지급하고 타인의 부동산을 점유하여 그 부동산의 용도에 좇아 사
용 및 수익할 권리가 있다. 농경지는 전세권의 목적으로 하지 못한다"(제290조)고 규정
하였다.[445] 두 초안은 입법취지에서 일치한다. 다만 로빈기어 초안은 전세권을 물적담보
계약으로 명확히 한 규정을 입법한 것이 현행민법전 초안이 물권으로 한 것과 다르다.

　(2) 전세권의 존속기간에 대하여, 로빈기어 초안은 "계약의 기간은 30년으로 제한되
며 만약 더 긴 기간을 정하였으면 연장할 수 있다. 15년 이하의 기간을 정하여 그 후에
는 상환할 수 없다는 조항은 금지한다"(Art 547)고 규정하였다. 이 초안은 계약의 기간
(Duration of the contract)에 대하여 규정하고 있다.[446] 이에 대하여 현행민법전 초안은
"전세권의 존속기간은 10년을 넘지 못한다. 당사자의 약정기간이 10년을 넘을 때에는
이를 10년으로 단축한다. 전세권의 설정은 이를 갱신할 수 있다. 그 기간은 갱신한 날로
부터 10년을 넘지 못한다"(제301조)고 규정하였다.[447] 두 초안은 전세권의 계약기간에
대하여 달리 입법하고 있음을 확인할 수 있다.

　(3) 전세권의 양도 등에 대하여, 로빈기어 초안은 "달리 규정하지 않는 한, 채권자는,
계약기간 내에서, 기간과 원래 계약의 약인을 초과하지 않는 범위에서 제3자에게 자신의
이익을 전대하거나 또는 전부를 양도할 수 있다. 기간 내에 목적물의 전부 또는 일부가
불가항력에 의해 파괴되는 경우, 채권자(전세권자)가 개축 또는 수선하여야 한다. 그러
나 채무자(전세권설정자)가 동의하지 않는 한 파괴될 때의 가치에 상당하여야 한다. 그
재산에 대하여 가치의 증가 또는 기타 필요한 지출에 대하여 채권자(전세권자)는 상환시
에 비용을 지급받을 권리가 있다"(Art 548)고 규정하였다. 이 초안은 전세권자의 권리
(Rights)에 대하여 규정하였다. 즉 전대권,[448] 양도권,[449] 개축 또는 수선하는 권리,[450] 유익
비·필요비 상환청구권[451] 등이다. 이에 대하여 현행민법전 초안은 "전세권자는 전세권

444　중화민국 민법전, 제911조; 40 Corpus Juris, 1364, n.56(b), 1362~3, notes 56, 57; 만주국 민법전, 제294조.
445　신설; 중화민국 민법 제911조; 만주국 민법 제294조.
446　중화민국 민법전, 제912, 913조; 만주국 민법전, 제299조.
447　중화민국 민법 제912조; 만주국 민법 제299조.
448　중화민국 민법전, 제915조; 만주국 민법전, 제206조.
449　중화민국 민법전, 제917조; 만주국 민법전, 제295조.
450　중화민국 민법전, 제921조; 만주국 민법전, 제307조.
451　중화민국 민법전, 제927조; 만주국 민법전, 제309조.

을 타인에게 양도 또는 담보에 제공할 수 있고, 그 존속기간 내에서 그 목적물을 타인에게 임대할 수 있다. 그러나 설정행위로 이를 금지한 때에는 그러하지 아니하다"(제293조)고 규정하고,[452] "전세권자는 목적물의 현상을 유지하고 그 통상관리에 속한 수선을 하여야 한다"(제297조)고 규정하였으며,[453] "전세권자가 목적물의 보존, 개량에 관하여 유익비를 지출한 때에는 그 가격의 증가가 현존한 경우에 한하여 소유자의 선택에 좇아 그 지출액이 나 증가액의 상환을 청구할 수 있다. 전항의 경우에 법원은 소유자의 청구에 의하여 상당 한 상환기한을 허여할 수 있다"(제299조)고 규정하였다.[454] 두 초안은 입법취지에서 일치한 다. 다만 입법방법에서 서로 다른 것을 확인할 수 있다. 현행민법전 초안은 제293조(전세 권의 양도, 임대 등), 제294조(전세권양도의 효력), 제395조(전전세 등의 경우의 책임), 제296조(전세목적물양도와 매수청구권), 제297조(전세권자의 유지, 수선의무), 제299 조(전세권자의 상환청구권) 등으로 구분하여 규정하는 입법의사를 확인할 수 있다.

(4) 로빈기어 초안은 "채무자 계약에 의해 고정된 기간이 만료 된 후 2년 내에 언제든 지 과실 수취에 대한 신용 없는 이익으로 원래 상태로 목적물을 반환할 수 있다. 또는 그 러한 기간이 정함이 없는 경우 30년 이내에 반환할 수 있다. 반환할 수 없는 경우 채권 자는 소유권을 취득한다. 목적물이 농경지인 경우 반환은 추수 후 다음 경작기 전에 하 여야 한다. 다른 경우에 채권자는 6월의 통지를 하여야 한다"(Art 549)고 규정하였다. 이 초안은 계약기간의 종료와 목적물의 반환(Redemption)에 대하여 규정하고 있다.[455] 이에 대하여 현행민법전 초안은 "전세권이 그 존속기간의 만료로 인하여 소멸한 때에는 전세 권자는 그 목적물을 원상에 회복하여야 하며 그 목적물에 부속시킨 물건은 수거할 수 있다. 그러나 전세권설정자가 그 부속물건의 매수를 청구한 때에는 전세권자는 정당한 이유없이 거절하지 못한다. 전항의 경우에 그 부속물건이 전세권설정자의 동의를 얻어 부속시킨 것인 때에는 전세권설정자에게 대하여 그 부속물건의 매취를 청구할 수 있다. 그 부속물건이 설정자로부터 매수한 것인 때에도 같다"(제306조)고 규정하였다. 두 초안 은 입법취지가 일치하지만 입법방법과 규정의 구성이 다르다.

(5) 전세목적물의 양도에 대하여, 로빈기어 초안은 "채무자(전세권설정자)는 채권자

---

452 중화민국 민법 제915, 917조; 만주국 민법 제306조.

453 독일 민법 제1041조; 스위스 민법 제755조; 만주국 민법 제298조.

454 독일 민법 제1049조, 제682~684조; 중화민국 민법 제927조; 만주국 민법 제309조.

455 중화민국 민법전, 제923, 924, 925조; 만주국 민법전, 제200, 201, 304조.

(전세권자)의 권리를 침해하지 않고 다른 사람에게 목적물을 양도할 수 있다. 그러나 후자는 먼저 동일한 가격으로 구입할 수 있는 선택권이 제공되어야 한다. 채권자(전세권자)는 또한, 기간 중 언제든지, 원래의 속성과 재산의 현재 가치의 차이의 채무자(전세권설정자)에게 단일한 지급을 함으로써 목적물의 소유권을 취득할 수 있다"(Art 550)고 규정하였다. 이 초안은 전세목적물의 양도(Transfer)에 대하여 규정하고 있다.[456] 이에 대하여 현행민법전 초안은 "전세권설정자가 그 목적물을 타인에게 양도할 경우에는 미리 전세권자에게 통지하여야 한다. 전항의 경우에 전세권자가 상당한 기간 내에 동일한 가액으로 매수할 것을 요청한 때에는 전세권설정자는 정당한 이유없이 이를 거절하지 못한다"(제296조)고 규정하였다.[457] 두 초안은 입법취지에서 일치한다.

(6) 목적물의 멸실에 대하여, 로빈기어 초안은 "채권자(전세권자)의 과실로 목적물의 전부 또는 일부가 파괴되면, 원래의 특성까지 그에게 책임이 발생한다. 그의 과실이 심하거나 고의적인 경우 그는 추가적 손해를 보상해야만 한다. 불가항력에 의한 손실이 있는 경우 채권자(전세권자)의 권리와 채무자(전세권설정자)의 반환우선권은 소멸된다"(Art 551)고 규정하였다. 이 초안은 목적물의 멸실(Destruction)에 대하여 규정하고 있다.[458] 이에 대하여 현행민법전 초안은 "전세권의 목적물 전부 또는 일부가 전세권자의 책임 있는 사유로 인하여 멸실된 때에는 전세권자는 일체의 손해를 배상할 책임이 있다. 전항의 경우에 전세권설정자는 전세권자에 대하여 전세권의 소멸을 통고한 후 전세금으로써 손해의 배상에 충당하고 잉여가 있으면 반환하여야 하며 부족이 있으면 다시 청구할 수 있다"(제304조)고 규정하고,[459] "전세권의 목적물 전부 또는 일부가 불가항력으로 인하여 멸실된 때에는 그 멸실된 부분의 전세권은 소멸한다. 전항 일부멸실의 경우에 전세권자가 그 현존부분으로 전세권의 목적을 달할 수 없는 때에는 전세권설정자에 대하여 전세권 전부의 소멸을 통고하고 전세금의 반환을 청구할 수 있다"(제303조)고 규정하였다.[460] 두 초안은 입법취지가 일치한다. 그러나 입법방법에서 많은 차이를 보이고 있다.

---

456 중화민국 민법전, 제919, 916조; 만주국 민법전, 제268, 305, 311조.
457 중화민국 민법 제919조; 만주국 민법 제311, 268조.
458 중화민국 민법전, 제920조; 만주국 민법전, 제305조.
459 중화민국 민법 제922조.
460 중화민국 민법 제920조; 만주국 민법 제307조.

마) 환매(Sale With Right of Redemption)에 대하여

환매에 대하여, 로빈기어 초안은 정의(defined, Art 552), 기간(time, Art 553), 조건 (conditions, Art 554), 매수인(vendee, Art 555), 담보(incumberance, Art 556), 공동환매자 (joint redemptioners, Art 557), 공동소유자(co-owner, Art 558) 및 소멸(extinction, Art 559) 을 각각 규정하였다. 이에 대하여 현행민법전 초안은 제3편 채권 제2장 계약 제3절 매 매 제3관 환매에서 환매의 의의(제579조), 환매기간(제580조), 환매등기(제581조), 환매 권의 대위행사와 매주의 권리(제582조), 환매의 실행(제583조), 공유지분의 환매(제584 조)를 각각 규정하였다.

(1) 환매의 의의에 대하여, 로빈기어 초안은 "이 계약은, 매매의 형태이고, 정해진 기 간 이내에 상환(환매)의 권리를 매도인에게 유보하는 조항에 의하여 물적담보를 하는 것이다"(Art 552)고 규정하였다. 이 초안은 환매의 정의(Defined)에 대하여 규정하고 있 다.[461] 이에 대하여 현행민법전 초안은 "매주(賣主)가 매매계약과 동시에 환매할 권리를 보유한 때에는 그 영수한 대금 및 매주(買主)가 부담한 매매비용을 반환하고 그 목적물 을 환매할 수 있다. 전항의 환매대금에 관하여 특별한 약정이 있으면 그 약정에 의한다. 전 2항의 경우에 목적물의 과실과 대금의 이자는 특별한 약정이 없으면 이를 상계한 것 으로 본다"(제579조)고 규정하였다.[462] 두 초안은 입법취지는 일치하지만, 로빈기어 초안 은 환매를 물적담보계약으로 명문화한 점이 현행민법전 초안과 다르다.

(2) 환매기간에 대하여, 로빈기어 초안은 "상환의 기간은 5년을 초과할 수 없다. 더 긴 기간에 대한 정함은 초과로 무효이다"(Art 553)고 규정하였다. 이 초안은 환매의 기간 (Time)에 대하여 규정하고 있다.[463] 이에 대하여 현행민법전 초안은 "환매기간은 5년을 초과하지 못한다. 약정기간이 이를 초과한 때에는 5년으로 단축한다. 환매기간을 정한 때에는 다시 이를 연장하지 못한다. 환매기간을 정하지 아니한 때에는 그 기간은 5년으로 한다"(제580조)고 규정하였다.[464] 두 초안은 환매기간을 5년으로 한 입법취지가 일치한다.

---

[461] 중화민국 민법전, 제379~383조; 독일 민법전, 제497~503조; 일본 민법전, 제579~585조; 40 Corpus Juris, 1364-1368.

[462] 일본 민법 제579조; 독일 민법 제497조(제1항 전단); 스위스 채무법 제216조; 프랑스 민법 제1659조; 중화민국 민법 제379조.

[463] 중화민국 민법전, 제380조; 일본 민법전, 제580조 (10년); 40 Corpus Juris, 1367, n.76.

[464] 일본 민법 제580조; 독일 민법 제503조; 프랑스 민법 제1660조; 중화민국 민법 제380조.

(3) 환매의 실행에 대하여, 로빈기어 초안은 "환매가격에 대하여 반대의 특정한 합의가 없는 경우 원래의 가격이다. 그러나 환매권자는 매매비용, 상환비용을 부담하고, 이익 개선에 대하여 매수인에게 상환하여야 한다. 또한 환매권자의 과실로 목적물에 발생한 어떤 손해도 상환하여야 한다"(Art 554)고 규정하였다. 이 초안은 환매의 조건(Conditions)에 대하여 규정하고 있다.[465] 이에 대하여 현행민법전 초안은 "매주(賣主)는 기간 내에 대금과 매매비용을 매주(買主)에게 제공하지 아니하면 환매할 권리를 잃는다. 매주(買主)나 전득자가 목적물에 대하여 비용을 지출한 때에는 매주(買主)는 제192조의 규정에 의하여 이를 상환하여야 한다. 그러나 유익비에 대하여는 법원은 매주(賣主)의 청구에 의하여 상당한 상환기간을 허여할 수 있다"(제583조)고 규정하였다.[466] 두 초안은 환매의 실행에 있어서 조건에 관한 입법취지에 일치한다.

(4) 로빈기어 초안은 "전조에서 특정된 금액의 상환하면 매수인은 부담없는 목적물과 모든 부속물을 함께 반환하여야 한다. 그러나 그는 원물에 부착한 부속물을 그로 인한 손해를 환매권자에게 보상하고 분리할 수 있다"(Art 555)고 규정하였다. 이 초안은 매수인(The vendee)에 대하여 규정하고 있다.[467] 이에 대하여 현행민법전 초안은 직접적인 규정을 입법하지 않았다.

(5) 로빈기어 초안은 "매매 후 목적물의 부담은 매수인에게 이전된다. 불가능하면 그 후 환매권자에게 보상하여야 한다"(Art 556)고 규정하였다. 이 초안은 목적물의 부담(Any incumberance of the subject matter)에 대하여 규정하고 있다.[468] 이에 대하여 현행민법전 초안은 입법하지 않았다.

(6) 공유지분의 환매에 대하여, 로빈기어 초안은 "공동환매권자는 반드시 공동으로 자신의 권리를 행사한다. 어느 한 사람이 불가능하거나 할 의사가 없는 경우 그의 동의는 생략된다"(Art 557)고 규정하였다. 이 초안은 공동환매권자(Joint redemptioners)에 대하여 규정하고 있다.[469] 이에 대하여 현행민법전 초안은 "공유자의 1인이 환매할 권리를

---

465 중화민국 민법전, 제381, 382조; 독일 민법전, 제497, 498, 500, 501조; 일본 민법전, 제579~583조.
466 일본 민법 제583조; 프랑스 민법 제1673조(제1항); 독일 민법 제500조(전단); 중화민국 민법 제381조; 만주국 민법 제382조.
467 중화민국 민법전, 제383조; 독일 민법전, 제498조 제1항, Schuster, Principles of German Civil Law (1907) p.225 (5).
468 독일 민법전, 제499조.
469 독일 민법전, 제502조.

보유하고 그 지분을 매도한 후 그 목적물의 분할이나 경매가 있는 때에는 매주(賣主)는 매주(買主)가 받은 또는 받을 부분이나 대금에 대하여 환매권을 행사할 수 있다. 그러나 매주(賣主)에게 통지하지 아니한 매주(買主)는 그 분할이나 경매로써 매주(賣主)에게 대항하지 못한다"(제584조)고 규정하였다.[470] 두 초안은 공동환매에 대하여 입법취지는 일치하지만, 그 입법방법에서 크게 차이를 보인다.

(7) 로빈기어 초안은 "환매권을 유보한 채 그의 몫을 매각한 공동소유자는, 공경매 후 자신의 몫을 상환할 수 없고 공유분할은 그에게 사전 통보 없이 유효하지 않다"(Art 558)고 규정하였다. 이 초안은 환매권을 유보한 공동소유자(A co-owner)에 대하여 규정하고 있다.[471] 이에 대하여 현행민법전 초안은 제584조에 포함하여 입법하였다. 그 입법방법이 다르다.

(8) 환매권의 대위행사와 매수인의 권리에 대하여, 로빈기어 초안은 "매도인의 채권자에 의해 상환할 수 있는 권리의 소멸은 매수인의 채무의 미지급의 면제에 의하여 이뤄진다. 법원이 지명한 전문가에 의하여 확인된 목적물의 현재 가격에서 그것을 공제한 후 매도인에게 잔여분을 지급하여야 한다"(Art 559)고 규정하였다. 이 초안은 매도인의 채권자에 의한 상환권의 소멸(Extinction of the right to redeem)에 대하여 규정하고 있다.[472] 이에 대하여 현행민법전 초안은 "매주(賣主)의 채권자가 매주(賣主)에 대위하여 환매하고저 하는 때에는 매주(買主)는 법원이 선정한 감정인의 평가액에서 매주(賣主)가 반환할 금액을 공제한 잔액으로 매주(賣主)의 채무를 변제하고 잉여액이 있으면 이를 매주(賣主)에게 지급하여 환매권을 소멸시킬 수 있다"(제582조)고 규정하였다.[473] 두 초안은 그 입법취지에서 일치한다.

바) 유치권(Possessory Liens (Right of Retention))에 대하여

유치권에 대하여, 로빈기어 초안은 일반규정(General Provisions, Arts 560~565) 및 각종의 유치권(Classes, Arts 566~569)을 각각 규정하였다. 각종의 유치권에 대하여, 정의(Defined, Art 566), 특수한 유치권(Specific lien, Art 567), 일반유치권(General liens, Art

---

470 일본 민법 제584조.
471 이태리 민법전, 제1522조; 일본 민법전, 제584, 585조.
472 이태리 민법전, 제1521, 1522조; 일본 민법전, 제582, 585조.
473 일본 민법 제582조.

568), 소멸(Extinction, Art 569)을 각각 규정하였다.[474] 이에 대하여 현행민법전 초안은 제
2편 물권 제7장 유치권에서 유치권의 내용(제310조), 유치권의 불가분성(제311조), 과실
수취권(제312조), 유치권자의 선관의무(제313조), 유치권자의 상환청구권(제314조), 피담
보채권의 소멸시효(제315조), 타 담보제공과 유치권소멸(제316조), 점유상실과 유치권소
멸(제317조)을 각각 규정하였다.

(1) 유치권의 의의에 대하여, 로빈기어 초안은 "점유의 유치권은 채무의 이행에 대하
여 명백하게 담보하지 않고 수탁자의 청구를 담보하기 위하여 동산을 보유하는 권리이
다. 유치권은 증가물과 대체 동산을 포함하지만 개인적 채무를 의미하지 않는다"(Art
560)고 규정하였다. 이 초안은 유치권(선취특권)의 정의(Defined)에 대하여 규정하고
있다.[475] 이에 대하여 현행민법전 초안은 "타인의 유가증권 또는 기타 물건을 점유한 자
는 그 유가증권이나 기타 물건에 관한 채권이 변제기에 있는 때에는 변상을 받을 때까
지 그 유가증권 또는 기타 물건을 유치할 권리가 있다. 전항의 규정은 그 점유가 불법행
위로 인한 경우에 적용하지 아니한다"(제310조)고 규정하였다.[476] 두 초안은 유치권의 정
의에 대하여 입법취지가 일치한다. 그러나 로빈기어 초안은 물적담보계약의 일종으로
입법하고, 현행민법전 초안은 담보물권의 하나로 입법한 것이 다르다.

(2) 유치권의 점유에 대하여, 로빈기어 초안은 "권리는 점유를 합법적으로 취득한 경
우에만 발생한다. 목적물은 채무의 원인과 견련되어야 하고, 후자는 그에 의한 것이
다"(Art 561)고 규정하였다. 이 초안은 유치권의 인정(Assentials)에 대하여 규정하고 있
다.[477] 이에 대하여 현행민법전 초안은 제310조 제2항에 "전항의 규정은 그 점유가 불법
행위로 인한 경우에 적용하지 아니한다"고 규정하였다.[478] 두 초안은 이점에서도 입법취
지가 일치한다. 다만 입법방법이 다르다.

(3) 유치권의 불가분성에 대하여, 로빈기어 초안은 "유치권은 전체 동산을 지배하고,
채무자가 채무만기 전에 지급불능이 되어야 하고, 채무자의 지시에 반하여 부착한 부착

---

474 이에 대한 내용분석은, 윤대성, 미군정시대(1945~1948)의 한국민법전편찬사업(2009), 143~147면.
475 American Law Institut's Restatement of Security, Sec 59; 켈리포니아 민법전, 제2872조; 중화민국 민법전,
제928조; 독일 민법전, 제273조; 일본 민법전, 제295조.
476 일본 민법 제295조; 독일 민법 제273조; 중화민국 민법 제928조; 만주국 민법 제312조.
477 켈리포니아 민법전, 제2881, 2882조; 중화민국 민법전, 제928조; 독일 민법전, 제273조; 일본 민법전, 제295조.
478 일본 민법 제295조; 독일 민법 제273조; 중화민국 민법 제928조; 만주국 민법 제312조.

물도 지배할 수 있다. 유치권자는 목적물의 과실을 수취하고 그 동산을 유지하고 개선 함으로써 발생한 필요비에 대한 보상을 포함하여 다른 채권자에게 우선하여 그의 청구 에 적용된다"(Art 562)고 규정하였다. 이 초안은 유치권자의 권리(Rights)에 대하여 규정 하고 있다.[479] 이에 대하여 현행민법전 초안은 "유치권자는 채권 전부의 변제를 받을 때 까지 유치물 전부에 대하여 그 권리를 행사할 수 있다"(제311조)고 규정하고,[480] "유치권 자는 유치물의 과실을 수취하여 다른 채권보다 먼저 그 채권의 변제에 충당할 수 있다. 그러나 과실이 금전이 아닌 때에는 경매하여야 한다. 과실은 먼저 채권의 이식에 충당 하고 그 잉여가 있으면 원본에 충당한다"(제312조)고 규정하였으며,[481] "유치권자가 유 치물에 관하여 필요한 비용을 지출한 때에는 소유자에게 그 상환을 청구할 수 있다. 유 치권자가 유치물에 관하여 유익한 비용을 지출한 때에는 그 가격의 증가가 현존한 경우 에 한하여 소유자의 선택에 좇아 그 지출한 금액이나 증가액을 상환하게 할 수 있다. 그 러나 법원은 소유자의 청구에 의하여 상당한 상환기한을 허여할 수 있다"(제314조)고 규 정하였다.[482] 두 초안은 입법취지가 일치하지만, 입법방법에서 달리하고 있다.

(4) 로빈기어 초안은 "계약에서 약정하지 않으면 법에서 변호사의 것을 제외하고 점 유유치권은, 소유자의 동의를 얻어, 유치권의 목적인 동산의 양도에 따른다는 구두 또 는 서면 계약으로 양도될 수 있다"(Art 563)고 규정하였다. 이 초안은 유치권의 목적인 동산의 양도(Transfer)에 대하여 규정하고 있다.[483] 이에 대하여 현행민법전 초안은 입법 하지 않았다.

(5) 유치권자의 의무에 대하여, 로빈기어 초안은 "유치권자와 양수인은 그 동산을 선 량한 관리자의 주의를 기울여야 하고, 그것의 보전에 필요한 경우를 제외하고 그것을 사용하거나 질권을 설정할 수 없다"(Art 564)고 규정하였다. 이 초안은 유치권자와 양수 인의 의무(Obligations)에 대하여 규정하고 있다.[484] 이에 대하여 현행민법전 초안은 "유 치권자는 선량한 관리자의 주의로 유치물을 점유하여야 한다. 유치권자는 채권자의 승 낙 없이 유치물의 사용, 대여 또는 담보제공을 하지 못한다. 그러나 유치물의 보존에 필

---

479 중화민국 민법전, 제932, 931, 935, 934조; 일본 민법전, 제296, 297, 299조.
480 일본 민법 제296조; 중화민국 민법 제932조; 만주국 민법 제313조.
481 일본 민법 제297조; 중화민국 민법 제297조; 만주국 민법 제314조.
482 일본 민법 제299조; 독일 민법 제273조(제2항); 중화민국 민법 제934조; 만주국 민법 제316조.
483 American Law Institute's Restatement of Security, Sec 67.
484 American Law Institute's Restatement of Security, Sec 69, 70, 71; 중화민국 민법전, 제933조; 독일 민법전, 제273, 276조; 일본 민법전, 제298조.

요한 사용은 그러하지 아니다. 유치권자가 전 2항의 규정에 위반한 때에는 채무자는
유치권의 소멸을 청구할 수 있다"(제313조)고 규정하였다.[485] 두 초안은 입법취지에서 일
치한다. 다만 현행민법전 초안은 유치권자가 의무를 위반한 때에 유치권의 소멸을 청구
할 수 있도록 입법하였다.

(6) 로빈기어 초안은 "유치권이 담보하는 채무가 이행기에 이행되지 않으면, 유치권
자는, 채무자에게 합리적인 통지를 한 후, 공경매로 동산을 매각하고 그의 청구에 매각
대금을 적용할 수 있다"(Art 565)고 규정하였다. 이 초안은 유질(Foreclosure)에 대하여
규정하고 있다.[486] 이에 대하여 현행민법전 초안은 이에 대하여 입법하지 않았다.

(7) 로빈기어 초안은 "점유유치권은, ① 일정한 계약 또는 불법행위의 책임, 또는 그
결과로 제한되는 특정한 유치권과 ② 유치권자는 고객과 일반 거래의 유지를 위하여 점
유를 갖는 일반유치권이 있다"(Art 566)고 규정하였다. 이 초안은 점유유치권(A pos-
sessory lien)의 정의(Defined)에 대하여 규정하고 있다.[487] 이에 대하여 현행민법전 초안
은 따로 입법하지 않았다.

(8) 로빈기어 초안은 "특정한 유치권은, ① 소유자의 요청으로 그 동산에 작업하거나
재료를 추가하는 장인, ② 화물운임, 체선료, 여객운임, 보관료 및 기타 특수 보관료 및
적재된 동산에 대한 기타 특별한 역무에 대한 공동사업자, ③ 보관료, 선납, 보험 및 기
타 선납에 대한 수치인, ④ 합리적인 보상 및 상환한 분실된 동산의 발견자, ⑤ 보상 및
지출로 보상된 위탁된 물품에 대한 운송주선업자, ⑥ 식탁, 투숙을 위하여 꼭 입어야 할
의복 및 기타 의류와 명시적 또는 묵시적으로 요구된 의류를 제외하고 고객의 소지품에
대한 숙박업자, ⑦ 미지급된 임료에 대하여 임차인의 점유한 동산에 대한 임대인, ⑧ 위
임과 관련하여 발생한 책임의 선불로서 자신이 점유하고 있는 동산에 대한 수임인, ⑨
피해를 입힌 동물에 대한 토지의 점유자, ⑩ 점유하고 있는 재산에 대하여 미지급된 매
도인, ⑪ 소유자의 요청에 의하여 저장 또는 보관을 위하여 수령한 동산에 대하여 창고
업자 및 항만관리인에게 이익이 되도록 존재한다"(Art 567)고 규정하였다. 이 초안은 특
수한 유치권은 이 조문이 열거한 사항(①~⑪)에 그들의 이익이 되도록 존재한다고 규정
하고 있다.[488] 이에 대하여 현행민법전 초안은 입법하지 않았다.

---

485 일본 민법 제298조; 스위스 민법 제896조; 중화민국 민법 제933조; 만주국 민법 제315조.
486 중화민국 민법전, 제976조.
487 American Law Institute's Restatement of Security, Sec 60; 켈리포니아 민법전, 제2873~2875조.

(9) 로빈기어 초안은 "일반 유치권은 특정한 사람의 대형화가 있고, ① 법률 서비스 및 지급금에 대한 그들로 인해 부족액을 전문적으로 자신의 소유 고객의 서류 및 기타 동산에 대한 법률변호사, ② 고객으로부터 부족에 대하여 그들로부터 보관 받은 기업어음과 기타 신용증권에 대한 은행, ③ 판매를 위하여 그들에게 위탁된 동산과 일반회계의 부족액을 위하여 발생된 어음에 대한 상업사용인을 포함한 채권금융업자의 이익을 위하여 존재한다"(Art 568)고 규정하였다. 이 초안은 일반 유치권(General liens)에 대하여 이 조문이 열거한 사항(①~③)에 유치권이 존재한다고 규정하고 있다.[489] 이에 대하여 현행민법전 초안은 입법하지 않았다.

(10) 유치권의 소멸에 대하여, 로빈기어 초안은 "유치권의 소멸은, 그 소유자의 의사로 양도되거나 이 법전의 규정에 반하여 사용하는 것을 제외하고 동산의 점유를 할당하면, 또는 채무자가 채무에 다른 적절한 담보를 제공하면 결과로 된다"(Art 569)고 규정하였다. 이 초안은 유치권의 소멸(Extinction of the lien) 사유에 대하여 규정하고 있다.[490] 이에 대하여 현행민법전 초안은 "채무자는 상당한 담보를 제공하고 유치권의 소멸을 청구할 수 있다"(제316조)고 규정하고,[491] "유치권은 점유의 상실로 인하여 소멸한다"(제317조)고 규정하였다.[492] 두 초안은 입법취지에서 일치한다. 다만 입법방법이 다르다.

7) 기타 담보계약(Other Security Contracts)

기타 담보계약에 대하여, 로빈기어 초안은 비점유 선취특권(유치권 Non-Possessory Lien, Arts 570~574), 보증(Suretyship, Arts 575~588), 보험(Insurance, Arts 589~652)을 각각 규정하였다. 이에 대하여 현행민법전 초안은 제3편 채권 제1장 총칙 제4관 보증채무(제419조~제439조)를 입법하고, 선취특권이나 보험은 상법전에서 입법하고 있다.

---

488 American Law Institute's Restatement of Security, Sec 61a, 61b, 61(e), 61(c), 63, 61(g), 61(i), 61(f), 61(d); 켈리포니아 민법전, 제2051, 2128j, 2144, 1856, 1867, 1861, 1861(a)조; 중화민국 민법전, 제805, 806, 612, 662조; 일본 민법전, 제295~302, 311(3), 317, 330(1), 311(6)조; 일본 유실물법, 제1~7조; 일본 상법전, 제562조; 독일 민법전, 제701~2조; 스위스 채무법전, 제272, 451, 491조.

489 American Law Institute's Restatement of Security, Sec 62(b), 62(c), 61(g)(q)(a), 62(a); 켈리포니아 민법전, 제3054조; 일본 민법전, 제295조, 일본 상법전, 제51, 521조 참조; 독일 민법전, 제273, 274, 320, 1000조.

490 켈리포니아 민법전, 제2909~2913조; 중화민국 민법전, 제937, 938조; 일본 민법전, 제298, 301, 302조.

491 일본 민법 제301조; 독일 민법 제273조(제3항); 스위스 민법 제898조(제1항 단서); 중화민국 민법 제937조; 만주국 민법 제318조.

492 일본 민법 제302조; 중화민국 민법 제938조; 만주국 민법 제319조.

보증에 대하여, 로빈기어 초안은 일반규정(General Provision, Arts 576~578), 의무(Duties, Arts 579), 해제(Discharge, Arts 580~582), 권리(Rights, Arts 583~588)를 각각 규정하였다.[493] 이에 대하여 현행민법전 초안은 보증채무의 내용(제419조), 보증채무의 범위(420조), 목적형태상의 부종성(제421조), 보증인의 조건(제422조), 타 담보의 제공(제423조), 보증인과 주채무자항변권(제424조), 보증인과 채무자상계권(제425조), 보증인과 주채무자의 취소권 등(제426조), 취소할 수 있는 채무의 보증(제427조), 보증인의 최고검색의 항변(제428조), 최고검색의 해태의 효과(제429조), 공동보증의 분별의 이익(제430조), 시효중단의 보증인에 대한 효력(제431조), 수탁보증인의 구상권(제432조), 수탁보증인의 사전구상권(제433조), 주채무자의 면책청구(제434조), 부탁 없는 보증인의 구상권(제435조), 구상요건으로서의 통지(제436조), 주채무자의 보증인에 대한 면책통지의무(제437조), 연대불가분채무의 보증인의 구상권(제438조), 공동보증인간의 구상권(제439조)을 각각 규정하였다.

(1) 보증의 의의에 대하여, 로빈기어 초안은 "보증은 채무자가 그렇게 하지 않을 경우 제3자가 주된 계약의 채권자에게 채무를 이행토록 주된 계약에 종속된 계약이다. 보증인의 보증은 서면으로 하여야 하지만, 규칙 또는 해석은 다른 계약의 그것과 일치한다"(Art 576)고 규정하였다. 이 초안은 보증(Suretyship)의 정의(Defined)에 대하여 규정하고 있다.[494] 이에 대하여 현행민법전 초안은 "보증인은 주채무자가 이행하지 아니하는 채무를 이행할 의무가 있다. 보증은 장래의 채무에 대하여도 할 수 있다"(제419조)고 규정하였다.[495] 두 초안은 입법취지에서 일치한다. 다만 규정의 편제에서 로빈기어 초안은 기타 담보계약의 일종으로 입법하였으나 현행민법전 초안은 다수당사자의 채권관계로서 입법함으로써 완전히 다른 입법을 하고 있다.

(2) 보증채무의 범위에 대하여, 로빈기어 초안은 "보증인의 보증은 주된 채무뿐만 아니라 이자, 처벌, 손해 또는 보증이 명백히 계약에서 책임을 제한하지 않는 한 그에 부수

493　이에 대한 내용분석은, 윤대성, 『미군정시대(1945~1948)의 한국민법전편찬사업』, 2009, 167면.

494　American Law Institute's Restatement of Security, Sec 82, 69, 88; 켈리포니아 민법전, 제2831, 2837조; 중화민국 민법전, 제739조; 프랑스 민법전, 제2011조; 독일 민법전, 제767, 768조; 일본 민법전, 제446조; 40 Corpus Juris, 1332-7; 브라질 민법전, 제1483조; 우루과이 민법전, 제2167조.

495　일본 민법 제446조; 독일 민법 제765조(제1,2항); 스위스 채무법 제492조; 중화민국 민법 제739조; 만주국 민법 제417조.

적인 기타 비용을 포함한다. 어떤 경우 그것은 주된 채무자의 그것을 초과할 수 없다"(Art 577)고 규정하였다. 이 초안은 보증의 범위(Scope)에 대하여 규정하고 있다.[496] 이에 대하여 현행민법전 초안은 "보증채무는 주채무의 이자, 위약금, 손해배상 기타 주채무에 종속한 채무를 포함한다. 보증인은 그 보증채무에 관한 위약금 기타 손해배상액을 예정할 수 있다"(제420조)고 규정하였다.[497] 두 초안은 입법취지에서 일치한다. 다만 현행민법전 초안이 조금 더 상세한 규정을 입법하였다.

(3) 공동보증과 부보증에 대하여, 로빈기어 초안은 "공동보증은 동일한 주체의 의무에 대하여 응답하는 2 이상의 보증 사이의 관계이고, 그들 사이에 누가 그의 과실로 인한 손실을 부담하게 된다. 부보증은 그들 가운데 한 사람이 주된 보증으로 다른 부보증으로 하는 것을 제외하고 이행의 전체 부담을 지게 된다"(Art 578)고 규정하였다. 이 초안은 특수한 보증으로서 공동보증(Cosuretyship)과 부보증(Subsuretyship)에 대하여 규정하고 있다.[498] 이에 대하여 현행민법전 초안은 "수인의 보증인이 각자의 행위로 보증채무를 부담한 경우에도 제399조의 규정을 적용한다"(제430조)고 규정하고,[499] 부보증에 대하여 입법하지 않았다. 두 초안은 입법취지에서 다르다.

(4) 보증인의 의무에 대하여, 로빈기어 초안은 "주된 채무자는 그가 유효한 방어에 의존 또는 부실하지 않는 한 의무를 충족해야 한다. 그는 지급 또는 주된 채무자의 과실로 전적으로 또는 부분적으로, 채무를 수행하고, 보증 또는 주된 채무자가 방어를 했기 때문에 전자는 채무자의 소송의 주체를 통지하는 경우, 보증을 상환해야 한다. 보증인의 부담은 주된 채무자의 동의 없이 했다 하더라도, 후자는 그가 부당하게 증가된 정도까지 전자에게 상환해야 한다. 채권자는 전체 청구 이하의 보증으로 정착되면 후자의 보상에 대한 권리는 정착된 총액과 그와 관련된 필요비로 제한된다"(Art 579)고 규정하였다. 이 초안은 보증인의 의무((Duties))에 대하여 규정하고 있다.[500] 이에 대하여 현행

---

496 중화민국 민법전, 제740, 741조; 프랑스 민법전, 제2016, 2013조; 독일 민법전, 제767, 768조; 일본 민법전, 제447, 448조; 스위스 채무법전, 제499, 495조; 40 Corpus Juris, 1334 n.46; 켈리포니아 민법전, 제2836조.

497 일본 민법 제447조; 독일 민법 제767조; 중화민국 민법 제740조; 만주국 민법 제418조.

498 American Law Institute's Restatement of Security, Secs 144, 145; 40 Corpus Juris, 1336 n.60.

499 일본 민법 제456조; 독일 민법 제769, 2025조; 스위스 채무법 제497조; 만주국 민법 제429조.

500 American Law Institute's Restatement of Security, Sec 103; 켈리포니아 민법전 제2845, 2850조; 중화민국 민법전 제744조; 독일 민법전 제770조제1항; 일본 상법전, 제81조제2항; American Law Institute's Restatement of Security, Secs 104, 106; Ib. Sec 104; Ib. Sec 104; American Law Institute's Restatement of Security, Sec 105.

민법전 초안은 입법하지 않았다.

(5) 보증인의 면제에 대하여, 로빈기어 초안은 "보증인은 주채무자 또는 그를 대신한 다른 사람에 의한 채무의 이행 또는 제공에 의해 면제된다. 즉시 이행한 공동보증인과 보증인이 되기로 한 사람에 대하여 그는 부담부분의 이행과 동일한 범위에서 권리를 갖게 된다"(Art 580)고 규정하였다. 이 초안은 보증인의 면제(Exoneration)에 대하여 규정하고 있다.[501] 이에 대하여 현행민법전 초안은 이에 대한 직접적인 입법을 하지 않았다.

(6) 보증의 갱신에 대하여, 로빈기어 초안은 "보증의 갱신은, ① 채권자가 그 보증인에 대하여 그의 권리를 보전하지 않고 주채무자의 갱신, ② 보증의 이익이 없는 한 채권자와 주채무자가 채무를 변경함으로써 효력이 있다. 그 변경이 시간의 연장이고 채권자가 그 보증인에 대한 그의 권리를 유지하면, 후자는 갱신되지 않을 뿐 아니라 변경이 실제로 위험을 증가하지 않는 한 그때에 오직 손실로 된 범위가 된다는 효과가 있다"(Art 581)고 규정하였다. 이 초안은 보증의 갱신(Release of the surety)에 대하여 규정하고 있다.[502] 이에 대하여 현행민법전 초안은 보증의 갱신에 대하여 직접 입법하지 않았다.

(7) 보증의 변경에 대한 효과에 대하여, 로빈기어 초안은 "여러 보증의 하나의 채권자가 변경하는 것은 이러한 변경에서 채권자가 다른 보증인에 대한 그의 권리를 유보하지 않는 한, 전자의 분담금에 대한 책임의 범위까지 다른 사람의 채무를 경감하는 것이다"(Art 582)고 규정하였다. 이 초안은 보증의 변경에 대한 효과에 대하여 규정하고 있다.[503] 이에 대하여 현행민법전 초안은 입법하지 않았다.

(8) 보증인의 변제대위에 대하여, 로빈기어 초안은 "주된 채무가 충족된 후, 보증인은 그의 부담부분의 범위에서 채권자의 권리를 대위한다. 즉 ① 주된 채무에 대하여, ② 과실 또는 고의의 행위가 동일한 채무불이행에 대한 그들에게 책임을 지게 한 상대방에 대하여, ③ 채권자가 더 지속적인 이익이 없는 경우 주채무의 이행을 위한 담보로서, ④ 보증인에 대하여, 그리고 공동보증인이 보유한 담보 채권자의 이익에 대하여, 상기 숫자 ③ 및 ④에서 개인적 책임은 당사자의 부담부분 총액에 제한된다. 파산한 공동보증

501　American Law Institute's Restatement of Security, Secs 115, 116, 156; 켈리포니아 민법전, 제2839조; 일본 민법전, 제455조.

502　American Law Institute's Restatement of Security, Sec 122(b), 123, 128, 129; 켈리포니아 민법전, 제2840조; 중화민국 민법전, 제755조; 프랑스 민법전, 제3039조 (반대이론).

503　American Law Institute's Restatement of Security, Sec 135.

인에 대한 채권자의 청구를 충족한 공동보증인은 신청시 청구의 이익에 대위할 수 있다. 그러나 배당금은 부담부분으로 계산된 합계로 제한된다"(Art 583)고 규정하였다. 이 초안은 보증인의 변제대위(Subrogation)에 대하여 규정하고 있다.[504] 이에 대하여 현행민법전 초안은 입법하지 않았다.

(9) 부동산의 제3매수인에 대하여, 로빈기어 초안은 "부동산의 제3매수인은 보증에 대한 채권자의 권리를 대위되지 않는다. 또 대위 변제의 권리가 담보의 등기를 기록하지 않는 한 이러한 매수인에 대한 채권자의 권리를 대위 하는 보증이 아니다. 그러한 몇몇 매수인 중 하나는 그러한 부동산의 가격에 비례하여, 다른 사람에 대해 채권자의 권리를 대위된다. 상기 규정은 자신의 재산으로 다른 사람의 채무를 담보한 사람들 사이에서 필요한 조정을 적용한다. 위에서 언급한 기록이 요구된 각 재산의 가격에 비례하여 보증인의 부담액을 감액한 후 차감잔액에 대하여, 보증인과 이러한 대위변제자들 중 한 사람 사이에 각자에게 발생한다"(Art 584)고 규정하였다. 이 초안은 부동산의 제3매수인(A third party purchaser of an immovable)에 대하여 규정하고 있다.[505] 이에 대하여 현행민법전 초안은 변제자대위의 효과와 대위자간의 관계(제473조)에 대하여 규정하고 있다.[506] 두 초안은 입법취지는 일치하지만, 규정의 편제를 달리하고 있다.

(10) 일부 대위변제에 대하여, 로빈기어 초안은 "채무의 일부로서 대위하는 당사자는 채권자와 동시에 비례하여 자신의 권리를 행사해야 하며, 후자는 계약을 취소한 경우, 그는, 이익을 갖는, 그의 이행의 범위까지, 전자에게 상환해야 하며, 그에게 보증을 보전할 것과 대위변제의 사실인 채무에 관한 서류를 승인하도록 허용한다"(Art 585)고 규정하였다. 이 초안은 일부 대위변제(Partial subrogation)에 대하여 규정하고 있다.[507] 이에 대하여 현행민법전 초안은 제474조(일부의 대위)에서 규정하고 있다.[508] 두 초안은 일부대위에 대하여 입법취지가 일치하지만, 그 규정의 편제를 달리하였다.

(11) 부담부분에 대하여, 로빈기어 초안은 "부담부분은 공동보증에서 보전 받을 보증인의 권리이다. 그 권리는 보증인이 그와 공동보증인에서 기인한 의무를 이행하는 자신

---

504 American Law Institute's Restatement of Security, Sec 141, 162; 켈리포니아 민법전, 제 2848, 2849조; 일본 민법전, 제500조 이하; 스위스 채무법전, 제110조; 일본 파산법, 제25, 26, 27조.
505 일본 민법전, 제501(2),(1),(3),(4),(5)조.
506 일본 민법 제501조; 중화민국 민법 제313조; 만주국 민법 제470조.
507 일본 민법전, 제501(1) (2), 503조.
508 일본 민법 제502조; 프랑스 민법 제1252조(단서); 만주국 민법 제471조.

의 지분 이상을 제공한 경우에만 발생한다. 보증인이 공동보증인의 동의를 얻고 동의하고 그의 의무를 면하는 변제를 하거나 공동보증인의 항변을 모르거나 항변 후 또는 공동보증인에게 유효하고 우선하고 그가 먼저 소송을 그들에게 통지하거나 소송중이면, 정당한 항변에 판결이 있은 후 그러한 공동보증인으로부터 부담부분을 받을 권한이 있다. 그러나 이러한 공동보증인은 보증인이 되는 것을 동의하지 않은 경우 채권자에 대하여 항변권을 갖는 보증인은 채권자의 주장하고 아직 변제하지 않은 채권자, 동시에 동일한 책임이 있는 보증인으로부터 부담부분에 대하여 공동으로 권한을 갖는다. 공동보증인 가운데 1인 이상은 부족분의 비례하는 부분을 부담하여야 한다. 지급보증이 주채무자의 재산에서 이익으로 담보된 사실은 부담부분에서 공동보증인을 면제할 수 없지만, 그들의 책임이 정해지면 각 공동보증인은 공동보증인이 그러한 담보에 비례한 지분을 받을 권한이 있다. 채권자의 수락은, 보증인이 발행한 유통증권의 보증인의 채무를 변제하고, 후자에게 공동보증인이 현금지급을 한 것과 마찬가지로 공동보증인에게 부담부분의 동일한 권리를 부여한다"(Art 586)고 규정하였다. 이 초안은 부담부분(Contribution)에 대하여 공동보증인간의 구상관계를 규정하고 있다.[509] 이에 대하여 현행민법전 초안은 입법하지 않았다.

(12) 시기의 연장에 대하여, 로빈기어 초안은 "상환시기를 연장한 보증인은, 그 당시 공동보증인에 대하여 보증이 유지되지 않는 한, 부담부분에서 보상되지 않은 공동보증인을 면제할 수 있고 연장까지 보상한 보증인은 이 연장에 의하여 불리하게 된다"(Art 587)고 규정하였다. 이 초안은 시기의 연장(Extension of Time)에 대하여 규정하고 있다.[510] 이에 대하여 현행민법전 초안은 입법하지 않았다.

(13) 공동보증인의 면책에 대하여, 로빈기어 초안은 "공동보증인은 보증기간의 연장이나 다른 양보에 의하여 부담부분에서 해제되지 않는다. 그러나 보증인이 당시에 지급하고 그의 소송이 유효한 총액에 대하여 참작한다. 주채무의 변제 당시 채권자가 연장하는 것에 동의하고 후자가 채무의 지급을 강제한 보증인은 그 연장에 의하여 면책된 공동보증인에게 부담부분에 대한 권한이 없다. 면책되지 않은 그것들은 그들이 침해된 범위까지 해제된다. 보증인이 주채무 또는 공동보증 또는 그들로부터 가능한 다른 총액을 감소하게 한다면 공동보증인에 대하여 그의 부담부분에 대한 권한은 비례적으로 감

---

509 American Law Institute's Restatement of Security, Sec 149, 150, 154, 152, 153, 154(2), 154(3), 155; 켈리포니아 민법전, 제2847, 2848조:

510 American Law Institute's Restatement of Security, Sec 158.

소한다. 보증인은, 그의 이행이 자신의 부담부분을 초과하면, 그의 보상의무에서 주채무가 면제되고, 그는 공동보증인에 대한 그의 권리가 유지하는 것을 수반하지 않는 한, 그 해제의 범위까지 공동보증인을 면책한다. 보증인이 주채무자의 채무를 피보증 이행을 초과하지 못하고, 채권자의 주채무에 대한 소송을 실패함으로써 즉시 채권자가 주채무로부터 수취하는 것을 방해한 범위까지 해제된다. 파산의 면책은 반드시 그의 채무를 채권자에게 그의 채무를 면제하고 또한 다른 공동보증인에게 부담부분으로부터 면제한다"(Art 588)고 규정하였다. 이 초안은 공동보증인의 면책에 대하여 규정하고 있다.[511] 이에 대하여 현행민법전 초안은 제476조(채권자의 담보상실감소행위와 법정대위자의 면책)에서 규정하였다.[512] 두 초안은 입법취지가 일치하지만, 그 규정의 편제를 달리하였다.

8) 매매(Purchases and Sale, Latin, Emptie et venditie; Spanish, Compra y venta)

매매(구매와 판매)에 관하여, 로빈기어 초안은 일반규정(General Provisions, Arts 653~658), 이행(Performance, Arts 659~664), 담보책임(Warranty, Arts 665~675) 및 특수한 매매(Special Kinds, Arts 676~679)를 각각 규정하였다. 이에 대하여 현행민법전 초안은 제3편 채권 제2장 계약 제3절 매매 제1관 총칙에서 매매의 의의(제552조), 매매의 일방예약(제553조), 해약금(제554조), 매매계약의 비용의 부담(제555조), 유상계약에의 준용(제556조), 제2관 매매의 효력에서 매매의 효력(제557조), 타인의 권리의 매매(제558조), 동전-매주의 담보책임(제559조), 동전-선의의 매주의 담보책임(제560조), 권리의 일부가 타인에게 속한 경우와 매주의 담보책임(제561조), 전조의 권리행사의 기간(제562조), 수량부족, 일부멸실의 경우와 매주의 담보책임(제563조), 제한물권 있는 경우와 매주의 담보책임(제564조), 저당권, 전세권의 행사와 매주의 담보책임(제565조), 저당권의 목적된 지상권, 전세권의 매매와 매주의 담보책임(제566조), 경매와 매주의 담보책임(제567조), 채권매매와 매주의 담보책임(제568조), 매주의 하자담보책임(제569조), 종류매매와 매주의 담보책임(제570조), 전 2조의 권리행사기간(제571조), 담보책임과 동시이행(제572조), 담보책임면제의 특약(제573조), 동일기한의 추정(제574조), 대금지급장소(제575조), 과실의 귀속대금의 이자(제576조), 권리주장자가 있는 경우와 대금지급거절권(제577조), 대금공탁청구권(제578조)를 각각 규정하였다.

---

[511] American Law Institute's Restatement of Security, Sec 159, 160, 161, 157, 120, 163; 일본 민법전, 제504조.
[512] 일본 민법 제504조.

가) 일반규정(General Provisions)에 대하여

(1) 매매의 의의에 대하여, 로빈기어 초안은 "구매 및 판매는 한 당사자, 매도인이 다른 당사자, 매수인에게 가격을 조건으로 한 약인에 의하여 특정한 재산의 소유권을 양도하는 거래행위이다"(Art 653)고 규정하였다. 이 초안은 매매의 정의(Definition)에 대하여 규정하고 있다.[513] 이에 대하여 현행민법전 초안은 "매매는 당사자 일방이 재산권을 상대방에게 이전할 것을 약정하고 상대방이 그 대금을 지급할 것을 약정함으로써 그 효력이 있다"(제552조)고 규정하였다.[514] 두 초안은 입법취지에서 일치한다.

(2) 매매의 두 단계에 대하여, 로빈기어 초안은 "이러한 거래는 두 단계, ① 조건이 합의될 때 완료하고, ② 인도는 보통 동산의 위험과 이익을 승인하기 위해 요구되는 완성이다"(Art 654)고 규정하였다. 이 초안은 매매를 2단계(Stages)로 나누고 있음을 규정하고 있다.[515] 이에 대하여 현행민법전 초안은 입법하지 않았다.

(3) 매매의 일방예약에 대하여, 로빈기어 초안은 "판매하거나 구입하는 일방적인 약속은 상대방의 승낙 또는 거래를 완결하는 의도의 선언에 따라 효력이 발생한다. 시간이 이러한 선언에 대해 고정되어 있지 않은 경우, 낙약자는 그 약속의 소멸이 없을 때에, 적절한 시간 내에 답변을 요구할 수 있다"(Art 655)고 규정하였다. 이 초안은 일방적 의사표시(An unilateral promise)의 효력에 대하여 규정하고 있다.[516] 이에 대하여 현행민법전 초안은 "매매의 일방예약은 상대방이 매매를 완결할 의사를 표시하는 때에 매매의 효력이 생긴다. 전항 의사표시의 기간을 정하지 아니한 때에는 예약자는 상당한 기간을 정하여 그 기간 내에 매매완결여부의 확답을 상대방에 최고할 수 있다. 예약자가 전항의 기간 내에 확답을 받지 못한 때에는 예약은 그 효력을 잃는다"(제553조)고 규정하였다.[517] 두 초안은 입법취지에서 일치한다. 다만 용어법이 다르다.

(4) 부동산의 양도에 대하여, 로빈기어 초안은 "부동산의 양도는, 매도인이 소유권을 취득하는 등기를 먼저 취득한 사람인 경우에 1인 이상에게 실행하지 않는 한, 양도계약

---

513 켈리포니아 민법전, 제1721(2)조; 중화민국 민법전, 제345조; 독일 민법전, 제433조; 일본 민법전, 제555조; 소련 민법전, 제180조.

514 일본 민법 제550조; 프랑스 민법 제1582조(제1항); 중화민국 민법 제345조; 만주국 민법 제545조.

515 아르헨티나 민법전, 제578, 1375(1341)조; 브라질 민법전, 제1137조; 중화민국 민법전, 제345, 373조; 독일 민법전, 제446, 447조; Riasnovsky, *Chinese Civil Law* (1938) 170; Schuster, Principles of German Civil Law (1907) p.209; 일본 민법전, 제575조 제1항; 소련 민법전, 제 184, 186조; 스위스 채무법전, 제185조; 40 Corpus Juris, Sec 156 n.94d.

516 Riasnovsky, *Chinese Civil Law* (1938) p.172; 일본 민법전, 제556조; 루이지애나 민법전, 제2438~2659조.

517 일본 민법 제556조; 프랑스 민법 제1589조(제1항); 만주국 민법 제546조.

서의 실행으로 발생한다"(Art 656)고 규정하였다. 이 초안은 부동산의 양도(Transfer of immovables)에 대하여 규정하고 있다.[518] 이에 대하여 현행민법전 초안은 제2편 물권 제1장 총칙 부동산물권의 변동에서 입법하였다. 두 초안은 입법취지는 일치하지만, 규정의 편제에서 다르다.

(5) 부동산매매의 형식과 해석에 대하여, 로빈기어 초안은 "목적물이 부동산인 경우, 그 양도는 서면과 등기에 의하여 표시되어야 한다. 모호한 경우 그 계약은 매도인에 대하여 가장 강하게 해석된다"(Art 657)고 규정하였다. 이 초안은 목적물이 부동산인 경우 매매의 형식과 해석(Form and interpretation)에 대하여 규정하고 있다.[519] 이에 대하여 현행민법전 초안은 제177조에서 "부동산에 관한 법률행위로 인한 물권의 득실변경은 등기하여야 그 효력이 생긴다"고 규정하였다.[520] 두 초안은 대항요건주의에서 성립요건(효력요건)주의로 입법하려는 입법취지에서 일치한다. 그러나 규정의 편제에서 다르다.

(6) 매매의 목적물에 대하여, 로빈기어 초안은 "계약의 목적물은 재산이어야 하지만, 그것이 무형물일 수 있고, 매도인이 취득할 수 있는 것이거나 계약이 성립한 후 제조되는 것을 포함한다. 목적물이 다른 사람에게 속하는 권리인 경우 매도인은 그것을 취득하여 매수인에게 양도하여야 한다. 그가 실제 소유권을 알면 이미 이뤄진 계약을 철회할 수 있다. 그러나 매수인이 그 당시에 그러한 소유권을 깨달은 경우, 매도인은 자기의 양도할 책임을 매수인에게 연락하여 철회할 수 있다. 전염병 또는 기타 계획한 목적에 부적합한 동물은 계약의 적합한 목적물이 아니다"(Art 658)고 규정하였다. 이 초안은 계약의 목적물(The subject matter of the contract)에 대하여 규정하고 있다.[521] 이에 대하여 현행민법전 초안은 "매매의 목적된 권리가 타인에게 속한 경우에 매주(賣主)는 그 권리를 취득하여 매주(買主)에게 이전하여야 한다"(제558조)고 규정하고,[522] 이에 대한 매도인의 담보책임에 대하여 제559조,[523] 제560조[524]를 각각 규정하였다.

---

518 Riasnovsky, *Chinese Civil Law* (1938) p.170; 소련 민법전, 제185조.

519 중화민국 민법전, 제760, 758조; 일본 민법전, 제176, 177조; 소련 민법전, 제185조; 켈리포니아 민법전, 제1794조; 40 Corpus Juris, 1371~2.

520 조선민사령 제13조; 프랑스 민법 제1138, 711, 873조, 제138조 제1항, 제71조; 스위스 민법 제656조; 중화민국 민법 제758조; 만주국 민법 제177조.

521 켈리포니아 민법전, 제1721, 1725, 1725(1)조; 중화민국 민법전, 제345조; 일본 민법전, 제555, 560, 561, 562조; 소련 민법전, 제181조; 40 Corpus Juris, 1372, n.3, 1373, n.12; 이태리 민법전, 제1459, 1481조 이하; 스위스 채무법전, 제184, 192, 195, 196조; 독일 민법전, 제440, 441조; 쿠바 민법전, 제1494조; 필립핀 민법전, 제1494조; 스페인 민법전, 제1494조.

522 일본 민법 제560조; 프랑스 민법 제1599조; 만주국 민법 제549조.

나) 이행(Performance)에 대하여

(1) 목적물의 인도에 대하여, 로빈기어 초안은 "매도인은 매수인의 점유에 배치하고 그 소유권을 귀속시키는 것을 포함하는 목적물을 인도해야 한다. 무체재산권(예, 채권)은 소유권을 증명하는 서류를 인도하지만, 제3자는 통지를 받은 때에만 부담한다. 인도는 동의한 가격을 지불하지 않으면 보류될 수 있다. 매수인이 계약으로 정해진 이외의 장소에서 인도할 것을 요청하면 매도인의 운송인에 의한 위험은 매수인에게 돌아간다. 그러나 매수인이 매도인에게 특별한 지시에서 벗어나면, 긴급한 사유를 제외하고, 손해 발생에 대하여 후자에게 책임이 돌아간다. 인도 이전에 생산된 목적물의 과실은 매도인에게 속한다"(Art 659)고 규정하였다. 이 초안은 매매의 목적물의 인도(Delivery)에 대하여 규정하고 있다.[525] 이에 대하여 현행민법전 초안은 일반적인 채무의 이행(변제)에 관하여 제3편 채권 제1장 총칙 제2절 채권의 효력 및 제6절 채권의 소멸에 별도로 규정함으로써(제378조 이하, 제451조 이하) 따로 입법하지 않았다.

(2) 매매대금에 대하여, 로빈기어 초안은 "가격은 고정되어 있어야 하고, 달리 규정하지 않는 한, 그것은 정황에 따라 추단할 수 있으면 고정된 것으로 간주된다. 시장가격이 채택되는 경우는 이행의 시간과 장소에서 같은 가격이어야 한다. 목적물의 무게에 의해 고정된 경우, 포장의 무게는 공제해야 한다. 매수인이 매매에서 자신의 권리에 영향을 미치는 제3자의 청구를 두려워 할 충분한 이유가 있는 경우, 매수인은 매도인이 적절한 담보를 제공할 때까지 가격을 보류할 수 있지만, 후자의 요구에 매수인은 권한있는 당국과 미지급 부분을 예치해야 한다. 가격이 다른 재산으로 지급하는 경우, 그 거래는 교환이 된다. 금전 지급을 하지 않은 이자는 당사자가 정한 다른 일자가 없는 한 인도일로부터 발생한다"(Art 660)고 규정하였다. 이 초안은 매매에서 가격(대금, price)에 대하여 규정하고 있다.[526] 이에 대하여 현행민법전 초안은 입법하지 않았다.

---

523 일본 민법 제561조; 독일 민법 제439조(제1항); 만주국 민법 제550조.

524 일본 민법 제562조; 만주국 민법 제551조.

525 켈리포니아 민법전,제1761, 1796조; 중화민국 민법전, 제348, 374, 376조; 독일 민법전, 제433조, 제447조 제1항, 제447조 제2항, 제446~7조; 40 Corpus Juris, 1378, N.22 Digesta, 1381, n.48 Digesta; 소련 민법전, 제190조; 프랑스 민법전, 제1136~8, 1182, 1563조 이하; 이태리 민법전, 제 1470조; 스위스 채무법전, 제185조.

526 아르헨티나 민법전, 제1357조; 브라질 민법전, 제1122조; 쿠바 민법전, 제1445조; 40 Corpus Juris, 1380, n.41; 중화민국 민법전, 제346조 제1항, 제346조 제2항, 제372, 368조; 프랑스 민법전, 제1864, 1652조; 스위스 채무법전, 제211, 214, 221조, 제212조 제2항, 제213조; 독일 민법전, 제453, 452조; 이 법전 제659조 참조; 독일 상법전, 제380조; 이태리 민법전, 제1510조; 일본 민법전, 제576~8조, 제575조 제2항; 켈리포니아 민법전, 제1729조 제2항; 이 법전 제426조 참조.

(3) 대금의 지급과 목적물의 수령에 대하여, 로빈기어 초안은 "매수인은 합의한 가격을 지급하여야 하고 계약에 따른 목적물의 인도를 수령한다. 수령은 언어 또는 행위 또는 장기간 보존 또는 소유권을 나타내는 다른 행위에 의한 암시로서 표현된다"(Art 661)고 규정하였다. 이 초안은 매매에서 대금의 지급과 목적물의 수령에 대하여 규정하고 있다.[527] 이에 대하여 현행민법전 초안은 입법하지 않았다.

(4) 매수인의 검사에 대하여, 로빈기어 초안은 "매수인은 권리를 가지고, 그것은 수령하기 전에 목적물을 검사하고 그 내부에 결함이 있는 매도인에게 통지할 자신의 의무이다. 그 결함이 잠재한 경우를 제외하고, 이러한 통보의 지연은 목적물의 수령을 성립시킬 수 있다"(Art 662)고 규정하였다. 이 초안은 매수인의 검사(Inspection)에 대하여 규정하고 있다.[528] 이에 대하여 현행민법전 초안은 입법하지 않았다.

(5) 매매비용의 부담에 대하여, 로빈기어 초안은 "계약을 체결한 비용은 당사자가 동등하게 분담한다. 목적물을 운송을 포함한 인도하기 위한 준비 비용은 매도인에게 속하고, 계약으로 정한 장소 이외의 장소로 보내진 비용과 등기 비용은 매수인이 부담한다. 위험이 인도하기 전에 후자에게 발생한 경우 그는 그 사이에 발생한 필요한 지출에 대하여 매도인에게 보상하여야 한다"(Art 663)고 규정하였다. 이 초안은 매매에서 매매비용(Costs of effecting the contract) 등에 대하여 규정하고 있다.[529] 이에 대하여 현행민법전 초안은 "매매계약에 관한 비용은 당사자 쌍방이 평균 부담한다"(제555조)고 규정하고,[530] "변제비용은 다른 의사표시가 없으면 채무자의 부담으로 한다. 그러나 채권자의 주소이전 기타의 행위로 변제비용이 증가된 때에는 그 증가액은 채권자의 부담으로 한다"(제464조)고 규정하였다.[531] 두 초안은 입법취지에서 일치한다. 다만 입법방법 및 규정의 편제에서 차이가 있다.

(6) 이행의 시기에 대하여, 로빈기어 초안은 "법률, 계약 또는 관습에 다른 정함이 없

---

527 켈리포니아 민법전, 제1761~2조, 제1768조; 중화민국 민법전, 제345, 367조; 독일 민법전, 제433조 제2항; 스위스 채무법전, 제211조.

528 켈리포니아 민법전, 제1767조; 중화민국 민법전, 제356, 385조; Louisiana, William V. Miller, Vol. 9, pp 129, 134; 스위스 채무법전, 제201조 제1, 2항; 40 Corpus Juris, 1384, n.59.

529 켈리포니아 민법전, 제1763(5)조; 중화민국 민법전, 제378, 375조; 독일 민법전, 제448~450조; 일본 민법전, 제558조; 스위그 채무법전, 제188~9조.

530 일본 민법 제558조; 스위스 채무법 제188조; 중화민국 민법 제378조; 만주국 민법 제547조.

531 일본 민법 제485조; 독일 민법 제270조(제2항); 프랑스 민법 제1248조; 중화민국 민법 제317조; 만주국 민법 제461조.

으면 인도와 지급은 동시이행 행위이고, 시기와 장소를 각각 달리 정해진 경우 상대방
은 동시에 이행될 수 있는 것으로 추정한다"(Art 664)고 규정하였다. 이 초안은 매매의
이행의 시기(Time)에 대하여 규정하고 있다.[532] 이에 대하여 현행민법전 초안은 "쌍무계
약의 당사자 일방은 상대방이 그 채무이행을 제공할 때까지 자기의 채무이행을 거절할
수 있다. 그러나 상대방의 채무가 변제기에 있지 아니하는 때는 그러하지 아니하다. 당
사자 일방이 상대방에게 먼저 이행하여야 할 경우에 상대방의 이행이 곤란할 현저한 사
유가 있는 때에는 전항 전단과 같다"(제525조)고 규정하였다.[533] 두 초안은 입법취지에서
일치하지 않다. 로빈기어 초안은 이행의 시기로, 현행민법전 초안은 항변권으로 입법하
였다.

다) 담보책임(Warranty)에 대하여

담보책임에 대하여, 로빈기어 초안은 적용조건(Subjects, Arts 665~666), 그 실행(En-
forcement)에서 계약해제(Rescission, Arts 667~670), 가액감액(Reduction of price, Art 671),
손해배상(Damages, Arts 672~673), 특정한 이행(Specific Performance, Arts 674~675)을 각
각 규정하였다. 이에 대하여 현행민법전 초안은 타인의 권리의 매매(제558조), 동전-매주
(賣主)의 담보책임(제559조), 동전-선의의 매주(賣主)의 담보책임(제560조), 권리의 일부
가 타인에게 속한 경우와 매주(賣主)의 담보책임(제561조), 전조의 권리행사의 기간(제562
조), 수량부족, 일부멸실의 경우와 매주(賣主)의 담보책임(제563조), 제한물권이 있는 경우
와 매주(賣主)의 담보책임(제564조), 저당권, 전세권의 행사와 매주(賣主)의 담보책임(제
565조), 저당권의 목적된 지상권, 전세권의 매매와 매주(賣主)의 담보책임(제566조), 경매
와 매주(賣主)의 담보책임(제567조), 채권매매와 매주(賣主)의 담보책임(제568조), 매주(賣
主)의 하자담보책임(제569조), 종류매매와 매주(賣主)의 담보책임(제570조), 전 2조의 권리
행사기간(제571조), 담보책임과 동시이행(제572조), 담보책임 면제의 특약(제573조)을 각
각 규정하였다.

---

[532] 중화민국 민법전, 제369~71조; 프랑스 민법전, 제1650, 1651조; 일본 민법전, 제573, 574조; 소련 민법전, 제
188조; 스위스 채무법전, 제211조.

[533] 일본 민법 제533조 제1항; 독일 민법 제320, 321조; 스위스 채무법 제82, 83조; 프랑스 민법 제1612조; 중화민국
민법 제263조 제1항; 만주국 민법 제523조.

　(1) 담보책임에 대하여, 로빈기어 초안은 "매도인은 목적물이 매수인에 대하여 제3자가 할 수 있는 주장에서 자유로울 것을 묵시적으로 보증한다. 목적이 권리 또는 청구인 경우, 매수인이 그 반대를 알지 못하거나, 매도인이 사기로 그것을 은폐하지 않는 한, 그러나 청구인의 채무자의 지급능력이 없으면, 보증은 그것의 존재와 유효성을 담보한다. 지급능력의 명시적 보증은 계약의 성립시 뿐만 아니라 만기시까지 관련이 있다"(Art 665)고 규정하였다. 이 초안은 매도인의 담보책임의 조건으로서 소유권(Ownership)에 대하여 규정하고 있다.[534] 이에 대하여 현행민법전 초안은 "매주(賣主)는 전 15조에 의한 담보책임을 면하는 특약을 한 경우에도 매주(賣主)가 알고 고지하지 아니한 사실 및 제3자에게 권리를 설정 또는 양도한 행위에 대하여는 책임을 면하지 못한다"(제573조)고 규정하고,[535] "매매의 목적물에 하자가 있는 때에는 제564조 제1항의 규정을 준용한다. 전항의 규정은 경매의 경우에 적용하지 아니한다"(제569조)고 규정하였으며,[536] "채권의 매주(賣主)가 채무자의 자력을 담보한 때에는 매매계약 당시의 자력을 담보한 것으로 추정한다. 변제기에 이르지 아니한 채권의 매주(賣主)가 채무자의 자력을 담보한 때에는 변제기의 자력을 담보한 것으로 추정한다"(제568조)고 규정하였다.[537] 두 초안은 입법취지에서 일치한다. 그러나 입법방법에서 많은 차이를 보인다.

　(2) 매도인의 담보책임의 조건으로서 목적물의 품질에 대하여, 로빈기어 초안은 "매수인이 결함을 알고 또는 과실로 그것을 간과하거나, 매도인이 그것을 은폐하지 않는 한, 후자는 목적물이, 위험이 통과할 때, 보통의 목적물에 대한 가치 또는 적합성을 손상하거나 또는 의도되어 나타난 결함으로부터 자유로운 것을 보증한다. 목적물이 가축인 경우, 보증은 매매 이전에 존재한 후 3일 이내에 나타나는 심각한 결함에 확장한다. 매도인을 면책하거나 목적물의 결함에 대한 그의 책임을 제한하는 합의는 그가 그것을 은폐한 경우에 무효이다"(Art 666)고 규정하였다. 이 초안은 매도인의 담보책임의 조건으로서 목적물의 품질(Quality)에 대하여 규정하고 있다.[538] 이에 대하여 현행민법전 초안

534　켈리포니아 민법전, 제1733조; 중화민국 민법전, 제349, 350, 351, 355, 362조; 독일 민법전, 제 434~5조, 제437조 제1항, 제439조 제1항, 제460, 438조; 스위스 채무법전, 제192조 제1항, 제171조 제1항, 제200, 171조; 40 Corpus Juris, 1382 sq; 프랑스 민법전, 제1693~4, 1695조; 일본 민법전, 제572, 570, 569조.
535　일본 민법 제572조; 독일 민법 제476조; 스위스 채무법 제199조; 중화민국 민법 제366조; 만주국 민법 제563조.
536　일본 민법 제570조; 독일 민법 제459조; 프랑스 민법 제1642, 1643조; 만주국 민법 제560조(제1항 전단, 제3항).
537　일본 민법 제569조; 독일 민법 제438조; 중화민국 민법 제352조; 만주국 민법 제564조.
538　켈리포니아 민법전, 제1735조; 중화민국 민법전, 제354, 355, 366조; 독일 민법전, 제459, 481~6조; 일본 민법전, 제566, 570, 572조; 소련 민법전, 제195, 196, 202조; 40 Corpus Juris, 1385, n.59. n.61; 스위스 채무법전,

은 "매매의 목적물이 지상권, 지역권, 전세권, 질권 또는 유치권의 목적된 경우에 매주(買主)가 이를 알지 못한 때에는 이로 인하여 계약의 목적을 달할 수 없는 경우에 한하여 매주(買主)는 계약을 해제할 수 있다. 기타의 경우에는 손해배상만을 청구할 수 있다. 전항의 규정은 매매의 목적된 부동산을 위하여 존재할 지역권이 없거나 그 부동산에 등기된 임대차계약이 있는 경우에 준용한다. 전 2항의 권리는 매주(買主)가 그 사실을 알은 날로부터 1년 내에 행사하여야 한다"(제564조)고 규정하고,[539] 매주(賣主)의 하자담보책임(제569조) 및 담보책임 면제의 특약(제573조)을 규정하였다. 두 초안은 입법취지는 유사하지만, 입법방법이 매우 다르다.

(3) 매도인의 담보책임의 실행으로서 계약해제에 대하여, 로빈기어 초안은 "매수인의 계약해제의 선택은, 그것이 불공평하게 될 경우, 매도인의 보증의 불이행에 대한 가격 또는 손해의 감소를 얻기 위해, 매수인이 적절한 시간 내에 자신의 구제를 할 수 있고, 그렇지 못하면, 해제권을 상실한다"(Art 667)고 규정하였다. 이 초안은 매도인의 담보책임의 실행으로서 계약해제(Rescission)를 선택할 수 있음에 대하여 규정하고 있다.[540] 이에 대하여 현행민법전 초안은 제564조에 "(…) 매주(買主)가 이를 알지 못한 때에는 이로 인하여 계약의 목적을 달할 수 없는 경우에 한하여 매주(買主)는 계약을 해제할 수 있다. (…)"고 규정하였다. 두 초안은 계약의 해제를 입법한 것에서 일치하지만, 입법취지나 입법방법에서 서로 차이가 크다.

(4) 계약해제의 범위에 대하여, 로빈기어 초안은 "주목적물의 결함에 대한 해제는 그 종물에 확장되고, 종물만이 결함인 경우, 목적물을 형성하는 수개의 항목의 일부만이 결함이 있는 경우, 해제 또는 가액감액은 그 항목에 제한된다. 그러나 매수인은 그가 분명히 항목의 분리에 의하여 권리가 침해된 경우 계약 전부를 해제할 수 있다. 주목적물이 매수인이 알지 못하는 유치권 또는 기타에 의하여 방해되고 계약목적의 달성이 불가능한 경우, 매수인은, 그러한 방해로 목적물을 상실한 경우와 같이, 또는 그것에 내재하는 잠재적인 결함으로 해제할 수 있다"(Art 668)고 규정하였다. 이 초안은 매도인의 담보책임으로서 계약해제의 범위(Scope)에 대하여 규정하고 있다.[541] 이에 대하여 현행민법

제199조.

539 일본 민법 제566조; 프랑스 민법 1638조; 스위스 채무법 제196조; 만주국 민법 제555조.

540 켈리포니아 민법전, 제1785, 1789, 1789(2)조; 중화민국 민법전, 제353, 359조 후단, 제360, 361조; 독일 민법전, 제462~467, 463, 466조; 일본 민법전, 제566, 563조; 40 Corpus Juris, 1386, n.166.

전 초안은 제564조, 제565조 및 제569조를 규정하였다. 두 초안은 입법취지나 입법방법에서 서로 달리 하였음을 확인할 수 있다.

(5) 종류매매와 매도인의 담보책임에 대하여, 로빈기어 초안은 "목적물이 종류만으로 지정되고 그 인도된 물건이 결함이 있는 경우, 매수인은 계약을 해제하는 대신에, 매도인이 결함을 면제하는 보증된 다른 것으로 그것을 교환할 수 있다"(Art 669)고 규정하였다. 이 초안은 매도인의 담보책임에서 매수인의 대물청구인 교환(Exchange)에 대하여 규정하고 있다.[542] 이에 대하여 현행민법전 초안은 "매매의 목적물을 종류로 지정한 경우에도 그 후 특정된 목적물에 하자가 있는 때에는 전조의 규정을 준용한다. 전항의 경우에 매주(買主)는 계약의 해제 또는 손해배상의 청구를 하지 아니하고 하자 없는 물건을 청구할 수 있다"(제570조)고 규정하였다.[543] 두 초안은 입법취지에서 일치하지만 입법방법에서 대물청구에 대한 용어법이 서로 다르다.

(6) 계약금에 대하여, 로빈기어 초안은 "매수인이 매도인에게 지급한 계약금은 각 당사자가 이행하기 전에 해제할 수 있는 조건으로 넘겨준 것이다"(Art 670)고 규정하였다. 이 초안은 계약금(Earnest money)에 대하여 매도인의 담보책임의 실행에서 규정하고 있다.[544] 이에 대하여 현행민법전 초안은 "매매의 당사자 일방이 계약 당시에 금전 기타 물건을 상대방에게 교부한 때에는 이를 계약금 또는 보증금으로 추정한다. 계약금 또는 보증금은 위약금의 약정으로 본다"(제554조)고 규정하였다.[545] 두 초안은 입법취지는 유사하지만, 로빈기어 초안은 해약금으로, 현행민법전 초안은 위약금으로서 입법방법 및 규정의 편제에서 다르다.

(7) 감액청구에 대하여, 로빈기어 초안은 "해제에 대한 대안은 구입가격을 감액하는 소송이고, 후자가 명백히 부당한 경우에 해제로 대체되어야 한다. 이러한 감액은 주물의 저하된 가액이 필요한 가액으로 되는 원가액에 비례하게 된다. 주물의 여러 항목 가운데 한 개의 가액이 감액되는 경우 계산의 기초를 형성하는 모든 것의 평균가액이 감

---

[541] 중화민국 민법전, 제363조; 독일 민법전, 제469, 471, 434, 439~1, 477, 459~93조; 스위스 채무법전, 제209조 제2항, 제195~6, 197~210조; 프랑스 민법전, 제1636, 1625, 1642~8조; 일본 민법전, 제566, 567, 570조; 일본 상법전, 제526조.

[542] 중화민국 민법전, 제354조; 독일 민법전, 제480조 제1항, 제491~2조; 스위스 채무법전, 제206조 제 1항.

[543] 신설: 독일 민법 제480조(제1항), 459조; 중화민국 민법 제346조; 만주국 민법 제561조(제1,2항).

[544] 독일 민법전, 제336~8조; 일본 민법전, 제577조; 스위스 채무법전, 제158조; 중화민국 민법전, 제 248, 249조.

[545] 일본 민법 제557조; 스위스 채무법 제158조(제1,3항); 프랑스 민법 제1590조.

액된다. 매수인의 실행이 지급액을 초과한 경우에는 그 초과한 가액은 매입가액에 포함
되어야 한다. 가액의 감액이나 해제는, 주물이 지정한 양과 다른 것을 발견하고 그가 그
것을 모른 경우에 또한 매수인에게도 가능하여야 한다"(Art 671)고 규정하였다. 이 초안
은 매도인의 담보책임으로서 가액감액(Reduction of price)에 대하여 규정하고 있다.[546]
이에 대하여 현행민법전 초안은 "매매의 목적된 권리의 일부가 타인에게 속함으로 인하
여 그 권리를 취득하여 매주(買主)에게 이전할 수 없는 때에는 매주(買主)는 그 부분의 비
율로 대금의 감액을 청구할 수 있다"(제561조 제1항)고 규정하였다.[547] 두 초안은 매도인
의 담보책임으로서 가액감액에 대하여 입법취지 및 입법방법에서 일치한다.

(8) 감액에 대한 소송에 대하여, 로빈기어 초안은 "손해만 또는 가액 감액과 함께 한
소송은 해제하는 소송으로 대체할 수 있고, 계약 목적을 아직 달성할 수 있는 경우, 이러
한 소송은, 목적물이 매수인이 알지 못하는 유치권 또는 기타에 의하여 방해되면, 유일
한 구제방법이다"(Art 672)고 규정하였다. 이 초안은 손해 또는 가액 감액에 대한 소송
(An action)에 대하여 규정하고 있다.[548] 이에 대하여 현행민법전 초안은 "전항의 경우에
잔존한 부분만이면 매주(買主)가 이를 매수하지 아니하였을 경우에는 선의의 매주는 계
약 전부를 해제할 수 있다. 선의의 매주는 감액청구 또는 계약해제 외에 손해배상을 청
구할 수 있다"(제561조 제2,3항)고 규정하였다.[549] 두 초안은 입법취지에서 일치하지만 입
법방법에서 서로 다르다.

(9) 손해의 측정에 대하여, 로빈기어 초안은 "매매계약에서 보증의 위반에 대한 손해
의 측정은 그 위반에서 통상적으로 발생하는 직접적인 손해이다"(Art 673)고 규정하였
다. 이 초안은 담보책임에서 손해의 측정(The measure of damages)에 대하여 규정하고
있다.[550] 이에 대하여 현행민법전 초안은 직접적인 규정을 입법하지 않았다.

(10) 목적물 인도의 해태에 대하여, 로빈기어 초안은 "목적물의 인도에서 매도인의

---

546 아르헨티나 민법전, 제2206조; 중화민국 민법전, 제359, 259조; 독일 민법전, 제472, 473, 377, 378조, 제472조
　　　제1항, 제2항, 제473조; 일본 민법전, 제563조; 스위스 채무법전, 제196조; 40 Corpus Juris, 1387, n.82 (known
　　　as Actio Quanti Minoris); 프랑스 민법전, 제1541조 이하; 일본 상법전, 제626조.

547 일본 민법 제563조; 프랑스 민법 제1636조; 만주국 민법 제552조.

548 켈리포니아 민법전, 제1789(b)(c)조; 중화민국 민법전, 제227, 228조; 독일 민법전, 제255조; Schuster,
　　　Principle of German Civil Law (1907) p.175; 일본 민법전, 제563, 566, 567조; 소련 민법전, 제198(3)조, 제
　　　117조, 제200조 제2항 참조; 스위스 채무법전, 제97조.

549 일본 민법 제563조; 프랑스 민법 제1636조; 만주국 민법 제552조.

550 켈리포니아 민법전, 제1789(6)조; 독일 민법전, 제252조.

해태에 대하여, 매수인은 손해와 함께 또는 손해배상 없이 계약의 강제집행을 청구할 수 있다"(Art 674)고 규정하였다. 이 초안은 매도인의 목적물의 인도를 게을리 한 경우에 대하여 규정하고 있다.[551] 이에 대하여 현행민법전 초안은 입법하지 않았다.

(11) 승낙 중의 처분에 대하여, 로빈기어 초안은 "매수인이 목적물의 하자를 주장하고 입증하지 못하면, 그것은 아무 것도 없는 것으로 추정된다. 경우에 따라 그는 그것을 보존하여야 하거나 부패하기 쉬운 경우 그것을 매각하고 즉시 매수인에게 통지하거나 손해발생에 대한 책임을 부담하여야 한다"(Art 675)고 규정하였다. 이 초안은 승낙 중의 처분(Disposition Pending Acceptance)에 대하여 규정하고 있다.[552] 이에 대하여 현행민법전 초안은 입법하지 않았다.

라) 특수한 매매(Special Kinds)에 대하여

(1) 견본매매에 대하여, 로빈기어 초안은 "견본이나 표시에 의한 판매는 목적물이 모두에 해당되는 것을 보증함을 의미한다"(Art 676)고 규정하였다. 이 초안은 견본 또는 표시에 의한 매매(Sale by Sample or Description)에 대하여 규정하고 있다.[553] 이에 대하여 현행민법전 초안은 입법하지 않았다. 그 후 입법과정에서도 이를 입법하지 않고 해석에 따르게 하였다.

(2) 할부불매매에 대하여, 로빈기어 초안은 "분할에 의한 지급은, 어떤 경우, 침해에 대한 손해와 목적물의 임대가액과 동일한 금액 이상을 유지할, 해제에 따라, 매도인에게 자격이 부여되지 않는다. 매수인은 자신의 이 같은 총액에 대한 책임을 시행할 수 있다고 한 조항 이전에, 전체 가격의 5분의 1과 같게, 적어도 두 개의 결합된 분할에 대하여 불이행이 있어야 한다"(Art 677)고 규정하였다. 이 초안은 할부불 지급(Payment by installment)에 대하여 규정하고 있다.[554] 이에 대하여 현행민법전 초안은 입법하지 않았다.

(3) 승인권부 매매(시미매매)에 대하여, 로빈기어 초안은 "승인은 승인에 의한 판매(승인권부 매매)에 매수인의 책임에 대한 선행조건이다. 그는 구매하기 전에 목적물을

---

551 켈리포니아 민법전, 제1788조; 중화민국 민법전, 제227조; 독일 민법전, 제249조; Schuster, Principles of German Civil Law (1907) p.184, 167; 스위스 채무법전, 제97조.
552 중화민국 민법전, 제358조; 프랑스 민법전, 제1614조; 독일 민법전, 제373~4조; 일본 상법전, 제524조.
553 켈리포니아 민법전, 제1734, 1736(2), 1736조; 중화민국 민법전, 제388조; 독일 민법전, 제494조; Schuster, Principles of German Civil Law (1907) p.224, 196; 소련 민법전, 제201조.
554 중화민국 민법전, 제390, 389조; 스위스 민법전, 제713조; 스위스 채무법전, 제226조.

검사할 권리가 있다. 인도 전 합의 또는 합리적인 기간 이내에 승인 표시에 실패는 거절을 구성한다. 동일한 결과는 지급 또는 검사에 필요하지 않은 기타 행위를 따른다"(Art 678)고 규정하였다. 이 초안은 승인권부 매매(approval sale; a sale on approval)에 대하여 규정하고 있다.[555] 이에 대하여 현행민법전 초안은 입법하지 않았다.

(4) 공(경)매에 대하여, 로빈기어 초안은 "청약되는 각각 단위는 별개의 거래이다. 각각은 망치를 치거나 또는 다른 관행적인 방식으로 완성된다. 이러한 완성할 때까지, 모든 입찰은 철회될 수 있으며, 경매인이, 예약 없이 경매를 발표하지 않는 한, 판매에서 상품을 철회할 수 있다. 통지가 공개적으로 발표되지 않는 한, 매도인, 경매인, 또는 그들의 고용된 자는 경매에 입찰하지 않을 수 있다. 입찰은 높은 것이 이뤄지거나 철회한 때에 무효가 된다. 지급은 매매가 완성됨에 따라 발표로 지정된 시기에 입찰자는 현금으로 하여야 한다. 그는 이러한 지불을 하지 않을 경우, 경매인은 철회하고 그 목적물을 경매에 재매각하고, 그 진행이 가격과 비용보다 작은 경우, 최초의 원래 입찰자가 결손에 대한 책임을 진다. 경매에서 성공한 입찰자는 채권자로부터 회복할 원매수인과 동일한 구제를 호소할 수 있다. 채무자가 지급불능인 경우 매매과정에서 그들이 입은 목적물의 결함에 대한 손해를 전자가 다른 당사자로부터 받을 수 있다"(Art 679)고 규정하였다. 이 초안은 공(경)매(Public (Auction) Sales)에 대하여 규정하고 있다.[556] 이에 대하여 현행민법전 초안은 "강제경매의 경우에는 경락인은 전 8조의 규정에 의하여 채무자에게 계약의 해제 또는 대금감액의 청구를 할 수 있다. 전항의 경우에 채무자의 자력이 없는 때에는 경락인은 대금의 배당을 받은 채권자에 대하여 그 대금의 전부나 일부의 반환을 청구할 수 있다. 전 2항의 경우에 채무자가 물건 또는 권리의 흠결을 알고 고지하지 아니하거나 채권자가 이를 알고 경매를 청구한 때에는 경락인은 그 흠결을 알은 채무자나 채권자에 대하여 손해배상을 청구할 수 있다"(제567조)고 규정하였다.[557] 두 초안은 입법취지는 유사하지만, 입법방법에서 달리 하였다.

---

555 켈리포니아 민법전, 제1729조, 규칙 제3(2)(b)조; 중화민국 민법전, 제384, 385, 386조, 제387조 제 1항, 제2항; 프랑스 민법전, 제1588조; 독일 민법전, 제495조 제1, 2항, 제496조; 스위스 채무법전, 제224, 225조.

556 켈리포니아 민법전, 제1741(1), 1741(2), 1741(3), 1741(4)조; 중화민국 민법전, 제391, 394, 392, 395, 396, 397, 353조; 독일 민법전, 제156, 456, 457조, 제458조 제1, 2항, 제440조; 스위스 채무법전, 제229조 제1, 2항, 제231조 제2항, 제233조 제1, 2항; 소련 민법전, 제204조 참조; 일본 민사소송법전, 제655, 656, 577조 제3항, 제688조; 일본 경매법, 제1, 32조. .

557 일본 민법 제568조; 만주국 민법 제559조.

9) 임대차(Lease (Locatio et Conductio Bei))

임대차에 관하여, 로빈기어 초안은 일반규정(General Provisions, Arts 680~682), 당사자(Parties, Arts 683~687) 및 종료와 보상(termination and reparation, Arts 688~695)을 각각 규정하였다. 이에 대하여 현행민법전 초안은 제3편 채권 제2장 계약 제7절 임대차에서 임대차의 의의(제607조), 처분능력 권한 없는 자의 할 수 있는 단기임대차(제608조), 단기임대차의 갱신(제609조), 임대차의 등기(제610조), 건물등기 있는 차지권의 대항력(제611조), 임대인의 의무(제612조), 임대인의 보존행위, 인용의무(제613조), 임차인의 의사에 반하는 보존행위와 해지권(제614조), 임차인의 상환청구권(제615조), 일부멸실 등과 감액청구 해지권(제616조), 차임증액청구권(제617조), 임차권의 양도 전대의 제한(제618조), 전대의 효과(제619조), 전차인의 권리의 확정(제620조), 임차건물의 소부분을 타인에게 사용케 하는 경우(제621조), 차임지급의 시기(제622조), 임차인의 통지의무(제623조), 기간의 약정 없는 임대차의 해지통고(제624조), 기간의 약정 있는 임대의 해지통고(제625조), 임차인의 파산과 해지통고(제626조), 해지통고의 전차인에 대한 통지(제627조), 묵시의 갱신(제628조), 준용규정(제629조), 차임연체와 해지(제630조), 동전(제631조), 토지임대차의 해지와 지상건물 등에 대한 담보물권자에의 통지(제632조), 임차인의 갱신청구권, 매수청구권(제633조), 전차인의 임대청구권, 매수청구권(제634조), 지상권 목적 토지의 임차인의 임대청구권, 매수청구권(635조), 임차인의 부속물매수청구권(제636조), 전차인의 부속물매수청구권(제637조), 임차지의 부속물, 과실 등에 대한 법정질권(제638조), 임차지상의 건물에 대한 법정저당권(639조), 임차건물 등의 부속물에 대한 법정질권(제640조), 임대차존속기간(제641조), 동전(제642조), 동전(제643조), 강행규정(제644조), 일시사용을 위한 임대차의 특칙(제645조), 준용규정(제646조)을 각각 규정하였다.

가) 일반규정(General Provisions)에 대하여

(1) 임대차의 의의에 대하여, 로빈기어 초안은 "임대차는 한 당사자(임대인)가 상대방(임차인)에게 재산에 대한 권리를 양여 하고, 금전 또는 과실의 지분으로, 정기적인 임료를 받는 계약이다. 부동산의 등기된 임대차는 그에 대한 이후의 부동산 권리에 우선한다"(Art 680)고 규정하였다. 이 초안은 임대차의 정의(Defined)에 대하여 규정하고 있다.[558] 이에 대하여 현행민법전 초안은 "임대차는 당사자 일방에게 목적물을 사용, 수

익하게 할 것을 약정하고 상대방이 이에 대하여 차임을 지급할 것을 약정함으로써 그
효력이 생긴다"(제607조)고 규정하고,[559] "부동산임차인은 당사자간의 반대약정이 없으
면 임대인에 대하여 그 임대차등기절차에 협력할 것을 청구할 수 있다. 부동산임대차를
등기한 때부터 제3자에 대하여 효력이 생긴다"(제610조)를 규정하였다.[560] 두 초안은 입
법취지에서 일치한다. 그러나 등기한 부동산임대차에 대하여 로빈기어 초안은 물권으
로서 입법하고, 현행민법전 초안은 채권으로서 대항력을 입법한 점에서 다르다.

　(2) 임대차의 방식에 대하여, 로빈기어 초안은 "목적물이 부동산이고 그 기간이 1년
을 초과하는 경우에는 서면으로 하지 않는 한 무기한으로 추정된다"(Art 681)고 규정하
였다. 이 초안은 임대차의 형식(Form)에 대하여 규정하고 있다.[561] 이에 대하여 현행민
법전 초안은 입법하지 않았다.

　(3) 임대차의 기간에 대하여, 로빈기어 초안은 "임대차의 기간은 20년을 초과할 수
없지만, 동일한 기간 동안으로 갱신될 수 있다. 그리고 임대인에 의한 소유권의 양도 또
는 임차인에 의한 전대에도 불구하고 지속한다. 원상회복 또는 갱신은, 무기한 동안 임
차인이 점유를 계속하고 임대인이 즉시 거절하지 못하는 경우에 발생한다"(Art 682)고
규정하였다. 이 초안은 임대차의 기간(Term)에 대하여 규정하고 있다.[562] 이에 대하여
현행민법전 초안은 "건물 기타 공작물의 소유를 목적으로 한 토지임대차의 기간은 석
조, 석회조, 연와조 및 이와 유사한 것에는 30년, 그 외의 건물에는 15년, 공작물에는 5
년 미만으로 하지 못한다"(제641조)고 규정하고,[563] "식목, 채염을 목적으로 한 토지임대
차의 기간은 30년, 목축을 목적으로 한 토지임대차의 기간은 10년 미만으로 하지 못한
다"(제643조)고 규정하였으며,[564] "전 2조의 임대차기간을 정하지 아니하거나 그 기간보

558　켈리포니아 민법전, 제1925~6조; 중화민국 민법전, 제421조; 프랑스 민법전, 제1711조; 독일 민법전, 제581조;
　　　소련 민법전, 제152, 153조; 스위스 채무법전, 제275조 제2항; 40 Corpus Juris, 1390, n.5; Korea Supreme
　　　Court Judicial Review, Vol. 20, No. 5 Yoshikawa, "Kauf bricht Miete" 참조.

559　일본 민법 제 601조; 독일 민법 제535, 581조; 스위스 채무법 제253, 275조; 프랑스 민법 제1709조; 중화민국
　　　민법 제421조(제1항); 만주국 민법 제586조.

560　일본 민법 제605조(제2항); 스위스 채무법 제260조; 만주국 민법 제589조.

561　켈리포니아 민법전, 제1091, 1624조; 중화민국 민법전, 제422조; 독일 민법전, 제566조; 루이지애나 민법전, 제
　　　2683조; 연방법률, 제50, 60, 105, 950조; 소련 민법전, 제154조.

562　중화민국 민법전, 제449, 425, 444, 451조; 독일 민법전, 제567조, 제571조 제1항, 제549조 제2항, 제556조 제2
　　　항; 제581조 제2항, 제568조; 이태리 민법전, 제1571조; 일본 민법전, 제604, 605, 613, 619조; 40 Corpus Juris,
　　　1391, n.13, 1391, n.19; 일본 차가법, 제1조; 소련 민법전, 제154 168, 169조; 스위스 채무법전, 제268조.

563　신설; 중화민국 민법 제449조; 만주국 민법 제619조; 일본 차지법 제2조(유사).

564　신설; 중화민국 민법 제449조(제1항); 만주국 민법 제619조.

다 짧은 기간을 정한 때에는 그 기간은 전 2조의 제한기간의 최단기간으로 한다"(제643조)고 규정하였다.[565] 두 초안에서 임대차존속기간에서 차이가 있고, 입법방법에서 서로 다르다. 현행민법전 초안은 임대차의 갱신에 대하여 별도로 규정하는 입법방법을 취하였다. 특히 단기임대차에 대한 갱신(제609조), 묵시의 갱신(제628조)에서 이를 확인할 수 있다.

나) 당사자(Parties)에 대하여

(1) 임대인의 의무에 대하여, 로빈기어 초안은 "임대인은 합의한 용도에 적합한 조건으로 재산을 인도하고 유지하여야 한다. 임차인에게 그가 필요한 수리 및 기타 유익한 목적을 위하여 지출한 모든 비용을 상환하고, 익지 않아서 수확하지 않은 과실에 대하여 반환하고 모든 세금 및 유사한 부담을 지급하여야 한다"(Art 683)고 규정하였다. 이 초안은 임대인(The lessor)에 대하여 규정하고 있다.[566] 이에 대하여 현행민법전 초안은 "임대인은 약정한 목적물을 임차인에게 인도하고 계약존속 중 그 사용, 수익에 필요한 상태를 유지하게 할 의무를 부담한다"(제612조)고 규정하고,[567] "임차인이 임차물의 보존에 관한 필요비를 지출한 때에는 임대인에 대하여 그 상환을 청구할 수 있다. 임차인이 유익비를 지출한 때에는 임대인은 임대차 종료시에 그 가격의 증가가 현존한 경우에 한하여 임차인의 지출한 금액이나 그 증가액을 상환하여야 한다. 이 경우에 법원은 임대인의 청구에 의하여 상당한 상환기한을 허여할 수 있다"(제615조)고 규정하였다.[568] 두 초안은 입법취지에서 일치한다. 그러나 입법방법에서 다르다.

(2) 목적물의 보존행위에 대하여, 로빈기어 초안은 "계약이나 관습에 다른 규정이 없으면, 임대인은 임대차기간 목적물의 필요한 모든 수선을 하여야 하고 임차인은 그에 방해하지 못한다. 이러한 수선은 임대인이 할 수 없는 경우 임차인은 그에게 적당한 통지를 한 후 자신이 수선을 하고 임차인이 상환 받지 못하면 차임에서 그 비용을 공제한

---

[565] 신설; 중화민국 민법 제449조(제1항); 만주국 민법 제619조.

[566] 켈리포니아 민법전, 제1941, 1933조; 중화민국 민법전, 제423, 432, 431, 461, 427조, 제450조 제 1, 2항; 독일 민법전, 제536조, 제581조 제2항, 제547, 592, 546조, 제564조 제1, 2항, 제565조; 일본 민법전, 제606조, 제608조 제2항, 제616조, 제617조 제1항; 소련 민법전, 제157, 178, 163조; 스위스 채무법전, 제254조 제1항, 제271, 298조; 일본 차가법, 제3, 4조.

[567] 일본 민법 제606조; 독일 민법 제536조; 스위스 채무법 제277조(제1항), 제294조; 프랑스 민법 제1719조; 중화민국 민법 제423, 428, 429조(제1항); 만주국 민법 제592조.

[568] 일본 민법 제608조; 독일 민법 제547조(제2항), 중화민국 민법 제430, 431조(제1항); 만주국 민법 제594조.

다"(Art 684)고 규정하였다. 이 초안은 임대차 목적물의 수선(Repairs)에 대하여 규정하고 있다.[569] 이에 대하여 현행민법전 초안은 "임대인이 임대물의 보존에 필요한 행위를 하는 때에는 임차인은 이를 거절하지 못한다"(제613조)고 규정하고,[570] "임대인이 임차인의 의사에 반하여 보존행위를 하는 경우에 임차인이 이로 인하여 임차의 목적을 달할 수 없는 때에는 계약을 해지할 수 있다"(제614조)고 규정하였다.[571] 두 초안은 입법취지에서 일치하지만, 입법방법에서 매우 다르다.

(3) 임차인의 부속물에 대하여, 로빈기어 초안은 "부동산의 임대인은, 그것에 부착한 (실행에서 이러한 면제는 제외) 임차인의 동산에 따라 유치권을 가지고, 그들에게 미납한 차임 및 그 작업으로 인한 손해에 적용할 수 있다. 앞의 것에서 그들의 제거를 방지하고 임차인이 행방불명인 경우 그것들을 압류할 수 있다. 또는 그것들이 자신의 반대를 하였음에도 또는 자신도 모르게 이동된 경우 그는 임대차를 종료시킬 수 있다. 그러나 임차인은 충분한 차임을 지급하고 떠나거나 이러한 제거가 업무 또는 생활의 통상적 과정인 경우에 이러한 동산의 부분을 제거할 수 있다. 그리고 유치권을 전부 해제하거나 재 해제된 재산의 가치의 범위까지 한도로 하여 담보를 제공함으로써 해제할 수 있다"(Art 685)고 규정하였다. 이 초안은 임대인의 유치권(Lessor's Lien)에 대하여 규정하고 있다.[572] 이에 대하여 현행민법전 초안은 "건물 기타 공작물의 임차인이 그 사용의 편익을 위하여 임대인의 동의를 얻어 이에 부속한 물건이 있는 때에는 임대차의 종료시에 임대인에게 대하여 그 부속물의 매취를 청구할 수 있다. 임대인으로부터 매수한 부속물에 대하여도 전항과 같다"(제636조)고 규정하고,[573] 임차지의 부속물, 과실 등에 대한 법정질권(제638조),[574] 임차지상의 건물에 대한 법정저당권(제639조),[575] 임차건물의 부속물에 대한 법정질권(제640조)[576]을 각각 신설 규정하였다. 두 초안은 입법취지가 유사하지만 입법방법이 서로 다르다.

---

569 켈리포니아 민법전, 제1941, 1942조; 중화민국 민법전, 제429, 430조, 제437조 제2항; 독일 민법전, 제536조, 제581조 제2항, 제582, 586조, 제538조 제2항; 일본 민법전, 제606, 615조; 소련 민법전, 제161조.

570 일본 민법 제606조(제2항); 프랑스 민법 제1724조(제1항); 중화민국 민법 제429조(제2항); 만주국 민법 제593조.

571 일본 민법 제607조; 독일 민법 제54조(제1항); 만주국 민법 제593조(제2항).

572 중화민국 민법전, 제445조, 제447조 제1, 2항, 제446조 제2항, 제448조; 독일 민법전, 제559, 585, 560, 561조; 일본 민법전, 제311~5, 301조.

573 신설; 만주국 민법 제615조; 일본 차가법 제5조(참조).

574 신설; 독일 민법 제559조; 스위스 채무법 제272조; 중화민국 민법 제445조(제1항); 만주국 민법 제629조.

575 신설; 만주국 민법 제630조(제1항).

576 신설; 만주국 민법 제631조.

(4) 차임의 지급시기에 대하여, 로빈기어 초안은 "임차인은 합의한 시기 또는 그러한 합의가 없는 경우 관습에 따라서 그리고 임대차가 종료된 경우에 차임을 지급하여야 한다. 그는 자신의 행위에 따른 조건 등의 의무가 면제되지 않는다. 지급을 이행하지 않은 경우, 임대인은, 그 목적물이 종료가 적어도 2기에 불이행까지 영향을 받지 않는 경우인 주거용이 아닌 한, 합리적으로 정해진 기간 이내에 지급할 것을 통지하고 그가 이행하지 않으면 임대차를 종료한다. 목적물이 부동산이면, 각 당사자는, 임대차가 정해진 기간 동안이 아닌 한, 가격의 변동에 대한 차임의 조정을 신청할 수 있다. 차임이 기간에 따라 지급될 수 있는 경우 그것은 각 기간의 만료시에 지급되어야 한다. 과실이 목적물에서 수취할 수 있는 경우 지급은 추수계절의 종기까지 하여야 한다. 목적물이 임대차 기간에, 임차인의 과실없이, 훼손된 경우 그는 차임의 비례적 감액을 할 권리가 있다"(Art 686)고 규정하였다. 이 초안은 임차인(The lessee)에 대하여 규정하고 있다.[577] 이에 대하여 현행민법전 초안은 "차임은 동산, 건물이나 대지에 대하여는 매월 말에 기타 토지에 대하여는 매년 말에 지급하여야 한다. 그러나 수확기 있는 것에 대하여는 그 수확 후 지체 없이 지급하여야 한다"(제622조)고 규정하고,[578] "건물 기타 공작물의 임대차에는 임대[차]인의 차임지체액이 3기의 차임액에 달하는 때에는 임차[대]인은 계약을 해지할 수 있다"(제630조)고 신설 규정하였으며,[579] "건물 기타 공작물의 소유 또는 식목, 채염, 목축을 목적으로 한 토지임대차에는 차임을 매월 지급하는 경우에는 1년 기타의 경우에는 2년 이상의 차임을 지급하지 아니한 때에 한하여 계약을 해지한다"(제631조)고 규정하였으며,[580] "임대물에 대한 공과부담의 증감 기타 경제사정의 변동으로 인하여 약정한 차임이 상당하지 아니하게 된 때에는 당사자는 장래에 대한 차임의 증감을 청구할 수 있다"(제617조)고 신설 규정하였다.[581] 두 초안은 입법취지에서 일치하지만, 입법방법 및 조문의 구성에서 다르다.

(5) 목적물에 대한 주의에 대하여, 로빈기어 초안은 "임차인은 목적물에 선량한 관리자의 주의로 행사하여야 한다. 임차인은 그의 또는 그와 함께 생활하는 계약으로 허용

---

577 중화민국 민법전, 제439, 441조, 제440조 제1항, 제442, 439, 435조; 독일 민법전, 제535, 551, 584조, 제549조 제2항, 제552, 326, 360조, 제535조 제2항; 일본 민법전, 제614, 541, 611조; 소련 민법전, 제165, 167조; 스위스 채무법전, 제262조, 제257조 제1항, 제107, 108, 265조; 일본 차가법, 제7조; 일본 차지법, 제12조.
578 일본 민법 제614조; 독일 민법 제551, 584조; 스위스 채무법 제262, 286조; 중화민국 민법 제439조.
579 신설; 독일 민법 제554조(제1항); 중화민국 민법 제440조(제2항); 만주국 민법 제610조(제1항).
580 초안 제274, 622조; 만주국 민법 제610조(제2항).
581 신설; 중화민국 민법 제457조; 만주국 민법 제596조(제1항); 일본 차지법 제12조; 일본 차가법 제7조.

한 사람의 부주의로 야기된 화재 또는 기타 손해에 대하여 책임을 부담하여야 한다. 그는 합의한 방식으로 오직 목적물을 사용할 수 있고, 합의가 없는 경우 그 성질에 합치되도록 사용하여야 한다. 그것이 생산적인 것인 경우 그는 그것으로 생산하여야 하고, 그것이 동물이면 그는 필요한 사료를 제공하고 인도적으로 취급하여야 한다. 그는 후자의 동의 없이 목적물을 전대하지 못한다. 주거용이고 그것을 그는 부분적으로 전대할 수 없는 한, 그가 전대하는 경우 전차인에 의한 과실 손해에 대하여 책임이 있다. 그럼에도 불구하고 전차인은 임차인에 대한 후자의 권리를 손상하지 않고 임대인에게 직접 채무를 부담한다"(Art 687)고 규정하였다. 이 초안은 목적물에 대한 주의(Care of subject matter)에 대하여 규정하고 있다.[582] 이에 대하여 현행민법전 초안은 "임차인이 임대인의 동의를 얻어 임차물을 전대한 때에는 전차인은 직접 임대인에 대하여 의무를 부담한다. 이 경우에 전차인은 전대인에 대한 차임의 지급으로써 임대인에게 대항하지 못한다. 전항의 규정은 임대인의 임차인에 대한 권리 행사의 임차인에 영향을 미치지 아니한다"(제619조)고 규정하고,[583] "임차물의 일부가 임차인의 과실 없이 멸실 또는 기타 사유로 인하여 사용, 수익할 수 없는 때에는 임차인은 그 부분의 비례에 의한 차임의 감액을 청구할 수 있다. 전항의 경우에 그 잔존부분으로 임차의 목적을 달할 수 없는 때에는 임차인은 계약을 해지할 수 있다"(제616조)고 규정하였다.[584] 두 초안은 입법취지에서 유사하지만, 입법방법 및 조문의 구성에서 서로 다르다.

다) 종료와 보상(Termination and Reparation)에 대하여

(1) 기간의 약정이 있는 임대차의 종료에 대하여, 로빈기어 초안은 "기간이 확정된 경우 그 임대차는 그것의 만료에 종료한다. 이러한 기간이 없는 경우 임차인에게 권한을 제한하는 관습이 없는 한 각 당사자는 임의로 그것을 종료할 수 있다. 이러한 종료는 손해에 대한 청구를 침해하지 못한다"(Art 688)고 규정하였다. 이 초안은 기간이 정하여

---

[582] 켈리포니아 민법전, 제1928, 1887조; 중화민국 민법전, 제432, 434, 433, 438, 428조, 제443조 제1항, 제444조 제2항; 프랑스 민법전, 제1717조; 독일 민법전, 제276, 277조, 제549조 제2항, 제550조, 제547조 제1항, 제549조, 제549조 제2항, 제556조 제2항, 제581조 제2항; 일본 민법전, 제400조, 제594조 제1항, 제616, 613조; 일본 차지법, 제13, 14조; 스위스 채무법전, 제283조 제1항, 제264, 289조; 이태리 민법전, 제1574조.
[583] 일본 민법 제613조; 중화민국 민법 제444조; 만주국 민법 제598조.
[584] 일본 민법 제611조; 독일 민법 제537조(제1항), 제542조(제1항); 프랑스 민법 제1722조; 중화민국 민법 제435조; 만주국 민법 제595조.

진 경우(the term is fixed)에 대하여 규정하고 있다.[585] 이에 대하여 현행민법전 초안은 "임대차기간의 약정이 없는 때에는 당사자는 언제든지 계약해지의 통고를 할 수 있다. 상대방이 전항의 통고를 받은 날로부터 다음 기간이 경과하면 해지의 효력이 생긴다. ① 토지, 건물 기타 공작물에 대하여는 임대인이 해지를 통고한 경우에는 6월, 임차인이 해지를 통고한 경우에는 1월, ② 동산에 대하여는 5일"(제624조)을 규정하고,[586] "임대기간의 약정이 있는 경우에도 당사자 일방 또는 쌍방이 그 기간 내에 해지할 권리를 보유한 때에는 전조의 규정을 준용한다"(제625조)고 규정하였다.[587] 두 초안은 입법취지는 일치하지만, 입법방법 및 조문의 구성이 서로 다르다.

(2) 임대인에 의한 종료에 대하여, 로빈기어 초안은 "임대인은, ① 전조에서 규정한 차임의 비 지급, ② 동의 없는 전대, ③ 임차인의 판정을 받은 파산, 또는 ④ 목적물의 필요한 주의를 기울이지 않음, 또는 ⑤ 지금까지 자신을 위한 농장 토지인 경우, 그러나 이러한 임대차의 종료는 수확 계절 후 새로운 심기 이전에 적용된다에 그 임대차를 종료할 수 있다"(Art 689)고 규정하였다. 이 초안은 이 조문에서 열거한 사유(①~⑤)를 임대차에서 임대인에 의한 종료사유로 규정하고 있다.[588] 이에 대하여 현행민법전 초안은 입법하지 않았다.

(3) 임차인에 의한 종료에 대하여, 로빈기어 초안은 "임차인은, ① 요구사항을 준수하는 것에 임대인의 실패, ② 주거의 경우 임차인의 건강이나 그와 함께 사는 사람들을 위험하게 하는 목적물의 결함, ③ 임대보다 문제가 보다 작은 목적물에서 수신할 수 있는 2년 연속으로 그 원인이 된 불가항력, ④ 자신의 상속자로부터 종료의 통보에 따르는 임차인의 죽음, ⑤ 임대인의 사용과 목적물의 즐거움을 방해하는 제3자의 주장, ⑥ 임대인의 행위 또는 임차인의 과실 없이 어떤 원인으로 목적물의 일부 훼손과 임대차의 목적의 성취를 방해하는 것에 대하여 임대차를 종료한다"(Art 690)고 규정하였다. 이 초안

---

585 켈리포니아 민법전, 제1933조; 중화민국 민법전, 제450조 제1, 2항; 독일 민법전, 제564조 제1, 2항, 제565, 555조, 제581조 제2항; 일본 민법전, 제617조 제1항, 제620조; 일본 차가법, 제3, 4조; 이태리 민법전, 제1611조; 스위스 채무법전, 제267조; Schuster, Principles of Germany Civil Law, pp.248, 250.
586 일본 민법 제617조; 독일 민법 제564, 565조; 스위스 채무법 제267조; 중화민국 민법 제450조(제2,3항); 만주국 민법 제603조.
587 일본 민법 제618조; 중화민국 민법 제453조; 만주국 민법 제605조.
588 이 법전 제686조 제3, 4항, 제687조; 소련 민법전, 제171(d),(h)조; 중화민국 민법전, 제442, 459, 432, 458, 460조; 일본 민법전, 제612, 621조, 제617조 제2항; 스위스 채무법전, 제289, 295조; 프랑스 민법전, 제1741조; 켈리포니아 민법전, 제1931조; 40 Corpus Juris, 1390 n.5a.

은 임대차에 대하여 임차인에 의한 종료사유로서 이 조문이 열거한 사유(①~⑥)를 들어 규정하고 있다.[589] 이에 대하여 현행민법전 초안은 입법하지 않았다.

(4) 해지의 통고에 대하여, 로빈기어 초안은 "해지의 통지는 관습에 따라서 제공되어야 한다. 부동산의 차임을 정기적으로 지급하는 경우, 종료는 기간 말에 발생하고 통지는 사전에 전체 기간의 길이로 부여해야 한다"(Art 681)고 규정하였다. 이 초안은 해지의 통지(Notice of Termination)에 대하여 규정하고 있다.[590] 이에 대하여 현행민법전 초안은 제624조(기간의 약정 없는 임대차의 해지통고), 제625조(기간의 약정 있는 임대차의 해지통고), 제626조(임차인의 파산과 해지통고), 제627조(해지통고의 전차인에 대한 통지), 제630조(차임연체와 해지), 제631조(동전), 제632조(토지임대차의 해지와 지상건물 등에 대한 담보물권자에 대한 통지) 등을 규정하고 있다. 두 초안은 임대차의 해지에 의한 종료에 대하여 입법취지는 일치하지만, 입법방법 및 조문의 구성이 서로 다르다.

(5) 임차인의 원상회복의무에 대하여, 로빈기어 초안은 "생산적 정상 상태로 목적물의 반환은 임대차의 만료시에 임차인에게 요구된다. 그러나 그는 그것이 지장이 되지 않는 경우 목적물에 부착하였던 모든 부속물을 제거할 수 있다"(Art 692)고 규정하였다. 이 초안은 임대차의 해지에서 목적물의 반환(Return of subject matter)에 대하여 규정하고 있다.[591] 이에 대하여 현행민법전 초안은 직접 입법하지 않았다.

(6) 차임의 환급에 대하여, 로빈기어 초안은 "임차인의 사망의 통지에 의하여 합의에 의한 종료 후에 수집된 차임의 환불은, 임대인뿐만 아니라 목적물의 가액을 제고하는 유익한 지출로 또한 요구되고, 임대인에게 요구된다"(Art 693)고 규정하였다. 이 초안은 차임의 환급(Refunds of rentals)에 대하여 규정하고 있다.[592] 이에 대하여 현행민법전 초안은 입법하지 않았다.

(7) 농지임차인에 대하여, 로빈기어 초안은 "농지임차인은 목적물의 불가항력으로 과실이 감소 또는 전체 실패하고 이러한 권한은 사전에 포기할 수 없는 경우에 차임의

---

589 40 Corpus Juris, 1394, n.37; 켈리포니아 민법전, 제1931(1), 1932(2), 1934조; 독일 민법전, 제 553, 544, 669 조; 소련 민법전, 제171(a)(b)조; 중화민국 민법전, 제424, 452, 436, 425조; 스위스 채무법전, 제254조 제3항, 제291, 270조; 일본 민법전, 제609, 610, 607, 611조.

590 중화민국 민법전, 제450조 제1항, 제453조; 독일 민법전, 제564조 제2항; 일본 민법전, 제617, 618조.

591 켈리포니아 민법전, 제1968조; 중화민국 민법전, 제455, 421조 제2항; 소련 민법전, 제174, 175조; 독일 민법전, 제547조 제2항; 일본 민법전, 제598, 616조.

592 중화민국 민법전, 제454조, 제431조 제1항; 독일 민법전, 제543조 제2항, 제555조, 제547조 제2항; 일본 민법전, 제608조 제2항; 소련 민법전, 제178조.

감소 또는 취소할 권한이 있다"(Art 694)고 규정하였다. 이 초안은 농지임차인(Farmland lessee)의 보호에 대하여 규정하고 있다.[593] 이에 대하여 현행민법전 초안은 입법하지 않았다.

(8) 농기구 등에 대하여, 로빈기어 초안은 "농지와 함께 임대차된 농기구, 가축과 기타 부속물은, 임대차가 서명되면 각 당사자에게 사본이 주어진 때에, 그들의 가치에서 중복으로 조사되고 세목화 된다. 이러한 부속물의 하나가 임차인의 과실로 상실된 경우 그는 대체물을 공급하여야 한다. 임차인은 그가 수령하였거나 통상 소모로 허용한 후 조사가액에서 망실된 것에 대하여 임차인에게 상환한 것을 임대차의 만료시에 반환하여야 한다. 어느 것이 그의 과실 없이 상실된 경우 임대인은 그것들을 제공하여야 한다"(Art 695)고 규정하였다. 이 초안은 농기구 등(Farm implements)이 농지와 함께 임대차한 경우에 대하여 규정하고 있다.[594] 이에 대하여 현행민법전 초안은 "토지임차인이 임대차에 관한 채권에 의하여 임차지에 부속 또는 그 사용의 편의에 공용한 임차인의 소유동산 및 그 토지의 과실을 집유한 때에는 질권과 동일한 효력이 있다"(제638조)고 규정하여 법정질권을 인정하였다. 두 초안은 입법취지가 다르다.

10) 고용과 용역(Employment and Service)

고용과 용역에 관하여, 로빈기어 초안은 노동법(Labor Law)에 관한 규정으로, 계약(Contract, Arts 696~704), 당사자(Parties, Arts 705~784), 종료(Termination) 및 행정(Administration)을 각각 규정하였다. 계약(Contract)에 대하여, 일반규정(In General, Arts 695~700) 및 단체협약(Collective agreement, Arts 701~704)을 각각 규정하였다. 당사자(Parties)에 대하여, 일반규정(In general, Arts 705~706), 피용자(Employee, Arts 707~776), 견습생(Apprentices, Arts 777~779) 및 사용자(Employers, Arts 780~784)를 각각 규정하였다. 또한 피용자(Employee)에 대하여, 일반규정(In general, Arts 707~708) 및 특전과 급여(Privilege and benefits)를 규정하였고, 특전과 급여에 대하여 선취특권(Liens / preferential rights, Arts 709~710), 조직(Organization), 임금(Wages), 안전과 위생시설(Safety and sani-

---

[593] 중화민국 민법전, 제457조; 프랑스 민법전, 제1769~1775조; 독일 민법전, 제537, 552조, 제581조 제2항; 일본 민법전, 제609조; 스위스 채무법전, 제287조.

[594] 중화민국 민법전, 제452조 제1, 2항, 제463조, 제462조 제2항; 독일 민법전, 제586조 제1항, 제587, 588조; 스위스 채무법전, 제299조.

tation, Arts 737~744), 근로와 휴식시간(Working and rest hours, Arts 745~751), 교육과 소양(Education and recreation, Arts 752~753) 및 재해보상(Compensation for injuries)을 각각 규정하였다. 특히 조직(Organization)에 대하여, 일반규정(In general, Arts 711~715), 구성(Formation, Arts 716~717), 운영(Operation) 및 해산(Dissolution, Arts 727~728)을 규정하였고, 다시 운영(Operation)에 대하여 조정과 중재(Conciliation and arbitration, Arts 718~720), 파업(Strikes, Arts 721~723) 및 부당노동행위(Unfair labor practices, Arts 724~726)를 각각 규정하였다. 또한 임금(Wages)에 대하여 일반규정(In general, Arts 729~732) 및 지급(Payment, Arts 733~736)을 각각 규정하였다. 그리고 재해보상(Compensation for injuries)에 대하여 책임(Liability, Arts 754~758), 담보(Security), 노동력상실(Disability, Arts 765~766), 보상금계산(Amount of compensation, Arts 767~775) 및 사망급여(Death benefits, Art 776)를 각각 규정하였고, 다시 담보(Security)에 대하여 보험(Insurance, Arts 759~763) 및 의료보호(Medical care, Art 764)를 각각 규정하였다. 이에 대하여 현행민법전 초안은 제3편 채권 제2장 계약 제8절 고용에서 고용의 의의(제647조), 보수액과 그 지급시기(제648조), 권리의무의 전속성(제649조), 노무의 내용과 해지권(제650조), 3년 이상의 경과와 해지통고권(제651조), 시간의 약정이 없는 고용의 해지통고(제652조), 부득이한 사유와 해지권(제653조), 묵시의 갱신(제654조), 사용자 파산과 해지통고(제655조)를 각각 규정하였다.

가) 계약(Contract)에 대하여

(1) 고용의 정의에 대하여, 로빈기어 초안은 "한 당사자, 사용자가 다른 사람, 피용자를 임금을 조건으로 한 약인으로 어떤 형태의 역무를 제공하는 결합이다. 계약뿐만 아니라 보상권도 상대방의 동의 없이 각 당사자에 의하여 할당되지 않는다"(Art 696)고 규정하였다. 이 초안은 고용계약의 본질(Nature)에 대하여 규정하고 있다.[595] 이에 대하여 현행민법전 초안은 "고용은 당사자 일방이 상대방에 대하여 노무를 제공하고 상대방이 이에 대하여 보수를 지급할 것을 약정함으로써 그 효력이 생긴다"(제647조)고 규정하였다.[596] 두 초안은 입법취지에서 일치한다.

---

[595] 켈리포니아 민법전, (19030) 제487조; 중화민국 민법전, 제482, 484조; 독일 민법전, 제611조; 일본 민법전, 제623조; 루이지애나 민법전, (1945), 제163조; 소련 노동법전, (1922, 10, 20 Recueil des Lois, 1922, No. 70, Art 903 by Patouilet's translation) 제 27, 30, 33 (1925-1935), 32조; 일리노이스 근로자보상법, 제21조; 일본 근로자산재보상보험법 (1947.4.5. 일본 법률 제50호), 제21조; 일본 근로기준법, 제83조 제2항.

(2) 보상권의 압류에 대하여, 로빈기어 초안은 "보상권의 압류는 금지되고, 그 절차에 따라 세금을 과세하거나 그와 함께 연결된 서류에 인지세를 부과하거나 인구조사의 등록 또는 인증서에 부과할 수 없다"(Art 697)고 규정하였다. 이 초안은 보상권의 압류(Attachment of compensation right) 등에 대하여 규정하고 있다.[597] 이에 대하여 현행민법전 초안은 입법하지 않았다.

(3) 고용계약의 필수요건에 대하여, 로빈기어 초안은 "계약은 임금, 근로시간 및 기타 근로조건, 그리고 그들이 여기에 규정하는 것보다 열등한 경우 후자가 우선한다"(Art 698)고 규정하였다. 이 초안은 고용계약의 필수요건(Requisites)에 대하여 규정하고 있다.[598] 이에 대하여 현행민법전 초안은 입법하지 않았다.

(4) 적용 제외에 대하여, 로빈기어 초안은 "이 계약은, 농업, 가사 또는 계절적 고용에 적용할 수 없다. 또는 그것은 사용자의 생업 또는 선원에 임시노동자 또는 부수적인 것을 제외한다"(Art 699)고 규정하였다. 이 초안은 고용계약의 적용 제외(Inapplicability)에 대하여 규정하고 있다.[599] 이에 대하여 현행민법전 초안은 입법하지 않았다.

(5) 고용계약기간에 대하여, 로빈기어 초안은 "계약은 5년 이상이 될 수 없다. 피용자가 만 18세 미만인 경우 6월 이상으로 할 수 없다. 기간이 정해지지 않은 경우 관습이 우선한다. 완성하는 데 정해진 기간이 필요한 계약은 합의에 의하여 1년을 넘지 않게 연장할 수 있다"(Art 700)고 규정하였다. 이 초안은 고용계약의 계약기간(Duration)에 대하여 규정하고 있다.[600] 이에 대하여 현행민법전 초안은 "고용의 약정기간이 3년을 초과하거나 당사자의 일방 또는 제3자의 종신까지 된 때에는 각 당사자는 3년을 경과한 후 언제든지 계약해지의 통고를 할 수 있다. 전항의 경우에는 상대방이 해지의 통고를 받은 날로부터 3월이 경과하면 해지의 효력이 생긴다"(제651조)고 규정하고,[601] "고용기간이

---

596 일본 민법 제623조; 독일 민법 제611조; 스위스 채무법 제319조; 프랑스 민법 제1780조; 중화민국 민법 제482조; 만주국 민법 제633조.

597 일리노이스 근로자보상법, 제21조; 일본 근로자산재보상보험법, 제21, 22, 44, 45조; 일본 근로기준법, 제83조 제2항, 제111조; 일본 노동조합법 (1947. 일본 법률, 제49호), 제18조; 미조리 근로자보상법, (법률안), 제16조; 미조리 근로자보상법, 제3711조; 북한 사회보험법, 제34조; 미국 고용인보상보험법, 제44조; 일본 인구조사등록법, 제14조.

598 일본 근로기준법, 제13조, 제15조 제1, 2항, 제93조; 일본 노동조합법, 제22조.

599 한국 명령 제121호, 제111(b), VII(d)조; 뉴저지 근로자보상법, 제92, 92~1, 36조; 일본 근로기준법, 제8, 116조.

600 코스타 리카 민법전, 제1169조; 독일 민법전, 제624, 625조; 일본 민법전, 제626조, 제629조 제1항; 중화민국 민법전, 제488조; 루이지애나 민법전, 제167, 168조; 스위스 채무법전, 제247조; 소련 노동법전, 제34, 35조; 한국 명령 제112호, 제10조.

601 일본 민법 제626조; 독일 민법 제624조; 스위스 채무법 제351조; 만주국 민법 제636조.

만료한 후 노무자가 계속하여 그 노무를 제공하는 경우에 사용자가 상당한 기간 내에 이의하지 아니한 때에는 전 고용과 동일한 조건으로 다시 고용한 것으로 본다. 전항의 경우에는 전 고용에 대하여 제3자가 제공한 담보는 기간의 만료로 인하여 소멸한다"(제654조)고 규정하였다.[602] 두 초안은 고용기간의 제한과 갱신을 둔 입법취지는 일치하지만, 그 기간에서 달리 규정하는 입법을 하였다.

(6) 단체협약의 정의에 대하여, 로빈기어 초안은 "근로자가 노동조합 또는 이와 유사한 조직의 구성원이고, 정식으로 그를 대표할 권한이 인정된 경우, 이러한 계약은 집단적 서면의 형태로 할 수 있다. 한편으로 사용자 또는 등기된 사용자 조직과 한편으로 등록된 근로자 조직과 다른 한편으로 등록된 근로자 조직 사이에 계약이다. 고용과 관련 없는 조건들은 이들 규정을 목적으로 하지 않고, 각 교섭집단의 개별 구성권에게만 적용되는 합의에 어느 조건을 삽입할 수 없다. 단체교섭의 각 당사자는 그 조건들을 노동부에 통보하여야 한다"(Art 701)고 규정하였다. 이 초안은 단체협약(Collective Agreements)의 정의(Defined)에 대하여 규정하고 있다.[603] 이에 대하여 현행민법전 초안은 입법하지 않았다. 노동법에 입법할 의사로 추정된다.

(7) 단체협약의 기간에 대하여, 로빈기어 초안은 "단체협약은 확정 또는 무기한 또는 특정사업을 완료하기 위하여 필요한 기간으로 할 수 있다. 무기한으로 한 경우 각 당사자는 그 협약이 종료된 일자로부터 1년 후, 상대방에게 3월의 서면 통지를 할 수 있다. 확정된 기간은 3년을 넘지 못한다. 경제상황의 급격한 변화는 단체협약의 개정 또는 종료하는 것을 노동부에 정당화할 수 있다. 단체협약이 만료되고 다른 협약이 아직 형성되지 않은 경우, 당사자 일방 또는 쌍방이 거절의 통지를 하지 않는 한, 원래의 조건은 효력을 지속한다"(Art 702)고 규정하였다. 이 초안은 단체협약의 기간(Duration)에 대하여 규정하고 있다.[604] 이에 대하여 현행민법전 초안은 입법하지 않았다. 노동관계법으로 입법할 의사로 추정된다.

(8) 단체협약의 적용에 대하여, 로빈기어 초안은 "동종의 업무에 정기적으로 종사하

---

602 일본 민법 제629조; 독일 민법 제625조; 스위스 채무법 제346조; 만주국 민법 제639조.
603 중화민국 단체협약법, 제1, 2, 6, 7조; 일본 노동관계조정법, 제4조; 일본 근로기준법, 제2조; 일본 노동조합법, 제19조 제1, 2항, 제22조; 소련 민법전, 제136조, 제29조 참조; 소련 노동법전, 제15, 21, 22, 24조; 미국 노동경영관계법, 제7, 8a(3)조.
604 중화민국 단체협약법, 제23, 24, 27, 25, 28, 17조; 소련 노동법전, 제18, 4, 19, 21, 28, 52조; 일본 노동조합법, 제20조, 제24조 제2항, 제29조.

는 근로자의 4분의 3 이상이 단체협약의 적용을 받은 경우, 그것은 다른 사람들에게 적용하는 것으로 간주된다"(Art 703)고 규정하였다. 이 초안은 단체협약의 적용(Applicability)에 대하여 규정하고 있다.[605] 이에 대하여 현행민법전 초안은 입법하지 않았다. 노동법에 입법할 의사로 추정된다.

(9) 단체협약의 위반에 대한 강제에 대하여, 로빈기어 초안은 "단체협약의 위반은, ① 위반한 조직에 부과한 2만 엔 또는 위반한 근로자에 따라 2천 엔을 초과하지 않는 벌금, ② 이러한 당사자에 대하여 손해에 대한 민사소송, 또는 ③ 가장 심각한 경우에 조직 등록의 정지 또는 취소에 의하여 강제된다"(Art 704)고 규정하였다. 이 초안은 단체협약의 위반에 대한 강제(Enforcement)에 대하여 규정하고 있다.[606] 이에 대하여 현행민법전 초안은 입법하지 않았다. 노동법에 입법할 의사로 추정된다.

나) 당사자(Parties)에 대하여

당사자에 대하여, 로빈기어 초안은 일반규정(In General, Arts 705~706), 근로자(피용자, Employes, Arts 707~779) 및 사용자(Employers, Arts 780~784)를 각각 규정하였다. 근로자(피용자)에 대하여, 일반규정(In General, Arts 707~708)과 특전 및 급여(Privileges and bene-fits, Arts 709~779)를 각각 규정하였다. 특전 및 급여에 대하여, 선취특권(Liens / prefer-ential rights, Art 709~710), 조직(Organization, Arts 711~728), 임금(Wages, Arts 729~736), 안전과 위생시설(Safety and sanitation, Art 737~744), 근로와 휴식시간(Working and rest hours, Arts 745~751), 교육과 소양(Education and recreation, Arts 752~753), 재해보상(Co-mpensation for injuries, Arts 754~776) 및 견습생(Apprentices, Arts 777~779), 사용자(Art 780~784)를 각각 규정하였다. 이에 대하여 현행민법전 초안은 입법하지 않고, 노동법에 입법할 입법의사라는 것을 확인할 수 있다.

다) 종료(Termination)에 대하여

종료에 대하여, 로빈기어 초안은 종료사유(Art 785), 근로자, 견습생 또는 노동조합의 근로계약 종료사유(Art 786), 사용자의 계약해지(Art 787), 계약종료와 임금(Art 788), 종

---

605 일본 노동조합법, 제23조; 소련 노동법전, 제16, 17, 25, 26조.
606 일본 노동조합법, 제21, 37조; 중화민국 단체협약법, 제19~22조.

료의 통지와 해고수당(Art 789), 취소통지의 불필요(Art 790), 근로계약의 담보(Art 791), 고용인증서(Art 792), 준비금, 채권 등의 반환(Art 793)을 각각 규정하였다. 이에 대하여 현행민법전 초안은 입법하지 않고 노동법에 입법할 의사임을 확인할 수 있다.

라) 행정(Administration)에 대하여

행정에 대하여, 로빈기어 초안은 신청(Art 794), 규칙 및 명령(Art 795), 노동부의 감독 (Art 796)을 각각 규정하였다. 이에 대하여 현행민법전 초안은 입법하지 않았다. 이는 노동법에 입법하고자 한 입법의사를 알 수 있다.

11) 위임(Mandate (Agency))

위임에 대하여, 로빈기어 초안은 통칙(Provisions Common to All, Arts 797~807)과 특수한 형태(Particular Forms, Arts 808~824)를 각각 규정하였다. 이에 대하여 현행민법전 초안은 제3편 채권 제2장 계약 제11절 위임에서 위임의 의의(제672조), 수임인의 선관의무(제673조), 복임권의 제한(제674조), 수임인의 보고의무(제675조), 수임인의 취득물 등의 인도이전의무(제676조), 수임인의 금전소비의 책임(제677조), 수임인의 보수청구권(제678조), 수임인의 비용선급청구권(제679조), 수임인의 비용상환청구권 등(제680조), 위임의 상호해지의 자유(제681조), 사망 파산 등과 위임의 종료(제682조), 위임 종료시의 긴급처리(제683조), 위임 종료의 대항요건(제684조)을 각각 규정하였다.

가) 통칙(Provisions Common to All)에 대하여

(1) 위임의 의의에 대하여, 로빈기어 초안은 "이것은 한 당사자인, 위임인(주된)이 위탁하고 다른 사람인 수임인(대리인)이 법률행위 이외를 포함한 전자의 업무의 특정한 관리를 수락하는 계약이다"(Art 797)고 규정하였다. 이 초안은 위임(Mandate Agency)의 정의(Defined)에 대하여 규정하고 있다.[607] 이에 대하여 현행민법전 초안은 "위임은 당사자 일방이 상대방에 대하여 사무의 처리를 위탁하고 상대방이 이를 승낙함으로써 그 효력이 생긴다"(제672조)고 규정하였다.[608] 두 초안은 입법취지에서 일치한다.

---

[607] 중화민국 민법전, 제528조; 독일 민법전, 제662조; Schuster, Principles of German Civil Law, p.115, n.18; 소련 민법전, 제251조 제1항; 스위스 민법전, 제394, 396조; 40 Corpus Juris, 1412, n.92; 일본 민법전, 제656조
[608] 일본 민법 제643조; 독일 민법 제662조; 스위스 채무법 제394조; 프랑스 민법 제1984조; 중화민국 민법 제528조;

(2) 위임의 승낙에 대하여, 로빈기어 초안은 "위임의 승낙은 그것을 완벽하게 하기 위하여 필요가 있다. 그러나 (예를 들어, 이행에 의해) 추정될 수 있다. 공개적으로 업무의 특정한 종류를 맡을 것을 청약한 사람은, 즉시 거절하지 않는 한, 그렇게 할 상대방의 요구를 승낙한 것으로 추정된다"(Art 798)고 규정하였다. 이 초안은 위임의 승낙(Acceptance of the mandate)에 대하여 규정하고 있다.[609] 이에 대하여 현행민법전 초안은 제672조에 포함한 것으로 별도로 입법하지 않았다.

(3) 특별수권에 대하여, 로빈기어 초안은 "위임은 특정한 행위, 업무나 거래 또는 일반, 모든 다른 사람을 포함한 부담을 수임인에게 수여하는 각기 특별할 수 있다. 특별한 권한을 요구하는 다음을 제외한다. ① 부동산 또는 그 내부에 물권의 창설의 판매, ② 2년 이상 부동산의 임대, ③ 증여, ④ 화해, ⑤ 법적 조치의 기관, ⑥ 중재에 대한 쟁점의 제출"(Art 799)을 규정하였다. 이 초안은 위임에서 특별한 권한을 요구하는 예외에 대하여 규정하고 있다. 즉 이 조문은 특별한 권한을 요구하는 사항(①~⑥)을 규정하고 있다.[610] 이에 대하여 현행민법전 초안은 위임에서 특별수권을 요하는 경우에 대하여 입법하지 않았다.

(4) 부여 방법에 대하여, 로빈기어 초안은 "법률행위에 의해 부여된 위임은 수임인에게 의도의 선언이나 업무를 실시하는 사람과 함께 당사자를 필요로 한다. 여러 수임인이 지명되는 경우, 그들의 권한은, 위임인이나 법률에 의하여 다른 규정이 없는 한, 공동으로 행사된다. 이러한 원인 또는 제3자에게 위임인이 점유한 것으로 믿게 허용한 외관상 권한은 위임인을 결합한다"(Art 800)고 규정하였다. 이 초안은 부여 방법(How conferred)에 대하여 규정하고 있다.[611] 이에 대하여 현행민법전 초안은 입법하지 않았다.

(5) 수임인의 보수청구권에 대하여, 로빈기어 초안은 "보수는 수임인이 소명의 범위 내에서 고용되는 때에 강제된다. 그렇지 않으면, 그것은 동의되지만, 합의가 없으면, 수임인은 관습상 보수 또는 위임의 본질에서 의미되는 것으로 권한이 있다. 달리 규정하

만주국 민법 제658조.

609 독일 민법전, 제663조; 일본 민법전, 제643조; 스위스 채무법전, 제395조, 제396조 제2, 3항; 40 Corpus Juris, 1413, n.98, 99; 켈리포니아 민법전, 제2297조; 중화민국 민법전, 제532조 제2항, 제533조.

610 켈리포니아 민법전, 제2297, 2322조; 중화민국 민법전, 제532조 제2항, 제533, 534조; 스위스 채무법전, 제396조 제2, 3항.

611 켈리포니아 민법전, 제2309, 2317; 중화민국 민법전, 제167, 168, 169조; 독일 민법전, 제167조 제1항, 제171조; 일본 민법전, 제109조; 스위스 채무법전, 제33조.

지 않는 한, 그 위임이 종료되고 수임인의 계산이 이뤄질 때까지 보수는 지급되지 않는
다. 그러나 종료가 업무의 관리가 완성되기 이전에 일어난 경우 수임인의 과실 없이, 그
는 관련 업무에 대한 동의한 비율에 따라 보수에 대한 권리가 있다"(Art 801)고 규정하였
다. 이 초안은 위임에서 보수(Remuneration)에 대하여 규정하고 있다.[612] 이에 대하여 현
행민법전 초안은 "수임인은 특별한 약정이 없으면 위임인에 대하여 보수를 청구하지 못
한다. 수임인이 보수를 받을 경우에는 위임사무를 완료한 후가 아니면 청구하지 못한다.
그러나 기간으로 보수를 정한 때에는 그 기간의 경과에 의하여 청구할 수 있다. 수임인
이 위임사무를 처리하는 중도에 수임인의 책임없는 사유로 인하여 위임이 종료된 때에
는 수임인은 이미 처리한 사무의 비율에 상응한 보수를 청구할 수 있다"(제678조)고 규
정하였다.[613] 두 초안은 입법취지에서 일치한다.

(6) 수임인의 주의의무에 대하여, 로빈기어 초안은 "보수를 지급하는 경우, 위임을
실행함에 있어서 선량한 관리자의 주의를 기울여야 한다. 심지어 무상으로 행위하는 경
우, 그는 자신의 업무와 동일한 주의를 사용하여야 하고, 위임자의 지침에 따르고 중대
한 과실에 대한 책임이 있어야 한다. 그는 위임인에게 과실, 진행, 금전, 그가 위임을 실
행하면서 수집한 것이 무엇이든지 자신의 이름으로 위임인을 대신하여 취득한 권리를
포함하여, 보내야 한다. 수임인이 그의 개인적 이익을 위하여 그러한 금전을 사용한 경
우 그는 그러한 사용의 시작부터 법적 비율로 그에 대한 이자를 지급하여야 한다. 수임
인은, 그의 행위에 대하여, 위임에 따라 위임된 업무의 상태와 관련된 것의 종료시에 위
임인에게 모두 보고되어야 하고, 서면상 권리를 돌려주어야 한다. 위임인의 동의 없이,
그는, 채무를 이행에서 전적으로 제외하고, 자신의 이름도 같은 제3자와 그의 위임인의
명의로 제3자의 수임인은 자신과 위임인의 명의로 법률행위를 수행할 수 있다. 권리 또
는 추인 없이, 수임인은, 그가 알거나 알 수 있었던 상황이 없는 한, 상대방에게 자신의
선택에 따라 책임이 있다"(Art 802)고 규정하였다. 이 초안은 유상위임과 무상위임에 대
하여 규정하고 있다.[614] 이에 대하여 현행민법전 초안은 "수임인은 위임의 본지에 의하

---

612 프랑스 민법전, 제1986조, 제1999조 제1항; 독일 민법전, 제662조; 일본 민법전, 제648조 제1, 2, 3항; 일본 상법
전, 제512조; 소련 민법전, 제256(c)조, 제261조 제2항, 제258, 259조; 스위스 채무법전, 제394조 제3항; 40
Corpus Juris, 1412 n.93, 95; American Law Institute's Restatement of Agency, Sec 44; 중화민국 민법전,
제547조, 제548조 제1, 2항.

613 일본 민법 제648조; 독일 민법 제662조; 스위스 채무법 제394조(제3항); 프랑스 민법 제1986조; 중화민국 민법
제547, 548조; 만주국 민법 제664조.

여 선량한 관리자의 주의로써 위임사무를 처리하여야 한다"(제673조)고 규정하고,[615] "수임인은 위임인의 청구가 있는 때에는 위임사무의 처리상황을 보고하고 위임이 종료한 때에는 지체없이 그 전말을 보고하여야 한다"(제675조)고 규정하였으며,[616] "수임인은 위임사무의 처리로 인하여 받은 금전 기타의 물건 및 그 수취한 과실을 위임인에게 인도하여야 한다. 수임인이 위임인을 위하여 자기의 명의로 취득한 권리는 위임인에게 이전하여야 한다"(제676조)고 규정하였다.[617] 두 초안은 입법취지에서 일치하지만, 현행 민법전 초안은 로빈기어 초안과 달리 유상위임과 무상위임을 구분하여 수임인의 주의 의무를 입법하지 않았다.

(7) 복임권에 대하여, 로빈기어 초안은 "위임인이 승인하지 않는 한, 또는 관습에 의해, 위임인은 그에게 신뢰하는 업무에 개인적으로 참석하고, 순수한 상인적 행위 또는 수임인이 법적으로 이행할 수 없는 것을 제외하고 상대방에게 그것들을 대리할 수 없다. 그가 위와 달리 그들을 대리하는 경우 그는 자신이 한 것처럼 대리권이 수여된 자의 행위에 대하여 책임이 있다. 정당하게 대리권이 수여된 제3자는 그러한 당사자에 대한 선임과 지시에 대하여 위임인과 수임인에게 직접 책임이 있다"(Art 803)고 규정하였다. 이 초안은 위임(Delegation: 수권행위)에 대하여 규정하고 있다.[618] 이에 대하여 현행민법전 초안은 "수임인은 위임인의 승낙이나 부득이한 사유없이 제3자로 하여금 자기를 가름하여 위임사무를 처리하게 하지 못한다. 수임인이 전항의 규정에 의하여 제3자에게 위임사무를 처리하게 한 경우에는 제116조, 제118조의 규정을 준용한다"(제674조)고 규정하였다.[619] 두 초안은 입법취지에서 일치한다.

(8) 의사의 선언에 대하여, 로빈기어 초안은 "자신의 권한의 범위 내에서 수임인에 의해 의사의 선언, 이 위임인의 명의로, 수임인이 제한된 능력의 또는 상대방의 수임인

---

614 중화민국 민법전, 제535, 536, 541, 542, 109, 106조, 제544조 제2항; 프랑스 민법전, 제1992, 1991조; 일본 민법전, 제644, 646, 645, 108조; 스위스 채무법전, 제398조 제1항, 제328, 36, 39조, 제400조 제1, 2항; 소련 민법전, 제256(c), 253조; 독일 민법전, 제667, 668, 175, 181, 179, 117조; 일본 비송사건절차법, 제43조; 켈리포니아 민법전, 제 645조.

615 일본 민법 제644조; 중화민국 민법 제535조; 만주국 민법 제659조.

616 일본 민법 제645조; 독일 민법 제666조; 스위스 채무법 제400조; 중화민국 민법 제540조; 만주국 민법 제661조.

617 일본 민법 제646조; 독일 민법 제667조; 스위스 채무법 제400, 401조(제1항); 프랑스 민법 제1993조; 중화민국 민법 제541조; 만주국 민법 제662조.

618 켈리포니아 민법전, 제2349, 2350, 2351조; 중화민국 민법전, 제537, 543조, 제538조 제1, 2항, 제539조; 독일 민법전, 제664조 제1, 2항; 일본 민법전, 제104조, 제107조 제2항; 소련 민법전, 제254조, 255조 제2항; 스위스 채무법전, 제398조, 제399조 제1, 2, 3항.

619 신설; 독일 민법 제664조(제1항); 중화민국 민법 제537, 538조; 만주국 민법 제660조.

에게 이뤄지거나 또는 위임인의 명의를 공개하지 않은 경우에도 후자를 결합한다. 선언이 이뤄지고 알거나 알 수 있는 누구에게 하나를 제공하거나, 대표 자격으로 이뤄진 것은 수임인 자신이 책임을 진다. 그러나 권한이 없는 행위는 위임인이 추인하기 전에, 다른 당사자가 그것이 권한이 없는 것을 알지 않는 한, 취소할 수 있다"(Art 804)고 규정하였다. 이 초안은 의사의 선언(Declaration of Intent)에 대하여 규정하고 있다.[620] 이에 대하여 현행민법전 초안은 "대리인이 그 권한 내에서 본인을 위한 것임을 표시한 의사표시는 직접 본인에게 대하여 효력이 생긴다. 전항의 규정은 대리인에게 대한 제3자의 의사표시에 준용한다"(제109조)고 규정하고,[621] "대리인이 본인을 위한 것임을 표시하지 아니한 때에는 그 의사표시는 자기를 위한 것으로 본다. 그러나 상대방이 그 대리인으로서 한 것임을 알았거나 알 수 있었을 때에는 전조 제1항의 규정을 준용한다"(제110조)고 규정하고,[622] "대리인은 행위능력자임을 요하지 아니한다"(제112조)고 규정하였으며,[623] "대리권 없는 자가 한 계약은 본인의 추인이 있을 때까지 상대방은 본인이나 그 대리인에게 대하여 이를 철회할 수 있다. 그러나 계약 당시에 상대방이 대리권 없음을 알은 때에는 그러하지 아니하다"(제129조)고 규정하였다.[624] 두 초안은 입법취지에서 유사하지만 입법방법 및 조문의 구성과 편제에서 서로 다르게 입법하였다.

(9) 추인에 대하여, 로빈기어 초안은 "추인은 이전의 행위가 추인한 사람에 결합하지 않지만, 이러한 행위가 원래 승인된 경우 효력을 부여함으로써, 외관상으로 자신의 계산으로 수행한다. 권한이 없이 상대방을 대표한 것으로 추정되는 사람의 행위는 그 사람에 의하여 추인될 때까지 법적인 효력이 없다. 그러한 추인은 그 행위에 원래 권한을 부여하기 위하여 요구되는 방법으로써 유효하게 된다. 가장된 위임인이 다른 당사자가 전자가 추인할 것인지에 대한 질문에 단호히 답할 수 없으면 거절을 구성한다. 다른 규정이 없는 한 추인은 계약의 성립에서 소급하여 작용하지만 제3자에게 침해가 없어야 한다"(Art 805)고 규정하였다. 이 초안은 추인(Ratification)에 대하여 규정하고 있다.[625]

---

620 중화민국 민법전, 제103, 104, 110, 171조; 독일 민법전, 제165, 178조; 일본 민법전, 제99, 102, 100, 115조; 스위스 채무법전, 제122조 제1항, 제32조 제2항; 켈리포니아 민법전, 제2343조.

621 일본 민법 제99조; 독일 민법 제164조제1항; 스위스 채무법 제32조제1항; 중화민국 민법 제103조; 만주국 민법 제110조.

622 일본 민법 제100조; 독일 민법 제164조제2항; 스위스 채무법 제32조제2항; 만주국 민법 제111조.

623 일본 민법 제102조; 독일 민법 제165조; 중화민국 민법 제104조; 만주국 민법 제113조.

624 일본 민법 제115조; 독일 민법 제178조; 중화민국 민법 제171조; 만주국 민법 제130조.

625 American Law Institute's Restatement of Agency, Sec 82; 중화민국 민법전, 제170조 제1항; 독일 민법전, 제

이에 대하여 현행민법전 초안은 "대리권 없는 자가 타인의 대리인으로 한 계약은 본인이 이를 추인하지 아니하면 본인에 대하여 효력이 없다"(제125조)고 규정하였다.[626] 두 초안은 입법취지에서 일치하지만, 입법방법에서 서로 다르다.

(10) 비용선급청구권에 대하여, 로빈기어 초안은 "수임인이 요청한 경우 위임을 실행하는데 필요한 자금으로 그를 진행하게 할 수 있다. 필요한 지출과 그 수행으로 입은 손해에 대하여 그 일자로부터 이자를 함께 상환한다. 위임인은 그러한 실행으로 수임인이 필요하게 추정되는 채무를 이행하게 요청되거나 만기가 되지 않은 경우 그러한 이행에 대하여 담보를 제공한다"(Art 806)고 규정하였다. 이 초안은 위임인(The mandator)에 대하여 규정하고 있다.[627] 이에 대하여 현행민법전 초안은 "위임사무의 처리에 비용을 요하는 때에는 위임인은 수임인의 청구에 의하여 이를 선급하여야 한다"(제679조)고 규정하였다.[628] 두 초안은 입법취지에서 일치하지만, 입법방법에서 다르다.

(11) 위임의 종료에 대하여, 로빈기어 초안은 "위임에 대한 각 당사자는, 그에게 책임이 없는 한, 그 결과로 생긴 손해를 상대방에게 변상하고 언제든지 그것을 종료할 수 있다. 사망 또는 파산, 또는 각 당사자의 무능력, 또는 목적물의 멸실은 마찬가지로 계약을 종료한다. 그러나 이러한 종료는 한 당사자가 다른 당사자에 대한 위임에 대하여, 그 후자가 그것의 통지 또는 의식 없는 한, 법에 호소하게 될 것이다. 이러한 종료가 위임인을 침해할 가능이 있는 때, 수임인, 그의 상속인 또는 법정대리인은 그것을 할 수 있다"(Art 807)고 규정하였다. 이 초안은 위임의 종료(Termination)에 대하여 규정하고 있다.[629] 이에 대하여 현행민법전 초안은 "위임계약은 각 당사자가 언제든지 해지할 수 있다. 당사자 일방이 부득이한 사유 없이 상대방의 불리한 시기에 계약을 해지한 때에는 그 손해를 배상하여야 한다"(제681조)고 규정하고,[630] "위임은 당사자 일방의 사망 또는

177조 제1항; 일본 민법전, 제113조 제1항, 제114, 116조; 스위스 채무법전, 제38조 제1항; 켈리포니아 민법전, 제2310조.

626 일본 민법 제113조; 독일 민법 제177조제1항; 스위스 채무법 제38조제1항; 중화민국 민법 제170조제1항; 만주국 민법 제126조.

627 중화민국 민법전, 제545, 546조; 일본 민법전, 제649, 650조; 소련 민법전, 제256(b)조; 독일 민법전, 제670조.

628 일본 민법 제649조; 독일 민법 제669조; 중화민국 민법 제545조; 만주국 민법 제665조.

629 켈리포니아 민법전, 제2355, 2356조; 중화민국 민법전, 제549, 108, 550, 107, 562, 551조; 일본 민법전, 제651, 111, 653, 112, 655, 654조; American Law Institute's Restatement of Agency, Sec 110; 독일 민법전, 제168, 170~3, 673, 674조; 스위스 채무법전, 제405조 제1, 2, 35, 37항, 제406조.

630 일본 민법 제651조; 독일 민법 제671조(제1항); 스위스 채무법 제404조; 프랑스 민법 제2003조; 중화민국 민법 제549조; 만주국 민법 제667조.

파산으로 인하여 종료한다. 수임인이 금치산선고를 받은 때에도 같다"(제682조)고 규정하였다.[631] 두 초안은 입법취지에서 일치하지만, 입법방법에서 서로 다르다.

나) 특수한 형태(Particular Forms)에 대하여

위임의 특수한 형태에 대하여, 로빈기어 초안은 중개업(Brokerage, Arts 808~810), 상업사용인(Commercial Agents, Arts 811~816), 위탁판매업(Commission Agents or Factors, Arts 817~820) 및 지배인(Managers, Arts 821~824)을 각각 규정하였다. 이에 대하여 현행민법전 초안은 이들에 대하여 상법전에 입법할 의사로 민법전 초안에 입법하지 않았음을 확인할 수 있다.

12) 조합(Partnerhip (Latin. socistas; German. gesellschaft))

조합에 대하여, 로빈기어 초안은 본질(Nature, Art 825), 각종의 조합원과 조합(Classes of partners and Partnerships, Art 826), 관리(Management, Art 827), 조합원의 권리(rights of partners, Art 828), 책임과 제한(liabilities and limitations, Art 829), 조합원의 탈퇴(seperation, Art 830), 해산(dissolution, Art 831) 및 청산(liquidation, Art 832)을 각각 규정하였다. 이에 대하여 현행민법전 초안은 제3편 채권 제2장 계약 제13절 조합에서 조합의 의의(제695조), 조합재산의 공유(제696조), 금전출자지체의 책임(제697조), 사무집행의 방법(제698조), 준용규정(제699조), 업무집행자의 사임 해임(제700조), 업무집행자의 대리권 추정(제701조), 조합원의 업무, 재산상태 검사권(제702조), 손익분배의 비율(제703조), 조합원에 대한 채권자의 권리행사(제704조), 무자력 조합원의 채무와 타 조합원의 변제책임(제705조), 지분처분의 제한과 재산분할의 금지(제706조), 지분에 대한 압류의 효력(제707조), 조합채무자의 상계의 금지(제708조), 임의탈퇴(제709조), 비임의 탈퇴(제710조), 제명(제711조), 탈퇴조합원의 지분의 계산(제712조), 부득이한 사유로 인한 해산청구(제713조), 청산인(제714조), 청산인의 업무집행방법(제715조), 조합원인 청산인의 사임, 해임(제716조), 청산인의 직무, 권한과 잔여재산의 분배(제717조)를 각각 규정하였다.

---

[631] 일본 민법 제653조; 독일 민법 제672조(전단), 제673조(전단); 스위스 채무법 제405조(제1항); 프랑스 민법 제2003조; 중화민국 민법 제550조; 만주국 민법 제668조.

(1) 조합의 의의에 대하여, 로빈기어 초안은 "이것은 재산, 금전 산업 또는 용역을 결합하여 공동기업의 이익을 분할하기 위한 2인 이상의 계약이다. 조합원의 부담부분과 모든 다른 조합원 재산은 조합원이 공동으로 소유하게 된다"(Art 825)고 규정하였다. 이 초안은 조합(Partnerhip)의 본질(Nature)에 대하여 규정하고 있다.[632] 이에 대하여 현행민법전 초안은 "조합은 2인 이상이 상호 출자하여 공동사업을 경영할 것을 약정함으로써 그 효력이 생긴다. 전항의 출자는 금전 기타 재산 또는 노무로 할 수 있다"(제695조)고 규정하였다.[633] 두 초안은 입법취지에서 일치한다.

(2) 조합원과 조합의 종류에 대하여, 로빈기어 초안은 "금전 또는 재산으로 구성한 부담부분을 갖는 조합원은 자본조합원이라 부른다. 용역이나 노동을 부담하는 조합원은 산업조합원이라 한다. 휴면, 침묵 또는 수면중인 조합원은 다른 조합원이 관리하는 기업에 대하여 부담하는 사람이고, 전자가 이익을 배분하지만 손실은 그의 부담부분의 범위로 하는 계약에서 활동하는 조합원이라 한다. 광산조합은 명시적인 계약이 없더라도 2인 이상이 채광 청구의 소유권과 운영에서 발생할 수 있다"(Art 826)고 규정하였다. 이 초안은 조합원과 조합의 종류(Classes of Partners and Partnerships)에 대하여 규정하고 있다.[634] 이에 대하여 현행민법전 초안은 입법하지 않았다.

(3) 사무집행에 대하여, 로빈기어 초안은 "조합의 문제는 조합원의 과반수에 의해 규제되어야 한다. 각 조합원은 그의 부담부분액에 관계없이 오직 한 투표권을 갖는다. 그러나 광산조합을 제외하고, 그에 대한 권한 또는 기업의 성격 또는 새로운 조합원의 가입 승인이 아닌 한, 원래의 계약을 변경을 위하여, 기존 조합원 전원의 만장일치 동의를 요한다. 다수결은 하나 또는 그 이상 또는 다른 사람에게 관리를 위탁할 수 있다. 그들은 수임인을 규제하는 이 법전의 규정이 적용되고, 그들의 권한 범위 안에서 제3자를 다루는데 다른 조합원을 대표한다. 그러나 그와 같은 보수를 받을 자격이 없고, 정당한 사유 없이 제거 또는 사임을 허용하지 않을 수 있다"(Art 827)고 규정하였다. 이 초안은 조합의 관리(Management)에 대하여 규정하고 있다.[635] 이에 대하여 현행민법전 초안은 "조합

---

632 켈리포니아 민법전, 제2400조; 중화민국 민법전, 제667, 668조; 독일 민법전, 제705, 718조, 제706조 제3항; 일본 민법전, 제667, 668조; 스위스 채무법전, 제530, 531~2조; 40 Corpus Juris, 1393 sq.

633 일본 민법 제667조; 독일 민법 제705, 706조; 스위스 채무법 제530조(제1항); 프랑스 민법 제1832, 1833조; 중화민국 민법 제667조; 만주국 민법 제685조.

634 40 Corpus Juris, 1400~1; 중화민국 민법전, 제701, 703조; 일본 상법전, 제535조; 켈리포니아 민법전, 제2411, 2512조.

계약으로 업무집행자를 정하지 아니한 경우에는 조합원의 3분의 2 이상의 찬성으로써 이를 선정한다. 조합의 업무집행은 조합원의 과반수로써 결정한다. 업무집행자 수인인 때에는 그 과반수로 결정한다. 조합의 통상사무는 전항의 규정에 불구하고 각 조합원 또는 각 업무집행자가 전행할 수 있다. 그러나 그 사무의 완료 전에 다른 조합원 또는 다른 업무집행자의 이의가 있는 때에는 즉시 중지하여야 한다”(제698조)고 규정하고,[636] “조합업무를 집행하는 조합원에는 제673조 내지 제680조의 규정을 준용한다”(제699조)고 규정하였으며,[637] “업무집행자인 조합원은 정당한 사유 없이 사임하지 못하며 다른 조합원의 일치가 아니면 해임하지 못한다”(제700조)고 규정하였다.[638] 두 초안은 입법취지에서 일치하지만, 입법방법 및 조문의 구성에서 다르다.

(4) 조합원의 업무 등에 대한 권리에 대하여, 로빈기어 초안은 “조합원의 이익은 그의 지분 또는 이익과 잉여 및 무형이다. 모든 조합원은, 관리하는 사람이 아니라, 조합원 명부를 검사하고 재무 업무와 상태를 조회한다. 다른 규정이 없는 경우 조합원은 이익과 손실을 그들의 부담부분에 비례하여 분담한다. 금전이나 용역만을 부담하는 조합원을 제외하고 손실을 분담하지 않는다. 그러나 이익이나 손실의 분담이 정하여진 경우, 그 지분은 양자에게 적용되는 것으로 추정한다. 조합원은 조합의 필요적 지출에 대하여 상환 받을 권한이 있고, 각 사업연도말까지 계산하고 분배받을 권한이 있다”(Art 828)고 규정하였다. 이 초안은 조합원의 권리(Rights of Partners)에 대하여 규정하고 있다.[639] 이에 대하여 현행민법전 초안은 “각 조합원은 언제든지 조합의 업무 및 재산상태를 검사할 수 있다”(제702조)고 규정하고,[640] “당사자가 손익분배의 비율을 정하지 아니한 때에

---

635 켈리포니아 민법전, 제2412(e)(b)(g), 2520, 2516조; 중화민국 민법전, 제671, 673, 670, 691, 674, 680, 671, 679, 704조, 제678조 제2항; 독일 민법전, 제709조 제1항, 제710, 713조, 제702조 제3항, 제119조 참조, 제709~11조, 제712조; 일본 민법전, 제709조 제1항, 제710, 713, 671, 670~2, 640, 672조; 만주국 민법전, 제689, 688, 690, 699조; 소련 민법전, 제289, 253, 257, 258, 283, 303조; 스위스 채무법전, 제535조, 제534조 제2항, 제538, 540, 525조, 제537조 제3항, 제539조; 프랑스 민법전, 제1977~8조; 만주국 상인법, 제69, 70, 72조.

636 일본 민법 제670조; 독일 민법 제709조(제1항), 제710조(후단), 제711조; 스위스 채무법 제535조(제1,2항); 프랑스 민법 제1859(제1항), 1857조; 중화민국 민법 제671조; 만주국 민법 제688조.

637 일본 민법 제671조; 독일 민법 제713조; 스위스 채무법 제540조(제1항); 중화민국 민법 제680조; 만주국 민법 제689조.

638 일본 민법 제672조; 독일 민법 제712조; 스위스 채무법 제539조; 프랑스 민법 제1856조(제1항); 중화민국 민법 제674조; 만주국 민법 제690조.

639 켈리포니아 민법전, 제2420, 2413, 2414, 2412(b),(c), 2416조; 중화민국 민법전, 제675, 706, 707, 677, 703, 676, 707조, 제678조 제1항; 독일 민법전, 제716조, 제721조 제2항; 독일 상법전, 제328조, 제340조 제3항, 제337조 제1, 3항; 일본 민법전, 제673, 674, 671조; 만주국 민법전, 제692조; 만주국 상인법, 제69, 72, 71조; 소련 민법전, 제285조; 스위스 채무법전, 제541조 제1항, 제532~3조, 제537조 제1항.

는 각 조합원의 출자가액에 응하여 이를 정한다. 이익 또는 손실에 대하여 분배의 비율을 정한 때에는 그 비율은 이익과 손실에 공통된 것으로 추정한다"(제703조)고 규정하였다.[641] 두 초안은 입법취지에서 일치한다.

(5) 조합원의 책임과 제한에 대하여, 로빈기어 초안은 "조합원은 조합에 대한 관계에서 자신의 일에서 사용하듯이 그러한 주의를 기울여야 한다. 광산조합을 제외하고 조합원은 그의 이익을 다른 조합원이 아닌 누구에게도 양도하지 못할 뿐만 아니라, 그 사업이 청산될 때까지 조합재산의 분배를 받을 수 없다. 조합원은 그의 부담부분의 합의한 액을 증가하는 채무를 부담하지 않을 뿐만 아니라, 내부의 손실에 제공할 의무가 없다. 그러나 조합재산이 부채를 충족하기에 부족한 경우, 조합원은 적자에 대한 공동 책임이 있다. 합의한 부담부분이 금전이고, 그것을 지급하는 것을 무시한 경우, 그는 손실만큼 이익에 대하여 책임이 있다. 탈퇴한 조합원은, 그의 탈퇴 전에 발생한 조합채무에 대한 책임이 유지되고, 기존 조합에 가입한 자는 그 조합의 이전 채무에 책임을 지게 된다. 그러나 마지막 두 규정은, 그가 경영에 참여하고 또는 그렇게 하는 것으로 자신을 외부에 드러내지 않는 한, 휴면조합원에 적용되지 않는다"(Art 829)고 규정하였다. 이 초안은 조합원의 책임과 제한(Liabilities and Limitations)에 대하여 규정하고 있다.[642] 이에 대하여 현행민법전 초안은 "조합채권자는 그 채권발생 당시에 조합원의 손실부담의 비율을 알지 못한 때에는 각 조합원에게 평분하여 그 권리를 행사할 수 있다"(제704조)고 규정하고,[643] "조합원 중에 변제할 자력 없는 자가 있는 때에는 그 변제할 수 없는 부분은 다른 조합원이 평분하여 변제할 책임이 있다"(제705조)고 규정하였으며,[644] "조합원은 조합원 전원의 동의 없이 조합재산에 대한 지분을 처분하지 못한다. 조합원은 조합의 청산 전에 조합재산의 분할을 청구하지 못한다"(제706조)고 규정하였다.[645] 두 초안은 입법취지

---

640 일본 민법 제673조; 독일 민법 제716조(제1항); 스위스 채무법 제541조(제1항); 중화민국 민법 제675조; 만주국 민법 제692조.

641 일본 민법 제674조; 독일 민법 제722조; 스위스 채무법 제533조; 프랑스 민법 제1853조; 중화민국 민법 제677조 (제1,2항); 만주국 민법 제693조.

642 중화민국 민법전, 제672, 683, 669, 681, 690, 703, 704, 705조, 제682조 제1항; 독일 민법전, 제708, 707, 427조, 제719조 제1항; 일본 민법전, 제671, 644, 675, 404, 416, 419, 686조, 제676조 제1항; 스위스 채무법전, 제528, 542, 545조, 제544조 제3항; 켈리포니아 민법전, 제2416, 2421, 2407~8조; 만주국 민법전, 제698, 691조; 소련 민법전, 제286, 304, 117, 121, 284, 311조; 독일 상법전, 제337조 제4항, 제335조 제2항; 프랑스 민법전, 제1846조; 일본 상법전, 제69조 참조, 제536, 537조; 만주국 상임법, 제69~71조.

643 일본 민법 제675조; 프랑스 민법 제1863조(전단); 만주국 민법 제694조.

644 신설; 독일 민법 제735조; 만주국 민법 제695조.

645 일본 민법 제676조; 독일 민법 제719조(제1항); 스위스 채무법 제542조; 프랑스 민법 제1861조; 중화민국 민법

에서 일치한다. 그러나 입법방법 및 조문의 구성이 다르다.

(6) 조합원의 탈퇴에 대하여, 로빈기어 초안은 "그의 상사조합에서 조합원의 탈퇴는 그의 죽음, 금지 또는 파산의 선고에서 발생한다. 즉 ① 이러한 탈퇴는 조합의 업무를 침해하지 않을 경우, ② 그 기간은 정해지지 않거나 또는 어느 조합원의의 생존기간 동안이고, 또는 ③ 정해졌지만 조합원이 탈퇴에 책임이 없는 것에 대하여 중대한 이유를 갖는 경우, 다른 당사자에게 2개월의 통지 후에, 발생한다. 조합원의 제명은 관련 당사자에게 통지하고 정당한 원인에 대하여 청문할 기회를 준 뒤 다른 조합원들의 만장일치 투표에 의하여 행하여 질 수 있다. 탈퇴된 조합원과 다른 사람과의 사이에 계산을 확정하는 것은 탈퇴 당시의 조합의 재정 상태에 기초하여야 하지만, 미해결 사안이 조정된 후에 이뤄질 수 있다. 탈퇴되는 조합원의 지분은 여하튼 원래 부담부분의 중간의 금전으로 환급될 수 있다"(Art 830)고 규정하였다. 이 초안은 조합원의 조합으로부터 탈퇴(Separation)에 대하여 규정하고 있다.[646] 이에 대하여 현행민법전 초안은 "조합계약으로 조합의 존속기간을 정하지 아니하거나 조합원의 종신까지 존속할 것을 정한 때에는 각 조합원은 언제든지 탈퇴할 수 있다. 그러나 부득이한 사유 없이 조합의 불리한 시기에 탈퇴하지 못한다. 조합의 존속기간을 정한 때에도 조합원은 부득이한 사유가 있으면 탈퇴할 수 있다"(제709조)고 규정하고,[647] "전조의 경우 외에 조합원은 다음 사유로 인하여 탈퇴한다. 1. 사망, 2. 파산, 3. 금치산, 4. 제명"(제710조)을 규정하였으며,[648] "조합원의 제명은 정당한 이유 있는 때에 한하여 다른 조합원의 일치로 이를 결정한다. 전항의 제명결정은 제명된 조합원에게 통지하지 아니하면 그 조합원에게 대항하지 못한다"(제711조)고 규정하였다.[649] 또한 "탈퇴한 조합원과 다른 조합원 간의 계산은 탈퇴 당시의 조합 재산상태에 의하여 한다. 탈퇴한 조합원의 지분은 그 출자의 종류 여하에 불구하고 금전으로 반환할 수 있다. 탈퇴 당시에 완결되지 아니한 사항에 대하여는 완결 후에 계산할 수 있다"(제712조)고 규정하였다.[650] 두 초안은 조합원의 탈퇴, 제명과 계산에 대하여

제682조(제1항); 만주국 민법 제696조.

646 중화민국 민법전, 제686~7, 688, 689조; 독일 민법전, 제678~9, 737, 738조; 만주국 민법전, 제698~699조; 소련 민법전, 제291, 334 (6), (7)조; 스위스 채무법전, 제545~6, 548, 549조; 일본 민법전, 제680조.

647 일본 민법 제678조; 독일 민법 제723, 724조; 스위스 채무법 제546조; 프랑스 민법 제1869, 1871조; 중화민국 민법 제686조; 만주국 민법 제698조.

648 일본 민법 제679조; 독일 민법 제736, 727, 728조; 스위스 채무법 제545조(제2,3호); 프랑스 민법 제1865조; 중화민국 민법 제687조; 만주국 민법 제699조.

649 일본 민법 제680조; 독일 민법 제737조; 중화민국 민법 제688조; 만주국 민법 제700조.

입법취지가 일치한다. 그러나 입법방법 및 조문의 구성이 다르다.

(7) 조합의 해산에 대하여, 로빈기어 초안은 "조합의 해산은 사실상 그 기간이 정해진 경우 그 기간의 만료에 따라서 발생한다. 또한 목적의 달성 또는 그것의 실현이 불가능한 경우, 모든 활동 조합원의 만장일치인 합의로, 조합에 의하여 실시한 사업이 불법에 관련된 경우에 해산한다. 그러나 조합원이 영업을 계속하는 경우 그 계약은 무기한 확장된 것으로 추정한다. 재판상 해산은 조합원에 의하여 또는 조합원에 대하여 요구되고, 조합 사업이 오직 손실만 계속되는 경우 법원이 적당하고 공평하다고 생각하는 다른 사유에 따라서 선고되어진다"(Art 831)고 규정하였다. 이 초안은 조합의 해산(Dissolution of a partnership)에 대하여 규정하고 있다.[651] 이에 대하여 현행민법전 초안은 "부득이한 사유가 있는 때에는 각 조합원은 조합의 해산을 청구할 수 있다"(제713조)고 규정하였다.[652] 두 초안은 입법취지에서 일치하지 않다.

(8) 청산에 대하여, 로빈기어 초안은 "청산은 공동으로 모든 조합원 또는 그들이 과반수 투표로 지명한 청산인에 의하여 수행될 수 있다. 그는 이 법전 제194조의 규정을 적용하여 행동한다. 조합재산은 조합원보다 먼저 채권자의 청구에 적용되어야 한다. 이러한 청구가 만기에 이르지 않거나 소송중인 경우 그 재산에서 충분히 충족하게 예치되어야 할 것이다. 그것을 하는 것과 다른 청구를 위하여 필요한 경우 금전으로 전환하게 되어야 할 것이다. 채권자의 청구에 대한 지급과 예치를 한 후 조합원의 부담부분은, 재산이 모든 지급에 부족한 경우, 그것들의 예상 가액에 비례하여 환불 또는 보상되어야 한다. 부채의 변제와 부담부분의 반환 후 남은 재산의 잔액은, 그들이 그 이익에 대하여 권한이 있는 것에 비례하여, 조합원들 사이에 배분될 것이다. 수면 중인 조합원의 경우에, 수면 중인 조합원의 부담부분은 활동 중인 조합원이 그로부터 발생한 이익을 함께 반환하게 될 수 있다. 그 부담부분은 손실에 의하여 감소되고, 잔액만은 반환될 것이다. 조합원의 개인적 채권자는, 배당을 제외하고는, 조합에 대한 이러한 조합원의 주장 중 하나를 대위하지 못할 수 있지만, 조합으로부터 분리된 조합원에게 2개월의 통지에 따라서 이러한 조합원의 지분을 압류할 수 있다"(Art 832)고 규정하였다. 이 초안은 조합의

650　일본 민법 제681조; 독일 민법 제738, 740조(전단); 중화민국 민법 제689조; 만주국 민법 제703조.

651　켈리포니아 민법전(1947), 제2425, 2426, 2426(f)조; 중화민국 민법전, 제692, 708, 701조; 독일 민법전, 제723, 726, 724조; 일본 민법전, 제682, 683, 678조; 만주국 민법전, 제704조; 만주국 상인법, 제76조; 스위스 채무법전, 제545조, 제546조 제3항; 이 법전 제807조 제4항 등.

652　일본 민법 제683조; 독일 민법 제723조(제1항 전단); 만주국 민법 제704조.

청산(Liquidation)에 대하여 규정하고 있다.[653] 이에 대하여 현행민법전 초안은 "조합이 해산한 때에는 청산은 총 조합원의 공동으로나 그들이 선정한 자가 그 사무를 집행한다. 전항 청산인의 선정은 조합원의 과반수로 결정한다"(제714조)고 규정하고,[654] 제715조(청산인의 업무집행방법),[655] 제716조(조합원인 청산인의 사임, 해임),[656] 제717조(청산인의 직무, 권한과 잔여재산의 분배)[657]를 규정하였다. 두 초안은 입법취지는 일치하지만, 입법방법 및 조문의 구성에서 다르다.

13) 유가증권(Negotiable Instruments)

유가증권에 대하여, 로빈기어 초안은 본질과 종류(Nature and Classes, Arts 833~835), 양도성(Nagotiability, Arts 836~840), 성립과 효과(Form and Effect, Arts 841~846), 해석(Interprtation, Arts 847~850) 및 당사자(Parties, Arts 851~922)를 각각 규정하였다. 이에 대하여 현행민법전 초안은, 제3편 채권 제1장 총칙 제7절 지시채권에서, 지시채권의 양도방식(제499조), 환배서(제500조), 배서의 방식(제501조), 약식배서의 처리방식(제502조), 소지인출급배서의 효력(제503조), 배서의 자격수여력(제504조), 동전-선의취득(제505조), 이전배서와 인적항변(제506조), 변제의 장소(제507조), 증서의 제시와 이행지체(제508조), 채무자의 조사 권리의무(제509조), 변제와 증서교부(제510조), 영수의 기입청구권(제511조), 공시최고절차에 의한 증서의 실효(제512조), 공시최고절차에 의한 공탁변제(제513조)를 각각 규정하였고, 제8절 무기명채권에서, 무기명채권의 양도방식(제514조), 준용규정(제515조), 지명소지인출급채권(516조), 면책증서(제517조)를 각각 규정하였다. 두 초안은 입법취지에서 유사하지만 입법방법이 매우 다르다. 로빈기어 초안은 유가증권법을 민법전에 포함하여 규정하여 입법하고자 하였으나 현행민법전 초안은 유가증권법을 별도로 어음법, 수표법으로 입법하고자 하였음을 확인할 수 있다.

---

653 중화민국 민법전, 제694, 695, 696, 698, 699, 709, 684, 685(2개월 통지)조. 제697조 제1, 3항, 제682조 제2항; 일본 민법전, 제672, 685, 686, 687조, 제688조 참조, 제688조 제2항; 만주국 민법전, 제706, 707조, 제705, 708, 697조 참조; 소련 민법전, 제294, 308, 309, 310, 305조, 제246조 참조; 켈리포니아 민법전, 제2434(b)조; 독일 민법전, 제733, 340, 337, 732조, 제725조 제1, 2항, 제719조 제2항, 제723~6조; 스위스 채무법전, 제549조; 일본 상법전, 제541조; 만주국 상인법, 제77, 75(6개월 통지)조; 독일 민사소송법, 제859조.
654 일본 민법 제685조; 독일 민법 제730조(제2항 후단); 중화민국 민법 제694조; 만주국 민법 제705조.
655 일본 민법 제686조; 중화민국 민법 제695조; 만주국 민법 제706조.
656 일본 민법 제687조; 중화민국 민법 제696조; 만주국 민법 제707조.
657 일본 민법 제688조; 독일 민법 제734조; 스위스 채무법 제549조제1항; 중화민국 민법 제697, 699조; 만주국 민법 제708조.

2) 준계약(Quasi-Contractual)

준계약에 대하여, 로빈기어 초안은 정의(Defined, Art 923), 사무관리(Voluntary Services, Art 924), 통지(Notice, Art 925), 책임(Liability, Art 926), 상환(Reimbursement, Art 927), 부당이득(Undue Enrichment, Art 928), 수령(Receptions, Art 929), 유실물의 회수(Recovery of Lost Movables, Art 930), 보호의무(Custody and Care, Art 931) 및 최종처분(Final Disposition, Art 932)을 각각 규정하였다. 이에 대하여 현행민법전 초안은, 제3편 채권 제3장 사무관리에서, 사무관리의 내용(제727조), 긴급사무관리(제728조), 관리자의 통지의무(제729조), 관리자의 관리계속의무(제730조), 준용규정(제731조), 관리자의 비용상환청구권(제732조), 관리자의 무과실손해보상청구권(제733조)을 각각 규정하고, 제4장 부당이득에서, 부당이득의 내용(제734조), 비채변제(제735조), 기한전의 변제(제736조), 도의관념에 적합한 비채변제(제737조), 타인의 채무의 변제(제738조), 불법원인급여(제739조), 원물반환불능한 경우와 가격반환(제740조), 수익자의 반환범위(제741조), 수익자의 악의인정(제742조)을 각각 규정하였다.

(1) 준계약상 채무의 의의에 대하여, 로빈기어 초안은 "준계약상 채무는 계약 또는 불법행위 모두에서 다르게, 합법적 행위 또는 일련의 행위에서 발생하는 것이다"(Art 923)고 규정하였다. 이 초안은 준계약상 채무(A quasi-contractual obligation)에 대한 정의(Defined)를 규정하고 있다.[658] 이에 대하여 현행민법전 초안은 준계약상 채무의 정의를 직접 입법하지 않았다. 두 초안은 영미법과 대륙법이 교착하는 현상을 보여주고 있지만, 그 입법취지에서 일치한다. 다만 용어법에서 다른 것을 확인할 수 있다.

(2) 사무관리의 의의에 대하여, 로빈기어 초안은 "권한 없이 상대방의 일을 관리하는 것은 그 소유자의 표시 또는 추정된 희망 및 그의 이익과 유리함에 일치할 필요가 있다"(Art 924)고 규정하였다. 이 초안은 사무관리(Voluntary Services)에 대하여 규정하고 있다.[659] 이에 대하여 현행민법전 초안은 "의무 없이 타인을 위하여 사무를 관리하는 자는 그 사무의 성질에 좇아 가장 본인에게 이익 되는 방법으로 관리하여야 한다. 관리자

---

[658] Anson's Law of Contract, (1937), pp.426~31; Maine, Ancient Law, pp.332~3; c.f. Keener, Quasi Contracts, (1893), Ch. 1; 40 Corpus Juris, 1320 n.79.

[659] 선박의 밧줄 등은 이 법전 제493, 494조를 보시오; 중화민국 민법전, 제172조; 독일 민법전, 제 677조; 일본 민법전, 제697조; Japan Kyoto Univ. Law, Review, Vol. 50, No. 4; 40 Corpus Juris, 1321, n.120.

가 본인의 의사를 알거나 알 수 있는 때에는 그 의사에 적합하도록 관리하여야 한다. 관리자가 전 2항의 규정에 위반하여 사무를 관리한 때에는 과실 없는 경우에도 이로 인한 손해를 배상할 책임이 있다. 그러나 그 관리행위가 공공이익에 적합한 때에는 중대한 과실이 없으면 배상할 책임이 없다"(제727조)고 규정하였다.[660] 두 초안은 사무관리에 대하여 입법취지가 일치하고 입법방법도 일치한다.

(3) 관리자의 통지의무에 대하여, 로빈기어 초안은 "주된 채무자가 상황을 인식하지 않는 한, 관리자는 즉시 그에게 통지하고 지연으로 손실의 위험이 있는 경우를 제외하고 지시를 기다려야만 한다"(Art 925)고 규정하였다. 이 초안은 관리자의 통지(Notice)에 대하여 규정하고 있다.[661] 이에 대하여 현행민법전 초안은 "관리자가 그 관리를 개시한 때에는 지체 없이 본인에게 통지하여야 한다. 그러나 본인이 이미 이를 알은 때에는 그러하지 아니하다"(제729조)고 규정하였다.[662] 두 초안은 통지에 대하여 입법취지와 입법방법이 일치한다.

(4) 긴급사무관리에 대하여, 로빈기어 초안은 "관리자는 자신의 개입이 주된 채무자의 생활, 사람이나 재산에 급박한 위험을 방지하기 위한 경우일지라도, 그가 주된 채무자의 희망에 반하는 행위를 한 경우에는 악의 또는 중대한 과실에 대하여 책임이 있다"(Art 926)고 규정하였다. 이 초안은 관리자의 책임(Liability)에 대하여 규정하고 있다.[663] 이에 대하여 현행민법전 초안은 "관리자가 타인의 생명, 신체, 명예 또는 재산에 대한 긴박한 위해를 면하게 하기 위하여 그 사무를 관리한 때에는 고의나 중대한 과실이 없으면 이로 인한 손해를 배상할 책임이 없다"(제728조)고 규정하였다.[664] 두 초안은 입법취지가 일치하지만, 입법방법이 다르다.

(5) 상환에 대하여, 로빈기어 초안은 "지출의 상환은 주된 채무자로부터 관리자에게 있고, 그의 희망에 꼭 일치하는 관리에서 후자에게 발생한 이익의 범위까지이다. 주된 채무자가 그 관리를 비준하는 경우 이러한 출발은 면제된다"(Art 927)고 규정하였다. 이

---

[660] 일본 민법 제697조; 독일 민법 제677, 678, 679조; 스위스 채무법 제419, 420조(제2항); 프랑스 민법 제1372조(제1항); 중화민국 민법 제172, 174조; 만주국 민법 제717조(제1, 2항).

[661] 중화민국 민법전, 제173조; 독일 민법전, 제681조; 일본 민법전, 제699, 701조.

[662] 일본 민법 제699조; 독일 민법 제681조(전단); 중화민국 민법 제173조(제1항 전단); 만주국 민법 제719조.

[663] 중화민국 민법전, 제175, 174조; 독일 민법전, 제680, 678조; 일본 민법전, 제698조; 스위스 채무법전, 제420조 제2, 3항.

[664] 일본 민법 제698조; 독일 민법 제680조; 스위스 채무법 제420조(제1항 단서); 중화민국 민법 제175조; 만주국 민법 제718조.

초안은 관리자의 지출의 상환(Reimbursement of outlay)에 대하여 규정하고 있다.[665] 이에 대하여 현행민법전 초안은 "제675조 내지 제677조의 규정은 사무관리에 준용한다"(제731조)고 규정하였다.[666] 즉, 수임인의 보고의무(제675조), 수임인의 취득물 등의 인도이전의무(제676조), 수임인의 금전소비의 책임(제677조)을 준용한다는 것이다. 두 초안은 입법취지에서 일치하지만 입법방법이 다르다.

(6) 부당이득에 대하여, 로빈기어 초안은 "영수인은, 그 영수인이 신의성실하지 않은 경우, 의도적으로 또는 다른 것으로 인하여 이익 또는 과실과 손상으로 입은 손해와 함께 그것을 반환할 채무를 발생하지 않게 된다. 동일한 규칙은 원래 존재하는 법적인 사유가 이후에 사라진 경우에 적용한다. 상환이 불가능한 경우 영수인은 그 가치인 물건을 취득하게 된다. 목적물이 제3자에게 양도된 경우 후자는 그것을 반환하여야 하지만 적당한 절약 비용으로 상환 받을 권한이 있다"(Art 928)고 규정하였다. 이 초안은 부당이득(Undue enrichment)에 대하여 규정하고 있다.[667] 이에 대하여 현행민법전 초안은 "법률상 원인 없이 타인의 재산 또는 노무로 인하여 이익을 얻고 이로 인하여 타인에게 손해를 가한 때에는 그 이익을 반환하여야 한다"(제734조)고 규정하였다.[668] 두 초안은 입법취지에서 일치한다. 다만 입법방법 및 조문의 구성이 다르다.

(7) 비채변제 등에 대하여, 로빈기어 초안은 "그것이, ① 도덕적 의무에 따라, 또는 ② 만기가 되지 않은 것의 이행, 또는 ③ 주는 사람이 그가 이행하는 것에 구속되지 않았음을 알고 있는 경우, 또는 ④ 이행이 다른 불법적인 목적인 경우, 또는 ⑤ 수령인이 채무의 부존재를 알고 아무런 이익을 받지 않는 경우에, 목적물을 반환할 의무가 없다"(Art 929)고 규정하였다. 이 초안은 이 조문에 열거한 사유(①~⑤)에 의한 부당이득의 수취(Receptions)에 대하여 규정하고 있다.[669] 이에 대하여 현행민법전 초안은 "채무 없음을 알고 이를 변제한 때에는 그 반환을 청구하지 못한다"(제735조)고 규정하고,[670] "변제기

665　중화민국 민법전, 제176, 177, 178조; 독일 민법전, 제684조; 일본 민법전, 제708조 제3항, 제701조 참조; 스위스 채무법전, 제423, 424조.

666　일본 민법 제701조; 스위스 채무법 제4204조; 중화민국 민법 제173조(제2항); 만주국 민법 제721조.

667　중화민국 민법전, 제179조, 제162조 제2항, 제181, 183조; 독일 민법전, 제812조, 제818조 제1항, 제819, 818조 제2항, 제822조; 일본 민법전, 제703, 704조; 스위스 채무법전, 제62, 64, 66조; 40 Corpus Juris, 1323.

668　일본 민법 제703조; 독일 민법 제812조; 스위스 채무법 제62, 64조; 프랑스 민법 제1376조; 중화민국 민법 제179조; 만주국 민법 제724조.

669　중화민국 민법전, 제180조, 제182조 제1항; 독일 민법전, 제814, 617조, 제813조 제2항; 일본 민법전, 제705~6조; 스위스 채무법전, 제63, 66조.

670　일본 민법 제705조; 독일 민법 제814조; 스위스 채무법 제63조(제1항); 프랑스 민법 제1377조(제1항); 중화민국

에 있지 아니한 채무를 변제한 때에는 그 반환을 청구하지 못한다. 그러나 채무자가 착오로 인하여 변제한 때에는 채권자는 이로 인하여 얻은 이익을 반환하여야 한다"(제736조)고 규정하였다.[671] 그 밖에 "채무 없는 자가 착오로 인하여 변제한 경우에 그 변제가 도의관념에 적합한 때에는 그 반환을 청구하지 못한다"(제737조)고 규정하고,[672] "채권[무]자 아닌 자가 착오로 인하여 타인의 채무를 변제한 경우에 채권자가 선의로 증서를 훼손하거나 담보를 포기하거나 시효로 인하여 그 채권을 잃은 때에는 변제자는 그 반환을 청구하지 못한다. 전항의 경우에 변제자는 채무자에 대하여 구상권을 행사할 수 있다"(제738조)고 규정하였다.[673] 두 초안은 비채변제 등에 의한 부당이득의 수취에 대하여 입법취지에서 일치한다. 다만 입법방법 및 조문의 구성이 다르다.

(8) 유실물의 습득에 대하여, 로빈기어 초안은 "보물을 포함한 동산의 발견자는 표류물임을 증명하고, 폐기되었다고 믿을 만한 이유가 없고 그가 발견할 수 있으면 금전적 또는 감상적 가치로 표시된 것을 그 소유자에게 통지하여야 한다. 발견자가 발견을 광고하거나 현지 경찰관계자에게 통보하고 그 지시에 따라 그것을 보유 또는 창고에 보관하여야 한다"(Art 930)고 규정하였다. 이 초안은 유실물의 회수(Recovery of Lost Movables)에 대하여 규정하고 있다.[674] 이에 대하여 현행민법전 초안은 제2편 물권 제3장 소유권 제2절 소유권의 취득에서 "유실물은 법률의 규정한 바에 의하여 공고한 후 1년 이내로 그 소유자가 권리를 주장하지 아니하면 습득자가 그 소유권을 취득한다"(제243조)고 규정하였다.[675] 두 초안은 입법취지는 일치하지만, 로빈기어 초안은 준계약으로 현행민법전 초안은 소유권의 취득에서 규정함으로써 규정의 편제를 달리하는 입법방법에서 다르다.

(9) 유실물의 보호에 대하여, 로빈기어 초안은 "발견물이 동물인 경우 발견자는 그것을 유지하고 사육하여야 한다. 부패하기 쉬운 경우 그것은 보존하여야 하지만, 관리 및 보존이 외견상으로 고비용인 경우 그는 경찰관계장의 동의를 얻어 그것을 공경매에서 매각할 수 있다"(Art 931)고 규정하였다. 이 초안은 유실물의 보호의무(Custody and Care)

민법 제180조(제3항); 만주국 민법 제725조.

[671] 일본 민법 제706조; 독일 민법 제813조(제2항 전단); 중화민국 민법 제180조(제2항); 만주국 민법 제726조.

[672] 신설; 독일 민법 제814조; 스위스 채무법 제63조(제2항); 중화민국 민법 제180조(제1항); 만주국 민법 제727조.

[673] 일본 민법 제707조; 프랑스 민법 제1377조(제2항).

[674] 캘리포니아 민법전, 제1864, 1866, 1872조; 중화민국 민법전, 제803, 609, 810조; 프랑스 민법전, 제717조; 독일 민법전, 제966조 이하; 일본 민법전, 제240조; 일본 유실물법, 제1조; 일본 해상구조법, 제24~30조; 스위스 민법전, 제720, 725조.

[675] 일본 민법 제240조; 독일 민법 제965, 966조; 중화민국 민법 제803, 804조.

에 대하여 규정하고 있다.[676] 이에 대하여 현행민법전 초안은 "무주의 동산을 소유의 의사로 점유한 때에는 그 소유권을 취득한다. 무주의 부동산은 국유로 한다. 야생하는 동물은 무주물로 하고 사양하는 야생물도 다시 야생상태로 돌아가면 무주물로 한다"(제242조)고 규정하였다.[677] 두 초안은 입법취지에서 다르다. 이에 대하여 현행민법전 초안은 유실물법에 입법할 의사임을 확인할 수 있다. 또한 로빈기어 초안은 준계약으로 현행민법전 초안은 소유권의 취득에서 규정함으로써 규정의 편제를 달리하는 입법방법에서 다르다.

(10) 유실물의 귀속에 대하여, 로빈기어 초안은 "원고가 발견한 날로부터 6개월 이내에 나타나는 경우, 소유권의 증거를 제시하고, 보존의 필요비를 상환하고, 발견자의 노고에 적당한 보상을 하거나 그 절차에서 경매로 매각된 경우 그에게 인도되어야 한다. 그렇지 않으면 소유권은 발견자에게 귀속한다"(Art 932)고 규정하였다. 이 초안은 유실물의 최종처분(Final Disposition)에 대하여 규정하고 있다.[678] 이에 대하여 현행민법전 초안은 제243조에 의하여 유실물의 소유권이 귀속됨을 규정하였다. 두 초안은 유실물의 귀속에 대한 입법취지가 일치한다.

3) 불법행위(Delictual (Tortious[679]; "Noxal Action"))

불법행위에 대하여, 로빈기어 초안은 책임(Liability, Arts 933~939) 및 각종의 불법행위(Classes of delicts, Art 940~955)를 각각 규정하였다.[680] 이에 대하여 현행민법전 초안은 제3편 채권 제5장 불법행위에서 불법행위의 내용(제743조), 재산 이외의 손해의 배상(제744조), 생명침해로 인한 위자료(제745조), 미성년자의 책임능력(제746조), 심신상실자의 책임능력(제747조), 책임무능력자의 감독자의 책임(제748조), 사용자의 배상책임(제749조), 무과실배상책임(제750조), 도급인의 책임(제751조), 공작물 등의 점유자, 소유자의 책임(제752조), 동물의 점유자의 책임(제753조), 공동불법행위자의 책임(제754조), 정당방위, 긴급피난(제755조), 손해배상청구권에 있어서의 태아의 지위(제756조), 준용

---

676 캘리포니아 민법전, 제1865, 1869, 1870조; 중화민국 민법전, 제806조; 독일 민법전, 제966조; 일본 유실물법, 제2조; 스위스 채무법전, 제721, 722조.

677 일본 민법 제239조; 독일 민법 제958조제1항, 제960조제1항; 중화민국 민법 제802조; 만주국 민법 제233조.

678 캘리포니아 민법전, 제1867, 1871조; 중화민국 민법전, 제805조 제1항, 제807조; 독일 민법전, 제970, 240조; 일본 민법전, 제240조; 일본 유실물법, 제2, 5조; 만주국 유실물법, 제2조; 스위스 민법전, 제722조 제1, 2항.

679 "'tortious' is used throughout the Restatement … to denote the fact that conduct, whether of act or omission, is of such a character as to subject the arter to liability under … the law of torts." Am. Law Institute's Restatement of Torts, Sec 6.

680 이에 대한 내용분석은, 윤대성, 미군정시대(1945~1948)의 한국민법전편찬사업(2009), 188면 이하.

규정(제757조), 명예훼손의 경우의 특칙(제758조), 배상액의 경감청구(제759조), 손해배
상청구권의 소멸시효(제760조)를 각각 규정하였다.

가) 책임(Liability)

(1) 불법행위의 의의에 대하여, 로빈기어 초안은 "능력을 갖춘 모든 사람은 다른 사
람의 권리침해의 원인이 된 자기 자신의 작위 또는 부작위에 대하여 책임을 진다. 작위
는 침해의, 이유 있는 명백한 자연적 결과이고, 행위자가 예견할 수 있는, 직접 주원인이
되어야 한다"(Art 933)고 규정하였다. 이 초안은 불법행위의 일반규정(General Rules)에
대하여 규정하고 있다.[681] 이에 대하여 현행민법전 초안은 "고의 또는 과실로 인한 위법
행위로 타인에게 손해를 가한 자는 그 손해를 배상할 책임이 있다"(제743조)고 규정하였
다.[682] 두 초안은 입법취지에서 일치한다.

(2) 부작위에 대하여, 로빈기어 초안은 "부작위는, 어느 행위가 상대방의 이익이 불
합리한 위험에 대한 보호를 위한 법적기준 이하로 떨어지는 것을 미필적 고의로 무시하
는 것, 예컨대 가족의 좋은 아버지 또는 일반적으로 신중한 사람의 행위를 제외하고, 과
실에 의한 불법행위를 구성하게 된다"(Art 934)고 규정하였다. 이 초안은 부작위(The
omission)에 대하여 규정하고 있다.[683] 이에 대하여 현행민법전 초안은 입법하지 않았다.

(3) 책임능력 등에 대하여, 로빈기어 초안은 "행위자는 적어도 책임을 물을 수 있는
처분능력에 제한된 것이어야 한다. 한편 후자는 그의 감독의무에 과실이 없고, 그것에
도 불구하고, 침해가 발생하지 않는 한, 공동으로 책임을 진다. 그러나 그의 과실 없이,
정신적으로 건강하지 않은 사람은, 책임이 없다. 상해에 대한 보상을 지급한 행위자는
그에 대한 책임이 있는 상대방으로부터 상환권을 갖는다. 공동으로 불법행위를 저지른
수인의 행위자 또는 교사범 및 여러 공범들과 같이 그것을 수행한 사람을 알 수 없는 경
우에는 연대책임을 진다"(Art 935)고 규정하였다. 이 초안은 행위자(The actor)[684]의 책임

---

681 Am. Law Institute's Restatement of Torts., Sec 7, 279, 280; 켈리포니아 민법전, 제1708조; 중화민국 민법전,
제16, 184조; 독일 민법전, 제823, 826조; 일본 민법전, 제709조; 스위스 채무법전, 제41조; 40 Corpus Juris,
1323 Note 124, 125, 126;

682 일본 민법 제709조; 독일 민법 제823조; 스위스 채무법 제41조; 프랑스 민법 제1382, 1383조; 중화민국 민법 제
184조(제1항); 만주국 민법 제732조.

683 American Law Institute's Restatement of Torts, Sec 282; 40 Corpus Juris, 1332, Note 30; Jung, Japanese
Delictural Law (M.S.) pp.1, 2 Taisho 5, Oct. 29, Osaka Court of Appeals.

684 American Law Institute's Restatement of Torts, Sec 3; 중화민국 민법전, 제166, 190, 191조; 일본 민법전, 제717조.

능력(capacity to be subject to liability),[685] 심신상실자,[686] 배상자의 상환청구권[687] 및 공동 불법행위자(Several actors committing a wrong in common)[688]에 관하여 규정하고 있다. 이에 대하여 현행민법전 초안은 제746조(미성년자의 책임능력),[689] 제747조(심신상실자의 책임능력),[690] 제748조(책임무능력자의 감독자의 책임)을 규정하고,[691] "수인이 공동의 불법행위로 타인에게 손해를 가한 때에는 연대하여 그 손해를 배상할 책임이 있다. 공동 아닌 수인의 행위 중 어느 자의 행위가 그 손해를 가한 것인가를 알 수 없는 때에도 전항과 같다. 교사자나 방조자는 공동행위로 본다"(제754조)고 규정하였다.[692] 두 초안은 책임능력, 공동불법행위자 등에 대하여 입법취지는 일치하지만, 입법방법 및 조문의 구성이 다르다.

(4) 공무원의 불법행위책임에 대하여, 로빈기어 초안은 "제3자의 편을 들어서 의도적으로 의무를 위반하여 제3자의 권리를 침해한 공무원은 그로부터 발생한 손해에 대하여 책임이 있다. 그 위반이 공무원의 과실의 결과인 경우 침해된 당사자가 다른 수단으로 배상을 받지 못하는 한 책임을 지게 된다. 전항의 경우 침해된 당사자가 고의 또는 자신의 과실로 법적 구제를 사용하여 침해를 제거하는 것을 태만한 경우 공무원은 책임이 없다"(Art 936)고 규정하였다. 이 초안은 공무원(A public official)의 불법행위책임에 대하여 규정하고 있다.[693] 이에 대하여 현행민법전 초안은 직접 입법하지 않았다. 민법이 아닌 국가배상법에 입법할 의사인 것을 확인할 수 있다. 두 초안은 입법취지와 입법방법에서 다르다.

(5) 태아의 지위에 대하여, 로빈기어 초안은 "손해는, 금전적 손실이 입증이 되면 배상받을 수 있고, 한 번의 증명 없이 명목상 손해가 될 수 있다. 또는 불법행위 조장자의

---

685 중화민국 민법전, 제187조; 독일 민법전, 제828조, 832, 840조 참조; 일본 민법전, 제712~714조.
686 중화민국 민법전, 제187조; 독일 민법전, 제829조; 일본 민법전, 제715조; 스위스 채무법전, 제54조 제2항.
687 American Law Institute's Restatement of Torts, Sec 907, 908; 중화민국 민법전, 제191조 제2항; 스위스 채무법전, 제58조 제2항.
688 American Law Institute's Restatement of Torts, Sec 463; 중화민국 민법전, 제185조; 독일 민법전, 제830조; 일본 민법전, 제119조; 스위스 채무법전, 제50조; 소련 민법전, 제408조.
689 일본 민법 제712조; 독일 민법 제818조(제1,2항); 스위스 채무법 제19조(제3항), 제49조; 중화민국 민법 제187조(제1항); 만주국 민법 제734조.
690 일본 민법 제713조; 독일 민법 제827조; 중화민국 민법 제187조; 만주국 민법 제735조.
691 일본 민법 제714조; 독일 민법 제832조; 프랑스 민법 제1384조(제1,2항); 중화민국 민법 제187조; 만주국 민법 제736조.
692 일본 민법 제719조; 독일 민법 제830조; 스위스 채무법 제50조(제1항); 중화민국 민법 제185조; 만주국 민법 제740조.
693 중화민국 민법전, 제186조; 독일 민법전, 제829조 제1, 3항; 스위스 채무법전, 제61조.

행위가 특별히 불법적인 것으로 징계 또는 형벌이 될 수 있다. 태어나지 않은 아이(태아)는 완전히 출생한 아이와 동등하게 손해에 대하여 권한을 갖는다"(Art 937)고 규정하였다. 이 초안은 손해(Damage)에 대하여 금전적 손해와 명목상 손해,[694] 징계 또는 형벌,[695] 태아의 권리[696] 등을 규정하고 있다. 이에 대하여 현행민법전 초안은 "태아는 손해배상의 청구권에 관하여 이미 출생한 것으로 본다"(제756조)고 규정하였다.[697] 두 초안은 태아의 지위에 대하여 입법취지가 일치한다. 그러나 명목상 손해에 대하여는 현행민법전 초안은 입법하지 않음으로써 입법취지가 서로 다르다.

(6) 손해배상의 지급에 대하여, 로빈기어 초안은 "이와 같은 손해의 지급은, 법원의 재량에 따라, 지급인의 적절한 담보의 제공으로, 분할로 할 수 있다"(Art 938)고 규정하였다. 이 초안은 손해배상의 지급(Payment)에 대하여 규정하고 있다.[698] 이에 대하여 현행민법전 초안은 직접 입법하지 않았다.

(7) 과실상계에 대하여, 로빈기어 초안은 "피침해자의 기여과실은 구체화 될 수 있고, 지급인의 적절한 담보의 제공으로 분할로 할 수 있다. 그러나 이러한 과실은 성인이 아직 되지 않은 연령인 어린이에게 전가할 수 없다"(Art 939)고 규정하였다. 이 초안은 피침해자의 기여과실(Contributory Negligence)에 대하여 규정하고 있다.[699] 이에 대하여 현행민법전 초안은 "채무불이행에 관하여 채권자에게 과실이 있는 때에는 법원은 손해배상의 책임 및 그 수액을 정함에 참작하여야 한다"(제387조)를 불법행위에 준용하고 있다(제757조).[700] 두 초안은 입법취지에서 일치한다. 그러나 입법방법 및 규정의 편제가 다르다.

나) 각종의 불법행위(Classes of Delicts (Torts))

각종의 불법행위에 대하여, 로빈기어 초안은 신체상해(Injuries to person, Arts 940~941), 명예훼손(Injuries to reputation, Arts 942~944) 및 재산침해(Injuries to property, Arts 945~950)를 각각 규정하였다. 이에 대하여 현행민법전 초안은 일반불법행위(제743조)

---

694 American Law Institute's Restatement of Torts, Secs 326c, 3298~9, 342a, b, c, 329, 340; 독일 민법전, 제903, 906, 907, 924조 등; 일본 민법전, 제710, 721조.
695 중화민국 민법전, 제195조 제1항; 독일 민법전, 제647조 제1항; 일본 민법전, 제710조; 스위스 민법전, 제47조.
696 중화민국 민법전, 제7조; 독일 민법전, 제844조 제2항; 일본 민법전, 제721조.
697 일본 민법 제721조; 독일 민법 제844조(제2항 후단); 만주국 민법 제742조.
698 중화민국 민법전, 제193조 제2항; 독일 민법전, 제843조 제3항; 스위스 채무법전, 제43조 제1, 2항.
699 American Law Institute's Restatement of Torts, Secs 893, 918; 중화민국 민법전, 제217조; 일본 민법전, 제722조; 독일 민법전, 제843~7조; 스위스 채무법전, 제44조.
700 일본 민법 제722조; 독일 민법 제846조; 만주국 민법 제743조.

와 특수한 불법행위(제748조~제754조)로 나누어 규정하였다. 두 초안은 여기에서 입법 취지가 서로 다르다. 즉 로빈기어 초안은 보호법익에 따라서 불법행위를 구분하고, 현 행민법전 초안은 일반적 불법행위와 특별한 불법행위로 가해형태에 따라서 불법행위를 구분하였다.

(가) 신체상해(Injuries to Person)

(1) 로빈기어 초안은 " [⋯] 소득능력의 감소 또는 지출의 증가는, 행위자로부터 손해 를 받을 권한을 후자에게 부여한다. 불법행위로, 아무런 금전적 손실이 없는, 사망의 경 우, 손해는 사망자의 유족 및 아동에게 발생하고, 사망자가 지원하는 법에 근거하더라 도 다른 사람에게 발생한다"(Art 940)고 규정하였다. 이 초안은 신체상해에서 소득능력 의 감소, 사망의 경우에 대한 책임을 규정하고 있다.[701] 이에 대하여 현행민법전 초안은 입법하지 않았다. 두 초안은 입법취지와 입법방법이 다르다.

(2) 로빈기어 초안은 "상대방의 부인, 딸, 고아, 자매 또는 여성 종의 유괴는 제소 가 능한 불법행위를 구성하고, 혼인의 약속을 한 경우, 금전적 손실과 독립하여, 징벌적 손 해에 대한 권한을 피해자에게 부여한다"(Art 941)고 규정하였다. 이 초안은 부녀자의 유 괴(Seduction) 등에 대하여 규정하고 금전적 손실 이외에 징벌적 손해에 대하여 규정하 고 있다.[702] 이에 대하여 현행민법전 초안은 입법하지 않았다. 두 초안은 입법취지와 입 법방법이 다르다.

(나) 명예훼손(Injuries to Reputation)

(1) 로빈기어 초안은 "명예훼손은 부정하고 천박한, 구두 또는 다른 형식으로, 범죄 성의, 성적 부도덕, 혐오스런 질병 또는 발기부전, 직접 상대방을 상해하고 그에게 실질 적인 손해를 일으키는 침해이다"(Art 942)고 규정하였다. 이 초안은 명예훼손(Defama- tion)에 대하여 규정하고 있다.[703] 이에 대하여 현행민법전 초안은 입법하지 않았다. 두 초안은 입법취지와 입법방법이 다르다.

---

701 중화민국 민법전, 제193, 192조, 제195조 제2항; 독일 민법전, 제843조, 제847조 제1항, 제844조 제2항; 일본 민 법전, 제710조; 스위스 채무법전, 제46조; 켈리포니아 민법전, 제3347조; Munemive's Law of Torts, pp.14, 15.
702 켈리포니아 민법전, 제49, 3339, 3294조; 독일 민법전, Arts 825, 847, 1300.
703 American Law Institute's Restatement of Torts, Sec 558; 켈리포니아 민법전, 제44(definition), 45(libel), 46(slander)조; 중화민국 민법전, 제18조, 제195조 제1항; 독일 민법전, 제824조; 일본 민법전, 제725조.

(2) 로빈기어 초안은 "명예훼손을 구성하지 않는, 권한 있는 출판은, 공정하고 올바른 입법, 사법 또는 기타 공식 절차의 보고서나 합법적인 목적을 위해 공개회의들, 공공 우려를 보장하는 상대방의 활동에 너무 많은 올바른 비판을 포함한다"(Art 943)고 규정하였다. 이 초안은 출판에 의한 명예훼손(Privileged publications, not constituting defamation)의 예외에 대하여 규정하고 있다.[704] 이에 대하여 현행민법전 초안은 입법하지 않았다. 두 초안은 입법취지와 입법방법이 다르다.

(3) 로빈기어 초안은 "명예를 훼손하는 통신의 저자는 책임을 지고 또는 특별한 침해에 대한 실질적 손해에 대하여, 어떠한 경우에도 명의상 손해이며, 그리고 피해자의 평판을 회복하는 것에 대한 반응으로 적절한 조치를 취하여야 한다"(Art 944)고 규정하였다. 이 초안은 명예훼손의 손해배상의 방법(Measure of Damage)에 대하여 규정하고 있다.[705] 이에 대하여 현행민법전 초안은 입법하지 않았다. 두 초안은 입법취지와 입법방법이 다르다.

(다) 재산침해(Injuries to Property)

(1) 로빈기어 초안은 "상대방의 재산을 부당하게 파괴 또는 침해한 사람은 후자에게 그의 손실을 배상하고 부당하게 취득한 재산을 반환하여야 한다"(Art 945)고 규정하였다. 이 초안은 재산침해에 대한 일반규정(General Rule)에 대하여 규정하고 있다.[706] 이에 대하여 현행민법전 초안은 입법하지 않았다. 두 초안은 입법취지와 입법방법이 다르다.

(2) 로빈기어 초안은 "해상 또는 공중에 관한 행정법에서 규정한 어느 규정을 관찰하지 못함으로써 발생한 손해는, 그것이 피할 수 없는 실패로 나온 것이 아닌 한, 항공기의 관리에서 고의적인 것으로 간주한다. 한편 항공기의 소유자는 이러한 손해에 대하여 복구에서 배제된다"(Art 946)고 규정하였다. 이 초안은 행정법에 규정된 규정을 살피지 않아서 발생한 손해에 대하여 규정하고 있다.[707] 이에 대하여 현행민법전 초안은 입법하지 않았다. 두 초안은 입법취지와 입법방법이 다르다.

---

704 American Law Institute's Restatement of Torts, Sec 558; 켈리포니아 민법전, 제47조.
705 American Law Institute's Restatement of Torts, Sec 620, Nomical damages are accorded to allitigant who establishes a cause of action but not pecuniary loss; Ib., Secs 569, 621, 622; 중화민국 민법전, 제195조 제1항; 일본 민법전, 제723조; 스위스 채무법전, 제47조.
706 켈리포니아 민법전, 제1708, 1712, 1713조; 중화민국 민법전, 제196조; 독일 민법전, 제249조.
707 켈리포니아 민법전, 제971, 972조.

(3) 로빈기어 초안은 "여러 형태의 주된 항공기 또는 항공기 사이의 충돌에 의한 손해는, 다음과 같은 비율로 한다. ① 당사자가 독점적으로 잘못한 경우, 그는 자신의 손실을 부담해야 하며, 자신에 대한 다른 사람을 보상하여야 한다. ② 모두 잘못이 있는 경우, 각각은 자신의 손실을 부담한다. ③ 양쪽에 잘못이 있거나 각자의 과실을 완전히 확인할 수 없는 경우, 그 손실을 동등한 비율로 하는 것에 커다란 차이를 보인다는 증거가 없는 한, 그 손실은 동등하게 배분한다"(Art 947)고 규정하였다. 이 초안은 항공기 상호간의 충돌(Collisions)에서 손해의 비율에 대하여 규정하고 있다.[708] 이에 대하여 현행민법전 초안은 입법하지 않았다. 두 초안은 입법취지와 입법방법이 다르다.

(4) 로빈기어 초안은 "소유권 또는 품질에 대해 허위 및 비방하는 글로 재산의 시장성을 손상시킨 사람은 그로 인해 발생하는 금전적 손실에 대해 소유자에게 책임이 있다"(Art 948)고 규정하였다. 이 초안은 품질불량이라는 비판(Disparagement of property)에 대하여 규정하고 있다.[709] 이에 대하여 현행민법전 초안은 입법하지 않았다. 두 초안은 입법취지와 입법방법이 다르다.

(5) 로빈기어 초안은 "그의 상품 또는 용역을 다른 사람의 것으로 판매하거나, 물질적 외형을 권한 없이 모방하거나, 다른 사람의 상표 또는 상호를 위반하여 사용한 사람은 다른 사람의 사업상 명성의 이익을 담보하는 한 그러한 행위를 정지하는 것과 그로부터 결과 된 손해에 대하여 책임을 지게 된다"(Art 949)고 규정하였다. 이 초안은 불공정한 경쟁(Unfair Competition)에 대하여 규정하고 있다.[710] 이에 대하여 현행민법전 초안은 입법하지 않았다. 두 초안은 입법취지와 입법방법이 다르다.

(6) 로빈기어 초안은 "이러한 손해의 요소는, 피고의 행위로 합리적으로 인하된 가격으로 판매한 손해를 포함한다. 원고의 상품, 사업 또는 용역의 시장성을 해치고, 잠재적 구매자를 사기로 부터 방지하기 위하여 필요한 비용지출, 원고가 취득할 수 있었지만 피고의 행위로 임대료의 이익 없거나 감소하고, 그들이 시장경쟁 상품 또는 용역을 원고가 가능하거나 피고가 판매를 예견하는 곳 시장에서 결과 된 것이라 규정하고, 원고가 이러한 이익의 선취특권에서 다른 손해를 회복하지 못한 것을 포함한다. 피고가 책

---

708 켈리포니아 민법전, 제970, 973조; 중화민국 해상법전, 제114~7조; 프랑스 상법전, 제407조; 독일 민법전, 제736조; 이태리 상법전, 제663조; 일본 상법전, 제797조.

709 American Law Institute's Restatement of Torts, Sec 624.

710 American Law Institute's Restatement of Torts, 제744, 745조; 스위스 채무법전, 제48조.

임질 순이익은 불공정한 거래에서 그의 순수익이고 그것을 소득한 것에 적게 표시된다"(Art 950)고 규정하였다. 이 초안은 손해의 요소(Elements of such damage)에 대하여 규정하고 있다.[711] 이에 대하여 현행민법전 초안은 입법하지 않았다. 두 초안은 입법취지와 입법방법이 다르다.

4) 준불법행위(Quasi-Delictual)

준불법행위에 대하여, 로빈기어 초안은 본질(Nature, Art 951), 국가(State, Art 952), 감독자(Supervisors, Art 953), 동물의 소유자, 조련사와 보호자(Owners, correctors and cus-todians, Art 954) 및 건물 등의 소유자와 점유자(Owners and occupants, Art 955)를 각각 규정하였다. 이에 대하여 현행민법전 초안은 사용자의 책임(제749조), 책임무능력자의 감독자의 책임(제748조), 동물의 점유자의 책임(제753조), 공작물 등의 점유자, 소유자의 책임(제752조)를 각각 규정하였다.

(1) 로빈기어 초안은 "준불법행위는 행위자측에서 침해의사가 없는데서 일반적인 것과 다르다"(Art 951)고 규정하였다. 이 초안은 준불법행위(Quasi-Delicts)의 본질(Nature)에 대하여 규정하고 있다. 즉 일반불법행위와 다른 점은 침해의사의 흠결이라는 것이다.[712] 이에 대하여 현행민법전 초안은 입법하지 않았다. 두 초안은 준불법행위에 대하여 입법취지가 다르다.

(2) 로빈기어 초안은 "국가는, 불법행위에 대한 책임을, 오직 정부기능을 실행함에 공무원으로 구성된 위원회가 국가는 행위자로부터 배상에 대한 권한이 있다고 한 경우에만 진다"(Art 952)고 규정하였다. 이 초안은 국가(The State)의 불법행위에 대한 책임을 규정하고 있다.[713] 이에 대하여 현행민법전 초안은 "타인을 사용하여 어느 사무에 종사하게 한 자는 피용자가 그 사무집행으로 인하여 제3자에게 가한 손해를 배상할 책임이 있다. 그러나 사용자가 피용자의 선임 및 그 사무 감독에 상당한 주의를 한 때 또는 상당

---

711 American Law Institute's Restatement of Torts, Secs 746~8.

712 40 Corpus Juris, 1329, n.131.

713 Sohn, Institutes, p.424; 브라질 민법전, 제228, 294, 420, 421조; 중화민국 민법전, 제186조 참조; 쿠바 민법전, 제203조; 독일 민법전, 제841조 참조; 멕시코 형법전, 제347, 348조; 소련 채무법전, 제407, 404조; 스위스 채무법전, 제60, 61조.

한 주의를 하여도 손해 있을 경우에는 그러하지 아니하다. 사용자를 가름하여 그 사무를 감독하는 자도 전항의 책임이 있다. 전 2항의 경우에 사용자 또는 감독자는 피용자에게 대하여 구상권을 행사할 수 있다"(제749조)고 규정하였다.[714] 두 초안은 입법취지가 다르다. 현행민법전 초안은 사용자의 책임을 민법전에 규정하고 공무원의 불법행위책임은 국가배상법에 입법하고자 하는 입법의사를 확인할 수 있다.

(3) 책임무능력자의 감독자의 책임에 대하여, 로빈기어 초안은 "부모, 후견인, 사용자 및 선장을 포함한 감독자는, 전자가 감독상 과오가 없음에도 불구하고 손해가 발생한 경우, 그들의 미성년자, 피후견인, 선원 각각 후자의 불법행위에 대하여 함께 책임을 진다. 보상을 지급한 감독자는 잘못한 행위자에 대한 상환청구권을 갖는다"(Art 953)고 규정하였다. 이 초안은 감독자(Supervisors)의 책임에 대하여 규정하고 있다.[715] 이에 대하여 현행민법전 초안은 "전 2조의 규정에 의하여 무능력자에게 책임 없는 경우에는 이를 감독할 법정의무 있는 자가 그 무능력자가 제3자에 가한 손해를 배상할 책임이 있다. 그러나 감독의무를 해태하지 아니한 때에는 그러하지 아니하다. 감독의무자에 가름하여 무능력자를 감독하는 자도 전항의 책임이 있다"(제748조)고 규정하였다.[716] 두 초안은 입법취지와 입법방법에서 일치한다.

(4) 동물의 점유자의 책임에 대하여, 로빈기어 초안은 "동물의 소유자, 점유자 및 관리자는 후자에 의한 손해이다. 그러나 그것의 성격에 따라 동물의 적절한 주의를 행사하였음을 표시하여 자신을 완화할 수 있다"(Art 954)고 규정하였다. 이 초안은 동물의 소유자, 점유자 및 관리자(Owners, possessors and custodians of animals)의 책임에 대하여 규정하고 있다.[717] 이에 대하여 현행민법전 초안은 "동물의 점유자는 그 동물이 타인에게 가한 손해를 배상할 책임이 있다. 그러나 동물의 종류와 성질에 의하여 그 보관에 상당한 주의를 해태하지 아니한 때에는 그리하지 아니하다"(제753조)고 규정하였다.[718] 두 초안은 입

---

714 일본 민법 제715조; 독일 민법 제831조; 스위스 채무법 제55조; 프랑스 민법 제1384조(제3,4,5항); 중화민국 민법 제188조; 만주국 민법 제737조.
715 중화민국 민법전, 제188조; 독일 민법전, 제831, 840조; 일본 상법전, 제705, 706조; 40 Corpus Juris, 1330, Notes 24, 25.
716 일본 민법 제714조; 독일 민법 제832조; 프랑스 민법 제1384조(제1,2항); 중화민국 민법 제187조; 만주국 민법 제738조.
717 켈리포니아 민법전, 제3341조; 중화민국 민법전, 제190조; 독일 민법전, 제833, 834조; 일본 민법전, 제718조 제1항; 스위스 채무법전, 제56조.
718 일본 민법 제718조; 독일 민법 제833, 834조; 스위스 채무법 제56조; 프랑스 민법 제1385조; 중화민국 민법 제190조; 만주국 민법 제739조.

법취지에서 일치한다. 다만 로빈기어 초안은 책임자의 범위를 소유자, 관리자에게 확장하고 있다. 이에 대하여 현행민법전 초안은 동물의 점유자의 책임에 한정하였다.

 (5) 공작물 등의 점유자, 소유자의 책임에 대하여, 로빈기어 초안은 "그의 붕괴가 다른 사람들에게 침해를 야기하는 불안전한 건물 또는 시설물의 소유자 및 점유자는 후자에게, 전자가 이러한 침해가 그들의 과실로 인한 것이 아니라는 것, 완전한 구조 또는 불충분한 수리 또는 침해받은 당사자가 불안전한 조건을 알았다는 것을 증명하지 못하는 한, 책임이 있다"(Art 955)고 규정하였다. 이 초안은 불안전한 건물 또는 구조물의 소유자 및 점유자(Owners and occupants)의 책임에 대하여 규정하고 있다.[719] 이에 대하여 현행민법전 초안은 "공작물의 설치 또는 보존의 하자로 인하여 타인에게 손해를 가한 때에는 공작물 점유자가 손해를 배상할 책임이 있다. 그러나 점유자가 손해의 방지에 필요한 주의를 해태하지 아니한 때에는 그 소유자가 손해를 배상할 책임이 있다. 전항의 규정은 수목의 재식 또는 보존에 하자 있는 경우에 준용한다. 전 2항의 경우에 점유자 또는 소유자는 그 손해의 원인에 대한 책임 있는 자에게 대하여 구상권을 행사할 수 있다"(제752조)고 규정하였다.[720] 두 초안은 입법취지와 입법방법에서 일치한다.

III. 물권(Property / Real Rights) 편의 규정내용

제3편 물권(Property / Real Rights)에 대하여, 로빈기어 초안은 본질(Nature)과 종류(Classes)로 나누어서 규정하였다. 이에 대하여 현행민법전 초안은 제2편 물권에서 제1장 총칙, 제2장 점유권, 제3장 소유권, 제4장 지상권, 제5장 지역권, 제6장 전세권, 제7장 유치권, 제8장 질권, 제9장 저당권을 각각 규정하였다. 그러나 로빈기어 초안 제2편 채무(Obligation) 편의 규정내용을 분석하고 검토하는 과정에서 본 바와 같이 물적담보계약으로서 현행민법전 초안의 담보물권인 전세권, 유치권, 질권, 저당권은 이미 분석 검토되었다. 따라서 여기에서는 그 이외의 물권이 비교 분석의 대상이 된다.

---

719 American Law Institute's Restatement of Torts, Secs 334 et. seq; 중화민국 민법전, 제191조; 프랑스 민법전, 제86조; 독일 민법전, 제836~8조; 이태리 민법전, 제1155조; 일본 민법전, 제717조; 스위스 채무법전, 제58조 제1항.

720 일본 민법 제717조; 독일 민법 제836조(제1항), 제837조; 스위스 채무법 제58조; 프랑스 민법 제1384조(제1항), 제1386조; 중화민국 민법 제191조; 만주국 민법 제738조.

1. 본질(Nature)에 관한 규정내용의 비교

로빈기어 초안은 본질(Nature)에 대하여, 정의(Defined, Art 956), 과실(Fruits, Art 957) 및 종물(Accessories, Art 958)을 각각 규정하였다. 이에 대하여 현행민법전 초안은 제1편 총칙에서 물건의 정의(제93조), 부동산, 동산(제94조), 주물, 종물(제95조), 천연과실, 법정과실(제96조), 과실의 취득(제97조)을 각각 규정하였다.

(1) 재산의 정의에 대하여, 로빈기어 초안은 "재산은 독점적으로 향유할 수 있는 것이다. 그 안에서 권리가 생성되는 것이 아니고, 법에 따라서 생기는 것이다"(Art 956)고 규정하였다. 이 초안은 재산(Property)의 정의(Defined)에 대하여 규정하고 있다.[721] 이에 대하여 현행민법전 초안은 "본법에서 물건이라 함은 유체물 및 전기 기타 관리할 수 있는 자연력을 이른다"(제93조)고 규정하였다.[722] 두 초안은 입법취지에서 일치하지만, 입법방법 및 조문의 편제와 구성이 다르다.

(2) 과실에 대하여, 로빈기어 초안은 "과실은 재산의 산출물이고, 동물의 새끼 또는 식물의 성장, 또는 민사상 차임, 이자 및 법적인 관계에 의한 기타 수익과 같이, 자연적이다. 천연과실은 주물에서 분리되면 그에게 속하여 발생한다. 법정과실은 그것을 수집하는 권리가 지속하는 동안 일수에 비례하여 발생한다"(Art 957)고 규정하였다. 이 초안은 과실(Fruits)에 대하여 규정하고 있다.[723] 이에 대하여 현행민법전 초안은 "물건의 용도에 의하여 수취하는 산출물은 천연과실이다. 물건의 사용대가로 받는 금전 기타의 물건은 법정과실로 한다"(제96조)고 규정하고,[724] "천연과실은 그 원물로부터 분리하는 때에 이를 수취할 권리자에게 속한다. 법정과실은 수취할 권리의 존속기간일수의 비율로 취득한다"(제97조)고 규정하였다.[725] 두 초안은 입법취지와 입법방법에서 거의 일치한다. 다만 규정의 편제에서 다르다.

---

[721] 켈리포니아 민법전, 제14(1), 654, 655조; 프랑스 민법전, 제2229조; 독일 민법전, 제903조; 일본 민법전, 제206, 175조; 푸에르토 리코 민법전, 제324조; 소련 헌법(1936), 제4조; 우루과이 민법전, 제413, 463~68조; 베네주엘라 민법전, 제497, 526~30, 759~70조; 중화민국 민법전, 제757조; 40 Corpus Juris, 1427 et. seq.

[722] 일본 민법 제85조; 독일 민법 제90조; 프랑스 민법 제517조 이하; 스위스 민법 제713조; 만주국 민법 제95조.

[723] 켈리포니아 민법전, 제654, 655조; 중화민국 민법전, 제69, 70조; 독일 민법전, 제99, 100, 101조; 일본 민법전, 제88, 89조; Bouvier Law Dictionary (8th ed., 1914) I, 1320.

[724] 일본 민법 제58조; 독일 민법 제99조; 스위스 민법 제643조; 중화민국 민법 제69조; 만주국 민법 제98조.

[725] 일본 민법 제89조; 독일 민법 제101조; 스위스 민법 제643조; 중화민국 민법 제70조; 만주국 민법 제79조.

(3) 종물에 대하여, 로빈기어 초안은 "종물은 부착된 재산의 요소이지만, 주물의 일부를 형성하지 않고, 경제적 목적에 제공되고 동일한 소유자에게 속하며 전자의 처분에 동반하는 것이다"(Art 958)고 규정하였다. 이 초안은 종물(Accessories)에 대하여 규정하고 있다.[726] 이에 대하여 현행민법전 초안은 "물건의 소유자가 그 물건 상용의 편의를 위하여 자기 소유인 다른 물건을 이에 부속하게 한 때에는 그 부속물은 종물이다. 종물은 주물의 처분에 따른다"(제95조)고 규정하였다.[727] 두 초안은 입법취지와 입법방법이 일치한다. 다만 규정의 편제에서 다르다.

2. 종류(Classes)에 관한 규정내용의 비교

로빈기어 초안은 종류(Classes)에 대하여 소유권 일반(As to Dominium / Ownership, Arts 959~961), 유체재산(Corporal Property, Arts 962~1052) 및 무체재산(Incorporeal Property, Arts 1053~1211)을 각각 규정하고 있다. 이에 대하여 현행민법전 초안은 물권을 점유권, 소유권, 지상권, 지역권, 전세권, 유치권, 질권, 저당권으로 각각 규정하였다. 그러나 전세권, 유치권, 질권, 저당권은 로빈기어 초안 제2편 채무에서 물적담보계약으로 입법함에 따라서 이미 그곳에서 비교 검토를 하였다.

1) 소유권 일반(As to Dominium (Ownership))

(1) 소유권의 내용에 대하여, 로빈기어 초안은 "소유권에 관해서는, 재산은 공적 또는 사적이 될 수 있다. 공적 재산은 국가 또는 그 하부조직에 속하고 일반 또는 배타적일 수 있다. 고속도로, 공원 등을 포함한, 공동재산의 사용은 모든 사람에게 공개된다. 국방에 전용되는 것을 포함한 공적 재산은 배타적이다"(Art 959)고 규정하였다. 이 초안은 소유권에 대하여(As to dominium (ownership)) 공적인 것과 사적인 것으로 나누어 규정하고 있다.[728] 이에 대하여 현행민법전 초안은 "소유자는 법률의 범위 내에서 그 소유물을 사용 수익 처분할 권리가 있다"(제199조)고 규정하였다.[729] 두 초안은 입법취지에서 유사

---

726 중화민국 민법전, 제68조: 독일 민법전, 제97, 98조: 일본 민법전, 제87조: Ryasanovski, *Chinese Civil Law*, p.208, infra.
727 일본 민법 제87조; 독일 민법 제97조; 스위스 민법 제644, 645조; 중화민국 민법 제68조: 만주국 민법 제97조.
728 40 Corpus Juris, 1427~1429.

하지만, 입법방법이 다르다.

(2) 로빈기어 초안은 "전조에 포함되지 않은 모든 재산은 공적인 것 또는 사적인 것이다. 공적 재산은 국가 또는 그 하부조직에 속하고 일반 또는 배타적일 수 있다. 고속도로, 공원 등을 포함한, 공동재산의 사용은 모든 사람에게 공개된다. 국방에 전용되는 것을 포함한 공적 재산은 배타적이다"(Art 960)고 규정하였다. 이 초안은 사적인 것을 표제로 하면서 제959조를 다시 규정하고 있다.[730] 이에 대하여 현행민법전 초안은 입법하지 않았다. 두 초안은 입법취지가 다르다.

(3) 로빈기어 초안은 "전조에 포함되지 않은 모든 재산은 개인적인 것이고 상속될 수 있다. 다른 사람 또는 개인에 의하여 소유되지 않는 재산(토지)에 속하고, 국가의 기관이 아닌 자연인 또는 법인에 속한다. 개인재산은 정당한 보상을 제외하고 공적인 것을 위하여도 사적인 사용을 수행할 수 없다"(Art 960a)고 규정하였다. 이 초안은 개인재산에 대하여 규정하고 있다.[731] 이에 대하여 현행민법전 초안은 입법하지 않았다. 두 초안은 입법취지가 다르다.

(4) 로빈기어 초안은 "주요한 분류는 유형과 무형이다. 전자는 물리적으로 소유하고 즐길 수 있는 것이고, 후자는 감각에 의해 인식할 수 없고 권리로 구성된다. 유체재산은 다시 부동산으로 분류되고, 영미법의 "부동산"에 유사하다. 그리고 동산은 "개인 재산"에 유사하다. 다른 분류는 주물과 종물을 포함하고, 전자는 자체로 존재하고, 후자는 다른 재산에 의존한다"(Art 961)고 규정하였다. 이 초안은 물건의 분류에 대하여 규정하고 있다. 즉 유체물과 무체물,[732] 부동산[733]과 동산, 주물[734]과 종물[735, 736]로 나누어 규정하고 있다. 이에 대하여 현행민법전 초안은 "토지 및 그 정착물은 부동산이다. 부동산 이외의 물건은 동산이다"(제94조)고 규정하고,[737] 주물과 종물(제95조)을 규정하였다. 두 초안은 입법취지에서 일치하지만, 입법방법 및 조문의 편제와 구성이 다르다.

---

729 일본 민법 제206조; 와이말 헌법 제155, 153조; 독일 민법 제903조; 스위스 민법 제641조; 중화민국 민법 제765조; 프랑스 민법 제544조; 만주국 민법 제203조.

730 40 Corpus Juris, 1427~1429.

731 40 Corpus Juris, 1427~1429.

732 중화민국 민법전, 제66조; 일본 민법전, 제86조; 40 Corpus Juris, 1429, et. seq.

733 켈리포니아 민법전, 제657조 이하; 중화민국 민법전, 제66조; 일본 민법전, 제86조.

734 아르헨티나 민법전, 제2361, 2362조; 중화민국 민법전, 제68조; 독일 민법전, 제97조; 일본 민법전, 제87조; 파라과이 민법전, 제2328조.

735 아르헨티나 민법전, 제2542, 2557조.

736 켈리포니나 민법전, 제663조; 중화민국 민법전, 제67조; 일본 민법전, 제86조.

737 일본 민법 제86조; 중화민국 민법 제67조; 만주국 민법 제96조.

2) 유체재산(Corporeal Property)

유체재산에 대하여, 로빈기어 초안은 권리취득(Acquisition, Arts 962~991)과 소유권(Ownership / Dominium, Arts 992~1052)을 각각 규정하였다. 이에 대하여 현행민법전 초안은 소유권의 취득(제235조~제251조), 공유(제252조~265조), 지상권(제4장), 지역권(제5장) 등을 각각 규정하였다.

가) 권리취득(Acquisition)

권리취득에 대하여, 로빈기어 초안은 일반규정(In General, Arts 962~965), 점유(Possession, Arts 966~976), 취득시효(Acquisitive Prescription, Arts 977~981) 및 부합(Accession, Arts 982~991)을 각각 규정하였다. 이에 대하여 현행민법전 초안은 취득시효(제235조~237조), 선의취득(제239조~제241조), 무주물의 선점(제242조), 유실물의 습득(제243조), 매장물의 발견(제244조~제245조), 부합(제246조~247조), 혼화(제248조), 가공(제249조), 첨부의 효과(제250조~제251조)를 각각 규정하였다.

(1) 재산의 취득형태에 대하여, 로빈기어 초안은 "재산은, ① 본래(예컨대, 최초로), 선점, 점유 또는 취득시효, 그리고 ② 파생적으로, 전 소유자로부터 양도된 때에 취득할 수 있다"(Art 962)고 규정하였다. 이 초안은 재산의 취득형태(Modes)에 대하여 규정하고 있다.[738] 이에 대하여 현행민법전 초안은 일반적인 입법방법을 취하지 않았다. 두 초안은 입법취지는 일치하지만, 입법방법이 다르다.

(2) 선점에 대하여, 로빈기어 초안은 "선점은 소유의사로 아무에게도 속하지 않는 재산에 대한 점유를 취득하는 것이다"(Art 963)고 규정하였다. 이 초안은 선점(Occupancy)에 대하여 규정하고 있다.[739] 이에 대하여 현행민법전 초안은 "무주의 동산을 소유의 의사로 점유한 때에는 그 소유권을 취득한다. 무주의 부동산은 국유로 한다. 야생하는 동물은 무주물로 하고 사양하는 야생동물도 다시 야생상태로 도라가면 무주물로 한다"(제242조)고 규정하였다.[740] 두 초안은 입법취지에서 일치한다.

---

[738] 40 Corpus Juris, 1430~1.

[739] 중화민국 민법전, 제802조; 프랑스 민법전, 제539조, 제713조 참조; 독일 민법전, 제958조; 일본 민법전, 제239조; 스위스 민법전, 제718조; 40 Corpus Juris, 1430~1.

[740] 일본 민법 제239조; 독일 민법 제958조 제1항, 제960조 제1항; 중화민국 민법 제804조; 만주국 민법 제233조.

(3) 야생동물에 대하여, 로빈기어 초안은 "포획자로부터 도주하고 다른 사람이 선의로 취득한 야생동물은 전자인 보유자에 의한 청구가 없는 한 이러한 도주로부터 1월 이내에 후자의 지배에 놓이게 된다"(Art 964)고 규정하였다. 이 초안은 야생동물(Wild animals)의 취득에 대하여 규정하고 있다.[741] 이에 대하여 현행민법전 초안은 무주물의 선점(제242조)에서 같이 규정하는 입법방법을 취하였다. 두 초안은 입법취지에서 일치하지만, 입법방법에서 다르다.

(4) 매장물의 발견 등에 대하여, 로빈기어 초안은 "매장물, 표류물, 부유물의 소유권은 공고한 뒤 6월 이내에 소유자가 발견하지 못한 점유를 취득한 사람에 의하여 취득한다. 다른 사람에 의하여 재산이 발견된 경우, 재산이 학술적, 예술적, 고고학적 또는 역사적 가치가 없는 한, 그 소유자 및 발견자는, 그 소유권이 소유자와 발견자에게 상당한 액의 지급에 의하여 국가에 귀속되지 않는 한, 매장물에 대하여 마찬가지로 배분된다"(Art 965)고 규정하였다. 이 초안은 매장물 발견 등(Treasure-trove. etc.)에 대하여 규정하고 있다.[742] 이에 대하여 현행민법전 초안은 "매장물은 법률이 정한 바에 의하여 공고한 후 1년 이내에 그 소유자가 권리를 주장하지 아니하면 발견자가 그 소유권을 취득한다. 그러나 타인의 토지 기타 물건으로부터 발견한 매장물은 그 토지 기타 물건의 소유자와 발견자가 평분 취득한다"(제244조)고 규정하고,[743] "유실물은 법률의 규정한 바에 의하여 공고한 후 1년 이내로 그 소유자가 권리를 주장하지 아니하면 습득자가 그 소유권을 취득한다"(제243조)고 규정하였으며,[744] "학술, 기예 또는 고고의 중요한 재료되는 물건에 대하여 제242조 제1항 및 제2항의 규정에 의하지 아니하고 국유로 한다. 전항의 경우에 습득자, 발견자 및 매장물이 발견된 토지 기타 물건의 소유자는 국고에 대하여 적당한 보상을 청구할 수 있다"(제245조)고 규정하였다.[745] 두 초안은 입법취지에서 일치하지만 입법방법에서 다르다.

(5) 점유에 대하여, 로빈기어 초안은 "점유는 유체재산의 지배이다"(Art 966)고 규정

---

[741] 프랑스 민법전, 제719조; 독일 민법전, 제960~61조; 일본 민법전, 제195조.

[742] Tomkins & Jancken, Modern Roman Law (1870) p.103. Treasure trove, i.e. "gold or silver coin, plate or bullion concealed in a private place," jetsam and flotsam, i.e. wreckage. p.405; 중화민국 민법전, 제808, 809조; 일본 민법전, 제241조; 독일 민법전, 제984조; 스위스 민법전, 제723조.

[743] 일본 민법 제241조; 일본 유실물법 제13조; 독일 민법 제984조; 중화민국 민법 제808조.

[744] 일본 민법 제240조; 독일 민법 제965, 966조; 중화민국 민법 제803, 804조.

[745] 신설; 일본 문화재보호법 제57조~제65조.

하였다. 이 초안은 점유(Possession)의 정의(Defined)에 대하여 규정하고 있다.[746] 이에 대하여 현행민법전 초안은 "물건을 사실상 지배하는 자는 점유권이 있다. 점유자가 물건에 대한 사실상의 지배를 일시 상실하여도 제193조의 규정에 의하여 점유를 회수한 때에는 점유권은 소멸하지 아니한 것으로 본다"(제183조)고 규정하였다.[747] 두 초안은 점유에 대하여 입법취지가 다르다. 로빈기어 초안은 점유를 사실로 입법한 것에 대하여 현행민법전 초안은 점유를 점유권으로서 권리로 입법을 하였다.

(6) 점유의 형태에 대하여, 로빈기어 초안은 "점유는 자연적(행위)이거나 법적(건설)일 수 있다. 통상으로, 선의로 취득한 때와 비정상적으로 다른 방법, 이해관계인으로부터 은폐된 때에 공개적으로 공연하고 평온하게 유지된 때에 취득하고 공개된다. 평화롭게 강제 없이 취득한 때에 평화롭고, 강제로, 현실로 또는 위협에 의하여 취득한 때에 광폭한 것이다. 간접점유자는 소유자로서 법적인 관계에서 보유하는 사람이다"(Art 967)고 규정하였다. 이 초안은 점유의 종류(Kinds)에 대하여 규정하고 있다. 즉 자연적 점유 또는 법적인 점유, 통상적인 점유 또는 비정상적인 점유, 평온한 점유 또는 강폭한 점유,[748] 간접점유[749] 등이다. 이에 대하여 현행민법전 초안은 "점유자는 소유의 의사로 선의, 평온 및 공연하게 점유한 것으로 추정한다. 선의의 점유라도 본권에 관한 소송에 패소한 때에는 그 소송에 제기된 때부터 악의의 점유자로 본다"(제186조)고 규정하고,[750] "지상권, 전세권, 질권, 사용대차, 임대차, 임치 기타의 관계로 타인으로 하여금 물건을 점유하게 한 자는 간접점유권이 있다"(제184조)고 규정하였다.[751] 두 초안은 입법취지에서 일치하지만, 입법방법과 조문의 구성이 다르다.

(7) 준점유에 대하여, 로빈기어 초안은 "준점유자는 그 점유하지 않고 창설되어진 그러한 권리를 제대로 행사하는 사람이다"(Art 968)고 규정하였다. 이 초안은 준점유자(A quasi-possessor)에 대하여 규정하고 있다.[752] 이에 대하여 현행민법전 초안은 "본장의

---

746 중화민국 민법전, 제940조; 독일 민법전, 제354조 제1항; 40 Corpus Juris, 1432 n.93; 스위스 민법전, 제919조.
747 일본 민법 제180, 263조; 독일 민법 제854조 제1항, 제856조; 프랑스 민법 제2228, 2229조; 스위스 민법 제919조 제1항; 중화민국 민법 제940조; 만주국 민법 제185조.
748 40 Corpus Juris, 1434.
749 중화민국 민법전, 제941조; 독일 민법전, 제868조; 일본 민법전, 제181조.
750 일본 민법 제186조 제1항, 제189조 제2항; 스위스 민법 제938조; 중화민국 민법 제944조 제1항; 만주국 민법 제189조.
751 일본 민법 제181조; 독일 민법 제855, 868조; 스위스 민법 제920조; 중화민국 민법 제941조; 만주국 민법 제186조.
752 중화민국 민법전, 제966조 : 일본 민법전, 제205조.

규정은 재산권을 사실상 행사하는 경우에 준용한다"(제198조)고 규정하였다.[753] 두 초안은 입법취지가 일치한다.

(8) 선의취득에 대하여, 로빈기어 초안은 "동산의 공연, 선의의 점유는, 실제로 과실 없이 시작되면, 점유자가 그 위에 행사할 권리를 인정한다"(Art 969)고 규정하였다. 이 초안은 동산의 점유의 취득에 대하여 규정하고 있다.[754] 이에 대하여 현행민법전 초안은 "평온, 공연하게 동산을 양수한 자가 선의이며 과실 없이 그 동산을 점유한 때에는 양도인이 정당한 소유자가 아닌 경우에도 즉시 그 동산의 소유권을 취득한다"(제239조)고 규정하였다.[755] 두 초안은 입법취지와 입법방법에서 거의 일치한다.

(9) 로빈기어 초안은 "이러한 동산은 분실하거나 도난당한 경우, 그 소유자는 자신의 점유가 정지된 시점부터 2년 이내에 이를 복구할 수 있다. 그러나 그는, 후자가 공개시장에서 경매로 선의로 또는 유사한 동산의 거래인으로 부터 취득한 경우, 지급한 가격에 대하여 점유자에게 상환하여야 한다. 그러나 전술한 것은 소지인에게 지급할 금전 또는 유가증권에 적용할 수 있다"(Art 970)고 규정하였다. 이 초안은 선의취득에서 점유의 상실(Loss)에 대하여 규정하고 있다.[756] 이에 대하여 현행민법전 초안은 "전조의 경우에 그 동산이 도품이나 유실물인 때에는 피해자 또는 유실주는 도난 또는 유실당한 날로부터 2년 이내에 그 물건의 반환을 청구할 수 있다. 그러나 도품이나 유실품이 금전인 때에는 그러하지 아니하다"(제140조)고 규정하고,[757] "양수인이 도품 또는 유실물을 경매나 공개시장에서 또는 동종류의 물건을 판매하는 상인에게서 선의로 매수한 때에는 피해자 또는 유실주는 양수인이 지급한 대가를 변상하고 그 물건의 반환을 청구할 수 있다"(제241조)고 규정하였다.[758] 두 초안은 입법취지에서 일치한다. 다만 현행민법전 초안은 도품, 유실물에 대한 특례(제140조, 제141조)를 별개로 입법하는 입법방법을 취하였다.

(10) 점유자의 책임에 대하여, 로빈기어 초안은 "악의의 강제 또는 은닉 점유자는 과

753　일본 민법 제205조; 스위스 민법 제919조 제2항; 중화민국 민법 제966조; 만주국 민법 제202조.

754　일본 민법전, 제192조.

755　일본 민법 제192조; 독일 민법 제932, 933, 934조; 스위스 민법 제933조; 프랑스 민법 제2275조 제1항; 독일 상법 제366조; 중화민국 민법 제801조; 만주국 민법 제230조.

756　중화민국 민법전, 제949조; 프랑스 민법전, 제2279, 2286조; 일본 민법전, 제193조; 스위스 민법전, 제934조.

757　일본 민법 제193조; 독일 민법 제935조; 스위스 민법 제934조 제1항, 제935조; 프랑스 민법 제2279조; 중화민국 민법 제803조; 만주국 민법 제231조.

758　일본 민법 제194조; 독일 민법 제934조 제1항; 스위스 민법 제934조 제2항; 프랑스 민법 제2280조; 만주국 민법 제232조.

실, 그 사용가치 또는 손상되거나 그의 과오로 수취하지 못한 나머지를 반환할 의무가 있다. 선의 점유자는 그 손해에서 자신의 이익의 범위까지 책임을 지고, 선의로 행동한 점유자는, 그가 소유자로서 청구할 의사가 없는 한, 모든 손해를 복구하여야 한다"(Art 971)고 규정하였다. 이 초안은 점유회복에서 점유자의 책임(Liability)에 대하여 규정하고 있다.[759] 이에 대하여 현행민법전 초안은 "점유물이 점유자의 책임 있는 사유로 인하여 멸실 또는 훼손한 때에는 악의의 점유자는 그 손해의 전부를 배상하여야 하며 선의의 점유자는 이익이 현존하는 한도에서 배상하여야 한다. 소유의 의사가 없는 점유자는 선의인 경우도 손해의 전부를 배상한다"(제191조)고 규정하였다.[760] 두 초안은 입법취지와 입법방법이 거의 일치한다.

(11) 점유자의 상환청구권에 대하여, 로빈기어 초안은 "재산을 보존과 보호하는 필요적 경비에 대한 보상은, 전자가 과실을 수취하지 않거나 또한 선의 점유자가 그로부터 증가된 가치의 범위까지 개선에 대하여, 그 회복을 추구한 사람으로부터 다시 청구될 수 있다"(Art 972)고 규정하였다. 이 초안은 필요비의 보상(Reimbursement for necessary expenses)에 대하여 규정하고 있다.[761] 이에 대하여 현행민법전 초안은 "점유자가 점유물을 반환한 때에는 회복자에 대하여 점유물을 보존하기 위하여 지출한 금액 기타 필요비의 상환을 청구할 수 있다. 그러나 점유자가 과실을 취득한 경우에는 통상의 필요비는 청구하지 못한다. 점유자가 점유물을 개량하기 위하여 지출한 금액 기타 유익비에 관하여는 그 가액의 증가가 현존한 경우에 한하여 회복자의 선택에 좇아 그 지출금액이나 증가액을 상환하게 할 수 있다. 전항의 경우에는 법원은 회복자의 청구에 의하여 상당한 상환기한을 부여할 수 있다"(제192조)고 규정하였다.[762] 두 초안은 입법취지와 입법방법에서 거의 일치한다.

(12) 점유의 소멸에 대하여, 로빈기어 초안은 "점유의 종료는, 일시적 지배인 점유가 다른 사람에 의하여 취득되어 보유하는 주된 권리의 회수 또는 보관하는 대리인의 손실 또는 무권원 점유의 주장에 의하여 소멸되지 않는 한, 손실을 따른다"(Art 973)고 규정하였다. 이 초안은 점유의 종료(Extinction of possession)에 대하여 규정하고 있다.[763] 이에

---

759 중화민국 민법전, 제958, 956, 953조; 일본 민법전, 제190, 191조; 스위스 민법전, 제934조.
760 일본 민법 제191조; 독일 민법 제990, 993조; 중화민국 민법 제953, 956조; 만주국 민법 제195조.
761 중화민국 민법전, 제954, 957, 955조; 일본 민법전, 제196조.
762 일본 민법 제916조; 독일 민법 제996조; 중화민국 민법 제954, 955, 957조; 만주국 민법 제196조.
763 중화민국 민법전, 제964조; 일본 민법전, 제202, 204조.

대하여 현행민법전 초안은 "점유자가 물건에 대한 사실상의 지배를 일시 상실하여도 제
193조의 규정에 의하여 점유를 회복한 때에는 점유권은 소멸하지 아니한다"(제183조 제
2항)고 규정하고,[764] "점유자가 점유의 침탈을 받은 때에는 그 물건의 반환 및 손해의 배
상을 청구할 수 있다. 전항의 청구권은 침탈자의 특별승계인에 대하여는 행사하지 못한
다. 그러나 승계인이 악의인 때에는 그러하지 아니한다. 제1항의 청구권은 침탈한 날로
부터 1년 내에 행사하여야 한다"(제193조)고 규정하였다.[765] 두 초안은 입법취지가 일치
한다. 그러나 입법방법과 조문의 구성이 다르다.

(13) 점유의 양도에 대하여, 로빈기어 초안은 "동산점유의 양도는 그것의 인도에 의
하여 효력이 있다. 양수인이 실제로 점유하고 있는 경우 의사의 표현으로 충분하다. 취
득한 점유는 소유권 속으로 무르익게 된다. 따라서 양도인은 양도할 권리가 없다"(Art
974)고 규정하였다. 이 초안은 동산점유의 양도(Transfer of possession of a movable)에
대하여 규정하고 있다.[766] 이에 대하여 현행민법전 초안은 "점유권의 양도는 점유물의
인도로 그 효력이 생긴다. 간접점유권의 양도는 목적물반환청구권의 양도로 그 효력이
생긴다"(제185조)고 규정하였다.[767] 두 초안은 입법취지가 유사하지만, 현행민법전 초안
은 점유를 권리로 구성함에 따라서 점유권의 양도로 입법하였음을 확인할 수 있다.

(14) 권리의 적법의 추정에 대하여, 로빈기어 초안은 "점유의 본질은 소유자가 그 본
질을 변경하지 않는 때, 점유자가 그가 소유권을 주장할 의사로 점유를 취득한 사람에게
선언하지 않는 한, 청구할 점유자의 의사를 배제한다"(Art 975)고 규정하였다. 이 초안은
점유의 본질(the nature of the possession)에 대하여 규정하고 있다.[768] 이에 대하여 현행민
법전 초안은 "점유자가 점유물에 대하여 행사하는 권리는 적법하게 보유한 것으로 추정
한다"(제189조)고 규정하였다.[769] 두 초안은 입법취지는 일치하지만, 입법방법이 다르다.

(15) 점유의 승계의 주장과 그 효과에 대하여, 로빈기어 초안은 "점유자의 양수인은
그의 전점유자의 점유와 함께 또는 별도로 그의 점유를 주장할 수 있다. 그러나 그는 후

---

764 일본 민법 제263조; 독일 민법 제856조.

765 일본 민법 제200, 201조 제3항; 독일 민법 제861, 854조; 중화민국 민법 제962, 963조; 만주국 민법 제197조.

766 중화민국 민법전, 제946, 801, 948조; 일본 민법전,제182조; 독일 민법전, 제932, 933, 934조; 스위스 민법전, 제714조 제2항.

767 일본 민법 제182조 제1항, 181조; 독일 민법 제870조; 중화민국 민법 제946조; 만주국 민법 제187, 188조.

768 중화민국 민법전, 제945조; 일본 민법전, 제185조.

769 일본 민법 제188조; 독일 민법 제891, 1006조; 스위스 민법 제930조; 중화민국 민법 제943조; 만주국 민법 제192조.

자의 점유에 있어서 결함이 적용된다"(Art 976)고 규정하였다. 이 초안은 점유자의 양수인(The transferee of a possessor)과 전점유자(his predecessor)의 점유와의 관계에 대하여 규정하고 있다.[770] 이에 대하여 현행민법전 초안은 "점유자의 승계인은 자기의 점유만을 주장하거나 자기의 점유와 전주의 점유를 아울러 주장할 수 있다. 전주의 점유를 아울러 주장하는 경우에는 그 하자도 계승한다"(제188조)고 규정하였다.[771] 두 초안은 입법취지와 입법방법이 일치한다.

(16) 점유취득시효에 대하여, 로빈기어 초안은 "취득시효는 그것을 취득할 의사로 재산의 사실상(자연적) 점유이다. 그것은 어떤 조건의 충족과 어떤 기간의 만료에 의하여 소유권이 된다"(Art 977)고 규정하였다. 이 초안은 취득시효(Acquisitive prescription)의 정의(Defined)에 대하여 규정하고 있다.[772] 이에 대하여 현행민법전 초안은 점유로 인한 부동산소유권의 취득기간(제235조), 점유로 인한 동산소유권의 취득기간(제236조)을 각각 규정하였다. 두 초안은 입법취지는 일치하지만, 입법방법과 조문의 구성이 다르다.

(17) 부동산소유권의 점유취득시효에 대하여, 로빈기어 초안은 "등기되지 않은 부동산의 소유권의 주장과 함께 20년 동안 공개되고 평화롭고, 지속된 점유는 점유자에게 그의 소유자로서 등기할 권한이 있다. 그리고 그 점유가 선의로 개시되고 과실이 없으면, 동일한 권리가 10년 내에 취득될 수 있다"(Art 978)고 규정하였다. 이 초안은 부동산의 취득시효에 대하여 규정하고 있다.[773] 이에 대하여 현행민법전 초안은 "20년간 소유의 의사로 평온, 공연하게 부동산을 점유하는 자는 법원의 판결을 얻어 등기함으로써 그 소유권을 취득한다. 부동산의 소유자로 등기한 자가 10년간 소유의 의사로 평온, 공연하게 선의이며 과실없이 그 부동산을 점유한 때에는 소유권을 취득한다"(제235조)고 규정하였다.[774] 두 초안은 입법취지와 입법방법이 일치한다.

(18) 동산소유권의 점유취득시효에 대하여, 로빈기어 초안은 "공개되고, 평화롭고, 지속된 5년의 점유는, 동산소유권의 주장에 따라, 점유자에게 소유자로서 등록할 권한이 있다"(Art 979)고 규정하였다. 이 초안은 동산의 취득시효에 대하여 규정하고 있다.[775] 이

770　중화민국 민법전, 제947조.
771　일본 민법 제187조; 독일 민법 제858조 제2항; 중화민국 민법 제947조; 만주국 민법 제191조.
772　Riasanovsky supra n.32 at p.22; 스위스 민법전, 제728조.
773　중화민국 민법전, 제769, 770조; 일본 민법전, 제162, 177조.
774　일본 민법 제162조; 독일 민법 제900, 927조; 스위스 민법 제661조; 중화민국 민법 제769, 770조; 만주국 민법 제224, 225조.

에 대하여 현행민법전 초안은 "10년간 소유의 의사로 평온, 공연하게 동산을 점유한 자
는 그 소유권을 취득한다. 전항의 점유가 선의이며 과실없이 개시된 경우에는 5년을 경
과함으로써 그 소유권을 취득한다"(제236조)고 규정하였다.[776] 두 초안은 입법취지가 일
치하지만, 현행민법전 초안은 동조 제1항의 규정이 로빈기어 초안과 다른 입법방법이다.

(19) 시효이익의 포기 등에 대하여, 로빈기어 초안은 "시효의 이익은 청구되어야 하
고, 미리 포기할 수 없고, 시효가 진행이 개시된 때에 소급한다"(Art 980)고 규정하였다.
이 초안은 시효의 이익(The benefits of prescription)에 대하여 규정하고 있다.[777] 이에 대
하여 현행민법전 초안은 "소멸시효의 이익은 미리 포기하기 못한다"(제175조)고 규정하
였다.[778] 두 초안은 입법취지가 일치하지만, 규정의 편제가 다르다. 즉 로빈기어 초안은
제3편 재산 / 물권 편에, 현행민법전 초안은 제1편 총칙편에 각각 규정 입법하였다.

(20) 취득시효의 중단에 대하여, 로빈기어 초안은 "취득시효는, 점유자가 자발적으
로 점유를 중단하거나 다른 사람에 의하여 박탈되거나 소유권청구를 중단하는 경우에
중단된다. 중단의 원인이 중지되면 시효는 재개한다"(Art 981)고 규정하였다. 이 초안은
취득시효의 중단(Interruption)에 대하여 규정하고 있다.[779] 이에 대하여 현행민법전 초안
은 "소멸시효의 중단에 관한 규정은 전 2조의 소유권취득시효기간에 준용한다"(제237조
제2항)고 규정하였다.[780] 두 초안은 입법취지에서 일치하지만, 입법방법이 다르다.

(21) 부합에 대하여, 로빈기어 초안은 "부합은 주물의 소유자가 천연 또는 법정 과실,
후자는 차임, 이자 또는 기타 이익을 포함한 종물에 대한 권한을 갖는 것에 의하여 소유
권을 취득하는 원래의 형태이다. 인접한 토지에 떨어지는 천연과실은 그것이 공공 토지
가 아닌 한 그것에 속한다"(Art 982)고 규정하였다. 이 초안은 부합(Accession)의 정의
(Defined)에 대하여 규정하고 있다.[781] 이에 대하여 현행민법전 초안은 부동산에의 부합
(제246조), 동산간의 부합(제247조)을 각각 규정하였다. 두 초안은 입법취지에서 일치하
지만, 입법방법과 조문의 구성이 다르다.

---

775 중화민국 민법전, 제768조.
776 일본 민법 제162조 제1항; 독일 민법 제937조; 스위스 민법 제728조 제1항; 중화민국 민법 제768조; 만주국 민법
제226, 227조.
777 일본 민법전, 제144~46조.
778 일본 민법 제146조; 독일 민법 제225조; 스위스 채무법 제141조; 중화민국 민법 제147조; 만주국 민법 제175조.
779 중화민국 민법전, 제771, 137조; 독일 민법전, 제940조; 일본 민법전, 제164, 157조.
780 일본 민법 제164조; 만주국 민법 제228조.
781 중화민국 민법전, 제68, 69조; 일본 민법전, 제87~89조; 독일 민법전, 제97, 98조.

(22) 부동산에의 부합에 대하여, 로빈기어 초안은 "부동산의 소유자는 그것에 부착된 종물의 소유권을 취득한다. 그러나 다른 사람의 권리에 침해가 없으면 권원의 가치에 의하여 이러한 부착물에 효력이 미친다"(Art 983)고 규정하였다. 이 초안은 부동산(Immovables)의 부합에 대하여 규정하고 있다.[782] 이에 대하여 현행민법전 초안은 "부동산의 소유자는 그 부동산에 부합한 물건의 소유권을 취득한다. 그러나 타인의 권한에 의하여 부속된 것은 그러하지 아니하다"(제246조)고 규정하였다.[783] 두 초안은 입법취지와 입법방법에서 일치한다.

(23) 동산간의 부합에 대하여, 로빈기어 초안은 "두 개 이상의 동산이 불가분하게 혼합하는 경우, 과도한 비용 또는 손해를 제하고, 주물인 동산의 소유자가 모든 재산을 취득한다. 주물인 동산이 구별되지 않는 경우 각 소유자는 그 가치에 비례하여 전체의 공유자가 된다"(Art 984)고 규정하였다. 이 초안은 동산(Movables)의 부합에 대하여 규정하고 있다.[784] 이에 대하여 현행민법전 초안은 "동산과 동산이 부합하여 훼손하지 아니하면 분리할 수 없거나 그 분리에 과다한 비용을 요할 경우에는 그 합성물의 소유권은 주된 동산의 소유자에게 속한다. 부합한 동산의 주종을 구분할 수 없는 때에는 동산의 소유자는 부합 당시의 가격의 비례로 합성물을 공유한다"(제247조)고 규정하였다.[785] 두 초안은 입법취지과 입법방법이 일치한다.

(24) 혼화에 대하여, 로빈기어 초안은 "앞의 두 조문은, 서로 다른 소유자에 속하는 재료에 필요한 수정을 하지만, 구별되지 않게 단일하게 된 것에 적용한다"(Art 985)고 규정하였다. 이 초안은 혼합물(mixture)에 관하여 규정하고 있다.[786] 이에 대하여 현행민법전 초안은 "전조의 규정은 동산과 동산이 혼화하여 분리할 수 없는 경우에 준용한다"(제248조)고 규정하였다.[787] 두 초안은 입법취지에서 일치한다.

(25) 건물의 구분소유에 대하여, 로빈기어 초안은 "한 건물의 구분된 부분의 소유자가 있는 경우, 공동으로 사용하는 부분은 종물과 함께 모든 소유자에게 속하는 것으로 추정된다. 한 부분의 소유자는, 특별한 약정 또는 관습이 부재하고, 필요한 경우, 다른

782　켈리포니아 민법전, 제1013조; 일본 민법전, 제242조.
783　일본 민법 제242조; 독일 민법 제946조; 중화민국 민법 제811조; 만주국 민법 제234조.
784　켈리포니아 민법전, 제1025조 이하; 독일 민법전, 제946~50조; 일본 민법전, 제243~4조; 멕시코 민법전, 제815
　　　조; 40 Corpus Juris, 1438, n.240.
785　일본 민법 제243, 244조; 독일 민법 제947조; 중화민국 민법 제812조; 만주국 민법 제235조.
786　일본 민법전, 제245조.
787　일본 민법 제245조; 독일 민법 제948조; 중화민국 민법 제813조; 만주국 민법 제236조.

사람에게 속하는 문을 사용할 수 있지만, 건물에 대하여 수리 및 기타 비용 부담은 그들 각 부분에 비례하여 소유자에 의하여 부담한다"(Art 986)고 규정하였다. 이 초안은 한 건물의 구분소유자의 비용부담에 대하여 규정하고 있다.[788] 이에 대하여 현행민법전 초안은 "수인이 한 채의 건물을 구분하여 각각 그 일부분을 소유한 때에는 건물과 그 부속물 중 공동하는 부분은 그의 공유로 추정된다. 공용부분의 보존에 관한 비용 기타의 부담은 각자의 소유부분의 가격에 비례하여 분담한다"(제203조)고 규정하였다.[789] 두 초안은 입법취지와 입법방법이 일치한다.

(26) 가공에 대하여, 로빈기어 초안은 "작업자가 제품을 취득하는 경우에, 노동의 가치가 동산의 가치를 재료로 또는 재료 없이 크게 초과하지 않는 한, 다른 사람이 작업한 것에 의한 동산의 소유자는 그것에 대한 소유권을 보유한다"(Art 987)고 규정하였다. 이 초안은 가공에 대하여 규정하고 있다.[790] 이에 대하여 현행민법전 초안은 "타인의 동산에 가공한 때에는 그 물건의 소유권은 원재료의 소유자에게 속한다. 그러나 가공으로 인한 가격의 증가가 원재료의 가격보다 현저히 다액인 때에는 가공자의 소유로 한다. 가공자가 재료를 제공하였으면 그 가격은 전항의 증가액에 가산한다"(제249조)고 규정하였다.[791] 두 초안은 입법취지에서 유사하다.

(27) 소유권의 양도에 대하여, 로빈기어 초안은 "앞의 5조문에 규정되어 있는 재산의 소유권의 양도는 그 재산에 이미 속하는 다른 권리를 그것과 함께 수반한다"(Art 988)고 규정하였다. 이 초안은 앞에서 규정한 재산의 소유권의 양도(Transfer of the ownership of property)에 대하여 규정하고 있다.[792] 이에 대하여 현행민법전 초안은 입법하지 않았다. 두 초안은 입법취지와 입법방법이 다르다.

(28) 첨부로 인한 구상에 대하여, 로빈기어 초안은 "언급한 조문의 적용에 의하여 야기된 손실은 부당이득의 원칙에 따라서 보상될 수 있다"(Art 989)고 규정하였다. 이 초안은 앞에서 언급한 조문의 적용에 의하여 야기된 손실의 보상에 대하여 규정하고 있다.[793] 이에 대하여 현행민법전 초안은 "전 5조의 경우에 손해를 받은 자는 부당이득에 관한

---

788 중화민국 민법전, 제799, 800조; 일본 민법전, 제208조.
789 일본 민법 제208조; 독일 민법 제921, 922조; 중화민국 민법 제799조; 만주국 민법 제207조.
790 일본 민법전, 제246조.
791 일본 민법 제246조; 독일 민법 제950조; 중화민국 민법 제814조; 만주국 민법 제237조.
792 일본 민법전, 제247조.
793 일본 민법전, 제248조.

규정에 의하여 보상을 청구할 수 있다"(제251조)고 규정하였다.[794] 두 초안은 입법취지와 입법방법이 일치한다.

(29) 둑의 설치 등에 대하여, 로빈기어 초안은 "퇴적지는 강의 둑에 토지의 일반적인 증가이고 이러한 둑의 소유자에 속한다. 그러나 그 소유자는 퇴적지 또는 급격한 변화에 의하여 얻게 된 토지에 대한 권원을 상실하지 않는다고 한다. 그 수원이 변경된 강의 바닥은 강기슭의 소유자에게 되돌아간다"(Art 990)고 규정하였다. 이 초안은 퇴적지 등의 소유권 귀속에 대하여 규정하고 있다. 즉, 퇴적지,[795] 퇴적지에 취득한 토지,[796] 강바닥[797]의 소유에 관한 것이다. 이에 대하여 현행민법전 초안은 "수류지의 소유자가 언(둑)을 설치할 필요가 있는 때에는 그 언을 대안에 접촉하게 할 수 있다. 그러나 이로 인한 손해를 보상하여야 한다. 대안의 소유자는 수류지의 일부가 자기 소유인 때에는 그 언을 사용할 수 있다. 그러나 그 이익을 받는 비율로 언의 설치 보존의 비용을 분담하여야 한다"(제219조)고 규정하였다.[798] 두 초안은 입법취지와 입법방법이 다르다.

(30) 강줄기에 형성된 토지에 대하여, 로빈기어 초안은 "반대하는 유효한 청구가 없는 한, 도서 및 항해 가능한 강줄기에 형성된 토지의 축적은 국가에 속한다. 강줄기가 항해 가능하거나 아닌 것으로 나누어지고, 해안의 소유자에게 속하는 토지를 분할 및 둘러싼 경우, 후자는 그렇게 형성된 섬을 보유한다"(Art 991)고 규정하였다. 이 초안은 섬이나 항해 가능한 강줄기에 형성된 토지의 소유에 대하여 규정하고 있다.[799] 이에 대하여 현행민법전 초안은 입법하지 않았다.

나) 소유권(Ownership (Dominium))

소유권에 대하여, 로빈기어 초안은 일반규정(In General, Arts 992~993), 공동소유(Joint and co-ownership, Arts 994~1002) 및 제한물권(Limited Dominium, Arts 1003~1052)을 각각 규정하였다. 이에 대하여 현행민법전 초안은 소유권의 한계(제1절), 소유권의 취득(제2절), 공유(제3절)를 각각 규정하였다.

---

794 일본 민법 제248조; 독일 민법 제951조; 중화민국 민법 제816조; 만주국 민법 제239조.
795 켈리포니아 민법전, 제1014조.
796 켈리포니아 민법전, 제1015조; 40 Corpus Juris, 1438, n.55.
797 켈리포니아 민법전, 제1015조.
798 일본 민법 제222조; 중화민국 민법 제785조.
799 켈리포니아 민법전, 제1016, 1017, 1018조.

(1) 소유권의 범위에 대하여, 로빈기어 초안은 "소유권은 완전하고 독점적인 재산을 향유하는 권리이다. 토지의 소유권은 아래 위의 공중까지 연장한다. 그러나 항공권에 의해 한정된다"(Art 992)고 규정하였다. 이 초안은 소유권(Ownership)의 정의(Defined)에 대하여 규정하고 있다.[800] 이에 대하여 현행민법전 초안은 "소유자는 법률의 범위 내에서 그 소유물을 사용 수익 처분할 권리가 있다"(제199조)고 규정하고,[801] "토지소유권은 정당한 이익 있는 범위 내에서 지상 지하에 미친다"(제200조)고 규정하였다.[802] 두 초안은 입법취지에서 일치한다.

(2) 소유권의 내용에 대하여, 로빈기어 초안은 "소유권의 부수의무는 용익권(사용 및 과실), 취득하는 이익, 부합 및 처분권을 포함한다"(Art 993)고 규정하였다. 이 초안은 소유권의 부수의무 또는 부수조건에 대하여 규정하고 있다.[803] 이에 대하여 현행민법전 초안은 "소유자는 법률의 범위 내에서 그 소유물을 사용 수익 처분할 권리가 있다"(제199조)고 규정하였다.[804] 두 초안은 소유권의 권능에 대하여 입법취지에서 일치한다.

(3) 물건의 공유에 대하여, 로빈기어 초안은 "공유자는 동일한 재산에서 동등한 것으로 추정되는 지분이 있고, 그 지분에 비례하여 그것을 사용할 권한이 있다. 소유자의 권리는 공동으로 전체 재산에 확대되고 법률이나 관습에 의한 적용을 받는다"(Art 994)고 규정하였다. 이 초안은 공유자(Co-owners)의 정의(Defined)에 대하여 규정하고 있다.[805] 이에 대하여 현행민법전 초안은 "공유자의 지분은 균등한 것으로 추정한다"(제252조 제2항)고 규정하였다.[806] 두 초안은 입법취지에서 일치한다.

(4) 공유물의 관리 보관에 대하여, 로빈기어 초안은 "개선을 포함한 공유자의 재산관리는, 해당 지분에 비례한 투표로, 공유자의 과반수에 의해 효력이 있다. 그러나 간단한 수리와 보존행위는 하나의 단독 공유자에 의해 효력이 있다. 재산은, 모든 공유자의 동

---

800 중화민국 민법전, 제765, 773조; 일본 민법전, 제206, 207조; 독일 민법전, 제903~5, 1004조; 40 Corpus Juris, 1431 n.80; 스위스 민법전, 제641, 667조; Riasanovsky, *Chinese Civil Law*, n.207; 이 법전 제510~519조 참조.
801 일본 민법 제206조; 독일 민법 제903조; 스위스 민법 제667조 제2항, 641조; 중화민국 민법 제765조; 프랑스 민법 제544조; 만주국 민법 제203조.
802 일본 민법 제207조; 독일 민법 제905조; 프랑스 민법 제552조; 스위스 민법 제667조; 중화민국 민법 제773조; 만주국 민법 제206조.
803 독일 민법전, 제903조; 일본 민법전, 제206조.
804 일본 민법 제206조; 독일 민법 제903조; 스위스 민법 제667조 제2항, 641조; 중화민국 민법 제765조; 프랑스 민법 제544조; 만주국 민법 제203조.
805 켈리포니아 민법전, 제685, 686조; 중화민국 민법전, 제817, 818, 827, 828조; 독일 민법전, 제741~43, 1008조; 일본 민법전, 제251, 252조.
806 일본 민법 제249조; 독일 민법 제741, 742, 1008조; 스위스 민법 제646조; 중화민국 민법 제817조; 만주국 민법 제240조.

의만으로, 양도, 변경 또는 담보될 수 있다"(Art 995)고 규정하였다. 이 초안은 공유자의 재산관리(Administration of co-owner's property)에 대하여 규정하고 있다.[807] 이에 대하여 현행민법전 초안은 "공유물의 관리에 관한 사항은 공유자의 지분의 과반수로 결정한다. 그러나 보존행위는 각자가 할 수 있다"(제255조)고 규정하였다.[808] 두 초안은 입법취지에서 일치한다.

(5) 공유물의 처분 변경에 대하여, 로빈기어 초안은 "그러한 공유자는 자신의 지분을 처분할 수 있고, 또는 그것에 비례하여, 재산을 사용하고 그 과실을 수취할 수 있다"(Art 996)고 규정하였다. 이 초안은 공유자의 지분의 처분(Disposition)에 대하여 규정하고 있다.[809] 이에 대하여 현행민법전 초안은 "공유자는 그 지분을 처분할 수 있고 공유물 전부를 지분의 비례로 사용, 수익할 수 있다"(제253조)고 규정하였다.[810] 두 초안은 입법취지와 입법방법이 일치한다.

(6) 관리비용 등의 부담에 대하여, 로빈기어 초안은 "관리 및 기타 부담의 비용은, 계약으로 다른 정함이 없는 한, 각자의 지분에 비례하여 모든 공유자가 부담한다. 이러한 부담의 자신의 지분보다 더 많은 공유자 중 한 사람에 의한 지급은 그에게 다른 공유자로부터 각자 지분에 비례하여 보상받을 권한이 있다"(Art 997)고 규정하였다. 이 초안은 관리 및 기타 부담의 비용(Expense of administration and other charges)에 대하여 규정하고 있다.[811] 이에 대하여 현행민법전 초안은 "공유자는 그 지분의 비례로 공유물의 관리 비용 및 기타 의무를 부담한다. 공유자가 1년 이상 전항의 의무 이행을 지체한 때에는 다른 공유자는 상당한 가격으로 지분을 매취할 수 있다"(제256조)고 규정하였다.[812] 두 초안은 입법취지에서 일치한다.

(7) 지분 포기 등에 대하여, 로빈기어 초안은 "상속인 없이 사망한 공유자에 의해 포기 또는 잔여 지분은 다른 공유자에게 양도한다"(Art 998)고 규정하였다. 이 초안은 상속인 없이 사망한 공유자의 지분에 대하여 규정하고 있다.[813] 이에 대하여 현행민법전 초

---

807 중화민국 민법전, 제820조 제3, 2, 1항, 제819조 제2항; 일본 민법전, 제249, 250, 251조.
808 일본 민법 제252조; 독일 민법 제744, 745조; 스위스 민법 제647조 제3항; 중화민국 민법 제820조; 만주국 민법 제244조.
809 중화민국 민법전, 제818, 819조; 콜롬비아 민법전, 제2322조; 코스타 리카 민법전, 제1044조; 독일 민법전, 제741~58조; 니카라구아 민법전, 제2508조; 파나마 운하 지역 민법전, 제2322조; 페루 민법전, 제2128조 이하.
810 일본 민법 제249조; 독일 민법 제747, 743조; 스위스 민법 제648조 제1항; 중화민국 민법 제818, 819조; 만주국 민법 제241, 242조.
811 중화민국 민법전, 제822조 제1, 2항; 일본 민법전, 제253조 제1항, 제253조; 스위스 민법전, 제649조 제2항.
812 일본 민법 제253조; 독일 민법 제748조; 스위스 민법 제649조 제1항; 중화민국 민법 제822조; 만주국 민법 제245조.

안은 "공유자가 그 지분을 포기하거나 상속인 없이 사망한 때에는 그 지분은 다른 공유자에게 각 지분의 비례로 귀속한다"(제258조)고 규정하였다.[814] 두 초안은 입법취지와 입법방법이 일치한다.

(8) 공유물에 대한 채권에 대하여, 로빈기어 초안은 "공동재산을 포함하는 다른 사람에 대하여 공유자 한 사람에 의한 주장은, 후자의 유일한 후계자에 대하여 적용할 수 있다"(Art 999)고 규정하였다. 이 초안은 다른 공유자에 대한 공유자의 청구(A Claim)에 대하여 규정하고 있다.[815] 이에 대하여 현행민법전 초안은 "공유자가 다른 공유자에게 대하여 공유물에 관한 채권이 있는 때에는 그 특별승계인에 대하여도 변제를 청구할 수 있다"(제257조)고 규정하였다.[816] 두 초안은 입법취지가 일치한다.

(9) 공유물의 회복에 대하여, 로빈기어 초안은 "공유물의 회복은 한 사람에 의하여 오직 모든 소유자를 대신하여 행하여질 수 있다"(Art 1000)고 규정하였다. 이 초안은 공유물의 회복(Recovery of the joint property)에 대하여 규정하고 있다.[817] 이에 대하여 현행민법전 초안은 입법하지 않았다. 두 초안은 입법취지에서 다르다.

(10) 공유물의 관리 및 처분에 대하여, 로빈기어 초안은 "달리 규정하지 않는 한, 공동으로 소유하는 재산의 관리 및 처분은 모든 소유자의 출석을 필요로 한다"(Art 1001)고 규정하였다. 이 초안은 공유물의 관리 및 처분(Administration and disposition of property owned in common)에 대하여 규정하고 있다.[818] 이에 대하여 현행민법전 초안은 입법하지 않았다. 두 초안은 입법취지에서 다르다.

(11) 공유물의 분할에 대하여, 로빈기어 초안은 "5년을 초과하지 않는 기간 또는 그 재산이 사용되는 목적을 계약에 의하여 배제하지 않는 한, 각 공유자는 언제든지 분할할 권한이 있다. 그러나 분할은 공동으로 소유자에게 유효하지 않다"(Art 1002)고 규정하였다. 이 초안은 공유물의 분할(Partition)에 대하여 규정하고 있다.[819] 이에 대하여 현행민법전 초안은 "공유자는 공유물의 분할을 청구할 수 있다. 그러나 5년 이내의 기간으로 분할하지 아니할 것을 약정할 수 있다. 전항의 계약을 갱신한 때에는 그 기간은 갱

---

813 일본 민법전, 제255조.
814 일본 민법 제255조; 만주국 민법 제247조.
815 일본 민법전, 제254조.
816 일본 민법 제254조; 독일 민법 제746, 1010조 제2항; 만주국 민법 제246조.
817 중화민국 민법전, 제821조; 독일 민법전, 제1011조.
818 중화민국 민법전, 제827, 828조.
819 중화민국 민법전, 제823, 829조; 일본 민법전, 제236~7조; 독일 민법전, 제749~50조.

신한 날로부터 5년을 넘지 못한다. 전 2항의 규정은 제203조, 제228조의 공유물에 적용하지 아니한다"(제259조)고 규정하고,[820] "분할의 방법에 관하여 협의가 성립되지 아니한 때에는 공유자는 법원에 그 분할을 청구할 수 있다. 현물로 분할할 수 없거나 분할로 현저히 그 가격이 감손될 염려가 있는 때에는 법원은 물건의 경매를 명할 수 있다"(제260조)고 규정하였으며,[821] "공유자는 다른 공유자가 분할로 인하여 취득한 물건에 대하여 그 지분의 비례로 매주(賣主)와 동일한 담보책임이 있다"(제261조)고 규정하였다.[822] 두 초안은 입법취지는 일치하지만, 입법방법과 조문의 구성이 다르다.

다) 제한물권(Limited Dominium)

제한물권에 대하여, 지역권(Servitudes, Arts 1003~1024), 용익물권(Usufruct, Arts 1025~1037), 지상권(Superficies / Di-Shang-Tsuam, Arts 1038~1045) 및 영소작권(Emphyteusis / Young-Tien, Arts 1046~1052)을 각각 규정하였다. 이에 대하여 현행민법전 초안은 제한물권으로서 용익물권인 지상권(제4장), 지역권(제5장)을 각각 규정하였다. 전세권은 로빈기어 초안 제2편 채무에서 물적담보계약의 일종으로 입법하였음을 앞에서 확인하였다.

(1) 지역권의 의의에 대하여, 로빈기어 초안은 "지역권은 소유자 이외의 유익을 위하여 부동산에 부과된 부동산의 지배적인 또는 능동적인 권리이다. 소유자의 간섭은 복종적인 또는 수동적인 것이라고 한다"(Art 1003)고 규정하였다. 이 초안은 지역권(A servitude)의 정의(Defined)에 대하여 규정하고 있다.[823] 이에 대하여 현행민법전 초안은 "지역권자는 일정한 목적을 위하여 타인의 토지를 자기 토지의 편익에 이용하는 권리가 있다"(제276조)고 규정하였다.[824] 두 초안은 입법취지에서 유사하다.

(2) 지역권의 불가분성에 대하여, 로빈기어 초안은 "지역권은 사용하는 재산으로부터 분리될 수 없고, 후자는 부분적으로 대상이 될 수 없다"(Art 1004)고 규정하였다. 이

---

820 일본 민법 제256조; 독일 민법 제745조 제1항; 스위스 민법 제650조; 중화민국 민법 제823조; 만주국 민법 제248, 249조.

821 일본 민법 제258조; 중화민국 민법 제824조; 만주국 민법 제250조.

822 일본 민법 제261조; 독일 민법 제757조; 중화민국 민법 제825조; 만주국 민법 제251조.

823 American Law Institute's Restatement of Property. Secs 450, 456; 켈리포니아 민법전, 제803조; 중화민국 민법전, 제851조; 독일 민법전, 제1018조 이하; 루이지아나 민법전, 제647조; 일본 민법전, 제280, 281조.

824 일본 민법 제280조; 독일 민법 제1018조; 스위스 민법 제730조; 프랑스 민법 제686조; 중화민국 민법 제851조; 만주국 민법 제283조.

초안은 지역권의 불가분성(Inseparability)에 대하여 규정하고 있다.[825] 이에 대하여 현행
민법전 초안은 "지역권은 요역지 소유권에 부종하여 이전하며 또는 요역지에 대한 소유
권 이외의 권리의 목적이 된다. 그러나 다른 약정이 있는 때에는 그 약정에 의한다. 지역
권은 요역지와 분리하여 양도하거나 다른 권리의 목적으로 하지 못한다"(제279조)고 규
정하고,[826] "토지 공유자의 1인은 지분에 관하여 그 토지를 위한 지역권 또는 그 토지가
부담한 지역권을 소멸하게 하지 못한다. 토지의 분할이나 토지의 일부양도의 경우에는
지역권은 요역지의 각 부분을 위하여 또는 그 승역지의 각 부분에 존속한다. 그러나 지
역권이 토지의 일부분에만 관한 것인 때에는 다른 부분에 대하여는 그러하지 아니하
다"(제280조)고 규정하였다.[827] 두 초안은 입법취지에서 유사하지만, 입법방법이 다르다.

(3) 지역권의 본질에 대하여, 로빈기어 초안은 "지역권은 부동산 또는 개인적이고,
승역지 부동산이 속하지 않는 한 사람 이상의 개인의 이익을 위하여, 다른 소유자를 갖
는 상대방의 유용성에 대한 하나의 부동산에 부과되는 것이다"(Art 1005)고 규정하였다.
이 초안은 지역권의 본질에 대하여(As to nature) 규정하고 있다.[828] 이에 대하여 현행민
법전 초안은 입법하지 않았다. 두 초안은 입법취지에서 다르다.

(4) 지역권의 취득기간에 대하여, 로빈기어 초안은 "연속적이고 간헐적인 것은 지역
권의 다른 형태를 형성하고, 전자는 인간의 개입 없이 항상 사용할 수 있고 후자는 인간
의 도움에 의존한다"(Art 1006)고 규정하였다. 이 초안은 지역권은 연속적이고 간헐적인
것이 다른 형태를 이룬다고 규정하고 있다.[829] 이에 대하여 현행민법전 초안은 "지역권
은 계속되고 표현된 것에 한하여 제235조의 규정을 준용한다"(제281조)고 규정하였
다.[830] 두 초안은 입법취지가 일치한다.

(5) 표현된 또는 표현되지 않은 지역권에 대하여, 로빈기어 초안은 "지역권은 외적
징후에 의하여 지속적으로 눈에 보이는 것(예를 들어 통행권)과 그런 징후가 없어 나타
나지 않는 것이 분명하다"(Art 1007)고 규정하였다. 이 초안은 지역권을 표현된 것과 표
현되지 않은 것으로 나누어 규정하고 있다.[831] 이에 대하여 현행민법전 초안은 입법하지

---

825 중화민국 민법전, 제853조; 일본 민법전, 제281조.

826 일본 민법 제281조; 중화민국 민법 제853조; 만주국 민법 제284조.

827 일본 민법 제282조; 프랑스 민법 제700조; 스위스 민법 제743조; 만주국 민법 제285조.

828 40 Corpus Juris, 1461, N.248.

829 일본 민법전, 제283조; 40 Corpus Juris, 1441, n.249.

830 일본 민법 제283조; 프랑스 민법 제690조; 중화민국 민법 제852조; 만주국 민법 제286조.

않았다. 두 초안은 입법취지에서 다르다.

(6) 능동적 지역권과 수동적 지역권에 대하여, 로빈기어 초안은 "능동적 지역권은 승역지의 소유자에게 어떤 것을 하거나 허용하는 의무를 부과한다. 수동적 지역권은 허용된 다른 무엇을 금지한다"(Art 1008)고 규정하였다. 이 초안은 지역권을 능동적 지역권과 수동적 지역권으로 구분하여 규정하고 있다.[832] 이에 대하여 현행민법전 초안은 입법하지 않았다. 두 초안은 입법취지에서 다르다.

(7) 자연적 또는 법적 지역권에 대하여, 로빈기어 초안은 "본래의 지역권은 그것이 재산의 실제 위치로부터 발생하는 자연적인 것이고, 법의 작용에 의하여 발생하면 법적인 것이다. 전자의 예는 유수를 사용하는 권리이고, 후자의 예는 항해 가능한 물줄기의 둑, 공동(부분적으로) 벽, 조망, 또는 통로를 사용하는 권리이다"(Art 1009)고 규정하였다. 이 초안은 지역권을 자연적인 것과 법적인 것으로 나누어 규정하고 있다.[833] 이에 대하여 현행민법전 초안은 입법하지 않았다. 두 초안은 입법취지에서 다르다.

(8) 임의적 또는 관습적 지역권에 대하여, 로빈기어 초안은 "임의적 또는 관습적인 지역권은 계약에 의해 창설되고 동일한 규칙을 다른 계약의 부동산에 적용하는 것을 대상으로 한다. 그러나 양여는 서면으로 하여야 한다"(Art 1010)고 규정하였다. 이 초안은 지역권의 취득에서 임의적 또는 관습적인 지역권(Voluntary or conventional servitudes)에 대하여 규정하고 있다.[834] 이에 대하여 현행민법전 초안은 입법하지 않았다. 두 초안은 입법취지에서 다르다.

(9) 지역권의 취득시효에 대하여, 로빈기어 초안은 "지속적이고 명백한 지역권은 시효에 의하여 취득하고, 이러한 취득은 모든 공유자의 이익에 생긴다"(Art 1011)고 규정하였다. 이 초안은 지역권의 취득시효(Acquisitive prescription)에 대하여 규정하고 있다.[835] 이에 대하여 현행민법전 초안은 제281조(지역권취득기간),[836] 제282조(취득과 불가분성)[837]을 규정하였다. 두 초안은 입법취지에서 유사하지만, 입법방법이 다르다.

---

831 중화민국 민법전, 제852조; 일본 민법전, 제250조.

832 40 Corpus Juris, 1441, n.251.

833 40 Corpus Juris, 1441, n.253.

834 독일 민법전, 제874~5조; 스위스 민법전, 제732조.

835 중화민국 민법전, 제852조; 일본 민법전, 제283조; 스위스 민법전, 제731조; 40 Corpus Juris, 1441, n.259.

836 일본 민법 제283조; 프랑스 민법 제690조; 중화민국 민법 제852조; 만주국 민법 제286조.

837 일본 민법 제284조; 만주국 민법 제287조 제1,3항.

（10）시효의 중단에 대하여, 로빈기어 초안은 "이러한 시효의 중단은, 공유자에 대하여 효과적이기 위하여, 각자에게 그렇게 구분해야 한다"(Art 1012)고 규정하였다. 이 초안은 지역권의 취득시효에서 시효의 중단(nterruption of such prescription)에 대하여 규정하고 있다.[838] 이에 대하여 "요약지가 수인의 공유인 경우에 그 1인에 의한 지역권 소멸시효의 중단 또는 정지는 다른 공유자를 위하여 효력이 있다"(제283조)고 규정하였다.[839] 두 초안은 입법취지에서 일치한다.

（11）요역지 소유자의 권리행사에 대하여, 로빈기어 초안은 "요역지 소유자는 그의 권리 행사를 위하여 필요한 것을 할 수 있다. 그러나 그 행사의 장소 및 방법은 승역지에 가장 피해가 적어야 한다"(Art 1013)고 규정하였다. 이 초안은 요역지 소유자(The dominant owner)의 권리 행사에 대하여 규정하고 있다.[840] 이에 대하여 현행민법전 초안은 "계약에 의하여 승역지 소유자가 자기의 비용으로 지역권의 행사를 위하여 공작물의 설치 또는 수선의 의무를 부담한 때에는 승역지 소유자의 특별승계인도 그 의무를 부담한다"(제285조)고 규정하였다.[841] 두 초안은 입법취지는 유사하지만, 입법방법이 다르다.

（12）공작물의 공동사용에 대하여, 로빈기어 초안은 "요역지 소유자는 자신의 권리의 행사에서 세워진 구조물을 유지해야 한다. 그러나 승역지의 소유자는, 항유하는 이득에 비례하여 유지비용을 배분함으로써, 이러한 행사를 저해하지 않는 한 그 구조물을 사용할 수 있다"(Art 1014)고 규정하였다. 이 초안은 요역지 소유자의 구조물(Structures)에 대하여 규정하고 있다.[842] 이에 대하여 현행민법전 초안은 "승역지의 소유자는 지역권의 행사를 방해하지 아니하는 범위 내에서 지역권자가 지역권의 행사를 위하여 승역지에 설치한 공작물을 사용할 수 있다. 전항의 경우에 승역지의 소유자는 수익정도의 비율로 공작물의 설치 보존의 비용을 분담하여야 한다"(제287조)고 규정하였다.[843] 두 초안은 입법취지에서 일치한다.

（13）승역지 소유권의 위기에 대하여, 로빈기어 초안은 "건립 또는 소유권의 후계자로 이러한 구조의 손상을 유지하는 것이 승역지 소유자에 대한 의무이지만, 승역지 소

838　일본 민법전, 제284조 제2항.

839　일본 민법 제292조; 프랑스 민법 제709조; 만주국 민법 제286조.

840　중화민국 민법전, 제854조; 독일 민법전, 제1019~20조; 일본 민법전, 제285, 288조; 스위스 민법전, 제737조.

841　일본 민법 제286조; 중화민국 민법 제855조; 만주국 민법 제289조.

842　중화민국 민법전, 제655조; 독일 민법전, 제1022조; 일본 민법전, 제288조; 스위스 민법전, 제741조.

843　일본 민법 제288조; 만주국 민법 제291조.

유자는 요역지 소유자에게 지역권을 위하여 필요한 토지를 포기함으로써, 그 의무에 대하여 자신을 완화 할 수 있다"(Art 1015)고 규정하였다. 이 초안은 승역지 소유자의 의무 (Any obligation upon the servient owner)에 대하여 규정하고 있다.[844] 이에 대하여 현행민법전 초안은 "승역지의 소유자는 지역권에 필요한 부분의 토지소유권을 지역권자에게 위기하여 전조의 부담을 면할 수 있다"(제286조)고 규정하였다.[845] 두 초안은 입법취지가 일치한다.

(14) 로빈기어 초안은 "공급이 요역지 및 승역지의 재산 모두를 위하여 충분한 경우, 양여가 달리 규정하지 않는 한, 물은 먼저 요역지에 충당하고 그때 다른 사람에게 충당되어야 한다. 둘 이상의 용수지역권이 동일한 토지를 위하여 양여되었으면 최초의 양수인이 우선권을 갖는다"(Art 1016)고 규정하였다. 이 초안은 용수지역권(Aquatic servitudes)에 대하여 규정하고 있다.[846] 이에 대하여 현행민법전 초안은 "용수승역지의 수량이 요역지 및 승역지의 수요에 부족한 때에는 그 수요정도에 의하여 먼저 가용에 공급하고 다른 용도에 공급하여야 한다. 그러나 설정행위에 다른 약정이 있는 때에는 그 약정에 의한다. 승역지에 수개의 용수지역권이 설정된 때에는 후순위의 지역권자는 선순위의 지역권자의 용수를 방해하지 못한다"(제284조)고 규정하였다.[847] 두 초안은 입법취지가 일치하지만, 입법방법이 다르다.

(15) 요역지의 분할 등과 지역권에 대하여, 로빈기어 초안은 "요역지 부동산이 분할되는 경우, 그 지역권은 아직 그 부분의 전부의 이익을 위하여 지속된다. 그러나 그 본질에 따라서 지역권의 행사는 실제로 요역지의 한 부분만 의미하는 경우, 그 지역권은 오직 그 부분에 대하여 지속한다"(Art 1017)고 규정하였다. 이 초안은 요역지 부동산의 분할(Partition of dominant estate)에 대하여 규정하고 있다.[848] 이에 대하여 현행민법전 초안은 "토지의 분할이나 토지의 일부 양도의 경우에는 지역권은 요역지의 각 부분을 위하여 또는 그 승역지의 각 부분에 존속한다. 그러나 지역권이 토지의 일부에만 관한 것인 때에는 다른 부분에 대하여는 그러하지 아니하다"(제280조 제2항)고 규정하였다.[849]

---

844 일본 민법전, 제286, 287조; 스위스 민법전, 제742조.

845 일본 민법 제287조; 독일 민법 제290조.

846 일본 민법전, 제285조; 스위스 민법전, 제737조.

847 일본 민법 제285조.

848 중화민국 민법전, 제956조; 독일 민법전, 제1025~26조; 일본 민법전, 제282조 제1항; 스위스 민법전, 제743조.

849 일본 민법 제282조; 프랑스 민법 제700조; 스위스 민법 제743조; 만주국 민법 제285조.

두 초안은 입법취지가 일치한다.

(16) 승역지의 분할과 지역권에 대하여, 로빈기어 초안은 "승역지 부동산이 분할되는 경우, 지역권은 여전히 모든 부분에 계속된다. 그 본질에 따라 지역권의 행사가 실제로 승역지 토지의 한 부분을 의미하지만, 그러한 지역권은 오직 그러한 부분에 대하여 지속할 것이다"(Art 1018)고 규정하였다. 이 초안은 승역지 부동산의 분할(Partition of servient estate)에 대하여 규정하고 있다.[850] 이에 대하여 현행민법전 초안은 승역지의 분할인 경우에 대하여 제280조 제2항에 함께 입법하였다. 두 초안은 입법방법에서 다르다.

(17) 지역권의 소멸에 대하여, 로빈기어 초안은 "지역권은 당사자가 아닌 법률의 시행에 의하여 취득된 것처럼 소멸될 수 있다"(Art 1019)고 규정하였다. 이 초안은 지역권의 소멸에 대한 정의(Defined)를 규정하고 있다.[851] 이에 대하여 현행민법전 초안은 입법하지 않았다. 두 초안은 입법취지에서 다르다.

(18) 취득시효에 의한 소멸에 대하여, 로빈기어 초안은 "승역지의 소유자가 취득시효에 대한 조건을 충족한 경우 지역권은 그에 의하여 소멸한다. 그러나 요역지의 소유자가 그의 권리를 행사함에 부분적 실패는 나머지 부분에 영향을 미치지 못한다"(Art 1020)고 규정하였다. 이 초안은 취득시효(acquisitive prescription)에 의한 소멸에 대하여 규정하고 있다.[852] 이에 대하여 현행민법전 초안은 입법하지 않았다. 두 초안은 입법취지에서 다르다.

(19) 비연속적 지역권의 취득시효기간에 대하여, 로빈기어 초안은 "비연속적인 지역권에 대한 그 취득시효기간은 마지막 행사일로부터, 간섭한 시간에서 지속한 동안, 진행한다"(Art 1021)고 규정하였다. 이 초안은 비연속적인 지역권의 취득시효기간(The period for such prescription for a non-continuous servitude)에 대하여 규정하고 있다.[853] 이에 대하여 현행민법전 초안은 입법하지 않았다. 두 초안은 입법취지에서 다르다.

(20) 시효의 중단에 대하여, 로빈기어 초안은 "시효는 요역지의 소유자측에 지역권의 행사로 중단된다. 그리고 한 사람 이상의 소유자가 있는 경우 그 중단은 모두의 이익에 대하여 효력이 발생한다"(Art 1022)고 규정하였다. 이 초안은 시효의 중단(Interaction)

---

850 중화민국 민법전, 제867조; 일본 민법전, 제282조 제2항; 스위스 민법전, 제744조.

851 켈리포니아 민법전, 제811조; 일본 민법전, 제292조; 40 Corpus Juris, 1447, n.260.

852 일본 민법전, 제289, 293조; 독일 민법전, 제1028조; 40 Corpus Juris, 1447, n.54.

853 일본 민법전, 제291조; 독일 민법전, 제194, 195, 1028조.

에 대하여 규정하고 있다.[854] 이에 대하여 현행민법전 초안은 "요역지가 수인의 공유인 경우에 그 1인에 의한 지역권 소멸시효의 중단 또는 정지는 다른 공유자를 위하여 효력이 있다"(제283조)고 규정하였다.[855] 두 초안은 입법취지와 입법방법이 거의 일치한다.

(21) 혼동에 의한 소멸에 대하여, 로빈기어 초안은 "요역지의 소유자가 승역지 부동산 또는 승역지의 소유자가 요역지 부동산을 취득하는 경우, 지역권은 혼동된다"(Art 1023)고 규정하였다. 이 초안은 혼동(Confusion (merger))에 의한 소멸에 대하여 규정하고 있다.[856] 이에 대하여 현행민법전 초안은 입법하지 않았다. 두 초안은 입법취지에서 다르다.

(22) 지역권의 사법적 종료에 대하여, 로빈기어 초안은 "지역권이 더 이상 유용하지 않는 경우, 사법적 종료는 승역지 소유자의 적용을 선언하게 된다"(Art 1024)고 규정하였다. 이 초안은 지역권의 사법적 종료(Judicial extinction)에 대하여 규정하고 있다.[857] 이에 대하여 현행민법전 초안은 입법하지 않았다. 두 초안은 입법취지에서 다르다.

(23) 용익권의 정의에 대하여, 로빈기어 초안은 "용익권은 다른 사람의 재산의 사용과 과실에 대한 권리이다. 이는 그 목적물이 동산뿐만 아니라 부동산일 수 있는 점에서 지역권과 다르다"(Art 1025)고 규정하였다. 이 초안은 용익권(Usufruct)의 정의(Defined)에 대하여 규정하고 있다.[858] 이에 대하여 현행민법전 초안은 용익권에 대하여 규정하지 않았다. 두 초안은 입법취지에서 일치하지 않는다.

(24) 용익권의 분류에 대하여, 로빈기어 초안은 "용익권은 일정한 기간 또는 조건으로 부여될 수 있다. 양여는 유언의 형태이고 조건은 유언뿐만 아니라 유언의 본질에 의하여 확정되지 않는 경우, 그것은 용익권자의 수명으로 이해된다. 다른 지역권과 마찬가지로 용익권은 법의 시행 또는 1인 또는 양 당사자의 행위에 의하여 생성될 수 있다. 그것이 전재산 또는 그것의 등분, 하나 이상 특정한 목적물에 관련된 때 특정된 것을 대상으로 한 경우 광범위하다"(Art 1026)고 규정하였다. 이 초안은 용익권의 종류(Classes)에 대하여 규정하고 있다.[859] 이에 대하여 현행민법전 초안은 입법하지 않았다. 두 초안

---

854 일본 민법전, 제290, 292조.
855 일본 민법 제292조; 프랑스 민법 제709조; 만주국 민법 제286조.
856 켈리포니아 민법전, 제805, 811(1)조.
857 중화민국 민법전, 제859조; 스위스 민법전, 제736조.
858 중화민국 민법전, 제1204조; 루이지아나 민법전, 533, 541조; 40 Corpus Juris, 1447, n.60; 독일 민법전, 제 1030, 1058~9조.
859 독일 민법전, 제1031조; 루이지아나 민법전, 제548, 542, 540조; 40 Corpus Juris, 1449, n.92, 1448, Sec 264; 중화민국 민법전, 제1204조.

은 입법취지에서 다르다.

(25) 용익권자의 자격에 대하여, 로빈기어 초안은 "용익권자(양수인)은, "부동산을 점유한 모든 사람" 또는 이익, 그리고 자연인과 함께 법인을 포함한다."(Art 1027)고 규정하였다. 이 초안은 용익권자의 자격(Qualifications)에 대하여 규정하고 있다.[860] 이에 대하여 현행민법전 초안은 입법하지 않았다. 두 초안은 입법취지가 다르다.

(26) 용익권자의 권리에 대하여, 로빈기어 초안은 "용익권자는 점유할 자격이 있고, 후자의 손상 없이 제거할 수 있는 형태와 재산의 속성을 변경하지 않고 개선을 추가할 수 있다. 손상이 발생된 경우, 보상(상계)은 반대를 주장할 수 있다. 토지의 용익권은 종물을 포함하고, 주거는 내용과 가구를 포함한다"(Art 1028)고 규정하였다. 이 초안은 용익권자의 권리(Rights)에 대하여 규정하고 있다.[861] 이에 대하여 현행민법전 초안은 입법하지 않았다. 두 초안은 입법취지에서 다르다.

(27) 용익권자의 과실취득에 대하여, 로빈기어 초안은 "용익권자는 재산의 과실(제품)에 대하여 권한을 갖는다. 그것은 자연적인, 토지 및 동물의 자연발생적 산물, 산업적 재배품 및 법적인 차임, 발행과 이익을 포함한다. 천연과실에는 이미 열려 있는 광산 및 채석장의 제품을 포함되지만, 지금은 아무도 열 수 없다. 용익권자는 죽거나 떨어진 목재를 사용할 수 있고 관습에 따라 자신의 사용을 위해 절단할 수 있다. 그는, 지역권 및 유사한 권리의 목적물을 증가하고, 적당한 담보를 준 경우 용익권의 부분으로 신용할 수 있는 권한이 있다. 그러나 그는 다른 매장물발견자에 비해 이득이 없다"(Art 1029)고 규정하였다. 이 초안은 과실(Fruits)에 대하여 규정하고 있다.[862] 이에 대하여 현행민법전 초안은 입법하지 않았다. 두 초안은 입법취지에서 다르다.

(28) 용익권자의 권리의 양도에 대하여, 로빈기어 초안은 "용익권자의 권리의 양도(할당)는 허용된다. 그러나 양수인은 더 큰 권한을 획득하지 못하고, 용익권자는 양수인에 의하여 야기된 손해에 대하여 책임이 있다"(Art 1030)고 규정하였다. 이 초안은 용익권자의 권리의 양도(Transfer(assignment of the usufructuary's rights))에 대하여 규정하고 있다.[863] 이에 대하여 현행민법전 초안은 입법하지 않았다. 두 초안은 입법취지에서 다르다.

---

860 루이지애나 민법전, 제543조.
861 독일 민법전, 제1031, 1036조; 루이지애나 민법전, 제554, 556조; 40 Corpus Juris, 1452, n.43.
862 독일 민법전, 제1039, 1038, 1074, 1075, 1040조; 일본 민법전, 제88, 89조; 루이지애나 민법전, 제 556조 이하, 제547, 552, 551, 553조, 제545조 이하; 40 Corpus Juris, 1449, n.95, 96, 97, 98, 3, 12, 1450 n.6, 7, 8, 9, 5; 중화민국 민법전, 제69조.

(29) 용익권자의 의무에 대하여, 로빈기어 초안은 "용익권자는 그에게 전달되기 전에 명세서를 제출해야 하고, 선량한 가장이 하듯이 그것을 돌보아야 한다. 그는 본질적인 전 제안을 변경할 수 없다. 그 효과에 대한 담보를 제공해야 한다. 재산에 대해 부과된 세금, 보증 및 연금을 지불해야 한다. 일반 마모 수리는 그에게 부담되며, 그는 다른 필요한 수리 및 제3자에 의한 피해를 끼치는 행위의 소유자에게 통지해야 한다. 재산의 가치를 정당화하는 경우, 용익권자는 보험을 억류하고 보험료를 지불해야 한다. 목적물이 동물이고 그의 과실 없이 손실이 있는 경우, 그는 오직 구조료를 반환할 의무가 있다"(Art 1031)고 규정하였다. 이 초안은 용익권자의 의무(Obligations)에 대하여 규정하고 있다.[864] 이에 대하여 현행민법전 초안은 입법하지 않았다. 두 초안은 입법취지에서 다르다.

(30) 상속의 용익권자에 대하여, 로빈기어 초안은 "상속의 용익권자는 사망자의 부채의 자신의 비례 부분의 선불 이자 없이 보상받을 권리가 있다. 그가 선급하는 것에 실패한 경우, 소유자가 비용과 소송절차를 위하여 재산을 반환한다. 용익권자는 수리의 필요성 이후에 접수된 수입을 반환하지 않고 용익권을 포기함으로써 이러한 책임의 자신을 완화할 수 없다. 그는 이전에 수리에 대한 책임을 진다"(Art 1032)고 규정하였다. 이 초안은 상속의 용익권자(The usufructuay of an inheritance)에 대하여 규정하고 있다.[865] 이에 대하여 현행민법전 초안은 입법하지 않았다. 두 초안은 입법취지에서 다르다.

(31) 용익권자의 담보에 대하여, 로빈기어 초안은 "담보는 자신의 의무 이행에 대한 용익권에 의해 제공되어야 한다. 그가 그것을 포기하지 않을 경우 소유자는 가구를 포함하여 재산을 유지하지만, 용익권자에게 당기 순이익을 제공할 수 있다. 전자는, 불이행이 계속되면, 동산을 판매하고 용익권자의 이익을 위해 수익금을 투자하고, 부동산을 임대할 수 있다. 그러나 관할 법원은, 재량권을 행사할 수 있고, 재산의 일부를 유지하기 위해 용익권을 허용할 수 있다"(Art 1033)고 규정하였다. 이 초안은 용익권자의 담보(Security)에 대하여 규정하고 있다.[866] 이에 대하여 현행민법전 초안은 입법하지 않았다.

863　루이지아나 민법전, (1945 초안) 제555조; 40 Corpus Juris, 1450 n.11, 12, 1452, n.42.

864　독일 민법전, 제1035, 1036, 1051, 1041, 1042, 1045조; 루이지아나 민법전, 제557, 568, 557~9조; 40 Corpus Juris 1451, n.27, 36, 1450, n.13, 15, 1449 n.38.

865　40 Corpus Juris, 1451, n.31, 32, 33, 34; 루이지아나 민법전, (1945 초안) 제584~86조.

866　독일 민법전, 제1061조; 루이지아나 민법전, 제559조 이하; 40 Corpus Juris, 1450, n.15, 1451, n.23, 25, 26.

두 초안은 입법취지에서 다르다.

(32) 소유권자의 권리에 대하여, 로빈기어 초안은 "용익권이 해를 받지 않는 한, 소유자는 재산을 양도하거나 담보할 수 있다. 개선할 수 있고, 그 위에 새 건물을 건축하고, 오래된 재료로 붕괴된 건물을 재건축할 수 있다. 그러나 새로운 건물은 용익권이 적용되지 않는다. 소유자나 용익권자 어느 쪽도 재건축을 하지 못한다. 공동 소유자는 한 당사자에게 용익권을 설정하지 않고 그 재산을 분할할 수 있다. 소유자는 자신의 권리를 보호하기 위하여 금지 또는 기타 구제를 받을 권리가 있다"(Art 1034)고 규정하였다. 이 초안은 소유권자의 권리(Rights)에 대하여 규정하고 있다.[867] 이에 대하여 현행민법전 초안은 입법하지 않았다. 두 초안은 입법취지에서 다르다.

(33) 소유권자의 의무에 대하여, 로빈기어 초안은 "소유권자는, 방해받지 않는 점유로, 용익권을 해치는 새로운 지역권을 강요하지 않고, 일반 마모를 제외하고 모든 수선을 하여, 자산에 대한 직접적인 모든 세금을 지급하고 용익권자에게 사법적 가압류 또는 소유자의 채무를 위한 매각으로 생긴 손실을 상환하고, 용익권자를 떠나야 한다"(Art 1035)고 규정하였다. 이 초안은 소유권자의 의무(Obligations)에 대하여 규정하고 있다.[868] 이에 대하여 현행민법전 초안은 입법하지 않았다. 두 초안은 입법취지에서 다르다.

(34) 용익권의 소멸형태에 대하여, 로빈기어 초안은 "용익권은, 그 기간의 만료, 용익권자의 사망 또는 포기(또는 공동용익권의 공동해체인 경우 모두), 용익권과 소유권의 혼동, 그 재산의 전부 파괴(구조된 부분으로 강제로 용익권을 남긴 부분 파괴), 비사용자와 시효, 재산의 결핍과 남용(그러나 용익권을 구성하는 금전의 적지 않은 지출)이라는, 사실 그 자체로 종료된다. 소멸의 사법판결은 용익권을 종료한다"(Art 1036)고 규정하였다. 이 초안은 용익권의 소멸사유의 방식(Modes)에 대하여 규정하고 있다.[869] 이에 대하여 현행민법전 초안은 입법하지 않았다. 두 초안은 입법취지에서 다르다.

(35) 용익권 종료의 효과에 대하여, 로빈기어 초안은 "용익권이 종료된 때 소유자가 점유와 과실, 자연과 산업, 그 재산으로부터 권리를 갖는다. 그의 담보 취소는 비용에 대한 용익권자의 유치권을 목적으로 한다. 그러나 후자의 계약에 의하여 구속되지 않는다"(Art

---

867 루이지아나 민법전, 제605, 604조; 40 Corpus Juris, 1452, n.50, 46, 47, 48, 51; 브라질 민법전, 제737조.
868 독일 민법전, 제1053, 1054조: 루이지아나 민법전, 제600, 602, 597, 578조; 40 Corpus Juris, 1452, n.52, 53, 52-7.
869 40 Corpus Juris, 1452, n.56, 63~64, 1453, n.64, 63, 67, 68, 74, 77, 80, 1463, n.61, 66; 루이지아나 민법전, (1945 초안) 제609조 이항, 제612~64조, 제619, 613, 614, 621조: 독일 민법전, 제1063~64조, 제1064, 1061, 1063조.

1037)고 규정하였다. 이 초안은 용익권의 종료에 의한 효과(Effect)에 대하여 규정하고 있다.[870] 이에 대하여 현행민법전 초안은 입법하지 않았다. 두 초안은 입법취지에서 다르다.

(36) 지상권의 의의에 대하여, 로빈기어 초안은 "지상권은 건물이나 나무를 유지하기 위한 목적으로 다른 사람의 토지를 사용할 수 있는 권리이다"(Art 1038)고 규정하였다. 이 초안은 지상권(A superficies)의 정의(Defined)에 대하여 규정하고 있다.[871] 이에 대하여 현행민법전 초안은 "지상권자는 타인의 토지에 건물 기타 공작물이나 수목을 소유하기 위하여 토지를 사용하는 권리가 있다"(제266조)고 규정하였다.[872] 두 초안은 입법취지에서 일치한다.

(37) 지상권의 존속기간에 대하여, 로빈기어 초안은 "권리의 존속기간은 계약으로 정하여지고, 그렇지 않으면 영구적일 수 있다. 반대의 관습이 없으면, 지상권자(임차인)는 언제든지 소유자에게 통지하거나 아무런 요구가 없으면 1년분 지료를 미리 지급하고 그의 권리를 포기할 수 있다"(Art 1039)고 규정하였다. 이 초안은 지상권의 존속기간(Duration of the right)에 대하여 규정하고 있다.[873] 이에 대하여 현행민법전 초안은 존속기간을 약정한 지상권(제267조),[874] 존속기간을 약정하지 아니한 지상권(제268조)[875]을 규정하였다. 두 초안은 입법취지는 유사하지만, 입법방법이 다르다.

(38) 지상권의 소멸청구에 대하여, 로빈기어 초안은 "관습에 반하지 않는 한, 소유자는 요구한 임대료의 불이행에 있는 지상권자에게 통지하고, 지상권을 철회할 수 있다"(Art 1040)고 규정하였다. 이 초안은 지상권의 철회(Revocation)에 대하여 규정하고 있다.[876] 이에 대하여 현행민법전 초안은 "지상권자는 2년 이상의 지료를 지급하지 아니한 때에는 지상권설정자는 지상권의 소멸을 청구할 수 있다"(제274조)고 규정하였다.[877] 두 초안은 입법취지와 입법방법이 다르다.

(39) 불가항력에 대하여, 로빈기어 초안은 "토지를 사용하는 것에서 지상권자를 예

---

870 루이지아나 민법전, 제625조; 40 Corpus Juris, 1452, n.45, 1454, n.83, 84.
871 중화민국 민법전, 제832조; 독일 민법전, 제1012, 1016, 1090, 1093조; 일본 민법전, 제265조.
872 일본 민법 제265조; 독일 민법 제1012조; 중화민국 민법 제832조; 만주국 민법 제256조.
873 Germany Schuster, supra n.183, p.412; 중화민국 민법전, 제834, 835, 842, 882조; 독일 민법전, 제1012조; 일본 민법전, 제836조.
874 신설; 만주국 민법 제257조.
875 일본 민법 제268조 제2항; 만주국 민법 제258조.
876 중화민국 민법전, 제836조.
877 일본 민법 제266조; 중화민국 민법 제836조; 만주국 민법 제265조.

방하는 불가항력은, 그에게 해제하거나 지료의 감액할 자격을 주지 않는다"(Art 1041)고 규정하였다. 이 초안은 불가항력(Force majeure)에 대하여 규정하고 있다.[878] 이에 대하여 현행민법전 초안은 입법하지 않았다. 두 초안은 입법취지에서 다르다.

(40) 지상권의 양도에 대하여, 로빈기어 초안은 "계약 또는 관습에서 달리 정하지 않는 한, 지상권자는 그의 권리를 다른 사람에 양도하고 유언으로 유증할 수 있다"(Art 1042)고 규정하였다. 이 초안은 지상권의 양도(Transfer)에 대하여 규정하고 있다.[879] 이에 대하여 현행민법전 초안은 "지상권자는 타인에게 그 권리를 양도하거나 그 권리의 존속기간 내에서 그 토지를 임대할 수 있다. 그러나 설정행위로 이를 금지한 때에는 그러하지 아니하다"(제269조)고 규정하였다.[880] 두 초안은 입법취지가 일치한다.

(41) 지상권의 소멸에 대하여, 로빈기어 초안은 "지상권은 그 기간 및 해지에 의하여 만료된다. 그러나 지상권자의 건물이나 수목의 훼손에 의하여 그러하지 않는다"(Art 1043)고 규정하였다. 이 초안은 지상권의 소멸(Extinction)에 대하여 규정하고 있다.[881] 이에 대하여 현행민법전 초안은 입법하지 않았다. 두 초안은 입법취지에서 다르다.

(42) 수거의무 및 매수청구에 대하여, 로빈기어 초안은 "지상권자는 자신의 건물과 수목을 제거하여 소멸할 권리가 있다. 그러나 그는 토지를 원래 상태로 하여야 하고 현재 시장가격으로 건물 및 수목을 구매하겠다는 소유자의 제안을 받아들여야 한다"(Art 1044)고 규정하였다. 이 초안은 지상권의 소멸의 효과(Effect)에 대하여 규정하고 있다.[882] 이에 대하여 현행민법전 초안은 "지상권이 소멸한 때에는 지상권자는 건물 기타 공작물이나 수목을 수거하여 토지를 원상에 회복하여야 한다. 전항의 경우에 지상권설정자가 상당한 가격을 제공하여 그 공작물이나 수목의 매취를 청구한 때에는 지상권자는 정당한 이유없이 거절하지 못한다"(제272조)고 규정하였다.[883] 두 초안은 입법취지와 입법방법이 일치한다.

(43) 상환에 대하여, 로빈기어 초안은 "계약에 의해 다른 규정이 없는 한, 소유자는 건물의 시장가격에 대한 기간의 만료시에 수요에 따라, 지상권자에게 상환해야 한다.

---

878 중화민국 민법전, 제837조; 일본 민법전, 제266, 274조.
879 중화민국 민법전, 제838조; 독일 민법전, 제1012조; 스위스 민법전, 제779조.
880 신설; 중화민국 민법 제838조.
881 중화민국 민법전, 제841조; 독일 민법전, 제1016조.
882 중화민국 민법전, 제829조; 일본 민법전, 제269조.
883 일본 민법 제269조; 독일 지상권에 관한 명령 제 34조, 제27조; 중화민국 민법 제839조; 만주국 민법 제263조; 일본 차지법 제4조 제2항.

그러나 이 권리는, 지상권자가 건물을 더 사용하기 위한 기간을 연장하는 소유자의 요청을 거절한 경우에 상실한다"(Art 1045)고 규정하였다. 이 초안은 상환(Reimbursement)에 대하여 규정하고 있다.[884] 이에 대하여 현행민법전 초안은 입법하지 않았다. 두 초안은 입법취지에서 다르다.

(44) 영소작권의 정의에 대하여, 로빈기어 초안은 "영소작권은 경작 또는 임대료를 지불하고 타인의 토지에 가축을 사육할 수 있는 권리이다"(Art 1046)고 규정하였다. 이 초안은 영소작권(Emphytensis)의 정의(Defined)에 대하여 규정하고 있다.[885] 이에 대하여 현행민법전 초안은 입법하지 않았다. 두 초안은 영소작권에 대하여 입법한 것과 그렇지 않은 것으로 입법취지가 전혀 다르다.

(45) 영소작권의 기간에 대하여, 로빈기어 초안은 "기간은 계약으로 정하여진다. 그것은 또한 재산의 가격 및 지료를 정할 수 있다. 지역 관습에 반대되지 않는 한, 그것은 영구적일 수 있다"(Art 1047)고 규정하였다. 이 초안은 영소작권의 기간(Duration)에 대하여 규정하고 있다.[886] 이에 대하여 현행민법전 초안은 입법하지 않았다. 두 초안은 입법취지가 다르다.

(46) 계약의 당사자에 대하여, 로빈기어 초안은 "계약의 당사자는 양수인(영소작인) 및 소유자(comineus emphyteuseos)이다. 그러나 대부분의 경우 전자는 진정한 소유자로서 취급된다"(Art 1048)고 규정하였다. 이 초안은 계약의 당사자(Parties to the contract)에 대하여 규정하고 있다.[887] 이에 대하여 현행민법전 초안은 입법하지 않았다. 두 초안은 입법취지에서 다르다.

(47) 영소작권자의 권리에 대하여, 로빈기어 초안은 "영소작인은, 불가항력으로 그의 이익이 실제로 감소한 경우, 해지 또는 지료의 감경을 할 권리가 있다. 그는 양도할 수 있고 또는 그의 이익을 담보할 수 있다. 그러나 영소작인과 소유자 모두 양도의 각 당사자에게 통지하여야 하고 선매와 상환의 상호권한을 갖는다"(Art 1049)고 규정하였다. 이 초안은 영소작권자의 권리(Rights)에 대하여 규정하고 있다.[888] 이에 대하여 현행민법전 초안은 입법하지 않았다. 두 초안은 입법취지에서 다르다.

---

884 중화민국 민법전, 제840조; 일본 차지법, 제4조.
885 중화민국 민법전, 제842조; 일본 민법전, 제270, 378조.
886 중화민국 민법전, 제842조; 일본 민법전, 제270, 378, 277조.
887 40 Corpus Juris, 1457 n.33.
888 중화민국 민법전, 제844, 843조; 일본 민법전, 제275, 272, 277조; 40 Corpus Juris, 1457 n.37, 40, 41.

(48) 영소작권자의 의무에 대하여, 로빈기어 초안은 "영소작인은, 세금과 다른 부동산 부담뿐만 아니라, 계약으로 정해진 지료를 지급하여야 한다. 토지에 영구적인 손해를 입히는 변경을 할 수 없다. 그가 시행한 개선을 완성하고, 수선하고, 재산을 좋은 상태로 보존하여야 한다"(Art 1050)고 규정하였다. 이 초안은 영소작인의 의무(Obligations)에 대하여 규정하고 있다.[889] 이에 대하여 현행민법전 초안은 입법하지 않았다. 두 초안은 입법취지에서 다르다.

(49) 소유권자에 대하여, 로빈기어 초안은 "소유자는 영소작인의 상속자의 채무불이행으로 재산의 최종 계승권 소유자이고, 영소작인에 의한 영구적 개선에 대하여 상환하여야 한다. 그러나 후자에 의한 모든 손해의 합계액으로 상계할 수 있다"(Art 1051)고 규정하였다. 이 초안은 소유권자(The Proprietor)에 대하여 규정하고 있다.[890] 이에 대하여 현행민법전 초안은 입법하지 않았다. 두 초안은 입법취지에서 다르다.

(50) 영소작권의 종료에 대하여, 로빈기어 초안은 "영소작권은 기간의 만료, 파산, 또는 영소작인에 의한 지료 지급의 채무불이행, 황폐 또는 그에 의한 심각한 악화, 재산의 훼손 또는 포기, 사망, 영소작인의 유언과 상속인이 없음, 기타 계약위반으로 사법적 선고에 의하여 종료한다"(Art 1052)고 규정하였다. 이 초안은 영소작권의 종료(Termination)에 대하여 규정하고 있다.[891] 이에 대하여 현행민법전 초안은 입법하지 않았다. 두 초안은 입법취지에서 다르다.

3) 무체재산(Intangible (Incorporeal) Property)

무체재산에 대하여, 로빈기어 초안은 행정기구(The Office, Arts 1053~1074), 저작권(Copyrights, Arts 1075~1091), 특허권(Patent Rights, Arts 1092~1178) 및 상표와 상호권(Trade Mark and Trade Name Rights, Arts 1179~1211)을 각각 규정하였다. 이에 대하여 현행민법전 초안은 입법하지 않았다. 무체재산에 관한 입법을 특별법으로 입법하고자 한 입법의사를 확인할 수 있다.

---

889 40 Corpus Juris, 1457, n.45, 53; 일본 민법전, 제271, 273조; 루이지아나 민법전, 제644~5조; 독일 민법전, 제1055조.
890 40 Corpus Juris, 1457, n.57, 58.
891 독일 민법전, 제1056조; 일본 파산법, 제126~41조; 일본 민법전, 제276조; 퀘백 민법전, 제579조; 40 Corpus Juris, 1457, Notes 62~7.

IV. 제1편 인(Persons) 편과 제4편 재산상속(Succession to Property) 편의 규정내용

제1편 인(Persons) 편의 규정내용(친족편)

1. 친족관계(Kinship)에 관한 규정내용의 비교

친족관계에 대하여, 로빈기어 초안은 제1편 인 편에서 정의와 종류(Definition and kinds, Art 8), 촌수계산(Computation, Art 9) 및 다른 친족(Other relationships, Art 10)을 각각 규정하였다. 이에 대하여 현행민법전 초안은 제4편 친족 제1장 총칙에서 친족의 범위(제761조), 혈족의 정의(제762조), 인족의 계보(제763조), 혈족의 촌수의 계산(제764조), 인족의 촌수의 계산(제765조), 양자와 친계 사이의 촌수(제766조), 계모자관계로 인한 친계와 촌수(제767조), 혼인 외의 출생자녀와 그 친등 촌수(제768조), 인족관계 등의 소멸(제769조), 입양으로 인한 친족관계의 소멸(제770조), 준용규정(제771조)을 각각 규정하였다.

(1) 친족의 범위에 대하여, 로빈기어 초안은 친족관계의 정의와 종류에 대하여, "혈족의 친족관계(본종)는 혈연간에 존재한다. 인척관계는 배우자의 친족이나 다른 배우자의 친족 사이에 존재하고,[892] 이혼이나 배우자가 사망한 뒤 재혼함으로써 종료된다.[893] 혈족의 친족관계는 직계 또는 방계가 있다. 직계친족은 다른 사람의 자손이 되는 두 사람 사이에 존재한다. 모든 다른 혈족관계는 방계혈족이다. 유사한 분류는 인척관계에도 적용한다"(Art 8)고 규정하였다. 따라서 친족관계는 혈족과 인척으로 나누었다. 혈족은 다시 직계와 방계로 나누었다. 혈족(본종)은 혈연간에 존재하고, 직계혈족은 다른 사람의 자손이 되는 두 사람 사이에 존재하며, 방계혈족은 그 밖의 혈족관계이다. 인척관계는 배우자의 친족이나 다른 배우자의 친족 사이에 존재한다. 인척관계는 이혼이나 배우

---

[892] 중화민국 민법전, 제969조; 독일 민법전, 제12조, 1589, 1590조; 일본 민법전, 제725조; 스위스 민법전, 제521조.
[893] 중화민국 민법전, 제971조; 일본 민법전, 제729조.

자가 사망한 뒤에 재혼을 하면 종료한다.[894] 인척관계에도 혈족관계와 유사한 분류가 적용된다.[895] 이에 대하여 현행민법전 초안은 "배우자, 혈족 및 인족을 친족으로 한다"(제761조)고 규정하였다.[896] 두 초안은 입법취지가 일치한다.

(2) 혈족 등의 등친에 대하여, 로빈기어 초안은 "혈족의 등친(degree)은 두 사람 사이의 세수(the number of generations)에 의하여 정해진다. 방계혈족의 등친은 직계 공동선조(the common lineal ancestor)로 올라가서 당해 혈족까지 내려오는 모든 세수를 계산하여 정한다. 인척의 등친은, ① 혈족의 배우자는 그 혈족의 촌수에 의하여, ② 배우자의 혈족은 그 배우자와 친족 사이의 촌수에 의하여, ③ 배우자의 혈족의 배우자는 그들 사이의 촌수에 의하여 계산하여 정한다"(Art 9)고 규정하였다. 혈족의 촌수 계산과 인척의 촌수 계산에 관하여 규정한 것이다. 혈족의 등친은 직계혈족은 당해 두 사람의 세수에 의하여 정하고, 방계혈족의 등친은 직계 공동선조에 거슬러 올라가서 당해 혈족까지 내려오는 모든 세수를 계산하여 정한다는 것이다.[897] 인척의 등친은 배우자와 그의 친족 사이의 촌수에 의하여 정하여진다.[898] 이에 대하여 현행민법전 초안은 "자기의 직계존속 및 직계비속을 직계혈족이라 하고 자기의 형제자매 및 형제의 직계비속, 직계존속의 형제자매 및 그 형제의 직계비속을 방계혈족이라 한다"(제762조)고 규정하고,[899] "인족의 계원은 다음과 같다. ① 배우자의 혈족 및 그 배우자, ② 직계존속의 배우자의 혈족 및 그 배우자, 그 혈족녀의 직계비속 및 그 배우자, ③ 직계비속의 배우자, 직계비속녀의 직계비속 및 그 배우자, ④ 방계존속의 배우자, 방계존속녀의 직계비속 및 그 배우자, ⑤ 방계비속의 배우자, 방계비속녀의 직계비속 및 그 배우자"(제763조)라고 규정하고,[900] "직계혈족은 자기로부터 직계존속에 이르고 자기로부터 직계비속에 이르러 그 세수를 정한다. 방계혈족은 자기로부터 동원의 직계존속에 이르는 세수 및 그 동원의 직계존속으로부터 그 직계비속에 이르는 세수를 통산하여 그 촌수를 정한다"(제764조)고 규정하였으며,[901] "인족은 배우자의 혈족에 대하여는 배우자의 그 혈족에 대한 촌수에 따르고

---

894 중화민국 민법전, 제971조; 일본 민법전, 제729조.
895 일본 민법전, 제725조 제3항, 앞의 제9조 참조.
896 일본 민법 제725조.
897 중화민국 민법전, 제968조; 일본 민법전, 제726조.
898 중화민국 민법전, 제970조.
899 독일 민법 제1589조; 중화민국 민법 제967조.
900 중화민국 민법 제969, 970조.
901 독일 민법 제1589조; 중화민국 민법 제968조; 일본 민법 제726조.

혈족의 배우자에 대하여는 그 혈족에 대한 촌수와 같으며 혈족녀의 직계비속에 대하여는 자기의 그 혈족에 대한 촌수로부터 그 직계비속에 이르는 세수를 통산하여 그 촌수를 정한다"(제765조)고 규정하였다.[902] 두 초안은 입법취지가 일치하지만, 입법방법과 조문의 구성이 다르다.

(3) 그 밖의 친족의 촌수에 대하여, 로빈기어 초안은 "그 밖의 친족관계에 대하여, 양자와 양부모 및 혈족관계 사이와 같이 친족의 등친은 입양한 날로부터 혈족 사이에 같다. 의붓부모와 의붓자식 사이에는 혈족관계 사이와 유사하게 친족관계는 계산된다"(Art 10)고 규정하였다. 이것은 양자와 양부모 및 혈족 사이, 그리고 의붓부모와 의붓자식 사이에 있어서 등친의 계산에 대하여 규정한 것이다.[903] 따라서 다른 친족관계로서 입양(adoption)과 계부모자관계(the step-parent and the step-children)를 들고 있다.[904] 이에 대하여 현행민법전 초안은 "양자와 양부모 및 그 혈족, 인족 사이의 친계와 촌수는 입양한 날로부터 출생자와 동일한 것으로 본다. 양자의 배우자, 직계비속 및 그 배우자는 전항 양자의 친계를 기준으로 하여 촌수를 정한다"(제766조)고 규정하고,[905] "전처의 출생자녀와 계모 및 그 혈족, 인족 사이의 친계와 촌수는 출생자녀와 동일한 것으로 본다"(제767조)고 규정하였으며,[906] "혼인 외의 출생자녀와 부의 배우자 및 그 혈족 인족 사이의 친계와 촌수는 그 배우자의 출생자녀와 동일한 것으로 본다"(제768조)고 규정하였다.[907] 두 초안은 입법취지가 일치한다. 그러나 입법방법과 조문의 구성이 다르다.

2. 가(家, Household or Clan)에 관한 규정내용의 비교

가(家)에 대하여, 로빈기어 초안은 일반규정(General Provisions, Arts 11~13), 가의 소재지(Seat, Arts 14~16), 성(姓; Names, Arts 17~18) 및 호주(Household Head, Arts 19~34)를 각각 규정하였다. 이에 대하여 현행민법전 초안은 제2장 호주와 가족에서 호주의 정의(제772조), 가족의 범위(제773조), 호주의 변경과 가족(제774조), 자녀의 입적, 성과 본

---

902 독일 민법 제1590조; 중화민국 민법 제970조.
903 독일 민법전, 제1764, 1766조; 일본 민법전, 제728조.
904 윤대성, 『군정시대(1045~1948)의 한국민법전편찬사업』, 한국학술정보, 2009, 57면.
905 일본 민법 제727조.
906 일본 민법 제728조.
907 일본 민법 제728조.

(제775조), 혼인 외의 자녀의 입적(제776조), 양자와 그 배우자 등의 입적(제777조), 부의 혈족 아닌 처의 직계비속의 입적(제778조), 호주의 직계혈족의 입적(제779조), 양자와 그 배우자 등의 복적(제780조), 처 등의 복적과 일가창립(제781조), 분가(제782조), 분가호주와 그 가족(제783조), 호주의 변경과 여호주(제784조), 호주의 입양과 폐가(제785조), 여호주의 혼인과 폐가(제786조), 타가에 입적한 호주와 그 가족(제787조), 가족의 특유재산(제788조), 호주의 부양의 의무(제789조), 미성년자의 혼인(제790조), 호주의 가족에 대한 거소지정(제791조), 호주의 사고와 그 직무대행(제792조)을 각각 규정하였다.

1) 일반규정(General Provisions)

일반규정으로서, 로빈기어 초안은 가(家, A household, Art 11), 가의 창설(foundation, Art 12) 및 폐가(extinction, Art 13)를 규정하였다. 이에 대하여 현행민법전 초안은 호주의 정의(제772조), 가족의 범위(제773조), 폐가와 일가창립(제780조 제2항, 제781조 제3항, 제787조 제2항)을 각각 규정하였다.

(1) 가에 대하여, 로빈기어 초안은 "가(家, A household)는 동일 호적(hojuk) 내에 등록된 한 집단의 사람들이다. 가의 비혈족원은 배우자들, 친족원이 된 양자, 그 밖의 사람들을 포함한다. 자(a child) 또는 모를 알 수 없는 자는 그의 부의 가에 속한다. 미혼인 미성년자는 그 자신의 요청에 따라 분가할 수 없다. 그러나 성년이나 혼인한 가족원은 분가할 수 있다"(Art 11)고 규정하였다. 따라서 이 초안은 가(家)라는 제도를 도입하였다. 그 구성에 관하여 동일 호적(戶籍) 안에 등록된 사람들로서, 비혈족원인 배우자, 친족원이 된 양자, 그 밖의 사람들을 포함하는 것으로 하였다.[908] 그리고 자 또는 모를 알 수 없는 자는 그의 부의 가에 속하여 그 구성원이 된다. 한편 분가에 대하여, 미혼인 미성년자는 분가할 수 없고, 성년이나 혼인을 하면 분가할 수 있다고 하였다.[909] 이에 대하여 현행민법전 초안은 "일가의 계통을 계승한 자, 분가한 자 또는 기타 사유로 인하여 일가를 창립하거나 부흥한 자는 호주가 된다. 여자와 미혼남자는 호주된 경우에도 그 가의 세수에 산정하지 아니한다. 그러나 미혼남자에게 직계비속인 남자가 있는 때에는 그러하지

---

[908] 중화민국 민법전, 제1123조.
[909] 일본 민법전, 제733조; 소련 혼인법전, 제501조.

아니하다"(제772조)고 규정하고,[910] "호주의 배우자 혈족 및 그 배우자 기타 연유로 인하여 그 가에 입적한 자는 가족이 된다"(제773조)고 규정하고,[911] "전항의 경우에 그 생가가 폐가 또는 무후된 때에는 생가를 부흥하거나 일가를 창립할 수 있다"(제780조 제2항)고 규정하고,[912] "전 2항의 경우에 친가가 폐가 또는 무후 기타 사유로 인하여 복적할 수 없는 때에는 일가를 창립한다"(제781조 제3항)고 규정하고,[913] "전항의 경우에 그 타가에 입적할 수 없는 가족은 일가를 창립한다"(제787조 제2항)고 규정하였으며,[914] "가족은 분가할 수 있다. 그러나 본가의 계통을 계승할 직계비속은 분가하지 못한다. 미성년자가 분가할 때에는 법정대리인의 동의를 얻어야 한다"(제782조)고 규정하였다. 두 초안은 입법취지가 유사하지만, 입법방법과 조문의 구성이 다르다.

(2) 가의 창설에 대하여, 로빈기어 초안은 "성인은 남녀 모두 가를 창설할 수 있다. 양부모를 알 수 없는 자는 그 자신의 가를 창설할 수 있다"(Art 12)고 규정하였다. 이 초안은 가의 창설에 대하여 남녀를 불문하고 성인은 모두 할 수 있는 것으로 하였다.[915] 한편 두 부모를 모두 알 수 없는 자는 그 자신의 가를 창설할 수 있도록 하였다.[916] 이에 대하여 현행민법전 초안은 "부모를 알 수 없는 자녀는 법원의 허가를 얻어 성 및 본을 창설하고 일가를 창립한다"(제775조 제3항)고 규정하고,[917] 제780조 제2항, 제781조 제3항, 제785조, 제787조 제2항에서 폐가와 함께 가의 창설에 대하여 규정하는 입법의사를 확인할 수 있다. 두 초안은 입법취지에서 일치한다.

(3) 폐가에 대하여, 로빈기어 초안은 "폐가는 후계자 없이 혼인한 호주가 없거나 사망한 호주가 혼인하지 않고 부, 형제, 모, 조모가 없거나 사망한 호주가 여성이고 계녀, 시조모 또는 다른 계승자가 없는 때 이와 같은 사유에 의하여 일어난다. 의사에 의한 폐가는 지가의 호주가 다른 가 또는 본가에 가족들과 함께 입적한 때 또는 여호주가 후계자 없이 혼인하여 떠난 때에 일어난다"(Art 13)고 규정하였다. 따라서 이 초안은 폐가를 법정폐가와 의사에 의한 폐가(임의폐가)로 나누었다. 법정폐가는 후계자를 두지 않고

---

910 신설.
911 일본 민법 제732조 제1항.
912 일본 민법 제739, 740조.
913 일본 민법 제739, 740조.
914 신설.
915 일본 민법전, 제733, 742, 764조.
916 일본 민법전, 제733조.
917 일본 민법 제733조.

혼인한 호주가 없는 때, 사망한 호주가 미혼이고 부, 형제, 모, 조모가 없는 때, 사망한 호주가 여자로서 계녀, 시조모 또는 다른 계승자가 없는 때에 폐가가 된다고 하였다.[918] 한편 임의폐가는 본가에서 분가하여 지가를 이루던 호주가 가족들과 함께 다른 가 또는 본가로 입적한 때, 사망한 여호주가 며느리, 시조모 또는 다른 계승자 없이 혼인하여 가를 떠난 때에 폐가가 된다고 하였다.[919] 이에 대하여 현행민법전 초안은 앞에서 본 바와 같이 폐가에 관한 규정을 가의 창설과 함께 규정한 제780조 제2항, 제781조 제3항, 제785조, 제786조, 제787조 제2항에서 확인할 수 있다. 두 초안은 입법취지가 일치하지만, 입법방법이 다르다.

2) 가의 소재지(Seat)

가의 소재지(seat)에 대하여, 로빈기어 초안은 주소(domicile, Art 14) 및 거주(residence, Art 15)를 규정하고 그 주거의 불가침성(inviolability, Art 16)을 규정하였다. 이에 대하여 현행민법전 초안은 주소(제17조), 거소(제18조), 가주소(제20조)를 규정하였다.

(1) 주소에 대하여, 로빈기어 초안은 "호주의 상속은 전호주의 주소, 즉 불변의 주소인 장소에서 이뤄진다. 모든 사람은 동일시기에 하나의 주소 이상을 갖지 못한다. 그것은 의사에 의한 포기로 없어진다. 그 주소는 새로운 주소를 취득할 때까지 지속한다. 사람의 주소는 제한된 포기능력 이상을 갖지 못하므로 그의 법적 대표인 주소가 된다"(Art 14)고 규정하였다. 이 초안은 주소에 대하여 본적과 함께 규정하였다. 먼저 호주의 상속지는 전호주의 주소(본적, the place of one's permanent abode)라고 하였다.[920] 따라서 호적의 영구불변의 소재지인 본적제도를 도입하였다. 이 본적은 동일한 시점에 하나 이상을 갖지 못하는 1인1적주의를 취하였다.[921] 또한 그 본적은 포기할 수 있지만, 새로운 본적을 취득할 때까지 지속하게 하였다.[922] 다음으로 주소는 제한된 포기능력 이상을 갖지 못하는 것으로서 그 사람의 법적 대표인 주소가 된다는 것이다.[923] 이에 대하여 현행민

---

918 일본 민법전, 제764조.
919 일본 민법전, 제762~4조, 제964조 참조.
920 일본 민법전, 제965조.
921 중화민국 민법전, 제20조, 제965조; 프랑스 민법전, 제1023조; 독일 민법전, 제7조; 일본 민법전, 제21조; 시암 민법전, 제43조; 소련 민법전, 제11조.
922 중화민국 민법전, 제24조.

법전 초안은 "생활의 근거되는 곳을 주소로 한다"(제17조)고 규정하였다.[924] 두 초안은 입법취지가 유사하지만, 입법방법이 다르다.

(2) 거소에 대하여, 로빈기어 초안은 "거소는 사람의 일시적 주거의 장소이다. 그러나 ① 특별한 목적(예, 선거)을 위하여 선정한 때, ② 주소를 알 수 없는 때, ③ 법률에 의하여 다른 규정이 없는 한 한국 내에 주소가 없는 때에는 주소로 할 수 있다. 가구성원의 거소는 호주가 다른 곳에 거주할 것을 허용하지 않는 한 가의 소재지에 있다"(Art 15)고 규정하였다. 이 초안은 주소와 함께 거소(residence)를 규정하였다. 거소는 주소와 달리 사람이 일시적으로 주거하는 장소를 말한다. 그러나 그 거소는 특별한 목적을 위하여 선정한 때, 주소를 알 수 없는 때, 한국 내에 주소가 없는 때에는 주소로 할 수 있다고 하였다. 따라서 주소를 알 수 없는 때 등에는 주소로 볼 수 있다는 것이다. 한편 가의 구성원은 호주가 다른 곳에 거주할 것을 허용하지 않는 한 가의 소재지(본적)에 거주하는 것으로 본다.[925] 이에 대하여 현행민법전 초안은 "주소를 알 수 없으면 거소를 주소로 본다"(제18조)고 규정하였다.[926] 두 초안은 입법취지가 일치하지만, 입법방법이 다르다.

(3) 주거의 침입에 대하여, 로빈기어 초안은 "의무의 실행을 위한 공무원 이외 어느 누구도 그 소유자의 동의 없이 다른 사람의 주거에 들어갈 수 없다"(Art 16)고 규정하였다. 이 초안은 주거의 불가침성을 규정하여 주소를 보호하고 있다. 따라서 공무원이 의무를 실현하기 위하여 들어가는 것 이외에 어느 누구도 그 소유자의 동의 없이는 주거에 들어갈 수 없는 것으로 하였다.[927] 이에 대하여 현행민법전 초안은 이에 대하여 규정하지 않았다. 두 초안은 입법취지가 다르다.

3) 성(姓, Names)

성(姓, names)에 대하여, 로빈기어 초안은 가족의 성(surname, Art 17) 및 법적 보호(judicial protection, Art 18)를 규정하였다. 이에 대하여 현행민법전 초안은 자녀의 입적, 성과 본(제775조)을 규정하였다.

---

923 중화민국 민법전, 제21조; 시암 민법전, 제45조; 소련 민법전, 제42조; 터키 민법전, 제20조.
924 스위스 민법 제23조; 독일 민법 제7, 8, 9조; 중화민국 민법 제21조; 프랑스 민법 제103, 104, 106, 108조; 영국 민법전 제4, 5, 6, 8, 9, 10조; 만주국 민법 제17조.
925 중화민국 민법전, 제1060조; 일본 민법전, 제749조 제1항..
926 일본 민법 제22조; 중화민국 민법 제22조; 스위스 민법 제24조; 만주국 민법 제18조.
927 일본 헌법, 제35조 제17항; 일본 민사소송법전, 제556조.

(1) 성과 본에 대하여, 로빈기어 초안은 "성(가족의 성)은 자연적으로 받아들여지고, 그 성은 가의 가족의 성이 된다. 그러나 처는 부 또는 부의 가의 성에 따르지 않는다"(Art 17)고 규정하였다. 따라서 이 초안은 성(姓: 가족의 성 surname)은 자연적으로 받아들여지는 것으로서[928] 그 가의 가족의 성(the household surname)이 된다고 하였다. 가족의 성은 인위적으로 만들어지는 것이 아니라는 것이다. 한편 처의 성에 대하여 처는 부(夫) 또는 부의 가의 성에 따르지 않는다고 함으로써 혼인에 의하여 처의 성 변경을 인정하지 않았다. 즉 혼인에 의한 성불변의 원칙을 받아들인 것이다. 이에 대하여 현행민법전 초안은 "자녀는 부(父)의 성 및 본을 따르고 부가에 입적한다. 부를 알 수 없는 자녀는 모의 성 및 본을 따르고 모가에 입적한다. 부모를 알 수 없는 자녀는 법원의 허가를 얻어 성 및 본을 창설하고 일가를 창립한다"(제775조)고 규정하였다.[929] 두 초안은 입법취지가 일치하지만, 입법방법이 다르다.

(2) 성의 법적 보호와 변경에 대하여, 로빈기어 초안은 "법적인 보호는 그의 성을 법률을 위반하여 사용하는 모든 사람에게 확대되고, 그로 인한 손해는 지급되어야 한다. 성의 변경은 특정한 법원에 신청하여야 한다"(Art 18)고 규정하였다. 따라서 이 초안은 성(name)의 법적 보호와 성의 변경(change of name)에 관하여 규정하고 있다. 성의 법적 보호는 법률을 위반하여 그의 성을 사용하는 모든 사람에게 확대 적용되고, 그로 인하여 발생한 손해를 지급하도록 하고 있다.[930] 한편 성의 변경은 특정법원에 신청함을 요하고 있다.[931] 이에 대하여 현행민법전 초안은 규정하지 않았다. 두 초안은 입법취지가 다르다.

4) 호주(Household Head)

호주(Household Head)에 대하여, 로빈기어 초안은 호주의 권리와 의무(Rights and duties)에 관하여 그 권리로서 가권(지배권, domestic rights, Art 19)과 재산적 권리(property rights, Art 20)를 규정하고, 의무로서 비용부담(expenses, Art 21)과 부양의무(maintenance, Art 22)를 규정하고, 그 호주권의 제한(limitations, Art 23)을 각각 규정하였다. 이에 대하여 현행민법전 초안은 호주의 직계혈족의 입적(제779조), 호주의 변경과 여호주(제784조),

---

928 일본 민법전, 제746, 733조 제1항 나목, 제727조; 중화민국 민법전, 제1059조.
929 일본 민법 제733조.
930 중화민국 민법전, 제19조; 독일 민법전, 제12조; 스위스 민법전, 제29조.
931 한국법령, 제122호, 제3장; 일본 인구등록법, 제153~157조.

호주의 입양과 폐가(제785조), 여호주의 혼인과 폐가(제786조), 타가에 입적한 호주와 그 가족(제787조), 가족의 특유재산(제788조), 호주의 부양의 의무(제789조), 호주의 동의(제790조), 호주의 가족에 대한 거소지정(제791조), 호주의 사고와 그 직무대행(제792조)을 각각 규정하였다.

가) 권리와 의무(Rights and duties)에 대하여

(1) 호주의 동의에 대하여, 로빈기어 초안은 "호주는 가(본종, household)의 통솔자이다. 그의 동의는 가족원의 혼인을 위하여, 가족원이 다른 사람의 양자가 되기 위하여 필요하다. 만약 가족원이 동의 없이 혼인을 하거나 입양을 하면 호주는 그를 추방할 수 있다"(Art 19)고 규정하였다. 이 초안은 호주제도를 도입하였다. 따라서 호주는 "가의 통솔자"[932]로서 가권(지배권; domestic rights)을 가지며, 가족원이 동의 없이 혼인을 하거나 입양을 하는 때에 그를 추방할 수 있도록 하였다.[933] 이에 대하여 현행민법전 초안은 "가족이 혼인외의 자녀를 출생한 때에는 호주의 동의를 얻어 그 가에 입적하게 할 수 있다"(제776조 제1항)고 규정하고,[934] "처가 부(夫)의 혈족 아닌 비속이 있는 때에는 부가의 호주 및 부의 동의를 얻어 그 가에 입적하게 할 수 있다"(제778조 제1항)고 규정하고,[935] "호주는 타가의 호주아닌 자기의 직계비속이나 직계존속을 그 가에 입적하게 할 수 있다"(제779조)고 규정하고, "그러나 본가의 계통을 계승할 직계비속은 분가하지 못한다"(제782조 제1항 단서)고 규정하고,[936] "분가호주의 배우자, 직계비속 및 그 배우자는 그 분가에 입적한다. 본가 호주의 혈족아닌 분가호주의 직계비속은 분가에 입적할 수 있다"(제783조)고 규정하고,[937] "여호주는 그 가의 계통을 계승할 남자가 입적한 때에는 호주의 변경으로 인하여 가족이 된다"(제784조)고 규정하고, "일가창립 또는 분가로 인하여 호주된 자는 타가에 입양하기 위하여 폐가할 수 있다"(제785조)고 규정하고, "여호주는 혼인하기 위하여 폐가할 수 있다"(제786조)고 규정하고, "호주가 폐가하고 타가에 입적한 때에는 가족도 그 타가에 입적한다. 전항의 경우에 그 타가에 입적할 수 없는 가족은 일가를

---

[932] 중화민국 민법전, 제1123조 제1항.
[933] 일본 민법전, 제750조.
[934] 일본 민법 제735조.
[935] 일본 민법 제728조.
[936] 일본 민법 제743, 744조 제1항.
[937] 일본 민법 제743조 제2항, 제745조.

창립한다"(제787조)고 규정하고, "호주 또는 가족의 누구에 속한 것이 분명하지 아니한 재산은 호주의 소유로 추정한다"(제788조 제2항)고 규정하고,[938] "호주는 가족에 대하여 부양의 의무가 있다"(제789조)고 규정하고,[939] "미성년자인 가족이 혼인 또는 입양함에는 호주의 동의를 얻어야 한다"(제790조)고 규정하고, "성년자인 가족이 호주의 의사에 반하여 주소나 거소를 정한 때에는 호주는 그 지정한 장소에 귀환하기까지 부양의 책임이 없다"(제791조)고 규정하고,[940] "호주가 질병 기타 사고로 인하여 그 직능을 행할 수 없는 때에는 친족회가 이를 대행한다. 그러나 호주의 법정대리인이 있는 경우에는 그러하지 아니하다"(제792조)고 규정하였다.[941] 두 초안은 입법취지가 유사하지만, 입법방법이 전혀 다르다.

(2) 호주상속의 효력에 대하여, 로빈기어 초안은 "호주의 상속인은 전 호주의 일신전속인 것을 제외하고 권리 의무를 현직자가 사망한 때로부터 유효하게 취득한다. 족보(genealogical records), 종교적 물품, 묘, 묘지의 소유권은 호주의 지위를 상속하면 귀속한다. 은퇴한 호주 또는 후임 부(夫)와 혼인한 여호주는 상속인의 계산으로 된 확정일자 법률문서를 증거로 재산을 유지할 수 있다. 특정한 재산이 호주에게 속하는지 가족원에게 속하는지 분명하지 않은 경우에는 전자에 속하는 것으로 법률상 추정한다"(Art 20)고 규정하였다. 이 초안은 호주의 재산적 권리에 대하여 규정하고 있다. 즉 호주 상속인은 일신전속인 것을 제외하고 전 호주의 권리 의무를 점유자의 사망한 때로부터 유효하게 취득한다는 것이다.[942] 특히 족보, 종교적 물품, 묘와 묘지는 호주의 지위를 상속에 따라 귀속하게 된다.[943] 한편 은퇴한 호주 또는 후임의 부와 혼인한 여호주는 상속인의 계산으로 된 확정일자로 된 법률문서에 의한 증거로 재산을 유지할 수 있다고 하였다.[944] 그리고 특정재산이 호주 또는 가족원 가운데 누구의 것인지 알 수 없는 경우에는 호주의 것으로 법률상 추정을 하는 것으로 하였다.[945] 이에 대하여 현행민법전 초안은 "호주상속인은 상속개시된 때로부터 호주의 권리의무를 승계한다. 그러나 전호주의 일신에 전

---

938 일본 민법 제748조.
939 일본 민법 제749조.
940 일본 민법 제749조 제2항.
941 일본 민법 제751조.
942 중화민국 민법전, 제1148조; 일본 민법전, 제1001조.
943 일본 민법전초안, 부칙 제2조; 일본 민법전, 제987조.
944 일본 민법전, 재988조.
945 일본 민법전, 제748조 제2항.

속한 것은 그러하지 아니하다"(제1001조)고 규정하고, "호주 또는 가족의 누구에 속한 것이 분명하지 아니한 재산은 호주의 소유로 추정한다"(제788조 제2항)고 규정하였다.[946] 두 초안은 입법취지가 일치하지만, 입법방법이 다르다.

(3) 상속재산의 유지비용에 대하여, 로빈기어 초안은 "상속재산의 유지비용은 상속인의 부주의로 초래되지 않는 한 상속재산으로 지급할 수 있다. 강제된 상속분인 것은 증여의 감소에 의하여 그 비용을 지급하도록 강제할 수 없다"(Art 21)고 규정하였다. 이 초안은 상속재산의 유지비용에 대하여 규정하였다. 그 비용은 상속인의 부주의로 발생한 것이 아니면 상속재산으로 지급할 수 있다는 것이다. 그러나 강제된 상속분인 것은 증여를 감소시키면서 그 비용을 지급하도록 강제할 수 없다고 한다.[947] 따라서 상속재산의 유지비용은 원칙으로 상속재산으로 지급하지만, 예외적으로 그것이 강제상속분인 경우에는 비용지급을 강제할 수 없다는 것이다. 이에 대하여 현행민법전 초안은 "호주상속에 관한 비용은 상속재산중에서 지급한다"(제987조)고 규정하였다.[948] 두 초안은 입법취지에서 일치한다.

(4) 호주의 가족의 부양의 의무와 거소지정에 대하여, 로빈기어 초안은 "생계비는 가구원이 다른 곳에서 얻을 수 없을 때에 호주가 지급하여야 한다. 그러나 호주의 승낙 없이 거소를 변경하고자 한 가구원에게 지불을 보류할 수 있다"(Art 22)고 규정하였다. 이 초안은 호주의 부양의무로서 생계비(maintenance)의 지급의무를 규정하였다. 호주는 원칙으로 가구원에게 생계비를 지급할 의무가 있다.[949] 그러나 가구원이 호주의 승낙 없이 거소를 변경한 때에는 그 지급을 보류할 수 있다는 것이다.[950] 이에 대하여 현행민법전 초안은 "호주는 그 가족에 대하여 부양의 의무가 있다"(제789조)고 규정하고,[951] "성년자인 가족이 호주의 의사에 반하여 주소나 거소를 정한 때에는 호주는 그 지정한 장소에 귀환하기까지 부양의 책임이 없다"(제791조)고 규정하였다.[952] 두 초안은 입법취지와 입법방법이 일치한다.

(5) 호주권의 제한에 대하여, 로빈기어 초안은 "호주는 그의 직무를 수행함에 있어서

---

946 일본 민법 제748조.
947 일본 민법전, 제967조.
948 일본 민법 제967조 제1항.
949 중화민국 민법전, 제117조; 소련 혼인법, 제56조, 제56조의 1.
950 일본 민법전, 제749조 제2항.
951 일본 민법 제747조.
952 일본 민법 제749조 제2항.

모든 가족원의 이익이 되게 하여야 한다. 만약 어느 가족원이 호주에 의하여 그의 권리가 침해되었다고 하면 그 사건을 가족회의에 가져와서, 남용이 발견되면 바로잡을 수 있다"(Art 23)고 규정하였다. 이 초안은 호주권의 제한(limitations)을 규정하였다. 즉 호주는 모든 가족원의 이익이 되도록 직무를 수행하여야 한다는 원칙을 규정하고,[953] 만약 어느 가족원이 호주에 의하여 권리가 침해되었다고 느끼면 가족회의(the household council)에 가져와서 그 남용이 발견되면 바로잡을 수 있다고 하였다.[954] 이에 대하여 현행민법전 초안은 입법하지 않았다. 두 초안은 입법취지가 다르다.

나) 호주상속(Succession)에 대하여

호주상속에 관하여, 로빈기어 초안은 호주상속의 개시원인(Art 24), 상속순위(the order of succession, Art 25), 법적 폐적(judicial disinheritance, Art 26), 유언(testamentary, Art 27), 폐적의 취소(revocation, Art 28), 호주의 선임(designation, Art 29), 선임의 결격사유(absence of designation, Art 30)를 각각 규정하였다. 이에 대하여 현행민법전 초안은 제5편 상속 제1장 호주상속에서 총칙으로 호주상속개시의 원인(제984조), 호주상속개시의 장소(제985조), 호주상속회복의 소송(제986조), 호주상속인으로 호주상속의 순위(제988조), 동전(제989조), 동전(제990조), 피상속인이 미혼남자인 경우(제991조), 호주상속권 없는 생모(제992조), 태아의 지위(제993조), 사후양자의 상속순위(제994조), 혼인외 출생자녀의 상속순위(제995조), 대습상속(제996조), 호주상속권의 포기금지(제997조), 호주상속의 결격사유(제998조), 여호주와 그 상속인(제999조), 상속권쟁송과 재산관리에 관한 법원의 처분(제1000조), 호주상속의 효력으로 상속과 권리의무의 계승(제1001조), 분묘 등의 승계(제1002조)를 각각 규정하였다.

(1) 호주상속개시의 원인에 대하여, 로빈기어 초안은 "호주 지위의 상속이 개시되는 것은 현 호주가 ① 사망, 사임 또는 국적 상실, ② 양자 또는 혼인의 취소로 호주를 그만둔 때, ③ 여자가 친족 밖으로 혼인하거나 미망인이거나 재혼 또는 그 혼인이 해소되거나 독자가 사후양자로 되거나 남자인 자가 태어난 때, ④ 지가의 호주가 상속한 때, ⑤

---

953 중화민국 민법전, 제1126조.
954 Van der Vak, Outline of Modern Chinese Family Law, Yoshitahe, supra, n.99 at 307.

승려가 된 때, ⑥ 자가 제2위의 양자에게 태어난 때에 개시된다. 앞 ③의 경우에 후의 부(夫)가 혼인할 때에 반대가 없다면 호주가 된다. 그러나 호주가 될 추정상속인은 다른 친족이 될 수 없을 뿐 아니라 주된 친족을 상속할 필요가 있는 때를 제외하고 그 자신이 창설할 수도 없다"(Art 24)고 규정하였다. 이 초안은 호주상속을 규정하였다. 호주상속 개시의 원인을 6가지로 한정하였다.[955] 그러나 호주상속개시의 원인 가운데 ③의 경우에 여자호주가 후의 부와 혼인할 때에 반대가 없다면 호주가 될 수 있다는 것이다.[956] 호주가 될 추정상속인에게 제한규정을 두고 있다.[957] 이와 같이 초안은 일본의 호주상속제도를 받아들이고 있다. 이에 대하여 현행민법전 초안은 "호주상속은 다음 사유로 인하여 개시된다. 1. 호주가 사망하거나 국적을 상실한 때, 2. 양자인 호주가 그 입양의 취소 또는 파양으로 인하여 이적된 때, 3. 여호주가 친가에 복적하거나 혼인으로 인하여 타가에 입적한 때, 4. 여호주의 가에 그 가의 계통을 계승할 남자가 입적한 때"(제984조)라고 규정하였다.[958] 두 초안은 입법취지가 일치하지만, 그 사유에서 다르다.

(2) 호주상속의 순위에 대하여, 로빈기어 초안은 "호주의 상속순위는, ① 연장자인 자(子), ② 연장자인 손(孫), ③ 연장자인 장손, ④ (더 이상 없는 경우에) 조모, ⑤ 모, ⑥ 처, ⑦ 연장자인 며느리의 순으로 한다. 현 호주가 혼인하고 남자를 출산하지 않고 사망하거나 여호주 상속인의 선정이 지연되면, 친족회의는 사후양자를 선정해야 한다. 현 호주의 연장자인 자가 혼인하지 않고 사망하면 연소자인 자가 상속한다"(Art 25)고 규정하였다. 이 초안은 호주의 상속순위를 규정하고 있다. 직계의 연장자를 호주로 하고, 자, 손, 장손으로 이어지게 하였다. 그러나 더 이상 없는 경우에 여호주로서 조모, 모, 처, 며느리로 이어지게 하였다. 현 호주가 혼인을 하였더라도 남자를 출산하지 못하고 사망한 경우, 여호주 상속인의 선정이 지연되는 경우에는 친족회의에서 사후양자를 선정하도록 하였다. 따라서 사후양자제도가 도입되었다. 다만 현 호주의 연장자인 자가 미혼으로 사망하면 연소자가 상속을 할 수 있다.[959] 이것은 장자상속의 예외라고 할 것이다. 이에 대하여 현행민법전 초안은 "호주상속은 다음 순위로 상속인이 된다. ① 피상속인의

---

955 일본 민법전, 제964조.
956 일본 민법전, 제736조.
957 일본 민법전, 제744조.
958 일본 민법 964조.
959 중화민국 민법전, 제1124, 1125조.

직계비속남자, ② 피상속인의 가족인 직계존속여자, ③ 피상속인의 처, ④ 피상속인의 가족인 직계비속의 처, ⑤ 피상속인의 가족인 직계비속인 여자"(제988조)라고 규정하고,[960] "전조의 규정에 의한 동순위의 직계비속이 수인인 때에는 최근친을 선순위로 하고 동순위의 근친이 수인인 때에는 혼인중의 출생자를 선순위로 한다. 전항의 규정에 의하여 순위 동일한 자가 수인인 때에는 연장자를 선순위로 한다. 그러나 전조 제4호에 해당한 직계비속의 처가 수인인 때에는 그 배우자의 순위에 의한다"(제989조)고 규정하였으며, "제988조 제2항의 직계존속이 수인인 때에는 최존친을 선순위로 한다"(제990조)고 규정하였다. 두 초안은 입법취지가 일치한다. 다만 용어법 등 입법방법이 다르다.

　(3) 상속인의 결격사유에 대하여, 로빈기어 초안은 "장래의 상속인에 대한 상속권의 박탈은 그 상속인에게 ① 호주를 학대하거나 심한 모욕을 준 경우, ② 상속할 신체적이나 정신적으로 무능력한 경우, ③ 범죄로 선고를 받아 친족에게 불명예스런 경우, ④ 낭비가 심하여 개선될 가망이 없는 경우, ④ 친족회의의 판단으로 호주로 부적임한 다른 중대한 사유가 있는 경우를 근거로 호주에 의하여 이뤄진다"(Art 26)고 규정하였다. 이 초안은 호주상속권의 박탈을 규정하였다. 호주상속인 될 자에게 일정한 사유(①~⑤)가 있는 경우에 호주는 그러한 상속인의 호주상속권을 박탈할 수 있도록 한 것이다.[961] 이에 대하여 현행민법전 초안은 "다음 사항에 해당한 자는 호주상속인이 되지 못한다. 1. 고의로 직계존속, 피상속인, 그 배우자 또는 호주상속의 선순위자를 살해하거나 살해하려 한 자, 2. 고의로 직계존속, 피상속인 및 그 배우자에게 상해를 가하여 사망에 이르게 한 자, 3. 사기 또는 강박으로 피상속인의 양자에 관한 유언 또는 유언의 철회를 방해한 자, 4. 사기 또는 강박으로 피상속인의 양자에 관한 유언을 하게 한 자, 5. 피상속인의 양자에 관한 유언서를 위조, 변조, 파기 또는 은닉한 자"(제998조)를 규정하였다.[962] 두 초안은 입법취지가 유사하지만, 그 사유에서 다르다.

　(4) 유언에 의한 호주상속권의 박탈에 대하여, 로빈기어 초안은 "선조가 상속인이 될 자의 상속권을 박탈할 의도를 유언으로 선언하면, 그 집행자는 그 유언의 효력이 발생한 뒤 곧바로 실행하여야 한다. 호주가 사망한 뒤 그 사실이 유효하게 되고 승인되면 법적으로 상속권을 박탈할 수 있다"(Art 27)고 규정하였다. 이 초안은 유언에 의한 호주상

960　일본 민법 제970조.
961　일본 민법전, 제975조.
962　일본 민법 제969조.

속권의 박탈을 규정하였다. 그 유언이 유효하게 승인되면 유언집행자는 곧바로 실행하여야 한다는 것이다.[963] 이에 대하여 현행민법전 초안은 입법하지 않았다. 두 초안은 입법취지가 다르다.

(5) 법적 폐적에 대하여, 로빈기어 초안은 "법적 폐적은 상속인이 될 자 또는 호주에 의하여 상속이 개시되기 전에 상속할 근거에 의하여 이뤄진다. 관리인은 상속권의 박탈이나 취소가 되면 판결에 따라서 법원이 선임한다"(Art 28)고 규정하였다. 이 초안은 법적 폐적(상속권박탈의 취소)에 대하여 규정하였다. 그 취소는 상속인이 될 자 또는 호주에 의하여 상속이 개시되기 전에 하여야 한다.[964] 상속권이 박탈되거나 취소된 경우에 법원은 판결에 의하여 관리인을 선임할 수 있다.[965] 이에 대하여 현행민법전 초안은 입법하지 않았다. 두 초안은 입법취지에서 다르다.

(6) 호주의 선임에 대하여, 로빈기어 초안은 "호주가 될 상속이 없는 경우 현호주는 사망 또는 퇴임을 사유로 상속할 자를 선임할 수 있다. 그러나 이 선임은 해지할 수 있고 해지 또는 취소할 의사는 반드시 공시하여야 선조의 사망시로부터 그로 인한 효력이 생긴다"(Art 29)고 규정하였다. 이 초안은 호주의 선임에 관하여 규정하였다. 그 선임은 호주될 자가 없는 경우에 현호주가 사망 또는 퇴임할 때에 상속할 자를 지명하는 것이다. 그러나 선임은 해지될 수 있고 해지나 취소는 반드시 공시되어야 효력이 선조가 사망한 때로부터 생긴다는 것이다.[966] 이에 대하여 현행민법전 초안은 입법하지 않았다. 두 초안은 입법취지에서 다르다.

(7) 친족회의에서의 지명에 대하여, 로빈기어 초안은 "호주에게 법적으로 또는 지명된 상속인이 없는 경우 현직자의 부(父)가 친족 가운데에서 지명할 수 있다. 아무도 없어서 지명할 수 없으면 모에 의하여, 아무도 없고 모가 지명할 수 없으면 친족회의에서 가족원으로서 ① 친족이 딸이면 배우자, ② 형제, ③ 자매, ④ 다른 배우자, ⑤ 형제자매의 직계후손의 순서로 지명한다. 법적인 제한과 합리적 이유로 상속인으로 선정된 자가 앞의 순서를 일탈하였거나 자격 있는 자를 찾을 수 없으면 호주의 직계후손 가운데 최근친인 남자가 상속한다"(Art 30)고 규정하였다. 이 초안은 선임의 결격사유, 즉 지명이 없

---

963 일본 민법전, 제976조.
964 일본 민법전, 제977조.
965 일본 민법전, 제978조.
966 일본 민법전, 제979~981조.

는 경우에 상속인이 될 자에 대하여 규정하고 있다. 지명권자로서 현호주의 부, 모, 친족회의의 순서로 하고 있다. 친족회에서 지명할 경우에 그 지명의 순서를 정하고 있다. 그러나 이와 같은 지명이 위에 정한 순서를 일탈하거나 자격 있는 자를 찾을 수 없는 경우에 호주의 직계후손 가운데 최근친인 남자가 상속한다고 하였다.[967] 이에 대하여 현행민법전 초안은 "제988조 제1호 및 제989조의 규정에 의하여 호주상속인이 될 직계비속인 남자가 상속개시전에 사망하거나 결격자가 된 경우에 그 직계비속인 남자가 있는 때에는 그 직계비속이 사망 또는 결격된 자의 순위에 가름하여 상속인이 된다. 제989조의 규정은 전항의 경우에 준용한다"(제996조)고 규정하였다.[968] 두 초안은 입법취지가 일치하지 않는다.

5) 친족회(Household Council)

친족회(Household Council)에 관하여, 로빈기어 초안은 구성(Composition, Art 31), 회의(meetings, Art 32), 통지와 청문(notice and hearing, Art 33), 호주상속인(household successor, Art 34)를 각각 규정하고 있다. 이에 대하여 현행민법전 초안은 친족회의 조직(제957조), 친족회원의 수(제958조), 친권자의 친족회원 지정(제959조), 미성년자의 친족회원의 순위(제960조), 금치산자 또는 한정치산자(제961조), 기혼여자(제962조), 준용규정(제963조), 동전(제964조), 후견인의 결격사유(제965조), 무능력자를 위한 상설친족회(제966조), 친족회의 소집권자(제967조), 친족회의 의결방법(제968조), 친족회에서의 의견개진(969조), 친족회의 결의에 가름한 재판(제970조), 친족회원의 사퇴(제971조), 친족회원의 해임(제972조), 친족회의 결의와 이의소송(제973조), 친족회원의 선관의무(제974조)를 각각 규정하였다.

(1) 친족회의 구성에 대하여, 로빈기어 초안은 "친족회는 호주를 포함하여 모든(본종) 직계존속과 직계비속으로 구성한다. 구성이 충분하지 못할 경우 해당 법원은 자유재량으로 이해관계인의 신청에 의하여 다른 혈족으로 추가 지정하고 친족회와 호주의 행위를 승인한다. 자격 있는 자가 친족회에서 거절되지 않으면 상당한 이유(너무 원격

---

967 일본 민법전, 제982~985조.
968 일본 민법 제974조.

지에 거주)가 없는 한 법적으로 강제할 수 있다"(Art 31)고 규정하였다. 이 초안은 친족회의 구성(Composition)에 관하여 규정하였다. 따라서 친족회는 호주를 포함하여 모든 직계존속과 직계비속으로 구성하고,[969] 이 구성이 충분하지 않으면 법원이 자유재량으로 이해관계인의 신청에 의하여 다른 혈족으로 추가 지정할 수 있다는 것이다.[970] 그리고 자격 있는 자가 친족회에서 거절되지 않으면 너무 멀리 떨어져 거주하는 등 상당한 이유가 없는 한 법적으로 강제될 수 있다는 것이다.[971] 이에 대하여 현행민법전 초안은 "본법 기타 법률의 규정에 의하여 친족회의 결의를 요할 사유가 있는 때에는 친족회를 조직한다"(제957조)고 규정하고,[972] "친족회원은 5인으로 한다"(제958조)고 규정하였다.[973] 두 초안은 입법취지가 유사하지만, 입법방법이 다르다.

(2) 의결방법에 대하여, 로빈기어 초안은 "회의는 이해관계인의 신청에 의하여 개최되고, 호주는 그 회의를 주재하며 가부 동수인 경우에 모든 문제를 결정한다. 이는 사업처리를 위한 정족수와 출석자의 다수로 모든 문제를 결정한다. 그러나 구성원이 개인적 이해가 있는 어느 사안에 대한 투표를 허용하지 않는다"(Art 32)고 규정하였다. 이 초안은 친족회의 회의에 관하여 규정하였다. 회의는 이해관계인의 신청에 의하여 개최되고,[974] 호주는 그 회의를 주재하고, 가부가 동수인 경우에 결정권을 갖는다. 사업처리를 위한 정족수와 출석자의 다수로 의결한다.[975] 다만 어느 사안에 대하여 이해관계가 있는 구성원은 투표를 할 수 없게 하였다.[976] 이에 대하여 현행민법전 초안은 "친족회의 의사는 회원 과반수의 찬성으로 결정한다. 전항의 의사에 관하여 이해관계 있는 회원은 그 결의에 참가하지 못한다"(제968조)고 규정하였다.[977] 두 초안은 입법취지와 입법방법이 유사하다.

(3) 친족회에서의 의견개진에 대하여, 로빈기어 초안은 "친족회를 개최함에 있어서 호주는 모든 이해관계인들에게 통지하여야 하고, 법적인 이해관계가 있는 사안에 대하여 회의에 앞서 청문을 실시하여야 한다. 친족회의 회의에 만족하지 못하는 자는 3월 이

---

969 중화민국 민법전, 제1130조 이하; 일본 민법전, 제945조 이하.
970 중화민국 민법전, 제1132조; 일본 민법전, 제945조.
971 중화민국 민법전, 제1134조; 일본 민법전, 제946조.
972 독일 민법 제1858, 1859조; 중화민국 민법 제1129조; 일본 민법 제944조.
973 독일 민법 제1860조; 중화민국 민법 제1130조; 일본 민법 제945조 제1항 전단.
974 중화민국 민법전, 제1129조; 일본 민법전, 제944조.
975 중화민국 민법전, 제1135조; 일본 민법전, 제945, 947조.
976 중화민국 민법전, 제1136조; 일본 민법전, 제947조.
977 중화민국 민법 제1135, 1136조; 일본 민법 제947조.

내에 가까운 법원에 제소하여 판결을 받을 수 있다"(Art 33)고 규정하였다. 이 초안은 친족회의 개최를 위한 통지와 청문을 규정하였다. 그리고 친족회의 결정에 이의가 있으면 3월 이내에 가까운 법원에 제소하여 판결을 받을 수 있도록 하였다.[978] 이에 대하여 현행민법전 초안은 "본인, 그 법정대리인, 배우자, 직계혈족, 4촌 이내의 방계혈족 및 호주는 친족회에 출석하여 의견을 개진할 수 있다"(제969조)고 규정하고,[979] "친족회가 결의를 할 수 없거나 결의를 하지 아니 한 때에는 친족회를 소집할 수 있는 자는 그 결의에 가름할 재판을 법원에 청구할 수 있다"(제970조)고 규정하였으며,[980] "친족회를 소집할 수 있는 자 또는 이해관계인은 친족회의 결의에 대하여 2월내에 이의소송을 제기할 수 있다"(제973조)고 규정하였다.[981] 두 초안은 입법취지가 일치하지만, 입법방법이 다르다.

(4) 친족회의 호주상속인의 선임에 대하여, 로빈기어 초안은 "호주상속인은 제24조의 결격사유가 있으면 친족회에서 혈족과 최종 현직자의 가족이나, 지가의 호주와 본가 및 지가의 구성원으로 선임한다. 이 모두가 결격이거나 합리적 근거가 있으면, 친족회는 비혈족으로 선임할 수 있다"(Art 34)고 규정하였다. 이 초안은 친족회에서 호주상속인을 선임하는 절차를 규정하였다. 호주상속인에게 이 법 제24조의 결격사유가 있는 경우에 혈족과 최종 현직자의 가족 또는 지가(branch households)의 호주 및 본가(the principal)와 지가(the branch)의 가족 가운데서 선임할 수 있다는 것이다. 모두 결격사유가 있거나 합리적 근거가 있는 경우에는 친족회는 혈족이 아닌 자를 선임할 수 있다고 하였다.[982] 이에 대하여 현행민법전 초안은 입법하지 않았다. 두 초안은 입법취지가 다르다.

3. 혼인(Matrimony)에 관한 규정내용의 비교

혼인에 대하여, 로빈기어 초안은 일반규정(General Provisions, Arts 35~43), 부부재산(Marital Property, Arts 44~50), 혼인의 해소(Termination, Arts 51~58)를 각각 규정하였다.[983] 이에 대하여 현행민법전 초안은 제1절 약혼(제793조~제799조), 제2절 혼인의 성

---

978 중화민국 민법전, 제1137조; 일본 민법전, 제951조.
979 일본 민법 제948조 제1항.
980 일본 민법 제952조.
981 중화민국 민법 제1137조; 일본 민법 제951조.
982 일본 민법전, 제985조.
983 이에 대한 내용분석은, 윤대성, 『미군정시대(1945~1948)의 한국민법전편찬사업』, 한국학술정보, 2009, 211~238면.

립(제800조~제807조), 제3절 혼인의 무효와 취소(제808조~제817조), 제4절 혼인의 효력
에서 일반적 효력(제819조~821조), 재산상 효력(제822조~제826조), 제5절 이혼에서 협의
상 이혼(제827조~832조), 재판상 이혼(제833조~제837조)을 각각 규정하였다.

1) 일반규정(General Provisions)

자연인의 혼인에 관하여, 로빈기어 초안은 일반규정(General Provisions)에서, 법적 성
질(Nature, Art 35), 혼인장애사유(impediments, Art 36), 혼인등록(registration, Art 40), 예
외(Exceptions, Art 38), 부부계약(The Marital Contract, Art 39), 이의제기(Challenge, Art 41)
등 혼인절차 및 효과(effects, Art 43)를 각각 규정하였다. 이에 대하여 현행민법전 초안은
제1절 약혼에서 약혼의 자유(제793조), 약혼연령(제794조), 금치산자의 약혼(제795조), 약
혼의 강제이행 금지(제796조), 약혼해제의 사유(제797조), 약혼해제의 방법(제798조), 약
혼해제와 손해배상청구권(제799조)을 각각 규정하고, 제2절 혼인의 성립에서 혼인의 자
유(제800조), 혼인연령(제801조), 근친혼의 금지(제802조), 중혼의 금지(제803조), 재혼금
지기간(제804조), 혼인의 성립(제805조), 혼인신고의 심사(제806조), 외국에서의 혼인신
고(제807조), 제3절 혼인의 무효와 취소(제808조~818조), 제4절 혼인의 효력에서 일반적
효력으로 부부간의 의무(제819조), 부부간의 가사대리권(제820조), 부부간의 계약의 취
소(제821조)를, 재산상 효력을 각각 규정하였다.

(1) 혼인의 법적 성질에 대하여, 로빈기어 초안은 "혼인은 한 남자와 한 여자 사이에
영원한 부부로서 살기로 맺은 계약에 의한 지위이다"(Art 35)고 규정하였다. 이 초안은
혼인의 법적 성질을 규정하였다. 한 남자와 한 여자 사이에 영원한 부부로서 살기로 맺
은 계약에 의한 지위라고 함으로써, 혼인은 남녀 사이에 영원한 부부관계를 맺는 신분
(인격)계약임을 밝히고 있다.[984] 이에 대하여 현행민법전 초안은 입법하지 않았다. 두
초안은 입법취지에서 다르다.

(2) 혼인의 장애사유에 대하여, 로빈기어 초안은 "다음 사항은 유효한 혼인계약에 대
한 장애사유가 된다.[985] ① 법적능력의 결함이 양 계약당사자에 있는 경우, ② 혼인생활

---

[984] 켈리포니아 민법전, 제55조; 독일 민법전, 제407조.
[985] 중화민국 민법전, 제980~986조; 독일 민법전, 제1309~12조, 제1323조, 제1326조, 제1328조.

을 하는데 불치의 신체적 부적격인 경우, ③ 혼인당사자와 제3자 사이에 유효한 혼인이 존재하는 경우,[986] ④ 계약당사자 사이에 직계혈족이나 8촌 이내의 방계혈족인 경우, ⑤ 20세인 남자와 여자 쪽이 18세인 혼인연령에 미달하는 경우, ⑥ 계약당사자들 사이에 후견관계가 있는 경우, ⑦ 당사자의 일방이 이미 간통으로 혼인이 해소된 경우"(Art 36)를 규정하였다. 이 초안은 혼인의 장애사유(결격사유)를 규정하고 있다. 비록 유효한 혼인계약이 있는 당사자에게 일정한 경우에는 장애사유가 되는 것이다. 이에 대하여 현행민법전 초안은 "혼인은 다음 경우에 한하여 무효로 한다. ① 당사자간에 혼인합의가 없는 때, ② 당사자간에 직계혈족, 8촌 이내의 방계혈족 및 그 배우자인 친족관계가 있거나 또는 있었던 때, ③ 당사자간에 직계인족, 부의 8촌 이내의 혈족인 인족관계가 있거나 또는 있었던 때"(제808조)라고 규정하고,[987] "혼인은 다음 경우에는 법원에 그 취소를 청구할 수 있다. ① 혼인이 제801조 내지 제804조의 규정에 위반한 때, ② 혼인당사자 일반에 부부생활을 계속할 수 없는 악질 기타 중대사유 있음을 알지 못한 때, ③ 사기 또는 강박으로 인하여 혼인의 의사표시를 한 때"(제809조)라고 규정하였다.[988] 두 초안은 입법취지가 일치하지만, 입법방법이 다르다. 즉 현행민법전 초안은 무효사유와 취소사유로 나누어 규정하였다.

(3) 약혼에 대하여, 로빈기어 초안은 "오직 혼인을 위한 합의(약혼)는 혼인계약과 다르다. 전자는 법적 강제되지 않고 준수하지 않아 입은 금전적 손해를 배상하지 않는다. 그러나 합의가 해소된 뒤 2년 안에 선량한 당사자는 모든 예물 또는 그 가액을 반환받을 수 있고 준수하지 않음으로써 발생한 모든 비용을 반환받을 수 있다"(Art 37)고 규정하였다. 이 초안은 약혼(An agreement to marry)에 관하여 규정하고 있다. 약혼은 혼인과 구별하고 있다. 따라서 약혼은 법적으로 강제할 수 없고, 이를 준수하지 않은 것에 대하여 금전적 손해를 배상받을 수도 없다는 것이다. 그러나 책임 없는 당사자는 약혼이 해소된 뒤 2년 이내에 예물의 반환을 청구할 수 있고 준수하지 않음으로써 발생한 모든 비용을 반환받을 수 있다는 것이다.[989] 이에 대하여 현행민법전 초안은 "성년에 달한 남자나

---

986 중화민국 민법전, 제985조; 일본 민법전, 제765조 이하.

987 독일 민법 제1323, 1328조; 프랑스 민법 제180, 181, 182조~제183조; 스위스 민법 제100조; 중화민국 민법 제988조; 일본 민법 제742조.

988 독일 민법 1330, 1325조; 스위스 민법 제125, 126조; 프랑스 민법 제184, 190조; 중화민국 민법 제989조(본문), 제990(본문), 991(본문), 992(본문), 993(본문), 994(본문), 995(본문), 996, 997조; 일본 민법 제743조, 제747조 제1항, 제780조.

여자는 자유로 약혼을 할 수 있다"(제793조)고 규정하고,[990] "약혼은 강제이행을 청구하지 못한다"(제796조)고 규정하고,[991] "약혼의 해제는 상대방에 대한 의사표시로 한다. 그러나 상대방에 대한 의사표시를 할 수 없는 때에는 그 해제의 원인 있음을 알은 때에 해제된 것으로 본다"(제798조)고 규정하였으며,[992] "약혼을 해제한 때에는 당사자 일방은 과실있는 상대방에 대하여 이로 인한 손해의 배상을 청구할 수 있다. 전항의 경우에는 재산상 손해 외에 정신상 고통에 대하여도 손해배상의 책임이 있다. 전항의 배상청구권은 양도 또는 승계하지 못한다. 그러나 당사자간의 계약이 성립되거나 소송을 제기한 후에는 그러하지 아니하다"(제799조)고 규정하였다.[993] 두 초안은 입법취지가 일치하지만, 현행민법전 초안은 약혼의 해제에 의한 손해배상청구권을 인정하고 있다.

(4) 약혼해제의 사유에 대하여, 로빈기어 초안은 "그 반환은 이의하는 당사자가, ① 1년 동안 열심히 찾아보았으나 어디에 있는지 소식을 듣지 못한 경우, ② 제3자와 혼인하는 것에 동의하거나 혼인한 경우, ③ 간통을 허용한 경우, ④ 성병, 악질 또는 심각한 불치의 질병이 있는 경우, ⑤ 신체적으로 영구히 불구인 경우, ⑥ 범죄로 유죄판결을 받은 경우, ⑦ 혼인일자를 의도적으로 미루는 경우에는 허용되지 않는다"(Art 38)고 규정하였다. 이 초안은 약혼의 해소의 효과에 관한 예외규정을 두었다. 즉 약혼의 해소에 의하여 예물의 반환과 비용의 반환을 인정하지만, 여기에서 정하는 일방 당사자의 일정한 사유(①~⑦)가 있는 경우에는 이를 인정하지 않는다.[994] 이에 대하여 현행민법전 초안은 "당사자의 일방에 다음 사유가 있는 때에는 상대방은 약혼을 해제할 수 있다. ① 약혼 후 자격정지 이상의 형의 선고를 받은 때, ② 약혼 후 금치산 또는 한정치산의 선고를 받은 때, ③ 성병, 폐병 기타 불치의 악질이 있는 때, ④ 약혼 후 타인과 약혼 또는 혼인을 한 때, ⑤ 약혼 후 타인과 간음한 때, ⑥ 약혼 후 그 생사불명함이 만 2년을 경과한 때, ⑦ 정당한 이유없이 혼인을 거절하거나 그 시기를 지연하는 때, ⑧ 기타 중대한 사유가 있는 때"(제797조)라고 규정하였다.[995] 두 초안은 입법취지에서 일치하지만, 약혼해제의

---

[989]　중화민국 민법전, 제975, 977조: 독일 민법전, 제1297~1302조

[990]　중화민국 민법 제972조.

[991]　독일 민법 제1297조; 스위스 민법 제91조; 중화민국 민법 제975조.

[992]　중화민국 민법 제976조 제2항.

[993]　독일 민법 제1298, 1299, 1300조; 스위스 민법 제93조; 중화민국 민법 제977조, 978, 979조.

[994]　켈리포니아 민법전, 제62조; 중화민국 민법전, 제976조.

[995]　중화민국 민법 제976조.

사유에 대한 입법방법이 다르다.

(5) 부부계약에 대하여, 로빈기어 초안은 "부부계약은 쌍방이 서면으로, 서명하여 증인이 있어야만 한다. 또한 ① 쌍방의 성명, 당사자, 부모 및 증인과 그들을 대리하는 가족의 대표들, ② 이 법전에서 말하는 혼인의 장애사유가 존재하지 않음, ③ 쌍방의 혼인의 일자와 장소 및 그들의 자녀 성명, ④ 쌍방이 부부로서 영원히 같이 살 진지한 의사, ⑤ 각자의 건강조건, 특히 성병, 정신병, 결핵과 같은 것에 대한 상호 인식에 대하여 낭독하여야 한다. 당사자가 희망하면 종교 또는 다른 의식은 미리 하거나 이 계약에 따라야 한다"(Art 39)고 규정하였다. 이 초안은 부부계약(The Marital Contract)에 관하여 규정하고 있다. 부부계약[996]은 서면으로 서명하고 증인이 있어야 하는 요식행위로 규정하였다. 특히 부부계약의 내용이 될 사항을 열거하고 이를 상호 인식하고 있음을 낭독하도록 하고 있는 점이 특색이라 할 것이다. 그리고 당사자가 희망하면 종교 또는 다른 의식은 이 계약의 실행에 앞서 하거나 따라서 한다는 것이다.[997] 이에 대하여 현행민법전 초안은 이를 규정하지 않았다. 두 초안은 입법취지에서 다르다.

(6) 혼인등록에 대하여, 로빈기어 초안은 "부부계약 원본은 당사자 일방의 주거에 가까운 호적등록소에 비치되어야 한다. 등록담당관 또는 등록소에 비치한 사람은 누구든지 고시를 눈에 잘 띠는 곳에 부착하고 당사자의 성명과 주소를 낭송하게 한다. 5일이 지난 뒤 혼인은 이의 또는 타당한 반대가 없으면 제출되고 계약에 흠결이 없으면 등기관은 그 혼인이 효력이 있음과 이해당사자의 요청에 의하여 규정한 수수료를 지불하고 그 인증서를 발급함을 기재할 수 있다"(Art 40)고 규정하였다. 이 초안은 혼인등록에 관한 절차를 규정하였다. 부부계약 원본을 호적등록소(the Koseki registry office)에 비치하여야 한다는 것이다. 그러면 등록관이나 등록소에 비치한 사람은 고시를 잘 볼 수 있게 게시하여야 한다.[998] 그 당사자의 이름과 주소를 읽을 수 있게 하는 것이다. 그 고시를 하고 5일이 경과한 뒤 그 혼인에 대하여 이의 또는 타당한 반대가 없으면 등록관은 이해관계인의 요청에 따라 규정된 수수료를 받고 인증서를 발급한다는 배서를 할 수 있다는 것이

---

996 일본 민법전, 제775조 참조.

997 원래 오랜 관습상 혼인은 이런 의식으로 완성되었고 호적에 등록하는 것은 요구되지 않았다. 물론 오늘날에는 혼인은 호적에 등록하면 의식을 하지 않더라도 그 혼인은 인정되고 있다.

998 이것은 "발행금지"라는 곳에서 가져온 것으로, 이것을 하지 않으면, 미국의 많은 주에서, 많은 작가들로부터 지탄을 받게 된다.

다. 그러니까 단순히 등록관이 등록부에 기재하는 것으로 되는 것이 아니라 5일간 등록소에 부부계약 원본을 게시하여 고시하는 절차가 있다는 점이 주의를 끈다고 할 것이다. 이에 대하여 현행민법전 초안은 입법하지 않았다. 두 초안은 입법취지에서 다르다.

(7) 부부계약에 대한 이의절차에 대하여, 로빈기어 초안은 "등록소에 부부계약을 비치한 5일 이내에 누구든지 서면으로 반대를 주장하여 이의할 수 있고, 등록관은 그에 따라 적당한 법원에 제출하여 당사자의 청문을 들은 뒤에 그 반대를 처리할 수 있다"(Art 41)고 규정하였다. 이 초안은 부부계약에 대한 이의절차를 규정하고 있다. 즉 부부계약을 등록소에 비치하고 게시한 뒤 5일 이내에 누구든지 서면으로 반대를 주장하여 이의를 할 수 있다. 등록관은 이의가 있으면 법원에 제출하여 당사자의 청문을 들은 뒤에 그 반대를 처리할 수 있도록 하였다. 이에 대하여 현행민법전 초안은 입법하지 않았다. 두 초안은 입법취지가 다르다.

(8) 외국에서의 혼인에 대하여, 로빈기어 초안은 "외국에 거주하는 한국인은 혼인서류를 한국대사 또는 영사대표부에 제출하면 효력이 생기고 동일한 조건으로 인정된다"(Art 42)고 규정하였다.[999] 이 초안은 외국에 거주하는 한국인이 혼인을 하면 한국대사관 또는 영사대표부에 혼인서류를 제출하도록 하였다. 그렇게 하면 혼인의 효력이 생기고 동일한 조건으로 인정된다는 것이다. 이에 대하여 현행민법전 초안은 "외국에 있는 본국인 사이의 혼인은 그 외국에 주재한 대사, 공사 또는 영사에게 신고할 수 있다. 전항의 신고를 수리한 대사, 공사 또는 영사는 지체없이 그 신고서류를 본국 소관 호적리에게 발부하여야 한다"(제807조)고 규정하였다.[1000] 두 초안은 입법취지가 일치한다.

(9) 부부간의 의무에 대하여, 로빈기어 초안은 "혼인에 의하여 처는 부의 가에 입적이 되고 그의 주소를 취득한다. 배우자는 별거하는 것이 법적으로 인정되지 않는 한 서로 같이 동거할 상호간의 의무가 있다. 부부는 일상가사에 서로 대리인이 된다. 그러나 이는 배우자 쌍방에 의하여 제한될 수 있고 제3자에 대하여 통지하여야 한다"(Art 43)고 규정하였다. 이 초안은 혼인의 효력에 관하여 규정하고 있다. 혼인한 처는 부의 가(the husband's household)에 입적하고 부의 주소를 취득한다. 부부는 동거할 상호간의 의무(a mutual obligation to live together)가 있다. 다만 법적으로 별거를 인정한 경우에는 그렇

---

[999] 일본 민법전, 제777조.
[1000] 프랑스 민법 제170조; 일본 민법 제741조(구 민법 제777조).

지 않다.[1001] 부부는 일상가사대리권이 있다. 그러나 일상가사대리권을 제한하는 경우에 제3자에게 통지하여야 한다는 것이다.[1002] 이에 대하여 현행민법전 초안은 "부부는 서로 동거 부양 및 협조의 의무가 있다. 그러나 정당한 이유로 일시적 동거하지 아니하는 경우에는 서로 인용하여야 한다. 부부의 동거는 부의 주소나 거소에서 한다"(제819조)고 규정하고,[1003] "부부는 일상의 가사에 관하여 서로 대리권이 있다. 전항의 대리권에 가한 제한은 선의의 제3자에게 대항하지 못한다"(제820조)고 규정하였다.[1004] 두 초안은 입법취지가 일치하지만, 입법방법이 다르다.

2) 부부재산(Marital Property)

부부재산에 관하여, 로빈기어 초안은 분리소유(separate ownership, Art 44), 재산관리(management, Art 45), 비용(expenses, Art 46), 성립(creation, Art 47), 책임(liability, Art 48), 상환(reimbursement, Art 49), 이혼의 경우(dissolution, Art 50)를 각각 규정하고 있다. 이에 대하여 현행민법전 초안은 특정한 재산과 귀속불명재산(제822조), 특유재산의 관리 등(제823조), 부부재산의 약정과 그 변경(제824조), 가사로 인한 채무의 연대책임(제825조), 부부공동생활비용의 부담(제826조)을 각각 규정하였다.

(1) 특유재산과 귀속불명재산에 대하여, 로빈기어 초안은 "재산은 혼인할 당시에 배우자 각자에게 속한다. 재산은 사업으로 각자 취득하거나 그렇지 않으면 각자 보유한다"(Art 44)고 규정하였다. 이 초안은 부부재산에 관하여 부부별산제를 취하였다. 따라서 각 배우자는 혼인할 당시에 재산을 각자 갖는다. 그리고 사업으로 각자가 재산을 취득한다. 그렇지 않으면 각자가 그의 재산을 보유한다는 것이다.[1005] 이에 대하여 현행민법전 초안은 "부부 일방의 혼인전 고유재산과 혼인중 자기의 명의로 취득한 재산은 각 특유재산으로 한다"(제822조 제1항)고 규정하였다.[1006] 두 초안은 입법취지와 입법방법이

1001 중화민국 민법전, 제1001, 1002조; 일본 민법전, 제788, 789조.
1002 중화민국 민법전, 제1003조; 일본 민법전, 제804~806조.
1003 독일 민법 제1353(제1항), 1354(제1항)조; 프랑스 민법 제212, 213조 제1항; 스위스 민법 제159, 160조; 중화민국 민법 제1001, 1002조; 일본 민법 제752조(구 민법 제789, 750조).
1004 독일 민법 제1357조; 스위스 민법 제163조; 중화민국 민법 제1003조; 일본 민법 제804조.
1005 켈리포니아 민법전, 제162~4조; 중화민국 민법전, 제1031조; 일본 민법전, 제817조.
1006 중화민국 민법 제1013조; 일본 민법 제762조(구 민법 제807조).

일치한다.

(2) 특유재산의 관리에 대하여, 로빈기어 초안은 "부(husband)는 처의 재산을 자신의 것과 같이 관리하는 자이다. 또한 각자에 대하여 동일한 주의로 행동한다. 그는 통제하거나 사용할 수 있다. 그러나 처의 서면동의가 없으면 양도하거나 부담을 지우지 못한다. 그가 처의 재산을 관리할 수 없으면 그 관리는 처에게 돌아간다. 법원은 그가 처의 재산을 잘못 관리하면 부(husband)를 금지하고 그 재산을 처의 통제로 돌아가게 할 수 있다"(Art 45)고 규정하였다. 이 초안은 부부재산의 관리에 관하여 규정하였다. 부(husband)는 처의 재산관리인이 되고, 재산관리의 주의의무는 자신의 재산에 관한 동일한 주의로 하여야 한다.[1007] 또한 각자에 대하여 동일한 주의로 행동하여야 한다.[1008] 한편 부는 처의 재산을 통제하거나 사용할 수 있다. 그러나 처의 서면동의가 없으면 처의 재산을 양도하거나 부담을 지우지 못한다.[1009] 부가 처의 재산을 잘못 관리하면 부는 금지되고 그 재산은 처의 통제로 돌아간다는 것이다.[1010] 이에 대하여 현행민법전 초안은 "부부는 그 특유재산을 각자 관리 사용 및 수익한다. 부부의 일방이 부재 기타 사유로 인하여 그 특유재산을 관리할 수 없는 때에는 타 일방이 이를 관리한다"(제823조)고 규정하였다. 두 초안은 입법취지가 다르다.

(3) 혼인생활의 비용에 대하여, 로빈기어 초안은 "부 또는 처가 호주인 경우 처는 배우자의 자에 대한 교육 및 다른 당사자의 채무에 의한 이익을 포함한 혼인비용을 지불하여야 한다. 또한 후자의 재산으로부터의 수입을 사용할 수 있다"(Art 46)고 규정하였다. 이 초안은 혼인비용에 관하여 규정하고 있다. 따라서 부 또는 호주인 처는 혼인생활의 비용을 지불하여야 한다는 것이다. 혼인생활의 비용에는 배우자의 자녀 교육 및 다른 당사자의 채무로서 얻은 이익을 포함한다. 그리고 다른 배우자의 재산으로부터 나오는 수익을 사용할 수 있다고 하였다.[1011] 이에 대하여 현행민법전 초안은 입법하지 않았다. 두 초안은 입법취지가 다르다.

(4) 부부재산의 약정에 대하여, 로빈기어 초안은 "부부재산관리는 혼인 전 또는 후에 배우자와 사이에 서면계약에 의하여 성립한다. 각자 또는 쌍방이 혼인 전 또는 혼인중

1007 켈리포니아 민법전, 제172조; 중화민국 민법전, 제1032조; 일본 민법전, 제801조.
1008 일본 민법전, 제805조.
1009 켈리포니아 민법전, 제172조; 중화민국 민법전, 제1032조; 일본 민법전, 제802조.
1010 일본 민법전, 제803, 805조.
1011 켈리포니아 민법전, 제143조; 일본 민법전, 제798, 799조.

에 취득한 분리재산을 제외한 모두를 공동으로 인수하고 보유한다. 부는 분리소유권에서와 같은 동일한 조건으로 협력관계의 관리자로서 행동한다. 그러나 비용은 공동재산에서 지불한다"(Art 47)고 규정하였다. 이 초안은 부부재산관리의 성립(creation)에 관하여 규정하고 있다. 부부재산관리는 배우자와의 사이에 혼인 전 또는 후에 서면계약으로 성립한다.[1012] 부부의 별산(separate property)을 제외한 모든 재산은 공동으로 부부가 보유한다. 부는 분리소유권에서와 같이 동일한 조건으로 협력관계의 관리자로서 행동한다. 부부재산관리의 비용은 공동재산에서 지불한다는 것이다.[1013] 이에 대하여 현행민법전 초안은 "부부간의 계약은 혼인중 언제든지 부부의 일방이 이를 취소할 수 있다. 그러나 선의의 제3자의 권리를 해하지 못한다"(제821조)고 규정하고,[1014] "부부가 혼인성립 전에 그 재산에 관한 사항을 약정한 때에는 혼인중 이를 변경하지 못한다. 그러나 정당한 사유가 있는 때에는 법원의 허가를 얻어 변경할 수 있다. 전항의 약정으로 인하여 부부의 일방이 타 일방의 재산을 관리하는 경우에 관리의 실당으로 인하여 그 재산을 위태하게 한 때에는 타 일방은 자기가 관리할 것을 법원에 청구할 수 있고 그 재산이 부부의 공유인 때에는 그 분할도 청구할 수 있다"(제824조)고 규정하였다.[1015] 두 초안은 입법취지가 다르다.

(5) 연대책임에 대하여, 로빈기어 초안은 "협력관계에서 각 배우자는 혼인 전에 발생한 채무, 그리고 다른 배우자의 대리인으로서 발생한 채무에 대하여 공동재산의 확장을 위하여 개인적으로 책임이 있다. 부는 또한 혼인 중에 그에 의하여 발생한 채무에 대하여 책임이 있다. 처는 공동재산으로 부족하거나 그의 귀책행위로, 직업상 또는 상속의 결과로 발생한 채무, 가족생활비용에 대하여 책임을 진다"(Art 48)고 규정하였다. 이 초안은 부부재산관리의 책임에 대하여 규정하고 있다. 먼저 각 배우자는 혼인 전에 발생한 채무나 다른 배우자의 대리인으로서 발생한 채무에 대하여 개인적으로 책임이 있다. 다음으로 부는 혼인 중에 본인에 의하여 발생한 채무에 대하여 책임이 있다. 처는 공동재산이 부족하거나 그의 귀책행위로 인한 채무에 대하여 책임이 있다. 특히 직업상 또

[1012] 켈리포니아 민법전, 제687조; 중화민국 민법전, 제1004, 1007, 1008조; 독일 민법전, 제417조; J일본 민법전, 제797조, 제1438조 이하.
[1013] 켈리포니아 민법전, 제170, 171조; 중화민국 민법전, 제1034~1038조; 일본 민법전, 제801조.
[1014] 프랑스 민법 제1096조 제1항; 일본 민법 제754조.
[1015] 독일 민법 제1432조; 프랑스 민법 제1395~1397조; 스위스 민법 제179, 180, 181조; 일본 민법 제758조(구 민법 제796조).

는 상속의 결과로 발생한 채무, 가족생활비용에 대하여 책임이 있다.[1016] 이에 대하여 현행민법전 초안은 "부부의 일방이 일상의 가사에 관하여 제3자와 법률행위를 한 때에는 타 일방에 대하여 이로 인한 채무에 대하여 연대책임이 있다. 그러나 이미 제3자에 대하여 타 일방의 책임 없음을 명시한 때에는 그러하지 아니하다"(제825조)고 규정하였다.[1017] 두 초안은 입법취지가 일치하지만 입법방법이 다르다.

(6) 부부의 공동생활비용의 부담에 대하여, 로빈기어 초안은 "상환은, 혼인 중이면, 각 배우자는 분리재산으로 공동채무를 변제할 수 있고, 공동재산으로 분리채무를 변제할 수 있다. 그러나 분리재산으로 공동채무를 변제하고자 하면 받을 수 없다"(Art 49)고 규정하였다. 이 초안은 채무의 상환에 대하여 규정하고 있다. 각 배우자는 분리재산으로 공동채무를 변제할 수 있고, 공동재산으로 분리채무를 변제할 수 있다는 것이다. 그러나 분리재산으로 공동채무를 변제하고자 하는 경우 그것을 받을 수 없다는 것이다.[1018] 이에 대하여 현행민법전 초안은 "부부의 공동생활에 필요한 비용의 부담은 당사자간에 특별한 약정이 없으면 관습에 의한다"(제826조)고 규정하였다.[1019] 두 초안은 입법취지가 유사하지만 입법방법이 다르다.

(7) 부부협력관계의 해체에 대하여, 로빈기어 초안은 "협력관계의 해체는 어느 배우자의 사망, 혼인의 취소, 배우자의 이혼 또는 법률상 별거에 의한다. 사망의 경우에 공동재산의 2분의 1은 생존배우자에게 그리고 나머지 2분의 1은 망인의 상속인 또는 재산관리인에게 수여된다"(Art 50)고 규정하였다. 이 초안은 부부협력관계의 해체에 관하여 규정하고 있다. 해체원인은 배우자의 사망, 혼인의 취소, 배우자의 이혼이나 법률상 별거를 들고 있다. 특히 사망에 의한 해체인 경우에는 공동재산의 2분의 1을 생존배우자에게 수여하고, 나머지 2분의 1은 망인의 상속인 또는 재산관리인에게 수여된다고 하였다.[1020] 이에 대하여 현행민법전 초안은 입법하지 않았다. 두 초안은 입법취지에서 다르다.

3) 혼인의 종료(Termination)

혼인의 종료에 대하여, 로빈기어 초안은 일반적인 경우(in general, Art 51), 혼인의 취

1016 중화민국 민법전, 제1034조 이하.
1017 일본 민법 제761조.
1018 중화민국 민법전, 제1038조.
1019 중화민국 민법 제1026, 1037조; 일본 민법 제760조(구 민법 제798조 제1항).
1020 중화민국 민법전, 제1039, 1040조.

소(annulment, Art 52~53), 이혼(Dissolution, Art 54~58)을 각각 규정하고, 이혼은 법률상 이혼(judicial, Art 54~56)과 협의상 이혼(conventional separation, Art 57~58)을 규정하고 있다. 이에 대하여 현행민법전 초안은 혼인의 취소(제809조~제818조)와 이혼(제827조~ 837조)을 각각 규정하였다.

가) 일반적인 경우(In general)에 대하여

로빈기어 초안은 "혼인상태는 ① 취소 또는 ② 혼인의 해소(이혼)에 의하여 종료된 다"(Art 51)고 규정하였다. 이 초안은 혼인상태가 종료하는 사유를 규정하고 있다.[1021] 이 에 대하여 현행민법전 초안은 입법하지 않았다. 두 초안은 입법취지에서 다르다.

나) 혼인의 취소(Annulment)에 대하여

(1) 혼인의 취소사유에 대하여, 로빈기어 초안은 "혼인의 취소는 제35조에 규정된 하나 또는 그 이상의 장애가 혼인 시에 존재하였음을 증명하여 무고한 배우자에게 인정 할 수 있다. 그 장애는 배우자에게 말했더라도 알 수 없고 합리적인 노력으로 발견될 수 없어야 한다. 또는 상기 혼인을 사기 강박에 의하여 하거나 다른 배우자를 대신하여 하 거나, 그리고 자발적 동거가 다음에 없는 것이다"(Art 52)고 규정하였다. 이 초안은 혼인 의 취소(무효선언)에 관하여 규정하고 있다. 혼인의 취소사유는 제35조에 규정된 하나 또는 그 이상의 장애가 혼인할 때에 존재하였음을 증명하여야 한다. 취소권자는 무고한 배우자이다. 그 장애는 배우자에게 말했더라도 알 수 없고 합리적인 노력으로 발견될 수 없어야 한다. 또한 혼인의 취소사유로서 혼인을 사기, 강박에 의하여 하거나, 배우자 를 대신하여 혼인하거나, 그리고 자발적 동거가 더 이상 없어야 한다는 것이다.[1022] 이에 대하여 현행민법전 초안은, 이미 혼인의 장애사유에서 본 바와 같이, 혼인취소의 사유 (제809조)로부터 혼인취소와 손해배상청구권(제818조)을 규정하였다. 두 초안은 입법취 지와 입법방법이 다르다.

(2) 혼인 취소의 효과에 대하여, 로빈기어 초안은 "혼인 취소의 선언은 진행하는 당 사자에게만 결정적이며 자녀의 정당성에 유해하게 영향을 주지 않는다. 이러한 아이들

[1021] 중화민국 민법전, 제1039, 1040조.
[1022] 켈리포니아 민법전, 제82조 이하, 제92조 이하; 중화민국 민법전, 제971조, 제989조 이하.

의 양육권은 무고한 배우자 또는 후견인에게 수여하며 그들의 교육은 책임 있는 자의 재산에서 지급하여야 한다"(Art 53)고 규정하였다. 이 초안은 혼인 취소(무효선언)의 효과(effect)에 관하여 규정하고 있다. 취소의 효과는 취소를 진행하는 당사자에게만 미치고, 자녀의 정당성에는 유해하게 영향을 주지 않는다. 따라서 자녀의 양육권은 무고한 배우자 또는 후견인에게 수여되고, 자녀의 교육은 책임 있는 자의 재산으로 지급하여야 한다는 것이다.[1023] 이에 대하여 현행민법전 초안은 입법하지 않았다. 두 초안은 입법취지가 다르다.

다) 이혼(Dissolution)에 대하여

(가) 법률상 이혼(Judicial)

(1) 재판상 이혼사유에 대하여, 로빈기어 초안은 "유효한 혼인은 사망 또는 혼인 중에 일어난 것을 근거로 한 사법적 판단에 의하여 해소될 수 있다.[1024] 피고는 다음 중 적어도 하나를 포함하여야 한다. ① 간음,[1025] ② 중혼, ③ 유죄판결, ④ 유기, ⑤ 다른 배우자의 삶에 대한 간섭, ⑥ 신체적 또는 정신적으로 극단적인 잔인함, ⑦ 다른 배우자의 직계존속에 대한 심한 모욕, ⑧ 습관적인 음주나 아편의 사용"(Art 54)이라고 규정하였다. 이 초안은 법률상 이혼사유에 대하여 규정하고 있다. 유효한 혼인이라도 사망 또는 혼인 중에 일어난 것을 근거로 하여 사법적 판단에 의하여 해소될 수 있다는 것이다. 혼인 중에 일어난 것으로서 여덟 가지를 들고 그 가운데 적어도 하나를 포함하여야 한다는 것이다. 즉 재판상 이혼사유가 되는 것이다.[1026] 이에 대하여 현행민법전 초안은 "부부의 일방은 다음 사유가 있는 경우에 한하여 법원에 이혼을 청구할 수 있다. ① 배우자가 중혼한 때, ② 배우자가 악의로 타 일방을 유기한 때, ③ 배우자의 생사불명함이 3년을 경과한 때, ④ 배우자가 회복할 수 없는 정신병 기타 악질로 2년을 경과한 때, ⑤ 기타 혼인생활을 계속할 수 없는 중대사유가 있는 때. 전항 제4호의 사유로 인하여 이혼을 선언할 경우에는 법원은 당사자의 재산상황 기타 사정을 참작하여 상당한 요양료의 지급을 상대방에 명할 수 있다"(제833조)고 규정하였다.[1027] 두 초안은 입법취지가 일치하지만,

---

1023 켈리포니아 민법전, 제84, 86조; 중화민국 민법전, 제989조 이하.
1024 중화민국 민법전, 제1052조; 독일 민법전, 제420조; 일본 민법전, 제813조.
1025 켈리포니아 민법전, 제93조.
1026 켈리포니아 민법전, 제90조 이하; 중화민국 민법전, 제1052조; 일본 민법전, 제813조.

재판상 이혼사유가 구체적으로 다소 다르다.

(2) 재판상 이혼사유의 배제에 대하여, 로빈기어 초안은 "전조(the preceding article)에 언급 된 어느 사유에 묵인 또는 동의에 대한 용서는 그러한 사유에 혼인의 해소를 획득함에서 무고한 배우자를 배제한다"(Art 55)고 규정하였다. 이 초안은 제54조에 정하여진 재판상 이혼사유에 묵인이나 동의에 대한 용서를 하면 무고한 배우자는 혼인의 해소에서 배제된다는 것을 규정하고 있다.[1028] 따라서 재판상 이혼사유와 그 배제를 규정한 것이다. 이에 대하여 현행민법전 초안은 "전조 제1호의 사유로 타 일방의 사전동의나 사후용서를 한 때 또는 이를 알은 날로부터 6월 그 사유 있는 날로부터 3년을 경과한 때에는 이혼을 청구하지 못한다"(제830조)고 규정하였다.[1029] 두 초안은 입법취지가 유사하다.

(3) 이혼판결의 효과에 대하여, 로빈기어 초안은 "혼인 해소의 판결은 독신의 상태로 양 배우자를 복원한다"(Art 56)고 규정하였다. 이 초안은 재판상 이혼에서 이혼판결의 효과(effect)에 관하여 규정하고 있다. 즉 이혼판결은 배우자 모두를 독신(celibacy) 상태로 돌려놓는다.[1030] 이에 대하여 현행민법전 초안은 입법하지 않았다. 두 초안은 입법취지가 다르다.

(나) 협의상 이혼(Conventional Separation)

(1) 협의상 이혼의 방식에 대하여, 로빈기어 초안은 "서면합의로 선서를 관리하는 공무원과 2인의 성인 앞에서 실행된다. 그 배우자는 재혼할 수 있도록 하지 않는 한 법률전문가의 모든 결과로 법적으로 별거하는 효과가 생긴다. 배우자가 미성년자인 경우 후견인의 동의가 필요하다. 발효하기 전에는 별거합의는 동일한 당사자의 혼인계약으로 동일한 등록 안에 작성되어져야 한다"(Art 57)고 규정하였다. 이 초안은 협의상 이혼의 방식(mode)에 관하여 규정하고 있다. 즉 협의상 이혼은 서면합의(a written agreement)로 선서를 관리하는 공무원과 성인 2인의 면전에서 실행된다는 것이다. 배우자는 법률전문가의 모든 결과로 법적으로 별거를 하게 된다. 그들은 다시 혼인을 할 수 없게 된다.

1027 독일 민법 제1564, 1565, 1566, 1567조; 스위스 민법 제139, 140, 141, 142조; 프랑스 민법 제229, 230, 231, 232조; 중화민국 민법 제1052조; 일본 민법 제770조 제2항(구 민법 제813조).
1028 켈리포니아 민법전, 제111조; 중화민국 민법전, 제1053조; 독일 민법전, 제1565, 1570, 1573조; 일본 민법전, 제814조.
1029 독일 민법 제1565조 제2항, 제1570조; 중화민국 민법 제1053조; 구 일본 민법 제814, 816조.
1030 켈리포니아 민법전, 제91조.

한편 배우자가 미성년자인 경우 후견인의 동의가 필요하다. 그리고 협의상 이혼의 효력이 발생하기 전에는 별거합의는 같은 당사자의 혼인계약으로 등록부에 철하여야 한다는 것이다.[1031] 이에 대하여 현행민법전 초안은 "부부는 그 협의로 이혼할 수 있다"(제827조)고 규정하였다.[1032] 두 초안은 입법취지는 유사하지만 입법방법이 다르다. 특히 로빈기어 초안은 그 절차 등에 대하여 규정하고 있다.

(2) 이혼과 자녀의 양육책임에 대하여, 로빈기어 초안은 "이러한 합의가 있는 경우 자녀의 후견인을 두게 된다. 한편 그 모가 양육권을 탈환하는 경우에 배우자의 집에 남아있지 않는 한 부는 자녀의 후견인이 될 수 있다"(Art 58)고 규정하였다. 이 초안은 협의상 이혼에서 자녀의 후견(guardianship)에 관하여 규정하고 있다. 이혼합의가 있는 경우 자녀의 후견인을 두게 된다. 그 모(mother)가 양육권을 갖게 되는 경우 부(father)가 배우자의 집에 남아있지 않는 한 그 부는 자녀의 후견인(guardian)이 된다는 것이다.[1033] 이에 대하여 현행민법전 초안은 "당사자간에 그 자녀의 양육에 관한 사항을 협정하지 아니한 때에는 그 양육의 책임은 부에게 있다. 전항 양육에 관한 사항의 협정이 되지 아니하거나 협정할 수 없는 때에는 법원은 당사자의 청구에 의하여 그 자녀의 연령, 부모의 재산상황 기타 사정을 참작하여 양육에 필요한 사항을 정하고 언제든지 그 사항을 변경 또는 다른 적당한 처분을 할 수 있다"(제830조)고 규정하였다.[1034] 두 초안은 입법취지는 유사하지만 입법방법이 다르다.

4. 친자(Parentage)에 관한 규정내용의 비교

친자에 대하여, 로빈기어 초안은 먼저 친권(parental authority)에서 범위(extent, Art 59), 친권의 행사(exercise. Art 60), 자의 권리(rights, Art 61) 및 당연종료(automatic termination, Art 62)를 각각 규정하였다. 이에 대하여 현행민법전 초안은 제4장 부모와 자녀에서 친생자(제838조~제859조), 양자(제860조~제903조), 친권(제904조~제924조)을 각각 규정하였다.

1031 이 이혼자의 재혼에 대한 종교적 혐오감을 가진 사람들을 위해 설계되었다. 또한 법률상 이혼하는 것이 손실 홍보의 이점을 제공한다. 중화민국 민법전, 제1049, 1050조; 일본 민법전, 제808조 이하; 소련 혼인법, 제I편, 제4장.

1032 중화민국 민법 제1048조(본문); 일본 민법 제763조(구 민법 제808조).

1033 중화민국 민법전, 제105조; 일본 민법전, 제812조.

1034 중화민국 민법 제105조; 일본 민법 제768조(구 민법 제812조).

1) 친권(parental authority)

(1) 친권에 대하여, 로빈기어 초안은 "모든 합법적인 미혼, 미성년자인 자녀는 친권이 적용된다.[1035] 친권은 ① 자녀의 양육권, ② 거주 및 주소의 선택, ③ 자녀 교육의 통제, ④ 자녀 재산의 관리, ⑤ 자녀 재산의 사용 및 수익, ⑥ 자녀 재산의 획득과 관련된 일, ⑦ 징계권을 포함한다"(Art 59)고 규정하였다. 이 초안은 친권의 범위(extent)를 규정하고 있다. 모든 합법적이고 미혼인 미성년자인 자녀는 친권이 적용된다. 그 친권은 양육권, 거주 및 주소의 선택, 자녀 교육, 자녀 재산의 관리, 자녀 재산의 사용 및 수익, 자녀 재산의 획득과 관련된 일, 징계권을 포함한다는 것이다.[1036] 이에 대하여 현행민법전 초안은 "미성년자인 자녀는 부모의 친권에 복종한다"(제904조)고 규정하였다.[1037] 두 초안은 입법취지가 유사하지만, 입법방법이 다르다.

(2) 친권의 행사에 대하여, 로빈기어 초안은 "친권은 자녀의 이익을 위하여 양 부모가 공동으로 행사해야 한다.[1038] 부(father)에 의한 불일치인 경우 및 부모 가운데 장애가 있는 경우에는 다른 쪽의 부모에 의한다. 친권의 남용은 민사소송의 기반을 제공한다. 자녀를 대신하여 그 권리를 강제하면 그 권한은 종료한다"(Art 60)고 규정하였다. 이 초안은 친권의 행사와 친권의 남용에 관하여 규정하고 있다. 먼저 친권의 행사는 자녀의 이익을 위하여 양 부모가 공동으로 행사하여야 한다. 공동행사가 어려운 경우에는 다른 쪽의 부모에 의하여 행사한다.[1039] 친권의 남용은 민사소송의 대상이 된다. 자녀를 대신하여 그 권리를 강제하면 친권이 종료된다는 것이다.[1040] 이에 대하여 현행민법전 초안은 "친권을 행사하는 부는 미성년자인 자녀의 법정대리인이 된다. 부가 사망하거나 기타 사유로 인하여 친권을 행사할 수 없는 때에는 모가 그 자녀에 대한 법정대리인이 된다. 혼인외 출생자녀의 생모와 부의 배우자가 구존한 때에는 부의 배우자가 선순위로 전항의 규정에 의하여 법정대리인이 된다. 양자의 친생부모는 출계자에 대하여 제1항과 제2항의 법정대리인이 되지 못한다"(제906조)고 규정하였다.[1041] 두 초안은 입법취지

[1035] 일본 민법전, 제877조.
[1036] 켈리포니아 민법전, 제196, 197조; 중화민국 민법전, 제1084, 1089조; 일본 민법전, 제879조 이하.
[1037] 독일 민법 제1626조; 스위스 민법 제273조 제1항; 프랑스 민법 제372조; 중화민국 민법 제1089조; 일본 민법 제818조 제1항(구 민법 제877조 제1항).
[1038] 중화민국 민법전, 제1088조; 일본 민법전, 제889조; 소련 혼인법, 제33, 41조.
[1039] 켈리포니아 민법전, 제197, 198조; 중화민국 민법전, 제1089조; 소련 혼인법, 제38, 39조.
[1040] 중화민국 민법전, 제1090조; 소련 혼인법, 제33, 46조.
[1041] 독일 민법 제1630조 제1항; 중화민국 민법 제1086조.

가 유사하지만, 그 입법방법에서 다르다.

(3) 보호교양의 권리의무에 대하여, 로빈기어 초안은 "부모에 대한 자녀의 권리는 적절한 관리와 보호, 유지 보수, 교육 및 가족의 성을 가지는 것을 포함한다"(Art 61)고 규정하였다. 이 초안은 자녀의 부모에 대한 권리를 규정하고 있다. 자녀는 부모에 대하여 적절한 관리(proper care)와 보호(protection)를 받고 부양(maintenance)되어야 하고 교육(education)을 받으며 가족의 성(the household surname)을 가지는 것을 포함하는 것으로 하였다.[1042] 이에 대하여 현행민법전 초안은 "친권자는 자녀를 보호 및 교양할 권리 의무가 있다"(제909조)고 규정하고,[1043] 거소지정(제910조),[1044] 징계권(제911조),[1045] 자녀의 특유재산과 그 관리(제912조),[1046] 미성년자의 처의 재산관리(제913조), 제3자가 무상으로 자녀에 수여한 재산의 관리(제914조),[1047] 자녀의 재산에 관한 친권자의 대리권(제916조),[1048] 친권자와 자녀간 또는 수인의 자녀간의 이익상반행위(제917조),[1049] 친권자의 주의의무(제918조),[1050] 재산관리의 계산(제920조)을 규정하였다.[1051] 두 초안은 입법취지가 다르다. 또한 입법방법에서도 다르다.

(4) 친권의 종료에 대하여, 로빈기어 초안은 "이러한 권한은 자녀가 성년에 도달한 때, 혼인 또는 후견인에 배치되면 중단된다"(Art 62)고 규정하였다. 이 초안은 친권의 자동종료(automatic termination)에 관하여 규정하고 있다. 즉 자녀가 성년이 된 때, 자녀가 혼인한 때, 자녀가 후견인의 후견을 받을 때에 자동으로 중단된다는 것이다.[1052] 이에 대하여 현행민법전 초안은 "미성년자에 대하여 친권을 행사하는 부모가 없거나 친권을 행사하는 부모가 법률행위의 대표권 및 재산관리권을 행사할 수 없는 때에는 미성년자의

1042 켈리포니아 민법전, 제196, 197조; 중화민국 민법전, 제1059, 1078, 1084조; 일본 민법전, 제879, 881, 883조; 소련 혼인법, 제41, 42, 43조.

1043 독일 민법 제1627,1631조 제1항; 스위스 민법 제275조 제2항, 제276, 277조; 프랑스 민법 제203, 374조; 중화민국 민법 제1084조; 일본 민법 제820조(구 민법 제879조).

1044 독일 민법 제1631조 제1항 후단; 스위스 민법 제278조; 일본 민법 제821조(구 민법 제880조).

1045 독일 민법 제1631조 제1항; 스위스 민법 제278조; 중화민국 민법 제1985조; 일본 민법 제822조 제1항(구 민법 제822조 제1항).

1046 일본 민법 제814조(구 민법 제884조).

1047 일본 민법 제830조(구 민법 제892조).

1048 일본 민법 제824조(구 민법 제884조).

1049 일본 민법 제826조(구 민법 제888조).

1050 일본 민법 제827조(구 민법 제889조 제1항).

1051 독일 민법 제1649조; 프랑스 민법 제384조; 일본 민법 제828조(구 민법 제890조).

1052 켈리포니아 민법전, 제204조.

후견인을 두어야 한다"(제925조)고 규정하였다.[1053] 두 초안은 입법취지가 유사하지만 입법방법이 다르다.

2) 인지(정당성, Legitimacy)

인지(Legitimacy)에 대하여, 로빈기어 초안은 정의(Art 63), 추정(Art 64), 모(Art 65), 합법화(Art 66), 집행(Art 67), 적용(Art 68)을 각각 규정하고 있다. 이에 대하여 현행민법전 초안은 인지(제849조), 무능력자의 인지(제850조), 사망자녀의 인지(제851조), 포태 자녀의 인지(제852조), 인지의 효력발생(제853조), 인지의 소급효(제854조), 인지의 취소(제855조), 인지에 대한 이의의 소송(제856조), 인지청구의 소송(제857조), 부모의 사망과 인지청구의 소송(제858조)을 각각 규정하였다.

(1) 인지의 정의에 대하여, 로빈기어 초안은 "모든 자녀는 혼인에서 출생되어야 한다. 또는 모가 한 당사자인 혼인의 종료 10월 이내에 출생하면 합법적인 것으로 간주된다. 나머지는 모두 불법이다"(Art 63)고 규정하였다. 이 초안은 인지의 정의를 규정하고 있다. 모든 자녀는 혼인에서 출생되어야 합법성을 갖는다. 그러나 모가 한 당사자인 혼인이 종료된 10월 이내에 출생을 하면 그 출생은 합법적인 것으로 간주된다는 것이다. 그 밖에 나머지는 모두 불법이 된다고 하였다.[1054] 이에 대하여 현행민법전 초안은 "처가 혼인중에 포태한 때에는 그 출생자녀는 부의 자로 추정한다. 혼인 성립의 날로부터 200일 후 또는 혼인관계 종료의 날로부터 300일 내에 출생한 자녀는 혼인중에 포태한 것으로 추정한다"(제838조)고 규정하였다.[1055] 두 초안은 입법취지와 입법방법이 일치한다.

(2) 적법성의 추정에 대하여, 로빈기어 초안은 "적법성의 추정은 배우자뿐만 아니라 제3대 이내의 그들의 후손에 의하여 법적으로 주장할 수 있다"(Art 64)고 규정하였다. 이 초안은 인지(적법성)의 추정에 대하여 규정하고 있다. 그 적법성의 추정은 배우자, 제3대 이내의 그들의 후손에 의하여 법적으로 주장할 수 있다고 하였다.[1056] 이에 대하

1053 독일 민법 제1773조; 스위스 민법 제368조; 중화민국 민법 제1091조.
1054 켈리포니아 민법전, 제193, 194조; 중화민국 민법전, 제1061~1063조; 일본 민법전, 제820조.
1055 독일 민법 제1591, 1592조; 프랑스 민법 제312조 제1항, 제314, 315조; 스위스 민법 제251조 제1항, 제254, 255조; 중화민국 민법 제1063조 제1항, 제1062조; 일본 민법 제772조(구 민법 제820조).
1056 켈리포니아 민법전, 제195조.

여 현행민법전 초안은 입법하지 않았다. 두 초안은 입법취지가 다르다.

(3) 불법이고 미혼인 미성년자의 모에 대하여, 로빈기어 초안은 "불법이고 미혼인 미성년자의 모는 구금, 서비스 및 수익을 받을 수 있다"(Art 65)고 규정하였다. 이 초안은 불법이고 미혼인 미성년자인 모(mother)는 구금되어 서비스와 수익을 받을 수 있다고 함으로써 불법으로 취급하고 있다.[1057] 이에 대하여 현행민법전 초안은 입법하지 않았다. 두 초안은 입법취지에서 다르다.

(4) 사생아의 합법화에 대하여, 로빈기어 초안은 "사생아는 ① 사실상 부모의 혼인에 의하여, ② 사실상 부의 승인에 의하여, 합법화 될 수 있다"(Art 66)고 하였다. 이 초안은 사생아(An illegitimate child)의 합법성(Legitimation)을 규정하고 있다. 즉 사실상 부모의 혼인에 의하여,[1058] 사실상 부의 인지(acknowledgement)에 의하여[1059] 사생아는 합법화(정당화) 될 수 있다는 것이다. 이에 대하여 현행민법전 초안은 "혼인외의 출생자녀는 그 부모가 혼인한 때에는 그때로부터 혼인중의 출생자녀로 본다"(제849조 제3항)고 규정하였다.[1060] 현행민법전 초안은 준정에 의한 합법화를 규정하였다. 두 초안은 입법취지에서 일치하지만, 입법방법에서 다소 다르다.

(5) 인지의 집행에 대하여, 로빈기어 초안은 "인지는 부계를 제공하여 사생아를 대신하여 모 또는 후견인의 소송에서 집행될 수 있다"(Art 67)고 규정하였다. 이 초안은 인지(acknowledgement)의 집행을 규정하고 있다. 인지는 부계(paternity)를 제공하는 것으로서 모 또는 후견인의 소에 의하여 집행될 수 있다는 것이다.[1061] 이에 대하여 현행민법전 초안은 입법하지 않았다. 두 초안은 입법취지가 다르다.

(6) 인지의 소급효에 대하여, 로빈기어 초안은 "합법화는 자녀의 출산일로 소급한다. 그러나 제3자의 기득권은 이에 영향을 받지 않는다"(Art 68)고 규정하였다. 이 초안은 인지에 의한 합법화와 그 효력에 대하여 규정하고 있다. 먼저 인지의 합법화는 자녀의 출산일로 소급한다는 것이다. 다음으로 인지에 의한 합법화는 제3자의 기득권(prior

---

[1057] 켈리포니아 민법전, 제200조.
[1058] 켈리포니아 민법전, 제215조; 중화민국 민법전, 제1064조; 독일 민법전, 제1719~1722조.
[1059] 켈리포니아 민법전, 제230조; 중화민국 민법전, 제1065조.
[1060] 독일 민법 제1725조; 프랑스 민법 제334조; 스위스 민법 제302조; 중화민국 민법 제1064조; 일본 민법 제779조, 제789조 제2항; 구일본 민법 제836조 제1항.
[1061] 일본 민법전, 제827조, 또한 모에 의한 인지를 인정하고 있음. 제835조; 켈리포니아 민법전, 제196조a; 중화민국 민법전, 제1067조.

vested rights)에 영향을 미치지 않는다는 것이다.[1062] 이에 대하여 현행민법전 초안은 "인지는 그 자녀의 출생시에 소급하여 그 효력이 생긴다. 그러나 제3자의 취득한 권리를 해하지 못한다"(제854조)고 규정하였다.[1063] 두 초안은 입법취지가 일치한다.

3) 입양(Adoption)

입양에 관하여, 로빈기어 초안은 정의(Defined, Art 69), 요건(requisites, Art 70), 예외(exception, Art 71), 방식(mode, Art 72), 효과(effect, Art 73), 법적 종료(termination, judicial, Art 74), 관습상 입양(conventional adoption, Art 75) 및 효과(effect, Art 76)를 각각 규정하고 있다. 이에 대하여 현행민법전 초안은 입양의 요건(제860조~제876조), 입양의 무효와 취소(제877조~제891조), 파양(제892조~제903조)을 각각 규정하였다.

(1) 입양의 정의에 대하여, 로빈기어 초안은 "입양은 성인이 또 다른 미성년자인 자녀에게 부권을 취득하는 과정이다"(Art 69)고 규정하였다. 이 초안은 입양의 정의에 대하여 규정하고 있다. 즉 입양은 성인이 또 다른 미성년자인 자녀에게 부권을 취득하는 과정이라고 정의하고 있다.[1064] 이에 대하여 현행민법전 초안은 입법하지 않았다. 두 초안은 입법방법이 다르다.

(2) 입양의 요건에 대하여, 로빈기어 초안은 "입양할 자는 반드시 ① 적어도 입양될 자보다 15세 많을 것, ② 결혼을 한 경우 배우자의 동의가 있을 것, 아동은 12세가 되고 그 부모가 생존하여 접근할 수 있어야 하고, 그렇지 않으면 후견인일 것을 요한다"(Art 70)고 규정하였다. 이 초안은 입양의 요건을 규정하고 있다. 즉 입양할 자는 반드시 입양될 자보다 15세가 많아야 하고,[1065] 결혼을 한 경우에는 배우자의 동의가 있어야 하며,[1066] 아동인 경우 12세가 되고 그 부모가 생존하여 접근할 수 있어야 하고,[1067] 그렇지

1062 중화민국 민법전, 제1069조; 일본 민법전, 제832조; 소련 혼인법, 제28~32조.

1063 중화민국 민법 제1069조; 일본 민법 제784조(구 민법 제832조).

1064 켈리포니아 민법전, 제228조; 독일 민법전, 제1741, 1749, 1754조; Schuster, supra n.18 Sec. 428; 일본 민법전 제861조; 소련 혼인법, 3장3절.

1065 켈리포니아 민법전, 제222조 (10 년); 중화민국 민법전, 제1073조 (20 년); 독일 민법전, 제 1741, 1743, 1744조 (18 년).

1066 켈리포니아 민법전, 제223조; 중화민국 민법전, 제1074, 1076조; 독일 민법전, 제1746, 1747조; 일본 민법전, 제841조; 소련 혼인법, 제62조.

않으면 후견인일 것을 요구하고 있다.[1068] 이에 대하여 현행민법전 초안은 "만 30세에 달한 기혼남자는 양자를 할 수 있다"(제860조)고 규정하고,[1069] "처가 있는 자는 공동으로 함이 아니면 양자를 할 수 없고 양자가 되지 못한다. 처의 부재 기타 사유로 인하여 공동으로 할 수 없는 때에는 부 일방이 부부 쌍방의 명의로 양자를 할 수 있고 양자가 될 수 있다"(제868조)고 규정하였으며,[1070] "양자될 자가 14세 미만일 때에는 법정대리인이 이에 가름하여 입양의 승낙을 할 수 있다"(제863조)고 규정하였다.[1071] 두 초안은 입법취지가 유사하지만, 입법방법이 다르다.

(3) 입양의 동의에 대하여, 로빈기어 초안은 "동의는 미치거나 정신적으로 불건전함, 간음, 잔인하거나 음주벽의 유죄 판정을 받은 부모로부터 필요하지 않다. 황량하거나 제공하지 못한 사람, 사생아의 부로부터 필요하지 않다.[1072] 다른 배우자의 자녀의 배우자에 의한 입양은 오직 후자의 동의가 필요하다.[1073] 친족회의의 동의는 남성으로 동일한 성과 직계동족인 사람을 양자로 하는 관습상 필수조건으로 하는 것은 면제될 수 있다"(Art 71)고 규정하였다. 이 초안은 입양의 동의에 대한 예외를 규정한 것이다. 즉 입양에 동의할 부모가 미치거나 정신적으로 불건전함, 간음, 잔인하거나 음주벽의 유죄 판정을 받은 경우 등에는 그의 동의가 필요 없다. 또한 배우자의 자녀의 배우자가 입양하고자 할 경우 오직 자녀의 배우자에 의한 동의만 있으면 된다는 것이다. 관습상으로 남성이고 동일한 성과 직계동족인 사람을 양자로 하여야 하는 것은 면제될 수 있다고 함으로써 양자관습법을 배제시키고 있다. 이에 대하여 현행민법전 초안은 "금치산자는 후견인의 동의를 얻어 양자를 할 수 있고 양자가 될 수 있다"(제867조)고 규정하고,[1074] "양자를 하거나 양자가 되려는 자는 부모의 동의를 얻어야 하며 부모가 사망 또는 기타 사유로 인하여 동의를 할 수 없는 경우에 다른 직계존속이 있으면 그 동의를 얻어야 한다"(제864조)고 규정하였으며,[1075] "후견인이 피후견인을 양자로 하는 경우에는 친족회

1067 켈리포니아 민법전, 제224조; 독일 민법전, 제1746, 1747조; 일본 민법전, 제845조; 소련 혼인법, 제61조.
1068 소련 혼인법, 제61조.
1069 독일 민법 제1744조; 프랑스 민법 제344조; 중화민국 민법 제1073조; 일본 민법 제729조(구 민법 제837조).
1070 독일 민법 제1749조, 제1746조 프랑스 민법 제347조; 중화민국 민법 제1074조, 제1076조; 일본 민법 제795조, 제796조
1071 독일 민법 제1747조; 일본 민법 제797조(구 민법 제843조).
1072 켈리포니아 민법전, 제224조.
1073 일본 민법전, 제841조.
1074 일본 민법 제799조.
1075 독일 민법 제1747조; 프랑스 민법 제348조; 일본 민법 제798조(구 민법 제844조).

의 동의를 얻어야 한다"(제866조)고 규정하였다.[1076] 두 초안은 입법취지가 유사하지만, 입법방법이 다르다.

(4) 입양의 효력발생에 대하여, 로빈기어 초안은 "제70조 및 제71조에 규정된 요건은 인구조사의 등록기관에 제출해야 한다. 누구의 동의가 요구되는 당사자에 의해 서명한 문서로 표현해야 한다. 입양은 사후에 소급 적용하는 의지에 의하여 영향을 받을 수 있다"(Art 72)고 규정하였다. 이 초안은 입양 동의의 형식에 관하여 규정하고 있다. 입양 동의는 인구조사 등록기관에 제출하여야 한다.[1077] 동의는 동의하는 사람의 서명한 문서로서 하여야 한다. 입양을 소급하여 적용하고자 할 의사로 동의를 할 수 있다는 것이다.[1078] 이에 대하여 현행민법전 초안은 "입양은 호적법의 정한 바에 의하여 신고함으로써 그 효력이 생긴다. 전항의 신고는 당사자 쌍방 및 성년자인 증인 1인의 연서한 서면으로 하여야 한다"(제872조)고 규정하였다.[1079] 두 초안은 입법취지가 유사하지만, 입법방법이 다르다.

(5) 입양의 효과에 대하여, 로빈기어 초안은 "입양자와 입양된 자 사이는 부모와 합법적인 자손 사이에 존재하는 것과 동등하다. 입양된 자는 입양자의 가에 입적하고 가의 성을 취득한다"(Art 73)고 규정하였다. 이 초안은 입양의 효과에 관하여 규정하고 있다. 즉 입양자와 입양된 자의 관계는 부모와 합법적인 자손과의 관계와 동일하다는 것이다.[1080] 따라서 입양된 자는 입양자의 가에 입적하고, 그 가의 성을 따르게 된다.[1081] 이에 대하여 현행민법전 초안은 입법하지 않았다. 두 초안은 입법취지가 다르다.

(6) 재판상 파양에 대하여, 로빈기어 초안은 "입양의 관계는 법적으로 입양자 또는 입양된 자의 소송절차에서 종료하거나, 또는 ① 상대방에 의한 학대 또는 심하게 치욕을 당한 경우, ② 상대방에 의한 유기, ③ 입양된 자가 모욕이나 학대를 상대방의 직계존속으로부터 받은 경우, ④ 건달이 된 경우, ⑤ 2년 이상 징역을 선고 받은 경우, 또는 ⑥ 도망하고 3년 이상 소식이 끊인 경우에는 입양이 종료된다"(Art 74)고 규정하였다. 이 초안은 입양의 법률상 종료(Termination; Judicial)에 관하여 규정하고 있다. 입양은 입양

1076 독일 민법 1752조 제1항; 일본 민법 제794조(구 민법 제840조 제1항).
1077 중화민국 민법전, 제1079조; 독일 민법전, 제1750조 이하; 일본 민법전, 제847조; 스위스 민법전, 제267, 268조.
1078 독일 민법전, 제1741조; 일본 민법전, 제848조.
1079 중화민국 민법 제179조; 일본 민법 제799조(구 민법 제847조).
1080 중화민국 민법전, 제1077조; 독일 민법전, 제1757조; 일본 민법전, 제860조.
1081 일본 민법전, 제861조.

자 또는 입양된 자의 소송절차에서 종료될 수 있다. 한편 입양자와 입양된 자에게 일정한 사유(①~⑥)가 있는 경우에는 입양이 법적으로 종료된다는 것이다.[1082] 이에 대하여 현행민법전 초안은 "양친자의 일방은 타 일방에 다음 사유가 있는 경우에 한하여 법원에 파양을 청구할 수 있다. 1. 양친자의 일방에 타 일방을 유기한 때, 2. 양자의 생사불명의 3년을 경과한 때, 3. 양친자관계를 계속할 수 없는 중대한 사유가 있는 때"(제899조)라고 규정하였다.[1083] 두 초안은 입법취지가 유사하지만 입법방법이 다르다. 즉 그 재판상 파양사유에서 달리 규정하였다.

(7) 관습에 의한 입양의 종료에 대하여, 로빈기어 초안은 "관습상의 입양은 이해당사자에 의해 실행되어 인구조사 등록부에 채워진 문서에 표현 된 상호 합의에 의하여 종료될 수 있다"(Art 75)고 규정하였다. 이 초안은 종래 관습에 의한 입양과의 관계에서 그 종료에 대하여 규정하고 있다. 그것은 이해당사자에 의하여 작성되어 인구조사 등록부에 등재된 문서에 표현된 상호 합의에 따라서 종료될 수 있다는 것이다.[1084] 이에 대하여 현행민법전 초안은 "양친자는 그 협의로 파양할 수 있다"(제892조)고 규정하였다.[1085] 두 초안은 입법취지가 유사하지만 입법방법이 다르다.

(8) 파양의 효과에 대하여, 로빈기어 초안은 "양자 상태의 종료와 동시에 입양된 자는 원래의 성(姓), 상태 및 그 친족과의 관계를 회복한다. 그러나 제3자의 권리를 침해하지 않아야 한다"(Art 76)고 규정하였다. 이 초안은 파양(termination of the adoptive status)과 그 효과(Effect)에 관하여 규정하고 있다. 즉 파양을 하면 입양된 자는 원래의 이름, 상태 및 그 친족과의 관계를 회복하게 된다. 그러나 이로써 제3자의 권리를 침해하여서는 안 된다.[1086] 이에 대하여 현행민법전 초안은 입법하지 않았다. 두 초안은 입법취지가 다르다.

5. 후견(Tutelage or Curatorship)에 관한 규정내용의 비교

후견에 관하여, 로빈기어 초안은 정의(defined, Art 77), 선임(selection, Art 78), 업무상 의무(service compulsory, Art 70), 보수(compensation, Art 80), 종류(kinds, Art 81), 친족회

[1082] 중화민국 민법전, 제1081조; 일본 민법전, 제866조.
[1083] 스위스 민법 제266조; 중화민국 민법 제1081조; 일본 민법 제814조(구 민법 제866조).
[1084] 중화민국 민법전, 제1080조; 일본 민법전, 제862조; 스위스 민법전, 제269조.
[1085] 독일 민법 제1769조; 스위스 민법 제269조 제1항; 중화민국 민법 제1080조 제1항.
[1086] 중화민국 민법전, 제1083조.

(the household council, Art 82), 결격사유(disqualifications, Art 83), 직무(functions, Art 84), 후견인(guardian, Art 85), 후견의 종료(termination of guardianship, Art 86) 및 근거사유 (grounds, Art 87)를 각각 규정하고 있다. 이에 대하여 현행민법전 초안은 제5장 후견에 서 후견인(제925조~제937조), 후견의 임무(제938조~제953조), 후견의 종료(제954조~제 956조)를 각각 규정하였다.

(1) 후견인의 정의에 대하여, 로빈기어 초안은 "후견인은 다른 사람이나 재산 또는 둘로부터 보수를 받기로 임명된 사람이다. 관리인은, 예를 들어 미성년자의 관리와 같 은, 특별한 업무를 위한 법정대리인으로 지명된다"(Art 77)고 규정하였다. 이 초안은 후 견인의 정의를 규정하고 있다. 후견인은 다른 사람이나 재산으로부터 또는 둘로부터 보 수를 받는다.[1087] 관리인은 특별한 업무를 위하여 지명된다.[1088] 이에 대하여 현행민법전 초안은 "미성년자에 대하여 친권을 행사하는 부모가 없거나 친권을 행사하는 부모가 법 률행위의 대표권 및 재산관리권을 행사할 수 없는 때에는 미성년자의 후견인을 두어야 한다"(제925조)고 규정하고,[1089] "금치산 또는 한정치산의 선고가 있는 때에는 그 선고를 받은 자의 후견인을 두어야 한다"(제926조)고 규정하였다.[1090] 두 초안은 입법취지가 유 사하지만 입법방법이 다르다.

(2) 후견인의 선임에 대하여, 로빈기어 초안은 "후견인 또는 관리인은 피후견인에 대 한 친권의 최종 행사자의 의사에 의하여 임명될 수 있다.[1091] 그 지명이 없고 부모가 할 수 없으면 후견은 다음과 같은 방식으로, ① 후견인의 가에 생존하는 조부모, ② 호주, ③ 다른 조부모들, ④ 숙부, ⑤ 친족회에서 선임한 사람의 순서로 후견인이 된다"(Art 78) 고 규정하였다. 이 초안은 후견인 또는 관리인의 선임에 대하여 규정하고 있다. 먼저 이 들은 피후견인에 대하여 최종으로 친권을 행사한 사람의 의사에 따라 임명되어야 한다. 그러나 그렇지 않은 경우에는 이 조문이 정하는 순서에 따라서 후견인이 된다.[1092] 이에 대하여 현행민법전 초안은 "미성년자에 대하여 친권을 행사하는 부모는 유언으로 미성

[1087] 중화민국 민법전, 제1091조; 독일 민법전, 제1773조.
[1088] 중화민국 민법전, 제1096조; 독일 민법전, 제1896조 이하; 일본 민법전, 제902조.
[1089] 독일 민법 제1773조; 스위스 민법 제366조; 중화민국 민법 제1091조; 일본 민법 제838조 제1항(구 민법 제900조 제1항).
[1090] 독일 민법 제1896조; 스위스 민법 제369조 제1항; 중화민국 민법 제1110조; 일본 민법 제838조(구 민법 제900조 제2항).
[1091] 중화민국 민법전, 제1093조; 독일 민법전, 제1774조; 일본 민법전, 제901조 제1항 제1호; 스위스 민법전, 제363조.
[1092] 중화민국 민법전, 제1111조; 독일 민법전, 제1776조.

년자의 후견인을 지정할 수 있다. 그러나 법률행위의 대표권 및 재산관리권 없는 친권자는 이를 지정하지 못한다"(제928조)고 규정하고,[1093] "전조의 규정에 의한 후견인의 지정이 없는 때에는 미성년자의 배우자, 직계혈족, 3촌 이내의 방계혈족 및 호주의 순위로 후견인이 된다"(제929조)고 규정하였으며,[1094] "금치산 또는 한정치산의 선고가 있는 때에는 그 선고를 받은 자의 배우자, 직계혈족, 3촌 이내의 방계혈족 및 호주의 순위로 후견인이 된다"(제930조)고 규정하였다.[1095] 그 밖에 법원에 의한 후견인의 선임(제933조)을 규정하였다.[1096] 두 초안은 입법취지가 유사하지만 입법방법이 다르다.

(3) 후견인의 사임에 대하여, 로빈기어 초안은 "전조(the preceding article)에서 언급된 것에 거절하거나 친족회의 동의 없이 후견인을 사임할 수 있다"(Art 79)고 규정하였다. 이 초안은 후견인의 사임에 관하여 규정하고 있다. 후견인은 전조에서의 후견인의 선임을 사절하거나 친족회의 동의 없이 후견인을 사임할 수 있다는 것이다.[1097] 이에 대하여 현행민법전 초안은 "후견인은 정당한 사유 있는 때에는 법원의 허가를 얻어 이를 사퇴할 수 있다"(제936조)고 규정하였다.[1098] 두 초안은 입법취지가 거의 일치한다. 그러나 로빈기어 초안은 친족회의 동의를, 현행민법전 초안은 법원의 허가를 얻어서 사퇴하는 점이 다르다.

(4) 후견인의 보수에 대하여, 로빈기어 초안은 "피후견인의 호주, 배우자, 직계혈족도 후견인의 역할에 대하여 보상받을 자격이 되지 않는다. 그러나 다른 사람은 친족회의 명령에 의해 관리의 기타 비용을 관련 노동과 피후견인의 재산소득에 비례하여 보상받을 수 있다"(Art 80)고 규정하였다. 이 초안은 후견인의 보수(compensation)에 관하여 규정하고 있다. 피후견인의 호주, 배우자, 직계혈족은 후견인의 역할에 대하여 보상받을 자격이 없다.[1099] 다만 다른 후견인은 관련 노동과 피후견인의 재산소득에 비례하여[1100] 친족회의 명령[1101]으로 보수를 받을 수 있다고 규정하였다. 이에 대하여 현행민법

1093 독일 민법 제1777조; 프랑스 민법 제392조 제1호; 중화민국 민법 제1093조; 일본 민법 제839조 제1항(구 민법 제901조 제1항).

1094 독일 민법 제1776조; 중화민국 민법 제1094조; 일본 민법 제841조(구 민법 제903, 904, 905조).

1095 독일 민법 제1899, 1900조; 중화민국 민법 제1111조; 일본 민법 제841조(구 민법 제903, 904, 905조).

1096 독일 민법 제1779조; 스위스 민법 제379, 386조; 프랑스 민법 제505조; 일본 민법 제824조(구 민법 제905조).

1097 중화민국 민법전, 제1095조; 독일 민법전, 제1785~1786조; 일본 민법전, 제907조.

1098 독일 민법 제1786, 1889조; 스위스 민법 제383조; 프랑스 민법 제427, 428조; 중화민국 민법 제1095조; 일본 민법 제844조(구 민법 제907조).

1099 중화민국 민법전, 제1104조; 일본 민법전, 제925조; 소련 혼인법, 제81조.

1100 중화민국 민법전, 제1100조.

전 초안은 "법원은 후견인의 청구에 의하여 피후견인의 재산상태 및 기타 사정을 참작하여 피후견인의 재산중에서 상당한 보수를 후견인에게 급여할 수 있다"(제952조)고 규정하였다.[1102] 두 초안은 입법취지가 일치하지만, 입법방법이 다르다.

(5) 후견의 종류에 대하여, 로빈기어 초안은 "부모는 자녀의 "자연" 또는 직권 후견인이다.[1103] 그들이 무능력인 경우 하나의 기본에서, 또는 후견인은 ① 미혼 미성년자 ② 법적으로 미치거나 정신적 결함, 불만 또는 낭비자로 선언 한 자의 금지를 들어, 이에 대해 임명하여야 한다.[1104] 일반후견인은 피후견인의 사람과 재산을 담당하고, 다른 모든 것은 특별후견인이다. 금지명령의 후견에 대하여 배우자가 모든 다른 사람에 우선하게 된다"(Art 81)고 규정하였다. 이 초안은 후견의 종류(kinds)를 규정하고 있다. 후견에는 일반후견과 특별후견이 있다. 후견인이 될 자로서 부모는 자녀의 당연히 직권 후견인이 된다. 후견의 원인으로서, 미혼인 미성년자인 경우, 심신상실 또는 심신박약 또는 낭비자로 법적 선언이 된 자에게 후견인이 임명된다. 일반후견인은 피후견인의 인적 또는 재산을 담당한다. 그 밖의 다른 모든 것은 특별후견인이 된다.[1105] 특히 금지명령의 후견에 대하여 배우자는 모든 다른 사람에 우선하게 된다.[1106] 이에 대하여 현행민법전 초안은 입법하지 않았다. 두 초안은 입법취지가 다르다.

(6) 친족회의 후견인의 선임에 대하여, 로빈기어 초안은 "친족회는 전 5조의 규정을 적용하거나 행동할 후견인을 임명할 수 있다. 해당 법원의 판사는 그것을 참고할 수 있다"(Art 82)고 규정하였다. 이 초안은 친족회에서 후견인을 선임하는 경우를 규정하고 있다. 또한 해당 법원의 판사는 그것을 참고할 수 있다고 하였다.[1107] 이에 대하여 현행민법전 초안은 입법하지 않았다. 두 초안은 입법취지가 다르다.

(7) 후견인의 결격사유에 대하여, 로빈기어 초안은 "다음 사유에 의하여 후견인의 역할에 대한 자격이 박탈된다. ① 미성년자와 금치산선고, ② 법령에 의해 공직에서 제명된 자, ③ 파산 또는 지급불능, ④ 피후견인 또는 당사자의 직계혈족의 배우자에 대하여 소송을 제기한 당사자, ⑤ 행방불명인 자, ⑥ 또는 부당한 행위 또는 중대한 위법행위로 유

1101 중화민국 민법전, 제1100조.
1102 독일 민법 제1836조; 스위스 민법 제416조; 중화민국 민법 제1104조; 일본 민법 제862조(구 민법 제928조).
1103 소련 혼인법, 제71조.
1104 중화민국 민법전, 제1091, 1110조; 독일 민법전, 제1773, 1896조; 일본 민법전, 제900조; 소련 혼인법, 제69조.
1105 켈리포니아 민법전, 제239, 240조.
1106 중화민국 민법전, 제1111조; 일본 민법전, 제902조.
1107 중화민국 민법전, 제1094조 제5항, 제1111조; 일본 민법전, 제904, 905조.

죄 판결을 받은 자, ⑦ 신체적으로 정신적인 무능력으로 된 자"(Art 83)라고 규정하였다. 이 초안은 후견인의 결격사유(disqualifications)에 대하여 규정하고 있다. 즉 후견인이 이 조문에서 열거한 부당한 행위 또는 중대한 위법행위로 유죄 판결을 받은 자[1108] 등 7가지의 사유에 해당하면 후견인의 역할에 대하여 자격이 박탈된다.[1109] 이에 대하여 현행민법전 초안은 "다음 사항에 해당한 자는 후견인이 되지 못한다. 1. 미성년자, 2. 금치산자, 한정치산자, 3. 파산자, 4. 자격정지 이상의 형의 선고를 받아 그 형기중에 있는 자, 5. 법원에서 법정대리인 또는 친족회원의 해임을 당한 자"(제934조)라고 규정하였다.[1110] 두 초안은 입법취지가 유사하지만, 입법방법이 다르다. 즉 후견인의 결격사유에서 다르다.

(8) 재산관리권과 대리권에 대하여, 로빈기어 초안은 "후견인은 재산관리인으로서 오직 피후견인의 이익이 되도록 사용 또는 관리하여야 한다. 친족회의 동의 없이 재산을 취득하거나 부동산을 양도·임대를 할 수 없다. 다른 직무를 수행하기 전에 후견인은 그 재산의 조사를 준비하여야 한다. 후견인은 친족회에 매년 재산의 상태와 처분을 보고하여야 한다. 직무가 종료되면 후견인은 다음 후견인 또는 성년이 된 피후견인 또는 피후견인이 사망한 경우에는 그 상속인에게 이를 넘겨주어야 한다. 조사 및 회계는 친족회 대표와 함께 공동으로 준비하고 친족회가 그의 회계를 승인할 때까지 후견인은 책임에서 벗어날 수 없다"(Art 84)고 규정하였다. 이 초안은 후견인의 직무(functions)를 규정하고 있다. 즉 후견인은 기본적으로 피후견인의 이익이 되도록 피후견인의 재산을 사용 또는 관리하여야 한다. 먼저 후견인은 재산조사를 하여야 하고, 친족회에 매년 재산의 상태 및 처분을 보고하여야 한다.[1111] 후견인은 부동산의 경우에 친족회의 동의 없이 취득하거나[1112] 양도할 수 없고, 임대할 수 없다.[1113] 직무가 종료되면 후계 후견인 또는 성년이 된 피후견인 또는 피후견인이 사망한 때에는 그의 상속인에게 이를 이양하여야 한다. 그리고 친족회 대표와 공동으로 조사를 하여[1114] 회계승인을 받을 때까지 그 책임에서 벗어날 수 없다.[1115] 이에 대하여 현행민법전 초안은 "후견인은 피후견인의 재산

1108 중화민국 민법전, 제1096조; 일본 민법전, 제908조.
1109 소련 혼인법, 제77조.
1110 독일 민법 제1781, 1782조; 중화민국 민법 제1106조; 일본 민법 제846조(구 민법 제908조).
1111 중화민국 민법전, 제1099조; 독일 민법전, 제1802, 1897조; 일본 민법전, 제917조.
1112 중화민국 민법전, 제1100~1102조; 독일 민법전, 제1793, 1803조; 소련 혼인법, 제88조.
1113 일본 민법전, 제931조
1114 중화민국 민법전, 제1099, 1107조; 일본 민법전, 제937조.
1115 중화민국 민법전, 제1107조.

을 관리하고 그 재산에 관한 법률행위에 대하여 피후견인을 대표한다. 제916조 후단의 규정은 전항의 법률행위에 준용한다"(제946조)고 규정하고,[1116] 피후견인에 대한 권리의 양수(제948조),[1117] 친족회의 후견사무의 감독(제950조),[1118] 법원의 후견사무에 관한 처분 (제951조)[1119]을 규정하였다. 두 초안은 입법취지와 입법방법이 일치하지 않다.

(9) 후견인의 임무에 대하여, 로빈기어 초안은 "후견인은 피후견인이 적절한 교육, 의료 및 건강 보호를 받는 것을 감시하고, 금치산의 경우 정신병원에 후견인을 배치할 필요가 있는 경우에 친족회의 승인을 받아야 한다. 이러한 승인은 교육의 기존방식을 변경하는데도 또한 필요하다"(Art 85)고 하였다. 이 초안은 사람에 대한 후견인의 임무 를 규정하고 있다. 즉 후견인은 피후견인이 적절한 교육을 받는지, 의료 및 건강보호를 받고 있는지를 감시하여야 한다. 특히 금치산의 경우에는 정신병원에 입원시킬 경우 친 족회의 동의를 얻어야 한다.[1120] 이와 같은 동의는 종래의 교육방식을 변경할 때에도 필 요하다. 이에 대하여 현행민법전 초안은 "미성년자의 후견인은 제909조 내지 제911조 에 규정한 사항에는 친권과 동일한 권리의무가 있다. 그러나 친권자가 정한 교양방법 또는 거소를 변경하거나 친권자가 허락한 영업을 취소 또는 제한함에는 친족회의 동의 를 얻어야 한다"(제942조)고 규정하고,[1121] "금치산자의 후견인은 금치산자의 요양감독 에 일상의 주의를 해태하지 아니하여야 한다. 후견인이 금치산자를 사택에 감금하거나 정신병원 기타 다른 장소에 감금 치료함에는 법원의 허가를 얻어야 한다. 그러나 긴급 을 요할 상태인 때에는 사후허가를 청구할 수 있다"(제914조)고 규정하였다.[1122] 두 초안 은 입법취지와 입법방법에서 거의 일치한다.

(10) 종료사유에 대하여, 로빈기어 초안은 "후견의 종료는 후자의 제거를 위하여 대 부분의 장애에서 제지했다. 미성년 피후견인의 혼인, 또는 성년의 도달, 금치산 피후견 인의 무능력으로부터 회복, 피후견인이나 후견인의 사망에 의하여 발생한다"(Art 86)고 하였다. 이 초안은 후견의 종료에 대하여 규정하고 있다. 즉 이 조문에서 정하는 일정한

1116 독일 민법 제1793, 1795, 1804조; 프랑스 민법 제450조; 일본 민법 제859조(구 민법 제922조).
1117 프랑스 민법 제450조 제2항; 중화민국 민법 제1102조; 일본 민법 제866조(구 민법 제930조 제1항).
1118 독일 민법 제1842조; 프랑스 민법 제470조; 중화민국 민법 제1103조; 일본 민법 제863조 제1항(구 민법 제928조).
1119 독일 민법 제1840조; 일본 민법 제863조 제2항.
1120 중화민국 민법전, 제1112조; 독일 민법전, 제1800, 1801, 1838, 1915조; 일본 민법전, 제921, 922조; 소련 혼인 법, 제89조.
1121 독일 민법 제1793, 1800조; 프랑스 민법 제450조; 일본 민법 제857조(구 민법 제921조).
1122 독일 민법 제1793조; 프랑스 민법 제510조; 중화민국 민법 제1112조; 일본 민법 제858조.

사유가 있으면 후견은 종료된다.[1123] 이에 대하여 현행민법전 초안은 입법하지 않았다.
두 초안은 입법취지가 다르다.

(11) 친족회에 의한 후견의 종료에 대하여, 로빈기어 초안은 "후견인은 친족회가 선임하였거나, 제83조에 의한 미자격자이거나, 지급불능 또는 의무이행의 실패로 그 지침을 따르는 것에 실패하면 친족회에 의하여 제거될 수 있다"(Art 87)고 규정하였다. 이 초안은 후견인의 제거에 대한 근거사유를 규정하고 있다. 즉 이 조문에 열거된 사유를 근거로 친족회가 후견인을 제거할 수 있다는 것이다.[1124] 이에 대하여 현행민법전 초안은 입법하지 않았다. 두 초안은 입법취지가 다르다.

6. 부양(Maintenance)에 관한 규정내용의 비교

부양에 관하여, 로빈기어 초안은 정의(defined, Art 88), 상호간의 의무(mutual obligation, Art 91), 수인의 부양권자(several obligers, Art 91), 우선권(priory, Art 92), 부양의 방식(mode of maintenance, Art 93) 및 소멸(termination, Art 94)을 각각 규정하였다. 이에 대하여 현행민법전 초안은 제7장 부양(제975조~제983조)을 규정하였다.

(1) 부양의 의의에 대하여, 로빈기어 초안은 "생계 수단이 없는 돈이 없는 사람은 그 수단과 사회적 지위에 비례하여 어떤 다른 사람들로부터 지원을 받을 권리가 있다. 그 권리는 양도할 수 없고, 합의는 무효가 되는 것이다"(Art 88)고 규정하였다. 이 초안은 부양의 정의를 규정하고 있다. 즉 부양은 생계 수단이 없는 돈이 없는 사람이 그 수단과 사회적 지위에 비례하여 어떤 다른 사람들로부터 지원을 받을 권리가 있는 것을 말하는 것이다.[1125] 그리고 그 권리는 양도할 수 없고,[1126] 그러한 합의는 무효가 되는 것이다.[1127]

1123 켈리포니아 민법전, 제254조; 중화민국 민법전, 제1107, 1108조.
1124 켈리포니아 민법전, 제253조; 중화민국 민법전, 제1106조; 독일 민법전, 제1886~1889조; 일본 민법전, 제917조 제3항, 제919조 제3항; 소련 혼인법, 제92~94조.
1125 켈리포니아 민법전, 제206조; 중화민국 민법전, 제1117, 1119조; 독일 민법전, 제1610, 1611조; 일본 민법전, 제959조 제1항 내지 제960조; 소련 민법전, 제48조 이하.
1126 일본 민법전, 제963조.
1127 독일 민법전, 제1613, 1614조.

이에 대하여 현행민법전 초안은 입법하지 않았다. 두 초안은 입법취지에서 다르다.

(2) 부양의무자에 대하여, 로빈기어 초안은 "상호 의무는 서로에게 ① 직계혈족, ② 다른 배우자의 배우자와 부모, ③ 형제자매, ④ 호주와 구성원 사이가 존재하고 있어야 한다"(Art 89)고 규정하였다. 이 초안은 상호간의 의무에 관하여 규정하였다. 상호간의 의무는 서로에게 이 조문에서 열거하는 일정한 관계가 존재하여야 한다는 것이다.[1128] 이에 대하여 현행민법전 초안은 "다음 각호의 친족은 서로 부양의 의무가 있다. 1. 배우자, 2. 직계혈족 및 그 배우자, 배우자의 직계존속, 3. 3촌 이내의 방계혈족 및 그 배우자, 부의 3촌 이내의 방계혈족, 4. 호주와 가족"(제975조)을 규정하였다.[1129] 두 초안은 입법취지와 입법방법이 일치한다.

(3) 부양순위에 대하여, 로빈기어 초안은 "수인의 부양의무자는 다음 순서에 따라 부양권자에게 부양하게 된다. ① 직계 후손, ② 직계 존속, ③ 호주, ④ 형제자매, ⑤ 가족 구성원, ⑥ 며느리, ⑦ 양 배우자의 부모. 처음 두 사이로서, 최근친이 우선순위를 갖는다. 수인의 등친인 친족은 동등하게 의무를 부담한다"(Art 90)고 규정하였다. 이 초안은 부양의무자가 여러 명이 있을 경우에 부양을 하는 순서를 정하고 있다. 그리고 부양의무자인 친족과 부양권자는 최근친이 가장 우선하여 부양을 하게 된다. 그러나 등친인 친족이 여러 사람인 경우에는 동등하게 의무를 부담한다는 것이다.[1130] 이에 대하여 현행민법전 초안은 "부양의 의무 있는 자가 수인인 때에는 다음 순위로 부양의무를 이행하여야 한다. 1. 배우자, 2. 직계비속 및 그 배우자, 3. 직계존속 및 그 배우자, 4. 형제자매, 부의 형제자매, 5. 방계혈족인 비속 및 그 배우자, 부의 방계혈족인 비속 및 그 배우자, 6. 방계혈족인 존속 및 그 배우자, 부의 방계혈족인 존속 및 그 배우자, 7. 호주, 8. 가족"(제977조)이라고 규정하였다.[1131] 두 초안은 입법취지가 일치하지만, 부양순위에 대하여 다르게 규정 입법하고 있다.

(4) 수인의 부양권자에 대하여, 로빈기어 초안은 "모두를 경제적으로 부양할 수 없는

[1128] 켈리포니아 민법전, 제196, 206조; 중화민국 민법전, 제1114조; 독일 민법전, 제1601조 제3항, 제1606조, 제1607조; 일본 민법전, 제954조; 소련 혼인법, 제42조, 제42조 제1항, 제42조 제2항, 제42조 제3항.

[1129] 독일 민법 제1601조; 스위스 민법 제328조; 프랑스 민법 제205, 206조; 중화민국 민법 제1114조; 일본 민법 제877조(구 민법 제954조).

[1130] 중화민국 민법전, 제1115조; 독일 민법전, 제1606~8조; 일본 민법전, 제955조; 소련 혼인법, 제48~55조.

[1131] 독일 민법 제1606, 1609조; 스위스 민법 제329조 제1,2항; 중화민국 민법 제1115, 1116조; 일본 민법 제876조(구 민법 제955조~제958조).

부양권자의 부양의무자가 수인인 경우에 다음 순서에 따라 ① 직계존속, ② 직계후손, ③ 가족원, ④ 형제자매, ⑤ 호주, ⑥ 양 배우자의 부모, ⑦ 며느리와 사위가 부양한다"(Art 91)고 하였다. 이 초안은 부양의무자가 수인의 부양권자에 대하여 경제적으로 모두를 부양할 수 없는 경우에 부양할 순서를 정하고 있다. 따라서 이 조문이 정하는 순서에 따라 부양의무를 부담한다고 할 것이다.[1132] 이에 대하여 현행민법전 초안은 "부양을 받을 권리자가 수인인 경우에 부양의무자의 자력이 그 전원을 부양할 수 없을 때에는 다음 순위로 부양하여야 한다. 1. 배우자, 2. 직계존속 및 배우자의 직계존속, 3. 직계비속 및 그 배우자, 4. 형제자매, 부의 형제자매, 5. 방계혈족인 존속 및 그 배우자, 부의 방계혈족인 존속 및 그 배우자, 6. 방계혈족인 비속 및 그 배우자, 부의 방계혈족인 비속 및 그 배우자, 7. 가족, 8. 호주"(제979조)라고 규정하였다. 두 초안은 입법취지와 입법방법이 다르다.

(5) 동순위 부양의무자가 수인인 경우에 대하여, 로빈기어 초안은 "전 2조에서 규정한 직계친족 사이의 우선순위는 최근친에게 속한다. 수인의 등친인 친족은 동등하게 권리 의무를 부담한다"(Art 92)고 규정하였다. 이 초안은 직계친족 사이에 있어서 우선순위를 규정하고 있다. 즉 직계친족 사이에는 최근친이 우선하여 부양을 받거나 하게 된다. 친등이 동일한 여러 사람이 있는 경우에는 동일하게 권리나 의무를 부담한다고 하였다.[1133] 이에 대하여 현행민법전 초안은 "전조의 규정에 의한 동순위의 부양의무자가 수인인 때에는 최근친을 선순위로 하고 그 근친이 수인인 때에는 각 자력에 응하여 그 의무를 분담한다"(제978조 제1항)고 규정하고, "전조의 규정에 의한 동순위의 부양을 받을 권리자가 수인인 때에는 최근친을 선순위로 하고 그 근친이 수인인 때에는 각 생계의 정도 및 부양의무자의 자력에 상응한 범위에서 부양하여야 한다"(제980조)고 규정하였다. 두 초안은 입법취지가 일치하지만, 입법방법에서 직계친족 사이에 있어서 우선순위를 달리 규정 입법하고 있다.

(6) 부양의 정도, 방법에 대하여, 로빈기어 초안은 "부양의 방식, 예를 들어 금전지급이나 종류는 당사자 상호간의 합의 또는 친족회에 의해 확정될 수 있다. 그러나 수정은 변경된 환경을 참작하여 이해당사자에 의하여 행하여질 수 있다"(Art 93)고 하였다. 이

[1132] 중화민국 민법전, 제1116조; 독일 민법전, 제1601, 1603, 1606~8조; 일본 민법전, 제957조.
[1133] 중화민국 민법전, 제1115조 제2, 3항, 제1116조 제2, 3항; 독일 민법전, 제1601, 1603, 1606~8조; 일본 민법전, 제956, 958조; 소련 혼인법, 제51조.

초안은 부양의 방식에 대하여 규정하고 있다. 즉 부양의 방식은 당사자 상호간의 합의 또는 친족회에 의하여 정해질 수 있다는 것이다.[1134] 그리고 그 변경은 변경된 환경을 참작하여 이해당사자에 의하여 이뤄질 수 있다는 것이다.[1135] 이에 대하여 현행민법전 초안은 "부양의 순위 정도 또는 방법에 관하여 당사자간에 협정이 없는 때에는 법원은 당사자의 청구에 의하여 부양을 받을 자의 생활정도 및 부양의무자의 자력 기타 제반사정을 참작하여 이를 정한다"(제981조)고 규정하였다.[1136] 두 초안은 입법취지는 유사하지만, 입법방법에서 부양의 방식 등이 다르게 규정 입법되었다.

(7) 부양의무의 종료에 대하여, 로빈기어 초안은 "의무의 종료는 당사자 중 일방의 사망에 의한다. 그리고 부양권자가 스스로 지원할 수 있으면 이로부터 면제된다"(Art 94)고 규정하였다. 이 초안은 부양의무의 종료에 대하여 규정하였다. 즉 부양당사자의 일방이 사망하면 부양은 종료된다.[1137] 그리고 부양권자가 스스로 자신을 지원할 수 있으면 이로부터 면제된다는 것이다.[1138] 이에 대하여 현행민법전 초안은 입법하지 않았다. 두 초안은 입법취지가 다르다.

제4편 재산상속(Succession to Property) (상속편)

제4편 재산상속에 대하여, 로빈기어 초안은 무유언상속(Intestate, Arts 1212~1236), 유언상속(Testamentary, Arts 1237~1273) 및 재산상속의 관리(Administration, Arts 1274~1304)를 각각 규정하였다. 이에 대하여 현행민법전 초안은 제5편 상속 제2장 재산상속에서 제1절 총칙(제1003조~제1006조), 제2절 재산상속인(제1007조~제1012조), 제3절 재산상속의 효력에서 일반적 효력(제1013조~제1016조), 상속분(제1017조~제1020조), 상속재산의 분할(제1021조~제1027조), 재산상속의 승인 및 포기(제1028조~제1053조), 재산의 분리(제1054조~제1061조), 재산상속인의 부존재(제1062조~제1068조), 제3장 유언에서 총칙(제1069조~제1072조), 유언의 방식(제1073조~제1080조), 유언의 효력(제1081조~제1098조), 유언의 집행(제1099조~제1114조), 유언의 철회(제1115조~제1118조)를 각각 규정하였다.

[1134] 중화민국 민법전, 제1120조; 독일 민법전, 제1612조; 일본 민법전, 제961조.
[1135] 중화민국 민법전, 제1121조; 일본 민법전, 제962조.
[1136] 프랑스 민법 제208조; 중화민국 민법 제1119, 1120조; 일본 민법 제879조(구 민법 제960, 961조).
[1137] 독일 민법전, 제1615조.
[1138] 중화민국 민법전, 제1118조.

1. 무유언상속(Intestate)[1139]에 관한 규정내용의 비교

무유언상속에 대하여, 로빈기어 초안은 상속순위(Order of Succession, Arts 1212~1219), 상속분(Shares, Arts 1220~1225), 상속인의 부존재(Default of Successors, Arts 1226~1231) 및 상속재산의 분할(Separation of Property, Arts 1232~1236)을 각각 규정하였다. 이에 대하여 현행민법전 초안은 총칙에서 재산상속의 원인개시(제1003조), 호주상속인의 재산상속(제1004조), 상속개시의 장소와 비용(제1005조), 상속회복청구권(제1006조), 재산상속인에서 상속인의 순위(제1007조), 대습상속(제1008조), 처가 피상속인인 경우의 상속인(제1009조), 처의 상속순위(제1010조), 재산상속인의 부존재(제1011조), 상속인의 결격사유(제1012조), 재산상속의 효력에서 일반적 효력으로 상속과 포괄적 권리의무의 승계(제1013조), 공동상속과 재산의 공유(제1014조), 공동상속인의 권리의무승계(제1015조), 특별수익자의 상속분(제1016조), 상속분으로 법정상속분(제1017조), 균등상속분(제1018조), 대습상속분(제1019조), 공동상속분의 양수(제1020조), 유언에 의한 분할방법의 지정 또는 금지(제1021조), 협의에 의한 분할(제1022조), 분할후의 피인지자 등의 청구권(제1023조), 분할의 소급효력(제1024조), 공동상속인의 담보책임(제1025조), 상속채무자의 자력에 대한 담보책임(제1026조), 무자력 공동상속인의 담보책임의 분담(제1027조), 재산상속의 승인 및 포기에서 총칙으로 승인포기의 기간(제1028조), 무능력의 승인 포기의 기간(제1029조), 승인 포기 기간계산에 관한 특칙(제1030조), 상속재산의 관리(제1031조), 상속재산 보존에 필요한 처분(제1032조), 승인 포기의 취소 금지(제1033조), 단순승인으로 단순승인의 효과(제1034조), 법정단순승인(제1035조), 법정단순승인의 예외(제1036조), 한정승인으로 한정승인의 효과(제1037조), 공동상속인의 한정승인(제1038조), 한정승인의 방식(제1039조), 한정승인과 재산상 권리의무의 불소멸(제1040조), 채권자에 대한 공고, 최고(제1041조), 최고기간중의 변제거절(제1042조), 배당변제(제1043조), 변제기전의 채무 등의 변제(제1014조), 수증자에의 변제(제1045조), 상속재산의 경매(제1046조), 부당변제로 인한 책임(제1047조), 신고하지 않은 채권자 등(제1018조), 공동상속재산 그 관리인의 선임(제1049조), 포기로 포기의 방식(제1050조), 포기의

1139 "When the phenomena of primitive societies emerge into light, it seems impossible to dispute a proposition which the jurists of the seventeenth century consider doubtful, that Institute Inheritance is a more ancient institution than Testamentary Succession." Maine, Ancient Law; 115.

소급효력(제1051조), 포기한 상속재산의 귀속(제1052조), 포기한 상속재산의 상속계승의무(제1053조), 재산의 분리에서 상속재산의 분리청구권(제1054조), 분리명령과 채권자 등에 대한 공고, 최고(제1055조), 분리후의 상속재산의 관리(제1056조), 분리후의 상속인의 관리의무(제1057조), 재산분리의 대항요건(제1058조), 재산분리와 권리의무의 불소멸(제1059조), 변제의 거절과 배당변제(제1060조), 동존재산으로부터의 변제(제1061조), 재산상속인의 부존재에서 상속인 없는 재산관리(제1062조), 재산목록제시와 상황보고(제1063조), 상속인의 존부가 분명하여진 경우(제1064조), 상속이 없는 재산의 청산(제1065조), 상속인 수색의 공고(제1066조), 상속재산의 국가귀속(제1067조), 국가귀속재산에 대한 변제청구금지(제1068조)를 각각 규정하였다.

1) 상속순위(Order of Succession)

(1) 재산상속의 원인, 개시에 대하여, 로빈기어 초안은 "상속은 조상의 사망에서 개시한다. 호주상속규칙은 준용하여 적용한다"(Art 1212)고 규정하였다. 이 초안은 무유언 상속의 개시(Commencement)에 대하여 규정하고 있다.[1140] 이에 대하여 현행민법전 초안은 "재산상속은 호주 또는 가족의 사망으로 인하여 개시된다"(제1003조)고 규정하였다.[1141] 두 초안은 입법취지에서 일치한다.

(2) 사망한 혼인한 남자 호주의 경우 상속인의 순위에 대하여, 로빈기어 초안은 "상속인의 승계 순서는, ① 가장 나이 많은 합법적으로 그의 형제들과 동등하게 공유할 수 있는 출생된 자, ② (아버지가) '생전 입양'한 자 또는 입양 유언(유언 양자), ③ 가장 나이 많은 인지된 사생아(서자), ④ 가장 나이 많은 사후 입양자(사후 양자) 또는 2차적으로 입양된 자, ⑤ 조모, ⑥ 모, ⑦ 과부, ⑧ 선순위의 녀 이다"(Art 1213)고 규정하였다. 이 초안은 사망한 혼인한 남자 호주(Decedent Married Male Head)의 경우에 상속의 순서에 대하여 규정하고 있다.[1142] 이에 대하여 현행민법전 초안은 입법하지 않았다. 두 초안은 입법취지에서 다르다.

[1140] 중화민국 민법전, 제1147조; 독일 민법전, 제1923, 1922조; 일본 민법전, 제993, 992조; Tsisho 4, Jan. 29; Taisho 6, Nov. 27; Showa Feb. 15. (Korean Higher Court Cases).
[1141] 독일 민법 제1922조 제1항; 스위스 민법 제537조 제1항; 프랑스 민법 제718조; 중화민국 민법 제1147조; 일본 민법 제882조(구 민법 제992조).
[1142] K. J. Jung, Japanese Delictual Law; p.16.

(3) 사망한, 남성 호주, 호주 아닌 구성원의 경우 상속인의 순위에 대하여, 로빈기어 초안은 "상속의 순서는, ① 직접 직계 후손, ② 생전 또는 유언에 의한 양자, ③ 과부, ④ 부, ⑤ 모 이다"(Art 1214)고 규정하였다. 이 초안은 사망자, 남성 호주, 호주 아닌 구성원 (Decedent, a Male Head, Member not Head)의 경우에 상속의 순서에 대하여 규정하고 있다.[1143] 이에 대하여 현행민법전 초안은 "피상속인의 직계비속 및 직계존속이 수인인 때에는 최근친을 선순위로 하고 동순위의 근친이 수인인 때에는 공동상속인이 된다. 그러나 혼인 또는 입양으로 인하여 이적한 직계비속 및 피상속인이 생가 또는 친족의 직계존속은 동순위의 공동상속인이 되지 못한다. 제993조 내지 제995조의 규정은 전항의 상속순위에 준용한다"(제1007조)고 규정하였다.[1144] 두 초안은 입법취지가 서로 다르다.

(4) 사망한, 남성 호주, 미혼의 경우 상속인의 순위에 대하여, 로빈기어 초안은 "상속의 순서는, ① 인지한 사생자, ② 제, ③ 조모, ④ 모 이다"(Art 1215)고 규정하였다. 이 초안은 사망자, 남성 호주, 미혼(Decedent, Male Head, Single)의 경우에 상속의 순서에 대하여 규정하고 있다.[1145] 이에 대하여 현행민법전 초안은 입법하지 않았다. 두 초안은 입법취지가 다르다.

(5) 사망한, 미혼 남성 구성원의 경우 상속의 순서에 대하여, 로빈기어 초안은 "상속의 순서는, ① 호주의 사망한 연장자로 미혼인 경우, ㉠ 인지된 사생자, ㉡ 제, ㉢ 부, ② 사망한 미혼 남성 구성권으로 호주의 장남이 아닌 경우, ㉠ 인지된 사생자, ㉡ 제, ㉢ 모, ㉣ 호주 이다"(Art 1216)고 규정하였다. 이 초안은 사망자, 미혼 남성 구성원(Decedent, Single Male Member Only)인 경우에 상속의 순서에 대하여 규정하고 있다.[1146] 이에 대하여 현행민법전 초안은 입법하지 않았다. 두 초안은 입법취지가 다르다.

(6) 사망한 여성 구성원의 경우 상속의 순서에 대하여, 로빈기어 초안은 "상속의 순서는, ① 동등하게 공유하는 모든 미성년자, ② 남편, ③ 부(고인이 결혼한 경우, 그녀의 남

1143 Showa 10, Nov. 25, Judicial Council Resolution; Showa 14, June 16, Korean High Court Case; Showa 2, Feb. 15, Korean High Court Cases; Taisho 6, Jan. 16, Taisho 15, Oct. 26, Korean Higher Court Cases; Taisho 9, June 25; Taisho 15, Oct. 26, Korean Higher Court Cases.

1144 독일 민법 제1924조 제1,2,4항, 제1925조 제1,2,3,5항, 제1926조, 제928조, 제1929조; 스위스 민법 제457, 458, 459, 544조; 프랑스 민법 제725조, 733조; 중화민국 민법 제1138, 1141, 1142조; 일본 민법 제886, 887, 889조 (구 민법 제994, 996조).

1145 Taisho 15, Dec. 22, Case Investigation Committee Resolution; Taisho 13, Jan. 16; Taisho 9, June 23; Showa 11, May 5; Korean High Court Cases; Taisho 14, June 16.

1146 Taisho 9, June 23.

편의 부), ④ 모(사망자가 결혼한 경우, 그녀의 남편의 모) ⑤ 호주 이다"(Art 1217)고 규정
하였다. 이 초안은 사망자, 여성 구성원(Decedent, Female Member)인 경우에 상속의 순서
에 대하여 규정하고 있다.[1147] 이에 대하여 현행민법전 초안은 "처가 피상속인인 경우에
부는 그 직계비속과 동순위로 공동상속인이 되고 직계비속이 없으면 부가 단독상속인이
된다"(제1009조)고 규정하고,[1148] "피상속인의 처는 제1007조의 규정에 의한 재산상속인
이 있는 경우에는 그 상속인과 동순위로 공동상속인이 되고 그 상속인이 없으면 자기가
단독상속인이 된다"(제1010조)고 규정하였다.[1149] 두 초안은 입법취지가 다르다.

(7) 오직 가족인 경우 상속의 순서에 대하여, 로빈기어 초안은 "미혼한 가족 구성원
의 상속은 다음과 같은 순서로 전달된다. ① 부, ② 조부, ③ 형, ④ 조모, ⑤ 모, ⑥ 호주.
사망자가 혼인하였으나 남성 후손이 없는 경우 그 순서는 동일하고 ② 다음으로 ③ 조
모, ④ 모, ⑤ 미망인, ⑥ 호주로 한다. 사후 입양된 자는 그 재산에 대하여 권한이 있
다"(Art 1218)고 규정하였다. 이 초안은 오직 가족(Household member)인 경우에 혼인하
지 않은 가족 구성원의 상속에 대하여 규정하고 있다.[1150] 이에 대하여 현행민법전 초안
은 입법하지 않았다. 두 초안은 입법취지에서 다르다.

(8) 직계후손인 재산상속인에 대하여, 로빈기어 초안은 "직계 후손인 재산상속인은
다음과 같은 순서로 승계한다. ① 가족관계의 다른 등친에 있는 사람들 사이에서, 등친
이 가장 근친인 사람이 첫째가 된다. ② 관계가 동일한 등친으로 서있는 사람들은 동일
한 서열에서 승계한다. 전항에서 규정한 상속인의 경우에 상속의 개시 이전에 사망하거
나 상속권을 잃은 경우에는 그의 직계 후손이 동일한 순위로 승계한다"(Art 1218a)고 규
정하였다. 이 초안은 직계후손인 재산상속인(Heirs to property in lineal descendancy)에
대하여 규정하고 있다.[1151] 이에 대하여 현행민법전 초안은 입법하지 않았다. 두 초안은
입법취지에서 다르다.

(9) 재산상속의 효력에 대하여, 로빈기어 초안은 "재산상속인은, 후자에 독점적으로

1147 Showa 8, Dec. 8, Nov. 28.

1148 독일 민법 제1931조 제1항; 스위스 민법 제462조; 프랑스 민법 제767조 제1항; 일본 민법 제890조(구 민법 제 996조 제1항).

1149 독일 민법 제1931조 제1항; 스위스 민법 제462조; 프랑스 민법 제767조 제1항; 일본 민법 제890조(구 민법 제 996조 제1항).

1150 Munemiya Nobuji, Law of Torts, p.300; Law and Administration Journal, Vol. 7 p.7.

1151 중화민국 민법전, 제1138~40조; 일본 민법전, 제994~5조.

개인적인 등을 제외하고 조상의 재산에 관한 모든 권리와 의무에 대하여, 상속의 개시 시점으로부터, 승계한다"(Art 1219)고 규정하였다. 이 초안은 재산상속의 효과(Effects)에 대하여 규정하고 있다.[1152] 이에 대하여 현행민법전 초안은 "재산상속인은 상속개시된 때로부터 피상속인의 재산에 관한 포괄 권리의무를 승계한다. 그러나 피상속인의 일신에 전속한 것은 그러하지 아니하다"(제1013조)고 규정하였다.[1153] 두 초안은 입법취지가 상속재산의 귀속시기를 상속개시된 때로 한 점에 일치한다.

2) 상속분(Shares)

(1) 법정상속분에 대하여, 로빈기어 초안은 "동일한 순위의 2 이상의 상속인은 그 상속에서 동일한 배분을 갖는다"(Art 1220)고 규정하였다. 이 초안은 동일한 순위의 공동상속인의 상속분에 대하여 규정하고 있다.[1154] 이에 대하여 현행민법전 초안은 "호주상속인된 자 또는 호주아닌 피상속인의 후사된 자 이외의 공동상속인의 상속분은 균등으로 한다"(제1017조 제2항)고 규정하고,[1155] "제1011조의 규정에 의한 공동상속인의 상속분은 균등으로 한다"(제1018조)고 규정하였다. 두 초안은 입법취지가 일치하지만, 현행민법전 초안이 호주상속인이 된 자 등의 예외를 인정한 것이 다르다.

(2) 반쪽 혈족인 경우의 상속분에 대하여, 로빈기어 초안은 "반쪽 혈족의 혈족은, 그 상속이 반쪽 혈족의 혈족과 혈연적으로 관계가 없다는 유언에 따르지 않는 한, 동일한 순위에서 완전 혈족의 혈족과 동등하게 분할한다"(Art 1221)고 규정하였다. 이 초안은 부모 어느 한쪽만의 혈족(Kindred of the half-blood)인 경우 상속분에 대하여 규정하고 있다.1156 이에 대하여 현행민법전 초안은 입법하지 않았다. 두 초안은 입법취지에서 다르다.

(3) 직계비속의 상속분에 대하여, 로빈기어 초안은 "제1218a조에서 상속인인 직계비속의 상속분은 권한이 있는 선조에 대한 것과 동등하다. 그러나 이러한 후손이 2인 이상 있는 경우 그들의 직계후손의 상속분은 제1220조에 의하여 결정된다"(Art 1222)고

1152 중화민국 민법전, 제1148조; 일본 민법전, 제1001조.
1153 독일 민법 제1922조 제1항; 스위스 민법 제560조; 중화민국 민법 제1148조; 일본 민법 제896조(구 민법 제1001조).
1154 켈리포니아 민법전, 제1387조; 중화민국 민법전, 제1141, 1142, 1151조; 일본 민법전, 제1004조.
1155 독일 민법 제1931조 제1항; 스위스 민법 제462조; 프랑스 민법 제767조(제5항); 중화민국 민법 제1144조; 일본 민법 제900조(구 민법 제1004조).
1156 켈리포니아 민법전, 제1394조.

규정하였다. 이 초안은 직계비속의 상속분(The share of a lineal descendant)에 대하여 규정하고 있다.[1157] 이에 대하여 현행민법전 초안은 "피상속인의 직계비속, 직계존속 및 처가 공동상속인인 경우에는 호주상속인 된 자 또는 호주 아닌 피상속인의 후사된 자의 상속분은 그 공동상속인이 2인인 때에는 3분의 2로, 3인 이상인 때에는 2분의 1로, 5인 이상인 때에는 3분의 1로 한다. 호주상속인 된 자 또는 호주 아닌 피상속인의 후사된 자 이외의 공동상속인의 상속분은 균등으로 한다"(제1017조)고 규정하였다.[1158] 두 초안은 입법취지가 다르다. 현행민법전 초안은 직계비속이 호주상속인이 된 자 또는 호주 아닌 피상속인의 후사된 자를 제외하고 상속분을 균등한 것으로 하였다.

(4) 유언에 의한 분할방법의 지정 또는 금지에 대하여, 로빈기어 초안은 "조상은, 물론, 공동상속인의 상속분을 결정하거나, 또는 강제적 비율에 대한 법전 규정에 반하지 않고, 그 중, 유언으로, 또는 제3자에게 그렇게 하도록 위임한다. 그러나 모든 공동상속인의 상속분이 결정되지 않으면, 이 법전 제1220조의 규정에 따라 그대로 한다"(Art 1223)고 규정하였다. 이 초안은 공동상속인의 상속분에 대하여 조상의 결정에 대하여 규정하고 있다.[1159] 이에 대하여 현행민법전 초안은 "피상속인은 유언으로 상속재산의 분할방법을 정하거나 그 정할 것을 제3자에게 위탁할 수 있고 상속개시의 날로부터 5년을 경과하지 아니하는 기간 내의 분할을 금지할 수 없다"(제1021조)고 규정하였다.[1160] 두 초안은 입법취지가 유사하다.

(5) 특별수익자의 상속분에 대하여, 로빈기어 초안은 "① 조상의 공동상속인에 대한 모든 증여는, 상속이 개시되기 전에, 이러한 공동상속인에게 생전증여이고, 증여한 때, 조상이 서면으로 증여가 이뤄진 때 반대의사를 서면으로 표시하지 않는 한, 그것의 가치는 후자의 상속분에서 공제된다. ② 그 생전증여는 강제적인 비율과 같거나 초과하는 경우 그 공동상속인은 아무것도 받지 못한다"(Art 1224)고 규정하였다. 이 초안은 생전증여(Advancements)에 대하여 규정하고 있다.[1161] 이에 대하여 현행민법전 초안은 "공동

1157 일본 민법전, 제1005조.
1158 독일 민법 제1931조 제1항; 스위스 민법 제462조; 프랑스 민법 제767조; 중화민국 민법 제1144조; 일본 민법 제900조; 구일본 민법 제1004조.
1159 일본 민법전, 제1006조.
1160 독일 민법 제2044조 제1항, 제2048조; 스위스 민법 제608조 제1항; 중화민국 민법 제1165조; 일본 민법 제908조 (구 민법 제1010, 1011조).
1161 켈리포니아 민법전, 제1395~99조; 중화민국 민법전, 제1173조; 독일 민법전, 제2050조; 일본 민법전, 제1007, 1008조.

상속인중에 피상속인으로부터 재산의 증여 또는 유증을 받은 자가 있는 경우에 그 수증 재산이 자기의 상속분에 달하지 못한 때에는 그 부족한 부분의 한도에서 상속분이 있다. 그러나 수증재산이 상속분을 초과한 경우에는 그 초과분의 반환을 요하지 아니한다"(제 1016조)고 규정하였다.[1162] 두 초안은 입법취지가 유사하지만 입법방법이 다르다.

(6) 공동상속분의 양수에 대하여, 로빈기어 초안은 "여러 공동상속인 중 하나의 상속 분이 제3자에게 양도된 경우, 분할하기 전에, 다른 공동상속인은, 그 가치와 비용을 환 불함에 따라, 그들에게 이러한 상속분의 양도에 대한 법적 요구에 대해 1개월을 가진 다"(Art 1225)고 규정하였다. 이 초안은 상속의 회복(Recovery)에 대하여 규정하고 있 다.[1163] 이에 대하여 현행민법전 초안은 "공동상속인중에 그 상속분을 제3자에게 양도한 자가 있는 때에는 다른 공동상속인은 그 가액 및 양도비용을 상환하고 그 상속분을 양수 할 수 있다. 전항의 권리는 그 사유를 안 날로부터 3월, 그 사유 있는 날로부터 1년 내에 행사하여야 한다"(제1020조)고 규정하였다.[1164] 두 초안은 입법취지가 일치한다.

3) 상속인의 부존재(Default of Successors)

(1) 상속인의 부존재에 대하여, 로빈기어 초안은 "전조에서 자손의 부존재에서, 제 1222조의 규정에 따라, 다음은 상속된다. ① 배우자, ② 직계 후손, ③ 호주. 재산에 대 한 상속이 박탈되는 것은 제28조 제2항 내지 제5항에서 모두 언급한 것들이다"(Art 1226)고 규정하였다. 이 초안은 후손의 부존재에 대하여 규정하고 있다.[1165] 이에 대하여 현행민법전 초안은 "재산상속인의 존부가 분명하지 아니한 때에는 법원은 제771조의 규정에 의한 상속인의 친족 기타 이해관계인의 청구에 의하여 상속재산관리인을 선임 하고 지체없이 이를 공고하여야 한다. 제23조 내지 제25조의 규정은 전항 재산관리인 에 준용한다"(제1062조)고 규정하였다.[1166] 두 초안은 입법취지와 입법방법이 다르다.

(2) 상속인의 결격사유에 대하여, 로빈기어 초안은 "강제적 비율에 대하여 권한이 있 는 것으로 추정된 상속인의 사법적 상속권 박탈, 조상을 학대 또는 심하게 모욕한 상속 인은 후자의 예에서 부여된다"(Art 1227)고 규정하였다. 이 초안은 상속권의 사법적 박

1162 일본 민법 제903조(구 민법 제1007조).
1163 켈리포니아 민법전, 제2034조; 일본 민법전, 제1009조.
1164 독일 민법 제2034, 2035조; 일본 민법 제905조(구 민법 제1009조).
1165 일본 민법전, 제996, 997조.
1166 중화민국 민법 1177, 1178조; 일본 민법 제951조, 952조(구 민법 제1051, 1052조).

탈(Judicial disinheritance)에 대하여 규정하고 있다.[1167] 이에 대하여 현행민법전 초안은 "다음 사항에 해당한 자는 재산상속인이 되지 못한다. 1. 고의로 직계존속, 피상속인, 그 배우자 또는 재산상속의 선순위나 동순위에 있는 자를 살해하거나 살해하려 한 자, 2. 제998조 제2호 내지 제5호의 사유에 해당한 자"(제1012조)라고 규정하였다.[1168] 두 초안 은 입법취지가 유사하지만 입법방법에서 상속인의 결격사유가 다르다.

(3) 상속권박탈의 철회에 대하여, 로빈기어 초안은 "상속권박탈의 철회는 또한 조상의 예에서 부여되고, 제27조 및 제28조의 규정이 이 조문과 전조에 따라서 진행함에 적용한 다"(Art 1228)고 규정하였다. 이 초안은 상속권박탈의 철회(Revocation of disinheritance)에 대하여 규정하고 있다.[1169] 이에 대하여 현행민법전 초안은 입법하지 않았다. 두 초안은 입법취지에서 다르다.

(4) 재산상태에 대하여, 로빈기어 초안은 "재산상속에 대한 상속인을 알 수 없는 경 우, 그것이 법인이고 적절한 법원이 그것에 대하여 있고, 즉시적 원인과 공고가 이러한 약속에 주어질 것이다. 관리자는 사망자의 채무자 또는 재산에 관한 수익자에서 어떤 질문에 대답한다"(Art 1229)고 규정하였다. 이 초안은 재산상태(Status of Property)에 대 하여 규정하고 있다.[1170] 이에 대하여 현행민법전 초안은 "재산상속인의 존부가 분명하 지 아니한 때에는 법원은 제771조의 규정에 의한 상속인의 친족 기타 이해관계인의 청 구에 의하여 상속재산관리인을 선임하고 지체없이 이를 공고하여야 한다"(제1062조 제1 항)고 규정하였다.[1171] 두 초안은 입법취지가 일치하지만, 입법방법이 다르다.

(5) 상속인수색의 공고에 대하여, 로빈기어 초안은 "상속인이 2개월 이내에 발견되 지 않는 경우 관리인에 의하여 요구자에게 통지는 공개적으로 주어지게 된다. 전조의 2 개 항에서 규정한 공개통지 후에 정해진 기간 이내에 청구의 제출을 요구하는 것은 2개 월 보다 적어서는 안 된다"(Art 1230)고 규정하였다. 이 초안은 상속인이 발견되지 않는 경우에 대하여 규정하고 있다.[1172] 이에 대하여 현행민법전 초안은 "전조 제1항의 기간

1167 일본 민법전, 제998조.
1168 스위스 민법 제540조; 프랑스 민법 제727조; 중화민국 민법 제1145조; 일본 민법 제891조(구 민법 제997조).
1169 일본 민법전, 제999, 1000조.
1170 독일 민법전, 제1964~66조; 일본 민법전, 제1051, 1052, 1054조; Korea Chung, paper before Korean-American Legal Academy, 17.
1171 중화민국 민법 제1177, 1178조; 일본 민법 제951, 952조(구 민법 제1051, 1052조).
1172 일본 민법전, 제1057조.

이 경과하여도 상속인의 존부를 알 수 없는 때에는 법원은 관리인의 청구에 의하여 상속인이 있으면 일정한 기간 내에 그 권리를 주장할 것을 공고하여야 한다. 그 기간은 2년 이상이어야 한다"(제1066조)고 규정하였다.[1173] 두 초안은 입법취지가 유사하지만, 그 기간 등에서 입법방법이 다르다.

(6) 상속인에게의 통지에 대하여, 로빈기어 초안은 "지명된 기간이 만료한 후 상속인을 발견하지 못한 경우 해당 법원은 이해관계인 또는 공공 대표자의 사례에 상속인에게 1년 이상이 아닌, 정해진 기간 이내에 그의 권리를 주장할 것을 공개적으로 통지하여야 한다"(Art 1231)고 규정하였다. 이 초안은 상속인에게의 통지(Notice to successor)에 대하여 규정하고 있다.[1174] 이에 대하여 현행민법전 초안은 제1066조에서 규정하였다. 두 초안은 입법취지가 유사하지만, 입법방법이 다르다.

4) 상속재산의 분리(Separation of Property)

(1) 재산의 분리에 대하여, 로빈기어 초안은 "상속인의 재산에서 상속재산의 분리는 법적으로 자신의 주장의 환경을 보장하기 위해 상속 채권자 또는 유산 수령인의 예에서 지시할 수 있다. 그러나 권한은 피상속인의 사망 또는 상속인의 상속수락에서 3월 이내에 모색하여야 한다. 제공된 그의 개인적 재산은 상속재산과 함께 그동안 혼합되지 않아야 한다. 이러한 순서의 발행에서 5일 이내에 그것을 취득한 당사자는 피상속인의 채권자와 유증자에게 통지를 하여야 하고, 2개월 보다 적지 않은 정해진 기간 이내에 진행에 개입하도록 그들에게 요청하여야 한다"(Art 1232)고 규정하였다. 이 초안은 상속인의 개인재산에서 상속재산의 분리(Separation of succession property from that of an heir)에 대하여 규정하고 있다.[1175] 이에 대하여 현행민법전 초안은 "상속채권자나 유증받은 자 또는 상속인의 채권자는 상속개시된 날로부터 3월 내에 상속재산과 상속인의 고유재산의 분리를 법원에 청구할 수 있다. 재산상속인이 상속의 승인이나 포기를 하지 아니한

1173 중화민국 민법 제1178조; 일본 민법 제958조(구 민법 제1058조).
1174 일본 민법전, 제1058조.
1175 아르헨티나 민법전, 제3467조 이하; 벨지움 민법전, 제878조 이하; 브라질 민법전, 제1799조; 칠레 민법전, 제1378조; 콜롬비아 민법전, 제1425조; 에쿠아도르 민법전, 제1368조; 프랑스 민법전, 제878조; 하이티 민법전, 제708조; 일본 민법전, 제1041~1050조; 혼두라스 민법전, 제1288조; 이태리 민법전, 제1032조; 네딜란드 민법전, 제1153조 이하; 니카라구아 민법전, 제1427조 이하; 파나마 캐널 존 민법전, 제1435조; 퀘백 민법전, 제743조; 루마니아 민법전, 제781조; 엘 살바도르 민법전, 제1258조 이하; 우루과이 민법전, 제1181조; 베네주엘라 민법전, 제1042조.

동안은 전항의 기간 경과후에도 재산의 분리를 청구할 수 있다"(제1054조)고 규정하고,[1176] "법원이 전조의 청구에 의하여 재산의 분리를 명한 때에는 그 청구자는 5일 내에 일반상속채권자 및 유증받은 자에 대하여 재산분리의 명령 있는 사실 및 일정한 기간 내에 그 채권 또는 수증을 신고할 것을 공고하여야 한다. 그 기간은 2월 이상이어야 한다"(제1055조 제1항)고 규정하였다.[1177] 두 초안은 입법취지와 입법방법이 일치한다.

(2) 배당변제와 우선권에 대하여, 로빈기어 초안은 "우선권은 이러한 신청자와 상속재산의 분배에서 상속인의 채권자의 요구를 초과한 그들 각자의 총액에 대한 비율에서 개입한 자의 주장에 주어진다. 그러나 상속의 개별재산에 대하여 이러한 채권자는 우선한다"(Art 1233)고 규정하였다. 이 초안은 상속재산의 분배에서 우선권(Preference)에 대하여 규정하고 있다.[1178] 이에 대하여 현행민법전 초안은 "전항의 기간 만료 후에 상속인은 상속재산으로써 재산분리의 청구 또는 그 기간 내에 신고한 상속채권자 수증 받은 자 및 상속인의 알은 상속채권자, 유증 받은 자에 대하여 각 채권액 또는 수증액의 비례로 변제하여야 한다. 그러나 우선권 있는 채권자의 권리를 해하지 못한다"(제1060조 제2항)고 규정하였다.[1179] 두 초안은 입법취지와 입법방법이 유사하다.

(3) 분리의 대항요건에 대하여, 로빈기어 초안은 "분리된 재산의 등기는 분리 이전에 필요하고, 제3자에 대하여 효력이 생긴다"(Art 1234)고 규정하였다. 이 초안은 분리된 재산의 등기(Registration of the separated property)에 대하여 규정하고 있다.[1180] 이에 대하여 현행민법전 초안은 "재산의 분리는 상속재산인 부동산에 대하여 이를 등기하지 아니하면 제3자에게 대항하지 못한다"(제1058조)고 규정하였다.[1181] 두 초안은 입법취지와 입법방법이 일치한다.

(4) 분리후의 상속인의 관리의무에 대하여, 로빈기어 초안은 "분리된 재산의 관리는 분리의 순서로 제공되어야 한다. 그러나 관리인이 임명될 때까지 상속인은 상속재산을 그가 그의 개인적인 부분에 대하여 사용하는 것과 같은 동일한 주의로 상속재산의 관리를 계속하여 한다"(Art 1235)고 규정하였다. 이 초안은 분리된 재산의 관리(Management

---

1176 일본 민법 제941조 제1항(구 민법 제1041조 제1항).
1177 일본 민법 제941조 제2항(구 민법 제1041조 제2항).
1178 일본 민법전, 제1042, 1048조.
1179 일본 민법 제947조(구 민법 제1047조).
1180 일본 민법전, 제1045조.
1181 일본 민법 제945조(구 민법 제1045조).

of the separated property)에 대하여 규정하고 있다.[1182] 이에 대하여 현행민법전 초안은 "상속인이 단순승인한 후에도 재산분리의 명령이 있는 때에는 상속재산에 대하여 자기의 고유재산과 동일한 주의로 관리하여야 한다"(제1017조 제1항)고 규정하였다.[1183] 두 초안은 입법취지와 입법방법이 일치한다.

(5) 담보의 교체에 대하여, 로빈기어 초안은 "이러한 신청자에게 적절한 담보의 상속인에 의한 교체는, 그 중 하나 이상에 대한 손해를 보여주지 않는 한, 분리된 것의 유치권에서 법원에 의하여 허용된다"(Art 1236)고 규정하였다. 이 초안은 상속인에 의한 적절한 담보의 교체(Substitution by the successor of adequate security)에 대하여 규정하였다.[1184] 이에 대하여 현행민법전 초안은 입법하지 않았다. 두 초안은 입법취지에서 다르다.

2. 유언상속(Testamentary)에 관한 규정내용의 비교

1) 일반규정(In General)

(1) 유언의 의의에 대하여, 로빈기어 초안은 "유서 또는 유언은, 유언자의 재산의 전부 또는 일부의 처분을 하는, 사망시에 효력이 생기는, 단일 일방적 법률행위이다"(Art 1237)고 규정하였다. 이 초안은 유언(A testament or will)의 정의(Defined)에 대하여 규정하고 있다.[1185] 이에 대하여 현행민법전 초안은 "유언은 본법의 정한 바에 의하지 아니하면 이를 하지 못한다"(제1069조)고 규정하고,[1186] "유언은 유언자의 사망한 때로부터 그 효력이 생긴다"(제1081조 제1항)고 규정하였다.[1187] 두 초안은 입법취지가 일치하지만, 입법방법이 다르다.

(2) 로빈기어 초안은 "모든 유언 조항의 해석은 유언자의 의도와 일치하여야 하고 법률문서가 유효하다고 변호하는 사람은 의심스러운 경우에 따르게 된다"(Art 1238)고 규정하였다. 이 초안은 유언조항의 해석(Interpretation of all testamentary provisions)에 대

1182 일본 민법전, 제1045조.
1183 일본 민법 제944조(구 민법 제1044조).
1184 일본 민법전, 제1049조; 일본 민사소송법전, 제64조.
1185 Bouvier, Law Dictionary, (8th ed.) p.3455; 중화민국 민법전, 제1199조; 프랑스 민법전, 제968조; 독일 민법전, 제2265조 이하; 일본 민법전, 제1075조; 40 Corpus Juris, 1460, n.296.
1186 독일 민법 제467조; 프랑스 민법 제893조; 중화민국 민법 제1189조; 일본 민법 제960조(구 민법 제1060조).
1187 독일 민법 제2074, 2075, 2076, 2077조 제1항; 프랑스 민법 제895, 1003, 1014조; 중화민국 민법 제1199, 1200조; 일본 민법 제985조(구 민법 제1087조).

하여 규정하고 있다.[1188] 이에 대하여 현행민법전 초안은 입법하지 않았다. 두 초안은 입법취지가 다르다.

(3) 유언적령에 대하여, 로빈기어 초안은 "처분능력은 유언자에게 요구되고, 유언을 하는 사람은 적어도 16세가 되어야 한다. 유언자가 후견 아래에 있는 경우 그의 후견인의 동의를 얻어야만 한다"(Art 1239)고 규정하였다. 이 초안은 유언자의 처분능력(Disposing capacity)에 대하여 규정하고 있다.[1189] 이에 대하여 현행민법전 초안은 "17세에 달하지 못한 자는 유언을 하지 못한다"(제1070조)고 규정하였다.[1190] 두 초안은 입법취지가 일치하지만, 유언적령이 다르다.

(4) 유언에 의한 처분에 대하여, 로빈기어 초안은 "유언에 의해 사람의 재산의 자유로운 처분은 강제적인 부분을 제외하고 유언자에게 허용된다"(Art 1240)고 규정하였다. 이 초안은 유언에 의한 재산의 자유로운 처분(Free dispositions of one's property by will)에 대하여 규정하고 있다.[1191] 이에 대하여 현행민법전은 입법하지 않았다. 두 초안은 입법취지가 다르다.

(5) 유류분에 대하여, 로빈기어 초안은 "다음과 같이 상속의 강제적 부분은 그 법정상속인을 위해 유보된다. ① 직계혈족 비속을 위하여, 그의 상속분의 2분의 1, ② 부모를 위하여, 명목, ③ 배우자를 위하여, 명목, ④ 형제자매를 위하여, 그의 또는 그녀의 상속분의 3분의 1, ⑤ 조부모를 위하여, ④에서와 같이 명목, ⑥ 그밖에 지급된 이후에 출생한 아이를 위하여, 유언자가 유언 사망하여 그가 받을 수 있었던 것과 동일한 몫"(Art 1241)이라고 규정하였다. 이 초안은 법정상속인을 위한 상속의 유류분(Compulsory por-tions of a succession)에 대하여 규정하고 있다.[1192] 이에 대하여 현행민법전 초안은 유류분제도를 입법하지 않았다.[1193] 두 초안의 입법취지가 다르다.

1188 40 Corpus Juris, 1460, n.315.

1189 켈리포니아 민법전, 제1270조; 중화민국 민법전, 제1186, 13조; 일본 민법전, 제1061, 1460~1조; 40 Corpus Juris, n.297.

1190 독일 민법 제2229조; 스위스 민법 제467조; 프랑스 민법 제903, 904조; 중화민국 민법 제1186조; 일본 민법 제961조(구 민법 제1061조).

1191 중화민국 민법전, 제1187조; 일본 민법전, 제1064조.

1192 Holdsworth, History of English Law (3rd ed.) III, 550; 40 Corpus Juris, 1466, n.48, and infra arts; 벨지움 민법전, 제913조; 브라질 민법전, 제1721조; 중화민국 민법전, 제1223조; 일본 민법전, 제1130, 1131조; 켈리포니아 민법전, 제1306조.

1193 민의원 법제사법위원회 민법안심의소위원회, 『민법안심의록』 하, 1957, 167면 상단 〈보유〉. 즉, "상속인이 받어야할 유류분에 관하여서는 확연한 관습이 없을뿐더러 초안에서는 호주상속과 재산상속을 분리하였음으로 유류분제도를 인정하므로써 소유자처분의 자유를 억제함은 시대의 추세에 역행하는 것임으로 유류분제도를 채택하지않

(6) 강제적 부분의 금액에 대하여, 로빈기어 초안은 "강제적 부분의 금액은, 상속재산의 총액에서 모든 부채를 차감하여 정하여진다"(Art 1242)고 규정하였다. 이 초안은 강제적 부분의 금액(The amount of a compulsory portion)에 대하여 규정하고 있다.[1194] 이에 대하여 현행민법전 초안은 입법하지 않았다. 두 초안은 입법취지가 다르다.

2) 유언집행(Execution of Testament)

(1) 유언의 방식에 대하여, 로빈기어 초안은 "유언은 다음 형식 중 하나로 하여야 한다. ① 공정증서, ② 입체영상, ③ 비밀증서, ④ 구술증서, ⑤ 구두 또는 녹취"(Art 1243)라고 규정하였다. 이 초안은 유언(A will)의 형식(Forms)으로 다섯 가지를 규정하고 있다.[1195] 이에 대하여 현행민법전 초안은 "유언의 방식은 자필증서, 녹음, 공정증서, 비밀증서 및 구수증서의 5종으로 한다"(제1073조)고 규정하였다.[1196] 두 초안은 입법취지가 일정한 형식에 의한 유언의 방식에서 일치한다. 다만 로빈기어 초안은 입체영상의 방식이 포함하고 자필증서를 제외한 점이 다르다.

(2) 공정증서에 의한 유언에 대하여, 로빈기어 초안은 "공개 또는 공증증서 유언은 공증인에게 확인하거나 유언자에 의하여 제안된 내용을 필요로 한다. 아무도 없는 경우 법원 서기에게 적당한 서면 형식으로 설명을 줄이고, 유언자에게 그것을 읽어주고 설명하여야 한다. 그는 2인의 증인과 함께 그것에 그의 서명을 첨부하여야 한다"(Art 1244)고 규정하였다. 이 초안은 공개 또는 공증증서에 의한 유언(An open or notarial will)에 대하여 규정하고 있다.[1197] 이에 대하여 현행민법전 초안은 "공정증서에 의한 유언은 유언자가 증인 2인이 참여한 공증인의 면전에서 유언의 취지를 구수하고 공증인이 이를 필기 낭독하여 유언자 및 증인이 그 정확함을 승인한 후 각자 서명 또는 기명날인하여야 한다. 공증인은 그 증서에 전항의 방식으로 작성한 것임을 부기하고 서명 날인하여야 한다"(제1076조)고 규정하였다.[1198] 두 초안은 입법취지와 입법방법이 유사하다.

은 초안의 태도는 타당하다."고 심의결과를 기록하고 있다.

1194 중화민국 민법전, 제1224조; 일본 민법전, 제1132조 제1항.

1195 중화민국 민법전, 제1189조; 일본 민법전, 제1067조.

1196 독일 민법 제2231조; 스위스 민법 제498조; 프랑스 민법 제969조; 중화민국 민법 제1189조; 일본 민법 제967조 (구 민법 제1067조).

1197 켈리포니아 민법전, 제1276조; 중화민국 민법전, 제1191조 제1항; 독일 민법전, 제2231~46조; 일본 민법전, 제1069조.

1198 독일 민법 제2232, 2233~2246조; 스위스 민법 제499, 500, 501~504조; 프랑스 민법 제971, 972, 873~975

(3) 입체영상에 의한 유언에 대하여, 로빈기어 초안은 "입체영상에 의한 유언은 전부 작성하고, 유언자에 의하여 서명하여야 한다. 모든 삽입, 제거, 삭제, 지움 또는 다른 교체는 그곳에 추가적인 기록과 그에 의한 서명과 단어의 정확한 수를 확인할 필요가 있다. 일부 특색에서 결함이 있는 비밀증서에 의한 유언은 입체영상에 의한 유언으로 유효하다"(Art 1245)고 규정하였다. 이 초안은 입체영상에 의한 유언(An holographic will)에 대하여 규정하고 있다.[1199] 이에 대하여 현행민법전 초안은 입법하지 않았다. 두 초안은 유언의 방식에 대한 입법취지가 다르다.

(4) 비밀증서에 의한 유언에 대하여, 로빈기어 초안은 "비밀(밀봉, 폐쇄 또는 신비) 증서에 의한 유언은 서면으로 작성해야 하며, 안전하게 밀봉하고 유언자의 서명을 봉합선에 걸쳐 새기고, 봉투에 넣어야 한다. 적어도 증인 2인의 성명과, 그의 유언이고, 그 자신이 쓰지 않은 경우 작성자의 성명과 주소를, 공증인에게 선언하여야 한다. 공증인은 증인 다음으로 서명과 그것의 수령과 유언자의 선언 일자를 봉투 위에 배서하여야 한다"(Art 1246)고 규정하였다. 이 초안은 비밀증서에 의한 유언(A secret (sealed, closed or mystic wil0l)에 대하여 규정하고 있다.[1200] 이에 대하여 현행민법전 초안은 "비밀증서에 의한 유언은 유언자가 필자의 성명을 기입한 증서를 엄봉 날인하고 이를 2인 이상 증인의 면전에 제출하여 자기의 유언서임을 표시한 후 그 봉서표면에 제출연월일을 기재하고 유언자 및 증인이 각자 서명 또는 기명날인하여야 한다. 전항의 방식에 의한 유언 봉서는 그 표면에 기재된 날로부터 5일 내에 공증인 또는 법원서기에게 제출하여 그 봉인 상에 확정일자인을 받아야 한다"(제1077조)고 규정하였다.[1201] 두 초안은 입법취지와 입법방법이 일치한다.

(5) 유언자가 농아인 경우에 대하여, 로빈기어 초안은 "유언자가 말을 할 수 없는 경우 그는, 공증인과 증인의 면전에서, 그에 의하여 설명, 작성된 비밀증서에 의한 유언으로, 문서가 그의 유언이고, 그의 성명과 주소가 봉함한 표지 위에 요구된 구두 선언으로 대체할 수 있다. 공증인은 동일한 봉투 위에 유언자가 필요한 격식에 부합하였음을 인

조; 중화민국 민법 제1191조; 일본 민법 제969조(구 민법 제1069조).

1199 켈리포니아 민법전, 제1277조; 중화민국 민법전, 제1190, 1193조; 독일 민법전, 제2231, 2267조; 일본 민법전, 제1068, 1071조; 40 Corpus Juris, 1463, notes 14, 15, 11; 루이지애나 민법전, 제1590조.

1200 중화민국 민법전, 제1192조; 일본 민법전, 제1070조; 루이지애나 민법전, 제1584조 이하; 40 Corpus Juris, 1463, n.9.

1201 프랑스 민법 제976, 977, 978, 979조; 중화민국 민법 제1192조; 일본 민법 제970조(구 민법 제1070조).

증하여야 한다"(Art 1247)고 규정하였다. 이 초안은 유언자가 농아인 경우(speechless)에 대하여 규정하고 있다.[1202] 이에 대하여 현행민법전 초안은 입법하지 않았다. 두 초안은 입법취지가 다르다.

(6) 구수증서에 의한 유언에 대하여, 로빈기어 초안은 "구술증서에 의한 유언은 적어도 3인의 증인이 필요하고, 유언자가 지명한 그들 중 1인은, 그가 그의 유언 취지를 선언하고, 그것들을 작성하고, 이러한 증인에 의하여 낭독하고 설명되고, 유언자에 의하여 서명되고 모든 증인과 정당한 일자임을 선언하여야 한다"(Art 1248)고 규정하였다. 이 초안은 구술증서에 의한 유언(A dictated will)에 대하여 규정하고 있다.[1203] 이에 대하여 현행민법전 초안은 "구수증서에 의한 유언은 질병 기타 급박한 사유로 인하여 전 4조의 방식에 의할 수 없는 경우에 유언자가 2인 이상 증인의 참여로 그 1인에게 유언의 취지를 구수하고 구수를 받은 자가 이를 필기 낭독하여 유언자 및 증인이 그 정확함을 승인한 후 각자 서명 또는 기명날인하여야 한다. 전항의 방식에 의한 유언은 그 증인 또는 이해관계인이 급박한 사유의 종료한 날로부터 7일 내에 법원에 그 검인을 신청하여야 한다. 제1071조 제2항의 규정은 구수증서에 의한 유언에 적용하지 아니한다"(제1078조)고 규정하였다.[1204] 두 초안은 입법취지는 일치하지만, 입법방법이 다르다.

(7) 녹음에 의한 유언에 대하여, 로빈기어 초안은 "구두 또는 녹음에 의한 유언은 긴박한 사망의 위험이나 다른 예외적 상황에 처한 사람에 의하여 이뤄질 수 있고, 다른 형식으로 유언을 할 수 없어야 한다. 유언자는 적어도 2인의 증인을 지명하고, 그 중 1인은 전자의 유언 취지를 베끼고, 유언자와 모든 증인은 그 사본에 서명하여야 한다. 그리고 그것은 그가 다른 형식으로 유언을 실행할 수 있은 후 1개월간 효력이 없다"(Art 1249)고 규정하였다. 이 초안은 구두 또는 녹취에 의한 유언(An oral or numcupative will)에 대하여 규정하고 있다.[1205] 이에 대하여 현행민법전 초안은 "녹음에 의한 유언은 유언자가 유언의 취지와 그 성명 및 연월일을 구연하고 이에 참여한 증인이 유언의 정확함과 그 성명을 부연하여야 한다"(제1075조)고 규정하였다. 두 초안은 입법취지가 일치하지만, 입법방법

[1202] 일본 민법전, 제1072조.
[1203] 중화민국 민법전, 제1194조.
[1204] 독일 민법 제2250, 2251~2252조; 스위스 민법 제506, 507조; 중화민국 민법 제1195, 1197조; 일본 민법 제976조(구 민법 제1076조).
[1205] 켈리포니아 민법전, 제1200조 이하; 중화민국 민법전, 제1195~1197조; 루이지애나 민법전, 제1581조; 일본 민법전, 제1076~1085조.

이 다르다. 로빈기어 초안은 구두와 녹취에 의한 유언을 함께 규정하였다.

(8) 증인의 결격사유에 대하여, 로빈기어 초안은 "모든 유언에 증인으로서 실격은, 미성년자, 금지, 상속인, 수유자, 배우자 또는 직계라는 성명의 마지막 두자의 혈연 친족, 고용인 또는 공증인의 보조원 또는 그 기능을 행사하는 사람이다"(Art 1250)고 규정하였다. 이 초안은 유언의 증인실격(Disqualified as witnesses to any will)에 대하여 규정하고 있다.[1206] 이에 대하여 현행민법전 초안은 "다음 사항에 해당한 자는 유언에 참여하는 증인이 되지 못한다. 1. 미성년자, 2. 금치산자 및 한정치산자, 3. 유언에 의하여 이익을 받을 자, 그 배우자 및 직계혈족, 공정증서에 의한 유언에는 공증인법에 의한 결격자는 증인이 되지 못한다"(제1080조)고 규정하였다.[1207] 두 초안은 입법취지와 입법방법이 유사하다. 그러나 증인의 결격사유에서 구체적으로 다르게 규정 입법하고 있다.

(9) 증인의 능력에 대하여, 로빈기어 초안은 "읽고 쓰는 능력은 비밀 또는 신비에 의한 유언에 증인의 요건이고, 서명을 요구하는 모든 경우에 그렇게 할 수 없는 경우, 유언자에게 그의 지문을 대신 부착하여야 한다"(Art 1251)고 규정하였다. 이 초안은 증인의 읽고 쓰는 능력(Literacy)에 대하여 규정하고 있다.[1208] 이에 대하여 현행민법전 초안은 입법하지 않았다. 두 초안은 입법취지가 다르다.

(10) 외국에서의 유언에 대하여, 로빈기어 초안은 "외국에서 한국 영사는 유언의 실행에 있어서 공증인의 모든 역할을 수행할 수 있다"(Art 1252)고 규정하였다. 이 초안은 외국에서 한국 영사(A Korean Consul in a foreign country)의 역할에 대하여 규정하고 있다.[1209] 이에 대하여 현행민법전 초안은 입법하지 않았다. 두 초안은 입법취지가 다르다.

3) 유증(Legacies)

유증에 대하여, 로빈기어 초안은 일반규정(In General, Arts 1253~1259)과 유증의 환원(Reduction of Lagacies, Arts 1260~1267)을 각각 규정하였다. 이에 대하여 현행민법전 초안은 유언의 효력에서 유증의 승인과 포기(제1082조), 유증의 승인과 포기의 취소(제

[1206] 중화민국 민법전, 제1198조; 일본 민법전, 제1074조; 루이지애나 민법전, 제1591조; 40 Corpus Juris, 1464.
[1207] 독일 민법 제2234, 2235, 2236, 2237조; 프랑스 민법 제975, 980조; 중화민국 민법 제1198조; 일본 민법 제974조(구 민법 제1074조).
[1208] 40 Corpus Juris, 1465 n.32; 파나마 캐널 존 민법전, 제1079조; 중화민국 민법전, 제1194조; 일본 민법전, 제1083조.
[1209] 켈리포니아 유언검인법전, 제26, 360~1조; 중화민국 민법전, 제1191조 제2항; 일본 민법전, 제1086조.

1083조), 수증자의 상속인의 승인과 포기(제1084조), 유증의무자의 최고권(제1085조), 포괄적 수증자의 권리의무(제1086조), 수증자의 과실취득권(제1087조), 과실수취비용의 상환청구권(제1088조), 유증의무자의 비용상환청구권(제1089조), 불특정물 유증자의 책임(제1090조), 유증의 물상대위권(제1091조), 채권의 유증의 물상대위권(제1092조), 제3자의 권리의 목적인 물건 또는 권리의 유증(제1093조), 유언자가 다른 의사표시를 한 경우(제1094조), 상속재산에 속하지 아니한 권리의 유증(제1095조), 부담있는 유증과 수증자의 책임(제1096조), 유증효력발생전의 수증자의 사망(제1097조), 유증의 무효, 실효의 경우와 목적재산의 귀속(제1098조)을 각각 규정하였다.

가) 일반규정(In General)

(1) 유증의 의의에 대하여, 로빈기어 초안은 "유증은 수유자 이외의 다른 사람에게 유언하는 증여이다. 그러나 후자는 유언이 효력이 생기기 전에 수유자가 사망하지 않는 한 유효하게 한다"(Art 1253)고 규정하였다. 이 초안은 유증(Legacies)의 정의(Defined)에 대하여 규정하고 있다.[1210] 이에 대하여 현행민법전 초안은 "유증은 유언자의 사망 전에 수증자가 사망한 때에는 그 효력이 생기지 아니한다. 정지조건 있는 유증은 수증자가 그 정지조건 성취 전에 사망한 때에는 그 효력이 생기지 아니한다"(제1097조)고 규정하였다.[1211] 두 초안은 입법취지가 유사하지만, 입법방법이 다르다.

(2) 로빈기어 초안은 "유증은, ① 조건부 및 조건의 이행에 따라 효과가 생기는, ② 목적물이 유언자에게 속하는 다른 모든 것과 구별되어 특정되고, 그것이 실패한 경우 수유자가 다른 재산에 대하여 보고할 수 없는 것, ③ 특정한 펀드 또는 동산이 집합의 일부로 전시되고, 그것이 전부 또는 부분으로 실패한 경우 리조트는 일반 자산에 속하는 것이 될 수 있다. ④ 모든 다른 유산이 책임에서 벗어난 후 남은 것만을 포함하거나 모든 다른 것들을 포함한 일반을 포함하는 잔여재산이 될 수 있다"(Art 1254)고 규정하였다. 이 초안은 유산(A legacy)의 분류(Classes)에 대하여 규정하고 있다.[1212] 이에 대하여 현행 민법전 초안은 입법하지 않았다. 두 초안은 입법취지가 다르다.

1210 오하이오 법전, 제1052~5, 6, 7~9, 15, 22, 69조; 40 Corpus Juris, 1466 n.52; 중화민국 민법전, 제1201조; 일본 민법전, 제1087, 1096조.

1211 독일 민법 제2160조; 스위스 민법 제543조; 프랑스 민법 제1039조; 일본 민법 제994조(구 민법 제1096조).

1212 중화민국 민법전, 제1200조; 일본 민법전, 제1087조 제2항; Schuster, supra p.618 참조; 켈리포니아 민법전, 제1357(1), 1357(4), 1357(5)조; 독일 민법전, 제2169(1), 2170, 2191조.

(3) 상속재산에 속하지 아니한 재산의 유증에 대하여, 로빈기어 초안은 "명시적 조항이 부재할 경우, 유증은 상속이 개시될 때에 속하지 않은 재산에 효과가 없다. 그러나 유언이 그렇게 지시한 경우 이에 부과된 사람은 이러한 재산을 취득하거나 수유자에게 그 가치를 지급하여야 한다"(Art 1255)고 규정하였다. 이 초안은 유증의 범위(Extent)에 대하여 규정하고 있다.[1213] 이에 대하여 현행민법전 초안은 "유언의 목적된 권리가 유언자의 사망 당시에 상속재산에 속하지 아니한 때에는 유언은 그 효력이 없다. 그러나 유언자가 자기의 사망 당시에 그 목적물이 상속재산에 속하지 아니한 경우에도 유언의 효력이 있게 할 의사인 때에는 유증의무자는 그 권리를 취득하여 수증자에게 이전할 의무가 있다. 전항 후단의 경우에 그 권리를 취득할 수 없거나 취득함에 과다한 비용을 요할 때에는 그 가액으로 변상할 수 있다"(제1095조)고 규정하였다.[1214] 두 초안은 입법취지는 일치하지만, 입법방법이 다르다.

(4) 제3자의 권리의 목적인 물건 또는 권리의 유증에 대하여, 로빈기어 초안은 "유증의 목적물이 제3자의 주장으로 부담이 된 경우 수유자는 그것의 소멸을 요구하고 그가 그것의 점유를 빼앗기거나 하자가 발견된 경우 부담하는 사람은 매도인의 책임에 따른다"(Art 1256)고 규정하였다. 이 초안은 유증의 부담(Burdens)에 대하여 규정하고 있다.[1215] 이에 대하여 현행민법전 초안은 "유증의 목적된 물건이나 권리가 유언자의 사망 당시에 제3자의 권리의 목적된 경우에는 수증자는 유증의무자에 대하여 그 제3자의 권리를 소멸시킬 것을 청구하지 못한다"(제1093조)고 규정하였다.[1216] 두 초안은 입법취지는 일치하지만, 입법방법이 다르다.

(5) 부담있는 유증과 수증자의 책임에 대하여, 로빈기어 초안은 "수유자는 유증이 부담하는, 오직 그로부터 받는 이익의 범위에서, 채무의 이행에 대하여 책임이 있다"(Art 1257)고 규정하였다. 이 초안은 수유자(The legatee)의 책임에 대하여 규정하고 있다.[1217] 이에 대하여 현행민법전 초안은 "부담있는 유증을 받은 자는 유증의 목적의 가액을 초과하지 아니한 한도에서 부담한 의무를 이행할 책임이 있다. 유증의 목적의 가액이 한

1213 중화민국 민법전, 제1202조; 일본 민법전, 제1098, 1099조.
1214 독일 민법 제2170조; 프랑스 민법 제1021조; 일본 민법 제997조 본문(구 민법 제1099조 본문).
1215 일본 민법전, 제1102, 1100조.
1216 독일 민법 제2165~2168, 2182조 제3항; 스위스 민법 제485조; 프랑스 민법 제1020조; 일본 민법 제1000조 본문(구 민법 제1102조 본문).
1217 중화민국 민법전, 제1205조; 일본 민법전, 제1104조.

정승인 또는 재산분리로 인하여 감소된 때에는 수증자는 그 감소된 한도에서 부담할 의
무를 면한다"(제1096조)고 규정하였다.[1218] 두 초안은 입법취지와 입법방법이 일치한다.

(6) 유증의 물상대위권에 대하여, 로빈기어 초안은 "유증의 목적물 또는 다른 물질과
의 혼합물의 훼손 또는 손해에 대하여, 유언자에 의한 주장은 수유자에게 권리로서 확
립한다"(Art 1258)고 규정하였다. 이 초안은 유증의 목적물 등의 훼손 또는 손해에 대한
유언자의 주장(A claim by the testator)에 대하여 규정하고 있다.[1219] 이에 대하여 현행민
법전 초안은 "유증자가 유증목적물의 멸실, 훼손 또는 점유의 침해로 인하여 제3자에게
손해배상을 청구할 권리가 있는 때에는 그 권리를 유증의 목적으로 한 것으로 본다"(제
1091조)고 규정하였다.[1220] 두 초안은 입법취지와 입법방법이 일치한다.

(7) 수증자의 상속인의 승인과 포기에 대하여, 로빈기어 초안은 "부담에 대한 유증의
가치가, 상속의 한정승인 또는 강제부분을 회복하기 위한 행위 때문에, 감소한 경우, 수
유자는 그 부담에서 비례적으로 해제된다"(Art 1259)고 규정하였다. 이 초안은 유증의
가치(the value of legacy)에 대하여 규정하고 있다.[1221] 이에 대하여 현행민법전 초안은
입법하지 않았다. 두 초안은 입법취지에서 다르다.

나) 유증의 환원(Reduction of Legacies)

(1) 유증 및 생전 증여의 감소에 대하여, 로빈기어 초안은 "필요한 때, 유증과 피상속
인의 사망 전 1년 이내에 생전 증여의 감소는, 강제적 부분을 보존함에 필요한 만큼 효력
을 가지게 된다"(Art 1260)고 규정하였다. 이 초안은 유증 및 생전 증여의 감소(reduction
of legacies and gifts inter-vivos)에 대하여 규정하고 있다.[1222] 이에 대하여 현행민법전 초
안은 입법하지 않았다. 두 초안은 입법취지에서 다르다.

(2) 감소의 시기와 범위에 대하여, 로빈기어 초안은 "유증은 증여 전에 그들의 각각의
가치에 비례하여 감소되어야 한다"(Art 1261)고 규정하였다. 이 초안은 유증(Legacies)의
감소 시기와 범위에 대하여 규정하고 있다.[1223] 이에 대하여 현행민법전 초안은 입법하지

1218 스위스 민법 제486조 제1항; 독일 민법 제2186, 2187조; 일본 민법 제1002조(구 민법 제1104조).
1219 중화민국 민법전, 제1203조; 일본 민법전, 제1101조.
1220 독일 민법 제2169, 2164조 제2항; 중화민국 민법 제1203조 제2항; 일본 민법 제999조 제1항(구 민법 제1101조 제1항).
1221 일본 민법전, 제1105조.
1222 일본 민법전, 제1134조.
1223 중화민국 민법전, 제1225조; 일본 민법전, 제1136, 1137조.

않았다. 두 초안은 입법취지가 다르다.

(3) 증여의 감소에 대하여, 로빈기어 초안은 "증여는, 가장 최근에 시작하여 초기에 연속적으로 진행하여, 감소된다. 부담에 대한 증여의 감소는 그 목적물의 가치가 그 부담의 가치 보다 적은 범위까지 효과가 있다"(Art 1262)고 규정하였다. 이 초안은 증여(Gifts)의 감소에 대하여 규정하고 있다.[1224] 이에 대하여 현행민법전 초안은 입법하지 않았다. 두 초안은 입법취지가 다르다.

(4) 조건부 권리 등에 대하여, 로빈기어 초안은 "조건부 권리 또는 불확실한 것 중 하나는 법원에 의하여 지명된 전문가에 의하여 평가되고, 그것에 권한이 있는 강제적 부분의 감소에 따라 수증자 또는 수유자에게, 이러한 권리의 남은 부분의 가치를, 즉시 지급하여야 한다"(Art 1263)고 규정하였다. 이 초안은 조건부 권리(A conditional right) 등에 대하여 규정하고 있다.[1225] 이에 대하여 현행민법전 초안은 입법하지 않았다. 두 초안은 입법취지가 다르다.

(5) 수증자의 책임에 대하여, 로빈기어 초안은 "누구에 의하여 감소된, 그러나 누가 그 목적물을 다른 사람에게 그 가치의 범위까지 양도한, 수증자는 강제적 부분의 소유자에게 상환하여야 한다. 그러나 양도시에 양도인이 그 소유자가 그로 인하여 손해가 생길 것을 안 경우 후자는 또한 전자로부터 보상받을 권리가 있다. 수증자 또는 수유자는, 그가 강제적 부분의 소유자에게 감소액을 지급한 경우, 부분적으로도 증여 또는 유증을 반환할 필요가 없다. 그러나 후자는 수증자의 채무초과로 인한 손실을 부담하여야 한다"(Art 1264)고 규정하였다. 이 초안은 수증자(A donee) 또는 수유자(legatee)의 책임에 대하여 규정하고 있다.[1226] 이에 대하여 현행민법전 초안은 입법하지 않았다. 두 초안은 입법취지가 다르다.

(6) 유증의 반환, 유증기간에 대하여, 로빈기어 초안은 "재산 유증의 반환은 그 과실을 포함한다. 이러한 유증의 기간은, 별도로 측정할 수 없는 경우, 수유자의 수명이다"(Art 1265)고 규정하였다. 이 초안은 재산 유증의 반환(Return of a legacy of property)과 유증기간(the duration of such a legacy)에 대하여 규정하고 있다.[1227] 이에 대하여 현행

1224 일본 민법전, 제1138, 1137조.
1225 일본 민법전, 제1132조 제2항, 제1135조.
1226 일본 민법전, 제1140, 1143, 1144조.
1227 일본 민법전, 제1129조; 중화민국 민법전, 제1204조.

민법전 초안은 입법하지 않았다. 두 초안은 입법취지가 다르다.

(7) 부적절한 약인에 의한 거래에 대하여, 로빈기어 초안은 "부적절한 약인으로 한 거래는, 양 당사자가 강제적인 부분의 소유자가 되어 그로 인하여 상실된 것을 안 경우 오직 증여로 추정되고, 후자가 그 약인을 반환하여야 한다"(Art 1266)고 규정하였다. 이 초안은 부적절한 약인으로 한 거래(A transaction with an inadequate consideration)에 대하여 규정하고 있다.[1228] 이에 대하여 현행민법전 초안은 입법하지 않았다. 두 초안은 입법 취지가 다르다.

(8) 감소청구권의 시효에 대하여, 로빈기어 초안은 "감소를 요구할 권리의 시효는 강제적 부분의 소유자가 피상속인의 사망 또는 그 사망에서 10년 이내에 대부분을 안 그 때로부터 1년 내에 발생한다"(Art 1267)고 규정하였다. 이 초안은 감소청구권의 시효 (Prescription of the right to demand reduction)에 대하여 규정하고 있다.[1229] 이에 대하여 현행민법전 초안은 입법하지 않았다. 두 초안은 입법취지가 다르다.

4) 철회(Revocation)

(1) 유언의 철회에 대하여, 로빈기어 초안은 "유언자는, 그것을 만들기 위하여 규정한 형식의 어느 것으로 그의 유언을 전부 또는 부분을 철회하기 위하여, 포기할 수 없는, 권리를 가진다"(Art 1268)고 규정하였다. 이 초안은 유언자(A testator)의 철회할 권리(a right to revoke)에 대하여 규정하고 있다.[1230] 이에 대하여 현행민법전 초안은 "유언자는 언제든지 유언 또는 생전행위로써 유언의 전부나 일부를 철회할 수 있다. 유언자는 그 유언을 철회할 권리를 포기하지 못한다"(제1115조)고 규정하였다.[1231] 두 초안은 입법취지와 입법방법이 일치한다.

(2) 유언의 저촉에 대하여, 로빈기어 초안은 "이전의 유언과 전자의 철회를 하는 후자의 행위 사이의 충돌은 충돌하는 조항을 고려한다"(Art 1269)고 규정하였다. 이 초안

1228 일본 민법전, 제1142조.

1229 일본 민법전, 제1145조.

1230 켈리포니아 민법전, 제1292조 이하; 중화민국 민법전, 제1219조; 일본 민법전, 제1124, 1128조; 루이지애나 민법전, 제1690조 이하; 40 Corpus Juris, 1466, n.88.

1231 독일 민법 2253조 제1항, 제2254조; 스위스 민법 제509조; 프랑스 민법 제1035조; 중화민국 민법 제1219조; 일본 민법 제1022조(구 민법 제1124조).

은 앞의 유언과 뒤에 그것의 철회를 하는 행위와의 충돌에 대하여 규정하고 있다.[1232] 이에 대하여 현행민법전 초안은 "전후의 유언이 저촉되거나 유언 후의 생전행위가 유언과 저촉되는 경우에는 그 저촉된 부분의 전 유언은 이를 철회한 것으로 본다"(제1116조)고 규정하였다.[1233] 두 초안은 입법취지가 유사하지만, 입법방법이 다르다.

(3) 파훼 등으로 인한 유언의 철회에 대하여, 로빈기어 초안은 "유언의 서류 또는 목적물의 훼손과 같은, 이미 이뤄진 유언과 일치하지 않는 유언자의 행위는, 철회 까지를 구성한다"(Art 1270)고 규정하였다. 이 초안은 유언자의 유언과 일치하지 않는 행위(Acts of a testator inconsistent with a will)에 대하여 규정하고 있다.[1234] 이에 대하여 현행민법전 초안은 "유언자가 고의로 유언증서 또는 유증의 목적물을 파훼한 때에는 그 파훼한 부분에 관한 유언은 이를 철회한 것으로 본다"(제1117조)고 규정하였다.[1235] 두 초안은 입법취지와 입법방법이 일치한다.

5) 유언의 검인(Probate)

(1) 유언증서, 녹음의 검인에 대하여, 로빈기어 초안은 "모든 유언의 유언집행인은, 유언자의 사망을 알거나, 또는 유언집행인 없이 상속인을 발견하지 못하면, 관할권이 있는 법원에 그것을 제시하고 그것에 검인을 신청하여야 한다"(Art 1271)고 규정하였다. 이 초안은 유언의 유언집행인(The custodian)의 검인(probate) 신청에 대하여 규정하고 있다.[1236] 이에 대하여 현행민법전 초안은 "유언의 증서나 녹음을 보관한 자 또는 이를 발견한 자는 유언자의 사망 후 지체없이 법원에 제출하여 그 검인을 청구하여야 한다. 전항의 규정은 공정증서나 구수증서에 의한 유언에 적용하지 아니한다"(제1099조)고 규정하였다.[1237] 두 초안은 입법취지가 일치하지만 입법방법이 다르다.

(2) 유언증서의 개봉에 대하여, 로빈기어 초안은 "비밀 또는 폐쇄된 유언은 법원 및 상속인 또는 그 대리인의 면전에서 결과를 공개할 수 없다"(Art 1272)고 규정하였다. 이

[1232] 중화민국 민법전, 제1220조; 일본 민법전, 제1125조 제1항.
[1233] 독일 민법 제2258조; 스위스 민법 제511조; 프랑스 민법 제1036조; 중화민국 민법 제1020조; 일본 민법 제1023조 제1항(구 민법 제1125조 제1항).
[1234] 중화민국 민법전, 제1221, 1222조; 일본 민법전, 제1125조 제1항, 제1126조; 루이지애나 민법전, 제1693조; 40 Corpus Juris, 1469, n.1, 316.
[1235] 독일 민법 제2255조; 중화민국 민법 제1222조; 일본 민법 제1024조(구 민법 제1126조).
[1236] 중화민국 민법전, 제1212조; 일본 민법전, 제1106조 제1항.
[1237] 독일 민법 제2259, 2260조 제1항; 프랑스 민법 제1007조; 일본 민법 제1004조 제1,2항(구 민법 제1106조 제1,2항).

초안은 비밀 또는 폐쇄된 유언(A secret or closed will)의 검인에 대하여 규정하고 있다.[1238] 이에 대하여 현행민법전 초안은 "법원이 봉인된 유언증서를 개봉함에는 유언자의 상속인 그 대리인 또는 기타 이해관계인의 참여가 있어야 한다"(제1100조)고 규정하였다.[1239] 두 초안은 입법취지가 다르다.

(3) 벌칙에 대하여, 로빈기어 초안은 "전 조문의 요구사항을 준수하지 않으면 법정모독죄를 구성하고 2,000 엔을 초과하지 않는 벌금으로 처벌될 수 있다"(Art 1273)고 규정하였다. 이 초안은 벌칙(Penalty)에 대하여 규정하고 있다.[1240] 이에 대하여 현행민법전 초안은 입법하지 않았다. 두 초안은 입법취지가 다르다.

3. 재산상속의 관리(Administration)에 관한 규정내용의 비교

재산상속의 관리에 대하여, 로빈기어 초안은 일반규정(In General, Arts 1274~1281), 선정(Election, Arts 1282~1295), 청산(Liquidation, Arts 1296~1300) 및 분배(Distribution, Arts 1301~1305)를 각각 규정하였다. 이에 대하여 현행민법전 초안은 일반적 효력(제1013조~1016조), 상속분(제1017조~제1020조), 상속재산의 분할(제1021조~제1027조)을 각각 규정하였다.

1) 일반규정(In General)

(1) 공동상속인의 권리의무승계에 대하여, 로빈기어 초안은 "무유언 재산에 대하여 수인의 상속인이 있는 경우 그것은 그들 공동으로 소유하고 각자 피상속인의 권리와 의무에 대하여 비례하여 상속한다"(Art 1274)고 규정하였다. 이 초안은 무유언 상속(Intestate succession)에 대하여 규정하고 있다.[1241] 이에 대하여 현행민법전 초안은 "공동상속인은 각자의 상속분에 응하여 피상속인의 권리의무를 승계한다"(제1015조)고 규정하였다.[1242] 두 초안은 입법취지가 일치하고 입법방법이 유사하다.

(2) 상속재산관리인에 대하여, 로빈기어 초안은 "상속인은 관리자가 알려진 자신의

1238 중화민국 민법전, 제1213조; 일본 민법전, 제1106조 제3항.
1239 일본 민법 제1004조 제3항(구 민법 제1106조 제3항).
1240 일본 민법전, 제1107조.
1193 일본 민법전, 제1003조.
1242 독일 민법 제1922조 제2항; 일본 민법 제899조(구 민법 제1003조).

번호에서 선출해야 한다. 가족은 관리인을 선출한다"(Art 1275)고 규정하였다. 이 초안은 상속재산의 관리(Administration)를 위한 관리인(an administrator)의 선출에 대하여 규정하고 있다.[1243] 이에 대하여 현행민법전 초안은 "재산상속인의 존부가 분명하지 아니한 때에는 법원은 제771조의 규정에 의한 상속인의 친족 기타 이해관계인의 청구에 의하여 상속재산관리인을 선임하고 지체없이 이를 공고하여야 한다"(제1062조)고 규정하였다.[1244] 두 초안은 입법취지와 입법방법이 다르다.

(3) 유언집행자의 지정에 대하여, 로빈기어 초안은 "유언은 유언집행인을 지정해야 한다. 아무도 이렇게 지정되지 않은 경우, 가족은 유언집행인을 선출한다. 그렇게 하는 것이 실패하고 아무도 합법적으로 지정되어 있지 않은 경우, 해당 법원은 이해관계인의 신청으로 유언집행인을 임명한다. 그렇게 임명된 실제 집행자는 법관에게 만족할 만한 이유 없이, 거절이 허용되지 않는다"(Art 1276)고 규정하였다. 이 초안은 유언집행인(Executors)의 지정에 대하여 규정하고 있다.[1245] 이에 대하여 현행민법전 초안은 "유언자는 유언으로 유언집행자를 지정할 수 있고 그 지정을 제3자에게 위탁할 수 있다"(제1101조)고 규정하고,[1246] "전조의 위탁을 받은 제3자는 그 위탁있음을 알은 후 지체없이 유언집행자를 지정하여 상속인에게 통지하여야 하며 그 위탁을 사퇴할 때에는 상속인에게 통지하여야 한다"(제1102조)고 규정하였으며,[1247] "전 2조의 규정에 의하여 지정된 유언집행자가 없는 때에는 상속인이 유언집행자가 된다"(제1103조)고 규정하였다. 두 초안은 입법취지와 입법방법이 다르다.

(4) 집행자 또는 관리인의 결격사유에 대하여, 로빈기어 초안은 "집행인 또는 관리인의 실격은, 미성년자, 금지명령 받은 자 및 파산자이다"(Art 1277)고 규정하였다. 이 초안은 유언집행인 또는 관리인의 결격자(Disqualified to be executors or administrators)에 대하여 규정하고 있다.[1248] 이에 대하여 현행민법전 초안은 입법하지 않았다.[1249] 두 초안

1243 중화민국 민법전, 제1177조; 독일 민법전, 제1981, 2013, 2062조; 스위스 민법전, 제593조.
1244 중화민국 민법 제1177, 1178조; 일본 민법 제951, 952조(구 민법 제1051, 1052조).
1245 중화민국 민법전, 제1209조; 일본 민법전, 제1112, 1008조.
1246 독일 민법 제2197조 제1항, 제2198조 제1항, 제2199조; 스위스 민법 제517조 제1항; 프랑스 민법 제1025조; 중화민국 민법 제1209조 제1항; 일본 민법 제1006조 제1항(구 민법 제1108조).
1247 독일 민법 제2197조 제2항; 스위스 민법 제517조 제2항; 중화민국 민법 제1209조 제2항; 일본 민법 제1006조 제2,3항(구 민법 제1108조 제2,3항).
1248 중화민국 민법전, 제1210조; 일본 민법전, 제1111조.
1249 다만 초안 제1004조 다음에 제000조 무능력자와 파산자는 유언집행자가 될 수 없다는 기록은 있다. 민의원 법제사법위원회 민법안심의소위원회, 『민법안심의록』 하, 1957, 216면 상단.

은 입법취지가 다르다.

(5) 상속인에 의한 집행인과 관리인에 대하여, 로빈기어 초안은 "상속인에 의한 관리
는 유언집행인과 관리인의 부재에서 발생한다. 그러나 후자 중 하나가 활동하는 경우
상속인은 상속재산을 처분하거나 즉시 다른 방해를 할 수 없다. 관리인의 대리권한은
상속인이 상속승인을 한 때에 소멸한다. 관리인은 지체 없이 상속인에게 계산을 제공하
여야 한다"(Art 1278)고 규정하였다. 이 초안은 상속재산에 관한 상속인의 관리
(Administration by heirs)에 대하여 규정하고 있다.[1250] 이에 대하여 현행민법전 초안은 제
1103조에서 지정된 유언집행자가 없는 때에 상속인이 유언집행자가 된다고 규정하였
다. 두 초안은 입법취지가 일치하지만, 입법방법이 다르다.

(6) 재산조사에 대하여, 로빈기어 초안은 "상속인은, 재산조사를 준비함에 유언집행
인 또는 관리인을 지원하며, 그 중 어느 것도 작동하지 않는 경우, 상속승인 후 3개월 이
내에, 법원에 이러한 재산조사서를 제시한다"(Art 1279)고 규정하였다. 이 초안은 상속
인에 의한 재산조사(Inventory by heir)에 대하여 규정하고 있다.[1251] 이에 대하여 현행민
법전 초안은 입법하지 않았다. 두 초안은 입법취지가 다르다.

(7) 관리인 또는 유언집행자의 직무에 대하여, 로빈기어 초안은 "관리인 또는 유언집
행인은 상속의 공식적 대표이고, 관리 및 운영의 권리와 의무를 가진다. 그는, ① 재산을
보존하기 위해 필요한 모든 조치를 취하고, ② 6개월 이내에 자신의 주장을 제시하는 채
권자와 수유자에게 통보하고, ③ 요구를 충족하기 위해 필요할 수 있는 상속재산의 대
부분을 매각하는 친족회의 동의, ④ 주장을 정착하고 그 이후 유산을 제공하고, ⑤ 상속
인에게 재산을 분배하거나 또는 그것의 불이행인 경우 문화재로 관리의 전체 보고를 하
여야 한다"(Art 1280)고 규정하였다. 이 초안은 관리인 또는 유언집행인의 직무
(Functions)에 대하여 규정하고 있다.[1252] 이에 대하여 현행민법전 초안은 유언집행자의
직무에 대하여 재산목록작성(제1007조) 등을 규정하였다. 두 초안은 입법취지는 유사하
지만, 입법방법이 다르다.

(8) 유언집행자 또는 관리인의 해임에 대하여, 로빈기어 초안은 "유언집행인 또는 관
리인은 친족에 의하여 해임되거나 법원에 의하여 임명된 경우, 이해당사자에 의하여,

1250 중화민국 민법전, 제1216조; 일본 민법전, 제1115, 1056조.
1251 중화민국 민법전, 제1179조; 일본 민법전, 제1113조.
1252 중화민국 민법전, 제1179조; Riasanovski, *Chinese Civil Law*, p.292; 일본 민법전, 제1041, 1114, 1117조.

부주의 또는 다른 원인의 사례 및 충분한 진술로, 해임될 수 있다"(Art 1281)고 규정하였다. 유언집행인 또는 관리인의 해임(Removal)에 대하여 규정하고 있다.[1253] 이에 대하여 현행민법전 초안은 "지정 또는 선임에 의한 유언집행자가 그 임무를 해태하거나 적당하지 아니한 사유가 있는 때에는 법원은 상속인 기타 이해관계인의 청구에 의하여 유언집행자를 해임할 수 있다"(제1113조)고 규정하였다.[1254] 두 초안은 입법취지와 입법방법이 일치한다.

2) 선정(Selection)[1255]

(1) 승인과 포기에 대하여, 로빈기어 초안은 "무유언 또는 유언의 상속인은, 상속을 승인하거나 거절할 수 있는 선택을 갖는다. 유언으로 거절은, 상속인이 법적 상속인으로서 거절하는 것을 포함하지만, 그 반대가 진정하지 않고 호주의 상속인은 그것에 대한 상속을 거절할 수 없다"(Art 1282)고 규정하였다. 이 초안은 상속인의 상속 승인 또는 거절(accept or reject the succession)에 대하여 규정하고 있다.[1256] 이에 대하여 현행민법전 초안은 "재산상속인은 상속개시 있음을 알은 날로부터 3월 내에 단순승인이나 한정승인 또는 포기를 할 수 있다. 상속인은 전항의 승인 또는 포기를 하기 전에 상속재산을 조사할 수 있다"(제1028조)고 규정하고,[1257] "유증을 받을 자는 유언자의 사망 후에 언제든지 유증을 승인 또는 포기할 수 있다"(제1082조 제1항)고 규정하였다.[1258] 두 초안은 입법취지와 입법방법이 거의 일치한다.

(2) 포기에 대하여, 로빈기어 초안은 "거절은 친족회 또는 법원에 대한 서면 선언에 의하여, 피상속인의 사망을 안 후 3개월 이내, 그것이 소급하여 적용된 때로부터, 효력이 있다"(Art 1283)고 규정하였다. 이 초안은 거절(Rejection)의 시기와 방식(Time and mode)에 대하여 규정하고 있다.[1259] 이에 대하여 현행민법전 초안은 "상속의 포기는 상

1253 중화민국 민법전, 제1151조; 일본 민법전, 제1002, 1003조.
1254 독일 민법 제2226조; 중화민국 민법 제1218조; 일본 민법 제1019조 제1항.
1255 For Historical Development, See 40 Corpus Juris, 1471, et. seq.
1256 중화민국 민법전, 제1174조; 독일 민법전, 제2346조 이하; 일본 민법전, 제1017조 이하, 제1038조; 40 Corpus Juris, 1472, n.31.
1257 독일 민법 제1943, 1944조 제1,2항, 1946조; 스위스 민법 제566조 제1항, 제567조; 프랑스 민법 제774, 775조; 중화민국 민법 제1155, 1174조; 일본 민법 제915조(구 민법 제1017조).
1258 독일 민법 제2180조; 스위스 민법 제543조 제1항; 중화민국 민법 제1206조; 일본 민법 제986조(구 민법 제1988조).
1259 중화민국 민법전, 제1174조 제2항, 제1175조; 독일 민법전, 제2346조 이하; 일본 민법전, 제1038, 1039조 제1항; 40 Corpus Juris, 1474.

속개시된 날에 소급하여 그 효력이 있다"(제1051조)고 규정하고,[1260] "전항의 승인이나 포기는 유언자의 사망한 때에 소급하여 그 효력이 있다"(제1082조 제2항)고 규정하였다. 두 초안은 입법취지가 일치하지만, 입법방법이 다르다.

(3) 포기한 상속재산의 귀속에 대하여, 로빈기어 초안은 "거부된 몫은 동일한 순위의 다른 상속인에게 귀속된다. 그것이 유언 상속인에게 속한 경우 그것은 무유언 상속인에게 귀속한다"(Art 1284)고 규정하였다. 이 초안은 상속분의 증가(Accretion)에 대하여 규정하고 있다.[1261] 이에 대하여 현행민법전 초안은 "상속인이 수인인 경우에 어느 상속인이 상속을 포기한 때에는 그 상속분은 다른 상속인의 상속분의 비례로 그 상속인에게 귀속한다"(제1052조)고 규정하였다.[1262] 두 초안은 입법취지와 입법방법이 일치한다.

(4) 승인에 대하여, 로빈기어 초안은 "승인은 절대적 또는 자격(한정)이 될 수 있다. 그것은 형식적 또는 표현될 필요가 없다. 그러나 그것은 조건부, 일시적 또는 부분적일 수 없다"(Art 1285)고 규정하였다. 이 초안은 승인(Acceptance)에 대하여 규정하고 있다.[1263] 이에 대하여 현행민법전 초안은 단순승인(제1034조~제1036조)과 한정승인(제1037조~제1049조)로 나누어 규정하였다. 두 초안은 입법취지가 일치하지만, 입법방법이 다르다.

(5) 단순승인에 대하여, 로빈기어 초안은 "절대적 승인은, ① 보존 또는 제한된 임대를 제외하고, 상속재산의 전부 또는 일부의 처분, ② 그 또는 그녀가 상속인이 된 그 결과인 경우를 제외하고, 자격을 갖춘 승인 또는 포기 후 이러한 재산의 은익 또는 소비, ③ 제1283조 제1항에 의하여 정해진 시기 이내에 거절 또는 자격 있는 승인에 실패, ④ 재산조사에서 상속인에 의한 거짓 기입에서 결과한다"(Art 1286)고 규정하였다. 이 초안은 절대적 승인(Absolute acceptance)에 대하여 규정하고 있다.[1264] 이에 대하여 현행민법전 초안은 단순승인(제1034조~제1036조)에 대하여 상세한 규정을 하였다. 특히 법정단순승인에 대하여 "다음 사유 있는 경우에는 상속인이 단순승인한 것으로 본다. 1. 상속인이 상속재산에 대한 처분행위를 한 때, 2. 상속인이 제1028조 제1항의 기간내에 한정승인 또는 포기를 하지 아니한 때, 3. 상속인이 한정승인 또는 포기를 한 후에 상속재산을 은익하거나 부정소비하거나 고의로 재산목록에 기입하지 아니한 때"(제1035조)를 규

1260 프랑스 민법 제785조; 중화민국 민법 제1175조; 일본 민법 제939조 제1항(구 민법 제1039조 제1항).
1261 중화민국 민법전, 제1176조; 일본 민법전, 제1039조 제2항.
1262 프랑스 민법 제786조 제1항; 중화민국 민법 제1176조; 일본 민법 제939조 제2항(구 민법 제1039조 제2항).
1263 중화민국 민법전, 제1154조; 일본 민법전, 제1017, 1023, 1025조; 40 Corpus Juris, 1472, n.42, 1473, n.51.
1264 중화민국 민법전, 제1163조; 일본 민법전, 제1024조; 40 Corpus Juris, 1472, n.322.

정하였다.[1265] 두 초안은 입법취지가 유사하지만, 입법방법이 다르다.

(6) 한정승인에 대하여, 로빈기어 초안은 "자격 있는 (한정) 승인은 상속재산에 대한 피상속인의 부채에 대한 상속인의 책임을 제한 한다"(Art 1287)고 규정하였다. 이 초안은 자격 있는 (한정) 승인(Qualified (limited acceptance))에 대하여 규정하고 있다.[1266] 이에 대하여 현행민법전 초안은 한정승인(제1037조~제1049조)에 대하여 상세한 규정을 하였다. 두 초안은 입법취지는 일치하지만, 입법방법이 다르다.

(7) 상속재산목록에 대하여, 로빈기어 초안은 "3개월(정당한 사유가 연장될 수 있는) 이내에, 자격 있는 승인자는 관할 법원에 상속재산목록을 제출해야 한다"(Art 1288)고 규정하였다. 이 초안은 상속재산목록(Inventory)에 대하여 규정하고 있다.[1267] 이에 대하여 현행민법전 초안은 "상속인이 한정승인을 함에는 제1028조 제1항의 기간 내에 상속재산의 목록을 첨부하여 법원에 한정승인의 신고서를 제출하여야 한다"(제1039조)고 규정하였다.[1268] 두 초안은 입법취지와 입법방법이 일치한다.

(8) 공동상속인의 한정승인에 대하여, 로빈기어 초안은 "수인의 상속인 중 한 사람에 의하여 자격 있는 승인은 또한 다른 사람에게 한정된 상속을 제공한다"(Art 1289)고 규정하였다. 이 초안은 한정승인의 효과(Effect)에 대하여 규정하고 있다.[1269] 이에 대하여 현행민법전 초안은 "상속인이 수인인 때에는 각 상속인은 그 상속분에 의하여 취득한 재산의 한도에서 그 상속분에 의한 피상속인이[의] 채무 및 유증을 변제할 조건으로 상속을 승인할 수 있다"(제1038조)고 규정하였다.[1270] 두 초안은 입법취지가 일치하지만, 입법방법에서 유사하다.

(9) 한정승인과 재산상 권리의무의 불소멸에 대하여, 로빈기어 초안은 "자격 있는 승인자는 피상속인에 관한 그의 모든 이전의 채무와 권리를 대상으로 남는다"(Art 1290)고 규정하였다. 이 초안은 자격 있는 승인자(A qualified acceptor)에 대하여 규정하고 있다.[1271] 이에 대하여 현행민법전 초안은 "상속인이 한정승인을 한 때에는 피상속인에 대

1265 독일 민법 제1943조 후단; 중화민국 민법 제1063조; 일본 민법 제921조(구 민법 제1024조).

1266 중화민국 민법전, 제1154조 제1항; 일본 민법전, 제1025조; 40 Corpus Juris, 1473.

1267 중화민국 민법전, 제1154조; 에쿠아도르 민법전, 제1235조; 과테말라 민법전, 제854조; 일본 민법전, 제1026조; 루이지애나 민법전, 제1035, 1039조; 페루 민법전, 제757조; 40 Corpus Juris, 1473, n.59.

1268 프랑스 민법 제793~795조; 중화민국 민법 제1058조 제1항; 일본 민법 제924조(구 민법 제1026조).

1269 중화민국 민법전, 제1154조 제2항; 혼두라스 민법전, 제1195조; 베네주엘라 민법전, 제1020조; 40 Corpus Juris, 1472 n.33.

1270 프랑스 민법 제870조; 중화민국 민법 제1154조 제1항; 일본 민법 제923조.

한 상속인의 재산상 권리의무는 소멸하지 아니한다"(제1040조)고 규정하였다.[1272] 두 초
안은 입법취지와 입법방법이 일치한다.

(10) 유증의 포기에 대하여, 로빈기어 초안은 "수유자는 피상속인의 사망 후, 그 포기
가 소급하여 적용되는 일자로부터, 유증을 포기할 수 있다"(Art 1291)고 규정하였다. 이
초안은 수유자(Legatees)의 유증 포기(waive)에 대하여 규정하고 있다.[1273] 이에 대하여 현
행민법전 초안은 "전항의 승인이나 포기는 유언자의 사망한 때에 소급하여 그 효력이 있
다"(제1082조 제2항)고 규정하였다.[1274] 두 초안은 입법취지와 입법방법이 일치한다.

(11) 로빈기어 초안은 "유증의 승인은, 그가 포기할 것인지 아닌지를 선언하는 통지
에 회답할 충분한 시간 이내에 실패함으로써 의미한다"(Art 1292)고 규정하였다. 이 초
안은 유증의 승인(Acceptance of a legacy)에 대하여 규정하고 있다.[1275] 이에 대하여 현행
민법전 초안은 "전항의 기간 내에 수증자 또는 상속인이 유증의무자에 대하여 최고에
대한 확답을 하지 아니한 때에는 유증을 승인한 것으로 본다"(제1085조 제2항)고 규정하
였다.[1276] 두 초안은 입법취지와 입법방법이 일치한다.

(12) 유증의 선정에 대하여, 로빈기어 초안은 "선택할 수 있는 유증 가운데 선정은 상
속인에게 속한다"(Art 1293)고 규정하였다. 이 초안은 선택할 수 있는 유증 가운데 선정
(Election as between alternative legacies)에 대하여 규정하고 있다.[1277] 이에 대하여 현행
민법전 초안은 입법하지 않았다. 두 초안은 입법취지가 다르다.

(13) 유언집행자 등의 승낙과 사퇴에 대하여, 로빈기어 초안은 "유언집행인과 관리
인은 이러한 능력으로 업무를 승낙 또는 거절을 선택할 수 있다. 적당한 시기 이내에 결
정의 실패는 승인으로 간주된다"(Art 1294)고 규정하였다. 이 초안은 유언집행인과 관리
인(Executors and administrators)의 업무 승낙 또는 거절에 대하여 규정하고 있다.[1278] 이
에 대하여 현행민법전 초안은 "상속인 기타 이해관계인은 상당한 기간을 정하여 그 기

1271 중화민국 민법전, 제1154조 제3항; 일본 민법전, 제1027조.
1272 일본 민법 제925조(구 민법 제1027조).
1273 아르헨티나 민법전, 제3838조; 중화민국 민법전, 제1206조; 쿠바 민법전, 제888~890조; 과테말라 민법전, 제
    875~6조; 일본 민법전, 제1088조; 페루 민법전, 제782~3조; 필립핀 민법전, 제888~890조; 푸에르토 리코 민
    법전, 제862~4조; 스페인 민법전, 제888~890조; 40 Corpus Juris 1467 n.70.
1274 일본 민법 제986조(구 민법 제1088조).
1275 중화민국 민법전, 제1207조; 일본 민법전, 제1089조.
1276 일본 민법 제987조(구 민법 제1098조).
1277 40 Corpus Juris, 1467 n.74.
1278 일본 민법전, 제1110조.

간내에 승낙여부를 확답할 것을 지정 또는 선임에 의한 유언집행자에게 최고할 수 있다. 그 기간내에 최고에 대한 확답을 받지 못한 때에는 유언집행자의 취임을 승낙한 것으로 본다"(제1105조 제2항)고 규정하였다.[1279] 두 초안은 입법취지와 입법방법이 일치한다.

(14) 승인 포기의 취소에 대하여, 로빈기어 초안은 "승인의 취소는 상속인과 수유자에게 거부된다"(Art 1295)고 규정하였다. 이 초안은 승인의 취소(Revocation of accept-ance)에 대하여 규정하고 있다.[1280] 이에 대하여 현행민법전 초안은 "재산상속의 승인이나 포기는 제1028조 제1항의 기간내에 이를 취소하지 못한다"(제1033조 제1항)고 규정하였다.[1281] 두 초안은 입법취지가 일치한다. 그러나 입법방법에서 다르다.

3) 청산(Liquidation)

(1) 채권자에 대한 공고, 최고에 대하여, 로빈기어 초안은 "채권자에게 6개월 이내에 자신의 주장을 제시하라는 통지는 호적 사무소에 게시하고 또한 유언집행인 또는 관리인이 사무소에 복귀한 후 가능한 신속히, 지역에서 일반 순환하는 지역 신문에 게재하여야 한다"(Art 1296)고 규정하였다. 이 초안은 채권자에게 자신의 주장을 제시하라는 통지(Notice to creditors to present their claims)에 대하여 규정하고 있다.[1282] 이에 대하여 현행민법전 초안은 "한정승인자는 한정승인을 한 날로부터 5일내에 일반상속채권자 및 유증받은 자에 대하여 한정승인의 사실 및 일정한 기간내에 그 채권 또는 수증을 신고할 것을 공고하여야 한다. 그 기간은 2월 이내이어야 한다"(제1041조 제1항)고 규정하였다.[1283] 두 초안은 입법취지와 입법방법이 유사하다.

(2) 지급의 순서에 대하여, 로빈기어 초안은 "이러한 통지의 게시 및 최초 간행된 때로부터 6개월이 만료되기 까지 유언집행인은, 법적으로 승인된 모든 청구를, 다음의 순서로 지급하여야 한다. ① 영안실 (장례식과 다른 과거 비용, 이것들은 6개월이 끝나기 전에 법적으로 승인을 받아 지급할 수 있다), ② 상속인의 상속 비용과 유지, ③ 사망자와 계약된 부채, ④ 유증. 수익 상속인의 채권자(위의 모든 것이 지급될 때까지 대기한 재산목록의 이익을 수락한 사람)"(Art 1297)로 규정하였다. 이 초안은 청산절차에서 유

1279 독일 민법 제2202조; 일본 민법 제1008조(구 민법 제1110조).
1280 일본 민법전, 제1022, 1091조.
1281 독일 민법 제1954조; 일본 민법 제919조(구 민법 제1022조).
1282 중화민국 민법전, 제1179조 제1(3)항; 일본 민법전, 제1029, 1041조.
1283 독일 민법 제1970조; 중화민국 민법 제1157조; 일본 민법 제927조(구 민법 제1029조).

언집행인의 지급(Payment)과 지급할 순서(order)에 대하여 규정하고 있다.[1284] 이에 대하여 현행민법전 초안은 입법하지 않았다. 두 초안은 입법취지가 다르다.

(3) 상속재산의 부족에 대하여, 로빈기어 초안은 "상속자산이 채무 및 수유자를 만족시키기에 불충분한 것이 입증된 경우, 청산인은 신청인에게 계산을 하여야 하고, 유산은 비례에 따라 감소되어야 한다"(Art 1298)고 규정하였다. 이 초안은 청산에서 상속재산의 부족(Deficiency)에 대하여 규정하고 있다.[1285] 이에 대하여 현행민법전 초안은 입법하지 않았다. 두 초안은 입법취지가 다르다.

(4) 상속재산의 매각에 대하여, 로빈기어 초안은 "신청을 만족시키기 위하여 상속재산의 매각은, 법원에 의하여 다른 주문이 없는 한, 이러한 목적에 필요한 액수에 제한된, 공경매로 하여야 한다"(Art 1299)고 규정하였다. 이 초안은 상속재산의 매각(Sale of succession property)에 대하여 규정하고 있다.[1286] 이에 대하여 현행민법전 초안은 "전 3조의 규정에 의한 변제에 상속재산의 전부나 일부를 매각할 필요가 있는 때에는 경매법에 의하여 경매하여야 한다"(제1046조)고 규정하였다.[1287] 두 초안은 입법취지와 입법방법이 유사하다.

(5) 유언집행자의 보수에 대하여, 로빈기어 초안은 "유언에 의하여 임명된 유언집행인은 제공된 그 안에서만 보수가 지급될 수 있다. 법적으로 임명된 경우 법원은 그 보상을 결정할 수 있다. 다른 방법으로 친족회가 있지만, 강제된 부분은 그것에 의하여 감소되지 않을 수 있다"(Art 1300)고 규정하였다. 이 초안은 유언집행인의 보수(Remuneration)에 대하여 규정하고 있다.[1288] 이에 대하여 현행민법전 초안은 "유언자가 유언으로 그 집행자의 보수를 정하지 아니한 경우에는 법원은 상속재산의 상황 및 기타 사정을 참작하여 지정 또는 선임에 의한 유언집행자의 보수를 정할 수 있다"(제1111조 제1항)고 규정하였다.[1289] 두 초안은 입법취지와 입법방법이 일치한다.

1284 브라질 민법전, 제1797조; 중화민국 민법전, 제1181조; 일본 민법전, 제1031~33조; 푸에르토 리코 민법전, 제1000조; 스페인 민법전, 제1034조.

1285 칠레 민법전, 제1376조; 콜롬비아 민법전, 제1433조; 쿠바 민법전, 제1031조; 파나마 민법전, 제1433조; 푸에르토 리코 민법전, 제997조; 40 Corpus Juris, 1481, notes 89~9; 스페인 민법전, 제1031조.

1286 멕시코 민법전, 제3786~87조.

1287 프랑스 민법 제805, 806조; 일본 민법 제932조 본문(구 민법 제1034조 본문).

1288 중화민국 민법전, 제1183조; 일본 민법전, 제1120, 1123조; Riasanovski, *Chinese Civil Law* p.301, et. seq.

1289 독일 민법 제222조; 일본 민법 제1018조(구 민법 제1120조).

4) 분배(Distribution)

(1) 상속재산의 분배에 대하여, 로빈기어 초안은 "상속인 간의 상속재산의 분배는, 채권자와 수유자의 승인된 신청이 만족될 때까지, 일어날 수 없다"(Art 1301)고 규정하였다. 이 초안은 상속인 간의 상속재산의 분배(Distribution of succession property among the heirs)에 관한 시기(Time)에 대하여 규정하고 있다.[1290] 이에 대하여 현행민법전 초안은 입법하지 않았다. 두 초안은 입법취지에서 다르다.

(2) 분배의 방식에 대하여, 로빈기어 초안은 "방식은, 상속인 또는 그의 권한 있는 대리인에 의하여 요구한 경우, 법적으로 된다. 상속인이 합법적인 연령과 제 정신인 때에 자발적으로 또는 그의 사망에서 5년이 된 때에 유언은 소급하여 효력을 갖게 된다"(Art 1302)고 규정하였다. 이 초안은 분배에서 그 방식(Modes)에 대하여 규정하고 있다.[1291] 이에 대하여 현행민법전 초안은 제1021조에서 유언에 의한 분할방법의 지정 또는 금지를 규정하였다.[1292] 두 초안은 입법취지가 유사하지만, 입법방법이 다르다.

(3) 공동상속인의 담보책임에 대하여, 로빈기어 초안은 "각 공동 상속인은, 그의 또는 그녀의 상속분에 비례하여, 다른 공동상속인이 각자가 매도인인 것과 같은 경우에 피상속인의 사망 전부터 존재한 문제에 대하여, 분할에 의한 다른 공동상속인에 대하여 떠맡은 채무의, 배분시기에 지급능력, 그리고 이행기 미도래의 채무와 선행조건의 대상이 된 채무의, 이행기에 지급능력을, 담보한다"(Art 1303)고 규정하였다. 이 초안은 공동상속인의 담보(Warranty)에 대하여 규정하고 있다.[1293] 이에 대하여 현행민법전 초안은 "각 공동상속인은 다른 공동상속인이 분할로 인하여 취득한 재산에 대하여 그 상속분에 응하여 매주(賣主)와 같은 담보책임이 있다"(제1025조)고 규정하였다.[1294] 두 초안은 입법취지와 입법방법이 일치한다.

(4) 무자력 공동상속인의 담보책임의 분담에 대하여, 로빈기어 초안은 "이러한 보증

[1290] 아르헨티나 민법전, 제3434조; 브라질 민법전, 제1796조; 칠레 민법전, 제1374조; 중화민국 민법전, 제1160조; 콜롬비아 민법전, 제1431조; 쿠바 민법전, 제1027, 1032조; 에쿠아도르 민법전, 제 1364조; 엘 살바도르 민법전, 제1254조; 과테말라 민법전, 제991조; 혼두라스 민법전, 제1284조; 멕시코 민법전, 제3784조; 니카라구아 민법전, 제1423조; 파나마 민법전, 제933조; 캐널 존 법전, 제1431조; 필립핀 민법전, 제1032, 1027조; 푸에르토 리코 민법전, 제993조; 포르투갈 민법전, 제2116조; 스페인 민법전, 제1027, 1032조.

[1291] 40 Corpus Juris, 1483, Notes 33, 34; 일본 민법전, 제1010~12조.

[1292] 일본 민법 제908조(구 민법 제1010, 1011조).

[1293] 일본 민법전, 제1013, 1014조.

[1294] 중화민국 민법 제1168조; 일본 민법 제911조(구 민법 제1013조).

인이 의지로 지급할 수 없는 경우, 그의 부분은 공동 상속인의 지급능력에 의하여 비례적으로 떠맡는다. 그리고 후자가 태만하지 않고, 어떤 경우에 전체 손해를 그가 부담하지 않는 한, 그 사람은 자의에 따른다"(Art 1304)고 규정하였다. 이 초안은 보증인(warrantor)이 임의로 지급할 수 없는 경우 분담금(Contribution)에 대하여 규정하고 있다.[1295] 이에 대하여 현행민법전 초안은 "담보책임 있는 공동상속인 중에 상환의 자력 없는 자가 있는 때에는 그 부담부분은 구상권자 및 자력있는 다른 공동상속인이 각 상속분에 응하여 분담한다. 그러나 구상권자의 과실로 인하여 상환을 받지 못한 때에는 다른 공동상속인에게 분담을 청구하지 못한다"(제1027조)고 규정하였다.[1296] 두 초안은 입법취지가 일치하지만, 입법방법이 다르다.

(5) 유언에 달리 정한 경우에 대하여, 로빈기어 초안은 "유언자가 유언에 의하여 달리 정한 경우에, 전 2개 조문은 적용될 수 없다"(Art 1305)고 규정하였다. 이 초안은 유언자가 유언으로 달리 정한 경우에 앞 2개 조문이 적용되지 않음을 규정하고 있다.[1297] 이에 대하여 현행민법전 초안은 입법하지 않았다. 두 초안은 입법취지가 다르다.

제4절 • 결어

이상과 같이 로빈기어 초안과 현행민법전 초안을 체계적 비교 및 구체적 규정내용의 비교·검토를 하였다. 두 초안의 각 규정의 구체적 내용을 분석함에 있어서 입법례 등과 함께 어떤 제도의 도입에 관한 입법취지와 입법방법을 비교·검토하여 그 입법의사를 확인할 수 있었다.

먼저 두 초안의 체계적 비교에서 다음과 같은 점을 확인할 수 있다.

첫째로, 로빈기어 초안은 민상법통일법전으로, 현행민법전 초안은 단일민법전으로 하였다. 따라서 로빈기어 초안은 민법 뿐만 아니라 농업협동조합법, 상법(회사법, 보험법, 해상운송법, 항공운송법 등), 유가증권법, 특허법, 저작권법, 상호 및 상표법, 파산법 등을

포함하여 하나의 법전으로 하고자 하는 입법의사를 확인할 수 있다.

둘째로, 로빈기어 초안은 프랑스 민법전의 편제를 본받아서 약간의 변형을 가한 민법전의 체제로 한 것에 대하여 현행민법전 초안은 당시 시행된 일본 민법전의 편제를 그대로 받아들인 민법전의 체제로 한 것을 확인할 수 있다. 로빈기어 초안은 제1편 인, 제2편 채무, 제3편 재산 및 물권, 제4편 재산상속으로 편제를 이루고 있는 것에 대하여 현행민법전 초안은 제1편 총칙, 제2편 물권, 제3편 채권, 제4편 친족, 제5편 상속으로 편제를 이루고 있다. 여기에서 현행민법전 초안은 일본 민법전의 개정수준으로 입법하고자 한 입법의사를 민법전의 편제에서 확인할 수 있다.

다음으로 두 초안의 구체적 규정내용의 비교에서 다음과 같은 점을 확인할 수 있다.

첫째로, 로빈기어 초안은 참고한 켈리포니아 주민법전을 중심으로[1298] 참고한 입법례가 온 세계에 걸쳐서 자주 접할 수 없는 입법례까지 폭넓게 참조하였다. 이에 대하여 현행민법전 초안은 당시 시행된 일본 민법전을 중심으로 독일 민법, 스위스 민법, 스위스 채무법, 프랑스 민법, 영미법,[1299] 중화민국 민법, 만주국 민법, 그 밖에 이태리 민법, 소련 민법 등을 한정적으로 참조한 것이다.[1300] 여기에서 현행민법전 초안의 입법례는 로빈기어 초안의 입법례에서 영향을 받은 것으로 추정된다.

둘째로, 로빈기어 초안은 생활관계를 중심으로 법전의 편제를 함에 따라서 생활관계에 속하는 규정내용을 모두 담으려는 노력을 한 것을 확인할 수 있다. 이에 대하여 현행민법전 초안은 당시 시행된 일본 민법전을 개정하는 수준으로 수정·삭제·신설을 함으로써 규정내용을 정리한 것임을 확인할 수 있다. 따라서 로빈기어 초안은 우리에게 생소하여 받아들이기 어려운 규정내용도 입법하려는 입법의사를 확인할 수 있다. 로빈기어 초안의 이러한 입법의사는 미국 켈리포니아 주민법전을 바탕으로 하고 이미 대륙법의 영향을 받은 우리나라의 실정에 맞는 절충적인 민법전을 만들고자 하였음을 알 수 있다. 이와 같은 입법태도는 미합중국에서 커먼 로(Common Law)와 대륙법의 절충적인 경험을 바탕으로 한 것이라 할 것이다. 그 대표적인 것이 필드(Field) 법전이다. 그러나 필드 법전의 확산에 대하여 핸리 잉거솔(Henry Ingersoll)은 "완전히 다른 사회, 경제 환

[1298] 이에 대한 두 법전의 비교는, 윤대성, 『미군정시대(1945~1948)의 한국민법전편찬사업 : 로빈기어(Lobingier, C.)의 한국민법전초안(Proposed Civil Code for Korea, 1949)의 분석』, 한국학술정보, 2009, 79면 이하 참조.
[1299] Edward Jenks의 영국민법휘찬(법무자료 16, 24, 26집)
[1300] 민의원 법제사법위원회 민법안심의소위원회, 『민법안심의록』 하, 국회사무처, 1957, 본문 1면 하단.

경에 맞게 준비된 소송법전을 타주에 적용하려는 어리석은 시도"라고 비난을 하였다.[1301] 우리나라에서도 로빈기어 초안은 미국에서 필드 법전에 대한 비난과 마찬가지로 비난을 받게 된다. 즉 한국 정부가 수립되고 정부 안에 법전편찬위원회가 구성되어 민법전의 입법을 하면서 로빈기어 초안은 지나치게 영미법적인 것이라 받아들일 수 없다고 비판하면서, 당시 시행되고 있던 일본 민법의 개정이라는 수준에서 한국 민법전의 편찬이 추진되었던 것이다. 당시 법전편찬위원회 위원장이며 민법분과위원회 위원장을 겸한 김병노 대법원장은 이미 미군정시대에 한국민법전편찬사업에 주된 임무를 수행한 경력이 있음을 되돌아보아야 한다.

셋째로, 로빈기어 초안은 생활관계를 중심으로 한 법률관계를 사람, 채무, 재산 및 물권, 재산상속으로 크게 나누어 입법하고자 하였다. 이에 대하여 현행민법전 초안은 권리중심으로 한 입법을 함에 따라서 편제와 용어법이 서로 다르다. 이와 같은 두 초안의 간극은 오래 동안 시행된 일본 민법전의 용어법에 익숙한 탓도 있지만, 권리중심의 편제에 익숙하였던 사람들에게 생활관계로의 전이는 쉽지 않다고 본다. 예를 들면, 담보물권에 관하여 로빈기어 초안은 물적담보계약으로 채무편에 입법한 것에 대하여 물권편에 물권으로서 규정한 일본 민법전에 익숙해진 사람들에게 생소할 수밖에 없는 것임을 확인할 수 있다.

넷째로, 두 초안의 구체적 규정내용의 비교는 본문에서 분석하고 검토한 바와 같이 입법취지와 입법방법을 확인하여 입법의사를 탐구할 수 있었다. 여기에서 로빈기어 초안에서의 민사법률관계에 관한 제도가 현행민법전 초안에 받아들여진 것들이 매우 많다는 것을 확인하게 되었다.

[1301] Friedman, Lawrence M., 안경환 역, 『미국법역사』, 대한교과서주식회사, 1988, 482~483면.

제5장

결론

우리나라가 제2차 세계대전이 국제연합군의 승리로 종료되면서 일본제국으로부터 해방이 되었으나 스스로 국권을 확립하지 못한 채 연합군에 의한 미군정이 실시되었다. 우리나라에서의 미군정시대는 여러 가지로 평가되지만 한국법제사에서 본 미군정은 우리나라에서 식민지시대의 법제를 정리하고 새로운 국가에 적용될 입법을 하고자 한 점이 새롭게 평가되어야 할 점이 아닐 수 없다. 한국미군정청이 추진한 우리나라에서의 법령정비사업은 매우 주요한 사업으로 평가되어야 한다. 우리나라가 진정한 독립한 국가로서 출발하기 위하여 일제에 의한 식민지법을 청산하고 우리 자신에 의한 우리 자신의 법체계를 바탕으로 국가의 기본질서가 이뤄져야 한다. 미군정시대에 이 사업을 추진한 미군정청의 기관이 법무국 법전편찬부에서 사법부 법전기초국으로 변천하는 과정에서 미군정청 법무국장 우돌(Woodall, Emery J.)에서 미군정청 사법부장 김병노로 한국인이 그 사업을 주도한 것은 매우 중요한 의미를 갖는 것이다. 더욱이 우리나라에 미군정이 실시됨과 함께 1946년에 조미법률가협회(Korean-American Lawyer Society)가 구성되어서 활동한 것을 주목하여야 한다. 미국 측에는 퍼글러(Pergler, C.), 프랑켈, 코넬리(Connelly, John), 스코트(Scott, D.), 로빈기어 등이 참여하였고, 한국 측에는 김용무, 김병노, 이인, 김찬영, 유진오, 장후영, 홍진기, 황성수 등이 참여하였다. 여기에서 로빈기어와 김병노는 미군정시대에 한국민법전을 편찬하는 일에서 매우 중요한 위치에 있었음을 확인할 수 있었다. 미군정청 법률고문관 로빈기어의 한국민법전초안(Proposed Civil Code for Korea, 1949)은 미군정청 사법부장 김병노와 함께 우리나라 남조선과도정부(South Korean Interim Government)의 법전기초위원회(1947.6.30, 행정명령 제3호)에서 완성한 것이라고 할 수 있다. 미군정시대의 한국민법전편찬사업은 일본제국주의에 의한 식민통치시대에 조선민사령에 의하여 의용되어 당시 시행되고 있던 일본 민법을 개정하는 것이라는 입장에서도 로빈기어와 김병노(金炳魯)는 입법의사에서 일치함을 조선임시민법전편찬요강에서 확인할 수 있었다. 이와 같은 미군정시대의 한국민법전편찬사업은 1948년 8월 15일 미군정이 종료되고 대한민국의 정부가 수립된 뒤 법전편찬위원회 민법분과위원회에서 민법전을 편찬함에 있어서 법전편찬위원회 위원장인 김병노(당시 대법원장)가 민법분과위원회 위원장을 겸임하고 그 구성 위원들이 미군정시대의 법전기초위원회 위원 또는 조미법률가협회의 회원으로 활동하던 인물들이 책임위원 및 일반위원으로 구성된 점에서 미군정시대의 한국민법전편찬사업은 현행한국민법전편찬사업에 무엇보다 인적 연속성에 의하여 영향을 주었다고 할 것이다. 여기에서 미군정시대의 한국민법전편찬사업은 대한민국의 민법전편찬사업에 이어져서 일본 민법전의 개정이라는 수준의 현행민법전 초안이 완성되었다는 점에서 그 연속성을 발견할 수 있다.

이 연구에서 로빈기어의 한국민법전초안과 현행한국민법전초안은 양자의 비교를 통하여 각 개별조문의 입법의사와 입법방법을 분석·검토하여 어떠한 제도를 민법전에 수용하여 어떻게 입법하고자 하였는가를 확인할 수 있었다. 먼저 로빈기어의 한국민법전초안은 영문으로 된 것으로 이것을 복원하여 번역하는 작업을 통하여 어떤 제도를 어떻게 민법전에 입법하고자 하였는가의 입법의사와 입법방법을 탐구할 수 있었다(제3장). 다음으로 이를 바탕으로 대한민국 법전편찬위원회 민법분과위원회 위원장 김병노가 주도적으로 입법을 한 현행한국민법전초안을 비교하면서 입법의사와 입법방법의 같은 점과 다른 점을 탐구할 수 있었다(제4장).

먼저 로빈기어 초안은, 로빈기어가 그의 논문에서 밝힌 기본방침과 같이 "현대적 수준에 의하면 법전은 다른 통상의 입법과 분별되는 세 가지의 특성을 구비하여야 할 것이다"고 전제하고, 그 하나는 그 법전이 취급하는 주제를 지배하는, 현행법을 포함하는 완전성 혹은 통괄성, 그 둘은 논리적이고 과학적이며 동시에 편리한 조직 또는 배치, 그 셋은 일방 용담(冗談)을 피하며 타방 애매성을 피할 명백하고 간단한 용어법을 들고 있다. 이와 같은 기본방침에 따라 민상법통일법전으로서, 제1편 인(Person)에 자연인(친족 포함)과 법인(회사(내·외국) 및 농업협동조합, 재단 포함)을, 제2편 채무(Obligation)에 계약(물적 및 인적 담보계약 등 포함), 준계약, 불법행위와 준불법행위를, 제3편 재산 / 물권(Property / Real Rights), 제4편 재산상속(Succession to Property) 등 4편으로 나누어, 총 1292조문으로 구성하였다. 이에 대하여 현행민법전 초안은 현행법(당시 시행된 일본 민법)의 개정이라는 기본방침에 따라서 민상법비통일법전으로서, 제1편 총칙, 제2편 물권, 제3편 채권, 제4편 친족, 제5편 상속, 부칙 등 5편 부칙으로 나누어, 본문 총 1018조문, 부칙 총 32조문으로 구성하였다. 여기에서 양 초안의 민법전의 편별 방식이 다른 것을 확인할 수 있다. 특히 로빈기어 초안은 생활관계(법률관계)를 중심으로 편별을 나누면서 각 편별에 총칙 또는 일반규정을 둠으로써 현행민법전 초안과 같이 총칙편을 따로 입법하지 않고 있는 점이 현행민법전 초안과 다른 입법의사를 확인할 수 있다. 여기에서 로빈기어 초안의 편별방식은 당시 펜덱텐 시스템을 따른 일본 민법전에 대한 비판을 통하여 그 단점을 극복하고자 하였음을 확인할 수 있다.[1] 그 밖에 로빈기어 초안은 영문으로 작성되어서 용업법이 현행민법전 초안이 현행법(당시 시행된 일본 민법)의 개정이라는 기본방침에 따라서 당시 시행된 일본 민법에서의 용어법을 그대로 따른 것[2]과는 매우 다르다.

그러나 현행민법전 초안은 국회에서의 심의 등 입법과정을 거쳐서 1958년 2월 22일 법률 제471호로 공포되어 1960년 1월 1일부터 시행되었다. 이로써 로빈기어 초안은 역사 속으로 잊혀지고 말았다. 그럼에도 불구하고 그 후 현행민법전은 여러 차례의 개정을 하는 과정에서 로빈기어 초안의 유류분(Art 1241, Compulsory portions of a succession) 제도를, 성년의제(Art 4, if married, full disposing capacity) 등을 1977년 12월 31일 법률 제3051호로 받아들인 것을 보면, 두 초안의 비교에서 확인할 수 있는 바와 같이, 70여 년 전의 로빈기어 초안이 우리나라 미래의 민법전을 구상한 것으로 보지 않을 수 없다.

그렇다면 미군정시대의 한국민법전편찬사업과 로빈기어 초안을 다시 연구하는 것은 오직 법제사적인 연구에 그치는 것이 아니라 현행민법전을 개정함에 있어서 어떠한 제도를 어떻게 개정하여 완전한 민법전을 입법할 것인가에 대하여 많은 시사를 주는 것이 아닐 수 없다. 더욱이 제국주의의 팽창으로 식민 지배에 의하여 스스로의 민법전을 갖지 못하였던 우리나라를 비롯한 식민 지배를 받은 국가들에 있어서도 자기들의 민법전을 갖기 위하여 노력한 과정과 그 결과는 많은 영향을 줄 것이라고 본다. 이와 같은 유산을 가진 우리로서는 현행민법전개정작업에 있어서 로빈기어 초안이 민법전에 어떤 제도를 어떻게 입법하고자 하였는가를 되돌아보고, 현행 민법전의 체계를 해체하고 새로운 편별방식으로서 로빈기어 초안의 편별방식을 참작하여,[3] 완전한 민법전을 완성하는 길을 찾을 수 있기를 기대한다.

---

1 윤대성, 「한국민법전의 체계와 현대어화」, 『한국민법의 새로운 전개』, 법문사, 2012, 18면.
2 이에 대하여 일제 강점기 동안 우리나라의 자가 법률용어는 흔적도 없이 사라지고, 일본식 법률용어는 완전히 법생활에 정착을 강요당해 그 결과 오늘날까지 일본에서는 訓讀을 전제로 만들어진 법률용어가 우리나라에서는 音讀인 채로 남아 있다고 지적하면서 동일한 개념을 나타내는 다른 표현이 반성없이 그대로 쓰이고 있다고 지적한다. 예컨대, 우리나라의 '撤消'가 取消로, '讓與'가 讓渡로, '辨償'이 辨濟로, '傳致'가 引渡로, '賃貸借'가 賃貸借로 쓰이고 있는 것이라고 지적하고 있다. 정종휴, 「한국민법의 편찬과 비교법적 위치」, 『법사학연구』 제40호, 한국법사학회, 2009, 27면.
3 윤대성, 앞의 글, 19면.

참고문헌

자료

內務部 治安局, 『美軍政法令集』, 兵學社, 1946.

民議院 法制司法委員會 民法案審議小委員會, 『民法案審議錄』 上卷, 下卷, 國會 民議院, 1957.

연합군 최고사령부 일반명령 제1호, 1945.9.2.

資料, 「南朝鮮過渡立法議院速記錄(3)」, 『南朝鮮過渡立法議院速記錄』 121, 1947.7.28.

자료, 「法政뉴스」, 『法政』 제2권 제11호, 1947.11.

張厚永, 「새 法典編纂에의 움직임」 社說, 『法政』 제3권 제4호, 1948.4.

資料, 「朝鮮法制編纂委員會起草要綱(3)」, 『法政』 제3권 제8호, 1948.8.

民議院 法制司法委員會 民法案審議小委員會, 『民法案審議錄』 上・下, 國會事務處, 1957.

崔鍾庫, 「C. 로빙기어博士」 法史餘滴 78, 『法律新聞』, 1989.2.2.

韓國法制研究會 編, 「美軍政法令總覽(國文版)」, 1971.

黃聖秀, 「黎明期」, 『法律新聞』, 1982.9.13.

曉堂學人, 「法典編纂에 대하여」, 『法政』 제3권 제6호, 1948.6.

Leymann, A., *Selected Legal Opinions of Department of Justice*, United States Army Military Government in Korea, Seoul, Korea, 1948.

Lobingier, Charles, *Proposed Civil Code for Korea*, 1949.

The Publisher's Editional Staff(revised by), *Deering's Civil Code of the State of California*, adopted March 11, 1872, San Francisco : Bancroft-Whitney Co., 1949.

단행본

國際新聞社出版部 역, 『韓國美軍政史』, 國際新聞社出版部, 1948.

金炳華, 『韓國司法史(現世編)』, 一潮閣, 1979.

金雲泰, 『美軍政의 韓國統治』, 博英社, 1992.

______, 『韓國現代政治史(再版 第2卷 第一共和國)』, 成文閣, 1986.

金赫東, 『美軍政下의 立法議院』, 凡友社, 1970.

金 辰, 『英美法』, 法文社, 1973.

서울신문사 편, 『駐韓美軍30年』, 향림출판사, 1979.

徐希源, 『英美法講義』, 博英社, 1984.

尹大成, 『美軍政時代(1945~1948)의 韓國民法典編纂事業―로빈기어(Lobingier, C.)의 한국민법전 초안(Proposed Civil Code for Korea, 1949) 분석』, 한국학술정보, 2009.

尹大成, 『韓國民法學史序說』, 한국학술정보, 2009.

尹大成 외, 『韓國民法의 새로운 展開(雲路 高翔龍教授古稀記念)』, 법문사, 2012.

윤철홍 편, 『한국민법학의 재정립―청헌 김증한 교수의 생애와 학문세계』, 경인문화사, 2015.

李太載, 『로마법』, 眞率, 1990.

崔鍾庫, 『西洋人이 본 韓國法俗』, 敎育科學社, 1989.

______, 『韓國의 西洋法受容史』, 博英社, 1982.

켐핀, F. G., 이상면 역, 『英美法槪論』, 法文社, 1988.

玄勝鍾, 『로마법』, 一潮閣, 1982.

Friedman, Lawrence M., 안경환 역, 『미국법역사(*History of American Law*)』, 한국학술진흥재단번역총서 58, 대한교과서주식회사, 1988.

Lawson, F. H., *Introduction to Law of Property*, Oxford Univ. Press, 1958.

McCune, George M. & Grey Jr., Arthur L., *Korea Today*, Harvard Univ. Press, 1950.

Nicholas, B., *An Introduction to Roman Law*, Oxford : Oxford Univ. Press, 1962.

논문

로빙기어, 「日本民法改正私案」, 『法政』 제2권 제2호, 1947.2.

梁彰洙, 「民法典의 成立過程에 관한 小考」, 『民法硏究』 제1권, 博英社, 1991.

에른스트 프랭켈, 「駐韓 美軍政의 構造·成文法과 先決例」, 『崔鍾庫 編譯, 西洋人이 본 韓國法俗』, 敎育科學社, 1989.

尹大成, 「韓國民法典의 體系: 民法改正作業에 대한 提言」, 『法과 政策』 제16집 제2호, 제주대 법과정책연구소, 2010.8.

______, 「로빈기어 韓國民法典草案의 體系的 分析」, 『慶南法學』 제11집, 경남대 법학연구소, 1996. 12.

______, 「로빈기어의 『韓國民法典草案』과 美國 켈리포니아 州 民法典에 있어서의 契約法」, 『民事法學의 諸問題(允聲 嚴英鎭敎授華甲記念)』, 大旺社, 1997.11.

______, 「로빈기어의 『韓國民法典草案』과 美國 켈리포니아 州民法典에 있어서의 不法行爲法」, 『民法의 課題와 現代法의 照明(耕巖 洪天龍博士華甲紀念)』, 경남대 법학연구소, 1997.11.

______, 「로빈기어의 『韓國民法典草案』과 켈리포니아 州 民法典에 있어서의 婚姻法」, 『法學의 現代的諸問題(德巖 金炳大敎授華甲記念)』, 대흥기획, 1998.12.

______, 「로빈기어의 『韓國民法典草案』과 켈리포니아 州 民法典에 있어서의 婚姻法의 比較」, 『社會科學硏究』 제4집, 창원대 사회과학연구소, 1988.3.

______, 「로빈기어의 『韓國民法典草案』과 켈리포니아 州 民法典과의 比較」, 『現代民法學의 새로운 展開(南帆 李永煥博士停年退任記念論文集)』, 부산대 출판부, 1997.2.

______, 「로빈기어의 『韓國民法典草案』과 擔保物權法의 體系」, 『論文集』 제16권, 창원대, 1994.

______, 「로빈기어의 『韓國民法典草案』과 傳貰權」, 『論文集』 제15권, 창원대, 1993.

______, 「美軍政時代(1945~1948)의 韓國民法典編纂事業―法律顧問官의 活動을 중심으로」, 『憲法學과 法學의 諸問題(曉山 金啓煥敎授華甲記念)』, 박영사, 1996.12.

______, 「美軍政時代(1945~1948)의 韓國民法典編纂事業과 로빈기어의 〈韓國民法典草案〉에 관한 硏

究(I)」,『比較私法』제4권 제1호, 한국비교사법학회, 1997.6.

______, 「美軍政時代(1945~1948)의 韓國民法典編纂事業과 로빈기어의 〈韓國民法典草案〉에 관한 硏究(II)」,『比較私法』제4권 제2호, 한국비교사법학회, 1997.12.

______, 「韓國民法典編纂에 미친 英美法의 影響—美軍政時代(1945~1948)의 民法典編纂과 로빈기어(Lobingier, C.)의 韓國民法典草案(Proposed Civil Code for Korea)을 중심으로」,『比較私法』창간호, 한국비교사법학회, 1995.2.

______, 「우리 民法典의 傳貰權과 滿洲國民法典의 典權과의 比較研究」,『論文集』제10권 제1호, 창원대, 1988.8.

______, 「美軍政時代(1945~1948)의 韓國民法典編纂事業과 로빈기어의『韓國民法典草案』에 관한 硏究」,『한국학술진흥재단 95년도 지방대학육성과제결과보고서』, 1997.2.

______, 「韓國民法典의 體系와 現代語化—民法改正作業에 대한 提言」,『韓國民法의 새로운 展開(雲路 高翔龍教授古稀記念論文集)』, 법문사, 2012.6.

______, 「전세권론—전세권특수용익물권설」,『한국민법학의 재정립—청헌 김증한 교수의 생애와 학문세계』, 경인문화사, 2015.10.

李相旭, 「우리나라 法制의 近代化와 民法典 編纂」,『私法學의 再照明(松村 朴琫雨教授華甲記念)』, 한림원, 1988.

鄭鍾休, 「韓國民法典의 制定過程」,『民法論叢(厚巖 郭潤直教授華甲記念)』, 박영사, 1985.

찰스 로빙기어, 「韓國民法 制定의 方向」, 崔鍾庫 編譯,『西洋人이 본 韓國法俗』, 교육과학사, 1989.

崔鍾庫, 「解放後 韓國基本法制의 整備」,『韓國法史學論叢(朴秉濠教授還甲記念)』, 박영사, 1991.

사항색인

/ ㄱ /

가(家: Household or Clan) 58, 576

가공 319, 546, 555

가분채무(a divisible obligation) 142, 413, 416

가액감액(Reduction of price) 500

가의 창설(foundation) 60, 61

가족의 범위 576

가족의 성(surname, Art 17) 61

가족의 특유재산 577

가족회의(the household council) 63

감독자(Supervisors) 312

감액청구 499

강줄기에 형성된 토지 556

갱개(novation) 159, 442

거소(residence) 59, 60, 580

거소지정 606

건물의 구분소유 554

검인(probate) 643

견본 또는 표시에 의한 매매(Sale by Sample or Description) 243

견본매매 501

견습생(apprentices) 266

계부모자관계(the step-parent and the step-children) 58

계약(Contractual) 50, 172

계약금(Earnest money) 499

계약상 수증자(a contractual donee) 178

계약의 당사자 572

계약의 방식(form) 449

계약의 성립 446

계약의 유지(no contracting out) 191

고용과 용역(Employment and Service) 50, 248, 511

공(경)매(Public Auction Sales) 244, 502

공개 또는 공정증서에 의한 유언(An open or notarial will) 374

공동대리 394, 395

공동보증(Cosuretyship) 218, 487

공동보증인의 면책 490

공동상속분의 양수 628

공동상속인의 권리의무승계 644

공동상속인의 담보책임 653

공동상속인의 한정승인 649

공무원의 불법행위책임 535

공유 557

공유물에 대한 채권 559

공유물의 관리 및 처분(Administration and disposition of propertyowned in common) 322, 559

공유물의 관리 보관 557

공유물의 분할(Partition) 322, 559

공유물의 처분 변경 558

공유물의 회복(Recovery of the joint property) 322, 559

공유자(Co-owners) 321, 557

공유자의 재산관리(Administration of co-owner's property) 321

공유자의 지분의 처분(Disposition) 321

공유지분의 환매 480

공작물 등의 점유자, 소유자의 책임 542

공작물의 공동사용 563

공정증서에 의한 유언 634

공탁(Deposit) 154

공탁물의 회수 435

공탁의 통지 435

과실(Fruits) 51, 313, 326, 543

과실상계 536

과실의 취득 543

관리비용 등의 부담 558

관리인 또는 유언집행자의 직무 646

관리자의 관리계속의무 529

관리자의 무과실손해보상청구권 529

관리자의 비용상환청구권 529

관리자의 통지의무 529, 530

관습에 의한 입양의 종료 612

교환(Exchange) 50, 181, 457, 499

구두 또는 녹취에 의한 유언(An oral or numcupative will) 375

구술증서에 의한 유언(A dictated will) 375

군·민연합기관　30
군정법령 제21호　13
권리능력의 존속기간　403
권리의 적법의 추정　551
권리취득(Acquisition)　546
귀속불명재산　597
근로시간(Working hours)　259
금전채권의 지급　431
금치산선고(Interdiction)　53, 55
금치산자　405
금치산자의 선고　403
기여과실(Contributory Negligence)　308
기한전의 변제　529
긴급사무관리　529, 530
김병노(金炳魯)　27, 28, 659
김용무(金用茂)　28, 659
김찬영(金瓚永)　28, 659

/ ㄴ /

나폴레옹법전　39
남조선과도약헌(南朝鮮過渡約憲)　30
남조선과도정부(South Korean Interim Government)　25, 30, 393, 659
남조선민주의원　29
내국회사(Domestic(corporation))　88, 89, 412
내외국인평등주의　404
녹음에 의한 유언　636
농업협동조합(Agriculture Cooperative Associations)　88, 123, 412
농지임차인(Farmland lessee)　510, 511
능동적 지역권　562

/ ㄷ /

단순승인　648
단체교섭의 거부(to refuse collective bargaining)　255
단체협약(Collective Agreements)　250, 514
담보의 교체　632
담보책임(Warranty)　496
당사자(Parties)　505
당사자의 의도(intent of the parties)　147

대리권　616
대물청구　499
대위변제(subrogation)　154, 155, 436
도의관념에 적합한 비채변제　529
독일 민법전(BGB)　48, 399
동물의 점유자의 책임　541, 542
동산(Movables)의 부합　319
동산간의 부합　554
동산물권　51
동산소유권의 점유취득시효　552
동산질(Pledge (Pignus, Pawn) of Movables)　50, 206, 466
동순위 부양의무자가 수인인 경우　620
동시사망제도　394, 395, 403, 408
동시이행　428
동의의 결여(Lack of Consents)　149
둑의 설치　556

/ ㄹ /

러취(Lerch, Archer)　29
로마 12표법　39
로빈기어(Lobingier, Charles)　13, 28, 659

/ ㅁ /

매매(Purchases and Sale)　50, 237, 491
매매대금　494
매매비용의 부담　495
매매의 목적물　493
매매의 일방예약　492
매수인의 검사(Inspection)　495
매수인의 선취특권(A vender's lien)　91
매장물의 발견(Treasure-trove)　315, 546, 547
면제(release)　159, 440, 441
면책권의 포기(waiver of the right of discharge)　171
명예훼손(Injuries to Reputation)　51, 309, 536, 537
목적물에 대한 주의(Care of subject matter)　507, 508
목적물의 멸실　478
목적물의 반환(Return of subject matter)　510
목적물의 보존행위　505
목적물의 인도　494

무상위임　519

무유언 상속(Intestate succession)　367, 380, 622

무유언 상속의 개시(Commencement)　623

무자력 공동상속인의 담보책임의 분담　653

무주물의 선점　546

무체재산(Intangible (Incorporeal) Property)　51, 331, 544, 573

물건　543

물권(Property)　542, 544

물권법정주의　396

물권의 본질　51

물권행위　396

물적담보계약(a pignorative contract)　50, 205, 465, 471

미군정시대의 법률정비사업　25

미군정시정방침　13

미군정청(U. S. Army Military Government in Korea)　13, 15, 26, 34, 46

미성년자의 능력　403

미성년자의 처의 재산관리　606

미성년자의 혼인　577

민법 제1분과위원회　31, 393

민법 제2분과위원회　32, 393

민법분과위원회　397

민법전 3분　41

민상법비통일법전　660

민상법통일법전　38, 41, 413, 660

민정장관(Civil Administrator)　30, 33

/ ㅂ /

반쪽 혈족인 경우의 상속분　626

방계　574

방계혈족　574

배당(Distribution)　169

배당금　107

배당변제　631

배상액의 예정　438

배서의 방식　293

배서인(An indorser)　288

법령 제64호　26

법령 제67호　26

법령정비사업　26

법률격언　52

법률상 이혼(Judicial)　73, 74, 601, 602

법률행위　395

법률행위의 해석　394

법무국　26

법인(Juristic person)　86, 87, 394, 395

법인의 법적능력　87

법인의 불법행위책임　411

법인의 종류　50

법인의 주소(domicile)　87

법적 보호(judicial protection)　61

법적 폐적(상속권박탈의 취소)　65, 588

법적능력(Legal capacity)　53, 403

법전기초국　27, 28

법전기초위원회　31, 33, 393, 659

법전편찬부　26, 28

법전편찬위원회　18, 397, 659

법전편찬위원회직제　397

법전편찬위원회처무규정　397

법정과실　543

법정상속분　626

법정지상권　472

법정채권　50

법정폐가　59, 578

법제편찬위원회　32, 33

변제(discharge)　142, 413

변제공탁　435

변제기전의 변제　430

변제비용의 부담　437

변제의 순서(an order)　422

변제의 제공　434

별산제　49

보상권의 압류(Attachment of compensation right)　513

보증(Suretyship)　50, 218, 486

보증의 갱신(Release of the surety)　488

보증인의 면제(Exoneration)　488

보증인의 변제대위(Subrogation)　488, 489

보증채무의 범위　486

보험(Insurance)　50, 222

보험위부(Abandonment)　232
보험이익(Insurable Interests)　228
보호교양의 권리의무　606
복임권　519
본적(the place of one's permanent abode)　60
부담부 증여　456
부담부분(Contribution)　142, 413, 418, 489, 490
부담있는 유증과 수증자의 책임　639
부당노동행위　255
부당이득(Undue enrichment)　305, 529, 531
부동산(Immovables)의 부합　319
부동산, 동산　543
부동산물권　51
부동산소유권의 점유취득시효　552
부동산에의 부합　554
부동산의 양도(Transfer of immovables)　493
부동산질(antichresis)　476
부보증(Subsuretyship)　218, 487
부부간의 의무　596
부부계약(The Marital Contract)　67, 69, 595
부부계약에 대한 이의절차　596
부부별산제　597
부부의 공동생활비용의 부담　600
부부재산(Marital Property)　70, 597
부부재산관리　71
부부재산의 약정　598
부부협력관계　600
부양(Maintenance)　49, 53, 84, 618
부양순위　619
부양의 정도, 방법　620
부양의무의 종료　621
부양의무자　619
부의 혈족 아닌 처의 직계비속의 입적　577
부작위　534
부재자의 재산의 관리　403
부합(Accession)　318, 546, 553
분가　577
분가호주와 그 가족　577
분리의 대항요건　631
분리후의 상속인의 관리의무　631
분배(Distribution)　653

분배의 방식　653
분할채권관계　416
불가분채무(indivisible obligation)　142, 413, 416
불가항력(Force majeure)　570, 571
불능(Impossibility)　156, 438
불능한 실행(a impossible undertaking)　157
불법원인급여　529
불법이고 미혼인 미성년자의 모　608
불법행위(Delictual)　50, 172, 306, 533
불안의 항변　150
비밀증서에 의한 유언(A secret (sealed, closed or mystic) will)　374, 635
비연속적인 지역권의 취득시효기간(The period for such prescription for anon-continuous servitude)　565
비영리법인　89
비용선급청구권　521
비자발적 해산사유(grounds for involuntary dissolution)　119
비점유 선취특권(Non-Possessory Lien)　216
비채변제　529, 531

/ ㅅ /

사기(fraud)　149, 426
사망선고제도　407
사무관리(Voluntary Services)　304, 529
사법적 통제(judicial control)　139
사보타지(Sabotage)　255
사생아의 합법화　608
사용대차(Commodatum)　50, 182, 460
사용자(employers)　267
사인증여(causa tortia)　180, 454
사채(debentures)　110
사채권자회의(debenture holders meetings)　114
사채등록부(the register of debentures)　113
사채의 발행액(amount of debentures issued)　110
사후양자　64
상계(set offcompensation)　142, 160, 413, 442
상계의 절대적 효력　419
상속 승인 또는 거절(accept or reject the succession)　382

상속(Succession to Property)　45

상속권박탈의 철회(Revocation of disinheritance)　629

상속권의 박탈　64

상속분(Shares)　369, 626

상속순위(Order of Succession)　367, 623

상속의 용익권자(The usufructuay of an inheritance)　568

상속의 유류분(Compulsory portions of a succession)　373, 633

상속인수색의 공고　629

상속인에 의한 재산조사(Inventory by heir)　646

상속인에 의한 집행인과 관리인　644

상속인에게의 통지(Notice to successor)　630

상속인의 개인재산에서 상속재산의 분리(Separation of succession property from thatof an heir)　630

상속인의 결격사유　587, 628

상속인의 부존재(Default of Successors)　370, 628

상속재산관리인　644

상속재산목록(Inventory)　649

상속재산에 속하지 아니한 재산의 유증　639

상속재산의 매각　652

상속재산의 부족　652

상속재산의 분리(Separation of Property)　371, 630

상속재산의 유지비용　584

상업사용인(Commercial Agent)　275, 522

상표와 상호권(Trade Mark and Trade Name Rights)　358, 573

상호의 제한(name restrictions)　122

상환무자력　419

새로운 인증서(New certificates)　92

생계비(maintenance)　63

생명건강보험(Life and Health Insurance)　234

생전증여(inter vivos)　180, 454, 627

생활방해　52

서문(Introduction)　45

선박에 의한 해난구조(Salvage by ship)　199

선박의 감항능력(Seaworthiness of the ship)　196

선의취득　546, 549

선장(the shipmaster)　193

선점(Occupancy)　315, 546

선취특권　50

선택채권　419

선하증권(a bill of lading)　189, 190, 192, 199, 200

설립등기　409

성(姓; 가족의 성 surname)　61, 580, 581

성과 본　581

성과급 임금(Piece Work Wage)　256

성년(Majority)　53, 54

성년기　403

성년연령　404

성년의제　661

성의 법적 보호　581

성의 변경(change of name)　61, 581

소구권(recourse)　291

소멸시효(extinctive prescription)　160, 394, 395, 444

소비대차(mutuum, Loan for consumption)　50, 181, 458

소유권(Ownership (Dominium))　51, 314, 350, 556

소유권의 내용　557

소유권의 범위　557

소유권의 양도(Transfer of the ownership of property)　555

소유권자의 권리(Rights)　569

소유권자의 의무(Obligations)　569

소유자, 점유자 및 관리자(Owners, possessors and custodians ofanimals)　312

소지인(A holder)　288

손해와 조정(Loss and Adjustment)　230

손해의 산정(the measure of damages)　191

손해의 요소(Elements of such damage)　540

수거의무 및 매수청구　571

수동적 지역권　562

수령인(Recipients)　296

수익자(Beneficiaries)　177

수인의 부양권자　619

수임인의 보수청구권　517

수임인의 주의의무　518

수표(A check)　283, 422

숙박업자(Innkeepers)　185

순차운송인(several successive carriers)　191

스코트(Scott, Denny F)　27, 28, 659

승낙(acceptance)　174, 448

승역지 부동산의 분할(Partition of servient estate)   324
승역지 소유권의 위기   563
승역지의 분할과 지역권   565
승인(Acceptance)   648
승인과 포기   647
승인권부 매매(approval sale: a sale on approval)   243,
   501
승인 포기의 취소   651
시기(Commencement)   53
시기의 연장(Extension of Time)   490
시효의 이익(The benefits of prescription)   318
시효의 중단(nterruption of such prescription)   563,
   565
시효이익의 포기   553
신원보증보험(Fidelity Insurance)   236
신의   52
신주인수권(preemptive rights)   96
신체상해(Injuries to Person)   51, 308, 536, 537
실종의 선고   403

/ ㅇ /

안재홍(安在鴻)   33
액면 가액(face value)   111
야생동물(Wild animals)   547
야생동물(Wild animals)의 취득   315
약속어음(Notes)   289
약인(consideration)   249
약혼(An agreement to marry)   68, 593
약혼해제의 사유   594
양도   413
양도성(유통성; Negotiability)   283
양도의 방식(form)   422
양도인의 보증(warranties)   94
양자와 그 배우자 등의 복적   577
양자와 그 배우자 등의 입적   577
어음(bill of exchange)   422
여객운송(passenger carrier)   200
여호주의 혼인과 폐가   577
연금(Annuities)   235
연대채무(correlative or solidary obligation)   142,

413, 417
연대채무의 효력   418
연대채무자의 상계(set off: compensation)   144, 419
연대책임   599
연례 주주총회(the annual meeting of shareholders)   103
영리법인   89
영소작권(Emphytensis)   51, 330, 572
영소작권의 기간   572
영소작권의 종료   573
영소작권자의 권리   572
영소작권자의 의무   573
영업의 허락   403
외국에서의 혼인   596
외국인의 능력   404
외국회사(foreign corporation)   88, 121, 412
요역지   563
요역지 부동산의 분할(Partition of dominant estate)   324
요역지의 분할 등과 지역권   564
용수지역권(Aquatic servitudes)   324, 564
용익권(Usufruct)   51, 325, 566
용익권의 분류   566
용익권자의 과실취득   567
용익권자의 권리   567
용익권자의 권리의 양도(Transfer(assignment of the
   usufructuary'srights))   567
용익권자의 담보(Security)   568
용익권자의 의무(Obligations)   568
우돌(Woodall, Emery J)   26, 27, 659
우선권(Preference)   631
우선주   90
운송보험(Transport Insurance)   236
운송업자(Carriers)   187
운송인의 책임(carrier's liability)   189
운송주선업(Forwarding Agents)   204
원동(遠東)의 로마   40
위임(Mandate Agency)   50, 271, 516
위임의 승낙(Acceptance of the mandate)   517
위임의 종료   521
위탁판매업(Commission Agents or Factors)   277,
   522
위험한 작업(Dangerous Undertakings)   258

윌리암 H. 아놀드(Anold) 소장　13
유가증권(Negotiable Instruments)　50, 282, 528
유류분　633, 661
유산분할　39
유상위임　519
유실물의 귀속　533
유실물의 습득　532, 546
유실물의 회수(Recovery of Lost Movables)　306
유언상속(Testamentary)　372, 632
유언에 의한 분할방법의 지정 또는 금지　627
유언에 의한 처분　633
유언에 의한 호주상속권의 박탈　587
유언의 검인(Probate)　643
유언의 방식　634
유언의 저촉　642
유언의 철회　642
유언자가 농아인 경우　635
유언자의 처분능력(Disposing capacity)　633
유언적령　633
유언증서의 개봉　643
유언집행(Execution of Testament)　374, 634
유언집행인(The custodian)　380, 379, 643
유언집행자 등의 승낙과 사퇴　650
유언집행자 또는 관리인의 해임　646
유언집행자의 보수　652
유언집행자의 지정　645
유증(Legacies)　376, 637, 638
유증의 물상대위권　640
유증의 선정　650
유증의 승인(Acceptance of a legacy)　650
유증의 포기　650
유증의 환원(Reduction of Legacies)　377, 640
유진오(兪鎭午)　28, 659
유질(Foreclosure)　484
유체재산(Corporeal Property)　51, 315, 544, 546
유치권(Possessory Liens (Right of Retention))　50, 213, 481
유치권의 소멸(Extinction of the lien)　485
을사보호조약　13
의결방법　590
의사주의　426

의사표시(a manifestation of the human)　54, 394, 395
이사(director)　86, 100
이사의 책임(liability)　102
이사회(board)　100
이사회의(meetings of directors)　101
이인(李仁)　28, 659
이자의 지급　431
이행(Performance)　142, 149, 238, 413, 426
이행기(time of performance)　149, 430
이행의 비용(Costs of performance)　154
이행의 선택(selection)　427
이행의 시기　495
이행의 장소(Place of performance)　149,
이행청구의 절대적 효력　417
이혼(Dissolution)　73, 74, 602
이혼과 자녀의 양육책임　604
인(Person)　45, 46, 47, 53, 402
인수(Acceptance)　291
인수(the honor)　292
인적 항변의 절단　290
인증서(the certificate)　91, 92
인지(Legitimacy)　49, 77, 607
인지의 소급효　608
인지의 집행　608
인척　574
인척관계　574
인척의 등친　58, 575
일반주　90
일반후견　82, 615
일본민법개정사안　19
일부 대위변제(Partial subrogation)　489
일부대위(Partial subrogation)　154
일부양도(partial assignment)　145, 422
일부의 대위　436
일상가사대리권　70, 597
1인1적주의　60
1인1표주의(두수주의)　124
1주1의결권주의(one vote for each share)　105
임금(Wages)　269
임대차(Lease (Locatio et Conductio Bei))　50, 244, 503

임대차의 기간 504

임대차의 방식 504

임명사령 제36호 26

임명사령 제9호 26

임시총회(특별회의, special meetings) 103

임원의 해임(removal) 102

임의적 또는 관습적인 지역권(Voluntary or conventional servitudes) 562

임의폐가 59, 579

임차인의 부속물 506

임차인의 원상회복의무 510

임치(Deposit (Bailment)) 50, 183, 462

입법방법 660

입법의사 17, 660

입법의원 29

입양(Adoption) 58, 78, 609

입양의 동의 79, 609

입양의 법률상 종료(Termination; Judicial) 79

입양의 요건 78, 609

입양의 효과 79, 611

입양의 효력발생 611

입체영상에 의한 유언(An holographic will) 374, 635

/ ㅈ /

자격 있는 (한정) 승인(Qualified (limited acceptance)) 382

자녀의 입적, 성과 본 576

자녀의 재산에 관한 친권자의 대리권 606

자녀의 특유재산과 그 관리 606

자본의 구성 90

자본의 증감(increase or decrease of capital) 98

자연인(Natural) 53, 402

자연인의 법적능력 48

자연적 또는 법적 지역권 562

자조매각금의 공탁 436

자회사(the subsidiary company) 89

장후영(張厚永) 28, 659

재단(Foundations (Endowments)) 88, 138, 412

재산(Property) 45, 46, 47, 543

재산과 소유권의 변동(Des Biens et Des Différentes Modifications dela Propriété) 47

재산관리권 616

재산관리의 계산 606

재산권의 취득(Des Différentes dont On Acquiert laPropriété) 47

재산상속(Succession to Property) 46, 47, 52, 399, 621

재산상속의 관리(Administration) 644

재산상속의 효력 625

재산상태(Status of Property) 629

재산침해(Injuries to Property) 51, 310, 536, 538

재판상 이혼사유 49, 602

재판상 이혼사유의 배제 603

재판상 파양 611

저당권(Hypotheca (Mortgage)) 50, 208

저당권의 범위(Scope) 472

저당권의 소멸(Extinction of an hypotheca) 475

저당권의 실행(Foreclosure) 474

저당물의 보충 463

저작권(Copyrights) 336, 573

적법성의 추정 607

전세권(Antichresis (Chinese Dien)) 50, 210, 475

전세권의 양도 476

전세권의 존속기간 476

전세목적물의 양도 478

전호주의 주소(본적; the place of one's permanent abode) 579

전환사채(convertible debentures) 112

절대적 승인(Absolute acceptance) 382

절충주의 426

점유(Possession) 316, 546, 547, 548

점유의 소멸 550

점유의 승계 551

점유의 양도 551

점유의 형태 548

점유자의 상환청구권 550

점유자의 책임(Liability) 549, 550

점유취득시효 552

정관(By-laws) 89, 97

정기증여 456

정박료(anchorage charges) 189

정족수(quorum)　104

제3자가 무상으로 자녀에 수여한 재산의 관리　606

제3자의 권리의 목적인 물건 또는 권리의 유증　639

제시(Presentment)　296

제한된 처분능력　54

제한물권(Limited Dominium)　560

제한적 처분능력자　56, 406

조미법률가협회(Korean-American Lawyer Society)　28, 35, 659

조선과도입법의원　30

조선민법　36

조선민사령　14, 36, 659

조선임시민법전　394

조선임시민법전편찬요강　394, 659

조합(Partnerhip)　279, 522

조합의 해산(Dissolution of a partnership)　527

족보(genealogical records)　62, 583

존 R. 하지 중장　13

종기(Termination, Art 7)　53

종된 채무　420

종물(Accessories)　51, 313, 543, 544

주거의 불가침성　60

주된 채무　420

주물, 종물　543

주소(domicile)　59, 60, 579

주식 배당(share dividends)　108

주식 청약(A subscription)　91

주식(Shares)　89, 90

주주(Shareholders)　89, 95

준계약(Quasi-Contractual)　50, 172, 304, 529

준금치산선고(Quasi-incompetence, Art 6)　53, 55, 406

준불법행위(Quasi-Delictual)　50, 172, 540

준비금(reserves)　109

준점유　548

준점유자(A quasi-possessor)　316

준정　49

준칙주의　409

중개업(Brokerage)　275, 522

증여(Gifts (Donations))　50, 179, 454

증여의 소멸원인(extinction)　181

증여의 해제(revocation)　180, 455

증여자의 담보책임　455

증인의 결격사유　637

증인의 능력　637

지급 거절된 어음(A dishonored bill)　292

지급거절(Dishonor)　296

지급거절증서　298

지급의 순서　651

지급제시(Presentment for payment)　292

지배인(Managers)　278, 522

지분 포기　558

지상권(A superficies)　51, 328, 570

지상권의 소멸(Extinction)　571

지상권의 소멸청구　570

지상권의 양도　571

지상권의 존속기간(Duration of the right)　570

지역권(A servitude)　51, 328, 570

지역권의 불가분성(Inseparability)　322, 560, 561

지역권의 사법적 종료(Judicial extinction)　566

지역권의 소멸　565

지역권의 취득기간　561

지역권의 취득시효(Acquisitive prescription)　323, 562

지주회사(a holding company)　89

지하노동(Underground Labor)　258

직계　574

직계비속의 상속분(The share of a lineal descendant)　626, 627

직계혈족　574

집행자 또는 관리인의 결격사유　645

징계권　606

징벌적 손해(punitive damages)　87

징벌적 손해배상(Punitive damages)　88, 411

/ ㅊ /

차임의 지급시기　507

차임의 환급(Refunds of rentals)　510

창고업자(Warehousemen (Storage))　185

채권의 양도(Assignment or Transfer)　145, 414

채권의 양도성　421

채권자의 배제권(별제권)(the right of exclusion)　166
채권자지체　434
채권자회의(meeting of creditors)　167
채권채무자의 특별관계　52
채무(Obligations)　45, 46, 47, 50, 413
채무관계의 해석(Interpretation)　147, 414
채무면제(discharge)　154
채무불이행　429
채무의 발생원인(sources)　142, 415
책임능력　534
책임무능력자의 감독자의 책임　541
처 등의 복적과 일가창립　577
처분능력(행위능력, disposing capacity)　54, 403
처분무능력자　405
처분을 허락한 재산　403
천연과실　543
천연과실, 법정과실　543
첨부　546, 555
청산(Liquidation)　120, 527, 528, 651
청산배당(liquidating dividends)　109
청산인의 역할(the liquidator's functions)　120
청약(an offer)　173, 447
청약 또는 승낙의 형식(form)　173
청약의 구속력　448
청약의 상대방(to whom tendered)　174
청약의 철회(revocation of an offer)　174
청약의 효력(effect)　174
체선료(demurrage)　189
최저임금(Minimum wages)　257
추인(Ratification)　520
출생(at birth)　54
출재채무자의 구상　418
출판에 의한 명예훼손　538
취득시효(Acquisitive prescription)　318, 394, 395,
　546
취득시효에 의한 소멸　565
취득시효의 중단(Interruption)　318, 553
친권(parental authority)　75, 604
친권의 범위(extent)　76, 605
친권의 종료　606
친권의 행사　605

친권자와 자녀간 또는 수인의 자녀간의 이익상반행위
　606
친권자의 주의의무　606
친자(Parentage)　49, 53, 75, 604
친족관계(Kinship)　49, 53, 57, 574
친족의 범위　574
친족의 촌수　576
친족회(Household Council)　66, 82, 589
친족회에 의한 후견의 종료　618
친족회에서의 의견개진　590
친족회의 구성　589
친족회의 호주상속인　591
친족회의 후견인의 선임　615
친족회의에서의 지명　588

/ ㅋ /

켈리포니아 주민법전　17, 48
코넬리(Connelly, John W)　27, 28, 659

/ ㅌ /

타가에 입적한 호주와 그 가족　577
타인의 채무의 변제　529
태아(the not born)　54, 404
태아의 권리능력　404
태아의 지위　535
테일러(Tayler, Mart)　27
특별수권　517
특별수익자의 상속분　627
특별후견　82, 615
특수한 매매(Special Kinds)　243
특유재산　597
특유재산의 관리　598
특정거래에 의한 채무　50
특허권(Patent Rights)　341, 573

/ ㅍ /

파산(Bankruptcy)　161, 169, 445
파산계획(bankrupt's plan)　169
파산재산(Bankrupt Estate)　164

파산재산의 비용(Expenses of the bankrupt estate) 165
파산청구(bankruptcy claims) 165
파산행위(acts of bankruptcy) 161
파양(termination of the adoptive status) 80
파양의 효과 612
파업(Strikes) 254
파훼 등으로 인한 유언의 철회 643
퍼글러(Pergler, C) 27, 28, 659
펜덱텐 660
평균임금(Average Weekly Wage) 256
폐가(extinction) 59, 58, 578
포기한 상속재산의 귀속 648
표시주의 426
표현된 또는 표현되지 않은 지역권 561
프랑스 민법전(Le Code Civil, 1804) 47, 48, 399
프랑켈(Frankel, Ernst) 27, 28, 34, 659
필드(Field) 법전 52

/ ㅎ /

하지(Hodge, John R) 29
한국민법전초안(Proposed Civil Code for Korea, 1949) 47, 659
한국민법전편찬사업 14, 15
한국화 정책 25
한일신약 13
한일합병조약 14
한정승인 649
한정승인과 재산상 권리의무의 불소멸 649
한정치산의 선고 403
한정치산자 406
할부불 지급(Payment by installment) 243
할부불매매 501
할인발행(discounting issue of debentures) 112
합의(Agreement) 158, 440
항해(Voyage) 229
해난구조(Salvage) 198
해난구조료(salvage) 189
해상보험(Marine Insurance) 227
해지의 통고 510
행위무능력자제도 394

행정명령 제3호 31
헨리 잉거솔(Henry Ingersoll) 52
헬믹 대장 31
현대법증보개정 및 판결록발간부 26
현대조선법전기초부 28
현행민법전 초안 17, 18
현행민법전개정작업 661
혈족 574
혈족의 등친 57, 58, 575
혈족의 친족관계 57
협의상 이혼(Conventional Separation) 73, 75, 601, 603
호적(hojuk) 58, 577
호적등록소(the Koseki registry office) 69
호주(Household Head) 61, 576, 581, 582
호주권의 제한 584
호주상속 64
호주상속개시의 원인 585
호주상속권의 박탈 65
호주상속의 순위 586
호주상속의 효력 583
호주의 가족에 대한 거소지정 577
호주의 변경과 가족 576
호주의 변경과 여호주 577
호주의 부양의무 577, 584
호주의 사고와 그 직무대행 577
호주의 상속순위 64
호주의 선임 588
호주의 입양과 폐가 577
호주의 직계혈족의 입적 577
호주제도 582
혼동(Confusion (merger)) 325, 396
혼동에 의한 소멸 566
혼인 49, 53, 67, 591
혼인 외의 자녀의 입적 577
혼인등록(registration) 67, 595
혼인비용 71
혼인생활의 비용 598
혼인의 종료(Termination) 600
혼인의 취소(Annulment) 73, 601
혼인의 효력 70

혼인장애사유(impediments)　67, 592
혼합물(mixture)　319
혼화　546, 554
홍진기(洪璡基)　28, 659
화물상환증(a way bill)　190
화물운임(freightage)　188
화의(Composition)　169
화재보험(Fire Insurance)　233
화해(compromise)　159, 441
화해의 창설적 효력　442
환매(Sale With Right of Redemption)　50, 212, 479
환매권의 대위행사　481
환매기간　479
환매의 실행　480
황성수(黃聖秀)　28, 659
회사의 배당(dividends)　107
회사의 통합 또는 병합(consolidation or merger)　116
회사의 해산(dissolution)　118
횡선수표(A crossed check)　295
후견(guardianship)　53, 75, 80, 612
후견의 종료　83, 617
후견의 종류(kinds)　82, 615
후견인　49, 75, 80, 406, 613
후견인의 결격사유(disqualifications)　82, 615, 616
후견인의 보수(compensation)　81, 614
후견인의 사임　614
후견인의 선임　613
후견인의 임무　83, 617
후견인의 직무(functions)　80
휴게기간(Rest periods)　260